भारतीय पत्रकारिता कोश

(1901-1947)

खण्ड-दो

भारतीय पत्रकारिता कोश-2

(1901-1947)

विजयदत्त श्रीधर

वाणी प्रकाशन

वाणी प्रकाशन
4695, 21-ए, दरियागंज, नयी दिल्ली 110 002

शाखा

अशोक राजपथ, पटना 800 004

फ़ोन: +91 11 23273167 फ़ैक्स: +91 11 23275710

www.vaniprakashan.in
vaniprakashan@gmail.com
sales@vaniprakashan.in

BHARTIYA PATRAKARITA KOSH-2 (1901-1947)
by Vijay Dutt Shridhar

ISBN : 978-81-8143-750-1
Journalism

परिवर्द्धित संस्करण 2010
आवृत्ति 2016

मूल्य : ₹895

हर्ष प्रिंटर्स, दिल्ली-110 093 में मुद्रित

वाणी प्रकाशन का लोगो मक़बूल फ़िदा हुसेन की कूची से

श्रद्धेय श्री नारायणदत्त जी
एवं डा. मंगला अनुजा को

अनुक्रम

प्राक्कथन

'भारतीय पत्रकारिता कोश' के इस दूसरे खण्ड में सन 1901 से 1947 तक की पत्रकारिता का इतिहास दर्ज है। उन्नीसवीं सदी की पत्रकारिता ने बीसवीं सदी को संघर्षशीलता, जीवट और जिजीविषा, उद्देश्य के प्रति समर्पण और कठिन से कठिन चुनौती का सामना करने का माद्दा विरासत में सौंपा। सामाजिक समरसता, वैचारिक सामंजस्य और बहुलतावादी समाज़ में समन्वयवादी दृष्टिकोण का विकास करने का माध्यम भी पत्रकारिता बनी। यह कहना असंगत न होगा कि अन्याय और अत्याचार का प्रतिकार करने का माद्दा भारतीय समाज में काफी हद तक पत्रकारिता ने पैदा किया।

यद्यपि भारत में मुद्रण प्रौद्योगिकी का आगमन, मिशनरी साहित्य के प्रकाशन के लिए हुआ था, किन्तु यह तकनीक पहाड़ का सीना चीरकर दौड़ती नदी की धाराओं के समान हर उस दिशा में अग्रसर हुई, जहाँ-जहाँ उसकी संभावना थी। इसी का एक आयाम समाचारपत्र-पत्रिकाएँ रहीं, जो अन्ततः लोकचेतना को जागृत, प्रेरित और एकताबद्ध करने का माध्यम बनीं। ईसाई मिशनरियों की प्रचार सामग्री के प्रत्युत्तर में भारतीय भाषाओं में जगह-जगह से पत्र-पत्रिकाएँ निकले। परन्तु अधिक महत्वपूर्ण और निर्णायक प्रभाव डालने वाला तथ्य यह है कि भारतीय समाज की जड़ता को तोड़ने में भारतीय भाषाओं की पत्रकारिता ने ऐतिहासिक भूमिका निभाई। इसने समाज सुधार की पृष्ठभूमि तैयार की, स्वावलंबन और स्वाभिमान को आर्थिक विकास का मूल मंत्र बनाया। गुलामी के अभिशाप की भीषणता और उसकी विकल वेदना का एहसास जन-जन को कराया। परतंत्रता की बेड़ियाँ तोड़ने के लिए जूझने का हौसला इसने दिया। शायद ही किसी और देश में पत्रकारिता को ऐसे कंटकाकीर्ण मार्ग पर चलना पड़ा हो।

उन्नीसवीं शताब्दी के आखिरी दशकों में भारतीय पत्रकारिता और समाज प्रथम स्वतंत्रता संग्राम की विफलता और फिरंगियों की बदले की बर्बर कार्रवाइयों से उपजी निराशा और हताशा से उबर गए थे। लोकमान्य तिलक की हुंकार, आजादी

के जन्मसिद्ध अधिकार को व्यापक सक्रियता का आधार और स्वतंत्रता संग्राम के नये अध्याय को जोश और जुनून प्रदान कर रही थी। फिरंगी हुकूमत की आदत में समाचारपत्रों का गला घोंटने के लिए पाबंदियाँ, जेल, जब्ती और जुर्माना शुमार हो गया था, वहीं अखबारों और सम्पादकों ने भी उनका डटकर मुकाबला करना सीख लिया था।

इस दौर की एक और महत्वपूर्ण पहल, भारतीय समाचारपत्र-पत्रिकाओं में यथाप्रसंग उभरती थी, जिसे हम निस्संदेह लोकचेतना अभियान कह सकते हैं। यह चेतना के सुप्त सरोवर में प्रेरणा और जागृति की लहर उठाने के महत्वपूर्ण उपक्रम थे। इनका लक्ष्य था भारतीय समाज को कर्मठ और कर्मण्य बनाना, आलस्य और अज्ञान से उबारना और नवाचार की दिशा में प्रेरित और अग्रसर करना। एक छोटा सा उद्धरण प्रासंगिक होगा- "मिस्तर जान आडवी और मिस्तर बराट फोरसिबल इन्जनीयर ने विलायत में एक कल नई बनाई है उसका फायदा ये है के हवा के जोर से उन खेतों को पानी पौचा सकते हैं जो के पानी से ऊंचे पर हैं जैसे नहर नीचे बहती है और उसका पानी ऊंचा नहीं जा सकता जब इस कल को नहर में लगाया और बंबे का मू ऊपर कर दिया तो जैसे नहर उलट दी। अफसोस है के हमारे हिन्दुस्तानी रईसों को कुछ ऐसी बातों का खयाल नहीं है, नहीं तो हिन्दुस्तान मालामाल हो जाए। यहां के रईस सिवाय नाच रंग देखने के और तरफ खयाल नहीं करते और गरीब आदमी चौसर गंजीफा खेलते हैं जिन कामों में फायदा है उधर को नहीं देखते, भीक मांगना अच्छा समझते हैं। दस्तकारी करने में बट्टा लगता है ये नहीं जानते के ये सब हुनर की खूबियां हैं। हिन्दुस्तान की दौलत और मुल्कों को खेंची जाती है देखो करोड़ों रुप्यों का कपड़ा विलायत से आता है और उसकी एवज में रुपया जाता है अगर वो कलें विलायत से मंगाकर यहां कारखाना खड़ी करें तो कितना फायदा होगा लेकिन यहां तो जात को बट्टा लगता है जुलाई कहलाते हैं ये नहीं जानते के घर बरबाद हो जाता है। भगवान इस मुल्क के लोगों को भी अकल देवें।"[1]

जब दादाभाई नौरोजी ब्रिटिश संसद के लिए निर्वाचित हुए तब 'भारतभ्राता' ने यह अपेक्षा व्यक्त की कि वे ब्रिटिश संसद में भारत के प्रश्नों को उठाएँगे, परन्तु इस लोकतान्त्रिक मर्यादा का भी ध्यान रखा- "इसके लिए उन्हें फिन्सबरी के मतदाताओं से आज्ञा लेनी होगी जिन्होंने उन्हें संसद के लिए चुना है और जिनके प्रति उनकी जवाबदेही बनती है।" ऐसे वृत्तांत भारतीय भाषाओं के समाचारपत्रों-पत्रिकाओं और सम्पादकों की सोच की गहराई, समझ की प्रौढ़ता और पेशेवर परिपक्वता के

1. मालवा अखबार, इंदौर, 2-10-1861

ज्वलन्त दृष्टान्त प्रस्तुत करते हैं।

बीती शताब्दी की पत्रकारिता के इतिहास के सुनहरे पृष्ठों से हमने 'देहली उर्दू अखबार' के मोहम्मद बाकर की पत्रकारी शहादत का अध्याय बाँचा है। 'पयामे आजादी' के प्रकाशक की बलि जानी है। 'समाचार सुधावर्षण' के श्यामसुन्दर सेन ने अँगरेजों को निकाल बाहर करने का बादशाह बहादुरशाह जफर का न केवल फरमान छापा, बल्कि जब उन पर मुकदमा चलाया गया तो उन्होंने 'बादशाही फरमान' की वैधता सिद्ध कर दी थी। 'अमृत बाजार पत्रिका' के शिशिरकुमार घोष और मतिलाल घोष ने 'वर्नाकुलर प्रेस एक्ट' को मात देने के लिए रातोंरात अखबार को बंगला से अँगरेजी पत्र में तब्दील कर दिया। राजा राममोहन राय के 'मिरात-उल-अखबार' और 'बंगदूत', तिलक महाराज का 'केसरी', कन्दतिल वर्गीज मापिल्लै का 'मलयाल मनोरमा', जी.सुब्रमण्य अय्यर का 'हिन्दू' और 'स्वदेश-मित्रन', बालकृष्ण भट्ट का 'हिन्दी प्रदीप', सदानन्द मिश्र का 'सार सुधानिधि', दुर्गाप्रसाद मिश्र का 'उचित वक्ता', बंकिमचन्द्र चट्टोपाध्याय का 'बंग दर्शन', सुरेन्द्रनाथ बनर्जी का 'बंगाली' जैसे पत्र और पत्रकार स्वातंत्र्य चेतना की मशाल जलाए हुए थे। वहीं बाल गंगाधर शास्त्री जाम्भेकर का मराठी 'दर्पण', कुन्दकूरि वीरेशलिंगम की तेलुगु 'विवेकवर्धिनी', भारतेन्दु की 'कविवचन सुधा', 'हरिश्चन्द्र मैगजीन' और 'बालाबोधिनी', प्रतापनारायण मिश्र का 'ब्राह्मण', हेमन्तकुमारी देवी की 'सुगृहिणी', बदरीनारायण 'प्रेमघन' की 'आनन्द कादम्बिनी', केशवचन्द्र सेन का 'सुलभ समाचार' (बंगला), महावीरप्रसाद द्विवेदी की 'सरस्वती', माधवराव सप्रे का 'छत्तीसगढ़ मित्र' जैसे बीसियों पत्र-पत्रिकाएं अपने-अपने ढंग से जनजागरण और समाजोन्नति की अलख जगा रहे थे। फिरंगी शासन तंत्र के चहेते शिवप्रसाद को 'राजा' और 'सितारेहिन्द' की पदवियाँ बख्शी गईं। तब बाकायदा देश भर के हिन्दी समाचारपत्रों में प्रस्ताव जारी कर मत संग्रह करने के बाद बाबू हरिश्चन्द्र को भारतेन्दु की उपाधि से विभूषित किया गया। यह प्रकारान्तर से स्वाभिमान की मुखर अभिव्यक्ति ही थी।

बीसवीं शताब्दी की भारतीय पत्रकारिता प्रौढ़ और परिपक्व स्वरूप में सामने आई। समाचारपत्र और पत्रिकाएँ सर्वांगपूर्ण निकलने लगे। पत्रकारिता दोगुने जोश और जुनून के साथ आजादी की लड़ाई में भागीदारी करने लगी। भारत के कोने-कोने से भारतीय भाषाओं में अधिकाधिक समाचारपत्रों और पत्रिकाओं का प्रकाशन होने लगा। यहाँ सन 1907 में इलाहाबाद से प्रकाशित उर्दू साप्ताहिक 'स्वराज' का उल्लेख प्रासंगिक होगा, जो कुल ढाई वर्ष तक प्रकाशित हुआ। 75 अंक निकले। आठ सम्पादक हुए और उन सभी को कुल मिलाकर एक सौ पच्चीस वर्ष की कैद और काला पानी की सजा हुई। जौ की दो सूखी रोटी, एक गिलास पानी और

हमेशा जेल जाने की तैयारी का संकल्प सम्पादक पद की योग्यता के रूप में विज्ञापित किया जाता था, फिर भी 'स्वराज' के लिए सम्पादकों का टोटा नहीं पड़ा। नई शताब्दी की शुरूआत से ही भिन्न-भिन्न विषय क्षेत्रों की पत्रिकाएँ प्रकाशित की जाने लगीं। बच्चों और महिलाओं के लिए पत्रिकाएँ निकलीं। विज्ञान और प्रौद्योगिकी पर पत्रिकाएँ प्रकाशित हुईं। साहित्य और संस्कृति पर उत्कृष्ट पत्रिकाओं का प्रकाशन हुआ। स्वस्थ प्रतिस्पर्द्धा, विमर्श और बहसें छिड़ीं, जिनसे भाषा का परिष्कार हुआ। तथापि सबसे ज्यादा पत्र-पत्रिकाएँ राजनीति पर केन्द्रित रहे और उस युग में राजनीति का तात्पर्य था स्वतंत्रता संग्राम .... जो घर फूँके आपनो चले हमारे साथ।

बीसवीं सदी का पूर्वार्द्ध राष्ट्रीय और अंतरराष्ट्रीय अनेक युगान्तरकारी घटनाक्रम का साक्षी बना। दो-दो महायुद्ध लड़े गए। हिरोशिमा और नागासाकी की भीषण विनाशकारी अणुबम लीला हुई। बंगभंग हुआ। राजधानी कोलकाता से दिल्ली आई। क्रांतिकारियों ने केन्द्रीय असेम्बली पर बम फेंककर फिरंगी हुकूमत को दहला दिया। जलियांवाला बाग में बर्बरता का पैशाचिक नाच हुआ। डेढ़ पसली के मोहनदास करमचंद गांधी ने सत्य और अहिंसा के अमोघ अस्त्र से ब्रिटिश हुकूमत का दर्प दलन कर डाला। इसी कालखण्ड ने धर्म के नाम पर भाई को भाई का खून बहाते देखा और भूगोल पर सरहद की नई लकीरें खिंचते देखीं। इस घटनाक्रम में आज के पाकिस्तान और बंगलादेश भी शामिल थे, जो तब तक भारत के अंग थे। ये तो कुछ उदाहरण हैं, लोमहर्षक और हृदयविदारक अनेकानेक रोमांचक घटनाओं की चश्मदीद गवाह बनी है पत्रकारिता और उसे निश्चित ही इस बात पर गर्व भी करना चाहिए कि पत्रकारिता के पुरोधा घटनाओं के मूकदर्शक नहीं रहे, युग की माँग के अनुरूप कर्ता भी बने।

'भारतीय पत्रकारिता कोश' में हमारी कोशिश रही है कि पत्रकारिता के इतिहास की इतिवृत्तात्मक सूचनाओं के साथ-साथ समकालीन राष्ट्रीय संघर्षों की वह झलक भी यह पुस्तक प्रस्तुत करे जो समाचारपत्र-पत्रिकाओं की इबारत के रूप में दर्ज होती रही है। आज सारी दुनिया 'विश्व अहिंसा दिवस' मनाकर जिस महामानव के कर्म-संदेश का अभिनन्दन कर रही है, जिनके बताये रास्ते को आतंकवाद और युद्धोन्माद के संत्रास से मुक्ति का पथप्रदर्शक मान रही है, उन महात्मा गांधी ने जन-जन से अपने संवाद का माध्यम पत्रकारिता को बनाया था। 'इंडियन ओपीनियन', 'यंग इंडिया', 'नवजीवन', 'हरिजन'- ये कागज के चन्द पन्ने नहीं थे, बल्कि इनमें धड़कती थी हिन्दुस्तान की आत्मा और करोड़ों भारतीयों की भावनाएँ। गांधीजी ने अपने हर अभियान का मंतव्य लोगों तक पहुँचाने के लिए पहले उसके बारे में लेख और टिप्पणियाँ लिखीं, प्रतिक्रियाएँ जानीं और समाधान किया। जनमानस को समझने और समझाने की इससे उन्मुक्त लोकतांत्रिक प्रक्रिया और क्या हो सकती

थी। 'प्रताप' के सम्पादक गणेशशंकर विद्यार्थी का दृष्टान्त लीजिए। वे मानते थे कि हिन्दू-मुस्लिम ऐक्य जरूरी है। इस मत को लिख और बोलकर ही उन्होंने कर्तव्य की इतिश्री नहीं मान ली। बल्कि जब कानपुर में दंगे भड़काए गए तब शान्ति स्थापना के प्रयास करते हुए शहीद हो गए। पत्रकारिता का एक स्वर डा. अम्बेडकर के माध्यम से मुखर हुआ, दलितों के पक्ष में, जो 'मूकनायक' और 'बहिष्कृत भारत' में गूँजा।

सन 1947 के आते-आते देश आजादी के द्वार पर दस्तक देने लगा था। बलिपंथी पत्रकारिता की इस विदाई बेला में समाचारपत्र भी प्रबंधकीय परिवर्तन की डगर पर चल पड़े थे। पूँजीपतियों की निगाहें इस सशक्त जनसंचार माध्यम की प्रभावोत्पादक-सामर्थ्य पर गड़ गई थीं। लेकिन तब भी ऐसे सम्पादक थे, जिनके लिए पत्रकारिता उद्योग-व्यवसाय नहीं, लोकसेवा का एक माध्यम थी। बात सन 1947 की है जब सेठ रामकृष्ण डालमिया ने नवभारत (टाइम्स) के सम्पादक पद पर बनारसीदास चतुर्वेदी को आमंत्रित किया। बनारसीदासजी ने धन्यवाद देते हुए असमर्थता प्रकट कर दी। उन्होंने पत्रोत्तर में लिखा- "चूँकि वे सिद्धान्ततः पत्रकारिता के क्षेत्र में पूँजीपतियों के प्रवेश के विरोधी हैं, इसलिए यह प्रस्ताव स्वीकार करने में असमर्थ हैं।" सिद्धान्तों के लिए आकर्षण ठुकराने वाली यह प्रतिबद्धता अब कहाँ? लेकिन भारतीय पत्रकारिता अपनी जड़ों में इसका उद्‌गम तलाश सकती है। बंगाल के गवर्नर सर एशले ने 'अमृत बाजार पत्रिका' के सम्पादक-प्रकाशक शिशिर कुमार घोष के सामने 'मिलकर चलने' का प्रलोभन भरा प्रस्ताव रखा। यह बाकया सन 1878 में वर्नाकुलर प्रेस एक्ट बनने के पहले का है। शिशिर बाबू का जवाब था- "श्रीमान इस धरती पर एक ईमानदार पत्रकार तो रहने दीजिए।"

विजयदत्त श्रीधर

सांस्कृतिक अनुष्ठान

1901

प्रवासी

बंगला पत्रकारिता के इतिहास में रामानन्द चटर्जी की मासिक पत्रिका *'प्रवासी'* का महत्वपूर्ण स्थान है। प्रयाग से अप्रैल 1901 में *'प्रवासी'* का प्रकाशन हुआ। रामानन्द चटर्जी उन दिनों प्रयाग की कायस्थ पाठशाला के प्रधानाचार्य थे। हिन्दी प्रदीप के सम्पादक बालकृष्ण भट्ट भी इसी पाठशाला में अध्यापक थे। 'प्रवासी' के प्रवेशांक में रवीन्द्रनाथ टैगोर की कविता 'प्रवासी' और रामानन्द चटर्जी का निबन्ध 'अजंता की गुहा चित्रावली' प्रकाशित हुए। बंगला भाषा के प्रायः सभी लेखकों की रचनाएं 'प्रवासी' में छपती थीं। यह मान्यता है कि 'बंगदर्शन' के बाद 'प्रवासी' पत्रिका ने ही बंगला बुद्धिजीवियों को सबसे ज्यादा प्रभावित किया। केवल शरतचंद्र चटर्जी अपवाद रहे, जिनकी कोई रचना 'प्रवासी' में प्रकाशित नहीं हुई।

'प्रवासी' की सम्पादकीय टिप्पणियाँ अपनी प्रभावी अभिव्यक्ति और विशिष्ट लेखन शैली के लिए जानी जाती थीं। बंगला संस्कृति और बंगभूमि से उद्भूत राष्ट्रीय भावनाएँ 'प्रवासी' में मुखर होती थीं। रवीन्द्रनाथ टैगोर की सबसे ज्यादा रचनाएँ 'प्रवासी' में ही छपीं।

'प्रवासी' पत्रिका चालीस पृष्ठ की निकलती थी। 'प्रवासी' ने सामाजिक, सांस्कृतिक और राजनीतिक विषयों पर उत्कृष्ट फीचर प्रकाशित किए।

सन 1907 में रामानन्द चटर्जी इलाहाबाद से कोलकाता चले गए और वहीं से 'प्रवासी' का प्रकाशन करने लगे। 'प्रवासी' का आकार 20x5 से.मी. था। एक प्रति का मूल्य 10 आना था। रामानन्द चटर्जी ने सन 1928 में जे.टी.सदरलैंड की पुस्तक 'इंडिया इन बान्डेज' का भारतीय संस्करण प्रकाशित किया। इसके परिणामस्वरूप उनके प्रेस, कार्यालय और घर पर छापा मारा गया। पुस्तक की सारी प्रतियाँ पुलिस उठाकर ले गई। मुकदमा चला और सजा भुगतनी पड़ी।

रामानन्द चटर्जी सम्पादक की स्वतंत्रता के प्रबल पक्षधर थे। जितनी स्वतंत्रता

वे अपने लिए चाहते थे उतनी ही स्वतंत्रता अन्य सम्पादकों को भी देते थे। हिन्दू महासभा के सूरत अधिवेशन की अध्यक्षता रामानन्द चटर्जी ने की थी। उनके अध्यक्षीय भाषण की तीव्र आलोचना 'विशाल भारत' के सम्पादक बनारसीदास चतुर्वेदी ने की। 'विशाल भारत' रामानन्द चटर्जी का ही पत्र था। इसके बावजूद रामानन्द बाबू ने अपनी आलोचना पर कोई आपत्ति नहीं की। सम्पादकीय टिप्पणी के उत्तर में पत्र लिखकर दिया, जो 'विशाल भारत' में 'सम्पादक के नाम पत्र' स्तम्भ में छपा।

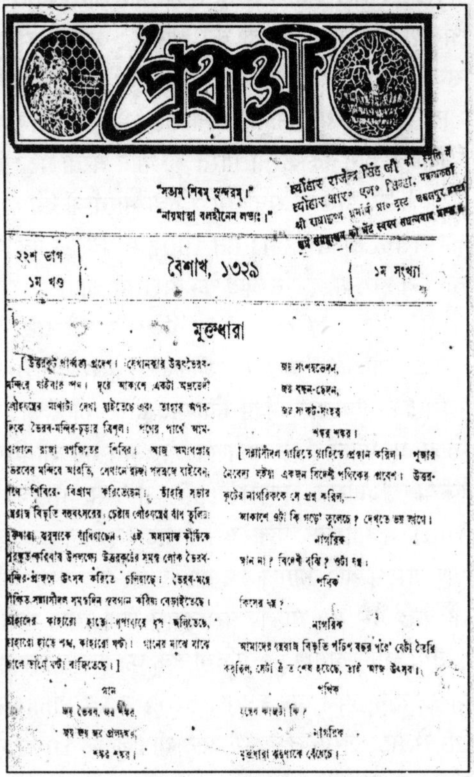
"সত্যম্ শিবম্ সুন্দরম্।"
"নায়মাত্মা বলহীনেন লভ্যঃ।"
২২শ ভাগ
১ম খণ্ড
বৈশাখ, ১৩২৯
১ম সংখ্যা
মুক্তধারা

प्रवासी

आदिवासियों की समस्याओं पर 'प्रवासी' ने श्रृंखलाबद्ध अभियान चलाया। भारतीय चित्रकला की प्रसिद्धि के लिए काम किया। उद्योग, विज्ञान, कृषि पर आलेख लिखवाए। वनस्पति विज्ञानी जगदीशचन्द्र बसु को उनके प्रयोगों और अनुसंधानों पर पाठकों के लिए बोधगम्य निबंध लिखने को प्रेरित किया। योगेशचन्द्र राय विद्यानिधि ने उनके प्रोत्साहन से बंगला वर्णमाला में सुधार पर 'प्रवासी' में बहस चलाई।

न्यू इंडिया

12 अगस्त 1901 को बिपिनचन्द्र पाल ने कोलकाता से अँगरेजी साप्ताहिक *'न्यू इंडिया'* का सम्पादन-प्रकाशन किया। इसका मुद्रण कोलकाता के न्यू इंडिया प्रेस में होता था। यह 49 गुणित 32 से.मी. आकार का पत्र था। सप्ताह भर की उल्लेखनीय घटनाओं का आलोचनात्मक चित्रण 'न्यू इंडिया' में होता था। इस पत्र में बंगाल के शिक्षित समुदाय को अभिव्यक्ति का अवसर दिया और उस पर गहरा प्रभाव भी छोड़ा। फिरंगी हुकूमत 'न्यू इंडिया' पर चौकस निगाह रखती थी।

जब शिक्षा आयोग की सिफारिशें आईं तब 'न्यू इंडिया' ने टिप्पणी करते हुए

लिखा- "पिछले कुछ समय से सरकार भारत में विश्वविद्यालयी शिक्षा के प्रसार पर अंकुश लगाने का इरादा कर रही है। क्योंकि सरकार विश्वविद्यालयी शिक्षा को राजनीतिक खतरे का स्रोत मानती है। सरकारी अधिकारी इसे हर साल उपजने वाली असंतुष्ट युवाओं की सेना कहते हैं।" 'न्यू इंडिया' लिखता है, "विश्वविद्यालयी शिक्षा के द्वार बंद करना भारत की शांत धरती पर शक्तिशाली क्रान्ति के बीज बोना होगा।" 'न्यू इंडिया' सन 1907 तक भारतीयों की राष्ट्रीय भावनाओं की अभिव्यक्ति का सशक्त माध्यम रहा। सन 1907 में पत्र का प्रकाशन बन्द हो गया। (एनी बेसेंट का 'न्यू इंडिया' इसके बाद का अखबार था।)

पंजा-ए-फौलाद

पाक्षिक *'पंजा-ए-फौलाद'* नवम्बर 1901 में लाहौर से प्रकाशित हुआ। सम्पादक-प्रकाशक मुंशी मोहम्मद दीन 'फौक' थे। वार्षिक शुल्क तीन रुपये था। 'पंजा-ए-फौलाद' के प्रकाशन और अवसान की विपदा का बयान फौक साहब ने किया- "आखिर अक्टूबर 1901 में 'पैसा अखबार' से सम्बन्ध तोड़कर नवम्बर 1901 में पाक्षिक 'पंजा-ए-फौलाद' निकाला। प्रवेशांक की संख्या 25 थी। एक पाई पास न था। कागज, लिखाई-छपाई सब उधार की थी। जब पत्र प्रकाशित हुआ तो कुछ पैसे आ गए जिससे दूसरा पर्चा छापा गया। दिसम्बर 1901 तक 100 प्रतियाँ छपने लगीं। 50 प्रतियों तक का शुल्क प्राप्त हो जाता था। आरंभ में वार्षिक शुल्क तीन रुपये था। जनवरी 1902 से पत्र साप्ताहिक हो गया। आकार 20 गुणित 26 से.मी. और पृष्ठ संख्या आठ थी। जुलाई 1902 में साप्ताहिक 'पैसा अखबार' के जैसा आकार हो गया। तब तक प्रकाशन संख्या 500 पर पहुँच गई। यह पत्र लाला दीनानाथ मिश्र के हाफिज आब्दी प्रेस, शाह आलमी दरवाजा लाहौर से प्रकाशित होने लगा। सन 1904 में पत्र की प्रसार संख्या 700 तक पहुँच गई। तब अपना अलग प्रेस 'पंजा-ए-फौलाद' कायम कर लिया। शनैः-शनैः अखबार की तरक्की होने लगी। दिसम्बर 1905 में अखबार की प्रसार संख्या 1200 हो गई। उस जमाने में जबकि पत्र के प्रति रुचि ज्यादा नहीं थी, यह संख्या बहुत थी। पत्र की नीति सहिष्णुता और सौहार्द की थी।

"सन 1902 में अखबार को असहनीय सदमा पहुँचा था। वयोवृद्ध हूँ और खाँसी से पीड़ित हूँ, अतः मार्च 1902 में एक माह के लिए लाहौर से बाहर रहा। अखबार का कार्य जिस भले आदमी को सौंपा, उसने एक मास में ही अखबार की सफाई कर दी। यानी मेरे दिखाने के लिए दस-बारह पर्चे (प्रतियाँ) छाप दिया करता था और बाकी कागज, टिकट, छपवाई का हिसाब हजम। अप्रैल में आकर नए सिरे से इंतजाम किया और खुदा ने चंद ही दिनों में फिर इतनी तरक्की दी कि पाठकों के हठ के सामने इसे जुलाई से साप्ताहिक करना पड़ा। पत्र को दूसरा आघात

सन 1906 में पहुँचा और अफसोस है कि इस आघात से अखबार संभल न सका। चूँकि मैं अकेला था और सम्पादन की बागडोर और प्रबंधन भी मेरे हाथ में था। स्वयं तो बीमार था ही मेरी छोटी बहन भी सख्त बीमार थी। अतः प्रकाशन और प्रबंधन का कार्य ठप हो गया।"

हालात पर उन्होंने शेर लिखा-

"ए फौक जो यूँ खौफ रहा माली व जानी
फिर काहेको जारी कोई अखबार करेगा।"

अन्ततोगत्वा, 14 दिसम्बर 1906 के अंक में अखबार बन्द करने की घोषणा कर दी गई। उस समय उसकी प्रसार संख्या 900 थी।

17 अक्टूबर 1901 को दिल्ली से उर्दू साप्ताहिक *'दारुल उलूम'* प्रकाशित हुआ। मुंशी मोहम्मद दीन सम्पादक, प्रकाशक थे।[1] नाजिर प्रेस, दिल्ली में छपता था। वार्षिक शुल्क दो रुपये चार आना था। हर महीने की 3, 10, 17 और 24 तारीख को प्रकाशित होता था।

मखजन

लाहौर से अप्रैल 1901 में शेख अब्दुल कादिर ने साहित्यिक उर्दू मासिक पत्रिका *'मखजन'* का प्रकाशन और सम्पादन किया। 22 गुणित 13 से.मी. आकार की यह पत्रिका दो तरह के कागज पर छपती थी। अच्छे कागज पर छपने वाली पत्रिका का वार्षिक शुल्क तीन रुपये और साधारण कागज पर छपने वाली पत्रिका का शुल्क दो रुपये छह आना था। पत्रिका की जिल्द संख्या छह माह में बदल जाती थी। प्रवेशांक में सम्पादक शेख अब्दुल कादिर ने उद्देश्य स्पष्ट किया- "उर्दू साहित्य को कृत्रिमता और दिखावटीपन ने काफी हानि पहुँचाई है, यद्यपि उर्दू भाषा नई और अल्पायु भाषा है, किन्तु इसमें साहित्य के भंडार की कमी नहीं है। अँगरेजी भाषा के लेखों जैसा मनोरंजन अपनी भाषा में इस प्रकार लाना कि हमारी पुरानी शैली को कोई हानि न हो तथा जहाँ तक संभव हो, उर्दू की निबंध रचना के आवश्यक सिद्धांतों की अवहेलना न हो। अँगरेजी के शब्दों और मुहावरों का प्रचलन जिसे पसंद नहीं किया जाता है और जो उर्दू भाषा में धड़ाधड़ प्रवेश कर रहे हैं, उन्हें रोका जाएगा। प्रयत्न किया जाएगा कि अँगरेजी शब्द का सार्थक अनुवाद प्रयोग में लाया जाए। इसमें ऐसे लेख होंगे जो किसी एक धर्म या सम्प्रदाय से सम्बन्धित न हों, हिन्दुओं और मुसलमानों दोनों के लिए रुचिकर सामग्री इसमें उपलब्ध होगी।"

---

1. मुंशी मोहम्मद दीन के मित्र का नाम भी मुंशी मोहम्मद दीन था। किन्तु वह तखल्लुस 'फौक' रखते थे। 'फौक' साहब 'पंजा-ए-फौलाद' नामक पत्र के सम्पादक-प्रकाशक थे।

साढ़े तीन वर्ष तक पत्रिका का सम्पादन करने के बाद शेख अब्दुल कादिर लंदन चले गए और उनका स्थान शेख मोहम्मद इकराम ने लिया। सन 1907 से सन 1909 तक यह पत्रिका दिल्ली से प्रकाशित हुई। सन 1910 में मौलवी गुलाम रसूल ने 'मखजन' पत्रिका खरीद ली और उसका प्रकाशन जारी रखा।

दुगड्डा (कोटद्वार) गढ़वाल से सन 1901 में हिन्दी मासिक *'गढ़वाल समाचार'* का सम्पादन-प्रकाशन गिरिजादत्त नैथाणी ने किया। वार्षिक शुल्क सवा रुपया था। सन 1912 तक प्रकाशित हुआ। गढ़वाल अंचल की आवश्यकताओं और समस्याओं को उजागर करता था। अन्यान्य विषयों पर भी लेखादि प्रकाशित करता था।

देवआश्रम लाहौर से अप्रैल 1901 में मासिक पत्रिका *'जीवनपथ'* का प्रकाशन देवरत्न ने किया। पंजाब इकॉनॉमिकल यंत्रालय से पत्रिका का मुद्रण होता था। बत्तीस पृष्ठ की हिन्दी मासिक पत्रिका का वार्षिक मूल्य आरंभ में तीन रुपये और तीसरे वर्ष चार रुपये कर दिया गया। 'जीवनपथ' ने कल्पनामूलक धर्म और विज्ञान मूलक धर्म के बीच अन्तर प्रतिपादित करने वाली लेखमाला प्रकाशित की थी, जिसने धर्म विषयक विमर्श को नया सोच दिया था।

मुम्बई से सितम्बर 1901 में मासिक पत्रिका *'धर्म्मामृत पत्रः'* का प्रकाशन जगतनारायण शर्मा ने किया। बत्तीस पृष्ठ की पत्रिका का वार्षिक शुल्क डेढ़ रुपया था। आकार 23 गुणित 14 से.मी. था। शास्त्र, नीति, विज्ञान, इतिहास, जीवन चरित्र और साहित्य इस पत्रिका की विषय-वस्तु थे। जगदीश्वर प्रेस, गिरगांव (मुम्बई) से हर महीने की पहली तारीख को मुद्रित होती थी।

अक्टूबर 1901 में विजयादशमी के दिन लखनऊ से मासिक *'श्री राजेश्वरी पत्रिका'* का प्रकाशन आरंभ हुआ। रामदास वर्मा इस हिन्दी पत्रिका के सम्पादक थे। इसमें हिन्दी-उर्दू भाषा का मिला-जुला रूप प्रयोग किया जाता था। पत्रिका का वार्षिक शुल्क एक रुपया था।

गुजराती त्रैमासिक *'समालोचक'* सन 1901 में निकला, जो बाद में मासिक हो गया। सम्पादक और प्रकाशक रमणीयराम गोवर्धनराम त्रिपाठी थे। यह पत्रिका मुम्बई से प्रकाशित होती थी। वार्षिक शुल्क छह रुपये और एक प्रति की कीमत दस आना थी। साहित्य-समालोचना के पाठकों में पत्रिका लोकप्रिय थी, किन्तु आम पाठकों का उससे जुड़ाव नहीं हो पाया। अँगरेजी मासिक पत्रिका *'सेंट एन्ड्रूज कोलोनियल होम्स मैगजीन'* का प्रकाशन कोलकाता से फरवरी 1901 में हुआ। 25 गुणित 18 से.मी. आकार की यह पत्रिका 54 पृष्ठ की थी।

उर्दू मासिक पत्रिका *'इंकलाब'* गुजरांवाला से अप्रैल 1901 में प्रकाशित हुई। सम्पादक और प्रकाशक गुलाम्म रसूल सिद्दीकी थे। 20 गुणित 12 से.मी.

आकार की 34 पृष्ठों की यह पत्रिका आर्य प्रेस में छपती थी। वार्षिक शुल्क दो रुपये चार आना था। उर्दू भाषा का प्रसार और लिपि को सरल बनाना इसका उद्देश्य था। सन 1901 में लाहौर से उर्दू साप्ताहिक *'शमीम-ए-हिन्द'* का प्रकाशन हुआ। शिवनारायण 'शमीम' सम्पादक और प्रकाशक थे। वार्षिक शुल्क छह रुपये था। डेढ़ वर्ष बाद पत्रिका बन्द हो गई।

अहमदाबाद से सन 1901 में एन.सी.बाडीवाला ने गुजराती साप्ताहिक *'ग्राम विकास'* का सम्पादन-प्रकाशन किया। हर रविवार को छपता था। एक प्रति का मूल्य तीन आना था। इसी नाम का गुजराती मासिक पत्र डिस्ट्रिक्ट लोकल बोर्ड ने प्रकाशित किया। वीरजी भीमजी सम्पादक-प्रकाशक और मुद्रक थे। हैदराबाद से सन 1901 में उर्दू साप्ताहिक *'जाम-ए-जमशेद'* प्रकाशित हुआ। पृष्ठ संख्या 8 और वार्षिक शुल्क 5 रुपये 8 आना था। मोहम्मद इब्राहीम खां सम्पादक थे। मुम्बई से उर्दू मासिक *'मुनीर'* का प्रकाशन शेख अहमद मुनीर ने किया। हर माह की 10 तारीख को 16 पृष्ठ की यह पत्रिका प्रकाशित होती थी। पत्रिका में उपन्यास की धारावाहिक कड़ी और शेर-शायरी छपते थे।

वतन

लाहौर से 4 जनवरी 1901 को उर्दू साप्ताहिक *'वतन'* प्रकाशित हुआ। सम्पादक-प्रकाशक मौलवी इंशा अल्ला खां थे। 16 पृष्ठ का 'वतन' हमीदिया प्रेस में छपता था। यह पत्र आचार, संस्कृति, शिक्षा, इस्लाम, उद्योग, व्यापार, कृषि आदि विषयों पर उत्तम लेखों का प्रकाशन करता था। सन 1901 में रूस और जापान के बीच छिड़े युद्ध के समाचार जानने की पाठकों की उत्सुकता को देखते हुए सम्पादक ने 'वतन' का दैनिक अंक निकालना प्रारंभ किया, किन्तु तीन महीने बाद ही उसे बन्द करना पड़ा। सन 1911 में इटली और तुर्की के बीच छिड़े युद्ध के दिनों में सन 1911 में 'वतन' ने एक बार फिर दैनिक संस्करण निकाला जो 1912 में बन्द हुआ। सन 1930 में 'वतन' बंद हो गया।

सन 1901 में नरसिंहपुर से मासिक पत्र *'हिन्दी मास्टर'* प्रकाशित हुआ। नन्हेलाल सम्पादक-प्रकाशक थे। सरस्वती विलास प्रेस नरसिंहपुर से मुद्रण होता था। शिक्षा और शिक्षार्थी इस पत्रिका के मुख्य हेतु थे। मुंशी अब्दुल करीम ने कोंकण वासियों की भलाई के लिए मासिक पत्रिका *'मेहर-ए-दरखशाँ कोंकण'* का प्रकाशन मुम्बई से सन 1901 में किया। शिक्षा और व्यापार की कला इस पत्रिका के मुख्य विषय थे।

सन 1901 में हिन्दी पाक्षिक *'भारत हितोपदेश'* का प्रकाशन हुआ था। सन 1901 में लाला देवराज ने कन्या महाविद्यालय जालंधर से हिन्दी भाषा और देवनागरी लिपि के विकास तथा नारी उत्थान पर केन्द्रित हिन्दी मासिक पत्रिका

'पांचाल पंडिता' का प्रकाशन प्रारम्भ किया। वार्षिक शुल्क पाँच रुपये था। यह पत्रिका सन 1913 तक प्रकाशित हुई। बिहार शरीफ से सन 1901 में शेर-शायरी की उर्दू मासिक पत्रिका *'नगमा-ए-आरजू'* प्रकाशित हुई। सैयद फिदा हुसैन सम्पादक थे। सन 1901 में बरेली से शेर-शायरी का उर्दू मासिक *'नस्ब-व-नुमा'* प्रकाशित हुआ। गोपीनाथ 'बेचैन' सम्पादक-प्रकाशक थे।

गया से शफक इमादपुरी ने जून 1901 में मासिक पत्रिका *'नसीम-ए-सहर'* निकाली। पत्रिका में गद्य-पद्य के लिए आधे-आधे पृष्ठ रहते थे। सुधीर कुमार मित्र ने कोलकाता से सन 1901 में *'कायस्थ पत्रिका'* निकाली थी। यह जातीय पत्रिका वार्षिकी के रूप में निकलती थी। कृषि सम्बन्धी समाचारों और किसानों को उपयोगी जानकारी उपलब्ध कराने के उद्देश्य से छिंदवाड़ा से हिन्दी मासिक *'कृषि समाचार'* का प्रकाशन हुआ। सन 1901 में बदायूँ से उर्दू में हास्य विनोद का साप्ताहिक *'इंडियन पंच'* निकला। आठ पृष्ठ के इस पत्र का वार्षिक शुल्क पाँच रुपये था। सम्पादक-प्रकाशक मोहम्मद मुबीन 'नाजिश' थे।

एक जुलाई 1901 को बेंगलूरु से गुलाम मोहम्मद शौकत ने उर्दू साप्ताहिक *'एडवर्ड गजट'* निकाला। वार्षिक शुल्क एक रुपये आठ आना था। इसमें दुनिया भर की खबरें छपती थीं। सन 1901 में भोपाल से मास्टर रियाजउद्दीन ने उर्दू पाक्षिक *'अल-रियाज'* का प्रकाशन किया। इसमें अरबी भाषा के मजमून भी छापे जाते थे। 'अल-रियाज' पत्र का वितरण निःशुल्क होता था। सन 1901 में कोलकाता से आयुर्वेद की मासिक पत्रिका *'आरोग्य सुधा निधि'* का प्रकाशन राजवैद्य श्रीनारायण शर्मा के सम्पादकत्व में हुआ। लाहौर से सन 1901 में हकीम गुलाम नबी ने उर्दू पाक्षिक *'अखबार खैरख्वाह रियासत-ए-हिन्द'* का प्रकाशन किया। कोलकाता से बंगला और अँगरेजी के द्विभाषी मासिक पत्र *'महाजन बंधु'* (मर्चेण्ट्स फ्रेंड) का प्रकाशन रामकृष्ण पाल ने किया।

तेलुगु का तेजस्वी स्वर

1902

कृष्णा पत्रिका

बीसवीं शताब्दी के आरम्भ में, सन 1902 में मछलीपट्टणम् से उल्लेखनीय तेलुगु साप्ताहिक *'कृष्णा पत्रिका'* का प्रकाशन हुआ। पत्रिका के आद्य सम्पादक कोंडा वेंकटप्पैया और दासु नारायण राव थे। (राष्ट्रीय आन्दोलन में महत्वपूर्ण भूमिका के कारण वेंकटप्पैया को 'देशभक्त' कोंडा वेंकटप्पैया कहा जाने लगा था।) सन 1907 तक उन्होंने पत्रिका की जिम्मेदारी निभाई। रैयत की समस्याएँ उठाईं। भ्रष्टाचार पर प्रहार किया। अफसरों की बेगारी की आलोचना की। उनके पश्चात, सन 1907 में, मटनूरि कृष्णाराव पत्रिका के सम्पादक हुए। तेलुगु पत्रकारिता के इस महारथी ने अथक परिश्रम कर 'कृष्णा पत्रिका' को भारतीय भाषाओं की श्रेष्ठतम पत्रिकाओं में प्रतिष्ठित कराया। हुकूमत की दमनकारी नीतियों के विरुद्ध उनकी कलम, तलवार की तरह चलती थी। उनकी सम्पादकीय टिप्पणियाँ और अन्य लेख बड़े चाव से पढ़े जाते थे। 'कृष्णा पत्रिका' की सफलता के पीछे मटनूरि कृष्णाराव की पारखी दृष्टि का बड़ा योगदान था, जिन्होंने प्रतिभाशाली युवाओं को पत्रिका से जोड़ा था। उन्होंने न केवल अच्छे लेख लिखवाए, बल्कि सुसम्पादन के मानदण्ड बनाए। उनके बाद एम.एस. सुब्रमण्य शर्मा के सम्पादकत्व में 'कृष्णा पत्रिका' ने अपना स्वरूप और

కృష్ణా పత్రిక

సంపుటము 30 | మచిలీపట్నం, మే 23 వ తేది 1931 సం॥ | సంచిక 16

कृष्णा पत्रिका

तेवर बरकरार रखा।

हिन्दी पत्रिका 'सुधा' ने समीक्षात्मक टिप्पणी में 'कृष्णा पत्रिका' की तुलना गणेश शंकर विद्यार्थी के 'प्रताप' से की थी। दीर्घ अन्तराल के बाद 26 जनवरी 1990 को 'कृष्णा पत्रिका' का दैनिक पत्र के रूप में पुनर्प्रकाशन वी.वेंकटेश्वरलु ने किया। इसके दो वर्ष बाद विजयवाड़ा संस्करण निकला।

सांज वर्तमान

एक मई 1902 को मुम्बई से गुजराती सांध्य दैनिक *'सांज वर्तमान'* प्रकाशित हुआ। संस्थापक-सम्पादक अरदेशीर बेरामजी पटेल थे। चार माह बाद उनका निधन होने पर सम्पादक जहाँगीर रुस्तम बाच्छा गांधी हुए। पश्चिम भारत तथा खासतौर से गुजराती भाषा का यह पहला सांध्य दैनिक था। पत्र का आकार 43 गुणित 28 से.मी. और कालम संख्या चार थी। एक प्रति का मूल्य दो पैसे था।

'सांज वर्तमान' का झुकाव किसी राजनीतिक दल की ओर नहीं था, परन्तु राजनीतिक सवालों की चर्चा जरूर करता था। पत्र में सामयिक लेख, कविताएँ छपते थे। श्वेत-श्याम और रंगीन चित्र रहते थे। मुद्रण और प्रस्तुति आकर्षक थी। 'सांज वर्तमान' की लोकप्रियता दिनों-दिन बढ़ी। लगभग उन सभी जगहों पर पहुँचने लगा, जहाँ-जहाँ गुजराती भाषी लोग रहते थे। देश के बाहर भी 'सांज वर्तमान' की प्रतियाँ जाती थीं। पारसी नव वर्ष के अवसर पर प्रकाशित किए जाने वाले विशेषांक ने पत्र को और ज्यादा लोकप्रिय बनाया। 1923 में प्रकाशित रजत जयंती अंक में यह इतिहास भी दर्ज है कि अरबी मुसलमानों के आक्रमण के कारण कौम के अस्तित्व पर संकट आ गया था और भारत में मिली शरण और सुरक्षा के कारण वे बच सके।

सांज वर्तमान

'सांज वर्तमान' का विषयों का दायरा व्यापक था। साहित्य, राजनीति, इतिहास, जीवन चरित्र, मनोरंजन सभी कुछ इसमें होता था। बाजार भाव के लिए पत्र ने हिन्दुस्तान के सभी प्रमुख केन्द्रों से तार द्वारा भाव मँगवाने की व्यवस्था की थी। अँगरेजी में भी लेख छापे जाते थे।

'सांज वर्तमान' के रजत जयंती अंक में सम्पादक ने पाठकों को बधाई देते

हुए लिखा- "जब भारत एक कठिन स्थिति से गुजर रहा है तब देश की कोई जाति अपने को उनसे अलग या तटस्थ नहीं रख सकती। अभी भारत का भाग्य बनाने के लिए जो प्रयास चल रहे हैं, उस पर राजनीतिक गतिविधियाँ स्वाभाविक हैं। प्रत्येक व्यक्ति सबके लिए है और यही आज भारत के प्रत्येक सुपुत्र का लक्ष्य होना चाहिए। कोई अपने को पारसी समझकर अलग नहीं रह सकता। हम सब भारतीय साथ में खड़े रह सकते हैं या डूब सकते हैं। इसके अलावा और कोई बीच का मार्ग नहीं है।"

समालोचक

चन्द्रधर शर्मा गुलेरी और जवाहरलाल जैन वैद्य ने अगस्त 1902 में जयपुर से हिन्दी मासिक पत्रिका *'समालोचक'* का प्रकाशन किया। गोपालराम गहमरी को सम्पादन दयित्व सौंपा गया। प्रवेशांक में प्रकाशक ने 'आगमन' शीर्षक टिप्पणी में लिखा- 'इतना कह देना उचित है कि साधारणत: सबके मुख्य और गौण दो उद्देश्य होते हैं। इस पत्र का मुख्य उद्देश्य समालोचना होगा। उसके साथ साहित्य की आलोचना भी उसमें रहा करेगी। अपने उद्देश्य-साधन में समालोचक साध्यानुसार त्रुटि नहीं करेगा।"

'समालोचक' के नियमों में कहा गया- "किसी के व्यक्तिगत विरोध से भरी व असभ्य शब्द पूरित समालोचना नहीं छापी जाएगी। 'समालोचक' में विज्ञापन होंगे, उनमें भी कुछ भी झूठा व अतिरंजित होगा तो उसकी समालोचना करके सर्वसाधारण को धोखे से बचाने की चेष्टा की जाएगी।'

अगस्त 1903 में गोपालराम गहमरी के स्थान पर चन्द्रधर शर्मा 'गुलेरी' ने सम्पादन का दायित्व ग्रहण किया। प्रकाशक जवाहरलाल जैन वैद्य थे। जून-जुलाई 1903 के अंक में विष्णु शास्त्री चिपलूणकर की पुस्तक 'निबंधमालादर्श' की समालोचना गुलेरी ने की। इसी पुस्तक में समालोचना के धर्म और कर्म की व्याख्या करने वाला यह श्लोक मिला-

नीरक्षीरविवेके हंसा ऽलस्यं त्वमेव तनुषे चेत्।
विश्वस्मिन्न धुनाऽन्य: कुलव्रतं पालपिष्यति क:॥

अगस्त 1903 के अंक से यह श्लोक आलोचना के आदर्श के रूप में मुख्य पृष्ठ पर छपने लगा। इस श्लोक का अर्थ है- "हे हंस! जल और दूध को पृथक करने के लिए यदि तू ही आलस्य करेगा तो संसार में तेरे उक्त कुलव्रत का पालन कौन करेगा।"

मार्च 1906 तक 'समालोचक' का प्रकाशन हुआ। इस अवधि में पत्रिका ने साहित्य जगत में अपनी साख और धाक बना ली थी। दिसम्बर 1903 में 'समालोचक' में 'अत्र तत्र सर्वत्र' स्तम्भ आरम्भ कर सामयिक घटनाओं, साहित्यक प्रसंगों,

राजनीति और धर्म तथा सहयोगी पत्र-पत्रिकाओं पर सम्पादकीय टिप्पणियाँ लिखना आरम्भ किया।

'समालोचक' के अंकों में सुदर्शन, प्रवासी, सरस्वती, कलकत्ता रिव्यू, राजस्थान समाचार, श्री वेंकटेश्वर समाचार, भारत जीवन, हिन्दी प्रदीप, भारत मित्र आदि पत्र-पत्रिकाओं पर तीखी टिप्पणियाँ छपीं। उधर 1906 में 'गद्यविन्द्र' में विष्णुदत्त शर्मा ने 'दीबे तले अंधेरा' शीर्षक टिप्पणी में गुलेरी को निशाना बनाया। 'समालोचक' की भाषा-शैली में व्यंग्य का स्वर प्रधान था।

हैहय क्षत्रिय मित्र

अखिल भारतीय हैहय क्षत्रिय महासभा के मुख पत्र के रूप में प्रयाग से सन 1902 में मासिक पत्रिका *'हैहय क्षत्रिय मित्र'* का प्रकाशन हुआ। इसके आद्य सम्पादक केदारनाथ वर्मा थे। डिमाई आकार की 32 पृष्ठों की यह पत्रिका यद्यपि जातीय पत्र के रूप में प्रकाशित हुई थी, किन्तु उसकी पाठ्य सामग्री में सामाजिक सरोकारों की प्रतिबद्धता झलकती थी। जातिवाद, अंधविश्वास, कुरीतियों के विरुद्ध जनजागरण में 'हैहय क्षत्रिय मित्र' की भूमिका रही। पत्रिका में आर्य समाजी विद्वानों की रचनाओं को प्रमुखता से प्रकाशित किया जाता था। जातीय उन्नति, जातीय इतिहास, जातीय साहित्य और जातीय कार्यक्रमों के साथ-साथ सामान्य लेख, कविता, कहानी, हास्य-विनोद, विज्ञान आदि को भी पर्याप्त स्थान दिया था। 'हैहय क्षत्रिय मित्र' ने समय-समय पर जो विशेषांक प्रकाशित किए, वे विषय वस्तु का चयन, सामग्री का सम्पादन और प्रस्तुति की दृष्टि से संग्रहणीय रहे।

लक्ष्मण सिंह भानुवंशी, चिन्तामणि जायसवाल, लक्ष्मीनारायण जायसवाल, श्याम सुन्दर जायसवाल, बैजनाथ सिंह 'साहित्यरत्न' आदि ने 'हैहय क्षत्रिय मित्र' का सम्पादन किया। आरम्भ में इस पत्रिका की पृष्ठ संख्या 32, एक प्रति का मूल्य चार आना और वार्षिक शुल्क ढाई रुपये था। सन 1993 में 'हैहय क्षत्रिय मित्र' का नाम 'जायसवाल मित्र' कर दिया गया। 2003 में इसका प्रकाशन बन्द हो गया।

सन 1902 में दरभंगा से साहित्यिक साप्ताहिक *'मिथिला मिहिर'* का प्रकाशन हिन्दी और मैथिली में हुआ। योगानन्द कुमार, विष्णुकान्त झा (1909), जनार्दन झा (1914) और नंदकिशोर लाल ने पत्र का सम्पादन किया। बीच में दो बार प्रकाशन अवरुद्ध हुआ। पहली बार बन्द होकर सन 1908 में निकला। दूसरी बार अन्तराल लम्बा रहा, सन 1960 में पटना से मैथिली साहित्यिक साप्ताहिक पत्र के रूप में निकला।

बच्चों का अखबार

लाहौर से सन 1902 में उर्दू मासिक *'बच्चों का अखबार'* का प्रकाशन हुआ। पृष्ठ संख्या 48 और वार्षिक शुल्क 2 रुपये 6 आना था। सम्पादक मुंशी महबूब

आलम थे। प्रवेशांक में सम्पादक ने लिखा- "इंग्लिस्तान व अमेरिका में कम अज़ कम एक सौ अखबार बच्चों की तालीम व तरबियत के शाया होते होंगे, मगर उर्दू जुबान में तमाम हिन्दुस्तान में ऐसा एक अखबार या रिसाला भी शाया नहीं होता। इस कमी को पूरा करने के लिए 'बच्चों का अखबार' शाया होना शुरू हुआ है।" सन 1912 तक 'बच्चों का अखबार' प्रकाशित हुआ। बच्चों के लिए ज्ञानवर्द्धक सामग्री प्रकाशित की जाती थी।

अगस्त 1902 में लांगमैन ग्रीन एंड कम्पनी ने मुम्बई से अँगरेजी मासिक पत्रिका *'इंडियन एजुकेशन'* का प्रकाशन किया। 24x12 से.मी. आकार की पत्रिका 48 पृष्ठ की थी। शिक्षा पर केन्द्रित इस श्रेष्ठ पत्रिका में लेख और देशभर की शिक्षा जगत की गतिविधियों का सार-संक्षेप प्रकाशित होता था। प्रथम पृष्ठ पर सम्पादकीय टिप्पणियाँ रहती थीं। पुस्तक समीक्षा और शिक्षा सम्बन्धी सरकारी आदेशों, अधिसूचनाओं का प्रकाशन किया जाता था। अपने विषय की सम्पूर्ण पत्रिका थी।

सन 1902 में ब्रम्ह प्रेस इटावा से हिन्दी मासिक पत्र *'ब्राह्मण सर्वस्व'* का प्रकाशन भीमसेन शर्मा के सम्पादकत्व में हुआ। सनातन धर्म की व्याख्या के अलावा, दार्शनिक एवं वैज्ञानिक लेख तथा शिक्षा, साहित्य, इतिहास एवं जीवन चरित्र प्रकाशित किए जाते थे। बाद में ब्रह्मदेव मिश्र शास्त्री सम्पादक हुए। सन 1945 तक इसका प्रकाशन हुआ। जून 1902 में लाहौर से मुंशी अब्दुल गनी 'बेकरार' ने उर्दू मासिक *'देहाती गजट'* का सम्पादन-प्रकाशन किया। पृष्ठ संख्या 16 और वार्षिक शुल्क दो रुपये था। लेख पठनीय होते थे।

एक मार्च 1902 को दिल्ली से उर्दू दैनिक *'देहली गजट'* का प्रकाशन आरंभ हुआ। मुंशी निसार अली 'शोहरत' सम्पादक थे। एक प्रति का मूल्य दो पैसे था। अखबार 'दारुल उलूम' ने लिखा है- "चार पृष्ठों के रोजाना 'देहली गजट' के लेख साफ-सुथरे और विचारपरक होते हैं। इसके सम्पादक जम्मू रियासत में शिक्षा विभाग के संचालक रहे थे।

जनवरी 1902 में लाहौर से उर्दू मासिक पत्रिका *'तरक्की'* का प्रकाशन हुआ। 76 पृष्ठ की मासिक पत्रिका का वार्षिक शुल्क 2 रुपये आठ आना था। ज्ञान, आचार, संस्कृति, उद्योग आदि विषयों पर लेख प्रकाशित किए जाते थे।

पंडिता सुमित्रा देवी के सम्पादन में सन 1902 में हिन्दी मासिक पत्रिका *'आर्य वनिता'* प्रकाशित हुई। 'छत्तीसगढ़ मित्र' ने 'आर्य वनिता' के अंक दो और तीन की समीक्षा करते हुए लिखा- "यदि यह पत्र कुछ दिनों तक जीवित रहे तो स्त्रियों को उससे बड़ा लाभ पहुँचेगा।"

लखनऊ से सन 1902 में मासिक *'अल बयान'* का प्रकाशन हुआ। जनवरी 1906 में पाक्षिक हो गया। वार्षिक शुल्क तीन रुपये था। सम्पादक अब्दुल्ला इमादी

थे। पत्र के तीन भाग थे। एक भाग में अरब देशों के समाचार तथा सामयिक प्रसंगों पर अरबी भाषा में लिखा जाता था, दूसरा भाग अरबी लेखकों की रचनाओं के लिए था और तीसरे भाग में इस्लामी देशों के समाचार उर्दू भाषा में छपते थे। सन 1908 तक प्रकाशित हुआ। उर्दू मासिक *'जिया-उस-सना'* का प्रकाशन कोलकाता से 1902 में हुआ। सम्पादक-प्रकाशक जियाउद्दीन उमरपुरी थे। पृष्ठ संख्या 24 और वार्षिक शुल्क सवा दो रुपये था।

आगरा से सन 1902 में उर्दू साप्ताहिक *'जासूस'* 20 गुणित 30 से.मी. आकार में निकला। पृष्ठ संख्या 6 और वार्षिक शुल्क तीन रुपये था। यह साप्ताहिक सभी विषयों का समावेश करता था। जनवरी 1902 में जयपुर से उर्दू मासिक पत्रिका *'कौम'* का प्रकाशन-सम्पादन असासउद्दीन तसनीम ने किया। पृष्ठ संख्या 20 थी। ज्ञान, नीति और समाज इसके विषय थे। सन 1929 तक पत्रिका प्रकाशित हुई।

सन 1902 में कन्नड साप्ताहिक *'कर्नाटक वृत्त'* प्रकाशित हुआ। कृष्णराव माधवेकर सम्पादक थे। सन 1936 तक प्रकाशित हुआ। तेलुगु मासिक पत्रिका *'विश्व सृष्टि'* का प्रकाशन सन 1902 में गोदावरी से हुआ। सम्पादक-प्रकाशक मंदूरि वीर भद्रुलु थे। तेलुगु की महिला पत्रिका *'हिन्दू सुन्दरी'* काकिनाड से सन 1902 में निकली। बालांत्रषु शेषम्मा द्वारा प्रकाशित यह पत्रिका मासिक थी।

अक्टूबर 1902 में शेर-शायरी का उर्दू मासिक पत्र *'मजाक-ए-सुखन'* मथुरा से प्रकाशित हुआ। लाला जयराम बहादुर ने सन 1902 में जबलपुर से उर्दू पत्र *'सांझ और सबेरा'* का प्रकाशन किया। आठ पृष्ठ के उर्दू साप्ताहिक *'मुफीद-ए-रोजगार'* का प्रकाशन मुम्बई से सन 1902 में हुआ। सामाजिक और राजनीतिक विषयों का पत्र था। समाचार प्रमुखता से प्रकाशित किए जाते थे। *'शमसीर-ए-कलम'* का प्रकाशन हर शुक्रवार को लाहौर से किया जाता था। सन 1902 में आरम्भ हुए इस पत्र के सम्पादक-प्रकाशक हाफिज नूर अहमद थे। वार्षिक शुल्क ढाई रुपये था। उर्दू साप्ताहिक *'शम्स-उल-निहार'* दिल्ली से सन 1902 में निकला। महिलाओं के इस पत्र की सम्पादक बी अल्लादी 'नजाकत' थीं। किसी उर्दू पत्र की वे पहली महिला सम्पादक थीं। उनकी लेखन शैली वार्तालाप की तरह होती थी। काशी से सन 1902 में उर्दू साप्ताहिक पत्र *'आवाज-ए-खल्क'* निकला। सम्पादक-प्रकाशक मुंशी गुलाबचंद थे। पृष्ठ संख्या आठ और वार्षिक शुल्क दो रुपये आठ आना था। सन 1902 में इलाहाबाद से हिन्दी मासिक पत्रिका *'आर्य बाल हितैषी'* का प्रकाशन हुआ।

अहमद अब्दुल अजीज के सम्पादकत्व में हैदराबाद से सन 1902 में उर्दू साप्ताहिक *'अजीज-उल-अखबार'* प्रकाशित हुआ। पृष्ठ संख्या आठ थी। सन

1902 में श्रीमद दयानन्द अनाथाश्रम अजमेर ने मासिक पत्र *'अनाथ रक्षक'* का प्रकाशन किया। बाद में इसका नाम 'अजय' हो गया। मांगीलाल कवि किंकर सम्पादक थे। 12 अगस्त 1902 को इटावा से उर्दू साप्ताहिक *'कांग्रेस गजट'* निकला। पृष्ठ संख्या चार थी। सम्पादक हकीम बरहम थे। जनवरी 1902 में शेर-शायरी के उर्दू मासिक *'सुखन-ए-चमन'* का प्रकाशन सैयद जफर हुसैन ने किया। भावनगर से गुलाबचंद देवचंद सेठ ने गुजराती साप्ताहिक *'जैन'* का प्रकाशन सन 1902 में किया। संस्कृति और साहित्य पर केन्द्रित गुजराती पत्रिका *'बसंत'* 1902 में प्रकाशित हुई।

सन 1902 में राजमहेन्द्री से तेलुगु मासिक *'जन्तु वर्तमान सारम्'* का प्रकाशन पी.रामचन्द्रराव के सम्पादकत्व में हुआ। *'धर्मोपदेशनी'* नामक एक तेलुगु मासिक पत्रिका चेन्नै से प्रकाशित हुई। वरदाचायुलु सम्पादक-प्रकाशक थे।

15 सितम्बर 1902 को पटना से मौलाना फजल हक आजाद ने साप्ताहिक *'ताज'* का सम्पादन-प्रकाशन किया। फिरंगी हुकूमत का समर्थक पत्र था। छह पृष्ठ का उर्दू अर्द्ध साप्ताहिक *'तोहफा-ए-कैसरी'* सन 1902 में चेन्नै से निकला। अब्दुल रहीम के सम्पादकत्व में सन 1902 में आठ पृष्ठ का उर्दू साप्ताहिक *'दक्खिनी'* हैदराबाद से निकला। सन 1902 में भोपाल रियासत के सरकारी गजट *'जरीदा भोपाल'* का प्रकाशन आरंभ हुआ। सन 1902 में पंजाबी पत्र *'उपहारी'* और *'गुरुमत प्रचार'* प्रकाशित हुए।

सीतापुर से साहित्यिक हिन्दी मासिक *'काव्य सुधाकर'* का सम्पादन-प्रकाशन देवीदत्त त्रिपाठी ने किया। पत्र 1905 तक निकला। कान्यकुब्ज सभा अजमेर ने शीतलप्रसाद तिवारी के सम्पादकत्व में हिन्दी मासिक *'कान्यकुब्ज सुधारक'* प्रकाशित किया। कानपुर से हिन्दी मासिक *'रसिक लहरी'* रामनाथ गुप्त ने प्रकाशित किया। फर्रुखाबाद से मासिक *'व्यापार इंजिन'* शुरू हुआ।

हैदराबाद से सन 1902 में मुंशी नादिर अली के सम्पादकत्व में उर्दू मासिक पत्रिका *'नसीम-ए-दकन'* निकली। पृष्ठ संख्या 16, आकार 22 गुणित 18 से.मी. था। रुचिकर लेखों और कविताओं का प्रकाशन किया जाता था। मई 1902 में नैनीताल से शेरो-शायरी का उर्दू मासिक *'फख्र-ए-गीती'* प्रकाशित हुआ। सम्पादक-प्रकाशक मोहम्मद गनी जौहर थे। राज राजेश्वरी प्रेस लखनऊ से हिन्दी मासिक पत्र *'वसुंधरा'* का प्रकाशन हुआ। इसी साल अलीगढ़ से मासिक पत्र *'मानीटर'* का प्रकाशन हुआ।

एडवोकेट बंशबद मित्र ने सन 1902 में अँगरेजी साप्ताहिक पत्र *'ईस्टर्न हेरल्ड'* का प्रकाशन किया। वे ही पत्र के सम्पादक थे। राजनीति पर मित्र के भाषा और भाव प्रवण लेखों को प्रबुद्ध जगत में सराहा जाता था। सन 1902 में बनारस से

विश्वेश्वर प्रसाद वर्मा के सम्पादकत्व में हिन्दी मासिक पत्र *'उपन्यास दर्पण'* का प्रकाशन हुआ। हरिकृष्ण जौहर ने भी इस पत्र का सम्पादन किया है। इस हिन्दी मासिक पत्र में उपन्यास, उपन्यास अंक और उपन्यास आदि के सम्बन्ध में आलेख प्रकाशित किए जाते थे।

1903

इंडियन पीपुल

सच्चिदानंद सिन्हा के सहयोग से नगेन्द्रनाथ के सम्पादकत्व में सन 1903 में इलाहाबाद से अँगरेजी अर्द्ध साप्ताहिक *'इंडियन पीपुल'* का प्रकाशन हुआ। नगेन्द्रनाथ पहले कराची में 'फीनिक्स' के सम्पादक थे। किसी समाचार के सन्दर्भ में मुकदमा चलने पर शिकारपुर के संवाददाता का नाम प्रकट नहीं करने पर उन्हें कारावास की सजा हुई थी। जेल से रिहा होने के बाद वे इलाहाबाद आ गए। यहाँ से उन्होंने 'इंडियन पीपुल' का सम्पादन-प्रकाशन किया। सन 1911 तक नगेन्द्रनाथ 'इंडियन पीपुल' के सम्पादक रहे। फिर अँगरेजी दैनिक 'ट्रिब्यून' के सम्पादक पद पर लाहौर चले गए।

'इंडियन पीपुल' का प्रकाशन हुए कुछ ही समय बीता था कि बंग भंग के खिलाफ देश भर में प्रबल जनान्दोलन खड़ा हो गया। स्वदेशी और बहिष्कार की धूम मच गई। 1907 में अकेले बंगाल से नौ देशभक्तों को देश निकाला दिया गया। प्रेसों के खिलाफ दमनचक्र चला और मुकदमे चलाए गए। बंगाल के 'युगान्तर', 'संध्या' और 'वन्दे मातरम्' जागृति की इस नई लहर के अगुआ बन गए थे। 'संध्या' के सम्पादक ब्रह्मबांधव उपाध्याय की अस्पताल में मृत्यु हो गई। 'वन्दे मातरम्' के अरविन्द घोष ब्रिटिश सीमा छोड़कर पांडिचेरी चले गए।

'इंडियन पीपुल' ने लिखा- "भारतीय (भाषाओं के) अखबारों पर निगरानी रखने के लिए सरकारी रिपोर्टर बिठाया गया है, जबकि एंग्लो-इंडियन अखबारों को इस लज्जास्पद व्यवस्था से मुक्त रखा गया है। कोई भी पुलिस अधिकारी जिस प्रकार भारतीय अखबारों के दफ्तरों में धड़ल्ले से घुसा चला आता है, एंग्लो-इंडियन अखबारों में जाने की हिम्मत तक नहीं करता।"[1]

'इंडियन पीपुल' सप्ताह में दो बार प्रकाशित होता था। दस पृष्ठ का था। प्रत्येक पृष्ठ में चार कालम रहते थे। आकार 49 गुणित 31 से.मी. था। मुद्रक-प्रकाशक आर.ए.शाह थे। अन्तिम पृष्ठ के पहले कालम में अनुक्रमणिका रहती थी। उसी के नीचे 'नोट्स एंड कमेण्ट्स' शीर्षक से समसामयिक घटनाओं और प्रसंगों पर टिप्पणी की जाती थी। पृष्ठ दो पर सम्पादकीय दिया जाता था। अग्रलेख की भाषा

1. इंडियन पीपुल, 14 जून 1906

सुगठित, वाक्य छोटे तथा अभिव्यक्त में प्रवाह और प्रखरता रहती थी।

नए वर्ष के आरम्भ में बीते वर्ष की समीक्षा की जाती थी। वर्ष 1907 की समीक्षा करते हुये 'इंडियन पीपुल' के सम्पादक ने लिखा-"भारत ने हाल ही जो अनेक अंधेरे वर्ष जिये और भोगे हैं उनमें वर्ष 1907 सबसे अधिक अंधकारमय था। इस वर्ष लाला लाजपतराय और अजीत सिंह को न केवल गिरफ्तार किया गया वरन उन्हें देश निकाला दिया गया। उन्हें किस अपराध में यह सजा दी गई यह कभी भी किसी को ज्ञात न हो सकेगा। साथ ही, इस वर्ष उन्हें बाद में छोड़ भी दिया गया। इसी वर्ष ऐसे दमनकारी उपाय भी लागू किए गए जिनका भारत पर अँगरेजों के शासन के इतिहास में नाम भी नहीं सुना गया था। बैठकें एवं सभाएँ आयोजित करने पर अध्यादेश द्वारा लगाए गए प्रतिबन्ध की छह माह की अवधि समाप्त हो जाने पर उसके स्थान पर सभाएँ आयोजित न करने का कानून थोप दिया। देशद्रोह के अनेक मामले पंजाब, बंगाल और बम्बई में चलाए गए। रावलपिंडी में अनेक वकीलों को गिरफ्तार कर उन्हें पुलिस ने लाक-अप में रखा। उनके खिलाफ कोई अपराध भी सिद्ध न हो सका, न प्रशासन कुछ कर सका, न ही प्रतिनिधि उपाय हाथ लगे। आज हम विभाजित हैं और सारी दुनिया के समक्ष नीचा देखना पड़ रहा है।"[1]

'इंडियन पीपुल' देश की आजादी और प्रेस की स्वतंत्रता का प्रबल पक्षधर था। पत्र ने 'प्रेस इन इंडिया' शीर्षक से लम्बा सम्पादकीय लिखकर अँगरेजों द्वारा प्रेस के दमन के कदमों की बेबाक समीक्षा की। सन 1911 में 'इंडियन पीपुल' इलाहाबाद के 'लीडर' में समाहित हो गया। तब 'लीडर' के नाम शीर्ष पर यह उल्लेख किया जाने लगा 'इंडियन पीपुल सागाहित।'

उर्दू-ए-मुअल्ला

मौलाना हसरत मोहानी ने अलीगढ़ से जुलाई 1903 में मासिक पत्रिका *'उर्दू-ए-मुअल्ला'* का सम्पादन-प्रकाशन किया। 25 गुणित 10 से.मी. आकार की 56 पृष्ठ की पत्रिका की एक प्रति का मूल्य चार आना था। इसके लिए उन्होंने उर्दू प्रेस लगाया। राजनीति, साहित्य और इतिहास की इस पत्रिका में प्रसिद्ध शायरों की कविताएँ तथा पत्राचार भी प्रकाशित किए जाते थे। राजनीति पर बेबाक लेख छापे जाते थे। मुसलमानों को कांग्रेस की ओर मोड़ने के लिए मौलाना ने तर्कपूर्ण लेख छापे। उन्होंने लिखा- "आज हर देशभक्त हिन्दुस्तानी का फर्ज होता है कि अँगरेजों के जुल्म के मुकाबले में तनकर खड़ा हो जाए और एक साथ मिलकर अँगरेजों से मुकाबला करे और अँगरेजी माल का बायकाट करे और उन्हें किसी प्रकार की मदद न करे।"

---

1. इंडियन पीपुल, 2 जनवरी 1908

'उर्दू-ए-मुअल्ला' ने स्वदेशी आन्दोलन का पुरजोर समर्थन किया। अगस्त 1908 में सम्पादक को दो साल की कैद की सजा होने पर पत्रिका बंद हो गई। एक साल में वे मुक्त हो गए और अक्टूबर 1909 में पुनः पत्रिका आरम्भ कर दी। सन 1913 में पत्रिका से तीन हजार रुपये की जमानत माँगी गई जिसके कारण अप्रैल 1913 में प्रकाशन फिर थम गया। सन 1925 में कानपुर से तीसरी बार पत्रिका निकली।

जमाना

फरवरी 1903 में कानपुर से उर्दू मासिक पत्रिका *'जमाना'* प्रकाशित हुई। इसका मुद्रण बरेली के केसरी प्रेस से होता था। शिवव्रत लाल बर्मन के सम्पादकत्व में निकली 'जमाना' का लक्ष्य था उर्दू भाषा में पूर्व और पश्चिम के विचारों की समानता तथा मेलजोल की प्रस्तुति और उन घटनाओं पर विचार प्रकट करना जो सामाजिक जीवन पर प्रभाव डालती हैं। नवम्बर 1903 में मुंशी दयानारायण निगम सम्पादक हुए। उन्होंने 'जमाना' को सुधारवादी, वैचारिक तथा ज्ञानवर्धक पत्रिका का स्वरूप दिया। इतिहास, संस्कृति, दर्शन, सभ्यता, चित्रकला, साहित्य, समीक्षा, औषधि, भाषा, राजनीति, धर्म, हास्य-व्यंग्य- सभी विषयों और विधाओं का इसमें समावेश किया। 'रफतार-ए-जमाना' स्तम्भ में राजनीतिक टिप्पणी की जाती थी। लेखन में सावधानी और सन्तुलन का ध्यान रखा जाता था। 'जमाना' उर्दू की ऊँचे दर्ज की पत्रिका थी। प्रतिष्ठित साहित्यकारों की रचनाएं इसमें छपती थीं। मुंशी दयानारायण निगम ने लगातार चालीस साल तक 'जमाना' का सम्पादन किया।

सन 1928 में 'जमाना' का रजत जयंती अंक 224 पृष्ठ का निकला। 'माधुरी' ने इस पर सम्मति देते हुए लिखा- उर्दू में ऐसी कोई दूसरी पत्रिका नहीं है। 'जमाना' का प्रेमचंद विशेषांक सन्दर्भ की दृष्टि से स्थायी महत्व का है। मुंशी प्रेमचंद 'जमाना' से गहरे जुड़े हुए थे। इसके लिए टिप्पणियाँ लिखते थे।

जमींदार

मौलाना सिराजउद्दीन अहमद ने लाहौर से उर्दू साप्ताहिक *'जमींदार'* का प्रकाशन जून 1903 में किया। इस पत्र की एक विशेषता यह थी कि इसमें सारे लेख मौलाना के लिखे होते थे। कुछ समय बाद 'जमींदार' का प्रेस और कार्यालय मौलाना के गाँव करमपुर स्थानांतरित हो गया। 1909 में जफर अली खाँ ने सम्पादन-प्रकाशन की जिम्मेदारी सम्हाली। वे पत्र को वापस लाहौर ले गए। उन्होंने विद्वानों का समूह पत्र के साथ जोड़ा, जिससे 'जमींदार' का स्तर, प्रभाव तथा लोकप्रियता बढ़ी। वे स्वयं एक अच्छे साहित्यकार और विचारवान सम्पादक थे। 'जमींदार' ने रायटर एजेंसी की समाचार सेवा ली। अँगरेजी पत्रों से अच्छे अनुवाद छापे। साज-सज्जा और समाचारों की प्रस्तुति पर ध्यान दिया। पूरे 35 साल तक यह

अखबार उर्दू जगत में छाया रहा।

सरकार की गलतियाँ उजागर करने और दुर्नीतियों के विरुद्ध टिप्पणी लिखने में सम्पादक ने संकोच नहीं किया। एवज में प्रेस की मशीनें जप्त हुईं। जुर्माना लगाया गया। 'प्रताप' ने खबर दी- "जमींदार लाहौर के पत्र सम्पादक-मुद्रक तथा प्रकाशक चौधरी अब्दुल हक अफगानिस्तान सम्बन्धी लेख प्रकाशित करने के लिए गत 11 जुलाई को गिरफ्तार कर लिए गए।[1]

कल्पलता

तेलुगु की प्रथम विज्ञान पत्रिका *'कल्पलता'* सन 1903 में प्रकाशित हुई। महामहोपाध्याय अचिन्त वेंकटराम सांख्यायन शर्मा के सम्पादकत्व में सन 1905 तक प्रकाशित 'कल्पलता' के 30 अंक निकले। ये अंक स्थायी महत्व के हैं। स्वयं सम्पादक की रचनाएँ इन अंकों में प्रकाशित हुईं। विज्ञान विषय के अलावा, इसी पत्रिका से तेलुगु लघु कथाओं और आधुनिक कविता की शुरूआत हुई। इस पत्रिका का एक उल्लेखनीय अवदान यह है कि विज्ञान पर सन्दर्भ सामग्री तेलुगु साहित्य से जुटायी गई। वेंकटराम सांख्यायन शर्मा तेलुगु लघु कथा के जनक माने जाते हैं।

गुवाहाटी के विक्टोरिया प्रेस से सन 1903 में *'एडवोकेट आफ असम'* का प्रकाशन हुआ। मथुरानाथ बरुआ इसके सम्पादक थे। यह पत्र सन 1912 तक प्रकाशित हुआ। 'एडवोकेट आफ असम' राष्ट्रीय विचारधारा का पत्र था। इसने हुकूमत की गड़बड़ियों के खिलाफ खुलकर लिखा। जनहित की पुरजोर पैरवी की।

अर्जुमन्द मोहम्मद यासीन खाँ ने सन 1903 में भोपाल से 24 पृष्ठ की पत्रिका *'मेहर-ए-मुनीर'* का प्रकाशन किया। इसमें फारसी और उर्दू की कविताएँ, अँगरेजी उपन्यास का अनुवाद और जीवन चरित्र का प्रकाशन किया जाता था। एक पृष्ठ पर हास्य-व्यंग्य का स्तम्भ 'दिल बहलाव' शीर्षक से छपता था। 25 गुणित 10 से.मी. आकार की पत्रिका का वार्षिक शुल्क दो रुपये था।

उत्तमलाल सरस्वती ने सन 1903 में कन्नौज से हिन्दी द्वै-मासिक *'मोहिनी'* का प्रकाशन किया। कुछ समय पाक्षिक और मासिक आवृत्ति में भी निकली। एक जनवरी 1903 को पटना से उर्दू मासिक पत्रिका *'रफ्तार-ए-जमाना'* प्रकाशित हुई।

बिधुशेखर भट्टाचार्य और रामअवतार पांडेय ने मार्च 1903 में *'मित्र गोष्ठी'* नामक संस्कृत साहित्यिक पत्रिका का सम्पादन-प्रकाशन किया। साढ़े तीन वर्ष तक यह मासिक पत्रिका काशी से निकली। विद्वत जगत में 'मित्र गोष्ठी' का अच्छा स्वागत हुआ था। प्रसार संख्या तीन सौ थी।

औरंगाबाद से सन 1903 में हिन्दी की साहित्यिक मासिक पत्रिका *'लक्ष्मी*

---

1. प्रताप, 19 जुलाई 1931

उपदेश लहरी' का प्रकाशन लक्ष्मीनारायण लाल ने किया। सम्पादक गोरे लाल मंजू सुशील थे। 1905 में गया से प्रकाशित होने लगी। लाला भगवानदीन सम्पादन करते थे। पत्रिका का नाम भी 'लक्ष्मी' हो गया। 1923 तक लक्ष्मी का प्रकाशन हुआ। सामग्री का चयन उत्तम था। पृष्ठ संख्या 23 और वार्षिक शुल्क डेढ़ रुपया था। समालोचना, विचार तरंग और साहित्य संवाद प्रमुख स्तम्भ थे।

लेह (लद्दाख) से सन 1903 में ईसाई मिशनरियों ने *'लद्दाख फूतियाँ'* नामक पत्रिका का प्रकाशन किया। मौलाना अबुल कलाम आजाद के सम्पादकत्व में 20 नवम्बर 1903 को कोलकाता से उर्दू मासिक पत्रिका *'लिस्सानुल सिदक'* का प्रकाशन आरंभ हुआ। समाज सुधार, उर्दू भाषा का विकास, शिक्षा का प्रसार और उर्दू पुस्तकों की समालोचना इस पत्रिका के मुख्य उद्देश्य थे।

गोविन्द नारायण मिश्र के सम्पादकत्व में सन 1903 में कोलकाता से हिन्दी मासिक पत्रिका *'सारस्वत सर्वस्व'* प्रकाशित हुई। 30 पृष्ठों की उर्दू मासिक पत्रिका *'सीमा'* अमृतसर से सन 1903 में निकली। सम्पादक मौला बख्श 'कुश्ना' थे। वार्षिक शुल्क सवा रुपये था।

8 अक्टूबर 1903 को लाहौर से उर्दू साप्ताहिक *'शरीफ'* प्रकाशित हुआ। प्रकाशक मोहम्मद शरीफ और सम्पादक सैयद जालिब देहलवी थे। 18 गुणित 22 से.मी. आकार के 22 पृष्ठ होते थे। वार्षिक शुल्क दो रुपया था। बाजारबन्दी, जिला सारन से उर्दू मासिक पत्रिका *'शिया'* सन 1903 में निकली। सम्पादक सैयद हैदर हुसैन थे। पृष्ठ संख्या 48 और वार्षिक शुल्क दो रुपये था।

द्वारिका प्रसाद शर्मा चतुर्वेदी ने हिन्दी मासिक पत्रिका *'श्री राघवेन्द्र'* का प्रकाशन प्रयाग से किया। धर्म सम्बन्धी यह पत्रिका सन 1903 से 1914 तक निकली। मराठी समाचारपत्र *'हरिकिशोर'* यवतमाल से डाक्टर अणे ने प्रकाशित किया। यह मासिक पत्र था। साप्ताहिक *'उरूज'* सन 1903 में बिजनौर से निकला। मुंशी मोहम्मद नईम उल्ला सम्पादक-प्रकाशक थे। पृष्ठ संख्या 12 और वार्षिक शुल्क चार रुपये था।

गुजरावालां से अँगरेजी-उर्दू के *'एंग्लो वर्नाकुलर अखबार'* का प्रकाशन सन 1903 में किया गया। मौलवी शुजाउल्ला सम्पादक-प्रकाशक थे। 20 पृष्ठों के अखबार का वार्षिक शुल्क चार रुपये था। पृष्ठ दो भागों में बँटा रहता था, आधे भाग में अँगरेजी और आधे भाग में उर्दू के मजमून छपते थे।

जनवरी 1903 में इलाहाबाद से हिन्दी और उर्दू का अखबार *'कश्मीर दर्पण'* प्रकाशित हुआ। इंडियन प्रेस इलाहाबाद में छपता था। तेज बहादुर सप्रू सम्पादक थे। पृष्ठ संख्या 56 और वार्षिक शुल्क तीन रुपये था। यह कश्मीरी समाज का प्रतिनिधि पत्र था। अप्रैल 1903 में दिल्ली से उर्दू मासिक पत्रिका *'काशिफ-उल-*

उलूम' का प्रकाशन मोहम्मद याकूब बेग देहलवी के सम्पादकत्व में हुआ। पृष्ठ संख्या 40 और वार्षिक शुल्क दो रुपये 9 आने था। धार्मिक विषयों की पत्रिका थी। 7 जून 1903 को बदायूँ से उर्दू साप्ताहिक *'जुलकरनेन'* प्रकाशित हुआ। विक्टोरिया प्रेस बदायूँ में छपता था। सैयद निजामुद्दीन हुसैन 'निजामी' सम्पादक-प्रकाशक थे। विविध विषयों का यह समाचारपत्र आठ पृष्ठ का था। वार्षिक शुल्क तीन रुपये था।

सन 1903 में पंजाबी का साप्ताहिक *'खालसा एडवोकेट'* अमृतसर से निकला। सम्पादक मेहर सिंह रावल थे। त्रिचनापल्ली से सन 1903 में महिलाओं की तमिल मासिक पत्रिका *'गृहलक्ष्मी'* टी.एस.जानकी के सम्पादकत्व में प्रकाशित हुई।

अक्टूबर 1903 में काशीनाथ बामन ने मराठी साप्ताहिक *'धर्म'* का प्रकाशन किया। पत्र में छपने वाले समाचार, लेख आदि धर्म, संस्कृति और सभ्यता के उजले पक्ष को अभिव्यक्त करते थे। छपरा बिहार से हिन्दी साप्ताहिक *'नारद'* सन 1903 में प्रकाशित हुआ। गोविन्द प्रसाद शर्मा सम्पादक थे। भाषा अच्छी, समाचारों और लेखों का चयन उत्तम तथा प्रस्तुति सुरुचिपूर्ण थी। पत्र ने अपने पाठकों के लिए अग्रिम वार्षिक शुल्क के आधार पर उपहार स्वरूप पुस्तक भेंट करने की योजना चलाई थी। नारद प्रेस छपरा से मुद्रण होता था। वार्षिक शुल्क डेढ़ रुपया था। सन 1903 में पटना से उर्दू पत्र *'दामन-ए-बिहार'* प्रकाशित हुआ।

मलयालम का मासिक पत्र *'फलावर आफ कार्नेल'* सन 1903 में प्रकाशित हुआ।

पंजाब के जगाधरी से हिन्दी साप्ताहिक पत्र *'ब्राह्मण समाचार'* सन 1903 में प्रकाशित हुआ। सामाजिक, राजनीतिक और धार्मिक विषयों पर विवेचनात्मक लेख, युद्ध के समाचार, जानने योग्य संसार का प्रकाशन किया जाता था। प्रत्येक सोमवार को निकलता था। वार्षिक शुल्क ढाई रुपया था। सम्पादक उमादत्त शर्मा थे। शेरो शायरी का उर्दू मासिक *'मैयार-उल-निसार'* जुलाई 1903 में हैदराबाद से निकला। सिराजुद्दीन अहमद खाँ सम्पादक-प्रकाशक थे।

अमृतसर से उर्दू मासिक पत्रिका *'मिनरवा'* अगस्त 1903 में प्रकाशित हुई। गुलाम कादिर फर्रुख सम्पादक थे। आरंभ 32 पृष्ठों से हुआ था और सन 1910 में पृष्ठ संख्या 100 हो गई। राष्ट्रीय विचारधारा का पत्र था। इतिहास, साहित्य के अच्छे लेख छापे जाते थे। मुरादाबाद से 8 जून 1903 को उर्दू साप्ताहिक *'मुखबिर-ए-आलम'* का प्रकाशन अब्दुल अली आबिद के सम्पादकत्व में हुआ। तीसरे अंक से नाम में 'रहमत-ए-आलम' शब्द और जुड़ गए। महीने की 8, 16, 24 और 30 तारीख को छपता था। ईसाई मिशनरियों की गतिविधियों की आलोचना करता था। आकार 50 गुणित 38 से.मी., पृष्ठ संख्या 8 और एक प्रति का मूल्य दो आना था।

यूनानी उपचार पद्धति से सम्बन्धित उर्दू मासिक पत्रिका *'मुजल्ला तिब्बिया'* दिल्ली से सन 1903 में निकली। सम्पादक हकीम अजमल खाँ थे। पृष्ठ संख्या 40 और एक प्रति का मूल्य तीन आने था। अँगरेजी मासिक *'इंडियन रेलवे गजट'* कोलकाता से सन 1903 में निकला। आकार 27 गुणित 22 से.मी., पृष्ठ संख्या 40 और मूल्य आठ आना था। ज्ञान-विज्ञान, साहित्य, इतिहास की उर्दू मासिक पत्रिका *'अलीगढ़ मंथली'* जनवरी 1903 में अलीगढ़ से प्रकाशित हुई। भाषा अँगरेजी और उर्दू थी। सैयद बिलायत हुसैन सम्पादक थे। वार्षिक शुल्क चार रुपये था।

मेरठ से जनवरी 1903 में ख्वाजा गुलाम उल सकलेन के सम्पादकत्व में उर्दू मासिक *'अस्र-ए-जदीद'* प्रकाशित हुआ। इस्लामी बिरादरी में सामाजिक सुधार इस पत्रिका का मुख्य विषय था। अक्टूबर 1903 में शाहजहाँपुर से उर्दू की साहित्यिक मासिक पत्रिका *'अल-बुरहान'* प्रकाशित हुई। मोहम्मद किफायतुल्ला सम्पादक थे। पृष्ठ संख्या 16 और वार्षिक शुल्क 4 रुपये था।

सन 1903 में दिल्ली से उर्दू साप्ताहिक *'आसिफ-उल-अखबार'* निकला। सम्पादक-प्रकाशक आगा कजलवास थे। लुधियाना से उर्दू साप्ताहिक *'आर्मी न्यूज'* 15 जून 1903 को प्रकाशित हुआ। रामरिछपाल सिंह 'शैदा' सम्पादक थे। छह वर्ष तक प्रकाशित हुआ। अमृतसर से सन 1903 में उर्दू साप्ताहिक *'अहले हदीस'* प्रकाशित हुआ। मुस्लिम समुदाय के सामाजिक और धार्मिक मामलों से सम्बन्धित सामग्री का प्रकाशन करता था। अब्दुल वफा सनाउल्ला सम्पादक और प्रकाशक थे। मंगलूरु से अँगरेजी मासिक पत्रिका *'इंडियन मैगजीन'* सन 1903 में निकली। एफ.एच.रोलीडर सम्पादक थे। एक प्रति का मूल्य साढ़े चार आने था।

विदेशी सत्ता अस्वीकार

1904

संध्या

20 नवम्बर 1904 को कोलकाता से बंगला दैनिक पत्र *'संध्या'* का प्रकाशन ब्रह्मबांधव उपाध्याय के सम्पादकत्व में आरम्भ हुआ। 'कराली' नाम से इसी पत्र का अर्द्ध साप्ताहिक संस्करण भी प्रकाशित हुआ था। बंग-भंग विरोधी आन्दोलन में 'संध्या' ने महत्वपूर्ण भूमिका निभाई थी और इसके 'पुरस्कार' स्वरूप फिरंगी हुकूमत की आँख की किरकिरी बन गया था। हुकूमत इसे राजद्रोही और अतिवादी समाचार पत्र मानती थी। 'संध्या' ने दो टूक शब्दों में लिखा था- "कोरे शब्दों से कुछ काम नहीं चलेगा। जब तक लाठी और बम नहीं होंगे, फिरंगी को होश नहीं आएगा और वह आपके लिए रत्ती भर भी परवाह नहीं करेगा।"[1]

'संध्या' ने फिरंगियों की दुर्नीतियों और कुचालों का डटकर भंडाफोड़ किया। उसका उद्घोष था- "यदि संघर्ष करते हुए मृत्यु भी आ जाए तो वह अमरत्व ही होगा।"

'संध्या' की सम्पादकीय टिप्पणियाँ तर्कसंगत, विचारवान और मर्मस्पर्शी होती थीं। शीर्षक इतने आकर्षक होते थे कि लोग उन्हें पढ़े बिना नहीं रहते।

ब्रह्मबांधव उपाध्याय की लेखनी में ओज और तेजस्विता थी। अध्ययन और सोच में जमीन से जुड़ाव था। इसका परिणाम भी वे जानते थे। उनकी मान्यता थी कि 'उन व्यक्तियों के लिए उत्पीड़न और निर्दयता का कोई अर्थ नहीं है जो शरीर को आत्मा के समान समझने को पाप समझते हैं।"

'संध्या' के सम्पादक को राजद्रोह के आरोप में मृत्युपर्यन्त सताया गया। 30 अगस्त 1907 को 'संध्या' प्रेस की तलाशी ली गई। तीन सितम्बर 1907 को उपाध्याय को राजद्रोह के आरोप में गिरफतार किया गया, लेकिन उसी शाम जमानत पर छोड़ दिया गया। उन पर मुकदमा चला। 23 सितम्बर 1907 को उन्होंने

1. संध्या, 9 मई 1907

न्यायालय में कहा- "मैं समाचारपत्र 'संध्या' के प्रकाशन, प्रबंधन और आचरण का पूर्ण उत्तरदायित्व स्वीकार करता हूँ। मेरा कहना है कि "एकहान थेके गिछी प्रेमेर दाई" (अब मैं प्रेम में तल्लीन हो गया हूँ) लेख मैंने लिखा है जो 'संध्या' के 13 अगस्त 1907 के अंक में छपा है और जिसे राजद्रोह के मुकदमे का एक आधार बनाया गया है। परन्तु मैं इस मुकदमे में भाग नहीं लेना चाहता क्योंकि मैं विदेशी सत्ता को स्वीकार ही नहीं करता।"

23 अक्टूबर 1907 को दूसरी पेशी पड़ी, तब उपाध्याय केम्पबेल अस्पताल में भर्ती थे। इसी बीच एक और मुकदमा दायर कर दिया गया। तब मजिस्ट्रेट ने उनकी जमानत रद्द कर स्वस्थ होते ही जेल में रखने का आदेश दे डाला। उनका हार्निया का आपरेशन हुआ, किन्तु 27 अक्टूबर 1907 को टिटनेस के कारण देहावसान हो गया। उनके निधन पर 'वन्दे मातरम्' ने लिखा था- "बंगाल के घर-घर में उनके साहस की प्रेरणास्पद कहानी कही जाएगी।"

हिन्दुस्तान

बाबू दीनानाथ ने 26 अगस्त 1904 को लाहौर से उर्दू साप्ताहिक *'हिन्दुस्तान'* का प्रकाशन आरंभ किया। यह अखबार प्रखर राष्ट्र भक्ति और अँगरेजी हुकूमत के विरोध के कारण लोकप्रिय हुआ। पत्र के सम्पादक को दस वर्ष की कारावास की सजा होने पर प्रकाशन के चौथे वर्ष में अखबार कुछ समय के लिए बन्द हो गया। दुबारा इसका प्रकाशन दैनिक अखबार के रूप में हुआ। रामभज दत्त 'हिन्दुस्तान' के प्रमुख सम्पादकीय सहयोगी थे। 'हिन्दुस्तान' ने आजादी की वकालत करते हुए अरविंद घोष को उद्धृत किया- "स्वराज्य एक राष्ट्र के लिए उसी प्रकार है, जिस प्रकार शरीर के लिए आत्मा।"[1]

सप्रे संग्रहालय में उपलब्ध सन 1942 के 'हिन्दुस्तान' के अंकों से पता चलता है कि तब इसके सम्पादक पंडित संतराम केसरी थे। दैनिक पृष्ठ का आकार 50 गुणित 35 से.मी., पृष्ठ संख्या 6 और मूल्य एक आना था। दैनिक में देश-विदेश के समाचार, राष्ट्रीय नीति के अनुसार सम्पादकीय और जन-जागरण के ध्येय से लेख प्रकाशित किए जाते थे।

'हिन्दुस्तान' नाम से लाहौर से ही साप्ताहिक पत्र जनवरी 1926 में निकला। सरदार शार्दूल सिंह कवीश्वर सम्पादक थे। प्रवेशांक की पृष्ठ संख्या 40 थी।

बिहारी

भास्कर विष्णु फडके के सम्पादकत्व में मराठी साप्ताहिक *'बिहारी'* मुम्बई से 26 दिसम्बर 1904 को प्रकाशित हुआ। लोकमान्य तिलक के विचारों का

1. 'हिन्दुस्तान' 14 जनवरी 1908

समर्थन करने वाला 'बिहारी' कालान्तर में दामोदर विनायक सावरकर की अभिनव भारत संस्था का मुख पत्र बना। 'बिहारी' के सम्पादक फडके को नवम्बर 1907 में राजद्रोह के आरोप में दो वर्ष की कैद और 300 रुपये जुर्माना की सजा हुई। सन 1908 में 'बिहारी' के दूसरे सम्पादक रामचन्द्र नारायण मांडलीक को भी राजद्रोह के आरोप में दो साल के कारावास की सजा हुई। अन्ततः इसी वर्ष साप्ताहिक 'बिहारी' बन्द हो गया।

आर्य सेवक

श्रीमती आर्य प्रतिनिधि सभा मध्यप्रान्त और बरार की ओर से जनवरी 1904 में मासिक पत्र *'आर्य सेवक'* का प्रकाशन गणेश प्रसाद शर्मा ने किया। इसका मुद्रण सरस्वती विलास प्रेस नरसिंहपुर से होता था। 12 पृष्ठ के 33 गुणित 19 से.मी. आकार वाले इस पत्र का मूल्य एक आना और वार्षिक शुल्क एक रुपया था। 'आर्य सेवक' के प्रकाशन का उद्देश्य वेदों का प्रचार और संस्कृत विद्या की उन्नति था। अनाथों के पालन की अपील इसमें लगातार प्रकाशित की जाती थी। साथ ही आर्य समाज पर लगने वाले आक्षेपों का जवाब दिया जाता था। आर्य समाज की गतिविधियों के समाचार नियमित रूप से प्रकाशित किए जाते थे। हिन्दू समाज में व्याप्त कर्मकांडों और अंध विश्वासों पर यह पत्र प्रहार करता था। 'आर्य सेवक' में अन्य समाचारपत्रों से समाचार उद्धृत भी किए जाते थे।

जनवरी 1914 से इस पत्र का वार्षिक मूल्य डेढ़ रुपया हो गया। जनवरी 1915 से आर्य सेवक पाक्षिक हो गया। सम्पादक ब्रह्मानंद थे। 'आर्य सेवक' के पुराने अंकों में ऐसा भी प्रयोग मिलता है कि कोई लेख निर्धारित पृष्ठ संख्या से ज्यादा बड़ा हो जाता है, तब कागज की छोटी टुकड़ी लगाकर लेख को पूरा कर दिया जाता था। आर्यसेवक बीच में कुछ समय के लिए बंद हो गया था, जिसे 1913 में पुनर्जीवित किया गया। 1924 में सम्पादक महेशदत्त शर्मा और प्रकाशक नन्हेलाल हो गए।

बाद में 'आर्यसेवक' नरसिंहपुर से जबलपुर स्थानांतरित हो गया। 5 अप्रैल 1929 से इसका प्रकाशन पाक्षिक के स्थान पर साप्ताहिक होने लगा। वार्षिक मूल्य तीन रुपये तथा एक प्रति का मूल्य एक आना था। इसी अंक में पत्र ने अपना विज्ञापन भी जारी किया– यदि साप्ताहिक समाचार पढ़ने का शौक है तो जबलपुर का प्रसिद्ध पत्र आर्यसेवक मँगाइए। वार्षिक मूल्य तीन रुपये। साप्ताहिक 'आर्य सेवक' की पृष्ठ संख्या 12 थी। कर्मवीर प्रेस जबलपुर से मुद्रित होता था। प्रकाशक रामेश्वर राव गायकवाड़ थे। सम्पादक ठाकुर लक्ष्मणसिंह चौहान थे।

शिवचन्द्र भरतिया के सम्पादकत्व में कोलकाता से 10 नवम्बर 1904 को हिन्दी मासिक *'वैश्य उपकारक'* का प्रकाशन हुआ। रामलाल नेमाणे ने राम प्रेस से

मुद्रण-प्रकाशन किया था। 32 गुणित 24 से.मी. आकार का पत्र था। वैश्य समुदाय को केन्द्र में रखकर इसका प्रकाशन हुआ था, किन्तु कालान्तर में इसका स्वरूप साहित्यिक पत्रिका का हो गया, जब चौथे अंक से माधवप्रसाद मिश्र सम्पादक हुए। जीवानंद काव्यतीर्थ ने भी सम्पादन किया।

'अमृतधारा' के आविष्कारक वैद्य ठाकुरदत्त शर्मा ने सन 1904 में हिन्दी पाक्षिक *'देश उपकारक'* का प्रकाशन किया। सन 1905 में यह साप्ताहिक हो गया। पत्र का मूल्य एक आना था। आयुर्वेद और यूनानी चिकित्सा पद्धति का प्रवक्ता पत्र था। बंगला मासिक पत्रिका *'बांधव'* सन 1904 में ढाका से प्रकाशित हुई। कालीप्रसन्न घोष 'बांधव' के सम्पादक-प्रकाशक थे। इसमें विविध विषयों पर सारगर्भित निबंध छपते थे। बंगला की उत्कृष्ट पत्रिकाओं में 'बांधव' का स्थान था।

जयपुर से मासिक पत्र *'संस्कृत रत्नाकर'* सन 1904 में निकला। पंडित गिरधर शर्मा शास्त्री के सम्पादकत्व में दस वर्ष तक प्रकाशित हुआ। कुछ अन्तराल के बाद अक्टूबर 1923 में संस्कृत साहित्य सम्मेलन के मुख पत्र के रूप में पटना से पुनः प्रकाशित होने लगा। सम्पादक चन्द्रशेखर शास्त्री थे। खड्ग विलास प्रेस से छपता था। वार्षिक शुल्क तीन रुपये था। सुसम्पादित पत्र था।

सन 1904 में उर्दू के कोई दो दर्जन पत्र-पत्रिकाएँ प्रकाशित हुए। झंग से उर्दू पाक्षिक पत्रिका *'झंग स्याल'* दयाल प्रेस से निकली। सम्पादक लाला बांके दयाल थे। दस वर्ष तक प्रकाशित हुआ। अलीगढ़ से महिलाओं के लिए 64 पृष्ठ की पत्रिका *'खातून'* प्रकाशित हुई। मोहम्मद अब्दुल्ला सम्पादक थे। वार्षिक शुल्क तीन रुपये था। कई वर्ष तक इसका प्रकाशन हुआ।

जनवरी 1904 में *'दकन रिव्यू'* नामक उर्दू मासिक पत्रिका प्रकाशित हुई। 'दकन रिव्यू' के 'इस्लाम अंक' और 'हिन्दू अंक' चर्चित रहे। 1909 में इस पत्रिका ने लेखकों को पारिश्रमिक देने की व्यवस्था की। सन 1909 में मौलाना जफर अली खाँ, मौलाना अब्दुल हलीम 'शरर', मौलवी अजीज मिर्जा और शफीउद्दीन को हैदराबाद से निर्वासित कर दिया गया। नवम्बर 1909 में 'दकन रिव्यू' बंद हो गया।

कड़ा, जिला इलाहाबाद से जनवरी 1904 में मौलवी जमाल अहमद के सम्पादकत्व में उर्दू मासिक *'हमदर्द'* जारी हुआ। कौमी, मुल्की मामलों की पत्रिका थी। वार्षिक मूल्य तीन रुपये था। काकोरी, जिला लखनऊ से अप्रैल 1904 में उर्दू मासिक *'एहसन'* कौमी प्रेस से प्रकाशित हुआ। सम्पादक अहमद अली काकोरवी थे। पृष्ठ संख्या 20 और वार्षिक शुल्क डेढ़ रुपया था। साहित्य की पत्रिका थी। रामशंकर प्रसाद ने लखनऊ से उर्दू साप्ताहिक *'हिन्द'* प्रकाशित किया। आठ पृष्ठ के अखबार का वार्षिक शुल्क दो रुपये था। हिन्दुस्तान के लिए स्व-शासन, स्वदेशी और देशवासियों की एकता का पक्षधर था। 50 पृष्ठ की सचित्र उर्दू मासिक पत्रिका

'अल अजीज' आगरा से निकली। सम्पादक अब्दुल रऊफ खाँ थे। वार्षिक शुल्क दो रुपये था। सियालकोट से मुंशी अली के सम्पादन में मासिक पत्रिका *'अल हादी'* प्रकाशित हुई। वार्षिक शुल्क ढाई रुपये था। हमीदउद्दीन अहमद के सम्पादकत्व में सियालकोट से उर्दू मासिक *'अल-काशिफ'* निकला। ज्ञान-विज्ञान की पचास पृष्ठ की इस पत्रिका का आकार 30 गुणित 12 से.मी. था। मालेर कोटलां से पाक्षिक *'अल-कीमिया'* हकीम दोस्त मोहम्मद खान ने निकाला। चिकित्सा विषय की यह पत्रिका बाद में लाहौर से निकलने लगी। *'अल-इरफान'* लखनऊ से मोहम्मद सईद उल हक के सम्पादकत्व में प्रकाशित हुआ। वार्षिक शुल्क तीन रुपये था। जुलाई 1904 में शाहजहाँपुर से उर्दू मासिक पत्रिका *'अल नदवा'* मौलाना शिवली नोमानी के सम्पादन में प्रकाशित हुई। इस्लामी विद्या की पत्रिका थी।

साप्ताहिक *'अखबार मुबाहिसा'* कृपाराम जिगर के सम्पादकत्व में गुरूकुल बदायूँ से प्रकाशित हुआ। आर्य समाज का मुखपत्र था। उर्दू साप्ताहिक *'आफताब'* हाजी मोहम्मद याहयावली ने जबलपुर से निकाला। हैदराबाद से चार पृष्ठ का पत्र, *'इल्मो अमल'* निकला। सम्पादक मुहिब हुसैन थे। वार्षिक शुल्क 12 रुपये था। पत्र अल्पजीवी रहा। लाहौर से अब्दुल अजीज कामिल ने 48 पृष्ठ की उर्दू मासिक पत्रिका *'कामिल'* प्रकाशित की। वार्षिक शुल्क चार रुपये था। सन 1916 तक प्रकाशित हुई। लाहौर से *'कौमसुधार सभा'* का प्रकाशन हुआ। मुजफ्फर जयपुरी ने नवम्बर 1904 में 48 पृष्ठ की उर्दू पत्रिका *'तफरीह-उल-जनाब'* प्रकाशित की। अप्रैल 1904 में मुरादाबाद से *'रफीक पंच'* का प्रकाशन हुआ। दस दिन के अन्तराल से छपता था। पृष्ठ संख्या 12 और वार्षिक शुल्क तीन रुपये था। सम्पादक मेहमूद-उल-हसन थे।

दिसम्बर 1904 में पंडित राजाराम शास्त्री ने लाहौर से संस्कृत मासिक पत्रिका *'आर्य ग्रन्थावली'* का सम्पादन-प्रकाशन किया। सहयोगी राय शिवनाथ ने पृथक ग्रंथावली निकाल ली। बाद में यह केवल हिन्दी भाषा की पत्रिका रह गई। सन 1904 में पंडित भवानीदत्त नेपाली ने काशी से संस्कृत मासिक पत्रिका *'सूक्ति सुधा'* प्रकाशित की। केवल एक वर्ष प्रकाशित हुई। इसी वर्ष पंजाबी का *'खालसा चित्तड़'* अखबार प्रकाशित हुआ। 1904 में हिन्दी-मराठी और अँगरेजी में *'बड़वानी दरबार गजट'* प्रकाशित हुआ। अगस्त 1947 तक निकला। चन्द्रप्रभा प्रेस बनारस से सन 1904 में सुधाकर द्विवेदी और सूर्यप्रसाद मिश्र ने हिन्दी मासिक *'मानस पत्रिका'* का सम्पादन-प्रकाशन किया। कोलकाता से सन 1904 में बंगला भाषा का साप्ताहिक अखबार *'मुहम्मदी'* प्रकाशित हुआ। सम्पादक जी.ए.खान और प्रकाशक ए.आर.तरफदार थे। 55 गुणित 47 से.मी. आकार के छह पृष्ठ थे। शुक्रवार को निकलता था। 60 के दशक तक इसका प्रकाशन हुआ। गुरुकुल कांगड़ी हरिद्वार से

महात्मा मुंशीराम ने हिन्दी साप्ताहिक *'सत्यवादी'* का प्रकाशन जनवरी 1904 में आरंभ कराया। पंडित रुद्रदत्त शर्मा सम्पादक और पद्मसिंह शर्मा उनके सहयोगी थे। दो माह प्रकाशित होने के बाद यह राजनीति-प्रधान पत्र बंद करना पड़ा।

1905

फ्रंटियर एडवोकेट

उर्दू तथा पश्तो भाषा में छपने वाला साप्ताहिक *'फ्रंटियर एडवोकेट'* सन 1905 में पेशावर से प्रकाशित हुआ। सम्पादक-प्रकाशक अमीरचन्द बंबवाल क्रांतिकारी विचारधारा और देश की स्वतंत्रता के मुखर समर्थक थे। जनजागरण के प्रवर्तक इस पत्र पर बार-बार दमन की कार्रवाई हुई। सम्पादक को जेल भेजा गया, इसलिए पत्र के निकलने और बंद होने का सिलसिला चलता रहा। सन 1907 की सूरत कांग्रेस, सन 1919 की नागपुर कांग्रेस और लखनऊ कांग्रेस में भी वे जेल से छूटकर ही पहुँचे थे। अमीरचन्द बंबबाल ने थोड़े समय के लिए इलाहाबाद के उर्दू साप्ताहिक 'स्वराज' का भी सम्पादन किया। वहाँ भी उन पर सरकार के विरुद्ध जनता में घृणा फैलाने का आरोप लगा।

सन 1928 में अमीरचन्द बंबबाल ने पेशावर से ही 'फ्रंटियर एडवोकेट' का दुबारा प्रकाशन किया। इकबाल स्टीम प्रेस में छपता था। वार्षिक शुल्क पाँच रुपये था। देश विभाजन के बाद इसका प्रकाशन कुछ समय तक देहरादून से हुआ।

भाला

पाँच अप्रैल 1905 को पुणे से भोपटकर बंधुओं ने मराठी पत्र *'भाला'* का प्रकाशन किया। पत्र के सम्पादक भास्कर बलवंत भोपटकर थे। सम्पादक का मानना था- "किसी भी राष्ट्र की उन्नति के लिए उस राष्ट्र में मतपत्रों (विचार पत्र) की संख्या में वृद्धि होनी चाहिए। राष्ट्र मरता है या तरता है उसके मतपत्रों की संख्या कम या ज्यादा होने पर।"

प्रखर राजनीतिक पत्र 'भाला' में 'नरकाचा दरबार' शीर्षक लेख प्रकाशित होने पर राजद्रोह का मुकदमा चलाया गया और सम्पादक भास्कर बलवंत भोपटकर को छह माह की जेल तथा एक हजार रुपये जुर्माने की सजा हुई। इस बीच लक्ष्मण बलवंत भोपटकर ने सम्पादन-प्रकाशन की जिम्मेदारी निभाई। रिहा होने पर उन्होंने पुन: 'भाला' का सम्पादन किया, किन्तु सरकारी दमनचक्र के चलते नवम्बर 1910 में 'भाला' बन्द हो गया। पाँच वर्ष सात माह प्रकाशित होने के बाद अगले चौदह वर्ष तक 'भाला' बन्द रहा। 20 अप्रैल 1925 को 'भाला' साप्ताहिक पत्र के रूप में प्रकाशित हुआ। 29 अगस्त 1935 को 'भाला' सदैव के लिए बंद हो गया।

गढ़वाली

हिन्दी पत्रिका *'गढ़वाली'* पाँच मई 1905 को प्रकाशित हुई। सम्पादक-प्रकाशक विशम्भर दत्त चंदौला थे। गढ़वाल प्रेस देहरादून से मुद्रण होता था। पत्र ने 'हिन्दू-मुसलमान मेल' शीर्षक रपट में इंग्लैण्ड की मिसेज बेटन्स की वार्ता के हवाले से लिखा- "हिन्दू मुसलमानों के बीच अनबन केवल भारत के उसी भाग में है जो बृटिश राज्य के आधीन है। भारतीय रियासतों में जिनमें से कई में अधिकांश प्रजा मुसलमान है वहाँ हिन्दू-मुसलमान का झगड़ा नहीं है। काश्मीर जहाँ की अधिकांश प्रजा (सौ में से 95) मुसलमान हैं वहाँ बड़ी चतुराई से यह दिक्कत पेश नहीं होने पाती। वहाँ हिन्दू-मुसलमान का सवाल नहीं उठता है। किन्तु बृटिश राज्य में सारा राज्य संगठन इस ढंग से रचा हुआ है कि फायदा तीसरे दल का होता है। कई शासनकर्त्ताओं का अभी भी विचार है कि प्रजा में वैमनस्य (आपसी जातीय झगड़े) फैलाने से राज्यकर्त्ताओं का फायदा होता है।"[1]

भारतेन्दु

अगस्त 1905 में काशी से हिन्दी मासिक पत्र *'भारतेन्दु'* का प्रकाशन हुआ। भारतेन्दु के सम्पादक मण्डल में ब्रजचन्द, शिवप्रसाद गुप्त, राजा राम, मुन्नीलाल गर्ग, गोकुलदास, लक्ष्मण दास सम्मिलित थे। 'भारतेन्दु' के छह-सात अंक हस्तलिखित पत्रिका के रूप में निकले थे। अगस्त 1905 में 'भारतेन्दु' का मुद्रण-प्रकाशन आरंभ हुआ। सम्पादक मण्डल ने अपना उद्देश्य स्पष्ट करते हुए लिखा- "हम लोगों के मन में यह विचार उत्पन्न हुआ कि एक ऐसा मासिक पत्र निकाला जाए, जिससे हिन्दी का कुछ उपकार हो और सर्व साधारण में विद्या का प्रचार बढ़े। यूँ तो कई एक मासिक पत्र काशी से निकलते हैं, परन्तु विज्ञान तथा कला-कौशल की बातें न सिखलाकर केवल एय्यारी और तिलिस्मों ही से मन को मोह लेते हैं। इसी हेतु इस पत्र में काव्य, साहित्य, जीवन चरित्र, पुरातत्व, विज्ञान, व्यायाम, समाज-सुधार आदि विषय के लेखों पर अधिक ध्यान दिया गया है।" जुलाई 1906 में 12 वें अंक के प्रकाशन के साथ 'भारतेन्दु' का प्रकाशन बन्द हो गया। जनवरी 1908 में नागेश्वर प्रेस, काशी से हिन्दी प्रेमी नागेश्वर नाथ ने 'भारतेन्दु' का पुनः प्रकाशन किया। लाला भगवान दीन को सम्पादन का दायित्व सौंपा गया। किन्तु यह प्रयास भी दीर्घजीवी न हो सका। जून 1908 में 'भारतेन्दु' की प्रकाशन यात्रा पर पूर्णविराम लग गया।

सहीफा

हैदराबाद से सन 1905 में उर्दू मासिक पत्रिका *'सहीफा'* निकली। सम्पादक रजीउद्दीन हसन कैफी थे। पृष्ठ संख्या 40 और वार्षिक शुल्क चार रुपये था। सन

---

1. गढ़वाली, वर्ष 15, अंक 7, 16 अगस्त 1919

1911 में 'सहीफा' दैनिक समाचारपत्र हो गया। सम्पादक अकबर अली थे। उनके बाद मौलवी मजहर अली ने सम्पादन किया। इस अखबार में दक्षिण भारत के लेखकों की रचनाएँ छापी जाती थीं। दैनिक 'सहीफा' के संवाददाताओं को समाचार भेजने के लिए छपे हुए फार्म और डाक टिकट दिए जाते थे। 'सहीफा' के 'निस्वानी' शीर्षक स्तंभ में महिलाओं से सम्बन्धित समाचार दिए जाते थे। सन 1926 तक इस पत्र का प्रकाशन हुआ।

अप्रैल 1905 में आगरा से हिन्दी मासिक पत्र *'स्वदेश बांधव'* प्रकाशित हुआ। कुँवर हनुमंत सिंह सम्पादक और पंडित पन्नालाल सहकारी सम्पादक थे। राजपूत एंग्लो ओरिएंटल प्रेस, आगरा से छपता था। पृष्ठ संख्या 24 और वार्षिक शुल्क एक रुपया था। महिलाओं और बच्चों के लिए शिक्षाप्रद लेखादि प्रकाशित किए जाते थे। सन 1907 में वार्षिक शुल्क डेढ़ रुपया हो गया।

लाहौर से सन 1905 में हिन्दी साप्ताहिक *'स्वदेश बंधु'* का प्रकाशन हरनारायण दास के सम्पादकत्व में हुआ। वार्षिक शुल्क एक रुपया 12 आना था। देश-विदेश के समाचार, मातृभाषा का प्रचार और स्वदेश अनुराग इस पत्र का मुख्य उद्देश्य था।

फोर्ट कोचीन से सन 1905 में अँगरेजी साप्ताहिक *'मलाबार हेरल्ड'* का प्रकाशन हुआ। पृष्ठ संख्या 12 थी। 44 गुणित 28 से.मी. आकार के इस पत्र के सम्पादक आई.पिल्लै थे। राजगढ़ (ब्यावरा) से एक सितम्बर 1905 को लाला विश्वेश्वरनाथ के सम्पादकत्व में *'राजगढ़ स्टेट गजट'* का प्रकाशन हुआ। हिन्दी, उर्दू भाषा रहती थी। मुख्यत: सहकारी सूचनाएँ छपती थीं। 15 अगस्त 1905 को मुम्बई से मासिक पत्र *'श्री ज्ञान सागर समाचार'* निकला। दूसरे वर्ष पाक्षिक हो गया। साहित्य, नीति, ज्ञान-विज्ञान, शिल्प का यह पत्र राजनीति से दूर रहता था।

काव्य कौमुदी

समाचार, विचार और समीक्षा आदि सभी सामग्री कविता में प्रस्तुत करने वाली मलयालम की अनूठी पाक्षिक पत्रिका *'काव्य कौमुदी'* सन 1905 में कोट्टक्कल से प्रकाशित हुई। पी.वी.कृष्ण वारियर पत्रिका के सम्पादक-प्रकाशक थे। (पत्रिका का पत्राचार भी कविता में होता था।) मलयालम भाषियों को इस पत्रिका ने एक नई अनुभूति दी। इसी वजह से वह लोकप्रिय भी हुई। किन्तु दीर्घजीवी नहीं हो सकी।

27 फरवरी 1905 को राजनीति, समाज और विज्ञान का साप्ताहिक पत्र *'इन्दु'* लाहौर से प्रकाशित हुआ। इस हिन्दी साप्ताहिक का वार्षिक शुल्क डेढ़ रुपया था। महायोद्धाओं के जीवन चरित्र इस पत्रिका में विशेष रूप से प्रकाशित किए जाते थे।

लक्ष्मण सिंह भानवंशी के सम्पादकत्व में इलाहाबाद से सन 1905 में

'कलवार क्षत्रिय मित्र' का प्रकाशन हुआ। यद्यपि यह जातीय पत्र था, किन्तु इसका साहित्यिक पक्ष भी कमजोर नहीं था। वार्षिक मूल्य डेढ़ रुपये था।

जयपुर से सन 1905 में माधवप्रसाद शास्त्री के सम्पादकत्व में *'भारत सर्वस्व'* का प्रकाशन हुआ। इसी वर्ष दीपावली के दिन जयपुर से ही संस्कृत मासिक पत्रिका *'भारती'* निकली। संस्कृत की इस उत्कृष्ट पत्रिका ने स्वर्ण जयन्ती मनाई। जुलाई 1905 में उर्दू मासिक पत्र *'म्युनिसपल गजट'* लाहौर से निकला। सम्पादक मुंशी दीन मोहम्मद थे। दो वर्ष बाद यह *'सदा-ए-हिन्द'* में समाहित हो गया। हैदराबाद से सन 1905 में 'महबूब-गजट' प्रकाशित हुआ। वार्षिक शुल्क पाँच रुपये था। बिहार से सन 1905 में संस्कृत पत्रिका *'मिथिला मोद:'* प्रकाशित हुई।

लाहौर से सन 1905 में उर्दू मासिक पत्रिका *'मुशीन-ए-मादर'* प्रकाशित हुई। कुछ ही दिनों में बंद हो गई और जनवरी 1908 में इसका पुनः प्रकाशन हुआ। कसूर, जिला लाहौर से सन 1905 में उर्दू साप्ताहिक *'मुख्तार-ए-आम'* निकला। लाहौर से उर्दू मासिक पत्रिका *'मुईन-उल-तुलबा'* अप्रैल 1905 में निकली। सम्पादक मुंशी तालिब अली पाबंद थे। पृष्ठ संख्या 32 और वार्षिक शुल्क डेढ़ रुपया था।

अंजुमन ताईद उल इस्लाम ने मार्च 1905 में बनारस से उर्दू मासिक पत्रिका *'तालीम-उल-इस्लाम'* निकाली। सम्पादक-प्रकाशक शेख हफीजउद्दीन थे। वार्षिक शुल्क दो रुपये था। मासिक *'तोहब्बे बम्बई'* जनवरी 1905 में मुम्बई से निकला। सम्पादक गुलाम मुहीउद्दीन आजाद थे। हैदराबाद से सन 1905 में अमीर हम्जा के सम्पादन में उर्दू साप्ताहिक *'निजामी'* निकला। 48 पृष्ठ की उर्दू मासिक पत्रिका *'फसीह-उल-मुल्क'* मौलवी वजाहत हुसैन के सम्पादकत्व में लाहौर से प्रकाशित हुई। सन 1905 में चटगाँव से बंगला मासिक *'भांडार'* प्रकाशित हुआ।

जनवरी 1905 में लाहौर से मौलवी करीम बख्श ने धार्मिक पत्रिका *'अल-हुदा'* का प्रकाशन किया। असगर अली रूही सम्पादक थे। काशी से गंगा प्रसाद गुप्त के सम्पादन में हिन्दी मासिक *'इतिहास माला'* सन 1905 में प्रकाशित हुई। अगस्त 1905 में जालंधर से मासिक पत्रिका *'इस्लाम'* निकली। मुंशी अब्दुल कय्यूम जालंधरी प्रकाशक-सम्पादक थे। पृष्ठ संख्या 36 और वार्षिक शुल्क दो रुपये था। लखनऊ से उर्दू मासिक पत्रिका *'गौहर-ए-शहवार'* जनवरी 1905 में निकली। सैयद जब्बार हुसैन सम्पादक-प्रकाशक थे। सन 1905 में दिल्ली से 80 पृष्ठ की उर्दू मासिक पत्रिका *'जबान'* निकली। साहित्य और ज्ञान-विज्ञान की इस पत्रिका के सम्पादक ख्वाजा फहमीद हसन थे। वार्षिक शुल्क तीन रुपये था। अमृतसर से सन 1905 में उर्दू साप्ताहिक *'जिया-उल-इस्लाम'* निकला।

वंदेमातरम्

1906

वन्दे मातरम्

अँगरेजी दैनिक *'वन्देमातरम्'* का प्रकाशन विपिनचन्द्र पाल, चित्तरंजन दास और सुबोधचंद्र मलिक के उद्यम से छह अगस्त 1906 को कोलकाता से हुआ। विपिनचन्द्र पाल इसके प्रधान सम्पादक थे। 'वन्दे मातरम्' के साप्ताहिक संस्करण का सम्पादन अरविन्द घोष करते थे। दैनिक 'वन्दे मातरम्' की पृष्ठ संख्या दो और एक प्रति का मूल्य दो पैसे था। प्रथम पृष्ठ पर विज्ञापन तथा दूसरे पृष्ठ पर देश-विदेश के समाचार और अन्य पाठ-सामग्री प्रकाशित की जाती थी।

बंग-भंग से उद्वेलित बंगाल में इस समाचारपत्र ने राष्ट्रीय चेतना के प्रसार तथा स्वतंत्रता आन्दोलन को गति देने में महत्वपूर्ण भूमिका निभाई। बंग-भंग का विरोध तथा विदेशी वस्तुओं के बहिष्कार का पुरजोर समर्थन किया। 'वन्दे मातरम्' में अरविन्द घोष द्वारा प्रतिपादित 'नवीन पथ सिद्धान्त' के प्रकाशन पर मुद्रक-प्रकाशक को तीन माह के कारावास की सजा हुई थी। ये लेख साप्ताहिक 'वन्दे मातरम्' के 9 और 23 अप्रैल 1907 के अंकों में प्रकाशित हुए थे।

अरविन्द घोष ने लिखा था- "हमें केवल केन्द्रीय सत्ता के रूप में संगठित नहीं होना है, केवल राष्ट्रीय जीवन की सभी शाखाओं को हाथ में नहीं लेना है, बल्कि नौकरशाही के प्रतिरोध का मुकाबला करना है और अपने पर से उसके नियंत्रण को समाप्त करना है, यदि तुरन्त नहीं तो एक-एक करके हमें सुरक्षात्मक प्रतिरोध संगठित करना है। एक राष्ट्र के रूप में हमारी तात्कालिक समस्या यह नहीं है कि कैसे प्रबुद्ध और सुसूचित बनें, या कैसे समृद्ध और उद्यमी बनें, बल्कि आसन्न राष्ट्रीय अवसान से कैसे उबरें, कैसे खुद को संस्थापित और जीवन्त बनाएं। शान्तिपूर्ण मार्ग का अनुसरण करके हम विधि अथवा कार्यपालिका के विरुद्ध कार्यवाही करें और धैर्य के साथ कानूनी परिणामों को स्वीकार करें।"

अहिंसात्मक प्रतिकार को लेकर चलाए गए मुकदमे में प्रधान सम्पादक

विपिनचन्द्र पाल को अरविन्द घोष के सम्पादक होने का साक्ष्य देने के लिए न्यायालय में बुलाया गया था, परन्तु उन्होंने अस्वीकार कर दिया। इस पर पाल को छह माह के कारावास की सजा सुनाई गई थी।

'वन्दे मातरम्' का प्रकाशन बन्द होने पर अरविन्द घोष ने अँगरेजी साप्ताहिक *'कर्मयोगी'* तथा बंगला साप्ताहिक *'धर्म'* का प्रकाशन किया। बाद में उन्हें अलीपुर बम षड्यंत्र के मामले में गिरफ्तार किया गया। जेल से छूटने के बाद अरविन्द घोष चार अप्रैल 1910 को चन्द्रनगर होते हुए पुडुचेरी चले गए।

वन्दे मातरम्

युगान्तर

"बंग भंग के बाद बंगाल से तीन महत्वपूर्ण समाचारपत्रों का प्रकाशन हुआ। ये थे 'संध्या', 'नवशक्ति' और *'युगान्तर'*। इनमें 'युगान्तर' सबसे ज्यादा प्रसारित समाचारपत्र था। इसका प्रकाशन श्री अरविन्द के भाई वारीन्द्रकुमार घोष ने किया था। 'युगान्तर' ने स्वतंत्रता आन्दोलन को राजनीतिक आन्दोलन न बताते हुए, धार्मिक आन्दोलन के रूप में स्थापित किया। इसने ऐसी योजनाएँ भी प्रस्तुत कीं जिनके माध्यम से स्वतंत्रता प्राप्त की जा सकती थी।"[1]

अनुशीलन समिति के क्रान्तिवीर गुट की ओर से बंगला साप्ताहिक 'युगान्तर' का प्रकाशन किया था। जून 1907 से जून 1908 के बीच पत्र के मुद्रक-प्रकाशक को पाँच बार सजा हुई। लेकिन उन पर कोई प्रभाव नहीं पड़ा। सन 1907 में 'युगान्तर' की प्रसार संख्या 7000 हो गई थी। सन 1908 के अन्तिम दिनों में इस

1. इंडियन अनरेस्ट, चिरोल, पृष्ठ 91, सन 1910

पत्र का प्रकाशन बन्द हो गया था।

"22 जुलाई 1908 को मुद्रक-प्रकाशक वरेन्द्रनाथ बनर्जी के विरुद्ध मजिस्ट्रेट थोर्नहिल की अदालत में मुकदमा पेश हुआ जिन्होंने अभियुक्त को सेशन सुपुर्द करने का हुक्म दिया।"[1]

'युगान्तर' का प्रकाशन बन्द करने का आदेश पारित करते हुए चीफ जस्टिस लारेन्स जेन्किन्स ने लिखा था-"इसकी हर पंक्ति से अँगरेजों के विरुद्ध द्वेष टपकता है, प्रत्येक शब्द से क्रान्ति के लिए उत्तेजना झलकती है।"

रहनुमा-ए-तालीम

फरवरी 1906 में कस्बा पिंडी गेप से मास्टर जगत सिंह ने उर्दू मासिक पत्रिका *'रहनुमा-ए-तालीम'* का सम्पादन-प्रकाशन किया। 32 पृष्ठ की यह पत्रिका रावलपिंडी प्रेस से छपती थी। वार्षिक शुल्क शिक्षकों से एक रुपया आठ आना और छात्रों से एक रुपया लिया जाता था। सन 1907 में पत्रिका का प्रकाशन रावलपिंडी से होने लगा। जनवरी 1908 में मास्टर जगत सिंह ने सम्पादन का दायित्व मुंशी तालिब अली 'पाबंद' को सौंप दिया। 14 वर्ष बाद सन 1922 में मुंशीजी ने उर्दू साप्ताहिक 'तालीम' निकाला, तब लक्ष्मीचंद्र विद्यार्थी 'रहनुमा-ए-तालीम' के सम्पादक हुए। इसी वर्ष लाला आज्ञाराम को सम्पादक मंडल में शामिल किया गया और सन 1926 में सैयद मोहम्मद नौगांववी

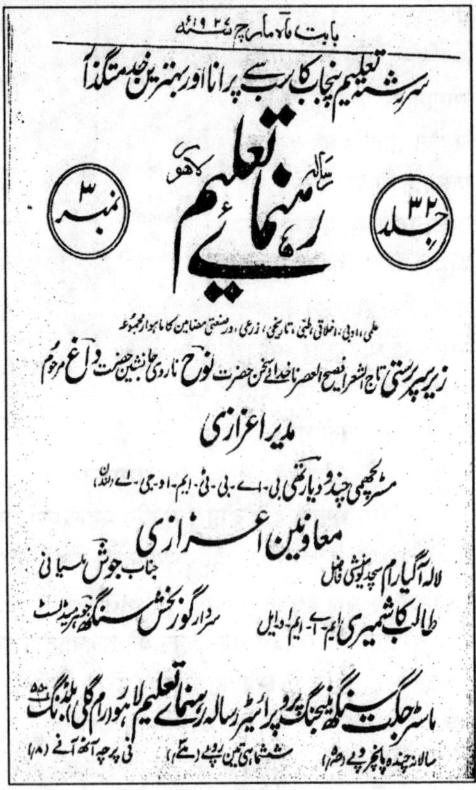
بابت ماہ مارچ ۱۹۲۶ء
سررشتہ تعلیم پنجاب کا سب سے پرانا اور بہترین خدمتگذار
رسالہ رہنمائے تعلیم لاہور
نمبر ۳
جلد ۳۲
علمی، ادبی، اخلاقی، طبی، تاریخی، زرعی، اور صنعتی مضامین کا ماہوار مجموعہ
زیر سرپرستی تاج الشعراء فصیح العصر ناخدائے سخن حضرت نوح ناروی جانشین حضرت داغ مرحوم
مدیر اعزازی
مسٹر لچھمی چند ودیارتھی بی۔اے۔ بی۔ٹی۔ ایم۔او۔جی۔اے
معاونین اعزازی
لالہ آگیارام سچدیو منشی فاضل — جناب جوش ملسیانی
طالب کاشمیری ایم۔اے۔ ایم۔او۔ایل — سردار گوربخش سنگھ جوہر پریذیڈنٹ
ماسٹر جگت سنگھ مینیجنگ پروپرائٹر رسالہ رہنمائے تعلیم لاہور رام گلی بلڈنگ
سالانہ چندہ پانچ روپے — ششماہی تین روپے — فی پرچہ آٹھ آنے

रहनुमा-ए-तालीम

1. जयाजी प्रताप, 29 जुलाई, 1908, पृष्ठ 2

सम्बद्ध हुए। 'रहनुमा-ए-तालीम' के साहित्य खण्ड का सम्पादन जोश मलसियानी करते थे। विद्यार्थियों के लिए खासतौर से सामग्री प्रकाशित की जाती थी। लाहौर से चार दशक तक प्रकाशित होने के बाद देश-विभाजन के समय मास्टर जगत सिंह के साथ 'रहनुमा-ए-तालीम' पत्रिका दिल्ली आ गई। पत्रिका का जुलाई 1947 का अंक लाहौर से और अगस्त 1947 का अंक दिल्ली से निकला। 26 दिसम्बर 1962 को मास्टर जगत सिंह का निधन हो गया। तब से उनके पुत्र हरभजन सिंह 'रहनुमा-ए-तालीम' का सम्पादन-प्रकाशन कर रहे हैं। यह देश की उन गिनी-चुनी पत्रिकाओं में से एक है जिसने अपने प्रकाशन की 100 वर्ष की यात्रा पूरी कर ली है।

आनंद

15 अगस्त 1906 को पुणे से बच्चों के लिए सचित्र मराठी मासिक *'आनंद'* का प्रकाशन किया गया। पत्रिका के सम्पादक वासुदेव गोविन्द आप्टे थे। 'आनंद' में उपदेशात्मक मनोरंजक कहानियाँ, इतिहास और खेलों की जानकारी, गीत, बच्चों द्वारा पूछे गए प्रश्नोत्तर और यात्रा वर्णन आदि प्रकाशित किए जाते थे। छत्रपति शिवाजी के त्रि-शताब्दी उत्सव के उपलक्ष्य में 'आनंद' ने 300 पृष्ठ का संग्रहणीय विशेषांक प्रकाशित किया था। 'आनंद' की प्रसार संख्या आठ हजार के लगभग थी। यह मराठी की अग्रणी बाल पत्रिका थी। 'आनंद' के 31 वर्ष पूर्ण होने पर 'सरस्वती' ने पत्रिका की समीक्षा करते हुए सम्पादकीय टिप्पणी लिखी थी। सन 1930 में आप्टे का निधन होने पर गोपीनाथ तलवलकर ने सम्पादन का दायित्व ग्रहण किया। 'आनंद' के जनवरी 1950 के अंक में '26 जनवरी' शीर्षक लेख में 26 जनवरी की छह विशेषताएँ बताई गई- (1) आज से अस्पृश्यता समाप्त हुई। (2) किसी भी जाति के लिये अलग मतदार संघ नहीं। (3) हर वयस्क स्त्री-पुरुष को मतदान का अधिकार प्राप्त हुआ। (4) राष्ट्रभाषा हिन्दी एवं राष्ट्रलिपि देवनागरी निश्चित हुई। (5) दुधारू तथा उपयोगी जानवरों की हत्याबंदी। (6) नागरिक धर्म का पालन करने वाले किसी भी धर्मावलंबी को भारत का नागरिक समझा जाएगा।

5 अप्रैल 1906 को सतारा से रामचंद्र सोमण ने मराठी साप्ताहिक *'प्रकाश'* का सम्पादन-प्रकाशन किया। तिलक की विचारधारा के समर्थक इस पत्र ने दामोदर विनायक सावरकर का लिखा चरित्र प्रकाशित किया था, जिसके कारण यह पत्र सरकारी कोप का शिकार हुआ। सोमण ने सन 1925 तक 'प्रकाश' चलाया, फिर बाबूराव वैद्य को सौंप दिया। सन 1930 में 'प्रकाश' के सम्पादक-प्रकाशक शंकरराव गोडसे से 2000 रुपये जमानत जमा करने को कहा गया। तब पत्र का प्रकाशन बन्द हो गया।

संस्कृत साप्ताहिक *'सूनृतवादिनी'* 29 नवम्बर 1906 को कोल्हापुर से प्रकाशित

हुआ। राष्ट्रीय आन्दोलन का समर्थक पत्र था। सन 1910 तक इसका नियमित प्रकाशन हुआ। सम्पादक अप्पा साहेब राशिवडेकर थे। इसके लेख और समाचारों से पाठकों के मस्तिष्क में स्वातंत्र्य संकल्प का स्फुरण होने लगता था। अग्रलेख प्रखर राष्ट्रीयता के उद्‌घोषक होते थे। पृष्ठ संख्या 24 और वार्षिक शुल्क तीन रुपये था। मुम्बई से साप्ताहिक *'शर्मन समाचार'* और राजमुंदरी से तेलुगु मासिक *'हिन्दू समाजाभिवर्द्धिनी'* का प्रकाशन डी.श्यामाराव ने किया।

सन 1906 में जैन हितैषी रत्नाकर कार्यालय मुम्बई से पन्नालाल वाकलीवाल ने हिन्दी मासिक पत्रिका *'जैन हितैषी'* का प्रकाशन किया। सन 1908 में पत्रिका के सम्पादन-प्रकाशन का दायित्व नाथूराम 'प्रेमी' को सौंप दिया गया। पृष्ठ संख्या 80 और वार्षिक मूल्य डेढ़ रुपये था। यह सुसम्पादित पत्रिका थी जिसमें जैन धर्म विषयक सामग्री के साथ-साथ अन्य विचारपूर्ण लेख भी छपते थे। प्रथम विश्वयुद्ध, जन्य समस्याओं और समाज सुधार का आग्रह बढ़ने के कारण सन 1919 में पत्रिका का प्रकाशन बंद हो गया।

नीलगिरी से सन 1906 में अँगरेजी मासिक *'प्लांटर्स क्रानिकल'* का प्रकाशन हुआ। कृषि सम्बन्धी जानकारियाँ पत्रिका में छपती थीं। सम्पादक बी.शिवराम थे। *'एग्रीकल्चर जर्नल आफ इंडिया'* नामक द्वै-मासिक अँगरेजी पत्रिका सन 1906 में कोलकाता से प्रकाशित हुई। कृषि, सिंचाई, पशु-पक्षी, कीट, कृषि अनुसंधान आदि पर शोधपरक लेख प्रकाशित किए जाते थे।

चेन्नै से सन 1906 में *'इंडियन मेडीकल जर्नल'* नामक अँगरेजी पत्रिका का प्रकाशन किया गया। रोग और उनके उपचार, नई खोजें, मेडीकल प्रेक्टिशनर एसोसिएशन की गतिविधियाँ आदि का प्रकाशन इस पत्रिका में किया जाता था। सम्पादक डा.ए.विश्वनाथन थे। आकार 27 गुणित 20 से.मी., पृष्ठ संख्या 28 और वार्षिक शुल्क छः रुपये था। सन 1949 में पत्रिका कोलकाता स्थानांतरित हो गई। सम्पादक डा. ए.एन.राय थे, तदनंतर डा.आर.वी. कार्णिक के सम्पादन में पुणे से प्रकाशन हुआ।

पंजाबी मासिक पत्रिका *'दुख निवारण'* तरण तारण से सन 1906 में निकली। सम्पादक कविराज सुखवीर सिंह वैद्य थे। विजयादशमी 1906 को जौनपुर से कालीशंकर व्यास ने सचित्र हिन्दी मासिक पत्र *'पीयूष प्रवाह'* का प्रकाशन किया। वार्षिक शुल्क डेढ़ रुपया था। तेलुगु मासिक *'पोलिसु वर्तमानी'* का प्रकाशन 1906 में चेन्नै से हुआ। डी.के.सुंदरय्या सम्पादक प्रकाशक थे। तेलुगु मासिक पत्रिका *'प्रारम्भ विद्या'* सन 1906 में ऐलूरु से प्रकाशित हुई। इसी वर्ष नेल्लूरु से एम.वेंकट रामानुजराव ने तेलुगु मासिक *'भवानी'* का प्रकाशन किया। अक्टूबर 1906 में काँची से तमिल पाक्षिक पत्रिका *'विद्वन्मनोरंजिनी'* प्रकाशित हुई। इसी वर्ष पुणे से दत्त

मारुती नन्वरै ने मराठी साप्ताहिक 'वाण' का प्रकाशन किया। एक वर्ष तक निकला।

जनवरी 1906 में सिद्धेश्वर प्रेस, काशी से हिन्दी मासिक पत्र *'बाल प्रभाकर'* का प्रकाशन सिद्धेश्वर शर्मा और किशोरीलाल गोस्वामी के सम्पादकत्व में हुआ। पाठ्य सामग्री, कागज, चित्र, छपाई उत्तम कोटि के थे। पृष्ठ संख्या 24 और वार्षिक मूल्य एक रुपया था। हिन्दी मासिक पत्र *'भारत भानु'* 16 अक्टूबर 1906 को हरिपुरा, हरदा से प्रकाशित हुआ। पंडित गणेश गोपाल रांगणेकर सम्पादक थे। सामाजिक उन्नति विषयक लेख प्रमुखता से प्रकाशित किए जाते थे। विज्ञान पर भी पत्रिका में लेख मिलते हैं। वार्षिक शुल्क सवा रुपया था। रावलपिंडी से मासिक पत्रिका *'महाजन संजीवनी'* सन 1906 में प्रकाशित हुई। कोलकाता से सन 1906 में रूढ़मल गोयनका ने सासाहिक *'मारवाड़ी बंधु'* का प्रकाशन कराया। पत्र के सम्पादक वासुदेव मिश्र थे।

सन 1906 में जौनपुर से सीताराम शर्मा उपाध्याय ने मासिक पत्र *'रसिक रहस्य'* का सम्पादन, प्रकाशन किया। यह मूलतः समस्यापूर्ति की साहित्यिक पत्रिका थी। पुणे से सीताराम केशव दामले ने सन 1906 में मराठी मासिक पत्र *'राष्ट्र उदय'* का सम्पादन, प्रकाशन किया। पत्रिका के कुल 6 अंक प्रकाशित हुए।

टी.गोपालकृष्ण अय्यर ने चेन्नै से सन 1906 में तेलुगु पाक्षिक *'लोक बंधु'* का सम्पादन, प्रकाशन किया। इसी वर्ष चेन्नै से ही तेलुगु मासिक पत्रिका *'विद्यावती'* निकली। सी.दोरासमैया सम्पादक प्रकाशक थे।

हिन्दी, गुजराती, मराठी का त्रि-भाषी मासिक पत्र *'स्वदेशी'* सन 1906 में मुम्बई से प्रकाशित हुआ। वार्षिक शुल्क डेढ़ रुपया था। सन 1906 में नरसापुरम से कस्तूरी शिवशंकर शास्त्री ने तेलुगु पाक्षिक पत्रिका *'सुदर्शनी'* का सम्पादन प्रकाशन किया।

जनवरी 1906 में इंडियन प्रेस प्रयाग से अँगरेजी मासिक पत्रिका *'स्टूडेंट वर्ल्ड'* प्रकाशित हुई। वार्षिक मूल्य तीन रुपये, पृष्ठ संख्या 32 थी।

लहरी प्रेस काशी से जनवरी 1906 में हिन्दी मासिक पत्रिका *'विनोद वाटिका'* का प्रकाशन हुआ। ठाकुर प्रसाद पत्रिका के प्रकाशक और सम्पादक थे। चालीस पृष्ठ की इस पत्रिका में उपन्यास तथा अन्य साहित्यिक एवं विज्ञान विषयक लेख आदि प्रकाशित किए जाते थे। एक प्रति का मूल्य 4 आना और वार्षिक शुल्क ढाई रुपया था। पत्रिका में समाचार नहीं छपते थे। सम्पादकीय टिप्पणी भी नहीं होती थी। भाषा सरल और मुद्रण साफ-सुथरा था।

तेलुगु मासिक पत्रिका *'मनोरमा'* सन 1906 में राजमहेन्द्री से प्रकाशित हुई। चिलकामर्ति लक्ष्मीनरसिंहम पत्रिका के प्रकाशक और सम्पादक थे। उन्हीं की रचनाएं प्रकाशित होती थीं। सन 1910 में यह पत्रिका बन्द हो गई। इसके स्थान पर

लक्ष्मीनरसिंहम ने सन 1910 में साप्ताहिक *'देशमाता'* का सम्पादन-प्रकाशन किया। यह तेलुगु पत्र 1913 तक प्रकाशित हुआ।

ढाका से अक्टूबर 1906 में उर्दू मासिक पत्रिका *'अल-मशरिक'* का प्रकाशन हुआ। उर्दू के प्रचार-प्रसार और कौमी हितों को बढ़ावा देने के लिए प्रकाशित हुई इस पत्रिका के सम्पादक, प्रकाशक हबीबुर रहमान थे। ढाका में इसके लिए मतबाअ सलीमी कायम किया गया था। एक वर्ष बाद 'अल-मशरिक' साप्ताहिक हो गया, किन्तु अधिक दिनों तक नहीं चला। गुलाम अहमद 'अखगर' ने सन 1906 में अमृतसर से उर्दू साप्ताहिक *'अहल-ए-फिका'* का सम्पादन, प्रकाशन किया। वार्षिक शुल्क तीन रुपया आठ आना था। उर्दू मासिक पत्रिका *'अल-कमाल'* जून 1906 में जयपुर से प्रकाशित हुई। सैयद वाजिद अली खां और मुंशी अब्दुल सम्पादक थे। पृष्ठ संख्या 48 और वार्षिक शुल्क ढाई रुपये था।

उर्दू साप्ताहिक *'अल-महबूब'* हैदराबाद से सन 1906 में प्रकाशित हुआ। मोहम्मद कासिम सम्पादक थे। पृष्ठ संख्या 8 और वार्षिक शुल्क सवा पाँच रुपये था। सन 1906 में दिल्ली से उर्दू मासिक पत्रिका *'अल-वाएज'* निकली। सम्पादक, प्रकाशक मौलवी मोहम्मद इसहाक थे। हरदोई से सितम्बर 1906 में उर्दू मासिक पत्रिका *'आलमगीर'* का प्रकाशन सैयद मकबूल हुसैन के सम्पादकत्व में हुआ। आकार 20 गुणित 30 से.मी., पृष्ठ संख्या 24 और वार्षिक शुल्क ढाई रुपये था।

चेन्नै से अँगरेजी साप्ताहिक *'एजुकेशनिस्ट'* सन 1906 में प्रकाशित हुआ। जनवरी 1906 में लाहौर से प्रकाशित 48 पृष्ठ की पत्रिका *'कश्मीर मैगजीन'* के सम्पादक, प्रकाशक मोहम्मद उद्दीन थे। कश्मीरी समाज में बेहतरी के उद्देश्य से प्रकाशित की गई थी। जनवरी 1906 में कलवार महतो सभा मिर्जापुर ने हिन्दी मासिक *'कलवार गजट'* का प्रकाशन किया। प्रसिद्ध इतिहासकार काशी प्रसाद जायसवाल सम्पादक थे। कानपुर से सन 1906 में हिन्दी मासिक *'कान्य कुब्ज'* का प्रकाशन हुआ। 'कान्यकुब्ज' महासभा के इस मासिक पत्र के सम्पादक प्रो.देवीप्रसाद शुक्ल थे। जगतनारायण मिश्र, शिवाधार पांडे भी सम्पादक रहे। इसी वर्ष कोलकाता से *'कान्यकुब्ज बंधु'* का प्रकाशन हुआ। पी. सूर्यनारायण तीर्थलु ने सन 1906 में विजयनगरम से तेलुगु मासिक पत्र *'कामेश्वरी'* का प्रकाशन किया।

जबलपुर से लाला जगन्नाथ रसिया ने उर्दू साप्ताहिक *'कौम'* का प्रकाशन सन 1906 में किया। अक्टूबर 1906 में काशी से बालमुकुन्द वर्मा ने मासिक *'खत्री हितकारी'* का प्रकाशन शुरू किया। मोहम्मद गौस अली खाँ ने मैसूर से उर्दू मासिक *'गुलदस्ता महबूबिया आसिफया'* निकाला। जून 1906 में मुम्बई से उर्दू मासिक *'गुंचा-ए-जावेद'* का प्रकाशन हुआ। सम्पादक सैयद काजिम हुसैन थे। पृष्ठ संख्या 48, वार्षिक शुल्क दो रुपये था। उर्दू मासिक *'जिया-उल-इस्लाम'* सन 1906 में

मुरादाबाद से मुहम्मद फजल हुसैन ने किया। इस्लामी पर्चा था।

लाहौर से सन 1906 में उर्दू मासिक पत्र *'तजल्ली'* निकला। लाहौर से ही अफजल मुहम्मद खाँ के सम्पादकत्व में दिसम्बर 1906 उर्दू मासिक पत्रिका *'नश्तर'* निकली।

बाबू शिवव्रतलाल वर्मन ने सन 1906 में लाहौर से मासिक पत्रिका *'साधु'* निकाली। कौमी एकता की बुनियाद पर यह पत्रिका कुछ दिनों तक निकलती रही। हकीम मोहम्मद अली के सम्पादकत्व में मैसूर से सन 1906 में उर्दू पत्रिका *'सुबह'* का प्रकाशन हुआ। दायमबाड़ी, तमिलनाडु से सन 1906 में उर्दू साप्ताहिक *'नसीर'* का प्रकाशन हुआ।

पिंडी बहाउद्दीन (गुजरात, पंजाब) से जनवरी 1906 में उर्दू मासिक *'सूफी'* का प्रकाशन मलिक मोहम्मद 'आवाज' ने किया। पुरातन एवं आधुनिक विचारधारा के समन्वय की यह पत्रिका दीर्घजीवी हुई। सिकन्दराबाद, जिला बुलन्दशहर से सितम्बर 1906 में उर्दू मासिक *'यद बयजा'* का प्रकाशन हुआ। सम्पादक मुहम्मद सईद 'खंजर' थे। 48 पृष्ठ की साहित्यिक पत्रिका का वार्षिक शुल्क तीन रुपये था। बरेली से जनवरी 1906 में उर्दू साप्ताहिक *'यूनियन गजट'* निकला। पृष्ठ संख्या आठ, वार्षिक शुल्क चार रुपये और आकार 20 गुणित 26 से.मी. था। गुलबर्ग से सन 1906 में अब्दुल नईम के सम्पादकत्व में छात्रोपयोगी उर्दू मासिक पत्रिका *'रफीक उल तुलबात'* प्रकाशित हुई।

लाहौर से महाशय कृष्ण के सम्पादकत्व में उर्दू साप्ताहिक *'प्रकाश'* निकला। इसके सम्पादक लाला राधाकृष्ण को डेढ़ वर्ष की सजा हो गई थी, जिसे पंजाब के गवर्नर ने घटाकर दो माह कर दिया था।[1] नवम्बर 1921 में 'प्रकाश' का *'ऋषि अंक'* प्रकाशित हुआ, जो स्वामी दयानन्द सरस्वती की स्मृति में निकाला गया था।

1. जयाजी प्रताप, 23 जून 1919, पृष्ठ 12

आठ सम्पादक, 125 साल की सजा

1907

माडर्न रिव्यू

भारतीय पत्रकारिता की कीर्तिकलश अँगरेजी मासिक पत्रिका *'माडर्न रिव्यू'* का सम्पादन-प्रकाशन रामानन्द चटर्जी ने जनवरी 1907 में इलाहाबाद से किया। इंडियन प्रेस के स्वामी चिन्तामणि घोष, भगिनी निवेदिता और मेजर वामनदास बोस इस अनुष्ठान में चटर्जी के मुख्य सहयोगी थे। 1908 में 'माडर्न रिव्यू' और 'प्रवासी' का प्रकाशन कोलकाता से होने लगा। माडर्न रिव्यू पर टिप्पणी करते हुए महात्मा गाँधी ने 'यंग इण्डिया' में लिखा था- "रामानन्द चटर्जी की पत्रिका में जो भी बात लिखी जाती है, उसमें स्वाभाविक बल होता है, और उस पर ध्यान देना अपरिहार्य है।"[1]

'रिव्यू आफ रिव्यूज' के सम्पादक डब्ल्यू.टी.स्टीड ने लिखा- "राष्ट्रवादियों के एक उल्लेखनीय प्रतिनिधि हैं रामानन्द चटर्जी। आप नेताओं के उस वर्ग से सम्बन्ध रखते हैं जो समाचारपत्रों के माध्यम से भारत में अपनी अधोगति का अहसास जगाने की कोशिश कर रहा है और देशवासियों को अपने उत्थान के लिए कह रहा है। आप मुख्य रूप से सम्पादक हैं, यद्यपि अपने लोकोपकारी जीवन में आप बहुत से सुधार आन्दोलनों से सम्बद्ध रहे हैं। आजकल आप अँगरेजी के उच्चकोटि के सचित्र मासिक 'माडर्न रिव्यू' और बंगला पत्र 'प्रवासी' के सम्पादक और प्रकाशक हैं।

राष्ट्रीय मुद्दों पर रामानन्द चटर्जी की टिप्पणियाँ निर्भीक और दो टूक होती थीं। जब सन 1907 में लाला लाजपतराय का निर्वासन किया गया, तब 'माडर्न रिव्यू' ने लिखा- "यह ब्रिटिश शासन में भारत के विश्वास की जड़ पर कुठाराघात है।" जब 'केसरी' में प्रकाशित लेखों के लिए लोकमान्य बाल गंगाधर तिलक को देश निकाला दिया गया तब 'माडर्न रिव्यू' ने आगाह किया- "अपनी प्रतिभा,

---

1. यंग इण्डिया, 29 अप्रैल 1926

विद्वत्ता, निर्भीकता और मनोबल से तिलक भारतीयों की आशाओं और आकांक्षाओं के प्रतीक बन गए हैं।"

अँगरेज बहुधा कहा करते थे कि भारतीयों में अपना शासन चलाने की काबिलियत नहीं है। इसके प्रत्युत्तर में रामानन्द चटर्जी ने टिप्पणी लिखी- "जिस आदमी ने कभी कोई गलती नहीं की, उसने कोई महत्वपूर्ण कार्य भी नहीं किया। जो बच्चा कभी गिरा नहीं, उसे चलना भी नहीं आया। राष्ट्र अपनी असफलताओं और सफलताओं दोनों से ही शिक्षा लेते हैं और शक्तिशाली एवं प्रगतिशील बनते हैं।"

माडर्न रिव्यू

आरम्भ में पत्रिका का मुद्रण इंडियन प्रेस प्रयाग से हुआ। इसकी एक प्रति का मूल्य आठ आना तथा वार्षिक शुल्क छह रुपये था। आकार 20 गुणित 15 से.मी था। 'माडर्न रिव्यू' की प्रतियाँ (विधिवत प्रकाशन के पूर्व) दिसम्बर 1906 के कोलकाता कांग्रेस अधिवेशन में वितरित की गई थीं। राष्ट्रीय मुद्दों पर प्रवेशांक में ही इतनी अधिक और स्तरीय सामग्री प्रकाशित की गई थी कि पत्रिका और उसके सम्पादक की धाक जम गई। इसमें कांग्रेस के अध्यक्ष दादाभाई नौरोजी की जीवनी और कोलकाता के इतिहास पर सचित्र फीचर प्रकाशित किया गया था। सन 1908 में जब युक्त प्रान्त की सरकार ने पत्रिका का प्रकाशन बन्द करने का नोटिस दिया, तब रामानन्द चटर्जी 'माडर्न रिव्यू' और 'प्रवासी' का प्रकाशन कोलकाता से करने लगे।

'माडर्न रिव्यू' का स्वागत करते हुए 'वन्दे मातरम्' में सम्पादक अरविन्द घोष ने लिखा- "यह कहना कि 'माडर्न रिव्यू' ने हमारी पत्रिकाओं के साहित्य में एक

नया अध्याय आरम्भ किया है, अतिशयोक्ति नहीं होगा। इसके प्रासंगिक दृश्य चित्र एक निधि हैं, किन्तु यह निधि पत्रिका में प्रकाशित लेखों के सामने फीकी है। इस पर आश्चर्य नहीं होना चाहिए कि यूरोप के लेखकगण भी पत्रिका को सहयोग देने के लिए आगे आ रहे हैं।"

सन 1912 में 'माडर्न रिव्यू' का मुद्रण कोलकाता के ब्रह्मसमाज प्रेस से होने लगा। तदनन्तर 'प्रवासी प्रेस' कायम होने पर पत्रिका वहाँ से छपने लगी। जनजीवन का कोई पक्ष ऐसा नहीं था जिस पर 'माडर्न रिव्यू' में टिप्पणी अथवा लेखादि प्रकाशित नहीं होते हों। राजनीति, साहित्य, शिक्षा, कला, विज्ञान दर्शन, इतिहास, पुरातत्व, उद्योग-व्यापार, प्रसिद्ध व्यक्तियों की जीवनियाँ, पुस्तक समीक्षा तथा देश-विदेश की प्रमुख घटनाओं के समाचार 'माडर्न रिव्यू' में छपते थे। साथ ही, रंगीन कला-चित्र पत्रिका के कलेवर को समृद्ध करते थे। इसके अग्रलेख और सम्पादकीय टिप्पणियाँ उच्चकोटि की होती थीं। 'माडर्न रिव्यू' की पृष्ठ संख्या 100 से 150 तक रहती थी।

'माडर्न रिव्यू' के 'रिव्यूज एंड नोटिसेज आफ बुक्स' स्तम्भ में अँगरेजी के अलावा कन्नड, बंगला, मराठी, गुजराती, हिन्दी, उड़िया, तमिल, तेलुगु, उर्दू तथा फ्रेंच, जर्मन, स्पेनिश, इटेलियन आदि भाषाओं की पुस्तकों की चर्चा की जाती थी। सन 1921 में 'कमेण्ट्स एंड क्रिटिसिज्म' स्तम्भ आरम्भ किया गया। 'नोट्स आन इंडियन पीरिआडिकल्स' तथा 'नोट्स आन फॉरेन पीरिआडिकल्स' शीर्षक दो नए स्तम्भ आरम्भ किए गए। 'ग्लीनिंग' स्तम्भ में विज्ञान की खोजों, अनबूझे प्रकरण और रहस्यों का वर्णन होता था।

रामानंद चटर्जी के सम्पादन-काल में अनेक विद्वान लेखकों का सहयोग 'माडर्न रिव्यू' को सुलभ हुआ। रवीन्द्रनाथ टैगोर, लाला लाजपतराय, एस.निहाल सिंह, ई.ई. स्पीट, सी.एफ.एण्ड्रूज, यदुनाथ सरकार, सिस्टर निवेदिता, सुभाषचन्द्र बोस, जे.आर.लॉवेल आदि प्रमुख थे।

पत्रकार, पत्रकारिता और समाज के सम्बन्धों और प्रभाव के विषय में रामानन्द चटर्जी के विचार बहुत स्पष्ट, सुलझे हुए और मार्गदर्शी थे। 'समाज में पत्रकारिता का स्थान' शीर्षक निम्नांकित टिप्पणी उन्होंने 'माडर्न रिव्यू' में लिखी:-

"इसमें तनिक भी संदेह नहीं कि समाज में पत्रकारिता की बहुत महत्वपूर्ण भूमिका है। पत्रकारिता के कई दुरुपयोग हैं, जो बहुत बड़ी-बड़ी बुराइयों को जन्म देते हैं। किन्तु यहाँ हमारा सरोकार केवल उसके सही उपयोग और समीचीन कार्यकलापों से है। राजनीति, धर्म, आचार, शिक्षा, सफाई, अर्थव्यवस्था, उद्योग, व्यापार, साहित्य, कला, वैज्ञानिक एवं दार्शनिक विचार, कानून, फैशन आदि कोई क्षेत्र नहीं जिसमें पत्रकार के पास कुछ कहने को न होता हो। इसीलिए पत्र-

पत्रिकाओं का बहुत प्रभाव हो सकता है और निस्संदेह कुछ का प्रभाव इस समय है और पहले भी रहा है।"

"किन्तु इससे किसी पत्रकार को अपनी बिरादरी के काम के महत्व के सम्बन्ध में अतिरंजित धारणा नहीं बना लेनी चाहिए। पत्रकार जो कुछ लिखते हैं उसका असर और जीवनकाल क्षणिक ही हो सकता है, उससे अधिक नहीं। और पत्रकारीय कृतियों का मूल्य सृजनात्मक प्रतिभा की कृतियों के मूल्य के बराबर कभी नहीं हो सकता। पत्रकार जो कुछ लिखते हैं, वह सच्ची कविता, नाटक, उपन्यास, गीत, संगीत, चित्र, मूर्ति, स्थापत्य, वैज्ञानिक आविष्कार आदि की पंक्ति में नहीं खड़ा हो सकता। संभव है कि आज किसी कलाकार को परिस्थितिवश किसी संपादक की कृपा अपेक्षा करनी पड़े, परन्तु आज से पचीस या पचास साल बाद उस संपादक का तो शायद नाम ही बाकी बचे और आज की वह गुमनाम प्रतिभा साहित्य एवं कला के आकाश का जाज्वल्यमान नक्षत्र बन जाए।"

"हममें सृजनात्मक प्रतिभा है या नहीं, इसका फैसला करना सचमुच बहुत कठिन काम है। इसी तरह अच्छे समालोचकों के लिए भी यह फैसला शुरू में ही कर देना बहुत कठिन है कि किसी उदीयमान कवि या चित्रकार के भाग्य में स्थायी महत्व की रचनाएँ करना बदा है या नहीं। फिर भी मोटे तौर पर यह कहा जा सकता है कि जिनमें सृजनात्मक प्रतिभा हो या स्थायी मूल्यवाली चीजें रचने की क्षमता हो- स्थायी से यहाँ मतलब है आपेक्षिक मानवीय दृष्टि से स्थायी, क्योंकि कोई भी निपट मानव-रचित वस्तु शाश्वत हो ही नहीं सकती, उन लोगों को तात्कालिक आवश्यकता के क्षणों के सिवा अपनी शक्तियाँ जो कि उन्हें उच्चतर कार्यों के लिए मिली हैं, पत्रकारिता में खर्च नहीं करनी चाहिए।"

"यह चेतावनी फालतू नहीं है, क्योंकि पत्रकारिता के अपने ही आकर्षण और प्रलोभन हैं। हम जो निरे पत्रकार हैं हममें से कोई भी हमारे बीच जी रहे उन व्यक्तियों का समकक्ष तो क्या उनका पासंग भी नहीं हो सकता जिनकी कोई उपलब्धि है। फिर भी हममें से सबसे कम उम्र और सबसे अनुभवहीन पत्रकार को भी इसका प्रलोभन हो सकता है कि मैं बड़े से बड़े राजनेता, वैज्ञानिक या दार्शनिक की आलोचना करके अपने आपको उनसे श्रेष्ठ नहीं तो कम से कम उनका समकक्ष तो सिद्ध करूँ। ऐसी आलोचना से कोई हानि नहीं होती, बल्कि अक्सर वह सरासर आवश्यक होती है। किन्तु अहंकार के आवेश में जो बात हमें भुला नहीं देनी चाहिए वह यह है कि आलोचक कभी कृतिकार के बराबर नहीं हो सकता। कृतिकार शब्द को यहाँ व्यापकतम और गंभीरतम अर्थ में लीजिए।

"पत्रकारिता का दूसरा प्रलोभन यह है कि वह किसी अनुचित बात के हो गुजरने पर अनुभव होने वाले क्रोध या चिढ़ को अभिव्यक्त करने का अवसर हमें

देती है। जो अनुचित है उसकी भर्त्सना अवश्य होनी चाहिए, किन्तु हमें यह भी याद रहना चाहिए कि महज भर्त्सना, भले ही वह कितनी भी जरूरी क्यों न हो, रचनात्मक काम और उपलब्धि का स्थान नहीं ले सकती।"

"जिन्हें हम नापसंद करते हों या जिनसे हमें ईर्ष्या हो उनका अवमूल्यन करने, उनकी निंदा करने का प्रलोभन भी पत्रकारिता में रहता है। इस प्रलोभन का प्रतिरोध हर कीमत पर करना चाहिए। कहते हैं कि पत्रकार की नौकरी तलाशता हुआ एक नौजवान 'पेलमेल गैजेट' के संपादक जॉन मोर्ले से मिलने जा पहुँचा। जब उसे उनके सामने लाया गया तो उन्होंने उनसे पूछा कि तुम्हारी लियाकत क्या है? उम्मीद में भरे उस युवक ने जवाब दिया कि मैं कटूक्तियाँ लिखने में माहिर हूँ। शायद कटूक्ति हममें से बहुत से पत्रकारों के बिक्री-माल का मुख्य हिस्सा है। किन्तु कटूक्ति में हम भले ही चमक सकते हों, हमें यह बात नहीं भूलनी चाहिए कि पत्रकारिता उदात्ततम न सही तो भी उदात्त पेशा है और इसलिए उसकी तैयारी का मतलब विविध ज्ञान और सूचनाएँ संचित करना ही नहीं, बल्कि बौद्धिक प्रशिक्षण तथा नैतिक एवं आत्मिक स्वानुशासन भी है। संभव है, इस कसौटी पर हममें से एक भी खरा न उतर सके। किन्तु गंभीरतापूर्वक अपने समक्ष ऊँचा लक्ष्य रखने में नुकसान कुछ भी नहीं, उलटे लाभ ही लाभ हैं।"[1]

रामानन्द चटर्जी के पश्चात केदारनाथ चटर्जी 'माडर्न रिव्यू' के सम्पादक हुए। उनके कार्यकाल में पत्रिका के प्रत्येक अंक में किसी कलात्मक पेंटिंग का चित्र प्रकाशित किया जाने लगा। 'करेंट अफेयर्स' शीर्षक नया स्तम्भ शुरू किया गया। सन 1965 में अशोक चटर्जी सम्पादक बने। इसके बाद से पत्रिका के स्तर में गिरावट का दौर शुरू हुआ। अन्ततः भारतीय पत्रकारिता के इस यशस्वी अध्याय का अन्त हो गया।

स्वराज

उम्र ढाई साल, कुल प्रकाशित अंक 75, कुल सम्पादक 8। सभी सम्पादकों को कुल मिलाकर सजा और देश निकाला- 125 वर्ष। किसी समाचारपत्र को अभिव्यक्ति स्वातंत्र्य की इतनी बड़ी कीमत चुकाना पड़ी होगी? किसी अखबार के सम्पादक की पदवी काँटों का ऐसा ताज सिद्ध हुई। सारी दुनिया की पत्रकारिता के इतिहास में ऐसा दूसरा प्रसंग दुर्लभ ही नहीं, कदाचित असंभव है। लेकिन संघर्षों की यह सत्यकथा 1907 में इलाहाबाद से प्रकाशित उर्दू सासाहिक *'स्वराज'* की आपबीती है। इसके आदि सम्पादक थे शांति नारायण भटनागर। भारतमाता सोसायटी इलाहाबाद ने पत्र का प्रकाशन किया था। पृष्ठ संख्या आठ और वार्षिक शुल्क 4

---

1. माडर्न रिव्यू, सितम्बर 1925

रुपये था। स्वराज का ध्येय वाक्य था:- "हिन्दुस्तान के हम हैं, हिन्दुस्तान हमारा है।" शांतिनारायण भटनागर पहले लाहौर से प्रकाशित 'हिन्दोस्तान' के सम्पादक रह चुके थे।

तत्कालीन राजनीतिक परिस्थितियाँ वातावरण को सरगर्म बनाए हुए थीं। बंगाल के विभाजन के विरोध में बंग-भंग आन्दोलन चल रहा था। ऐसे माहौल में प्रबल स्वातंत्र्य चेतना की मशाल थामकर 'स्वराज' पत्र अस्तित्व में आया और आरंभ से ही फिरंगी हुकूमत की आँख की किरकिरी बन गया।

बदायूँ का अखबार 'जू उल करनीन' इस संघर्ष गाथा पर प्रकाश डालते हुए लिखता है- "शान्ति नारायण प्रिंटर व पब्लिशर स्वराज इलाहाबाद का मुकदमा खत्म हो गया। मिस्टर वालिश गवर्नमेंट एडवोकेट ने सरकार की तरफ से और मि. टंडन ने मुलजिम की तरफ से पैरवी की। गवर्नमेंट एडवोकेट ने बयान किया के- गवर्नमेंट की तरफ से मुलजिम पर दफा 124(ए) उन मजामीन की निस्बत (लेखों के कारण) चलाया है जो 23 और 30 मई के अखबारात में शाया हुए हैं। 29 फरवरी को भी मुलजिम ने एक मजमून 'फहत और उसका इलाज' (अकाल और उसका निदान) शाया किया था जिस पर उसको तंबीह (समझाइश)की गई मगर उसने इस तंबीह की कुछ परवाह नहीं की आखिर आठ जून को मुलजिम को दो साल कैद सख्त और पाँच सौ रुपये जुर्माने की सजा हुई। अगर जुर्माना अदा न हुआ तो 9 माह और कैद रहे।"[1]

जून 1908 से स्वराज के सम्पादकों के लिए जेल और जुर्माने की यह जो कहानी शुरू हुई उसने अगले डेढ़ वर्ष के भीतर आठ सम्पादकों को 125 वर्ष की कुल सजाएँ दिलवाकर अन्तत: इस अखबार का ही गला घोंट दिया। शान्तिनारायण के बाद रामदास ने सम्पादक का दायित्व सम्हाला। वे ठीक प्रकार से कार्य आरम्भ भी नहीं कर पाए थे कि भटनागर पर हुए जुर्माने की वसूली के लिए स्वराज प्रेस नीलाम कर दिया गया।

नया प्रेस स्थापित किया गया और होतीलाल वर्मा ने सम्पादन का जिम्मा लिया। कुछ ही अंक प्रकाशित हो पाए थे कि उन्हें भी दस वर्ष की कैद की सजा सुना दी गई। तब साप्ताहिक 'स्वराज' ने अपने लिए सम्पादक की तलाश में जो विज्ञापन छापा था उसे 'जू उल करनीन' ने उद्धृत किया है- "एक जौ की रोटी और एक प्याला पानी यह शरहे-तनख्वाह (वेतन) है जिस पर स्वराज इलाहाबाद के वास्ते एक एडीटर मतलूब (आवश्यकता) है। यह वह अखबार है जिसके दो एडीटर बगावत आमेज़ मज़ामीन (विद्रोहात्मक) लेखों की मुहब्बत में गिरफ्तार हो

1. जू-उल-करनीन, बदायूँ, 4 जुलाई 1908

चुके हैं। अब तीसरा एडीटर मुहैया करने के लिए जो इश्तिहार दिया जाता है उसमें जो शरहे तन्ख्वाह जाहिर की गई है के ऐसा एडीटर दरकार है जो अपने ऐशोआराम पर जेलखाने में रह कर जौ की रोटी और एक प्याला पानी को तरजीह दे।"[1]

हौसलों की बुलन्दी का शानदार उदाहरण देखिए कि इस विज्ञापन के बाद भी 'स्वराज' के लिए सम्पादकों की कमी नहीं पड़ी। एक सम्पादक जेल या देश निकाले पर जाता तो दूसरा सिर पर कफन बाँधे कुर्बानी का जज्बा लिए तैयार मिलता। तीसरे सम्पादक बाबू हरिदास 'स्वराज' के मात्र ग्यारह अंकों का सम्पादन कर पाए थे कि उन्हें 21 वर्ष के लिए देश निकाले की सजा दे दी गई। तदनंतर लाहौर से प्रकाशित हो रहे 'भारतमाता' के सम्पादक मुंशी रामसेवक ने इलाहाबाद आकर काँटों का यह ताज पहना। वे जिला दण्डधिकारी के समक्ष 'स्वराज' का प्रकाशन करने के लिए घोषणा पत्र दाखिल करने के पूर्व ही गिरफतार कर लिए गए। तब जिला दंडाधिकारी मैकनारे ने कटाक्ष किया-अब कौन 'स्वराज' निकालेगा? देहरादून के नन्दगोपाल चोपड़ा आगे आए, घोषणा पत्र दाखिल किया और साप्ताहिक 'स्वराज' का प्रकाशन फिर आरम्भ हुआ। इस बार भी सिर्फ 12 अंक ही प्रकाशित हो पाए कि नंदगोपाल चोपड़ा को तीस वर्ष की देश निकाले की सजा सुना दी गई।

'मुखबिरे आलम'[2] में इस सम्बन्ध में प्रकाशित खबर इस प्रकार है- "नन्दगोपाल एडीटर 'स्वराज' इलाहाबाद की अपील हाईकोर्ट में उनके वकील पुरुषोत्तमदास टंडन ने की जिसमें बड़े मुअद्दबाना पैराये में फाज़िल जजान से तीन दरख्वास्तें की गई हैं- एक, दस साल की कैद मुलजिम को दी गई है बहुत संगीन है इसमें जरूर कमी होनी चाहिए। दूसरे, यह के मुलजिम की खानदानी हैसियत, तालीम और कैरेक्टर का लिहाज रखकर उसे कैदे सख्त नहीं बल्कि महज़ कैद दी जाए और तीसरे, यह के मुलज़िम को लाहौर के एक मुकदमे में पाँच साल की सजा हो चुकी है इसलिए जज साहिबान गवर्नमेंट से सिफारिश फरमाएँ के यह दोनों सजाएँ एक ही वक्त में शुरू हो।"

तब के समाचार पत्रों में, खासकर वे समाचारपत्र और सम्पादक जो संघर्ष को पत्रकारिता का अविभाज्य अंग मान कर चलते थे, उनमें एक-दूसरे के संघर्ष में, सहकार की भावना प्रबल थी। 'स्वराज' की लड़ाई के लिए महामना मदनमोहन मालवीय की चिंता इसका ज्वलन्त प्रमाण है। सन 1909 में प्रयाग के 'स्वराज' के आठ सम्पादक दस महीने की अवधि में राजद्रोह के मुकदमे और सजा के शिकार हो गए तब मालवीयजी ने ही आर्थिक सहायता दी, पुरुषोत्तम टंडन को उनकी पैरवी करने की प्रेरणा दी और जेल में निरुद्ध सम्पादकों के परिवारों का पोषण

1. जू-उल-करनीन, बदायूं, फरवरी 1909
2. मुखबिरे आलम, मुरादाबाद, 22 फरवरी 1910

किया। उर्दू भाषी अखबार होने की आड़ में जब कुछ लोगों ने इस पर उँगली उठाई, तब मालवीयजी ने उत्तर दिया- "मैंने जो कुछ किया है वह देश में प्रेस की स्वतंत्रता दृढ़ करने के लिए किया है। यदि मैं ऐसा न करता तो मैं विचार स्वातंत्र्य समाप्त करने के दोष का भागी होता। जहाँ तक इन युवकों की सहायता की बात है, मैं कैसे न करता ? क्या कोई पिता अपने पुत्रों को केवल मतभेद के कारण छोड़ता है और विशेषत: ऐसे पुत्रों को जिनकी देशभक्ति चमचमाते हुए स्वर्ण के समान समुज्ज्वल है ? मैं यह पाप अपने सिर नहीं लेना चाहता कि द्रोणाचार्य के समान अभिमन्यु-हत्या का दोष भागी बनूँ।"

नन्दगोपाल चोपड़ा के बाद लद्धाराम कपूर 'स्वराज' के सम्पादक हुए। उन्हें भी तीस साल की सजा हुई और यह सजा काटने के लिए अंदमान की काल कोठरी में भेज दिया गया। एक बार फिर सम्पादक का आसन खाली हुआ। पंडित अमीरचंद बंबवाल ने यह बीड़ा उठाया। उनसे 2000 रुपये की जमानत माँगी गई और नया घोषणा पत्र दाखिल करने के लिए कहा गया। सारी शर्तें पूरी कर देने के बाद सन 1910 में 'स्वराज' का पुन: प्रकाशन जरूर हुआ, लेकिन केवल चार अंक ही निकल पाए थे कि अखबार की जमानत जब्त कर ली गई। जमानत के लिए धनराशि एकत्रित करते समय बंबवाल को गिरफ्तार कर लिया गया। पुरुषोत्तमदास टंडन ने उनकी ओर से जोरदार पैरवी की। उन्हें एक साल की सजा हो गई। गिरफ्तारी का वारंट निकला, लेकिन वे फरार हो गए, परन्तु अंतत: गिरफ्त में आ गए। उनकी गिरफ्तारी के साथ 'स्वराज' बंद हो गया, जो फिर नहीं निकल पाया।

स्वराज्य

मराठी साप्ताहिक *'स्वराज्य'* अक्कलकोट से पाँच फरवरी 1907 को दत्त प्रसाद स्टीम प्रेस से निकला। सम्पादक प्रकाशक बलवंत शंकर लिमये थे। लोकमान्य तिलक के विचारों से प्रभावित तथा स्वदेशी, राष्ट्रीय शिक्षा और बहिष्कार का समर्थक था। 'स्वराज्य' का स्पष्ट मंतव्य था- 'अधिकार माँगने से नहीं मिलते वे कर्तव्य से हासिल किए जाते हैं। 16 मई 1908 के 'स्वराज्य' में प्रकाशित अग्रलेख को राजद्रोही माना गया। 20 जून को 'स्वराज्य' कार्यालय और लिमये के निवास की तलाशी ली गई। सम्पादक बलवंत शंकर लिमये को गिरफ्तार कर मुकदमा चलाया गया। सितम्बर 1908 में लिमये को दफा 124(अ) में तीन वर्ष और दफा 153(अ) में छह माह की सजा सुनाई गई। जब लिमये और सायन्ना को अदालत से जेल ले जाया गया तब उपस्थित जनसमूह ने वन्दे मातरम्, शिवाजी महाराज की जय और तिलक, लिमये, सायन्ना के नारे गुंजाए। छापाखाना जब्त कर लिया गया और सम्बन्धित जमीन पर उनका अधिकार भी समाप्त कर दिया गया।

जेल से रिहा होने के बाद बलवंत शंकर लिमये ने मुम्बई में साप्ताहिक

'हिन्द महिला' और पुणे में साप्ताहिक *'गोवर्धन'* के सम्पादन का कार्य किया। अन्ततः पुणे में अपना शंकर मुद्रणालय स्थापित कर मराठी साप्ताहिक *'उद्धार'* का सम्पादन-प्रकाशन किया।

अभ्युदय

महामना मदनमोहन मालवीय ने वसन्त पंचमी सन् 1907 को प्रयाग से साप्ताहिक *'अभ्युदय'* का प्रकाशन आरम्भ किया। प्रवेशांक के सम्पादकीय में मालवीय जी ने उद्घोष किया- "हमारी अभिलाषा मन्द नहीं है। पृथ्वी मंडल पर जितने पर्वत हैं उनमें सबसे ऊँचा पर्वत नगाधिराज हिमालय है। हमारी अभिलाषा है कि हमारे देश का अभ्युदय भी उतना ही ऊँचा हो।" पत्र का नामकरण 'अभ्युदय', 'हिन्दी प्रदीप' के स्वनामधन्य सम्पादक पंडित बालकृष्ण भट्ट ने किया था। पत्र की सम्पादकीय नीति का मुख्य तत्व था भारत के लिए स्वराज्य की प्राप्ति। पुरुषोत्तम दास टंडन, गणेश शंकर विद्यार्थी, वेंकटेशनारायण तिवारी का सहयोग 'अभ्युदय' को प्राप्त था। मालवीयजी पत्रकारिता में सहज और सर्वसाधारण के लिए बोधगम्य हिन्दी के प्रयोग के पक्षधर थे। हिन्दी पत्रकारिता में लेखकों के लिए पारिश्रमिक की परम्परा का सूत्रपात भी उन्होंने किया।

कालान्तर में कृष्णकान्त मालवीय ने 'अभ्युदय' के सम्पादन-संचालन का दायित्व सम्हाला। बाद में यह अर्द्ध साप्ताहिक और सन 1915 में दैनिक हो गया। सन 1928 में इंडियन प्रेस के संचालन में कुछ काल तक साप्ताहिक पत्रिका के रूप में निकला। लेकिन शीघ्र ही पद्मकान्त मालवीय ने 'अभ्युदय' वापस ले लिया। शुरू में यह टेबलायड आकार में छपता था, बाद में पूर्ण दैनिक पत्र के आकार में छपने लगा। दैनिक पत्र की पृष्ठ संख्या छह और मूल्य एक आना था। इसका मुद्रण सिलिण्डर मशीन पर होता था।

'अभ्युदय' स्वतंत्रता संग्राम का समर्थक और कांग्रेस का पक्षधर पत्र था। आरम्भ में इस पत्र में विज्ञापन नहीं दिए जाते थे। 'अभ्युदय' पर महामना के संस्कारों का प्रभाव था। इसमें अपराध और बलात्कार की खबरें नहीं छपती थीं। समाचारों का स्रोत टेलीफोन/तार से मिलने वाली खबरें थीं। द्वितीय विश्व युद्ध के समय नेताजी सुभाषचन्द्र बोस और आजाद हिन्द फौज की हलचल को खूब स्थान दिया जाता था। रविवार को चार पृष्ठों का साहित्यिक परिशिष्ट निकलता था, जिसमें कविता, कहानी के साथ-साथ धर्म, राजनीति, विज्ञान, बच्चों और स्त्रियों से सम्बन्धित सामयिक और विचारोत्तेजक लेख आदि प्रकाशित किए जाते थे। जन जागरण, स्त्री शिक्षा, नारदजी खबर लाए हैं आदि 'अभ्युदय' के जनप्रिय स्तम्भ थे।

सन 1931 में पच्चीसवें वर्ष का तेरहवाँ अंक (8 मई 1931) 'भगत सिंह अंक' के रूप में प्रकाशित हुआ। सम्पादक कृष्णकान्त मालवीय ने इतिहास की

अभ्युदय

धरोहर इस अंक में- लाहौर षड्यंत्र के अभियोग की गैर कानूनी कारवाइयाँ, फाँसी इतनी शीघ्रता से क्यों दी गई ?, ब्रिटिश जनता पर भगतसिंह के व्यक्तित्व का प्रभाव, भगत सिंह की हस्तलिपि में एक क्रान्तिकारी कविता, भगतसिंह के मित्रों के संस्मरण, एसेम्बली बम-केस में भगतसिंह वगैरह का ऐतिहासिक बयान- 'बम केवल बहरों के कान खोलने के लिए फेंके गए थे' आदि रचनाएँ संजोयी थीं। जयचन्द्र विद्यालंकार का आलेख 'नकद नतीजा' अत्यन्त सारगर्भित विश्लेषण है। 'अभ्युदय' का भगतसिंह अंक जब्त कर लिया गया था। 'अभ्युदय' को स्वतंत्रता की पक्षधरता के लिए कई कठिनाइयों का सामना करना पड़ा। उससे जमानत माँगी गई। कृष्णकांत मालवीय को जेल भी जाना पड़ा। उनके बाद पद्मकान्त मालवीय सम्पादक हुए। पद्मकान्त मालवीय के बाद रामभरोस मालवीय का नाम स्थानापन्न सम्पादक, प्रकाशक, मुद्रक के रूप में गया। तदनन्तर धर्मवीर भारती और देवदत्त शास्त्री सम्पादक रहे। साप्ताहिक संस्करण के समय 'अभ्युदय' की एक प्रति का मूल्य चार आना तथा वार्षिक शुल्क दस रुपये था। 'अभ्युदय' के पाँच अंक आजाद हिन्द फौज पर केन्द्रित विशेषांक के रूप में निकले। पद्मकान्त मालवीय द्वारा सम्पादित-प्रकाशित ये विशेषांक ऐतिहासिक महत्व के सन्दर्भ स्रोत हैं।

'अभ्युदय' में यह अपील छापी जाती थी- 'कृपा कर पढ़ने के बाद 'अभ्युदय' किसी किसान भाई को दे दीजिए।' पहले जहाँ 'अभ्युदय' की पृष्ठ संख्या 28-32 होती थी, जून 1947 के बाद वह 16 पृष्ठ का छपने लगा। दिसम्बर 1947 में मुख पृष्ठ पर संचालक पद्मकान्त मालवीय और सम्पादक देवदत्त शास्त्री के नाम थे। पृष्ठ

दो पर सम्पादकीय टिप्पणियाँ दो या तीन विषयों पर दी जाती थी। राशनिंग व्यवस्था पर 'अभ्युदय' सम्पादक की तीखी टिप्पणी मननीय है–

कन्ट्रोल की माँ[1]

चोर बाजारी है, इस कलियुगी सुरसा के मुँह में सरकार और जनता दोनों के ईमान समा गए हैं। सरकारी कर्मचारी घूस लेते हैं और जनता घूस देकर चोर बाजारी करती है। इन हरामखोरों और बेईमानों के पीछे नेकनीयत, ईमानदार गेहूँ के साथ घुन की भाँति पीसे जा रहे हैं।

कण्ट्रोल की माँ ब्रिटिश शासन की अंतिम यादगार है, जिसे अविलम्ब दफनाने के साथ कण्ट्रोल की माँ चोरबाजारी का खात्मा करना सरकार का कर्तव्य है।

भ्रष्टाचार विरोधी विभाग चोरबाजारी खत्म करने में इसलिए असफल हो रहा है कि उसमें अधिकांश कर्मचारी 'वही चोर वही पहरुये' वाली कहावत चरितार्थ कर रहे हैं।

घूस लेना, घूस देना, और चोर बाजारी करना देशद्रोह है। यदि सरकार इनको दंड देने में दया अथवा ढिलाई करेगी तो वह जनता और देश के साथ दगा करेगी।

कण्ट्रोल से पहले उसकी माँ चोरबाजारी को खत्म करना, राष्ट्रीय सरकार की कसौटी है।"

इसी अंक की सम्पादकीय टिप्पणी भी सम्पादक की भविष्य दृष्टि की परिचायक है–

मुस्लिम लीग का विघटन[2]

"उचित और न्याय की बात तो यह थी कि भारत से लीग का खात्मा ही कर देना चाहिए था। लीग जैसी कटु साम्प्रदायिक संस्था के लिए यह सोचना कि विघटन हो जाने के बाद भारत में यह अपना कार्य वफादारी और नेकनीयता से करेगी एक भूल है। यह हो सकता है कि भारत की लीग और पाकिस्तान की लीग के कार्य संचालन और पद्धति में कुछ अन्तर अवश्य हो लेकिन इससे तो इन्कार किया ही नहीं जा सकता कि भारत की लीग मिस्टर जिन्ना के निर्देशों और आशीर्वादों की उपेक्षा न कर सकेगी।

भारतीय मुसलमानों का यह कदम गलत है। इससे वे न केवल अपना विश्वास खो सकेंगे बल्कि राष्ट्रीयता के प्रति विश्वासघाती साबित होंगे।"

---

1. अभ्युदय, 22 दिसम्बर 1947
2. वही

हिन्दी केसरी

सन 1907 में लोकमान्य बाल गंगाधर तिलक के मराठी साप्ताहिक *'केसरी'* की विचारधारा का प्रचार हिन्दी भाषा-भाषियों में करने के लिए तत्कालीन मध्यप्रान्त और बरार की राजधानी नागपुर में 'हिन्दी केसरी' निकालने के लिए एक कम्पनी बनाई गई, जिसके लिए तीन-तीन सौ रुपये के शेयर डा. मुंजे, डा. लिमये, नरसिंहदास चांडक और माधवराव सप्रे ने खरीदे। नए पत्र के प्रकाशन की घोषणा का विज्ञापन 'देश सेवक' पत्र में निकाला गया।

'हिन्दी केसरी' के कार्यकर्ताओं का एक छोटा सा परिवार बना जिसके मुखिया सप्रे जी थे। अन्य सदस्य थे- जगन्नाथ प्रसाद शुक्ल, लक्ष्मीधर वाजपेयी, लल्लीप्रसाद पाण्डेय और सिद्धिनाथ दीक्षित। जगन्नाथ प्रसाद शुक्ल मुम्बई के जाने-माने समाचारपत्र 'श्रीवेंकटेश्वर समाचार' के सम्पादक का पद छोड़कर सप्रेजी के बुलावे पर 'हिन्दी केसरी' में नागपुर चले आए थे। सम्पादक के रूप में सप्रेजी का नाम छपता था। सप्रेजी के प्रमुख सम्पादकीय सहयोगी जगन्नाथ प्रसाद शुक्ल, लक्ष्मीधर वाजपेयी और गंगा प्रसाद गुप्त थे। लल्ली प्रसाद पाण्डेय अपनी राष्ट्रीय भावना के कारण उसमें हाथ बँटाने के लिए अपना जमा हुआ काम छोड़कर इस परिवार में शामिल हुए थे। सिद्धिनाथ दीक्षित मुख्य रूप से प्रबंध कार्य देखते थे। शुक्लजी, वाजपेयीजी और पाण्डेयजी को, मराठी भाषा में प्रवीण होने के कारण लोकमान्य तिलक के मराठी केसरी के लेखों का हिन्दी अनुवाद करने और उसकी नीति के अनुरूप लेख लिखने में सुविधा थी। सप्रेजी ने नियमानुसार समाचार पत्र प्रकाशित करने का घोषणापत्र भरा। पूरी तैयारी कर 'हिन्दी केसरी' का प्रथम अंक 13 अप्रैल 1907 को प्रकाशित हुआ। पहले अंक की 3000 प्रतियाँ मुद्रित हुईं।

'हिन्दी केसरी' के मुख पृष्ठ पर, मराठी केसरी के मुखपृष्ठ पर छप रहे पं. जगन्नाथ के संस्कृत श्लोक का हिन्दी में अनूदित पद्य छापा जाता था, जिसका हिन्दी अनुवाद आचार्य महावीर प्रसाद द्विवेदी ने किया था। इसमें भारत को सोते हुए केसरी की उपमा देकर पाठकों को उसके जगाने पर उसकी उग्रता और शौर्य का विश्वास दिलाया गया था।

'हिन्दी केसरी' का आकार डबल क्राउन चौपेजी था। यह स्वदेशी कागज और स्याही से छपता था। वार्षिक मूल्य डाक व्यय सहित दो रुपये था। तीन महीने के लिए मूल्य एक रुपया और नमूने की प्रति भेजने की कीमत आधा आना रखी गई थी।

'हिन्दी केसरी' के प्रथम पृष्ठ पर विज्ञापन की छपाई की दरें भी प्रकाशित की गईं जिसके अनुसार एक माह के लिए प्रति पंक्ति चार आना दर थी। एक महीने से अधिक समय अर्थात आठ सप्ताह के लिए एक कालम प्रति इंच के लिए दर साढ़े

तीन रुपये रखी गई थी। एक वर्ष (50 सप्ताह) के लिए एक कालम एक इंच की दर 12 रुपये थी। कालम की लम्बाई 13 इंच और चौड़ाई सवा दो इंच थी। एक कालम में ग्रेट प्रायमर टाइप की 58 लाइनें आती थीं। समाचारपत्र इसी टाइप में छपता था।

'हिन्दी केसरी' के प्रकाशन का देश के प्रमुख हिन्दी पत्र-पत्रिकाओं ने स्वागत किया था। मिर्जापुर की 'आनन्द-कादम्बिनी' ने लिखा- 'हर्ष का विषय है कि आज सप्रेजी की दया और उद्योग से प्रशंसित पत्र मराठी केसरी के हिन्दी प्रतिरूप का दर्शन हमारे हर्ष का हेतु हुआ है। न केवल मध्यप्रदेश से हमारी भाषा के एक नवीन साप्ताहिक पत्र के निकलने अथवा न केवल महानुभाव की ओजस्विनी लेखनी की अमृतधारा से नागरी पत्र पाठकों की तृप्ति की आशा होने ही के कारण ... इसका सम्पादन भार सप्रेजी महाशय जैसे सुयोग्य सज्जन के द्वारा होने के कारण इसकी पूर्ण सफलता की दृढ़ आशा होने से हम अधिक संतुष्ट हैं। ----- लेख इसके अत्यन्त पुष्ट प्रयोजनी और ओजस्वी होते हैं- इसके आख्यान की आवश्यकता नहीं है। इसके मुख्य उद्‌देश्य स्वदेशी प्रचार और विदेशी बहिष्कार, स्वराज्य और हमारे स्वात्म गौरव की स्थापना है।"

सरस्वती ने मई, 1907 के अंक में लिखा- "ये विचार विचारपूर्वक लिखे गए हैं।" 'हिन्दी केसरी' का स्वर और चरित्र ही ऐसा था कि लोग इसे पढ़ने से नहीं चूकते थे। देशाभिमान की खबरों पर इसका जोर रहता था। 24 अगस्त 1907 के अंक में कलकत्ता हाईकोर्ट के एक फैसले की खबर 'स्वराज्य मांगना बा-कायदा है' शीर्षक से 'हिन्दी केसरी' में प्रकाशित हुई।

'हिन्दी केसरी' में पूरे देश के स्वतंत्रता संग्राम के समाचार प्रकाशित होते थे। इससे पाठकों को आन्दोलन की गतिविधियों, उसके फैलाव और आम जनता के योगदान की जानकारी मिलती थी। 24 अगस्त, 1907 के अंक में मद्रास, इलाहाबाद, राजमहेन्द्री, कोचीन आदि स्थानों के समाचार प्रकाशित हुए। कोचीन के समाचार में लिखा गया- "राजा के कालेज के कुछ विद्यार्थियों ने एक बड़ी सभा की थी, उसमें 'वंदे मातरम्' गीत गाया था और 'वंदे मातरम्' का जयघोष किया था। यह खबर सुनकर दीवान ने प्रिंसिपल से इसकी कैफियत माँगी है।"

'हिन्दी केसरी' के प्रकाशन के चार माह के बाद ही उसके सम्पादन का भार जगन्नाथ प्रसाद शुक्ल को सौंपा गया और सप्रेजी पर व्यवस्था का भार था। कुछ ही दिनों में 'हिन्दी केसरी' ने देश में अपना प्रमुख स्थान बना लिया और लोग चाव से इसे पढ़ते थे। इसकी ग्राहक संख्या छह हजार थी। सेना और पुलिस में उसका पढ़ना अपराध माना जाता था। यह बात रौलट-राजद्रोह जाँच कमीशन ने अपनी रिपोर्ट में भी अंकित की है।

'हिन्दी केसरी' की छपाई देश सेवक प्रेस में ही होती थी, जिसके सप्रेजी व्यवस्थापक भी थे। प्रेस के मालिक माधवराव पाध्ये थे, जो तिलकजी के गरम दल की विचारधारा से मतभेद रखते थे। 'हिन्दी केसरी' गरम दल की विचारधारा का पोषक था। सरकार की नीति वैसे भी भड़काऊ और ओजस्वी विचारों को दबाने की थी और इस अखबार में खोज-खोज कर ओजस्वी समाचार छापे जाते थे। सरकार के विरुद्ध भी विचार व्यक्त किए जाते थे। प्रेस के मालिक (पाध्ये) चिन्तित हो रहे थे कि कहीं किसी दिन प्रेस पर ताला न पड़ जाए। पाध्ये ने अपनी इस शंका से सप्रेजी को अवगत भी करा दिया था। सप्रेजी एक ओर पाध्ये को नाराज नहीं करना चाहते थे और दूसरी ओर अपनी नीति में परिवर्तन करना भी उनके लिए संभव नहीं था। अत: विवश होकर उन्होंने व्यवस्थापक पद से इस्तीफा देना ही उचित समझा। स्पष्ट था कि अब 'हिन्दी केसरी' की छपाई की अन्यत्र व्यवस्था होनी थी। इसी के बाद हिस्लाप कॉलेज के भूतपूर्व प्रोफेसर भागीरथ प्रसाद से सप्रेजी ने अपनी कठिनाई की चर्चा की। भागीरथ प्रसाद बड़े निर्भीक और देशभक्त थे। वे नागपुर के धनाढ्य गोपालराव बूटी की सम्पदा (इस्टेट) के मैनेजर थे और सप्रेजी की लेखनी के प्रशंसक भी। उन्होंने गोपालराव बूटी के यहाँ से सप्रेजी को 6000 रुपये का कर्ज दिला दिया।

'हिन्दी केसरी' के दूसरे वर्ष के प्रारंभ में जो अग्रलेख- नए वर्ष में पदार्पण प्रकाशित हुआ था, उसमें सरकार की दमन नीति, भारत के पुत्रों का कर्तव्य इत्यादि बातों का विवेचन बड़ी निर्भीकता से किया गया था। यह लेख और 'काला पानी' ऐसे दो मौलिक और दो मराठी से अनूदित लेख 1. देश का दुर्देव, 2. 'बाम्ब गोले का रहस्य', इस प्रकार चार लेख जब हिन्दी केसरी में छपे तो अधिकारियों को दमन का मौका मिल गया।

सरकार को इतना मसाला फौजदारी मुकदमा चलाने के लिए काफी था। 'देशसेवक' पत्र में भी ऐसे लेख छपे थे जो सरकार को अप्रिय लगे थे। 22 अगस्त 1908 को 'देशसेवक' और 'हिन्दी केसरी' के सम्पादकों अच्युतराव कोल्हटकर और माधवराव सप्रे के प्रेस और घरों की तलाशी पुलिस के पहरे में ली गई और दोनों सम्पादक इंडियन पीनल कोड की धारा 124(अ) के अन्तर्गत गिरफ्तार किए गए।

नागपुर का साप्ताहिक 'हिन्दी केसरी' मार्च 1909 में बन्द हो गया था। उसके सम्पादकीय परिवार में सम्मिलित गंगाप्रसाद गुप्त ने एक जून 1915 से काशी से 'हिन्दी केसरी' का पाक्षिक पत्र के रूप में प्रकाशन आरम्भ किया। 16 पृष्ठ के इस पत्र का मूल्य डेढ़ आना तथा वार्षिक शुल्क दो रुपये था। आर्ट प्रेस बनारस से इसका मुद्रण होता था। एक वर्ष बाद यह साप्ताहिक हो गया और हर बृहस्पतिवार को निक़लने लगा।

परंतु, काशी के 'हिन्दी केसरी' में वह बात नहीं थी जो नागपुर के 'हिन्दी केसरी' में थी। इसकी भाषा और शैली को लेकर समकालीन पत्रों ने टिप्पणी भी की थी। "हिन्दी केसरी का अभिनन्दन करते हुये हमें कर्तव्यवश यह लिखना पड़ता है कि हिन्दी केसरी के सम्पादन कार्य की ओर उसके संचालक अभी पूरे ध्यान से नहीं देखते अथवा यों कहना चाहिए कि संचालक महाशय सम्पादक की हैसियत से जो कार्य कर रहे हैं वह संचालन कार्य के परिश्रम से थका हुआ मालूम होता है। पहले ही अंक में सम्पादक का एक भी प्रास्ताविक अथवा सम्पादकीय लेख नहीं है।"

"हिन्दी केसरी के सम्पादक धोती पहनकर हैट लगाने अथवा तुर्की टोपी देकर चन्दन लगाने के कट्टर पक्षपाती मालूम होते हैं, क्योंकि आपने हिन्दी और फारसी शब्दों की ऐसी बेमेल खिचड़ी पकाई है कि उसे गंगामदार का जोड़ा ही कहना चाहिए, जैसे- अप्रत्यक्ष तरीके से, पुण्य कार्य के साथ रिश्ता, साफ-साफ दृष्टिगोचर इत्यादि।"[1]

सन 1920 में 'हिन्दी केसरी' प्रत्येक बुधवार को बड़े आकार में छपने लगा। सम्पादक महावीर प्रसाद गहमरी और पुरुषोत्तम राय धामणकर थे। वार्षिक शुल्क तीन रुपये हो गया। परन्तु तिलक के 'केसरी' से सुपरिचित पाठकों को इस पत्र की रीति-नीति पसन्द नहीं आई। 'भारत धर्म' ने 'हिन्दी केसरी का अनौचित्य' शीर्षक सम्पादकीय टिप्पणी लिखी- "नागपुर का हिन्दी केसरी बन्द हो जाने पर उसके सुयोग्य सम्पादक श्रीमान बाबू गंगाप्रसाद गुप्तजी ने कई वर्षों से काशी से उसका प्रकाशन करना आरम्भ किया है। कुछ वर्षों तक मराठी केसरी के अग्रलेख, सम्पादकीय विचार आदि का भाषान्तर इसमें छपता था, परन्तु इधर स्वराज्य पार्टी से जबसे प्रति-सहयोगी पृथक हुए, तब से मराठी और हिन्दी केसरी के मत भिन्न हो गए हैं। मराठी केसरी प्रति-सहयोगी है और हिन्दी केसरी स्वराजी। यह मतभिन्नता हम जैसे केसरी के भक्तों को अखरे बिना नहीं रहती। जबकि मराठी केसरी के मतों का उत्तर भारत में प्रसार करने के लिए स्वर्गीय लोकमान्य से आज्ञा लेकर श्री गुप्तजी ने हिन्दी केसरी का प्रकाशन आरम्भ किया है, तब युद्ध के समय उनका साथ छोड़कर विरुद्ध पार्टी में शामिल हो जाना हिन्दी केसरी को उचित नहीं था। केसरी के नाम पर बिकना है तो उसके मतों को ठीक समझकर उन्हीं का प्रचार करना हिन्दी केसरी का कर्तव्य होना चाहिए। यदि केसरी के मत गुप्तजी को पसन्द नहीं हैं तो उन्हें पत्र का नाम मोटो आदि बदल देना चाहिए।"

काशी का केसरी प्रबुद्ध पाठकों की अपेक्षा पर खरा नहीं उतर पा रहा था। कुछ वर्ष चलकर यह बन्द हो गया।

---

1 नवनीत, संवत् 1972, पृष्ठ 62

स्वदेशाभिमानी

मंगलूरु से सन 1907 में कन्नड साप्ताहिक *'स्वदेशाभिमानी'* का प्रकाशन वा. श्रीनिवास कामथ के सम्पादकत्व में आरम्भ हुआ। यह उच्चकोटि का पत्र था, जिसका कन्नड पत्रकारिता के इतिहास में महत्वपूर्ण स्थान है। 'स्वदेशाभिमानी' ने प्रकाशन के साथ ही पत्रकारिता और लोक रुझान को सक्रिय राजनीति की दिशा में उत्प्रेरित किया। देश भक्ति की भावनाएं जगाईं। सरकारी और मिशनरी स्कूलों के बरक्स राष्ट्रीय स्कूलों की जगह-जगह स्थापना कराई। लोकमान्य तिलक के 'केसरी' और 'मराठा' का प्रभाव इस क्षेत्र की जनता के साथ-साथ कन्नड पत्रकारिता पर भी पड़ रहा था। जनता को जागरूक और स्वतंत्रता के लिए संघर्षशील बनाने की प्रेरणा कन्नड के 'स्वदेशाभिमानी' जैसे प्रखर पत्र दे रहे थे। एम.एन.कामथ प्रभृति राजनीतिक चिन्तक के विचारोत्तेजक लेखों ने 'स्वदेशाभिमानी' की प्रेरक भूमिका को और मुखर बनाया।

समाचार संग्रह

कन्नड पत्रकारिता के विकास के एक और स्तम्भ डी.वी.गुण्डप्पा ने सन 1907 में दैनिक *'समाचार संग्रह'* प्रकाशित किया। जब भी ऐसी स्थिति आई कि सरकार जनहित से विमुख हुई, तब-तब 'समाचार संग्रह' ने सरकार की रीति-नीति पर प्रहार किए। मैसूर के दीवान सर विश्वेश्वरैया, जो महान अभियंता-राजनेता थे, की आलोचना करने में भी गुण्डप्पा ने संकोच नहीं किया।

'समाचार संग्रह' के प्रकाशन के दो बरस बाद गुण्डप्पा ने कन्नड साप्ताहिक *'सुमति'* और सन 1913 में दूसरे साप्ताहिक *'कर्नाटक'* का प्रकाशन आरम्भ किया। उनका मानना था कि लोगों को प्रशासनिक प्रशिक्षण की जरूरत है, इसके लिए उन्होंने गोखले इंस्टीट्यूट कायम किया और द्वै-मासिक पत्र *'पब्लिक अफेयर्स'* का प्रकाशन किया।

'इंडिया' और 'बालभारती'

'स्वदेशमित्रन्' को महान तमिल कवि सुब्रमण्य भारती की प्रतिभा को प्रस्फुटन का पर्यावरण प्रदान करने का श्रेय जाता है। सन 1904 में सम्पादक जी.सुब्रमण्य अय्यर ने भारती को 'स्वदेशमित्रन्' में उपसंपादक बनाया था। गद्य और पद्य लेखन में सिद्धहस्त सुब्रमण्य भारती के मन-मस्तिष्क को बंग-भंग ने उद्वेलित किया। लोकमान्य बालगंगाधर तिलक के कुछ अनुयायियों के सहयोग से उन्होंने तमिल साप्ताहिक *'इंडिया'* और अँगरेजी साप्ताहिक *'बाल भारती'* का प्रकाशन किया। सरकार की छेड़खानी से मुक्ति पाने के लिए स्व-निर्वासन कर वे पुडुचेरी चले गए। सन 1910 में दोनों पत्र बन्द हो गए। जब वे पुडुचेरी से चेन्नै लौटे, तब

एक बार फिर 'स्वदेशमित्रन्' से जुड़े। किन्तु मात्र 39 वर्ष की आयु में उनका देहावसान हो गया।

आजाद

5 जनवरी 1907 को लाहौर से बिशनसहाय आजाद ने उर्दू मासिक पत्रिका *'आजाद'* का सम्पादन-प्रकाशन किया। पत्रिका का उद्घोष था- "आजाद हूँ और मिरा मसलक है सुलह कुल।" 'आजाद' के सम्पादक ने स्पष्ट किया था, "यह देश के बारे में किसी विशेष समुदाय या दल की राय का पक्ष लेने के लिए बाध्य नहीं है। न्याय और सच्चाई इसकी कार्यप्रणाली है।" इस सचित्र पत्रिका का आकार 18 गुणित 22 से.मी. और पृष्ठ संख्या 68 थी। उस समय के उर्दू के सभी प्रमुख साहित्यकार और पत्रकार 'आजाद' में लिखते थे। इस समाचारपत्र के लेखादि अन्य अखबार वाले बिना अनुमति छाप लेते थे, तब 'आजाद' ने प्रकाशनाधिकार का पंजीयन करा लिया।

'आजाद' अपने समय का श्रेष्ठ राजनीतिक अखबार था जो भाषा, विचार और शैली की दृष्टि से उत्तम था। पाठकों के बीच इसकी प्रतिष्ठा थी। इस पत्र ने मार्च 1907 के 'पंजाबी विशेषांक' में लिखा- "काफी लम्बे समय से हिन्दुस्तानियों पर अत्याचार किए जा रहे हैं। सैकड़ों हिन्दुस्तानी अँगरेजों की ठोकरों से मर चुके हैं किन्तु इस प्रकार की मौतों के समाचारों में से एक भी मौत अँगरेजों की ठोकरों से नहीं मानी गई। किसी की मौत तिल्ली बढ़ जाने से और किसी की मौत निमोनिया से माना गया। अत्याचार की कोई सीमा नहीं, अब तो सरकार को चाहिए कि यह सीमा तय कर दे कि इतने हिन्दुस्तानियों की मौतों को गोरों की ठोकरों से होना नहीं माना जाएगा।"....

...."यदि सरकार यह समझती है कि 'पंजाबी' को दण्डित करने से हिन्दुस्तानियों का उत्साह समाप्त हो जाएगा और वे शासन के अत्याचार अपना भाग्य समझकर चुप बैठ जाएंगे तो उनका यह समझना बिल्कुल गलत है। शासन को यह समझ लेना चाहिए कि जितना अत्याचार, हम पर किया जाएगा उतनी ही हमारे मन में गोरों के प्रति घृणा बढ़ती जाएगी। देश पर बलिदान होने वालों के खून की एक-एक बूँद से हजारों बलिदानी पैदा होंगे।"

देवनागर

'एकलिपि विस्तारक परिषद' के मुखपत्र के रूप में कोलकाता से मई 1907 में हिन्दी मासिक पत्र *'देवनागर'* प्रकाशित हुआ। शारदाचरण मित्र पत्र के संचालक और यशोदानन्दन अखौरी एवं उमापतिदत्त शर्मा सम्पादक थे। देश की सभी भाषाओं के लिए देवनागरी लिपि को मान्यता दिलाने के उद्देश्य से यह पत्र प्रकाशित किया गया था। हिन्दी की सार्वदेशिक स्वीकार्यता के पक्ष में 'देवनागर' ने

वातावरण बनाने का कार्य किया। शारदाचरण मित्र बंगीय साहित्य परिषद के अध्यक्ष थे और उनकी पहल ने इस पत्रिका की उपादेयता और स्वीकार्यता को बढ़ाया। 'देवनागर' की पृष्ठ संख्या चालीस और वार्षिक शुल्क तीन रुपये आठ आना था। 'देवनागर' में तमिल, तेलुगु, कन्नड, मलयालम, बंगला, मराठी, पंजाबी और उर्दू आदि सभी भाषाओं के लेख देवनागरी लिपि में प्रकाशित किए जाते थे। भाषा, साहित्य, राजनीति, इतिहास और विज्ञान विषयों पर मननीय लेख प्रकाशित किए जाते थे। भारतीय भाषाओं में निकटता विकसित करना 'देवनागर' का मुख्य उद्देश्य था। आर्थिक कठिनाइयों के कारण तीन वर्ष बाद 'देवनागर' का प्रकाशन बन्द हो गया।

नृसिंह

कोलकाता से अक्टूबर 1907 में हिन्दी मासिक पत्र *'नृसिंह'* निकला। अम्बिका प्रसाद वाजपेयी सम्पादक-प्रकाशक थे। पत्र का वार्षिक शुल्क दो रुपये था। लाल-बाल-पाल के गरम दल से वैचारिक तादात्म्य रखने वाले इस पत्र के कुल बारह अंक निकले। सितम्बर 1908 में पत्र बन्द हो गया। राष्ट्रीय विभूतियों के जीवन चरित्र, आर्थिक, राजनीतिक और अंतरराष्ट्रीय मुद्दों पर बेबाक टिप्पणियाँ और समीक्षा नियमित रूप से प्रकाशित की जाती थीं।

इंडिया

आठ पृष्ठ का उर्दू साप्ताहिक *'इंडिया'* अप्रैल 1907 में गुजरावालां से प्रकाशित हुआ। सम्पादक लाला पिंडीदास थे। प्रखर राष्ट्रीय विचारधारा और दो टूक भाषा शैली के कारण इस अखबार को बारम्बार सरकार की ओर से संकटों का सामना करना पड़ा। अखबार के सम्पादक पर राजद्रोह का मुकदमा चला, हथकड़ी लगाकर अदालत में पेश किया गया और लाला पिंडीदास को पाँच वर्ष की सख्त कैद की सजा सुनाई गई। 'हिन्दुस्तानी' के सम्पादक लाला दीनानाथ को भी पाँच वर्ष की सजा हुई। कम उम्र के कारण कुंदन सेन को 30 बेंत की सजा मिली। तीस अगस्त 1907 को 'जानअ-अल-उलूम' के सम्पादक सूफी अम्बाप्रसाद भी गिरफ्तार हो गये, किन्तु मुकदमे में बरी हुए। सन 1908 में 'इंडिया' का प्रकाशन बन्द हो गया।

कोलकाता से अँगरेजी साप्ताहिक *'मुसलमान'* सन 1907 में प्रकाशित हुआ। मुसलमानों की प्रगति और भारत की एकता इस अखबार का उद्देश्य था। सम्पादक मुजीब-उर रहमान थे। वार्षिक शुल्क चार रुपये था। नवम्बर 1907 में मासिक पत्रिका *'शम्स-ए-बंगाल'* मौलवी बदरुज्जमां 'बदर' के सम्पादकत्व में निकली। इस पत्रिका में गद्य और पद्य दोनों विधाओं की रचनाएँ छपती थीं। 'बदर' के पश्चात दलेलउद्दीन अहमद सम्पादक हुए। वार्षिक शुल्क दो रुपये छह आना था। यूनानी

उपचार पद्धति की पत्रिका 'हिकमत' लाहौर से सन 1907 में निकली। सम्पादक-प्रकाशक मोहम्मद फिरोजउद्दीन थे। मौलाना सनाउल्ला अमृतसरी ने एक जून 1907 को अमृतसर से उर्दू पत्रिका *'मुरक्का-ए-कादीयान'* का प्रकाशन किया।

लखनऊ से सैयद अली हसन खाँ ने उर्दू मासिक पत्रिका *'मय्यार'* का प्रकाशन जनवरी 1907 में किया। इसी वर्ष इन्दौर से उर्दू मासिक पत्रिका *'मालवा सूरमा-ए-तूर'* निकली। अब्दुल हफीज खाँ 'रश्क' सम्पादक-प्रकाशक थे। गोरखपुर से मई 1907 में उर्दू साप्ताहिक 'मशरिक' प्रकाशित हुआ। अब्दुल करीम 'बरहम' सम्पादक थे। वार्षिक शुल्क चार रुपये था। मेरठ से जनवरी 1907 में उर्दू मासिक *'जलवा-ए-यार'* निकला। सम्पादक मुंशी मोहम्मद इसहाक 'आजाद' थे। वार्षिक शुल्क एक रुपया आठ आना था।

मार्च 1907 में सियालकोट से उर्दू मासिक पत्रिका *'पंजाब जर्नल'* गुलाम कादिर 'फसीह' ने निकाली। पृष्ठ संख्या 64 और वार्षिक शुल्क दो रुपये था। महिलाओं की पत्रिका *'पर्दानशीन'* मई 1907 में आगरा से निकली। सम्पादक श्रीमती 'खामोश' थीं। 20 गुणित 12 से.मी.आकार की इस पत्रिका में महिलाओं की रचनाएं भी प्रकाशित की जाती थीं। मुख पृष्ठ पर अकबर इलाहाबादी का यह शेर प्रकाशित किया जाता था-

"बे परदा नजर आईं जो कल बीबियाँ,
अकबर जमीं पे इज्जत-ए-कौमी में गड़ गया।
पूछा जो उनसे आपका परदा वो क्या हुआ,
कहने लगीं कि अक्ल पे मर्दों के पड़ गया।"

रामपुर से उर्दू मासिक पत्रिका *'नैरंग'* सन 1907 में निकली। सम्पादक सईदुल्ला खाँ 'ऐश' थे। इसी वर्ष लाहौर से उर्दू साप्ताहिक *'दौलत-ए-हिन्द'* प्रकाशित हुआ। पृष्ठ संख्या 8 थी। कोलकाता से सन 1907 में उर्दू पत्र *'दारुल हुकूमत'* का प्रकाशन हुआ। सम्पादक-प्रकाशक हाफिज इलाही थे।

उर्दू पाक्षिक *'अहल-उल-जिक्र'* सन 1907 में लखनऊ से निकला। समाज सुधार का पैरोकार था। वार्षिक शुल्क दो रुपया था। जून 1907 में लाहौर से वजाहत हुसैन के सम्पादन में उर्दू मासिक *'इस्लाह-ए-सुखन'* प्रकाशित हुआ। पृष्ठ संख्या 48 और वार्षिक शुल्क दो रुपये था।

श्रीधर प्रसाद के सम्पादकत्व में सन 1907 में मासिक पत्रिका *'कुल भास्कर'* का प्रकाशन इलाहाबाद से हुआ। वार्षिक शुल्क सवा रुपये और पृष्ठ संख्या 32 थी।

सन 1907 में उडुपी से कन्नड मासिक पत्रिका *'श्रीकृष्ण सूक्ति'* का प्रकाशन करोदि सुब्बराव एवं एन.राजगोपाल कृष्णाराव के सम्पादकत्व में हुआ। शिक्षा,

विज्ञान और धर्म पर केन्द्रित इस पत्रिका ने कुछ समय में ही लोकप्रियता अर्जित कर ली। यह पत्रिका क्रिश्चियन मिशनरियों की गतिविधियों और पत्रिकाओं द्वारा किए जाने वाले प्रचार के प्रतिकार में निकाली गई थी। इसमें समकालीन लब्ध प्रतिष्ठ विद्वानों के लेखादि प्रकाशित किए जाते थे। वार्षिक शुल्क एक रुपया आठ आना था। यह पत्रिका कुछ वर्ष तक निकलने के बाद बन्द हो गई थी। एक बार फिर निकली, परन्तु ज्यादा समय तक नहीं चल सकी।

एक जनवरी 1907 को तिरुवनन्तपुरम् से संस्कृत का प्रथम दैनिक पत्र *'जयंती'* प्रकाशित हुआ। पत्र के सम्पादक कोमल मारुताचार्य एवं लक्ष्मीनंदन स्वामी थे। 'जयंती' के लेख से कुपित होकर राजद्रोह के आरोप में सम्पादक द्वय को गिरफ्तार कर लिया गया। यह पत्र चंद दिनों में अकाल काल कवलित हुआ।

भारतीय वैद्यक का हिन्दी मासिक पत्र *'सुधानिधि'* सन 1907 में प्रयाग से प्रकाशित हुआ। सम्पादक-प्रकाशक जगन्नाथ प्रसाद शुक्ल थे। आयुर्वेदिक औषधि और उपचार की इस पत्रिका का वार्षिक मूल्य डेढ़ रुपया था। तीस वर्ष से अधिक समय तक प्रकाशित हुई।

लखनऊ से जनवरी 1907 में *'नागरी प्रचारक'* प्रकाशित हुआ। पृष्ठ संख्या 32 और मूल्य दो रुपये था। प्रकाशक गोपाललाल खत्री और सम्पादक रूपनारायण पाण्डेय थे। सम्पादकीय टिप्पणियाँ और समालोचनाएँ विद्वत्तापूर्ण होती थीं। सन 1914 में इसका प्रकाशन बन्द हो गया।

अँगरेजी साप्ताहिक *'हैदराबाद बुलेटिन'* सन 1907 में सिकन्दराबाद से प्रकाशित हुआ। एक प्रति का मूल्य एक आना था। कोलकाता से चन्द्रवंशी क्षत्रिय महासभा की हिन्दी मासिक पत्रिका *'क्षत्रिय'* सन 1907 में प्रकाशित हुई। सम्पादक हीरालाल शुक्ल थे। यह पत्रिका सन 1927 तक प्रकाशित हुई। काशी से बंगला पत्र *'त्रिशूल'* सन 1907 में निकला। भारत धर्म महामंडल के स्वामी के खिलाफ लगातार आक्रामक आलेखों का प्रकाशन करने के कारण विवादों में आ गया था।

लोकमान्य तिलक के मराठी 'केसरी' से प्रेरणा लेकर हुब्बली से *'कन्नड केसरी'* का प्रकाशन किया गया। डा.ना.सू.हार्डिकर सम्पादक-प्रकाशक थे। उधर पुणे के केसरी संस्थान ने साप्ताहिक *'गुजराती केसरी'* का भी प्रकाशन किया। एस.एस.वाडियार ने सन 1907 में मंगलूर से कन्नड साप्ताहिक *'उदयचंद्र'* का सम्पादन-प्रकाशन किया। इसी वर्ष चेन्नै से तेलुगु मासिक *'दिनज्योति'* निकला।

पाक्षिक पत्र *'कुर्मी क्षत्रिय हितैषी'* सन 1907 में मेड़िया (चुनार) से प्रकाशित हुआ। दीपनारायण सिंह सम्पादक-प्रकाशक थे। वार्षिक शुल्क दो रुपये था। इसी वर्ष कोलकाता से जातीय मासिक पत्रिका *'खत्री समाज'* कृष्णचन्द्र टंडन ने निकाली। वर्ष 1907 में चेन्नै से रे. सुब्बराव के सम्पादकत्व में तेलुगु मासिक

'जनरंजनी' प्रकाशित हुआ। लाला हंसराज के सम्पादन में जम्मू से *'डोगरा गजट'* निकला। इसी वर्ष मेरठ से तुलसीराम स्वामी ने हिन्दी मासिक पत्रिका *'दयानन्द'* निकाली।

सूरत से सन 1907 में मासिक पत्र *'दिगम्बर जैन'* का प्रकाशन हुआ। इसमें संस्कृत, अँगरेजी, हिन्दी, मराठी और गुजराती भाषा के लेख छापे जाते थे। सम्पादक और प्रकाशक मूलचंद किशनदास कापड़िया थे। ज्यादा सामग्री गुजराती भाषा में रहती थी। हिन्दी मासिक *'पुरुषार्थ'* सन 1907 में देहरादून से निकला। गिरजादत्त मैथाणी और तारादत्त नयरोला सम्पादक-प्रकाशक थे।

दुग्गिराला से बी.निरंजन शास्त्री ने तेलुगु मासिक *'प्रमोदनी'* का प्रकाशन किया। भगवानदास जायसवाल ने सन 1907 में मिर्जापुर से अँगरेजी मासिक पत्र *'पोएट'* का सम्पादन-प्रकाशन किया। वार्षिक मूल्य डेढ़ रुपया था। सन 1907 में राजमुंदरी से तेलुगु मासिक *'प्रथम पाठशाला'* प्रकाशित हुई। सम्पादक-प्रकाशक बल्लूरि नरसिंह रायडू थे। मुम्बई से अँगरेजी सांध्य दैनिक *'बाम्बे सेंटीनल'* सन 1907 में प्रकाशित हुआ। बी.जी.हार्नीमैन सम्पादक थे।

सन 1907 में मुरादाबाद से हिन्दी मासिक पत्रिका *'भारत भूमि'* निकली। इतिहास, भूगोल, भाषा, व्याकरण आदि पर प्रवेशांक में प्रस्तुत पाठसामग्री ने अच्छी संभावना जताई थी, किन्तु पत्रिका अधिक दिन नहीं निकली। धूलिया से मराठी साप्ताहिक *'मुमुक्षु'* लक्ष्मण रामचंद्र पांगारकर ने प्रकाशित किया। कुछ ही दिनों बाद यह पुणे से निकलने लगा। राजनीतिक एवं धार्मिक विषयों पर लेख प्रकाशित होते थे। लोकमान्य तिलक के सभी व्याख्यानों का सारांश, 'मुमुक्षु' में नियमित रूप से प्रकाशित किया जाता था। जब पुणे के नेताओं पर राजनीतिक मुकदमे चले तब 'मुमुक्षु' ने राजनीति का परित्याग कर केवल धार्मिक विषयों तक खुद को सीमित कर लिया। सन 1917 में यह पत्र बन्द हो गया। सन 1919 में पुनः प्रकाशित किया गया। आवृत्ति भी मासिक हो गई।

जनवरी 1907 में इन्दौर से सा.आ.देसाई ने मराठी त्रैमासिक पत्रिका *'विद्यार्थी'* निकाली। धर्म और तत्वज्ञान पर प्रौढ़ लेखों का प्रकाशन इस पत्रिका में होता था। उधर खानदेश में अकलनेर से पांडुरंग सदाशिव साने (साने गुरूजी) ने *'छात्रालय'* नामक हस्तलिखित दैनिक पत्र अपने विद्यालय से निकलवाया। बाद में उन्होंने मासिक पत्र *'विद्यार्थी'* का सम्पादन-प्रकाशन किया।

सुदर्शन यंत्रालय, कांजीवरम से सन 1907 में धर्म सम्बन्धी मासिक पत्रिका *'वैदिक सर्वस्व'* निकली। झालरपाटन से गिरधर शर्मा चतुर्वेदी के सम्पादकत्व में हिन्दी मासिक *'विद्या भास्कर'* का प्रकाशन हुआ। मार्च 1907 में राजमुंदरी से

तेलुगु साप्ताहिक *'वन्देमातरम्'* का प्रकाशन हुआ। राजनीति प्रधान इस पत्र के सम्पादक श्रीपाद कृष्णमूर्ति शास्त्री थे।

धारवाड से सन 1907 में कन्नड पत्रिका *'सुबोध चन्द्रिका'* प्रकाशित हुई। हिन्दी एवं उर्दू का द्विभाषी साप्ताहिक *'सुदर्शन'* एटा से निकला। राजनीति, समाज और साहित्य का यह साप्ताहिक हर महीने एक कहानी विशेषांक प्रकाशित करता था। वार्षिक शुल्क तीन रुपये था। परिपूर्णानंद वर्मा, ब्रजेन्द्र कुमार जैन और खेतीलाल अग्निहोत्री सम्पादक-प्रकाशक थे।

हिन्दी में उपन्यास विधा पर केन्द्रित मासिक पत्रिका *'उपन्यास'* सन 1907 में काशी से प्रकाशित हुई। पृष्ठ संख्या 38 और वार्षिक शुल्क दो रुपये था।

1908

आंध्र पत्रिका

तेलुगु पत्रकारिता में *'आंध्र पत्रिका'* को युगान्तरकारी मोड़ लाने का श्रेय जाता है। के. नागेश्वर राव ने एक अप्रैल 1914 को चेन्नै से इस प्रथम सर्वांगपूर्ण दैनिक समाचारपत्र का प्रकाशन आरम्भ किया। मूलत: 'आंध्र पत्रिका' मुम्बई से सन 1908 में तेलुगु साप्ताहिक के रूप में निकला था। 'आंध्र पत्रिका' ने आंध्र को राजनीतिक, सामाजिक और साहित्यिक रूप से एक सूत्र में बाँधने का ऐतिहासिक कार्य किया। पत्रिका का साहित्यिक परिशिष्ट 'सारस्वतानुबन्धम' सन 1921 में आरम्भ हुआ। इसके अंक तेलुगु साहित्य के सन्दर्भ कोश सदृश महत्वपूर्ण हैं। 'युगादि संचिका' शीर्षक 'आंध्र पत्रिका' का वार्षिकांक भी स्थायी महत्व की सामग्री संजोता था।

सन 1930 तक 'आंध्र पत्रिका' की प्रसार संख्या 5000 प्रतियों तक पहुँच गई थी। नागेश्वर राव अग्रणी स्वतंत्रता सेनानी थे, जिनकी सेवाओं के लिए उन्हें 'देशोद्धारक' का आदरयुक्त सम्बोधन दिया जाता था। नमक सत्याग्रह के दिनों में पाठकों की रुचि घटनाओं की जानकारी प्राप्त करने में बढ़ी और इसी के साथ-साथ पत्रिका की प्रसार संख्या भी बढ़ती गई। आंध्र चेतना के सूत्रधारों यथा जी.हरिसर्वोत्तम राव, के.शिव रामकृष्ण राव, शेषगिरि राव का सहयोग 'आंध्र पत्रिका' को सुलभ था। लगभग चौथाई सदी तक तेलुगु दैनिक पत्रकारिता पर पत्रिका का एकछत्र वर्चस्व रहा। सन 1938 में एस.शंभु प्रसाद ने सम्पादन का दायित्व ग्रहण किया। सन 1965 में दैनिक 'आंध्र पत्रिका' का विजयवाड़ा संस्करण और सन 1976 में हैदराबाद संस्करण प्रकाशित हुआ।

'आंध्र पत्रिका' प्रकाशन की ओर से कालान्तर में 'आंध्र पत्रिका इलस्ट्रेटेड वीकली' का प्रकाशन किया गया। गुणवत्ता में इसकी तुलना समकालीन श्रेष्ठ

पत्रिका 'भारती' से की जाती थी। पत्रिका उत्कृष्ट साहित्यिक रचनाओं का प्रकाशन करती थी। किन्तु 1950 में पत्रिका के कलेवर में परिवर्तन हुआ और इसे पारिवारिक पत्रिका बनाया गया। तमिल पत्रिका 'आनंद विकटन' और 'कल्कि' से इस परिवर्तन की प्रेरणा ग्रहण की गई। लोकप्रिय पत्रिका की अवधारणा कारक तत्व हो गया। के.कुटुम्ब राव को 'आंध्र पत्रिका इलस्ट्रेटेड वीकली' का दायित्व सौंपा गया था, जो उन्होंने कुशलतापूर्वक निभाया।

सन 1964 में 'आंध्र पत्रिका' ने स्वर्ण जयन्ती मनाई।

राष्ट्रमत

29 जून 1908 को मुम्बई से मराठी दैनिक *'राष्ट्रमत'* का प्रकाशन आरम्भ हुआ। सम्पादक सीताराम केशव दामले और प्रकाशक गंगाधरराव देशपांडे थे। पत्र प्रकाशन के लिए लोकमान्य बाल गंगाधर तिलक की प्रेरणा और सहभागिता से नेशनल पब्लिशिंग कम्पनी की स्थापना की गई। सूरत कांग्रेस के पश्चात मुम्बई में राष्ट्रीय पत्र की आवश्यकता महसूस करते हए 'राष्ट्रमत' प्रकाशित किया गया। प्रकाशन के दूसरे वर्ष में साप्ताहिक संस्करण भी निकलने लगा। इसमें मनोरंजक कहानियाँ, स्फुट विचार, धार्मिक और औद्योगिक विषयों पर लेख तथा विचारोत्तेजक अग्रलेखों का प्रकाशन किया जाता था। 'राष्ट्रमत' की नीति अरविन्द घोष के 'वन्दे मातरम्' के समान थी। सन 1909 में दामले के स्थान पर पहले सरदेसाई फिर दत्तोपंत आप्टे सम्पादक हुए। कोल्हापुर प्रकरण में 'राष्ट्रमत' से दस हजार रुपये की जमानत माँगी गई। फलत: 20 मार्च 1910 को यह पत्र बन्द हो गया।

15 जून 1908 को महिलाओं के लिए उर्दू मासिक पत्रिका *'अस्मत'* दिल्ली से प्रकाशित हुई। प्रकाशक सर अब्दुल कादिर थे। सम्पादन का दायित्व मौलाना राशिदुल खैरी को सौंपा गया। बाद में रज्जाकउल खैरी सम्पादक हुए। पत्रिका का आकार 22 x 18 से.मी., पृष्ठ संख्या 56 और वार्षिक शुल्क दो रुपये था। मुख पृष्ठ रंगीन रहता था। इस सचित्र पत्रिका में महिलाओं के लिए मनोरंजक, ज्ञानवर्द्धक सामग्री का प्रकाशन किया जाता था। 13 सितम्बर 1947 को यह पत्रिका करांची से निकलने लगी। सन 1958 में 'अस्मत' का 400 पृष्ठों का स्वर्ण जयंती विशेषांक निकला।

30 मार्च 1908 को रामनवमी के दिन हिन्दी पाक्षिक *'सम्राट'* का प्रकाशन कालाकाँकर से हुआ। 'हिन्दी प्रदीप' बन्द होने के बाद बालकृष्ण भट्ट 'सम्राट' के सम्पादक हुए। सन 1909 में कालाकाँकर के 'हिन्दोस्थान' का विलय 'सम्राट' में हो गया और इसका प्रकाशन हर सप्ताह किया जाने लगा। कालाकाँकर के राजपरिवार के संरक्षण में प्रकाशित होने वाला 'सम्राट' 30 मार्च 1910 से दैनिक हो गया। इसी वर्ष कुँवर रमेशसिंह का निधन हो जाने के कारण 'सम्राट' का प्रकाशन बन्द हो

गया।

सन 1908 में बेजवाडा से गडिचेर्ला हरिसर्वोत्तम राव के सम्पादकत्व में तेलुगु पत्र *'स्वराज्य'* का प्रकाशन आरम्भ हुआ। वे परम विद्वान और देशभक्ति से ओत-प्रोत थे। वन्दे मातरम् आन्दोलन में भाग लेने के कारण उन्हें राजमहेन्द्री कालेज से निष्कासित किया गया। 'स्वराज्य' में प्रकाशित लेख को राजद्रोह करार देते हुए उन्हें 18 जुलाई 1908 को गिरफ्तार कर लिया गया। तीन साल की कैद की सजा हुई।

सन 1908 से 1910 तक युवाओं के लिए तेलुगु मासिक पत्रिका *'विवेकवती'* का प्रकाशन हुआ। इसी वर्ष साप्ताहिक *'शेट्टी बलिजा'* निकला। एस.हनुमन्त राव ने तेलुगु मासिक पत्रिका *'हंस'* का प्रकाशन-सम्पादन किया। सी.श्रीनिवास राव ने मछलीपट्टणम् से तेलुगु पाक्षिक *'नवयुग'* प्रकाशित किया। कृष्णमूर्ति शास्त्री ने *'मानव सेवा'* आरंभ की जो सन 1911 तक निकली। जे.एस.डासन ने तमिल मासिक *'गुड वे'* निकाला।

छह जनवरी 1908 को पुणे से साप्ताहिक *'मराठी वन्दे मातरम'* का प्रकाशन हुआ। अरविन्द घोष के 'वन्दे मातरम्' के विचारों और लेखादि को मराठी पाठकों तक पहुँचाने के लिए हरि रघुनाथ भागवत के सम्पादकत्व में हर रविवार को प्रकाशित होता था। आर्थिक कठिनाइयों के चलते एक वर्ष बाद इसका प्रकाशन बन्द हो गया।

पंचम जार्ज के प्रति भक्ति भाव से भरा मासिक पत्र *'एजूकेशन गजट'* लखनऊ से सन 1908 में प्रकाशित हुआ। नवल किशोर प्रेस से छपता था। सम्पादक गोपीलाल माथुर और उप सम्पादक शिवभजन मिश्र थे। कुछ समय बाद हिन्दी और उर्दू में यह पत्र पृथक-पृथक निकलने लगा। शिक्षा, विज्ञान, प्रकृति, नए आविष्कार इत्यादि ज्ञानवर्धक सामग्री प्रकाशित की जाती थी।

अक्टूबर 1908 में जालंधर से उर्दू पत्रिका *'गंगा'* प्रकाशित हुई। प्रकाशक लाला करमचंद तथा सम्पादक अमरसिंह थे। साहित्य और राजनीति की इस पत्रिका का वार्षिक शुल्क तीन रुपया था। मार्च 1908 में दिल्ली से 32 पृष्ठ की उर्दू मासिक पत्रिका *'सिला-ए-आम'* का प्रकाशन मीर नासिर अली के सम्पादकत्व में हुआ। वार्षिक शुल्क छह रुपये था। मुम्बई से सन 1908 में मासिक *'अल बदर'* का प्रकाशन हुसैन अब्बास कैसर के सम्पादकत्व में हुआ। आकार 22 x 12 से.मी., पृष्ठ संख्या 26 थी। लेख, कविताएँ, हास्य-व्यंग्य प्रकाशित किए जाते थे। विशेष समाचार शुरू के पन्नों पर दिए जाते थे।

आठ पृष्ठों का उर्दू साप्ताहिक *'इंकलाब'* सन 1908 में लाहौर से निकला। स्वदेशी आन्दोलन के समर्थन के कारण जिला मजिस्ट्रेट ने 'इंकलाब' को बंद करने

और मुद्रक कौमी प्रेस को जब्त करने का आदेश दिया। फलतः पत्र बन्द हो गया।

जनवरी 1908 में लाहौर से मौलवी ताजुद्दीन 'ताज' के सम्पादकत्व में *'अल मुजद्दिद'* का प्रकाशन हुआ। वार्षिक शुल्क दो रुपये था। लेख और समाचारों का प्रकाशन किया जाता था। उर्दू, फारसी तथा अँगरेजी भाषाओं का मासिक *'ओरिएंटल गजट'* इसी वर्ष लाहौर से निकला। जनवरी 1908 में मायल देहलवी के सम्पादकत्व में उर्दू मासिक पत्रिका *'जवान'* निकली। अच्छे लेखकों और शायरों की रचनाएँ छपती थीं। वार्षिक शुल्क ढाई रुपये और पृष्ठ संख्या 60 थी। इसी वर्ष जावरा से *'जावरा स्टेट गजट'* निकला। यह उर्दू और अँगरेजी के मजमून छापता था। खण्डवा से हिन्दुस्तानी जुबान में *'फरिश्ता'* का प्रकाशन हुआ। सन 1908 में अजमेर से उर्दू मासिक पत्रिका *'फानूस-ए-ख्याल'* निकली। सम्पादक आशिक हुसैन थे। कोलकाता से जनवरी 1908 में उर्दू मासिक पत्रिका *'तनवीर-उल-शर्क'* प्रकाशित हुई। अबु मुजफ्फर रिजवां सम्पादक और अकमल अली प्रकाशक थे। साहित्य, इतिहास और समीक्षा पर उत्कृष्ट लेख और अच्छी कविताओं का प्रकाशन होता था। वार्षिक शुल्क दो रुपया था।

'निगारिस्तान-ए-ख्याल' का प्रकाशन मंगलूरु से वली अहमद ने किया। आठ पृष्ठ के उर्दू साप्ताहिक का वार्षिक शुल्क तीन रुपये था। अमृतसर से मई 1908 को उर्दू मासिक पत्रिका *'मुसलमान'* प्रकाशित हुई। सनाउल्ला अमृतसरी सम्पादक थे। इस इस्लामिक पत्रिका का वार्षिक शुल्क छह रुपये था। टोहाना से सन 1908 में उर्दू पाक्षिक *'रहनुमा'* निकला। सम्पादक हकीम भगतराम और प्रकाशक देवीदयाल गुप्ता थे। उद्योग, व्यापार, दर्शन, विज्ञान तथा यूनानी चिकित्सा पद्धति से संबंधित लेखादि प्रकाशित किए जाते थे। उर्दू मासिक पत्रिका *'लतीफ'* लखनऊ से सन 1908 में प्रकाशित हुई। सम्पादक-प्रकाशक मोहम्मद अली थे। पृष्ठ संख्या 32 और वार्षिक शुल्क दो रुपये था। उर्दू साप्ताहिक *'सफीर-ए-बरार'* सन 1908 में अमरावती से निकला। सम्पादक-प्रकाशक मिर्जा उस्मान बेग थे। पाँच वर्ष तक इसका प्रकाशन हुआ। कानपुर से अगस्त 1908 में उर्दू मासिक पत्रिका *'सय्याह-ए-इस्लाम'* निकली। सम्पादक आजाद सुबहानी और प्रकाशक अब्दुल वाहिद थे। पृष्ठ संख्या 38, वार्षिक शुल्क दो रुपये था। समाचार एवं लेखादि प्रकाशित किए जाते थे। जून 1908 में उर्दू मासिक *'शम्स-उल-निहार'* मोहम्मद इस्माइल के सम्पादन में आरंभ हुआ। एक दिसम्बर 1908 को देवबंद जिला सहारनपुर से उर्दू पाक्षिक पत्रिका *'हरदिल अजीज'* निकली। सम्पादक-प्रकाशक सुमेरचंद्र थे।

कोलकाता से पंचकौड़ी बनर्जी के सम्पादकत्व में बंगला दैनिक समाचार *'नायक'* प्रकाशित हुआ। यह सुरेन्द्रनाथ बनर्जी के मशहूर अखबार *'बंगाली'* का सहयोगी प्रकाशन था। स्वतंत्र विचारधारा का पत्र था। सन 1910 तक इसका

प्रकाशन हुआ। सांगली के चिंतामणि प्रेस से विष्णुपंत राजवाडे ने मराठी पत्र *'विदुर'* का प्रकाशन सन 1908 में किया। ठाकुरदास खत्री ने काशी से व्यापारी और *'कारीगर'* नामक हिन्दी पाक्षिक पत्र निकाला। सरकार ने इस पत्र को पाँच सौ रुपये वार्षिक सहायता मंजूर की थी। इसी का उर्दू संस्करण *'सनअतो हिरफत मुमालिक मुत्तहद'* के नाम से निकला। उसके लिए भी सरकार ने पाँच सौ रुपये सालाना मदद मंजूर की।

प्रयाग से सन 1908 में साप्ताहिक *'भारतवासी'* और मासिक *'कलवार मित्र'* प्रकाशित हुए। मेरठ से शिवनाथ सिंह शांडिल्य और रामचन्द्र शर्मा ने जातीय मासिक पत्रिका *'त्यागी'* प्रकाशित की। इसी वर्ष जीवानन्द काव्यतीर्थ ने साहित्यिक मासिक पत्रिका *'कमला'* का प्रकाशन भागलपुर से किया। दस वर्ष तक प्रकाशित हुई। कोलकाता से *'केलकटा म्युनिस्पल गजट'* का प्रकाशन हुआ। इसी वर्ष मुजफ्फरपुर से *'तिरहुत समाचार'* निकाला।

सन 1908 में बनारस से हिन्दी पाक्षिक *'क्षत्रिय मित्र'* का प्रकाशन राजऋषि भिनगेश ने कराया। क्षत्रिय जाति में शिक्षा के प्रचार और समाज सुधार के उद्देश्य से इसका प्रकाशन किया गया था। वार्षिक शुल्क डेढ़ रुपये था। सम्पादक-प्रकाशक रामलगन सिंह और ठाकुर सूरजवंश सिंह को राजद्रोह के आरोप में छह-छह महीने सख्त कैद की सजा दी गई थी। सन 1944 तक इस पत्र का प्रकाशन हुआ। जनार्दन मिश्र के सम्पादकत्व में सन 1908 में भागलपुर से संस्कृत मासिक *'सुप्रभात'* निकला। पृष्ठ संख्या 48, वार्षिक शुल्क चार रुपये था। सन 1908 में संस्कृत पत्रिका *'सहृदय'* चेन्नै से निकली। सम्पादक कृष्णामाचार्य थे। वार्षिक शुल्क तीन रुपये था। पंद्रह वर्ष बाद बंद हो गई। काशी के *'सनातन धर्म'* के प्रत्युत्तर में हिन्दी साप्ताहिक *'सत्य सनातन धर्म'* का सम्पादन प्रकाशन सन 1908 में कोलकाता से राधामोहन गोकुलजी ने किया।

सन 1908 में मुम्बई से मराठी साप्ताहिक *'जगद् वृत्त'* प्रकाशित हुआ। 52 गुणित 36 से.मी. आकार का यह अखबार प्रत्येक रविवार को प्रकाशित होता था। ए.एफ.गार्डन नामक अँगरेज ने सरकारी सहायता से *'जगद् वृत्त'* का प्रकाशन किया था। कृष्णराव अर्जुन केलुसकर साप्ताहिक के साहित्य सम्पादक थे, जो बाद में सम्पादक हुए। पृष्ठ संख्या 16 थी। पत्र की कई प्रतियाँ सरकार खरीदती थी। 15000 रु. सालाना सरकारी मदद का फैसला सरकार ने अपने प्रचार के लिए किया था, परन्तु सम्पादक केलुसकर ने देश के विरुद्ध कुछ भी लिखने से मना कर दिया। सात वर्ष तक वे *'जगद् वृत्त'* का सम्पादन करते रहे लेकिन जब उन्होंने *'नीतिबोध माला'* के लेख लिखे, तब प्रकाशक ने आपत्ति की और केलुसकर ने *'जगद् वृत्त'* से नाता तोड़ लिया। सन 1915 तक इसका प्रकाशन हुआ।

क्षत्रिय उपकारणी महासभा का पाक्षिक मुखपत्र *'क्षत्रिय मित्र'* काशी से जनवरी 1908 में प्रकाशित हुआ। सम्पादक लालजीसिंह गहरवार थे। पृष्ठ संख्या 32 थी। वार्षिक मूल्य दो रुपये था।

अँगरेजी का राष्ट्रीय दैनिक

1909

लीडर

24 अक्टूबर 1909 को मदनमोहन मालवीय के सम्पादकत्व में इलाहाबाद से अँगरेजी दैनिक *'लीडर'* का प्रकाशन आरंभ हुआ। इलाहाबाद में एक राष्ट्रीय दैनिक का अभाव दूर करने के लिए मोतीलाल नेहरू की अध्यक्षता में कम्पनी बनाई गई, जिसमें मदनमोहन मालवीय, तेज बहादुर सप्रू, सच्चिदानंद सिन्हा प्रभृति सार्वजनिक क्षेत्र के प्रमुख व्यक्ति सम्मिलित थे। इलाहाबाद में सन 1903 से प्रकाशित हो रहे 'इंडियन पीपुल' का विलय 'लीडर' में हो गया। साथ ही 'इंडियन पीपुल' के सम्पादक नगेन्द्रनाथ और उनके सहकारी सी.वाई. चिंतामणि भी 'लीडर' के सम्पादन से जुड़ गए। सन 1911 में जब नगेन्द्रनाथ 'ट्रिब्यून' के सम्पादक होकर लाहौर चले गए, तब सी.वाई. चिंतामणि 'लीडर' के सम्पादक हो गए। आरंभ में 'लीडर' की प्रसार संख्या और विज्ञापन कम थे, तब आर्थिक कठिनाइयों के चलते काम का बहुत ज्यादा बोझ चिंतामणि पर था। इसका प्रभाव उनके स्वास्थ्य पर पड़ा। एक समय ऐसी स्थिति बन गई थी कि 'लीडर' का प्रकाशन बन्द हो जाता, परन्तु स्वास्थ्य लाभ करते ही चिंतामणि ने दायित्व संभाल लिया। वे 25000 रुपये ऋण लेकर 'लीडर' का कायाकल्प करने में जुट गए। मेहता कृष्णराम को संयुक्त सम्पादक बनाया।

चिंतामणि ने सबसे पहले 'लीडर' के सुसम्पादन और विज्ञापन की आमदनी बढ़ाने पर ध्यान केन्द्रित किया। कोशिशें रंग लाईं और अखबार की प्रसार संख्या बढ़कर आठ हजार तथा आमदनी पच्चीस हजार रुपये मासिक हो गई। 'लीडर' ने वैधानिक तरीकों से प्रगति की नीति अपनाई थी। यद्यपि पूर्व में 'लीडर' महात्मा गाँधी के दक्षिण अफ्रीका में किए गए 'सत्याग्रह आन्दोलन' का समर्थन करता था, परन्तु जब भारत में उन्होंने सत्याग्रह की शुरूआत की तब 'लीडर' ने उसका समर्थन नहीं किया। इस रुख के कारण 'लीडर' की साख गिरी। छात्रों द्वारा स्कूलों और

कालेजों के बहिष्कार को वह ठीक नहीं मानता था। यह तथ्य अवश्य उल्लेखनीय है कि सत्याग्रह आन्दोलन के कार्यकर्ताओं पर फिरंगी हुकूमत के क्रूर दमन की नीति का 'लीडर' ने विरोध किया था। तीव्र मतभिन्नता के कारण ही नेहरू, सप्रू, सिन्हा 'लीडर' से हट गए। तब मोतीलाल नेहरू ने इलाहाबाद से अँगरेजी दैनिक 'इंडिपेंडेंट' का प्रकाशन किया था।

सी.वाई.चिंतामणि ने अपनी पार्टी (नरम दल) की नीति के अनुसार युक्त प्रान्त की सरकार में मंत्री पद स्वीकार कर लिया था। उन दिनों मेहता कृष्णराम ने सम्पादक का दायित्व संभाला। कुछ महीनों बाद चिंतामणि इस्तीफा देकर सरकार से बाहर आ गए और पुनः 'लीडर' का सम्पादन करने लगे। सन 1927 में अखबारों के सम्बन्ध में जारी गोपनीय रिपोर्ट में सरकार ने यह लिखा था- "युक्त प्रान्त के पढ़े-लिखे भारतीयों को राजनीतिक मामलों की खबरें 'लीडर' से मिला करती हैं और इसी के आधार पर वे अपनी सम्मति निश्चित करते हैं। प्रान्तीय कौंसिल में मि. चिंतामणि ने जो नेशनलिस्ट पार्टी कायम की है उसके संगठन में उन्हें 'लीडर' से भारी मदद मिली है। यह पत्र प्रान्तीय सरकार के विरुद्ध निरन्तर प्रचार करता रहता है और सरकार के पास ऐसा कोई साधन नहीं है जिससे वह इस पत्र के आक्षेपों का जवाब दे सके।"

THE LEADER

INDIA IS FREE TODAY

GLORIOUS VICTORY OF NON VIO ENT REVOLUTION

UNITE RISE & DEFEND OUR BELOVED MOTHERLAND

GANDHIJI'S MISSION IN CALCUTTA

VANDE MATARAM

INDO-BRITISH STERLING AGREEMENT

लीडर

'लीडर' ने असहयोग आन्दोलन के विरोध के कारण प्रसार में आई गिरावट की भरपाई पंजाब नरसंहार और फिरंगी हुकूमत द्वारा किए गए अत्याचारों को प्रकाशित करते हुए की।

'लीडर' की पत्रकारिता की एक प्रमुख विशेषता यह थी कि वह जो मुद्दा उठाता था उसका फालोअप मुस्तैदी से करता था। इसकी सम्पादकीय टिप्पणियाँ

धारदार होती थीं। सन 1926 में 'लीडर' का आकार 50 गुणित 30 से.मी और पृष्ठ संख्या 16 थी। पृष्ठ में चार कालम होते थे। वार्षिक शुल्क 24 रुपये और एक प्रति का मूल्य एक आना था। बाद में 'लीडर' का आकार 55 गुणित 40 से.मी. हो गया। पृष्ठ संख्या आठ और एक पृष्ठ में आठ कालम होने लगे।

'लीडर' पर एक पत्र छापने के सिलसिले में अदालत की मानहानि का आरोप लगा, तब इलाहाबाद हाईकोर्ट ने कोई सजा नहीं सुनाकर केवल सरकारी खर्च वसूल करके मुकदमा समाप्त कर दिया था। किन्तु जजों ने अधीनस्थ न्यायालयों को हिदायत दे दी कि 'लीडर' का नाम उन समाचारपत्रों की सूची से काट दिया जाए जिनको विज्ञापन दिया जाता है। युक्तप्रान्त की धारासभा में यह मामला गूंजा था कि क्या विज्ञापन इसीलिए दिए जाते हैं कि विज्ञापनदाता के विरुद्ध कुछ न लिखा जाए?

किसी अखबार की साख का गिरना कैसे परिणाम देता है इसका एक उदाहरण 'लीडर' और चिंतामणि बाबू के दृष्टान्त से मिलता है। चिंतामणि जब दुबारा धारासभा के चुनाव में उम्मीदवार बने तब उनके मुकाबले 'अभ्युदय' के सम्पादक कृष्णकांत मालवीय को मतदाताओं ने जिताया। आजादी के बाद 'लीडर' शनैः-शनैः चमक खोता गया। बाद में घनश्याम दास बिड़ला ने इसे खरीद लिया, लेकिन अवसान को वे भी नहीं टाल सके। जब 'लीडर' बंद हुआ, तब 'इकानामिक एण्ड पोलिटिकल वीकली' ने टिप्पणी लिखी- "सप्ताह की गहमागहमी में अधिकांश समाचारपत्र अपने एक सहयोगी के अवसान पर ध्यान देने में विफल रहे। सिर्फ 'फ्री प्रेस जर्नल' ने इलाहाबाद के 'लीडर' के बंद होने की खबर छापी। 'फ्री प्रेस जर्नल' ने लिखा था कि 'लीडर' इस देश के इतिहास का एक अंग है जो जन भावनाओं के साथ जुड़ा था। इसका बंद होना बहुत दुखद है।[1]

विजय

सितम्बर 1909 से अप्रैल 1910 के बीच पांडिचेरी से तमिल सांध्य दैनिक *'विजय'* का प्रकाशन हुआ। महान राष्ट्रीय कवि के रूप में समादृत सुब्रमण्य भारती 'विजय' के सम्पादक थे। चार पृष्ठों वाले इस समाचारपत्र का प्रकाशन रविवार और अन्य अवकाश दिवसों पर नहीं होता था। 'विजय' के कुल 160 अंक प्रकाशित हुए। तमिल और अँगरेजी में छपने वाले नाम शीर्ष पर नाम के नीचे फ्रेंच और तमिल में ध्येयवाक्य लिखा रहता था- "लिबर्टी-इक्वालटी-फ्रेटरनिटी" (फ्रेंच) तथा "स्वातंत्रम् समत्वम् सहोदरत्वम् (तमिल)"। पत्र के प्रथम और अन्तिम पृष्ठ पर विज्ञापन दिए जाते थे। दूसरे पृष्ठ पर एक अग्रलेख तथा छोटी-छोटी सम्पादकीय

1. इकानामिक एण्ड पोलिटिकल वीकली, 16 सितम्बर 1967, पृ. 1692

टिप्पणियाँ प्रकाशित होती थीं। तीसरे पृष्ठ पर समाचार छपते थे। तीखी और चुभने वाली शैली में लिखी गई भारती की सम्पादकीय टिप्पणियाँ फिरंगी हुकूमत की कड़ी आलोचना करती थीं। मिण्टो-मॉर्ले सुधार, नया प्रेस कानून, दक्षिण अफ्रीका में भारतीयों की तकलीफें, तिब्बत और भारत सरकार, श्रीमती एनी बेसेण्ट, छात्र और राजनीति, भारतीय संस्कृति और सभ्यता के पतन के ऐतिहासिक कारण आदि उनकी चर्चित टिप्पणियाँ रहीं।

कर्मयोगी

पं. सुन्दरलाल ने सितम्बर 1909 में प्रयाग से हिन्दी पाक्षिक *'कर्मयोगी'* का प्रकाशन किया। अरविन्द घोष का 'कर्मयोगी' और लोकमान्य तिलक के 'केसरी' की प्रेरणा इसके पीछे थी। भारत की प्राचीन महत्ता और वर्तमान दयनीय दशा, राष्ट्रवाद, स्वदेशी, बहिष्कार आन्दोलन, राष्ट्रीय शिक्षा और स्वराज्य 'कर्मयोगी' के विषय थे। पाँच महीने तक पाक्षिक प्रकाशित होते रहने के बाद बसंत पंचमी, 1910 से यह साप्ताहिक समाचारपत्र हो गया। आठ माह के छोटे से अरसे में कर्मयोगी की प्रसार संख्या 10,000 हो गई थी। 'कर्मयोगी' की प्रखर राष्ट्रीय चेतना और निर्भीक अभिव्यक्ति से कुपित फिरंगी हुकूमत ने तीन हजार रु. की जमानत माँगी। फलत: 'कर्मयोगी' का प्रकाशन बन्द हो गया।

दो अक्टूबर 1938 को 'चाँद' के सम्पादक सहगल ने लखनऊ से 'कर्मयोगी' साप्ताहिक का पुन:प्रकाशन किया। परन्तु छह अंक के बाद ही मुद्रक ने पत्र छापने से इन्कार कर दिया और कर्मयोगी दुबारा बन्द हो गया।

जून 1939 से 'कर्मयोगी' मासिक पत्र के रूप में इलाहाबाद से निकाला गया। कर्मयोगी प्रेस लि. कम्पनी गठित की गई। पत्र की नीति स्पष्ट करते हुए सम्पादक ने लिखा- "एक जमाने में ब्रिटिश गवर्नमेंट का विरोध करना पड़ा और मैंने किया। खूब भुगता भी, किन्तु अपने कर्त्तव्य से विमुख या विचलित नहीं हुआ। उसी निर्भीकता और सद्भाव से मैं कांग्रेस गवर्नमेंट की भी आलोचना करूँगा और उसकी त्रुटियों की ओर आँख में उँगली डालकर सुझाना 'कर्मयोगी' का सदा लक्ष्य होगा। परिणाम चाहे जो भी हो। .... 'कर्मयोगी' हिन्दी और उर्दू तथा हिन्दुओं और मुसलमानों को एक-दूसरे के करीब लाने की सदा चेष्टा करेगा।" दूसरे महायुद्ध के समय उत्पन्न हुई कठिनाइयों के कारण 'कर्मयोगी' फिर बन्द हो गया।

फौजी अखबार/सैनिक समाचार

एक जनवरी 1909 को इलाहाबाद से द्विभाषी- अँगरेजी और उर्दू- साप्ताहिक पत्र *'फौजी अखबार'* का प्रकाशन आरम्भ हुआ। पत्र का मुद्रण और प्रकाशन पायनियर प्रेस इलाहाबाद से होता था, जबकि कार्यालय शिमला में था। एक प्रति का मूल्य एक आना था। जून 1909 से हिन्दी संस्करण भी प्रकाशित होने लगा।

पृष्ठ संख्या 20 थी। इसमें सेना के विषय में लेख, कहानियाँ आदि प्रकाशित की जाती थीं। चार अप्रैल 1954 को 'फौजी अखबार' का नाम बदलकर 'सैनिक समाचार' कर दिया गया। रक्षा विभाग के जनसम्पर्क निदेशालय की ओर से इस पत्रिका का प्रकाशन किया जाता है। सन 1956 तक पत्रिका का आकार 30 x 23 से.मी. और पृष्ठ सख्या 64 कर दी गई। पत्रिका में प्रसंगानुकूल रंगीन और श्वेत-श्याम चित्र छापे जाते हैं। थल सेना, वायु सेना तथा नौसेना की विभिन्न गतिविधियों के समाचार, आयुध निर्माण और अनुसंधान, सैन्याधिकारियों के साक्षात्कार, सेना के नागरिक सेवा कार्य तथा सैन्य विषयक लेखादि प्रकाशित किए जाते हैं।

आजादी के बाद 'सैनिक समाचार' दिल्ली से प्रकाशित किया जाने लगा। अँगरेजी और उर्दू के बाद, कालान्तर में इसके भाषायी संस्करण- मराठी, हिन्दी, पंजाबी, गोरखी, असमिया, कन्नड, उड़िया, मलयालम, बंगला, तमिल, तेलुगु, प्रकाशित किए जाने लगे। 'फौजी अखबार' के सम्पादक अँगरेज सेनाधिकारी होते थे। सन 1923 में कैप्टन डब्लू.पी. क्लिफ सम्पादक थे। तब इसके एक अंक का मूल्य दो आना था। शुरू में बीमा कम्पनियों के विज्ञापन छपते थे। फिर मोटर साइकिल, दीवार घड़ी, बन्दूकों, सिगरेटों आदि के विज्ञापन छपने लगे। फरवरी 1923 से दिसम्बर 1942 तक कैप्टन डब्लू.पी.क्लिफ, कैप्टन ए.फ्रेंकलाड, कैप्टन आर.जे.एन.नोरिस, कैप्टन एफ.आर.गिफर्ड, कैप्टन वी.सी.ट्वीडी, कैप्टन आर.एफ.आर.रोज, मेजर बी.एल.हर्डन, मेजर एफ.एच.डब्लू.जी. डिबिएन सम्पादक रहे। पत्रिका के प्रथम भारतीय सम्पादक कैप्टन एस.एम.वासी थे। पहले असैनिक अधिकारी प्रधान सम्पादक पी.एम. एन.मेनन थे। उन्हीं के कार्यकाल में 'फौजी अखबार' ने 'सैनिक समाचार' नाम धारण किया।

नवजीवन

काशी से 15 जून 1909 को हिन्दी मासिक *'नवजीवन'* केशवदेव शास्त्री के सम्पादकत्व में प्रकाशित हुआ। उच्च कोटि के लेख, कविताएँ, जीवन चरित्र, यात्रा वृत्तान्त आदि 'नवजीवन' में छपते थे। शास्त्रीजी आर्य समाज के तेजस्वी नेता और विद्वान लेखक थे। अल्पकाल में ही इस पत्र ने हिन्दी जगत में प्रतिष्ठा अर्जित कर ली थी। सांस्कृतिक, सामाजिक, राजनीतिक विषयों पर 'नवजीवन' के लेख विचारोत्तेजक होते थे। जून 1914 में केशवदेव शास्त्री के उच्च अध्ययन के लिए अमेरिका चले जाने पर कुछ समय तक चन्द्रशेखर वाजपेयी ने पत्र का सम्पादन किया। तदनन्तर जनवरी 1915 में 'नवजीवन' काशी से इन्दौर आ गया। इन्दौर में पत्रिका की पृष्ठ संख्या 72 और वार्षिक मूल्य तीन रुपये हो गया। स्वदेश और स्वधर्म के लिए समर्पित 'नवजीवन' में निर्भीक टिप्पणियाँ, लेख, कविताएं आदि प्रकाशित किए जाते थे। केशवदेव शास्त्री अमेरिका से 'नवजीवन' के लिए लेख

लिखते थे। इन्दौर का 'नवजीवन' भी दो वर्ष जीवित रह सका। द्वारकाप्रसाद सेवक के शब्दों में- "पूरे दो वर्ष तक उसका सम्पादन, संचालन, प्रकाशन आदि सब कुछ भार मुझ पर ही रहा। जैसी कुछ बन सकी, उसके द्वारा सेवा की। उम्मीद बड़ी थी, हौसले ऊँचे थे किन्तु व्यापार कुशल और अपने को नीति निपुण समझने वाले निष्ठुर और हृदयशून्य हाथों में जाकर 'नवजीवन' की अंत्येष्टि हो गई।"

इन्दु

भारतेन्दु हरिश्चन्द्र के प्रति श्रद्धा रखने वाले जयशंकर प्रसाद ने उनकी मासिक पत्रिका को पुनर्जीवित करने का प्रस्ताव रखा था। किन्तु जब पूर्व-प्रकाशकों से अनुमति नहीं मिली, तब श्रावण शुक्ल संवत् 1966 (अगस्त 1909) में मासिक पत्रिका *'इन्दु'* का प्रकाशन आरंभ किया। प्रथमांक की प्रस्तावना में सम्पादक-प्रकाशक जयशंकर प्रसाद ने लिखा- "साहित्य का कोई लक्ष्य विशेष नहीं होता है और उसके लिए कोई विधि का निबंधन नहीं है। क्योंकि साहित्य स्वतंत्र प्रकृति, सर्वतोगामी प्रतिभा के प्रकाशन का परिणाम है। वह किसी की परतंत्रता को सहन नहीं कर सकता। संसार में जो कुछ सत्य और सुन्दर है, वही साहित्य का विषय है। साहित्य केवल सत्य और सौंदर्य की चर्चा करके सत्य को प्रतिष्ठित और सौन्दर्य को पूर्ण रूप से विकसित करता है। आनन्दमय हृदय के अनुशीलन में स्वतंत्र आलोचना में उसकी सत्ता देखी जा सकती है। एक सौ पृष्ठ की इस पत्रिका में इतिहास, धर्म, समाज, भूगोल, समालोचना, जीवनचरित्र, भ्रमण वृत्तांत इत्यादि का प्रकाशन किया जाता था। यह हिन्दी की उत्कृष्ट मासिक पत्रिका थी।

ठाणे से सन 1909 में मराठी पत्र *'हिन्दू पंच'* का प्रकाशन हुआ। अँगरेजी के मशहूर 'पंच' की तर्ज पर यह पत्र निकला था। इसके व्यंग्य चित्र बहुत लोकप्रिय थे।

शिक्षा प्रकाश/हितकारिणी

रघुवर प्रसाद द्विवेदी के सम्पादकत्व में शंकरराव डबीर ने अप्रैल 1909 में जबलपुर से हिन्दी मासिक *'शिक्षा प्रकाश'* का प्रकाशन किया। शिक्षा विषयक इस पत्रिका के स्तर और उपयोगिता ने कुछ ही दिनों में प्रतिष्ठा अर्जित कर ली थी। जबलपुर के यूनियन प्रेस में छपती थी। एक वर्ष बाद इसका प्रकाशनाधिकार हितकारिणी सभा को सौंप दिया गया। तब यह पत्रिका 'हितकारिणी' नाम से प्रकाशित होने लगी। सम्पादक रघुवर प्रसाद द्विवेदी ही थे। सन 1921 तक 'हितकारिणी' का प्रकाशन हुआ। पदुमलाल पुन्नालाल बख्शी और मातादीन शुक्ल प्रभृति सम्पादक, लेखक 'हितकारिणी' के लेखक मण्डल से ही उभरे थे। जब हितकारिणी शाला ने 'राष्ट्रीय विद्यालय' का स्वरूप लिया, तब सरकार के शिक्षा विभाग ने 'हितकारिणी' पत्रिका की खरीद बंद कर दी और अन्ततः पत्रिका बन्द हो

गई।

सन 1909 में सनातनधर्मियों और आर्य समाजियों के द्वन्द्व में कोलकाता से *'श्री सनातनधर्म'* नामक हिन्दी साप्ताहिक का प्रकाशन बाबू रुड़मल ने किया। अम्बिकाप्रसाद वाजपेयी सम्पादक थे।

नागपुर से सन 1909 के आरंभ में हिन्दी साप्ताहिक 'मारवाड़ी' प्रकाशित हुआ। इन्द्रदत्त शर्मा, रुद्रदत्त शर्मा, नन्दकुमार देव शर्मा, गंगाप्रसाद गुप्त, गोवर्धन शर्मा छंगाणी और सत्यदेव विद्यालंकार ने 'मारवाड़ी' का सम्पादन किया।

भारतोदय

आर्य महाविद्यालय, ज्वालापुर (हरिद्वार) से मई 1909 में पद्मसिंह शर्मा और नरदेव शास्त्री के सम्पादकत्व में हिन्दी मासिक *'भारतोदय'* का प्रकाशन हुआ। 'भारतोदय' में प्रमुख साहित्यकारों की रचनाएँ प्रकाशित होती थीं। भाषा और विचार दोनों दृष्टियों से 'भारतोदय' की बड़ी मान्यता थी। पृष्ठ संख्या 40 और वार्षिक शुल्क डेढ़ रुपया था। सन 1921 में 'भारतोदय' का प्रकाशन साप्ताहिक के रूप में मुरादाबाद से होने लगा। तब इसके सम्पादक हरिशंकर शर्मा थे। 'भारतोदय' में सामाजिक, धार्मिक, शैक्षिक और साहित्यिक रचनाओं का प्रकाशन किया जाता था। कालान्तर में प्रेमचन्द्र शास्त्री काव्यतीर्थ और डा. हरिदत्त शास्त्री ने 'भारतोदय' का सम्पादन किया।

कोलकाता से एक जनवरी 1909 को रामलाल नैमाणी ने हिन्दी साप्ताहिक *'भारत बन्धु'* का सम्पादन-प्रकाशन किया। हर शुक्रवार को छपता था। समाज सुधार विषयक लेख और सामान्य समाचारों का प्रकाशन किया जाता था। कागज और छपाई अच्छे थे। वार्षिक मूल्य दो रुपया था।

प्रयाग से जून 1909 में हिन्दी मासिक पत्रिका *'स्त्री दर्पण'* का प्रकाशन रामेश्वरी नेहरू के सम्पादकत्व में हुआ। इलाहाबाद ला जर्नल प्रेस से 64 पृष्ठ की यह पत्रिका छपती थी। आकार 21 गुणित 13 से.मी. और वार्षिक शुल्क दो रुपये चार आना था। महिलाओं के लिए ज्ञानवर्धक, उपयोगी रचनाओं का प्रकाशन किया जाता था। सन 1924 में प्रताप प्रेस कानपुर से निकलने लगी। सन 1929 में बन्द हो गई।

15 जुलाई 1909 को प्रयाग से *'स्त्री धर्म्म शिक्षक'* नामक हिन्दी मासिक पत्रिका का प्रकाशित हुई। स्त्री शिक्षा, धर्म और सामाजिक विषयों की पत्रिका थी। सम्पादक यशोदा देवी थीं। वार्षिक शुल्क एक रुपया डेढ़ आना था।

सन 1909 में सुदर्शनाचार्य ने काशी से महिलाओं के लिए हिन्दी मासिक पत्रिका *'गृह लक्ष्मी'* का सम्पादन-प्रकाशन किया। दीर्घजीवी 'गृह लक्ष्मी' की संपादक गोपाल देवी थीं। स्त्री शिक्षा, गार्हस्थ धर्म, स्वास्थ्य, समाज सुधार,

राजनीति आदि सभी विषयों का समावेश इस पत्रिका में होता था। श्रीकांत उपासिनी ने चुनार से सन 1909 में हिन्दी मासिक पत्रिका *'जाह्नवी'* प्रकाशित की। पृष्ठ संख्या 28 और वार्षिक शुल्क एक रुपया था। होशियारपुर से सात जुलाई 1909 को उर्दू साप्ताहिक *'मतबअ-तिलक'* का प्रकाशन हुआ। थोड़े ही दिनों में बंद हो गया।

जनवरी 1909 में मासिक पत्रिका *'हिन्दी दरोगा दफ्तर'* का प्रकाशन कोलकाता से हुआ। इसमें जासूसी उपन्यास प्रकाशित किए जाते थे। शुरू के पृष्ठों में 'सम्पादकीय टिप्पणियाँ' शीर्षक से छोटी-छोटी पर महत्वपूर्ण खबरें प्रकाशित की जाती थीं। पृष्ठ संख्या 100 और आकार 18 गुणित 12 से.मी. था। वार्षिक शुल्क दो रुपये था।

भोपाल से सन 1909 में मोहम्मद यूसुफ कैसर के सम्पादकत्व में उर्दू मासिक पत्रिका *'अल हिजाब'* का प्रकाशन हुआ। पत्रिका का उद्देश्य महिलाओं में शिक्षा का प्रसार और जीवन स्तर को ऊँचा उठाना था। प्रसिद्ध महिलाओं के जीवन चरित्र और पत्रिकाओं एवं पुस्तकों की समीक्षा प्रकाशित की जाती थी। पृष्ठ संख्या 34, आकार 20 गुणित 12 से.मी. और वार्षिक शुल्क दो रुपये छह आना था। अजीजी प्रेस आगरा से छपती थी। सन 1911 में 'अल हिजाब' का प्रकाशन बन्द हुआ।

लाहौर से महिलाओं के लिये उर्दू मासिक पत्रिका *'शरीफ बीबी'* का प्रकाशन जुलाई 1909 में हुआ। महिलाओं के लिए ज्ञानवर्धक और प्रेरक सामग्री का प्रकाशन किया जाता था। वार्षिक शुल्क ढ़ाई रुपये और पृष्ठ संख्या 68 थी। बरेली से तीन मई 1909 को हकीम फसीहउद्दीन ने *'असर'* का प्रकाशन किया। वार्षिक शुल्क तीन रुपये 12 आना था। यूनानी उपचार पद्धति की पत्रिका थी। हैदराबाद से बच्चों की उर्दू मासिक पत्रिका *'अदीब-ए-तिफाल'* सन 1909 में निकली। मिर्जा अहमद उल्ला बेग सम्पादक और रघुनाथ राव 'दर्द' सहकारी सम्पादक थे। वार्षिक शुल्क एक रुपये 14 आना था।

सन 1909 में दिल्ली से अंजुमन हिदायतुल इस्लाम ने उर्दू साप्ताहिक *'अल हिदायत'* का प्रकाशन किया। सम्पादक मौलवी रफतउल्ला थे। पृष्ठ संख्या 24 और वार्षिक शुल्क तीन रुपये था। पटना से मार्च 1909 में उर्दू साप्ताहिक *'अल शम्स'* प्रकाशित हुआ। पुणे से शेरो-शायरी की उर्दू मासिक पत्रिका *'आफताब-ए-सुखन'* सन 1909 में निकली। सम्पादक शेख मोहम्मद उस्मान 'शाद' थे। पृष्ठ संख्या 24 और वार्षिक शुल्क दो रुपये था। लखनऊ से जनवरी 1909 में *'उर्दू रेलवे गाइड'* प्रकाशित हुई। मुंशी प्यारेलाल रौनक और चंडीप्रसाद 'शैदा' सम्पादक-प्रकाशक थे। पृष्ठ संख्या 32 और वार्षिक शुल्क ढाई रुपया था।

सन 1909 में चेन्नै से उर्दू मासिक पत्रिका *'खुर्शीद'* निकली। गद्य और पद्य की इस पत्रिका के सम्पादक सैयद जलालउद्दीन 'घायल' थे। पृष्ठ संख्या 72 और

वार्षिक शुल्क दो रुपये था। सितम्बर 1909 में अलीगढ़ से उर्दू मासिक डाइजेस्ट *'खुलासा'* का प्रकाशन मोहम्मद अब्दुस सलाम ने किया। यह विविध विषयों की पत्रिका थी। पृष्ठ संख्या 32 और वार्षिक शुल्क दो रुपये था।

लाहौर से अक्टूबर 1909 में उर्दू मासिक पत्रिका *'गऊ माता'* निकली। गाय की हिफाजत और हिमायत करने वाली इस पत्रिका के सम्पादक अल्लायार खाँ 'जोगी' थे। वार्षिक शुल्क डेढ़ रुपया था। फरवरी 1909 में अजमेर से मासिक *'जुबान उर्दू'* का प्रकाशन लालता प्रसाद ने किया। अमृतसर से उर्दू मासिक पत्रिका *'तहजीब-उल-अखलाक'* अब्दुल्ला अलमादी के सम्पादकत्व में प्रकाशित हुई। सर सैयद अहमद की विचारधारा का समर्थक पत्र था। पृष्ठ संख्या 32 और आकार 25 गुणित 15 से.मी. और वार्षिक शुल्क दो रुपये आठ आना था। नवम्बर 1909 में अहमदाबाद से उर्दू मासिक पत्रिका *'तस्वीर-ए-यार'* प्रकाशित हुई। सम्पादक अब्दुल काजी एजाज थे। पृष्ठ संख्या 36 और वार्षिक शुल्क डेढ़ रुपये था।

48 पृष्ठ की उर्दू मासिक पत्रिका *'तफसीर-उल-कुरान'* सन 1909 में लाहौर से निकली। मौलवी सनाउल्ला खान इस धार्मिक पत्रिका के सम्पादक थे। दो वर्ष बाद पत्रिका बन्द हो गई। इसी वर्ष सियालकोट से उर्दू मासिक *'दरबार'* लाला करमचंद के सम्पादन-प्रकाशन में निकला। जुलाई 1909 में ख्वाजा हसन निजामी के सम्पादकत्व में दिल्ली से *'निजामुल मशाएख'* का प्रकाशन हुआ। पृष्ठ संख्या 56 थी। मुसलमानों में समाज सुधार की भावना से यह पत्रिका प्रकाशित की गई थी। एलिचपुर से मौलवी सैयद अजमत हुसैन ने *'नूर-उल-बरार'* का प्रकाशन किया। कुछ दिन ही निकल पाया।

मौलवी सैयद मुमताज अली ने सन 1909 में लाहौर से बच्चों के लिए उर्दू साप्ताहिक *'फूल'* का प्रकाशन किया। बालोपयोगी गद्य एवं पद्य रचनाएँ इस पत्रिका में प्रकाशित होती थीं। उर्दू की यह अच्छी बाल पत्रिका आजादी के बाद तक प्रकाशित होती रही। वार्षिक शुल्क तीन रुपये था। पटना से सन 1909 में मुराद अली खाँ ने उर्दू साप्ताहिक 'बिहार गजट' का सम्पादन-प्रकाशन किया। इसी वर्ष हैदराबाद से उर्दू साप्ताहिक *'बेदार गजट'* निकला। सम्पादक गुलाम मोहम्मद अंसारी 'वफा' थे। वार्षिक शुल्क तीन रुपये बारह आना था। विषय वस्तु स्तरीय और सम्पादन सुयोग्य था।

उर्दू शायरी की मासिक पत्रिका *'मुशायरा'* मुंशी मोहम्मद दीन के सम्पादकत्व में सन 1909 में लाहौर से निकली। पृष्ठ संख्या 34 थी। मुंशी जी के आवास पर हर माह कवि गोष्ठी होती थी और उसमें पढ़ी गई कविताओं का प्रकाशन 'मुशायरा' में किया जाता था। पेशावर से दिसम्बर 1909 में 48 पृष्ठ की मासिक पत्रिका *'यार-ए-शातिर'* प्रकाशित हुई। सैयद मोहम्मद अब्दुल्ला सम्पादक-प्रकाशक थे। वार्षिक

शुल्क सवा रुपया था।

जून 1909 में लाहौर से उर्दू मासिक पत्रिका *'हमदर्द'* लाला अरोड़ा राय ने निकाली। सम्पादक मुंशी तालिब अली पाबंद थे। पृष्ठ संख्या 40 और वार्षिक शुल्क दो रुपये था।

पुणे से सन 1909 में *'ओरिएंटल वाचमैन एण्ड हेरल्ड आफ हेल्थ'* नाम की मासिक पत्रिका निकली। स्वास्थ्य और उपचार की यह पत्रिका दीर्घजीवी रही।

हनुमत प्रेस कालाकाँकर से बाबू शिवनारायण सिंह ने *'कला कुशल'* नामक त्रैमासिक पत्रिका निकाली। इसी वर्ष काशी से मराठी साप्ताहिक *'कालिदास'* का प्रकाशन कृष्णाजी आबाजी ने किया। कुछ ही अंक बाद सम्पादक पर राजद्रोह का मुकदमा चला और अखबार बंद हो गया।

सिकन्दराबाद से *'गुरुकुल समाचार'* नामक हिन्दी मासिक पत्र सन 1909 में प्रकाशित हुआ। श्यामलाल शर्मा सम्पादक थे। पृष्ठ संख्या 40 थी। अँगरेजी, हिन्दी, मराठी त्रिभाषी त्रैमासिक पत्रिका *'पुणे एग्रीकल्चर कॉलेज मैगजीन'* फरवरी 1909 में प्रकाशित हुई। चेन्नै से सन 1909 में तेलुगु मासिक पत्रिका *'प्राची'* का सम्पादन-प्रकाशन एल.पी.रामचंद्र अय्यर ने किया। इसी वर्ष लाहौर से क्रांतिकारी सरदार अजीत सिंह ने *'भारत माता'* का प्रकाशन किया।

सन 1909 में मुम्बई से ह.र. भागवत ने मराठी बाल मासिक पत्रिका *'बाल बोध'* का सम्पादन-प्रकाशन किया। इसके कुल 10 अंक निकले। इसी वर्ष कोलकाता से अँगरेजी मासिक *'वीमेन्स स्पोर्ट्स वर्ल्ड'* प्रकाशित हुई। फर्रुखाबाद से उमराव सिंह के सम्पादकत्व में धार्मिक, आध्यात्मिक पत्रिका *'साधु समाचार'* प्रकाशित हुई। इसी वर्ष काशी से जातीय मासिक पत्रिका *'सारस्वत'* का प्रकाशन ज्योतिस्वरूप शर्मा ने किया।

सन 1909 में कोलकाता से हिन्दी साप्ताहिक *'वीर भारत'* का प्रकाशन हुआ। कुछ दिनों बाद बंद हो गया। सन 1913 में बंगला पत्र *'वसुमति'* के प्रकाशक उपेन्द्रनाथ मुखोपाध्याय ने *'वीर भारत'* का पुनर्प्रकाशन किया। साहित्यिक, धार्मिक और राजनीतिक विषयों पर अच्छे लेख प्रकाशित किए जाते थे। वार्षिक शुल्क दो रुपये था। सन 1915 में 'वीर भारत' का प्रकाशन बन्द हो गया।

1910

मर्यादा

नवम्बर 1910 में मदनमोहन मालवीय ने इलाहाबाद से हिन्दी मासिक पत्रिका *'मर्यादा'* का प्रकाशन किया। सम्पादन दायित्व लक्ष्मीधर वाजपेयी को सौंपा गया। कृष्णकांत मालवीय उनके सहकारी बनाए गए। मर्यादा सर्वांगपूर्ण पत्रिका थी, जिसमें राजनीति और राष्ट्रीयता का स्वर प्रबल था। महात्मा गांधी के दक्षिण अफ्रीका

से भारत लौटने के उपलक्ष्य में 'मर्यादा' ने 'गांधी अंक' (1914) निकाला था। सन 1920 तक इसका प्रकाशन प्रयाग से होता रहा। महामना के प्रयाग से काशी चले जाने पर पत्रिका के प्रकाशन का दायित्व ज्ञानमण्डल प्रेस को सौंप दिया गया। तब सम्पादक सम्पूर्णानंद हुए। उनके जेल जाने पर कुछ अंकों का सम्पादन प्रेमचन्द ने किया था। 'मर्यादा' का अन्तिम अंक (अप्रैल 1923) 'प्रवासी विशेषांक' था, जिसके सम्पादक बनारसीदास चतुर्वेदी थे।

बारह वर्ष छह माह के प्रकाशन-काल में 'मर्यादा' ने कविता, कहानी, लेख के रूप में एक ओर हिन्दी साहित्य को समृद्ध किया, वहीं प्रखर राजनीतिक चेतना के लिए अभियान चलाया। 'मर्यादा' तिलक की अनुगामी थी।

बिहार राष्ट्रभाषा परिषद की त्रैमासिकी 'परिषद पत्रिका' ने जनवरी 1987 के अंक में 'मर्यादा' के कुल 150 अंकों की रचना-विवरणी प्रकाशित कर शोधकर्त्ताओं का बड़ा उपकार किया है। 'मर्यादा' में सम्पादकीय टिप्पणियाँ संक्षिप्त किन्तु सारगर्भित छपती थीं। इनकी संख्या तीन से 43 तक मिलती है। यह सम्पादकों की सम-सामयिक मुद्दों पर पकड़ और चिन्तन का द्योतक है। राजनीतिक टिप्पणी का एक नमूना द्रष्टव्य है- "कांगरेस ने भारत के हित के लिए बहुत कुछ किया है और अभी बहुत कुछ हित उससे होने की आशा भी है, किन्तु यह आवश्यक है कि कांगरेस अब नये पथ का अवलम्बन करे। अब भी यदि वह केवल गवर्नमेण्ट को प्रजा की आकांक्षाएँ सुनाती रहेगी, तो कुछ दिन में इसका महत्व प्रजा तथा गवर्नमेण्ट दोनों की दृष्टि में गिर जाएगा।"[1]

'मर्यादा' का जुलाई 1915 का अंक नारी विशेषांक के रूप में निकला। विशेषांक की अतिथि सम्पादक उमादेवी नेहरू थीं। 'मर्यादा' की विषय सूची उसके व्यापक चिन्तन, स्वातंत्र्य चेतना, मनुष्य के सर्वतोमुखी उत्थान, सम-सामयिक घटनाक्रम का विश्लेषण जैसे सम्पादन-गुणों को प्रकट करती है।

क्षेत्रनाथ बसु ने बंगला मासिक पत्रिका *'गृहस्थ'* का सम्पादन-प्रकाशन कोलकाता से किया। सभी विषयों का समावेश रहता था।

चित्रमय जगत

जनवरी 1910 में सचित्र मराठी मासिक पत्र *'चित्रमय जगत'* का प्रकाशन चित्रशाला स्टीम प्रेस पुणे से त्र्यं.र. देवगिरीकर के सम्पादकत्व में हुआ। साहित्यिक, सामाजिक, राजनीतिक, ऐतिहासिक, धार्मिक, आध्यात्मिक आदि विविध विषयों पर गवेषणापूर्ण लेख, टिप्पणियाँ और समीक्षाएं प्रकाशित होते थे। प्रसंगानुकूल चित्रों और कार्टूनों का प्रयोग किया जाता था। यह पत्र लोकमान्य बाल गंगाधर

---

1. मर्यादा, फरवरी 1911

तिलक का अनुयायी था। 'चित्रमय जगत' का आकार 35 गुणित 23 से.मी. था। आदि सम्पादक त्र्यं.र. देवगिरीकर को राजद्रोह के आरोप में कैद की सजा हुई थी।

'चित्रमय जगत' के एशिया विशेषांक (जून 1929) की संदर्भ महत्ता को देखते हुए प्रबुद्ध पाठकों ने उसे हाथों-हाथ लिया था। 'एशिया अंक' में एशिया के परतंत्र देशों की पराधीनता का इतिहास खासतौर से चर्चा का विषय बना था।

पंडित माधवराव सप्रे और लक्ष्मीधर वाजपेयी के प्रेरणा-प्रोत्साहन से *'चित्रमय जगत'* का हिन्दी संस्करण प्रकाशित हुआ। जून 1913 में वाजपेयी आगरा के 'आर्यमित्र' के सम्पादक हो गए, तब सम्पादन का प्रभार भास्कर रामचंद्र भालेराव को सौंपा गया। *'चित्रमय जगत'* का गुजराती संस्करण भी निकला, जिसके सम्पादक टी.जी.याज्ञिक थे। हिन्दी 'चित्रमय जगत' उच्च कोटि का पत्र था।

आन्ध्र भारती

कृष्णराव ने मछलीपट्टणम् से तेलुगु जर्नल *'आंध्र भारती'* का प्रकाशन कर उसे आधुनिक स्वरूप प्रदान किया। साहित्यिक रचनाओं के अलावा मदपति हनुमन्तराव की 'महाभारत टीका' और तिरुपति वेंकट कवुलु के 'भारत विशेशमुलु' जैसे गुरु गंभीर अध्ययनों का प्रकाशन किया। सन 1910 से 1915 तक 'आंध्र भारती' का प्रकाशन हुआ।

काकिनाडा से सन 1910 में महिलाओं की पत्रिका *'सावित्री'* निकली। सन 1918 तक इसका प्रकाशन हुआ। पी. लक्ष्मीनारायण 'सावित्री' के सम्पादक-प्रकाशक थे।

अँगरेजी साप्ताहिक *'कामर्स'* 1910 में कोलकाता से बैरी ब्राउन ने प्रकाशित किया। आर्थिक विषयों की इस पत्रिका में कंपनियों के लेन-देन, बैंक और बैंकर्स, खनिज, व्यापार और बीमा, शिपिंग ट्रेड, शेयर मार्केट पर स्तरीय विवरण प्रकाशित किए जाते थे। सन 1942 में यह पत्रिका मुम्बई से निकलने लगी, सम्पादक आर.वी.मूर्ति बनाए गए। सन 1952 में एस.वी.रेयन, 1966 में वी.राममूर्ति और बी.रंगास्वामी तथा 1970 में बाडीलाल डगली सम्पादक हुए।

कोलकाता से के.एम.बनर्जी के सम्पादकत्व में अँगरेजी मासिक पत्रिका *'इंडस्ट्री'* का प्रकाशन सन 1910 में हुआ। 48 पृष्ठ की पत्रिका में लगभग इतने ही पृष्ठ विज्ञापन के होते थे। वार्षिक शुल्क छह रुपया था। उद्योगपतियों और व्यापारियों के लिए उपयोगी पत्रिका थी। इसी नाम और विषय की एक और पत्रिका सन 1940 में दिल्ली से निकली।

उड़िया की प्रथम बाल पत्रिका *'प्रभात'* सन 1910 में उड़ीसा पेट्रियट प्रेस से प्रकाशित हुई। रेवा राय सम्पादक थीं। लगभग सभी उड़िया साहित्यकारों का लेखन-सहयोग 'प्रभात' के साथ था। इसी वर्ष पीठापुरम से ज्ञान-विज्ञान की तेलुगु

मासिक पत्रिका *'भारती'* वेंकट मृत्युंजय शर्मा के सम्पादकत्व में निकली। ऐलूर से गोपिशेट्टी नारायण स्वामी ने कृषि और वाणिज्य की तेलुगु मासिक पत्रिका *'व्यवसायम'* का प्रकाशन किया। गुंटूर से तेलुगु मासिक *'विशिष्ट अद्वैत प्रकाशिका'* राघवाचार्युलु के सम्पादकत्व में निकली। इसी वर्ष एम.देवदास ने राजमहेन्द्री से तेलुगु मासिक पत्रिका *'सहाय'* का प्रकाशन किया।

मुंशी नौबत राय 'नजर' के सम्पादकत्व में एक जनवरी 1910 को इलाहाबाद से उर्दू मासिक पत्रिका *'अदीब'* प्रकाशित हुई। दूसरे वर्ष मुंशी प्यारेलाल शाकिर सम्पादक बनाए गये। पृष्ठ संख्या 40 और वार्षिक शुल्क चार रुपये था। इंडियन प्रेस इलाहाबाद में छपती थी। सन 1913 में मीर खुसरु अजीमाबादी सम्पादक हुए। लेखों और समीक्षाओं का स्तर ऊँचा था। दिल्ली से सन 1910 में उर्दू साप्ताहिक *'अलहक'* का प्रकाशन मुंशी कासिम अली ने किया। यह धार्मिक पत्रिका थी। दारूल उलूम देवबंद से उर्दू मासिक *'अल कासिम'* मौलवी हबीबुर्रहमान के सम्पादकत्व में निकला। दिसम्बर 1910 में लाहौर से सैयद मोहम्मद सिब्तैन ने उर्दू मासिक पत्रिका *'अल बुरहान'* निकाली।

लखनऊ से पाक्षिक पत्रिका आल इंडिया *'शिया गजट'* निकला, जो कुछ दिनों के बाद हर दसवें दिन प्रकाशित होने लगा था। सन 1910 में जौहर अमरोहवी के सम्पादन में मुरादाबाद से उर्दू मासिक पत्रिका *'इत्तिहाद'* निकली। जनवरी 1910 में सैयद मोहम्मद जामीन ने बरेली से मासिक पत्रिका *'इस्तेबसार'* निकाली।

तेलुगु भाषा में सन 1910 में मासिक पत्रिका *'शंकर विजयम्'* का प्रकाशन अनन्तपुरम् से हुआ। सम्पादक के.जी.बाबूराव थे। इसी वर्ष तेलुगु मासिक *'सूर्योदय'* का प्रकाशन हुआ। सन 1910 में के.गुरुस्वामी शर्मा के सम्पादकत्व में तिरुपति से *'ईश्वर वादिनी'* निकली। सन 1910 में राजमुंदरी से राजनीतिक मासिक तेलुगु पत्रिका *'देशमाता'* का सम्पादन चिलकमूर्ति लक्ष्मी नरसिंहम् ने किया। यह पत्रिका सन 1913 तक निकली।

सन 1910 में मासिक मराठी पत्रिका *'काशी वैभव'* काशी से निकली। इसके सम्पादक अणे थे। के.रामकृष्ण पिल्लै के सम्पादकत्व में मासिक *'केरल'* का प्रकाशन हुआ। राष्ट्रीय भावना के उत्प्रेरक इस सम्पादक को काफी दिक्कतों का सामना करना पड़ा।

जबलपुर से हाजी मोहम्मद नूर और रामशंकर आदिल के सम्पादकत्व में उर्दू साप्ताहिक *'इंसान'* का प्रकाशन हुआ। सितम्बर 1910 में बनारस से उर्दू मासिक पत्रिका *'ओल्ड ब्वाय'* प्रकाशित हुई। अबू हामिद इशरत हुसैन सम्पादक थे। अलीगढ़ मुस्लिम विश्वविद्यालय के पूर्व छात्रों ने यह पत्रिका निकाली थी। देवबंद से मासिक *'कासिम-उल-उलूम'* का प्रकाशन अतीक अहमद सिद्दीकी के सम्पादकत्व

में हुआ। इसी वर्ष फैजाबाद से उर्दू साप्ताहिक *'कैसर-ए-हिन्द'* काजी मोहम्मद हामिद 'इशरत' के सम्पादकत्व में निकला। कौमी, सियासी और अदबी विषयों का पत्र था। अमरावती से सैयद मुजफ्फर हुसैन के सम्पादकत्व में उर्दू मासिक पत्रिका *'खादिम'* निकली। साहित्यिक, शैक्षिक, सामाजिक और राजनीतिक विषयों की पत्रिका थी। पाक्षिक *'नूर'* का प्रकाशन कादियान से शेख मोहम्मद यूसुफ ने किया। जनवरी 1910 में दिल्ली से हाफिज रहीमउद्दीन के सम्पादकत्व में मासिक पत्रिका *'नजारा-ए-सल्फ'* निकली। अगस्त 1910 में गुजरावालां से मौलाना जफर अली खाँ ने उर्दू मासिक *'पंजाब रिव्यू'* निकाला। 3 मार्च 1910 को लाहौर से उर्दू साप्ताहिक *'मिल्लत'* निकला। सम्पादक मौलवी शुजा उल्ला थे। कानपुर से ऐन.जकरिया के सम्पादकत्व में उर्दू साप्ताहिक *'मोमिन गजट'* प्रकाशित हुआ।

गोवा में हितचिंतक मंडली ने मराठी साप्ताहिक *'हिन्दू मत'* निकाला। गोविन्द पु.हेगड़े सम्पादक थे। इसी वर्ष संस्कृत पत्रिका *'साहित्य सरोवर'* और आबूरोड से मासिक पत्रिका *'हिन्दी साहित्य ग्रंथावली'* निकली। पी. राव के सम्पादकत्व में कन्नड साप्ताहिक *'हीरो'* तथा तिरुवनन्तपुरम् से जनवरी 1910 में संस्कृत पाक्षिक *'अमर भारती'* का प्रकाशन हुआ।

रामचंद्र पांडुरंग वैद्य ने गोवा से त्रिभाषी साप्ताहिक *'विद्या प्रसाद'* निकाला। मराठी, पोर्तगीज और अँगरेजी भाषा में सामग्री प्रकाशित होती थी। चेन्नै से तेलुगु मासिक *'दिव्य ज्ञान दीपिका'* चितमूरि समय्या अणेयार ने निकाला। कन्नड साप्ताहिक *'धनुर्धारी'* का प्रकाशन हार्डीकर मन्जप्पा ने किया।

'नर्सिंग जर्नल आफ इण्डिया' नामक मासिक पत्रिका अँगरेजी और हिन्दी भाषा में सन 1910 में प्रकाशित हुई। मुंशी अब्दुल रज्जाक 'जाकिर' ने अकोला से *'मुअजे-ए-हसन'* का प्रकाशन किया। मार्च 1910 में *'रफीक-उल-तुलबात'* लाहौर से हकीम फिरोजउद्दीन ने निकाला। यह उपचार विषयक पत्रिका थी। कादियान से अगस्त 1910 में मासिक पत्रिका *'तश्कीद-उल-जहान'* मिर्जा बशीरउद्दीन अहमद के सम्पादकत्व में निकली।

श्री वैष्णव महासभा ने सन 1910 में रीवा से मधुरप्रसाद पांडेय के सम्पादकत्व में हिन्दी साप्ताहिक *'शुभचिंतक'* का प्रकाशन किया। राजनीति, साहित्य और सामयिक विषयों के लेख प्रकाशित किए जाते थे। वार्षिक शुल्क दो रुपया था। आठ वर्ष बाद बंद हो गया।

1911

हितवाद

सर्वेंट्स आफ इण्डिया सोसायटी ने सन 1911 में अँगरेजी साप्ताहिक *'हितवाद'* का प्रकाशन आरंभ किया। सोसायटी के अध्यक्ष गोपाल कृष्ण गोखले थे।

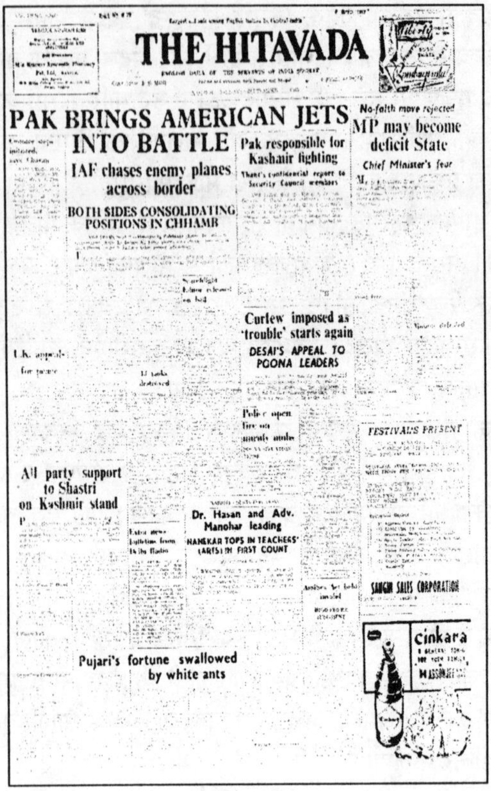
THE HITAVADA

PAK BRINGS AMERICAN JETS INTO BATTLE

IAF chases enemy planes across border

BOTH SIDES CONSOLIDATING POSITIONS IN CHHAMB

Pak responsible for Kashmir fighting

No-faith move rejected

MP may become deficit State

Chief Minister's fear

Curfew imposed as 'trouble' starts again

DESAI'S APPEAL TO POONA LEADERS

All party support to Shastri on Kashmir stand

Dr. Hasan and Adv. Manohar leading

Pujari's fortune swallowed by white ants

FESTIVALS PRESENT

SANGHI SALES CORPORATION

cinkara

हितवाद

सन 1915 में बी.एस.श्रीनिवास शास्त्री अध्यक्ष हुए। उनके बाद हृदयनाथ कुंजरू अध्यक्ष बने। 'हितवाद' के आद्य सम्पादक नटेश अप्पाजी द्रविड़ थे। सन 1922 में 'हितवाद' सप्ताह में दो बार और सन 1936 में तीन बार निकलने लगा। द्रविड़ प्रतिभावान और सुलझे हुए सम्पादक थे। उनके सम्पादकत्व में 'हितवाद' मध्यप्रांत का लोकप्रिय और बहुप्रसारित पत्र बन गया। बड़े आकार के चार पृष्ठ के 'हितवाद' की एक प्रति का मूल्य एक आना था। एम.डी. शहाणे और ए.डी.मणि सहायक सम्पादक थे। 'हितवाद' राष्ट्रधर्मी समाचारपत्र था, तथापि इसकी नीति स्वतंत्र थी। यद्यपि उन दिनों कांग्रेस ही मुख्य राजनीतिक दल था परन्तु अन्य संगठनों के समाचारों को भी स्थान दिया जाता था। सम्पादकीय सहयोगियों को भी काम करने के लिये पूरी स्वतंत्रता थी। द्रविड़ के पश्चात बी.एस.वेंकटरमन और कुछ दिनों के लिए एम.डी.शहाणे भी सम्पादक रहे किन्तु अन्ततः यह जवाबदारी ए.डी.मणि को सौंपी गई।

मणि के सम्पादनकाल में 'हितवाद' सन 1943 में दैनिक पत्र बना। 'हितवाद' की चौमुखी तरक्की हुई, और एक सुसम्पादित, गंभीर और संतुलित समाचारपत्र के रूप में उसे राष्ट्रीय पत्रकारिता में मान्यता मिली। दूसरे महायुद्ध के समय अखबारी कागज की कमी होने पर कुछ दिनों तक 'हितवाद' हाथ से बने हुए कागज पर भी छापा गया। 'हितवाद' का 'चैटर वाक' नामक स्तंभ अपनी हास्य-व्यंग्योक्तियों के कारण चर्चित हुआ था। एक ओर इस स्तंभ की प्रशंसा में और दूसरी ओर धमकी भरे पत्र भी मिलते थे। द्रविड़ के कहने पर यह स्तंभ बंद कर नया स्तंभ 'एवरीमैन

इन हिज ह्यूमर' शुरू किया गया।

नया मध्यप्रदेश बनने पर 'हितवाद' का भोपाल संस्करण दिसम्बर 1957 में आरंभ हुआ जो अस्सी के दशक में बंद हो गया। सन 1974 में 'हितवाद' का रायपुर संस्करण आरंभ हुआ और थोड़े ही समय में बंद हो गया। सन 1997 में पुरोहित एंड कम्पनी ने 'हितवाद' का प्रकाशनाधिकार खरीद लिया और नई सज-धज के साथ प्रकाशित किया। प्रबंध सम्पादक बनवारीलाल पुरोहित और सम्पादक एम.वाई.बोधनकर बने। वर्तमान में 'हितवाद' नागपुर, जबलपुर और रायपुर से बनवारी लाल पुरोहित के संचालन में प्रकाशित हो रहा है। सम्पादक विजय फणसीकर हैं।

केरल कौमुदी

सी.बी. कुंजिरामन् ने सन 1911 में तिरुवनन्तपुरम् से मलयालम साप्ताहिक *'केरल कौमुदी'* का प्रकाशन किया। वे ही पत्र के सम्पादक थे। सन 1940 तक यह पत्र साप्ताहिक अखबार के रूप में निकला। 'केरल कौमुदी' अच्छी भाषा शैली, प्रस्तुति और समाचार-फीचरों के कारण पाठकों के बीच अल्प समय में ही लोकप्रिय हो गया था। प्रवृत्ति से यह शासन-समर्थक पत्र था। सन 1940 में के.शिवकुमारन 'केरल कौमुदी' के सम्पादक हुए। उसी वर्ष उन्होंने इसे दैनिक समाचारपत्र का स्वरूप दिया। इसे किसी पक्ष विशेष के साथ नहीं जोड़ते हुये निष्पक्ष रखा। रीति-नीति में संतुलन रखा। पहले साल इस दैनिक पत्र की एक हजार प्रतियाँ छपती थीं और सन 1967 तक प्रसार संख्या ने एक लाख का आंकड़ा पार कर लिया था। 'केरल कौमुदी' प्रकाशन लिमिटेड के अन्तर्गत इस दैनिक पत्र के संस्करण तिरुवनन्तपुरम्, कोल्लम, कोझिकोड, अलम्पुझा, कन्नूर और बेंगलूरु से प्रकाशित हो रहे हैं। प्रधान सम्पादक एम.एस.मणि हैं। यह मलयालम का लोकप्रिय अखबार है।

कामरेड

कोलकाता से मौलाना मोहम्मद अली ने अँगरेजी साप्ताहिक *'कामरेड'* का प्रकाशन सन 1911 में किया। 16 पृष्ठ का यह साप्ताहिक हमदर्द प्रेस से छपता था। 35 गुणित 25 से.मी. आकार और वार्षिक शुल्क 12 रुपये था। सम्पादक मोहम्मद अली सन 1912 में 'कामरेड' दिल्ली से निकालने लगे।

'कामरेड' के पहले पृष्ठ पर प्रमुख घटनाओं की खबरें और भिन्न-भिन्न विषयों पर अन्य समाचारपत्रों का नजरिया प्रस्तुत किया जाता था। 'कामरेड' की सम्पादकीय टिप्पणियाँ और अग्रलेख गंभीर होते थे। समसामयिक प्रसंगों पर लेखादि छापे जाते थे। कभी-कभी कहानियाँ भी प्रकाशित होती थीं। यह मुख्यत: मुसलमानों का पक्षधर अखबार था।

जीवन

अगस्त 1911 में कानपुर से हिन्दी मासिक *'जीवन'* का प्रकाशन रामप्रसाद मिश्र ने किया। पृष्ठ संख्या 40 और वार्षिक शुल्क एक रुपये चार आना था। विद्या, शिल्प, कला, कृषि, व्यापार, राजनीति इत्यादि विषयों का समावेश रहता था। अक्टूबर 1913 में साप्ताहिक हो गया, जो आठ पृष्ठ का था। कुछ दिनों तक यह दैनिक पत्र भी रहा। किन्तु आर्थिक संकट के कारण सन 1914 के अंत में बंद हो गया। 'जीवन' का प्रकाशन करने के लिए रामप्रसाद मिश्र ने पचास रुपये महीने की मास्टरी की, पचास रुपये ट्यूशन से कमाए और साठ रुपये माहवार की पूर्ति अपने मकान के किराये से की। 'जीवन' बंद होने के कारण आर्थिक संकट और सम्पादक का अस्वस्थ हो जाना था। सन 1916 में उरई से उन्होंने 'जीवन' का नाम बदलकर *'उत्साह'* कर दिया। यह साप्ताहिक पत्र सन 1920 तक प्रकाशित हुआ। जब जिला दण्डाधिकारी लिडियार्ड ने मांटेव्यू चेम्सफोर्ड सुधार योजना का समर्थन करने के बदले में उपाधि से विभूषित करने का प्रस्ताव किया, तब उनका उत्तर था- "यदि आत्मा का हनन करके कोई उपाधि मिलती है तब वे उसे ठुकरा देने की इच्छा रखते हैं।"

राय देवीप्रसाद पूर्ण के सम्पादकत्व में जुलाई 1911 में कानपुर से हिन्दी मासिक *'धर्म्म कुसुमाकर'* का प्रकाशन हुआ। पृष्ठ संख्या 40 और वार्षिक शुल्क डेढ़ रुपये था। सुन्दर कविताओं और अच्छे लेखों से पत्रिका सुसज्जित थी। इस पत्रिका का प्रकाशन समय पर नहीं हो पाता था। प्रयाग से सन 1911 में *'नागरी प्रवर्धनी'* पत्रिका और आरा से *'नागरी हितैषिणी'* पत्रिका प्रकाशित हई।

राष्ट्रीय विचारधारा का उर्दू साप्ताहिक *'शेर-ए-पंजाब'* 18 जून 1911 को दिल्ली से निकला। सरदार जंगबहादुर सिंह सम्पादक थे। सामान्यतः सिक्खों के हितों और समस्याओं पर केन्द्रित इस दीर्घजीवी साप्ताहिक में सामान्य समाचार भी प्रकाशित किए जाते थे। पृष्ठ संख्या 12 और आकार 50 गुणित 35 से.मी. था। एक प्रति का मूल्य तीन आना था।

सम्पादक मिर्जा अली हुसैन ने लाहौर से उर्दू साप्ताहिक *'वक्त'* का प्रकाशन फरवरी 1911 में किया। मिर्जा अली हुसैन पूर्व में *'पैसा अखबार'* और *'वतन'* के सहायक सम्पादक थे। उनके अनुभवों का लाभ 'वक्त' को मिला। 'कश्मीर मैगजीन' और *'मुखबिर-ए-आलम'* ने वक्त के लेखों, किताबत, मुद्रण और कागज की प्रशंसा करते हुए समीक्षा की थी।

11 सितम्बर 1911 को लाहौर से उर्दू साप्ताहिक *'हिन्दू'* का प्रकाशन हरिलाल शर्मा ने किया। *'हिन्दू'* का रामांक और कृष्णांक चर्चित हुए। इसके प्रकाशक भाई परमानन्द थे। बाद में धर्मवीर ने सम्पादन दायित्व संभाला। वार्षिक

शुल्क दो रुपये था।

दिसम्बर 1911 में जालंधर से मासिक पत्रिका 'उर्दू' निकली। सम्पादक फतह मोहम्मद खाँ 'जालंधरी' थे। पृष्ठ संख्या 56 थी। जनवरी 1911 में दिल्ली से उर्दू मासिक पत्रिका *'अहमदी'* हकीम नूरउद्दीन के सम्पादन-प्रकाशन में निकली। *'अल मुबश्शिर'* नामक उर्दू साप्ताहिक अक्टूबर 1911 में मुरादाबाद से प्रकाशित हुआ। मौलाना एहसान अली खां के सम्पादन में लुधियाना से मासिक पत्रिका *'आफताब-ए-उर्दू'* प्रकाशित हुई। मार्च 1911 में जावरा से जनाब बेदिल ने उर्दू मासिक पत्रिका *'इफ्तिखार'* निकाली। इसी वर्ष चेन्नै से उर्दू मासिक पत्रिका *'उरुज-ए-ख्याल'* मुंशी शोहरत के सम्पादकत्व में निकली। पृष्ठ संख्या 32 और वार्षिक शुल्क दो रुपये था। नवम्बर 1911 में मऊ, कानपुर से उर्दू मासिक पत्रिका 'एडवर्ड' निकली। श्यामसुंदर निगम सम्पादक थे। पृष्ठ संख्या 30 और वार्षिक शुल्क डेढ़ रुपये था। एबटाबाद से मुंशी कलंदर अली खाँ के सम्पादकत्व में उर्दू साप्ताहिक *'एडवर्ड गजट'* प्रकाशित हुआ। वार्षिक शुल्क चार रुपये था।

अप्रैल 1911 में दिल्ली से 72 पृष्ठ की उर्दू मासिक पत्रिका *'तमद्दुन'* प्रकाशित हुई। सम्पादक शेख मोहम्मद इकराम और मोहम्मद अब्दुल राशिद उल खैरी थे। सामाजिक, साहित्यिक, सांस्कृतिक, दार्शनिक, नैतिक तथा ऐतिहासिक लेख छपते थे। वार्षिक शुल्क ढाई रुपये था। महिलाओं के लिए उपयोगी सामग्री प्रकाशित की जाती थी। 'तमद्दुन' की जमानत राशि रुपये 500 तुर्कों की सहानुभूति में प्रकाशित एक लेख 'ताराबलश की एक सदा' के कारण जब्त कर ली गई थी। चार साल बाद राशिद उल खैरी ने पत्रिका काजी अब्बास हुसैन को सौंप दी, जिन्होंने नवम्बर 1915 में पुनः प्रकाशित किया। कुछ वर्ष बाद वे पत्रिका का कार्यालय लखनऊ से दिल्ली ले गए, जहाँ से दिसम्बर 1924 तक 'तमद्दुन' का प्रकाशन हुआ।

मेरठ से मौलाना नजीर अहमद खिजंदी ने सन 1911 में उर्दू साप्ताहिक *'ताजिर'* निकाला। वार्षिक शुल्क तीन रुपये था। इस्लाम पर केन्द्रित पत्रिका थी।

सियालकोट से जुलाई 1911 में उर्दू पाक्षिक *'तारीख-ए-इस्लाम'* सैयद गुलाम कादिर शाह ने सम्पादित-प्रकाशित किया। पृष्ठ संख्या 48 और वार्षिक शुल्क चार रुपये था। शेर और शायरी का मासिक गुलदस्ता *'तालिब-ए-दीदार'* नवम्बर 1911 में मेरठ से निकला। सम्पादक शम्सउद्दीन अहमद थे। लखनऊ से उर्दू मासिक पत्रिका *'दरबार'* 12 दिसम्बर 1911 को निकली। सम्पादक मुंशी रामसहाय तमन्ना थे। पृष्ठ संख्या 36 और वार्षिक शुल्क दो रुपये था। फसीह ने नवम्बर में एक और साहित्यिक उर्दू मासिक *'नावेलिस्ट'* नाम से लाहौर से प्रकाशित किया। *'दकन ला कोड'* सन 1911 में अखबार यार जंग के सम्पादकत्व में

हैदराबाद से निकली। इसमें अदालती फैसले छापे जाते थे। उर्दू मासिक पत्रिका *'निहाल-ए-सुखन'* मुंशी इमादुल हसन के सम्पादकत्व में सन 1911 में बरेली से निकली। पृष्ठ संख्या 36 और वार्षिक शुल्क दो रुपये था। सन 1914 तक प्रकाशित हुई। लाहौर से सन 1911 में किशन सहाय 'आजाद' ने उर्दू पत्रिका *'परहेजगार'* का सम्पादन-प्रकाशन किया। पृष्ठ संख्या 40 और वार्षिक शुल्क एक रुपये था। अच्छी साहित्यिक पत्रिका मानी जाती थी। इसी वर्ष सहारनपुर से 32 पृष्ठ की उर्दू मासिक पत्रिका *'बहार-ए-बज्म'* प्रकाशित हुई। मुंशी मोहम्मद जफर सम्पादक-प्रकाशक थे। जबलपुर से सन 1911 में सैयद याकूब अल हसन के सम्पादकत्व में उर्दू मासिक पत्रिका *'मशवरा'* का प्रकाशन हुआ। इसी वर्ष अमृतसर से चिकित्सा सम्बन्धी उर्दू पाक्षिक पत्रिका *'मेडिकल डाइरेक्ट्री'* प्रकाशित हुई। मेरठ से व्यापार विषयक उर्दू मासिक पत्रिका *'सौदागर'* सन 1911में निकली। सम्पादक लाला केदारनाथ थे। पृष्ठ संख्या 32 थी।

जनवरी 1911 में हैदराबाद से गोविन्दप्रसाद एहसान ने उर्दू मासिक पत्रिका *'शाहिद-ए-सुखन'* का सम्पादन-प्रकाशन किया। वार्षिक शुल्क दो रुपये छह आने था। यह साहित्यिक पत्रिका सन 1913 में बंद हो गई।

हिन्दी मासिक पत्रिका *'आत्मविद्या'* मार्च 1911 में हिन्दी यंत्रालय, भागलपुर से प्रकाशित हुई। सामयिक साहित्य, धर्म सार संग्रह और शाक्त दर्शन पत्रिका के स्थाई स्तंभ थे। समाचार और सूचनाएँ भी छपती थीं। बिहार थियोसोफिकल फेडरेशन प्रकाशक और सम्पादक गोकुलानन्द शर्मा थे। पत्रिका की एक टिप्पणी उसकी वैचारिक प्रकृति को प्रकट करती है- "धर्मों का मुख्य काम मानव कल्याण और भातृ भाव है। परन्तु यदि कोई धर्म मानव कल्याण अथवा मानव प्रेम या भातृ भाव की सीख नहीं देता तो वह सर्वथा त्याज्य है।"

...."हिन्दू जाति में परस्पर प्रेम नहीं है। सभी जातियाँ अपने को इतर जातियों से ऊँची मानती हैं जिससे उन्माद और विद्वेष फैलता है। जब तक एक जाति दूसरी जाति को अपने से नीच समझती रहेगी तब तक हिन्दू जाति की उन्नति नहीं हो सकेगी। हाय! कहाँ वो वेदांत का अध्ययन और कहाँ यह निन्दनीय संकीर्णता, अवश्य हिन्दू जाति एक दिन आदरणीय थी। पर आजकल जिस दशा में यह गिर गई है, वह मानव धर्म नहीं।"[1] इस पत्रिका का वार्षिक शुल्क एक रुपया था।

ठाकुरप्रसाद खत्री ने सन 1911 में काशी से हिन्दी मासिक पत्र *'जमींदार'* का सम्पादन-प्रकाशन किया। यह एक वर्ष तक निकला। अप्रैल 1911 में पटना से

1. आत्मविद्या, भाग 4, अंक 3, सन 1914

जातीय मासिक पत्र *'क्षत्रिय समाचार'* का प्रकाशन हुआ। जनवरी 1911 में मुम्बई से साप्ताहिक पत्र *'हिन्दी जैन'* प्रकाशित हुआ। मई 1911 में हिन्दी मासिक पत्रिका *'साहित्य रत्नमाला'* का प्रकाशन दामोदर खत्री ने किया।

स्त्री औषधालय, इलाहाबाद की मासिक पत्रिका *'स्त्री चिकित्सक'* सन 1911 में प्रकाशित हुई। सम्पादक यशोदा देवी थीं। वैद्यक के अलावा धर्म शास्त्र, नीति शास्त्र, इतिहास, पुराण, शिल्पशिक्षा, भूगोल आदि विविध विषयों की यह पत्रिका कई वर्षों तक प्रकाशित हुई।

सन 1911 में मेरठ से हिन्दी मासिक *'भास्कर'* का प्रकाशन हुआ। सनातन धर्म और धर्म ग्रंथों के सम्बन्ध में पाठकों को जानकारी देना इस पत्रिका का उद्देश्य था। विज्ञान, शिक्षा और सुधार सम्बन्धी लेख भी छपते थे। 'भास्कर' का 'ऋषि अंक' चर्चित रहा था।

नानकचंद एंग्लो संस्कृत हाईस्कूल मेरठ से जनवरी 1911 में हिन्दी पत्रिका *'बाल हितैषी'* प्रकाशित हुई। सम्पादक विनोद बिहारी सेन थे। पृष्ठ संख्या 32 और वार्षिक शुल्क डेढ़ रुपये था। भूगोल, इतिहास, जीवन चरित्र, विज्ञान, स्वास्थ्य, धर्म, नीति, सदाचार इत्यादि विषयों पर बालोपयोगी लेख और कहानियाँ प्रकाशित की जाती थीं। जनवरी 1915 में पृष्ठ संख्या 40 हो गई और प्रकाशन काशी से किया जाने लगा। कोलकाता से रंग कर्म पर केन्द्रित बंगला पत्रिका *'प्रतिभा'* का प्रकाशन किया गया।

लाहौर से भक्त ईश्वरदास ने सन 1911 में अँगरेजी पाक्षिक पत्र *'जिज्ञासु'* का प्रकाशन किया। वे लाहौर के प्रतिष्ठित वकील थे, जिन्होंने नाम और दाम प्रचुर परिमाण में कमाया था। किन्तु वकालत छोड़कर, आत्मज्ञान के मार्ग पर चल पड़े। 32 पृष्ठ की पत्रिका का वार्षिक शुल्क तीन रुपये था। लेख उत्तम और मनन योग्य होते थे। सन 1911 में खण्डवा से कालूराम गंगराड़े ने *'जाति सुधार'* नामक पत्र का प्रकाशन किया। कोलकाता से सचित्र साप्ताहिक *'कूर्मांचल केसरी'* निकला। पृष्ठ संख्या आठ और व्रार्षिक शुल्क तीन रुपये था। राष्ट्रीय विचारधारा का अखबार था।

सन 1911 में अप्पराजू हनुमंत राव ने गुण्टूर से तेलुगु मासिक *'अभिनव भारती'* का प्रकाशन किया। इसी वर्ष समरपल्ली रामास्वामी ने गुण्टूर से *'आर्य वैभव'* पत्रिका निकाली। सन 1911 में पणजी से पुरुषोत्तम सिलगांवकर ने हिन्दू समाज में राजनीतिक चेतना के लिए *'प्रभात'* का प्रकाशन किया। सन 1911 में कालीप्रसाद दास ने हिन्दी मासिक *'तेली समाचार'* प्रकाशित किया। इसमें साहित्यिक सामग्री का भी प्रकाशन किया जाता था।

'गौतमी' तेलुगु भाषा का प्रथम दैनिक समाचारपत्र है। इसका सम्पादन-प्रकाशन श्रीपाद कृष्णमूर्ति शास्त्री ने किया। सन 1911 में आरम्भ हुए 'गौतमी' का

प्रकाशन एक वर्ष तक हुआ।

1912

अल हिलाल

उर्दू पत्रकारिता को एक नया मोड़ देने वाले साप्ताहिक *'अल हिलाल'* का सम्पादन-प्रकाशन मौलाना अबुल कलाम आजाद ने कोलकाता से 13 जुलाई 1912 को किया। जब 'अल हिलाल' का प्रकाशन आरंभ हुआ तब पंजाब से उर्दू के तीन प्रमुख समाचारपत्र निकल रहे थे। 'वतन' (सम्पादक- मौलवी इंशा अल्लाह खाँ), 'पैसा अखबार' (सम्पादक- मुंशी मेहबूब आलम) और 'जमींदार' (सम्पादक- मौलाना जफर अली खाँ)। लेकिन उनकी प्रतिस्पर्द्धा में पड़े बिना 'अल हिलाल' ने अपनी अलग राह बनाई।

समाचारपत्र के सम्बन्ध में मौलाना आजाद के विचार तब प्रचलित धारणाओं से भिन्न थे। वे एक ऐसा साप्ताहिक पत्र निकालना चाहते थे जिसका मुद्रण टाइप में हो, उसमें चित्र भी हों, विचारपूर्ण और उत्कृष्ट साहित्य का जिसमें प्रकाशन हो और जिसके सामने कोई स्पष्ट मिशन हो। 'अल हिलाल' को उन्होंने कठिनाइयाँ झेलते हुए भी यही स्वरूप दिया।

Calcutta: Wednesday, December 18, 1912.

अल हिलाल

'अल हिलाल' का वार्षिक शुल्क आठ रुपये था। इसका आकार 36 गुणित 24 से.मी. था। इलेक्ट्रिक प्रिंटिंग वर्क्स, कोलकाता से मजहरुल हक इसका मुद्रण करते थे। पृष्ठ संख्या 20 थी। तब उर्दू मुद्रण की एक बड़ी समस्या टाइप की थी और लिथो की लोकप्रियता का कारण इसकी सस्ती छपाई थी। इस सम्बन्ध में मौलाना

आजाद ने 20 जुलाई 1912 के अंक में सम्पादकीय में लिखा- "उस जमाने में इस्लामी जबान के प्रेस का सबसे बड़ा मरकज ईस्ट इंडिया कम्पनी की वजह से कलकत्ता था और यहाँ बिलहस्तिसना गवर्नमेंट ने अरबी, फारसी, उर्दू के जिस कदर प्रेस कायम कर रखे थे वह सबके सब टाइपट्टी के थे और मिन जुमला इन गिराकद्र एहसानात के जो उर्दू जबान पर अंगरेजों के हैं इसमें शक नहीं एक बहुत बड़ा एहसान उर्दू टाइप की ईजाद और उसको बकद्र ताकव तरक्की देना है।"

अँगरेजों की चाल थी हिन्दू और मुसलमानों को अलग-अलग करना- फूट डालो और राज करो। मौलाना ने इस चालबाजी के खिलाफ 'अल हिलाल' में मुसलमानों को ललकारा- "अगर तुम कहो के तारीख-ए-हिन्द में हमारे लिए भी शर्फों अजमत का एक बाब होगा तो तुम खामोश रहो और मुझसे कहो के मैं इसे पढ़ दूँ- बेशक एक बाब होगा, मगर जानते हो उसमें क्या होगा ? उसमें लिखा होगा के हिन्दुस्तान मुल्की तरक्की और आजादी की राह में बढ़ा, हिन्दुओं ने उसके लिए अपने सरों को हथेली पर रखा मगर मुसलमान गारों के अन्दर छुप गए, उन्होंने पुकारा, मगर उन्होंने अपने मुँह और जबान पर कुफ्ल चढ़ा दिए, मुल्क गैर मुन्सिफाना कवानीन का शाकी था, हिन्दुओं ने उसके लिए जेहाद किया, फिर इस कौम-ए-मुजाहिद ने यही नहीं किया के सिर्फ चुप रही बल्के मजनूनाना चीख उठी के तमाम काम करने वाले बागी हैं, शायद ही कहीं दुनिया में किसी कौम ने पालिटिक्स की ऐसी सरीह तजलील व तौहीन की होगी जैसी छह साल तुमने की। तुमने ऐ! चांदी और सोने को पूजने वालो तुमने कहा के तुम्हारा वुजूद मकसर सियासत की तहकीर और तुम्हारे आमाल उसकी मुअजिज पेशानी पर एक कलंक का टीका है।"

उर्दू पत्रकारिता में 'अल हिलाल' की अहमियत कई कारणों से है, मसलन- (1)- यह उर्दू का सम्पूर्ण साप्ताहिक था जो सचित्र था और प्रकाशन सामग्री तथा तकनीकी दोनों स्तर पर श्रेष्ठ था। (2)- इसका मुद्रण उर्दू टाइप में होता था। जबकि उस समय प्रचलित उर्दू पत्रों की धारणा इस पक्ष में नहीं थी। लेकिन 'अल हिलाल' की प्रसार संख्या जब 10,000 से अधिक हो गई तब दूसरे अखबारों की आँखें खुलीं। (3)- उर्दू पत्रकारिता में विषयों की विविधता लाया। नामी लेखकों की रचनाओं का नियमित प्रकाशन किया। (4)- उर्दू समाचारपत्रों के लिए लेखन की एक नई शैली विकसित की जिससे समाचार पाठकों के लिए संवाद बन गए।

16 नवम्बर 1914 को हुकूमत ने 'अल हिलाल' प्रेस से 2,000 रुपये की जमानत माँग ली और 14-21 अक्टूबर 1914 का अंक जब्त कर लिया। इस अंक के दो लेखों को सरकार ने आपत्तिजनक माना। ये लेख थे- 'खुदीसुलजुनूद' और 'सुकूत इंटोरप'। बेल्जियम के एक चित्र पर भी एतराज उठाया गया। 8 नवम्बर

1914 को 'अल हिलाल' का अंतिम अंक प्रकाशित हुआ, क्योंकि उसने जमानत नहीं दी।

'अल-हिलाल' का प्रकाशन बन्द होने के बाद मौलाना अबुल कलाम आजाद ने कोलकाता से ही 12 नवम्बर 1915 को साप्ताहिक *'अल बिलाग'* का प्रकाशन किया। लेकिन दो अंकों को संयुक्तांक के रूप में पखवाड़े में एक बार प्रकाशन किया जाता था। फरवरी 1916 में इस अखबार के केवल तीन अंक निकले। आखिरी तीन अंक 15-16-17 तथा 17-24-31 मार्च 1916 को प्रकाशित हुए। 7 अप्रैल, 1916 को मौलाना आजाद को बंगाल से निर्वासित कर दिया गया। वे राँची चले गए जहाँ उन्हें नजरबन्द कर लिया गया और इस तरह 'अल बिलाग' का प्रकाशन भी बन्द हो गया।

नवम्बर 1912 में ईश्वरी प्रसाद शर्मा ने हिन्दी मासिक पत्र *'मनोरंजन'* का प्रकाशन आरा से किया। पृष्ठ संख्या 44 और आकार 20 गुणित 13 से.मी. था। कोलकाता के नृसिंह प्रेस से छपता था। शिक्षाप्रद, मनोरंजक एवं सत्साहित्य का प्रचार इस पत्रिका का उद्देश्य था। सन 1915 में हिन्दी का यह लोकप्रिय पत्र बन्द हो गया था। सन 1924 में इसका पुनःप्रकाशन कहानीकार विश्वम्भर नाथ शर्मा कौशिक के सम्पादकत्व में हुआ। चन्दा फैन्सी प्रेस कानपुर से मुद्रित होने वाले 'मनोरंजन' का आवरण पृष्ठ तीन रंग में छपता था। अन्दर के पृष्ठों पर भी रंगीन चित्र दिए जाते थे। अच्छे लेखों और कविताओं ने पत्र को पुनः प्रतिष्ठित किया। पृष्ठ संख्या 50 और वार्षिक शुल्क तीन रुपये था।

सन 1912 में प्रकाशित तेलुगु जर्नल *'आंध्र साहित्य परिषद पत्रिका'* ने तेलुगु भाषा और साहित्य की असाधारण सेवा की। सितम्बर 1912 में प्रकाशित यह पत्रिका द्वै-मासिक थी। सन 1940 तक इसका प्रकाशन हुआ।

मदीना

एक मई 1912 को बिजनौर से मौलवी मजीद हसन ने उर्दू साप्ताहिक *'मदीना'* का प्रकाशन किया। जनवरी 1917 से साप्ताहिक हुआ और कुछ समय बाद सप्ताह में तीन बार छपने लगा। सम्पादक हाफिज नूरुल हसन थे। मौलाना नसरुल्ला खाँ अजीजी 1930 से 1939 तक सम्पादक रहे। उनके बाद अबू सईद बज्मी भोपाली, मौलाना हामिदुल अंसारी, हमीद हसन फिक्र और सईद अख्तर बी.ए.सम्पादक रहे। वार्षिक शुल्क छह रुपये था। 'मदीना' का झुकाव कांग्रेस और स्वतंत्रता संग्राम के पक्ष में था। स्वतंत्रता के बाद मुसलमानों की समस्याओं और मुस्लिम जगत की अंतरराष्ट्रीय घटनाओं की ओर हो गया। देश-विदेश की खबरें, धार्मिक लेख, कविता, सम्पादकीय टिप्पणियाँ प्रकाशित की जाती थीं। जलियाँवाला बाग नरसंहार के दिनों में पंजाब में 'मदीना' का प्रवेश निषिद्ध कर दिया गया था। 20

जनवरी 1929 को अफगानिस्तान पर लेख प्रकाशित करने पर 'मदीना' के सम्पादक को गिरफ्तार कर लिया गया था। सन 1975 में 'मदीना' बन्द हो गया।

दिल्ली से सन 1912 में उर्दू दैनिक *'अखबार हमदर्द'* का प्रकाशन-सम्पादन मोहम्मद अली ने किया। 45 गुणित 27 से.मी. आकार का यह अखबार 17 मई 1915 को बन्द हो गया। नौ वर्ष बाद नौ नवम्बर 1924 को 'अखबार हमदर्द' का पुनः प्रकाशन हुआ। 30 अप्रैल 1926 को फिर बन्द हो गया।

12 दिसम्बर 1912 को कानपुर से मुंशी दयानारायण निगम के सम्पादकत्व में उर्दू साप्ताहिक *'आजाद'* का प्रकाशन हुआ। सप्ताह भर की खास-खास खबरें, सारगर्भित लेख और सम्पादकीय टिप्पणियाँ प्रकाशित होती थीं। पृष्ठ संख्या 16 और वार्षिक शुल्क तीन रुपये था। जमाना प्रेस में छपता था। 'आजाद' की सम्पादकीय नीति मध्यमार्गी और संतुलन की थी।

अमृतसर से 10 फरवरी 1912 को उर्दू पाक्षिक *'अल मुनीम'* का प्रकाशन हुआ, जो एक जुलाई से साप्ताहिक हो गया। सरदार मोहम्मद असलम खाँ सम्पादक थे। स्वतंत्र विचारधारा का पत्र था। दो अक्टूबर 1912 को अमृतसर के जिला दण्डाधिकारी ने 'अल मुनीम' से पंद्रह सौ रुपये की जमानत माँगी और जब तक रकम जमा नहीं होती तब तक के लिए प्रकाशन पर रोक लगा दी। इसी वर्ष सुरेन्द्रनाथ चटर्जी ने कोलकाता से बंगला मासिक पत्रिका *'साहित्य संवाद'* निकाली। प्रमथनाथ सान्याल सम्पादक थे।

48 पृष्ठों का मासिक *'अदीब'* दिल्ली से सन 1912 में निकला। वार्षिक शुल्क साढ़े चार रुपये था। चेन्नै से सन 1912 में उर्दू मासिक पत्रिका *'अल मजमून'* प्रकाशित हुई। सम्पादक मुंशी मोहम्मद बेखुद थे। पृष्ठ संख्या 24 और वार्षिक शुल्क डेढ़ रुपये था। पटना से *'अल मुदब्बिर'* नामक साप्ताहिक सन 1912 में निकला। सम्पादक-प्रकाशक अब्दुल हकीम थे। वार्षिक शुल्क दो रुपये आठ आना था। इसी वर्ष मेरठ से उर्दू मासिक *'अंदलीब'* निकला। सम्पादक शौकत अली मेरठी थे।

सन 1912 में फुलवारी शरीफ से मासिक *'इत्तेहाद'* का प्रकाशन रईस नूर मोहम्मद ने किया। कुछ ही दिनों में साप्ताहिक हो गया। सन 1913 में मस्जिद कानपुर के गिराए जाने पर 'इत्तेहाद' ने विरोध में चलाए गए आन्दोलन का जोरदार समर्थन किया। उग्र लेखों के प्रकाशन पर सरकार ने इसकी जमानत जब्त कर ली, तब इसे बन्द कर दिया गया। 1922 में 'इत्तेहाद' का पुनः प्रकाशन हुआ। सन 1928 में 'इत्तेहाद' का दफ्तर फुलवारी शरीफ से पटना आ गया, जहाँ इसके सम्पादक मण्डल में मोहम्मद इस्माइल नासेह, अब्दुल जब्बार हैदरी, रागिब हसन और इस्माइल वहशी शामिल हो गए। सन 1935 में सुल्तान अहमद सम्पादक बने

और 'इत्तेहाद' सप्ताह में दो बार निकलने लगा। सन 1941 तक 'इत्तेहाद' का प्रकाशन हुआ।

फरवरी 1912 में शेरावालां से मिर्जा अब्दुल हमीद बेग ने *'इशाअत-उल-हिकमत'* का सम्पादन-प्रकाशन किया। वार्षिक शुल्क डेढ़ रुपये था। अप्रैल 1912 में अमृतसर से उर्दू मासिक पत्रिका *'इंसान'* का सम्पादन-प्रकाशन मुंशी गुलाम कादिर ने किया। सारन से *'अल कलाम'* निकला। महिलाओं के लिए उर्दू मासिक पत्रिका *'अहमदी खातून'* काादियान से सन 1912 में निकली। शेख याकूब अली तुराब सम्पादक थे। पृष्ठ संख्या 40 और वार्षिक शुल्क दो रुपये था। महिलाओं में शिक्षा, धर्म तथा कर्तव्यों के प्रति जागृति पैदा करना इस पत्रिका का उद्देश्य था। चेन्नै से उर्दू मासिक *'कौमी रिपोर्ट'* का प्रकाशन हुआ। मुम्बई से रावी अजमेरी के सम्पादकत्व में उर्दू मासिक *'तरक्की-ए-सुखन'* का प्रकाशन हुआ। शेरो शायरी की पत्रिका थी। इसी वर्ष अमृतसर से मासिक पत्रिका *'तालीमी गजट'* निकली। गुलाम मोहम्मद वफा के सम्पादन में हैदराबाद से उर्दू मासिक पत्रिका *'ताज'* का प्रकाशन हुआ। 48 पृष्ठ की यह पत्रिका घाटे का बोझ नहीं उठा सकी और बंद हो गई।

बहीड़ा (पंजाब) से सन 1912 में उर्दू मासिक पत्रिका *'दरवेश'* निकली। सम्पादक मौलाना मख्दूम मोहम्मद आजम थे। धार्मिक पत्रिका थी। लुधियाना से *'नाला-ए-बुलबुल'* का प्रकाशन गुलाम अहमद लुधियानवी के सम्पादकत्व में हुआ। साहित्यिक पत्रिका थी। इसी वर्ष मेरठ से उर्दू साप्ताहिक *'नासिर-उल-अखबार'* निकला। सम्पादक अजीज अहमद रफअत थे।

सूफी लक्ष्मण प्रसाद ने सन 1912 में लाहौर से उर्दू मासिक *'मस्ताना जोगी'* का सम्पादन, प्रकाशन किया। आजादी के बाद यह पत्रिका दिल्ली से निकलने लगी। विविध विषयों की पत्रिका थी। जनवरी 1950 में *'मस्ताना जोगी'* ने प्रकाशन के 38 वर्ष पूरे किए। स्वास्थ्य, वनस्पति, इतिहास और अध्यात्म की पत्रिका थी। भोपाल से सैयद मोहम्मद कैसर और कामदार अब्दुल मतीन के सम्पादकत्व में उर्दू पाक्षिक *'मालवा रिव्यू'* निकला।

जनवरी 1912 में लखनऊ से आठ पृष्ठ का उर्दू साप्ताहिक *'मुस्लिम गजट'* निकला। सम्पादक सैयद वहीदउद्दीन सलीम थे। स्वतंत्र विचारधारा के इस पत्र से दो बार जमानत माँगी गई। दूसरी बार जब दो हजार रुपये की जमानत माँगी गई तब *'मुस्लिम गजट'* का प्रकाशन बंद कर दिया गया।

हैदराबाद से उर्दू दैनिक *'मुआरिफ'* सन 1912 में निकला, सम्पादक मुल्ला अब्दुल बासित थे। पृष्ठ संख्या 4 और वार्षिक शुल्क ग्यारह रुपये था। शाहजहाँपुर से सितम्बर 1912 में उर्दू मासिक पत्रिका *'मुरक्का'* मुंशी वली हसन फाजिल अंसारी ने प्रकाशित की। मुख्तार शाहजहाँपुरी सम्पादक थे। साहित्यिक पत्रिका थी।

नवम्बर 1912 में चेन्नै से उर्दू मासिक पत्रिका *'मुअरिख'* प्रकाशित हुई। मोहम्मद बहीउद्दीन फारुकी सम्पादक थे। पृष्ठ संख्या 48 और वार्षिक शुल्क तीन रुपये थे। जुलाई 1912 में आगरा से उर्दू मासिक *'मुरस्सा'* का प्रकाशन हुआ। श्याम बाबू *'श्याम'* तथा सीमाब अकबराबादी सम्पादक थे। पृष्ठ 36 और वार्षिक शुल्क एक रुपये 12 आना था। साहित्यिक पत्रिका थी। मुरादाबाद से *'नेस्टन न्यूज'* नामक उर्दू साप्ताहिक निकला। पृष्ठ संख्या 6 और वार्षिक शुल्क चार रुपये था। दिल्ली से सन 1912 में मुंशी बिशन स्वरूप ने उर्दू साप्ताहिक *'हिन्दू सहायक'* का प्रकाशन किया। समाज सुधार इसका लक्ष्य था। पृष्ठ संख्या 8 और वार्षिक शुल्क दो रुपये था।

अगस्त 1912 में दिल्ली से उर्दू दैनिक *'रफीक'* का प्रकाशन हुआ। सैयद सज्जाद हुसैन 'कैफ़ देहलवी' सम्पादक थे। चार पृष्ठ के इस दैनिक का वार्षिक शुल्क बारह रुपये थे। 'रफीक' के प्रकाशन पर दिल्ली के 'कर्जन गजट' ने लिखा- "अब यहाँ भी उच्च कोटि के समाचारपत्रों के प्रकाशन का क्रम शुरू हो गया है, जिसमें सबसे पहला अखबार 'रफीक' है। एक पत्र के सम्पादक में जो विशेषताएँ होनी चाहिए उसकी झलक इस पत्र में मिलती है।"[1]

अप्रैल 1912 में काशी से हिन्दी मासिक पत्र *'औदुम्बर'* का प्रकाशन हुआ। 24 गुणित 18 से.मी. आकार वाली 40 पृष्ठ की यह सचित्र पत्रिका समाज, धर्म, साहित्य, इतिहास, विज्ञान, शिक्षा, राजनीति, व्यापार आदि सभी विषयों को समाहित करती थी। लेखादि उत्तम हुआ करते थे। वार्षिक शुल्क दो रुपये था। अलीगढ़ से सन 1912 में माहेश्वरी समाज का मुख पत्र हिन्दी मासिक *'माहेश्वरी'* आरम्भ हुआ। भागीरथ प्रसाद प्रकाशक थे।

मलयालम पत्र *'केरल कौमुदी'* की रीति-नीति का विरोध करने के लिए छह नवम्बर 1912 को मलयालम पत्र *'भारती'* का प्रकाशन किया गया। सम्पादक के.एन. सत्यनेसन थे। वित्तीय साधनों की कमी के चलते 'भारती' ज्यादा दिनों तक नहीं चल सका।

इसी वर्ष पुणे से मराठी साप्ताहिक *'भारत'* का प्रकाशन हुआ। गोविन्द मंडलिक हेगडे सम्पादक, प्रकाशक थे। मराठी, पुर्तगीज और कोंकण तीन भाषाओं का पत्र था। *'देवतांचा मृत्यु'* शीर्षक लेख के कारण 'भारत' के सम्पादक को कारावास और पाँच हजार रुपये जुर्माने की सजा हुई। अगस्त 1949 में सम्पादक हेगडे का निधन हुआ और इसी के साथ 'भारत' का प्रकाशन बंद हो गया।

सन 1912 में हिन्दी पाक्षिक *'भारत धर्म नेता'* काशी से निकला। धर्मदत्त शास्त्री सम्पादक थे। सामाजिक, धार्मिक, नैतिक और साहित्यिक लेखादि प्रकाशित

---

1. कर्जन गजट, 8 सितम्बर 1912

होते थे। इसी वर्ष पुणे से कृष्णाजी रघुनाथ ने महिलाओं के लिए उपयोगी मराठी मासिक पत्रिका *'भगिनी समाचार'* प्रकाशित की। कविराज अमरनाथ औदीच्य ने देहरादून से साप्ताहिक *'निर्भय'* का प्रकाशन किया। पृष्ठ संख्या 4 और वार्षिक शुल्क तीन रुपये था। जयेन्द्र राव के सम्पादकत्व में अँगरेजी मासिक पत्रिका *'रिव्यू'* जुलाई 1912 में निकली। मानव कल्याण और ज्ञान के लिए समसामयिक तथा प्राचीन सत्य को प्रकाश में लाना इस पत्रिका का उद्देश्य था। तदनुसार सभी विषयों का समावेश 72 पृष्ठ की इस पत्रिका में होता था। आकार 24 गुणित 18 से.मी. और वार्षिक शुक्ल पाँच रुपये था। सन 1912 में *'इंदौर स्टेट पुलिस गजट'* प्रकाशित हुआ। जीवालाल दुबे और बंसीधर मैनपुरी ने सन 1912 में हिन्दी मासिक *'कृषि सुधार'* निकाला। इसी वर्ष काशी से *'जैन शासन'* नामक मासिक पत्र निकला। इसमें हिन्दी, अँगरेजी, गुजराती, पाली और प्राकृत भाषाओं के लेख छापे जाते थे। अच्युतराव कोल्हटकर ने मासिक *'श्रुति बोध'* का प्रकाशन, सम्पादन सन 1912 में किया। तीन वर्ष तक यह पत्रिका निकली। अँगरेजी, हिन्दी,, गुजराती और मराठी में चारों वेदों का भाषान्तर किया गया था। बड़ौदा राज्य के पुस्तकालय विभाग ने त्रैमासिक *'लाइब्रेरी मिसलेनी'* का प्रकाशन अगस्त 1912 में किया। जे.एस. कोडलकर सम्पादक थे। पुस्तकालयों की उपयोगिता और उनके संचालन की विधि पर लेख छापे जाते थे। पत्रिका के पहले भाग में अँगरेजी, दूसरे में गुजराती और तीसरे में मराठी भाषा की सामग्री प्रकाशित होती थी। वार्षिक शुल्क दो रुपये था।

सन 1912 में जनार्दन विनायक ओक ने मासिक पत्रिका *'लोक शिक्षण'* का प्रकाशन किया। यह मराठी पत्रिका सन 1918 तक निकली। जनवरी 1927 में गणेश गंगाधर जाम्भेकर ने पत्रिका का पुनः प्रकाशन किया। वैद्यक मासिक पत्रिका *'वैद्य'* सन 1912 में मुरादाबाद से निकली। वैद्य शंकरलाल हरिशंकर सम्पादक, प्रकाशक थे। सितम्बर 1912 में गिरगांव, मुम्बई से *'सत्यवादी'* का प्रकाशन हुआ। धार्मिक तथा सामाजिक लेख छपते थे। सन 1912 में प्रयाग से जातीय मासिक पत्रिका *'श्री सरयूपारीय'* निकली। सम्पादक इन्द्रदेव चतुर्वेदी थे।

बलिपंथी पत्रकारिता

<u>**1913**</u>

प्रताप

दो नवम्बर 1911 से 'सरस्वती' में सहायक सम्पादक के रूप में कार्यारम्भ कर गणेशशंकर विद्यार्थी का पत्रकार जीवन में प्रवेश हुआ। लेकिन 'सरस्वती' का विशुद्ध साहित्यिक रुझान और विद्यार्थीजी की राजनीतिक अभिरुचि में तालमेल नहीं बैठ सका। दिसम्बर 1912 में वे 'अभ्युदय' में चले गए जहाँ 23 सितम्बर, 1913 तक कार्यरत रहे। अन्ततः 9 नवम्बर 1913 को उन्होंने कानपुर से हिन्दी साप्ताहिक *'प्रताप'* का प्रकाशन किया।

प्रवेशांक में 'प्रताप' के मंतव्य और नीति की घोषणा करते हुए सम्पादक ने लिखा- "आज अपने हृदय में नई-नई आशाओं को धारण करके और अपने उद्‌देश्यों पर पूर्ण विश्वास रखकर 'प्रताप' कर्म क्षेत्र में आता है। समस्त मानव जाति का कल्याण हमारा परमोद्‌देश्य है, और इस उद्‌देश्य की प्राप्ति का एक बहुत बड़ा और बहुत जरूरी साधन हम भारतवर्ष की उन्नति को समझते हैं। उन्नति से हमारा अभिप्राय देश की कृषि, व्यापार, विद्या, कला, वैभव, मान, बल, सदाचार और सच्चरित्रता की वृद्धि से है। भारत को इस उन्नतावस्था तक पहुँचाने के लिए असंख्य उद्योगों, कार्यों और क्रियाओं की आवश्यकता है। इनमें से मुख्यतः राष्ट्रीय एकता, सुव्यवस्थित, सार्वजनिक और सर्वांगपूर्ण शिक्षा का प्रचार, प्रजा का हित और भला करने वाला सुप्रबंध और सुशासन की शुद्ध नीति का राजकार्यों में प्रयोग, सामाजिक कुरीतियों और अत्याचारों का निवारण तथा आत्मावलम्बन और आत्मशासन में दृढ़ निष्ठा है। हम इन्हीं सिद्धान्तों और साधनों को अपनी लेखनी का लक्ष्य बनावेंगे। हम अपनी प्राचीन सभ्यता और जातीय गौरव की प्रशंसा करने में किसी से पीछे नहीं रहेंगे, और अपने पूजनीय पुरुषों के साहित्य, दर्शन, विज्ञान और धर्मभाव का यश सदैव गायेंगे। किन्तु, अपनी जातीय निर्बलताओं और सामाजिक कुसंस्कारों तथा दोषों को प्रकट करने में हम कभी बनावटी जोश या मसहल-वक्त से काम न लेंगे,

दैनिक प्रताप

सदियोंकी गुलामीके बाद भारत आजसे स्वतन्त्र

पं० नेहरू स्वतन्त्र भारत के प्रथम प्रधानमन्त्री

परिषद् के सदस्यों द्वारा नई शपथ का ग्रहण

पूर्व में स्वतन्त्रता के नक्षत्र का नवीन उदय

प्रताप

क्योंकि हमारा विश्वास है कि मिथ्याभिमान जातियों के सर्वनाश का कारण होता है। किसी की प्रशंसा या अप्रशंसा, किसी की प्रसन्नता या अप्रसन्नता, किसी की घुड़की या धमकी हमें अपने सुमार्ग से विचलित न कर सकेगी। ...... साम्प्रदायिक और व्यक्तिगत झगड़ों से 'प्रताप' सदा अलग रहने की कोशिश करेगा। उसका जन्म किसी विशेष सभा, संस्था, व्यक्ति या मत के पालन, पोषण, रक्षण या विरोध के लिए नहीं हुआ है, किन्तु उसका मत स्वातंत्र्य विचार और उसका धर्म सत्य होगा ... मनुष्य की उन्नति भी सत्य की जीत के साथ बंधी है, इसलिए सत्य का दबाना हम महापाप समझेंगे और उसके प्रचार और प्रकाश को महापुण्य। हम जानते हैं कि हमें इस काम में बड़ी-बड़ी कठिनाइयों का सामना करना पड़ेगा और इसके लिए बड़े भारी साहस और आत्मबल की आवश्यकता है। हमें यह भी अच्छी तरह मालूम है कि हमारा जन्म पराधीनता और अल्पज्ञता के वायुमण्डल में हुआ है तो भी हमारे हृदय में केवल सत्य और अच्छाई पर अटल विश्वास है। इसीलिए हमें, इस शुभ और कठिन कार्य में सफलता मिलने की आशा है।

"लेकिन जिस दिन हमारी आत्मा इतनी निर्बल हो जाए कि अपने प्यारे आदर्श से डिग जावें, जानबूझकर असत्य के पक्षपाती बनने की बेशरमी करें और उदारता, स्वतंत्रता और निष्पक्षता को छोड़ देने की भीरुता दिखावें, वह दिन हमारे जीवन का सबसे अभागा दिन होगा, और हम चाहते हैं कि हमारी उस नैतिक मृत्यु के साथ ही हमारे जीवन का भी अन्त हो जाय।"

साप्ताहिक 'प्रताप' में जब ध्येय वाक्य देने की बात आयी, विद्यार्थीजी ने

किसी अँगरेजी कविता की पंक्तियाँ चुनीं और मैथिलीशरण गुप्त के पास अनुवाद के लिए भेजीं। गुप्तजी का मानना था कि ध्येय वाक्य दो पंक्तियों में होना चाहिए, ये चार पंक्तियाँ थीं। उन्होंने अनुवाद तो कर दिया, पर थोड़े संकोच के साथ। फलतः गणेशजी ने आचार्य महावीरप्रसाद द्विवेदी से इसके लिए अनुरोध किया। द्विवेदीजी की लिखी पंक्तियाँ साप्ताहिक 'प्रताप' का ध्येय वाक्य बनीं–

"जिसको न निज गौरव तथा निज देश का अभिमान है।

वह नर नहीं, नर-पशु निरा है, और मृतक समान है।"

सोलह अंक छप जाने के बाद 'प्रताप' का मुद्रण अपने प्रेस से होने लगा। प्रताप प्रेस के चार भागीदार थे– गणेशशंकर विद्यार्थी, नारायणप्रसाद अरोरा, शिवनारायण मिश्र और कारोनेशन प्रेस के मालिक यशोदानंदन। 24 अप्रैल 1915 को प्रताप प्रेस, गणेशशंकर विद्यार्थी का मकान, शिवनारायण मिश्र का मकान और प्रताप कार्यालय जहाँ जाने वाला था, उस मकान की तलाशी ली गई तथा सारा सामान जब्त कर लिया गया। इस मुसीबत में भी 'प्रताप' का मनोबल डिगा नहीं।

आज के राजनीतिक और प्रशासक भले ही राष्ट्र की बुनियाद को नहीं पहचानते हों, परन्तु गणेशशंकर विद्यार्थी उसे ठीक-ठीक जान रहे थे। 'राष्ट्र की नींव' शीर्षक अग्रलेख में 'प्रताप' लिखता है– "राष्ट्र महलों में नहीं रहता। प्रकृत राष्ट्र के निवास-स्थल वे अगणित झोपड़े हैं, जो गाँवों और पुरवों में फैले हुए खुले आकाश के देदीप्यमान सूर्य और शीतल चन्द्र और तारागण से प्रकृति का संदेश लेते हैं और इसीलिए राष्ट्र का मंगल, और उसकी जड़ मजबूत उस समय तक नहीं हो सकती, जब तक इन अगणित लहलहाते पौधों की जड़ों में जीवन की मजबूती का जल नहीं सींचा जाता। भारतीय राष्ट्र के निर्माण के लिए उसके गाँवों और पुरवों में जीवन की ज्योति की आवश्यकता है। आवश्यकता है कि हम अपने हाथ-पैर और कान-नाक को भी उस मिठास की कल्पना करने का निमंत्रण दें, जिसकी कल्पना हमारे मन में है। करोड़ों प्राणियों की जागृति के लिए हम आगे बढ़ें और उन्हें आगे बढ़ावें, जिसके बढ़ाने की शक्ति हमारे हाथों में है-- ।"[1]

26 अक्टूबर 1916 को प्रताप प्रेस से छपी पुस्तक 'कुलीप्रथा' को सरकार ने जब्त कर लिया। 30 अक्टूबर 1916 को एक हजार रुपये की जमानत माँगी गई। विद्यार्थीजी ने 'न्यू इंडिया' का सन्दर्भ देकर अपील की, लेकिन सब बेअसर, अन्ततः जमानत की रकम जमा करानी पड़ी।

22 अप्रैल, 1918 को नानक सिंह हमदम की कविता 'फिदा-ए-वतन' छापने के कारण 'प्रताप' की 1916 में ली गई जमानत (एक हजार) संयुक्त प्रान्त

1. प्रताप, 28 जून 1915

की सरकार ने राजद्रोह का आरोप लगाकर जब्त कर ली। 10 जून 1918 का अंक निकालकर रुपये का प्रबन्ध होने तक करीब एक महीने 'प्रताप' का प्रकाशन बन्द रहा। 8 जुलाई 1918 को पुनः प्रकाशित होने वाले 'प्रताप' के लिए एक 'प्रताप सहायक फंड' बनाया गया। इस फंड में आठ हजार रुपये जमा हो गए। विद्यार्थीजी ने 15 मई 1919 को 'प्रताप' का ट्रस्ट बना दिया। इसके पाँच न्यासी थे- (1) मैथिलीशरण गुप्त, (चिरगांव), (2) डा. जवाहरलाल रोहतगी, (कानपुर), (3) फूलचंद (कानपुर), (4) शिवनारायण मिश्र 'वैद्य' (कानपुर), (5) गणेशशंकर विद्यार्थी (कानपुर)।

14 अप्रैल 1919 को 'प्रताप' में 'संग्राम का आरंभ' शीर्षक अग्रलेख में गांधीजी के प्रति विद्यार्थीजी की श्रद्धा और गांधी-मार्ग के प्रति प्रतिबद्धता का परिचय मिलता है।

गांधीजी को परिभाषित करते हुए वे लिखते हैं- "गांधीजी की गिरफ्तारी के समाचार ने भारतवर्ष के हृदय को हिला दिया है। वे हिल गए जो सत्याग्रह के महामंत्र पर मुग्ध हैं और वे भी हिल गए जो उस पर दुविधा या चिन्ता से सिर हिलाते हैं।" परन्तु किसे मालूम था कि न्याय नीति का यह आडम्बर अपना कमाल दिखाने के लिए और भी रूप रंग धारण करेगा, और हम शीघ्र ही अधिकारों के इस दुरुपयोग, स्वेच्छाचारिता के इस विकास-बाहुबल के इस प्रदर्शन को देखेंगे। गांधी सीधे-साधे हैं, वे सरलता, शान्ति और निर्दोषिता की मूर्ति हैं। वे भीषण अग्नि के लिए शीतल जल हैं। वे घनघोर घटा के लिए बलवान वायु हैं। जहाँ वे हों, वहाँ उपद्रव न रहे और जहाँ उपद्रव हो वहाँ उनका पहुँचना शान्ति के राज्य का पहुँचना है। ऐसे आदमी पर भारत रक्षा कानून का प्रयोग! भारत रक्षा कानून! क्या यह कानून इस नाम से पुकारे जाने योग्य है? एक गैर कानूनी कानून। गाढ़े समय में बनाया गया और एक गाढ़े समय (युद्ध) ही के लिए। देहली में युद्ध नहीं हो रहा था। पंजाब की भूमि मनुष्य के रक्त में तर नहीं हो रही थी। गांधी ने बम नहीं बनाए थे और न वे इसके लिए देहली जा ही रहे थे। फिर भी इस कानून के इस्तेमाल की जरूरत का पड़ जाना एक ऐसा मुअम्मा है जो छोटी-मोटी अकल में तो आता ही नहीं। परन्तु हमारे हाकिमों की बुद्धि उतनी ही विशाल है जितनी कि उनकी क्षमता। उनकी निर्विकारता- उनकी निभ्रान्तिता उतनी ही असंदिग्ध है जितना कि उसका अस्तित्व।"[1]

22 नवम्बर 1920 को 'प्रताप' साप्ताहिक से दैनिक समाचारपत्र हो गया। रायबरेली के किसान आन्दोलन को गणेशजी ने पुरजोर समर्थन दिया। जनवरी

1. प्रताप, 14 अप्रैल 1919

1921 में आन्दोलन और मुंशीगंज गोलीकांड की विस्तृत रपट तथा इस घटनाक्रम पर अग्रलेख 'प्रताप' ने छापा। ताल्लुकेदार वीरपाल सिंह ने 'प्रताप' को मानहानि का नोटिस भेज दिया। 'लीडर' और 'इंडिपेंडेंट' ने माफी माँग ली, लेकिन 'प्रताप' ने क्षमायाचना से इन्कार कर दिया। विद्यार्थीजी को सजा हो गई और 'प्रताप' फिर दैनिक से साप्ताहिक हो गया। 30 जुलाई 1921 को विद्यार्थी और मिश्र को 3-3 माह की कैद की सजा और 5-5 सौ रुपये जुर्माना हुआ। इस बीच 3 मई 1921 से 10 सितम्बर 1923 तक श्रीकृष्णदत्त पालीवाल ने 'प्रताप' के सम्पादन-प्रकाशन-मुद्रण का दायित्व सम्भाला। 10 सितम्बर को पालीवाल ने इस्तीफा दे दिया। तब से 3 मार्च 1924 तक माखनलाल चतुर्वेदी ने 'प्रताप' का सम्पादन किया।

ग्वालियर, इंदौर, उदयपुर आदि रियासतों में 'प्रताप' के प्रवेश पर पाबंदी लगा दी गई थी। 10 मार्च 1924 से विद्यार्थीजी ने 'प्रताप' का सम्पादन पुनः आरम्भ किया। निहित स्वार्थों के लिए धर्म का इस्तेमाल 'प्रताप' की चिन्ता का विषय रहा है। 'प्रताप' के 27 अक्टूबर 1924 के अंक में 'धर्म की आड़ में' शीर्षक सम्पादकीय में उन्होंने जो कहा था वह आज भी उतना ही प्रासंगिक है- "इस समय देश में धर्म की धूम है। उत्पात किए जाते हैं, तो धर्म और ईमान के नाम पर और जिद की जाती है, तो धर्म और ईमान के नाम पर। रमुआ पासी और बुद्धू मियाँ धर्म और ईमान को जानें या न जानें, परन्तु उनके नाम पर उबल पड़ते हैं और जान लेने और जान देने के लिए तैयार हो जाते हैं। देश के सभी शहरों का यही हाल है। उबल पड़ने वाले साधारण आदमी का केवल इतना ही दोष है कि वह कुछ भी नहीं समझता-बूझता और दूसरे लोग उसे जिधर जोत देते हैं उधर जुत जाता है। यथार्थ दोष है, कुछ चलते पुरजे पढ़े लिखे लोगों का, जो मूर्ख लोगों की शक्तियों और उत्साह का दुरुपयोग इसलिए कर रहे हैं कि इस प्रकार जाहिलों के बल के आधार पर उनका नेतृत्व और बड़प्पन कायम रहे। इसके लिए धर्म और ईमान की दुहाइयों से काम लेना उन्हें सबसे सुगम मालूम पड़ता है। सुगम है भी। साधारण से साधारण आदमी तक के दिल में यह बात अच्छी तरह बैठी हुई है कि धर्म और ईमान की रक्षा के लिए प्राण तक दे देना वाजिब है। बेचारा साधारण आदमी धर्म के तत्वों को क्या जाने, लकीर पीटते रहना ही वह अपना धर्म समझता है।

"उसकी इस अवस्था से चालाक लोग इस समय बहुत बेजा फायदा उठा रहे हैं। पाश्चात्य देशों में धनी लोग गरीब मजदूरों के परिश्रम से बेजा फायदा उठाते हैं। उसी परिश्रम की बदौलत गरीब मजदूरों की झोपड़ी का मजाक उड़ाती हुई अट्टालिकाएँ आकाश से बातें करती हैं। गरीबों की कमाई ही से वे मोटे पड़ते हैं और उसी के बल से, वे सदा इस बात का प्रयत्न करते हैं कि गरीब सदा चूसे जाते रहें, यह भयंकर अवस्था है। इसी के कारण साम्यवाद, बोल्शेविज्म आदि का जन्म

हुआ। हमारे देश में इस समय धनपतियों का इतना जोर नहीं है। यहाँ, धर्म के नाम पर कुछ इने-गिने आदमी अपने हीन स्वार्थों की सिद्धि के लिये करोड़ों आदमियों की शक्ति का दुरुपयोग किया करते हैं। गरीबों का धनाढ्यों द्वारा चूसा जाना इतना बुरा नहीं है, जितना बुरा यह है। वह है धन की मार, यह है बुद्धि की मार। वहाँ धन दिखाकर करोड़ों को वश में किया जाता है और फिर मनमाना धन पैदा करने के लिये जोत दिया जाता है। यह है बुद्धि पर परदा डालकर पहिले ईश्वर और आत्मा का स्थान अपने लिए लेना और फिर धर्म, ईमान, ईश्वर के नाम पर यानी स्वार्थ-सिद्धि के लिए लोगों को लड़ाना-भिड़ाना। मूर्ख बेचारे धर्म की दुहाइयाँ देते और दीन-दीन चिल्लाते हैं। अपने प्राणों की बाजियाँ खेलते और थोड़े से अनियंत्रित और धूर्त आदमियों का आसन ऊँचा करते और उनका बल बढ़ाते हैं। धर्म और ईमान के नाम पर किए जाने वाले इस भीषण व्यापार को रोकने के लिए साहस और दृढ़ता के साथ उद्योग होना चाहिए। जब तक, ऐसा नहीं होगा, तब तक, भारत वर्ष में नित्य प्रति बढ़ते जाने वाले झगड़े कम न होंगे। धर्म की उपासना के मार्ग में कोई रुकावट न हो। जिसका मन जिस प्रकार चाहे, उसी प्रकार धर्म की भावना अपने मन में जगावे.... ।[1]

सन 1926 में थानेदार शिवदयाल सिंह के खिलाफ एक विस्तृत रिपोर्ट 'प्रताप' में छपी तो उसने मुद्रक-प्रकाशक सुरेन्द्र शर्मा तथा सम्पादक गणेशशंकर विद्यार्थी पर मानहानि का मुकदमा दायर कर दिया। 17 नवम्बर 1926 को दोनों को चार सौ रुपये जुर्माना या छह-छह महीने की सादी कैद की सजा सुनाई गई। विद्यार्थीजी ने कहा- "हमारे साथ घोर अन्याय हुआ है। इस मामले में हम जुर्माना न देकर जेल जाने को तैयार बैठे हैं, इसलिए कि दुनिया आपके इन्साफ का नमूना देख ले।" 30 मार्च को प्रयाग उच्च न्यायालय के जस्टिस वाल्श और जस्टिस बनर्जी की अदालत में अपील की गई। इस अदालत ने निचली अदालतों को आड़े हाथों लेते हुए थानेदार पर अभियोग चलाने की आज्ञा दी तथा जुर्माने की रकम वापिस करने का आदेश दिया।

1930 के प्रेस आर्डिनेंस का पूरे देश ने विरोध किया। भारतीय राष्ट्रीय कांग्रेस ने यह अपील की कि प्रेस वालों को इस आर्डिनेन्स के तहत माँगी गई जमानत नहीं भरनी चाहिए, चाहे प्रेस ही बन्द क्यों न करना पड़े। गणेशजी ने प्रेस बंद करना ही उचित माना। विद्यार्थी, बालकृष्ण शर्मा 'नवीन', युगलकिशोर सिंह और देवव्रत शास्त्री को सजा हो गई।

छह माह बाद आर्डीनेन्स खत्म हुआ परन्तु 'प्रताप' की आर्थिक स्थिति इतने

---

1. प्रताप, 27 अक्टूबर 1924

दिनों बंद रहने के कारण बहुत विपन्न हो गई थी। फिर भी प्रकाशनारायण शिरोमणि के सम्पादन तथा हरिशंकर विद्यार्थी के प्रबंधन में 'प्रताप' पुनः प्रकाशित हुआ। थोड़े दिनों बाद ही शिरोमणि को भी सजा हो गई। एक फरवरी 1931 को श्रीनिवास बालाजी हार्डीकर सम्पादक हुए। 9 मार्च 1931 को विद्यार्थीजी रिहा हुए। उनकी इच्छा थी कि 'प्रताप' पुनः दैनिक स्वरूप में निकले। इसका सांध्य संस्करण 11 दिसम्बर 1930 से निकलने लगा।

23 मार्च 1931 को सरदार भगत सिंह, सुखदेव और राजगुरु को फाँसी हुई। कानपुर हिन्दू-मुस्लिम दंगे की आग में जल उठा। 24 मार्च को दंगों का रूप और विकराल हो गया। विद्यार्थीजी लोगों को शांत करने और सुरक्षित स्थानों पर पहुँचाने के लिए सक्रिय हुए। 25 मार्च 1931 को कानपुर के चौबे गोला इलाके में उन्हें अपने प्राणों की आहुति देनी पड़ी। 27 मार्च को उनका शव अस्पताल में ढूँढा जा सका और 29 मार्च को गुपचुप उनका अंतिम संस्कार करा दिया गया।

राष्ट्रकवि मैथिलीशरण गुप्त की श्रद्धांजलि कितनी सटीक थी-

"भगतसिंह से शूर किसी भी पुरावृत्ति के हैं शृंगार।
पर पौराणिक युग में भी बस शिव-दधीचि तुझसे दो-चार।"

विद्यार्थीजी का अन्तिम अग्रलेख था- 'अन्त का आरम्भ'। वे लिखते हैं- "निराश होने की आवश्यकता नहीं है। इस प्रकार की प्रत्येक घटना जिसकी भयंकरता से हृदय काँप उठे, जिसकी कटुता भावी संतति के लिए कलेजा छेदने वाली कही जा सके, आशा और शुभ्र सन्देश की वाहिनी है। देश में जिस स्वाधीनता का जन्म हो रहा है, यह उसी की प्रसव-वेदना है।"

विद्यार्थीजी की शहादत के बाद, 5 अप्रैल 1931 से बालकृष्ण शर्मा 'नवीन' 'प्रताप' के सम्पादक-प्रकाशक हुए। पुरुषोत्तमदास टण्डन और हरिशंकर विद्यार्थी नये न्यासी बने। 24 जुलाई को नवीन भी गिरफ्तार कर लिए गए। निकलते-बंद होते हुए 'प्रताप' आजादी के बाद तक चलता रहा, फिर हमेशा के लिए बंद हो गया।

प्रभा

सात अप्रैल 1913 को खण्डवा से कालूराम गंगराड़े ने हिन्दी मासिक पत्रिका *'प्रभा'* का सम्पादन, प्रकाशन किया। प्रथमांक ने ही हिन्दी जगत का ध्यान आकर्षित कर लिया। *'सरस्वती'* ने लिखा- "एक रंगीन और तीन-चार सादे हाफटोन चित्र हैं। गद्य-पद्य लेखों की संख्या 17 है। विविध विचार अलग ही हैं। लेख सभी उत्तम हैं। पत्रिका के रूप रंग और लेखावली को सुन्दर और उपयोगी बनाने में इसके संचालकों ने यथाशक्ति कोई बात उठा नहीं रक्खी।"[1]

1. सरस्वती, जुलाई 1913, पृष्ठ 426

'प्रभा' के छह अंक प्रकाशित हो जाने के बाद माखनलाल चतुर्वेदी ने 26 सितम्बर 1913 को अध्यापकी से त्यागपत्र दे दिया और पत्रकारिता का कर्मपथ चुन लिया। इसके पहले वे 'एक साहित्य प्रेमी' या 'भारतीय' नाम से लेख लिखते थे। अक्टूबर 1913 के अंक से उनका नाम सम्पादक के रूप में जाने लगा। (वैसे वे आरम्भ से 'प्रभा' का कार्य देख रहे थे।) इसी अंक में उन्होंने 'कर्मवीर गाँधी' शीर्षक मर्मस्पर्शी टिप्पणी लिखी।

'प्रताप' के प्रकाशन पर 'प्रभा' ने लिखा- "प्रताप मानो मृत हिन्दी केसरी (माधवराव सप्रे, 1907) और 'कर्मयोगी' (पंडित सुन्दरलाल, 1907) का सगा भाई है।"[1] ये दोनों हिन्दी पत्र स्वातंत्र्य चेतना के प्रखर प्रवक्ता थे। 'प्रभा' अप्रैल 1913 से फरवरी 1918 तक खण्डवा से प्रकाशित हुई। साहित्यिक, सामाजिक और राजनीतिक चेतना से युक्त इस पत्रिका का प्रकाशन कोई दो वर्ष के अन्तराल से कानपुर के प्रताप प्रेस से होने लगा। गणेशशंकर विद्यार्थी, श्रीकृष्णदत्त पालीवाल, बालकृष्ण शर्मा 'नवीन' ने जनवरी 1920 से 1926 की अवधि में प्रभा का सम्पादन किया। पृष्ठ संख्या 64 और वार्षिक शुल्क साढ़े चार रुपये था। 'प्रभा' के लेखकों को पुरस्कार (पारिश्रमिक) दिया जाता था। 'सरस्वती' ने समीक्षा की- "इसके राजनीतिक और आर्थिक या साम्पत्तिक लेख बड़े महत्व के हैं। सम्पादकीय टिप्पणियों में सम्पादकों के सुन्दर विचार और सामयिक समालोचनाएँ पढ़ने को मिलती हैं। ऐसी अच्छी पत्रिका का प्रकाशित होना हिन्दी-भाषा के सौभाग्य का सूचक है।"[2]

'प्रभा' के झण्डा अंक में झण्डा सत्याग्रह विषयक 53 चित्र प्रकाशित किए गए। विविध देशों के राष्ट्रीय झण्डों के बीच भारत का राष्ट्रीय झण्डा लिए संसार पूज्य महात्मा गाँधी का एक सुन्दर चित्र है। इस संख्या में विविध देशों के राष्ट्रीय झण्डों के इतिहास विषयक कई सुपाठ्य लेख, दो सुन्दर आख्यिकाएँ ओर कई भावमयी कविताएँ हैं। विशेषांक बहुत उपयोगी, उत्तम और गौरववर्धक है।"[3] सन 1926 में 'प्रभा' का प्रकाशन बन्द हो गया।

बाम्बे क्रानिकल

तीन मार्च 1913 को फीरोज शाह मेहता ने मुम्बई से अँगरेजी दैनिक *'बाम्बे क्रानिकल'* का प्रकाशन किया। उन दिनों मुम्बई से अँगरेजी के जो तीन दैनिक अखबार- 'टाइम्स आफ इण्डिया', 'बाम्बे गजट' और 'एडवोकेट आफ इण्डिया', निकल रहे थे वे अँगरेजों के स्वामित्व में थे और स्वदेशी भावनाओं से दूर थे।

1. प्रभा, नवम्बर 1913, पृष्ठ 521
2. सरस्वती, फरवरी 1920, पृष्ठ 507
3. माधुरी, 1923, पृष्ठ 507

इसलिए भारतीयों की भावनाओं और आकांक्षाओं को स्वर देने के लिए 'बाम्बे क्रानिकल' का प्रकाशन किया गया था। मेहता ने योग्य और अनुभवी सम्पादक बेंजामिन हार्नीमैन की सेवाएँ प्राप्त कीं, जो कोलकाता में 'स्टेट्समेन' के सम्पादक रहे थे। पत्र का आकार 55 गुणित 40 से.मी था। जनता की आवाज बुलन्द करने के कारण 'बाम्बे क्रानिकल' की लोकप्रियता और प्रसार बढ़ा। इससे सशंकित 'टाइम्स आफ इण्डिया' ने अपनी कीमत चार आने से घटाकर 'बाम्बे क्रानिकल' के बराबर एक आना कर दी थी। जलियावाला बाग नरसंहार के कारण सभी स्वदेशी अखबार अँगरेजों की दमन नीतियों के विरुद्ध तीखी कलम चला रहे थे। प्रेस एक्ट के अन्तर्गत 'बाम्बे क्रानिकल' से जमानत राशि जमा करने को कहा गया और भारत रक्षा कानून के अन्तर्गत सम्पादक हार्नीमैन को इंग्लैंड भेज दिया गया। कुछ दिनों के लिए 'बाम्बे क्रानिकल' का प्रकाशन बन्द रहा। जब अखबार दुबारा निकला तब सम्पादक मारमाडयूक पिकथाल थे और संयुक्त सम्पादक सैयद अब्दुल्ला बरेलवी। 'बाम्बे क्रानिकल' से पहले पाँच हजार रुपये जमानत जमा करने को कहा गया, फिर यह राशि बढ़ाकर दस हजार रुपये कर दी गई। 'बाम्बे क्रानिकल' का ध्येय था देश की आजादी, वह उदारवादी तथा उग्रवादी दोनों पक्षों की नीतियों का सामंजस्य कर अपने विचार व्यक्त करता था। इस राष्ट्रीय समाचारपत्र का स्वामित्व तीस के दशक के आरंभ में कामा परिवार के हाथ में आ गया, परन्तु उसकी नीति यथावत बनी रही। सन 1931 के नागरिक अवज्ञा आन्दोलन को दबाने के लिए जो छह अध्यादेश जारी किए गए थे, उनमें से एक इण्डियन प्रेस (इमर्जेंसी पावर) एक्ट– 1932 था, जिसके अन्तर्गत कांग्रेस का समर्थन करने वाले अखबारों से जमानत माँगी गई। 'बाम्बे क्रानिकल' ने भी तीन हजार रुपये की जमानत जमा की थी।

स्वतंत्रता के बाद 'बाम्बे क्रानिकल' का प्रकाशन जारी रहा। सन 1951 में यह साप्ताहिक हुआ जिसके सम्पादक एस.नटराजन थे। 32 पृष्ठ का पत्र था। देश-विदेश के विख्यात लेखकों के लेख, अच्छे चित्र और कार्टून प्रकाशित किए जाते थे। सन 1959 में 'बाम्बे क्रानिकल' का प्रकाशन बन्द हो गया।

दिल्ली से रामनाथ चोपड़ा के सम्पादकत्व में सन 1913 में उर्दू दैनिक *'डेली स्वराज'* का प्रकाशन आरंभ हुआ। 53 गुणित 27 से.मी. आकार के चार पृष्ठ के इस अखबार का मूल्य एक पैसा था। देश-विदेश की खबरें दी जाती थीं। राष्ट्रीय, अंतरराष्ट्रीय विषयों पर सम्पादकीय लिखा जाता था।

हमदर्द

23 फरवरी 1913 से मौलाना मोहम्मद अली 'जौहर' ने *'हमदर्द'* का प्रकाशन किया। दो पृष्ठों का यह दैनिक पत्र हमदर्द प्रेस में छपता था। मौलाना पहले कोलकाता से 'कामरेड' का प्रकाशन-सम्पादन करते थे। जब राजधानी कोलकाता से

उठकर दिल्ली चली आई तब वे भी 'कामरेड' समेत दिल्ली चले आए। यहाँ उन्होंने हमदर्द प्रेस स्थापित किया। पहले 'नकीब-ए-हमदर्द' अखबार निकाला। बाद में उसका नाम 'हमदर्द' कर दिया गया। 'हमदर्द' स्वतंत्रता का पक्षधर और अँगरेजी हुकूमत का विरोधी अखबार था। इसलिए फिरंगियों की निगाहें टेढ़ी बनी रहीं। 17 मई 1915 को 'हमदर्द' का प्रकाशन बन्द करना पड़ा। एक्स्ट्रा असिस्टेंट कमिश्नर महबूब आलम को बतौर सेंसर बिठा दिया गया। नौ नवम्बर 1924 को 'हमदर्द' का प्रकाशन पुन: आरंभ हुआ, परन्तु 12 अप्रैल 1926 को वह बन्द हो गया। दैनिक 'हमदर्द' ने उर्दू पाठकों को गुणात्मक पत्रकारिता का आस्वादन कराया। 'हमदर्द' ने रायटर और एसोसिएटेड प्रेस की सेवाएँ ली थीं। अनेक स्थानों पर उसके अपने संवाददाता थे। 'हमदर्द' को भारतीय भाषायी पत्रकारिता में प्रतिदिन सम्पादक मण्डल की मंत्रणा गोष्ठी की परम्परा आरंभ करने का श्रेय जाता है।

सम्मेलन पत्रिका

हिन्दी साहित्य सम्मेलन के मुखपत्र के रूप में विजयादशमी, विक्रम संवत 1970 (अक्टूबर 1913) से मासिक *'सम्मेलन पत्रिका'* का प्रकाशन आरंभ हुआ। 'सरस्वती' ने 'सम्मेलन पत्रिका' का स्वागत करते हुए लिखा- "इसके निकलने से साहित्य-सम्मेलन की उद्देश्य सिद्धि में बहुत सहायता पहुँचने की आशा है। यह मासिक है, इसकी पृष्ठ संख्या 32 है और मूल्य सिर्फ एक रुपया।"[1]

यद्यपि 'सम्मेलन पत्रिका' के आरंभिक अंकों में सम्पादक के रूप में पहले साहित्य मंत्री और बाद में प्रधानमंत्री पदनाम लिखा जाता था, परन्तु समकालीन पत्रिका 'प्रभा' से पता चलता है कि सम्मेलन पत्रिका के आद्य सम्पादक गिरजा कुमार घोष थे। उनके बाद इन्द्रनारायण द्विवेदी, वियोगी हरि, भागीरथ प्रसाद दीक्षित, धीरेन्द्र वर्मा, गुरुप्रसाद टण्डन, उदयनारायण तिवारी, भगवतीचरण वर्मा, रामकुमार वर्मा, ज्योतिप्रसाद निर्मल, अज्ञेय, दयाशंकर दुबे, रामनाथ सुमन, रामप्रताप त्रिपाठी आदि ने पत्रिका का सम्पादन किया। डा.सत्यप्रकाश के बाद सम्प्रति विभूति मिश्र सम्पादक हैं।

'सम्मेलन पत्रिका' के पृष्ठों में हिन्दी आन्दोलन तथा हिन्दी भाषा के प्रचार-प्रसार और देवनागरी लिपि की स्वीकार्यता के पक्ष में प्रयासों का इतिहास जुड़ा हुआ है। इससे हिन्दी के विद्वानों की सहभागिता के साथ-साथ अनेक अहिन्दी भाषी मनीषियों के हिन्दी अनुराग का वृत्तांत भी मिलता है। हिन्दी साहित्य और हिन्दी पत्रकारिता की धाराओं के साथ-साथ अन्य भारतीय भाषाओं के साहित्य और संचेतना, पहल और प्रयासों का इतिवृत्त भी पता चलता है। 'सम्मेलन पत्रिका' के

---

1. सरस्वती, अक्टूबर 1913, पृ. 5, 6, 8

लोक संस्कृति विशेषांक, कला विशेषांक, मानस चतुश्शती विशेषांक, आचार्य रामचन्द्र शुक्ल विशेषांक, निराला विशेषांक आदि संदर्भ की दृष्टि से महत्वपूर्ण और संग्रहणीय है।

मार्च 1913 में रमेशचन्द्र चौधरी ने कोलकाता से सचित्र मासिक पत्रिका *'विजया'* का सम्पादन-प्रकाशन किया।

कर्नाटक

सन 1913 में डी.वी. गुण्डप्पा ने मैसूर से कन्नड साप्ताहिक *'कर्नाटक'* का सम्पादन- प्रकाशन किया। यह पत्र 14 वर्ष तक प्रकाशित हुआ। गुण्डप्पा एक विद्वान और प्रबुद्ध स्वतंत्रचेता सम्पादक थे। उनके लेखों और सम्पादकीय टिप्पणियों का प्रभाव भी पड़ता था। किन्तु यह कठिनाई अवश्य थी कि उनकी भाषा और शैली का स्तर प्रबुद्ध पाठकों के अनुकूल था। जब गुण्डप्पा सामाजिक और राजनीतिक कार्यों में अधिक व्यस्त हो गए तब 'कर्नाटक' का प्रकाशन बंद हो गया।

चन्द्रशेखर शास्त्री के सम्पादकत्व में प्रयाग से संस्कृत मासिक पत्रिका *'शारदा'* का प्रकाशन सन 1913 में हुआ। 'सरस्वती' ने 'शारदा' का परिचय देते हुए लिखा है- "प्रयाग से 'शारदा' नाम की पत्रिका संस्कृत में निकलने लगी है। इसका आकार 'सरस्वती' सदृश है। हर अंक में 48 पृष्ठ रहेंगे। मूल्य इसका चार रुपया वार्षिक है, पर विद्यार्थियों के लिए सिर्फ तीन रुपया है।"[1] लगातार घाटे के कारण तीन वर्ष बाद पत्रिका बंद करनी पड़ी।

नवनीत

प्रख्यात सम्पादक लक्ष्मण नारायण गर्दे के सम्पादकत्व में काशी से हिन्दी मासिक पत्रिका *'नवनीत'* का प्रकाशन सन 1913 में हुआ। सहयोगी सम्पादक गणपत कृष्ण गुर्जर थे। सुसम्पादन और विषय वैविध्य के कारण 'नवनीत' अल्पकाल में ही लोकप्रिय हो गई। पत्रिका घाटे में भी नहीं थी, किन्तु एजेण्टों के यहाँ रुपया डूब जाने से ढाई वर्ष के भीतर ही बंद हो गई। वार्षिक मूल्य सवा दो रुपये और एक प्रति का मूल्य चार आना था। 'प्रभा' ने लिखा है- "नवनीत के बहुत से लेखक महाराष्ट्र के हैं। हमने इन लेखकों के हिन्दी लेख अन्यन्त्र नहीं पढ़े। सब लेख बहुत अच्छे हैं।"[2]

सौदागर/हिन्दुस्तान

रणछोड़ दास लौटवाला ने *'सौदागर अखबार'* खरीदा और सन 1913 में उसका नाम बदलकर 'हिन्दुस्तान' कर दिया। यह गुजराती भाषा का सुधारवादी पत्र था। रतनलाल शाह के सम्पादन काल में 'हिन्दुस्तान' का प्रसार बढ़ा और प्रतिष्ठा

1. सरस्वती, दिसम्बर 1913, पृष्ठ 726
2. प्रभा, 1913, पृष्ठ 464

भी। लौटवाला ने 'एडवोकेट आफ इण्डिया' भी खरीद लिया और इन्दु याज्ञिक को सम्पादक बना दिया। कुछ दिनों बाद 'एडवोकेट आफ इण्डिया' बन्द हो गया। तब दो गुजराती पत्रों का विलय कर 'हिन्दुस्तान प्रजामित्र' निकलने लगा। जब इस अखबार ने महात्मा गाँधी का समर्थन बंद करके कौंसिल परस्तों का समर्थन किया, तब 'हिन्दुस्तान प्रजामित्र' की अवनति आरंभ हो गई। सन 1940 के आस-पास यह पत्र बंद हो गया।

नैरंग-ए-ख्याल

अपने समय का बेहतर उर्दू मासिक *'नैरंग-ए-ख्याल'* सन 1913 में लाहौर से प्रकाशित हुआ। सम्पादक हकीम मोहम्मद यूसुफ हसन थे। पृष्ठ संख्या 48 और वार्षिक शुल्क तीन रुपये था। करीमी प्रेस, लाहौर में छपता था। कागज, किताबत और छपाई अच्छी थी। अल्लामा इकबाल, मुल्ला रमूजी, जोश मलीहाबादी, प्रेमचन्द, नियाज फतेहपुरी, हफीज जालंधरी प्रभृति सुप्रसिद्ध साहित्यकारों की रचनाएँ 'नैरंग-ए-ख्याल' में प्रकाशित होती थीं। इस पत्रिका के नियमित प्रकाशन के चलते अन्य पत्रिकाएँ भी समय पर निकलने लगी थीं। 'नैरंग-ए-ख्याल' की यह विशेषता थी कि उसने जहाँ 'ईद विशेषांक' छापा वहीं 'रामायण विशेषांक' का भी प्रकाशन किया। इसमें रामायण काल का सामाजिक जीवन, अल्लामा इकबाल की कविता 'राम', पं. मेलाराम की रचना 'राम की अजमत' और बिस्मिल इलाहाबादी की कविता 'देश भारत में फिर आ जाए जमाना राम का' प्रकाशित कीं। साहित्य जगत में 'नैरंग-ए-ख्याल' ने अपनी उत्कृष्टता से प्रतिष्ठा हासिल की। सन 1947 में देश-विभाजन से 'नैरंग-ए-ख्याल' पर विपरीत असर पड़ा। तब यह सबसे ज्यादा प्रसार संख्या वाली उर्दू पत्रिका थी, जिसके आठ हजार ग्राहक भारत में थे।

लाला दीनानाथ ने सन 1913 में लाहौर से उर्दू दैनिक *'दीपक'* का प्रकाशन आरंभ किया। शुरूआत अच्छी हुई थी किन्तु 1915 में अन्यान्य कारणों से इसे बन्द कर दिया गया।

यशोदा देवी के सम्पादकत्व में इलाहाबाद से सन 1913 में सचित्र हिन्दी मासिक पत्रिका *'कन्या सर्वस्व'* प्रकाशित हुई। शिक्षा, उपदेश और मनोरंजन की पत्रिका थी। बालिकाओं के लिए ओंकारनाथ वाजपेयी ने हिन्दी मासिक पत्रिका *'कन्या मनोरंजन'* का प्रकाशन किया। इसकी विषयवस्तु की सराहना समकालीन पत्र-पत्रिकाओं ने की थी। सन 1913 में नारायणप्रसाद गौड़ ने मैनपुरी से जातीय मासिक पत्रिका *'गौड़ हितकारी'* का प्रकाशन किया। पंडित कृष्णगोपाल शर्मा ने हिन्दी मासिक पत्र *'सत्यप्रकाश'* निकाला। कवि समाज पटना ने मासिक पत्र *'समस्यापूर्ति'* प्रकाशित किया, जो कुछ ही दिनों तक निकला। बाबू गंगाप्रसाद गुप्त की प्रेरणा से लाहौर के उर्दू साप्ताहिक *'सनातन धर्म गजट'* का हिन्दी संस्करण

प्रकाशित हुआ। कुमाऊँ से इसी वर्ष *'विशाल कीर्ति'* निकला। पौड़ी गढ़वाल से निकलने वाले 'विशाल कीर्ति' का वार्षिक शुल्क एक रुपया था। कौंच, जिला जालौन से रामसहाय वैश्य ने हिन्दी मासिक *'धर्म प्रकाश'* अगस्त 1913 में निकाला। बालाघाट से मासिक *'बालाघाट समाचार'* निकाला। भास्कर प्रेस, मेरठ से हिन्दी मासिक पत्रिका *'भारत महिला'* निकली। महिलाओं के लिए उपयोगी और ज्ञान बढ़ाने वाली रचनाएँ प्रकाशित होती थीं। सन 1913 में सरस्वती विलास प्रेस, नरसिंहपुर से *'मानीटर'* नामक पत्र निकला।

इसी वर्ष उरई से *'जिझोतिया वंश भास्कर'* और नईदिल्ली से साप्ताहिक *'जैन प्रकाश'* निकला। इटावा से *'जैन तत्व प्रकाश'* हिन्दी मासिक पत्रिका निकली। चन्द्रसेन जैन सम्पादक थे। अम्बाला से अगस्त 1913 में सैयद जाकिर हुसैन ने उर्दू मासिक *'तनवीर'* निकाला। यह सांस्कृतिक पत्रिका थी।

ग्वालियर से महामहोपाध्याय रघुपति शास्त्री के सम्पादन में संस्कृत मासिक पत्रिका *'काव्य कादम्बिनी'* निकली जो सात अंक के बाद बंद हो गई। छपरा से हिन्दी मसिक *'कायस्थ परिचय'* और बनारस से *'कुशवाहा क्षत्रिय मित्र'* प्रकाशित हुआ। जोगानवाँ, जिला फीरोजपुर से *'कैलाश'* का प्रकाशन हुआ। सम्पादक नादाँ फीरोजाबादी थीं। इलाहाबाद से जे.एफ. टैरील ने अँगरेजी मासिक *'इंडियन पोलट्री'* निकाला।

ह.वि. देसाई ने मराठी मासिक पत्रिका *'ऊषा'* मुम्बई से प्रकाशित की। संगीत सम्बन्धी *'आनंद संगीत पत्रिका'* प्रतिभा देवी और इन्दिरा देवी के सम्पादकत्व में कोलकाता से प्रकाशित हुई। हिन्दी और बंगला भाषाओं की इस पत्रिका की लिपि देवनागरी थी। धर्म सम्बन्धी मराठी पाक्षिक *'आचार्य'* सन 1913 में विष्णु वामन शास्त्री बापट ने प्रकाशित किया। पाँच वर्ष तक प्रकाशित हुआ। विजयगढ़, जिला अलीगढ़ से राधा वल्लभ वैद्यराज ने *'आरोग्य सिन्धु'* मासिक पत्र निकाला।

सन 1913 में दिल्ली से उर्दू साप्ताहिक *'अल्लाहो अकबर'* सैयद मुमताज हाशमी ने निकाला। धार्मिक पत्र था। जनवरी 1913 में कानपुर से *'अल इल्म'* निकली। सम्पादक अबुल अल्लामा अहमद 'नातिक' थे। दर्शन तथा सूफी परम्परा की पत्रिका थी। लाहौर से उर्दू मासिक *'अनवार उल-सूफिया'* जनवरी1913 में निकला। मुंशी हिसामुद्दीन सम्पादक, प्रकाशक थे। देहरादून से उर्दू साप्ताहिक *'अनवार-ए-आलम'* जनवरी 1913 में प्रकाशित हुआ। पृष्ठ संख्या 12 और वार्षिक शुल्क दो रुपये था। साहित्यिक पत्र था। जनवरी 1913 में फर्रुखाबाद से उर्दू मासिक पत्रिका *'अनवार-उल-कमर'* निकली। सम्पादक किशोरीलाल कमर थे। इसकी समीक्षा करते हुए आगरा के *'नक्काद'* ने शेर लिखा था–

"तमाम कौम एडिटर बनी है या लीडर,

सबब ये है कि कोई और दिल्लगी नहीं।'

आगरा से उर्दू मासिक पत्रिका *'इफादा'* नवम्बर 1913 में प्रकाशित हुई। सम्पादक; प्रकाशक नवाब हाजी मोहम्मद इस्माइल थे। लुधियाना से साहित्यिक पत्रिका *'इकबाल'* मोहम्मद साबिर दुर्रानी के सम्पादकत्व में सन 1913 में प्रकाशित हुई।

दिसम्बर 1913 में लाहौर से उर्दू मासिक पत्रिका *'जरीफ'* का प्रकाशन अब्दुल रशीदी ने किया। उर्दू साप्ताहिक *'कानपुर गजट'* ने अक्टूबर 1913 में दैनिक पत्र का रूप धारण किया। दिलचस्प तथ्य यह है कि साप्ताहिक 'कानपुर गजट' उर्दू में निकलता था जबकि दैनिक 'कानपुर गजट' की भाषा हिन्दी थी। देश-विदेश के तार, स्थानीय समाचार और लेख प्रकाशित होते थे। पृष्ठ संख्या दो और वार्षिक मूल्य कानपुर वालों से पाँच रुपये तथा बाहर वालों से दस रुपये लिया जाता था। जनवरी 1913 में मौलवी मुस्तफा के सम्पादकत्व में उर्दू मासिक *'अदब'* का प्रकाशन पटियाला से हुआ। कुछ समय बाद यह लाहौर से प्रकाशित होने लगा। इसी वर्ष पटना से उर्दू साप्ताहिक *'पटना अखबार'* प्रकाशित हुआ। हैदराबाद से जनवरी 1913 में उर्दू साप्ताहिक *'उस्मान गजट'* मोहम्मद अब्दुल मुहीद ने निकाला। अक्टूबर 1913 में लाहौर से मौलवी फतह मोहम्मद खाँ ने मासिक पत्रिका *'उर्दू'* निकाली। पृष्ठ संख्या 48 और वार्षिक शुल्क तीन रुपये था। भरतपुर से गजनफर हुसैन उरुज ने अदबी गुलदस्ता *'कलाम उर्दू'* का प्रकाशन किया। अप्रैल 1913 में सरदार हरचंद सिंह ने साप्ताहिक *'खालसा अखबार'* प्रकाशित किया।

मोहम्मद अमीन जुबैरी और सैयद इफ्तिखार आलम ने जून 1913 में उर्दू मासिक *'जिललुल सुल्तान'* निकाली, यह सामाजिक पत्रिका थी। सैयद मोहम्मद यूसुफ कैसर, मौलवी मेहदी, मेहमूद उल हसन और कमरुन्निसा सम्पादक रहे। सहारनपुर से पाक्षिक पत्रिका *'जैन प्रदीप'* मुंशी ज्योति प्रकाश ने निकाली। दिल्ली से उर्दू साप्ताहिक 'तबीब' का प्रकाशन तिब्बिया कांफ्रेस ने किया। लाहौर से उर्दू साप्ताहिक *'दस्तकारी'* और मासिक *'धर्मवीर'* निकले।

सैयद निजाम उद्दीन दिलगीर के सम्पादकत्व में जनवरी 1913 में आगरा से उर्दू मासिक पत्रिका *'नक्काद'* प्रकाशित हुई। साहित्य की यह पत्रिका 52 पृष्ठ की होती थी और वार्षिक शुल्क तीन रुपया था। लुधियाना से आजाद लुधयानवी ने उर्दू मासिक पत्रिका *'निजाम'* निकाली। यूनानी चिकित्सा पद्धति की पत्रिका *'मफताह-उल-असरार'* अप्रैल 1913 में हकीम मोहम्मद बख्श ने प्रकाशित की। 15 जून 1913 को पटना से उूर्द पत्र *'मुशीर'* का प्रकाशन हुआ। इसी समय फुलवारी शरीफ से उर्दू मासिक पत्रिका *'मुआरिफ'* निकली। सम्पादक सैयद मोहम्मद मजहरुल हक थे।

अमृतसर से *'आराईं समाचार'* निकला। नवाब अजीज जंग ने जनवरी 1913 में हैदराबाद से उर्दू मासिक पत्रिका *'लिस्सान-उल-हिन्दोअल-अज्म'* प्रकाशित की। आरा से *'स्टार आफ इण्डिया'* का प्रकाशन हुआ। दिल्ली से सन 1913 में उर्दू मासिक *'सल्तनत'* निकला। सम्पादक सैयद शब्बीर अहमद 'अलीग' थे। *'सहीफ-उल कमर'* नामक उर्दू मासिक पत्रिका दिल्ली से निकली। सम्पादक कमरुद्दीन देहलवी थे। पृष्ठ संख्या 24 और वार्षिक शुल्क डेढ़ रुपये था। मुफ्ती मोहम्मद सादिक ने लाहौर से उर्दू मासिक *'सादिक'* निकाला। सितम्बर 1913 में बदायूँ से उर्दू मासिक पत्रिका *'शम्स-उल-उलूम'* प्रकाशित हुई। सम्पादक मौलाना अब्दुल माजिद बदायूनी थे। शिक्षा और सदाचार की पत्रिका थी। इलाहाबाद से 16 पृष्ठ का उर्दू साप्ताहिक *'मसावात'* मौलवी नजीर अहमद ने निकाला। राजनीतिक, आर्थिक, सांस्कृतिक, शैक्षणिक विषयों की पत्रिका थी। वार्षिक शुल्क तीन रुपये था।

मेरठ से 15 अप्रैल 1913 को उर्दू साप्ताहिक *'तौहीद'* निकला। सम्पादक भइया अहसान थे। यह एक अच्छा अखबार था जिसकी टिप्पणियाँ खरी-खरी होती थीं। 'तौहीद' की निर्भीक शैली हुकूमत को रास नहीं आई और पाँच माह की अल्पायु में उसे बन्द करा दिया गया। इसी वर्ष काशी से *'हिन्दी साहित्य'* का प्रकाशन हुआ। यह मासिक पत्र था।

सन 1913 में तेलंगाना अंचल में तेलुगु पत्रकारिता की शुरूआत मेहबूबनगर से प्रकाशित साप्ताहिक *'हितबोधिनी'* से हुई। श्रीनिवास शर्मा पत्र के सम्पादक थे। यह पत्र एक वर्ष तक ही प्रकाशित हो पाया। निजाम का संरक्षण तेलुगु संस्कृति को नहीं था और न वह विचार तथा अभिव्यक्ति की स्वतंत्रता को प्रोत्साहन देने के पक्ष में था।

अहमदाबाद से सन 1913 में वैद्य जटाशंकर लीलाधर त्रिवेदी ने आरोग्य, आयुष्य, आनंद और ऐश्वर्य की प्राप्ति के लिए वैद्यक सम्बन्धी मासिक पत्रिका *'हिन्दी वैद्य कल्पतरु'* का सम्पादन-प्रकाशन किया। वार्षिक शुल्क एक रुपया नौ आना था। यह पत्रिका गुजराती में सन 1893 से प्रकाशित हो रहे मासिक 'वैद्य कल्पतरु' का हिन्दी संस्करण था।

1914

महाराष्ट्र

नागपुर से जनवरी 1914 में मराठी साप्ताहिक पत्र *'महाराष्ट्र'* का प्रकाशन गोपाल अनन्त ओगले के सम्पादकत्व में हुआ। ओगले पहले 'देशसेवक' और 'राष्ट्रमत' का सम्पादन कर चुके थे। पत्र की विचारधारा 'केसरी' के समान थी। प्रत्येक बुधवार को प्रकाशित होता था। वार्षिक शुल्क दो रुपये था। परन्तु तिलक के

निधन के बाद ओगले ने किसी एक राजनीतिक पक्ष से अपने पत्र को नहीं जोड़ा। 'महाराष्ट्र' की ट्रस्ट डीड में नीति स्पष्ट की गई थी- "जनता को स्वतंत्रता प्राप्ति हेतु समर्थ बनाने के लिए यथासंभव उत्प्रेरित करना और यह कार्य करते समय निर्भयता से लेखन करना।"

जून 1916 में 'महाराष्ट्र' से 2000 रुपये की जमानत माँगी गई। इस कारण पत्र का एक अंक प्रकाशित नहीं हो सका। 15 जनवरी 1931 के अंक में 'महाराष्ट्र' ने शोलापुर प्रकरण में देशभक्तों को फाँसी देने के विरोध में अग्रलेख लिखा। इस पर चले मुकदमे में सम्पादक ओगले को एक वर्ष के कारावास का दण्ड दिया गया। ज्यूडीशियल कमिश्नर ने सजा घटाकर तीन माह कर दी थी। सन 1924 से 1930 तक गजानन त्र्यम्बक मुधोलकर 'महाराष्ट्र' के सहायक सम्पादक और 1930 से 13 जून 1940 तक कार्यकारी सम्पादक रहे। उनके कार्यकाल में पत्र का साहित्य पक्ष समृद्ध हुआ। 15 दिसम्बर 1943 को वे नागपुर के मराठी दैनिक 'तरुण भारत' के सम्पादक बने।

'महाराष्ट्र' 17 वर्ष तक साप्ताहिक पत्र के रूप में प्रकाशित हुआ। मार्च 1930 में अर्द्धसाप्ताहिक हो गया। सन 1945 में गोपाल अनन्त ओगले के निधन के बाद पुरुषोत्तम ढवले सम्पादक हुए। पहले वे उप सम्पादक थे। उन्हीं के कार्यकाल में पत्र दैनिक बना। स्वतंत्रता के उपरांत कांग्रेस के एकपक्षीय समर्थन के कारण 'महाराष्ट्र' की प्रतिष्ठा और लोकप्रियता का ह्रास हुआ। सन 1960 में दीनानाथ बलवंत पंडित और उनके बाद राजाभाऊ डांगे सम्पादक हुए। प्रकाशक ने 14 मार्च 1975 को पत्र बन्द करने की पहल की। तब कर्मचारियों ने सहकारी आधार पर 'महाराष्ट्र' का प्रकाशन जारी रखने की पहल की। त्र्यम्बक गोपाल देशमुख ने सम्पादन दायित्व सम्हाला। सन 1977 में 'महाराष्ट्र' बन्द हो गया।

कलकत्ता समाचार

14 अगस्त 1914 को कृष्ण जन्माष्टमी के दिन मारवाड़ी व्यापारियों की लिमिटेड कम्पनी ने कोलकाता से दैनिक *'कलकत्ता समाचार'* का प्रकाशन किया। इसके आद्य सम्पादक अमृतलाल चक्रवर्ती थे। द्वारकाप्रसाद चतुर्वेदी सहायक सम्पादक और प्रबंधक तथा झाबरमल्ल शर्मा मुद्रक-प्रकाशक थे। पश्चात कुँवर गणेशसिंह भदौरिया सम्पादक हुए। जब पत्र की निर्भीकता से घबराए मालिकों ने 'कलकत्ता समाचार' को बन्द करने की ठान ली, तब भदौरिया ने प्रेस और अखबार खरीद लिया। झाबरमल्ल शर्मा सम्पादक बने। प्रथम विश्वयुद्ध के समय पाठकों में युद्ध की खबरें पढ़ने की रुचि के कारण दैनिक समाचारपत्रों की प्रसार संख्या बढ़ रही थी। 'कलकत्ता समाचार' ने रायटर और एसोसिएटेड प्रेस से समाचार प्राप्त करने की व्यवस्था की। तार से इन एजेन्सियों की खबरें मिलती थीं। 'कलकत्ता समाचार' ने

घी में दूषित पदार्थों की मिलावट के विरुद्ध 'घृत आन्दोलन' खड़ा किया। सैकड़ों लोग गंगातट पर आत्म त्याग के लिए तत्पर हो गए। तब सरकार को मिलावटियों को दण्डित करने के लिये कानून बनाना पड़ा। सत्याग्रह के दमन के सरकारी कदमों का विरोध करने पर पत्र से 2000 रुपये की जमानत माँग ली गई।

जिस अग्रलेख के कारण 'कलकत्ता समाचार' से जमानत माँगी गई थी, उसका शीर्षक था- 'गवर्नर का गुस्सा'। गवर्नर लार्ड रोनाल्ड शै ने मारवाड़ी व्यापारियों को बुलाकर धमकाया। सम्पादक ने लिखा- "सत्याग्रह का सिद्धान्त भारतवर्ष का सनातन सिद्धान्त है। विस्मृति के परदे ने उसे भुला दिया था। कर्मवीर गाँधी ने अपना आदर्श सामने रखकर उस परदे को हटा दिया है। हनुमानजी की तरह भारतवासियों को अपना बल याद आ गया। देश में जागृति पैदा हो गई। इस जागृति को न गवर्नर साहब बंगाल रोक सकते हैं और न दिल्ली के कर्नल बीडन या बीडन के बड़े भाई सर ओ डायर। सत्याग्रह सिद्धान्त की पवित्रता ही उसके अधिक फैलाव का कारण है। परन्तु उससे यह नतीजा निकालना कि दिल्ली, अमृतसर, लाहौर, अहमदाबाद और कलकत्ते की दुर्घटनाएँ सत्याग्रहियों द्वारा हुई हैं, सत्य की हत्या करना है। कर्मवीर गाँधी जो सत्याग्रह के आचार्य हैं, खूनखराबी और उपद्रव को सत्याग्रह सिद्धान्त के प्रतिकूल घोषित कर चुके हैं। दरअसल उपद्रव की जड़ पुलिस की कड़ाई है।"

जमानत माँगने पर टिप्पणी करते हुए 'कलकत्ता समाचार' ने लिखा-[1]

"जब मैं करूँ सवाल तो कहते हैं चुप रहो।
क्या बात है, जवाब नहीं, इस जवाब का।"

सन 1924 तक 'कलकत्ता समाचार' का प्रकाशन हुआ। पौष शुक्ल 12 संवत 1981 (6 जनवरी 1925) को 'कलकत्ता समाचार' का अन्तिम अंक निकला। बसंत पंचमी संवत 1981 (एक फरवरी 1925) को यही पत्र दिल्ली से 'हिन्दू संसार' नाम धारण कर झाबरमल्ल शर्मा के सम्पादकत्व में प्रकाशित हुआ।

पाटलिपुत्र

जुलाई 1914 में इतिहासकार और पुरातत्ववेत्ता काशीप्रसाद जायसवाल के सम्पादकत्व में एक्सप्रेस प्रेस पटना से हिन्दी साप्ताहिक *'पाटलिपुत्र'* का प्रकाशन हुआ। पृष्ठ संख्या आठ और वार्षिक शुल्क दो रुपये था। हथुआ रियासत के विद्याप्रेमी राजा महादेवाश्रम प्रसाद शाही का संरक्षण इस प्रेस और समाचारपत्र को प्राप्त था। फिरंगी हुकूमत की जनविरोधी नीतियों का विरोध और राष्ट्रीय आन्दोलन का समर्थन करने के कारण 'पाटलिपुत्र' हुकूमत की नाराजगी का शिकार हुआ। पत्र

1. कलकत्ता समाचार, 17 जून 1919

का परिचय इस टिप्पणी से मिल जाता है- "विश्व परिवेश में अँगरेजी सरकार युद्धों में फँस चुकी है और उसे अपनी कमजोर स्थिति का आभास होने लगा है। इसीलिये भारतवर्ष के स्वातंत्र्य आन्दोलन को भी वह सख्ती से कुचल देना चाहती है ताकि यह उपनिवेश भी कहीं उसके हाथों से न निकल जाए। परन्तु सरकार को यह सोच लेना चाहिए कि वह देश प्रेम की व्यापक उत्तेजना को रोक सकने में अंन्ततोगत्वा असफल रहेगी।[1] गवर्नर की नाराजगी के चलते काशीप्रसाद जायसवाल का पत्र से सम्बन्ध विच्छेद हो गया।

'पाटलिपुत्र' के दूसरे अंक में चंदबरदाई कृत रासौ की प्रामाणिकता को लेकर बहस चली। महामहोपाध्याय हरप्रसाद शास्त्री के लेख में दावा किया गया कि बनारस से प्रकाशित रासौ जाली है। महामहोपाध्याय श्यामलदान ने भी ऐसा ही दावा किया जबकि मोहनलाल विष्णुलाल पंड्या ने प्रचलित 'रासौ' का बचाव किया। सम्पादक काशीप्रसाद जायसवाल ने सखेद लिखा कि बहसकर्त्ताओं ने अपने कथन के पक्ष में कोई प्रमाण प्रस्तुत नहीं किए हैं।

जायसवाल के स्थान पर चौधरी सेनासिंह सम्पादक बने। पारसनाथ त्रिपाठी, रामानन्द द्विवेदी और 1919 में ईश्वरीप्रसाद शर्मा सहकारी सम्पादक थे। परिवर्तन के बावजूद पत्र राष्ट्रीय आन्दोलन से विमुख नहीं हुआ। छपरा में हथुआ नरेश की अध्यक्षता में हुई बैठक में युद्ध के लिए अँगरेज सरकार के समर्थन का प्रस्ताव पारित किया गया, उसे 'पाटलिपुत्र' में प्रकाशित करने के निर्देश के साथ भेजा गया। प्रेस के स्वामी का यह निर्देश केवल उन बारह प्रतियों में लागू किया गया, जो स्वयं हथुआ नरेश और आला अफसरों के यहाँ भेजी जाती थीं। सामान्य पाठकों तक यह खबर पहुँची ही नहीं। इसका भेद खुलने पर तीन मई 1921 को सरकार के हुक्म से 'पाटलिपुत्र' का प्रकाशन बन्द कर दिया गया।

तीन वर्ष बाद, सन 1924 को आरा से पारसनाथ त्रिपाठी ने साप्ताहिक 'पाटलिपुत्र' का पुन:प्रकाशन किया, जिसके कुछ ही अंक निकल पाए।

न्यू इण्डिया

14 जनवरी 1914 को एनी बेसेण्ट ने चेन्नै से *'न्यू इण्डिया'* का सम्पादन-प्रकाशन किया। उन्होंने 'मद्रास स्टेण्डर्ड' का स्वत्वाधिकार खरीद कर उसे नया रूप प्रदान किया था। होमरूल आन्दोलन का समर्थक यह अँगरेजी साप्ताहिक फिरंगी हुकूमत की रीति-नीति पर तीखे प्रहार करता था। इसके चलते पत्र की लोकप्रियता बढ़ी, परन्तु उस पर मुकदमे भी लादे गए। एक बार दो हजार रुपये की जमानत जब्त हुई और दूसरी बार दस हजार रुपये की जमानत माँगी गई। एनी बेसेण्ट की

1. पाटलिपुत्र, 10 अगस्त 1916

नजरबन्दी और कारावास के दिनों में पी.के.तैलंग ने अरुण्डेल और वी.पी.वाडिया के सहयोग से पत्र का सम्पादन किया। गाँधीजी के आन्दोलनों का विरोध करने के कारण इस पत्र की लोकप्रियता का ह्रास हुआ। जनवरी 1914 में एनी बेसेण्ट ने अँगरेजी साप्ताहिक *'कामनवील'* का भी सम्पादन-प्रकाशन किया था।

अँगरेजी मासिक *'होमवर्क'* इलाहाबाद से सन 1914 में निकला। सम्पादक हरिराम झा थे। पृष्ठ संख्या 40, वार्षिक शुल्क एक रुपया था। दो जनवरी 1914 को *'मद्रास ला वीकली'* का प्रकाशन वी.पी. श्रीनिवास अय्यंगार के सम्पादकत्व में हुआ। इस अँगरेजी साप्ताहिक का वार्षिक शुल्क दस रुपये था। चेन्नै से मासिक पत्रिका *'वेदांत केसरी'* प्रकाशित हुई। दर्शन और अध्यात्म की पत्रिका थी।

तमिल मासिक पत्रिका *'आनन्द मोदिनी'* चेन्नै से सन 1914 में एन.मुनुस्वामी मुदालियर के सम्पादकत्व में निकली। 8 मई 1914 को प्रमथ चौधरी ने बंगला मासिक *'सबुज पत्र'* का सम्पादन-प्रकाशन किया। साहित्यिक पत्रिका थी। सन 1914 में कन्नड साप्ताहिक *'अर्थसाधक पत्रिका'* बी. पुट्टैया के सम्पादकत्व में निकली।

कोलकाता से अप्रैल 1914 में *'स्वास्थ्य समाचार'* नामक मासिक पत्र का प्रकाशन आरम्भ हुआ। 'आर्यसेवक' ने इस पत्र पर सम्मति प्रकाशित की- "स्वास्थ्य समाचार नामक मासिक पत्र गत वैसाख मास से प्रकट होने लगा है। इस मासिक के सम्पादक कार्तिकचन्द्र बसु हैं। यह सचित्र पत्र है। स्वास्थ्य के विषय में जो कुछ पालनीय नियम हैं, उनकी बड़ी विद्वत्ता के साथ समझाए हैं। खाद्य पदार्थों का व्यवहार किस प्रकार से करना कि जिससे मनुष्य का स्वास्थ्य न बिगड़े इत्यादि बहुत सी उपयोगी बातें बड़े ध्यानपूर्वक बताई गई हैं। स्वास्थ्य के प्रेमियों के लिए अतीव उपयोगी है, यह हम अवश्य कहेंगे। वार्षिक मूल्य 2 रुपया है। प्राप्त करने का ठिकाना नं. 45 एम्हर्स्ट स्ट्रीट कलकत्ता।"[1]

'आर्यसेवक' से *'विवेचक'* पत्र के प्रकाशन की भी सूचना मिलती है- "गुजराती भाषा में विवेचक एक मासिक पत्र लाक्षास (गुजरात) से प्रगट होता है। लेख पढ़ने योग्य होते हैं। वार्षिक मूल्य डेढ़ रुपया तथा आर्यावर्त के बाहर के प्रदेशों के लिए एक रुपया बारह आना है।"[2] यह पत्र सन 1914 में प्रकाशित हुआ।

दिल्ली से हिन्दी साप्ताहिक *'हिन्दी समाचार'*[3] कात्यायनीदत्त त्रिवेदी के सम्पादकत्व में निकला। गद्य-पद्य, मनोरंजक और शिक्षाप्रद होते थे। पृष्ठ संख्या 16, वार्षिक शुल्क ढाई रुपये था। 'हिन्दी समाचार' की तीन हजार प्रतियाँ छपती

---

1. आर्य सेवक, नरसिंहपुर, अगस्त 1941, पृष्ठ 11
2. आर्य सेवक, नरसिंहपुर, अप्रैल 1914, पृष्ठ 5
3. सरस्वती, 1914 पृष्ठ 595, तथा श्रीकान्यकुब्ज हितकारी, अक्टूबर 1914, पृष्ठ 26

थीं। सन 1919 में सम्पादक शिवनारायण द्विवेदी हुए। तब आर्थिक संकट से मुक्ति पाने के लिए हिन्दी प्रेमियों से सहायता की अपील की गई। पाँच हजार रुपये की मदद मिली और पत्र निकलता रहा। लेख, कविताएं तथा कहानियाँ स्तरीय होते थे। वार्षिक शुल्क ढाई रुपये था। सन 1918 की दिल्ली कांग्रेस के समय दैनिक पत्र के रूप में कुछ दिनों तक निकला।

मुलतान से हिन्दी मासिक *'हितकारी'* सन 1914 में प्रकाशित हुआ। तीन वर्ष तक निकला। वृन्दावन से हिन्दी मासिक *'वैष्णव सर्वस्व'* किशोरीलाल गोस्वामी के सम्पादकत्व में प्रकाशित हुआ। निम्बार्क सम्प्रदाय की पत्रिका थी।

बाल मनोरंजन / हिन्दी सर्वस्व

गणेशदत्त शर्मा 'इन्द्र' ने अक्टूबर 1914 में आगर-मालवा से हिन्दी मासिक पत्रिका *'बाल मनोरंजन'* निकाली। बालकों और युवकों के नैतिक-बौद्धिक विकास के उद्‌देश्य से प्रकाशित इस पत्रिका का वार्षिक शुल्क डेढ़ रुपये था। ग्वालियर रियासत ने जब आलीजाह दरबार प्रेस से छपाई की शर्त लगाई तब मार्च 1915 में सम्पादक-प्रकाशक गणेशदत्त शर्मा 'इन्द्र' ने नाम बदलकर 'हिन्दी सर्वस्व' कर दिया। इस पत्रिका के भी छह अंक निकले।

विद्या, सदाचार, इतिहास, भाषा, विज्ञान आदि विषयों की हिन्दी मासिक पत्रिका *'विद्यार्थी'* अप्रैल 1914 में प्रयाग से प्रकाशित हुई। रामजीलाल शर्मा सम्पादक-प्रकाशक थे। विषय बालकों के योग्य, भाषा सरल और शुद्ध होती थी। वार्षिक शुल्क दो रुपये था। बच्चों का मनोरंजन तथा व्यक्तित्व-विकास इस पत्रिका का उद्‌देश्य था। सन 1946 में बंद होने के बाद सन 1952 में पुनर्प्रकाशन हुआ, पर अधिक समय तक नहीं निकली।

लाहौर से हिन्दी साप्ताहिक *'प्रभात'*[1] के प्रकाशन की सूचना 'सरस्वती' से मिलती है। आठ पृष्ठ का यह पत्र राजनीति, समाज, धर्म, वाणिज्य-व्यवसाय सभी विषयों पर लेखादि प्रकाशित करता था। वार्षिक शुल्क ढाई रुपये था। सम्पादक यज्ञदत्त विद्यालंकार थे। 1915 में बन्द हो गया।

ब्राम्ह समाज के आदर्शों के प्रचार-प्रसार के लिए सन 1914 में गुंटूर से तेलुगु साप्ताहिक *'धर्मसाधनी'* का प्रकाशन पलपर्ति नरसिंहम ने किया। चालीस वर्ष तक इसका प्रकाशन हुआ। बाद में मासिक पत्र के रूप में काकिनाडा से निकलने लगा। एकेश्वरवाद इस पत्रिका का केन्द्रीय विचार था। महिलाओं के लिए तेलुगु मासिक पत्रिका *'अनुसूया'* सन 1914 में काकिनाड से प्रकाशित हुई। विंजमूरि

---

1. सरस्वती, अक्टूबर 1914, पृष्ठ 595

वेंकटरत्नम्मा इसकी सम्पादक थीं।

लाहौर से सन 1914 में हिन्दी मासिक पत्रिका *'उषा'* सन्तराम बी.ए. के सम्पादकत्व में निकली। 40 पृष्ठ की 'उषा' का वार्षिक शुल्क ढाई रुपये था। लगातार घाटे के कारण दो वर्ष बाद बन्द कर दी गई।

लखनऊ से हिन्दी साप्ताहिक *'अवधवासी'* सन 1914 से 1921 तक प्रकाशित हुआ। शिव बिहारीलाल वाजपेयी सम्पादक थे। 16 पृष्ठ के पत्र का वार्षिक शुल्क दो रुपये था। इसी वर्ष रायपुर से मासिक *'कबीर पंथी'* निकला। खेती, शिल्प, यांत्रिकी, विद्या, व्यापार का हिन्दी साप्ताहिक *'नई बात'* मथुरा से सन 1914 में प्रकाशित हुआ। हिमाचल प्रदेश की पहली हिन्दी पत्रिका *'बाल अभ्युदय'* इसी वर्ष हरिप्रसाद 'सुमन' के सम्पादकत्व में प्रकाशित हुई। दिल्ली से उर्दू मासिक पत्रिका *'राजपूत'* ठाकुर रामसिंह के सम्पादन में प्रकाशित हुई। मोगा फीरोजपुर से जनवरी 1914 में उर्दू मासिक पत्रिका *'उस्ताद'* प्रकाशित हुई। उर्दू साप्ताहिक *'एजन'* लाहौर से एक जून 1914 को निकला। दिल्ली से उर्दू साप्ताहिक *'खतीब'* मुल्ला वाहिदी ने निकाला। होशियारपुर से मासिक *'खान बहादुर'* का प्रकाशन हुआ। मुम्बई से उर्दू मासिक *'खुद्दाम-उल-काबा'* शौकत अली ने प्रकाशित किया। जनवरी 1914 में जयपुर से *'जौहर-ए-सुखन'* का सम्पादन-प्रकाशन मौलवी सैयद नजर हसन ने किया। अमृतसर से मासिक 'टेम्परेंस मैगजीन' मास्टर संतसिंह ने निकाली। मादक पदार्थों से होने वाले नुकसान के खिलाफ जनजागरण इस पत्रिका का उद्देश्य था। तिमाही साहित्यिक पत्रिका *'तजकिरत-उल-शौरा'* जुलाई 1914 में अलीगढ़ से मौलाना हसरत मोहानी के सम्पादन में प्रकाशित हुई। उल्लेखनीय है कि मई 1913 में उर्दू प्रेस से तीन हजार रुपये की जमानत माँगने पर प्रेस बन्द करना पड़ा था और उसी के साथ पत्रिका *'उर्दू मोअल्ला'* भी बन्द हो गई थी।

लाहौर से उर्दू मासिक *'शौक'* अप्रैल 1914 में निकला। उर्दू साहित्य, शिक्षा और इतिहास इसके विषय थे। अहलूवाल से स्वास्थ्य पत्रिका *'हकीम बहलोल'* सन 1914 में भगवान सिंह 'आरिफ' के सम्पादकत्व में प्रकाशित हुई। लाला तीर्थराम फीरोजपुरी ने लाहौर से *'तर्जुमान'* का सम्पादन-प्रकाशन किया। उर्दू मासिक पत्रिका *'तरीकत'* लाहौर से सन 1914 में निकली। मदरसा दारुल उलूम देवबंद का मुखपत्र थी। मेरठ से अगस्त 1914 में *'असवा-ए-हसना'* का प्रकाशन हुआ। आर्थिक कठिनाई के चलते मार्च 1918 में पत्रिका बन्द हो गई। कादियान से इसी वर्ष 'अलफजल' निकला। सप्ताह में तीन बार छपता था। सम्पादक मौलवी नूरउद्दीन थे। सहारनपुर से फरवरी 1914 में उर्दू मासिक पत्रिका *'अल इरशाद'* मौलाना आशिक इलाही ने निकाली। इसी वर्ष लुधियाना से उर्दू मासिक पत्रिका *'इशाअत-उल-इस्लाम'* ख्वाजा कमालउद्दीन तथा मौलवी सदरुद्दीन के सम्पादकत्व

में लाहौर से निकली। फारसी लिपि के उर्दू पत्र *'मुफीद-उल-मजारिएन'* (प्रतापगढ़) का हिन्दी संस्करण मासिक *'किसानोपकारक'* सन 1914 में निकला। रामनारायण वाजपेयी सम्पादक थे।

जुलाई 1914 में लखनऊ से अब्दुल वाली के सम्पादकत्व में 64 पृष्ठ की उर्दू मासिक पत्रिका *'मालूमात'* प्रकाशित हुई। विज्ञान और आर्थिक विषयों के लेख इस पत्रिका की विशेषता थे। अच्छी पत्रिका थी।

जून 1914 में उर्दू की साहित्यिक मासिक पत्रिका *'कानूस-ए-ख्याल'* पठानकोट से निकली। सम्पादक अब्दुल मसीद 'सालिक' थे। अक्टूबर 1914 में शेरोशायरी की मासिक पत्रिका *'बज्म-ए-सुखन'* नुदरा (गया) से निकली। जगदीशप्रसाद 'खलिश' सम्पादक थे। लाहौर से इसी वर्ष उर्दू पाक्षिक *'मफ्ताह-उल-हिकमत'* हकीम मफ्ताहउद्दीन ने सम्पादित-प्रकाशित किया। चिकित्सा विषयक पत्र था। फतहपुर से *'मुरक्का-ए-तसव्वुर'* सन 1914 में प्रकाशित हुआ। उर्दू पाक्षिक था। उर्दू मासिक पत्रिका *'रसालत'* जुलाई 1914 में कोलकाता से निकली। सम्पादक सज्जाद हुसैन थे। यहीं से दो और उर्दू पत्र *'रिफाकत'* मुंशी मोहम्मद नाजिमउद्दीन ने और *'सफीर-ए-कलकत्ता'* हकीम अली हुसैन ने निकाले।

हिन्दी पत्रकारिता में विज्ञान

1915

विज्ञान

हिन्दी में पहली वैज्ञानिक पत्रिका मासिक *'विज्ञान'* का प्रकाशन अप्रैल 1915 में विज्ञान परिषद प्रयाग ने किया। प्रकाशक लाला कर्मचन्द भल्ला और संपादक लाला सीताराम एवं पंडित श्रीधर पाठक थे। 24 गुणित 18 से.मी. आकार की इस पत्रिका की पृष्ठ संख्या 48 और वार्षिक शुल्क तीन रुपये था। विज्ञान आविष्कार-आविष्कारक, विज्ञान शिक्षा, खनिज, कृषि, सिंचाई, शिल्प आदि विषयों पर विद्वानों के आलेख प्रकाशित किए जाते थे। हिन्दी भाषा में साहित्य के वैज्ञानिक अंग की पूर्ति, ग्रंथानुवाद और निबंध लेखन के ध्येय से यह पत्रिका प्रकाशित की गई थी। सर्वसाधारण में विज्ञान में रुचि पैदा करना भी इस पत्रिका का उद्‌देश्य था।

'विज्ञान' के प्रवेशांक में सम्पादक ने पहले अग्रलेख में लिखा- "अधिकांश वैज्ञानिक विषय हमारी भाषा के लिए नवीन हैं, उसको पाठकों के सामने उपस्थित करने में हमें अनेक गढ़े हुए शब्दों का आश्रय लेना पड़ेगा जिनसे लेख की रोचकता घट जानी संभव है। साथ ही साथ विषय भी सरल नहीं है। कठिन विषयों को सरल भाषा में मनोरंजक रीति पर वर्णन करना साधारण लेखकों का काम नहीं है। साहित्य के गंभीर विद्वान रसिक और मर्मज्ञ ही दुरूह विषयों को रोचक बना सकते हैं। सो, दुर्भाग्यवश विज्ञान से भी, साहित्य की ओर ध्यान देने का समय ही नहीं पाते और साहित्य सेवियों ने बहुधा विज्ञान का अध्ययन नहीं किया है। ऐसी दशा में पाठकों का मनोरंजन जितना साधारण मासिक पत्र करते हैं वा कर सकते हैं, उतनी क्षमता हममें होना कठिन है। तब भी आशा है कि कुछ दिनों में हम पाठकों के लिए इस पत्र को कुछ रोचक बना सकेंगे। और यह भी आशा है कि विद्याव्यसनी पाठक इस पत्र की उपयोगिता समझकर पूरी मनोरंजकता न होने पर भी इसके लेखकों को हृदयंगम करने का तथा विज्ञान के प्रचार का प्रयत्न करेंगे।"

'विज्ञान' के प्रकाशन के पीछे विज्ञान परिषद का संकल्प इतना दृढ़ था कि

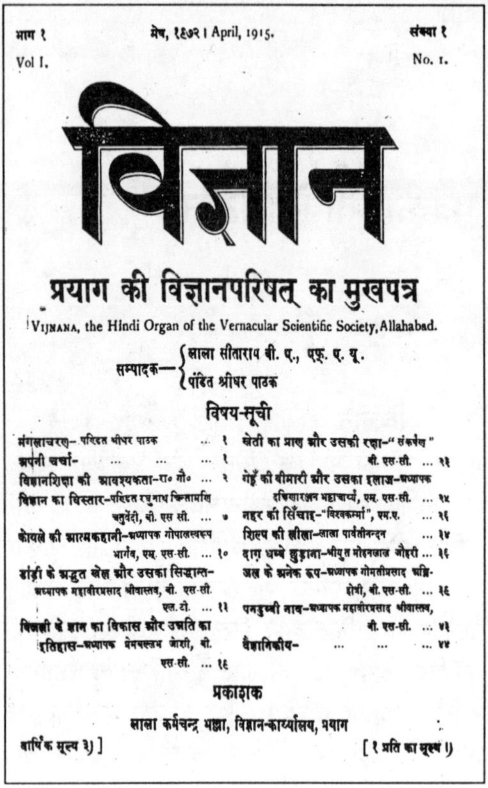
भाग १ मेष, १९७२। April, 1915. संख्या १
Vol I. No. 1.

विज्ञान

प्रयाग की विज्ञानपरिषत् का मुखपत्र

VIJNANA, the Hindi Organ of the Vernacular Scientific Society, Allahabad.

सम्पादक—लाला सीताराम बी. ए., एफ़. ए. यू.
पंडित श्रीधर पाठक

विषय-सूची

प्रकाशक

लाला कर्मचन्द भल्ला, विज्ञान-कार्य्यालय, प्रयाग

वार्षिक मूल्य ३)] [१ प्रति का मूल्य ।)

विज्ञान

आज बानवें वर्ष में भी यह पत्रिका नियमित रूप से प्रकाशित हो रही है। पत्रिका का मुद्रण लीडर प्रेस से होता था। बाद में हिन्दी साहित्य प्रेस में छपने लगी। बृजराज, डा.सत्यप्रकाश, युधिष्ठर भार्गव, प्रभृति संपादकों ने 'विज्ञान' का योग्यतापूर्वक संपादन किया। सम्प्रति डा.शिवगोपाल मिश्र 'विज्ञान' के सम्पादक हैं।

'विज्ञान' पत्रिका के प्रकाशन के बीस वर्ष पूरे होने पर 'विशाल भारत'[1] ने पत्रिका के अवदान का मूल्यांकन करते हुए लिखा था– 'विज्ञान'– यह हिन्दी का एकमात्र वैज्ञानिक पत्र है। प्रयाग की विज्ञान–परिषद बीस वर्षों से इसका प्रकाशन कर रही है। इन बीस वर्षों में 'विज्ञान' में दस हजार पृष्ठों से अधिक में अनेक विषयों पर सुबोध, रोचक, सचित्र एवं शिक्षाप्रद सैकड़ों ही लेख प्रकाशित हुए हैं। हिन्दी में इतना अधिक वैज्ञानिक साहित्य आज तक किसी भी दूसरी संस्था अथवा पत्र ने प्रकाशित नहीं किया। वास्तव में इस सम्बन्ध में 'विज्ञान' और उसकी संचालिका विज्ञान परिषद की सेवाएं अनमोल हैं। यह 'विज्ञान' ही की प्रेरणा का फल है कि आज दिन हम हिन्दी की विभिन्न पत्र–पत्रिकाओं में अन्य सामयिक लेखों के साथ–साथ वैज्ञानिक लेखों को भी प्रकाशित होते देखते हैं। विज्ञान ने सर्वथा नवीन लेखकों को ढूँढ़–ढूँढ़कर हिन्दी में वैज्ञानिक लेख लिखने के लिए प्रेरित किया है। इतनी अधिक महत्वपूर्ण सेवा करने पर भी, पूरे बीस वर्ष व्यतीत हो जाने के बाद भी आज 'विज्ञान' की जो

1. विशाल भारत, सितम्बर 1935, पृष्ठ 312

शोचनीय स्थिति है, उससे हिन्दी भाषा-भाषियों के राष्ट्र भाषा प्रेम पर अच्छा प्रकाश पड़ता है। इक्कीसवें वर्ष में पदार्पण करने पर भी उसकी ग्राहक संख्या कुछ सौ से अधिक नहीं, और वह भी उस हालत में जब उसमें अमृतसर का *'आयुर्वेद-विज्ञान'* भी सम्मिलित कर लिया गया है। इस पत्र के शामिल होने के पूर्व यह संख्या सौ से भी कम थी। यदि सरकार से 'विज्ञान' के प्रकाशन के लिए आर्थिक सहायता न मिलती, तो यह उपयोगी और लाभदायक पत्र न मालूम कब का काल-कवलित हो गया होता। सोलह करोड़ व्यक्तियों द्वारा समझी और बोली जाने वाली हिन्दी भाषा के एकमात्र वैज्ञानिक पत्र की यह दयनीय स्थिति किस सहृदय को विचलित न कर देगी?

"आजकल वैज्ञानिक युग है। चारों ओर विज्ञान का साम्राज्य है। जिधर देखिए, विज्ञान का बोलबाला है। ऐसी स्थिति में वैज्ञानिक साहित्य का निर्माण और उसका प्रचार कितना अनिवार्य है, इसे सुविज्ञ पाठक स्वयं समझ सकते हैं। विज्ञान के अत्यन्त साधारण और नित्य के उपयोगी तथ्यों की जानकारी भारत के करोड़ों स्त्री-पुरूषों को होना आवश्यक है। इसके लिए वैज्ञानिक शिक्षा सर्वव्यापिनी होनी चाहिए। इस प्रकार की वैज्ञानिक शिक्षा और वैज्ञानिक साहित्य सर्वसुलभ और सुबोध होना चाहिए। पाश्चात्य देशों में विज्ञान के साधारण एवं रोजमर्रा के व्यवहार के आवश्यक तथ्यों से प्रत्येक स्त्री-पुरुष परिचित है। वैज्ञानिक शिक्षा वहाँ 'रामनाम' की तरह व्याप्त हो गई है। देहाती हो या नागरिक, कुली हो या मजूर, बच्चा हो या स्त्री-सभी मामूली वैज्ञानिक तथ्यों से बहुत-कुछ परिचित हैं। वैज्ञानिक शिक्षा वहाँ सर्वव्यापिनी हो रही है। पाश्चात्य देशों में विज्ञान के इस प्रचार का फल स्पष्ट ही है।"

संदेश

मराठी दैनिक समाचारपत्रों के लिए शिल्प और शैली का परिष्कार करने वाले *'संदेश'* का प्रकाशन मकर सक्रान्ति 14 जनवरी 1915 को मुम्बई से हुआ। प्रथम विश्वयुद्ध की खबरें जानने की पाठकों की उत्सुकता को ध्यान में रखते हुए अच्युतराव कोल्हटकर ने दैनिक 'संदेश' का सम्पादन-प्रकाशन किया था। मराठी पत्रकारिता के सुपरिचित हस्ताक्षर कोल्हटकर पूर्व में साप्ताहिक 'देशसेवक' के सम्पादक रहे थे और राजद्रोह के आरोप में उन्हें कारावास की सजा हो गई थी। देश भक्ति और स्वतंत्रता प्राप्ति के लिए जन जागरण उनकी पत्रकारिता के मूल तत्व थे। 'संदेश' की विषय वस्तु को रुचिकर बनाने के लिए उन्होंने समाचारों की प्रस्तुति को आकर्षक रूप दिया। विचारोत्तेजक औरा मन को छूने वाले सम्पादकीय लिखे। रंजक स्तम्भ आरंभ किए। 'वत्सला वहणी के पत्र' और 'बेटा गुलाब की कहानियाँ' स्तम्भ काफी लोकप्रिय हुए थे। दैनिक समाचारपत्र के लिए सबसे अधिक महत्व

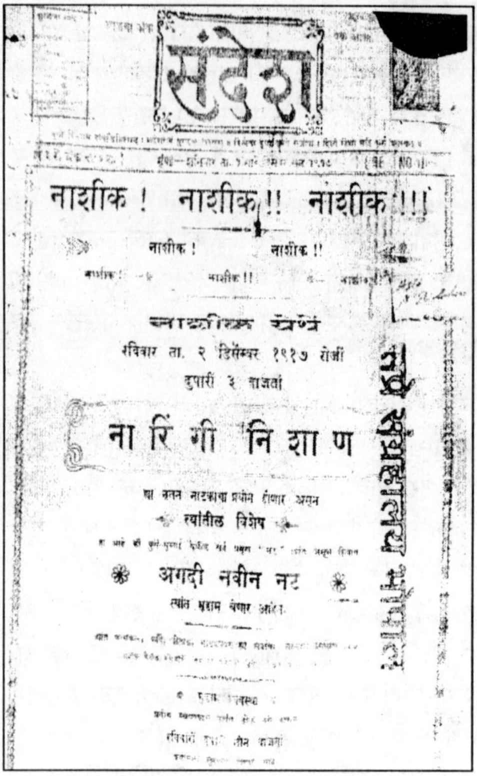
संदेश

नाशीक ! नाशीक !! नाशीक !!!

नाशीक ! नाशीक !!

रविवार ता. २ डिसेंबर १९१७ रोजी

दुपारी ३ वाजतां

ना रिं गी नि शा ण

अगदी नवीन नट

संदेश

समाचारों का होता है, इसलिए 'संदेश' ने सभा-सम्मेलन, भाषण-मालाएं, कांग्रेस के अधिवेशन, परिषदों की कार्यवाहियाँ, नेताओं के दौरे आदि की विस्तृत रिपोर्टिंग पर ध्यान दिया। मध्यमवर्गीय पाठकों के साथ-साथ श्रमजीवी वर्ग को भी ध्यान में रखा। सत्यशोधक, ब्राह्मणेतर अस्पृश्य आन्दोलनों की खबरों को स्थान दिया।

मुम्बई और पुणे में शनिवार और बुधवार को होने वाली नाट्‍य गतिविधियों की रिपोर्टिंग कराई। कोल्हटकर समाचार लेखन में सहज भाषा के आग्रही थे, आकर्षक शीर्षक पर ध्यान देते थे और शीर्षकों के लिए बड़े टाइप का प्रयोग करते थे। पत्र का आकार 49 गुणित 32 से.मी., कालम संख्या छह, मूल्य एक आना था।

क्रिकेट का सरस वर्णन छापने की परम्परा 'संदेश' ने ही डाली। क्रिकेट के लिए मराठी शब्दावली गढ़ी। कोल्हटकर में पाठकों में खबरों की भूख जगाने का जुनून इस हद तक था कि 1920 के कांग्रेस अधिवेशन का ज्यादा से ज्यादा कव्हरेज करने के लिए मुम्बई से प्रेस उठाकर नागपुर ले गए थे। कोल्हटकर स्वयं सिद्धहस्त रिपोर्टर थे। वे मोडी लिपि में नोट्स लेते थे और जीवन्त रिपोर्ट लिख देते थे। विवरण के बीच-बीच में हँसी, तालियाँ, स्तब्धता, धिक्कार, भावाद्रेक जैसी प्रतिक्रियाओं का उल्लेख करते थे। कार्यक्रमों के असली सूत्रधार छोटे कार्यकर्ताओं और स्वयं सेवकों का नामोल्लेख अवश्य करते थे।

'संदेश' के 1915 से 1930 तक के प्रकाशनकाल में पाँच बार विपत्तियाँ आईं और प्रकाशन बन्द हुआ। इसके प्रकाशन काल इस तरह रहे: (एक)- 1915 से 15- विराम 19 जुलाई 1918, (दो)- 1918 से 21, (तीन)- 1923,

(चार)- 1927- साप्ताहिक, (पांच) 1928-दैनिक, (छह)- 1929-30। इसी अवधि में अच्युतराव कोल्हटकर ने अँगरेजी दैनिक 'मैसेज' (1917), मराठी दैनिक 'संजय' (1918), मराठी साप्ताहिक 'युगान्तर' (1924), मराठी साप्ताहिक 'चाबुक' (1924), साप्ताहिक 'चाबुकस्वार' (1925-27) और साप्ताहिक 'राष्ट्रमत' (1929) भी निकाले। ये अन्तराल के प्रयोग थे, जो अल्पजीवी रहे।

'संदेश' की नीति का खुलासा करते हुए कोल्हटकर ने लिखा था- 'संदेश' मजदूरों का पत्र है, यह अस्पृश्यों का कैवारी है, यह धार्मिक स्वतंत्रता का अभिमानी है, स्त्री शिक्षा का प्रबल समर्थक है। हमारी भगनियों को संदेश इतना प्रिय है कि संदेश देखते ही उन्हें अपने मैके से कोई आया, ऐसा लगता है। संदेश की यही नीति आगे रहेगी। और राजनीतिक स्वतंत्रता के योग से सामाजिक स्वतंत्रता प्राप्त करने का वह हमेशा प्रयास करेगा।"[1]

'संदेश का नवीन संदेश' शीर्षक अग्रलेख में कोल्हटकर ने लिखा था- "यह स्वतंत्रता भक्तों का अखबार है, हिसाब करने वालों और लाभ कमाने वालों का नहीं, क्योंकि देश की आजादी से अधिक कौन-सा लाभ हो सकता है।"[2]

अँगरेजी दैनिक 'मैसेज' के कारण कोल्हटकर और तिलक के सम्बन्धों में खटास आई। वेलेन्टाइन चिरोल के विरुद्ध इंग्लैंड में मुकदमा चलाने के कारण तिलक को भारी धन व्यय करना पड़ा था। मुकदमा भी वे हार गए थे। तिलक को राहत पहुँचाने के लिए निधि संग्रह का काम उनके साथियों ने किया। 'संदेश' में भी धन जमा कराने की व्यवस्था की गई थी। इधर 'मैसेज' के सम्पादक वामन मल्हार जोशी ने कई महीनों के बकाया वेतन की वसूली अदालती कार्रवाई करके कर ली थी।

कोल्हटकर की माँग थी कि कुछ सहायता 'मैसेज' को भी मिले, मूल निधि से नहीं, उसके ब्याज से। संदेश कार्यालय में जमा 3500 रुपये का मामला तूल पकड़ गया और कोल्हटकर ने तिलक के विरुद्ध निंदा अभियान छेड़ दिया। यद्यपि लोकमान्य तिलक के निधन के बाद कोल्हटकर ने 'संदेश' के 15 अगस्त 1920 के अंक में उनकी स्तुति में 56 पृष्ठ का लेख लिखा था, परन्तु इससे भी उनकी साख बनी नहीं। अम्बिकाप्रसाद गुप्त के सम्पादन में काशी से सन 1915 में 'हलवाई-वैश्य संरक्षक' नामक हिन्दी मासिक पत्र प्रकाशित हुआ। वार्षिक शुल्क दो रुपये था।

वविल्ल वेंकटेश्वर शास्त्रुलु ने सन 1915 में साप्ताहिक *'त्रिलंगा'* का प्रकाशन किया। यह तेलुगु पत्र 1955 तक प्रकाशित हुआ। तेलुगु साहित्य पर विमर्श इसका

1. संदेश, 14 सितम्बर, 1920
2. संदेश, 14 जुलाई, 1922

मुख्य उद्देश्य था। पत्र ने जी.जे.सोमयाजी की कृति 'आंध्र भाषा विकासम्' की समीक्षा 32 आलेखों में प्रकाशित की। सन 1940 में प्रकाशित 'त्रिलंगा' का रजत जयंती विशेषांक साहित्यिक लेखों के कारण संग्रहणीय माना गया।

जून 1915 में जबलपुर से हिन्दी मासिक पत्रिका *'शारदा-विनोद'* का प्रकाशन आरंभ हुआ। नर्मदाप्रसाद मिश्र पत्रिका के संपादक और रामप्रसाद मिश्र प्रकाशक थे। नर्मदा लहरी प्रिंटिंग प्रेस जबलपुर से मुद्रण होता था। 17 गुणित 11 से.मी. आकार की पत्रिका का वार्षिक शुल्क एक रुपया आठ आना था। रंगीन कवर पृष्ठ नृसिंह प्रेस कोलकाता से छपता था। यह साहित्यिक पत्रिका थी। मनोरंजन के अलावा विज्ञान, नीति, इतिहास आदि के सिद्धांतों को समझाने वाले गल्प प्रकाशित किए जाते थे।

15 अक्टूबर 1915 से हरिश्चन्द्र विद्यालंकार के सम्पादकत्व में दिल्ली से हिन्दी साप्ताहिक *'विजय'* प्रकाशित हुआ। लेख तथा सम्पादकीय टिप्पणियाँ पठनीय और मननीय, समाचार ताजे और रोचक होते थे। कागज और छपाई अच्छी थी। वार्षिक शुल्क ढाई रुपये था। दिसम्बर 1918 के अन्तिम सप्ताह में 'विजय' दैनिक हो गया। सम्पादन दायित्व इन्द्र विद्यावाचस्पति ने सम्हाला। अप्रैल 1919 में दिल्ली के चीफ कमिश्नर ने 'विजय' पर सेंसरशिप बिठा दी, जो एक माह बाद उठा ली गई।

गोरखपुर से सचित्र हिन्दी मासिक पत्रिका *'ज्ञानशक्ति'* शिवकुमार शास्त्री के सम्पादन में सन 1915 में निकली। पृष्ठ संख्या 32 और वार्षिक शुल्क ढाई रुपये था। कविता, लेख, विविध विषय और समाचार अच्छे होते थे। जून 1921 में पत्रिका साप्ताहिक हो गई। दर्शन, कृषि और विज्ञान विषय पर भी सामग्री दी जाने लगी। सन 1935 तक उत्कृष्ट प्रकाशन हुआ। 1936 में पत्रिका मुनि समाज तक सीमित हो गई और साठ के दशक तक किसी तरह निकलती रही।

युगान्तर / देशदूत

इण्डियन प्रेस प्रयाग से सचित्र हिन्दी साप्ताहिक *'युगान्तर'* निकला। विविध विषयों का समावेश रहता था। वार्षिक शुल्क साढ़े तीन रुपये था। सन 1938 में जब कोलकाता से 'युगान्तर' नामक दैनिक पत्र निकलने लगा तब प्रयाग वाले 'युगान्तर' का नाम 4 सितम्बर 1938 से बदलकर *'देशदूत'* कर दिया गया।[1] श्रीनाथ सिह, ज्योति प्रसाद मिश्र 'निर्मल', अनंत प्रसाद विद्यार्थी ने 'देशदूत' का सम्पादन किया। 'देशदूत' में एक कहानी, बेढवजी की एक कविता और मनोरंजक सामग्री छापी जाती थी।

---

1. जयाजी प्रताप, 25 अगस्त 1930

तर्जुमान

दिसम्बर 1915 में कोलकाता से उर्दू दैनिक *'तर्जुमान'* प्रकाशित हुआ। काजी अब्दुल गफूर सम्पादक थे। वार्षिक शुल्क 10 रुपये था। यह अखबार राष्ट्रीय विचारधारा का था। अब्दुल गफूर पहले 'हमदर्द' का सम्पादन कर चुके थे जो स्वतंत्र विचारधारा के कारण प्रेस एक्ट की बलि चढ़ गया था। 'तर्जुमान' ने भी वही रास्ता अपनाया और फिरंगी हुकूमत की नजरों में गड़ने लगा। 'रहनुमा' ने प्रेस एक्ट के शिकार 'तर्जुमान' को बलिदानी अखबारों की सूची में सम्मिलित करते हुए लिखा- जिस प्रकार इस्लामी अखबारों को एक के बाद एक समाप्त किया गया है उसका ही परिणाम है कि हिन्दुस्तान में आज एक भी स्वतंत्र पत्र नहीं बचा है। हमारी आवाज एक लोहे के पंजे से बंद कर दी गई है। जब भी कोई इस कानून से बच निकलता है तो इंडियन सिक्यूरिटी एक्ट में धर लिया जाता है। दुनिया जानती है कि किस प्रकार जमींदार, मुस्लिम गजट, कामरेड, हमदर्द, तौहीद, सदाकत, अलहिलाल, अल विलाग, न्यू ईयर और जम्हूर जैसे अधिकांश इस्लामी समाचारपत्र इन सर्वव्यापी कानूनों का निशाना बन गए थे।[1]

इकदाम

18 दिसम्बर 1915 को कोलकाता से उर्दू दैनिक *'इकदाम'* का प्रकाशन हुआ। सम्पादक मुहीउद्दीन थे। पृष्ठ संख्या आठ और आकार 26 गुणित 20 इंच था। वार्षिक शुल्क 12 रुपये था। 'इकदाम' के पहले अंक की पाँच हजार प्रतियाँ छपी थीं। 'इकदाम' की समीक्षा करते हुए बदायूँ के 'जुल्करनैन' ने लिखा था- "कलकत्ता की सरजमीन में उर्दू रोजनामे को पैदा करने की कोई खास काबलियत मौजूद है, जिसकी वजह से 'रसालत' और 'तर्जुमान' के होते हुए एक तीसरा रोजाना जरीदा 'इकदाम' भी वहीं से निकलना शुरू हुआ है।[2]

सम्पादक मौलवी मुहीउद्दीन की नजरबंदी की खबर मुरादाबाद के 'रहनुमा' से मिलती है। काजी अब्दुल गफ्फार एडीटर जम्हूर कलकत्ता, मौलाना हसरत मोहानी, मौलवी मुहीउद्दीन बी.ए., एडीटर इकदाम और मौलवी अनीस अहमद वगैरह पर नजरबंदी उठाकर उन्हें कामिल आजादी दे दी गई है।[3]

उड़िया

उड़ीसा की राजनीति के शिखर पुरुष मधुसूदन राव ने सन 1915 में *'उड़िया'* नामक पत्र का प्रकाशन किया। उन्होंने राष्ट्रीय चेतना को जागृत करने के लिए इस पत्र में निरन्तर लेख लिखे। इसी वर्ष 'स्टार आफ उत्कल' का प्रकाशन

1. रहनुमा, 9 जनवरी 1919
2. 'जुल्करनैन', 21 सितम्बर, 1915
3. रहनुमा, मुरादाबाद, 4 जनवरी 1919

हुआ। प्रेस एक्ट के दमनचक्र का शिकार होकर यह पत्र बन्द हो गया।

कन्नड मासिक पत्रिका *'कन्नड कोगिले'* मंगलूरु से भूलिय तिम्मप्पैया तथा पी. भोजराज के सम्पादकत्व में प्रकाशित हुई।

लाहौर से उर्दू दैनिक *'किसान'* का प्रकाशन कतील लखनवी के सम्पादकत्व में हुआ। लेख और समाचार दोनों दृष्टियों से अच्छा अखबार था। वार्षिक शुल्क बारह रुपये था।

बंगला मासिक *'भारतवर्ष'* कोलकाता से प्रकाशित हुआ। इस सचित्र पत्रिका में सभी विषयों की सामग्री प्रकाशित की जाती थी। द्विजेन्द्रलाल राय सम्पादक थे। पश्चात जलधर सेन सम्पादक हुए। वे अनुभवी सम्पादक थे। अनेक लेखकों की प्रथम रचना 'भारतवर्ष' में छपी। गुजराती मासिक पत्र *'पटेल बंधु'* सन 1915 में सूरत से निकला। साहित्य, विनोद, समाज, कृषि आदि विषयों पर ज्ञानवर्द्धक सामग्री छापता था।

मैसूर से सन 1915 में न्यूज पेपर सिंडिकेट ने अँगरेजी दैनिक *'मैसूरमेल'* और कन्नड दैनिक *'दिनकर वर्तमान'* का प्रकाशन किया। धर्मवरम से तेलुगु मासिक पत्रिका *'विज्ञान वल्लिका'* का सम्पादन-प्रकाशन एच.शंकरराव ने किया। नंतूरि सुब्बराव ने मछलीपत्तनम से तेलुगु पाक्षिक *'वसुन्धरा'* निकाली। चेन्नै से एन.ए.शर्मा ने शैक्षिक पत्रिका 'विद्यानिधि' प्रकाशित की।

21 नवम्बर 1915 को इन्दौर से मराठी-हिन्दी साप्ताहिक *'मल्हार मार्त्तण्ड विजय'* का प्रकाशन वासुदेव गोविन्द आपटे के सम्पादकत्व में हुआ। नौ वर्ष तक निकला। 'मालवा अखबार' का प्रकाशन बन्द होने से उत्पन्न हुई रिक्ति को भरने का उद्देश्य लेकर यह पत्र निकाला गया था। वार्षिक शुल्क तीन रुपये था। इसी समय महू से मिशन की ओर से *'सत्यार्थ पत्रिका'* प्रकाशित हुई। मुजफ्फरपुर से सचित्र हिन्दी मासिक पत्रिका *'सत्ययुग'* अप्रैल 1915 में प्रकाशित हुई। इस साहित्यिक पत्रिका का वार्षिक शुल्क तीन रुपये था।

सन 1915 में चित्तूर से सी.राजगोपालाचारी द्वारा प्रकाशित तेलुगु पत्रिका *'वेदान्त चंद्रिका'*, विजयवाड़ा से सूरि वेंकट नरसिंह शास्त्री द्वारा सम्पादित *'सहकारम्'*, वेंकटकृष्णैया के सम्पादकत्व में दैनिक पत्र *'सम्पदाभ्युदय'*, चेन्नै से के.पी.श्रीनिवास अय्यंगार द्वारा सम्पादित तेलुगु मासिक पत्र *'संगीत प्रकाशिका'* और ए.लक्ष्मीपति द्वारा सम्पादित पत्रिका *'श्री धन्वंतरि'* का प्रकाशन हुआ।

मार्च 1915 में प्रयाग से 50 पृष्ठ का हिन्दी मासिक पत्र *'शिशु'* प्रकाशित हुआ। सुदर्शनाचार्य सम्पादक और श्रीनाथ सिंह सहकारी सम्पादक थे। एक प्रति का मूल्य आठ आने था। बच्चों के लिए उपयोगी सामग्री प्रकाशित की जाती थी। 'शिशु' का प्रकाशन गृहलक्ष्मी कार्यालय से होता था। सन 1937 तक यह पत्रिका

प्रकाशित हुई। जीवानंद काव्यतीर्थ ने भागलपुर से सन 1915 में हिन्दी मासिक पत्रिका *'श्रीकमला'* प्रकाशित की। 'श्रीकमला' का मत था- "जो वैज्ञानिक उन्नति में सबसे आगे पाँव बढ़ाएगा वही बाजी मार ले जायेगा।" हिन्दी मासिक पत्रिका *'खण्डेलवाल हितैषी'* राधावल्लभ जसौदिया के सम्पादकत्व में सन 1915 में आगरा से निकली।

आरा से हिन्दी त्रैमासिक *'जैन सिद्धांत भास्कर'* सन 1915 में प्रकाशित हुआ। जैन धर्म पर केन्द्रित पत्रिका थी। इसी वर्ष हाथरस से छैल बिहारी लाल ने हिन्दी मासिक *'हितोपदेशक'* का प्रकाशन किया। सम्पादक मिश्रीलाल थे। पांडेय रामशरण लाल के सम्पादकत्व में *'गाजीपुर गजट'* का हिन्दी संस्करण प्रकाशित हुआ।

मुम्बई से मा.मै. सुरतकर के सम्पादकत्व में मासिक पत्रिका *'संकल्प'* प्रकाशित हुई। आध्यात्मिक, मानसिक, सामाजिक और आरोग्य विषयक रचनाएँ प्रकाशित की जाती थीं। डा.एन.एस.हर्डीकर ने हिन्दी और अँगरेजी में *'स्वयं सेवक'* का प्रकाशन किया, जो दस वर्ष तक निकला। इसी नाम का मराठी मासिक पत्र गोवा से निकला। इसके सम्पादक अ.क.प्रियोलकर थे। पाँच वर्ष बाद यह मासिक और फिर साप्ताहिक हो गया। यह एक अच्छी पत्रिका थी। अप्रैल 1915 में आगरा से नारायणदत्त विद्याश्रयी ने भारतीय शिल्प की प्रचारक मासिक पत्रिका *'विज्ञापन'* का प्रकाशन किया। लक्ष्मीधर वाजपेयी ने भी इस पत्र का सम्पादन किया था। सन 1915 में लाहौर से मासिक पत्रिका *'विज्ञानी'* प्रकाशित हुई। वार्षिक शुल्क तीन रुपये था।

सन 1915 में कराची से अँगरेजी दैनिक *'डेली गजट'* का प्रकाशन हुआ। संपादक सर मोन्टेग वेव और उनके बाद मियार हुए। राष्ट्रीय आन्दोलन का विरोधी था। सन 1919 में बंद हो गया। दिल्ली से उर्दू साप्ताहिक *'सहेली'* सितम्बर 1915 में अल्लामा राशिद उल खैरी के सम्पादकत्व में प्रकाशित हुआ। बालिकाओं के लिए उपयोगी लेखादि प्रकाशित किए जाते थे। पत्र अल्पजीवी रहा। बेंगलूरु से वेंकट के सम्पादकत्व में अँगरेजी दैनिक *'डेली पोस्ट'* का प्रकाशन हुआ। सन 1915 में मौलवी मोहम्मद अजीज ने मजहबी मासिक पत्रिका *'अल कमर'* का संपादन-प्रकाशन किया। इसी वर्ष कोलकाता से मौलवी मोहम्मद इरशाद हुसैन ने *'अनवार-उल अखबार'* निकाला। उर्दू पाक्षिक *'अल मीजान'* एक जनवरी 1915 को अलीगढ़ से प्रकाशित हुआ। ख्वाजा अमीर अली सम्पादक थे। जून 1915 में स्वास्थ्य पत्रिका *'अल हाजिक'* बरेली से प्रकाशित हुई। हकीम सैयद फरीद अहमद अब्बासी सम्पादक थे। पृष्ठ संख्या 40, वार्षिक शुल्क दो रुपये था।

लाहौर से नवम्बर 1915 में उर्दू मासिक *'अल हकीम'* निकला। हकीम

मोहम्मद फीरोजुद्दीन सम्पादक थे। इसी वर्ष अमृतसर से उर्दू पाक्षिक *'अल करेश'* निकला। लखनऊ से धर्म और इतिहास की पत्रिका *'इन्तिजामिया'* निकली। सम्पादक सईद अंसारी थे। हापुड़ से शेर-शायरी की मासिक पत्रिका *'ख्याल'* अबुल मुहासिन शफीक हैदराबादी के सम्पादकत्व में निकली। पृष्ठ संख्या 40, वार्षिक शुल्क दो रुपये था। बंगा, जिला जालन्धर से सन 1915 में पंडित दयाल स्वामी के सम्पादकत्व में मासिक पत्रिका *'खुदा'* का प्रकाशन हुआ।

हैदराबाद से नवम्बर 1915 में उर्दू मासिक पत्रिका *'जखीरा'* निकली। सम्पादक-प्रकाशक सैयद नाजिर उल हसन बिलग्रामी थे। साहित्यिक पत्रिका थी। शाहजहाँपुर से व्यापारिक पत्रिका *'तिजारत'* जनवरी 1915 में निकली। यह उर्दू पाक्षिक थी। फैजाबाद से उर्दू पत्रिका *'दारुलशिफा'* निकली। सम्पादक बेनीप्रसाद सिंह थे। एक और पत्रिका *'दारुल उलूम'* निकली। नवम्बर 1915 में मेरठ से उर्दू साहित्यिक मासिक पत्रिका *'नज्जारा'* का प्रकाशन मोहम्मद अब्दुल हमीद ने किया।

महमूदाबाद, जिला सीतापुर से उर्दू मासिक *'पयामे उम्मीद'* सितम्बर 1915 में निकली। सम्पादक बेगम आजाद और प्रकाशक मुंशी अब्दुल अजीज थे। मेरठ से उर्दू मासिक पत्रिका *'फरियाद'* बाबू मुकुन्द मुरारी ने निकाली। ज्ञान-विज्ञान की पत्रिका थी। शाहजहाँपुर से फरवरी 1915 में मुंशी जहूर अहमद ने उर्दू साप्ताहिक *'लैल-ओ-निहार'* का सम्पादन-प्रकाशन किया। साहित्य, इतिहास, संस्कृति की उर्दू मासिक पत्रिका *'शोला'* नवम्बर 1915 में दिल्ली से निकली। सम्पादक सैयद नासिर जलाली थे।

कीरतपुर जिला बिजनौर से उर्दू साप्ताहिक *'नूर-उल-इस्लाम'* सन 1915 में निकला। कुछ समय बाद अर्द्धसाप्ताहिक हुआ, फिर दैनिक अखबार हो गया। राजनीति, संस्कृति, आर्थिक, धार्मिक, ऐतिहासिक, प्राचीन और आधुनिक विद्या पर लेख और समाचारों का प्रकाशन 'नूर-उल-इस्लाम' में किया जाता था। सम्पादक नूरुलहसन जहीन थे। वार्षिक शुल्क 15 रुपये था। बेंगलूरु से उर्दू साप्ताहिक *'चार्ज गजट'* अब्दुल बासित वर्क के सम्पादकत्व में निकला।

लाहौर से उर्दू दैनिक *'देश'* लाला दीनानाथ ने सन 1915 में प्रकाशित किया। अखबार हिन्दुस्तान से सम्बन्ध विच्छेद होने के बाद 'देश' निकाला गया। यह पत्र काफी लोकप्रिय था। सन 1919 में इसकी प्रसार संख्या सात हजार थी। सन 1924 में 'देश' बंद हुआ।

त्रैमासिक *'जर्नल आफ बिहार एण्ड उड़ीसा रिसर्च सोसायटी'* सन 1915 में पटना से प्रकाशित हुआ। शोध प्रबंधों की इस पत्रिका के सम्पादक डा. वी.पी.सिन्हा, अजीत कुमार दत्त, डा. के.के. दत्त आदि रहे। गोरखपुर से हिन्दी मासिक पत्र *'प्रभाकर'* पंडित गौरीशंकर मिश्र के सम्पादकत्व में सन 1915 में प्रकाशित हुआ।

विविध विषयों की पत्रिका थी। वार्षिक शुल्क सवा रुपया था। सन 1915 में दिल्ली से हिन्दी साप्ताहिक *'प्रहलाद'* का प्रकाशन गोवर्धन बी.ए. के सम्पादकत्व में हुआ। इसी वर्ष भरतपुर से हिन्दी मासिक पत्रिका *'निबंधमाला'* निकली। साहित्य और संस्कृति की इस पत्रिका का आकार 20 गुणित 15 से.मी. और वार्षिक शुल्क दो रुपये था। सम्पादक जगन्नाथ दास और शालिगराम शर्मा थे। कोलकाता से मई 1915 में मासिक पत्रिका *'पिक्चर मैगजीन'* प्रकाशित हुई। अमृतसर से सनातनधर्म प्रचारक सभा ने जियाराम शर्मा के सम्पादकत्व में मासिक पत्र 'प्रेम' का प्रकाशन किया। नासिक से मारवाड़ी समाज का सचित्र मासिक पत्र *'पंचराज'* प्रकाशित हुआ। सम्पादक माधव प्रसाद शर्मा और सहकारी सम्पादक रामनारायण शास्त्री थे।

बिजनौर से समाचार साप्ताहिक *'निर्बल सेवक'* प्रकाशित हुआ। हिन्दी मासिक *'देशी डाक्टर'* का प्रकाशन डा. डी.सी. शर्मा के सम्पादकत्व में ग्वालियर से हुआ। इसी वर्ष पुणे से मराठी मासिक *'जीवन शिक्षण मैगजीन'* निकली। बसंतराम व्यास के सम्पादकत्व में जून 1915 में हिन्दी मासिक पत्रिका *'तरंगिणी'* का प्रकाशन हुआ।

मंगलूरु से कन्नड मासिक *'बोधिनी'* एम.एन.कामथ के सम्पादकत्व में सन 1915 में निकली। बनारस से श्यामनारायण शर्मा के सम्पादन में जातीय मासिक पत्रिका *'भूमिहार ब्राह्मण'* 1915 में निकली। एक वर्ष बाद बन्द हो गई।

हरिनारायण शर्मा और वीरेश्वर सिंह के सम्पादन में हिन्दी मासिक पत्रिका *'जिज्ञासु'* सन 1915 में प्रकाशित हुई। आर्य समाज की यह पत्रिका मुखपृष्ठ पर लिखती थी-

"चुपचाप बैठने का यह वक्त अब नहीं है।
यों बेजवाँ रहोगे कब तक जुबान वालो॥"

वेदरत्न विद्यालय दानापुर की यह पत्रिका सन 1922 में बंद हो गई। बक्सर से मगधी की त्रैमासिक पत्रिका 'बक्सर समाचार' प्रकाशित हुई। पाण्डेय नर्मदेश्वर सहाय इसके सम्पादक-प्रकाशक थे। सन 1918 में बंद हो गई।

<u>**1916**</u>

बीसमी सदी

गुजराती मासिक पत्रिका *'बीसमी सदी'* और उसके सम्पादक प्रकाशक मुहम्मद अल्लारक्खा शिवजी को गुजराती भाषा की पत्रकारिता को संस्कारित करने का श्रेय जाता है। सन 1916 में 'बीसमी सदी' का प्रकाशन मुम्बई से आरंभ हुआ। अल्लारक्खा की पत्रकारिता सन 1901 में *'गुलशन'* नामक गुजराती मासिक पत्र के सम्पादन-प्रकाशन से हुई थी। एक वर्ष में यह पत्रिका बन्द हो गई। 15 वर्ष के अन्तराल के बाद अप्रैल 1916 में जब नये रूप रंग और रौनक के साथ 'बीसमी

सदी' का पहला अंक प्रकाशित हुआ तब गुजराती साहित्य जगत और पाठकों में उत्साह के साथ उसका स्वागत हुआ। अमेरिका और ब्रिटेन की उन्नत पत्रिकाओं के समान 'बीसमी सदी' के प्रकाशन का उद्‌देश्य गुजरात में कलाओं को विकसित करना, कलाकारों का मूल्यांकन करना और मानव जीवन को आदर्श बनाना था। 'बीसमी सदी' ने पाठकों में गुजराती साहित्य के रसास्वादन की रुचि जगाई। पत्रिकाओं की भूमिका परिभाषित की। कला विषयक समाचारों को पठनीय बनाया। साहित्य को आम आदमी तक पहुँचाया। गुजराती के अनेक प्रतिष्ठित हस्ताक्षरों को साहित्य जगत में प्रवेश देने का कार्य 'बीसमी सदी' ने किया। सन 1921 में मुहम्मद अल्लारक्खा शिवजी का निधन होने पर 'बीसमी सदी' का प्रकाशन बन्द हो गया।

फरवरी 1916 में *'शिक्षण कौमुदी'* नामक द्वैमासिक पत्रिका जबलपुर से प्रकाशित हुई। कृष्ण केशव शिगवेकर सम्पादक-प्रकाशक थे। विद्या और विद्यार्थियों के लिए इस पत्रिका का प्रकाशन किया गया था। सन 1916 में बड़ौदा से मराठी मासिक पत्रिका *'व्यायाम'* का प्रकाशन हुआ। इसके हर अंक में लिखा जाता था- तन्दुरुस्ती, आरोग्य, शारीरिक बल, खुराक और शरीर के हर एक अवयव की मजबूती का ज्ञान बढ़ाने वाला मासिक। बड़ौदा महाराज के संरक्षण में प्रकाशित होने वाली यह पत्रिका मध्यप्रान्त, युक्त प्रांत और बड़ौदा राज्य के विद्यालयों में खरीदी जाती थी। पत्रिका दीर्घजीवी हुई।

पुणे से रामकृष्ण सदाशिव पिम्पुटकर ने मराठी मासिक पत्र *'राष्ट्रोद्धार'* का सम्पादन-प्रकाशन किया। तीन वर्ष बाद बंद हो गया। इसी वर्ष मुम्बई से मराठी मासिक पत्रिका *'बाल शिक्षण माला'* निकली। बरार प्रांतिक जैन सभा की ओर से मुम्बई से हिन्दी मासिक पत्रिका *'जैन संसार'* प्रकाशित हुई। इसी वर्ष नरसिंहपुर से हिन्दी मासिक पत्रिका *'गहोई वैश्य'* प्रकाशित हुई।

लक्ष्मी प्रेस गया से लक्ष्मीनारायण लाल के सम्पादकत्व में हिन्दी मासिक *'गृहस्थ'* का प्रकाशन हुआ। सन 1932 में यह साप्ताहिक हो गया। सम्पादक बाबूलाल गुप्त थे। इटावा से पंडित प्यारेमोहन चतुर्वेदी के सम्पादकत्व में सन 1916 में चतुर्वेदी महासभा का मुखपत्र *'चतुर्वेदी'* प्रकाशित हुआ। यह जातीय पत्रिका थी। मंडी धनोरा से प्यारेलाल दीक्षित और रामकिशोर गुप्त अलंकार शास्त्री के सम्पादकत्व में साहित्यिक मासिक पत्रिका *'मनोरमा'* का प्रकाशन हुआ। वार्षिक शुल्क तीन रुपये था। लाला गुलशन राय ने सन 1916 में देहरादून से त्रैमासिक पत्रिका *'भारत हितैषी'* का सम्पादन-प्रकाशन किया। मुजफ्फरपुर से समाचार साप्ताहिक *'बिहार दर्पण'* का प्रकाशन सन 1916 में हुआ। सन 1916 में काकलनाड से बी.वेंकटराव के सम्पादन में तेलुगु मासिक *'विवेकोदयम्'*, हैदराबाद से तेलुगु

साप्ताहिक *'आध्रंमाता'*, चेन्नै की तेलुगु मासिक *'बालमित्र'*, गुंटूर से तेलुगु त्रैमासिक *'चर्चमेन पत्रिका'* और एलूर से जी.आंजनेय द्वारा सम्पादित मासिक *'चौधरी'* का प्रकाशन हुआ।

सन 1916 में कुमटा, उत्तरकनारा से कन्नड साप्ताहिक *'कनारा न्यूज'* का प्रकाशन हुआ। आजादी के बाद के सालों तक यह पत्र प्रकाशित हो रहा था। हकीम मोहम्मद गौस के सम्पादकत्व में बेंगलूरु से कन्नड साप्ताहिक *'कमर्शियल टेक्नीकल गाइड'* प्रकाशित हुआ।

सदाकत

नवम्बर 1916 में कोलकाता से उर्दू दैनिक *'सदाकत'* प्रकाशित हुआ। सम्पादक अब्दुल गफूर थे। 'तर्जुमान' बंद होने के बाद उसके स्थान पर छह पृष्ठ का यह दैनिक निकला। दरअसल 'तर्जुमान' को पेश आई कानूनी अड़चनों के कारण 'सदाकत' का चोला पहन लिया था। परन्तु पंजाब की सरकार ने प्रांत में अखबार के वितरण पर रोक लगा दी। तब 'सदाकत' भी मार्च 1918 में बन्द हो गया।

आठ अगस्त 1916 को करमाबाद से उर्दू साप्ताहिक *'सितारा-ए-सुबह'* निकला। सम्पादक जफर अली खाँ थे। पृष्ठ संख्या आठ, वार्षिक शुल्क 15 रुपये था। जुलाई 1917 में 'सितारा-ए-सुबह' दैनिक पत्र बना। सन 1918 में प्रकाशन बन्द हो गया।

हमदम

लखनऊ से एक अक्टूबर 1916 को सैयद जालिब देहलवी के सम्पादकत्व में उर्दू दैनिक *'हमदम'* का प्रकाशन हुआ। यह स्वतंत्र विचारधारा का अखबार था। देश और विदेश की खबरें तथा समसामयिक लेख प्रकाशित किए जाते थे। जमानत माँगने के कारण जब 'किसान' का प्रकाशन रुका तब 'हमदम' ने इस रीति-नीति पर तीखी टिप्पणी लिखकर चिंता जताई थी- "अत्यंत खेद है कि हमारे समकालीन पत्र 'किसान' से जिसको मौलाना अब्दुल्ला अल इयादी अत्यंत बुद्धिमत्ता और योग्यता के साथ चला रहे हैं, डिप्टी कमिश्नर लाहौर ने एक हजार रुपये की जमानत माँगी है। निर्धारित समय में जमानत की राशि जमा न करने के कारण पत्र के प्रबंधकों को प्रकाशन रोकना पड़ा। ईश्वर करे कि यह बलात-स्थगन ज्यादा दिनों तक न चले तथा उर्दू पत्रकारिता को 'किसान' जैसे समकालीन पत्र के अभाव में हानि न पहुँचे। प्रेस एक्ट में डिप्टी कमिश्नर को यह अधिकार निसंदेह प्राप्त है कि वह किसी भी प्रेस से जमानत माँग सकते हैं किन्तु इस अधिकार को प्रयोग में लाने के लिये कुछ कारण अवश्य होने चाहिए।"

पंजाब

लाहौर से दिसम्बर 1916 में चार पृष्ठ का उर्दू दैनिक *'पंजाब'* प्रकाशित

हुआ। सम्पादक सैयद शब्बीर हसन और प्रकाशक मोहम्मद सईद बेग थे। वार्षिक शुल्क नौ रुपये था। स्वतंत्र विचारधारा का पंजाब जनभावनाओं का प्रतिनिधित्व करता था। फिरंगी हुकूमत की आलोचना की जाती थी। देश-विदेश की खबरें प्रकाशित होती थीं। अँगरेजी उपनिवेशों में भारतीयों के साथ गुलामों जैसे बर्ताव के विरोध में 'पंजाब' ने गंभीर टिप्पणियाँ लिखीं। इस सिलसिले में भारतीय महिलाओं का प्रतिनिधि मण्डल वायसराय से मिला था जिसमें सरोजनी नायडू सहित 8-9 प्रतिष्ठित महिलाएं सम्मिलित थीं। मजदूरों और खासतौर से महिलाओं के हितों की रक्षा के लिए वायसराय को जो ज्ञापन 24 मार्च 1917 को दिया गया था, 'पंजाब' ने उसे प्रमुखता से छापा। इस पर वायसराय की टिप्पणी थी कि हिन्दुस्तान के इतिहास में यह पहला अवसर है जब देशी संघर्ष में महिलाओं ने भाग लिया।"

नई रोशनी

सन 1916 में इलाहाबाद से वाहिद यार खाँ के सम्पादकत्व में उर्दू दैनिक *'नई रोशनी'* का प्रकाशन किया गया। वार्षिक शुल्क 12 रुपये था। ताजा खबरें और अन्य अखबारों से उदधृत कर विदेशी समाचार प्रकाशित किए जाते थे। दूसरे पृष्ठ पर अग्रलेख और सम्पादकीय टिप्पणियाँ तथा तीसरे और चौथे पृष्ठ पर खबरें दी जाती थीं। पृष्ठ पाँच और छह पर विज्ञापन छपते थे। पत्र स्वतंत्र विचारधारा का था और मुद्दों के अनुसार शासन की आलोचना भी करता था। 'नई रोशनी' का शिक्षा पर विशेष जोर रहता था।

उर्दू मासिक पत्रिका *'पयाम-ए-यार'* सन 1916 में लाहौर से प्रकाशित हुई। सूफी पृथ्वीसिंह सम्पादक थे। पृष्ठ संख्या 32, वार्षिक शुल्क एक रुपया आठ आना था। इसी नाम का अखबार पहले लखनऊ से निकला था जो सन 1910 के आसपास बन्द हो गया था। साहित्य और दर्शन की पत्रिका थी। नवम्बर 1916 में फखरुद्दीन महबूब के सम्पादकत्व में उर्दू मासिक पत्रिका *'अदीब'* लाहौर से निकली। पृष्ठ संख्या 40, वार्षिक शुल्क तीन रुपये था। ज्ञान, विज्ञान, साहित्य और इतिहास इस पत्रिका के विषय थे।

बेंगलूरु से सन 1916 में उर्दू साप्ताहिक *'अल मुस्लिम'* निकला। सम्पादक कादिर शरीफ थे। पृष्ठ संख्या चार और वार्षिक शुल्क पाँच रुपये था। इसी वर्ष अमृतसर से मोहम्मद अब्दुल हक के सम्पादन में उर्दू पाक्षिक *'अहले सुन्नत और अल जमायत'* प्रकाशित हुआ। कानपुर से राजनीति और संस्कृति विषयक बारह पृष्ठ का उर्दू साप्ताहिक *'अल बरीद'* निकला। भोपाल के लब्ध प्रतिष्ठित व्यंग्यकार मुल्ला रमूजी भी *'अल बरीद'* के सम्पादक मण्डल में थे। मेरठ से जनवरी 1916 में उर्दू मासिक पत्रिका *'आबे हयात'* प्रकाशित हुई। कला-कौशल पर केन्द्रित पत्रिका की पृष्ठ संख्या 48 और वार्षिक शुल्क दो रुपये था।

नजीबाबाद, जिला बिजनौर से जनवरी 1916 में उर्दू मासिक पत्रिका *'इबरत'* प्रकाशित हुई। सम्पादक मौलवी मोहम्मद नादिर शाह थे। आकार 26 गुणित 20 से.मी., पृष्ठ संख्या 30 तथा वार्षिक शुल्क तीन रुपये था। 'इबरत' इतिहास पर केन्द्रित पत्रिका थी।

उर्दू मासिक पत्रिका *'इफादा'* हैदराबाद से सन 1916 में निकली। सम्पादक मिर्जा निजामशाह लबीब थे। अच्छे लेखों का प्रकाशन करती थी किन्तु अधिक दिनों तक प्रकाशित नहीं हो सकी। अमृतसर से उर्दू मासिक *'इत्तेहाद'* मुंशी मौलाबख्श ने सम्पादित, प्रकाशित किया।

बदायूँ से उर्दू मासिक पत्रिका *'जराअत व हिरफत'* प्रकाशित हुई। अमीनुद्दीन हैदर सम्पादक थे। दो वर्ष बाद बंद हो गई। जनवरी 1916 में उर्दू मासिक *'तस्वीर-ए-यार'* मोहम्मद अयूब शाबिर के सम्पादकत्व में मुम्बई से निकला। शेर-शायरी की पत्रिका थी।

24 पृष्ठ का उर्दू मासिक *'ताज उल कलाम'* नजीबाबाद, बिजनौर से अहसान उल्ला खाँ ताजवर के सम्पादकत्व में निकला। पृष्ठ संख्या 8, वार्षिक शुल्क चार रुपये था। जालन्धर से उर्दू साप्ताहिक *'मुफीद-ए-रोजगार'* निकला। लघु उद्योगों का प्रशिक्षण इस अखबार का उद्देश्य था। लाहौर से जनवरी 1916 में अख्तर अली खाँ ने उर्दू दैनिक पत्र *'लमहात'* का प्रकाशन किया। कुछ ही दिनों में बंद हो गया। अबू मोहम्मद अब्दुल्ला ने बेंगलूरु से उर्दू मासिक पत्रिका *'शाहराह-ए-तरक्की'* निकाली। लखनऊ से *'शिया कालेज न्यूज'* का प्रकाशन सन 1916 में हुआ। सम्पादक सैयद हबीब हसन थे।

बेंगलूरु से सन 1916 में *'प्रोसीडिंग आफ इंडियन एकेडमी आफ साइंस'* नामक मासिक पत्रिका निकली। इंडियन एकेडमी आफ साइंस की यह पत्रिका वैज्ञानिक आलेख प्रकाशित करती थी। इसी वर्ष चेन्नै से *'कैथलिक मित्रम्'* नामक तेलुगु त्रैमासिक पत्रिका निकली।

आजमगढ़ से मजलिस दारुल मुसन्नफीन की मुख पत्रिका *'मुआरिफ'* सैयद सुलेमान नदवी के सम्पादकत्व में निकली। प्राचीन शास्त्रों और ज्ञान के प्रति बढ़ती नई पीढ़ी की उपेक्षा और केवल नौकरियाँ पाने तक शिक्षा का उद्देश्य सीमित करने के वातावरण से समाज को उबारने के लिए यह पत्रिका निकाली गई थी। सन 1984 तक यह पत्रिका प्रकाशित होती रही।

हिन्दुस्तान

सिंधी भाषा का साप्ताहिक समाचारपत्र *'हिन्दुस्तान'* सन 1916 में कराची से प्रकाशित हुआ। देश-विभाजन के बाद यह मुम्बई से निकलने लगा। बाम्बे प्रिंटर्स लिमिटेड प्रकाशक हैं। सम्पादक हीरानन्द करमचन्द थे। फरवरी 1949 से 'हिन्दुस्तान'

दैनिक समाचारपत्र के रूप में प्रकाशित होने लगा। तब इसकी एक प्रति का मूल्य दो आना था। पत्र का आकार 56 गुणित 42 से.मी. और पृष्ठ संख्या छह थी। प्रकाशन जारी है।

जुलाई 1916 में कन्हैयालाल महोपदेशक के सम्पादकत्व में पंडित गोकुलचन्द्र महोपदेशक ने संस्कृत मासिक पत्रिका *'धर्मोदय'* का प्रकाशन किया। पृष्ठ संख्या 40, आकार 24 गुणित 16 से.मी. तथा वार्षिक शुल्क दो रुपये था।

बाल पत्रकारिता का यशस्वी अध्याय

1917

विश्वमित्र

कोलकाता से सन 1917 में हिन्दी दैनिक *'विश्वमित्र'* का प्रकाशन मूलचन्द अग्रवाल ने किया। उन्होंने 'भारत मित्र' में अम्बिका प्रसाद वाजपेयी और 'कलकत्ता समाचार' में गणेश सिंह भदौरिया से पत्रकारिता की दीक्षा ली थी। कुछ ही वर्ष बाद ऐसी स्थितियाँ उत्पन्न हुईं कि 'कलकत्ता समाचार' कोलकाता से दिल्ली स्थानांतरित हो गया और 'भारत मित्र' का अवसान हुआ। तब 'विश्वमित्र' ही कोलकाता का एकमात्र हिन्दी दैनिक पत्र रह गया था। पत्र के संचालक-सम्पादक मूलचन्द अग्रवाल और सहायक सम्पादक मातासेवक पाठक थे। पाठक जी बाद गें सम्पादक हुए। सन 1941 में 'विश्वमित्र' के मुम्बई और दिल्ली संस्करण प्रकाशित हुए। दिल्ली संस्करण के सम्पादक सत्यदेव विद्यालंकार थे। 'विश्वमित्र' के ध्येय वाक्य के रूप में रामचरित मानस की यह चौपाई दी जाती थी-

"परहित बस जिनके मन माहीं।
तिनकहं जग दुर्लभ कछु नाहीं॥"

'विश्वमित्र' आठ पृष्ठ का छपता था। एक अंक का मूल्य दो पैसा था। कोलकाता के पूर्ववर्ती दोनों दैनिक पत्र सुबह प्रकाशित होते थे जबकि 'विश्वमित्र' के संचालक ने महायुद्ध की खबरों में पाठकों की रुचि को देखते हुए सांध्य दैनिक के रूप में समाचारपत्र का प्रकाशन किया। 'विश्वमित्र' की लोकप्रियता और प्रसार संख्या बढ़ाने में यह युक्ति बड़ी सहायक हुई।

'विश्वमित्र' के दीपावली अंक साहित्य और संस्कृति के सन्दर्भ सूत्र होते थे। उद्योग, कृषि, शिक्षा, व्यापार आदि विषयों पर प्रचुर सामग्री दी जाती थी। भारतीय राजनीति का विश्लेषणात्मक वृत्तांत 'विश्वमित्र' के अंकों में मिलता है। आरंभ में 'विश्वमित्र' का आकार 35 गुणित 25 से.मी. होता था। बहुत बाद में यह पूर्णाकार दैनिक पत्र के रूप में निकला। कोलकाता, मुम्बई और दिल्ली से दैनिक

कौमी तिरंगे झण्डे ऊंचे रहो जहांमें, हो तेरी सर बलन्दी ज्यों चांद आसमांमें।
तू मान है हमारा तू शान है हमारी, तू जीतका निशां है, तू जान है हमारी।

दैनिक विश्वमित्र

THE VISHWAMITRA--PUBLISHED IN CALCUTT , BOMBAY & DELHI REGD. No. B. 4571

+ झण्डा ऊंचा रहे हमारा; +

इसकी शान न जाने पाये, हे जान भले ही जायें !

आजादीकी लड़ाईमें सिख—

मरते दमतक कांग्रेसके साथ

वर्धामें कार्य-समितिकी बैठक

मुल्कके अहम सवालोंपर चार घण्टेतक विचार

अन्धी हुकूमतकी ज्यादतियोंकी दास्तां!

पण्डित विन्द वल्लभ पन्त

विश्वमित्र

'विश्वमित्र' के संस्करण के साथ-साथ साप्ताहिक और मासिक संस्करण भी प्रकाशित हुए।

'विश्वमित्र' के एक जनवरी 1930 के अंक में लाहौर कांग्रेस का वृत्तांत, राष्ट्रपति जवाहरलाल नेहरू का अविकल हिन्दी भाषण तथा इसी विषय पर अग्रलेख प्रकाशित हुआ। जवाहरलाल नेहरू के भाषण का जो शीर्षक दिया गया, वह भाषण की आत्मा को प्रकट करता है–

- "राष्ट्रपति जवाहरलाल की स्पष्ट घोषणा
- मैं साम्यवादी और प्रजातंत्रवादी हूँ।
- कांग्रेस पूरी स्वतंत्रता की घोषणा कर दे।
- हिंसा बुरी है, पर गुलामी उससे भी बुरी है।
- इंग्लैंड का लिया ऋण भारत न चुकाएगा।
- अँगरेजी माल और कौंसिलों का पूरा बायकाट करो।"

'विश्वमित्र' में अन्य समाचारपत्रों से समाचार उद्धृत किए जाते थे। पत्र के अपने संवाददाता भी थे। रायटर एवं एसोसिएटेड प्रेस एजेंसी से तार से खबरें मँगाने की व्यवस्था की गई थी। 'विश्वमित्र' में अग्रलेख पृष्ठ तीन पर और अगले पृष्ठ पर छोटी-छोटी सम्पादकीय टिप्पणियाँ छापी जाती थीं।

'विश्वमित्र' स्वतंत्रता पूर्व का प्रमुख हिन्दी दैनिक पत्र था। इसकी सफलता

के पीछे एक प्रमुख कारण उसकी विज्ञापन जुटाने की क्षमता भी थी। विज्ञापन का अनुपात प्राय: पचास प्रतिशत हो जाता था। श्वेत-श्याम चित्र प्रकाशित होते थे। 15 अक्टूबर 1930 के अंक में सरदार भगत सिंह, सुखदेव और राजगुरु को फाँसी की सजा की खबर, क्रांतिकारियों के परिचय के साथ छपी है। पत्र में कार्टून भी छपते थे। 31 दिसम्बर 1930 के अंक में जेल से महात्मा गाँधी के 15 भाव भरे पत्र प्रकाशित किए गए। ये पत्र यरवडा जेल से हर सप्ताह गाँधी जी ने आश्रमवासियों को भेजे। दैनिक 'विश्वमित्र' के संस्करण पटना और कानपुर से भी प्रकाशित हुए।

तमिलनाडु में गैर-ब्राह्मणों का प्रबल पक्षधर पत्र *'द्रविडन्'* सन 1917 में प्रकाशित हुआ। कालान्तर में यह जस्टिस पार्टी का मुखपत्र बना, जिसने प्रशासन चलाने में भागीदारी के लिए फिरंगी सरकार से हाथ मिला लिया था। सन 1917 में तमिल की पहली विज्ञान पत्रिका *'तमिलनेसन'* प्रकाशित हुई। पर्याप्त प्रसार संख्या नहीं हो पाने के कारण बहुत कम समय तक चली।

बालसखा

इलाहाबाद से प्रकाशित होने वाली बाल पत्रिकाओं में इंडियन प्रेस की मासिक पत्रिका *'बालसखा'* सर्वाधिक महत्वपूर्ण है। इस मासिक पत्रिका का जीवनकाल यहाँ से प्रकाशित बाल पत्रिकाओं में सबसे लम्बा रहा है। जनवरी 1917 से प्रारंभ हुई बच्चों की यह पत्रिका दिसम्बर 1968 तक नियमित रूप से प्रकाशित होती रही। 'बालसखा' हिन्दी में बालकों की अपने ढंग की उत्कृष्ट पत्रिका थी। 'बालसखा' के प्रवेशांक में इसका उद्देश्य इस तरह स्पष्ट किया गया था- "बालसखा के निकाले जाने का उद्देश्य है बालक-बालिकाओं को पढ़ने का शौक लगाना। उन्हें नाना प्रकार का ज्ञान सरलता से करा देना, उसमें उच्च भावों का भरना और उनमें दुगुर्णों को निकाल बाहर करना, उनका जीवन सुखमय बनाना और उनमें हर तरह का सुधार करना।...."

अंतिम अंक तक 'बालसखा' ने अपने इस उद्देश्य का पालन किया। इसके आद्य सम्पादक बदरीनाथ भट्ट बी.ए.थे। बाद में समय-समय पर देवीदत्त शुक्ल, पं. कामताप्रसाद गुरु, गिरिजादत्त शुक्ल गिरीश, ठाकुर श्रीनाथ सिंह, सोहनलाल द्विवेदी, देवीदयाल चतुर्वेदी 'मस्त' तथा लल्ली प्रसाद पाण्डेय प्रभृति विद्वान इसके सम्पादक हुए। लल्लीप्रसाद पांडेय का कार्यकाल सबसे लम्बा रहा। वे आजादी के बाद से आखिरी अंक तक इसके सम्पादन से जुड़े रहे। 'बालसखा' की पहचान यदि इतने लम्बे समय तक बनी रही है तो इसका बहुत कुछ श्रेय लल्लीप्रसाद पाण्डेय के सम्पादन को है। सम्पादक के रूप में बाल साहित्य के प्रति लगन और निष्ठा के कारण ही उन्हें हिन्दी बाल साहित्य का महावीर प्रसाद द्विवेदी कहा जाता है।

'बालसखा' डबल डिमाई आकार की सचित्र पत्रिका थी। बाद के वर्षों में

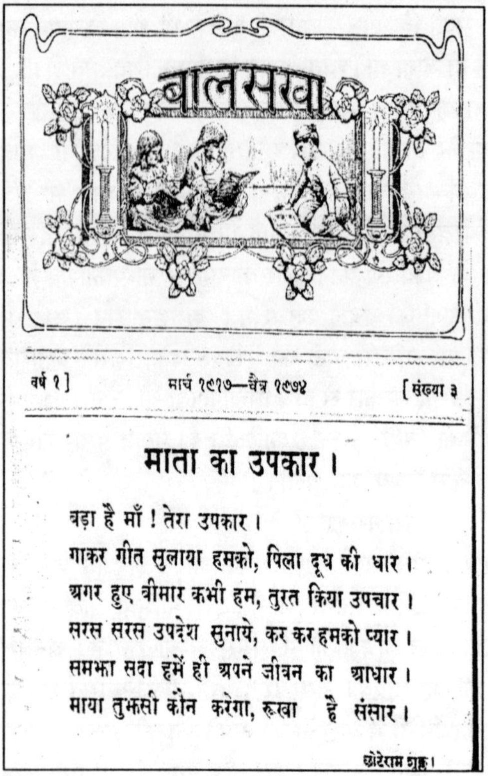
बालसखा

वर्ष १] मार्च १९१७—चैत्र १९७४ [संख्या ३

माता का उपकार।

बड़ा है माँ! तेरा उपकार।
गाकर गीत सुलाया हमको, पिला दूध की धार।
अगर हुए बीमार कभी हम, तुरत किया उपचार।
सरस सरस उपदेश सुनाये, कर कर हमको प्यार।
समझा सदा हमें ही अपने जीवन का आधार।
माया तुझसी कौन करेगा, रूखा है संसार।

छोटेराम शुक्ल।

बालसखा

यह रायल आकार में छपी। एक वर्ष में लगभग पौने चार सौ से चार सौ पृष्ठों तक की सामग्री दी जाती थी। मूल्य प्रारम्भ में चार आना प्रति अंक तथा दो रुपये वार्षिक था। आखिरी वर्षों में प्रति अंक छह आना तथा वार्षिक चार रुपये रहा। प्रारम्भिक दिनों में 'बालसखा' में विज्ञापन नहीं छापे जाते थे, पर जनवरी-50 से उपलब्ध अंकों में विज्ञापन पर्याप्त दिखाई देते हैं।

'बालसखा' का आवरण पृष्ठ तो बहुरंगी होता था, प्रथम आवरण के बाद का पृष्ठ भी चिकने कागज पर रंग-बिरंगी तस्वीरों वाला होता था। जनवरी- 1930 के अंक में आवरण के ठीक बाद ग्लेज कागज पर चाँदनी रात का बहुरंगी सुन्दर चित्र प्रकाशित किया गया है और उसके नीचे कविता की ये पंक्तियाँ लिखी हैं-

जाग रहा है चाँद अकेला,
गुपचुप है किरणों का मेला।
पर न मिलेगी कहीं मिठाई,
सोये हैं वन के हलवाई॥

पचास के दशक में 'बालसखा' के कई अंकों के बीच में चार पृष्ठों में ग्लेज कागज पर मनमोहक बाल चित्रावली प्रकाशित की गई है। हर चित्र के नीचे बच्चों के लिए सुरुचिपूर्ण कविता की पंक्तियाँ दी गई हैं। मार्च 1958 के अंक में बाल चित्रावली 'माँ के खिलौने' शीर्षक से प्रकाशित की गई है। चित्रावली के एक चित्र में बच्चे की भावपूर्ण मुद्रा के साथ कविता की पंक्तियाँ हैं-

अच्छी लगती नहीं मिठाई।
मैं खाता हूँ दूध मलाई॥

'बालसखा' में प्रथम आवरण के भीतरी पृष्ठ पर विषय-सूची, पत्रिका के नियम और चित्र-सूची प्रकाशित किए जाते थे। सामग्री विविधितापूर्ण होती थी। हर अंक में संदेशपरक, ज्ञानवर्धक और मनोरंजक लेख, कविताएँ, कहानियाँ, पहेलियाँ आदि प्रकाशित किए जाते थे। कविताएँ प्राय: महापुरुषों, प्रकृति, नैतिकता, राष्ट्रप्रेम, संस्कृति आदि पर केन्द्रित होती थीं। लेखों में बच्चों की रुचियों को ध्यान में रखते हुए राष्ट्रीय-अंतरराष्ट्रीय विषयों की जानकारी दी जाती थी। विज्ञान, तकनीकी, इतिहास, भूगोल आदि पर भी रोचक तरीके से लेख प्रकाशित किए जाते थे। मनोविनोद, पाठकों के पत्र, छोटे बच्चों के लिए, पुस्तक परिचय, संपादक का पृष्ठ, बुद्धिपरीक्षा, हमारी डाक जैसे विभिन्न स्तम्भों के माध्यम से भी बच्चों के लिए मनोरंजक और ज्ञानवर्द्धक सामग्री दी जाती थी। इनमें से संपादक का पृष्ठ तथा पुस्तक परिचय अपेक्षाकृत गंभीर स्तम्भ थे। संपादक का पृष्ठ में प्रासंगिक मुद्दों पर संपादक की टिप्पणियाँ होती थीं जो प्राय: अंतिम पृष्ठ पर छापी जाती थीं। पुस्तक परिचय स्तम्भ में बच्चों के लिये उपयोगी प्रकाशनों की जानकारी दी जाती थी। बाद के वर्षों में महत्वपूर्ण स्तम्भ खबरों की दुनिया शीर्षक से प्रकाशित किया जाने लगा, जिसमें जानकारी बढ़ाने वाली देश-दुनिया की दिलचस्प खबरें हुआ करती थीं। 'बालसखा' में हिन्दी के प्रसिद्ध लेखकों के साथ नये लेखकों को भी स्थान दिया जाता था।

'बालसखा' के विभिन्न पर्वों, त्योहारों, विशेष दिवसों पर कई महत्वपूर्ण विशेषांक प्रकाशित हुए हैं। इसका एक महत्वपूर्ण विशेषांक सन 1925 में प्रकाशित हुआ। इसमें कविताएँ, महापुरुषों के शिक्षाप्रद जीवन चरित, मनोहर कहानियाँ, कौतूहलपूर्ण यात्रा वर्णन और कई छोटे-छोटे विचारपूर्ण निबन्ध दिए गए हैं। भूगोल, इतिहास, गणित, विज्ञान आदि के सिद्धान्तों को सरलता से समझाने वाले लेख भी हैं। उस समय के श्रेष्ठ विद्वानों की मौलिक रचनाएँ, कहानियाँ और प्रसिद्ध कवियों की कविताएँ भी इस अंक की विशिष्टता है। पूरा विशेषांक सुन्दर, चित्ताकर्षक रंगीन और श्वेत-श्याम चित्रों से परिपूर्ण है। 'बालसखा' के स्वतंत्रता दिवस, महात्मा गांधी आदि पर केन्द्रित विशेषांक भी चर्चित रहे। 'बालसखा' अपने युग की बच्चों की सर्वाधिक लोकप्रिय और उच्चस्तरीय पत्रिका थी, परन्तु समय के साथ इसे भी प्रकाशन की कठिनाइयों से गुजरना पड़ा और दिसम्बर 1968 के अंक में स्थगन की निम्न सूचना के साथ पत्रिका बन्द कर दी गई- "अनिवार्य कठिनाइयों से 'बालसखा' का प्रकाशन इस समय स्थगित करना पड़ रहा है।"

नवयुग

मराठी पत्र 'नवयुग' का प्रकाशन तीन चरणों में हुआ। मराठी मासिक *'नवयुग'* सन 1917 में मुम्बई से निकला। अगस्त 1917 के अंक पर टिप्पणी करते हुए 'संदेश' के सम्पादक ने लिखा- "नवयुग का स्तर कमजोर हो रहा है। लेखों के बीच-बीच में विज्ञापन देने के कारण पढ़ने में बाधा आती है।"

मराठी साप्ताहिक 'नवयुग' 15 फरवरी 1925 को मुम्बई से निकला। सीताराम केशव बोले ने विविध आन्दोलनों को स्वर देने के लिए इस साप्ताहिक का प्रकाशन आरंभ किया था जो प्रति रविवार प्रकाशित होता था। कामगारों, किसानों और गरीबों के कष्ट और समस्याएँ 'नवयुग' की चिंता के मुख्य विषय थे। सन 1930 में इस साप्ताहिक का प्रकाशन बन्द हो गया।

'नवयुग' का तीसरा अवतार 21 जनवरी 1940 को मराठी साप्ताहिक के रूप में पुणे से हुआ। 'नवयुग' के सम्पादक प्रहलाद केशव अत्रे थे। विषय चयन, भाषा, प्रस्तुति और साज-सज्जा की दृष्टि से यह मराठी का उत्कृष्ट समाचारपत्र था जो चौथे अंक में ही लोकप्रियता की इस ऊँचाई पर पहुँचा कि उसकी ग्राहक संख्या 10,000 के पार पहुँच गई। 'नवयुग' के पहले अंक में मराठी रंग भूमि के लोकप्रिय कलाकार गणपतराव बोडस ने अपने जीवन के कतिपय मनोरंजक प्रसंग प्रस्तुत किए थे। सम्पादक की कांग्रेस के आन्दोलनों का समर्थन करने की नीति के कारण भी 'नवयुग' को अच्छा प्रतिसाद मिला। राजनीति, साहित्य और कला पर 'नवयुग' में उत्तम सामग्री पढ़ने को मिलती थी।

दिसम्बर 1940 में साप्ताहिक 'नवयुग' का प्रकाशन मुम्बई से होने लगा। मई 1944 में 'नवयुग' का अपना प्रेस हो गया लेकिन इसकी ग्राहक संख्या घटती गई। अन्ततः रामकृष्ण प्रिंटिंग प्रेस के मालिक बाबू लाल सापले को हस्तांतरित कर दिया गया। 'मराठी' दैनिक पत्र शुरू होने के बाद 'नवयुग' 24 जनवरी 1960 से मराठा मुद्रणालय से छपने लगा। 'नवयुग' के स्तंभ लेखकों में पां. वा.गाडगिल, अनन्त घाणेकर, लालजी पेंडसे, रा.वि.देसाई, प्रभाकर पाध्ये आदि प्रमुख थे।

'नवयुग' के कई विशेषांक न केवल बहुचर्चित हुए बल्कि संदर्भ की दृष्टि से भी संग्रहणीय हैं- आजाद हिन्द फौज विशेषांक (1946), अगस्त क्रान्ति के भूमिगत नेता विशेषांक, पाकिस्तान निषेधांक, डा. आम्बेडकर विशेषांक, मन्दिर प्रवेश विशेषांक, साने गुरुजी विशेषांक (1951), मराठी-गुजराती भाई-भाई विशेषांक, महर्षि कर्वे विशेषांक (1948) आदि। 'नवयुग' साप्ताहिक सन 1963 तक प्रकाशित हुआ और उसी वर्ष 'मराठा' की साप्ताहिक रविवारीय आवृत्ति में विलीन हो गया। प्रहलाद केशव अत्रे के निधन के बाद 'मराठा' भी बंद हो गया।

जागृति

मराठी साप्ताहिक *'जागृति'* 25 अक्टूबर 1917 में बड़ौदा से प्रकाशित हुआ। भगवंत बलवंत पालेकर 'जागृति' के सम्पादक थे। हर शनिवार को प्रकाशित होने वाले 'जागृति' में महाराष्ट्र की घटनाओं की पूरी-पूरी जानकारी दी जाती थी। यह सुधारवादी पत्र था और राष्ट्रवादी नीतियों का समर्थन करता था। आर्थिक कठिनाइयों के चलते बत्तीस वर्ष बाद साप्ताहिक 'जागृति' का प्रकाशन बंद हो गया।

'जागृति' नाम का मराठी पाक्षिक कल्याण से प्रकाशित हुआ। इसी नाम की मराठी त्रैमासिक पत्रिका मुम्बई से निकली और प्रभाकर प्रेस, मालेगाँव से भी मराठी साप्ताहिक 'जागृति' प्रकाशित हुआ।

ग्वालियर से जानकीराम दुबे ने हिन्दी मासिक पत्र *'धर्मसेवक'* का प्रकाशन किया। सन 1920 में बन्द हो गया। बेंगलूरु से उर्दू मासिक *'पैकर-ए-ख्याल'* अब्दुल बासित बर्क के सम्पादकत्व में निकला। शंकर बलवंत सहस्त्रबुद्धे के सम्पादकत्व में पुणे से मराठी मासिक पत्रिका *'बाल उद्यान'* प्रकाशित हुई।

जुलाई 1917 में बनारस से हिन्दी मासिक पत्रिका *'बालबोध'* का प्रकाशन आरंभ हुआ। ललिता देवी दुग्वेकर सम्पादक थीं। मराठी पत्रिका 'बालबोध' की पद्धति की यह पत्रिका निकली। बालकोपयोगी कविताएँ, जीवन चरित्र, लेख और भावपूर्ण चित्र प्रकाशित होते थे। पृष्ठ संख्या 24 और वार्षिक मूल्य सवा रुपया था।

इसी वर्ष प्रयाग से एम.पी.श्रीवास्तव के सम्पादकत्व में हास्य-व्यंग्य का हिन्दी साप्ताहिक *'मदारी'* प्रकाशित हुआ। एक अंक की कीमत दो पैसे थी। मदारी के स्थायी स्तंभ थे- मदारी का सोंटा, बानर का नाच, घंटाघर के कंगूरे से, डमरू की डिम-डिम आदि। 'मदारी' के सितम्बर 1932 के अंक में प्रकाशित कविता की निम्नलिखित पंक्तियों पर हुकूमत ने सख्त ऐतराज उठाया था-

"सोंटा लेकर नये ठाठ से सदा मदारी आवेगा,
जो भारत में अहित करेंगे, उनको पकड़ नचावेगा।"

इसी वर्ष लखनऊ से बालमुकुन्द वाजपेयी के सम्पादन में हिन्दी समाचार साप्ताहिक *'लक्ष्मण'* प्रकाशित हुआ, जो 1923 तक निकला। छिंदवाड़ा के सेन्ट्रल लॉ प्रेस से अँगरेजी साप्ताहिक *'लोकमित्र और पीपुल्स फ्रेंड'* सन 1917 में निकला। सम्पादक गोपीनाथ दीक्षित थे। हर शनिवार को प्रकाशित होता था। यह सरकार परस्त अखबार था। क्षितीन्द्रमोहन सेन ने सन 1917 में बंगला मासिक पत्रिका *'मालंच'* का सम्पादन-प्रकाशन किया। साहित्यिक पत्रिका थी।

लखनऊ से अक्टूबर 1917 में *'विश्व विद्या प्रचारक'* नामक हिन्दी मासिक

पत्र निकला। पत्र में सम्पादक के रूप में 'एक देश हितैषी' प्रकाशित किया जाता था। इलाहाबाद से हिन्दी मासिक पत्र *'समाज'* चन्द्रशेखर शास्त्री के सम्पादकत्व में जनवरी 1917 में प्रकाशित हुआ। इस पत्र के लेख सुधारोन्मुख और विचारोत्तेजक होते थे। पृष्ठ संख्या 32 और वार्षिक शुल्क दो रुपये था।

जून 1917 में कोलकाता से सुधीरकुमार सेन ने अँगरेजी पत्रिका *'इंडियन साइकिल एण्ड मोटर जर्नल'* का प्रकाशन किया। द्वितीय विश्व युद्ध के बाद तक इसका प्रकाशन होता रहा। मुम्बई से इंजीनियरिंग की सभी तकनीकी शाखाओं विषयक सामग्री प्रकाशित करने वाली अँगरेजी मासिक पत्रिका *'इंजीनियर'* सन 1917 में निकली। एस.एम.देसाई सम्पादक थे। लखनऊ से अख्तर लखनवी के सम्पादकत्व में उर्दू मासिक पत्रिका *'खुर्शीद'* प्रकाशित हुई। लाहौर से उर्दू की साहित्यिक पत्रिका *'गुलशन'* निकली। सीतापुर से सन 1917 में उर्दू मासिक पत्रिका *'गुलची'* प्रकाशित हुई। सैयद रियाज अहमद प्रकाशक थे।

सन 1917 में जामिया मिलिया इस्लामिया से मासिक पत्र *'जामय'* का प्रकाशन हुआ। मौलाना असलम जयराजपुरी सम्पादक थे। सन 1941 में नूरुल हुसैन हाशमी और सन 1963 में अब्दुल लतीफ आजमी सम्पादक हुए। पत्रिका में प्रतिष्ठित लेखकों की रचनाएँ छपती थीं। विदेशी लेखकों की रचनाओं का अनुवाद छापा जाता था। इतिहास, संस्कृति, समाज, राजनीति सभी विषयों का समवेश रहता था।

फरवरी 1917 में बेंगलूरु से शेरो-शायरी की मासिक पत्रिका *'हयात-ए-उर्दू'* प्रकाशित हुई। मुंशी इसहाक बेग सम्पादक थे। मुरादाबाद से *'शमा-ए-अंजुमन'* का प्रकाशन सैयद मोहम्मद नासिर ने किया। उर्दू साप्ताहिक *'जुल्फिकार'* सैयद अहमद शाह शम्शी के सम्पादकत्व में लाहौर से निकला।

लखनऊ से उर्दू त्रैमासिक पत्रिका *'सुखन संज'* सन 1917 में प्रकाशित हुई। लाहौर से जनवरी 1917 में 'मुगलिया गजट' का प्रकाशन हुआ। इस उर्दू मासिक पत्रिका के सम्पादक, प्रकाशक मिर्जा मोहम्मद बेग थे। लाला रघुनाथ सहाय ने जनवरी 1917 में लाहौर से उर्दू मासिक पत्रिका *'रफीक-उल-तालीम'* निकाली। इस शैक्षिक मासिक पत्रिका को पंजाब के शिक्षा विभाग का संरक्षण प्राप्त था। लखनऊ से इतिहास पर केन्द्रित उर्दू मासिक पत्रिका *'मुब्बरिक'* प्रकाशित हुई। मोहम्मद सिद्दीक हसन सम्पादक थे। बेंगलूरु से मुंशी अब्दुल अल अली ने उर्दू मासिक पत्रिका *'मजाक उरूज'* निकाली। कानपुर से हर दसवें दिन प्रकाशित होने वाला उर्दू अखबार *'म्युनिसपल रिव्यू'* आरम्भ हुआ। अप्रैल 1917 में दिल्ली से उर्दू पत्र *'बर्तानिया'* का प्रकाशन हुआ। दस दिन के अन्तराल से छपता था। दिल्ली से इसी वर्ष उर्दू मासिक पत्रिका *'बज्म-ए-तिजारत'* निकली।

सितारा-ए-हिन्द

लखनऊ से मई 1917 में उर्दू दैनिक *'सितारा-ए-हिन्द'* का प्रकाशन किया गया। सैयद सखावत अली सम्पादक, प्रकाशक और मुंशी नवाब अली मुद्रक थे। पृष्ठ संख्या चार और वार्षिक शुल्क सात रुपये था। 'सितारा-ए-हिन्द' में स्थानीय तथा देश-विदेश के विवरण, इतिहास और साहित्य विषयक सामग्री प्रकाशित की जाती थी। समाचारों के लिए दो स्थायी स्तंभ थे- 'आज की ताजा बर्की खबरें' और 'मुखतलिफ हालात-वाकियात'। कांग्रेस के अधिवेशन, सभाओं आदि के साथ-साथ मुस्लिम लीग की गतिविधियाँ भी छापता था। राजनीतिक सभा-सम्मेलनों की रिपोर्ट विस्तार से छापी जाती थी।

प्रयाग से सन 1917 में चन्द्रशेखर शास्त्री के सम्पादकत्व में मासिक पत्रिका *'संन्यासी'* प्रकाशित हुई। जोधपुर से *'कायस्थ कुलसेवक'* नामक हिन्दी मासिक निकला। शिवनारायण वर्मा सम्पादक थे। सनावद से नवम्बर 1917 में हिन्दी मासिक पत्रिका *'चन्द्रप्रभा'* निकली। सम्पादक गणेशदत्त शर्मा 'इन्द्र' थे। चेन्नै से टी.एन.नायर के सम्पादकत्व में अँगरेजी पत्रिका *'जस्टिस'* का प्रकाशन हुआ। ए.रामस्वामी मुदालियर भी इसके सम्पादक रहे। कुमुदबाला के सम्पादकत्व में हिन्दी मासिक पत्रिका *'जननी'* कोलकाता से प्रकाशित हुई। प्रकाशक हरिश्चन्द्र भट्ट थे। वार्षिक शुल्क डेढ़ रुपया था। बालचन्द्र रामचन्द्र कोठारी ने सन 1917 में मराठी साप्ताहिक *'जागरूक'* का प्रकाशन किया। तीन वर्ष बाद बंद हो गया। कानपुर के जगत भास्कर औषधालय से हिन्दी मासिक पत्र *'चिकित्सक'* निकला। सम्पादक, प्रकाशक किशोरीदत्त थे। वार्षिक मूल्य सवा रुपये था। आजादी के बाद भी कई वर्ष तक प्रकाशित हुआ।

लाहौर से सन 1917 में उर्दू दैनिक *'अल सबाह'* प्रकाशित हुआ। पृष्ठ संख्या 6 और वार्षिक शुल्क 12 रुपये था। खबरों के अलावा राजनीति और धर्म पर बहस की जाती थी। सम्पादक-प्रकाशक अब्दुल्ला अल अमादी और अहमद दीन थे।

हैदराबाद से चिकित्सा विषयक उर्दू मासिक पत्रिका *'अल मुआलिज'* निकली। सम्पादक बशीर मोहम्मद थे। बिजनौर से उर्दू साप्ताहिक *'अल खलील'* प्रकाशित हुआ। हैदराबाद से बच्चों की मासिक पत्रिका *'अतालीक'* अब्दुल रब के सम्पाकदत्व में निकली। इसी वर्ष बेंगलूरु से उर्दू मासिक *'अल इरफान'* का सम्पादन-प्रकाशन मोहम्मद इसहाक ने किया। चेन्नै से अँगरेजी मासिक पत्रिका *'आल इंडिया लोकल एण्ड म्युनिस्पल सेल्फ गवर्नमेंट गजट'* का प्रकाशन हुआ। सम्पादक आर.बी.सोमनाथन थे। स्थानीय शासन संस्थाओं से सम्बन्धित लेख, सूचनाएँ, समाचार आदि प्रकाशित किए जाते थे।

मनोहर बापूजी महाजन के सम्पादन में बेलगांव से *'वन्दे जिनवरम आणि राजहंस'* नामक मराठी पत्र का प्रकाशन किया गया। जैन धर्म की पत्रिका थी।

चामराजपुरम् (मैसूर) से कन्नड दैनिक समाचारपत्र *'सत्यवादी'* सन 1917 में प्रकाशित हुआ। स्वतंत्र विचारधारा का पत्र था। एक प्रति का मूल्य दो पैसे था। पृष्ठ संख्या दो से चार तक रहती थी। सम्पादक-प्रकाशक एम.एस.कृष्णाराव थे। पत्र का आकार 21 गुणित 25 से.मी. था। सन 1966 में 'सत्यवादी' की प्रचार संख्या दो हजार थी।

मुम्बई से सन 1917 में मराठी *'स्वर्णमाला'* का प्रकाशन हुआ। वर्ष के प्रमुख त्यौहार, पर्वों पर यह सचित्र पत्रिका प्रकाशित की जाती थी। किसी पौराणिक आख्यान पर चित्रावली का प्रकाशन किया जाता था। चित्रावली का परिचय मराठी, गुजराती और अँगरेजी में दिया जाता था। आरंभ में हिन्दी में भी परिचय प्रकाशित किया जाता था। सन 1928 में 'स्वर्ण माला' का प्रकाशन बन्द हो गया।

चेन्नै से 1917 में तेलुगु मासिक *'भारत भानु'* सोमनाथ राव के सम्पादकत्व में निकला। शैक्षिक पत्रिका *'विद्या कल्पम्'* एम.आदिकेशवुलु के सम्पादकत्व में प्रकाशित हुआ। तेलुगु मासिक *'स्त्रीधर्म'* मालती पटवर्धन सती के सम्पादकत्व में निकला। विजयवाड़ा से तेलुगु पाक्षिक *'श्रुति धर्म संजीवनी'* वीरभद्र पाकियाजी के सम्पादकत्व में प्रकाशित हुई। काकीनाडा से तेलुगु मासिक *'आंध्र बजारु'* का प्रकाशन मल्लादि सुब्बाराव ने सन 1917 में किया। एच.आर.स्प्रेंगलर ने गुण्टूर से मासिक पत्रिका *'तेलुगु लुथर्न'* निकाली। मछलीट्टणम से तेलुगु साप्ताहिक *'दीनबंधु'* का प्रकाशन बमूरी रामजीराव ने किया।

देशभक्तन

दिसम्बर 1917 में तमिल दैनिक समाचारपत्र *'देशभक्तन'* का प्रकाशन चेन्नै से हुआ। तमिल विद्वान टी.वी.कल्याणसुन्दर मुदलियार सम्पादक थे। उनके बाद बी.बी.एस.अय्यर सम्पादक हुए। उन्होंने सरल, सरस और प्रवाहमयी भाषा शैली में समाचारों, लेखों की प्रस्तुति तथा स्पष्ट और सुलझी हुई सम्पादकीय टिप्पणियों का प्रयोग कर पाठकों में अखबार की लोकप्रियता और पठनीयता सुनिश्चित की। 'देशभक्तन' का प्रकाशन तीन वर्ष तक हुआ। इस छोटी-सी अवधि में तमिल भाषी जनता पर 'देशभक्तन' ने गंभीरता और देश प्रेम की गहरी छाप छोड़ी। मार्च 1919 में 'देशभक्तन' की एक हजार रुपये की जमानत राशि जब्त कर ली गई थी। सन 1920 में बंद हो गया।

आई.पी.एम.

अँगरेजी साप्ताहिक पत्रिका *'इंडियाज पिक्टोरियल मैगजीन'* (आई.पी.एम.) का प्रकाशन सन 1917 में पायनियर प्रेस इलाहाबाद से हुआ। मुख्य पृष्ठ पर दिल्ली

डेटलाइन छापी जाती थी। पत्रिका का आकार 30 गुणित 25 से.मी. था। चालीस पृष्ठ की पत्रिका चित्रों से सजी रहती थी। कुछ समय बाद आई.पी.एम. में साहित्यिक सामग्री का भी प्रकाशन होने लगा। दो पृष्ठ में समाचार भी दिये जाते थे। पत्रिका के स्थायी स्तंभ पठनीय हुआ करते थे।

गुजराती साप्ताहिक *'नवरोज'* सन 1917 में प्रकाशित हुआ। अँगरेजी और गुजराती भाषा के लेख, कहानियाँ, जिसमें संस्कृत रचनाएँ भी होती थीं, प्रकाशित की जाती थी। सम्पादक, प्रकाशक ई.एम.लांगाजी थे।

अप्रैल 1917 में लक्ष्मीनारायण प्रेस मुरादाबाद से हिन्दी मासिक पत्रिका *'प्रतिभा'* का प्रकाशन ज्वालादत्त शर्मा के सम्पादकत्व में हुआ। 21 गुणित 13 से.मी. आकार की 'प्रतिभा' की पृष्ठ संख्या 32 थी। मुखपृष्ठ रंगीन होता था। हर माह की पहली तारीख को प्रकाशित होती थी। लेख, कविता, समालोचना, इतिहास आदि विषयों का समावेश रहता था। वार्षिक शुल्क दो रुपये था। 'प्रतिभा' में शोधपरक लेख विशेष रूप से प्रकाशित किए जाते थे।

1918

असमिया

चन्द्रकुमार आगरवाला ने सन 1918 में साप्ताहिक पत्र *'असमिया'* का प्रकाशन डिबूगढ़ से किया। प्रवेशांक में संकल्प शीर्षक से प्रकाशित उद्देशिका में प्रकाशक आगरवाला ने असमिया जनता की आशा-आकांक्षा को पत्र का ध्येय बताया था। नीलमणि फूकन उनके मुख्य सहयोगी थे। सम्पादकीय कार्य अधिकतर सदानंद दुबरा के जिम्मे था। लक्ष्मीनाथ फुकन व्यवस्थापक थे जो बाद में सम्पादकीय कार्य में सहयोग करने लगे। कुछ साल बाद 'असमिया' डिब्रूगढ़ से गुवाहाटी स्थानांतरित हो गया। अमिय कुमार दास पत्र के सम्पादक थे। उनके बाद लक्ष्मीनाथ फूकन सम्पादक हुए। आगरवाला, सम्पादक की मर्यादा और स्वतंत्रता को महत्व देते थे। गुवाहाटी में 'असमिया' को अर्द्धसाप्ताहिक कर दिया गया। कदाचित इसी पत्र ने पहली बार कर्मचारी-हड़ताल का सामना किया, जिसके कारण अखबार का एक अंक प्रकाशित नहीं हो पाया। गुवाहाटी में एक बड़ा प्रेस स्थापित किया गया। न्यू प्रेस को छपाई का भी खूब काम मिलता था। महेश्वर बरुआ, हरेन्द्रनाथ बरुआ, आनन्दचन्द्र बरुआ, हेमचन्द्र महन्त, पद्माधर चलिहा, ज्योतिप्रसाद आगरवाला, जोगेन्द्रनाथ बारकाकोती प्रभृति उल्लेखनीय पत्रकारों ने 'असमिया' को पहचान और प्रतिष्ठा दी।

जनवरी 1946 में 'असमिया' दैनिक पत्र में रूपान्तरित हो गया। तब इसके सम्पादक देवकांत बरुआ थे। यह असमिया भाषा का दूसरा दैनिक समाचारपत्र था। परन्तु आर्थिक प्रबंधन के मोर्चे पर नया प्रयोग सफल नहीं हो पाया और 1948 में

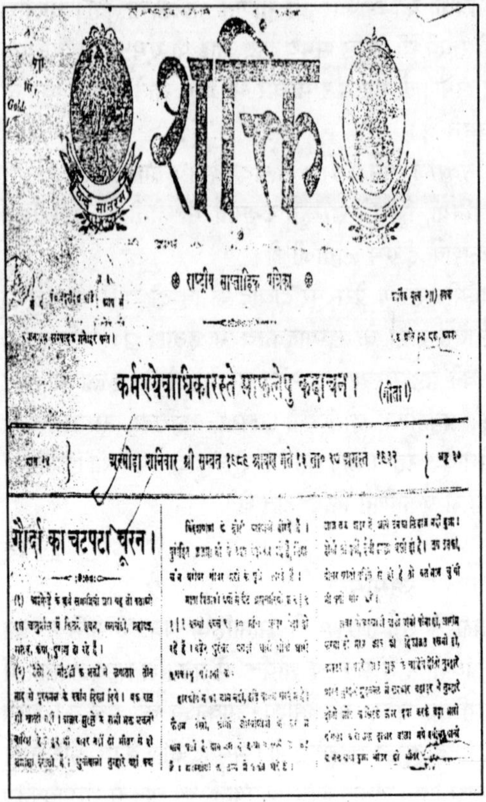

शक्ति

राष्ट्रीय साप्ताहिक पत्रिका

कर्मण्येवाधिकारस्ते मा फलेषु कदाचन। (गीता)

गौर्दा का चटपटा चूरन।

शक्ति

'असमिया' बन्द हो गया।

शक्ति

15 अक्टूबर 1918 को अलमोड़ा से हिन्दी साप्ताहिक *'शक्ति'* का प्रकाशन एक उजली परम्परा को अग्रसर करने के उद्देश्य से हुआ। अलमोड़ा से सन 1871 में 'अलमोड़ा अखबार' का प्रकाशन हुआ था। सन 1913 में बदरीदत्त पाण्डे इस पत्र के सम्पादक बने। प्रखर और निर्भीक पत्रकारिता, जिसका स्वाभाविक फलितार्थ राष्ट्रीय आन्दोलन का समर्थन और फिरंगियों की गलत रीति-नीति का विरोध होता था, के चलते सन 1918 में 'अलमोड़ा अखबार' का प्रकाशन हुकूमत ने बन्द करा दिया। होली विशेषांक (1918) इस ऐतिहासिक समाचारपत्र का अन्तिम अंक रहा। तब अलमोड़ा के चैतन्य जन ने 'अलमोड़ा अखबार' की परम्परा को बरकरार रखने के लिए 'शक्ति' का प्रकाशन करने का संकल्प लिया।

'शक्ति' ने स्वतंत्रता संग्राम में अपने सामाजिक, राजनीतिक सरोकारों के चलते सहभागिता की। जनता की कठिनाइयों-समस्याओं को स्वर दिया। अत्याचार और अन्याय को उजागर किया। जमानत-जब्ती-जेल की प्रताड़ना का मुकाबला किया। दिसम्बर 1921 में सम्पादक बदरीदत्त पाण्डे को एक साल की कैद की सजा हुई थी।[1] 23 जून 1930 को फिर 18 माह की सश्रम कारावास की सजा सुनाई गई।[2] साप्ताहिक 'शक्ति' का प्रकाशन जारी है। जीवित हिन्दी साप्ताहिकों में यह

1. जयाजी प्रताप, 8 दिसम्बर 1921

2. केसरी, पुणे, 25 जून 1930, पृष्ठ 11

सबसे पुराना है।

ऋषिकुल ब्रम्हचर्याश्रम हरिद्वार से हिन्दी मासिक पत्र *'ब्रह्मचारी'* का प्रकाशन सन 1918 में हुआ। आर्थिक कठिनाई के कारण बीच में बंद हो गया था, विजयादशमी सन 1921 से पुनः प्रकाशित होने लगा।

सर्चलाइट

बिहार में स्वतंत्रता संग्राम और जनजागरण का इतिहास तेजस्वी समाचारपत्र *'सर्चलाइट'* के बगैर अधूरा है। इस ऐतिहासिक पत्र ने जन भावनाओं को अभिव्यक्त करने तक ही अपने दायित्व को सीमित नहीं रखा, अपितु आजादी की लड़ाई में कलम के सिपाहियों ने कदम-कदम पर आहुतियाँ भी दीं। 15 जुलाई 1918 को पटना से अर्द्ध साप्ताहिक पत्र के रूप में प्रकाशित होने वाले 'सर्चलाइट' के प्रकाशन का संकल्प तीन मार्च 1918 को हसन इमाम के निवास पर सम्पन्न नेताओं की बैठक में लिया गया। यह बैठक सच्चिदानन्द सिन्हा और पी.आर.दास की पहल पर हुई थी, जिसमें बिहार जर्नल्स लि.कं. की स्थापना का निर्णय लिया गया। यह तय पाया गया कि पूर्ववर्ती 'बिहार टाइम्स' (1894) और 'बिहारी' (1912) का समावेश, उनकी सम्पत्ति और देयताओं समेत 'सर्चलाइट' में किया जाता है। उपर्युक्त दोनों पत्रों का इस दृष्टि से ऐतिहासिक अवदान है कि उन्हीं के सतत अभियान के कारण पृथक बिहार प्रान्त अस्तित्व में आ सका।[1]

'सर्चलाइट' अँगरेजी पत्र था, जो बिहार के जनमत का प्रखर प्रतिनिधित्व करता था। पत्र के संस्थापक-सम्पादक सैयद हैदर हुसैन थे। प्रबंध सम्पादक महेश्वर प्रसाद पहले 'बिहारी' के सम्पादक रह चुके थे। 'सर्चलाइट' के संचालक मण्डल में बिहार के सार्वजनिक जीवन की चौदह प्रमुख हस्तियाँ शामिल थीं। हसन इमाम[2], मजहर उल हक, रायबहादुर पूर्णेन्दु नारायण सिन्हा, खान बहादुर सरफराज हुसैन खान, ब्रजकिशोर प्रसाद, पी.के.सेन, परमेश्वर लाल, गणेशदत्त सिंह, बिशन प्रसाद, कुलवन्त सहाय, भुवनेश्वर मिश्र, निरसू नारायण सिन्हा, राजेन्द्र प्रसाद और सच्चिदानंद सिन्हा। 'बिहारी' की जुझारू विरासत का ही प्रभाव रहा होगा कि 'सर्चलाइट' से प्रकाशन आरम्भ होने के पूर्व ही जमानत माँग ली गई थी।

'सर्चलाइट' का प्रकाशन होते हुए छह माह का अरसा भी नहीं हो पाया था कि एक गोपनीय परिपत्र छाप कर उसने तहलका मचा दिया। इसे 'मिलने सरकुलर' के नाम से कुख्याति मिली। इस परिपत्र के माध्यम से जी. मिलने ने सिविल सर्विस एसोसिएशन की बिहार एवं उड़ीसा शाखा के आई.सी.एस. सदस्यों से मोंटेगु

---

1. ए हिस्टरी आफ सर्चलाइट, संपादक- डा. जगदीश्वर पांडे, प्रकाशक- काशीप्रसाद जायसवाल रिसर्च इंस्टीट्यूट पटना
2. हसन इमाम ने कांग्रेस के मुम्बई अधिवेशन की अध्यक्षता की थी।

चेम्सफोर्ड सुधार प्रस्तावों पर उनके विचारों को मान्य नहीं किए जाने की स्थिति में इस्तीफा देने की सलाह दी थी। इस परिपत्र के प्रकाशन ने षड्यंत्र की हवा निकाल दी। ब्रिटिश हुकूमत की दुर्नीतियों, जनता की तकलीफों तथा स्वातंत्र्य चेतना को मुखरित करने में 'सर्चलाइट' ने हमेशा निर्भीक पत्रकारिता का धर्म निभाया। प्रकाशन के दो वर्ष बाद 'सर्चलाइट' सप्ताह में तीन बार प्रकाशित होने लगा। नौ दिसम्बर 1930 को यह दैनिक पत्र हुआ। किन्तु पत्र और उसके सम्पादकों-संचालकों ने जो कर्मपथ चुना था, उसके चलते व्यवधानों से उसका चोली-दामन का साथ बना रहा। सविनय अवज्ञा आन्दोलन में सम्पादक की गिरफ्तारी ने पत्र की व्यवस्था को लड़खड़ा दिया। तीन बार में कुल एक साल सात माह तक प्रकाशन स्थगित रहा। मार्च 1931 में पुन: प्रकाशन होने पर वह फिर से सप्ताह में तीन बार निकलने लगा। सन 1936 में 'सर्चलाइट' फिर दैनिक पत्र हो गया। विदेशी और देशी समाचार एजेंसियों की सेवाएं ली गईं। परन्तु केवल एक संस्करण ही छापा जाता था, जो शाम को पटना शहर में बिकता था और दूसरे दिन डाक से बाहर के ग्राहकों को भेजा जाता था।

'सर्चलाइट' का सबसे लम्बी अवधि तक सम्पादन मुरलीमनोहर प्रसाद ने किया। वे आरम्भ से सम्पादकीय विभाग में थे और 12 मई 1922 को उन्होंने सम्पादक का दायित्व ग्रहण किया। वे स्वतंत्रता संग्राम में भी सक्रिय थे और उन्हें एकाधिक बार जेल की यात्रा करनी पड़ी। सन 1939 में द्वितीय विश्व युद्ध के समय प्रकाशन की व्यवस्था अपर्याप्त महसूस होने पर बेहतर प्रबंधन के लिए पूँजी जुटाने की आवश्यकता अनुभव की गई। तब संचालक मंडल के अध्यक्ष राजेन्द्र प्रसाद और प्रबंध संचालक अनुग्रह नारायण सिन्हा ने 'सर्चलाइट' का प्रबंधन बिड़ला को सौंपने का निर्णय लिया, इस शर्त के साथ कि पत्र की सम्पादकीय नीति में कोई परिवर्तन नहीं किया जाएगा।

'सर्चलाइट' पर सरकारी कोप उस समय भी टूटा जब सन 1929 में साइमन कमीशन को सौंपे गए बिहार सरकार के गोपनीय दस्तावेजों का प्रकाशन कर दिया गया। तब पत्र को सरकार की सूची से निकाल दिया गया और विज्ञप्तियों, विज्ञापनों, सरकारी रिपोर्टों, गज़ट आदि से वंचित कर दिया गया। बनारस अनुशीलन समिति, ढाका अनुशीलन समिति, पटना युवक संघ और हिन्दुस्तान सोशलिस्ट रिपब्लिकन आर्मी की गतिविधियों तथा क्रान्तिकारियों पर मुकदमों की कार्यवाही का प्रकाशन करने पर 'सर्चलाइट' पर हिंसा और विद्रोह उकसाने का आरोप लगा। किन्तु पत्र के इन्हीं तेवरों ने बिहार में जनजागृति को व्यापकता प्रदान की। बिहार के मुख्य सचिव ब्रेट ने स्थानीय अधिकारियों को गोपनीय निर्देश दिए कि वे कांग्रेस मंत्रिमण्डल के सदस्यों के ऐसे आदेशों का पालन नहीं करें जिन पर सचिवों, अवर सचिवों और

सहायक सचिवों के प्रति-हस्ताक्षर नहीं हों। इस अवमाननाकारी परिपत्र को 'सर्चलाइट' ने छाप दिया। ब्रेट को इसके लिए माफी माँगनी पड़ी।

'सर्चलाइट' के सम्पादक मुरलीमनोहर प्रसाद प्रेस पर पाबंदियों के खिलाफ थे। विरोध स्वरूप उन्होंने 14 अगस्त 1942 के अंक से सम्पादकीय का स्थान खाली छोड़ना शुरू कर दिया। इस स्तम्भ के शीर्षक पर केवल तिथि अंकित रहती थी और ऊपर लिखा जाता था- "सतत सजगता स्वतंत्रता के लिए अपरिहार्य है।" चार दिन बाद, 18 अगस्त को, 'सर्चलाइट' के प्रकाशन पर रोक लगा दी गई और सम्पादक मुरलीमनोहर प्रसाद को गिरफ्तार कर लिया गया।

दो जनवरी 1949 से 30 नवम्बर 1950 तक प्रसिद्ध पत्रकार के.रामाराव 'सर्चलाइट' के सम्पादक रहे। स्वतंत्रता के बाद भी पत्र की जनोन्मुखी नीतियों और तेजस्वी स्वर में कोई बदलाव नहीं आया। जब भी सरकार ने ऐसे कोई निर्णय लिए जो जनहित में नहीं थे, अथवा जनता की समस्याओं की ओर दुर्लक्ष्य का रुख अपनाया, 'सर्चलाइट' ने सरकार की खबर लेने में कोताही नहीं की। बल्कि छात्रों पर गोलीचालन की घटना के विरोध में पत्र सरकार के विरुद्ध कमर कस कर डट गया। परिणामतः फिरंगी हुकूमत की ज्यादतियों के अभ्यस्त 'सर्चलाइट' को स्वदेशी सरकार से भी प्रताड़ना ही मिली।

दो दिसम्बर 1950 को मंत्रेश्वर शर्मा 'सर्चलाइट' के सम्पादक हुए। वे पूर्व में कई वर्ष तक कराची के 'डेलीगजट' का सम्पादन कर चुके थे। 15 मई 1961 को धर्मकुमार शारदा, 15 जनवरी 1962 को द्वारकानाथ कल्हन, 24 दिसम्बर 1963 को टी.जी.एस.जार्ज ने सम्पादन का दायित्व सम्हाला। छात्र आन्दोलन पर सरकारी दमनचक्र का विरोध करने वाली सम्पादकीय टिप्पणियों को भड़काऊ करार देते हुए जार्ज को गिरफ्तार कर लिया गया। उनके पश्चात सुभाषचन्द्र सरकार सम्पादक बने। उनके कार्यकाल में उपद्रवी तत्वों ने 'सर्चलाइट' प्रेस में आग लगाने की कोशिश की। सरकार ने तीखा सम्पादकीय लिखा- "स्टेट विदाउट गवर्नमेंट (शासन विहीन राज्य)" सरकार के बाद एस.के.राउ और फिर आर.के.मुक्कड़ सम्पादक बने। राउ के सम्पादन काल में सर्चलाइट प्रेस को आग लगा दी गई। स्वदेशी सरकार ने भी 'सर्चलाइट' को सूची से निकाल बाहर किया। अन्ततः 14 जुलाई 1986 को 'सर्चलाइट' का प्रकाशन बन्द कर दिया गया। इस प्रकार एक जुझारू पत्र की अड़सठ वर्ष की संघर्ष यात्रा पर विराम लग गया। 'सर्चलाइट' के स्थान पर पटना से 25 अगस्त 1986 से दैनिक 'हिन्दुस्तान टाइम्स' का प्रकाशन होने लगा।

असरे जदीद

सन 1918 में कोलकाता से उर्दू दैनिक *'असरे जदीद'* का प्रकाशन शायक अहमद उस्मानी के सम्पादकत्व में हुआ। बंगाल में मुस्लिम लीग के प्रचार में इस

पत्र ने खास भूमिका निभाई। छह पृष्ठ का पत्र था। 'असरे जदीद' पर खूब मुकदमे लदे। सम्पादक को जेल जाना पड़ा। देश-विभाजन के पश्चात सन 1950 में खान बहादुर मोहम्मद जान ने 'असरे जदीद' खरीद लिया। तब इसकी नीति कांग्रेस के समर्थन की हो गई। सन 1972 में 'असरे जदीद' का सम्पादन तारिक गाजी और सैयद नाजिर उल हुसैनी कर रहे थे और सन 1985 में सूफियान आलम सम्पादक हुए।

उर्दू साप्ताहिक *'अल फकीह'* सन 1918 में अमृतसर से निकला। फैजाबाद से उर्दू साप्ताहिक *'आफताब'* का प्रकाशन एस.डी.भटनागर ने किया। सैयद बशीर अहमद के सम्पादकत्व में लखनऊ से उर्दू मासिक पत्र *'इंकिशाफ'* का प्रकाशन सन 1918 में हुआ। एक आना फंड नामक संस्था प्रकाशक थी।

लाहौर से सितम्बर 1918 में उर्दू मासिक *'कहकशां'* प्रकाशित हुआ। उर्दू भाषा के विकास और प्रसार के लिए समर्पित 'कहकशां' के सम्पादक इम्तियाज अली 'ताज' थे। उर्दू के प्रतिष्ठित साहित्यकारों की रचनाएँ 'कहकशां' में प्रकाशित होती थीं। विचार पक्ष गंभीर और गरिमापूर्ण था। किताबत और छपाई सुंदर थी। 'कहकशां' मूलतः साहित्यिक पत्रिका थी पर कभी-कभी राजनीति पर भी अच्छे लेखों का प्रकाशन किया जाता था। सन 1920 में 'कहकशां' बंद हो गई। अलीगढ़ मुस्लिम एजूकेशन सोसायटी का मुख पत्र *'कांफ्रेंस गजट'* हर महीने प्रकाशित किया जाता था। ज्ञान-विज्ञान पर शिक्षापरक लेख तथा कांफ्रेंस की गतिविधियों का प्रकाशन होता था। कोलकाता से मोहम्मद हबीबुल्ला ने *'रहबर'* नामक उर्दू पत्र का प्रकाशन किया।

लखनऊ से उर्दू मासिक पत्रिका *'सुबह-ए-उम्मीद'* अक्टूबर 1918 में निकली। साहित्य, राजनीति और ज्ञान की यह पत्रिका 56 पृष्ठ की निकलती थी। वार्षिक शुल्क चार रुपये था। सम्पादक ब्रजनारायण चकबस्त और प्रकाशक पं. किशन प्रसाद थे। चकबस्त उर्दू के प्रतिष्ठित शायर थे। उनके सम्पादन में *'सुबह-ए-उम्मीद'* ने लोकप्रियता और प्रतिष्ठा दोनों हासिल की।

सन 1918 में हैदराबाद से उर्दू मासिक पत्रिका *'शोला'* सैयद नवाजिश अली ने निकाली। बेंगलूरु से उर्दू साप्ताहिक *'शौकत-ए-उस्मानिया'* का प्रकाशन हुआ। सम्पादक, प्रकाशक अब्दुल रहमान फैजी थे। पृष्ठ संख्या छह और वार्षिक शुल्क आठ रुपये था। बारह वर्ष तक इस पत्र का प्रकाशन हुआ।

अँगरेजी, उर्दू और गुरुमुखी का त्रिभाषी पत्र *'हक'* सन 1918 में लाहौर से प्रकाशित हुआ। सितम्बर 1918 में 'हक' की प्रसार संख्या 35,000 तक जा पहुँची थी। सम्पादक अब्दुल अजीज थे। अँगरेजी खण्ड का सम्पादन आई.सी.एस.अधिकारी किचन करते थे। प्रथम विश्व युद्ध के दरम्यान 'हक' की प्रसार संख्या 7000 प्रतियों

तक पहुँच गई थी। पंजाब से प्रकाशित होने वाले बाकी सभी अखबारों की कुल प्रसार संख्या इतनी नहीं थी। 16 नवम्बर 1918 को 'हक' का विजय अंक विशेषांक के रूप में प्रकाशित हुआ।

दिल्ली से *'हिदायत-उल-इस्लाम'* मौलवी अब्दुल मजीद ने निकाला। द्विमासिक उर्दू पत्र था। बिजनौर से उर्दू पाक्षिक पत्र *'सीरब'* का सम्पादन-प्रकाशन मोहम्मद मजीद हसन ने किया। हैदराबाद से उर्दू मासिक पत्रिका *'समअत-उल-अदब'* निकली। सम्पादक, प्रकाशक सैयद नसीरउद्दीन हाशमी थे। मार्च 1918 में कानपुर से उर्दू बाल पत्रिका *'सईद'* निकली। सम्पादक अहमद हुसैन कारी थे। लाहौर से उर्दू मासिक पत्रिका *'रोशनी'* नवम्बर 1918 में निकली। सम्पादक प्रो. लालकुँवर सेन, प्रो. मुजफ्फरउद्दीन तथा वत्स प्रसाद फिजा थे। विज्ञान की पत्रिका थी। हैदराबाद से कृषि पत्रिका *'रहबर-ए-मजार'* मजहर हुसैन के सम्पादकत्व में निकली।

लखनऊ से उर्दू मासिक *'मंजर'* जनवरी 1918 में आजाद लखनवी के सम्पादकत्व में प्रकाशित हुआ। पाँच मार्च 1918 को ख्वाजा हसन निजामी के सम्पादकत्व में उर्दू मासिक पत्रिका 'मुर्शद' निकली। यह स्वतंत्र विचारधारा की पत्रिका थी। इसने उर्दू पढ़ने वालों के बीच अपनी जगह बना ली थी। परन्तु छह माह में ही पत्रिका का प्रकाशन बन्द हो गया। हर दसवें दिन प्रकाशित होने वाला उर्दू पत्र *'मुजर्रबान'* लाहौर से प्रकाशित हुआ। सम्पादक सैयद रजा अलीशाह नियाजी थे। उर्दू की सचित्र मासिक पत्रिका *'मस्त कलंदर'* लाहौर से निकली। सम्पादक पृथी सिंह थे। 'मस्त कलंदर' अनेक वर्षों तक प्रकाशित हुई। इसका महिला विशेषांक (1940) और आपबीती विशेषांक (1946) खूब पसन्द किए गए थे। उपचार सम्बन्धी उर्दू मासिक पत्रिका *'तिब्बी गजट'* ख्वाजा शफीफुल हसन ने प्रकाशित की। इसी वर्ष दिल्ली से उर्दू मासिक *'दस्तकारी'* का प्रकाशन हुआ।

रहनुमा

मुरादाबाद से सन 1918 में उर्दू पाक्षिक पत्रिका *'रहनुमा'* का प्रकाशन हुआ। मोहम्मद अशफाक हुसैन सिद्दीकी सम्पादक थे। पृष्ठ संख्या 16 और वार्षिक शुल्क छह रुपये था। धर्म, राजनीति, संस्कृति, इतिहास, उपचार, मनोरंजन आदि विविध विषयों की सामग्री प्रकाशित की जाती थी। कुछ समय पश्चात साप्ताहिक हो गया। महत्वपूर्ण खबरें भी छापी जाती थीं। जलियांवाला बाग नरसंहार के आरोपी डायर का जाँच कमेटी के सामने हुआ बयान 'रहनुमा' के चार जनवरी 1919 के अंक में छपा है।

भारत धर्म महामंडल ने सन 1918 में काशी से हिन्दी मासिक पत्रिका

'आर्य महिला' का प्रकाशन किया। संचालक सुरथ कुमारी देवी थीं। पत्रिका में लेखादि ज्ञानवर्द्धक होते थे। आरंभ में त्रैमासिक थी जो बाद में मासिक हो गई। धर्म और संस्कृति पर अच्छी सामग्री प्रकाशित होती थी। कालीप्रसाद शास्त्री के सम्पादन काल में 'आर्य महिला' का स्तर ऊँचा था। रमेश प्रसाद पांडे ने भी पत्रिका का सम्पादन किया। उज्जैन से *'डेली व्यापार रिपोर्ट'* हेमराज मंत्री ने निकाली। इसी वर्ष *'ज्योति भूषण'* और *'व्यापारी भविष्य'* का प्रकाशन हुआ। पद्‌मराज सनीवाला ने कोलकाता से त्रैमासिक *'जैन सिद्धांत भास्कर'* का प्रकाशन किया। सन 1918 में मुरार (ग्वालियर) से श्यामलाल पांडवीय ने हिन्दी मासिक *'गल्प पत्रिका'* का प्रकाशन किया। हिन्दी, बंगला और अँगरेजी का साप्ताहिक *'प्रेम पुष्प'* कोलकाता से निकला। गोस्वामी गोवर्धनदास सम्पादक थे। दो पृष्ठ कविताओं के होते थे। समाचार, व्यंग्य आदि का भी प्रकाशन किया जाता था। गारफील्ड विलियम और सत्यानन्द जोशी के सम्पादकत्व में *'सहकारी'* पत्र इलाहाबाद से निकला। मुम्बई से अँगरेजी मासिक पत्रिका *'लायन इन इंडिया'* निकली। हास्य-विनोद का अँगरेजी साप्ताहिक *'आनलुकर'* कोलकाता से टी.एच. कैम्पबेल ने सम्पादित, प्रकाशित किया।

ज्ञान मण्डल काशी से हिन्दी मासिक पत्र *'स्वार्थ'* अक्टूबर 1918 में निकला। जीवन शंकर याज्ञिक, मुकुन्दीलाल श्रीवास्तव और नरसिंहदास सम्पादक मण्डल में थे। अर्थशास्त्र, समाज शास्त्र, राजनीति और इतिहास की पत्रिका थी। पृष्ठ संख्या 48 और वार्षिक शुल्क चार रुपये था।

18 फरवरी 1918 को पुणे से अँगरेजी साप्ताहिक *'सर्वेंट आफ इंडिया'* का प्रकाशन हुआ। सम्पादक वी.एस.श्रीनिवास शास्त्री थे। सर्वेंट्स आफ इंडिया सोसायटी का यह मुखपत्र सन 1939 तक प्रकाशित हुआ। इसके अंतिम सम्पादक एस.जी. वझे थे। सन 1918 में हिन्दी साप्ताहिक *'सूर्य'* का प्रकाशन काशी से हुआ। बाद में सप्ताह में तीन बार प्रकाशित होने लगा। वार्षिक शुल्क पाँच रुपये था। सम्पादक हेरम्ब मिश्र थे। पुडुचेरि से सन 1918 में श्री अरविन्द ने अँगरेजी साप्ताहिक *'आर्य'* का सम्पादन-प्रकाशन किया। कोलकाता से अँगरेजी मासिक पत्रिका *'इंडियन बिजनेस'* निकली। इंडियन इकॉनामिक एसोसिएशन का मासिक मुख पत्र *'इंडियन जर्नल आफ इकॉनामिक्स'* इलाहाबाद से निकला।

जोधपुर से हिन्दी मासिक पत्रिका *'ओसवाल'* का प्रकाशन रायबहादुर किशनलाल बाफना ने किया। कुछ वर्ष बाद बन्द हो गया। रामनगर से सचित्र हिन्दी मासिक पत्रिका *'कालिन्दी'* प्रकाशित हुई। शिक्षा विषय की पत्रिका थी। उपेन्द्रचन्द्र शास्त्री ने हावड़ा से जातीय वार्षिकी *'कायस्थ समाज'* का प्रकाशन किया।

संजय

मुम्बई से 22 जुलाई 1918 को मराठी दैनिक *'संजय'* का प्रकाशन आरंभ हुआ। सम्पादक-प्रकाशक जी.एम.वीरकर थे। 49 गुणित 33 से.मी. आकार का 'संजय' चार पृष्ठ का था। पहले और चौथे पृष्ठ पर विज्ञापन छपते थे। समन्वयवादी नीति थी। 'संजय' ने 28 जुलाई 1918 के अंक में भाषा के आधार पर प्रांतों की रचना का सुझाव प्रस्तुत किया था। सन 1919 के आरंभ में 'संजय' की जमानत राशि 500 रुपये से बढ़ाकर 2000 रुपये कर दी गई।

बच्चूभाई रावत ने गुजराती मासिक *'ज्ञानांजनी'* का प्रकाशन किया। विविध विषयों की पत्रिका थी। सीताराम केशव दामले और रामचन्द्र विष्णु फडकडे ने पुणे से मराठी साप्ताहिक *'राजकारण'* का प्रकाशन किया जो सन 1920 तक निकला। मराठी बाल पत्रिका *'खेलगडी'* जुलाई 1918 में मुम्बई से निकली। यह उच्च कोटि की पत्रिका थी। सम्पादक कासमल रावजी पाटणकर थे। सदाशिव अनंत शुक्ल और भास्कर रामचन्द्र भालेराव के सम्पादकत्व में ग्वालियर से मराठी साहित्यिक मासिक पत्रिका *'विजय'* 1918 से 1922 तक प्रकाशित हुई।

पालघाट से मलयाली साप्ताहिक *'समदर्शिनी'* प्रकाशित हुआ। यह पत्र दीर्घजीवी हुआ। नेल्लूरु से तेलुगु पाक्षिक *'आंध्र देशोपकारी'* सन 1918 में प्रकाशित हुई। राजनीतिक पत्रिका थी। मेलटूरि राघवाचार्यलु सम्पादक थे। गुंटूर से तेलुगु शैक्षिक पत्रिका *'उपाध्याय बोधनी'* प्रकाशित हुई। वी.सुब्रमण्य अय्यंगार ने चित्तूर से तेलुगु मासिक *'राम कथा सुधा'* निकाली। तेनाली से पामुलपर्ति वेंकटकृष्णय्या ने तेलुगु कृषि साप्ताहिक *'रैतु'* का सम्पादन-प्रकाशन किया। वर्ष 1918 में संगीत शिक्षा की तेलुगु पत्रिका *'बाल भारती'* काकीनाडा से प्रकाशित हुई। जगन्नाथ शर्म्मा सम्पादक-प्रकाशक थे।

पटना से सन 1918 में संस्कृति संजीवन समाज ने संस्कृत पाक्षिक पत्र *'मित्रम्'* का प्रकाशन किया। हिन्दी पत्रिका 'माधुरी' ने जब 'मित्रम्' पर टिप्पणी छापी तब दोनों के बीच शब्दों के शुद्ध प्रयोग को लेकर बहस चली थी। जनवरी 1918 से सन 1925 तक प्रकाशन हुआ।

कोलकाता से संस्कृत मासिक *'संस्कृत साहित्य परिषद पत्रिका'* अनन्त कृष्ण शास्त्री के सम्पादकत्व में प्रकाशित हुई। काव्य, नाटक, आलोचना, लेख, आख्यायिकाएँ प्रकाशित होते थे। बंकिमचन्द्र चटर्जी के उपन्यास *'कपाल कुंडला'* के संस्कृत अनुवाद का धारावाहिक प्रकाशन इस पत्रिका में हुआ था। पृष्ठ संख्या 36 और वार्षिक शुल्क तीन रुपये था। बर्द्धमान से त्रैमासिक पत्रिका *'संस्कृत भारती'* प्रकाशित हुई।

कांतिरव

'सुवासिनी' और 'श्रीकृष्ण सूक्ति' का प्रकाशन बन्द होने से उपजे शून्य को सन 1918 में आरम्भ हुए कन्नड साप्ताहिक *'कांतिरव'* ने भरा। बोलर विट्ठल राव इस पत्र के सम्पादक थे। एम.एन.कामथ, के.राजगोपाल कृष्णराव, डी.के.भारद्वाज, पंजे मंगेशराव, बेनेगल रामाराव और मंजेश्वर गोविन्द पै आदि उनके सहयोगी थे। विट्ठल राव के बाद हुरली भीमराव सम्पादक हुए। उनके सम्पादन काल में 'कांतिरव' निर्भीक पत्रकारिता का प्रतिमान बना। जनता और अधिकारियों पर उनकी सम्पादकीय टिप्पणियों का प्रभाव पड़ता था। उनके कुशल सम्पादन में सन 1967 तक 'कांतिरव' का प्रकाशन हुआ।

गणपति पट्टाभिराम शास्त्री की पत्रिका *'अभिनव सरस्वती'* तेलुगु की सर्वकालिक सर्वश्रेष्ठ कृतियों का प्रकाशन करती थी। इसका प्रकाशन सन 1918 से 1930 तक हुआ। रायसम वेंकटपति की 'लक्ष्मी विलास', सोमनाथ कवि की 'विष्णुमित्रोपाख्यानम्', चत्तु प्रभु की 'याज्ञवल्क्य चरित' और यू. वीरभद्र कवि की 'करणिकोद्धारिणी' इनमें प्रमुख हैं।

आंध्र देश ग्रन्थालय संघम ने बेजवाडा से सन 1918 में *'ग्रन्थालय सर्वस्वम्'* का प्रकाशन किया। दस वर्ष तक यह तेलुगु पत्रिका निकली। मुख्यत: साहित्यालोचना की इस पत्रिका को अनेक कवियों के काव्य से पाठकों को परिचित कराने का श्रेय जाता है।

जनवरी 1918 में पुणे से मराठी साप्ताहिक *'विजयी मराठा'* का प्रकाशन हुआ। श्रीपतराव लक्ष्मणराव शिंदे इस पत्र के सम्पादक थे। पत्र का घोषित ध्येय था– "जनसेवा ही ईश्वर सेवा है। शेतकरी सुखी, तो जग सुखी है।" समाज के सभी वर्गों की उन्नति को लक्ष्यकर 'विजयी मराठा' में उपयोगी लेख प्रकाशित किए जाते थे। 'विजयी मराठा' को महाराष्ट्र का मुखपत्र भी कहा जाता था।

अप्रैल 1918 में सचित्र हिन्दी मासिक पत्रिका *'आर्य महिला'* का प्रकाशन आर्य महिला हितकारिणी महापरिषद की ओर से किया गया। प्रधान सम्पादक सुन्दरीदेवी और सम्पादक ठाकुर आत्माप्रसाद सिंह थे। 24 गुणित 18 से.मी. आकार की यह पत्रिका 25 वर्ष से अधिक अवधि तक निकली। अध्यात्म और आदर्श जीवन चरित्र पर गंभीर लेखों के प्रकाशन के अलावा कहानी, कविता, प्रश्नोत्तरी भी प्रकाशित की जाती थी। 'अपनी बात' शीर्षक से सम्पादकीय लिखा जाता था।

काशी से कौशल्या देवी के सम्पादकत्व में सन 1918 से मासिक पत्रिका *'हिन्दी गल्प माला'* का प्रकाशन हुआ। पृष्ठ संख्या 40, आकार 17 गुणित 11 से.मी. और वार्षिक शुल्क दो रुपये आठ आना था। सरस्वती प्रिंटिंग प्रेस आगरा से

मोहनलाल वैद्य ने जनवरी 1918 में हिन्दी मासिक पत्रिका *'धर्माभ्युदय'* का मुद्रण-प्रकाशन किया। आद्य सम्पादक नारायण दत्त विद्याश्रयी थे। पश्चात गौरीशंकर शुक्ल सम्पादक हुए। वार्षिक शुल्क तीन रुपये, आकार 22 गुणित 14 से.मी. था। पृष्ठ संख्या 72 थी। कूच बिहार साहित्य सभा ने सचित्र मासिक पत्रिका *'परिचारिका'* निकाली। सम्पादक रानी निरुपमा देवी और सहायक सम्पादक जानकीवल्लभ विश्वास थे। वार्षिक शुल्क दो रुपये बारह आना था।

उड़िया पत्रकारिता का उत्कर्ष

<u>1919</u>

समाज

चार अक्टूबर 1919 को साक्षीगोपाल से उड़िया साप्ताहिक समाचारपत्र *'समाज'* का प्रकाशन आरंभ हुआ। उत्कलमणि गोपबंधु दास 'समाज' के संस्थापक-सम्पादक थे। सन 1928 में गोपबंधु दास ने 'समाज' के संचालन, प्रकाशन का दायित्व लोक सेवक मण्डल को सौंप दिया। अप्रैल 1930 में 'समाज' साप्ताहिक से दैनिक हो गया और कटक से प्रकाशित होने लगा। एक समाचारपत्र के रूप में 'समाज' की साख, लोकप्रियता और व्याप्ति की जड़ें इतनी गहरी थीं कि दो करोड़ से भी ज्यादा उड़िया भाषियों को जोड़े रखने का यह सबसे अच्छा सेतु माना जाता था। सन 1953-54 में समाज की 'प्रसार' संख्या 13000 से अधिक थी। गोपबंधु दास, लाला लाजपत राय के लोक सेवक संघ के सदस्य थे।

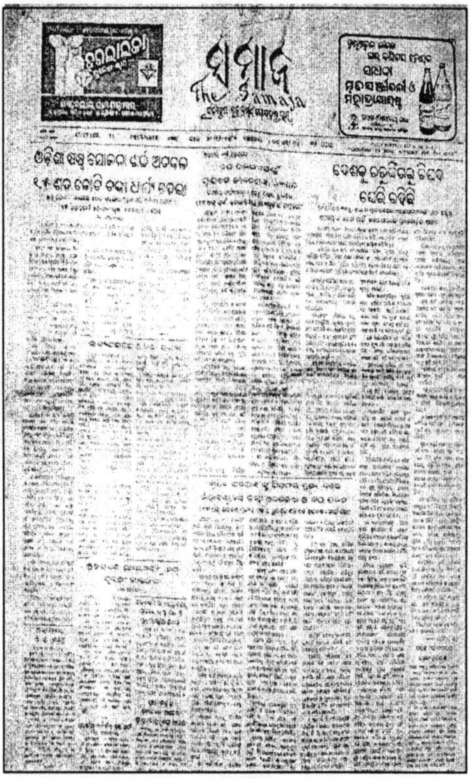

समाज

उड़ीसा की जनता की दु:ख-तकलीफों को प्रकट करने और जन-जागरण के उद्‌देश्य से उन्होंने 'समाज' का प्रकाशन किया था। इसका एक और महत् उद्‌देश्य उड़िया लोगों के मन की जड़ता को तोड़ना, उन्हें कूपमण्डूकता से बाहर निकालना और उनकी दृष्टि को वैश्विक आयाम प्रदान करना था। 'समाज' ने उड़िया गद्य के परिष्कार में भी महत्वपूर्ण भूमिका निभाई।

सन 1922 में कनिका हादसे में जब निर्दोष किसानों पर अकारण गोली चलाई गई तब गोपबंधु दास ने 'समाज' में इस पर विस्तृत समाचार छापे। उन्हें इस मामले में दो साल की सजा भी भुगतनी पड़ी। मई 1924 में जब वे रिहा हुए तब जनसाधारण ने उनका जोशीला स्वागत कर 'समाज' के सेवा-भाव का सम्मान किया था।

गोपबंधु दास की मानव समुदाय के सम्बन्ध में दृष्टि का परिचय 'समाज' की इस टिप्पणी से मिलता है- "आज मनुष्य और मनुष्य के बीच न केवल हमारे देश में बल्कि पूरी दुनिया में जो भेद पाया जाता है, वह असह्य है। ईश्वरीय सत्ता में यह ज्यादा दिनों तक चल नहीं सकता।"

सन 1961 से सन 1998 तक राधानाथ रथ ने 'समाज' का सम्पादन किया। रथ का कार्यकाल 'समाज' और उड़िया पत्रकारिता का उत्कर्ष काल माना जाता है।

लोकमत

लोकनायक बापूजी माधव श्रीहरि अणे की प्रेरणा से यवतमाल में मुद्रण मण्डल की स्थापना की गई। इसी के तत्वावधान में एक अप्रैल 1919 को मराठी साप्ताहिक *'लोकमत'* का प्रकाशन हुआ। सम्पादक सदाशिव हणमंत बल्लाल थे। पत्र का वार्षिक शुल्क यवतमाल में दो रुपये और बाहर के लिए दो रुपये तेरह आना था। पृष्ठ संख्या आठ और पत्र का आकार 49 गुणित 33 से.मी. रहता था। 'लोकमत' राष्ट्रीय आन्दोलन का समर्थक अखबार था। उसकी सम्पादकीय टिप्पणियों में प्रखरता थी, अन्याय-अत्याचार का प्रतिकार था। इसलिए हुकूमत की आँखों में खटकता रहता था। सन 1928 में सदाशिव बल्लाल के इस्तीफे के बाद बाबा साहेब बापट सम्पादक-प्रकाशक हुए। एक जुलाई 1930 को हुकूमत ने 'लोकमत' के मुद्रक छापाखाने से एक हजार रुपये की जमानत माँगी। तब पत्र का प्रकाशन बंद कर दिया गया। दरअसल, लोकनायक बापूजी अणे ने जब यवतमाल जिले में सत्याग्रह करने की घोषणा की, उनका प्रेस और अखबार सरकार के निशाने पर आ गए थे। गाँधी-इरविन पैक्ट के बाद अखबारों पर से बंदिश हटी। परन्तु मुद्रण मण्डल और यवतमाल छापाखाना भारी नुकसान से उबर नहीं सके।

सप्रे संग्रहालय भोपाल

लोकमत

REGISTER No. N. 212

अंक 13 वा.

लोकमत

20 अक्टूबर 1931 (विजयादशमी, वर्ष 13, अंक 1) से 'लोकमत' का प्रकाशन नए प्रबंधन के अन्तर्गत आरम्भ हुआ। हर रविवार को छपता था। सम्पादक त्र्यम्बक सदाशिव बापट थे। 'लोकमत' के अंकों में समाचारपत्रों पर सरकार के कोप और कहर के अनेक दृष्टान्त मिलते हैं। चन्द्रनगर के प्रवर्तक छापाखाने में मुद्रित कोई भी पुस्तक, समाचारपत्र, मासिक आदि ब्रिटिश इण्डिया में लाने पर रोक लगाई गई थी। 'लोकमत' ने सम्पादकीय टिप्पणी लिखकर विदर्भ को अलग प्रान्त बनाने (वन्हाडचा वेगल प्रान्त करा) की माँग उठाई थी।[1] 'बाम्बे क्रानिकल' की नीलामी हुई, जिसे लक्ष्मीदास तेरसी ने एक लाख चालीस हजार रुपये में इंडियन न्यूजपेपर कं.लि.की ओर से खरीद लिया।[2]

उन दिनों हस्तलिखित पत्रिकाओं का काफी चलन था। अचलपुर के मासिक *'हिन्दकुमार'* ने हस्तलिखित मासिक पत्रिकाओं की प्रदर्शनी आयोजित की थी जिसमें पुणे, धुले, नागपुर, पैठण, अमरावती, खामगाँव आदि से पत्रिकाएँ आई थीं। पुरस्कार स्वरूप खामगाँव की 'पुष्प' को सुवर्ण पदक और धुले की 'विहार' को रौप्य पदक दिया गया था।[3]

सन 1936 में 'लोकमत' को तब नया जीवन मिला जब जवाहरलाल दर्डा ने सम्पादक-प्रकाशक-मुद्रक के रूप में पत्र की बागडोर सम्हाली। उन्होंने 'लोकमत'

1. लोकमत, 9 अप्रैल 1926
2. लोकमत, 8 अक्टूबर 1926
1. लोकमत, 29 अक्टूबर 1926

को सर्वांगपूर्ण समाचारपत्र का स्वरूप प्रदान किया। उसकी पाठनीयता बढ़ी और विदर्भ का प्रमुख मराठी साप्ताहिक पत्र बना। प्रसार संख्या बढ़ी। स्वतंत्रता प्राप्ति, नया संविधान, आम चुनाव, भाषावार प्रान्तों का निर्माण आदि ऐतिहासिक घटनाओं का विस्तृत वृत्तांत 'लोकमत' के पृष्ठों में दर्ज है। सन 1960 में 'लोकमत' अर्द्ध साप्ताहिक और 15 दिसम्बर 1971 को दैनिक हुआ।

वर्तमान में मराठी दैनिक 'लोकमत' के नागपुर, पुणे, जलगाँव, नासिक, अकोला, औरंगाबाद, अहमदनगर, शोलापुर, मुम्बई और कोल्हापुर संस्करण प्रकाशित हो रहे हैं। पाठक संख्या के मान से यह देश के प्रथम दस समाचारपत्रों में से एक है। सन 1998 से विजय दर्डा 'लोकमत' पत्र समूह के अध्यक्ष तथा राजेन्द्र दर्डा समूह सम्पादक हैं। समाचार, विचार की दृष्टि से मराठी का उत्कृष्ट और अग्रणी अखबार है। 'लोकमत' पत्र समूह हिन्दी दैनिक 'लोकमत समाचार' और अँगरेजी दैनिक 'लोकमत टाइम्स' का भी प्रकाशन कर रहा है।

नवजीवन

सन 1919 को गुजराती साप्ताहिक *'नवजीवन'* अहमदाबाद से प्रकाशित हुआ। महात्मा गांधी इसके सम्पादक थे। इसी वर्ष साप्ताहिक 'हिन्दी नवजीवन' निकला। 'नवजीवन' भारतीय जनमानस के लिए नई राजनीतिक, सामाजिक और आर्थिक चेतना का माध्यम बना। नवजीवन मुद्रणालय से हिन्दी और गुजराती 'नवजीवन' का मुद्रण और प्रकाशन होता था। असहयोग आन्दोलन के दौर में गुजराती 'नवजीवन' की प्रसार संख्या तेरह हजार तक पहुँच गई थी। 'नवजीवन' प्रेस से जमानत माँगी गई और जमानत जमा नहीं करने पर प्रेस जब्त कर लिया गया। पाँच अगस्त 1931 को जब्तशुदा प्रेस लौटा दिया गया। गुजराती 'नवजीवन' मूलतः मासिक पत्र था जो इन्दुलाल याज्ञिक ने निकाला था। 'नवजीवन' ने गुजराती के अन्य समाचारपत्रों को राजनीतिक गतिविधियों की ज्यादा खबरें देने के लिए प्रेरित किया। गुजराती 'नवजीवन' 1948 में बन्द हो गया। 'नवजीवन' ने फिरंगियों की दुनीर्तियों का विरोध और जनता के सवालों को जमकर उठाया। इसीलिए 'नवजीवन' पर बारम्बार प्रताड़ना मूलक कार्रवाई की गई। सन 1931 में हिन्दी 'नवजीवन' का विलय 'हरिजन' में हो गया। 'हिन्दी नवजीवन' के चार सहायक सम्पादक मध्यप्रदेश के थे- बैजनाथ महोदय, गोपी वल्लभ विजयवर्गीय, हरिभाऊ उपाध्याय और काशीनाथ त्रिवेदी।

सन 1919 में रोलट एक्ट के विरोध में गाँधीजी ने हिन्दी और अँगरेजी में साप्ताहिक 'सत्याग्रही' निकाला। इसका रजिस्ट्रेशन नहीं कराया गया था।

यंग इण्डिया

मुम्बई के जमनादास द्वारकादास द्वारा प्रकाशित *'यंग इंडिया'* आठ अक्टूबर

1919 को महात्मा गाँधी के सम्पादकत्व में साप्ताहिक से अर्द्धसाप्ताहिक होकर प्रकाशित हुआ। 'यंग इंडिया' के बारह सौ ग्राहक थे। 'यंग इंडिया' की नीति अन्याय की ओर ध्यान आकर्षित कराने, सत्याग्रह के पक्ष में वातावरण बनाने और जनप्रतिरोध खड़ा करने की थी। गांधीजी ने पत्रकारिता को लोकशिक्षण का माध्यम बनाया था। उन्होंने 'यंग इंडिया' में लिखा था- "मेरा ध्येय अत्यन्त संयम के साथ, सत्याग्रह के बेजोड़ अस्त्र के प्रयोग की शिक्षा देना है। सत्याग्रह, जो अहिंसा और सत्य का प्रत्यक्ष प्रमाण है। मुझे निष्प्रयोजन नहीं लिखना है।"[1]

गाँधीजी की कारावास अवधि में सी.राजगोपालाचार्य, जयराम दौलतराम तथा जार्ज जोसफ ने 'यंग इंडिया' का सम्पादन किया। 'यंग इंडिया' को भी बारम्बार सरकार की प्रताड़ना का सामना करना पड़ा। 'यंग इंडिया' के माध्यम से महात्मा गाँधी ने अपने हिन्दुत्व का खुलासा निम्नलिखित टिप्पणी लिखकर किया था-

"मैं हिन्दू क्यों हूँ ?

"चूँकि मैं पैतृक संस्कारों को मानता हूँ और एक हिन्दू परिवार में पैदा हुआ हूँ, इसलिए मैं हिन्दू रहा हूँ। अगर मुझे मालूम हो जाए कि हिन्दू धर्म का मेरे नैतिक विचारों या आध्यात्मिक विकास के साथ मेल नहीं बैठता तो मैं उसे छोड़ दूँगा। मगर जाँच करके मैंने पाया है कि मैं जितने धर्मों को जानता हूँ, उन सबमें हिन्दू धर्म सबसे अधिक सहिष्णु है। इसमें कट्टरता का जो अभाव है वह मुझे बहुत पसन्द आता है, क्योंकि इससे उसके अनुयायी को आत्माभिव्यक्ति के लिए अधिक से अधिक अवसर मिलता है। हिन्दू धर्म एकांगी धर्म न होने के कारण उसके अनुयायी न सिर्फ अन्य सब धर्मों का आदर कर सकते हैं, परन्तु दूसरे धर्मों में जो कुछ अच्छाई हो, उसकी प्रशंसा भी कर सकते हैं और उसे हजम भी कर सकते हैं। अहिंसा सब धर्मों में समान है। परन्तु हिन्दू धर्म में वह सर्वोच्च रूप में प्रगट हुई है और उसका प्रयोग भी हुआ है। (जैन धर्म या बौद्ध धर्म को मैं हिन्दू धर्म से अलग नहीं मानता।) हिन्दू धर्म न केवल मनुष्य मात्र की, बल्कि प्राणीमात्र की एकता में विश्वास रखता है। मेरी राय में गाय की पूजा करके उसने दया धर्म के विकास में अद्‌भुत सहायता की है। यह प्राणीमात्र की एकता में और इसलिए पवित्रता में विश्वास रखने का व्यावहारिक प्रयोग है। पुनर्जन्म की महान धारणा इस विश्वास का सीधा परिणाम है।[2]

प्रताप

एक अप्रैल 1919 को महाशय कृष्ण ने लाहौर से उर्दू दैनिक *'प्रताप'* का प्रकाशन किया। फिरंगी हुकूमत के विरुद्ध उग्र लेखन करने के कारण एक सप्ताह में

1. यंग इंडिया, 2 जुलाई 1925
2. यंग इंडिया, 20 अक्टूबर 1927

ही सरकार ने 'प्रताप' के प्रकाशन पर रोक लगा दी। महाशय कृष्ण को एक साल की सजा हुई। जब वे जेल से रिहा हुए तब दैनिक 'प्रताप' का पुनः प्रकाशन किया। 'प्रताप' पर बार-बार सेंसर बिठाया गया। कुल मिलाकर लगभग चालीस हजार की जमानत जब्त की गई। महाशय कृष्ण और उनके पुत्र के.नरेन्द्र को चार बार और बड़े पुत्र वीरेन्द्र को आठ बार गिरफ्तार किया गया। सन 1947 तक दैनिक 'प्रताप' लाहौर से निकला और देश-विभाजन के बाद जालंधर में 31 दिसम्बर 1998 तक निकला। उनके निधन के बाद बंद हो गया। जालंधर से उर्दू दैनिक 'प्रताप' के साथ-साथ हिन्दी दैनिक 'वीर प्रताप' प्रकाशित किया गया था जो अभी भी प्रकाशित हो रहा है। ललित मोहन सम्पादन-प्रकाशन का दायित्व निभा रहे हैं।

के.नरेन्द्र के सम्पादन में अक्टूबर 1947 में 'प्रताप' का प्रकाशन दिल्ली से आरंभ किया गया और 'वीर अर्जुन' का स्वामित्व भी उसके हाथ में आ गया। यहीं से सन 1973 में हिन्दी दैनिक 'वीर अर्जुन' निकला। दिल्ली में आफसेट मुद्रण मशीन का पहला प्रयोग 'प्रताप' ने ही किया था। 'प्रताप', 'वीर प्रताप' और 'वीर अर्जुन' ने अपना विशिष्ट पाठक वर्ग तैयार किया और वही उसकी सबसे बड़ी ताकत रही है।

तरुण भारत

बेलगाँव से मराठी मासिक *'तरुण भारत'* का प्रकाशन एक जुलाई 1919 को हुआ। बाबूराव ठाकुर सम्पादक-प्रकाशक थे। एक अगस्त 1928 से यह साप्ताहिक हो गया। कांग्रेस आन्दोलनों के मुखर समर्थन के कारण 'तरुण भारत' से दो हजार रुपये की जमानत ली गई थी, जो गाँधी-इर्विन पेक्ट के बाद वापस मिल गई। बाबूराव ठाकुर की जेल यात्रा की अवधि में अच्युत सदाशिव देशपांडे, कल्याण रामचंद्र आम्बेबाड़ेकर, बा.रा.सुटणकर आदि ने 'तरुण भारत' का सम्पादन-प्रकाशन किया। सामाजिक, शैक्षणिक और राजनीतिक क्षेत्र में जहाँ भी अन्याय दिखता था, 'तरुण भारत' में बाबूराव ठाकुर की कलम निर्भीकता से चलती थी। सन 1950 में 'तरुण भारत' अर्द्धसाप्ताहिक हो गया। पाँच जुलाई 1966 से दैनिक समाचारपत्र के रूप में प्रकाशित होने लगा। सन 1979 में बाबूराव ठाकुर के निधन के उपरांत किरण ठाकुर 'तरुण भारत' का सम्पादन-प्रकाशन कर रहे हैं।

वर्तमान में मराठी दैनिक 'तरुण भारत' के संस्करण- बेलगाँव, गोवा, बेलापुर, सांगली, रत्नागिरी, सिंधु, दुर्ग और सातारा से प्रकाशित हो रहे हैं। 'तरुण भारत' समाचारों और विचारों की मुखर अभिव्यक्ति के साथ-साथ लोकहित के अनेक प्रकल्पों से भी जुड़ा हुआ है।

लोक संग्रह

11 जून 1919 को पुणे से मराठी दैनिक *'लोक संग्रह'* का प्रकाशन शंकर

राव लवाटे के सम्पादकत्व में हुआ। सम्पादक मण्डल में बाबा साहेब सोमण, शंकरराव देव, विनायक राव भुस्कुटे और शां.रा.मामादाते थे। इसका प्रकाशन रामकृष्ण दत्तात्रय पराडकर ने किया था। एक वर्ष बाद पराडकर ने राष्ट्रीय वांङ्.मय प्रसारक मण्डल की स्थापना कर 'लोक संग्रह' के प्रकाशन का जिम्मा मंडल को सौंप दिया। दिसम्बर 1920 से सोलह माह तक अण्णा साहब भोपटकर 'लोक संग्रह' के मुख्य सम्पादक रहे। सन 1923 में 'लोक संग्रह' का प्रकाशन बंद हो गया। मुख्यत: 'लोक संग्रह' का प्रसार प्राय: पूरे मराठी भाषी इलाकों में था। जगह-जगह इसकी एजेंसियाँ थीं। 'लोक संग्रह' के पृष्ठों में राजनीतिक गतिविधियों तथा समाचारपत्रों के दमन की खबरें भरी पड़ी हैं।

लोक संघर्ष

मराठी दैनिक *'लोक संघर्ष'* का प्रकाशन पुणे से सन 1919 में हुआ। सम्पादक एल.बी.भोपटकर और उनके बाद एस.जी.पावते हुए। असहयोग आन्दोलन को बल देने के लिए 'लोक संघर्ष' का प्रकाशन हुआ था। मराठी इनसाइक्लोपीडिया के रचनाकार डा.श्रीधर वेंकटेश केतकर भी कुछ समय के लिए सम्पादक रहे। सन 1922 में 'लोक संघर्ष' का प्रकाशन बन्द हो गया।

प्रजा पक्ष

सन 1919 में अकोला से मामा साहेब जोगलेकर के सम्पादकत्व में मराठी साप्ताहिक *'प्रजा पक्ष'* का प्रकाशन हुआ। 13 वर्ष बाद खु.या.देशपांडे सम्पादक हुए। मु.गो. सप्रे मुद्रक-प्रकाशक थे। पृष्ठ संख्या दस और वार्षिक शुल्क तीन रुपये था। इस साप्ताहिक समाचार पत्र में राजनीतिक खबरें प्रमुखता से छापी जाती थीं। समाचारपत्रों के विरुद्ध प्रेस एक्ट की ज्यादतियों की खबरें भी प्रमुखता से छपती थीं। मार्च 1930 में जब अकोला में हिन्दू महासभा का अखिल भारतीय सम्मेलन हुआ तब 'प्रजापक्ष' सप्ताह में दो बार प्रकाशित किया गया। सन 1930 में 'प्रजा पक्ष' दैनिक हो गया। रविवार को इसका साप्ताहिक संस्करण छपता था।

स्वदेश

गोरखपुर से 6 अप्रैल 1919 को हिन्दी साप्ताहिक *'स्वदेश'* का प्रकाशन आरंभ हुआ। पैंतालीस गुणित पच्चीस से.मी. आकार के इस साप्ताहिक में प्रत्येक पृष्ठ तीन कालम में विभक्त होता था। 'प्रताप' में गणेशशंकर विद्यार्थी से पत्रकारिता की दीक्षा लेने वाले दशरथप्रसाद द्विवेदी 'स्वदेश' के सम्पादक और मुद्रक थे। एक अंक का मूल्य एक आना और वार्षिक शुल्क गोरखपुर में ढाई रुपये तथा बाहर के ग्राहकों के लिए डाकखर्च सहित तीन रुपये था। मुखपृष्ठ पर बड़े अक्षरों में 'स्वदेश' और उसके नीचे छोटे अक्षरों में साप्ताहिक पत्र अंकित रहता था। इसके नीचे ध्येय वाक्य के रूप में प्रकाशित होने वाली ये पंक्तियाँ एक तरह से स्वदेश की विचारधारा,

संकल्प और दिशा का परिचय देती हैं-

"जो भरा नहीं है भावों से,
बहती जिसमें रसधार नहीं
वह हृदय नहीं है,
पत्थर है, जिसमें स्वदेश
का प्यार नहीं।"

REG. No. A......

मूल्य एक आना.

स्वदेश

साप्ताहिक पत्र।

जो भरा नहीं है भावों से, बहती जिस में रस-धार नहीं—
वह हृदय नहीं है, पत्थर है; जिस में स्वदेश का प्यार नहीं॥

प्रेमोपहार] गोरखपुर—फाल्गुन कृष्ण १४ सम्वत् १९७५ विक्रमी. [प्रेमोपहार

एक ज़रूरी सूचना।

'स्वदेश' के संचालकों का यह निर्णय था कि, जिस तरह भी हो, बसंतपंचमी से ही 'स्वदेश' का भी गणेश कर दिया जाय; क्योंकि, लोगों की यह एक आम शिकायत थी "कि 'स्वदेश' की प्रतीक्षा करते २ तो हमारी आँखें पथरा गईं—अब 'स्वदेश' निकल कर ही क्या करेगा?" अतएव, इन्हीं बातों को ध्यान में रख कर 'स्वदेश' का यह 'प्रेमोपहार' बसंतपंचमी पर ही तैयार कर लिया गया था। परन्तु, 'मानुष चेते और कछु, ईश करैं कुछ और' वाली कहावत के अनुसार स्वदेश-संचालकों के अरमान मन के मन ही में रह गये। उन्हें जिस बात की आशंका थी, अंत में, वह बात ठीक उतरी। हमें अब केवल यह निवेदन करना है कि जहाँ इतनी देरी हुई वहाँ एकाध सप्ताह की देरी और सही। अच्छा यह होगा कि 'स्वदेश' का कार्यक्रम नये सम्वत् के अनुसार (अर्थात्, चैत्र-कृष्ण-पक्ष से) हो। साथ ही गोरखपुर शहर के जो लोग इस अंक को देख कर खरीदार होना चाहें और हमारे पास 'स्वदेश' का वार्षिक मूल्य २० मार्च तक आदमी द्वारा अथवा मनीआर्डर द्वारा भेज दें तो हम उनके नाम इस साल २॥) के स्थान पर २) में ही 'स्वदेश' जारी कर देंगे। इसी प्रकार शहर से बाहर डाक द्वारा 'स्वदेश' मँगानेवाले सज्जनों के रुपये यदि हमारे पास ३१ मार्च तक

'प्रेस-एक्ट' की 'कृपा-दृष्टि'

पुलीस का प्रकोप!! मि० एटी की आज्ञा!!

'स्वदेश' से ५००) की 'ज़मानत'!

और

ज़मानत तलब किये जाने का एक बिल्कुल निराला ढंग!

पूर्व इसके कि हम 'स्वदेश' से ५००) की ज़मानत तलब किये जाने का कच्चा चिट्ठा लिखें, आवश्यक है कि हम स्वयं उस क़ानून का, थोड़े से शब्दों में, यहाँ कुछ स्पष्ट विवरण दे दें, जिसकी बदौलत आये दिन न जाने कितने प्रेस और पत्र मुफ़्त में हलाक़ हो चुके हैं और जिसकी आड़ लेकर अब भी बहुतेरों की गर्दनें रेती जा रही हैं। पाठक जानते होंगे कि सन् १९१० ई० में 'इंडियन प्रेस-एक्ट' अर्थात् छापाख़ाना सम्बन्धी क़ानून का अमल-दरामद सिर्फ़ इसलिए हुआ था कि जो प्रेस अथवा जो पत्र अपनी और राजद्रोहात्मक बातें जनता में फैलाई जाती थीं वे रुक जायँगी—उनका नाम-निशान मिट जायगा। सचमुच सरकार के ये विचार, शान्ति-स्थापन की दृष्टि से, बड़े ऊँचे पैमाने पर थे। और यही बात थी कि स्वर्गीय गोपाल कृष्ण गोखले ऐसे धुरन्धर देशभक्त तक ने इस क़ानून का, जब कि यह केवल मसविदा (बिल) के रूप में था, तब, उसका खूब ज़ोरों के साथ समर्थन किया था। परन्तु, आगे चलकर जब इस मसविदा (बिल) ने क़ानून का जामा पहना और दोषी तथा निर्दोषी सभी को एक ही घाट उतारने लग तो, तब

स्वदेश

'स्वदेश' के प्रकाशन की मूल योजना के अनुसार प्रथम अंक बसंत पंचमी को अथवा शिवरात्रि के दिन प्रकाशित होना था। परन्तु जिला दण्डाधिकारी ने 1910 के इंडियन प्रेस एक्ट के अन्तर्गत 'स्वदेश' से प्रकाशन के पूर्व ही पाँच सौ रुपये की जमानत माँग ली। जमानत की लिखा-पढ़ी में बीस दिन का समय लग गया। इसलिये उसका नियमित प्रकाशन छह अप्रैल 1919 को आरंभ हो सका। गोरखपुर में 'स्वदेश' का अपना प्रेस था। 'स्वदेश' ने माघ शुक्ल 5 संवत् 1975 विक्रमी और फाल्गुन कृष्ण 14 संवत 1975 विक्रमी को क्रमश: सोलह और चार पृष्ठ के दो अंक 'प्रेमोप्रहार' अंक के रूप में बसंत पंचमी और शिवरात्रि के उपलक्ष्य में प्रकाशित किए। 'स्वदेश' का प्रकाशन प्रत्येक रविवार को किया जाता था।

नियमित प्रकाशन आरंभ करने से पहले ही 'स्वदेश' के प्रकाशक को दुष्प्रचार का खण्डन करने के लिए स्पष्टीकरण प्रकाशित करना पड़ा- "स्वदेश प्रेस तथा स्वदेश पत्र में श्री शिवमंगल प्रसाद की एक कौड़ी भी नहीं लगी है, जो लोग उन्हें अपने प्रेस अथवा पत्र का मालिक समझते हैं, वे बड़ी भूल करते हैं। उन्हें आगे से ध्यान रखना चाहिए कि प्रेस तथा पत्र दोनों का कुल काम एकमात्र मेरी देख-रेख में है।"

'स्वदेश' ने अपने विचारपथ को स्पष्ट करते हुए बसंत पंचमी के प्रेमोपहार अंक में- 'स्वदेश की समदृष्टि' शीर्षक के अन्तर्गत लिखा- "स्वदेश अपने देश को

समृद्धशाली बनाने के लिए अपने सामने क्या सिद्धांत रक्खेगा- यह बात तो पाठक आगे चलकर इसी अंक में ही पढ़ेंगे, परन्तु संक्षेप में यह कह देना अनुचित न होगा कि स्वदेश के संचालक स्वदेश को एक सर्वप्रिय पत्र बनाना चाहते हैं। स्वदेश की नीति रूपी (भीत) दीवार सत्य और न्याय की नींव पर खड़ी होगी। यदि हमारे देशवासियों में से कुछ अथवा अधिकांश लोग अभी इस योग्य नहीं हैं कि वे अपने पैरों पर खड़े हो सकें तो स्वदेश का प्रयत्न होगा कि वे इस योग्य बनें। यदि हमारे अधिकारियों में से कुछ अथवा अधिकांश अधिकारी (हाकिम) इस समय मनमाने ढंग से हुकूमत करते हैं तो उनके लिए भी 'स्वदेश' का यह प्रयत्न होगा कि वे ऐसा न करें। परमात्मा उन्हें सुबुद्धि दे। 'स्वदेश' इस बात का कायल नहीं कि सब धान बाइस पसेरी तौले जायें। योग्य और उदार व्यक्तियों की योग्यता और उदारता को- चाहे वे अधिकारी हों अथवा हमारे देशवासी- स्वदेश अपने पाठकों के सामने, उसी प्रकार शुद्ध भाव से रक्खेगा जिस प्रकार कि उनकी अयोग्यता और अनुदारता को। इस विषय में स्वदेश किसी दल विशेष की ओर झुकना पसन्द नहीं करता।"

'स्वदेश' के दूसरे पृष्ठ पर अग्रलेख का प्रकाशन किया जाता था। 'स्वदेश' का अपना लोगो था, जिसके शीर्ष पर ओम केन्द्र में भारत के नक्शे के बीचों-बीच स्वदेश, उसकी गोलाकार परिधि में जननी जन्मभूमिश्च स्वर्गादपि गरीयसी और राष्ट्रीय नारा वंदे मातरम् लिखा रहता था। इसी के नीचे "ईश, भूप और देश, पूज्य शैव्य, जीवनेश" और उसके नीचे यह दोहा प्रकाशित किया जाता था-

"स्वर्गलाभ के लिये आत्मबलि हम न करेंगे।
जिस स्वदेश में जिये, उसी पर सदा मरेंगे।"

'स्वदेश' के बसंत पंचमी प्रेमोपहार अंक में महावीर प्रसाद द्विवेदी, लाला लाजपतराय, श्रीकृष्णदत्त पालीवाल, बलभद्रप्रसाद शुक्ल, मुंशी प्रेमचन्द-प्रभृति साहित्यकारों की रचनाएं प्रकाशित की गई थीं। इससे दो बातों का पता चलता है- एक, स्वदेश का प्रकाशन सुविचारित योजना से हुआ था, और दो, स्वदेश को हिन्दी के सुप्रसिद्ध रचनाकारों का सहयोग सुलभ था।

भविष्य

सन 1919 में इलाहाबाद से स्वातंत्र्य योद्धा पं. सुन्दरलाल ने हिन्दी साप्ताहिक पत्र *'भविष्य'* का सम्पादन-प्रकाशन किया। इसके पहले वे 'कर्मयोगी' जैसा प्रखर राष्ट्रवादी पत्र निकाल चुके थे। 'भविष्य' भी उसी राह पर चला और तीन बार उससे जमानत माँगी गई- क्रमशः 3000 रुपये, 5000 रुपये और 10,000 रुपये। प्रसिद्ध वकील तेजबहादुर सप्रू ने तीनों बार 'भविष्य' की ओर से जमानत के आदेशों को अदालत में चुनौती दी, परन्तु आदेश निरस्त नहीं हुए। परिणामतः 'भविष्य' बन्द हो गया। तब सप्रू की सलाह पर कि लोकप्रियता और साधन दोनों ही दृष्टि से दैनिक

समाचारपत्र का प्रकाशन अधिक सुगम हो सकेगा। पं. सुन्दरलाल ने सन 1920 में दैनिक 'भविष्य' का प्रकाशन आरम्भ किया। भविष्य प्रेस स्थापित किया गया। 'भविष्य' आशा के अनुरूप शीघ्र ही लोकप्रिय हुआ। उसकी प्रसार संख्या 2000 हो गई। कुछ समय बाद गाँधीजी ने कांग्रेस की सांगठनिक जवाबदारी सौंप कर पं. सुन्दरलाल को मध्यप्रान्त भेज दिया, 'भविष्य' की जवाबदारी पं. मोतीलाल नेहरू पर छोड़ दी गई। जब दैनिक 'भविष्य' से 2500 रुपये की जमानत माँगी गई, तब प्रकाशन बन्द कर देना पड़ा।

विजय

सन 1919 में इन्द्र विद्यावाचस्पति ने दिल्ली से हिन्दी दैनिक *'विजय'* का प्रकाशन आरम्भ किया। इसी नाम से साप्ताहिक ('विजय') सन 1913 में दिल्ली से हरिश्चन्द्र विद्यालंकार और बलभद्र विद्यालंकार ने निकाला था जो अल्पजीवी रहा था। (हरिश्चन्द्र विद्यालंकार, इन्द्र के अग्रज थे। सन 1913 में राजा महेन्द्रप्रताप के साथ विदेश चले गए थे और गदर पार्टी में सक्रिय हो गए थे। वहीं ब्रिटिश जासूसों की अमानुषिक यातनाओं के कारण उनकी मृत्यु हो गई थी।) दैनिक 'विजय' को स्वामी श्रद्धानंद का 'संरक्षण' तथा 'न्यू इंडिया' से आए तारिणीप्रसाद सिन्हा का सक्रिय सहयोग मिला। 70 विक्रीत प्रतियों के साथ आरम्भ हुए दैनिक 'विजय' ने तीन महीने की छोटी-सी अवधि में प्रसार संख्या 1400 तक बढ़ा ली थी। गांधीजी के सत्याग्रह आन्दोलन का पक्ष लेकर दैनिक 'विजय' की राष्ट्रीय

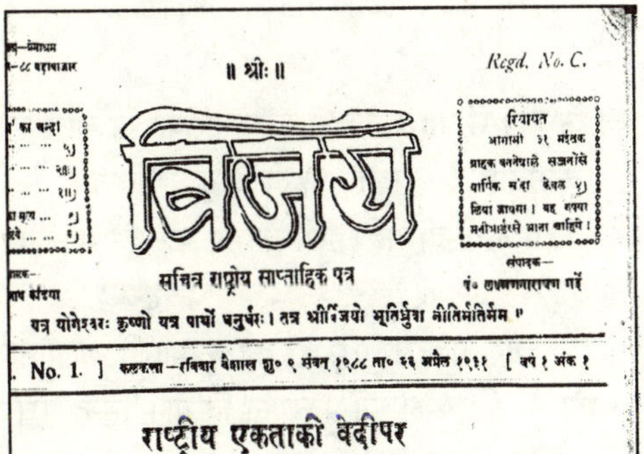

॥ श्रीः ॥

Regd. No. C.

विजय

सचित्र राष्ट्रीय साप्ताहिक पत्र

यत्र योगेश्वरः कृष्णो यत्र पार्थो धनुर्धरः। तत्र श्रीर्विजयो भूतिर्ध्रुवा नीतिर्मतिर्मम ॥

No. 1.

राष्ट्रीय एकताकी वेदीपर

विजय

फुटकळ अंकाची किंमत ९ पै.

सचित्र साप्ताहिक

Reg. No. B. 1408

विदूषक

निस्सहस्य वर्णं जगत्।

वर्ष १ लें.] मुंबई, विदूषक, शनिवार ता. २९ नवंबर सन १९१९. [अंक ८ वा.

अस्सल काबुली पवित्र हिरा-हिंग.

कामिनिआ ऑईल

KAMINIA OIL THE IDEAL HAIR TONIC

गुण न आल्यास पैसे परत.

द्राक्षार्कमधु

रक्तशुद्धि व धातुवृद्धिकारक

श्वासरिपु-श्वासरिपु

श्री तैलंग डायरी.

विदूषक

पत्र के रूप में पहचान बनी और पाठकों के बीच लोकप्रिय हुआ। फिरंगी हुकूमत की कोपदृष्टि के चलते पहले दैनिक 'विजय' से जमानत माँगी गई और फिर सेंसरशिप लगा दी गई। इसी कारण पत्र का प्रकाशन बन्द करना पड़ा।

विदूषक

चार अक्टूबर 1919 को कृष्णाजी काशीनाथ फडके उपाख्य तात्यासाहेब फड़के ने *'विदूषक'* का प्रकाशन किया। 'हिन्दू पंच' बन्द हो गया था और उसकी रिक्ति को भरने का प्रयास फडके ने किया था। चौदहवें अंक की तैयारी चल रही थी कि सन 1920 में उनकी मृत्यु हो जाने पर 'विदूषक' बन्द हो गया। 'संदेश' के सम्पादक अच्युतराव कोल्हटकर ने फडके के कृतित्व पर सम्पादकीय लिखा था- "फडके का तीखा और मार्मिक विनोद मराठी पाठक कभी भूलेंगे नहीं। महाराष्ट्र में विनोदी लेखन की परम्परा 'हिन्दू पंच' के द्वारा फडके जी ने शुरू की। इसमें हास्य चित्र और विनोदी लेख आते थे।"

छह अक्टूबर 1909 को छह वर्ष की आयु में 'हिन्दू पंच' का प्रकाशन बन्द हुआ था क्योंकि अरुणोदय प्रेस को सरकार ने जब्त कर लिया था। 'विदूषक' के प्रकाशन का इरादा सन 1913 में फडके ने घोषित किया था, परन्तु वह कार्य रूप ले पाया सन 1919 में। पृष्ठ संख्या चार थी। आकार 50 गुणित 35 से.मी. था। एक प्रति का मूल्य तीन पैसे था। इसके कार्टून, व्यंग्य-विनोद के लेख रुचिकर होते थे। फडके के निधन के कुछ समय बाद 'विदूषक' फिर निकलने लगा, पर ज्यादा दिनों तक चला नहीं।

खन्ना प्रेस कानपुर से गोवर्धनदास खन्ना ने नवम्बर 1919 में हिन्दी मासिक पत्रिका *'संसार'* का प्रकाशन किया। सम्पादक उदयनारायण वाजपेयी और नारायणप्रसाद अरोड़ा थे। पृष्ठ संख्या 40, आकार 23 गुणित 17 से.मी. और वार्षिक शुल्क तीन रुपये था।

सन 1919 में नागपुर से मराठी मासिक पत्रिका *'उद्यम'* का प्रकाशन म.कृ.पाध्ये ने किया। कृषि और औद्योगिक विषयों की यह पत्रिका व्यावहारिक जानकारियाँ देती थीं। फल बाग, कृषि, स्त्री-उद्यम, संतरा, आम, चावल जैसे विशेषांकों का प्रकाशन कर 'उद्यम' ने अपनी सार्थकता सिद्ध की थी। विश्वनाथ नारायण वाडेगांवकर सम्पादक थे। पत्रिका दीर्घजीवी हुई।

'मारवाड़ी हितकारक' का प्रकाशन मार्च 1919 में धामणगाँव से हुआ। मारवाड़ी भाषा प्रचारक मण्डल ने मारवाड़ी भाषा में यह मासिक पत्र निकाला था। सम्पादक छोटेराम शुक्ल और प्रकाशक नारायण अग्रवाल थे। सन 1923 तक प्रकाशन हुआ।

नागपुर से नवम्बर 1919 में हिन्दी साप्ताहिक *'संकल्प'* का प्रकाशन किया गया। राष्ट्रीय आन्दोलन का समर्थक यह पत्र दो वर्ष तक निकला। वार्षिक शुल्क तीन रुपये था। पत्र के नाम शीर्ष के नीचे यह चौपाई छापी जाती थी-

"करि विचार देखा मनमाही।
पराधीन सपनेहु सुख नाही।"

आर्य प्रतिनिधि सभा पंजाब ने लाहौर से मई 1919 में वैदिक तत्वज्ञान और धर्म प्रचारक हिन्दी मासिक *'आर्य'* का प्रकाशन किया। पृष्ठ संख्या 64, आकार 24 गुणित 16 से.मी. और वार्षिक शुल्क 3 रुपये था। पत्रिका के मुद्रक-प्रकाशक मदनलाल और संपादक स्वामी वेदानंद तीर्थ थे। डिब्रूगढ़ से हिन्दी का पहला पत्र *'प्रकाश'* सन 1919 में प्रकाशित हुआ। वित्तेश्वर दत्त सम्पादक थे।

सियासत

सन 1919 में पंजाब में अखबारों पर कठोर प्रतिबंध थे। लगभग सभी अखबार सरकारी दमनचक्र के शिकार हो रहे थे। बाहर से आने वाले पत्रों के प्रवेश पर पाबंदी थी। तब मौलाना सैयद हबीब ने सन 1919 के आरंभ में लाहौर से उर्दू दैनिक 'सियासत' का सम्पादन-प्रकाशन किया। 'सियासत' की नीति खिलाफत आन्दोलन और असहयोग आन्दोलन के समर्थन की थी। रोलेट एक्ट और जलियांवाला बाग नरसंहार के विरोध में 'सियासत' में खूब लिखा जा रहा था। अखबार पर सेंसर बिठाया गया, जमानत माँगी गई, मौलाना सैयद हबीब को गिरफ्तार कर तीन साल कैद की सजा दी गई। असहयोग आन्दोलन के दिनों में 'सियासत' के पहले पन्ने पर नामशीर्ष के नीचे 'वन्दे मातरम्' छापा जाने लगा था। स्थानीय समाचारों के अलावा बाहरी खबरों के लिए 'सियासत' अँगरेजी अखबारों पर निर्भर रहता था।

मई 1919 में दिल्ली से चार पृष्ठ का उर्दू दैनिक *'कांग्रेस'* निकला। सम्पादक मौलाना आरिफ हस्वी और प्रबन्ध सम्पादक लाला शंकरलाल थे। स्वतंत्रता के पक्ष में निर्भीकता से लिखता था। जून 1919 में सेंसर बिठाया गया और 'कांग्रेस' से दो हजार रुपये की जमानत माँगी गई। फलत: अखबार बंद हो गया, जो नवम्बर 1921 में पुन: प्रकाशित हुआ। वार्षिक शुल्क तेरह रुपये था।

उखुवत

मार्च 1919 में लखनऊ से उर्दू दैनिक *'उखुवत'* का प्रकाशन नवाब जुल्फिकार जंग ने किया। सम्पादक मौलाना फजलुर्रहमान थे। पृष्ठ संख्या चार और वार्षिक शुल्क बारह रुपये था। राजनीति और सामाजिक विषयों पर 'उखुवत' के सम्पादक खुलकर कलम चलाते थे। मौलाना अब्दुल बारी का अँगरेजी हुकूमत की आलोचना करने वाला पत्र 'उखुवत' में प्रकाशित होते ही अखबार से एक हजार रुपये की जमानत माँग ली गई। लखनऊ में रोलेट एक्ट के समर्थन में ताल्लुकेदार और महाजन एक सभा करने वाले थे। इस सम्बन्ध में 'उखुवत' ने एक करारा लेख छापा। अँगरेज परस्तों ने इस पर मुकदमा कर दिया। लखनऊ की अदालत ने सम्पादक मौलाना फजलुर्रहमान को दस मास और प्रकाशक फखरुद्दीन को छह मास की सजा सुनााई।

अक्टूबर 1919 में लखनऊ से उर्दू साप्ताहिक *'हकीकत'* का सम्पादन-प्रकाशन अनीस मोहम्मद ने किया। 'हकीकत' दीर्घजीवी अखबार है। सन 2003 में 'हकीकत' के सम्पादक-प्रकाशक और मुद्रक डा. तारक अहमद अलवी हुए।

इसी वर्ष दिल्ली से उर्दू का रोजाना अखबार *'रैयत'* प्रकाशित हुआ। सरदार दीवान सिंह मफतून 'रैयत' के संस्थापक-सम्पादक थे। आर्थिक कठिनाई के कारण जब रैयत के बंद होने की नौबत आ गई तब एहसान-उल-हक ने इस शर्त पर अखबार का जिम्मा सम्हाला कि वे केवल धन लगाएँगे। लेकिन अखबार का पूरा काम सरदार साहब और वाहिदी साहब देखेंगे। नियाज फतहपुरी को मुख्य सम्पादक बनाया गया। उन्हें इसके लिए भोपाल से बुलाया गया था। 'रैयत' की नीति अवामी थी। इसलिए सरकार की उस पर टेढ़ी नजर थी। उग्र टिप्पणियों के कारण सरकार को 'रैयत' पर प्रतिबंध लगाने का मौका मिल गया और 'रैयत' बंद हो गया।

हैदराबाद से सन 1919 में महिलाओं की मासिक पत्रिका *'अल निसा'* निकली। सम्पादक सुगरा बेगम 'हया' उर्दू की अच्छी लेखक थीं। ज्यादातर रचनाएँ महिलाओं की प्रकाशित होती थीं। पृष्ठ संख्या चालीस और वार्षिक शुल्क तीन रुपये था।

जुलाई 1919 में अमरोहा से उर्दू मासिक पत्रिका *'हमजोली'* प्रकाशित हुई। युवाओं की यह पत्रिका चौंसठ पृष्ठ की थी। वार्षिक शुल्क तीन रुपये था।

हकीम अजमल खाँ ने सन 1919 में दिल्ली से *'सबाह'* का प्रकाशन कराया। सम्पादक काजी अब्दुल गफ्फार थे। इसके पहले ही अंक में अखबारों के खिलाफ सरकार के कड़े रवैये की आलोचना की गई थी। लाला करमचंद ने लाहौर से *'पारस'* का प्रकाशन किया। आजादी के बाद भी कुछ वर्षों तक दिल्ली से निकला। जनवरी 1919 में गुरुदासपुर से उर्दू मासिक पत्रिका *'फतह'* निकली। सम्पादक सरदार गंडा सिंह थे। पृष्ठ संख्या 48 और वार्षिक शुल्क तीन रुपये था। जबलपुर से उर्दू मासिक पत्रिका *'नसीम-ए-सहर'* अब्दुल रसूल साकेब के सम्पादकत्व में निकली। इसी नाम की एक और मासिक पत्रिका पुणे से प्रकाशित हुई। फरवरी 1919 में वहीद अहमद जैदी ने बदायूँ से 64 पृष्ठ की उर्दू मासिक पत्रिका *'नकीब'* निकाली। वार्षिक शुल्क चार रुपये था। यह साहित्यिक और ज्ञान-विज्ञान की पत्रिका थी। सम्पादक के अंदाज-ए-बयान का एक नमूना- "कागज की मँहगाई और चाँदी का सस्ता होना दुनिया के इतिहास की एक यादगार घटना है।" अकबर इलाहाबादी ने 'नकीब' के लिये यह शेर कहा था-

"खतरा हुआ जो कौम को फौज-ए-रकीब का,
निकला मुकाबले को रिसाला नकीब का।"

'नकीब' तीन वर्ष तक प्रकाशित हुई। सन 1919 में लाहौर से उर्दू मासिक पत्रिका *'निजाम'* मुंशी मुहीउद्दीन फौक के सम्पादन में निकली। कारी अब्बास हुसैन ने दिल्ली से उर्दू पाक्षिक पत्रिका *'निसाई'* निकाली। हसनपुर, मुरादाबाद से उर्दू मासिक *'लुत्फ-ए-सुखन'* निकला। सम्पादक दोस्त मोहम्मद खाँ अतीक थे। सुल्तान जहाँबेगम चंगेजी ने दिल्ली से जनवरी 1919 में उर्दू मासिक पत्रिका *'दाई'* का सम्पादन-प्रकाशन किया। खरदर, जिला मुलतान से उर्दू मासिक पत्रिका *'दिल नवाज'* प्रकाशित हुई। जुलाई 1919 में शेरकोट, जिला बिजनौर से उर्दू साप्ताहिक *'दस्तूर'* प्रकाशित हुआ। सम्पादक मौलवी मजहरउद्दीन थे। पृष्ठ संख्या आठ और वार्षिक शुल्क छह रुपये था। राजनीतिक चेतना का अखबार था। सरकार की तीखी आलोचना करता था। जब सरकार ने प्रेस एक्ट के तहत 'दस्तूर' की जमानत जब्त कर ली तब अखबार का प्रकाशन बन्द हो गया। दिल्ली से उर्दू की धार्मिक मासिक पत्रिका *'अल मजहब'* निकली। मार्च 1919 में हैदराबाद से *'अल वाइज'* का प्रकाशन हुआ। इस उर्दू मासिक पत्रिका की पृष्ठ संख्या 48, वार्षिक शुल्क तीन रुपया था। सम्पादक मौलवी अब्दुल हक थे।

लखनऊ से स्वास्थ्य मासिक पत्रिका *'अल हयात'*, मेरठ से उर्दू की मासिक-धार्मिक पत्रिका *'अल नजर'*, अमृतसर से उर्दू मासिक *'एजाज-उल-कुरान'*, दिल्ली से उर्दू मासिक *'यादगार-ए-दर्द'* और मासिक *'मुहक्की'* का प्रकाशन हुआ। जनवरी 1919 में उर्दू मासिक पत्रिका *'जरूरत'* प्रकाशित हुई। ज्ञान-विज्ञान, उपचार,

उद्योग-व्यापार की पत्रिका थी। लड़कियों में शिक्षा का प्रसार करने के लिये दिल्ली से उर्दू मासिक पत्रिका *'उस्तानी'* प्रकाशित हुई। सम्पादक ख्वाजा बानू और संरक्षक ख्वाजा हसन निज़ामी थे। गुजरावालां से सम्पादक पीरजादा वली मोहम्मद मखदूमी ने हर दसवें रोज छपने वाला उर्दू का अखबार *'इन्तिखाब'* निकाला। इसी नाम की उर्दू मासिक पत्रिका सितम्बर 1919 में जावरा से प्रकाशित हुई। मुरादाबाद से उर्दू साप्ताहिक *'इकबाल'* अप्रैल 1919 में निकला। सम्पादक-प्रकाशक मिर्जा इसहाक बेग थे। गुवाहाटी से *'इस्लामी अखबार'* निकला। दिल्ली से उर्दू साप्ताहिक *'कौम'*, लाहौर से *'गुरु घंटाल'* और *'केसरी'* का प्रकाशन हुआ। *'कौम'* के सम्पादक अब्बास हुसैन और 'गुरु घंटाल' तथा 'केसरी' के सम्पादक लाला श्यामलाल कपूर थे।

दिल्ली से उर्दू साप्ताहिक *'इंकलाब'* मौलाना आरिफ हस्वी के सम्पादकत्व में मुल्ला वाहिद अली ने प्रकाशित किया। पृष्ठ संख्या आठ और वार्षिक शुल्क तीन रुपये था। राजनीतिक पत्र था जो खुलकर हिन्दुस्तानियों के हित में लिखता था। जब *'इंकलाब'* की दो हजार रुपये की जमानत जब्त होने की नौबत आई तब अखबार का प्रकाशन बंद कर दिया गया। लखनऊ से लाला हरदयाल ने उर्दू साप्ताहिक *'रिफार्मर'* निकाला। दिल्ली से उर्दू में उद्योग, व्यापार का पाक्षिक पत्र *'ताजिर'* प्रकाशित हुआ। वार्षिक शुल्क तीन रुपये था।

सन 1919 में तेलुगु के बारह पत्र-पत्रिकाओं का प्रकाशन हुआ। तेलुगु पाक्षिक *'आंध्र जननी'* के सम्पादक बी.वी.कृष्णाराव थे। राजनीतिक पत्र था। राजमुंदरी से ए.सत्यनारायण शर्मा ने शैक्षिक मासिक पत्रिका *'गौतुमी ग्रन्थालयोद्यमम्'* प्रकाशित की। नगाड़ा गाँव से ईसाई मिशनरी की पत्रिका *'तेजरिल्लू'* निकली। मछलीपट्टणम् से *'तेलुगु लॉ जर्नल'* निकला। टी.पुरुषोत्तम सम्पादक थे। तेलुगु मासिक *'ब्राह्मधर्म प्रकाशिका'* राजमुंदरी से निकली। पी.वी.लक्ष्मीनारायण सम्पादक थे। बी.सुब्बाराव ने करपा से तेलुगु मासिक *'भक्त संजीवनी'* निकाली। तेनाली से टी.शिवशंकर शास्त्री ने तेलुगु द्वैमासिक *'साहिति'* का प्रकाशन किया। बी.शेषगिरी राव ने तेलुगु मासिक *'साहित्य'* निकाली।

महिलाओं के लिये तेलुगु मासिक पत्रिका *'सौन्दर्यवल्ली'* चेन्नै से रामाबाई के सम्पादकत्व में निकली। काशीनाथ नागेश्वर राव के सम्पादकत्व में चेन्नै से तेलुगु मासिक *'शैवमत प्रकाशिका'* का प्रकाशन हुआ। इसी वर्ष वेंकटगिरि से तेलुगु मासिक पत्रिका *'विद्याभिवर्धनी'* एन.सुब्बराव ने निकाली।

इंडियन एनुअल रजिस्टर

सन 1919 में अँगरेजी वार्षिकी *'इंडियन एनुअल रजिस्टर'* का प्रकाशन आरम्भ हुआ। इसमें भारत के सम्बन्ध में वर्ष भर में हुई घटनाएँ, विधायिका की कार्यवाही, सरकारी रिपोर्टें, राजनीतिक दलों की स्थिति, शैक्षिक स्थिति, साहित्य,

उद्योग, व्यापार, कला, कृषि आदि की रिपोर्ट छपती थी। एक प्रति का मूल्य पाँच रुपये था। सन्दर्भ की दृष्टि से 'इंडियन एनुअल रजिस्टर' का स्थायी महत्व है।

'इंडियन फिलासिफिकल रिव्यू' का प्रकाशन बड़ौदा से हुआ। सम्पादक ए.जी.बिडगेरी थे। विद्वानों के लेखों से पत्रिका समृद्ध रहती थी। अँगरेजी मासिक *'ए.ए.एस.आई.न्यूज'* का प्रकाशन हुआ। आटोमोबाइल एसोसिएशन की पत्रिका थी। बच्चों की पत्रिका *'आह्वान'* और *'पारिजात'* इसी वर्ष प्रकाशित हुए। पाँचवें वर्ष में बन्द हो गई।

ईस्टर्न इकानामिस्ट

सन 1919 में नई दिल्ली से *'ईस्टर्न इकॉनामिस्ट'* नामक अँगरेजी साप्ताहिक अखबार आरम्भ हुआ। इस अखबार का पंजीयन लंदन में हुआ था, जबकि मुद्रण दिल्ली के हिन्दुस्तान टाइम्स प्रेस में होता था। यह आर्थिक विषयों का उच्च स्तरीय पत्र था जिसमें अग्रलेख, सप्ताह के समाचार, बाहरी दुनिया, मुद्रा बाजार, वस्तुओं के समाचार, कम्पनी समाचार, वर्तमान सांख्यिकी तथा दिल्ली की डायरी स्तंभ नियमित रूप से प्रकाशित होते थे। सन 1949 में एफ.पी.डब्ल्यू. डिकोस्टा सम्पादक हुए। सन 1963 में वी.बाल सुब्रमण्यम सम्पादक हुए। 'ईस्टर्न इकानामिस्ट' के बजट विशेषांक महत्वपूर्ण होते थे।

रघुवर प्रसाद द्विवेदी और मातादीन शुक्ल के सम्पादकत्व में रायपुर की कान्यकुब्ज सभा ने मासिक *'कान्यकुब्ज नायक'* का प्रकाशन किया। अक्टूबर 1919 में इंदौर से विद्यार्थियों के लिए ज्ञानवर्द्धक पत्रिका *'चन्द्रप्रभा'* का प्रकाशन हुआ जो 1927 में बंद हो गई। मुम्बई से प्यारेमोहन श्रीवास्तव ने हिन्दी मासिक पत्रिका *'हिन्दू भ्रमण'* निकाली जो एक वर्ष बाद बन्द हो गई। हैदराबाद (सिंध) से *'हिन्दवासी'* का प्रकाशन हुआ। सम्पादक जेठाभाई परसराम थे। उन्हें जुलाई 1919 में चार साल की सजा हो गई। लश्कर से जातीय पत्र *'हैहय वंश समाचार'* निकला। फरवरी 1919 में उदयनारायण वाजपेयी के सम्पादकत्व में इटावा से हिन्दी मासिक पत्रिका *'बिजली'* निकली। अलीगढ़ से हिन्दी मासिक पत्रिका *'बारह सैनी'* निकली। मुंगेली से हिन्दी मासिक *'भानूदय'* प्रकाशित हुआ। इसके कुल चार अंक निकले।

इन्द्रप्रस्थ कन्या पाठशाला ने *'शक्ति'* नामक पत्रिका निकाली। नागपुर से *'राव साहेब का नगाड़ा'* निकला। आगरा से सचित्र व्यापारिक पत्र *'अग्रवाल बंधु'* सन 1919 में निकला। सन 1924 में बंद हो गया।

तमिल साहित्यिक पत्रिका *'लोकमत'* सन 1919 में प्रकाशित हुई। साहित्यप्रेमियों के लिए यह एक उत्तम पत्रिका थी। गुजराती मासिक 'वैष्णव धर्म'

पत्रिका के सम्पादक बसंतराव हरिकृष्ण शास्त्री और प्रकाशक आर.बी.गुरुस्वामी थे।

मंगलूरु से कन्नड मासिक पत्रिका *'सहकारी'* प्रकाशित हुई। एम.शिवराम सम्पादक थे। केशवचन्द्र गुप्त के सम्पादकत्व में बंगला मासिक *'अर्चना'* प्रकाशित हुई। मराठी साप्ताहिक *'राष्ट्र हितैषी'* पुणे से अप्रैल 1919 में प्रकाशित हुआ। पांडुरंग नरसिंह पटवर्धन, रामचन्द्र विष्णु फरकडे इस पत्र के सम्पादक-प्रकाशक थे। राजनीति और साहित्य का पत्र था। सन 1920 में बंद हो गया।

जुलाई 1919 में अमलनेर से त्रैमासिक *'तत्व ज्ञानमन्दिर'* प्रकाशित हुआ। मराठी साप्ताहिक *'कोलाबा समाचार'* 25 अक्टूबर 1919 को कोलाबा से निकला। यह मराठी पत्र एक आदर्श जिला पत्र के रूप में स्मरण किया जाता है। संस्थापक सम्पादक रामभाऊ मांडलिक थे। उनके बाद विश्वनाथ मांडलिक सम्पादक हुए। जातीय मासिक पत्रिका *'भण्डारी'* दरभंगा से निकली। सितम्बर 1919 में हैदराबाद से मासिक *'बोध'* निकला। पुणे से मराठी अखबार *'सहकारी मित्र'* का प्रकाशन अगस्त 1919 में हुआ। शिकारपुर (सिंध) से सन 1919 में सिद्धेश्वर शर्मा के सम्पादकत्व में *'सिंधु समाचार'* प्रकाशित हुआ। मराठी साप्ताहिक *'राष्ट्र सेवक'* जलगाँव से प्रकाशित हुआ। कोल्हापुर से मास्टर आत्माराम के सम्पादकत्व में द्वैमासिक *'वैदिक मार्त्तण्ड'* प्रकाशित हुआ। जनवरी 1919 में श्रीपाद दामोदर सातवलेकर के सम्पादकत्व में धार्मिक मासिक पत्रिका *'वैदिक धर्म'* निकली। सीताराम बलवंत ने मराठी मासिक *'विविध'* का प्रकाशन अक्टूबर 1919 में इन्दौर से किया। सितम्बर 1919 में मराठी मासिक पत्रिका *'भारत लक्ष्मी'* प्रकाशित हुई। इसी वर्ष लखनऊ से मासिक *'व्यापार'* प्रकाशित हुआ। आर.एस.अग्रवाल सम्पादक थे।

प्रसिद्ध नाटककार द्विजेन्द्रलाल राय ने सन 1919 में कोलकाता से बंगला मासिक पत्रिका *'सचित्र भारतवर्ष'* का प्रकाशन किया। सम्पादक जलधर सेन और उपेन्द्रनाथ बंद्योपाध्याय थे। वार्षिक शुल्क छह रुपये था। उत्कृष्ट सामग्री और सुरुचिपूर्ण प्रस्तुति के कारण पत्रिका लोकप्रिय हुई।

हिन्दी पत्रकारिता का आदर्श

1920

आज

हिन्दी में 'लन्दन टाइम्स' जैसा स्तरीय दैनिक समाचारपत्र प्रकाशित करने का संकल्प शिवप्रसाद गुप्त ने अपने विश्वभ्रमण में लिया। ज्ञान मण्डल प्रकाशन गृह की स्थापना की। पाँच सितम्बर 1920 को काशी से हिन्दी दैनिक *'आज'* का प्रकाशन आरम्भ किया। प्रकाशक ज्ञान मण्डल और सम्पादक श्रीप्रकाश हुए। 'आज' के मुखपृष्ठ पर रामचरितमानस की यह अर्द्धाली छपती थी– "पराधीन सपनेहु सुख नाहीं।"

अन्य समकालीन समाचारपत्रों की तुलना में 'आज' एक अच्छे दैनिक पत्र के गुण धर्म से परिपूर्ण था। देश–विदेश की खबरें प्राप्त करने के लिए 'आज' ने समाचार एजेंसी रायटरऔर एसोसिएटेड प्रेस की सेवाएं ली थीं। संवाददाताओं की नियुक्ति प्राय: सभी प्रमुख स्थानों पर की गई थी। 'आज' की सारगर्भित टिप्पणियों, विचारपूर्ण अग्रलेखों, सामाजिक–राजनीतिक–सांस्कृतिक समाचारों तथा देशभक्ति से ओतप्रोत विचारों के कारण शीघ्र ही राष्ट्र के प्रमुख समाचारपत्रों में उसकी प्रतिष्ठा हो गई।

प्रवेशांक में प्रकाशित पहले अग्रलेख में 'आज' के सम्पादक ने लिखा– "जब कोई नया पत्र संसार में प्रवेश करने का साहस करता है तो यह साधारण नियम हो गया है कि प्रथम वह अपना उद्‌देश्य बतलाये अर्थात इसको दिखलाने का यत्न करे कि वह किसी अभाव को पूर्ण करने को आया है। सारांश यह है कि प्रत्येक नये पत्र को क्षमाप्रार्थी के रूप में आना पड़ता है। हम इस परम्परा को तोड़ने की धृष्टता नहीं कर सकते और आज कृष्ण जयंती के शुभ अवसर पर सर्वसाधारण के सम्मुख उपस्थित होते हुए हमको जो कुछ प्रार्थना करना है सो करेंगे। प्रथम तो हमने अपना नाम क्यों रखा सो बतलाना चाहिए। हमारा पत्र दैनिक है। प्रत्येक दिन इसका प्रकाशन होगा। संसार भर के नये से नये समाचार इसमें रहेंगे। दिन–प्रतिदिन संसार

आज

की बदलती हुई दशा में नये-नये विचार उपस्थित करने की आवश्यकता होगी। हम इस बात का साहस नहीं कर सकते कि हम सर्वकाल सर्वदेश सर्वावस्था के लिए जो उचित और युक्त और सत्य होगा वही सर्वदा कहेंगे। हमको रोज-रोज अपना मत तत्काल स्थिर करके बड़ी-छोटी सब प्रकार की समस्याओं को समयानुसार हल करना होगा। जिस क्षण जैसी आवश्यकता पड़ेगी उसी की पूर्ति का उपाय सोचना और प्रचार करना होगा। अतएव हम एक ही रोज की जिम्मेदारी प्रत्येक अंक में ले सकते हैं। वह जिम्मेदारी प्रत्येक दिन केवल आज की होगी, इस कारण इस पत्र का नाम 'आज' है।

"दूसरा प्रश्न यह है कि हम जन्म क्यों ले रहे हैं? क्या हम उनसे प्रतिद्वन्द्विता के भाव से आगे बढ़ रहे हैं। इसका उत्तर हमें यह देना है कि हमारा भाव कदापि ऐसा नहीं है। हम अन्य पत्रों को हटाना नहीं चाहते। हम उनके समकक्ष बैठना चाहते हैं। हम नम्रतापूर्वक आशा करते हैं कि देशोन्नति के शुभ कार्य में हमारा उनका सहयोग होगा, वे हमारी और हम उनकी त्रुटियों की पूर्ति करेंगे और हम सब साथ चलकर देश के स्वतंत्रता के युद्ध में विजय पाने का यत्न करेंगे।

"तीसरी बात यह है कि हमारे विशेष उद्देश्य क्या हैं? हमारे संचालकों की ओर से प्रकाशित कर्तव्य सूचना पत्र में लिखा है कि भारत के गौरव की वृद्धि और उसकी राजनीतिक उन्नति 'आज' का विशेष लक्ष्य होगा। भारत का राजनीतिक आकाश इस समय घनघोर घटाओं से आच्छादित है। हम किधर जा रहे हैं इसका पता नहीं लग रहा है। भिन्न-भिन्न लोग अपनी बुद्धि और शक्ति के अनुसार भिन्न-

भिन्न मार्गों पर हमें ले जा रहे हैं। साधारण स्त्री-पुरुष जो अपने प्रतिदिन के कर्तव्य पालन में लगे हैं और जिनको राजनीति आदि गूढ़ विषयों पर विचार करने का अवकाश बहुत नहीं मिलता वे किंकर्तव्यविमूढ़ हो गये हैं। वे नहीं समझ रहे हैं कि क्या हो रहा है और क्या होगा। ऐसी अवस्था में हमको यह आशा है कि दिन-प्रतिदिन की समस्याओं को हमारा पत्र स्पष्ट रूप से दर्शाएगा और उन सबको आगे चलने का मार्ग दिखलावेगा। वे आज सशंक हो रहे हैं और पथ-प्रदर्शक को खोज रहे हैं। हमारे सिद्धान्त साधारण तौर से स्वराष्ट्र दल के हैं। स्वराष्ट्र दल से हमारा मतलब नहीं कि जो कांग्रेस कहेगी उसका हम अवश्य ही पालन करेंगे। सम्भव है कि कांग्रेस आज नहीं तो कल अधिकतर ऐसे सज्जनों से भर जाय जो राष्ट्रीयता के पक्षपाती नहीं हैं। उस रोज हमारा साथ कांग्रेस का नहीं रहेगा। हमारा उद्देश्य अपने देश के लिये हर प्रकार से स्वतंत्रता पाने का है। हम हर बात में स्वतंत्र होना चाहते हैं। हमारा लक्ष्य यह है कि हम अपने देश का गौरव बढ़ावें। हम अपने देशवासियों में स्वाभिमान का संचार करें। उनको ऐसा बनावें कि भारतीय होने का उन्हें अभिमान हो, संकोच नहीं। यह स्वाभिमान स्वतंत्रता देवी की उपासना करने से मिलता है। जब हममें आत्म गौरव होगा तो अन्य लोग भी हमको आदर और सम्मान की दृष्टि से देखेंगे।

"जब हमारा पद हमारा घर ऊँचा होगा तो बाहर हमको कोई निरादर करने का साहस न करेगा। उस समय दक्षिण और पूर्वीय अफ्रीका में भारतवासियों की दुर्दशा का दुःसमाचार हमको रोज न सुनाना पड़ेगा। अतः हम अपने देश का गौरव अपनी आँखों में और दूसरों की आँखों में बढ़ाते हुए स्वतंत्रता प्राप्त करने का पूरे तौर से यत्न करेंगे। यह तो राजनीति के सम्बन्ध में हमारा सिद्धान्त हुआ। राजनीतिक सुधार, नयी परिषदों आदि के सम्बन्ध में अपना मत तो हम देते ही रहेंगे पर मूल मंत्र यह है कि हमारे देश का गौरव बढ़े। भारत और भारतीयता का नाम संसार में आदर के साथ लिया जाए। जिन-जिन कार्यों से ऐसा होगा उसके हम पक्षपाती हैं जिससे इसके विपरीत होगा उसके हम विपक्षी हैं। साथ ही यह कहना अत्यावश्यक है- क्योंकि इसी से समझ में फरक पड़ जाता है- कि हम जाति-जाति में देश में किसी प्रकार का झगड़ा नहीं चाहते, न हम व्यक्ति-व्यक्ति में वैमनस्य ही पसन्द करते हैं। यथासम्भव हम यह यत्न करेंगे कि व्यक्ति-विशेषों पर कटाक्ष न हो, केवल उनके विचारों की ही समीक्षा हो। हमारा यह यत्न रहेगा कि किसी के चरित्र को और उसके रहस्य जीवन की बातों को प्रकाश करके उसका अनादर न किया जाए। स्वामी विवेकानन्द के वाक्य से हम सहमत हैं कि किसी व्यक्ति विशेष के रहस्य जीवन का निपटारा उसका स्वामी परमेश्वर और वह स्वयं कर ले। हमको उसके सामाजिक जीवन से ही केवल मतलब है। अतः हमारा यह विशेष प्रयत्न

रहेगा कि किसी व्यक्ति के ऊपर कटु वाक्य का प्रयोग न हो और न किसी जाति विशेष से द्वैष फैलाया जाए। हम अपना सँभालने उठे हैं, दूसरों का ढ़हाने नहीं। हाँ, यदि अपना घर ठीक करने में हमारी कोई बाधा करे तो उसका प्रतिकार का यत्न हमें आवश्य करना होगा।

"पर राष्ट्र का एकमात्र अंग राजनीति ही नहीं है। पाठकों का प्रश्न यह अवश्य होगा कि आध्यात्मिक, आर्थिक, सामाजिक और धार्मिक विषयों में हमारी नीति क्या है। इसका उत्तर देना आवश्यक है। शिक्षा जिससे मानसिक उन्नति होगी वाणिज्य, व्यवसाय, कृषि आदि इन विषयों की तफसील न देकर इतना कहना पर्याप्त होगा कि हम उचित देशकाल अनुकूल शिक्षा के नितान्त पक्षपाती हैं। हम चाहते हैं कि देश में सर्वव्यापक और उपयुक्त शिक्षा हो जिससे लोग अपने कर्तव्य और अपने अधिकार को पूरी तौर से समझें, कर्तव्य पालन में अपने अधिकार न भूलें और अधिकारों पर अड़े रहते हुए भी अपने कर्तव्य से कदापि विमुख न हों। हमारे पत्र में शिक्षा सम्बन्धी सब प्रकार के विचारों के लिये स्थान सदा खुला रहेगा और उच्च, माध्यमिक और प्रारम्भिक शिक्षाओं के प्रस्ताव हम सहर्ष छापेंगे। साथ ही साथ हमारा यह उद्देश्य रहेगा कि शिक्षा ऐसी दी जाय जिससे शिक्षित लोगों को उचित रोजगार मिलने में कठिनाई न हो और वे अपना जीवन आनन्द और गौरव के साथ काट सकें। व्यापार, व्यवस्था, कृषि आदि की उन्नति पर यह पत्र सदा जोर देगा और इनको बढ़ाने के उपायों को बराबर बतलाने का यत्न करेगा क्योंकि हम यह मानते हैं कि बिना धन के, बिना सम्पत्ति के हमारा राष्ट्रीय जीवन निष्फल है। हमको अपना देश फिर धन-धान्य से पूरा करना है और प्रत्येक नर-नारी को पर्याप्त अन्न-वस्त्र और उचित आमोद-प्रमोद की सामग्री देनी है।

"प्रश्न अब सामाजिक और आर्थिक सुधारों और परिवर्तनों का रह गया है। इन विषयों पर हमारी क्या नीति होगी। एक वाक्य में यदि हमें बताना हो तो हम यह कहेंगे कि इन विषयों में भी हम स्वतंत्रता चाहते हैं, हम यह नहीं चाहते कि किसी व्यक्ति पर उसका समाज अनुचित दबाव डाले या उससे ईर्ष्या कर उसका नाश करने का यत्न करे। हमारी हृदय से इच्छा है हिन्दू, मुसलमान, ईसाई, पारसी और अनेक मत मतान्तर जो हमारे देश में हैं, उनके अनुयायी परस्पर स्नेह से रहें। अपना मत दूसरे पर जबर्दस्ती न लादें। हम चाहते हैं कि अपनी-अपनी रस्मों का अनुसरण करते हुए एक-दूसरे के विश्वास का आदर करें और निष्कारण एक-दूसरे को कष्ट न दें। हम सबको भारत की उन्नति और राष्ट्र के वैभव को ही सर्वश्रेष्ठ धर्म मानना चाहिए और अपने पन्थ विशेष के अनुसरण में यह ध्यान में रखना चाहिए कि किसी प्रकार से इस महाधर्म के प्रादुर्भाव में कोई बाधा न पड़े। इस प्रकार की स्वतंत्रता और एकता की सिद्धि के अतिरिक्त समाज और धर्म की तफसीलों पर

प्रकाश करना चाहेंगे। उनको पत्र में स्थान अवश्य मिलेगा पर सम्पादकीय नीति सामाजिक और धार्मिक अर्थात जाति और पन्थ सम्बन्धी झगड़ों में कुछ नहीं है। इस विषय पर हमारे संचालकों ने अपने कर्तव्य-सूचनापत्र में लिखा है कि सामाजिक और धार्मिक विषयों में सब प्रकार के मतों को इसमें स्थान मिलेगा। उन्होंने साथ ही यह भी लिखा है कि और इस पर हम अपने पाठकों का ध्यान विशेष प्रकार से दिलवाना चाहते हैं कि लेखन शैली, विचार गाम्भीर्य और सभ्य भाषा की प्रणाली की रक्षा करते हुए सब प्रकार के पुराने-नये मतों को 'आज' में स्थान दिया जायेगा कि मतों के प्रकाशन में राग-द्वेष प्रेरित दलबन्दी तटबन्दी न होने पावे।

"अब केवल एक बात और रह गयी है। संसार की सामाजिक गति के सम्बन्ध में हमारा क्या विचार है। इस पर कुछ प्रारम्भ में ही लिख देना उचित होगा। नये आविष्कारों के कारण अब पृथ्वी मण्डल का कोई भी अंश दूसरे अंशों से पृथक नहीं है। एक स्थान की घटनाओं का प्रभाव हरेक अन्य स्थान पर पड़ता है। एक स्थान पर दुर्भिक्ष हो तो उसका असर सब स्थानों पर होता है। एक स्थान पर युद्ध हो तो चारों ओर हलचल होती है। अतः इस सम्बन्ध में भी अपनी नीति कुछ बतला देनी चाहिए। हमने पहिले ही लिखा है कि हम स्वातंत्र्य चाहते हैं कि जहाँ-जहाँ स्वतंत्रता के लिये लोग यत्न करते हैं वहाँ-वहाँ हमारी सहानुभूति है। हम यह मानते हैं कि एक जाति या देश पर अनुचित आक्रमण न करना चाहिए। संसार में इस समय दो ही तो प्रश्न हैं। एक यह कि प्रत्येक देश स्वतंत्र रहे, दूसरों के आक्रमण से संरक्षित रहे और अपने-अपने घर का प्रबन्ध जिस प्रकार करना चाहे कर सके। इसका उत्तर हो गया अर्थात यह कि आधुनिक संसार के इस लक्ष्य से हमारी पूरी सहानुभूति है। दूसरा प्रश्न यह है कि प्रत्येक देश में आभ्यन्तरिक शान्ति हो अर्थात स्त्री और पुरुष, पूँजी वाले और श्रमजीवी, हाकिम और महकूम, अमीर और गरीब आदि में परस्पर उचित प्रकार से कर्तव्य और अधिकार, काम और दाम, मिलनत और इनाम, एषणाओं और पारितोषिकों का बँटवारा हो। सारांश यह कि ऐसा न हो कि कतिपय लोगों को सब कुछ मिले और बहुतों को कुछ भी नहीं। ऐसा होने से ईर्ष्या और द्वेष बढ़ता है और समाज के अभ्यन्तर युद्ध खड़ा हो जाता है। हमारा पत्र इस लक्ष्य से भी सहमत है और यह चाहता है कि मनुष्य समाज के पुनर्व्यूहन में ऐसा उचित प्रबनध हो कि किसी को उचित से बहुत अधिक और दूसरों को साधारण आवश्यकता से भी बहुत कम न मिले। सम्भव है इस शुभकार्य में हमारे देश के पुरातन विचारवानों से आधुनिक संसार को बहुत कुछ सहायता मिल सके।

"सारांश यह है कि यह पत्र संसार में प्रवेश करते समय भारत के पूर्वी आदर्शों को स्मरण रखते हुए, भारत के भविष्य को सर्वांगसुन्दर और वास्तविक

आभूषणों से अलंकृत करने में उचित भाग लेने की आशा करते हुए, वर्तमान समय में भारत की मान-मर्यादा और उसकी गौरव वृद्धि करने-कराने का बीड़ा उठाता है।"

स्वतंत्रता के लिए संघर्ष कर रहे राष्ट्र के कोटि-कोटि जन के लिए इससे प्रेरक घोषणा पत्र और क्या हो सकता था? इस एक सम्पादकीय अग्रलेख से 'आज' का सम्पूर्ण कर्तव्य-पथ जहाँ सुपरिभाषित हो जाता है, वहीं राष्ट्र को सम्यक वाणी देने में उसके धर्म की भी भली-भांति व्याख्या हो जाती है।

बाबूराव विष्णु पराडकर, सम्पूर्णानन्द, कमलापति त्रिपाठी, विद्याभास्कर, श्रीकांत ठाकुर विद्यालंकार, रामकृष्ण रघुनाथ खाडिलकर, प्रभृति विद्वानों ने 'आज' का सम्पादन किया।

दैनिक 'आज' का प्रातःकालीन संस्करण केवल काशी नगर तक सीमित था। तब ग्रामीण पाठकों के लिए 11 मार्च 1922 को 'आज' का अर्द्धसाप्ताहिक संस्करण भी आरंभ किया गया, जिसके कुल साठ अंक निकले। 9 दिसम्बर 1922 से कुछ समय तक एक पृष्ठ का अँगरेजी परिशिष्ट भी निकला। आरंभ में 'आज' सप्ताह में छह दिन प्रकाशित होता था। सन 1944 से रविवार को साप्ताहिक परिशिष्ट प्रकाशित किया जाने लगा। 28 जून 1940 को 'आज' कार्यालय में टेलीप्रिंटर मशीन लगाई गई। विनय कुमार सरकार, राजा महेन्द्रप्रताप, रामसुभग सिंह, ओमप्रकाश आर्य, प्रेम प्रकाश गौतम, विदेशों में 'आज' के संवाददाता रहे। दिल्ली और उत्तरप्रदेश के सभी प्रमुख केन्द्रों पर 'आज' ने अपने संवाददाता नियुक्त किए थे। 1947 में 'आज' का प्रकाशन पूर्ण दैनिक पत्र के रूप में होने लगा। अखबार की पृष्ठ-सज्जा में सुधार हुआ और आकर्षण बढ़ा। 'आज' ने अग्रलेख के आकार का मानक निर्धारित किया। इसमें एक-एक पैराग्राफ के तीन भाग रहते थे। पहले भाग में तथ्य, दूसरे में विस्तार और तीसरे में सुझाव प्रस्तुत किए जाते थे।

'आज' ने अग्रलेखों और टिप्पणियों के माध्यम से राष्ट्रीय, प्रादेशिक और स्थानीय अनेक छोटे-बड़े मुद्दों पर अग्रलेखों और टिप्पणियों में सुलझे हुए विचार प्रस्तुत किए और अनेक समस्याओं के समाधान का मार्ग प्रशस्त किया।

'आज' की नीति का निर्धारण लोकमान्य तिलक के अनुमोदन से किया गया था। इसके लिए पराडकर जी पुणे जाकर लोकमान्य से मिले थे। उन्होंने 'आज' के लिए तीन मंत्र दिए-

1. देश के लिए स्वराज्य प्राप्त करने का प्रयास किया जाए।
2. जनता को उसके अधिकारों की जानकारी दी जाए।
3. कर्तव्य पालन में कोई बाधा आए तो उसकी चिंता न करें और ईश्वर पर विश्वास करें।

'आज' ने राष्ट्रीय, प्रादेशिक और स्थानीय समाचारों के लिए पृष्ठ निर्धारण किया। खेल और व्यापार के लिए भी पृष्ठ तय किए। महत्व के आधार पर प्रथम पृष्ठ पर समाचार प्रस्तुति के लिये मानक तय किए।

'आज' कार्यालय की 1930 और 1932 में तीन बार तलाशी ली गई। पराडकरजी 'भारतमित्र' में कार्य करते हुए कोलकाता में 1916 में गिरफ्तार हुए थे। राजद्रोह के आरोप में चार साल की सजा काटकर 1920 में काशी आए थे और 'आज' के संस्थापक शिवप्रसाद गुप्त के आग्रह पर 'आज' से जुड़ गए थे। 1943 की 12 अप्रैल को पुलिस ने चौथी बार 'आज' कार्यालय में धावा बोला और तत्कालीन सम्पादक विद्याभास्कर को जेल भेज दिया।

'आज' का सम्पादकीय विभाग मुकुन्दीलाल श्रीवास्तव, कालिकाप्रसाद, विनोददत्त झा, राधावल्लभ सहाय, कमलापति त्रिपाठी, विश्वंभरनाथ, परमेश्वरीलाल गुप्त, सूर्यकुमार वेदालंकार, रमाकान्त श्रीवास्तव, रामनाथ सुमन, शंभुनाथ सिंह, डा. परमात्मा शरण, कृष्ण बिहारी मिश्र, महावीर प्रसाद गहमरी, चन्द्रकुमार, लक्ष्मीशंकर व्यास, शिवप्रसाद श्रीवास्तव, पारसनाथ सिंह, दूधनाथ सिंह, उपेन्द्र वाजपेयी, बलदेवप्रसाद मिश्र, मोहनलाल गुप्त, कमलाप्रसाद अवस्थी, श्रीशंकर शुक्ल, बुद्धिनाथ मिश्र, राममोहन पाठक, माधवप्रसाद मिश्र, धीरेन्द्रनाथ सिंह प्रभृति पत्रकारों की साधना-स्थली रहा है।

1925 में वृन्दावन साहित्य सम्मेलन के अवसर पर पराडकर जी ने प्रथम हिन्दी सम्पादक सम्मेलन की अध्यक्षता की। उन्होंने हिन्दी पत्रकारिता की ऐतिहासिक भूमिका का महत्व प्रतिपादित करने के साथ ही इसके भविष्य के सम्बन्ध में भी चेतावनी दी थी- "भावी हिन्दी समाचारपत्रों की नीति देशभक्त, धर्मभक्त अथवा मानवता के उपासक महाप्राण सम्पादकों की नीति न होगी। इन गुणों से सम्पन्न लेखक विकृत मस्तिष्क समझे जाएंगे। सम्पादक की कुर्सी तक उनकी पहुँच न होगी।" कहना न होगा कि सम्पादक की सँस्था ही अब परिदृश्य से ओझल होती जा रही है।

29 अक्टूबर 1925 के 'आज' में पराडकर जी का एक लेख उनकी साहित्यिक चिन्ता को प्रगट करता है- "लेखकों की संख्या बढ़ गई है और पुस्तकें भी भिन्न-भिन्न विषयों पर प्रकाशित हो चुकीं तथा हो रही हैं। पाठकों की रुचि में परिवर्तन हो गया है। यह सब हुआ है पर कहना पड़ता है कि साहित्यिक दृष्टि से आजकल के लेखक पन्द्रह साल पहले के लेखकों से निम्न कोटि के ही ठहराए जाएंगे। कारण यह है कि साहित्य का अध्ययन बहुत कम लोग करते हैं। अँगरेजी साहित्य अथवा किसी विषय में विश्वविद्यालय का प्रमाणपत्र पा जाना ही हिन्दी के लेखक बनने की योग्यता का द्योतक हो गया है। फलतः दिन-दिन हमारी पुस्तकों

के शब्द तो हिन्दी और संस्कृत, पर वाक्य अँगरेजी बनते चले जाते हैं। भाषा में न जोर रह गया है न हृदय ग्राहिता---। रचना कौशल घटता जा रहा है।"

हिन्दी पत्रकारिता में भाषिक शुद्धता का आग्रह, नये-नये शब्दों का गढ़ना, और वर्तनी की एकरूपता की दिशा में 'आज' का अवदान सबसे महत्वपूर्ण है। कालिका प्रसाद, राजवल्लभ सहाय और मुकुन्दीलाल श्रीवास्तव ने विचारपूर्वक हिन्दी वर्तनी की एकरूपता कायम की थी। 'आज' ने जिस वर्तनी का हिन्दी में प्रचलन आरम्भ किया, वही देश के सभी प्रमुख पत्रों में अपनाई गई।

1926 की 'माधुरी' ने 'आज' की समीक्षा करते हुए लिखा- काशी का 'आज' हिन्दी का सर्वश्रेष्ठ दैनिक है। इसके सम्पादन और प्रकाशन पर काफी रुपया खर्च किया जाता है। इसमें अँगरेजी दैनिकों के समान देशी और विदेशी तारों के अनुवाद रहते हैं। इसके सम्पादकीय लेख और टिप्पणियाँ मार्के की होती हैं। यह पत्र अपरिवर्तनवादी असहयोगी दल का समर्थक है, और महात्मा गाँधी का अनन्य भक्त। आकार में यह हिन्दी के सभी दैनिकों से बड़ा है और मूल्य सबसे सस्ता।"

3 जनवरी 1930 के 'आज' में प्रकाशित अग्रलेख- "कांग्रेस का नवीन भाव" वास्तव में राष्ट्र-भावना की प्रतिध्वनि ही था- "प्रत्येक भारत संतान को स्वीकार करना ही पड़ेगा कि कांग्रेस का ऐसा अधिवेशन इससे पहले नहीं हुआ। इतिहास में 31 दिसम्बर 1929 का नाम सदा के लिए लिख गया। इस दिन राष्ट्रीय महासभा ने प्राय: एकमत से घोषणा कर दी कि उसका लक्ष्य पूर्ण स्वतंत्रता है। यह भाव भारत में सामूहिक रूप से प्राय: बीस साल से है, पर महासभा समय के पहले इसकी कल्पना इतनी स्पष्ट नहीं थी।"

सन 1930 में नमक सत्याग्रह के समय भाषण करने के कारण पराडकर जी को गिरफतार कर लिया गया। 11 मई, 1930 को 'आज' का प्रकाशन बन्द करना पड़ा। इसके बावजूद सन 1930 में साइक्लोस्टाइल पत्र निकालने और उसके वितरण का कार्य गुपचुप होता रहा। 29 अक्टूबर 1930 को 'आज' का प्रकाशन पुन: आरम्भ हुआ। तब पराडकर जी ने लिखा- "भारत के कठोर मामूली कानूनी बंधन में रहकर जो कुछ देश सेवा की जा सकती थी, वह भी जब काले कानून द्वारा हरण कर ली गयी तब 'आज' के येन-केन प्रकारेण चलते रहने की अपेक्षा बंद हो जाना ही उचित था और इसी श्रेष्ठ मार्ग का अवलम्बन हमने किया।"

25 मार्च 1931 को 'आज' में पराडकरजी ने देश भक्तों को फाँसी देने पर जो टिप्पणी लिखी वह मार्मिक और हृदय विदारक है- "सरदार भगतसिंह, राजगुरु और सुखदेव सोमवार को संध्या समय फाँसी पर लटका दिए गए। साधारणत: फाँसी सबेरे दी जाती है। इस अवसर पर किसी कारण से शाम को दी गयी। सारे देश ने दया के लिए प्रार्थना की। लाहौर के कानून पेशा लोगों ने अंत तक उन्हें

बचाने का यत्न किया, पर सब व्यर्थ हुआ, इस पर अधिक कहना सुनना व्यर्थ है। हृदय का रक्त मुँह तक लाकर इतना अवश्य कहेंगे कि यह प्रश्न तीन आदमियों के प्राणों का ही नहीं था, प्रश्न था राष्ट्र की प्रार्थना का, वह प्रार्थना अस्वीकृत हो गई। भारतीय आकाश में प्रेम का जो सूर्योदय हुआ था, वह फिर से मेघछन्न हो गया। हम तो इतना ही कहेंगे कि ब्रिटिश शासकों का हृदय बदलने का जो प्रमाण हम ढूँढ रहे थे, वह हमें नहीं मिला। अब भी देश में नौकरशाही प्रथा प्रबल है।"

1942 में फिरंगी हुकूमत की दमन नीति के चलते 'आज' का प्रकाशन फिर कुछ दिनों के लिए स्थगित हुआ। जिन दिनों 'आज' का प्रकाशन बंद था, 'रणभेरी' का प्रकाशन और वितरण होता रहा। सन 1943 में पराडकर जी 'आज' से पृथक हो गए। विद्याभास्कर और दिनेश दत्त झा 'आज' के सम्पादक रहे। 1945 में श्रीकान्त ठाकुर कोलकाता के 'लोकमान्य' को छोड़ 'आज' के संपादक होकर आ गए। 15 अगस्त, 1947 को पराड़कर जी पुनः 'आज' के प्रधान सम्पादक होकर लौटे और जीवन पर्यन्त इसी पद पर रहे। उनके पश्चात खाडिलकर सम्पादक बने और 1959 में पृथक हुए।

15 अगस्त 1947 को स्वतंत्रता के माध्यम से उन्होंने कहा था, "स्वतंत्र होने के साथ-साथ हमारे कन्धों पर जितना भारी उत्तरदायित्व आ गया है, उसे हमें नहीं भूलना चाहिए। हमारी लेशमात्र की असावधानी का परिणाम घातक हो सकता है। हम जरा चूके नहीं कि सर्वनाश हमारे सम्मुख उपस्थित है।"

'आज' के अनेक ज्ञानवर्द्धक और मनोरंजक स्तंभ अखबार की लोकप्रियता के आधार थे। पंडित उदित मिश्र की 'गाँव की चिट्ठी', मुक्तेश्वर तिवारी 'बेसुध' की भोजपुरी में 'चतुरी चाचा की चिट्ठी', विवेकीराय की 'मनबोध मास्टर की डायरी', मोहनलाल गुप्त (भैयाजी बनारसी) का कवितामय स्तंभ 'अरबी न फारसी' आदि की पाठकों को प्रतीक्षा रहती थी।

सन 1975 में 'आज' के काशी से बाहर अन्य स्थानों से संस्करण प्रकाशित करने का सिलसिला शुरू हुआ। 20 अप्रैल 1975 को कानपुर, 27 दिसम्बर 1979 को पटना, 27 नवम्बर 1980 को गोरखपुर, 27 जनवरी 1984 को राँची, 17 अप्रैल 1994 को प्रयाग, 1 जनवरी 1987 को आगरा, 3 फरवरी 1989 को जमशेदपुर, 27 मार्च 1989 को लखनऊ, 14 नवम्बर 1989 को बरेली, 27 अप्रैल 1992 को ग्वालियर (अब बंद) तथा 15 मई 1994 को झांसी (अब बंद) संस्करण का प्रकाशन हुआ।

'आज' के कार्टून बड़े चाव से देखे जाते थे। कांजीलाल, केदारशर्मा प्रभृति व्यंग्य चित्रकार 'आज' की लोकप्रियता में बड़े सहायक हुए। अच्छी भाषा, गंभीर सम्पादन, खबरों पर पकड़ और राष्ट्र एवं समाजोन्मुख पत्रकारिता के कारण 'आज'

की लोकमानस में बड़ी प्रतिष्ठा एवं साख थी। यह हिन्दी का दूसरा दीर्घायु समाचारपत्र है।

कर्मवीर

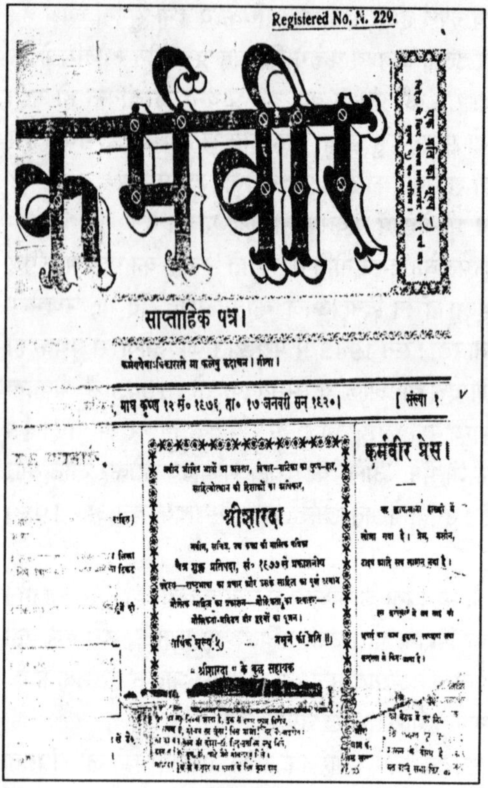
Registered No. N. 229.

कर्मवीर

साप्ताहिक पत्र।

माघ कृष्ण १२ सं० १९७६, ता० १७ जनवरी सन् १९२०। [संख्या १

कर्मवीर प्रेस।

श्रीशारदा

कर्मवीर

माधवराव सप्रे, विष्णुदत्त शुक्ल और ठाकुर छेदीलाल ने जबलपुर में मध्यप्रान्त में राष्ट्रीयता की अलख जगाने वाला समाचारपत्र प्रकाशित करने के लिए 'राष्ट्र सेवा लिमिटेड' की स्थापना की। 'राष्ट्र सेवा लिमिटेड' ने 17 जनवरी 1920 को साप्ताहिक *'कर्मवीर'* का प्रकाशन किया। सप्रेजी ने सम्पादक के पद पर 'प्रभा' के पूर्व सम्पादक माखनलाल चतुर्वेदी को चुना, क्योंकि वे स्वयं 'कर्मवीर' में सम्पादक के रूप में अपना नाम नहीं देना चाहते थे।

माखनलाल चतुर्वेदी ने अपने संस्मरण "जब मैने घोषणा पत्र भरा" में 'कर्मवीर' का घोषणापत्र दाखिल करने का विवरण दिया है- "1920: मैं कर्मवीर निकालने के लिए जबलपुर गया। वहाँ गुरुवर्य पं. माधवराव सप्रे थे, रायबहादुर पं. विष्णुदत्त शुक्ल थे, दीवान बहादुर वल्लभदास जी थे और रायसाहब गोविन्दलालजी पुरोहित थे तथा मेरे और दीवान बहादुर के वकील श्री कन्छेदीलालजी जैन थे। जब मैं 'कर्मवीर' का डिक्लेरेशन लेने के लिए जिला मजिस्ट्रेट श्री मिथाइस आई.सी.एस. के पास गया उस समय रायबहादुर शुक्लजी ने एक पत्र दिया था जिसमें लिखा गया था कि मैं बहुत गरीब हूँ और उदरपूर्ति के लिए कोई रोजगार करने के उद्देश्य से 'कर्मवीर' नामक साप्ताहिक पत्र निकालना चाहता हूँ। किन्तु मुझे यह शर्त स्वीकार नहीं थी। रायबहादुर शुक्ल जी समझते थे कि मेरी घिग्घी बँधेगी और मैं मिस्टर मिथाइस के सामने कुछ बोल न सकूँगा। मिस्टर मिथाइस ने कहा कि एक अँगरेजी

वीकली के होते हुए आप हिन्दी क्यों निकालना चाहते हैं ? तब मैंने निवेदन किया कि आपका अँगरेजी पत्र तो दब्बू है, मैं वैसा पत्र नहीं निकालना चाहता। मैं ऐसा पत्र निकालना चाहूँगा कि ब्रिटिश शासन चलते-चलते रूक जाए। कहना नहीं होगा कि मिस्टर मिथाइस मेरे इस कथन से बहुत प्रभावित हुए। उन्होंने कहा कि मैं ऐसे पत्र को देखना चाहता हूँ । मैं आयरिश हूँ और आयरिश यह देखना चाहते हैं आप शासन बिगाड़ें और मैं ब्रिटिश शासन को ठीक से चलाऊँ। इसके पहले मिस्टर मिथाइस कुछ कहें, मैंने 2500 रुपये के नोट उनकी टेबुल पर रख दिए। उनके बंगले पर ही हमारी भेंट हुई थी। मुझे यह 2500 रुपये के नोट दीवान बहादुर वल्लभदास जी ने दिए थे कि जमानत देकर भी मैं 'कर्मवीर' निकालूँ। उस समय 1910 का प्रेस एक्ट प्रचलित था, जिसमें जमानत लेने पर कोई कारण डिस्ट्रिक्ट मजिस्ट्रेट को नहीं बताना पड़ता था और जमानत न लेने पर कारण बताना पड़ता था। मालूम होता था कि मिस्टर मिथाइस उस सबको और प्रेस एक्ट को भी पढ़कर वहाँ बैठे हुए थे। मिस्टर मिथाइस ने मुझसे कहा कि मैं तो आपसे जमानत लूँगा नहीं इसलिए यह रुपया अपनी ही जेब में रख लीजिए। मैं उस शासन को ठीक बनाऊंगा और आपको आलोचना का मौका न दूँगा।"

'कर्मवीर' का अपना प्रेस था। पृष्ठ संख्या 20 थी और आकार 35 गुणित 50 से.मी. था। प्रत्येक शनिवार को प्रकाशित होने वाले इस सासाहिक पत्र का वार्षिक शुल्क साढ़े तीन रुपये था।

प्रारंभ में प्रथम पृष्ठ पर 'श्री शारदा' पत्रिका का विज्ञापन रहता था। कर्मवीर में मुखपृष्ठ पर नाम के नीचे लिखा रहता था-

"कर्मण्येवाधिकारस्ते मा फलेषु कदाचन"

तथा सम्पादकीय पृष्ठ पर ये पंक्तियाँ छपती थीं-

"कर्म है अपना जीवन-प्राण
कर्म में बसते हैं भगवान,
कर्म है मातृ-भूमि का मान
कर्म पर आओ हों बलिदान।"

पृष्ठ 2 पर समीक्षाएँ और विविध विषयों पर लेख होते थे। पृष्ठ तीन पर राजनीतिक गतिविधियाँ दी जाती थीं। कालान्तर में पृष्ठ संख्या 12 हो गई। प्रत्येक पृष्ठ पाँच कालमों में बँटा रहता था। सम्पादकीय अग्रलेख पृष्ठ चार पर दिए जाते थे। साथ ही सम्पादकीय टिप्पणियाँ होती थीं। पृष्ठ 5 पर समाचार रहते थे। पृष्ठ 7 पर कविताएँ, आठ पर समाचार जगत जिसमें पहले कालम में विदेशी समाचार तथा दूसरे में स्वदेशी, तीसरे में मध्यप्रदेश की खबरें। दो कालम साहित्य और साहित्यिक गतिविधियों से भरे रहते थे। पृष्ठ नौ पर स्थानीय समाचार तथा पृष्ठ दस पर

महत्वपूर्ण समाचारों की प्रस्तुति होती थी। अंतिम पृष्ठों पर विज्ञापन छपते थे।

13 मार्च 1920 को जब प्रेस एक्ट के जरिये प्रेस की स्वतंत्रता छीन ली गई तब कर्मवीर सम्पादक की टिप्पणी थी- "जब से प्रेस एक्ट पास हुआ है तब से प्राय: 350 छापेखानों और 300 समाचारपत्रों से 6 लाख की जमानतें माँगी गई हैं। 500 से अधिक पुस्तकें जब्त की गई हैं और प्राय: 200 छापेखाने और 130 समाचारपत्र जमानत माँगी जाने के कारण प्रारम्भ नहीं हो पाए। सच्चा सुधार तभी हो सकता है जब कि भारतवासियों के नागरिक अधिकारों की पूर्ण रक्षा की घोषणा की जावे जिसमें यह वचन भी रहे कि छापेखाने स्वाधीन रहेंगे और छापेखानों या समाचारपत्रों की रजिस्ट्री के समय कोई लाइसेंस या जमानत नहीं माँगी जाएगी।"

'कर्मवीर' समाज की छोटी से छोटी बात से लेकर देश की ज्वलंत समस्याओं तक पर केवल अपनी ही चिन्ता व्यक्त करके नहीं रह जाता था, अपितु एक अभियान की तरह उसे स्वर और प्रचार-प्रसार देता था। 17 जून 1920 के 'कर्मवीर' ने "गोवध की सरकारी तैयारी" शीर्षक सम्पादकीय टिप्पणी प्रकाशित कर सागर जिले के रतौना में कसाई घर की स्थापना के खिलाफ भाई अब्दुल गनी द्वारा चलाए गए आन्दोलन के पक्ष में तर्कसंगत आवाज बुलन्द की और जब फिरंगी हुकूमत के अफसरों और सम्बन्धित कम्पनी ने अपनी सफाई में कसाई घर की आधुनिकता और औद्योगिक तरक्की के सब्जबाग दिखलाना शुरू किया, उस पर माखनलाल चतुर्वेदी ने अग्रलेख लिखा- "गायें कटेंगी, किन्तु दयालुता से।"

'कर्मवीर' द्वारा चलाए गए इस आन्दोलनात्मक अभियान का परिणाम यह हुआ कि 28 सितम्बर के 'कर्मवीर' में समाचार छपा - "रतौना का कसाई घर बन्द हो गया।"

सागर से आठ कि.मी. दूर रतौना नामक ग्राम में अँगरेजों ने कसाई खाना खोलने के लिए कोलकाता की डेवनपोर्ट कम्पनी को सरकार की ओर से पट्टा दिया था। कसाईखाने में प्रतिदिन 1400 पशु काटने का लायसेंस दिया गया था। 'कर्मवीर' में रतौना विभाग नाम से एक स्तम्भ प्रारंभ किया गया, तत्पश्चात अन्य समाचारपत्रों ने भी इस प्रसंग को लेकर तीव्र विरोध प्रकट किया। जबलपुर से प्रकाशित 'ताज' के सम्पादक ताजुद्दीन ने भी इसके विरुद्ध निर्भीक सम्पादकीय लिखा था। परिणामत: सेक्शन 153 ए एवं 505 आईपीसी के अन्तर्गत मुकदमा चलाकर उन्हें जेल भेज दिया गया। तब 'कर्मवीर' ने लिखा- "दो महीने सत्ताइस दिन हुए मिस्टर ताजुद्दीन जेल में हैं और मध्यप्रान्त के वे लोग जो अपने को राष्ट्रीय कार्य का अधिकारी समझते हैं इस बात की चिन्ता नहीं कर रहे हैं कि मिस्टर ताजुद्दीन किस अवस्था में हैं। प्रान्त में एक तो यों ही राष्ट्रीय कार्य करने वालों का टोटा है, जिस पर प्रांत के मिस्टर ताजुद्दीन जैसे सेवक यदि महीनों जेल में सड़ते

रहेंगे और मुकदमा पूरा न हो पाएगा तो हम सोचते हैं कि उन्हें अपराध प्रमाणित होने के प्रथम ही नरक-यातना के न जाने कितने कष्ट भोग चुकने पड़ेंगे।"

सामाजिक बुराइयों पर 'कर्मवीर' की टिप्पणियाँ तीखी और मर्मस्पर्शी होती थीं- "एक लड़की विवाह योग्य है। उसके पाँच खरीदार हैं। पैतीस साल उम्र के रियासत के रामगोपाल बरेड़ा कन्या के 1500 रुपया दाम लगाते हैं। दूसरे हैं भोपाल स्टेट के कोई रघुनाथ बाबूलाल, आप चालीस वर्ष उम्र के हैं और उक्त कन्या के 1800 रुपये लगाते हैं। तीसरे हैं पैंतालीस साल के श्यामपुर निवासी कोई मांगीलाल बरेड़ा, आप कन्या के दो हजार रुपये लगाते हैं। चौथे एक सज्जन कोई मिट्ठूलाल जो अपनी पचपन साल की उम्र में कन्या से शादी करना चाहते हैं, और 2500 रुपये उसके पिता को देना चाहते हैं और पाँचवे सज्जन बाबई (जिला होशंगाबाद) के सेठ फतहचंद जी हैं, जो कन्या के पिता को एक गाँव और छह हजार रुपये देने को राजी हैं, और आपकी उम्र लगभग साठ वर्ष है। सुनते हैं आप कफ, दमा और खाँसी के भी रोगी हैं। यदि 'खंडेलवाल हितैषी' के संवाददाता की यह खबर सच है तो हम मारवाड़ी समाज के हित चिंतकों से कहना चाहते हैं कि इन सर्वनाशी प्रयत्नों का सफल होना हिन्दू जाति पर कलंक और हिन्दू धर्म पर अध:पात है।"

'कर्मवीर' में 'विचार संचय' स्तंभ के अन्तर्गत अन्य समाचारपत्रों से उद्धरण लिए जाते थे। राष्ट्रीय नेताओं के भाषण विस्तार से प्रकाशित किए जाते थे।

'कर्मवीर' में अँगरेज अधिकारियों की काली करतूतों का कच्चा चिट्ठा विस्तार से प्रकाशित किया जाता था। लगभग सभी अंकों में कविताएं मिलती हैं। प्रिंट लाइन के अन्त में प्रसार संख्या दी जाती थी, जो अप्रैल 1925 में तीन हजार थी। 'कर्मवीर' में पुस्तक परिचय का अलग स्तंभ था। एक स्तंभ 'सहयोगियों का स्वागत' शीर्षक से भी आरंभ किया गया।

'हम' अग्रलेख की भावनाएँ देखिए- "देश में दलों का जोर है, दलों के द्वारा देश की भारी सेवा हुई है... (पर) हम अपनी जनता के सम्पूर्ण स्वरूप के उपासक होंगे और अपना यह विश्वास दृढ़ रखेंगे कि कोई मनुष्य या समूह ही नहीं, प्रत्येक मनुष्य और समूह मातृ-सेवा का समान अधिकारी है... इसमें छत्र धारण किए हुए और चँवर से शोभित सिर की वही कीमत होगी जो कृषकाय लकड़ी के भार से दबे हुए चाटुकारी की हलाहल न पीते हुए... वह कहने के लिए विवश रहेंगे जिसे हम सच मानते हों।

"हमारी आँखों में भारतीय जीवन गुलामी की जंजीरों में कसा दीखता है। हृदय की पवित्रता से हम प्रयत्न करेंगे कि वे जंजीरें फिसल जाएं....। हम स्वतंत्रता के हामी हैं, मुक्ति के उपासक हैं, राजनीति या समाज में, साहित्य में, धर्म में, जहाँ भी स्वतंत्रता का पथ रोका जाएगा, ठोकर मारने वाले का पहला प्रहार घातक शस्त्र

का पहला वार आदर से लेकर मुक्त होने के लिए हम प्रस्तुत रहेंगे, दासता से हमारा मतभेद रहेगा फिर चाहे वह शरीर की हो या मन की, व्यक्तियों की हो या परिस्थितियों की।

"जगत में स्वार्थ की कामना काम कर रही है... इस निंदनीय प्रवृत्ति की वेदी पर देश के देश बलि होते चले जा रहे हैं। जिनके पास बल है किन्तु मनुष्यता नहीं उनको जिस तरह मनुष्यता की याद दिलाएंगे उसी तरह जिनके पास मनुष्यता है किन्तु संसार का कोई बल नहीं, उन निर्बलों को उनके बल की याद दिलाएंगे... हमारा विश्वास है कि संसार के सब विभागों की गुलामी खड़ी नहीं रह सकती यदि हम अपने शासक हो जाएं।"

"हमारे प्रदेश के बड़े और छोटे किसान और मजदूर, पढ़े और बेपढ़े, उठें और मातृसेवा की तैयारी करें। संसार कर्मस्थल है यहाँ उसी को जीने का अधिकार है जो कर्म करे.... ।"

"सेनापति हमें .... कहता है- कर्म करो, मजदूरों में मिल जाओ, कृषकों का हाथ बटाओ, कारीगरों को जिलाओ, अबलाओं को उठाओ, हँसने और उदास रहने की मात्रा सबके पास बराबर बाँटो और महलों को झोपड़ियों में परिणत कर दो... यह अकेले रहने और टुकड़े-टुकड़े होने का समय नहीं। दुनिया तुम्हें भूल सकती है, तुम दुनिया को मत भूलो, उसके प्रत्येक हिस्से के साथ अपना रिश्ता कायम करो.... जानना होगा कि इंग्लैण्ड के मंत्री, अफ्रीका के सीनेटर, आयरलैंड के सिनफिनर, टर्की के तुर्क और अफ्रीका के बोअरों से हमारा क्या रिश्ता है।"

"भारत-माता के बच्चे विदेशों में पड़े हैं, अपने आप विजयी बनकर नहीं, खरीदे हुए गुलाम बनकर, रोज जानो कि उन पर क्या बीत रही है.... । अत्याचारों की जमीन को "चलत मत्त गज जिमि लघु तरणी" बना डालो।

"महान काम सामने है.... हृदय की आकांक्षा है कि उन मूर्तियों के दर्शन हों जिनके हृदयों पर सूर्य भगवान की सुनहरी किरणों में लिखा हो, मातृभूमि और मनुष्यता पर बलि होने के लिए तैयार।"

सत्याग्रह आन्दोलन में माखनलालजी की गिरफतारी के बाद 23 नवम्बर 1922 के 'जयाजी प्रताप' में छपा था- 'कर्मवीर' के संचालकों ने श्रीयुत राघवेन्द्र राव को पत्र का नियंत्रक नियत किया है और अब पत्र का संपादन और प्रकाशन नए प्रबन्ध के अनुसार होगा।"

ग्वालियर से सिद्धनाथ माधव आगरकर अपनी नौकरी छोड़कर 'कर्मवीर' में सहायक सम्पादक होकर आ गए थे। लक्ष्मण सिंह चौहान, शंकरलाल वर्मा, मुकुटबिहारी वर्मा भी पत्रकारिता से जुड़े। यह एक उत्कृष्ट समाचारपत्र ही नहीं था, बल्कि राष्ट्रीयता की भावना को प्रांत के कोने-कोने में पहुँचाने में 'कर्मवीर' ने

महत्वपूर्ण भूमिका निभाई। सम्पादक की जेल यात्रा के कारण 'कर्मवीर' के प्रकाशन में बाधा आ गई। पत्र के अग्रलेख को राजद्रोह उकसाने वाला माना गया, परिणामतः 'कर्मवीर' 1923 में बंद हो गया।

पुनःप्रकाशन में 4 अप्रैल 1925 के प्रथमांक में कर्मवीर का जन्म शीर्षक से अपना उद्देश्य घोषित करते हुए लिखा- "कर्मवीर का जन्म हो रहा है। ऐसे समय कुछ कहने की प्रथा है किन्तु मैं तो फिर भी कहूँगा कि कहकर दिखाने के लिए पास कुछ नहीं। इसके सिवा यदि गत सोलह वर्षों के नम्र प्रयत्न अभी तक कुछ नहीं कर चुके तो आज की दो चार पंक्तियाँ क्या कह देंगी। हाँ, क्षेत्र की कठिनाइयों और बेसमझियों को हटाने और स्पष्ट करने के लिए जो कुछ कहना आवश्यक है वह यहः-

"दोष हो या गुण हमें यह बात स्पष्ट करनी चाहिए कि राष्ट्र की सेवा के सम्मुख किसी दशा विशेष का कोई पक्ष हमारे पास न होते हुए भी हमारे सामने असहयोग, जीवन का एक हिस्सा, जरूरत की आवश्यक पूर्ति और राष्ट्रीयता का एक अग्रगामी स्वरूप है। शासन प्रणाली के पापों और अत्याचारों से झगड़ना किसी भी अन्य देश के हमें पराधीन बनाए रखने वाले मीठे और कड़वे, सादे और तीक्ष्ण सब प्रकार के सम्बन्धों को तोड़ना अपनी तथा अपने देश की कमजोरी का अंत करना जो राष्ट्र को हानि पहुँचाकर व्यक्ति को महत्व देती है और जो हमारे आडम्बर, अभिमान, आकर्षण और अज्ञान को उभारकर, हमें देश की महान शक्तियों का संयुक्तकारी और निर्माणकर्ता बनाने के बजाए, देश के टुकड़े-टुकड़े करने वाला साबित करती है और अपने देश की स्वाधीनता और अपने हृदय के विकास की सबलता को हर स्थान पर आगे बढ़ाना और स्वाधीनता को किसी भी कीमत पर भगवान का स्मरण रखते हुए बेचने को तैयार न होना यही हमारा उद्देश्य है।

"कविवर रवीन्द्र ने कहा, बन्शी केवल बजाने की चीज है, उसमें स्वर है, दिशाओं में उन्माद भर देने वाला, उसका उपयोग केवल बजाने ही में करो। हम यह मानते हैं यदि काबू चले तो यही, केवल यही करना भी चाहते हैं। इससे भिन्न करना, हमें भी जीवन का श्राप हो रहा है। किन्तु जब रणघोषणा हो उठेगी, जब भगवान का संकेत आपके हृदय में स्फुरण पैदा करने लगेगा, जब आपकी पुकार हो उठेगी तब आप क्या करेंगे? प्यारी बंशी फेंकी नहीं जाती। हम संध्या को लौटकर उसे बजाते हैं। सबेरे जब संग्राम में जाते हैं तब सब सैनिकों को एकत्र करने के लिए, उसी छह छेदवाली बाँस की बंशी से नगारे पर चोट लगाते हैं। यह अपराध इस गरीब देश के निवासियों को करना पड़ रहा है और न जाने कब तक करना पड़े। आप देश में स्वाधीनता दीजिए और फिर देखिए कि बंशी किस तरह चैन से बजाने ही के काम आ रही है।

"राजनीति में हमारा विश्वास है कि देश के अभ्युत्थान और संगठन के लिए हमें स्वयं अपनी ही संस्थाएं निर्माण करनी पड़ेंगीं। इस दिशा में हम किसी दल विशेष के समर्थक नहीं किन्तु एक कभी न झुकने वाली राष्ट्रीयता के समर्थक होंगे फिर वह चाहे दायें दीख पड़े या बायें उसके दर्शन हों। क्या हम भूल जाएँ कि हमने अपने ही आदमियों को कोसा और जिन चालों के करने का हम औरों पर दोष लगाते रहे, उन्हीं चालों से हमने अपने साथियों को पवित्रता और असहयोग का नाम लेकर हराया, हमने चाहा कि लोग हमारी ही तरह पानी पीवें, हमारी ही तरह सोवें, बैठें, उठें और चलें फिरें। ईश्वर की दया से हमारे हाथ में सत्ता न थी, यदि सत्ता होती तो कदाचित् पवित्रता के अवतार हम अपने राजनीतिक विरोधियों के साथ वही व्यवहार करते, जिस व्यवहार के लिए हम विदेशी शासन की निन्दा करते हैं।

"लोग असहयोग की रुकावट पर प्रसन्न हैं। वे अपने स्वार्थ के लिए पूँजी बढ़ाते और शासनकर्त्ताओं की चरणवंदना करते हुए कहते हैं- अब तो असहयोग नष्ट हो गया है। मानो अब राष्ट्र के प्रति विश्वासघात करने का लायसेंस मिल गया है। हम उनसे कह देना चाहते हैं कि हम और हमारा देश जिस दिशा में भी जी रहे हों हम राष्ट्र की आजादी को प्राप्त करने की दिशा में हैं। हमें आज रुकना पड़ रहा है क्योंकि हममें से कुछ, राष्ट्र के लिए अधिक लाभ का सौदा सोचकर राष्ट्रीय सभा को छोड़कर एक तरफ चले गए हैं। सम्भव है वे असहयोग के... में भूले हों, यह भी सम्भव है कि हमारे साथियों का ईमान, उनका निश्चय देश की आजादी के लिए उनके हृदय में आने वाला भाव बदल गया। ऐसा कहना एक गाली है, जिसे चाहे देश के मनचलों के द्वारा, राष्ट्र कभी बर्दाश्त नहीं करेगा। हम असहयोग का अन्त आजादी के प्रथम विदेशी राष्ट्रों के प्रति हमारे हृदय, जबान और क्रिया में मनसा-वाचा-कर्मणा में असहयोग का अन्त हो जाना हमारे इतिहास में हमारी महत्वाकांक्षा का और हमारे सुनहले भविष्य का जो अगणित कष्टों की माँग करता हुआ हमारी ड्योढ़ी पर है, अन्त हो जाना है। असहयोगियों अथवा राष्ट्रीयतावादियों का कोई दल, ऐसा नहीं कर सकता। असहयोग का मरण असम्भव है। वह विष्णु की तरह अवतार धारण करेगा, सेनानियों की तरह पैंतरे बदलेगा और तपस्वियों की तरह बार-बार अपने पथ के कष्टों को निर्माण कर आत्म परीक्षण करेगा। वह प्रेम की तरह चिंरजीव, तेज की तरह चमकता हुआ और ईमान की तरह उज्ज्वल है।

"वह जमाना नेत्र के सम्मुख है, जब कर्मवीर पत्र का जन्म जबलपुर से हुआ था। मध्यप्रदेश की स्फूर्ति, पण्डित विष्णुदत्त जी शुक्ल के नेतृत्व में अभूतपूर्व गति से आगे बढ़ रहा था और उनके साथ थे प्रान्त के उस समय के उदीयमान कर्मण्य श्रीमान सेठ जमनालालजी, वयोवृद्ध दीवान बहादुर श्री बल्लभदास जी, श्रीयुत

ब्यौहारजी और श्री गोविन्दलालजी पुरोहित आदि सज्जन। इन पंक्तियों के लेखक ने खण्डवा और पूज्य पण्डित माधवराव जी सप्रे ने रायपुर, इसी कार्य की सेवा के लिए प्रान्त को जगाने और उसमें अत्याचारों से लड़ने की भावना पैदा करने के लिए छोड़ा था। आज मैं नम्रता से उन सज्जनों को धन्यवाद देता हूँ जिनके संसर्ग और प्रयत्न से प्रांत ने जागृति के वे सुनहले दिन देखे।"

"पूज्य पण्डित माधवरावजी सप्रे और श्रीयुत गणेशशंकरजी विद्यार्थी मेरा मौन से बैठना अपराध समझते थे। श्रीमान दीवानबहादुर वल्लभदासजी तथा पण्डित काशी प्रसाद पाण्डे के सौजन्य का मुझे स्मरण है, जो चाहते थे कि मैं जबलपुर के कर्मवीर पत्र और प्रेस की जिम्मेदारियों को पुनः अपने सिर लूँ। किन्तु मैंने अपनी कठिनाइयों को देखते हुए जबलपुर के प्रेस और पत्र से भिन्न खंडवा में प्रेस और पत्र कायम करना उचित समझा और उन्होंने प्रदेश की जागृति के इसी नए उद्योग में मेरे कठिन पथ को सरल बनाने में उत्साहित किया। पहले मेरा विचार था कि पत्र का नाम कर्मयोगी रहे किन्तु जबलपुर के कर्मवीर के बन्द हो जाने के पश्चात मैंने और पण्डित माधवराव सप्रे ने यही उचित समझा कि प्रान्त के पत्र का नाम श्री शुक्ल की स्मृति ही कायम रखी जाए और किसी नए नाम की सृष्टि न कर पत्र का नाम कर्मवीर ही रहे।

"जबलपुर का कर्मवीर बाधाओं से खाली और सुविधाओं से पूर्ण था। खण्डवा का कर्मवीर इससे ठीक उलटी अवस्था का पथिक है जिन मित्रों की भुजाओं और थैलियों को इस कर्मवीर के जन्म का श्रेय प्राप्त है, हम उन्हें हृदय से धन्यवाद देते हैं।"

"हम इसी समय, जाने और बेजाने होने वाले अपराधों के लिए अपने मित्रों से क्षमा माँगते हैं और उन्हें विश्वास दिलाते हैं कि उन पर होने वाले प्रहारों का पहला वार सहने के लिये, कर्मवीर की शक्तियाँ सदैव प्रस्तुत रह सकें, ऐसा उद्योग करने का हमारा विचार है। 'कर्मवीर' के जबलपुर के प्रयत्न की सफलता, पूज्य सप्रेजी का आशीर्वाद तथा मेरे अनन्य हृदय ठाकुर लक्ष्मण सिंह और पण्डित सिद्धनाथ लोढ़े की सदैव तत्पर सेवाएं रहीं। सिद्धनाथ जी को तो आज भी सेवा का भार सौंप दिया गया है।

"प्रान्त के तरुणों से जिनमें अपने स्वप्नों को सच कर दिखाने का अपने जमाने को आन्दोलन के बल पर अनुकूल कर लेने का और निष्पाप हृदय होकर देश और प्रदेश की सेवा करने का बल है, हम क्या कहें। चाहे लेखक हो या कवि, संवाददाता हो या वक्ता, राष्ट्रीय कार्यकर्त्ता हो अथवा सामाजिक या साहित्य सेवक, कर्मवीर उनकी अपनी चीज है। राष्ट्र और प्रदेशों के निर्माण करने और दोनों के संहार के लिए उनके उठते हुए मस्तिष्कों, स्फुरण करती हुई भुजाओं और दलों की

दलदल से ऊँचे रहने वाले पवित्र हृदयों की ओर हम आशा भरी दृष्टि से देख रहे हैं वे आवें और युग परिवर्तन के अपने कार्यों से एक उभरे हुए उतावले की दृष्टि से नहीं, शांत कर्मण्य की तरह कर्मवीर का हाथ बँटावे। हम गरीबी का गर्व करते हुए निश्चिंत हैं, क्योंकि हम सोचते हैं कि कुचलने वाली भुजा के हमारे पास पहुँचने के बहुत पहले सरस्वती की आराधना का इस गरीब झोपड़े पर डाका पड़ने के कहीं प्रथम, लक्ष्मी के मंदिर के उपासक तरुण और वृद्ध अपनी सहायता से कर्मवीर के क्षेत्र को हरा भरा बनाए रहेंगे। आइये, गरीब और अमीर, किसान और मजदूर, उच्च और नीच तथा विजित और पराजित के भेदों को ठुकराइये, प्रदेश में राष्ट्रीय ज्वाला जगाइये और देश तथा संसार के सामने अपनी शक्तियों को ऐसा प्रमाणित कीजिए जिसका आने वाली संतानें, स्वतंत्र भारत के रूप में गर्व करें।

"प्रभु करे, सेवा के इस पथ में, मुझे अपने दोषों का पता रहे और आडम्बर, अभिमान और आकर्षण मुझे अपने पथ से न भटका पावें।"

खण्डवा से प्रकाशित 'कर्मवीर' में 10 पृष्ठ थे। वार्षिक मूल्य 3 रुपये था। विचार संचय और मध्यभारत शीर्षक से दो नए स्तम्भ भी अब इसमें रखे जाने लगे।

25 सितम्बर 1925 को माखनलाल जी ने किसानों की स्थिति पर एक मार्मिक अग्रलेख लिखा– "किसानों का सवाल देश की विकट समस्या है। देश में सैकड़ा पीछे 71 किसान रहते हैं, मध्यप्रदेश में 74 किसान हैं। यानी भारत में आज हर चार आदमी के पीछे तीन किसान हैं...। यदि देश में 100 रुपये टैक्स वसूल किया जाता है तो उसका 90 रुपया किसानों से वसूल होता है, किन्तु इसके पश्चात भी... किसान दुर्दशा से पीड़ित, अकाल का मारा हुआ, कर्ज से दबा हुआ है। इन साढ़े चौहत्तर फीसदी किसानों की हालत है कि इनमें से 50 को दोनों जून पेट भर अनाज नसीब नहीं होता। आप राज्यसभा पर दृष्टि दौड़ावें आपको वहाँ किसान के दर्शन न होंगे। किसान नामधारी कुछ धनिक भेड़िये वहाँ जरूर भीड़ मचाए हुए हैं, किसानों की यह हालत क्यों है, इसलिए कि किसान अज्ञान (अशिक्षित-अबोध) हैं... उसे नहीं मालूम कि ये धनिक तब तक जिन्दा हैं, राज्य तब तक कायम हैं, ये सारी कौंसिलें तब तक हैं, जब तक वह अनाज उपजाता है और मालगुजारी देता है.... ।"

11 जुलाई 1959 को माखनलाल चतुर्वेदी के संपादकत्व वाले 'कर्मवीर' का अंतिम अंक निकला। पश्चात उनके छोटे भाई बृजभूषण चतुर्वेदी ने सम्पादक का दायित्व निभाया। कर्मवीर के प्रेरणा पुरुष पं. विष्णुदत्त शुक्ल एवं माखनलालजी के गुरु पं. माधवराव सप्रे का निधन होने पर उनका कृतज्ञतापूर्वक स्मरण करते हुए 'कर्मवीर' में मुखपृष्ठ पर सबसे ऊपर "स्वर्गीय पं. माधवराव सप्रे और पं. विष्णुदत्त शुक्ल की स्मृति" अंकित किया जाता था। 'कर्मवीर' देश में तो सभी स्थानों पर जाता

ही था, ब्रिटेन, फ्रांस, जर्मनी तक भी उसकी प्रतियाँ जाती थी।

अकाली पत्रिका

21 मई 1920 को सरदार मंगलसिंह के सम्पादकत्व में लाहौर से गुरुमुखी दैनिक समाचारपत्र *'अकाली पत्रिका'* का प्रकाशन हुआ। इस समय पहला विश्वयुद्ध समाप्त ही हुआ था, जलियाँवाला बाग नरसंहार के कारण पंजाब में जनाक्रोश चरम पर था। दिल्ली में गुरुद्वारा रकाबगंज की जमीन पर फिरंगी हुकूमत जबरिया कब्जा कर कार्यालय भवन खड़े कर रही थी। इन परिस्थितियों के बीच प्रकाशित अकाली पत्रिका अल्पकाल में बहुत लोकप्रिय हो गई और सिख समुदाय की अधिकृत वाणी बन गई। 'अकाली पत्रिका' पढ़ने के लिए बड़ी संख्या में हिन्दुओं और मुसलमानों ने गुरुमुखी सीखी। 'अकाली पत्रिका' ने असहयोग आन्दोलन को पंजाब में घर-घर पहुँचाया। सरदार मंगलसिंह के उग्र आलेखों के कारण उन्हें तीन साल के कारावास की सजा हो गई। दूसरे सम्पादक ज्ञानी हीरासिंह और मास्टर प्रतापसिंह को भी गिरफ्तार कर लिया गया। तब 'अकाली पत्रिका' का कार्यालय लाहौर से अमृतसर लाया गया। हर हाल में पत्र का प्रकाशन जारी रखने के लिए 'अकाली पत्रिका' का विलय 'परदेशी खालसा' में कर दिया गया और नया नाम 'परदेशी' हो गया। सन 1930 में 'अकाली पत्रिका' का दफ्तर लाहौर आ गया और गुप्त रूप से अखबार प्रकाशित होता रहा।

21 फरवरी 1921 को ननकाना साहब की तीर्थ यात्रा पर गए सिखों के एक समूह की महंतों के गुंडों ने नृशंसतापूर्वक हत्या कर दी। इस स्तब्धकारी घटना की निन्दा करते हुए 'अकाली पत्रिका' ने लगातार लेख और अग्रलेख लिखे। अकाली मोर्चे निकले। उसी का परिणाम था कि सरकार को (सन 1925 में) गुरुद्वारा कानून बनाना पड़ा। सन 1930 से सन 1947 तक दैनिक 'अकाली पत्रिका' लाहौर से निकला। स्वतंत्रता संग्राम में उसने ओजस्वी भूमिका निभाई। देश-विभाजन का कहर 'अकाली पत्रिका' पर बेशकीमती मशीनरी और सम्पत्ति के नुकसान के रूप में टूटा। 'अकाली पत्रिका' के पुनर्जीवन के लिए सिख न्यूज पेपर लिमिटेड संस्था बनाई गई जिसने गुरुमुखी 'अकाली पत्रिका' के साथ-साथ उर्दू दैनिक *'अजीत'* का भी प्रकाशन किया। 'अकाली पत्रिका' अमृतसर से जालंधर लाई गई। सरदार अमरसिंह दोसांझ , कम्पनी के प्रबंध निदेशक और ज्ञानी शादीसिंह प्रधान सम्पादक हुए। 'अकाली पत्रिका' का एक ध्येय सिख समुदाय की बेहतरी रहा। उसके सम्पादक और पत्रकार परिश्रमी और प्रतिबद्ध रहे। सरदार मंगलसिंह अकाली, सरदार शार्दूल सिंह, ज्ञानी हीरासिंह दर्द, मास्टर तारासिंह, प्रो. निरंजनसिंह और ज्ञानी गुरुमुख सिंह मुसाफिर प्रभृति प्रतिष्ठित जन 'अकाली पत्रिका' से सम्बन्धित रहे। 'अकाली पत्रिका' की नीति स्वतंत्र थी। लोकहित के हर जन आन्दोलन का

उसने समर्थन किया। उसकी रिपोर्टिंग तथ्यपूर्ण होती थी। 'अकाली पत्रिका' के वर्तमान सम्पादक-मुद्रक-प्रकाशक रत्नेश सिंह हैं।

देश

छह अप्रैल 1920 को सत्याग्रह की पहली जयन्ती के अवसर पर पटना से हिन्दी साप्ताहिक *'देश'* का प्रकाशन राजेन्द्र प्रसाद के सम्पादकत्व में हुआ। यह राजनीतिक पत्र था जिसने बिहार में जनजागरण और राष्ट्रीय चेतना का ज्वार उठाया। खोजी रपट और जनसमस्याओं को प्रखरता से उजागर करने के कारण 'देश' ने बहुत कम समय में राष्ट्रीय पत्रों में महत्वपूर्ण स्थान बना लिया था। आठ पृष्ठ के साप्ताहिक समाचारपत्र 'देश' का वार्षिक शुल्क ढाई रुपये था। सम्पादकीय सहयोगी थे विश्वनाथ सहाय वर्मा और मृत्युंजय प्रसाद। राष्ट्रीय आन्दोलन में राजेन्द्र बाबू के अधिक व्यस्त हो जाने पर आचार्य बदरीनाथ वर्मा सम्पादक हुए। हरिवंश सहाय, पीर मोहम्मद मूनिस और पारसनाथ त्रिपाठी सहयोगी सम्पादक थे। त्रिपाठी बाद में 'देश' के सम्पादक बने। 'देश' में 'मुर्दे की विजययात्रा' शीर्षक अग्रलेख के कारण पारसनाथ त्रिपाठी को सन 1923 में दो साल की कारावास की सजा हुई। चौरीचौरा कांड जिसमें कई पुलिसकर्मी जीवित जला दिए गए थे उससे आहत होकर महात्मा गाँधी ने असहयोग आन्दोलन समाप्त कर दिया। सन 1930 में आर्थिक कठिनाइयों के चलते 'देश' का प्रकाशन बन्द हो गया। सन 1940 में रामचन्द्र त्रिवेदी ने पुनः 'देश' का सम्पादन-प्रकाशन आरंभ किया, किन्तु बमुश्किल एक वर्ष ही चल पाया।

सिंध आब्जर्वर

सन 1920 में कराची से अँगरेजी दैनिक *'सिंध आब्जर्वर'* का प्रकाशन हुआ। कोटमराजू पुन्नैया सम्पादक थे। पुन्नैया के साथ एक अनूठी घटना हुई। 'सिंध आब्जर्वर' कांग्रेस समर्थक अखबार नहीं था, बल्कि जब-तब कांग्रेस की नीतियों की कड़ी आलोचना करता था। जब कांग्रेस अध्यक्ष जवाहरलाल नेहरू जुलाई 1936 में पंजाब और सिंध के दौरे पर गए, तब 'सिंध आब्जर्वर' के संचालक ने सम्पादकीय विभाग को निर्देश दिया कि नेहरू की यात्रा का विस्तृत ब्यौरा प्रकाशित न किया जाए। सम्पादक पुन्नैया ने अखबार मालिक की हिदायत को नकारते हुए कांग्रेस अध्यक्ष के तूफानी दौरे को विस्तार से छापा। तब पुन्नैया को बर्खास्त कर दिया गया।[1] पुनैया ने अपना दैनिक अखबार निकालने का निश्चय किया। अन्ततः शर्मिंदा पत्र मालिक ने अपना अखबार पुन्नैया को सौंप दिया और अखबारी दुनिया छोड़ दी। जनता पर अखबार मालिक के कृत्य की जो तीखी प्रतिक्रिया हुई थी, यह फैसला उसी का परिणाम था।

1. हिन्दू, चेन्नै, 28 जुलाई 1936 में प्रकाशित जवाहरलाल नेहरू के वक्तव्य में इस घटना का ब्यौरा दिया गया है।

पुन्नैया ने लगभग एक चौथाई सदी तक राष्ट्रवादी दैनिक 'सिंध आब्जर्वर' का सम्पादन–प्रकाशन किया। देश–विभाजन के बाद पाकिस्तान ने उन्हें करांची छोड़ने पर मजबूर किया और वे मुम्बई आ गए।

वर्तमान

कानपुर से रमाशंकर अवस्थी ने हिन्दी दैनिक *'वर्तमान'* का प्रकाशन विजयादशमी 1920 से आरंभ किया। व्यापारी लाला फूलचंद जैन ने इस काम में उनकी आर्थिक सहायता की। एक अंक की कीमत दो पैसे थी। 'वर्तमान' का हास्य–विनोद स्तम्भ 'मनसुखा' अपने चटपटेपन के कारण काफी लोकप्रिय हुआ। अवस्थी का हिन्दी के अलावा उर्दू और अँगरेजी भाषा पर भी अच्छा अधिकार था। उनका लेखन तो अच्छा था ही, रोचक शीर्षक लगाने और सुरुचिपूर्ण प्रस्तुति की कला भी बेजोड़ थी। 'वर्तमान' में नाटक, कहानी, कविता एवं गंभीर लेख प्रकाशित होते थे। स्थानीय समाचार तो ताजे रहते थे, किन्तु अँगरेजी पत्रों से लिए गए बाकी समाचार बासे रहते थे, यद्यपि उन्हें सजा–सँवारकर नया रूप देने का प्रयास किया जाता था।

'वर्तमान' स्वतंत्रता आन्दोलन का समर्थक पत्र था। पत्र निकलते तीन साल भी पूरे नहीं हुए थे कि 'वर्तमान' के अग्रलेखों को लेकर फिरंगी सरकार ने राजद्रोह का मुकदमा चला दिया, जिसमें सम्पादक को दो साल की सजा हो गई। रमाशंकर अवस्थी के कारावास की अवधि में कुछ दिनों तक बन्द रहकर 'वर्तमान' रामलाल पाण्डेय के सम्पादकत्व में निकला। सन 1926 से 1928 तक छैल बिहारी 'कंटक' और भगवानदीन त्रिपाठी सम्पादक हुए। सन 1930 में 'वर्तमान' का प्रेस और अन्य सम्पत्ति सरकार ने जब्त कर नीलाम कर दी। आजादी के बाद भी ग्यारह वर्षों तक 'वर्तमान' का प्रकाशन होता रहा। सन 1958 में रामशंकर अवस्थी की मृत्यु के बाद अखबार बन्द हो गया। पत्र के अंतिम सम्पादक ब्रजबिहारी अवस्थी थे।

राजस्थान केसरी

वर्धा से सन 1920 में सत्यदेव विद्यालंकार के सम्पादकत्व में हिन्दी साप्ताहिक *'राजस्थान केसरी'* का प्रकाशन विजयसिंह पथिक ने किया। रामनारायण चौधरी प्रकाशक और सहायक सम्पादक भी थे। बाद में यह पत्र अजमेर से निकलने लगा। मानहानि के एक प्रकरण में रामनारायण चौधरी को तीन माह की कैद की सजा हो गई, तब 'राजस्थान केसरी' का प्रकाशन बन्द हो गया।

कुछ समय बाद *'राजस्थान सन्देश'* के नाम से यही पत्र निकला। परन्तु सरकारी दमन के कारण अल्पजीवी रहा। प्रतिबन्ध लग जाने पर पत्र को *'तरुण राजस्थान'* के नाम से निकाला गया। देशी राज्यों में प्रजा पर होने वाले अत्याचारों का विवरण इन पत्रों में छपता था। विजयसिंह पथिक की पहल और संकल्प से स्थापित

राजस्थान सेवा संघ के आन्दोलनों को इन पत्रों ने बल दिया। इन्हीं से देश और ब्रिटिश संसद तक को देशी राज्यों की दुर्दशा का पता चलता था।

उदयपुर रियासत के 21 जून 1923 के आदेश में इन पत्रों का प्रवेश निषिद्ध करते हुए कहा गया- "लिहाजा जरिए इश्तिहार हाजा हर खास व आम को आगाह किया जाता है कि आयंदा अगर किसी शख्स का प्रताप, राजस्थान केसरी, और नवीन राजस्थान अखबारों को मँगाना या किसी के पास इन अखबारों का मौजूद होना या इन अखबारों का कटिंग या हैंडबिल पाया जावेगा तो वह सजा का मुस्तोजिब होगा जिसकी मयाद एक साल कैद सख्त व 1000 रुपये जुर्माना तक होगा।"

'तरुण राजस्थान' में मुकुट बिहारी वर्मा, रामनाथ गुप्त, प्रभृति पत्रकार कार्यरत रहे थे जो बाद में नामवर सम्पादक हुए। 'तरुण राजस्थान' के आद्य सम्पादक शोभालाल गुप्त को राजा महेन्द्रप्रताप का एक पत्र छापने पर एक साल के कारावास की सजा हुई थी। उनके बाद रामनारायण चौधरी सम्पादक हुए। जयनारायण व्यास के सम्पादन-काल में एक लेख के प्रकाशन पर राजद्रोह का मुकदमा चला और सम्पादक को एक साल कैद की सजा हो गई। पश्चात अचलेश्वर प्रसाद शर्मा सम्पादक हुए।

'तरुण राजस्थान' की एक रिपोर्ट उसके तेवर और देशी राज्यों में हालात का खुलासा करती है- "मैं 14 तारीख के पहले तीन-चार लाख का आसामी था। मेरे कुटुम्ब में 18 व्यक्ति मय औरत बाल-बच्चे थे, परन्तु आज हमारे अलवर शासकों की कृपा से हम सिर्फ दो भाई शेष हैं। एक अलवर की जेल में है, दूसरा सिर्फ मैं हूँ जो दुर्भाग्य से बच गया हूँ, बाकी सब तोपों और फौजी सिपाहियों की बंदूकों के निशाने बन गए हैं, कुछ आग में जल गए हैं। अलवर राज्य ने जो अन्यायपूर्ण कानून बनाए हैं, वे दुनिया के किसी राज्य में प्रचलित नहीं हुए हैं। यहाँ पर कर की दरें भी पूरी तौर पर बढ़ा दी गई हैं। शासकों की शिकार की हवस भी अत्यन्त बढ़ी हुई है। इससे जो कुछ पैदा होता है, वह सब स्वाहा हो जाता है। इस पर राजपूतों ने हमारे यहाँ महाराजा तक अपनी फरियाद पहुँचाने के लिए सभा की थी और यह भी तय किया था कि यदि महाराजा न सुनें तो ब्रिटिश गवर्नमेंट के पास पुकार पहुँचाई जाय। इसकी खबर महाराजा को लगी, बस इसी पर राज्य की तरफ से इम्पीरियल जय पल्टन के पाँच सौ सिपाही, रेजिमेंट फर्स्ट लांसर्स के तीन सौ जवान, अस्सी तोपखाने के जवान और दो तोप के जोड़े भेज दिए गए, चार मशीनगनें भी आ पहुँची। हमारे नीमचाणा गाँव में जो तहसील बानपुर में है, तारीख 13 को दोपहर को पहुँच गई। सेना ने आते ही गाँव को चारों तरफ से घेर लिया और पानी भरने के सब कुँओं पर फौज ने अपना कब्जा कर लिया। दूसरे दिन ही ग्रामवासियों में जल

के लिए त्राहि-त्राहि होने लगी, तब मेरे बड़े भाई व दस-बारह प्रतिष्ठित पुरुष हिम्मत करके फौज के बख्शी छाजू सिंह और अन्य अफसरों के पास महाराज जयसिंह की दुहाई देते हुए गए। जब उनके पास गए तो उन्होंने हुक्म दिया कि इन पर फायर कर दो। ये सब आदमी वहीं पर भून दिए गए। पानी के लिए गाँव भर चिल्लाता रहा।"[1]

स्वतंत्र

अम्बिकाप्रसाद वाजपेयी के सम्पादकत्व में श्रीकृष्ण जन्माष्टमी, 4 अगस्त 1920 से हिन्दी दैनिक समाचारपत्र *'स्वतंत्र'* का प्रकाशन कोलकाता से हुआ। सप्ताह में छह दिन प्रकाशित होता था। असहयोग और सत्याग्रह के दौर में अम्बिकाप्रसाद वाजपेयी प्रभृति उद्भट सम्पादक की लेखनी ने 'स्वतंत्र' को राष्ट्रीय समाचारपत्रों की पहली पंक्ति में प्रतिष्ठित कर दिया था। 'स्वतंत्र' के विशेषांक पठनीय और संग्रहणीय होते थे। निर्भीकतापूर्वक स्पष्ट सम्मति लिखता था। लेख रोचक और गवेषणात्मक होते थे। सन 1921 और 1922 में 'स्वतंत्र' की प्रसार संख्या इतनी ज्यादा हो गई थी कि प्रिंटिंग मशीन पर दस से बारह घंटे तक छपाई होती थी। 30 अप्रैल 1930 की शाम को 'स्वतंत्र' के मुद्रणालय- इंडियन नेशनल प्रेस को पाँच हजार रुपये की जमानत जमा करने का आदेश दिया गया। इसी कारण प्रेस बन्द हो गया।[2]

श्री शारदा

जबलपुर से 21 मार्च 1920 को हिन्दी मासिक पत्रिका *'श्री शारदा'* का प्रकाशन आरंभ हुआ। नर्मदा प्रसाद मिश्र पत्रिका के सम्पादक थे। मूलतः साहित्यिक पत्रिका थी। हिन्दी की साहित्यिक पत्रकारिता में छायावाद को सर्वप्रथम मान्यता प्रदान करने का श्रेय 'श्री शारदा' को जाता है। इस पत्रिका का प्रकाशन तीन वर्ष तक हुआ। अंतिम वर्ष में 'श्री शारदा' के सम्पादक द्वारका प्रसाद मिश्र थे। साहित्य के अलावा इतिहास, दर्शन, कृषि, भाषा, आर्थिकी, राजनीति, समालोचना, लिपि आदि विविध विषयों से विभूषित 'श्री शारदा' को हिन्दी के सभी प्रतिष्ठित साहित्यकारों का रचनात्मक सहयोग सुलभ था।

छात्र सहोदर

नरसिंहदास अग्रवाल ने जबलपुर से अप्रैल 1920 में सचित्र मासिक पत्रिका *'छात्र सहोदर'* का प्रकाशन किया। सुकुमार चटर्जी और मातादीन शुक्ल इस साहित्यिक पत्रिका के सम्पादक थे। युवाओं पर केन्द्रित यह पत्रिका 36 पृष्ठ की थी। शुभचिन्तक प्रेस जबलपुर से मुद्रण होता था। पाँचवे अंक से मातादीन शुक्ल सम्पादन करने लगे। 'छात्र सहोदर' के प्रत्येक अंक के कवर पृष्ठ पर किन्हीं

1. तरुण राजस्थान, 31 मई 1925, एक भुक्तभोगी।
2. विशाल भारत, नवम्बर-दिसम्बर 1931

महापुरुष का चित्र प्रकाशित किया जाता था। पृष्ठ संख्या 36, वार्षिक शुल्क ढाई रुपये था। 'छात्र सहोदर' का जनवरी 1921 का अंक राष्ट्रीय अंक के रूप में प्रकाशित हुआ। इसके मुखपृष्ठ पर मार्शल ला के शिकंजे में फँसे पंजाब का आर्तनाद चित्रित किया गया है। एक बाजू में हतप्रभ 'सत्याग्रह' अंकित है और आकाश में देवता द्रष्टव्य हैं। इस चित्र के साथ चारों ओर दोहे प्रकाशित किए गए। उसकी एक बानगी–

"डायर से कायर की कृति पर, आँसू नहीं बहाऊँगी
वीर लड़ाके लाल लाडले, लाखों भेंट चढ़ाऊँगी ॥"

नौजवानों में राष्ट्रप्रेम, चरित्र, कर्मण्यता, कर्तव्यज्ञान, दृढ़ता, साहस और प्रेरणा को जगाने वाली रचनाएँ प्रकाशित की जाती थीं। दिसम्बर 1920 के अंक में महात्मा गाँधी के चित्र के नीचे 'देश की स्वाधीनता का कर्णधार' सम्बोधन दिया गया है।

जमाना

मौलवी मोहम्मद अकरम खाँ के सम्पादकत्व में जून 1920 में कोलकाता से उर्दू दैनिक *'जमाना'* प्रकाशित हुआ। चार पृष्ठ के इस दैनिक की एक प्रति का मूल्य दो पैसे था। आजमगढ़ के 'मुआरिफ' ने लिखा है– "जमाना की शैली से ऐसा मालूम होता है गोया 'अल हिलाल' मरहूम पढ़ रहे हैं।"[1]

मौलवी अकरम खाँ एक योग्य, निर्भीक और स्वतंत्र चेता पत्रकार थे। उनके 'बांगेदरा' शीर्षक अग्रलेख से जमाना की पत्रकारिता का परिचय मिलता है– "उठो कमर कसकर, कारवाँ तैयार है। हिम्मत तुमको पुकारती है। गैरत तुमको दावत–ए–अमल दे रही है। मुसीबतें रास्ता दिखा रही हैं। मायूसियों के बादलों में बिजलियाँ चमक रही हैं। अगर रात के अंधेरों के बाद चमकीली सुबह की आमद यकीनी है, अगर पतझड़ बसंत का अगला पड़ाव है, अगर पतन उत्थान की तम्हीद (पृष्ठभूमि) है तो समझना चाहिए कि तुम्हारी हालत जवाल (पतन) से कमाल (उत्थान) हुआ चाहती है। उठो! लेकिन मायूस होकर नहीं, दिल में नये वलवले और ताजा उम्मीदें लेकर उठो। उठो! लेकिन सिर झुकाने के लिए नहीं, सिर बलुदी के लिए उठो। अब जुबान से मिन्नत न करो। अधिकार से माँगो, अब आँखों से आँसू न बहाओ, बिजलियाँ गिराओ, अब हाथ जोड़कर न खड़े हो, हाथों में काम लो, अब पाँव तोड़कर न बैठो, मंजिले मकसूद को तय करो।[2]

वन्दे मातरम्

पंजाब केसरी लाला लाजपतराय ने एक लिमिटेड कम्पनी की स्थापना कर लाहौर से उर्दू दैनिक *'वन्दे मातरम्'* निकाला। सरदार मोहन सिंह साहनी अखबार

1. मुआरिफ, आजमगढ़, जुलाई 1920
2. जमाना, कोलकाता, 28 जुलाई 1920

के सम्पादक थे। यह एक उच्च स्तरीय अखबार था जिसका पंजाब, सिंध और उत्तरी सीमान्त प्रदेशों में अच्छा प्रसार था। स्वतंत्रता संग्राम का जोश और जज्बा, जनता के हितों और हकों की पैरवी, फिरंगी हुकूमत के अन्याय और अत्याचार की आलोचना 'वन्दे मातरम्' का मुख्य स्वर था। पहले साल में ही 'वन्दे मातरम्' की प्रसार संख्या छह हजार तक पहुँच गई थी। 'वन्दे मातरम्' का 10 मई 1927 का अंक लाहौर से पुलिस ने जब्त कर लिया था। हाईकोर्ट में अपील करने पर जब्ती का आदेश निरस्त हुआ। 'वन्दे मातरम्' के चार सम्पादकों को राजद्रोह के आरोप में कारावासी होना पड़ा। अक्टूबर 1930 में 'वन्दे मातरम्' की तीन हजार रुपये की जमानत पंजाब सरकार ने जब्त कर ली थी। दिसम्बर 1930 में सम्पादक ठाकुर दास ने भगतसिंह पर लेख लिखा जिस पर उन्हें दण्ड संहिता की धारा 124-अ के तहत गिरफतार कर लिया गया। मेलाराम वफा, यूसुफ-उल अजीज, लाला रामप्रसाद, लाला गणपतराय, लाला फिरोजचंद, छबील दास आदि ने 'वन्दे मातरम्' का सम्पादन किया। सागर अकबराबादी, धर्मवीर, जमनादास अख्तर सहयोगी सम्पादक रहे। पृष्ठ संख्या बारह और वार्षिक शुल्क अठारह रुपये था। 'वन्दे मातरम्' के मंगलवार और शुक्रवार के अंक में चित्र छपा करते थे। अगस्त 1947 तक 'वन्दे मातरम्' का प्रकाशन लाहौर से हुआ। देश-विभाजन के बाद यह दिल्ली से प्रकाशित होने लगा।

एहरार

ख्वाजा मोहम्मद असदउल्ला के सम्पादकत्व में सन 1920 में कोलकाता से उर्दू दैनिक *'एहरार'* का प्रकाशन आरंभ किया गया। इस अखबार की प्रकृति का परिचय निम्नलिखित सम्पादकीय टिप्पणी से मिलता है- "अब तुम खुद फैसला कर लो कि किसका साथ दोगे। जालिमों का या मजलूमों का और गुलाम बनाने वालों का या आजाद और आजाद कराने वालों का।"[1]

'एहरार' नाम के एक और उर्दू दैनिक का प्रकाशन मजलिस एहरार-ए-इकामिया ने सन 1920 में लाहौर से किया। मौलाना चिराग हसन 'हसरत' सम्पादक और अल्लामा हुसैन 'मीर' तथा लतीफ अनवर गुरदासपुरी सहयोगी सम्पादक थे। प्रकाशन के कुछ ही दिनों पश्चात 'एहरार' से दो हजार रुपये की जमानत माँगी गई जो जब्त कर ली गई। दोबारा जब चार हजार रुपये की जमानत माँगी गई तब अखबार बंद कर दिया गया।

हैदराबाद से सन 1920 में उर्दू दैनिक *'रहबर-ए-दकन'* का प्रकाशन हुआ। सम्पादक अहमद मुहीउद्दीन थे। पृष्ठ संख्या चार थी। सन 1948 में 'रहबर-ए-दकन' का प्रकाशन बन्द हो गया। नौ माह के अंतराल के बाद, मंजूर हसन अंसारी ने *'रहनुमा-ए-दकन'* के नाम से इस अखबार का पुनः प्रकाशन किया। 1960 तक

1. एहरार, कोलकाता, 26 नवम्बर 1921

मंजूर हसन अंसारी ने सम्पादन किया। तत्पश्चात सैयद वकारउद्दीन ने सम्पादन का जिम्मा सम्भाला। सैयद लतीफउद्दीन प्रबंध सम्पादक रहे। 'रहनुमा-ए-दकन' का प्रकाशन जारी है।

ताज

जबलपुर से सन 1920 में ताजुद्दीन अहमद के सम्पादकत्व में उर्दू साप्ताहिक *'ताज'* का प्रकाशन आरंभ हुआ। राष्ट्रीय आन्दोलन के समर्थक इस पत्र ने सन 1920 के बहुचर्चित रतौना कसाईखाना आन्दोलन में जुझारू भूमिका निभाई थी। जब ताजुद्दीन अहमद को गिरफ्तार कर लिया गया तब 'कर्मवीर' में माखनलाल चतुर्वेदी तथा अन्य अनेक अखबारों ने इस पर तीखा विरोध जताया था।

सन 1920 में हैदराबाद से बत्तीस पृष्ठ की मासिक पत्रिका *'नौनिहाल'* मरगूबउद्दीन के सम्पादन में प्रकाशित हुई। वार्षिक शुल्क ढाई रुपये था। रचनाएं, बच्चों के लिए उपयोगिता की दृष्टि से प्रकाशित की जाती थीं। इसी वर्ष लाहौर से हास्य-विनोद का उर्दू साप्ताहिक *'जियाफत-पंच'* निकला। मौलाना मीर गुलाम हुसैन सम्पादक थे। पृष्ठ संख्या आठ और वार्षिक शुल्क चार रुपये था। 'नैरंग-ए-ख्याल' ने टिप्पणी की थी- "हमारे विचार से जहाँ भोजन करने के स्थान पर 'जियाफत पंच' रखा हो बिना डकार लिये सेरों भोजन पच जाता है। इसको पढ़ने से समस्त क्लेष, दुख और चिन्ताएँ दूर हो जाती हैं और भूख खूब लगती है।[1]

उर्दू मासिक *'स्वदेशी'* दिल्ली से सन 1920 में प्रकाशित हुआ। सम्पादक शंभूनाथ चोपड़ा थे। पृष्ठ संख्या अड़तालीस और वार्षिक शुल्क तीन रुपये था। बाराबंकी से उर्दू मासिक पत्रिका *'सहीफत-उल-वारिस'* प्रकाशित हुई। पृष्ठ संख्या बयालीस और वार्षिक शुल्क तीन रुपये छह आना था।

भोपाल से उर्दू मासिक पत्रिका *'हुस्न-ए-ख्याल'* कुछ माह तक निकली। सम्पादक सरवर कादरी थे। लाहौर से उर्दू साहित्यिक मासिक पत्रिका *'शवाब-ए-उर्दू'* सन 1920 में प्रकाशित हुई। सम्पादक खान मोहम्मद हुसैन खां थे। पृष्ठ संख्या अड़तालीस और वार्षिक शुल्क पाँच रुपये था। आबू (चेन्नै) से जनवरी 1920 में शेरो शायरी की उर्दू मासिक पत्रिका *'बर्क-ए-सुखन'* प्रकाशित हुई। मुंशी मोहम्मद इब्राहीम कादिर सम्पादक थे। फुलवारी शरीफ से उर्दू मासिक पत्रिका *'नकीब'* शाहिद रामनगरी ने सम्पादित, प्रकाशित की। पत्रिका दीर्घजीवी रही। जनवरी 1920 में दिल्ली से मीर जैदी-उल-वास्ती ने उर्दू मासिक पत्रिका *'फिरात'* का सम्पादन-प्रकाशन किया। हमीदुल्ला बेग ने उर्दू मासिक *'जवाहरात'* सन 1920 में निकाला। गोरखपुर से सन 1920 में *'अल तहकीक'* नामक उर्दू साप्ताहिक निकला।

---

1. नैरंग-ए-ख्याल, लाहौर, जून 1920

वहीद अब्बासी सम्पादक थे। समसामयिक घटनाओं पर बेबाक राय जाहिर करता था। वार्षिक शुल्क चार रुपये था। नागपुर से उर्दू मासिक पत्रिका *'अदीब'* का सम्पादन-प्रकाशन मौलवी अब्दुल मुगनी ने किया। पृष्ठ संख्या चालीस और वार्षिक शुल्क तीन रुपये था। मुंशी ताजउद्दीन 'लायक' ने भोपाल से उर्दू मासिक *'अल हबीब'* का प्रकाशन किया। अमरोहा से शेरो-शायरी का उर्दू मासिक *'एजाज'* निकला। अफसर अमरोही सम्पादक थे। अवतारकृष्ण अग्रवाल ने मुरादाबाद से जनवरी 1920 में उर्दू मासिक पत्रिका *'दिलकश'* निकाली। हैदराबाद से उर्दू मासिक *'दोस्त'* निकला। अलीगढ़ से उर्दू और अँगरेजी का सासाहिक *'अलीगढ़ टाइम्स'* प्रकाशित हुआ।

जाहिरातीचे दर.

वर्गणीचे दर.

REGISTERED No. B. 1266.

१ गुरुवार, अधिक श्रावण वद्य १३ शके १८४२ ता. १२ आगष्ट १९२० अंक १

वैरणीची नासाडी थांबवा !

कडबा कापण्याचीं यंत्रें

किर्लोस्कर बंधु, लिमिटेड,

खास हरकलची लगडी.

ललना वस्त्रागार

सायकों मेडिकल हॉलमध्यें

औषधोपचार केवळ मनाच्या साहाय्यानें

रोग बरे केले जातात.

स्वराज्य

12 अगस्त 1920 को पुणे से शिवराम महादेव परांजपे ने मराठी साप्ताहिक *'स्वराज्य'* का सम्पादन-प्रकाशन किया। परांजपे पहले *'काल'* का सम्पादन कर चुके थे, जिसके बन्द होने के एक दशक बाद उन्होंने 'स्वराज्य' निकाला। 'काल' के तेवरों पर लोकमान्य तिलक का प्रभाव था और 'स्वराज्य' महात्मा गाँधी युग का अखबार था। बड़े आकार के चार पृष्ठ के 'स्वराज्य' का वार्षिक शुल्क तीन रुपये था। पृष्ठ एक और चार पर विज्ञापन रहते थे। पृष्ठ दो पर अग्रलेख और पृष्ठ तीन पर समाचार प्रकाशित किए जाते थे। 'स्वराज्य' में जब किसी व्यक्ति की करतूतों पर टिप्पणी की जाती थी तब व्यंग्योक्ति का सहारा लिया जाता था। 'स्वराज्य' ने हिन्दू-मुस्लिम दंगे के सम्बन्ध में बहुत बेबाक टिप्पणी की-

"हिन्दू और मुसलमानों के दंगे

"पूरे हिन्दुस्तान में सवा सात लाख गाँव और दो हजार शहर हैं। उसमें से सात सौ शहर और एक लाख तिरासी हजार गाँव हिन्दुस्तानी संस्थानों के अधीन हैं। क्षेत्रफल की दृष्टि से एक तिहाई हिन्दुस्तान संस्थान के पास है। परन्तु उनमें कभी हिन्दू-मुस्लिम दंगे नहीं हुए। संस्थान के कुछ राजे हिन्दू तो अन्य मुसलमान हैं। बाकी हिन्दुस्तान में प्रतिवर्ष पचास-साठ दंगे होते हैं। यह परिमाण अमेरिका में होने वाले गोरे-काले के दंगे से बहुत कम है।[1]

सन 1927 में परांजपे का 'स्वराज्य' बन्द हो गया। 15 दिसम्बर 1927 के स्वराज्य में 'निदान धर्म युद्ध तरिकरा' लेख के कारण तत्कालीन सम्पादक शंकर दत्तात्रय देव को दो वर्ष के कठोर कारावास की सजा हुई थी।

किर्लोस्कर

सन 1920 में किर्लोस्करवाडी से *'किर्लोस्कर खबर'* नामक चार पृष्ठीय मासिक पत्रिका का प्रकाशन कारखाने की गृह पत्रिका के स्वरूप में आरम्भ हुआ था। कुछ ही साल बाद पत्रिका के नाम से 'खबर' शब्द हट गया और वह मराठी की विविध विषयों से युक्त सर्वांगपूर्ण पत्रिका के रूप में विकसित और स्थापित हो गई। शंकरराव किर्लोस्कर पत्रिका के आद्य सम्पादक के रूप में मराठी पत्रकारिता में प्रतिष्ठित हुए। 'किर्लोस्कर' ने आरम्भ से ही सामाजिक बुराइयों और कुरीतियों पर प्रहार करने के साथ-साथ व्यंग्य चित्रों का प्रयोग सामाजिक चेतना जागृत करने के उद्देश्य से किया। नव सामाजिक चिन्तन को 'किर्लोस्कर' ने प्रश्रय दिया। अस्पृश्यता निवारण विशेषांक प्रकाशित कर 'किर्लोस्कर' ने प्रगतिशील चिंतन का परिचय दिया। क्रिकेट खिलाड़ी, बमवर्षक वैमानिक, समाज चिंतक, इतिहासविद, अर्थशास्त्री, सेनापति, शिक्षाविद इत्यादि विभिन्न विषय क्षेत्रों के व्यक्तियों के प्रेरक कृतित्व को पाठकों के सम्मुख रखने का काम 'किर्लोस्कर' ने किया।

आचार्य विनोबा भावे के भूदान आन्दोलन पर पु.ला.देशपांडे से लेखमाला लिखवाई। वीर सावरकर की लेखमाला प्रस्तुत की। जनसंख्या विस्फोट के संकट को 'किर्लोस्कर' ने सन 1925 में ही पहचान लिया था, जब 'असीम सन्तान' शीर्षक गवेषणात्मक लेख प्रकाशित किया।

आजादी के बाद मुकुन्दराव किर्लोस्कर ने सम्पादन दायित्व सम्भाला और उनकी निवृत्ति के उपरांत शांताबाई किर्लोस्कर सम्पादक हुईं। 'किर्लोस्कर' पत्रिका मराठी पत्रकारिता में सुप्रतिष्ठित नाम है, जिसका प्रकाशन अविराम है।

---

1. स्वराज्य, पुणे, 5 जुलाई 1923

आम्बेडकर के अखबार

मूकनायक

31 जनवरी 1920 को भीमराव आम्बेडकर ने मराठी पाक्षिक पत्र 'मूकनायक' का सम्पादन–प्रकाशन किया। इसका मुद्रण मनोरंजन छापाखाना मुम्बई से होता था। अछूतों के उद्धार के उद्देश्य से प्रकाशित 'मूकनायक' के सम्पादक पाण्डुरंग नंदूराम भटकर थे। पहले 14 अंकों के अग्रलेख स्वयं अम्बेडकर ने लिखे। कोल्हापुर महाराज ने मूकनायक के प्रकाशन के लिए दो हजार पाँच सौ रुपये की सहायता दी थी। प्रवेशांक में बाबा साहब आम्बेडकर ने लिखा- "मुम्बई इलाके में प्रसिद्ध होने वाले समाचारपत्र विशिष्ट जातियों का हित सम्बन्ध देखने वाले हैं परन्तु अन्य जातियों के हित की उन्हें परवाह नहीं होती। जिन पत्रों में बहिष्कृत समाज की समस्याओं का उल्लेख होता है उनमें ब्राह्मणेतर अनेक जातियों के सम्बन्ध में विचार आते हैं परन्तु बहिष्कृत समाज की समस्याओं का गहन अभ्यास नहीं होता। यह कमी दूर करने के लिए 'मूकनायक' का जन्म हुआ है।"

जुलाई 1920 में भीमराव आम्बेडकर इंग्लैण्ड चले गए तब व्यवस्थापक मण्डल ने भटकर के स्थान पर ज्ञानदेव ध्रुवनाथ घोलप को सम्पादक बनाया। परन्तु वे अखबार चला नहीं पाए। पत्र पर कर्ज हो गया। इंग्लैण्ड से लौटने के बाद आम्बेडकर ने परिस्थिति का अध्ययन कर आठ अप्रैल 1923 को 'मूकनायक' का प्रकाशन बन्द कर दिया।

उदय

27 जनवरी 1920 को अमरावती में बाबा साहेब खापर्डे ने मराठी साप्ताहिक

'उदय' का सम्पादन–प्रकाशन किया। बलवंत गणेश खापर्डे सहयोगी सम्पादक थे। सन 1927 में नारायण राव बामणगांवकर सम्पादक हुए, जिन्होंने सन 1932 में 'उदय' अखबार और अरुण छापाखाना खरीद लिया। राष्ट्रीयता का मुखर समर्थक 'उदय' निर्भीक पत्र था। पत्र का आकार 48 गुणित 29 से.मी. और वार्षिक शुल्क दो रुपया था। 'उदय' ने यह माँग उठायी थी कि वन्हाड को मध्यप्रांत से अलग होना चाहिए, यह स्वाभाविक भावना विदर्भ के लोगों में है। मराठी विदर्भ प्रांत की रचना पर 'उदय' ने बल दिया।[1]

अगस्त 1920 में मराठी मासिक *'समाज सेवक'* मुम्बई से प्रकाशित हुआ। गं.नि. सहस्त्रबुद्धे सम्पादक थे। मराठी अर्द्ध साप्ताहिक *'स्वदेश'* नासिक से निकला। सतारा से मराठी पाक्षिक *'भारत व्रत'* प्रकाशित हुआ। रघुनाथ अनन्तशास्त्री पटवर्धन ने अक्टूबर 1920 में मराठी मासिक *'वैद्य मित्र'* का सम्पादन, प्रकाशन किया। दहीबड (सातारा) से गणेश गोविन्द देव ने मराठी मासिक *'विद्या विनोद माला'* निकाला। ग्वालियर से मराठी शिक्षा परिषद की त्रैमासिक पत्रिका *'मराठा मंडल'* का प्रकाशन हुआ। वर्णाश्रम स्वराज संघ, जलगाँव ने सनातनी विचारों की मासिक पत्रिका *'प्रागतिक'* सितम्बर 1920 में निकाली। 25 वर्ष तक प्रकाशित हुई। मराठी मासिक पत्रिका *'श्रीरामदास आणि रामदासी'* सन 1920 में धूलिया से प्रकाशित हुई। बेलगाँव से मराठी मासिक *'कर्मयोगी'* जुलाई 1920 में प्रकाशित हुआ। 12 दिसम्बर 1920 को मराठी साप्ताहिक *'निजाम विजय'* हैदराबाद से लक्ष्मण बलवंत फाटक ने निकाला। मुम्बई से नवम्बर 1920 में मराठी मासिक पत्रिका *'अरविंद'* निकली। अमृतनारायण भालेराव सम्पादक थे।

पुणे से मोरेश्वर ने मराठी मासिक *'अंकुश'* प्रकाशित किया। कोल्हापुर से आर्य समाज का साप्ताहिक मराठी पत्र *'आर्यभानु'* नवम्बर 1920 में प्रकाशित हुआ। हरि सखाराम तुंगार सम्पादक थे।

जनवरी 1920 में कोल्हापुर से मराठी साप्ताहिक *'गरीबांचा कैवारी'* का प्रकाशन बाबूराव हेराबतराव यादव के सम्पादकत्व में हुआ। पृष्ठ संख्या चार और वार्षिक शुल्क तीन रुपये था। 51 गुणित 34 से.मी. आकार का यह साप्ताहिक शनिवार को छपता था। यह एक जातिवादी पत्र था, जो ब्राह्मणेत्तर जातियों का पक्षधर था।

पुणे से धुंडिराज गणेश दीक्षित बापट ने अगस्त 1920 में मराठी मासिक *'स्वाध्याय'* का प्रकाशन किया। शोलापुर से गोविन्द वाकले के सम्पादन में अक्टूबर 1920 में पिछड़ी जाति के उत्थान के लिए मराठी पत्र *'क्षत्रिय'* निकला। अमरावती

1. उदय, अमरावती, 21 जुलाई 1928

से मराठी और हिन्दी मासिक *'क्षत्रिय माली-सैनी मित्र'* मई 1920 में प्रकाशित हुआ। अयोध्या से संस्कृत भाषा का साप्ताहिक पत्र *'संस्कृत साकेत'* सन 1920 में प्रकाशित हुआ। हनुमंतप्रसाद शास्त्री सम्पादक थे। सन 1931 से 1940 तक रूपनारायण मिश्र और 1950 तक ब्रह्मदेव शास्त्री ने सम्पादन किया।

कौमी दर्द

अमृतसर से भाई कपूर सिंह ने गुरुमुखी दैनिक *'कौमी दर्द'* का प्रकाशन सन 1920 में किया। स्वतंत्र चेतना का अखबार था। सम्पादक कपूर सिंह और मुद्रक भाई फतहसिंह को पत्र में प्रकाशित एक लेख को राजद्रोही करार देकर अगस्त 1925 में सजा सुनाई गई, जिसमें सम्पादक को दो वर्ष के कठोर कारावास और दो सौ रुपये जुर्माना तथा मुद्रक को दो सौ रुपये जुर्माना की सजा हुई।

दिल्ली से मोहिन्दर सिंह ने गुरुमुखी मासिक पत्रिका *'प्रीतम'* का प्रकाशन किया। आंध्र परिशोधक मंडली ने श्रेष्ठ तेलुगु वांड्.मय के प्रकाशन के लिए सन 1920 में *'आंध्र भाषा विलासिनी'* का प्रकाशन चितराड से किया। सन 1930 में यह तेलुगु मासिक पत्रिका बंद हो गई। सी.श्रीनिवासराव ने सन 1920 में तेलुगु पाक्षिक *'अरुणोदयम्'* निकाला। तेलुगु मासिक पत्रिका *'नियोगी'* चेन्नै से कोटेश्वर शर्मा शास्त्री ने निकाली। तेलुगु के राजनीति-प्रधान साप्ताहिक *'नेल्लूर'* पत्रिका का सम्पादन-प्रकाशन जगदीश्वरप्रसाद राव ने किया। डा. सीतापति ने सन 1920 में तेलुगु की बाल साहित्य पत्रिका *'भारती'* का सम्पादन-प्रकाशन किया। *'भारती'* दीर्घजीवी रही। श्रीनिवास रंगाचार्युलु के सम्पादकत्व में तेलुगु मासिक *'वैष्णव पत्रिका'* प्रकाशित हुई।

कावली से पी.बी. सुब्रमण्य शर्मा ने तेलुगु मासिक पत्रिका *'वर्णाश्रम संस्थापनम्'* का प्रकाशन किया। श्रीपाद कृष्णमूर्ति के सम्पादकत्व में तेलुगु मासिक पत्रिका *'वज्रायुधम्'* प्रकाशित हुई। नलगोंडा से नरसिंहराव के सम्पादकत्व में तेलुगु साप्ताहिक *'नीलगिरी'* का प्रकाशन हुआ। सन 1926 में बंद हो गया। इंगुरथी से सन 1920 से 1926 तक तेलुगु साप्ताहिक *'तेनुगु पत्रिका'* प्रकाशित हुई। सीता रामचंद्र राव और राघव रंगराव सम्पादक प्रकाशक थे।

गुजराती साप्ताहिक *'इंसाफ'* सन 1920 में मुम्बई से निकला।

गिडुगु राममूर्ति पन्तुलु ने सन 1920 में तेलुगु भाषा के पण्डितों के भाषा आग्रहों में सुधार के ध्येय से मासिक पत्रिका *'तेलुगु'* का प्रकाशन किया। शास्त्रीय भाषा के पैरोकारों को उन्होंने चुनौती दी कि वे भाषा की प्रकृति नहीं जानते और त्रुटिरहित एक वाक्य भी नहीं लिख सकते।

अछूतों के उत्थान के लिए मछलीपट्टणम् से तेलुगु पत्र *'दीनबंधु'* प्रकाशित हुआ। रामजीराव इसके प्रेरक और नरहरिराव प्रकाशक थे।

सर्वेंट

श्यामसुन्दर चक्रवर्ती ने असहयोग आन्दोलन और महात्मा गाँधी के सिद्धांतों का प्रचार-प्रसार करने के उद्देश्य से सन 1920 में कोलकाता से अँगरेजी दैनिक *'सर्वेंट'* का प्रकाशन किया। सन 1923 में जब दूसरे अँगरेजी दैनिक 'फारवर्ड' का प्रकाशन कोलकाता से हुआ तब 'सर्वेंट' की प्रसार संख्या गिरी और वह आर्थिक कठिनाइयों में घिर गया। 55 गुणित 24 से.मी. आकार के आठ पृष्ठों के इस दैनिक का मूल्य एक आना था। मुद्रक और प्रकाशक रवीन्द्रनाथ घोष थे। पहले और आखरी पृष्ठ पर विज्ञापन छपते थे। पृष्ठ चार पर सम्पादकीय टिप्पणियाँ और अग्रलेख दिया जाता था। समाचार प्रधान अखबार था जिसने 'रायटर' और ए.पी.आई. से खबरें लेने की व्यवस्था की थी। सन 1922 में सम्पादक प्रमथनाथ मुकर्जी और मुद्रक रवीन्द्रनाथ घोष को क्रमशः तीन माह और एक माह की कैद की सजा हुई थी। सन 1923 में सर्वेंट बंद हो गया।

झाँसी से हिन्दी साप्ताहिक *'साहस'* का सम्पादन-प्रकाशन रामेश्वरप्रसाद शर्मा ने किया। वार्षिक मूल्य छह रुपये था। चार वर्ष तक प्रकाशित हुआ। भिवानी से हिन्दी साप्ताहिक *'सावधान'* का प्रकाशन शुद्धि सभा और हिन्दू संगठन के उद्देश्य से हुआ। सम्पादक मदन शर्मा माधव थे। पृष्ठ संख्या बारह और वार्षिक शुल्क तीन रुपये था। प्रयाग से हिन्दी मासिक पत्रिका *'सेवा'* का सम्पादन-प्रकाशन ठाकुर छेदीलाल ने किया। स्काउट की इस पत्रिका का वार्षिक शुल्क ढाई रुपये था। काशी विद्यापीठ से त्रैमासिक *'विद्यापीठ पत्रिका'* प्रकाशित हुई। बस्ती जिला बोर्ड की ओर से हिन्दी पाक्षिक *'बस्ती गजट'* का प्रकाशन लखपति उपाध्याय के सम्पादकत्व में सन 1920 से आठ वर्ष तक हुआ। यवतमाल से गोवर्धन शर्मा और विश्वनाथ सारस्वत के सम्पादकत्व में हिन्दी मासिक *'मारवाड़ी हितैषी'* निकाला। सामाजिक, धार्मिक और राजनीतिक विषयों के इस पत्र का वार्षिक मूल्य डेढ़ रुपया था। अगस्त 1920 में आरा से मारवाड़ी सुधार समिति ने *'मारवाड़ी सुधार'* नामक जातीय पत्र का प्रकाशन किया। हरद्वार प्रसाद जालान सम्पादक-प्रकाशक थे।

नवगवाँ, फतहगढ़ से सरस्वती देवी ने हिन्दी मासिक पत्रिका *'महिला संसार'* का सम्पादन-प्रकाशन किया। एक वर्ष तक निकली। पटना से सन 1920 में जीवानन्द शर्मा कथावाचक के सम्पादकत्व में हिन्दी साप्ताहिक *'प्रजाबंधु'* का प्रकाशन हुआ। बंदीगृहों में कैदियों के साथ किए जा रहे अमानवीय व्यवहार के विरोध में लिखने पर *'प्रजा बंधु'* को प्रतिबंधित कर दिया गया। शिमला से पंजाबी साप्ताहिक *'रामगढ़िया गजट'* प्रकाशित हुआ। सरदार वतनसिंह गिल इस साप्ताहिक के आद्य सम्पादक थे। इन्दौर से नाथूलाल जैन ने हिन्दी पाक्षिक *'खंडेलवाल जैन हितेच्छु'* निकाला, जो 1947 तक प्रकाशित हुआ। सन 1920 से सन 1956 तक

काशी से हिन्दी पाक्षिक *'गोरक्षण'* निकला। चुन्नीलाल मालवीय सम्पादक थे।

रामनवमी सन 1920 से महात्मा बालकराम विनायक ने हिन्दी मासिक पत्रिका *'कथामुखी'* का प्रकाशन किया। बिन्दु ब्रह्मचारी सम्पादक थे। हिन्दू, जैन और बौद्ध प्राचीन ग्रंथों से कथाएँ ली जाती थीं। काशी से साप्ताहिक *'अहिंसा'* प्रकाशित हुआ। जातीय मासिक पत्रिका *'भण्डारी विजय'* निकली। गया से समस्यापूर्ति की हिन्दी मासिक पत्रिका *'साहित्य माला'* प्रकाशित हुई।

प्राच्य कला सम्पदा पर आधारित तिमाही पत्रिका *'रूपम्'* कोलकाता से सन 1920 में निकली। सम्पादक ओ.सी.गांगुली थे। राजकोट से सन 1920 में *'इंडियन प्रिंटर एण्ड स्टेशनर'* पत्रिका निकली। मुद्रण उद्योग से सम्बन्धित जानकारियों की पत्रिका थी। कोलकाता से *'जर्नल आफ इंस्टीट्यूट आफ इंजीनियर्स'* का प्रकाशन हुआ।

कृष्ण चैतन्य गोस्वामी ने अगस्त 1920 में एक्सप्रेस प्रेस बांकीपुर (पटना) से हिन्दी मासिक पत्रिका *'चैतन्य चन्द्रिका'* का प्रकाशन किया। 24 गुणित 18 से.मी. आकर की यह पत्रिका धर्म, आचार और नीति पर केन्द्रित थी।

मई 1920 में लाहौर से मदनलाल ने हिन्दी मासिक पत्रिका *'ज्योति'* का प्रकाशन किया। कविता, लेख, कहानी, नाटक, ज्ञान-विज्ञान आदि विविध विषयों की यह पत्रिका साठ पृष्ठों की होती थी। सम्पादक विद्यावती सेठ बी.ए. थीं। मुद्रण बाम्बे मशीन प्रेस लाहौर से होता था। आकार 22 गुणित 17 से.मी. और वार्षिक शुल्क चार रुपये आठ आना था।

अक्टूबर 1920 में लक्ष्मीचन्द्र जैन के सम्पादकत्व में जैन ब्रदर्स एसोसिएशन की ओर से हिन्दी-अँगरेजी की द्विभाषी त्रैमासिक पत्रिका *'जैन हास्टल मैगजीन'* का प्रकाशन इलाहाबाद से हुआ। कविता, कहानी, जीवन चरित्र, समालोचना, विज्ञान, मनोविज्ञान आदि विषयों की इस पत्रिका का आकार 24 गुणित 16 से.मी. और वार्षिक शुल्क एक रुपया आठ आना था।

मनोरंजन प्रेस गिरगांव, मुम्बई से सन 1920 में हिन्दी मासिक पत्रिका *'पंचराज'* प्रकाशित हुई। इसका प्रकाशन नासिक से होता था। कृष्णलाल पुरोहित व्यवस्थापक और कोचरदास कलंतरी प्रकाशक थे। 22 गुणित 12 से.मी. आकार की पत्रिका में कविता, कहानी, निबंध, जीवन चरित्र प्रकाशित किए जाते थे। वार्षिक शुल्क दो रुपये था।

कन्नड पत्रकारिता की नई धार

1921

कर्मवीर

धारवाड से सन 1921 में कन्नड साप्ताहिक *'कर्मवीर'* निकला। हर रविवार को प्रकाशित होता था। इस बहुप्रसारित पत्र की सफलता और विकास का दारोमदार के.माधवराव, रामराव हुक्केरीकर और रंगनाथ रामचन्द्र दिवाकर पर था जिन्होंने पत्र के कामकाज की जिम्मेदारी आपस में बाँट रखी थी। लोकमान्य तिलक की विचारधारा इस पत्र का आधार थी। इस टीमवर्क ने धन की कमी को आड़े नहीं आने दिया। सम्पादक दिवाकर, प्रकाशक माधवराव और प्रबन्धक हुक्केरीकर हुए। आलूर वेंकटराव और कन्नड के महान कवि द.रा.बेंद्रे की प्रतिभा का सहयोग 'कर्मवीर' को मिला। उग्र लेखन के कारण रंगनाथ रामनाथ दिवाकर गिरफ्तार कर लिए गए। तब हुक्केरीकर सम्पादक बने। दिवाकर की गिरफ्तारी के विरोध में हुई जनसभा 'कर्मवीर' की लोकप्रियता का एक पैमाना थी। तदनन्तर 'कर्मवीर' को धारवाड से हुब्बली लाया गया। जनता के सहयोग से दैनिक पत्र के प्रकाशन की योजना बनी। लोकशिक्षण ट्रस्ट का गठन किया गया। कर्नाटक की ज्वलन्त समस्याएं, प्रमुख घटनाएं, चित्र, कार्टून, हास्य-व्यंग्य, कहानियाँ, बच्चों और महिलाओं के लिए रुचिकर सामग्री का प्रकाशन 'कर्मवीर' में होता था।

एच.आर.पुरोहित तीन दशक तक 'कर्मवीर' के सम्पादक रहे। उनके कार्यकाल में सम-सामयिक सन्दर्भों में विद्वत्तापूर्ण टिप्पणियों, समीक्षाओं और अन्य पठनीय स्तरीय सामग्री के कारण 'कर्मवीर' की लोकप्रियता बढ़ी। अभिव्यक्ति की स्वतंत्रता के प्रबल पुरोधा होने के नाते पत्र की साख भी व्यापक हुई। बीच में कुछ समय के लिए बन्द रहने के बाद 'कर्मवीर' का पुनः प्रकाशन एन.के.श्यामराव के सम्पादकत्व में हुआ। एस.के.करोटे मुद्रक-प्रकाशक हुए। 'कर्मवीर' का प्रकाशन जारी है।

विश्व कर्नाटक

सन 1921 में बेंगलूरु से कन्नड साप्ताहिक *'विश्व कर्नाटक'* का सम्पादन-

प्रकाशन तिरुमले ताताचार्य शर्मा ने किया। इसका दैनिक संस्करण भी प्रकाशित हुआ। राष्ट्रीय विचारधारा और निर्भीक पत्रकारिता के कारण पत्र ने लोकप्रियता पाई किन्तु मुसीबतों का सामना भी करना पड़ा। बीस वर्ष तक शर्मा 'विश्व कर्नाटक' को जनजागरण का ओजस्वी माध्यम बनाए रहे। न तो वे सरकार के कोप के सामने झुके और न ही कोई प्रलोभन उन्हें डिगा पाया। कारावास का दण्ड भी उन्होंने भुगता। 'मक्कललोक' अर्थात बाल लोक पत्र को विशेष आकर्षक बनाता था। कन्नड कहावतों की शृंखला इस पत्र ने प्रकाशित की।

सन 1942 में 'विश्व कर्नाटक' का स्वामित्व संचालक मण्डल को सौंप दिया गया। सिद्धवनहल्ली कृष्ण शर्मा सम्पादक बने। भारत छोड़ो आन्दोलन के मुखर समर्थन के कारण अखबार फिर सरकारी प्रताड़ना का शिकार बना, जब सन 1944 में उसके प्रकाशन पर रोक लगा दी गई। इसके लिए गवर्नर जनरल के नाम प्रकाशित खुला पत्र को आधार बनाया गया। सन 1945 में श्याम अय्यंगार के सम्पादन में सांध्य दैनिक के रूप में 'विश्व कर्नाटक' का प्रकाशन पुनः आरम्भ हुआ। परन्तु आर्थिक कठिनाइयों के कारण बन्द होने की नौबत आ गई। तब सन 1947 में एक अन्य पत्र 'देशबंधु' के सम्पादक एन.एस.बेंकोवा राव ने 'विश्व कर्नाटक' के सम्पादन का दायित्व ग्रहण किया। उन्होंने शाम के बजाय प्रातःकालीन दैनिक पत्र बनाया। परन्तु तब तक कन्नड के अन्य समाचारपत्र बेहतर संसाधनों और सुदृढ़ आर्थिक स्थिति के साथ प्रकाशित होने लगे थे। उनकी प्रतिस्पर्द्धा में 'विश्व कर्नाटक' टिक नहीं पा रहा था। आर्थिक स्थिति भी बिगड़ती जा रही थी। अन्ततः सन 1956 में अखबार बन्द हो गया।

कांग्रेस

राजमुन्दरी से अप्रैल-मई 1921 में साप्ताहिक तेलुगु पत्रिका *'कांग्रेस'* का प्रकाशन मदुरै अन्नपूर्णैया, मदुरै शिवराम कृष्णैया, के.रामचन्द्र राव, द्रोणमराजू चिन्न कामेश्वर राव ने किया। आंध्र युवजन स्वराज्य सभा के तत्वावधान में यह साइक्लोस्टाइल्ड पत्र निकलता था। कुछ महीने बाद मुद्रित निकलने लगा। अन्नपूर्णैया पर दफा 124 (ए) में मुकदमा चला और डेढ़ वर्ष की सजा हो गई। तब के.रामचन्द्र राव ने 'कांग्रेस' का सम्पादन-प्रकाशन किया। उन्हें भी सन 1857 के स्वतंत्रता संग्राम पर लेख प्रकाशित करने के कारण 15 माह की सजा हो गई। तब शेषगिरिराव ने घोषणा-पत्र दाखिल किया। जेल से छूटने पर सन 1924 के आरंभ में अन्नपूर्णैय्या ने सम्पादन-दायित्व सम्हाल लिया। अगस्त 1925 में 'कांग्रेस' का दायित्व गौतमी सत्याग्रह आश्रम सीतानगरम् ने सम्हाल लिया। सन 1929 में कांग्रेस द्वारा 'पूर्ण स्वराज्य' के संकल्प की घोषणा के बाद मुसीबतों का दौर आरम्भ हुआ। अगस्त 1929 में अन्नपूर्णैया को ढाई साल के कारावास की सजा हो गई। तब के.आर.

शेषगिरिराव सम्पादक हुए।

मई 1930 में 'कांग्रेस' का प्रकाशन बन्द हो गया। गाँधी-इरविन पैक्ट के बाद मार्च 1931 में लिंगराजू ने 'कांग्रेस' फिर से निकालना शुरू किया। लेकिन सरदार भगतसिंह, सुखदेव, राजगुरु को फाँसी की सजा के सन्दर्भ में 'वीरबलि' शीर्षक सम्पादकीय के कारण के.आर.शेषगिरिराव को भी ढाई साल की कैद की सजा सुना दी गई। अन्नपूर्णैय्या ने जेल से रिहा होने पर 'कांग्रेस' का जिम्मा पुनः सम्हाला। सन 1932 में आश्रम पर छापा पड़ा। कार्यकर्त्ता गिरफतार हुए। प्रेस नष्ट कर दिया गया। अन्ततः 'कांग्रेस' बन्द हो गया।

मलयाल राज्यम्

कोषिक्कोड से मलयालम साप्ताहिक *'मलयाल राज्यम्'* निकला। सन्तुलित विचारों और तथ्यपूर्ण रिपोर्टों के कारण लोकप्रिय हुआ। 1965-66 में इस साप्ताहिक के सम्पादक एम.चन्द्रशेखरन नायर थे। बालरंगम् स्तम्भ के ज्ञान-विज्ञान, पहेलियाँ, कविताएं, जीवन चरित प्रकाशित किए जाते थे। सन 1929 में दैनिक 'मलयाल राज्यम्' निकला। संस्थापक-सम्पादक के.जी.शंकर तथा प्रबंध सम्पादक एम.चन्द्रशेखरन नायर थे। साप्ताहिक 'मलयाल राज्यम्' 'इलस्ट्रेटेड वीकली' नाम से निकलता रहा। हर सोमवार को प्रकाशित होता था।

तिरुवला से ए.इत्तियेरा के सम्पादकत्व में मलयालम बाल पत्रिका *'बालमित्रन'* का प्रकाशन हुआ। बच्चों के लिए इस मासिक पत्रिका में ज्ञानवर्धक और मनोरंजक सामग्री का प्रकाशन किया जाता था। मलयालम शब्दज्ञान के लिए उपयोगी स्तम्भ प्रकाशित किया जाता था।

सौराष्ट्र/फूलछाब

दो अक्टूबर 1921 को सौराष्ट्र पीपुल्स ट्रस्ट की ओर से रणपुरा, काठियावाड़ से गुजराती साप्ताहिक *'सौराष्ट्र'* का प्रकाशन आरम्भ किया गया। जागीरों में बँटे काठियावाड़ इलाके में जागीरदारों के अनाचारों, अत्याचारों से पीड़ित जनता में राजनीतिक चेतना जाग्रत करने के उद्देश्य से इस साप्ताहिक का प्रकाशन किया गया था। अमृतलाल सेठ सौराष्ट्र ट्रस्ट के अध्यक्ष और इस पत्र के प्रवर्तक थे। 'सौराष्ट्र' की भाषा ओजस्वी तथा लेखादि मार्मिक होते थे। रजवाड़ों की दुर्नीतियों पर कड़े प्रहार करता था। 21 जून 1930 को 'सौराष्ट्र' का अंतिम अंक निकला। रसिकलाल बी.शुक्ल सम्पादक थे। फिर 'सौराष्ट्र' का नाम बदलकर *'फूलछाब'* कर दिया गया और आवृत्ति साप्ताहिक के स्थान पर दैनिक हो गई।

मई 1921 में मुम्बई से गुजराती मासिक पत्रिका *'गरवी गुजरात'* का सम्पादन-प्रकाशन उद्धवजी तुलसीदास ठक्कर ने किया। साहित्य, विज्ञान, इतिहास, हास्य, वार्ता, चरित्र आदि विधाओं की इस सचित्र पत्रिका की पृष्ठ संख्या 48,

वार्षिक शुल्क पाँच रुपये था। गुजराती के प्रतिष्ठित रचनाकारों का सहयोग इस दीर्घजीवी पत्रिका को प्राप्त रहा।

बडोदरा से सन 1921 में गुजराती बाल मासिक पत्रिका *'बालजीवन'* प्रकाशित हुई। पत्रिका के 'विकास विज्ञान' स्तम्भ में विज्ञान सम्बन्धी जानकारी सरल भाषा में दी जाती थी। 'बुद्धि ना खेल' में चुटकुले और पहेलियाँ रहती थीं। 'चटपटी टपाल ना पेटी' प्रश्नोत्तर स्तंभ था। रमणलाल नानालाल शाह के सम्पादकत्व में पत्रिका लोकप्रिय हुई और इसकी प्रसार संख्या भी अच्छी रही। सूरत से महिलाओं के लिये गुजराती साप्ताहिक *'स्त्री शक्ति'* का प्रकाशन सन 1921 में हुआ। ईश्वरलाल एम.वीमावाला सम्पादक-प्रकाशक थे।

लोकमान्य

नौ अप्रैल 1921 को मराठी दैनिक *'लोकमान्य'* का प्रकाशन कृष्णाजी प्रभाकर खाडिलकर के सम्पादकत्व में मुम्बई से हुआ। लोकमान्य तिलक की विचारधारा का अनुगामी था। इसके प्रारम्भिक अंकों में असहयोग आन्दोलन सहित विभिन्न राष्ट्रीय प्रश्नों पर तिलक के सिद्धान्तों से तुलनात्मक आलेखन किया गया। प्रकाशन के एक साल के अरसे में 'लोकमान्य' की प्रसार संख्या दस हजार से ज्यादा हो गई थी। सन 1923 के आरम्भ में खाडिलकर ने 'लोकमान्य' छोड़ दिया और रामभाऊ मांडलिक सम्पादक हुए। दो वर्ष बाद बालासाहेब खेर और ल.ब.भोपटकर ने सम्पादन किया। लेकिन खाडिलकर की जगह कोई नहीं ले पाया। अन्ततः सन 1925 में 'लोकमान्य' बन्द हो गया।

12 नवम्बर 1930 से 'लोकमान्य' के संचालकों- दत्तोपन्त सावरकर, चांदोरकर, घाणेकर ने दैनिक *'श्री लोकमान्य'* के नाम से यह पत्र चलाया। 15 मार्च 1932 से कुछ सप्ताह कथांक प्रकाशित किये गये। सन 1934 में साप्ताहिक हो गया। सन 1936 में सावरकर ने 'लोकमान्य' को पुनर्जीवित किया। जनवरी 1939 में पाण्डुरंग वासुदेव गाडगिल सम्पादक बने। अठारह वर्षों तक उन्होंने अखबार का सम्पादन किया। 31 मार्च 1858 को 'लोकमान्य' का प्रकाशन बन्द हो गया।

अहमदनगर से मराठी साप्ताहिक *'लोकशाही'* का प्रकाशन सन 1921 में हुआ। पत्र के सम्पादक और प्रकाशक को दफा 124 में गिरफतार कर लिया गया था।

वर्धा से मनोहर देशपांडे और तु.ज.केदार ने मराठी साप्ताहिक *'सुमति'* का सम्पादन-प्रकाशन किया। जमानत माँगने पर पत्र बन्द कर दिया गया। ब्रिजलाल बियाणी ने साप्ताहिक *'प्रकाश'* निकाला। सम्पादक वामनराव घोरपडे थे।

रविशंकर शुक्ल ने दैनिक *'राष्ट्रदूत'* का प्रकाशन किया, जो एक वर्ष तक निकला। इसी वर्ष *'वैभव'* पत्रिका का प्रकाशन हुआ। नासिक से मराठी साप्ताहिक

'स्वधर्म' निकला। हरिभाऊ जोशी सम्पादक थे। सन 1929 में बंद हो गया।

नौ जनवरी 1921 को मुम्बई से मनोरंजन प्रधान पत्र *'प्रफुल्लता'* निकला। 20 फरवरी 1921 को धुले से केशव लक्ष्मण ओगले के सम्पादकत्व में मराठी साप्ताहिक *'प्रबोध'* का प्रकाशन हुआ। उनके बाद दो वर्ष तक बाबूभाई मेहता और बीस वर्ष तक विश्वनाथ गणेश जावडेकर सम्पादक रहे। व्यंकटेश गणेश जावडेकर, नी.मा. भट्ट और उत्तमराव लक्ष्मणराव पाटील के बाद शंकर सखाराम जाधव अंतिम सम्पादक हुए।

16 अक्टूबर 1921 को मुम्बई से केशव सीताराम ठाकरे ने मराठी पाक्षिक *'प्रबोधन'* निकाला। समाज सुधार पर केन्द्रित पत्र था। सन 1923 में 'प्रबोधन' मुम्बई से पाडली (सातारा) स्थानान्तरित होकर धनजीशाह कपूर के छापाखाने से निकलने लगा। सन 1925 में ठाकरे 'प्रबोधन' को पुणे ले आए। यहाँ वह मासिक पत्र के रूप में निकला।

पुणे से मराठी मासिक पत्रिका *'बहार'* निकली। मराठी साप्ताहिक *'लोकनायक'* का प्रकाशन मीरज से हुआ। मराठी साप्ताहिक *'राष्ट्रवीर'* बेलगाँव से प्रकाशित हुआ। पुणे से *'शिव छत्रपति'* का प्रकाशन हुआ, जो सन 1923 में बन्द हो गया।

जनवरी 1921 में चेन्नै से अँगरेजी त्रैमासिक पत्रिका *'शमा'* मृणालिनी चट्टोपाध्याय के सम्पादकत्व में प्रकाशित हुई। कला, साहित्य और दर्शन की सचित्र पत्रिका थी। इस उच्च स्तरीय पत्रिका में प्रतिष्ठित साहित्यकारों की रचनाएं प्रकाशित होती थीं। सहारनपुर से एस.पी.गुप्ता ने हिन्दी मासिक पत्रिका *'शान्ति'* का सम्पादन-प्रकाशन किया। विविध विषयों की इस पत्रिका की पृष्ठ संख्या 30 और वार्षिक शुल्क एक रुपया था।

जनवरी 1921 में औरंगाबाद से त्रैमासिक साहित्यिक पत्रिका *'उर्दू'* का प्रकाशन अंजुमन तरक्की-ए-उर्दू ने किया। मौलवी अब्दुल हक सम्पादक थे। आकार 24 गुणित 18 से.मी., पृष्ठ संख्या 150 से 200 तक और वार्षिक शुल्क आठ रुपये बारह आना था। अलीगढ़ मुस्लिम युनिवर्सिटी प्रेस में छपती थी। 'उर्दू' की शब्दावली और मुहावरों का उचित उपयोग, नवोदित साहित्यकारों को साहित्य जगत से परिचित कराना और उर्दू पुस्तकों की समीक्षा करना इस पत्रिका का मुख्य उद्देश्य था।

पैगाम

23 सितम्बर 1921 को कोलकाता से मौलाना अबुल कलाम आजाद ने उर्दू साप्ताहिक *'पैगाम'* का प्रकाशन किया। सम्पादक मौलाना अब्दुल रज्जाक मलीहाबादी थे। ज्ञानवर्द्धक और धार्मिक लेखों के अलावा असहयोग आन्दोलन का प्रचार भी 'पैगाम' का एक उद्देश्य था। 'पैगाम' के प्रथमांक में मौलाना ने असहयोग आन्दोलन

की रूपरेखा, आन्दोलन का ध्येय तथा आन्दोलनकारियों की गिरफ्तारी पर सहानुभूति का ब्योरा प्रकाशित किया था। साथ ही जनता से अहिंसा के सिद्धांत पर चलने की अपील की थी। 25 गुणित 20 से.मी. आकार का 'पैगाम' 16 पृष्ठ का था। वार्षिक शुल्क 6 रुपये था। दिसम्बर 1921 में 'पैगाम' का प्रकाशन बन्द हो गया।

खिलाफत

खिलाफत कमेटी मुम्बई ने सन 1921 में उर्दू दैनिक *'खिलाफत'* का प्रकाशन किया। अखबार के संस्थापक मौलाना शौकत अली, सम्पादक सैयद नूरुल हसन तथा मुद्रक, प्रकाशक ख्वाजा गुलाम जिलानी थे। पृष्ठ संख्या 6 और एक प्रति का मूल्य दो आना था। प्रथम पृष्ठ पर समाचार और दूसरे पृष्ठ पर सम्पादकीय टिप्पणियाँ लिखी जाती थीं। कुछ समय बाद 'खिलाफत' का साप्ताहिक संस्करण भी निकलने लगा, जिसका सम्पादन रईसउद्दीन फरीदी करते थे। 'खिलाफत' राष्ट्रीय आन्दोलन का समर्थन करने लगा। 'खिलाफत' के दूसरे सम्पादक अब्दुल गनी को जुलाई 1923 में एक साल के कारावास की सजा दी गई थी। सन 1930 में 'खिलाफत' पर छापा पड़ा। आजादी के बाद एक दशक से ज्यादा समय तक अखबार का प्रकाशन होता रहा।

तरुण भारत

पटना से नागेश्वरप्रसाद शर्मा ने सन 1921 में हिन्दी समाचार साप्ताहिक 'तरुण भारत' का सम्पादन-प्रकाशन किया। मथुराप्रसाद दीक्षित, रामवृक्ष शर्मा बेनीपुरी, गणेश पांडेय, बटुकदेव शर्मा ने इस राजनीति प्रधान पत्र का सम्पादन किया। जून 1924 में 'तरुण भारत' पर राजद्रोह का मुकदमा चला था जिसमें नागेश्वर प्रसाद शर्मा को दो वर्ष की कैद और एक हजार रुपये जुर्माने की सजा मिली। सहयोगी सम्पादक गणेश पांडेय को एक साल तथा प्रकाशक हनुमान उपाध्याय को डेढ़ वर्ष की सजा सुनाई गई। बाद में नागेश्वरप्रसाद शर्मा को छह महीने और हनुमान उपाध्याय को तीन महीने की सजा हुई और गणेश पांडेय को छोड़ दिया गया। सन 1922 में बटुकदेव शर्मा के सम्पादन काल में 'तरुण भारत' को हिन्दी का 'यंग इण्डिया' कहा जाने लगा था।

कोलकाता से धार्मिक पत्रिका *'अवतार'* निकली। राजनाँदगाँव के सरस्वती पुस्तकालय ने हस्तलिखित पत्रिका 'अरुणोदय' निकाली। कानपुर से *'ऊमर वैश्य शुभचिन्तक'* प्रकाशित हुआ। रायपुर जेल में सन 1921 में स्वतंत्रता संग्राम सेनानी सुन्दरलाल शर्मा ने हस्तलिखित पत्रिका निकाली। इसका नाम *'श्रीकृष्ण जन्म स्थान समाचारपत्र'* रखा गया। एक साल में कुल छह अंक निकले।

उर्दू मासिक *'हामी-उल-सेहत'* नवम्बर 1921 में लाहौर से प्रकाशित हुआ। सम्पादक हकीम मिर्जा मोहम्मद शफी थे। पृष्ठ संख्या 32, आकार 25

गुणित 20 से.मी. और वार्षिक शुल्क डेढ़ रुपया था। लखनऊ से उर्दू मासिक पत्रिका *'मुर्तज्वी'* निकली। सम्पादक ख्वाजा हसन मुर्तज्वी थे। मालेगाँव, जिला नासिक से बिस्मिल लखनवी के सम्पादकत्व में उर्दू द्वैमासिक साहित्यिक पत्रिका *'बहार'* का प्रकाशन हुआ। दिल्ली से मुफ्ती शौकतअली फहमी ने सन 1921 में उर्दू मासिक *'दीन-दुनिया'* का प्रकाशन किया। ख्वाजा हसन निजामी मुद्रक, प्रकाशक और सैयद जहूर हसन सम्पादक थे। धार्मिक और ऐतिहासिक विषयों की पत्रिका थी। दीर्घजीवी रही। गोरखपुर से हरदत्त सिंह के सम्पादकत्व में उर्दू मासिक *'तोहक-ए-खुश्तर'* निकली। मार्च 1921 में लाहौर से हकीम मुजफ्फर हुसैन ने उर्दू मासिक पत्रिका *'तहरीक'* का सम्पादन-प्रकाशन किया। पृष्ठ संख्या 48 और वार्षिक शुल्क तीन रुपये था। लखनऊ से उर्दू साहित्यिक मासिक पत्रिका *'तिरछी नजर'* प्रकाशित हुई।

बिजनौर से बच्चों के लिए साप्ताहिक उर्दू पत्रिका *'गुंचा'* सन 1921 में मजीद हसन ने प्रकाशित की। पृष्ठ संख्या 20 और वार्षिक शुल्क तीन रुपये था। शिक्षाप्रद और मनोरंजक सामग्री का प्रकाशन किया जाता था। साबिर फख्री, अबू सईद बज्मी, सईद अख्तर, राशिदा खातून आदि ने सम्पादन किया। उर्दू की साहित्यिक मासिक पत्रिका *'इरतिका'* हैदराबाद से निकली। मौलवी अफजल शरीफ सम्पादक थे। आर्थिक कठिनाइयों के कारण कुछ माह बाद बंद हो गई। जालंधर से हफीज जालंधरी के सम्पादकत्व में उर्दू मासिक पत्रिका *'एजाज'* निकली। पृष्ठ संख्या 64 और वार्षिक शुल्क पाँच रुपये था। इलाहाबाद से डा. अताउल्ला ने उर्दू मासिक *'आईना'* का सम्पादन-प्रकाशन किया।

नगीना, जिला बिजनौर से उर्दू साप्ताहिक *'अल अमान'* मौलाना मोहम्मद मजहरुद्दीन के सम्पादकत्व में प्रकाशित हुआ। सन 1922 में यह साप्ताहिक दिल्ली स्थानांतरित हुआ और सप्ताह में दो बार प्रकाशित किया जाने लगा। सन 1947 में देश विभाजन के समय 'अल अमान' बंद हो गया और कुछ समय बाद करांची से निकला। मार्च 1921 में उर्दू मासिक *'अल रसूल'* मेरठ से मुंशी शम्सउद्दीन अहमद के सम्पादकत्व में निकला।

झालावाड़ से रामनिवास शर्मा के सम्पादकत्व में हिन्दी मासिक पत्रिका *'सौरभ'* प्रकाशित हुई। पृष्ठ संख्या 46 और वार्षिक शुल्क चार रुपये था। श्यामलाल पांडवीय के सम्पादकत्व में ग्वालियर से हिन्दी पाक्षिक *'समय'* निकला। वार्षिक शुल्क चार रुपये था। स्वाधीन प्रेस झांसी से हिन्दी पाक्षिक *'स्वाधीन'* का प्रकाशन हुआ। कुछ समय तक वृन्दावनलाल वर्मा ने भी 'स्वाधीन' का सम्पादन किया। बालाप्रसाद वर्मा, सत्यदेव वर्मा, लालाराम वाजपेयी 'स्वाधीन' के सम्पादन से

सम्बद्ध रहे। विश्वनाथ विद्यालंकार और चन्द्रमणि विद्यालंकार के सम्पादन में *'वैदिक आदर्श'* का प्रकाशन हुआ।

दिल्ली से हिन्दी साप्ताहिक *'माहेश्वरी'* कर्णकवि रामप्रसाद हुरकट के सम्पादकत्व में निकला। झांसी से हिन्दी मासिक पत्रिका *'मातृभूमि'* का सम्पादन-प्रकाशन रघुनाथ विनायक धुलेकर और ब्रजभूषण त्रिपाठी 'निश्चल' ने किया। वार्षिक शुल्क तीन रुपये था। जोशीली कविताएँ, ओजस्वी लेख, निर्भीक टिप्पणियाँ और स्पष्ट समालोचनाएँ प्रकाशित करने के उद्देश्य से यह पत्रिका निकाली गई थी।

हिन्दी मासिक *'महिला'* झांसी से लक्ष्मणकुमारी के सम्पादकत्व में प्रकाशित हुई। उज्जैन से रघुनाथ शास्त्री वेलणकर ने ज्योतिष की हिन्दी मासिक पत्रिका *'पंडिताश्रम'* निकाली। मोतीहारी से हिन्दी समाचार साप्ताहिक *'निर्भीक'* सन 1921 में निकला। आनंदबिहारी पांडेय सम्पादक थे। श्री ब्रह्मवर्त सनातन महामण्डल, कानपुर का मुखपत्र *'धर्म प्रकाश'* शंकरलाल भार्गव और गंगाविष्णु मिश्र के सम्पादकत्व में निकला। सम्पादक-प्रकाशक इतने अगंभीर थे कि सितम्बर 1923 से मार्च 1924 तक के सात अंक एक साथ 48 पृष्ठों में निकाल दिए गए।

हिन्दी दैनिक *'देशदूत'* बनारस से 15 दिसम्बर 1921 को प्रकाशित हुआ। तार से देश-विदेश के समाचार प्राप्त करने की सुविधा की गई थी। राष्ट्रीय और अन्तरराष्ट्रीय स्थितियों पर निर्भीक टिप्पणियाँ करता था। दीन-दुखियों और गरीबों का पक्षधर था। आरंभ में ही 'देशदूत' की आठ हजार प्रतियाँ प्रकाशित होने लगीं थीं। एक प्रति का मूल्य दो पैसा और वार्षिक शुल्क तेरह रुपये था।

तिलक

रामचरणलाल शर्मा के सम्पादकत्व में जबलपुर से हिन्दी अर्द्धसाप्ताहिक 'तिलक' प्रकाशित हुआ। रामचरणलाल शर्मा क्रान्तिकारी थे और उनकी गिरफतारी पर तीन हजार रुपये का इनाम घोषित था। राष्ट्रीय आन्दोलन का समर्थक और प्रचारक पत्र था। वार्षिक शुल्क छह रुपये था। माखनलाल चतुर्वेदी ने शर्माजी को पुलिस की गिरफत से बचाकर पुडुचेरी जाने में मदद की थी। 'तिलक' के सम्पादक के रूप में रामेश्वरप्रसाद अग्निहोत्री का नाम छपा मिलता था। संभव है यह फरार क्रान्तिकारी का छद्म नाम हो। 'तिलक' नाम का दूसरा साप्ताहिक पत्र चेन्नै से क्षेमानंद राय के सम्पादकत्व में निकला। नारायणदत्त शर्मा कश्यप के सम्पादकत्व में आगरा से भी इसी वर्ष हिन्दी साप्ताहिक *'तिलक'* प्रकाशित हुआ।

कोलकाता से जातीय मासिक *'जैन विजय'* और उद्योग व्यापार की मासिक पत्रिका *'उद्योग'* का प्रकाशन हुआ। जयनारायण शर्मा और श्यामसुन्दर मिश्र सम्पादक थे। इटावा से ब्रह्मदेव शर्मा के सम्पादन में हिन्दी साप्ताहिक *'कर्तव्य'* का प्रकाशन हुआ।

कन्या महाविद्यालय जालंधर से हिन्दी मासिक पत्रिका *'भारती'* प्रकाशित हुई। सम्पादक संतराम बी.ए. थे। झांसी से बैजनाथ कोटी के सम्पादकत्व में हिन्दी मासिक पत्रिका *'योगी'* निकली। शक्ति प्रेस सिलचर से बंगला साप्ताहिक *'जनशक्ति'* का प्रकाशन सन 1921 में हुआ। 50 गुणित 35 से.मी. आकार का आठ पृष्ठ का यह साप्ताहिक बुधवार को छपता था। बंगला साप्ताहिक *'जागरण'* कुष्टिया (वर्तमान बंगलादेश) से निकला। काकीनाड से तेलुगु मासिक *'आंध्र लक्ष्मी'* वेंकट रमणय्या के सम्पादकत्व में निकली। नेल्लूरु से ईसाई मासिक पत्रिका *'आरकाट मिशन'* प्रकाशित हुई। एम.नागराजू ने चेंगलपट्टू से तेलुगु पाक्षिक *'क्षत्रिय पत्रिका'* का प्रकाशन किया। गुंटूर से काशी कृष्णाचार्युलु ने तेलुगु मासिक पत्रिका *'मातृभाषा'* निकाली। वेंकट कृष्णा राव ने विजयवाडा से राजनीति प्रधान तेलुगु साप्ताहिक *'नवशक्ति'* का सम्पादन-प्रकाशन किया।

चेन्नै से नागेश्वर राव के सम्पादकत्व में तेलुगु मासिक पत्रिका *'देवांग ज्योति'* निकली। हास्य-व्यंग्य की तेलुगु मासिक पत्रिका *'आनन्द चन्द्रिका'* कारुपल्ली शिवरामदास के सम्पादकत्व में प्रकाशित हुई।

सन 1921 में आगरा से श्यामलाल पांडवीय ने अँगरेजी साप्ताहिक *'स्टेट्स हेरल्ड'* का सम्पादन-प्रकाशन किया। देशी राज्यों के समाचार प्रकाशित किए जाते थे। चार पृष्ठ का यह अखबार आनंद प्रेस आगरा में छपता था। इसका हिन्दी संस्करण भी निकाला गया, जिसमें *'समय पत्र सम्मिलित'* लिखा जाता था।

दिल्ली से पी.गोपाल पिल्लै ने अँगरेजी साप्ताहिक *'प्रिंसली इण्डिया'* का सम्पादन-प्रकाशन किया। 35 गुणित 25 से.मी. आकार का यह साप्ताहिक 24 पृष्ठ का रहता था। वार्षिक शुल्क छह रुपये था। 'प्रिंसली इण्डिया' में रियासतों की खबरें, नामचीन हस्तियों की गतिविधियाँ, लघु कथाएँ, व्यंग्य-विनोद तथा महिलाओं और स्वास्थ्य विषय पर स्थायी स्तंभ प्रकाशित होते थे। सम्पादक पी.गोपाल पिल्लै के ग्वालियर में गिरफ्तार हो जाने के बाद छह सितम्बर 1926 से पणिक्कर सम्पादक हुए।

तिरुचिनापल्ली से अँगरेजी मासिक पत्रिका *'फयूडेटरी एण्ड जमींदारी इण्डिया'* का सम्पादन-प्रकाशन आर.रंगनाथ राव ने किया। 64 पृष्ठों की इस पत्रिका का वार्षिक शुल्क बीस रुपये था। जमींदारों की जीवनियाँ, प्रमुख व्यक्तियों के विवरण, मुख्य घटनाएँ, रियासतों के समाचार प्रकाशित होते थे।

लखनऊ से अँगरेजी पत्रिका *'एजूकेशन'* प्रकाशित हुई। *'फिजिकल कल्चर मैगजीन'* बेंगलूरु से निकली। इस अँगरेजी मासिक का शुल्क डेढ़ रुपये था। उद्योग, व्यापार की अँगरेजी मासिक पत्रिका *'ईस्ट एण्ड वेस्ट ट्रेड डेवलपर्स'* राजकोट से सन 1921 में निकली। कोलकाता से आर.के.मुकर्जी ने सन 1921 में

'कामर्शियल एडवर्टाइजर' का प्रकाशन किया। सिंध नेशनल कालेज, हैदराबाद से अँगरेजी मासिक पत्रिका *'इंडियन स्काउट'* निकली। कैथोलिक प्रेस, राँची से अँगरेजी मासिक पत्रिका *'क्लर्जी'* का प्रकाशन हुआ। सन 1921 में संस्कृत मासिक पत्रिका *'सुप्रभातम्'* का प्रकाशन हुआ। देवीप्रसाद शुक्ल सम्पादक थे।

सन 1921 की दीपावली को कोलकाता से सचित्र हिन्दी मासिक पत्रिका *'मारवाड़ी अग्रवाल'* प्रकाशित हुई। अखिल भारतवर्षीय मारवाड़ी अग्रवाल महासभा के इस मुखपत्र का आकार 25 गुणित 18 से.मी., पृष्ठ संख्या 40 और वार्षिक शुल्क तीन रुपये था। प्रकाशक तुलसीराम सरावगी और मुद्रक रत्नाकर प्रेस था। मुजफ्फरनगर से हिन्दी और उर्दू की द्विभाषी मासिक पत्रिका *'धीमान ब्राह्मण'* पंडित भूलनसिंह शर्मा धीमान के सम्पादकत्व में अप्रैल 1921 से प्रकाशित हुई। वार्षिक शुल्क तीन रुपये था।

विशेषांकों वाली पत्रिका

1922

आनन्द बाजार पत्रिका

बंगला का प्रमुख दैनिक समाचारपत्र *'आनन्द बाजार पत्रिका'* कोलकाता से 13 मार्च 1922 को निकला। प्रफुल्लकुमार सरकार संस्थापक-सम्पादक थे। स्वतंत्रता प्राप्ति के लिए कांग्रेस के आन्दोलन में सहयोग करने की नीति के साथ पत्र का प्रकाशन आरंभ किया गया था। 'आनन्द बाजार पत्रिका' में शराब, सिगरेट और विदेशी वस्त्र उद्योग के विज्ञापन नहीं छापे जाते थे। 'आनन्द बाजार पत्रिका' को 19 बार फिरंगी हुकूमत की प्रताड़ना मूलक कार्रवाइयों का सामना करना पड़ा था। सन 1923 में उग्र अग्रलेख प्रकाशित होने पर सम्पादक प्रफुल्ल कुमार सरकार और मुद्रक अधरचन्द्र दास को तीन माह की जेल यात्रा करनी पड़ी। सरकार छह अक्टूबर 1923 तक सम्पादक रहे। उनके बाद सत्येन्द्रनाथ मजूमदार ने यह दायित्व ग्रहण किया। 31 अक्टूबर 1930 को माखनलाल सेन सम्पादक हुए। पदभार ग्रहण करते ही सेन को छह माह की कैद और एक हजार रुपये जुर्माने का 'सरकारी तोहफा' मिल गया। तब पत्रिका की प्रसार संख्या 33 हजार थी। प्रेस अध्यादेश के विरोध में छह महीने तक पत्रिका का प्रकाशन बन्द रहा। 27 नवम्बर 1930 से बंकिमचन्द्र सेन ने सम्पादक का पद भार सम्हाला। 11 जून 1931 को सत्येन्द्रनाथ मजूमदार पुनः सम्पादक बने। उन्हें उग्र सम्पादकीय तेवर के कारण नौ माह की सजा हो गई। जमानत माँगने, जब्त करने, बढ़ाने और सम्पादकों की जेल यात्रा का सिलसिला लगातार चलता रहा।

सन 1935 में बंगला लाइनोटाइप की बोर्ड के निर्माण से देशी भाषाओं की मुद्रण प्रणाली में ऐतिहासिक परिवर्तन आया। इसका श्रेय 'पत्रिका' के राजशेखर बोस को जाता है। बंगला भाषा में शीघ्रलेखन पद्धति का विकास 'आनन्द बाजार पत्रिका' की देन है। जब 'इंग्लिशमैन' बन्द हुआ तब उसकी रोटरी मशीन 'आनन्द बाजार पत्रिका' ने खरीद ली। सन 1937 में पत्रिका भारतीय भाषाओं में सबसे

आनन्द बाजार पत्रिका

ज्यादा प्रसार संख्या वाला दैनिक पत्र बन गया। 7 जनवरी 1941 को प्रफुल्ल कुमार सरकार ने पुनः 'आनन्द बाजार पत्रिका' की कमान सम्हाल ली। सन 1942 में 17 दिनों तक पत्रिका का प्रकाशन बन्द रहा। 16 अप्रैल 1944 से चपलकान्त भट्टाचार्य, एक फरवरी 1959 से अशोक कुमार सरकार और 18 फरवरी 1983 से अभीक कुमार सरकार ने सम्पादन-दायित्व वहन किया। बंगला के सुप्रसिद्ध साहित्यकारों और विचारकों का सहयोग पत्रिका को प्राप्त रहा है। अनेक सामाजिक, सांस्कृतिक संस्थाओं से अखबार जुड़ा है। रामकृष्ण मिशन के साथ सहयोग करता है। समाचारपत्रों को विज्ञापकों और विज्ञापकों को समाचारपत्रों की ओर प्रवृत्त करने का व्यवस्थित प्रयास 'पत्रिका' ने पहले पहल किया। बंगला पत्रकारिता में सहज भाषा और सीधी अभिव्यक्ति का प्रचलन 'आनंद बाजार पत्रिका' ने किया। कला और खेल समाचारों को नियमित स्थान दिया।

'आनन्द बाजार पत्रिका' ने हैण्ड प्रेस से मुद्रण यात्रा आरम्भ की थी। परन्तु एक ओर सुसम्पादन, भाषा शैली और विचारों के माध्यम से अपनी विशिष्ट पहचान और प्रतिष्ठा अर्जित की, वहीं साथ ही साथ आधुनिक प्रौद्योगिकी अपनाने में तत्परता बरतते हुए 'पत्रिका' ने हमेशा बढ़त और विकास में अग्रता बनाए रखी। 'पत्रिका' का समाचार पक्ष सदैव ही उन्नत रहा है। स्थानीय और प्रान्तीय समाचारों पर जितना ध्यान दिया गया, उतनी ही गंभीरता से राष्ट्रीय और अन्तरराष्ट्रीय समाचारों की प्रस्तुति की गई। पत्रिका के लेख पठनीय, मननीय और विचारोत्तेजक रहते हैं। सम-सामयिक मुद्दों और सवालों पर तथ्यों और तर्कों के साथ स्पष्ट मत व्यक्त

किया जाता है। देश और दुनिया की बदलती हुई परिस्थितियों के अनुसार अपने आपको ढालने की अद्‌भुत क्षमता 'पत्रिका' ने प्रदर्शित की है। 'पत्रिका' ने अपने को व्यक्तिनिष्ठ कभी नहीं बनने दिया। नीति और सिद्धान्तों पर आधारित पत्रिका थी।

सन 2002 के आंकड़ों के अनुसार 'आनन्द बाजार पत्रिका' की प्रसार संख्या 8,82,533 और पाठक संख्या 63,57,000 रही। एकल संस्करण वाले समाचारपत्रों में सर्वाधिक प्रसारित दैनिक समाचारपत्र होने का गौरव अनेक वर्षों तक 'आनन्द बाजार पत्रिका' को प्राप्त रहा है। पत्रिका के परिशिष्ट और विशेषांक संग्रहणीय होते हैं।

प्रसार संख्या के सन्दर्भ में 'आनन्द बाजार पत्रिका' और 'स्टेट्समेन' का द्वन्द्व बहुचर्चित रहा। हुआ यूँ कि सन 1937 में 'आनंद बाजार पत्रिका' ने एक सर्कुलर जारी कर दावा किया कि भारत के दैनिकों में सर्वाधिक प्रसार संख्या उसी की है। 'स्टेट्समैन' ने सवाल उठाया कि संभवतः आपका मतलब भारतीय भाषाओं के दैनिक पत्रों से है, इंग्लिश दैनिकों से नहीं। 'पत्रिका' का जवाब था- इंग्लिश सहित भारत के सभी दैनिकों से 'अमृत बाजार पत्रिका' की प्रसार संख्या अधिक है। तब 'स्टेट्समैन' ने पूरे पृष्ठ पर अपने आडिटेड आंकड़े छाप दिए जिसके अनुसार 'स्टेट्समैन' की दैनिक प्रसार संख्या 46000 थी। दो दिन बाद 'आनंद बाजार पत्रिका' ने आँकड़े छापे जो 37000 थे। फर्क यह था कि स्टेट्समेन की प्रसार संख्या में कोलकाता संस्करण के 36,000 और दिल्ली संस्करण के 10,000 जोड़कर दिखाए गए थे। जबकि 'आनन्द बाजार पत्रिका' के अकेले कोलकाता संस्करण के आंकड़े 37,000 थे, जो 'स्टेट्समैन' के कोलकाता संस्करण से 1000 अधिक थे।

चांद

नवम्बर 1922 में प्रयाग से रामरखसिंह सहगल ने मूलतः स्त्रियों के सर्वांगीण उत्थान पर केन्द्रित पत्रिका *'चांद'* का प्रकाशन किया था। यह सचित्र मासिक पत्रिका थी। चांद की पृष्ठ संख्या सामान्यतः 80 रहती थी। वार्षिक मूल्य साढ़े छह रुपये था। साफ-सुथरे मुद्रण वाली इस पत्रिका में रंगीन और श्वेत-श्याम चित्र भी प्रकाशित किए जाते थे। विशेषांकों की पृष्ठ संख्या अधिक होती थी। अपनी प्रखरता के कारण 'चांद' ने हिन्दी जगत में विशिष्ट स्थान बना लिया था। इसकी प्रसार संख्या 15,000 तक पहुँच गई थी। 'चांद' के प्रारम्भिक अंक भारतीय नारियों के सर्वांगीण उत्थान के उद्‌देश्य से प्रेरित उत्तम रचनाओं से भरे पड़े हैं। कुछ काल पश्चात इसकी विषय वस्तु का दायरा समग्र सामाजिक सरोकार हो गया। 1925 में चण्डीप्रसाद हृदयेश 'चांद' के सम्पादक मण्डल में शामिल हुए और 1926 में नंदकिशोर तिवारी का सहयोग मिलने लगा। 1925 में 'चांद' ने 'वैश्य अंक' निकाला। 1926 का प्रथम अंक विशेषांक के रूप में प्रकाशित हुआ, जिसकी पृष्ठ संख्या 152 थी।

मई, 1927 में जब 'चांद' ने 'अछूतांक' का प्रकाशन किया, तब 'माधुरी'[1] ने टिप्पणी लिखी- "सहयोगी चांद के लिए विशेषांकों का निकालना मामूली बात हो गई है। अपने जीवन के 55 अंकों में वह 10 विशेषांक प्रकाशित कर चुका है। मई, 1927 का अंक 'अछूतांक' है। यह उत्साह हिन्दी पत्रिकाओं में ही नहीं, भारत वर्ष की अन्य भाषाओं में भी नहीं देखने में आता। 'चांद' ने इसी उत्साह की बदौलत हिन्दी जगत में वह स्थान प्राप्त कर लिया है, जो हिन्दी भाषा ही के लिए नहीं किसी भी भारतीय भाषा के लिए गौरव की बात है। ऐसी कोई महिलोपयोगी पत्रिका और भी किसी भाषा में है, इसमें हमें संदेह है।"

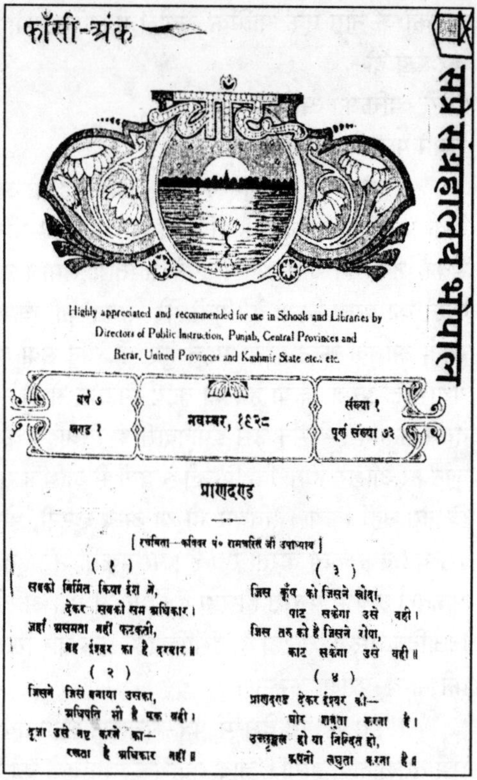

फाँसी-अंक

चाँद

Highly appreciated and recommended for use in Schools and Libraries by Directors of Public Instruction, Punjab, Central Provinces and Berar, United Provinces and Kashmir State etc. etc.

वर्ष ७ खण्ड १	नवम्बर, १९२८	संख्या १ पूर्ण संख्या ७२

प्राणदण्ड

[रचयिता—कविवर पं० रामचरित जी उपाध्याय]

(१)

सबको निर्मित किया ईश ने,
देकर सबको सम अधिकार।
जहाँ असमता नहीं फटकती,
वह ईश्वर का है दरबार॥

(२)

जिसने जिसे बनाया उसका,
अधिपति भी है एक वही।
दूजा उसे नष्ट करने का—
रखता है अधिकार नहीं॥

(३)

जिस कूँप को जिसने खोदा,
पाट सकेगा उसे वही।
जिस तरु को है जिसने रोपा,
काट सकेगा उसे वही॥

(४)

प्राणदण्ड देकर ईश्वर की—
घोर शत्रुता करना है।
उच्छृङ्खल हो या निन्दित हो,
अपनी लघुता करना है॥

चांद

'अर्जुन'[2] ने लिखा-चांद के साधारण अंक भी कई पत्रिकाओं के विशेषांकों का मुकाबिला करते हैं। सम्पादकीय टिप्पणियों को पढ़ते समय अनुभव होता है कि लेखक के हृदय में समाज सुधार की लगन कितनी प्रचण्ड है।"

1928 में 'चांद' ने 'पत्रांक' का प्रकाशन किया। सरस्वती[3] की इस पर टिप्पणी थी- "विशेषकर नवयुवकों में कदाचित इससे अधिक लोकप्रिय पत्र दूसरा नहीं है। इसने अपना एक पत्रांक निकाला है जिसका सम्पादन नंदकिशोर तिवारी ने किया। जिसमें कई रंगीन चित्र हैं और पृष्ठ संख्या 160। मूल्य मात्र एक रुपया।"

जनवरी, 1928 के 'चांद' में सम्पादक-प्रकाशक रामरखसिंह सहगल ने

---

1. माधुरी, वर्ष 5, खण्ड 2, संख्या 5
2. अर्जुन, 13 नवम्बर 1927
3. सरस्वती, जुलाई 1928, भाग 29, संख्या 1, पृष्ठ 157

पाठकों के नाम एक मार्मिक अपील प्रकाशित की, जिसमें हृदय की पीड़ा उड़ेल कर रख दी-

"मेरी व्यक्तिगत अपील"

"प्यारे पाठको!

'चांद' का प्रकाशन नवम्बर, 1922 ई. से आरम्भ हुआ था। अब तक 64 अंक प्रकाशित हो चुके हैं। पिछले लगभग साढ़े पाँच वर्षों से जहाँ तक मुझसे हो सका, तन-मन और धन से मैंने भारतीय समाज तथा महिला-मण्डल की सेवा करने का प्रयत्न किया है। यही मेरे जीवन का एकमात्र ध्येय था और आज तक, इतनी अधिक कठिनाइयां सहते हुए भी, मैंने सदा अपना कर्तव्य पालन करने का यथाशक्ति प्रयत्न किया है। जो कार्य मिहनत से हो सकता था- मैं ईश्वर को साक्षी देकर कहता हूँ- मैंने उसे ईमानदारी से निबाहने का प्रयत्न किया है। पाठकों को जानकर आश्चर्य होगा कि पिछले 6 वर्षों से अधिक समय हो गया, मैंने एक रोज भी विश्राम नहीं किया। रविवार हो या अन्य छुट्टी, होली हो या दिवाली, मैं 12 से 16 घंटे तक कार्य करता रहा हूँ। पर प्रकृति से बहुत दिनों तक युद्ध नहीं किया जा सकता। अब मैं परास्त हो रहा हूँ। वर्षों से मेरी आँखों में तकलीफ है, स्वास्थ्य भी दिनोंदिन गिरता जा रहा है, इसीलिए मैं एक बार फिर पाठकों से अपील कर 'चांद' की भाग्य-परीक्षा करूँगा।

"इस अभागे देश में पत्र-संचालन का कार्य हँसी खेल नहीं है, यह बात मुझे बतलाना न होगा। 'चांद' आर्थिक विपत्तियों की गोद में पला है, और आज भी उसकी दशा इतनी अधिक ग्राहक संख्या होते हुए भी संतोषजनक नहीं है, हो भी कैसे सकती है, जबकि एक अंक का मूल्य, अपना प्रेस रखते हुए, साढ़े ग्यारह आने पड़ता है और ग्राहकों को दिया जाता है साढ़े छह रुपये वार्षिक चंदे में (इसमें टिकिट और लिखा-पढ़ी का व्यय भी शामिल है।) अस्तु-

"पत्र-प्रवर्तक के नाते आर्थिक चिन्ताओं का भी मेरे स्वास्थ्य पर कम भयंकर प्रभाव नहीं पड़ा है। यह एक ऐसी बीमारी है, जिसका इलाज आप भाई-बहिनों के हाथ में है। यदि प्रत्येक भाई-बहिन 'चांद' का एक भी नया ग्राहक बढ़ा दे, तो आज 'चांद' की ग्राहक संख्या एक बार ही दूनी हो सकती है, और इससे मेरी बहुत कुछ सहायता भी हो जाएगी। प्रकाशन विभाग की पुस्तकें स्वयं खरीदकर तथा इष्ट मित्रों और सखी-सहेलियों में इनका प्रचार करके भी पाठकगण हमारे इस पवित्र अनुष्ठान में बहुत कुछ हाथ बँटा सकते हैं, और साथ ही अपने इष्ट मित्रों का भी असाधारण उपकार कर सकते हैं।

- "इस बार गर्मियों में डाक्टरों की राय से मेरा पहाड़ पर 4-5 महीनों के लिए जाना निहायत जरूरी है, और यदि इस समय पाठकगण मेरी अपील पर ध्यान देकर

जो भी सहायता प्रदान कर सकें, उसके लिए व्यक्तिगत रूप से मैं उनका उपकार मानूँगा। क्या आप ऐसा करेंगे ?

भवदीय

रामरखसिंह सहगल"

'चांद' का 'फांसी अंक' नवम्बर 1928 में दीपावली के अवसर पर निकला था। विशेषांक सम्पादक चतुरसेन शास्त्री ने अग्रलेख में लिखा- "फांसी अंक को दिवाली की अमावस्या समझिए। देखिए, इसमें बीसवीं शताब्दी के हुतात्मा के दिए कैसे टिमटिमा रहे हैं और देखिए, स्थान-स्थान पर कैसी ज्वलंत अग्नि धाँय-धाँय कर जल रही है, और सबके बीच में जाग्रत-ज्योति-मृत्यु-सुन्दरी, कैसा शृंगार किए छम-छम कर नाच रही है। पूजो! भाग्यहीन भारत के राजपाट, अधिकार सत्ता और शक्तिहीन नर-नारियो, यही तुम्हारी गृहलक्ष्मी है। यह मृत्यु सुन्दरी, यही अक्षय यौवना यही महा महिमामयी, महामाया। तुम इसे प्यार करो, इससे परिचय प्राप्त करो, इसे वरो, तब तुम देखोगे कि ज्यों ही यह तुम्हारे गले का फन्दा होने के स्थान पर हृदय का तारा बनेगी, तुम्हारी सहस्रों वर्ष की गुलामी दूर हो जाएगी ? जैसे प्रबल रासायनिक के हाथ में आकर काल-कूट विष अमृत के समान प्रभावकारी हो जाता है, उसी प्रकार यह गले का फन्दा बहिनों का सौभाग्य-सिन्दूर और भाइयों की कुमकुम की पिचकारी बनेगी। ओह! उस फाग का उल्लास कब भारत की 22 करोड़ गोपियों को नसीब होगा। यह अक्षय-सुन्दरी को राधा-पद देकर कब वह कृष्ण-मूर्ति स्फूर्ति की वंशी बजावेगी ? कब ? कब ? ? कब ? ? ?

"निकट ही वह दिन है। कुछ मास व कुछ वर्ष व्यतीत होने दो- एक महान विप्लव की आँधी साँय-साँय करती चली आ रही है, जो पचासों वर्ष तक भारत को दिवाली के दिए न जलाने देगी, परन्तु उसके बाद जो दिए जलेंगे वे क्षुद्र मिट्टी के टिमटिमाते दिए न होंगे- वे होंगे रक्तदीप, और उन्हें साक्षात् राज्य-लक्ष्मी अपने हाथों से जलावेगी। तब तक बहिनो और भाइयो! इस शुभदिन में इस वीर-गम्भीर मृत्यु-बाणों से क्रीड़ा करो। जिन्हें साहस हो वे अभ्यास करें, जिन्हें न हो वे देखें। उदीयमान जातियाँ विशेष अवसरों पर विनोद नहीं करतीं, वेदना-स्थलों की जाँच किया करती हैं। भारत के विनोद और उल्लास के दिन नहीं, भारत के दिन मृत्युवाद के अध्ययन करने के है। भारत को निकट भविष्य में उसकी परीक्षा में उत्तीर्ण होना है और बहिन और भाई को 'मृत्युंजय' की उपाधि प्राप्त करना है। चाँद इस अंक के रूप में उस परीक्षा की प्रथम पुस्तक अपनी बहिनों और भाइयों के हाथ में भेंट करता है।"

जैसी कि सहज अपेक्षा थी, 'चांद' के फाँसी अंक ने बड़ी सनसनी फैलाई। ब्रिटिश सरकार ने इस भय से कि यह अंक भारतीयों में क्रांति की भावना

भड़काएगा, 'फाँसी अंक' को जब्त कर लिया। इस विशेषांक में भारत के क्रांतिकारियों और शहीदों की गाथाएँ, देश-विदेश में राजनीतिक दृष्टिकोण से दी गई फाँसी की सजा और हत्याओं का रोंगटे खड़े कर देने वाला विवरण दिया गया है। 1857 की क्रांति, कूका विद्रोह तथा इसी तरह के प्रसंगों पर प्रामाणिक और विचारोत्तेजक सामग्री दी गई है। विचारोत्तेजक लेखों, कविताओं, कहानियों का मूल स्वर एक ही है- क्रांति और स्वातंत्र्य चेतना। एक प्रकार से 'चांद' का फाँसी अंक बलिपथ के अनुगामी क्रांतिकारियों के संकल्प का प्रवक्ता बन कर सामने आया था।

'विशाल भारत'[1] की प्रतिक्रिया उल्लेखनीय है- "चांद का फाँसी अंक अत्यन्त भयंकर है। सवा तीन सौ पृष्ठ के इस विशेषांक की छपाई में कई सहस्त्र रुपये व्यय हुए हैं। अंक में पूरे एक सौ चित्र हैं- 9 तिरंगे, 7 आर्ट पेपर पर रंगीन और 84 सादे। लेखों में पं. पद्मसिंह शर्मा, आचार्य रामदेव जी, ख्वाजा हसन निजामी तथा श्री सुन्दरलालजी के लेख पठनीय हैं ही। पर सबसे महत्वपूर्ण भाग विप्लव यज्ञ की आहुतियाँ है। इस अंक के सम्पादक आचार्य चतुरसेन शास्त्री तथा प्रकाशक श्रीयुत सहगलजी बधाई के पात्र हैं। इसके पूर्व शिशु अंक, विधवा अंक, 'प्रवासी अंक' और 'अबलाओं के इंसाफ' अंक निकल चुके हैं, जिनमें से अंतिम को विशाल भारत के सम्पादक एक पापमय कृत्य समझते हैं।"

'चांद' को फाँसी अंक प्रकाशित करने की कड़ी कीमत चुकानी पड़ी। सरकार का क्रोध अंक जब्त करके ही शांत नहीं हुआ। फिरंगी हुकूमत ने 'चांद' को मानो बर्बाद करने की ठान ली थी। इसकी प्रतिकूल प्रतिक्रिया भी हुई। आगरा के 'आर्यमित्र'[2] ने 'चांद पर संकट' शीर्षक से यह टिप्पणी लिखी- "प्रयाग से प्रकाशित होने वाला सुप्रसिद्ध मासिक पत्र 'चांद' कुछ दिनों से सरकार का कोप-भाजन बना हुआ है। पहले उसका 'फाँसी अंक' जब्त किया गया, फिर 'चांद' कार्यालय द्वारा प्रकाशित 'भारत में अँगरेजी राज' जैसी अनमोल पुस्तक की बारी आई। इसके अनन्तर युक्त प्रान्त सरकार ने 'चांद' का नाम स्कूल-कॉलिजों के लिए स्वीकृत पत्रों की सूची में से काटा और अब सी.पी. सरकार ने भी अपनी शिक्षण-संस्थाओं से इसका बहिष्कार कर दिया। सरकार की इस कोप दृष्टि के कारण 'चांद' को हजारों रुपयों की आर्थिक हानि उठानी पड़ी। परन्तु यह बात अब तक नहीं मालूम हुई कि 'चांद' का अपराध क्या है, जिसके कारण उसे इस प्रकार सरकार के क्रोध का लक्ष्य बनना पड़ा है। अगर सरकार की दृष्टि में उसका फाँसी अंक आपत्तिजनक था तो वह जब्त कर लिया गया और वह मामला वहीं ख़त्म हो जाना चाहिए था। परन्तु नहीं, सरकार तो चाहती है कि उसकी शिक्षा-संस्थाओं में उसका प्रवेश ही न हो। हम तो

1. विशाल भारत, नवम्बर 1928, पृष्ठ 684
2. आर्य मित्र, 19 सितम्बर 1929

देखते हैं कि 'चांद' के संचालक और सम्पादक महाशय ने भारी आर्थिक हानि उठा कर भी 'चांद' को बहुत उपयोगी बना दिया है। विशेषांक निकालने में तो उसने कमाल किया है। सरकार 'चांद' के सम्बन्ध में भले ही चाहे जो कुछ करे, परन्तु 'चांद' के प्रेमियों का कर्तव्य है कि वह उसके प्रचार में बराबर सहायक बने रहें और उसे ग्राहकों की कमी के कारण आर्थिक कष्ट न उठाने दें।"

1929 के अंत में 'चांद' ने पत्रिका का उर्दू संस्करण निकालने की योजना बनाई। 'चांद' का उर्दू संस्करण प्रकाशित तो हुआ, लेकिन उसे जारी रखना सम्भव नहीं हो सका और उसका प्रकाशन स्थगित कर देना पड़ा। 'चांद' का 'मारवाड़ी अंक' विवादग्रस्त ही नहीं हुआ, वह पत्रिका के लिए अपयशकारी भी सिद्ध हुआ। समकालीन पत्र-पत्रिकाओं ने तो असहमति की टिप्पणियाँ की हीं, अन्यान्य महानुभावों ने भी मारवाड़ी अंक की रचनाओं और उनमें प्रयुक्त भाषा की निन्दा की।

'मारवाड़ी अंक' के खिलाफ अदालत में भी मामला ले जाया गया। 'चांद' के फाँसी अंक पर सरकार के कोप ने जहाँ 'चांद' को प्रतिष्ठा दी थी, वहीं 'मारवाड़ी अंक' पर सामाजिक कोप ने उसकी प्रतिष्ठा को आघात पहुँचाया, जिससे उबरने में वक्त लगा। तथापि पाखण्डों के विरुद्ध 'चांद' का जेहाद जारी रहा। अप्रैल 1931 के 'चांद' में प्रकाशित आचार्य चतुरसेन शास्त्री के "धर्म व्यवसायियों का नाश" लेख ने तहलका मचा दिया। इस लेख में धर्म के नाम पर अनाचार करने वाले धर्मगुरुओं पर तीखे प्रहार किए गए। तीर्थस्थलों के पण्डों के दुष्कृत्यों का भंडाफोड़ किया गया जो आस्थावान और श्रद्धालुजन की आँखें खोलने के लिए पर्याप्त था। अक्टूबर 1932 में 'चांद' ने शेयर जारी कर विकास और विस्तार के लिए वित्तीय संसाधन जुटाने का प्रयास किया। एक दशक (1922-1932) में 'चांद' की ग्राहक संख्या 15000 तक जा पहुँची थी। चांद कार्यालय से हिन्दी की करीब 350 विविध विषयों की पुस्तकों का प्रकाशन हो चुका था। कुछ पुस्तकों के तो पाँच-पाँच संस्करण निकले थे। 'चांद' ने कई लेखकों को प्रोत्साहित किया। उसके समाज सुधार विषयक अभियानों ने सामाजिक जागृति में उल्लेखनीय भूमिका निभाई।

किन्तु 'मारवाड़ी अंक' का भूत अब भी 'चांद' का पीछा कर रहा था। अदालती कार्रवाई में दंडित होने पर एक भीषण आघात उसे लगा। परिस्थितियों ने कुछ ऐसा मोड़ लिया कि 'चांद' के संस्थापक रामरखसिंह सहगल का उससे सम्बन्ध विच्छेद हो गया। मुंशी नवजादिकलाल श्रीवास्तव 'चांद' के संपादक बने। 1933 का नववर्षांक मुंशीजी के सम्पादकत्व में निकला। 'कर्मवीर'[1] ने इस पर टिप्पणी लिखी- "कर्मवीर सहगल जी के हटते ही 'चांद' अपना प्रभाव, अधिकार

1. कर्मवीर, 2 दिसम्बर 1933

तथा अपनी लोकप्रियता और निर्भीकता खो बैठा। वर्तमान सम्पादक श्रीवास्तवजी एक योग्य तथा अनुभवी पत्रकार हैं। इस अंक में उन्होंने अच्छी सामग्री जुटाई है। कविवर प्रसादजी का 'स्वर्ण संसार', श्रीमती महादेवी वर्मा का गीत, श्रीयुत प्रेमचंद की 'दिल की रानी' और ठाकुर वीरेश्वर सिंहजी की 'अंत रात्रि' शीर्षक रचनाएं विशेष सुन्दर हैं। हाकिम का 'शृंगार' तथा शम्भूनाथजी मिश्रा का 'विष्णु का मोहिनी रूप' चित्र भले मालूम होते हैं। श्री बागची द्वारा निर्मित कई भावपूर्ण कारटून हैं। इस कारटूनों में सामयिकता है, व्यंग्य है और है देश का निर्माणकर्ता का संदेश। सम्पादकीय विचारों में पाप के व्यवसाय पर विद्वान सम्पादक ने अच्छा प्रकाश डाला है। इसके प्रतिकार के लिए जिन उपायों का आश्रय लिया गया है वे निस्संदेह बड़े अच्छे हैं। क्या ही अच्छा हो यदि दूसरे पत्र भी इस विषय पर अपना-अपना स्वतंत्र मत व्यक्त करें।"

'विशाल भारत'[1] ने 'चांद' पर एक विश्लेषणात्मक समीक्षा प्रकाशित की- "स्त्रियों के लिए जिन-जिन विषयों की जानकारी को भारतीय प्रबुद्ध वर्ग ने जरूरी समझा उसकी वास्तविक पूर्ति श्री रामरख सिंह सहगल के प्रकाशन 'चांद' द्वारा हो सकी। किन्तु पुरातन से परे हटने के भ्रम में सम्पादक और प्रकाशक को पहिले समालोचकों की निन्दा सहनी पड़ी और बाद में पत्रिका के 'मारवाड़ी विशेषांक' में अश्लीलता और वीभत्सता की पराकाष्ठा के मुकदमे में दण्डित होना पड़ा। परिस्थितिवश सहगलजी को 'चांद' छोड़ देना पड़ा जिसके बाद एक बार फिर सम्मानजनक स्थिति में लाने का प्रयत्न उसके नए सम्पादक श्री नवजादिक लाल श्रीवास्तवजी ने किया किन्तु उपयोगिता और आकर्षण की दृष्टि से उसमें सुधार की अब भी बड़ी गुंजाइश है।"

'चांद' की व्यवस्था को 1937 में फिर एक झटका लगा जब मुंशी नवजादिक लाल श्रीवास्तव से मैनेजिंग डायरेक्टर निरंजनलाल भार्गव ने कार्यभार ले लिया। 'चांद' का नववर्षांक 'विदुषी अंक' के रूप में निकला, जिसका सम्पादन महादेवी वर्मा ने किया। 'जयाजी प्रताप'[2] 'चांद' के नववर्षांक पर लिखता है- "सम्पादिका श्रीमती महादेवी वर्मा एम.ए.मैनेजिंग डायरेक्टर पं. निरंजन लाल भार्गव, प्रकाशक, चांद प्रेस लिमिटेड, इलाहाबाद, वार्षिक मूल्य साढ़े छह रुपये, इस अंक का मूल्य डेढ़ रुपया पृष्ठ संख्या 160, चित्र तिरंगे 3, दुरंगे 3 और इकरंगे 35। चांद शिक्षित और समुन्नत महिलाओं का श्रेष्ठ पत्र है। चांद में केवल नारी-आन्दोलन ही नहीं अपितु सामाजिक, धार्मिक और राजनीतिक सुधारों से सम्बन्ध रखने वाली भी पर्याप्त ज्ञातव्य सामग्री रहती है, अतः इसे 'उत्कृष्ट सुधारक पत्र' भी माना जाता है।

1. विशाल भारत, 2 दिसम्बर 1933
2. जयाजी प्रताप, 28 जनवरी 1937

'चांद' की लेखिकाएं केवल महिलाएं ही नहीं, बड़े-बड़े धुरंधर क्रांतिकारी लेखक हैं। विशेषांक निकालने में भी 'चांद' ने अच्छी ख्यात प्राप्त की है। प्रतिवर्ष एक से बढ़कर एक और एक से एक सुन्दर विशेषांक निकलते रहते हैं। किन्तु प्रस्तुत नववर्षांक वैसा अच्छा नहीं हुआ, जैसे पहले निकल चुके हैं। अस्तु। चांद का हिन्दी मासिक पत्रों में विशेष स्थान है अब भार्गव जी जैसे श्रेष्ठ प्रबन्धक के हाथों में आ जाने से चांद और भी उन्नति करेगा ऐसा हिन्दी संसार को विश्वास है।"

नई व्यवस्था के बावजूद 'चांद' के प्रकाशन की नियमितता में व्यवधान आया। कुछ समय के लिए प्रकाशन बन्द भी रहा। 1939 के मध्य में नंदगोपाल सिंह सहगल ने प्रबन्ध सम्पादक का दायित्व सम्हाला और 'चांद' का पुन:प्रकाशन किया। तदनंतर 1940 में फिर कुछ समय के लिए 'चांद' का प्रकाशन बन्द रहा और पुन: सत्यभक्त के सम्पादन और नंदगोपाल सिंह सहगल के प्रबन्ध में प्रकाशित होने लगा। लेकिन तमाम प्रयासों के बाद भी 'चांद' की खोई हुई प्रतिष्ठा और प्रभाव वापस नहीं लौट सके और हिन्दी की इस तेजस्वी पत्रिका पर अवसान का पर्दा पड़ गया।

माधुरी

नवल किशोर प्रेस लखनऊ से विष्णुनारायण भार्गव ने 30 जुलाई 1922 को साहित्यिक पत्रिका *'माधुरी'* का प्रकाशन किया। संपादक दुलारेलाल भार्गव और रूपनारायण पाण्डेय थे। 104 पृष्ठ के प्रवेशांक में माधुरी का उद्देश्य स्पष्ट करते हुए लिखा गया- "हिन्दी में उच्च कोटि के स्थायी साहित्य को उत्पन्न करना, हिन्दी में हर अंग को अलंकृत करना, हिन्दी की लेखन शैली में आवश्यक सुधार की चेष्टा करना, जनता के मनोरंजन के साथ ही हिन्दी और देश की सेवा करना। हिन्दी के एक सर्वोत्कृष्ट सर्वांगसुन्दर साहित्य सम्बन्धी बृहत पत्रिका के अभाव को दूर करना। माधुरी का उद्देश्य है हिन्दी के प्रतिभाशाली लेखकों और कवियों को उत्साहित और पुरस्कृत करना और उनकी गवेषणा प्रतिभा, कल्पना और सहृदयता से हिन्दी के साहित्य भण्डार को भरना।"

'माधुरी' का वार्षिक शुल्क 6 रुपये आठ आना था। संगीत सुधा, सुमन संचय, विज्ञान वाटिका, महिला मनोरंजन, पुस्तक परिचय, साहित्य सूचना, विविध विषय, चित्र चर्चा नियमित स्तम्भ थे। लेख, कविताएं और कहानियाँ प्रकाशित की जाती थीं। 'माधुरी' ने रचनाकारों को समुचित मानदेय देने की व्यवस्था की थी जिसके कारण न केवल स्थापित रचनाकारों का सहयोग उसे मिला, बल्कि नवोदित लेखकों की प्रतिभा को प्रकाश में लाने का माध्यम भी 'माधुरी' बनी।

"माधुरी' का मूल्यांकन करते हुए 'विशाल भारत' ने लिखा था- "सरस्वती की अपेक्षा माधुरी को अपने समय में कुछ अधिक पत्रिकाओं से प्रतिद्वंद्विता करनी

पड़ी थी। लेकिन श्रेष्ठ और प्रख्यात लेखकों के सहयोग के साथ ही 'माधुरी' की बेहतर बाह्य सज्जा ने भी उसे ऊपर उठा दिया। अपने पूर्ववर्ती पत्रों की अपेक्षा सफाई और सज्जा पर इसने अधिक निखार लाया। रंग-बिरंगे तथा सादे और सुन्दर चित्र, अच्छा कागज, सुन्दर छपाई से सज्जित बाह्य कलेवर देखते ही आकर्षित करते हैं। इसके अलावा 'माधुरी' का आंतरिक विषय विभाजन अधिक स्पष्ट और अलग-अलग स्तम्भों में रखा गया। इससे पाठकों को मनपसंद सामग्री पढ़ने में सुविधा होती थी। हजारों की संख्या में लोग उसके ग्राहक बने। इस धूमधाम और सफलता के साथ चलने वाली पत्रिका 'माधुरी' एक ही हो गई।"[1]

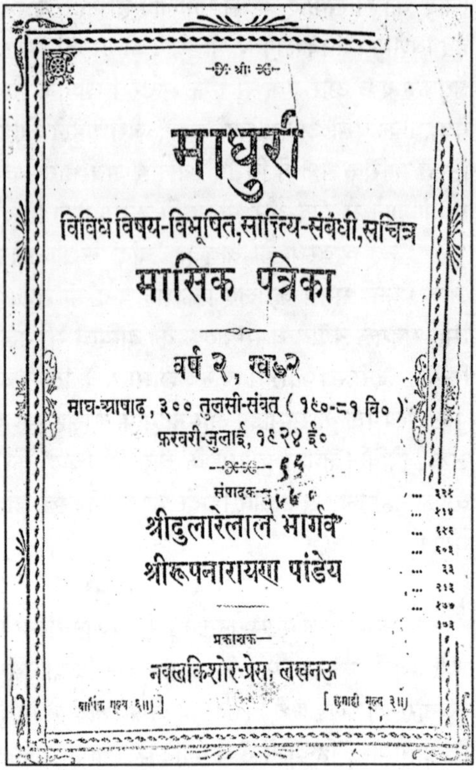

माधुरी

'माधुरी' के सम्पादकों में दुलारेलाल भार्गव एवं रूपनारायण पाण्डेय (1922) शिवपूजन सहाय (1925), कृष्ण बिहारी मिश्र (1927), मुंशी प्रेमचन्द (1927), रामसेवक त्रिपाठी (1931), मातादीन शुक्ल (1933), बांके बिहारी भटनागर (1937), नंदकिशोर तिवारी, रामेश्वर शुक्ल 'अंचल', भगवतीप्रसाद वाजपेयी प्रभृति साहित्यकार पत्रकार सम्मिलित हैं।

'माधुरी' के प्रकाशन की धूम-धाम के बीच समकालीन पत्रिकाओं ने उसकी कमियों को भी रेखांकित किया। 'श्री शारदा' ने समालोचना करते हुए लिखा- "जो एक उच्चकोटि की पत्रिका होने की इच्छा करती हो, 'प्रवासी' की बराबरी करना चाहती हो, उसे बहुत विचारपूर्वक चलाना चाहिए। उसकी हर एक बात अपनी मर्यादा के अनुकूल ही होना चाहिए। विशेष करके सम्पादकीय टिप्पणियाँ

1. विशाल भारत, अक्टूबर 1934, पृष्ठ 436

जिनसे सम्पादकों की निजी योग्यता का पता चलता है, सुन्दर शैली में विचारपूर्ण और उस योग्यता की परिचायिका होनी चाहिए जो कि उच्चकोटि की पत्रिका के सम्पादकों में अपेक्षित हो।"[1]

सन 1950 में 'माधुरी' का प्रकाशन बंद कर दिया गया। तब रूपनारायण पाण्डेय इसके सम्पादक थे।

प्रणवीर

सन 1922 में नागपुर से सतीदास मूंदड़ा ने हिन्दी अर्द्ध साप्ताहिक *'प्रणवीर'* का प्रकाशन नागपुर से किया। राधामोहन गोकुलजी को सम्पादन-दायित्व सौंपा गया। देश को स्वतंत्र कराने के संकल्प के साथ प्रकाशित 'प्रणवीर' की पृष्ठ संख्या 16 और वार्षिक शुल्क 6 रुपये था। नवम्बर 1922 में राधामोहन गोकुलजी की गिरफ्तारी और एक वर्ष के कारावास की सजा हुई, तब सतीदास मूंदड़ा सम्पादन करने लगे। 'प्रणवीर' का तिलक विशेषांक, सावरकर अंक बहुचर्चित रहे थे। 'प्रणवीर' में सम्पादकीय स्तम्भ के ऊपर यह काव्य पंक्तियाँ प्रकाशित की जाती थीं-

"चन्द्र टरै सूरज टरै, टरै जगत व्यवहार।
पै न टरै प्रणवीर को, प्रण ठान्यो इक बार॥"

प्रणवीर की सम्पादकीय टिप्पणियाँ ओजस्वी और तीखी होती थीं। दैनिक 'भारत मित्र' ने लिखा था- "प्रणवीर में समाचारों का अच्छा संग्रह होता है। कोई महत्वपूर्ण समाचार छूटने नहीं पाता।"

तेज

सन 1922 में स्वामी श्रद्धानन्द ने दिल्ली से उर्दू दैनिक 'तेज' का प्रकाशन किया। देशबंधु गुप्त *'तेज'* के सम्पादक थे। 55 गुणित 37 से.मी. आकार के 'तेज' की पृष्ठ संख्या कभी 2 और कभी 4 रहती थी। अमन लखनवी, रामलाल तथा जमनादास अख्तर 'तेज' के सम्पादन से जुड़े रहे। सन 1957 में विश्वबंधु गुप्त ने सम्पादन-प्रकाशन का दायित्व संभाला। आरम्भ में 'तेज' शुद्धि आन्दोलन का समर्थक था, परन्तु जल्दी ही कांग्रेस और राष्ट्रीय आन्दोलन का समर्थन करने लगा। सितम्बर 1923 में 'तेज' के सम्पादक देशबंधु गुप्त को दफा 183 और 508 के अन्तर्गत क्रमशः एक और दो वर्ष की सजा हो गई। दो सप्ताह बन्द रहकर 10 अक्टूबर 1923 से स्वामी श्रद्धानन्द के सम्पादकत्व में 'तेज' पुनः प्रकाशित होने लगा।

'तेज' का नया वर्ष आरम्भ होने पर वार्षिक अंक प्रकाशित किया जाता था, जिसे प्रबुद्ध पाठक अपने संग्रह में सम्भाल कर रखते थे। सामाजिक, साहित्यिक, सांस्कृतिक, ऐतिहासिक विषयों पर पठनीय एवं मननीय सामग्री का प्रकाशन किया

1. श्री शारदा, संवत 1980, भाद्रपद, पृष्ठ 669

जाता था।

The Daily Tej Delhi

तेज

स्वराज्य

चेन्नै से टी. प्रकाशम के सम्पादकत्व में सन 1922 में अँगरेजी साप्ताहिक *'स्वराज्य'* का प्रकाशन आरम्भ हुआ। जी.वी. कृपानिधि, खासा सुब्बराव, के.राम कोटेश्वर राव, के.श्रीनिवासन् प्रभृति अच्छे लेखकों का सहयोग उन्हें प्राप्त था। गाँधीजी के आन्दोलनों का समर्थक था और व्यापारिक सोच से परे था। एक अच्छा अखबार होते हुए भी आर्थिक कठिनाइयों के कारण बारह वर्ष बाद बंद हो गया। इस राजनीति प्रधान समाचारपत्र ने भविष्य के अनेक अच्छे पत्रकारों को दीक्षित किया। आरंभिक दिनों में इस अँगरेजी अखबार की स्थिति यह थी कि शाम को समाचारपत्र की प्रति प्राप्त करने के लिए कार्यालय के सामने भीड़ जमा हो जाती थी यहाँ तक कि आवागमन ठप हो जाता था।

मैसूर राज्य के तत्कालीन स्वास्थ्य मंत्री डा. ए.बी. शेट्टी ने मंगलूरु से सन 1922 से कन्नड साप्ताहिक *'नवयुग'* का प्रकाशन आरम्भ किया। बाद में यह उडुपी से निकलने लगा। अनन्तराम आद्यन्त, कादेन्गोदलु शंकर भट और के.के. शेट्टी ने क्रमशः पत्र का सम्पादन किया। सन 1929 में के. होन्नैया शेट्टी ने सम्पादन का दायित्व ग्रहण किया। वे सबसे ज्यादा अवधि तक सम्पादक रहे। जून 1972 में 'नवयुग' ने स्वर्ण जयन्ती मनाई।

फरवरी 1922 में भोपाल से साहित्यिक उर्दू पत्रिका *'निगार'* का सम्पादन, प्रकाशन नियाज फतहपुरी ने किया। मखमूर अकबराबादी सहकारी सम्पादक थे। साहित्य के अलावा इसमें उर्दू भाषा, इस्लामी इतिहास, विज्ञान और आविष्कार, उद्योग और व्यापार पर सामग्री प्रकाशित की जाती थी। सन 1927 में नियाज

फतहपुरी लखनऊ चले गए और 'निगार' का प्रकाशन वहीं से करने लगे। सन 1930 में शाह जफर अंक के प्रकाशन के साथ 'निगार' के विशेषांकों का सफर शुरू हुआ। जुलाई 1927 से 1962 तक लखनऊ से प्रकाशित होने के बाद 'निगार' करांची से निकलने लगा। जनवरी 1982 में दिल्ली से 'निगार' का पुनः प्रकाशन किया गया।

समन्वय

समन्वय कार्यालय कोलकाता से जनवरी 1922 में *'समन्वय'* नामक मासिक पत्रिका आरम्भ हुई। 22 गुणित 14 से.मी. आकार की यह हिन्दी पत्रिका 48 पृष्ठ की होती थी। रामकृष्ण परमहंस और विवेकानंद के विचारों को हिन्दी भाषी समाज तक पहुँचाना पत्रिका का मुख्य उद्देश्य था। बुद्ध, शंकर, रामानुज, कबीर, नानक, श्रीचैतन्य, प्रभृति महापुरुषों के बताए मार्ग को यह पत्रिका भारत के लिए उचित मानती थीं। इसकी एक प्रति का मूल्य पाँच आना और वार्षिक शुल्क तीन रुपये था। आचार्य महावीरप्रसाद द्विवेदी ने इस पत्रिका के सम्बन्ध में सम्मति देते हुए लिखा– "उसके कुछ लेखों से मेरा मनोरंजन होता है और कुछ से मेरे आध्यात्मिक ज्ञान की वृद्धि। रामकृष्ण वचनामृत से तो मेरे हृदय में सात्विक भावों का अत्यधिक उन्मेष हो उठता है। समन्वय की भाषा और उसके अधिकांश लेखों के भाव इस समय की मेरी चित्तवृत्ति के सर्वथा अनुकूल हैं।"

सन 1922 में नासिक से मराठी के प्रमुख पत्र *'लोकसत्ता'* का प्रकाशन हुआ। विभिन्न विषयों के विद्वान 'लोकसत्ता' में प्रकाशनार्थ रचनाएँ भेजते थे। पत्रिका का वार्षिक शुल्क दो रुपये तेरह आने था। सन 1922 में बरेली से पंडित राधेश्याम कथावाचक ने सचित्र हिन्दी मासिक पत्र *'भ्रमर'* का प्रकाशन किया। सम्पादक सतीशकुमार थे। वार्षिक मूल्य तीन रुपये था। छोटे-छोटे रोचक लेख दिए जाते थे। घरेलू नुस्खों का संग्रह छापा जाता था।[1]

काशी से (जन्माष्टमी) अगस्त 1922 में हिन्दी साप्ताहिक *'देशदूत'* का प्रकाशन हुआ। राष्ट्रीय तथा अन्तरराष्ट्रीय विषयों पर विवेचनात्मक लेख तथा देशी-विदेशी और स्थानीय समाचार प्रकाशित किए जाते थे। वार्षिक शुल्क तीन रुपये था। मंगलवार को प्रकाशित होता था। बड़े आकार के आठ पृष्ठों में निकलता था।

अगस्त 1922 में मोहनलाल भटनागर के सम्पादकत्व में लॉ प्रिंटिंग प्रेस लाहौर से हिन्दी मासिक पत्रिका *'दर्पण'* का प्रकाशन आरम्भ हुआ। 80 पृष्ठ की इस पत्रिका में मनोरंजक और ज्ञानवर्धक लेख प्रकाशित किए जाते थे। आकार 22 गुणित 13 से.मी. और वार्षिक शुल्क चार रुपये था। युधिष्ठिर प्रसाद सिंघानिया और

1. महारथी, वर्ष-1, अंक-3, फरवरी 1926

श्रीगोपाल नेवटिया के सम्पादकत्व में फतेहपुर से मासिक *'श्री स्वदेश'* का प्रकाशन श्री स्वदेश सभा फतेहपुर ने किया। पृष्ठ संख्या 40 थी। वार्षिक मूल्य डेढ़ रुपये था। मुख्यत: लेख एवं कविताएं प्रकाशित किए जाते थे।[1]

सईदुल्ला खां रिजवी ने अक्टूबर 1922 में भोपाल से उर्दू मासिक पत्रिका *'नदीम'* का सम्पादन, प्रकाशन किया। पृष्ठ संख्या 48 और आकार 15 गुणित 20 से.मी. तथा वार्षिक शुल्क चार रुपये था। उर्दू जुबान की सेवा और जन साधारण की रुचि का विकास 'नदीम' का उद्देश्य था।

अदबी दुनिया

नाजवर नजीराबादी ने लाहौर से सन 1922 में उर्दू मासिक पत्रिका *'अदबी दुनिया'* का प्रकाशन किया। मंसूर अहमद भी कुछ वर्ष तक सम्पादक रहे। पत्रिका का गद्य खण्ड मौलाना सलाहउद्दीन और पद्य खण्ड मीराजी देखते थे। पचीस वर्ष तक *'अदबी दुनिया'* का उर्दू साहित्य जगत में अच्छा स्थान रहा। 'अदबी दुनिया' में जैसी उत्तम सामग्री प्रकाशित होती थी वैसा ही उम्दा कागज और छपाई भी होती थी। हर माह एक अच्छा चित्र प्रकाशित किया जाता था। 'अदबी दुनिया' के अंक संजोकर रखे जाते थे क्योंकि उनमें प्रकाशित सामग्री का स्थाई महत्व होता था। पत्रिका का वार्षिक शुल्क चार रुपये था।

कोलकाता से उर्दू मासिक पत्रिका *'अख्तर-ए-हिन्द'* सैयद मजहर अब्बास ने निकाली। कोषिक्कोड से अब्दुल रहमान ने उर्दू साप्ताहिक *'अल अमीन'* प्रकाशित किया। दो वर्ष तक निकला। हकीम रुकनुद्दीन के सम्पादकत्व में कोलकाता से खिलाफत आंदोलन के समर्थन में *'अल कमाल'* निकला। स्वास्थ्य पत्रिका *'अल मसीह'* दिल्ली से हकीम कबीरुद्दीन के सम्पादकत्व में निकाली। सागर से फजलुर्रहीम सिद्दीकी और कासिम अली के सम्पादन में उर्दू साप्ताहिक *'इत्तिहाद'* प्रकाशित हुआ। धार्मिक उर्दू पत्रिका *'कादरी नौशाही'* लाहौर से प्रकाशित हुई। चौधरी सुल्तान अली सम्पादक थे। मेरठ से प्यारेलाल शर्मा ने साप्ताहिक *'कौम'* का प्रकाशन किया। पृष्ठ संख्या आठ और वार्षिक शुल्क छह रुपये था। महिलाओं के लिए उर्दू मासिक पत्रिका *'खादिमा'* मरियम बेगम के सम्पादकत्व में हैदराबाद से निकली। साहित्य और धर्म की उर्दू मासिक पत्रिका *'तरक्की'* सन 1922 में निकली। सम्पादक मोहम्मद अनवार उल्ला थे। पृष्ठ संख्या 80 और वार्षिक शुल्क चार रुपये था। मोहम्मद हफीज उल्ला कुरैशी ने जनवरी 1922 में लाहौर से उर्दू मासिक *'तसव्वुफ'* का प्रकाशन किया।

जनवरी 1922 में हैदराबाद से उर्दू की शैक्षिक पत्रिका *'निजाम कालेज उर्दू*

---

1. मारवाड़ी अग्रवाल, वर्ष-2, खंड-1 संख्या-3 पौष 1979

मैगजीन' प्रकाशित हुई। सम्पादक मोहम्मद मीर खां थे। शिल्प कला सम्बन्धी 48 पृष्ठ की उर्दू मासिक पत्रिका *'नुमाइश'* हैदराबाद से मिर्जा रफीक बेग के सम्पादकत्व में निकली। वार्षिक शुल्क तीन रुपये था। भाई प्रताप सिंह के सम्पादकत्व में लाहौर से संगीत पत्रिका *'राग'* का प्रकाशन हुआ। पृष्ठ संख्या 24 और वार्षिक शुल्क तीन रुपये था। सैयद मोहम्मद जामिन ने हैदराबाद से उर्दू मासिक पत्रिका *'लिस्सान-उल-मुल्क'* निकाली। फैजाबाद से शंभुदयाल भटनागर ने उर्दू मासिक पत्रिका *'लैल-व-निहार'* का प्रकाशन किया। सम्पादक सैयद निजामुद्दीन जाफरी और सैयद मोहम्मद मेहदी रिजवी थे। जनवरी 1922 में लाहौर से साहित्यिक उर्दू पत्रिका *'हजार दास्तान'* लाला दीवानचंद के संरक्षण और हकीम अहमद शुजा के सम्पादन में प्रकाशित हुई। 24 गुणित 18 से.मी. आकार की इस मासिक पत्रिका का वार्षिक शुल्क आठ रुपये था। *'हजार दास्तान'* के साथ बच्चों के लिए *'नौनिहाल'* पत्रिका परिशिष्ट के रुप में ग्राहकों को दी जाती थी।

लखनऊ से सम्पादक अबुल कलाम 'लुत्फ' ने साहित्यिक पत्र *'हुस्ने अदब'* निकाला। लखनवी मिजाज की पत्रिका थी। जनवरी 1922 में उर्दू मासिक पत्रिका *'हुमायूँ'* लाहौर से प्रकाशित हुई। बशीर अहमद सम्पादक थे। हामिद अली खाँ और यूसुफ जफर सहकारी सम्पादक थे। विज्ञान, साहित्य, संस्कृति, इतिहास, सदाचार, अध्यात्म 'हुमायूँ' के विषय थे। पृष्ठ संख्या 64 और वार्षिक शुल्क पाँच रुपये छह आना था। उर्दू पत्रिकाओं में 'हुमायूँ' का प्रतिष्ठित स्थान था। दीर्घकाल तक यह पत्रिका प्रकाशित होती रही।

सितम्बर 1922 में दिल्ली के दारुल उलूम प्रेस से मोहम्मद यूसुफ के सम्पादकत्व में उर्दू दैनिक *'कासिद'* का प्रकाशन हुआ। फिरंगी हुकूमत का विरोधी और आजादी का पक्षधर अखबार था। इस अखबार की विशेषता विस्तार से रिपोर्टिंग करने की थी। पृष्ठ संख्या 4 और एक प्रति का मूल्य एक पैसा था।

सन 1922 में मुजफ्फरपुर से स्वामी विद्यानन्द और नंदकिशोर सिंह के सम्पादकत्व में किसानों और मजदूरों का हमदर्द साप्ताहिक *'किसान समाचार'* प्रकाशित हुआ। वार्षिक शुल्क तीन रुपये था। जमींदारों की बेगार प्रथा के खिलाफ 'किसान समाचार' ने आवाज बुलन्द की थी। सन 1922 में बिलासपुर से डिस्ट्रिक्ट कौंसिल ने हिन्दी मासिक पत्रिका *'विकास'* निकाली। सम्पादक कुलदीप सहाय और प्रकाशक ई.राघवेन्द्र राव थे। विद्यार्थियों और शिक्षकों के लिए उपयोगी 48 पृष्ठ की इस पत्रिका का वार्षिक शुल्क ढाई रुपये था। हिन्दी मासिक पत्रिका *'साहित्य'* कोलकाता से सन 1922 में प्रकाशित हुई। छविनाथ पांडेय सम्पादक थे। *'साहित्य'* नामक एक अन्य साप्ताहिक समाचार पत्र भी कोलकाता से राजकिशोर सिंह के सम्पादकत्व में प्रकाशित हुआ।

कोलकाता से हिन्दी मासिक पत्रिका *'आदर्श'* सन 1922 में प्रकाशित हुई। शिवपूजन सहाय पत्रिका के सम्पादक थे। पंजीयन नहीं होने के कारण 'आदर्श' के पाँच अंक लेखमाला के रूप में निकले और प्रकाशन बन्द हो गया।

दीपेन्द्रनाथ शास्त्री ने आयुर्वेद की पाक्षिक पत्रिका *'अनुभूत योगमाला'* इटावा से प्रकाशित की जो एक वर्ष में बन्द हो गई। मुरादाबाद से सन 1922 में हिन्दी पाक्षिक *'अध्यापक'* का प्रकाशन हुआ। पृष्ठ संख्या 12 और वार्षिक शुल्क ढाई रुपये था। अमरोहा से हिन्दी पाक्षिक *'आचार्य'* निकला। पृष्ठ संख्या आठ और वार्षिक शुल्क तीन रुपये था। पटना से सन 1922 में कृष्ण चैतन्य गोस्वामी ने *'चैतन्य चन्द्रिका'* का प्रकाशन किया। राष्ट्रभाषा हिन्दी और राष्ट्रीय लिपि देवनागरी के प्रचार के साथ जनता के दुःख दर्द इस पत्रिका के उद्देश्य थे। साहित्य और संस्कृति पर भी रचनाएं प्रकाशित होती थीं। अँगरेजों की दासता के अभिशाप के खिलाफ खुलकर लिखता था। दिल्ली से गोरक्षा और धर्म प्रचार के लिए हिन्दी साप्ताहिक *'गोपाल'* का प्रकाशन हुआ। देवरत्न शुक्ल प्रकाशक और फतहचंद्र शर्मा 'आराधक' सम्पादक थे।

उज्जैन से दुर्गाशंकर नागर के सम्पादकत्व में आध्यात्मिक पत्रिका *'कल्पवृक्ष'* का प्रकाशन हुआ। इस मासिक पत्रिका का वार्षिक शुल्क ढाई रुपये था। तीन दशक तक पत्रिका प्रकाशित हुई। आगरा से हिन्दी पाक्षिक *'जाटव'* का प्रकाशन हुआ। सम्पादक हेतराम थे। वार्षिक शुल्क तीन रुपये था। एम.के.कापडिया और पंडिता चंद्रावती के सम्पादकत्व में सूरत से महिलाओं के लिए हिन्दी मासिक पत्रिका *'जैन महिलादर्श'* निकली। कानपुर से जातीय पत्रिका *'नाई ब्राह्मण'* का प्रकाशन रेवतीप्रसाद ने किया। वार्षिक शुल्क दो रुपये था। बड़ौदा से *'बड़ौदा समाचार'* निकला। बैजनारायण वाजपेयी ने कानपुर से *'फक्कड़'* का सम्पादन-प्रकाशन किया। इस पत्र में सम्पादक ने एक टिप्पणी में लिख दिया- "यदि झांसी की पुलिस अपना अत्याचार बन्द नहीं करेगी तो वह खटमल की तरह मार दी जाएगी।" इस पर सम्पादक-प्रकाशक को छह माह कैद की सजा हुई थी। कोलकाता से पारसनाथ सिंह के सम्पादकत्व में हिन्दी दैनिक *'प्रकाश'* का प्रकाशन हुआ।

चेन्नै से क्षेमानन्द राहत ने हिन्दी साप्ताहिक *'भारत तिलक'* का सम्पादन-प्रकाशन किया। एक वर्ष बाद 'भारत तिलक' का प्रकाशन बन्द हो गया। धैर्य प्रकाश गौतम ने दिल्ली से हिन्दी साप्ताहिक *'भारत गौ हितैषी'* निकाला। वार्षिक शुल्क चार रुपये था। संतराम बी.ए.के सम्पादकत्व में हिन्दी मासिक *'युगान्तर'* का प्रकाशन हुआ। यह जाति-पाँति तोड़क मण्डल लाहौर का मुख पत्र था। पटना से विनायक किशोर वर्मा ने हिन्दी साप्ताहिक *'राज्य'* निकाला। दिगम्बर जैन परिषद मेरठ ने सन 1922 में हिन्दी पाक्षिक *'गीता'* का प्रकाशन किया। लेख, कविताएँ और सामाजिक गतिविधियों का प्रकाशन करने वाला दीर्घजीवी पत्र रहा।

कोलकाता से अक्टूबर 1922 में साप्ताहिक *'वसुंधरा'* का प्रकाशन हुआ। पृष्ठ संख्या आठ और वार्षिक शुल्क तीन रुपये था। आगरा से हिन्दी मासिक *'वेदांत केसरी'* का प्रकाशन शंकरलाल कौशल्य के सम्पादकत्व में हुआ।

हिन्दी मासिक *'सुख मार्ग'* अलीगढ़ से प्रकाशित हुआ। श्यामलाल 'सुहद' सम्पादक-प्रकाशक थे। सन 1924 में बन्द हो गया। रामसहाय ब्रह्मभट्ट ने भिण्ड से हिन्दी मासिक *'श्रीकृष्ण ग्रंथमाला'* प्रकाशित की। गिरिजाशंकर और चन्द्रशेखर शुक्ल ने कानपुर से मासिक पत्रिका *'हिन्दी ला जर्नल'* का प्रकाशन सन 1922 में किया। सात वर्ष बाद गोपकिशोर टण्डन सम्पादक हुए। इन्द्रनारायण मिश्र के सम्पादकत्व में कन्नौज से मासिक *'हिन्दी पत्रिका'* निकली। पृष्ठ संख्या 24 और वार्षिक शुल्क एक रुपया था।

मौज

29 मार्च 1922 को सरस्वती मुद्रणालय, मुम्बई से मराठी साप्ताहिक 'मौज' का सम्पादन-प्रकाशन अनन्त हरि गर्दे ने किया। लोकरंजन के उद्‌देश्य से यह पत्रिका निकली। नाटक, सिनेमा, हास्य-विनोद की सामग्री प्रकाशित की जाती थी। दीपावली पर विशेषांक प्रकाशित करने की परम्परा सन 1924 में *'मौज'* ने शुरू की। सन 1924 में 'मौज' ने कांग्रेस विशेषांक निकाला। दो वर्ष की अवधि में 'मौज' की प्रसार संख्या सात हजार हो गई। मार्च-अप्रैल 1929 में पांडुरंग महादेव भागवत ने 'मौज' छापाखाना और 'मौज' साप्ताहिक खुली नीलामी में खरीद लिया। यद्यपि इसके बाद भी डेढ़ वर्ष तक गर्दे ही सम्पादक रहे। उनके पश्चात द.ग. सारोलकर और पांडोबा भागवत ने सम्पादन किया। 1938 में दत्तात्रय पुरुषोत्तम भागवत और 1943 में विष्णु पुरुषोत्तम भागवत सम्पादक हुए। उन्तालीसवें वर्ष का 18वाँ अंक प्रकाशित कर, 31 जुलाई 1960 को, 'मौज' का प्रकाशन बन्द हो गया। यद्यपि अनन्तराव गर्दे ने 13 दिसम्बर 1927 को *'नवी मौज'* का प्रकाशन-सम्पादन कर नये सिरे से कोशिश की थी, परन्तु एक साल भी नहीं चल पाया।

मराठी अर्द्ध साप्ताहिक *'सत्याग्रही'* 29 अप्रैल 1922 को मुम्बई से प्रकाशित हुआ। पत्र के प्रवर्तक जमनादास मेहता और सम्पादक वा.वि.दास्ताने थे। मराठी साप्ताहिक *'समर्थ'* सतारा से प्रकाशित हुआ। सितम्बर 1922 में बालकृष्ण जनार्दन मराठे ने नासिक से राष्ट्रीय पक्ष का समर्थक मराठी साप्ताहिक *'स्वातंत्र्य'* निकाला। सम्पादक जी.एच.देशपाण्डे को नौ माह की सजा हो गई थी। जनवरी 1924 में 'स्वातंत्र्य' का दैनिक संस्करण आरम्भ हुआ। सम्पादक विश्वनाथ राव केलकर थे। अकोला से सन 1922 में मराठी मासिक *'इंजीनियर'* प्रकाशित हुआ। एक अगस्त 1922 को ठाणे से मराठी साप्ताहिक *'राष्ट्र सेवक'* निकला। सम्पादक मोरेश्वर चिंतामण लेले थे। सचित्र गुजराती मासिक पत्रिका *'नवचेतन'* का प्रकाशन अहमदाबाद

से अप्रैल 1922 में हुआ। चापसी विट्ठलदास उदेशी सम्पादक थे। अप्रैल 1942 में प्रकाशन के बीस वर्ष पूरे होने पर पत्रिका का सुन्दर विशेषांक प्रकाशित हुआ था। गुजराती में जातीय मासिक पत्रिका *'पाटीदार'* आनन्द से प्रकाशित हुई। बंगला मासिक *'शिशु साथी'* कोलकाता से निकला। वृन्दावन धर और उनके बाद आशुतोष धर सम्पादक-प्रकाशक हुए।

अँगरेजी मासिक *'वेस्टर्न रेलवे मैगजीन'* सन 1922 में मुम्बई से निकली। *'जर्नल आफ इंडियन बोटेनिकल सोसायटी'* बेंगलूरु से प्रकाशित हुआ। वनस्पतियों पर शोधपरक जानकारी प्रकाशित की जाती थी। ए.सी.जोशी सम्पादक थे। अँगरेजी मासिक पत्रिका *'इण्डस्ट्रियल इण्डिया'* दिल्ली से निकली। एम.आर. विद्यार्थी ने गुजराती पत्र *'समाचार'* निकाला। मछलीपट्टणम् से तेलुगु मासिक पत्रिका *'शारदा'* का प्रकाशन भाषा के प्रचार-प्रसार के लिए किया गया था। सम्पादक के.श्रीराम शास्त्री थे। आर्थिक कठिनाई के चलते दो वर्ष बाद पत्रिका बन्द हो गई। तिरुवनन्तपुरम से *'जर्नल आफ इण्डियन हिस्ट्री'* का प्रकाशन सम्पादक मण्डल की देखरेख में हुआ। डा.डी.सी.सरकार, प्रो. डी.वी.पोतदार, प्रो.आर.सी.मजूमदार, डा. ताराचंद, ए.एन.तम्पी, पी.एन.कुंजन पिल्लै, वी.नारायण पिल्लै, प्रो. आशीर्वादीलाल श्रीवास्तव, डा. यूसुफ हुसैन खाँ, डा. पी.एम.जोशी सम्पादक मंडल में सम्मिलित थे। इतिहास के सभी पक्षों का समावेश इस शोध पत्रिका में था। बच्चों के लिए अँगरेजी मासिक पत्रिका *'ट्रेजर चेस्ट'* मैसूर के वेस्लेयन मिशन प्रेस से प्रकाशित हुई। शिक्षाप्रद कहानियाँ, ज्ञानवर्द्धक लेख, खेल, आविष्कार, इतिहास-कथाएं, पहेलियाँ प्रकाशित की जाती थीं।

देहरादून से मुकुन्दीलाल ने हिन्दी मासिक पत्र *'तरुण कुमाऊँ'* का सम्पादन-प्रकाशन सन 1922 में किया। लेख और सम्पादकीय टिप्पणियाँ पठनीय होते थे। पृष्ठ संख्या 48 और वार्षिक शुल्क तीन रुपये था।

राग-विराग भरा प्याला

1923

मातृभूमि

18 मार्च 1923 को कोषिक्कोड से मलयालम अर्द्ध साप्ताहिक *'मातृभूमि'* का प्रकाशन के.पी.केशव मेनन, के.केलप्पन और कुरुट नीलकंठन् नम्बूदरीपाद ने किया था। प्रधान सम्पादक के.पी.केशव मेनन थे। सत्याग्रह में भाग लेने के कारण के.पी.केशव मेनन के जेल चले जाने पर पी.रामुन्नि मेनन सम्पादक हुए। छह अप्रैल 1930 को 'मातृभूमि' दैनिक समाचारपत्र हुआ। सम्पादक कुन्हप्पा थे। सन 1936 में के.केलप्पन ने सम्पादक का दायित्व ग्रहण किया। पाठकों की रुचि और हितों का ध्यान रखने के कारण मातृभूमि की लोकप्रियता और प्रसार संख्या बढ़ी। सन 1932 में *'मातृभूमि इलस्ट्रेटेड वीकली'* नामक सचित्र साप्ताहिक का प्रकाशन आरंभ किया गया। साप्ताहिक में राजनीति, शिक्षा, संस्कृति पर लेख, यात्रा वृत्तांत, कहानियाँ, चित्र आदि का सुरुचिपूर्ण प्रकाशन किया गया। दैनिक 'मातृभूमि' ने पाठकों को राजनीतिक, सांस्कृतिक, वैज्ञानिक विषयों पर विचारपूर्ण सामग्री उपलब्ध कराई। निष्पक्ष समालोचना और स्वतंत्र-संतुलित विचारधारा के कारण पत्र की साख बनी। मोनोटाइप, टेलीप्रिंटर, टाइपराइटर, की-बोर्ड और रोटरी प्रिंटिंग मशीन का प्रयोग मलयालम पत्रकारिता में सबसे पहले 'मातृभूमि' ने किया।

'मातृभूमि' के विकास की ठोस बुनियाद रखने का काम के.पी.केशव मेनन और उनके सहयोगी सम्पादक पी.रामुन्नि मेनन ने किया, जिसे उनके उत्तराधिकारियों ने आगे बढ़ाया। केरल में राजनीतिक चेतना और महात्मा गाँधी के जन-आन्दोलनों के प्रसार में 'मातृभूमि' की महत्वपूर्ण भूमिका रही। प्रवासी मलयालम भाषियों के लिए 'मातृभूमि' ने साप्ताहिक रिव्यू निकाला।

समाचारपत्र के समाज से सीधे जुड़ाव के लिये 'मातृभूमि' ने एक बाल संगठन की स्थापना की, जिसके अन्तर्गत कार्यशालाओं, साहित्यिक गोष्ठियाँ, सामाजिक जागरण अभियान आदि गतिविधियों का संचालन किया जाता है।

മാതൃഭൂമി

കേരളത്തിലെ ഭക്ഷ്യപ്രശ്നം

मातृभूमि

'मातृभूमि' वर्तमान में कोषिक्कोड, कोच्चि, तिरुवनन्तपुरम, त्रिसुर, कन्नूर, कोट्टायम, मलप्पुरम् और कोल्लम से प्रकाशित हो रहा है। दैनिक 'मातृभूमि' के सम्पादक के.गोपालकृष्णन और मातृभूमि प्रकाशन गृह की पत्रिकाओं के सम्पादक के.के.श्रीधरन नायर हैं।

नवाकाल

मराठी दैनिक *'नवाकाल'* सात मार्च 1923 को मुम्बई से कृष्णाजी प्रभाकर खाडिलकर ने प्रकाशित किया। सन 1929 तक उन्हीं ने पत्र का सम्पादन किया। 28 अप्रैल 1930 को यशवन्त कृष्ण खाडिलकर सम्पादक हुए। 'नवाकाल' का वार्षिक शुल्क तीन रुपये छह आना और आकार 51 गुणित 39 से.मी. था। मार्च 1929 में सम्पादक खाडिलकर पर राजद्रोह का मुकदमा चला और एक वर्ष की सादी कैद तथा दो हजार रुपये जुर्माना हुआ। स्वतंत्रता आन्दोलन की खबरें और चित्र 'नवाकाल' में प्रमुखता से छापे जाते थे। सोमवार को 'नवाकाल' का अवकाश दिवस रहता था।

15 मई 1930 को मुम्बई में समाचारपत्र सम्पादकों की बैठक 'हिन्दू' के सम्पादक रंगस्वामी अय्यंगार की अध्यक्षता में हुई। प्रेस की आजादी को कुचलने वाले अध्यादेश के प्रतिकार के उपाय करने के लिए यह बैठक बुलाई गई थी, क्योंकि एक के बाद एक पत्र अध्यादेश का शिकार हो रहे थे। 'नवाकाल' के अनुसार बैठक में 'हिन्दुस्तान टाइम्स' के साहनी, 'रियासत' के सरदार दीवानसिंह, 'अर्जुन' के गिरधारीलाल, 'माडर्न रिव्यू' के रामानन्द चटर्जी, 'सर्वेण्ट आफ इंडिया' के कोदण्डराव, 'चित्रशाला' के वासुदेवशरण जोशी, 'केसरी' के आर. भट्ट तथा 'महाराष्ट्र' के गोपालराव ओगले ने भाग लिया था।

'नवाकाल' और 'स्वाधीन भारत' छापने वाले दत्तात्रय छापाखाने की 2500 रुपये की जमानत रद्द कर दस दिन के अन्दर नया घोषणापत्र दाखिल करने के लिए कहा गया। दत्तात्रय प्रेस खाडिलकर ने ही स्थापित किया था। 'नवाकाल' के सम्पादक मण्डल में गणपतराव पागे, राऊत, ताम्हणकर, के.रा.पुरोहित, गो.बा.महाशब्दे, भा.रा. धुरंधर प्रभृति अनुभवी पत्रकार सम्मिलित थे। सन 1924 में 'इंदुप्रकाश' के बन्द होने पर नरहरि रघुनाथ फाटक भी नवाकाल में आ गए। राजनीति के अलावा ग्रंथ आणि ग्रंथकार, क्रीड़ा, व्यायाम, खेती, व्यापार, उद्योग आदि स्तम्भ प्रकाशित होने लगे। क्रिकेट मैच का दैनन्दिन विवरण छापा जाता था। सन 1925 में दशहरा से 'नवाकाल' का साप्ताहिक परिशिष्ट प्रकाशित किया जाने लगा।

सन 1897 में 'विभूतिपूजा' शीर्षक जिस लेख के कारण 'केसरी' सम्पादक लोकमान्य तिलक को एक साल के कारावास की सजा हुई थी, वह कृष्णाजी प्रभाकर खाडिलकर ने लिखा था। बम सम्बन्धी जिन लेखों को लेकर तिलक को सन 1908 में सजा हुई थी, उन आठ लेखों में से पाँच खाडिलकर के लिखे थे- (1) दुहेटी इबारा (2) बाम्ब गोलमांचा खरा अर्थ (3) बाम्ब गोलमांचा रहस्य (4) हे उपाय टिकाऊ नाहीत तथा (5) स्फुट सूचना जो 'केसरी' के क्रमशः 19 मई, 26 मई, 2 जून, 9 जून और 1908 के अंकों में प्रकाशित हुए थे। सन 1968 में नीलकंठ यशवंत खाडिलकर ने नवाकाल का सम्पादन-प्रकाशन दायित्व ग्रहण किया। पत्र अभी भी प्रकाशित हो रहा है।

संदेश

'स्वराज्य' का प्रकाशन बन्द होने के बाद उसके सम्पादक नन्दलाल बोडीवाला ने सन 1923 में अहमदाबाद से गुजराती सांध्य दैनिक *'संदेश'* का सम्पादन-प्रकाशन आरम्भ किया। यह दो पृष्ठ का अखबार था, जिसकी एक प्रति का मूल्य एक पैसा था। बाद में पृष्ठ संख्या छह हो गई। 1937 में बोडीवाला ने 'अहमदाबाद समाचार' खरीद कर 'संदेश' में समाहित कर लिया। मुद्रण के लिए रोटरी मशीन खरीदी गई। सन 1943 में 'संदेश' प्रातःकालीन दैनिक पत्र के रूप में प्रकाशित होने लगा। संदेश लिमिटेड ने 11 मार्च 1943 से प्रकाशन का दायित्व सम्हाला। सन 1958 में चिमनभाई सोमाभाई पटेल ने 'संदेश' संस्थान का प्रबंधन दायित्व ग्रहण किया। सम्पादक कपिलराय एम.मेहता हुए।

'संदेश' गुजराती के सर्वाधिक प्रतिष्ठित, लोकप्रिय एवं प्रसारित समाचारपत्रों में से एक है। इसके समाचार और विचार दोनों पक्ष उच्च स्तरीय तथा पाठकों को पठन-संतुष्टि प्रदान करने वाले होते हैं। इसके विशेषांक चाव से पढ़े जाते हैं। 'संदेश' ने व्यावसायिक जगत में भी साख अर्जित की और विज्ञापनदाताओं की पसन्द बना है।

उत्कृष्ट मुद्रण के लिए 'संदेश' को वर्ष 1983 में राष्ट्रीय पुरस्कार प्राप्त हुआ। सन 1987 में अहमदाबाद प्रिंटिंग प्रेस एसोसिएशन ने अच्छे मुद्रण के लिए पुरस्कृत किया। सम्प्रति फागुनभाई चिमनभाई पटेल मुद्रक-प्रकाशक हैं। अमदाबाद, बडोदरा, सूरत, राजकोट एवं भावनगर से 'संदेश' के संस्करण प्रकाशित हो रहे हैं।

मिलाप

लाहौर से 13 अप्रैल 1923 को महात्मा हंसराज की प्रेरणा से उर्दू दैनिक *'मिलाप'* का प्रकाशन आरम्भ हुआ। लाला खुशहालचन्द 'खुरसंद' आद्य सम्पादक थे। आरम्भ में पृष्ठ संख्या चार थी जो बाद में बढ़ाकर 12 कर दी गई। वार्षिक शुल्क 18 रुपये था। 'मिलाप' के उद्देश्य का खुलासा करते हुए सम्पादक ने लिखा था- "स्वराज्य प्राप्त करने के लिए हिन्दुस्तान की सभी कौमों की एकता आवश्यक है। जब तक हिन्दू और मुसलमान एक नहीं होते तब तक आजादी मयस्सर नहीं हो सकती।" 'मिलाप' के प्रथम पृष्ठ पर कोई लेख और कविता, दूसरे पृष्ठ पर अग्रलेख, तीसरे पृष्ठ पर समाचार छपते थे। एसोसिएटेड प्रेस न्यूज सर्विस से खबरें ली जाती थीं। सेनफ्रांस्स्को से प्राप्त गदर पार्टी के समाचारादि प्रकाशित होते थे। 'मिलाप' ने पंडित सुन्दरलाल की पुस्तक 'भारत में अँगरेजी राज' के अंश प्रकाशित किए थे। इन कारणों से बार-बार 'मिलाप' कार्यालय की तलाशियाँ ली गईं।

सन 1930 में मिलाप के सम्पादक खुशहालचंद खुरसंद को राजद्रोह के आरोप में नौ महीने की कैद और दो सौ रुपये जुर्माने की सजा जिला मजिस्ट्रेट ने दी थी। हाईकोर्ट में अपील करने पर सजा घटाकर उतने दिन की कर दी गई, जितने दिन वे जेल में रह चुके थे।

'मिलाप' के होली अंक, दीपावली अंक, शहीद अंक तो चाव से पढ़े ही जाते थे, किन्तु 'पहाड़ अंक' को सबसे ज्यादा लोकप्रियता और सराहना मिली। इसमें देश भर के सभी पहाड़ों का जीवन्त चित्रण किया गया था।

11 सितम्बर 1929 को दैनिक *'हिन्दी मिलाप'* निकला। 'मिलाप' के हिन्दी संस्करण के सम्पादक लेखराम और उप संपादक शोभचन्द्र सुमन थे। 'मिलाप' के सम्पादकीय सहयोगियों में चौधरी गौरीशंकर, लाला नानकचंद, अमरचंद 'केस' जालंधरी, कमर जलालाबादी, रामानन्द सागर सम्मिलित थे।

देश-विभाजन के बाद इस पत्र का प्रकाशन जालंधर तथा दिल्ली से किया जाने लगा। 1949 में खुशहालचन्द 'खुरसंद' के संन्यास ग्रहण करने पर रणवीर ने सम्पादन-दायित्व सम्हाला। नब्बे के दशक में सम्पादक नवीन और प्रबंध सम्पादक पूनम शौरी हुए। स्वरूप भी बदला। समाचारों को ज्यादा महत्व दिया जाने लगा।

अर्जुन/वीर अर्जुन

दिल्ली से 14 अप्रैल 1923 को इन्द्र विद्यावाचस्पति ने दैनिक *'अर्जुन'* का

प्रकाशन आरम्भ किया। इसके पीछे स्वामी श्रद्धानन्द की प्रेरणा और आशीर्वाद था। इसका मुद्रण सद्धर्म प्रचारक प्रेस से होता था। देवराज स्नातक सहायक सम्पादक थे। 'अर्जुन' का ध्येय वाक्य था- "न दैन्यं, न पलायनम्।"

देखते ही देखते पत्रकारिता जगत में 'अर्जुन' की धाक जम गई। दिल्ली में यह भविष्य के हिन्दी पत्रकारों की नर्सरी भी बना। आर्थिक कठिनाइयों के कारण मई 1925 में 'अर्जुन' का दैनिक संस्करण बन्द कर साप्ताहिक संस्करण प्रकाशित किया जाने लगा।

'अर्जुन' के अग्रलेख गंभीर और ओजस्वी होते थे। लेख मौलिक रहते थे। पत्र पर आर्य समाज की वैचारिक छाप थी। सन 1927 में 'अर्जुन' के सम्पादक इन्द्र विद्यावाचस्पति और स्थानापन्न सम्पादक सत्यकाम विद्यालंकार रहे। विद्यालंकार पर तीन लेखों को लेकर धारा 153ए में मुकदमा चला। इन्द्रजी को साढ़े तीन साल की सख्त कैद और 1500 रुपये जुर्माना तथा सत्यकामजी को डेढ़ वर्ष की कैद और 750 रुपये जुर्माना की सजा सुनाई गई। 'मनोरमा' की प्रतिक्रिया थी-"आखिर अर्जुन के सम्पादक या सहकारी कोई खूनी या हत्यारे तो थे नहीं और ऐसे जुर्मों में साधारणत: अपील के आखिरी फैसलों तक बराबर जमानत मिला करती है। परन्तु इस मुकदमे में सजा भी असाधारण देखने में आई है और जमानत की अस्वीकृति भी एक असाधारण ही बात है।"[1]

'अर्जुन' सांध्यकालीन दैनिक पत्र था। इसमें 'आज' के समान विषयानुसार समाचार देने का स्थान नियत रहता था। खबरें महत्व के क्रम से लगाई जाती थीं। शीर्षक बोलते हुए रहते थे। 'अर्जुन' का रियासत अंक अनूठा निकला था। 'वीणा की झंकार' और 'गाण्डीव का तीर' पत्र के लोकप्रिय स्तम्भ थे। सन 1935 में 'अर्जुन' से 6000 रुपये की जमानत माँगी गई। उसी के बाद पत्र का नाम बदलकर 'वीर अर्जुन' कर दिया गया। कालान्तर में 'वीर अर्जुन' दैनिक पत्र हुआ। सन 1953 में पत्र का स्वामित्व बदला। अन्य समाचारपत्रों की तुलना में इसने अपनी अलग पहचान बनाई। सम्पादक के.नरेन्द्र की सम्पादकीय टिप्पणियाँ और अग्रलेखों ने विशिष्ट पाठकवर्ग बनाया। 'वीर अर्जुन' का प्रकाशन जारी है।

फारवर्ड

देशबन्धु चित्तरंजन दास ने सन 1923 में अँगरेजी दैनिक *'फारवर्ड'* का सम्पादन-प्रकाशन किया। धारा-सभाओं में जाकर विधान में भारत के हित में संशोधन-परिवर्तन करने के ध्येय से स्वराज्य पार्टी का गठन किया गया था। चुनाव में भागीदारी के लिए जनमत जागरण जरूरी था और इसी उद्देश्य से 'फारवर्ड'

1. मनोरमा, 1927, पृष्ठ 1215

निकाला गया था। 'फारवर्ड' के लिए रायटर और एसोसिएटेड प्रेस सर्विस की समाचार सेवाएं ली गई थीं। खेल की खबरें, ताजा बाजार भाव, मौलिक लेख तथा प्रसिद्ध पत्रों से उद्धृत करते हुए अन्य रुचिकर ज्ञानवर्धक सामग्री का प्रकाशन किया जाता था। 'फारवर्ड' के साथ-साथ बंगला साप्ताहिक 'आत्मशक्ति' और बंगला दैनिक 'बांगलार कथा' का भी उन्होंने प्रकाशन किया।

वेलूर रेल दुर्घटना का विस्तृत ब्योरा छापने के कारण 'फारवर्ड' पर पूर्व भारतीय रेल ने बदनाम करने का (मानहानि) मुकदमा चला दिया। कोलकाता हाईकोर्ट ने 'फारवर्ड' के खिलाफ डेढ़ लाख रुपये की डिक्री जारी कर दी। इस पर 'भारतमित्र' के सम्पादक ने टिप्पणी लिखी- "स्थानीय पत्र 'फारवर्ड' की नीति के हम विरोधी रहे हैं, पर इस मतभेद के कारण हम उस पर आयी हुई विपत्ति पर हर्ष नहीं प्रकट कर सकते। कलकत्ता हाईकोर्ट में फारवर्ड पर वेलूर दुर्घटना को लेकर डेढ़ लाख रुपये की जो डिक्री हुई है वह पत्र के अपराध के मुकाबले में बहुत बड़ी रकम है। उक्त पत्र के सम्पादक एवं मुद्रक को इसी घटना के बारे में सजाएँ दी जा चुकी हैं.... ।[1]

इस प्रकरण में चीफ प्रेसीडेन्सी मजिस्ट्रेट ने 'फारवर्ड' के सम्पादक सत्यरंजन बख्शी को तीन माह की सादी कैद और एक हजार रुपये जुर्माना तथा मुद्रक पुलिन बिहारी धर को एक हजार रुपये जुर्माना की सजा धारा 153ए में एक अक्टूबर 1928 को सुनाई थी।

सन 1929 में 'फारवर्ड' का प्रकाशन बन्द हो गया। कुछ दिनों के अन्तराल से 'लिबर्टी' नाम से निकाला जाने लगा। बंगला पत्र भी 'बंगवासी' और 'नवशक्ति' नाम से निकाले गए। परन्तु प्रकाशन नियमित नहीं रह पाया। अन्ततः 1933 में 'फारवर्ड' सहित तीनों अखबार बन्द हो गए।

दैनिक प्रकाश

मध्यप्रदेश में दैनिक समाचारपत्र के युग की शुरुआत 11 जून 1923 से होती है, जब मास्टर बलदेव प्रसाद ने *'दैनिक प्रकाश'* निकाला। इसका मुद्रण भगवान प्रिंटिंग प्रेस सागर से होता था। शीर्षक के नीचे एक तरफ प्रकाशक प्रेमनारायण शर्मा मुद्रित रहता था। शीर्षक के ठीक नीचे मध्यप्रांत का पहला सस्ता दैनिक पत्र छापा जाता था। प्रकाश का वार्षिक शुल्क सवा पाँच रुपये शहर वालों के लिए तथा बाहर वालों के लिए नौ रुपये था।

'दैनिक प्रकाश' ने कुछ नियम निर्धारित कर रखे थे- "प्रकाश में छपने के लिए जो लेख भेजे जावें उनमें लेखक का नाम अवश्य रहना चाहिए। अगर लेखक

---

1. भारतमित्र, 28 अप्रैल 1929, पृष्ठ 3

चाहेंगे तो उनका नाम न छपेगा। पर संपादक के पास नाम का रहना बहुत जरूरी है। अक्षर साफ-साफ शुद्ध दूर-दूर पंक्तियों में आना चाहिए। लेख कागज के एक ओर ही लिखे जावें। लेख आदि संपादक के नाम आना चाहिए। लेखों का छापना या न छापना कमी वेशी करना संपादक के हाथ में होगा। बैरंग पत्र न लिया जावेगा।"

13 जून 1923 को 'दैनिक प्रकाश' में 'गाय की कुर्बानी' शीर्षक से समाचार था- 'बम्बई 9 जून समाचार मिला है कि डाक्टर अंसारी और श्रीमती सरोजनी नायडू हिन्दुस्तान के तमाम अखबार-नबीसों की सभा करने वाले हैं, यह सभा 26 तारीख को इलाहाबाद में होगी और इसमें आने वाले ईद पर गाय की कुर्बानी रोकने पर प्रेस वाले कितनी मदद कर सकते हैं, इस पर विचार होगा। दैनिक 'प्रकाश' में दूर-दराज के समाचार तथा देश में घटित प्रत्येक छोटी-बड़ी घटना की खबरें पढ़ने को मिलती हैं।

23 जून 1923 के अंक में श्रीमती सावित्रीबाई हर्डीकर का पत्र प्रकाशित किया गया, जिसमें उन्होंने नागपुर सत्याग्रह में शामिल होने की अनुमति माँगी और अनुमति नहीं देने पर कांग्रेस अध्यक्ष के खिलाफ ही धरना देने की घोषणा की थी। यह पत्र सत्याग्रह आन्दोलन में स्त्रियों के भाग लेने के संकल्प का एक प्रमाण है।

दैनिक 'प्रकाश' में अन्य समाचारपत्रों से भी समाचार लेने की परम्परा थी। 10 जुलाई 1923 के अंक की एक खबर थी- 'नेशन' लाहौर लिखता है कि नरसिंहपुर के डिप्टी कमिश्नर मि.जे.जी.बोर्न साहिब ने अपने दस्तखत करके एक पर्चा 'महाराजा पंचम जार्ज की जय' नाम का तमाम शहर में बटवाया है। परचे में असहयोगियों को खूब कोसा गया है। लिखा है कि करीब 25 तीस बेवकूफ नरसिंहपुर से भी नागपूर गये हैं। अब सरकार बहादुर के हुक्म के मुताबिक 143, 117, 188, 120 बी ताजीरात हिन्द के माफिक गिरफ्तारियाँ की जावेंगी। जो आदमी नागपूर जायेगा या जाने की सलाह देगा वह नरसिंहपूर में इकदम गिरफतार कर लिया जावेगा। इसी तरह की बहुत सी गीदड़ भपकियाँ बोर्न साहिब ने देकर सरकार के राज्य में स्वर्ग सुख दिखाने की भविष्यवाणी की है।

दैनिक 'प्रकाश' ने अपने आपको स्वतंत्रता के उद्देश्य से जोड़कर मानो स्वयं सरकार को एक चुनौती दे रखी थी। इसकी खबरों में भारतीय राष्ट्रीय कांग्रेस के आन्दोलन की ललकार गूँजती थी। 17 जुलाई 1923 के अंक में प्रथम पृष्ठ पर ही खबर है-

18 तारीख को झंडा दिवस मनाओ।
जुलूस निकालने की तैयारी करो॥

नागपुर में आल इंडिया कांग्रेस कमेटी ने प्रस्ताव पास कर दिया है कि कल 18 तारीख को महात्मा गांधी के जेल जाने के दिन झंडों का जुलूस निकालकर

दैनिक

प्रकाश

देश दशा दर्शन देता यह, मनोभाव नित करे विकास।
राष्ट्र प्रेम स्वातंत्र भाव हित, पढ़िये दैनिक पत्र प्रकाश॥

हमारे गवर्नर साहिब गिरफ्तार होगये!

हमारे गवर्नर साहिब गिरफ्तार हो गये

कौंसिल बायकाट

प्रकाश

मनाया जावे, प्रांतीय और जिला कमेटियाँ जुलूस की तैयारी करें। अगर सरकार अट्ठारह तारीख के जुलूस की मनाही करे तो वहाँ सत्याग्रह किया जावे। यह याद रखा जावे कि अहिंसा का ख्याल रहे। मध्यप्रांतवासियों! तैयार हो जाओ। राष्ट्रीय महासभा का जुलूस निकल चुका है। विश्वव्यापी सत्याग्रह का मौका मिला है। कुल झंडामय प्रांत बना दो।"

27 जुलाई 1923 के अंक में वीर सावरकर को दी गई कालेपानी की सजा के विरुद्ध दैनिक 'प्रकाश' में अग्रलेख प्रकाशित किया गया। 'प्रकाश' आजादी की अलख ही नहीं जगाता था, खुद भी जंगे आजादी में शरीक था। झण्डा सत्याग्रह के लिए 'प्रकाश' के सम्पादक मास्टर बलदेव प्रसाद ने रवाना होते समय 28 जुलाई 1923 के अंक में लिखा-

"नागपुर की रवानगी"

"प्रकाश की प्रांत वालों को सुपुर्दगी"

'प्रकाश' मध्यप्रदेश में दैनिक पत्र की कमी के कारण प्रकाशित किया गया है। पत्र का सम्पादन अब तक मैं अपनी तुच्छ बुद्धि के अनुसार करता रहा। आज नागपूर से प्रिय खांडेकर जी का पत्र आया है कि सत्याग्रह संग्राम दिन पर दिन कठिन होता जा रहा है, अब स्टेशन पर ही स्वयं सेवक गिरफतार कर लिए जाते हैं। इसलिए प्रांतवार जत्थे नियमित तारीखों पर नागपूर स्टेशन पर गिरफतार होने के लिए आना चाहिए। परसों 21 जुलाई मध्यप्रांत के सागर जिले के 15 स्वयंसेवकों के नागपूर स्टेशन पहुँचने का दिन मुकर्रर कर दिया गया है। अब देश की पुकार सामने है। मैं 'प्रकाश' ज़ो सिर्फ एक माह का मासूम बच्चा है, आपकी गोद में छोड़

नागपुर जाता हूँ चाहें तो आप इसे जिन्दा रख सकते हैं और प्रांत को प्रकाशवान कर सकते हैं। मेरी एक प्रार्थना है कि मुझे भूल जाना मगर मेरे प्रकाश को न भूलना।

वन्दे मातरम्

आपका सेवक

बल्देव प्रसाद मास्टर"

28 जुलाई से ही 'प्रकाश' की प्रिंट लाइन में प्रकाशक श्रीयुत बलदेव प्रसाद मास्टर के स्थान पर श्रीयुत प्रेमनारायण शर्मा लिखा जाने लगा।

दैनिक 'प्रकाश' में जानकारी परक समाचार भी रहते थे। हवाई जहाज का समाचार कुछ इस तरह छपा था- "हवाई मोटर साईकिलः डी.हेलीलैण्ड कंपनी हवाई मोटर साईकिल तैयार कर रही है, जिसमें 7 हार्स पावर का मोटर साईकिल एंजिन लगाया जाएगा ये 20 फुट लम्बी और 6 फुट चौड़ी रहा करेगी, इस मशीन के जरिये हर व्यक्ति वायु मंडल में सैर कर सकेगा, और उसकी कीमत लगभग 200 पौण्ड याने 3000 रुपये होगी।"

मानहानि का मुकदमा, सरकारी दमन और अन्य कठिनाइयों के कारण 20 अक्टूबर 1923 को 'प्रकाश' का प्रकाशन स्थगित करने की घोषणा सम्पादक ने की थी। लेकिन फिर यह पत्र कभी प्रकाशित नहीं हो सका।"[1]

मतवाला

हिन्दी में व्यंग्योक्तियों और विनोदी शैली के कारण पृथक पहचान बनाने वाले लोकप्रिय साप्ताहिक *'मतवाला'* का प्रकाशन 23 अगस्त 1923 को कोलकाता से महादेव प्रसाद सेठ ने किया। पत्र के शीर्ष पर नटराज के चित्र के नीचे 'मतवाला' शीर्षक रहता था। फिर ये काव्य पंक्तियाँ प्रकाशित की जाती थीं-

"अमित गरल शशि सीकर-रविकर, राग-विराग भरा प्याला।
पीते हैं जो साधक उनका प्यारा है यह मतवाला।"

'मतवाला' के जन्म की कथा आचार्य शिवपूजन सहाय के शब्दों में- "ता. 20 अगस्त 1923 ई. को बात पक्की हुई। ता. 21 सोमवार को मुंशीजी (नवजादिक लाल श्रीवास्तव) ने ही पत्र का नामकरण किया- 'मतवाला'। नाम को सभी ने पसन्द किया। विचार होने लगा- कौन क्या लिखेगा- निरालाजी ने कविता और समालोचना का भार लिया। मुंशीजी ने व्यंग्य-विनोद लिखना स्वीकार किया। मैं चुप था। मुझमें आत्मविश्वास ही नहीं था- डरते-डरते मैंने कहा- मैं भी यथाशक्ति चेष्टा करूँगा। सेठजी ने कहा-आप (लीडर) लिखियेगा, प्रूफ देखियेगा जो कुछ घटेगा सो भरियेगा। मुंशीजी और सेठजी तैयारी में लग गये। स्तम्भों के शीर्षक चुने

1. सप्रे संग्रहालय भोपाल में उपलब्ध फाइल के अनुसार 11 जून से 20 अक्टूबर 1923 तक कुल 131 दिन की कालावधि में 'प्रकाश' के 105 अंक निकले।

गये। डिजाइन, ब्लाक, कागज, धड़ाधड़ प्रेस में आने लगे। चारु बाबू चित्रकार ने मुखपृष्ठ के लिये नटराज का चित्र बनाया। देखकर सबकी तबीयत भड़क उठी। निरालाजी ने कविता तैयार कर ली- समालोचना भी लिख डाली। मुंशीजी भी रोज कुछ लिखते जाते थे। मैं हतबुद्धि-सा हो गया। कुछ मैटर प्रेस में जा चुका था। उसका प्रूफ भी मैं देख चुका था। अब उत्साह बढ़ने पर मैंने भी कुछ बहक और चलती चक्की लिखी। श्रावणी सम्वत् 1980 (23 अगस्त 1923 ई. को) 'मतवाला' का पहला अंक निकल गया। था तो साप्ताहिक, मगर मासिक पत्र की तरह शुद्ध और स्वच्छ निकला।"[1]

'मतवाला' पर सम्पादक के रूप में नाम तो महादेव प्रसाद सेठ का जाता था, परन्तु यह सम्पादक-समूह का पत्र था, जिसे 'मतवाला मंडल' कहा जाता था। सूर्यकान्त त्रिपाठी 'निराला', शिवपूजन सहाय, नवजादिक लाल श्रीवास्तव, पांडेय बेचन शर्मा 'उग्र' और स्वयं महादेवप्रसाद सेठ मतवाला मंडल के स्तम्भ थे। पत्र का मुद्रण बालकृष्ण प्रेस, 23 शंकर घोष लेन, कोलकाता से होता था।

'मतवाला' में मूल्य के स्थान पर 'प्रति प्याला दो पैसा नगद और वार्षिक बोतल दो रुपया पेशगी' लिखा रहता था। मतवाला की शैली का एक नमूना ग्राहकों के लिए प्रकाशित सूचना से प्रगट होता है।

"मेरा पिनलकोड

प्रति शनिवार को शनैच्चर की तलाश में मैं बाहर निकला करूँगा और दो पैसा नगद नारायण लेकर अस्थायी भक्तों को दर्शन दिया करूँगा। जो लोग दो रुपया सालाना सलामी मेरे पण्डे के पास पेशगी जमा कर देंगे उनके घर ठीक समय पर, बिना रोक-टोक, सीधे पहुँच जाऊँगा। वी.पी.से बुलाने पर मैं किसी के पास नहीं जाता। दो रुपये में समस्त भारत की और चार रुपये में विदेशों की यात्रा करता हूँ।"

12 पृष्ठ के मतवाला के दूसरे पृष्ठ पर सम्पादकीय दिया जाता था। सम्पादकीय स्तम्भ में ऊपर 'मतवाला' शीर्षक और उसके नीचे अकबर इलाहाबादी का मशहूर शेर लिखा रहता था-

"खींचो न कमानों को न तलवार निकालो।
जब तोप मुकाबिल है तो अखबार निकालो॥"

सम्पादकीय पूरे पृष्ठ का होता था। पत्र का आकार 32 गुणित 20 से.मी. था। तीसरे पृष्ठ पर छोटी-छोटी खबरें 'मतवाले की बहक' शीर्षक के अन्तर्गत छापी जाती थीं। इन खबरों की प्रस्तुति सम्पादक की चुटीली टीका के साथ की जाती थी। (चंद नमूने प्रस्तुत हैं।) स्तम्भ की शुरूआत इस शेर के साथ होती थी-

1. शिवपूजन सहाय रचनावली, चौथा खण्ड, पृष्ठ 3, यह संस्मरण 'हंस' काशी के 'आत्मकथांक', जनवरी-फरवरी 1932 में प्रकाशित हुआ था।

"इन्तहाये नशा में आता है होश।

होशियारी इन्तहाये नशा है ।।"

"संयुक्त प्रान्तीय लिबरल फेडरेशन के सभापति ने स्वराज दल वालों को खूब कोसा है। क्या करते बेचारे प्रियतम की प्यारी बनने के लिए सौत की निंदा किये बिना काम भी तो नहीं चलता।"

"आजकल इंग्लैंड में मजूरदल का राज्य है, इसलिए भारत के मजूरों पर गोलियाँ जरूर चलनी चाहिए। मजूर दल के शासनकाल में स्वराज का सुख-स्वप्न देखने वालों को बगलें बजाकर नाचना आरंभ कर देना चाहिए।"

"कानपुर काटन मिल के हत्याकांड की जाँच जारी है। देश के लीडर लोग जाँच कर रहे हैं। जाँच खतम होकर अखबारों में रिपोर्ट छपी नहीं, कि कानपुर का उद्धार हुआ! आहा, हमारे लीडर बड़े लायक हैं।"

1 मई 1924 से 'मतवाला' के एक अंक का मूल्य एक आना और वार्षिक शुल्क दस रुपये तथा विदेशों में दस शिलिंग कर दिया गया।

मतवाला में कविता, कहानी, जीवन चरित्र, समाचार प्रकाशित किए जाते थे। चलती चक्की शीर्षक के अन्तर्गत समाचारों पर चुटीली टिप्पणियाँ की जाती थीं। 'मतवाला' की सम्पादकीय टिप्पणी का भी अलग अन्दाज होता था।

"होगी न कद्र जान की कुरबां किए बगैर![1]

देर नहीं लगती और गोली चल जाती है, ताजा घाव पुरने नहीं पाता, नया जख्म तैयार हो जाता है, आठ आठ आँसू रोकर दम भी नहीं ले पाते, खून के आँसू टपकाने की नौबत आ जाती है। हृदय पर हाथ रखकर पूछने वाला कोई नहीं- सहानुभूति के चार शब्द सुनाने वाला कोई नहीं! श्मशान यात्रियों की तरह सभी मौन हैं, एक-दूसरे का मुँह ताकते और सहन कर जाते हैं! भारत! जानते हो यह सब क्यों हो रहा है ? क्या कहा ? समय का फेर ? पराधीनता ?

"समय का फेर और पराधीनता" ये दोनों शब्द तो आज हजार वर्षों से तुम्हारे कोने-कोने में आह के साथ गूँज रहे हैं। आज हजार वर्षों से यही एक सूत्र अब-तक साधने को पड़ा हुआ है। धर्म में 'समय का फेर और पराधीनता', समाज में 'समय का फेर और पराधीनता' राज्य व्यवस्था में 'समय का फेर और पराधीनता', शिक्षा-उदारता में समय का फेर और पराधीनता। कहाँ तक गिनायें, ऐसा है कौन सा विषय जिसके लिए तुम्हारी 'समय का फेर और पराधीनता', की रट न हो ? तुम्हारे प्रथम युग में, ब्राह्मणों की तूती बोलती थी, तब मंत्र-हाँ हाँ, एक शब्द अथत्व अज्ञात अर्थ। सुन लेने के कारण तुम्हारे दयनीय दीन बच्चों के कानों में सीसा गलाकर छोड़

1. मतवाला, 3, मई 1924

मतलब ढीली हो गई!

मेरा पिनल कोड!

प्रति शनिवारको शाम-भरकी बजारोंमें मैं बाहर निकला करूँगा और दो पैसा नगद नारायण लेकर भावी भक्तोंको दर्शन दिया करूँगा। जो लोग दो रुपया सालाना सलामी मेरे पण्डेके पास पेशगी जमा कर देंगे उनके घर ठीक समयपर, बिना रोक-टोक, सीधे पहुँच जाऊँगा। वी० पी० से बुलाने पर मैं किसीके पास नहीं जाता। दो रुपयेमें समस्त भारतकी और चार रुपयेमें विदेशोंकी यात्रा करता हूँ।

मतवाला

विज्ञापनका दर।

जो सज्जन एक वर्षके लिये विज्ञापन छपवाना चाहेंगे उनसे छपाई प्रति इञ्च प्रति सप्ताह आठ आनेके हिसाब से ली जायगी। छः महीनेके लिये उक्त दरकी ड्योढ़ी, तीन महीनेके लिये दूनी और एक महीनेके लिये तिगुनी ली जायगी। विज्ञापन की छपाई हरहालतमें पेशगी ली जायगी। विज्ञापन देखकर ही छापनेकी स्वीकृति दी जायगी। क्रोड़-पत्र बँटवाना हो तो पत्र-व्यवहार कीजिये।

मैनेजर—'मतवाला',
२३ शङ्करघोष लेन, कलकत्ता

"अमिय-गरल, शशिशीकर-रविकर, राग-विराग भरा प्याला
पीते हैं जो साधक उनका प्यारा है यह 'मतवाला'॥"

(प्रति प्याला दो पैसा नगद) (वार्षिक मोमल दो रुपया पेशगी)

वर्ष १] कलकत्ता, चैत्रशुक्ल १ सं० १९८१, शनिवार। [संख्या ३२

प्रगल्भ-प्रेम।

(लेखक—श्रीनिराला)

आज नहीं है मुझे और कुछ चाह,
अर्द्ध-विकच इस हृदय-कमलमें आ तू
प्रिये! छोड़कर बन्धनमय छन्दोंकी छोटी राह।
गजगामिनि! वह पथ तेरा संकीर्ण, कंटकाकीर्ण,
कैसे होगी उससे पार?
काँटोंमें अंचलके तेरे तार निकल जायँगे
और उलझ जायेगा तेरा हार
जिसको अभी अभी पहनाया
किन्तु नज़र भर देख न पाया कैसा सुन्दर आया।
जीवनकी तू मेरी प्रिये साधना,
दग्ध हृदयकी तू सुकुमार कल्पना;
कुञ्ज-कुटीर-द्वारमें मेरे आ तू,
धीरे धीरे कोमल चरण बढ़ाकर,
संध्याकी किरणोंकी सुरा पिला तू
प्याला कनककरोंका रख अधरों पर।
नस-नसमें वह चले एक अद्भुत लावण्य-प्रवाह,
सुप्त चेतनामें हो लुप्त प्रिये! वह पहली चाह।

केवल अन्तस्तलमें मेरे धारा एक बहेगी
सुखकी स्मृतिकी अनुपम,
प्रिये! बगलमें बैठी क्या सोचेगी? क्या न कहेगी
अस्फुट बातें तू अपने मन ही मन?
एक लहर उठ मेरी स्मृतिमें मधुर कराघातोंसे
देगी खोल हृदयका तेरा चिर-परिचित वह द्वार,
कोमल चरण बढ़ा अपने सिंहासन पर बैठेगी,
फिर मुग्ध हृदयकी वीणाके वे उतरे ढीले तार
चंपक-कली अंगुलियोंसे कर सज्जित,
प्रिये! बजायेगी, होंगी सुर-ललनायें भी लज्जित।
इमन रागिनी की वह तान-तरंग
मीठी थपकी मार करेगी मेरा निद्रा-भङ्ग।
जागूँगा जब सममें समा जायगी तेरी तान,
व्याकुल होंगे प्राण,
सुप्त स्वरोंके छाये सन्नाटेमें
गूँजेगा वह भाव,
मौन छोड़ता हुआ हृदयमें विरह-व्यथित प्रभाव,—
जीवनकी क्या जाने थी वह कैसी आशा नहीं मिटी जो?
बन्द हो गई है जो ध्वनि क्या जाने कैसी थी वह?

मतवाला

दिया जाता था, अगर कभी शब्दों पर जीभ डुल गई तो उसी वक्त काट ली जाती थी। निकाल ली जाती थी। द्वितीय युग में, जब क्षत्रियों की शमशीर थी तिस पर सहायक था ब्राह्मणों का मस्तिष्क, तब भी तुम्हारे 'समय का फेर और पराधीनता' की दवा नहीं हो सकी। कौरव-पाण्डव कटे, यदुवंशी कटे, बौद्ध कटे और आपस की मारकाट में कट गये युग और कितने ही युगान्तर। इस मारकाट का अन्त देखते हुए आये मुसलमान जिनके आने पर कितनी ही चोटियां कट गई और कट गये कितने ही चुटिया समेत। काटते हुए उनके हाथ जब कुछ थक गये तब आये अँगरेज। इनके आने पर कटना कुछ बन्द हुआ, बेधना शुरू हुआ। बजबज में,- पंजाब में,- रायबरेली में,- और किस जगह नहीं? अभी हाल में कानपुर में बेधने की कोई त्रुटि नहीं दिखलाई गई। तुमने कह दिया- 'समय का फेर और पराधीनता।' बस सर पर हाथ रखकर बैठ गये।

'समय का फेर और पराधीनता' की आवाज ने जब से गूँज-गूँजकर, संसार के वायुमण्डल में श्मशान की सी भीति जगाने वाली शंका का तीव्र कम्पन भर दिया है तबसे आज तक वह ज्यों का त्यों ही बना हुआ है, कोई घटना हुई नहीं कि शंका का वही कम्पन द्रुत हो जाता है। कलेजे को दहलाने वाली वह पिशाच मूर्ति आँखों के सामने नाचने लगती है। लोग फिर त्रस्त भाव से चीख उठते हैं- 'समय का फेर और पराधीनता'

दूसरी ओर हिन्दू-धर्म हिन्दू-समाज हिन्दू-संन्यासी हिन्दू-पण्डे हिन्दू-कुलगुरु हिन्दू-स्त्रियाँ हिन्दू-विधवाएँ हिन्दू-शूद्र और सबसे पहले हिन्दू नाम के

कातर कण्ठ में वही एक शब्द- 'समय का फेर और पराधीनता।'

जबकि संसार में जीवित रहने के लिये सिद्धांत और जोर से पुकार कर कह रहा है कि एक का खून बढ़ता है, दूसरे का खून चूसने पर, अन्यथा जीना असम्भव है, तब चाहे आप विलायत में भिक्षा की झोली लटकाये हुये दर-दर की खाक छानें, चाहे अमेरिका का दरवाजा खटखटाएं, भीख-भीख ही भर मिलेगी। इतिहास देखिये, ब्राह्मणों से क्षत्रियों ने अधिकार छीना, वैश्यों ने ब्राह्मण-क्षत्रियों से। अब शक्तिमान शूद्रों में भी यही उठान देख पड़ता है। विदेश की क्रान्तियों में भी यही भाव है। अतः समस्त हिन्दू-धर्म और समस्त जातीय अधिकारों के लिए वही सिद्धांत आवश्यक है। जरूरत है शक्ति की, अपने शूद्रों- अपनी विधवाओं- अपने अधिकारों के लिए एक संगठित हिन्दू शक्ति की,- 'होगी न कद्र जान की कुरबां किये बगैर।"

हिन्दी जगत में 'मतवाला' का अच्छा स्वागत हुआ। साहित्यिक पत्रिका 'श्री शारदा' की सम्मति[1]- "कागज अच्छा, छपाई अच्छी है और जो कुछ इसमें छपता है वह भी हिन्दी संसार में अनूठी वस्तु है। अतएव प्याले सस्ते जान पड़ते हैं। पत्र क्या है, हँसी की पिटारी है। किन्तु इसकी हँसी ऐसी हँसी भी नहीं है कि मुँह पर आकर ही पिंड छोड़ दे। मन पर भी कुछ हाथ साफ करती है- वहाँ भी उथल-पुथल मचती है। कभी-कभी तो रुष्ट प्रेमी की तीक्ष्ण दृष्टि बनकर हृदयबेध करती है। और कभी ऐसी फबतियाँ कसती है कि बस। समझदार शिकार की मौत ही हो जाती है। मतवाला पीता तो आप है पर नशा बाँट देता है न जाने कितने आदमियों को। अब टेम्परेंस वालों को उछल-कूद मचाने की आवश्यकता नहीं। बे-पिये ही नशे का आनन्द मिल जावे तो किस पर भूत सवार है कि पीकर अपना स्वास्थ्य बिगाड़े। विदूषक लोग अंड-बंड बका करते हैं। यद्यपि उनकी सभी बातों में तथ्य रहता है, पर अन्त में कोई बड़ी भावपूर्ण और सुन्दर बात कह जाते हैं। किन्तु मतवाले महाशय 'विदूषक-विपर्य्यय' निकले। सबसे पहले आप एक भावपूर्ण कविता उगल देते हैं। (हमें हर्ष है कि मतवाले के पहले पृष्ठ की सभी कविताएँ हमने भावपूर्ण एवं सुन्दर पाईं) ठीक भी है। भाव सागर में गोते लगाते-लगाते मतवाला हो जाना कुछ आश्चर्यजनक नहीं।"

'मतवाला' की भाषा और शैली पर आक्षेप किए जाने लगे थे। उस पर अश्लील लेखन का आरोप भी लगा। 'भारत मित्र' में हुई ऐसी ही प्रतिक्रिया के जवाब में 29 मार्च 1924 के अंक में 'मतवाला' ने स्पष्टीकरण दिया- "मतवाला हिन्दी संसार को अपनी विनोदमयी रीति से प्रसन्न करने के लिये क्षेत्र में आया है

1. श्री शारदा, भाद्रप्रद संवत्, 1980 (सितम्बर 1923)

किसी से बैर-विरोध या झगड़ा करने के लिये नहीं। हाँ, हमारे कहने का ढंग निराला है। इसलिए यदि हम सीधी बात भी विनोद के साथ कहें तो यह हमारा नहीं, हमारे नाम का अपराध है।

फिरंगी हुकूमत से शासनाधिकार प्राप्त करने की अर्जियों और मिन्नतों को 'मतवाला' भीख माँगना करार देते हुए ऐसी कोशिशों पर तीखे प्रहार करता था। संपादकीय टिप्पणी का एक नमूना- "सर्राफ की नजर ने तुमको परख लिया है"[1]- भीख मांगते प्राय: आधी शताब्दी बीत गई परन्तु 'सनहक' खाली ही पड़ी रही। सूंघने एक टुकड़ा रोटी या चुटकी भर चावल तो क्या एक कण उच्छिष्ट भी उठाकर न फेंका। तथापि भिखमंगे हताश नहीं हुये मांगना नहीं छोड़ा। फेरी लगाने से बाज नहीं आये। सैंकड़ों बार 'माफ करो बाबा' सुना, धक्के खाये, दुरदुराये गये, गरदनिया देकर निकाले गये, परन्तु हाथ फैलाये ही रहे।"

'मतवाला' के सम्पादक महादेव प्रसाद सेठ का निधन होने पर 'विशाल भारत' ने मार्मिक टिप्पणी लिखी- "हमें यह जानकर दुख हुआ कि हिन्दी के विख्यात विनोदी पत्र 'मतवाला' के संचालक और सम्पादक श्रीयुत महादेव प्रसाद जी सेठ का गत 4 अप्रैल सन 1936 को, मिरजापुर में देहान्त हो गया। सेठजी हिन्दी के लेखक और कवि, भारतीय इतिहास के ज्ञाता और उर्दू के शायर थे। आज से दस-ग्यारह वर्ष पूर्व उन्होंने 'मतवाला' पत्र द्वारा हिन्दी में हास्य रस के पत्र की कमी को पूरा करने का सफल प्रयास किया था, और थोड़े ही दिनों में 'मतवाला' दस हजार तक छपने लगा था। अध्ययनशील साहित्यिक होने के अलावा महादेवप्रसाद जी राष्ट्रसेवक भी थे, और इस सेवा के पुरस्कार स्वरूप दो बार जेल यात्रा भी कर चुके थे। वे मिरजापुर कांग्रेस कमेटी के प्रधान तथा संयुक्त प्रांतीय कांग्रेस कमेटी के सदस्य भी थे। कलकत्ते से मिरजापुर चले जाने के बाद कांग्रेस की सेवा को ही उन्होंने अपने जीवन का प्रधान कार्य बना लिया था, और इसके लिये यथेष्ठ त्याग स्वीकार भी किया था। वे मिरजापुर के अन्यतम राजनीतिक कार्यकर्त्ता थे। अपने ओजस्वी भाषण तथा सेवा के द्वारा उन्होंने मिरजापुर की जनता में राजनीतिक जीवन का संचार किया था।

सेठजी का जन्म एक सम्पन्न परिवार में हुआ था, परन्तु देश तथा हिन्दी साहित्य की सेवा के लिये उन्होंने जानबूझकर दरिद्रता को अपनाया था। उनका जीवन आडम्बरहीन तथा सीधा सादा था। उनकी आकस्मिक मृत्यु से हिन्दी साहित्य और मिरजापुर के राजनीतिक आन्दोलन की विशेष क्षति हुई है।"

1936 में 'मतवाला' चन्द्र शर्मा के सम्पादन में लाहौर से प्रकाशित होने

---

1. विशाल भारत, मई 1936, पृष्ठ 628

लगा। सन 1948 में पांडेय बेचन शर्मा 'उग्र' ने 'मतवाला' का पुनः सम्पादन शुरू किया था किन्तु यह क्रम कुछ ही वर्ष चल सका। कुछ वर्षों बाद सेठ महादेव प्रसाद के पुत्र हरगोविन्द सेठ ने भी दो वर्ष तक 'मतवाला' का सम्पादन-प्रकाशन किया था।

वसंत

डा. शिवराम कारन्त ने सन 1923 में पुत्तूर से कन्नड मासिक पत्रिका *'वसंत'* का प्रकाशन किया। 40 से 54 तक पृष्ठ संख्या रहती थी। 'वसंत' का मुद्रण पहले उडुपी और फिर मंगलूरु से होने लगा। कारन्त के आरम्भिक उपन्यास 'निर्भय जन्म देवदूतरु' और 'सूलेयर संसार' का प्रकाशन पहले-पहले 'वसंत' में ही हुआ था। कन्नड भाषियों को उत्कृष्ट मासिक पत्रिका सुलभ कराने के उद्देश्य से डा. कारन्त ने नये-नये प्रयोग किए। मुद्रण, साज-सज्जा और चित्रण की दृष्टि से पत्रिका आकर्षक थी। विषय वस्तु और पाठ सामग्री के मान से इसे आज भी कन्नड की बेजोड़ पत्रिका माना जाता है। 'वसंत' ने अस्पृश्यता, नशाबन्दी, अहिंसा जैसे महात्मा गांधी के सुधारवादी उपक्रमों के पक्ष में लेखादि प्रकाशित किए। इस पत्रिका में स्तरहीन विज्ञापन नहीं छापे जाते थे।

सन 1929 में जब 'वसंत' के अवसान की नौबत आ गई, तब कारन्त की पीड़ा सम्पादकीय टिप्पणी में फूट पड़ी- "वसंत अपनी नीतियों पर चलता रहेगा। यदि जनता को नीति पसन्द नहीं है, तब पत्र बन्द हो जाएगा। किन्तु नीति विहीन जीवन से मृत्यु बेहतर है। अतएव, यदि कर्नाटक के लोग 'वसंत' जैसी पत्रिका की आवश्यकता महसूस करते हैं तब उन्हें इसकी जीवन-रक्षा के लिये सहायता का हाथ भी बढ़ाना होगा।"[1] किन्तु जन सहयोग नहीं मिला और 'वसंत' का प्रकाशन बन्द हो गया।

भारती

दिसम्बर 1923 में नागेश्वर राव ने तेलुगु मासिक पत्रिका *'भारती'* का सम्पादन-प्रकाशन किया। तेलुगु साहित्य और संस्कृति को समर्पित इस पत्रिका के अंक महत्वपूर्ण सन्दर्भ सामग्री से भरे पड़े हैं। मुख्य रूप से पत्रिका में साहित्य, कला, संस्कृति और इतिहास विषयों की उत्कृष्ट रचनाएँ प्रकाशित की जाती थीं। सन 1938 में एस.शंभुप्रसाद 'आंध्र पत्रिका' और 'भारती' का सम्पादन-प्रकाशन करने लगे। इस दौर में पत्रिका का कलेवर और निखरा। 'भारती' में सन 1940 में बच्चों के लिए 'बालआनंदम्' शीर्षक स्तम्भ आरम्भ हुआ।

येलुसुपति रामभद्राचार्यलु ने तनुकु से सन 1923 में तेलुगु पत्रिका *'सारस्वत*

1. वसन्त, जून 1929

सर्वस्वम्' का सम्पादन-प्रकाशन किया। इसके केवल 14 अंक प्रकाशित हुए जो साहित्यिक दृष्टि से धरोहर हैं। कौता श्रीराम शास्त्री ने रामानन्द चटर्जी के 'मार्डन रिव्यू' की पद्धति पर उत्कृष्ट तेलुगु साहित्यिक मासिक *'शारदा'* का प्रकाशन सन 1923 में किया। दो वर्ष बाद पत्रिका बन्द हो गई।

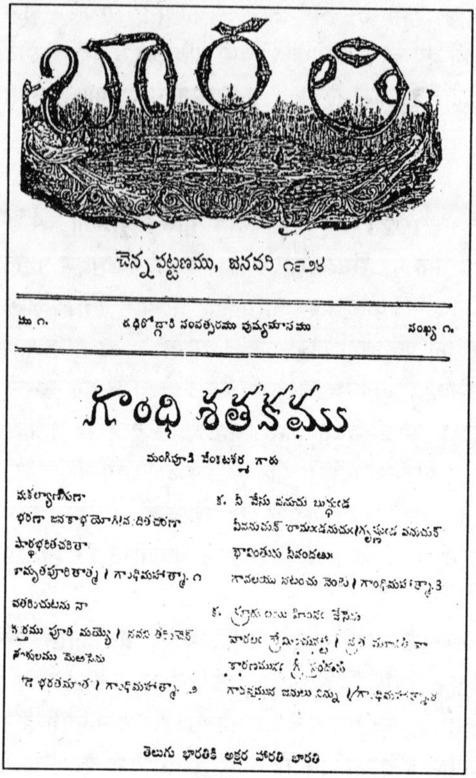

भारती

ईवनिंग न्यूज आफ इण्डिया

'टाइम्स आफ इण्डिया' ने सन 1923 में अँगरेजी सांध्य दैनिक *'ईवनिंग न्यूज आफ इण्डिया'* का प्रकाशन किया। मुम्बई की व्यस्त दिनचर्या में लोग सुकून से बैठकर शाम को अखबार पढ़ सकें, यह धारणा इस पत्र के पीछे थी। मुम्बई की दिन भर की ताजा खबरें, आसपास के इलाके के समाचार, बाजार भाव, नगर के कार्यक्रम देने वाला यह अखबार टेबलायड आकार में छपता था। रविवार को इसका प्रकाशन नहीं होता था। 'टाइम्स आफ इण्डिया' के सम्पादक ही 'ईवनिंग न्यूज आफ इण्डिया' के सम्पादक होते थे।

विश्व भारती

सन 1923 में कोलकाता से त्रैमासिक पत्रिका *'विश्व भारती'* का प्रकाशन रवीन्द्रनाथ टैगोर ने कराया। सुरेन्द्रनाथ ठाकुर सम्पादक थे। 25 गुणित 15 से.मी. आकार की 100 पृष्ठ की इस पत्रिका का वार्षिक शुल्क छह रुपये था। ज्ञान, दर्शन, अध्यात्म, साहित्य, समालोचना की इस पत्रिका को मूर्धन्य लेखकों का सहयोग प्राप्त था।

मासिक पत्रिका *'वेलफेयर'* का प्रकाशन सन 1923 में कोलकाता से हुआ। सम्पादक रामानन्द चटर्जी तथा प्रकाशक ए. चटर्जी थे। आकार 25 गुणित 15

से.मी., पृष्ठ संख्या 72 तथा वार्षिक शुल्क छह रुपये था। राष्ट्रजीवन के सभी पक्षों में कल्याण एवं बेहतरी की भावना से ओतप्रोत पत्र था। सागर से अँगरेजी साप्ताहिक *'उदय'* का प्रकाशन सन 1923 में हुआ। सम्पादक बी.एन.मुखर्जी थे। हर गुरुवार को प्रकाशित होता था। 35 गुणित 25 से.मी. आकार का पत्र था। मुम्बई से अँगरेजी मासिक *'एफिशेन्सी न्यूज'* और मदुरै से अँगरेजी मासिक पत्रिका *'हैल्थ'* सन 1923 में निकले। गुजराती मासिक *'संसार'* अहमदाबाद से सन 1923 में ईश्वर पाटणिकर के सम्पादकत्व में प्रकाशित हुआ। राष्ट्रीय विचारधारा का यह पत्र 20 गुणित 13 से.मी. आकार का था। दीर्घजीवी रहा।

रमणलाल नानालाल शाह ने सन 1923 में मुम्बई से गुजराती मासिक पत्रिका *'बाल जीवन'* का सम्पादन-प्रकाशन किया। बच्चों के लिए प्रकाशित की गई इस पत्रिका में ज्ञान और मनोरंजन की बोधगम्य सामग्री का प्रकाशन किया जाता था। वार्षिक शुल्क तीन रुपये था। प्रभुशंकर निरभय राय व्यास ने सन 1923 में सूरत से गुजराती साहित्यिक मासिक पत्रिका *'विश्व ज्योति'* निकाली।

संस्कृत पाक्षिक पत्र *'मित्रम्'* गोस्वामी भैरवगिरी के सम्पादकत्व में मुजफ्फरपुर से प्रकाशित हुआ। धार्मिक, सामाजिक और राजनीतिक विषयों का पत्र था। प्रकाशक नन्दकिशोर ओझा थे। संस्कृत पत्र *'गीर्वाण'* नागपुर से त्र्यम्बकेश्वर जागेश्वर जोशी के सम्पादन में सन 1923 में प्रकाशित हुआ। बंगला मासिक *'भारत वर्ष'* पी.मुकर्जी के सम्पादकत्व में और *'बंगलक्ष्मी'* शांतादेवी के सम्पादकत्व में सन 1923 में प्रकाशित हुए। पंजाबी भाषा की साहित्यिक मासिक पत्रिका *'प्रीतम'* दिल्ली से प्रकाशित हुई।

बलवंत

मराठी साप्ताहिक *'बलवंत'* रत्नागिरी से सन 1923 में दीपावली के दिन प्रकाशित हुआ। गजानन विश्वनाथ पटवर्धन पत्र के सम्पादक-प्रकाशक थे। मोरेश्वर दिनकर जोशी के 26 वर्षीय सम्पादन काल में साप्ताहिक 'बलवंत' ने पाठकों में प्रतिष्ठा और लोकप्रियता अर्जित की। लाहौर कांग्रेस में पूर्ण स्वतंत्रता का लक्ष्य घोषित करने तथा नमक सत्याग्रह और जंगल सत्याग्रह को देशव्यापी जन समर्थन से प्रेरित होकर 'बलवंत' भी राष्ट्रीय आन्दोलनों का समर्थन करने लगा। सन 1931 से 1947 तक मोरेश्वर दिनकर जोशी के सम्पादनकाल में 'बलवंत' ने फिरंगी हुकूमत के अत्याचारों का तीखा विरोध किया। 'बलवंत' से जमानत माँगी गई। जोशी सन 1952 से 1957 तक लोकसभा के सदस्य भी रहे। पत्र के स्वामी पटवर्धन ने जब सन 1953 में 'बलवंत' की नीति बदलनी चाही, तब जोशी ने इस्तीफा दे दिया और पटवर्धन सम्पादक हुए। सन 1957 में 'बलवंत' सप्ताह में दो बार निकलने लगा।

वर्धा से 16 जून 1923 को मराठी साप्ताहिक *'तरुण महाराष्ट्र'* का प्रकाशन हुआ। इसी वर्ष मराठी की सचित्र मासिक पत्रिका *'हिन्द कुमारी'* प्रकाशित हुई। इन्दुमति नाईक सम्पादक थीं। आठ दिसम्बर 1923 को पुणे से मराठी साप्ताहिक *'स्वदेश'* निकला। सम्पादक निम्बाकर थे। सातारा से मराठी साप्ताहिक *'भारतमाता'* का प्रकाशन हुआ। सातारा से ही एक और मासिक पत्रिका *'मकरंद'* निकली।

सन 1923 में जब विनोबा भावे नागपुर सेन्ट्रल जेल में थे, उनके द्वारा संचालित मासिक पत्रिका *'महाराष्ट्र धर्म'* का प्रकाशन बन्द हो गया। नासिक से कांग्रेस का समर्थक मराठी साप्ताहिक *'स्वतंत्र'* प्रकाशित हुआ। सचित्र मराठी साप्ताहिक *'महात्मा'* 15 मार्च 1923 को कर्हाड से निकला।

3 फरवरी 1923 को नरहरि रामचन्द्र जोशी ने मराठी साप्ताहिक *'सुदर्शन'* का सम्पादन–प्रकाशन किया। जिस छापाखाने में 'सुदर्शन' छपता था उससे तीन हजार रुपये की जमानत माँगी गई तब 'सुदर्शन' का प्रकाशन बन्द हो गया। जगन्नाथ रघुनाथ आजगांवकर और रामकृष्ण विट्ठल मतकरी ने 28 दिसम्बर 1928 को नये सिरे से सुदर्शन का प्रकाशन किया। शोलापुर से राव साहब एम.एस.कल्याण शेट्टी के सम्पादकत्व में *'सुदर्शन'* नामक एक मराठी साप्ताहिक और मराठी दैनिक निकला। औरंगाबाद से भी मराठी दैनिक *'सुदर्शन'* निकला। पुणे से मराठी मासिक *'सुदर्शन'* और खानदेश तथा अहमदनगर से भी एक मराठी दैनिक *'सुदर्शन'* निकला। हैदराबाद और मुम्बई से विश्वनाथ तुलजापुरकर ने मराठी दैनिक *'सुदर्शन'* का प्रकाशन किया, जिसका उद्देश्य कांग्रेस आन्दोलन के पक्ष में प्रचार करना था।

मडगाव (गोवा) से पुरुषोत्तम श्रीनिवास सुकेरकर ने मराठी साप्ताहिक *'हिन्दू'* का प्रकाशन किया। सम्पादक दत्तात्रय वेंकटेश थे। 'हिन्दू' ने सन 1924 में गोवा की स्वतंत्रता और गोवा के महाराष्ट्र में विलय की माँग उठाई थी। आठ वर्ष बाद 'हिन्दू' के सम्पादक पर राजद्रोह का मुकदमा चला और एक साल की सजा हो गई। अन्ततः सन 1932 में 'हिन्दू' का प्रकाशन बंद हो गया।

महिलाओं के लिए मराठी साप्ताहिक *'हिन्द महिला'* का प्रकाशन शंकर बलवंत लिमये ने किया। सम्पादक अवन्तिकाबाई गोखले थीं। सन 1923 में मराठी पत्र *'श्री शिव स्मारक'* निकला। सन 1923 में नागपुर से मराठी दैनिक *'स्वतंत्र'* प्रकाशित किया गया। इसका जीवनकाल एक वर्ष भी नहीं रहा। वामनराव जोशी ने अमरावती से एक अगस्त 1923 को मराठी साप्ताहिक *'स्वतंत्र हिन्दुस्तान'* निकाला। सात जून 1930 को जब सरकार ने अखबार पर रोक लगा दी तब इसका प्रकाशन बन्द हो गया। सन 1923 में जलगांव से सीताराम नाना चौधरी ने मराठी साप्ताहिक

'आत्मोद्धार' प्रकाशित किया।

जनवरी 1923 में ढाका से उर्दू मासिक पत्रिका *'जादू'* प्रकाशित हुई। सम्पादक ख्वाजा मोहम्मद आदिल थे। 48 पृष्ठ की इस पत्रिका के पहले तीन अंक लिथो पर और चौथे अंक से टाइप में प्रकाशित होने लगा। बंगाल की हित चिंता और उर्दू साहित्य को प्रकाश में लाना इसका उद्‌देश्य था। केवल बंगाल के लेखकों की रचनाएँ इसमें छापी जाती थीं।

मध्यभारत

सिद्धनाथ माधव आगरकर ने सन 1923 में खण्डवा से हिन्दी साप्ताहिक *'मध्यभारत'* का सम्पादन-प्रकाशन किया। यह राजनीति प्रधान समाचारपत्र था। फिरंगी हुकूमत के साथ-साथ रियासतों की गड़बड़ियों और ज्यादतियों के खिलाफ भी डटकर लिखता था। 10 फरवरी 1923 को होलकर रियासत में 'मध्यभारत' का प्रवेश, पढ़ना और पास में रखना प्रतिबंधित कर दिया गया। 'मध्यभारत' की पृष्ठ संख्या 8 और वार्षिक शुल्क साढ़े तीन रुपये था।

महिलाओं के लिए उर्दू मासिक पत्रिका *'हरीम'* नसीम अनहोनवी के सम्पादन में सन 1923 में लखनऊ से निकली। शौकतजहाँ बेगम गजाला और जानी बेगम रूदलवी सहकारी सम्पादक थीं। पृष्ठ संख्या 32 और आकार 25 गुणित 17 से.मी. था। कोलकाता से बेगम कतील अंसारी ने सितम्बर 1923 में उर्दू मासिक पत्रिका *'हूर'* निकाली। कानपुर से अजीज अहमद कादरी ने *'सहना शरीयत'* का प्रकाशन किया। समाचार प्रधान उर्दू साप्ताहिक *'सेवक'* मुजफ्फरनगर से निकला। लखनऊ से साप्ताहिक *'सरफराज'* का प्रकाशन आल इंडिया शिया कान्फ्रेंस ने किया। दिल्ली से साहित्यिक उर्दू मासिक *'सोज-व-साज'* का प्रकाशन कवि अमरोही के सम्पादकत्व में हुआ।

लाहौर से उपचार विषयक पत्रिका *'मुशीर-उल-अतिब्बा'* का सम्पादन-प्रकाशन मोहम्मद हसन कुरैशी ने किया। हैदराबाद से *'मुअल्ली-उल-उलूम'* नामक उर्दू मासिक पत्रिका छात्रों के लिए प्रकाशित की गई। हाफिज मोहम्मद बाकर ने दिल्ली से *'मिर्ज-उल-बहरीन'* नामक उर्दू मासिक पत्रिका निकाली। देहरादून से उर्दू मासिक पत्रिका *'मुजाहिर जदीद'* प्रकाशित हुई।

दिल्ली से राजनारायण ने उर्दू मासिक पत्रिका *'बहादुर'* निकाली। आगरा से उर्दू साहित्यिक पत्रिका *'पैमाना'* प्रकाशित हुई। गुलाम हैदर ने लाहौर से उर्दू मासिक *'तबलीग'* का प्रकाशन किया। बुरहानपुर से मुंशी मतीउल्ला रासिख और शेख फजल साबिर ने सन 1923 में उर्दू मासिक *'नसीम-ए-बहार'* का प्रकाशन किया। सम्पादक कौसर बुरहानपुरी थे। 21 गुणित 14 से.मी. आकार में 24 पृष्ठ की

इस पत्रिका का वार्षिक शुल्क एक रुपया चार आना था। समस्यापूर्ति की गजलें प्रकाशित की जाती थीं। मुहिब्बुल्ला अली ने हैदराबाद से उर्दू मासिक पत्रिका *'तोहफा'* निकाली।

बच्चों के लिए उर्दू मासिक पत्रिका *'गुलदस्ता'* 23 अप्रैल 1923 को लाहौर से प्रकाशित हुई। लाला रघुनाथ सहाय सम्पादक-प्रकाशक थे। सन 1947 तक 'गुलदस्ता' का प्रकाशन हुआ। जनवरी 1923 में पुणे से शेरो-शायरी की उर्दू मासिक पत्रिका *'गुलजार-ए-सुखन'* का प्रकाशन आरंभ हुआ। उर्दू मासिक पत्रिका *'खुर्शीद'* का सम्पादन-प्रकाशन हुआ। कृषि सम्बन्धी उर्दू मासिक पत्रिका *'काश्तकारान-ए-हिन्द'* डोगरा से प्रकाशित हुई। पृष्ठ संख्या 48 और वार्षिक शुल्क तीन रुपया था। मेरठ से सूफी सिद्दीकी मेरठी ने उर्दू साप्ताहिक *'आलमगीर'* का प्रकाशन किया।

हैदराबाद से *'अल मुसद्दिक'* सैयद महमूद ने प्रकाशित की। मौलवी अज़मत उल्ला ने उर्दू की शैक्षिक मासिक पत्रिका *'अल मुअल्लिम'* सन 1923 में हैदराबाद से निकाली। दिल्ली से उर्दू की साहित्यिक पत्रिका *'अल जाहिद'* प्रकाशित हुई। दरभंगा से सन 1923 में मोहम्मद हाशिम ने उर्दू साप्ताहिक समाचारपत्र *'अल बदर'* का सम्पादन-प्रकाशन किया। पृष्ठ संख्या 8 और वार्षिक शुल्क पाँच रुपये था। हैदराबाद से उर्दू धार्मिक पत्रिका *'अल नूर'* निकली। कोलकाता से जनवरी 1923 में *'अल मोमिन'* का प्रकाशन हुआ। दिल्ली से साहित्यिक उर्दू मासिक पत्रिका *'अल सालह'* 15 अगस्त को प्रकाशित हुई। सम्पादक गुलाम अहमद थे। शेख फजल हुसैन सिद्दीकी ने मार्च 1923 में धर्म, साहित्य और आचार की उर्दू मासिक पत्रिका *'अल हिलाल'* का प्रकाशन किया। सम्पादक मौलाना जाहिद अंसारी थे।

उर्दू साप्ताहिक *'अल बुरहान'* जनवरी 1923 में सैयद जब्बार हुसैन अली ने बुरहानपुर से प्रकाशित किया। सोहदरा, जिला गुजरावालाँ से सन 1923 में उर्दू मासिक *'मुसलमान'* मौलवी अब्दुल मजीद खादिम के सम्पादकत्व में प्रकाशित हुआ। कुछ समय बाद लाहौर से निकलने लगा। पृष्ठ संख्या 32 और वार्षिक शुल्क दो रुपये चार आना था।

चेन्नै से जनवरी 1923 में *'हिन्दी प्रचारक समाचार'* का प्रकाशन हुआ। सम्पादक सत्यनारायण और सहायक सम्पादक सारंगपाणी थे। दक्षिण भारत में हिन्दी का प्रचार-प्रसार इस पाक्षिक पत्र का उद्देश्य था। पहले सम्पादक हृषीकेश शर्मा और उनके बाद देवदत्त विद्यार्थी हुए। सन 1928 से मोटूलि सत्यनारायण ने सम्पादन की जवाबदारी संभाली।

हिन्दी साप्ताहिक *'भारतीय आदर्श'* सन 1923 में इन्दौर से निकला। द्वारकाप्रसाद

सेवक सम्पादक थे। अल्पजीवी रहा। शारदा कुमारी देवी ने छपरा से हिन्दी मासिक *'महिला दर्पण'* निकाली। वार्षिक शुल्क ढाई रुपये था। जनवरी 1923 में इन्द्र विद्यावाचस्पति के सम्पादकत्व में दिल्ली से हिन्दी साप्ताहिक *'सत्यवादी'* का प्रकाशन हुआ। पृष्ठ संख्या 12 और वार्षिक शुल्क तीन रुपये था। निर्भीक और स्वतंत्र विचारधारा का अखबार था। गोवर्धननाथ मेहता ने बड़ौदा से पाक्षिक समाचारपत्र *'सम्प्रदाय'* का प्रकाशन किया। शिरडी से हिन्दी और अँगरेजी की मासिक पत्रिका *'श्री साईं लीला'* प्रकाशित हुई।

ऋषिदत्त मेहता ने सन 1923 में ब्यावर से हिन्दी साप्ताहिक *'राजस्थान'* निकाला। बाद में यही पत्र अजमेर से निकलने लगा। तदनन्तर *'राजस्थान'* बूंदी से प्रकाशित हुआ और साठ के दशक तक कोटा से निकलता रहा।

प्रयाग महिला विद्यापीठ की मुखपत्रिका *'महिला'* अक्टूबर 1923 में निकली। 25 गुणित 16 से.मी. आकार की इस हिन्दी पत्रिका की एक प्रति का मूल्य चार आना था। सुशीला देवी *'विदुषी'* पत्रिका की सम्पादक थी। विद्यापीठ की गतिविधियों का प्रकाशन इसमें किया जाता था।

हिन्दी साहित्यिक पत्रिका *'भ्रमर'* नवम्बर 1923 में राधेश्याम प्रेस बरेली से प्रकाशित हुई। सम्पादक रामनारायण पाठक थे। पृष्ठ संख्या 40, आकार 24 गुणित 16 से.मी. और वार्षिक शुल्क तीन रुपये था। मुरारीलाल ने मुरादाबाद से हिन्दी मासिक पत्रिका *'शिक्षक'* निकाली। उज्जैन से हिन्दी मासिक पत्रिका *'श्री गौड़ हितैषी'* प्रकाशित हुई। सम्पादक रामप्रताप उपाध्याय थे। कोलकाता से *'क्षत्रिय वीर'* का प्रकाशन हुआ। सारंगपुर से *'हितैषी'* नाम का हिन्दी मासिक पत्र गणेशदत्त शर्मा 'इंद्र' के सम्पादन में निकला। एक वर्ष तक चला। सन 1923 से 1925 तक कनखल (हरिद्वार) से हिन्दी साप्ताहिक *'हिन्दू सर्वस्व'* प्रकाशित हुआ। प्रकाशक दुर्गाशंकर दोषी और सम्पादक रघुनन्दन झा थे। इसकी विश्व वैचित्र्य टिप्पणी चाव से पढ़ी जाती थी। कानपुर से रामचरण सेठ ने जातीय पत्र *'सारस्वत खत्री सेवक'* का सम्पादन-प्रकाशन किया। भजनलाल पांडेय विशारद के सम्पादकत्व में उन्नाव से हिन्दी साप्ताहिक पत्र *'स्वाधीन'* का प्रकाशन स्वतंत्रता संघर्ष के पक्ष में जन जागरण के उद्देश्य से किया गया था। इलाहाबाद से महिलाओं के लिए हिन्दी मासिक पत्रिका *'वनलता'* का प्रकाशन गिरिजादत्त शुक्ल ने किया। सम्पादक रुद्रदत्त शर्मा एवं शिवनन्दन पाण्डेय थे। उरई से हिन्दी साप्ताहिक *'भारतीय लोकमत'* प्रकाशित हुआ। स्वतंत्रता के पक्ष में कलम चलाने वाले इस पत्र के सम्पादक मणिलाल और ब्रजबिहारी सक्सेना थे। वार्षिक शुल्क साढ़े तीन रुपये था।

आगरा से जातीय मासिक *'माथुर वैश्य हितकारी'* और फर्रुखाबाद से हिन्दी मासिक *'रसिक'* निकली। जबलपुर से हिन्दी मासिक *'स्काउट'* का प्रकाशन हुआ।

लखनऊ से सत्यवती देवी के सम्पादन में *'महिला समाचार'* निकला। दुर्ग से कन्हैयालाल शर्मा ने *'फाकेमस्त'* निकाला।

कोलकाता से इन्द्रचन्द्र मेहता के सम्पादकत्व में साप्ताहिक *'भारत गौरव'* का प्रकाशन हुआ। यह हिन्दी पत्र सामाजिक और धार्मिक विषयों का समावेश करता था। पृष्ठ संख्या 8 और वार्षिक शुल्क तीन रुपये था। दरबारी लाल साहित्यरत्न के सम्पादन में हिन्दी पाक्षिक *'परवार बन्धु'* का प्रकाशन जबलपुर से मास्टर छोटेलाल शुक्ल ने किया। जैन सिद्धांतों का प्रचारक पत्र था। गोपेश्वर मेहरा और हजारीलाल प्रेमी ने आगरा से व्यंग्य-विनोद का साप्ताहिक *'पंच'* प्रकाशित किया। आगरा से हिन्दी मासिक *'नवयुवक'* निकला।

नारायणदत्त शर्मा काश्यप के सम्पादकत्व में हिन्दी अर्द्धसाप्ताहिक *'देशभक्त'* आगरा से निकला। प्रकाशक मेहताब सिंह वर्मा थे। पृष्ठ संख्या 12 और वार्षिक मूल्य तीन रुपये था। *'देशभक्त'* के सम्पादक पर राजद्रोह का मुकदमा चला जिसमें ठाकुर मेहताबसिंह वर्मा की ओर से पं. मोतीलाल नेहरू, पं. मदनमोहन मालवीय, पं. जवाहरलाल नेहरू, डा. सत्यपाल आदि गवाह थे। दीक्षित गणेश शर्मा ने पटना से हिन्दी पाक्षिक *'किसान मित्र'* निकाला। अजमेर से साप्ताहिक *'आर्य मार्त्तण्ड'* रामसहाय आर्य के सम्पादकत्व में प्रकाशित हुआ। कानपुर से कविवर 'त्रिशूल' के सम्पादकत्व में हिन्दी मासिक *'कवि'* का प्रकाशन हुआ। गयाप्रसाद शुक्ल सनेही और रामनारायण रावत भी सम्पादन से जुड़े रहे। ब्रजभूषण मिश्र ने काशी से ग्रामोत्थान के प्रचारक पत्र पाक्षिक *'ग्रामवासी'* का प्रकाशन किया। सम्पादक भावमित्र अग्रवाल थे। मनोहरलाल मिश्र के सम्पादकत्व में हिन्दी मासिक *'छत्तीसगढ़'* रायगढ़ से प्रकाशित हुआ। दयाचन्द गोहलीय के सम्पादकत्व में लखनऊ से हिन्दी मासिक पत्र *'जाति प्रबोधक'* निकला। मुम्बई से जौहरी सूरजमल लल्लूभाई ने हिन्दी साप्ताहिक *'जैन प्रकाश'* का सम्पादन-प्रकाशन किया।

नरसिंहदास अग्रवाल विशारद ने जबलपुर से हिन्दी पाक्षिक *'सहोदर'* का सम्पादन-प्रकाशन किया। समाज सुधार का पत्र था। बनारसीलाल शर्मा के सम्पादकत्व में लुधियाना से सचित्र हिन्दी साप्ताहिक *'युगान्तर'* का प्रकाशन हुआ। धर्म और राजनीति पर केन्द्रित *'युगान्तर'* का एक उद्‌देश्य पंजाब में हिन्दी का प्रचार भी था।

कानपुर से नारायणप्रसाद अरोड़ा और भगवतीप्रसाद वाजपेयी ने हिन्दी दैनिक *'विक्रम'* का प्रकाशन किया। चार पृष्ठ के पत्र का वार्षिक मूल्य दो पैसे था। आरंभ तो अच्छा हुआ था किन्तु अधिक दिनों तक पत्र चल नहीं पाया।

मार्त्तण्ड

मार्च 1923 में देवास से मराठी मासिक पत्र *'मार्त्तण्ड'* का प्रकाशन शंकर

रामचन्द्र ओक के सम्पादकत्व में हुआ। ऐतिहासिक, सामाजिक, धार्मिक, औद्योगिक और आरोग्य विषयक विद्वानों के लेख, जीवनचरित्र, कविताएँ और कहानियाँ तथा चित्र प्रकाशित किए जाते थे। वार्षिक शुल्क दो रुपये था। एस.वी.सिद्धनाथ, वासुदेव त्रिवेदी, शिन्दे, लक्ष्मण सिंह चौधरी ने भी इस पत्रिका का सम्पादन किया। मार्च 1925 में 'मार्त्तण्ड' साप्ताहिक पत्र हो गया। कालान्तर में मराठी के साथ-साथ हिन्दी में भी निकलने लगा। 29 अक्टूबर 1934 से केवल हिन्दी में प्रकाशित हुआ।

'मार्त्तण्ड' का एक समाचार द्रष्टव्य है- "एक विसकान्सिन नामक महोदय ने एक कवेलू का निर्माण किया है जिसका बाहरी भाग एक धातु का बना हुआ है जिसमें हजार छिद्र हैं। इन छिद्रों के नीचे एक इंच गहराई का एक पत्रा है जो न तो अग्नि से प्रदीप्त होता है और न उसमें से आवाज पार निकल जाती है, याने आवाज अंदर जाने नहीं पाती। बाहरी धातु का पत्रा जब चाहे धुल सकता है और रंगा जा सकता है।"[1]

मार्त्तण्ड से भोपाल की अजीब डाक वितरण व्यवस्था का पता चलता है- "भोपाल में चिट्ठी बाँटते समय प्रत्येक पोस्टमैन के साथ एक सिपाही अथवा पुलिस मैन रहता है। लोगों का कहना है कि खास-खास समाचारपत्रों को भोपाल में न आने देने के लिए ऐसा किया जाता है।"[2]

भारत संघ में रियासतों के विलय के साथ 'मार्त्तण्ड' का प्रकाशन बन्द हो गया।

खबर

अण्णाजी वाचा सुन्दर ने नागपुर से एक अगस्त 1923 को सांध्य दैनिक *'खबर'* का सम्पादन-प्रकाशन किया। झंडा सत्याग्रह, दिल्ली सत्याग्रह, नाभा सत्याग्रह जैसे महत्वपूर्ण आन्दोलनों का आँखों देखा हाल प्रकाशित करने का काम दैनिक 'खबर' ने किया। जब मराठी दैनिक 'स्वतंत्र' का प्रकाशन नागपुर से आरंभ हुआ, तब दैनिक 'खबर' बंद हो गया। 'स्वतंत्र' और दैनिक 'राष्ट्रदूत' भी अल्पकाल में ही बन्द हो गए थे।

सरस्वती

कृष्णा जिले के मुक्तयाल से सन 1923 में तेलुगु पत्रिका *'सरस्वती'* निकली। (इसी नाम से पहले भी एक पत्रिका प्रकाशित हुई थी।) वी.प्रभाकर शास्त्री सम्पादक थे। सन 1928 तक इसका प्रकाशन हुआ।

---

1. मार्त्तण्ड, 17 जून 1928, पृष्ठ 7
2. मार्त्तण्ड, 22 जुलाई 1935, पृष्ठ 8

ओवर ए कप आफ टी

1924

हिन्दुस्तान टाइम्स

'हिन्दुस्तान टाइम्स' का प्रकाशन 26 सितम्बर 1924 को नईदिल्ली से आरम्भ हुआ। अँगरेजी भाषा के इस दैनिक पत्र का प्रकाशन मूलत: अकालियों ने किया था। इसका शुभारम्भ महात्मा गांधी ने किया था। कृष्णदास कोहली को पत्र के प्रकाशन का जिम्मा सौंपा गया था। कुल रुपये 25000/- की लागत आई। किन्तु छह माह में **ही** अखबार वित्तीय कठिनाई से घिर गया। सन 1925 में यह पत्र पंडित मदनमोहन मालवीय ने रुपये 20,000/- देकर अकाली प्रबंधन से खरीद लिया। इसके लिए उन्होंने पंजाब नेशनल बैंक से रुपये 40,000/- का ऋण लाला लाजपतराय के सहयोग से लिया था। (लालाजी बैंक के अध्यक्ष थे।) रुपये 20,000/- कोहली को अखबार निकालने के लिए दिए गए। उस समय 'हिन्दुस्तान टाइम्स' की 20 प्रतियाँ बिकती थीं जबकि 350 प्रतियाँ मुफ्त बँट रही थीं। गांधीजी के आग्रह पर प्रो. के.एम.पणिक्कर ने सम्पादन-दायित्व ग्रहण किया। किंतु वे समय सारणी का निर्वाह नहीं कर सके। उनके स्थान पर छह माह के लिए जयरामदास दौलतराम सम्पादक बने। सन 1926 में मिशिगन विश्वविद्यालय से पत्रकारिता में स्नातकोत्तर उपाधि प्राप्त जे.एन.साहनी को सम्पादक नियुक्त किया गया। उन्होंने एक अमेरिकी पत्र में कुछ समय काम भी किया था। कोहली-साहनी युगल ने 'हिन्दुस्तान टाइम्स' को पेशेवर अन्दाज दिया। सांध्यकालीन पत्र को सुबह का अखबार बनाया। तब हाथ से अक्षर जमाने की पद्धति से कम्पोजिंग होती थी। टेलीप्रिंटर सेवा नहीं थी। तार से खबरें ली जाती थीं। परिवहन के साधन नहीं थे। कोहली ने पंजाब, उत्तरप्रदेश और राजस्थान के शहरों को जाने वाली रेलगाड़ियों की समय सारणी के साथ तालमेल बिठाते हुए कई डाक संस्करण शुरू कराए। 'हिन्दुस्तान टाइम्स' की एक प्रति का मूल्य एक आना रखा गया था। तब प्रकाशन केन्द्र से बाहर डाक से अखबार भेजने का तरीका प्रचलित था। परन्तु कोहली ने पड़ोसी जिलों और बड़े

LATE EDITION

Reg. No. L. 1372

The Hindustan Times.

VOL. II No. 170 | DELHI, WEDNESDAY, JULY 22, 1925. | SIX PICE

Jamna Rising.

Floods Threatened.

VILLAGES ASKED TO QUIT.

Delhi, July 20.

Associated Press.

Receiving information that the Jamna shows a rise of five feet of water some miles upstream, the Delhi authorities have warned the villages on the river bank of the probable danger of flood to-morrow or later. Some villages have already been vacated.

Precautions are being taken by the railway authorities at Shahdara where the ravages of the last year's floods have not been completely repaired yet.—*A.P.I.*

FLOOD IN ORISSA.

Village Swept Away.

Bombay Council.

Lord Birkenhead's Speech.

DISCUSION DISALLOWED.

Associated Press.

Poona, July 20.

The Bombay Legislative Council met at the Council Hall this afternoon when there was a very full attendance of members. His Excellency the Governor, did not deliver any inaugural address but was present in the Governor's box as an interested spectator.

Amongst the distinguished visitors present was the Rt. Hon'ble Srinivasa Sastry.

After swearing in of the new members the Council proceeded with the consideration of official bills. The Government intimated the withdrawal of the Land Revenue Bill.

The consideration of the Statistics Bill was postponed.

British Ships Fired on.

Chinese Soldiers' Action.

RUSSIAN DOCTOR'S DISAPPEARANCE.

Reuter.

Shanghai, July 20.

A wireless message from Luchow in the province of Szechuan says that two vessels escorted by *H. M. S. Teal*, have arrived there bringing down foreigners from Chungking and elsewhere in Szechuan. Chinese troops fired on the vessels while on their way but the *Teal* which carries two-six pounders replied.

RUSSIAN DOCTOR DISAPPEARS.

Bail Forfeited by Court.

Shanghai, July 20.

Fortunatoff did not appear before the mixed court this morning. The police believe that he has left the town. The court has ordered his bail

Riff's New Move.

Proceeding Northward.

DEVELOPMENTS IN MOROCCO.

Reuter.

Paris, July 20.

According to telegrams from Fez the Riffi regulars appear to be moving northward leaving the rebel tribesmen to carry on operations. The object of the movement is not yet apparent.

The French aeroplanes are incessantly active between Fez and the front line carrying bombs, munitions and food and bringing back the wounded.

It is stated that the French gave up the posts of Babhosein and Welhamrium as they were isolated. The posts had been destroyed.

The French aeroplanes are steadily bombarding the abandoned French positions.

हिन्दुस्तान टाइम्स

नगरों में एजेन्ट नियुक्त कर घरों-घर अखबार के वितरण का चलन आरम्भ किया। इससे 'हिन्दुस्तान टाइम्स' की प्रसार संख्या बढ़ी। अच्छी साज-सज्जा और प्रसार केन्द्रों की खबरें जल्दी प्रकाशित करने की रणनीति ने भी अखबार को बढ़त दिलाई। उस समय की लम्बे सम्पादकीय लेखन की परम्परा से हटकर साहनी ने छोटे-छोटे सम्पादकीय लिखे। पृष्ठ में कालम की चौड़ाई घटाकर चार के बजाय पाँच कालम कर दिए गए। इससे विज्ञापनदाताओं का भी रुझान बढ़ा।

सन 1930 में दो नई छपाई मशीनें लगीं अखबार का आकार 26 गुणित 40 इंच से बढ़ाकर 30 गुणित 40 इंच तथा कालम संख्या छह हो गई। प्रसार संचार भी 30,000 के आंकड़े तक पहुँच गई थी। परन्तु पत्र की वित्तीय स्थिति ऐसी नहीं हो पाई कि मालवीयजी बैंक का कर्ज पटा पाते। तब पत्र का प्रबंधन राष्ट्रीय आन्दोलन और कांग्रेस के सहयोगी उद्योगपति घनश्यामदास बिड़ला को सौंप दिया गया। उनकी कम्पनी 'हिन्दुस्तान टाइम्स लिमिटेड' ने मालवीयजी को रुपये 89,252/- दिए, परन्तु पाँच शेयर के रुपये 2500/- जमा रहने दिए और जीवन पर्यन्त वे ही संचालक मण्डल के अध्यक्ष रहे। सम्पादक साहनी और महाप्रबंधक कोहली बने रहे। सन 1931 में बिड़ला ने पत्र प्रबंधन में ज्यादा रुचि लेना आरम्भ किया। पारसनाथ सिंह प्रबंध सम्पादक बनाए गए। सन 1931 से 1937 तक पोथान जोसेफ ने 'हिन्दुस्तान टाइम्स' का सम्पादन किया। इसके पहले वे कराची के 'डान' और बेंगलूरु के 'डेक्कन हेरल्ड' के सम्पादक रहे थे। ऐतिहासिक दांडी मार्च के लोकमानस पर पड़े प्रभाव से आतंकित फिरंगी हुकूमत ने अप्रैल 1931 में समाचारपत्रों पर

अंकुश लगाने के लिए अध्यादेश जारी किया। विरोध स्वरूप 'हिन्दुस्तान टाइम्स' और अन्य राष्ट्रीय पत्रों ने प्रकाशन बन्द कर दिया। 29 दिसंबर 1929 को लाहौर में कांग्रेस ने पूर्ण स्वतंत्रता का प्रस्ताव स्वीकृत किया। 26 जनवरी 1930 को स्वतंत्रता दिवस मनाया गया और देशभभर में स्वतंत्रता प्राप्त करने की प्रतिज्ञा ली गई। पोथान जोसेफ के सम्पादन-काल में पत्र से शामलाल (जो बाद में टाइम्स आफ इंडिया के सम्पादक हुए), ई. नारायणन (जो पेट्रियट के संस्थापक-सम्पादक बने), कार्टूनिस्ट शंकर पिल्लै (जिन्होंने बहुचर्चित लोकप्रिय पत्रिका 'शंकर्स वीकली' का प्रकाशन किया) जैसी प्रतिभाएं सम्बद्ध हुईं। सन 1937 में देवदास गाँधी प्रबंध सम्पादक बनाए गए और 1957 तक इस पद पर रहे। उन्होंने चलपतिराव को पत्र से जोड़ा जो बाद में 'नेशनल हेरल्ड' के सम्पादक बने। पोथान जोसेफ को दिल्ली के समाचारपत्रों में नियमित राजनीतिक डायरी की परम्परा शुरू करने का श्रेय जाता है। वे 'ओवर ए कप आफ टी' शीर्षक से स्वयं यह डायरी लिखते थे। शंकर के चुभते कार्टून पत्र की लोकप्रियता में अभिवृद्धि करते थे।

'हिन्दुस्तान टाइम्स' के सम्पादकीय विभाग में कुल बारह पत्रकार थे- सम्पादक, तीन सहायक सम्पादक, पाँच सह सम्पादक, एक विशेष संवाददाता और एक वरिष्ठ संवाददाता। वे एक परिवार की तरह काम करते थे। उनमें छोटे-बड़े का भेद नहीं था। वे भारत की स्वतंत्रता के पक्षधर थे और 'हिन्दुस्तान टाइम्स' की राष्ट्रीय आन्दोलन और कांग्रेस को समर्थन की स्पष्ट नीति थी। प्रसार संख्या और लोकप्रियता बढ़ने के साथ-साथ अखबार को विज्ञापन भी मिलने लगे थे। सन 1937 में पहली बार विज्ञापन राजस्व ने एक लाख रुपये का आँकड़ा पार किया। सन 1944-45 में 'हिन्दुस्तान टाइम्स' के शेयर धारकों को लाभांश घोषित किया गया। कार्मिकों के वेतन बढ़े। स्टाफ भी बढ़ा। समाचार जुटाने में सिद्धहस्त दुर्गादास जैसे प्रतिभाशाली पत्रकार को विशेष प्रतिनिधि बनाया गया। उनके आगमन पर 'हिन्दुस्तान टाइम्स' ने समाचार छापा- "इंडियाज न्यूज गेटर न. 1 ज्वाइन्स हिन्दुस्तान टाइम्स।" सन 1946 में कार्टूनिस्ट शंकर, संयुक्त सम्पादक कृपानिधि, सहायक सम्पादक चलपतिराव और शामलाल 'हिन्दुस्तान टाइम्स' छोड़कर नव प्रकाशित 'इंडियन न्यूज क्रानिकल' में चले गये।

आजादी के साथ 'हिन्दुस्तान टाइम्स' दिल्ली के प्रमुख समाचारपत्र के रूप में प्रतिष्ठित हुआ, जिसकी प्रसार संख्या 53000 प्रतियों से अधिक थी। पहले जहाँ इस अखबार की पहचान कांग्रेस के समर्थक पत्र की थी, आजादी के बाद सरकार की नीति-आधारित आलोचना को स्थान देना पड़ा, जो पाठकों के बीच विश्वसनीयता की दृष्टि से जरूरी था। दुर्गादास की कई खबरों से तत्समय विवाद उठे, किन्तु वे सही साबित हुईं। सन 1957 में देवदास गांधी के निधन के बाद दुर्गादास

'हिन्दुस्तान टाइम्स' के सम्पादक बनाए गए। सन 1958 में दुर्गादास को प्रधान सम्पादक बनाकर 'टाइम्स आफ इंडिया' से एस.मुलगांवकर को सम्पादक के पद पर लाया गया।

मुलगांवकर ने 'हिन्दुस्तान टाइम्स' की कार्य संस्कृति बदली। वे 14 वर्ष तक लंदन और पेरिस में 'टाइम्स आफ इंडिया' के संवाददाता रहे थे। उन्होंने 'हिन्दुस्तान टाइम्स' में पेशेवर आचार के मानक बनाए। समाचार पृष्ठों में आलोचना के स्वरों को बढ़ावा दिया, कांग्रेस से एक हद तक दूरी बनाई और सम्पादकीय विभाग को सुदृढ़ किया। कार्टूनिस्ट राजिन्दर पुरी और प्रख्यात छायाकार किशोर पारेख को जोड़ा। पुरी के चुभते हुए व्यंग्यबाणों ने पत्र की लोकप्रियता बढ़ाई। 'न्यू स्टेट्समेन' के पूर्व सम्पादक और साठ के दशक में भारत में ब्रिटेन के उच्चायुक्त रहे सर जान फ्रीमेन ने पुरी को 'कदाचित विश्व का सर्वश्रेष्ठ राजनीतिक कार्टूनिस्ट' निरूपित किया था। किशोर पारेख के संवेदनशील छायाचित्रों ने फोटो-पत्रकारिता को ऊँचाई प्रदान की। बिहार के अकाल की चित्र-कथा (नवम्बर 1966) किशोर पारेख के कृतित्व का स्मरणीय अध्याय है। सन 1962 में चीन के हाथों भारत की शर्मनाक हार की जिम्मेदारी तत्कालीन रक्षा मंत्री कृष्ण मेनन लें, इस निष्कर्ष को मुलगांवकर ने 'हिन्दुस्तान टाइम्स' में सम्पादकीय और समाचार रपटों की श्रृंखला के रूप में छापा और अन्ततः कृष्ण मेनन को इस्तीफा देना पड़ा। मुलगांवकर का सम्पादन-काल 'हिन्दुस्तान टाइम्स' में प्रबंधन और सम्पादकीय विभागों के पृथक्करण के लिए भी याद किया जाता है।

सन 1970 में घनश्यामदास बिड़ला की जगह के.के.बिड़ला 'हिन्दुस्तान टाइम्स' संचालक मण्डल के अध्यक्ष बने। सन 1999 में उनकी पुत्री शोभना भरतिया ने उपाध्यक्ष का पद और प्रबंधन की जिम्मेदारी सम्हाली। मुलगांवकर के बाद बी.जी.वर्गीज, खुशवन्त सिंह, हिरण्मय कार्लेकर, मेनन, एच.के.दुआ, वीर सिंघवी, शेखर भाटिया 'हिन्दुस्तान टाइम्स' के सम्पादक रहे। प्रभाव और प्रतिष्ठा की दृष्टि से यह अँगरेजी का प्रमुख अखबार है। 82 वर्ष की प्रकाशन यात्रा (1924-2006) में 'हिन्दुस्तान टाइम्स' के पृष्ठों पर दर्ज इबारतें विश्व और भारत की ऐतिहासिक घटनाओं का प्रामाणिक साक्ष्य-सन्दर्भ उपलब्ध कराती हैं।

नब्बे के दशक में 'हिन्दुस्तान टाइम्स' और 'टाइम्स आफ इंडिया' के बीच दिल्ली में छिड़ा मूल्य युद्ध भी भारतीय पत्रकारिता के इतिहास का एक अध्याय है। शोभना भरतिया के नेतृत्व काल में 'हिन्दुस्तान टाइम्स' का विस्तार हुआ। कई स्थानों से प्रकाशन आरम्भ हुआ। मुद्रण प्रौद्योगिकी के अधुनातन उपकरणों का प्रयोग बढ़ा। पत्र ने दो मंत्र आत्मसात किए- एक, निरन्तरता के साथ परिवर्तन और दो- पाठ की महत्ता। वर्तमान में 'हिन्दुस्तान टाइम्स' दिल्ली के साथ-साथ पटना, लखनऊ, चंडीगढ़,

भोपाल, कोलकाता, मुम्बई, राँची, रायपुर, जयपुर से प्रकाशित हो रहा है। सम्प्रति चैतन्य कालबाग मुख्य सम्पादक हैं।

आनन्द विकटन

वैद्यनाथ अय्यर ने चेन्नै से तमिल मासिक *'आनन्द विकटन'* का प्रकाशन सन 1924 में किया। कुछ समय बाद एस.एस.वासन ने अखबार खरीद लिया और आमूलचूल परिवर्तन करते हुए एक उत्कृष्ट साप्ताहिक पत्र के रूप में बदल दिया। तमिल भाषी समाज में सम्पर्क और संवाद के लिए 'आनन्द विकटन' को प्रभावी माध्यम माना जाता है। संस्कृति, राजनीति और ललित कला विषयों पर उच्च स्तरीय रचनाओं का प्रकाशन कर 'आनन्द विकटन' ने पाठकों के बीच अपनी पैठ बनाई। सम्पादक एस.एस.वासन स्वयं विनोदपूर्ण लेखन शैली के लिए लोकप्रिय रहे हैं। 'आनन्द विकटन'. हर सोमवार को प्रकाशित होता था। आरंभ में इसकी एक प्रति का मूल्य चार आना था। कहानियाँ, हास्य-व्यंग्य और कार्टून भी पाठकों के लिए लोकप्रिय पाठ सामग्री रहे। 'आनन्द विकटन' ऐसा पहला तमिल साप्ताहिक है जिसकी प्रसार संख्या ने एक लाख का आँकड़ा छुआ।

तमिल पत्रकारिता में दीपावली विशेषांक प्रकाशित करने की परम्परा 'आनन्द विकटन' ने डाली। इस साप्ताहिक की भाषा सहज और प्रवाहमयी रहती है जो पाठकों के हृदय को छू लेती है। एस.एस.वासन के बाद टी.एस.सुब्रमण्यम ने सम्पादन-दायित्व ग्रहण किया। सामान्यतः 'आनन्द विकटन' विवादों से दूर रहने वाला साप्ताहिक रहा है। आजादी के बाद इसे सत्ता प्रतिष्ठान के विरोध में नहीं जाने वाला साप्ताहिक पत्र माना जाता रहा है। किन्तु सन 1985 में 'आनन्द विकटन' में एक कार्टून प्रकाशित हुआ, जिस पर तमिलनाडु विधानसभा ने सम्पादक को कारावास की सजा सुना दी। सुब्रमण्यम ने माफी माँगने के बजाए जेल जाना पसन्द किया। ऐसा उन्होंने सम्पादक और पत्र के सम्मान की रक्षा के उद्देश्य से किया। सम्प्रति 'आनन्द विकटन' तमिल का बहुप्रसारित साप्ताहिक है। सम्पादक एस.बाला सुब्रमण्यम और कार्यकारी सम्पादक के. अशोक हैं। इसकी प्रसार संख्या 3,00,000 से भी अधिक है।

भूगोल

मई 1924 में मेरठ से हिन्दी मासिक पत्रिका *'भूगोल'* का सम्पादन-प्रकाशन रामनारायण मिश्र ने किया। 'भूगोल' विषय पर हिन्दी में यह पहली पत्रिका थी। पृष्ठ संख्या 24 और वार्षिक शुल्क तीन रुपये था। नवम्बर 1926 से 'भूगोल' इलाहाबाद से प्रकाशित होने लगी। पत्रिका में यात्रा वृत्तान्त, सूबों, देशों और नगरों का भूगोल और इतिहास, पुरातत्व, पशु-पक्षी और वनस्पति, जलवायु चक्र इत्यादि विषयों पर लेख छापे जाते थे। रामनारायण मिश्र यंग क्रिश्चियन कालेज

में अध्यापक थे और अपनी अल्प आमदनी 'भूगोल' के प्रकाशन में लगा देते थे। इसका वार्षिक शुल्क तीन रुपये था जबकि एक वर्ष में लगभग 400 पृष्ठ की सामग्री पढ़ने को मिल जाती थी जो शिक्षकों और विद्यार्थियों के अलावा सामान्य पाठकों के लिए भी रुचिकर और ज्ञानवर्धक होती थी। 'भूगोल' का अफगानिस्तान अंक, स्पेन, एटलस अंक, संयुक्त प्रांत अंक, भुवन कोषांक, संसार शासन विशेषांक, स्तरीय पाठ सामग्री के कारण सराहे गए थे। 'भूगोल' के सम्पादक-संचालक रामनारायण मिश्र ने जुलाई 1928 में हिन्दी के भौगौलिक साहित्य प्रेमियों से सहायता की अपील की परन्तु मदद के लिए ज्यादा लोग आगे नहीं आए। सन 1943 तक इस पत्रिका का प्रकाशन हुआ।

सन 1924 में कन्नड मासिक पत्रिका *'जय कर्नाटक'* का प्रकाशन हुआ। संस्थापक-सम्पादक आलूर वेंकटराव थे। उनके बाद रामचन्द्र राव ने सम्पादन दायित्व संभाला। इस लोकप्रिय कन्नड मासिक में साहित्य, कला और इतिहास पर विद्वानों के लेख प्रकाशित किए जाते थे। 'जय कर्नाटक' हर वर्ष भिन्न-भिन्न विषयों पर विशेषांक का प्रकाशन करता था।

साहित्य और इतिहास पर केन्द्रित तेलुगु पत्रिका *'रेड्डिरनि'* सन 1924 से 1932 तक प्रकाशित हुई। रायवरम (गोदावरी) से प्रकाशित इस पत्रिका के सम्पादक मल्लादि सती रेड्डी थे। प्रभाकर शास्त्री ने कई शिलालेखों का सन्दर्भ सहित विवरण इस पत्रिका में प्रकाशित किया।

एदित वेंकटराव ने राजमुन्दरी से सन 1924 में तेलुगु पत्रिका *'आन्ध्र सर्वस्वम्'* निकाली। अनेक विद्वानों के जीवन चरित्र इस पत्रिका ने प्रकाशित किए। केवल तीन वर्ष तक प्रकाशित हुई इस पत्रिका को स्थानिक ऐतिहासिक अभिलेखों के प्रकाशन के लिए जाना जाता है।

तेलुगु मासिक *'प्रबुद्ध आंध्र'* का प्रकाशन सन 1924 में श्रीपाद सुब्रमण्य शास्त्री ने किया। इसका प्रकाशन सन 1930 तक हुआ। शास्त्री व्यावहारिक भाषा आन्दोलन के प्रवर्तक थे। उन्होंने 'प्रबुद्ध आन्ध्र' में इस बात का ध्यान रखा कि व्यावहारिक भाषा में ही पत्र निकले। तेलुगु की महत्वपूर्ण साहित्यिक सामग्री इस पत्रिका में प्रकाशित हुई।

मनोरमा

इलाहाबाद से अप्रैल 1924 में प्रकाशित हुई मासिक (बाद में पाक्षिक) *'मनोरमा'* महिलाओं की दीर्घायु पत्रिका है। यह पत्रिका सन 2002 तक लगातार निकली, फिर व्यवधान आ गया। 'मनोरमा' आरम्भ में इलाहाबाद के बेलवेडियर प्रेस से छपती थी। इसके आद्य सम्पादक ज्योतिप्रसाद निर्मल थे। सन 1952 में क्षितीन्द्र मोहन मित्र ने इसे बेलवेडियर प्रेस से ले लिया और मित्र प्रकाशन से छपने

लगी। साहित्यकार अमरकान्त भी 'मनोरमा' के सम्पादन से लम्बे समय तक जुड़े रहे। प्रारम्भिक दिनों में इसकी छपाई हैंड कम्पोजिंग वाली थी और चित्र श्वेत-श्याम हुआ करते थे। तब भी यह लोकप्रिय थी और दस हजार तक प्रतियाँ छपती थीं। बाद में तकनीकी बदलाव के साथ यह रंग-बिरंगे आवरण और चित्रों के साथ छपने लगी थीं। बुनाई-कढ़ाई विशेषांकों ने 'मनोरमा' की लोकप्रियता में वृद्धि की। देश भर की पत्र-पत्रिकाओं में बुनाई-कढ़ाई की परिपाटी का श्रेय 'मनोरमा' को ही है। 'मनोरमा' में प्रकाशित होने वाली विविध व्यंजन-विधियों ने भी इसे घरेलू महिलाओं में लोकप्रिय बनाया। दूसरी महिला पत्रिकाओं के लिए मनोरमा ट्रेंड सैटर बन गई।

'मनोरमा' के लिए प्रकाशन सामग्री के चयन में हर वर्ग की महिलाओं की रुचियों को ध्यान में रखा जाता था। उपयोगी लेखों के साथ-साथ सौन्दर्य, रसोई, कथा साहित्य, विनोद, गृहशिल्प आदि पर भरपूर सामग्री होती थी। चिट्ठी आई है, पिया मिलन, मैंने प्यार किया, मनोरमा टाइम्स, व्यक्तित्व, बच्चे और आप, सौन्दर्य समस्या, रैन भूले ना, डाक्टर सुनिए, खेल-खिलाड़ी, खबरों के आईने, मन की उलझन, इन्हें भी आजमाइए, अनुभव जैसे विविध स्तम्भ रुचिपूर्वक पढ़े जाते थे।

सामान्य परम्परा से हटकर मनोरमा के कुछ गंभीर अंक भी निकाले गए। 1980 के दशक में प्रकाशित 'महिला लेखिका विशेषांक' की काफी चर्चा हुई। यह विशेषांक अमरकान्त के सम्पादन में निकला। इस अंक में राजी सेठ, मंजुल भगत, मृदुला गर्ग, मन्नू भंडारी, शिवानी, मृणाल पाण्डेय जैसी प्रतिष्ठित लेखिकाओं की कहानियाँ, उनके परिचय, आत्मकथ्य आदि प्रकाशित किए गए थे।

युगान्तर

रामदहिन ओझा और जगदीशनारायण तिवारी के सम्पादकत्व में माधव प्रिंटिंग प्रेस कोलकाता से हिन्दी अर्द्ध साप्ताहिक *'युगान्तर'* का प्रकाशन सन 1924 में किया गया। पृष्ठ संख्या आठ और वार्षिक शुल्क तीन रुपये था। पत्रिका 'मनोरमा' ने इस पत्र का परिचय देते हुए लिखा है- "यह पत्र हाल ही से प्रकाशित होने लगा है, एक से पाँचवीं संख्या पर्यन्त हमारे सामने हैं। कवर पर-

दासता पाश की लड़ी टूटै,
मुक्त हो हाथ हथकड़ी टूटै।
राष्ट्र का सिंहनाद घर-घर हो,
हे प्रभो देश में युगान्तर हो।"

यह कविता पत्र के उद्देश्य को स्पष्ट करने वाली, प्रत्येक संख्या में वर्तमान है। इसमें संदेह नहीं कि पत्र का उद्देश्य प्रशंसनीय है और समाचारों का संग्रह भी

अच्छा रहता है। इतना अल्प मूल्य रखने में प्रकाशक का साहस सराहने योग्य है। हिन्दी हितैषी सज्जनों को चाहिए कि इसे अपना कर प्रकाशक का उत्साह बढ़ाने में सहायक हों।"[1] 'माधुरी' ने इस पत्र की आवधिकता साप्ताहिक लिखी है।[2]

मालव मयूर

मध्यभारत और राजपूताना में प्रसारित हिन्दी के सचित्र मासिक पत्र *'मालव मयूर'* का प्रकाशन हरिभाऊ उपाध्याय के सम्पादन में सन 1924 के आरम्भ में हुआ। उपाध्यायजी काशी के 'औदुम्बर' के सम्पादक तथा 'सरस्वती' के सहायक सम्पादक रहे थे। 'मालव मयूर' के संचालक ने घोषणा की थी कि बाहरी विज्ञापनों से समाचारपत्र को बहुत अधिक लाभ होता है। पर विज्ञापनबाजी से समाज को अक्सर धोखा होता है। अतएव इस पत्र का ऊँचा आदर्श कायम रखने के लिए बाहरी विज्ञापन लेना ही बंद कर दिया है। 'मालव मयूर' में इतिहास, शिक्षा, धर्म नीति, व्यापार, साहित्य, विज्ञान आदि विषयों पर शिक्षाप्रद लेख, कविताएँ, कहानियाँ आदि प्रकाशित किए जाते थे। यद्यपि 'मालव मयूर' की नीति देसी राज्यों के प्रति उदारता की रही, परन्तु उसकी रीति असत्य, अन्याय, अत्याचार का निर्भीकतापूर्वक विरोध करने की थी, फिर ये दोष चाहे राजपक्ष के हों, चाहे प्रजापक्ष के।

शिक्षामृत

दिसम्बर 1924 में विविध विषयों की हिन्दी मासिक पत्रिका *'शिक्षामृत'* नरसिंहपुर से प्रकाशित की गई। इस पत्रिका की उपयोगिता देखकर शिक्षा विभाग ने पुस्तकालयों के लिए इसे स्वीकृत किया था। पत्रिका में शिक्षा और शिक्षार्थियों से सम्बन्ध रखने वाले लेख और कविताओं के अलावा मनोरंजन प्रधान सामग्री छापी जाती थी। कृषि से सम्बन्धित लेखों-समाचारों के लिए 'कृषि का विभाग' शीर्षक स्तम्भ रहता था। वार्षिक मूल्य तीन रुपये था।

सन 1924 में काशी से हिन्दी साप्ताहिक *'भारत धर्म'* प्रकाशित हुआ। इस पत्र का आकार 50 गुणित 32 से.मी. था। सम्पादक जाने-माने लेखक गोविन्द शास्त्री दुग्वेकर थे। पत्र का उद्देश्य स्वराज्य प्राप्ति के लिए नवजागरण करना था। यह पत्र हिन्दू संगठन का समर्थन करता था। वार्षिक मूल्य 3 रुपये था।

जुलाई 1924 में *'योग प्रचारक'* का प्रकाशन आरम्भ हुआ। इस पर सम्मति देते हुए 'आर्यसेवक' ने लिखा था- "योग प्रचारक मासिक पत्र योग मंडल गुरुकुल काशी (बनारस) से अभी हाल में निकला है। इसका पहिला अंक हमारे साम्हने है। इसका उद्देश्य है जनता का ध्यान योग की ओर आकर्षित करना। योग जैसे गहन विषय को 'प्रचारक' सरल भाषा में और शास्त्रोक्त प्रमाणों के आधार सर्वसाधारण

1. मनोरमा, सन 1924, पृष्ठ 506
2. माधुरी, वर्ष 3, खंड-1, सं. 1, पृष्ठ 117

तक पहुँचाने का प्रयत्न करता है। इसका वार्षिक मूल्य डेढ़ रुपया है।[1]

मई 1924 में कानपुर से हिन्दी मासिक पत्रिका *'कवीन्द्र'* का प्रकाशन आरम्भ हुआ। नारायणानन्द सरस्वती सम्पादक तथा अनूप शर्मा सहायक सम्पादक थे। काव्य के सिद्धान्तों को प्रसारित कर हिन्दी साहित्य की अभिवृद्धि के लिए 'कवीन्द्र' का प्रकाशन किया गया था। प्रवेशांक में कविवर शंकर, हरिऔध, रत्नाकर, सनेही प्रभृति लब्ध प्रतिष्ठित कवियों की रचनाएं प्रकाशित हुईं। वार्षिक शुल्क तीन रुपये था।

गढ़वाली प्रेस देहरादून से विचारानन्द सरस्वती के सम्पादकत्व में हिन्दी पत्र *'अभय'* निकला। पृष्ठ संख्या 10 तथा वार्षिक शुल्क साढ़े तीन रुपये था। गरीब कार्यालय बिजनौर से हिन्दी साप्ताहिक *'गरीब'* का प्रकाशन सन 1924 में हुआ। सम्पादक महावीर स्वामी और सहायक सम्पादक मौलवी अब्दुल लतीफ थे। वार्षिक शुल्क तीन रुपये था। यह पत्र किसानों और मजदूरों का हितैषी था। हिन्दी-हिन्दू-हिन्दुस्तान का प्रचारक साप्ताहिक *'शंकर'* सन 1924 में मुरादाबाद से प्रकाशित हुआ। वार्षिक शुल्क साढ़े तीन रुपये था। सम्पादक बदरीदत्त जोशी थे। पृष्ठ संख्या 16 थी।

जयदेव शर्मा विद्यालंकार के सम्पादकत्व में आर्य प्रतिनिधि सभा बंगाल-बिहार का मुखपत्र *'आर्य जीवन'* सन 1924 में कोलकाता से निकला। आर्य समाज के सिद्धान्तों के प्रचार के लिए यह पत्र निकला था। पृष्ठ संख्या 12 और वार्षिक शुल्क तीन रुपये था। मथुरा से सन 1924 में हिन्दी साप्ताहिक पत्र *'जीवन'* प्रकाशित हुआ। सम्पादक प्यारेलाल गौड़ थे। वार्षिक शुल्क तीन रुपये था। साप्ताहिक हिन्दी समाचारपत्र *'सावधान'* भिवानी से सन 1924 में प्रकाशित हुआ। सम्पादक मदन शर्मा 'माधव' थे। पंजाब में हिन्दी का प्रचार करने के उद्देश्य से यह पत्र निकाला गया था। वार्षिक मूल्य तीन रुपये था।

मधुबनी (दरभंगा) से सन 1924 में हिन्दी पत्र *'धर्मवीर'* प्रकाशित हुआ। सम्पादक चन्द्रमाराय शर्मा थे। वार्षिक मूल्य तीन रुपये था। खुशहालचन्द खुरसंद के सम्पादकत्व में लाहौर से हिन्दी साप्ताहिक *'आर्य्यजगत'* का प्रकाशन सन 1924 में हुआ। पंजाब और बिचोलिस्तान की आर्य प्रतिनिधि सभा का यह मुखपत्र लाहौर से निकला। वार्षिक शुल्क चार रुपये था। वार्षिक शुल्क तीन रुपये था। भिवानी से प्रकाशित होने वाले हिन्दी साप्ताहिक पत्र *'सन्देश'* के सम्पादक नेकीराम शर्मा थे। हिन्दू संगठन, अछूतोद्धार, हिन्दू-मुस्लिम ऐक्य और राष्ट्रभाषा हिन्दी के लिए

---

1. आर्य सेवक, नरसिंहपुर, अगस्त 1924, पृष्ठ 12

समर्पित यह अखबार सन 1924 में निकला। पृष्ठ संख्या 16 और वार्षिक शुल्क साढ़े तीन रुपये था।

सामाजिक (जातीय) पत्र *'मारवाड़ी ब्राह्मण'* सन 1924 में कोलकाता से निकला। सम्पादक हनुमान दत्त जोशी थे। वार्षिक शुल्क दो रुपये था। भाषा, शैली और पाठ सामग्री की दृष्टि से अच्छा साप्ताहिक पत्र था।

सन 1924 में कानपुर से रामरतन द्विवेदी और गिरजाशंकर मिश्र ने साप्ताहिक *'भविष्य'* का प्रकाशन आरम्भ किया। सन 1925 में यह दैनिक हो गया। जनवरी 1924 में अभाना, जिला दमोह (म.प्र.) से मोहन शर्मा ने हिन्दी मासिक पत्रिका *'मोहिनी'* का सम्पादन, प्रकाशन किया। 60 पृष्ठ की यह पत्रिका विषयों की विविधता, भाषा और प्रस्तुति सभी दृष्टियों से एक उत्तम साहित्य पत्रिका थी। शुभचिन्तक प्रेस जबलपुर से मुद्रण होता था। वार्षिक शुल्क चार रुपये आठ आना था। गुजराती, मराठी, बंगला, अँगरेजी, उर्दू भाषाओं के उपयोगी लेखों को उद्धृत किया जाता था। विज्ञान का समावेश भी पत्रिका में रहता था।

ब्राह्मण समाज का जातीय मासिक पत्र *'द्विजराज'* सन 1924 में प्रयाग से प्रकाशित हुआ। सामाजिक तथा धार्मिक विचारों के प्रचार के साथ-साथ कविताएं तथा गंभीर लेख भी प्रकाशित किए जाते थे। वार्षिक शुल्क तीन रुपये था।

बेलनगंज (आगरा) से सचित्र व्यापारिक मासिक पत्र *'अग्रवाल बंधु'* का प्रकाशन सन 1924 में हुआ। वार्षिक शुल्क दो रुपये था।

सन 1924 में प्रकाशित *'कला'* का तेलुगु पत्रकारिता में प्रतिष्ठित स्थान है। पी.वी. राजमन्नार सम्पादक-प्रकाशक थे। सन 1927 में पत्रिका बंद हो गई। एम.रामकृष्ण कवि, के.वी.लक्ष्मणराव, बण्डारू तमैया प्रभृति साहित्यकारों की रचनाएं 'कला' में प्रकाशित होती थीं।

धनवन्तरि

अलीगढ़ से सन 1924 में आयुर्वेद की सचित्र मासिक पत्रिका *'धनवन्तरि'* का प्रकाशन आरंभ हुआ। वैद्य बाँकेलाल गुप्त, राधावल्लभ, देवीशरण गर्ग, गणपति चन्द्र केला, 'धनवन्तरि' के सम्पादक रहे। 'धनवन्तरि' के रक्त रोगांक, नारी अंक, सिद्ध योगांक, सुश्रुत विशेषांक, वनौषधि विशेषांक संग्रहणीय निकले थे। यह स्तरीय और उपयोगी पत्रिका दीर्घजीवी हुई।

गोलमाल

व्यंग्य-विनोद का मासिक पत्र *'गोलमाल'* दीनानाथ सिगतिया ने अप्रैल 1924 में पटना से निकाला। रामवृक्ष बेनीपुरी, शिवपूजन सहाय ने साप्ताहिक 'गोलमाल' का सम्पादन किया। 14 नवम्बर 1924 में 'गोलमाल' पटना से कोलकाता स्थानांतरित हो गया। 'गोलमाल' के हिस्से में प्रशंसा तो आई किन्तु वह ज्यादा दिनों

तक जीवित नहीं रह सका।

बालचन्द अस्थाना ने काशी से सन 1924 में हिन्दी साप्ताहिक *'भूत'* का सम्पादन–प्रकाशन किया। 16 पृष्ठ के इस साप्ताहिक का वार्षिक शुल्क दो रुपये था। इसकी हास्य टिप्पणियाँ मौलिक होती थीं। व्यंग्य–विनोद का अच्छा पत्र था। टोडरसिंह तोमर के सम्पादकत्व में कानपुर से हिन्दी मासिक पत्र *'वालंटियर'* प्रकाशित हुआ। 'वालंटियर' का नवम्बर–दिसम्बर का संयुक्त अंक फिरंगी हुकूमत ने प्रतिबंधित कर दिया था। 'वालंटियर' स्वतंत्रता संग्राम का मुखर समर्थक था। 'वालंटियर' ने लिखा– "ब्रिटिश राज्य की नींव केवल स्वार्थ और कायरता पर रखी गई है।"

दिल्लगी प्रधान पत्र *'मौजी'* कोलकाता से महादेव सिंह शर्मा के सम्पादन में प्रकाशित हुआ। इसकी टिप्पणियाँ, लेख, कहानियाँ, कविताएँ सभी अच्छी होती थीं। मेरठ से मदन मोहन ने त्रिभाषी मासिक पत्रिका *'इण्डियन बॉय'* का प्रकाशन किया। अँगरेजी, हिन्दी, उर्दू में बालचरों के लिए यह पत्रिका प्रकाशित हुई।

सन 1924 में कोलकाता से शिशिरकुमार मित्र ने बंगला साप्ताहिक पत्र *'सचित्र शिशिर'* का सम्पादन–प्रकाशन किया। वार्षिक शुल्क छह रुपये था। यह एक स्तरीय पत्र था, जिसमें सभी विषयों का समावेश किया जाता था।

इन्दौर से हिन्दी मासिक *'खेती–बाड़ी समाचार'* और कानपुर से पाक्षिक *'किसान'* का प्रकाशन सन 1924 में हुआ। 'किसान' के सम्पादक रघुवर दयालु मिश्र थे। किसानों के लिए उपयोगी पत्र था।

ज्वालादत्त शर्मा ने मुरादाबाद से हिन्दी साप्ताहिक समाचारपत्र *'कैलाश'* का सम्पादन–प्रकाशन सन 1924 में किया। बारह पृष्ठ के इस सचित्र साप्ताहिक का वार्षिक शुल्क तीन रुपये आठ आना था। सन 1924 में रामनवमी से हिन्दी की सचित्र मासिक पत्रिका *'कवि कौमुदी'* का प्रकाशन हिन्दी मंदिर प्रयाग से हुआ। हिन्दी कविता की इस उत्कृष्ट पत्रिका के सम्पादक–प्रकाशक रामनरेश त्रिपाठी थे। पत्रिका में कविताएँ, समस्यापूर्ति तथा लेखों का प्रकाशन किया जाता था।

लतीफ हुसैन तथा रामधारीप्रसाद विशारद ने हिन्दी के साहित्यिक साप्ताहिक *'आशा'* का सम्पादन–प्रकाशन मुजफ्फरपुर से किया। वार्षिक शुल्क दो रुपये था। चेन्नै से तारा संघ का हिन्दी मुखपत्र *'अवतार'* प्रकाशित हुआ। बरेली से गंगासहाय पाराशरी ने सचित्र हिन्दी मासिक पत्रिका *'हिन्दी पुस्तक'* निकाली।

भवानीप्रसाद गुप्त ने हिन्दी साप्ताहिक *'अग्रहरि जीवन'* प्रयाग से निकाला। बाराबंकी से अखिल भारतीय वर्नाकुलर महामंडल का पाक्षिक मुखपत्र *'अध्यापक'* प्रकाशित हुआ। पृष्ठ संख्या 10 और वार्षिक शुल्क दो रुपये था।

हिन्दी मासिक *'पुरवार जातीय हितैषी'* अमरावती से प्रकाशित हुई। होशंगाबाद से हिन्दी साप्ताहिक *'प्रजा सेवक'* निकला। वार्षिक शुल्क दो रुपये था। सम्पादक अचलेश्वर शर्मा थे। कालपी से हिन्दी पाक्षिक *'नाई केसरी'*, अजमेर से हिन्दी मासिक *'पारीख'* और लादूराम त्रिपाठी के सम्पादन में अजमेर से ही हिन्दी मासिक पत्रिका *'छन्यानी'* प्रकाशित हुई।

कोलकाता से शीतला सहाय और बुद्धिधन शर्मा ने हिन्दी साप्ताहिक *'देशबंधु'* का सम्पादन-प्रकाशन किया। संतराम बी.ए. ने लाहौर से मासिक पत्र *'जात-पाँत तोड़क'* निकाला। चेन्नै से *'जैन सुधार लेखमाला'* मुनि प्रेमानन्द के सम्पादकत्व में प्रकाशित हुई। दिल्ली से हिन्दी साप्ताहिक *'गो रक्षक'* निकला। चम्बा से जयवंत राम शर्मा ने शैक्षिक पत्रिका *'चम्बा'* का सम्पादन-प्रकाशन 1 अप्रैल 1924 को किया।

पटना से हिन्दी त्रैमासिक *'शिक्षा सेवक'* निकला। निरंजन शर्मा अजित के सम्पादकत्व में राजस्थान कार्यालय दिल्ली से साप्ताहिक समाचारपत्र *'हिन्दी राजस्थान'* का प्रकाशन किया गया। पृष्ठ संख्या 12 और वार्षिक शुल्क आठ रुपये था। सम्पादकीय टिप्पणियाँ और लेख विचारपूर्ण होते थे। रियासतों के हालात का मार्मिक चित्रण करता था। इटावा से हिन्दी पाक्षिक *'हलधर'* सन 1924 में प्रकाशित हुआ। इसके 15 और 30 जुलाई 1939 के अंक उत्तरप्रदेश सरकार ने जब्त कर लिए थे। इसी वर्ष हिन्दी साप्ताहिक *'हितचिंतक'* इटावा से निकला। बैजनाथ केडिया ने कोलकाता से हिन्दी साप्ताहिक *'सनातन धर्म'* प्रकाशित किया। मिर्जापुर से आचार्य शिवव्रत लाल ने हिन्दी मासिक पत्रिका *'सन्त'* का सम्पादन-प्रकाशन किया। 100 पृष्ठ की मासिक पत्रिका का वार्षिक शुल्क साढ़े चार रुपये था। पत्रिका में ज्ञान-भक्ति और वैराग्य की चर्चा कथारूप में तथा सन्तों की वाणियाँ व्याख्या सहित प्रकाशित की जाती थीं। कानपुर से सचित्र हिन्दी मासिक पत्र *'विश्वकर्मा'* प्रकाशित हुआ। सन 1925 में बंद हो गया। दिल्ली से साप्ताहिक हिन्दी पत्रिका *'वीरभूमि'* का प्रकाशन हुआ। मुरलीधर वर्मा ने कानपुर से हिन्दी मासिक पत्रिका *'स्वास्थ्य'* निकाली। अलीगढ़ से हिन्दी पाक्षिक पत्र *'स्वच्छंद'* निकला।

रावलपिंडी से गोस्वामी यदुकुल भूषण ने हिन्दी मासिक *'धर्म सखा'* निकाला। कोलकाता से हिन्दी साप्ताहिक *'रसगुल्ला'* निकला। अजमेर से ताराचन्द ओझा ने हिन्दी मासिक *'राजस्थान सारस्वत'* का प्रकाशन किया। अलीगढ़ से हिन्दी मासिक पत्रिका *'महिला सर्वस्व'* निकली। देवदत्त शर्मा सम्पादक और उमादेवी शर्मा सहायक सम्पादक थीं। कोलकाता से महिला हितकारिणी सभा की रमा देवी और पार्वती देवी ने हिन्दी मासिक पत्रिका *'महिला महत्व'* का प्रकाशन किया। पृष्ठ संख्या तीस और वार्षिक शुल्क ढाई रुपये था। रघुनन्दन झा ने सहारनपुर से हिन्दी

साप्ताहिक *'महावीर'* का सम्पादन-प्रकाशन किया। पृष्ठ संख्या 12 और वार्षिक शुल्क तीन रुपये था। कोलकाता से गणेशप्रसाद शारदा ने *'माहेश्वरी जगत'* का प्रकाशन किया। बाद में यह नागपुर से निकला। मैनपुरी से बिहारीलाल गौड़ के सम्पादकत्व में हिन्दी पाक्षिक पत्र *'ब्राह्मण हितैषी'* निकला। मेरठ से हिन्दी साप्ताहिक *'प्रभात'* धर्मेन्द्रनाथ शास्त्री तर्कशिरोमणि के सम्पादन में प्रकाशित हुआ।

शास्त्री हरिशंकर के सम्पादकत्व में काशी से *'वैष्णव माधव'* प्रकाशित हुआ। कौंच से हिन्दी साप्ताहिक *'वीरेन्द्र'* और गया से हास्य-विनोद का हिन्दी साप्ताहिक *'रंगीला'* प्रकाशित हुए। हरिहरप्रसाद जिंदल 'रंगीला' के सम्पादक-प्रकाशक थे। बांदा से नन्दकिशोर वर्मा के सम्पादकत्व में राष्ट्रीय विचारधारा का साप्ताहिक *'लोकमान्य'* प्रकाशित हुआ। किशोरीलाल गोस्वामी ने *'विज्ञ वृन्दावन'* का सम्पादन-प्रकाशन किया। बिजनौर से दिगम्बर जैन परिषद ने हिन्दी पाक्षिक *'वीर'* निकाला।

लाहौर से जून 1924 में सचित्र उर्दू मासिक पत्रिका *'आलमगीर'* का सम्पादन-प्रकाशन हाफिज मोहम्मद आलम ने किया। पृष्ठ संख्या 60 और वार्षिक शुल्क 4 रुपये 4 आना था। उर्दू भाषा और साहित्य के प्रचार-प्रसार के लिए यह छमाही पत्रिका निकली थी। जून और दिसम्बर माह में विशेषांक निकाले जाते थे।

उर्दू पाक्षिक *'निदा-ए-इस्लाम'* मौलाना मजहरउद्दीन के सम्पादकत्व में दिल्ली से प्रकाशित हुआ। तबलीगी पत्रिका थी। अंजुमन तरक्की-ए-उर्दू ने उर्दू मासिक *'नवेद'* निकाला। सम्पादक अब्दुल बारी थे। उर्दू साप्ताहिक समाचारपत्र *'रणवीर'* 24 जून 1924 को जम्मू से प्रकाशित हुआ। सम्पादक-प्रकाशक लाला मुल्कराज सोहराब थे। सन 1946 में *'रणवीर'* दैनिक समाचारपत्र हो गया। कश्मीर की सरकार से मतभेद होने के कारण 18 मई 1950 को 'रणवीर' का प्रकाशन बन्द हो गया। उर्दू की कृषि मासिक पत्रिका *'देहाती'* झंग से अप्रैल 1924 में निकली। किसानों की उन्नति इस पत्रिका का उद्देश्य था। मौलवी मोअज्जम कुरैशी सम्पादक थे। *'देहाती'* नाम का हिन्दी साप्ताहिक इसी वर्ष दिल्ली से निकला।

सितम्बर 1924 में भोपाल से हामिद भोपाली ने उर्दू मासिक *'मोहसिन-उल-मुल्क'* का प्रकाशन किया। आगरा से उर्दू साप्ताहिक *'फरिश्ता'* निकला। सम्पादक जमील अकबराबादी थे। पृष्ठ संख्या 48 और वार्षिक शुल्क तीन रुपये था। सन 1924 में हमीदिया प्रेस दिल्ली से अब्दुल हमीद खाँ ने उर्दू मासिक पत्रिका *'मौलवी'* का सम्पादन-प्रकाशन किया। जब अखबारों पर पाबंदी का नया अध्यादेश जारी हुआ तब 'मौलवी' ने उसकी सख्त मुखालफत की थी। सन 1960 में मोहम्मद वसीम कलीमी और 1966 में अताउर रहमान सम्पादक हुए। उसके बाद यह पत्रिका बन्द हो गई।

रियासत

दिल्ली से उर्दू साप्ताहिक *'रियासत'* का सम्पादन-प्रकाशन सन 1924 में सरदार दीवानसिंह 'मफ्तून' ने किया। पृष्ठ संख्या 48 और वार्षिक शुल्क 10 रुपये था। स्वतंत्र विचारधारा, निष्पक्ष समीक्षा एवं विवरण तथा अच्छी भाषा शैली के कारण 'रियासत' की लोकप्रियता बढ़ी। सरदार दीवान सिंह मफ्तून का आदर्श और उसूल इस उक्ति से प्रकट होता है- "अखबारनवीस दुनिया में उन लोगों का साथ देने के लिए पैदा हुआ है, जो मुसीबतों में हों। उन लोगों से हमारा कोई ताल्लुक नहीं जो ऐशो-आराम में हों।" मफ्तून आजीवन इस सिद्धान्त पर चले। उन्हें पन्द्रह बार गिरफ्तार किया गया और आठ बार जेल भेजा गया। जितनी बार वे जेल गए उतनी ही उनकी लोकप्रियता और सम्मान बढ़ा। देशी रियासतों की जनता की दास्तां लिखी जाती थी। स्वतंत्रता संग्राम में उन्होंने सक्रिय भागीदारी की। स्वतंत्रता के बाद 'रियासत' की आर्थिक स्थिति बिगड़ गई और तब उन्होंने शमा के प्रकाशक यूसुफ देहलवी को पत्र सौंप दिया। एक जनवरी 1960 को 'रियासत' का प्रकाशन बन्द हो गया।

लोधाना से गाजी मेहमूद धर्मपाल के सम्पादकत्व में अगस्त 1924 में उर्दू मासिक *'हनीफ'* निकला। हिन्दू-मुस्लिम एकता इसका उद्देश्य था। उर्दू मासिक पत्रिका *'मयराज-उल-कलाम'* अमरोहा से प्रकाशित हुई। सम्पादक मोहम्मद फैयाज अली खाँ थे। उर्दू साहित्यिक मासिक पत्रिका *'अल फैज'* अमृतसर से प्रकाशित हुई। लाहौर से कश्मीरी अवाम का प्रवक्ता *'बहार-ए-कश्मीर'* प्रकाशित हुआ। हैदराबाद से उर्दू साहित्यिक मासिक पत्रिका *'अल मुअल्लिम'* सैयद महमूद हुसैन जाफरी के सम्पादन में प्रकाशित हुई। बिहार शरीफ से मौलवी अली हुसैन और हाफिज जफर हुसैन के सम्पादकत्व में उर्दू पाक्षिक *'अल इकराम'* का प्रकाशन हुआ। मैसूर से उर्दू साप्ताहिक *'अल कलाम'* सन 1924 में निकला। सम्पादक सैयद गौस मुहीउद्दीन थे। एक साल बाद 'अल कलाम' दैनिक समाचारपत्र के रूप में निकलने लगा। सन 1962 तक इसका प्रकाशन हुआ।

पटना से उर्दू साप्ताहिक *'अल मुबश्शिर'* का सम्पादन-प्रकाशन मौलवी गुलाम मोहम्मद ने किया। साहित्य, इतिहास और राजनीति का यह अखबार आठ पृष्ठ का था, जिसका वार्षिक शुल्क चार रुपये होता था। फुलवारी शरीफ से उर्दू मासिक *'गरीब नवाज'* सैयद शाह हुसैन ने सम्पादित-प्रकाशित किया। उर्दू साहित्यिक मासिक पत्रिका *'कश्शाफ'* अमृतसर से प्रकाशित हुई। साहित्य और ज्ञान-विज्ञान की इस पत्रिका के सम्पादक मोहम्मद गरीबउद्दीन थे। पटना से उर्दू मासिक पत्रिका *'इस्लामी मसावत'* प्रकाशित हुई। लाला श्यामदास ने साहित्यिक-राजनीतिक मासिक पत्रिका *'तिलक'* सन 1924 में लाहौर से निकाली। पृष्ठ संख्या 48 और

वार्षिक शुल्क दो रुपये था। हैदराबाद से अबुल मुकार्रिम अनवर उल्ला ने कुछ माह तक उर्दू मासिक पत्र *'तर्जुमान'* निकाला। *'तबसिरत-उल-तिब्बात'* नामक उर्दू पाक्षिक पत्रिका लाहौर से प्रकाशित हुई। सम्पादक अहमद दीन थे। अमृतसर से अब्दुल अजीज मखदूमी ने उर्दू मासिक पत्रिका *'जमाअत'* निकाली। लाहौर से उर्दू मासिक पत्रिका *'दिल फिगार'* का सम्पादन-प्रकाशन ख्वाजा गुलाम नक्शबंदी ने किया। यह साहित्यिक पत्रिका थी।

दीवान भोलासिंह ने उर्दू मासिक *'दिलचस्प'* का प्रकाशन डेरा इस्माइल खाँ से किया। शिकारपुर से उर्दू साप्ताहिक *'तंजीम'* नवाब खालिद दाद खाँ के सम्पादकत्व में निकला। इतिहास, साहित्य, इस्लाम और कौमी विषयों पर सामग्री प्रकाशित करता था। लाहौर से उर्दू साप्ताहिक *'पैगाम-ए-सुलह'* का प्रकाशन हुआ। रामपुर से दिसम्बर 1924 में उर्दू मासिक पत्रिका *'नैरंग'* निकली। सम्पादक मोहम्मद अजीज उल्ला खाँ थे। आगरा से गुरदास सिंह अहलूवालिया ने उर्दू साप्ताहिक *'प्रेम प्रचारक'* निकाला। अमृतसर से दीनी मासिक पत्रिका *'बलाग'*, हकीम शहाबुद्दीन ने *'रायफल मैन'* पेशावर से, *'सफीर-उल-तज्जार'* दिल्ली से, उर्दू मासिक पत्रिका *'शगूफा'* कानपुर से, धर्म, समाज और व्यापार की उर्दू मासिक पत्रिका *'हातिफ'* पेशावर से तथा *'शमा तजल्ली'* देहरादून से प्रकाशित हुई। इटावा से उर्दू मासिक पत्रिका *'हिलाल'* का प्रकाशन हुआ।

वसई से मराठी साप्ताहिक *'वसई समाचार'* का सम्पादन-प्रकाशन नौ जून 1924 को शंकर लक्ष्मण गव्हाणकर ने किया। कांग्रेस समर्थक पत्र था।

सन 1924 में ए.रामास्वामी मुदलियार ने चेन्नै से अँगरेजी साप्ताहिक *'रेडिकल'* का सम्पादन-प्रकाशन किया। इस साप्ताहिक समाचारपत्र को बुद्धिमत्तापूर्ण सम्पादकीय टिप्पणियों के लिए पढ़ा और सराहा जाता था। दो वर्ष तक इसका प्रकाशन हुआ। अँगरेजी मासिक *'इंडियन वेटनरी जर्नल'* सन 1924 में चेन्नै से निकला। कोलकाता से जे.एन.बनर्जी ने अँगरेजी मासिक *'असम रिव्यू एण्ड टी न्यूज'* का सम्पादन-प्रकाशन किया। क्वेटा से अँगरेजी साप्ताहिक *'क्वेटा टाइम्स'* और कोलकाता से अँगरेजी मासिक *'केलकटा म्युनिस्पल गजट'* सन 1924 में प्रकाशित हुए। अक्टूबर 1924 में अँगरेजी मासिक पत्रिका *'करंट थाट'* निकली। यह अराजनीतिक पत्रिका थी जिसमें साहित्य, कला, संगीत, दर्शन, विज्ञान विषयों का समावेश रहता था। *'जर्नल आफ इंडियन केमिकल सोसायटी'* का प्रकाशन कोलकाता से किया गया। अँगरेजी मासिक *'प्लांटर्स जर्नल एण्ड एग्रीकल्चरिस्ट'* भी कोलकाता से प्रकाशित हुआ। लोनावाला से अँगरेजी त्रैमासिक पत्रिका *'योग मीमांसा'* निकली।

दिल्ली से अरुणा आसफ अली और आर. रामन के सम्पादकत्व में अँगरेजी मासिक पत्रिका *'चिल्डरन्स न्यूज'* का प्रकाशन सन 1924 में हुआ। सीताराम बंसल

सहयोगी सम्पादक थे। 24 गुणित 18 से.मी. आकार की 36 पृष्ठ की इस पत्रिका का वार्षिक शुल्क दो रुपये था। कवर पृष्ठ पर नामशीर्ष के नीचे हिन्दुस्तान का नक्शा प्रकाशित किया जाता था, जिस पर उगता हुआ सूर्य एवं एक बालक का चित्र होता था। बच्चों के लिए शिक्षाप्रद लेख, बौद्धिक पहेलियाँ तथा प्रतियोगिता के रूप में पूछे गए सवाल प्रकाशित किए जाते थे। माता-पिता के लिए भी बच्चों के सम्बन्ध में उपयोगी सामग्री दी जाती थी। राष्ट्रीयता केन्द्रीय विचार रहता था। चौथे दशक में पत्रिका बन्द हो गई।

कुमार

जनवरी 1924 में रविशंकर म. रावल ने अहमदाबाद से गुजराती मासिक पत्रिका *'कुमार'* का प्रकाशन किया। बचूभाई रावत 'कुमार' के सम्पादक थे। साहित्य और संस्कृति की उत्कृष्ट पत्रिका थी जो लोकप्रिय हुई और पाठकों ने जिसे अपनाया। पत्रिका के संस्थापक रविशंकर म. रावल के अमृतपर्व (75 वर्ष) के उपलक्ष्य में *'कुमार'* का 472 पृष्ठ का कला अंक प्रकाशित किया गया था। यह पत्रिका के 44 वें वर्ष का बारहवाँ अंक था। यह अपने आप में एक संदर्भ विशेषांक बन गया। हर माह की पन्द्रह तारीख को प्रकाशित होता था। साहित्य और संस्कृति सम्बन्धी सहित्य की समीक्षा की जाती थी। रावत के बाद बिहारी लाल टांक सम्पादक और अशोकभाई बचूभाई रावत मुद्रक-प्रकाशक हुए।

कुमार

बच्चू भाई रावत सम्पादकीय टिप्पणियाँ लिखते थे, लेखों की भाषा सुधारा करते थे। छोटे-बड़े आकार के टाइप का प्रयोग कहाँ कैसे करना है इसका निर्धारण करते थे, प्रूफ पढ़ते

थे और नवोदित पत्रकारों को इसका ज्ञान भी देते थे। जनवरी 1982 में 'कुमार' का 59वें वर्ष का पहला अंक आद्य सम्पादक बचूभाई रावत की स्मृति में निकला। इस अंक में बचूभाई रावत और संस्थापक रविशंकर रावल के चित्र और परिचय के साथ-साथ कला, साहित्य और संस्कृति पर विशेष सामग्री का प्रकाशन किया गया।

26 अक्टूबर 1924 को मुम्बई से बी.एन.महीशरी ने गुजराती पत्र *'स्वदेश'* का सम्पादन-प्रकाशन किया। कच्छ की जनता के लाभार्थ इसका प्रकाशन किया गया था। वार्षिक शुल्क छह रुपये था। प्रबंधक अम्बालाल आर.पटेल थे। पत्र का आकार 33 गुणित 37 से.मी. था। मुख्यत: साहित्य और संस्कृति का मासिक पत्र था। इसी वर्ष महिलाओं के लिए गुजराती मासिक पत्रिका *'गुण सुंदरी'* का प्रकाशन मुम्बई से जयकृष्णदास नागरदास वर्मा ने किया। हीरालाल हरजीवन गणात्रा सहयोगी सम्पादक थे। धार्मिक, सामाजिक और ऐतिहासिक विषयों पर लेख प्रकाशित किए जाते थे। सामयिक विषयों पर सम्पादकीय टिप्पणियाँ होती थीं। वार्षिक शुल्क साढ़े तीन रुपया था।

गोकुलदास द्वारकादास रायचुरा ने गुजराती की सचित्र मासिक पत्रिका *'शारदा'* का सम्पादन-प्रकाशन सन 1924 में राजकोट से किया। विचारपूर्ण रचनाओं और सुन्दर मुद्रण वाली इस पत्रिका की पृष्ठ संख्या 48 और वार्षिक शुल्क साढ़े छह रुपये था। योग साहित्य पर अच्छी सामग्री का प्रकाशन 'शारदा' ने किया। मुम्बई से प्रत्येक रविवार को गुजराती साप्ताहिक *'बेघड़ी मौज'* का प्रकाशन हुआ। शैदा सम्पादक थे।

वैनतेय

29 अक्टूबर 1924 को, दीपावली के दिन मराठी साप्ताहिक *'वैनतेय'* का सम्पादन-प्रकाशन सावंतवाडी से मेघश्याम दत्तात्रय शिरोडकर ने किया। महात्मा गाँधी से प्रेरित, प्रभावित 'वैनतेय' ने सावंतवाडी की जनता की निष्ठापूर्वक सेवा की। स्वतंत्रता संग्राम और गाँधीजी के रचनात्मक कार्यक्रमों यथा- खादी, ग्रामोद्योग, अस्पृश्यता निवारण, मद्य निषेध आदि का समर्थन और प्रचार किया। वार्षिक शुल्क तीन रुपये था। 'वैनतेय' दीर्घजीवी हुआ।

मराठी मासिक *'राजहंस'* का प्रकाशन रा.मु.जोशी के सम्पादकत्व में कोरटकर ने किया। वार्षिक शुल्क चार रुपये था। सर्वांगीण पत्रिका थी। मुम्बई से शांताराम सावलराम मिरजकर ने मराठी साप्ताहिक *'पुढारी'* निकाला। औंध, जिला सातारा से अगस्त 1924 में श्रीपाद दामोदर सातवलेकर ने मराठी मासिक पत्रिका *'पुरुषार्थ'* का सम्पादन-प्रकाशन किया। स्वदेश, स्वधर्म तथा आरोग्य 'पुरुषार्थ' के विषय थे। वार्षिक शुल्क ढाई रुपये था। आकार 24 गुणित 18 से.मी. था। समसामयिक विषयों पर विचारपूर्ण सम्पादकीय और लेख आदि का प्रकाशन किया जाता था।

रघुनाथ मोरेश्वर पटवर्धन ने सन 1924 में पुणे से मराठी पत्र *'तत्व विचार आणि ज्योतिष भूषण'* का सम्पादन-प्रकाशन किया। मराठी त्रैमासिक *'शांति निकेतन माला'* पुणे से नारायण बलवंत चौहान ने वासुदेव गोविन्द आप्टे के सहयोग से प्रकाशित की। सात अक्टूबर 1924 को मराठी साप्ताहिक *'ऐक्य'* सतारा से निकला। 19 जनवरी 1967 को दैनिक हो गया। 55 गुणित 40 से.मी. आकार के दस पृष्ठ के इस दैनिक के सम्पादक-प्रकाशक सुरेश सी. पलनीतकर हैं। 8 दिसम्बर 1924 को मराठी साप्ताहिक *'स्थानिक स्वराज्य'* का सम्पादन-प्रकाशन लक्ष्मण जर्नादन आप्टे ने पुणे से किया। इन्दौर से अप्रैल 1924 में मासिक पत्रिका *'आत्मबोध'* पुरुषोत्तम सदाशिव खांडेकर के सम्पादकत्व में प्रकाशित हुई।

कर्मयोगी

शोलापुर से मराठी साप्ताहिक *'कर्मयोगी'* 26 नवम्बर 1924 को निकला। राष्ट्रीय विचार प्रसारक मण्डली के तत्वावधान में निकले 'कर्मयोगी' के सम्पादक रामचंद्र शंकर राजवाडे थे। लोकल बोर्ड, नगर पालिका और राजनीति के सवालों पर लिखता था। प्रखर देशाभिमान, अन्याय से घृणा और निर्भीक विचार 'कर्मयोगी' की विशेषता रही। पाँच मई 1930 को सविनय अवज्ञा आन्दोलन के सिलसिले में महात्मा गाँधी की गिरफ्तारी की प्रतिक्रिया शोलापुर में भी हुई। शोलापुर के लोग विरोध में प्रदर्शन कर रहे थे। जब पुलिस की गोलीबारी से शंकर शिवदारे शहीद हुए, कुछ और भी लोगों की जानें गईं, 'कर्मयोगी' ने विशेष परिशिष्ट निकालकर इस कांड की जानकारी आम जनता को दी। सम्पादक रामचंद्र शंकर राजवाडे पर राजद्रोह का मुकदमा चलाया गया। उन्हें सात वर्ष के सश्रम कारावास और दस हजार रुपये जुर्माने की सजा दी गई। छह माह तक 'कर्मयोगी' का प्रकाशन बंद रहा। नवम्बर 1930 में जलदेव राव देशमुख के सम्पादकत्व में 'कर्मयोगी' पुनः प्रकाशित हुआ। जून 1931 में 'कर्मयोगी' से छह हजार रुपये की जमानत माँगी गई। गांधी-इरविन समझौते के फलस्वरूप राजनीतिक बंदियों की रिहाई हुई और जमानत का संकट भी टल गया। राजवाडे ने पुनः सम्पादन-दायित्व ग्रहण किया। सन 1932 में फिरंगी हुकूमत ने 'कर्मयोगी' पत्र और छापाखाना जब्त कर लिया और 'कर्मयोगी' बन्द हो गया।

अप्रैल 1924 में कराची से मराठी साप्ताहिक *'सिंध मराठा'* निकला। रामचन्द्र तातोबा सावंत सम्पादक थे। पांडुरंग नारायण साठे प्रकाशक और शिवाजी प्रिंटिंग प्रेस मुद्रक था। 50 गुणित 35 से.मी. आकार के चार पृष्ठ के इस अखबार का वार्षिक शुल्क तीन रुपये था।

एक अगस्त 1924 को तिलक पुण्यतिथि के दिन *'गुजराती केसरी'* का प्रकाशन आरंभ हुआ। हर गुरुवार को प्रकाशित होता था। इसका उद्देश्य राष्ट्रीय

एकात्मता था और सम्पादक का मानना था कि एक ही भावना और विचार सभी प्रांतीय भाषाओं में प्रवाहित होने चाहिए।

एक मार्च 1924 को कोलकाता से सचित्र बंगला मासिक पत्रिका *'शिशिर'* प्रकाशित हुई। भारतीय जनजीवन और विशेष रूप से बंगाल के जीवन के विविध पहलुओं को प्रकट करने वाली यह एक उत्कृष्ट पत्रिका थी। चित्र और कार्टून प्रख्यात कलाकारों द्वारा बनाए जाते थे। लघु कथाएँ, कविताएँ और उपन्यास अंश प्रकाशित किए जाते थे। वार्षिक शुल्क दस रुपये था। काशी से संस्कृत मासिक पत्रिका *'समस्या कुसुमाकर'* प्रकाशित हुई और आर्थिक संकट के कारण जल्दी ही बन्द हो गई। संस्कृत का पाक्षिक समाचारपत्र *'सूर्योदय'* सन 1924 में वाराणसी से प्रकाशित हुआ। बिन्देश्वरी प्रसाद शास्त्री सम्पादक थे। दो दशक तक इसका प्रकाशन हुआ। गुरुमुखी समाचारपत्र *'कौमी दर्द'* संत चानन सिंह ने जालंधर से निकाला। सांध्य दैनिक था। अमृतसर से गुरुमुखी दैनिक *'खालसा सेवक'* निकला। सरदार करम सिंह सम्पादक थे। इस पत्र की स्थापना जी.एस.मुसाफिर और जी.जेड. सिंह ने की थी। वर्तमान सम्पादक मनमोहन सिंह हैं। अमृतसर के बजाय दिल्ली से प्रकाशित हो रहा है। कोलकाता से दिनेश रंजन दास के सम्पादकत्व में बंगला पत्र *'किल्लोल'* निकला। इसी वर्ष काशी से जनार्दन त्रिपाठी के सम्पादकत्व में संस्कृत साप्ताहिक *'जनार्दन'* का प्रकाशन हुआ। पृष्ठ संख्या आठ और वार्षिक शुल्क साढ़े तीन रुपये था।

सन 1924 में उड़िया पत्रिका *'सहकार'* का प्रकाशन लक्ष्मीनारायण साहू ने किया। सम्पादक अन्नपूर्णा देवी थीं। इसी वर्ष औरंगाबाद से मराठी और कन्नड भाषा का साप्ताहिक समाचारपत्र *'लोकमत'* प्रकाशित हुआ। ओंकारराव बिदर सम्पादक थे।

1925

सैनिक

एक जून, 1925 को आगरा से साप्ताहिक के रूप में आरम्भ हुए *'सैनिक'* के संस्थापक-सम्पादक श्रीकृष्णदत्त पालीवाल ने पत्रकारिता की दीक्षा गणेशशंकर विद्यार्थी के 'प्रताप' में ली। 'प्रताप' और 'प्रभा' के सहकारी सम्पादक रहते हुए सुयोग्य सम्पादक के रूप में उनकी ख्याति हो चुकी थी। सैनिक का प्रथम अंक 20 पृष्ठों का निकला था, जिसका मुद्रण आदर्श प्रेस में हुआ था।

'सैनिक' का प्रथम सम्पादकीय मानो स्वयं का भवितव्य लिख रहा था। इसका शीर्षक था- 'लड़ाई के मैदान में।' वे लिखते हैं- "देशवासी अहिंसात्मक सत्याग्रह संग्राम की सन्निहित शक्तियों और महती संभावनाओं को समझें। वे यह समझें कि देशव्यापी बेबसी और बेकसी के विरुद्ध, अज्ञान और अन्ध विश्वास के

(प्रति सोमवार को प्रकाशित)

ताजे समाचार

सैनिक

विरुद्ध, दीनता और दासता के विरुद्ध निरन्तर, हर समय, हर घड़ी, हर जगह युद्ध करते-करते अपने प्राण त्याग देना मनुष्य जीवन की सर्वश्रेष्ठ, सर्वोत्तम, सर्वोच्च और सर्वोपरि महत्वाकांक्षा है। बस एक ही अभिलाषा है। परमपिता ऐसी कृपा करें कि सैनिक जब तक जिये, देश के लिये जिये और जिस दिन मरे देश के लिये मरे। जीवन, धन, सुख सब कुछ जाये पर वह आदर्श भ्रष्ट न होने पाये।"

'सैनिक' के शीर्षक में ध्वज लिए हुए राष्ट्रीय कार्यकर्ता का चित्र और ध्वज पर वंदे मातरम् अंकित होता था। प्रत्येक सोमवार को निकलता था। इसका वार्षिक शुल्क 3 रुपये, छह माही शुल्क एक रुपया बारह आना तथा एक प्रति का मूल्य एक आना था।

सम्पादक-प्रबन्धक से लेकर लिपिक तक के सारे कार्य स्वयं पालीवालजी को करना पड़ते थे। निरन्तर आर्थिक कठिनाइयों के कारण कई बार 'सैनिक' को बन्द करने की नौबत आई। परन्तु हर बार 'सैनिक' के शुभचिन्तकों ने सहायता जुटा दी और उसे बंद होने से बचा लिया। फिरंगी हुकूमत की कोपदृष्टि आरम्भ से ही 'सैनिक' पर पड़ने लगी थी। संयुक्त प्रान्त सरकार की प्रशासनिक रपटों में 'सैनिक' का सन्दर्भ आने लगा। 1926 की रपट में दर्ज है- "आगरा का 'सैनिक' परिणामों की परवाह न कर सरकार पर हमला करता है।"

जनता के दुख दर्द को आवाज देने, उनकी समस्याएं उठाने तथा स्वतंत्रता की प्रखर पक्षधरता के कारण एक तरफ जहाँ 'सैनिक' की लोकप्रियता बढ़ रही थी, वहीं सरकार का कोप भी बढ़ता जा रहा था। 1927 में 'सैनिक' के दो अंक सरकार ने जब्त कर लिए। कई रियासतों में 'सैनिक' के प्रवेश पर पाबन्दी लगा दी गई।

मानहानि के नोटिस मिले और मुकदमेबाजी का सामना करना पड़ा। दतिया, धौलपुर, भरतपुर, जयपुर आदि रियासतों में चले विभिन्न जन आन्दोलनों में 'सैनिक' की महती भूमिका रही।

1930 के सत्याग्रह के दिनों में फिरंगी हुकूमत ने प्रेस आर्डिनेन्स जारी करके सत्याग्रह का समर्थन करने वाले दूसरे अखबारों के साथ 'सैनिक' से भी जमानत माँगी। दूसरी ओर कांग्रेस का निर्णय था कि जमानतें नहीं दी जाएँ। सैनिक ने जमानत नहीं दी और बंद होने का मार्ग चुना। ढाई साल तक बंद रहने के कारण सैनिक की व्यवस्था लड़खड़ा गई। सत्याग्रह में प्रान्तीय डिक्टेटर का दायित्व निभाते हुए पालीवाल जी जेल चले गए। उनके बाद सम्पादक का पद सम्हालने वाले रमेश वर्मा को एक सप्ताह बाद ही पन्द्रह महीने की कैद की सजा हो गई।

जुलाई 1934 में 'सैनिक' का नये सिरे से प्रकाशन शुरू हुआ। 'सैनिक' और भी अच्छे स्वरूप में निकला। पृष्ठ संख्या बढ़ाकर पहले 32, फिर 36 और बाद में 40 तक हो गई। कई नये स्तम्भ शुरू हुए। सचित्र लेख छपने लगे। साप्ताहिक अखबार के साथ-साथ कई बार विशेष प्रसंगों में दैनिक परिशिष्ट निकाला जाता था। अन्तत: 14 अक्टूबर 1937 को 'सैनिक' ने नियमित रूप से दैनिक पत्र का स्वरूप धारण कर लिया।

दैनिक के प्रथम अग्रलेख में सम्पादक ने लिखा- "सैनिक' क्रांति का सैनिक है। उसका अटल विश्वास है कि हमारे मन में, राजनीतिक जगत में ही नहीं, सभी क्षेत्रों में, आर्थिक और सामाजिक क्षेत्रों में भी, पूर्ण क्रान्ति की आवश्यकता है। उसकी कोशिश होगी कि वह राजाओं के महलों से लेकर गरीबों की झोपड़ी तक सभी जगह क्रान्ति का संजीवन संदेश सुनाए। उसकी कोशिश होगी कि वह घर-घर आजादी का अलख जगाये। सार्वजनिक मामलों में सार्वजनिक हित के लिए वह बेलौस होकर अपनी राय देगा। दुनिया की कोई भी ताकत उसे सच्ची राय जाहिर करने से नहीं रोक सकेगी।"

जनवरी 1938 में सैनिक का आकार, पृष्ठ संख्या और मूल्य बढ़े। पूर्णाकार के आठ पृष्ठ के पत्र का मूल्य दो पैसे था। 1936 में जहाँ कुछ महीने सच्चिदानंद हीरानन्द वात्स्यायन ने 'सैनिक' का सम्पादन किया, वहीं रामचन्द्र शर्मा 'महारथी' का भी सम्पादन-सहयोग मिला। 22 नवम्बर 1937 से जीवाराम पालीवाल का नाम सम्पादक के रूप में जाने लगा। कुछ समय चन्द्र शुक्ल का नाम भी उनके साथ-साथ छपा।

1939 में द्वितीय विश्वयुद्ध के समय 'सैनिक' ने अग्रलेख लिखा- "अब न चूकि चौहान"। इसमें देशवासियों का आह्वान किया गया था कि वे महायुद्ध के अवसर का उपयोग करें, देश को आजाद कराने से नहीं चूकें। सैनिक ने दूसरा लेख

प्रकाशित किया- "न एक पाई न एक भाई।" इसमें स्पष्ट कहा गया कि युद्ध में मदद के लिए न तो एक पैसा दिया जाय और न सेना में एक भी भाई को जाने दिया जाए। बल्कि अपनी आजादी के लिये प्रयत्न किया जाए। फिरंगी हुकूमत की भ्रुकुटियाँ फिर चढ़ गईं और 'सैनिक' सरकार के निशाने पर आ गया। 16 अप्रैल 1940 को दैनिक 'सैनिक' में एक लेख प्रकाशित हुआ- "युद्ध की लपटें।" इस पर आपत्ति करते हुए 'सैनिक' के सम्पादक जीवाराम पालीवाल को 'भारत रक्षा कानून' में निरुद्ध कर दिया गया। तदनन्तर श्रीपतिलाल दुबे सम्पादक हुए। उन्हें भी गिरफ्तार कर लिए जाने पर देवेन्द्र वर्मा सम्पादक बने। पालीवाल और दुबे को लम्बी सजा हुई।

16 जुलाई 1940 को दैनिक 'सैनिक' का आखिरी फार्म जब मशीन पर छपने जा रहा था, अकस्मात पुलिस ने छापा मारा। 'सैनिक' कार्यालय और प्रेस पर ताला डालकर पहरा बिठा दिया गया और सम्पादक को गिरफ्तार कर लिया गया। पूरे 74 दिन बाद 'सैनिक' परिसर से पुलिस हटी और 11 अक्टूबर 1940 से उलफतसिंह चौहान के सम्पादन में 'सैनिक' का पुनःप्रकाशन हुआ।

12 अक्टूबर, 1940 को सैनिक ट्रस्ट का गठन कर प्रेस तथा समाचारपत्र उसके सुपुर्द कर दिए गए। इसके न्यासियों में श्रीकृष्णदत्त पालीवाल (प्रबंध न्यासी), श्रीराम शर्मा (सम्पादक 'विशाल भारत'), जयगोपाल चौबे, प्रकाशनारायण शिरोमणि, कालीचरण तिवारी, जसपतराय कपूर और बाबूलाल मित्तल सम्मिलित थे।

'सैनिक' पुनः कर्त्तव्य पथ पर अग्रसर हो गया। प्रथम वैयक्तिक सत्याग्रही के रूप में आचार्य विनोबा भावे ने सत्याग्रह करते हुए पवनार में युद्ध-विरोधी भाषण दिया। बड़े-बड़े अखबारों ने उसे प्रकाशित करने से मुँह चुरा लिया, लेकिन सैनिक ने एसोसिएटेड प्रेस द्वारा सम्प्रेषित वह पूरा भाषण 'युद्ध में मदद देना पाप है' शीर्षक के साथ प्रकाशित कर दिया। परिणामस्वरूप 'सैनिक' पर फिर पहरा बैठ गया, ताला पड़ गया। यह मामला अखिल भारतीय समाचारपत्र सम्पादक सम्मेलन की बैठक में उठाया गया। महात्मा गांधी ने 'सैनिक' पर हुए प्रहार और ज्यादती के विरोध में तीखी प्रतिक्रिया दी। जनमत के भारी दबाव के चलते 'सैनिक' को लगभग सवा वर्ष तक बन्द रहने के बाद मुक्ति मिली और 26 जनवरी 1942 से उसका प्रकाशन फिर आरंभ हो सका।

अप्रैल 1942 में इलाहाबाद में कांग्रेस महासमिति की बैठक में पारित दो प्रस्ताव 'सैनिक' ने छाप दिए, तो एक बार फिर 'सैनिक' प्रताड़ना का शिकार बन गया। इन प्रस्तावों में से एक था सैनिकों द्वारा नागरिकों की बहू-बेटियों के साथ बलात्कार किए जाने की निंदा का और दूसरा था बर्मा से भागने वाले काले और गोरे लोगों के लिए अलग-अलग रास्ते बनाकर अनेक भारतीयों की जान तक लेने की

निन्दा का। दूसरे अखबारों ने ये प्रस्ताव नहीं छापे थे, क्योंकि हुकूमत ने उनके प्रकाशन पर पाबंदी लगा दी थी। सरकारी प्रतिबंधों से निजात पाने का रास्ता तलाशते हुए 'अमर सैनिक' नाम से नया घोषणापत्र भरा और कुछ समय तक 'सैनिक' इस नाम से निकला।

सन 1942 में बंद हुआ 'सैनिक' सन 1945 के अन्त तक बन्द ही रहा। लगभग तीन वर्ष तक बंद रहने के बाद 23 नवम्बर, 1945 को 'सैनिक' को छठा पुनर्जीवन मिला। स्वतंत्रता के बाद भी 'सैनिक' ने अभिव्यक्ति और विचारों की स्वतंत्रता का रास्ता नहीं बदला। परन्तु चेतना की यह मशाल मिशन से उद्योग-व्यवसाय बने समाचारपत्र प्रकाशन की नई राह नहीं पकड़ सकी।

'सैनिक' ने संदर्भ की दृष्टि से अनेक महत्वपूर्ण विशेषांक प्रकाशित किए। 1925 में कानपुर कांग्रेस विशेषांक, 1934 का जवाहर विशेषांक, 1935 का कांग्रेस स्वर्ण जयन्ती विशेषांक, 1937 में कांग्रेस मंत्रिमण्डल विशेषांक और किसान विशेषांक, 1939 में पद्मसिंह शर्मा स्मृति विशेषांक और रियासत अंक, इनमें उल्लेखनीय हैं।

श्रीकृष्ण संदेश

सितम्बर 1925 में विजयादशमी के दिन सचित्र हिन्दी साप्ताहिक *'श्रीकृष्ण संदेश'* का कोलकाता से प्रकाशन हुआ। चुन्नीलाल बर्मन प्रकाशक और लक्ष्मण नारायण गर्दे सम्पादक थे। 'बर्मन समाचार' का विलय 'श्रीकृष्ण संदेश' में कर दिया गया था। टेबलायड आकार के इस साप्ताहिक की पृष्ठ संख्या 16 और वार्षिक शुल्क तीन रुपये था। मुख पृष्ठ पर शीर्षक के नीचे यह श्लोक अंकित रहता था-

परित्राणाय साधूनां विनाशाय च दुष्कृताम्।
धर्मसंस्थापनार्थाय सम्भवामि युगे-युगे॥

'श्रीकृष्ण संदेश' का स्वागत करते हुए 'सुदर्शन' ने लिखा था- "धर्म और राष्ट्रीयता के सुखद संयोग का परिदर्शन इस पत्र द्वारा भली-भाँति हो सकता है। पत्र में सामयिक चित्रों के अलावा दो-एक कार्टून भी रहते हैं। सारांश, पत्र सर्वांग सुन्दर एवं संग्राह्य है।"[1]

'श्रीकृष्ण संदेश' के प्रथम पृष्ठ पर विषय सूची एवं चित्र सूची तथा डाक्टर एस.के.बर्मन प्रा.लि. द्वारा उत्पादित किसी औषधि का विज्ञापन रहता था। यह विज्ञापन देश के विभिन्न प्रांतों के प्रमुख नेताओं की सम्मति के रूप में होते थे, जो एक नया और प्रभावी प्रयोग था। तीसरे और चौथे पृष्ठ पर लेख, पाँचवें पृष्ठ पर सम्पादकीय, छठे और सातवें पृष्ठ पर प्रासंगिक विचार, आठवें पृष्ठ पर संसार की

---

1. सुदर्शन 22 सितम्बर 1925

गति, नौवें पृष्ठ पर मन की मौज और कवि विनोद तथा ग्यारहवें पृष्ठ पर विज्ञान वार्ता और कथा कहानी स्तंभ प्रकाशित किए जाते थे। अगले पृष्ठों पर समाचार और विज्ञापन रहते थे। 30 मई 1926 को 'श्रीकृष्ण संदेश' का प्रकाशन स्थगित हो गया। तब कोलकाता हिन्दू-मुस्लिम दंगे की आग में झुलस रहा था। एक वर्ष के अन्तराल के बाद, 27 जून 1927 को 'श्रीकृष्ण संदेश' का पुन:प्रकाशन हुआ। 25 अगस्त 1929 को प्रकाशक चुन्नीलाल बर्मन ने 'श्रीकृष्ण संदेश' का स्वत्व और उत्तरदायित्व सम्पादक लक्ष्मण नारायण गर्दे को सौंप दिया। 15 सितम्बर 1929 को 'श्रीकृष्ण संदेश' कोलकाता से काशी स्थानांतरित हो गया। 'श्रीकृष्ण संदेश' का प्रकाशन आरंभ होने के पूर्व लक्ष्मण नारायण गर्दे 'भारतमित्र' का सम्पादन कर रहे थे।

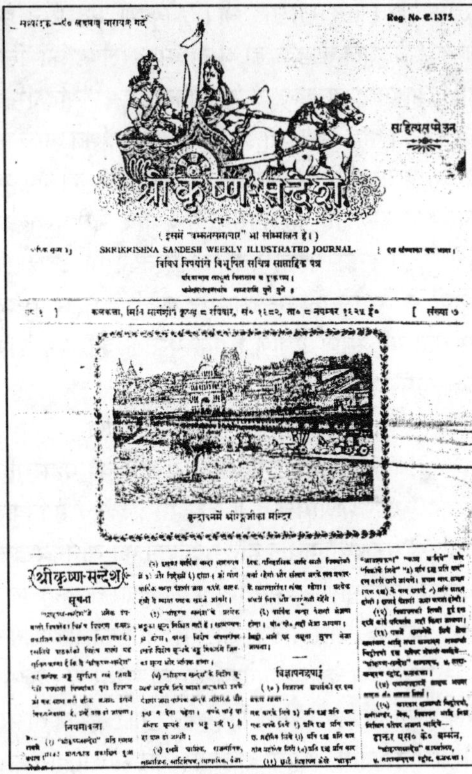
Reg. No. C-1375.

श्रीकृष्ण सन्देश

SHRIKRISHNA SANDESH WEEKLY ILLUSTRATED JOURNAL.

श्रीकृष्ण संदेश

'श्रीकृष्ण संदेश' में देश-विदेश की महत्वपूर्ण खबरें संक्षेप में तथा महत्वपूर्ण समारोहों के नीतिगत व्याख्यान विस्तार से प्रकाशित किए जाते थे। एक पृष्ठ पर कोलकाता के बाजार भाव प्रकाशित किए जाते थे। अपने समय के राष्ट्रीय जीवन के लगभग सभी महत्वपूर्ण व्यक्तियों के चित्र 'श्रीकृष्ण संदेश' की फाइलों में उपलब्ध हैं। पंडित वासुदेव मिश्र, हरिनन्दन सिंह, जवाहरलाल खत्री, विश्वम्भरनाथ जिज्जा, मनमोहन राय, 'श्रीकृष्ण संदेश' के सम्पादन-सहयोगी थे।

'माडर्न रिव्यू' के सम्पादक रामानन्द चटर्जी और मुद्रक सजनीकांत दास को राजद्रोह का मुकदमा चलाकर 12 अगस्त 1929 को एक-एक हजार रुपये जुर्माने की सजा दी गई। 'इण्डिया इन बान्डेज' नाम की डा. जे.टी. सण्डरलैण्ड की पुस्तक का अनुवाद प्रकाशित करने पर यह जुर्माना हुआ था। 14 अगस्त को बंगाल में यह

पुस्तक जब्त कर ली गई थी। 'श्रीकृष्ण संदेश' ने इस सम्बन्ध में 'इण्डिया इन बान्डेज' के मूल लेखक डा.जे.टी. सण्डरलैण्ड का 'लिबर्टी' के न्यूयार्क संवाददाता को दिया गया वक्तव्य उद्धृत किया है- "यदि मि. रामानन्द चटर्जी तथा मि. सजनीकांत दास 'इण्डिया इन बान्डेज' प्रकाशित करने पर राजद्रोह के अपराधी हैं तो ब्रिटिश प्रधानमंत्री मि. रेम्से मेकडोनाल्ड, कर्नल बैजवुड तथा पार्लियामेंट के अन्य सदस्य भी राजद्रोह के अपराधी हैं क्योंकि मेरी पुस्तक के जो खरे और राजद्रोहपूर्ण अंश हैं, वे इन्हीं महानुभावों की पुस्तकों के उदाहरण हैं। मेरी पुस्तक शांतिपूर्ण उपायों से सुधारों का पक्ष समर्थन करती है। इस पुस्तक को राजद्रोही समझना ही इस बात का स्पष्ट प्रमाण है कि पुस्तक का नाम 'इण्डिया इन बान्डेज' बिल्कुल ठीक नाम है।[1]

महारथी

विजयादशमी (सितम्बर 1925) को महारथी प्रेस दिल्ली से हिन्दी मासिक पत्रिका *'महारथी'* रामचन्द्र शर्मा के सम्पादकत्व में निकली। प्रवेशांक में सम्पादक ने लिखा- "महारथी केवल तीन उद्देश्यों को सामने रखकर अवतीर्ण हुआ है। पहला उद्देश्य राष्ट्रनिर्माण है, भारतीयता का प्रचार करके चिरसुप्त राष्ट्रीय विचारों को जागृत करना, धार्मिक और नैतिक दृष्टि से जनता को सावधान करना इसका प्रथम उद्देश्य है, महारथी का दूसरा उद्देश्य समाज सुधार है- जिसके बालक और स्त्री इन दो मुख्य अंगों पर महारथी विशेष ध्यान देगा। इसका तीसरा उद्देश्य है देशप्रेम। भारत की प्राचीन पुनीत सभ्यता के प्रचार और संदेशों द्वारा संसार भर को प्रेम और एकता के सूत्र में संगठित कर मनुष्य जीवन की समस्याओं पर पूर्ण विचार करके जीवन संग्राम में विजय प्राप्त करने का पथ परिष्कृत करना और संसार भर में चिर शान्ति को स्थापित करना इसका अंतिम उद्देश्य है।"[2] इन्हीं तीनों उद्देश्यों के सूचक तीन शब्द 'साहस, सत्य और प्रेम' महारथी की ध्वजा पर अंकित हैं।

100 पृष्ठ की पत्रिका का आकार 24 गुणित 18 से.मी. था। सम्पादकीय 'अक्षय तूणीर' शीर्षक के अन्तर्गत चार-पाँच विषयों पर लिखे जाते थे। ज्ञान-विज्ञान, शिक्षा, इतिहास, मनोरंजन आदि विषयों पर इस पत्रिका ने बहुत कम समय में हिन्दी जगत में अपना स्थान बना लिया था। इसके प्रत्येक अंक में महारथी शृंखला के अन्तर्गत किन्हीं प्रतापी महापुरुष का रंगीन चित्र प्रकाशित किया जाता था। पत्रिका की लोकप्रियता बढ़ते-बढ़ते सम्पादक के नाम के साथ 'महारथी' उपनाम जुड़ गया। सोहनलाल द्विवेदी, हरिकृष्ण प्रेमी, जगन्नाथ प्रसाद मिलिन्द, मोहनलाल महतो 'वियोगी', केदारनाथ मिश्र 'प्रभात', शांतिप्रिय द्विवेदी, नन्ददुलारे

1. श्रीकृष्ण सन्देश, 18 अगस्त 1929
2. महारथी, सितम्बर 1925

वाजपेयी, जैनेन्द्र कुमार, चतुरसेन शास्त्री, कालिकाप्रसाद दीक्षित 'कुसुमाकर', प्रफुल्ल चन्द्र ओझा 'मुक्त' सदृश साहित्यकारों की रचनाओं से 'महारथी' का कलेवर समृद्ध रहता था। भगवानदास केला की भारतीय नागरिकता नामक चर्चित पुस्तक का धारावाहिक प्रकाशन 'महारथी' में हुआ था। 'महारथी' के शक्ति अंक, राजपूत अंक, प्रताप अंक, मराठा अंक चर्चित हुए। 54 अंकों के प्रकाशन के बाद, जब अप्रैल 1930 में प्रेस अध्यादेश लागू हुआ, तब 'महारथी' से जमानत माँगी गई और पत्रिका का प्रकाशन बन्द कर दिया गया।

महारथी

चार जून 1930 को रामचन्द्र शर्मा ने दैनिक 'महारथी' का प्रकाशन आरम्भ कर दिया। लाला लाजपतराय की स्मृति में 20 नवम्बर 1930 को 'महारथी' का लाजपतराय विशेषांक प्रकाशित हुआ। विशेषांक के 'कफन की कीलों पर' शीर्षक अग्रलेख पर रामचन्द्र शर्मा को नौ महीने की सजा हुई। नौ जनवरी 1931 को 'महारथी' का अन्तिम अंक प्रकाशित हुआ। सम्पादक ने टिप्पणी लिखी- 'महारथी' की कविताएँ और समाचारों की शैली भी खटकती है, अत: उस पर आक्षेप और कड़ी निगाह जारी है। कार्यालय पर पहरा रहता था और प्रेस आर्डिनेंस का कोड़ा सर पर है। मुझसे सरकार चिढ़ी हुई है।"

हिन्दू संसार

बसंत पंचमी संवत 1981 (एक फरवरी 1925) को दिल्ली से हिन्दी दैनिक *'हिन्दू संसार'* का प्रकाशन झाबरमल्ल शर्मा के सम्पादकत्व में हुआ। यह कोलकाता के 'कलकत्ता समाचार' का नया अवतार था। दिल्ली में सनातन धर्म के प्रमुख नेता पं.

दीनदयालु शर्मा ने देश की राजधानी में हिन्दी दैनिक समाचारपत्र के अभाव और आवश्यकता के सम्बन्ध में कुँवर गणेशसिंह भदौरिया से चर्चा की। भदौरिया कोलकाता के 'कलकत्ता समाचार' के स्वामी थे। उन्होंने अपना अखबार दिल्ली स्थानांतरित करने की सहमति दे दी। झाबरमल्ल शर्मा ने लिखा- "वह स्वेच्छापूर्ण नामान्तरण ग्रहण कर रहा है, स्थान बदल रहा है, कालिका क्षेत्र से धर्मराज युधिष्ठिर की पुरातनपुरी इन्द्रप्रस्थ में आसन जमा रहा है। कलकत्ता समाचार की आत्मा, उसकी नीति, उसके भाव, सब उसके साथ रहेंगे। आगामी बसन्त पंचमी के शुभ अवसर से कलकत्ता समाचार, हिन्दू संसार के नाम से पाठकों की सेवा में निरन्तर उपस्थित होने लगेगा।"

दिल्ली में 'हिन्दू संसार' को पाठकों ने अपनाया। उसकी लोकप्रियता और प्रसार संख्या बढ़ी। तेवर तीखे और अभिव्यक्ति निर्भीक थी। 12 फरवरी 1926 तथा 24 मई 1926 के अंकों में टिहरी गढ़वाल के होम मेम्बर चक्रधर जुयाल से सम्बन्धित पत्र के प्रकाशन को लेकर सम्पादक झाबरमल्ल शर्मा और सहायक सम्पादक बाबूराम मिश्र के विरुद्ध मानहानि का मुकदमा चला दिया गया। इस मुकदमे में शर्मा को एक वर्ष की कैद और 500 रुपये जुर्माने की सजा हुई। हाईकोर्ट में अपील की गई, जिसमें वे मुक्त हुए। परन्तु मुकदमेबाजी के चक्कर में पत्र का प्रकाशन अन्ततः बन्द हो गया।

सुदर्शन

मार्च 1925 में देहरादून से हिन्दी साप्ताहिक *'सुदर्शन'* का प्रकाशन हुआ। पत्र के सम्पादक गोपीवल्लभ उपाध्याय थे, जो इसके पूर्व हिन्दी 'चित्रमय जगत' और 'भ्रमर' का सम्पादन कर चुके थे। 'सुदर्शन' का वार्षिक शुल्क तीन रुपये चार आने था। छपाई आकर्षक होती थी। 'सुदर्शन' की एक समाचार टिप्पणी द्रष्टव्य है- "पंजाब में कुछ मनचले लोगों ने सनातन धर्म पब्लिसिटी ब्यूरो और महावीर दल के नाम से इश्तेहारबाजी कई दिन से शुरू कर रखी है, किन्तु अब तक उनके हाथ से उल्लेख योग्य कार्य कुछ भी नहीं हुआ। हम चाहते हैं कि पंजाब वालों में जैसा जोश है वैसा वे काम भी करें।"[1]

सागर से साप्ताहिक *'समालोचक'* का प्रकाशन सन 1925 में हुआ। यह हिन्दी पत्र हर बुधवार को जारी होता था। 'समालोचक' का अपना प्रेस था। इसका वार्षिक मूल्य ढाई रुपये था। 'समालोचक' के सम्पादक अब्दुल गनी थे, जिनका परिचय देते हुए 'कर्मवीर' ने लिखा- "इसके सम्पादक को अपने स्वाधीनता प्रेम के कारण कई बार नौकरशाही की मेहमानदारी स्वीकार करनी पड़ी है। इसके लेखों में

1. कर्मवीर, 23 मई 1925

वह स्फूर्ति रहती है जिससे पाठकों की नसों में बिजली दौड़ जाती है।"

मुम्बई से मराठी साप्ताहिक *'सचित्र रविवार'* प्रकाशित होता था। इस पत्र में हास्य, मनोरंजन की सामग्री विशेष रूप से रहती थी। 'सचित्र रविवार' का वार्षिक शुल्क पाँच रुपये था। सारंगपुर (मालवा-निमाड़) से हिन्दी मासिक *'हितैषी'* का प्रकाशन आरंभ हुआ। इस मासिक पत्र के सम्पादक शिवनारायण उपाध्याय थे। पत्र का ध्येय समाज सेवा, समाज में फैली हुई कुरीतियाँ, कुविचार, अंधरूढ़ि, असत्य-अन्याय आदि के विरुद्ध संघर्ष करना था। मासिक 'हितैषी' का वार्षिक शुल्क दो रुपये आठ आना था।

लाहौर से साप्ताहिक *'सत्यवादी'* का प्रकाशन सन 1925 में हुआ। सम्पादक भीमसेन विद्यालंकार थे। इस पत्र का ध्येय हिन्दू धर्म और हिन्दी का प्रचार करना था। पत्र का वार्षिक शुल्क तीन रुपये आठ आना था।

हुब्बली (कर्नाटक) से कांग्रेस सेवादल के मुखपृष्ठ *'वालंटियर'* का प्रकाशन हुआ। इस पत्र का ध्येय नवयुवकों को दिशाबोध कराना एवं उनके भविष्य को उज्ज्वल बनाना था। 'वालंटियर' अखिल भारतीय स्वयंसेवक आन्दोलन को बढ़ाने का प्रयत्न करता था। 'वालंटियर' के सम्पादक डा. ना.सू.हर्डीकर थे। वार्षिक शुल्क तीन रुपये था।

'हिन्दू सर्वस्व' साप्ताहिक पत्र *कनखल* (हरिद्वार) से 1925 में प्रकाशित हुआ। रघुनंदन झा के सम्पादन में निकला यह पत्र सामाजिक बुराइयों, कुरीतियों की कड़ी आलोचना करता था। वार्षिक शुल्क तीन रुपये था।

हिन्दी साप्ताहिक *'नृसिंह'* का 1925 में पुनः प्रकाशन हुआ। ठाकुर बिन्द्रासिंह पत्र के सम्पादक थे। पत्र में राजभक्ति के साथ-साथ अधिकारियों की भक्ति और साम्राज्य भक्ति टपकती थी। वार्षिक शुल्क तीन रुपये आठ आना था।

अप्रैल 1925 में मुम्बई से *'भागीरथ'* नाम का हिन्दी साप्ताहिक प्रकाशित हुआ। सम्पादक कृष्ण कुमार मिश्र थे। विक्रम प्रिंटिंग प्रेस मुम्बई से प्रत्येक गुरुवार को प्रकाशित होता था। एक प्रति का मूल्य चार पैसे और वार्षिक शुल्क सवा छह रुपये था। पत्र में तार से प्राप्त होने वाले ताजे समाचार प्रथम पृष्ठ पर प्रकाशित किए जाते थे। आखरी पृष्ठों पर विज्ञापन होते थे, जो अधिकतर दवाइयों के रहते थे। आकार 33 गुणित 24 सेंटीमीटर था।

सन 1925 में कमलकान्त भट्टाचार्य और महादेव शर्मा ने *'असम हितैषी'* नामक असमिया पाक्षिक पत्र का प्रकाशन किया। कोलकाता से प्रकाशित यह पत्र तीन वर्ष तक निकला। स्वराज्य और राष्ट्रीय आदर्शों को लेकर इस पत्र ने अच्छे

लेखादि प्रकाशित किए। कोलकाता से निकलने के बावजूद यह असमिया पत्र असम में काफी लोकप्रिय था।

संजीवनी प्रेस दिल्ली से डा. युद्धवीर सिंह ने अप्रैल 1925 में सचित्र हिन्दी मासिक पत्रिका *'आर्य कुमार'* का प्रकाशन किया। डा. केशवदेव शास्त्री 'आर्य कुमार' के संस्थापक सम्पादक थे। उनके निधन के बाद डा. युद्धवीर सिंह सम्पादक हुए। आर्य समाज के समाज सुधार अभियान का प्रवक्ता यह पत्र समय-समय पर विशेषांक भी प्रकाशित करता था। 'आर्य कुमार' का एक अगस्त 1929 को प्रकाशित जात-पाँत तथा विवाह सुधार अंक काफी चर्चित रहा था। 25x16 से.मी. आकार के इस पत्र का वार्षिक शुल्क दो रुपये तथा एक अंक का मूल्य चार आना था।

सन 1925 में समालोचना की द्वैमासिक हिन्दी पत्रिका *'साहित्य समालोचक'* का प्रकाशन सीतापुर से हुआ। पत्रिका के सम्पादक, प्रकाशक मुद्रक कृष्णबिहारी मिश्र और उनके सहयोगी विपिनबिहारी मिश्र एवं नवल बिहारी मिश्र थे। 25x16 से.मी. आकार की इस पत्रिका का वार्षिक शुल्क तीन रुपये तथा एक अंक का मूल्य 10 आना था। 34 पृष्ठ की इस पत्रिका में विभिन्न विषयों पर समीक्षात्मक आलेख प्रकाशित किए जाते थे। सम्पादक का पाठ्य सामग्री की शुद्धता पर जोर रहता था। पाँचवें वर्ष में पत्रिका का स्वरूप *जर्नल* का हो गया था और इसमें शोध-पत्र प्रकाशित होने लगे थे। इसकी आवृत्ति भी मासिक कर दी गई थी।

स्वास्थ्य सम्बन्धी हिन्दी मासिक पत्रिका *'संजीवनी'* का प्रकाशन जून 1925 में दिल्ली से हुआ। इसके सम्पादक आयुर्वेदाचार्य चतुरसेन शास्त्री तथा मुद्रक और प्रकाशक भद्रसेन वर्मा थे। 38 पृष्ठ की इस पत्रिका में ज्यादातर लेख आयुर्वेद पर होते थे जो सम्पादक लिखते थे। विज्ञापन के पृष्ठ अलग होते थे। अधिकांश विज्ञापन आयुर्वेदिक औषधियों के रहते थे।

अगस्त 1925 में वी.एन. प्रेस इटावा से हिन्दी मासिक *'हिंदू'* का प्रकाशन कांताप्रसाद दीक्षित ने किया। सम्पादक कालूराम शास्त्री और मुद्रक वेदनिधि मिश्र थे। 'हिन्दू' का वार्षिक मूल्य दो रुपया था। हिन्दू के सातवें वर्ष का प्रवेशांक *'धर्मांक'* विशेषांक के रूप में प्रकाशित हुआ। विशेषांक का आकार 18x12 से.मी. और पृष्ठ संख्या 480 थी। पत्र की भाषा उत्तम और लेखों का चयन विषय के अनुरूप गम्भीर होता था। धर्मांक में सनातन धर्म, सनातन धर्म गौरव, सनातन धर्म की महिमा, परिपूर्ण धर्म, धर्म और उन्नति, साधारण धर्म और देशोन्नति, धर्ममूल विवेचनम्, गृहस्थ-धर्म, धार्मिक सिद्धान्तों की प्रौढ़ता, धार्मिक राज्य और उसका फल, जगदगुरु सनातन धर्म, अभ्युत्थान, नारी-धर्म, साहित्य चर्चा, समाचारावली आदि का समावेश किया गया है। इस प्रस्तुति का एक कारण शास्त्रीय मर्यादाओं तथा प्राचीन सभ्यता की रक्षा करना घोषित किया गया था। धर्मांक अपने आप में

एक ग्रंथ बन गया था।

आर्य समाज की विचारधारा पर केन्द्रित हिन्दी मासिक पत्र *'सार्वदेशिक'* का प्रकाशन मार्च 1925 में दिल्ली से हुआ। यह सार्वदेशिक आर्य प्रतिनिधि सभा दिल्ली का मुखपत्र था। 'सार्वदेशिक' के सम्पादक मण्डल में इन्द्र विद्यावाचस्पति, धर्मदेव विद्यावाचस्पति और रघुनाथप्रसाद पाठक सम्मिलित थे। सार्वदेशिक की एक प्रति का मूल्य बारह आना और वार्षिक शुल्क पाँच रुपये था। 'सार्वदेशिक' में कविता, कहानी, वेद, नीति आदि पर लेख, सुमन संचय स्तम्भ के अन्तर्गत प्रेरक प्रसंग, आर्य सभा की गतिविधियों के समाचार आदि प्रकाशित किए जाते थे। सम्पादकीय टिप्पणियाँ सबसे अंत में होती थीं, जो दो या तीन विषयों पर लिखी जाती थीं।

शिवपूजन सहाय और रमेशचन्द्र त्रिपाठी के सम्पादकत्व में कोलकाता से सचित्र मासिक पत्रिका *'उपन्यास तरंग'* का प्रकाशन सन 1925 में हुआ। इसके पहले दो अंकों में दो अनूदित उपन्यास, कहानियाँ, हास्य व्यंग्य का प्रकाशन हुआ। वणिक प्रेस कोलकाता से यह 16 पृष्ठ की पत्रिका मुद्रित होती थी। वार्षिक शुल्क पाँच रुपये था।

कोलकाता से रामकुमार भुवालका ने हिन्दी मासिक पत्र *'अग्रसर'* का प्रकाशन किया। ठाकुर राजकिशोर सिंह पत्र के सम्पादक थे। वार्षिक शुल्क तीन रुपये तथा एक अंक का मूल्य चार आना था। 'अग्रसर' का हिन्दू महासभा विशेषांक लक्ष्मण नारायण गर्दे, अम्बिकाप्रसाद वाजपेयी, बाबू राजेन्द्रप्रसाद, लाला भगवानदीन, यशोदानन्दन अखौरी सदृश विद्वानों के लेखों के कारण पठनीय हो गया था।

हिमालय प्रेस मुरादाबाद से शिवशंकर शर्मा ने सचित्र हिन्दी साप्ताहिक *'कैलाश'* का प्रकाशन किया। लक्ष्मीनारायण शुक्ल सम्पादक थे। ज्ञानवर्द्धक, मनोरंजक, ललित निबंध, हास्य रचना, तीर्थ-वर्णन प्रकाशित किए जाते थे। कवर पृष्ठ रंगीन रहता था। मुद्रण अच्छा था। सम्पादन शैली स्तरीय थी। कानपुर के स्वदेशी प्रेस से मई 1925 में *'दैनिक भविष्य'* का प्रकाशन गिरिजाशंकर मिश्र ने किया। अम्बिका प्रसाद त्रिपाठी सम्पादक थे। वार्षिक शुल्क कानपुर वालों से पाँच रुपये और बाहर वालों से आठ रुपये लिया जाता था। एक प्रति का मूल्य एक पैसा, पृष्ठ संख्या चार थी।

गोलकोंडा पत्रिका

हनुमन्तराव पन्तुलु ने सन 1925 में तेलुगु अर्द्धसाप्ताहिक *'गोलकोंडा पत्रिका'* का प्रकाशन किया। सम्पादक सुरवरम् प्रताप रेड्डी थे। कुछ समय बाद यह दैनिक समाचारपत्र के रूप में निकलने लगा। कई वर्षों तक इस अखबार ने तेलंगाना में राष्ट्रीय भावनाओं और जन आकांक्षाओं की अलख जगाई। सुखरम् प्रताप रेड्डी के 'पश्चात एन. नरोत्तम रेड्डी सम्पादक हुए। 35 वर्ष बाद यह अखबार (सन 1966 में)

గోలకొండపత్రిక

పాకిస్థాన్ అనుయాయులకు హైదరాబాదు ఉర్దూ పత్రికల సహకారం?

गोलकोंडा पत्रिका

बन्द हो गया। एकीकृत आंध्र के निर्माण के पक्ष में इस पत्रिका ने वातावरण बनाया। धारदार आलोचनात्मक लेखों के कारण 'गोलकोंडा पत्रिका' की पाठकों में अलग पहचान बनी।

अप्रैल 1925 में कमर्शियल हाईस्कूल दिल्ली से द्वैमासिक पत्रिका *'शिक्षा'* का प्रकाशन लाला भगवन्तकिशोर ने किया। 16 पृष्ठ की इस पत्रिका में विद्यार्थियों के लिए उपयोगी सामग्री दी जाती थी। बीच में कुछ समय बंद रहकर जून 1931 में 'शिक्षा' का पुन:प्रकाशन हुआ। राजनारायण शर्मा सम्पादक थे। 24x18 से.मी. आकार और एक प्रति का मूल्य दो आना था।

जनवरी 1925 में श्री भारतीय हिन्दू शुद्धि सभा आगरा का मासिक मुख पत्र *'शुद्धि समाचार'* प्रकाशित हुआ। सम्पादक एवं प्रकाशक देवप्रकाश थे। हिन्दुओं से सम्बोधित समाचारों, सूचनाओं और विचारों की पत्रिका थी। जुलाई 1925 (अषाढ़ 1982 वि.स.) से गौरीशंकर भगवानजी शर्मा के सम्पादकत्व में *'शाक द्वीपीय ब्राह्मण बन्धु'* का प्रकाशन प्राणशंकर कुंवरजी शर्मा ने मुम्बई से किया। वार्षिक शुल्क दो रुपये आठ आना था। पृष्ठ संख्या 20 थी। सामाजिक विषयों पर सुधारपरक लेख-कविताएँ प्रकाशित किए जाते थे।

कराची से सिद्धेश्वर शर्मा के सम्पादकत्व में हिन्दी मासिक *'विद्यार्थी जीवन'* का प्रकाशन विद्यार्थी मंडल ने किया। पृष्ठ संख्या 24 और वार्षिक शुल्क डेढ़ रुपया था। दरभंगा से मैथिली मासिक पत्रिका *'श्रीमैथिली'* का सम्पादन उचितनारायण दास ने किया। वार्षिक शुल्क दो रुपये था। मुरलीधर शर्मा ने कानपुर से हिन्दी

मासिक *'श्री ब्रह्मभट्ट हितैषी'* निकाला। अजमेर से पाक्षिक *'श्री खंडेलवाल जैन हितेच्छु'* का सम्पादन मोहनलाल बोहरा ने किया।

सत्य समाज वर्धा ने मासिक *'सत्य संदेश'* का प्रकाशन दरबारीलाल सत्यभक्त के सम्पादकत्व में किया। 14 वर्ष तक प्रकाशित हुआ। वार्षिक शुल्क तीन रुपये था। विश्वंभर दयालु के सम्पादन में दिल्ली से हिन्दी साप्ताहिक *'रोटी'* प्रकाशित हुआ। पृष्ठ संख्या 12 और वार्षिक शुल्क तीन रुपये था। काशी से रामचन्द्र बलवंत डोंगरे के सम्पादकत्व में हिन्दी मासिक *'योग रहस्य'* निकला।

रामचन्द्र शुक्ल और गोकुल बिहारीलाल वर्मा के सम्पादकत्व में हिन्दी मासिक *'युगप्रवेश'* सन 1925 में अडियार (चेन्नै) से प्रकाशित हुआ। सभी विचारों का समावेश इस पत्र में रहता था। साप्ताहिक *'माहेश्वरी बंधु'* कोलकाता से निकला। सम्पादक बसंतीलाल मालपाणी थे। राऊ गुरुकुल से हिन्दी मासिक पत्रिका *'विद्या'* का प्रकाशन किया गया। अजमेर से हिन्दी साप्ताहिक *'मरुधर मित्र'* निकला।

ऋषिकेष से ठाकुर प्रतापसिंह नेगी ने हिन्दी साप्ताहिक *'भारतभाल'* का प्रकाशन पहाड़ी प्रदेश की सेवा के लिए किया। लेखादि राष्ट्रीय भावनाओं से ओतप्रोत रहते थे। पृष्ठ संख्या आठ, वार्षिक मूल्य तीन रुपये था। मुंगेर से आयुर्वेद की हिन्दी मासिक पत्रिका *'भिषक'* प्रकाशित हुई। महाबख्श शर्मा गौड़ सम्पादक थे। वार्षिक शुल्क तीन रुपये था।

हटिया, कानपुर से जातीय मासिक पत्र *'विश्नोई'* सन 1925 में प्रकाशित हुआ। शीतलप्रसाद विश्नोई सम्पादक थे। वार्षिक शुल्क ढाई रुपये था। धर्मेन्द्रनाथ तर्कशिरोमणि के सम्पादकत्व में बरेली से *'प्रभात'* का प्रकाशन हुआ। कालान्तर में मेरठ से निकलने लगा। हिन्दी मासिक *'प्रकाश'* मेरठ से प्रकाशित हुआ। राधामोहन लाला सम्पादक और धनपत गुप्त प्रकाशक थे। वार्षिक शुल्क दो रुपये था। दिल्ली से दुलीचन्द गोविला ने हिन्दी मासिक *'निपुण व्यापारी'* का प्रकाशन किया। वार्षिक शुल्क तीन रुपये था। कोलकाता से साप्ताहिक *'धर्मरक्षक'* शिवदयाल शर्मा के सम्पादकत्व में निकला। अजमेर से मदन मोहन लाल गुप्त ने हिन्दी दैनिक *'दरबार'* निकाला। अजमेर से ही हिन्दी पाक्षिक *'जैन जगत'* का प्रकाशन फतहचंद सेठी ने किया। सम्पादक कपूरचन्द पाटणी थे। बंग-बिहार अहिंसा धर्म परिषद ने कोलकाता से मासिक *'जिनवाणी'* का प्रकाशन किया। हिन्दी और बंगला का द्वि-भाषी पत्र था। दिल्ली से विद्यावती के सम्पादकत्व में हिन्दी मासिक पत्रिका *'ज्योति'* प्रकाशित हुई। पृष्ठ संख्या 60 और वार्षिक शुल्क चार रुपये आठ आना था। उज्जैन से कन्हैयालाल ज्योतिषी ने एक फरवरी 1925 को हिन्दी मासिक *'जाति जीवन'* का सम्पादन-प्रकाशन किया। हिन्दी साप्ताहिक *'जाट वीर'* आगरा से निकला। सम्पादक

कुँ. हुकमसिंह थे। वार्षिक शुल्क तीन रुपये आठ आना था। *'खद्दर'* नामक हिन्दी मासिक पत्रिका रामदास गौड़ तथा रामस्वरूप गुप्त के सम्पादकत्व में नेशनल प्रेस कानपुर से प्रकाशित हुई। चर्खा, कताई, बुनाई, खादी पर केन्द्रित इस पत्रिका का वार्षिक शुल्क एक रुपया था।

छोटेलाल केसरवानी ने प्रयाग से हिन्दी मासिक *'केसरवानी'* का सम्पादन-प्रकाशन किया। रघुनाथप्रसाद शास्त्री के सम्पादन में ब्यावर से हिन्दी मासिक पत्र *'हिन्दू सेवक'* का प्रकाशन हुआ। वार्षिक शुल्क ढाई रुपये था। हिन्दी मासिक *'कला कौशल'* का प्रकाशन भौमदत्त दीक्षित के सम्पादकत्व में कानपुर से गंगाधर दीक्षित ने किया। वार्षिक शुल्क सवा रुपये था। अहमदाबाद से आयुर्वेद की हिन्दी मासिक पत्रिका *'आरोग्य दर्पण'* सन 1925 में प्रकाशित हुई। सम्पादक वैद्य गोपीनाथ गुप्त थे। वार्षिक शुल्क दो रुपये था।

नरसिंहपुर से सन 1925 में ठाकुर रामाशीष सिंह ने हिन्दी साप्ताहिक *'नृसिंह'* का सम्पादन प्रकाशन किया। सरस्वती विलास प्रेस में छपता था। राष्ट्रीय आन्दोलन, साम्प्रदायिक तनाव, कांग्रेस अधिवेशन, दक्षिण अफ्रीका का रंगभेद जैसे विषयों पर समाचार और लेख छपते थे। वार्षिक शुल्क तीन रुपये आठ आना था।

सरहद

पेशावर से सन 1925 में उर्दू दैनिक 'सरहद' का प्रकाशन अल्ला बख्श यूसुफी के सम्पादकत्व में आरंभ हुआ। यूसुफी ने सन 1922 में हालात सरहद नाम से एक पम्फलेट बिना सरकार से अनुमति लिए प्रकाशित किया। खिलाफत आन्दोलन के स्वयंसेवक उसे दो-दो आना में बेचते थे। दस दिन तक पम्फलेट निकला। फिर पुलिस ने पम्फलेट बेचने वालों को गिरफतार कर लिया। तब यूसुफी को दो साल की कैद की सजा हो गई। जेल से रिहा होने के बाद युसूफी ने 'सरहद' नाम से मासिक पत्रिका की अनुमति माँगी। सन 1925 में पत्रिका का प्रकाशन आरंभ किया गया। कुछ समय बाद 'सरहद' दैनिक समाचारपत्र के रूप में निकलने लगा। 'सरहद' को अपनी निर्भीकता की कीमत कुर्कियों और जब्ती, कारावास और जुर्मानों से अदा करनी पड़ी। सन 1928 में अल्लाबख्श यूसुफी मुम्बई चले गए और 'सरहद' की जिम्मेदारी रहीम बख्श को सौंप दी। सन 1950 तक इस अखबार का प्रकाशन हुआ।

बेंगलूरु से उर्दू पाक्षिक *'सितारा मैसूर'* मोहम्मद सुलेमान परवेज ने निकाला। साहित्य, इतिहास और संस्कृति इसके विषय थे। कानपुर से उर्दू साप्ताहिक *'सदाकत'* प्रकाशित हुआ। लाहौर से शिल्प, उद्योग और व्यापार की उर्दू मासिक पत्रिका *'सनअत-व-तिजारत'* सैयद महबूब अली शाह के सम्पादकत्व में प्रकाशित हुई।

सहारनपुर से भी इस्माइल लाहौरी ने इसी नाम की एक पत्रिका निकाली। जनवरी 1925 में लखनऊ से उर्दू साप्ताहिक *'सिदक'* का सम्पादन-प्रकाशन जफर उल मुल्क अलवी ने किया। पृष्ठ संख्या आठ और वार्षिक शुल्क तीन रुपये था। हर शुक्रवार को छपता था। अहमदाबाद से उर्दू पत्र *'सरपंच अफगान'* ईसा खां नश्तर ने निकाला। हैदराबाद से भवानीप्रसाद ने आध्यात्मिक पत्रिका *'साईं की सदा'* निकाली। फुलवारी शरीफ से हकीम अब्दुल करीम नदवी ने यूनानी चिकित्सा पद्धति की पत्रिका *'मसीहा'* निकाली। सीहोर से अब्दुल वहीद वाहिदी ने उर्दू मासिक पत्रिका *'फिरदौस-ए-ख्याल'* का सम्पादन-प्रकाशन किया।

कोलकाता से उर्दू दैनिक *'मुस्लिम गजट'* का प्रकाशन मुस्लिम लीग के मुख पत्र के रूप में हुआ। सम्पादक मोहम्मद इसहाक अमृतसरी थे। पृष्ठ संख्या चार और वार्षिक शुल्क डेढ़ रुपया था। लाहौर से उर्दू मासिक पत्रिका *'रूहानी दुनिया'* प्रकाशित हुई। सम्पादक इकरामउद्दीन थे। *'रूहानियत'* नाम की उर्दू मासिक पत्रिका का सम्पादन-प्रकाशन मौलाना आजाद सुबहानी ने गोरखपुर से किया। बनारस से शाह इशरत हुसैन ने उर्दू मासिक पत्रिका *'हिफाजत'* निकाली। सीहोर से शायरी की उर्दू मासिक पत्रिका *'हुस्न-ए-ख्याल'* निकली। उर्दू त्रैमासिक पत्रिका *'सुहेल'* अलीगढ़ से रशीद अहमद सिद्दीकी के सम्पादकत्व में प्रकाशित हुई। अलीगढ़ से जून 1925 में उर्दू मासिक *'सूदमंद'* प्रकाशित हुआ। मुल्तान से कमर जहाँ बेगम के सम्पादकत्व में महिलाओं की उर्दू मासिक पत्रिका *'सरताज'* प्रकाशित हुई। साहित्य और संस्कृति की उर्दू मासिक पत्रिका *'शादमा'* निकली। सम्पादक नूर उल हसन सिद्दीकी थे। जनवरी 1925 में आगरा से उर्दू मासिक पत्रिका *'शमा'* प्रकाशित हुई। सम्पादक बैरिस्टर मोहम्मद हमीद और बैरिस्टर आबिद जाफरी थे। इतिहास, साहित्य, ज्ञान-विज्ञान की एक उच्च स्तरीय पत्रिका के रूप में 'शमा' ने लोकप्रियता हासिल की। पृष्ठ संख्या 92 और वार्षिक शुल्क छह रुपये था।

दिल्ली से ख्वाजा सैयद हसन बकाई ने उर्दू मासिक पत्रिका *'पेशवा'* का सम्पादन-प्रकाशन किया। प्रभुदयाल के सम्पादकत्व में आगरा से उर्दू की साहित्यिक पत्रिका *'परवीन'* प्रकाशित हुई। औरंगाबाद कालेज से द्विमासिक पत्रिका *'नौरस'* निकली। मासिक पत्रिका *'नक्काद'* का सम्पादन-प्रकाशन कौसर लखनवी ने लाहौर से किया। ज्ञान-विज्ञान की उर्दू मासिक पत्रिका *'दिल'* आगरा से निकली। मुंशी इंतिजाम उल्ला सहाबी ने साहित्य, संस्कृति और इतिहास की उर्दू मासिक पत्रिका *'दरबार'* आगरा से प्रकाशित की। अलीगढ़ युनिवर्सिटी की स्काउट पत्रिका *'तिलियाड'* अब्दुल शकूर के सम्पादन में निकली। पानीपत से उर्दू मासिक *'कायनात'*, लाहौर से *'कौस-ए-कजा'*, बरेली से *'गुलकदा'* और *'काकेजई'* गुजराँवाला से प्रकाशित

हुई।

लाहौर से फरवरी 1925 में *'ओरिएंटल कालेज मैगजीन'* प्रकाशित हुई। तिमाही पत्रिका थी जिसके एक भाग में उर्दू, फारसी, अरबी तथा दूसरे भाग में संस्कृत, हिन्दी और गुरुमुखी भाषाओं की रचनाएं प्रकाशित की जाती थीं। सम्पादक डा. मोहम्मद इकबाल थे।

आगरा से उर्दू मासिक *'उर्दू-ए-मुअल्ला'* प्रकाशित हुआ। बुरहानपुर से उर्दू मासिक *'इंतिखाब'* का प्रकाशन मोहम्मद अब्दुल रहमान सिद्दीकी ने किया। सम्पादक नाजिम वारसी थे। पृष्ठ संख्या 36 और वार्षिक शुल्क एक रुपया आठ आना था। *'इंतिखाब'* नाम की दूसरी पत्रिका अक्टूबर 1925 में लाहौर से निकली। सम्पादक अख्तर शीरानी थे। पृष्ठ संख्या 64 और वार्षिक शुल्क पाँच रुपये था। मई 1926 में इसी पत्रिका का नाम बदलकर *'बहारिस्तान'* कर दिया गया था। मुबारकपुर, जिला अम्बाला से मार्च 1925 में उर्दू मासिक *'इमामिया गजट'* प्रकाशित हुआ।

सासाराम से आयुर्वेद की मासिक पत्रिका *'अल तबीब'* प्रकाशित हुई। मार्च 1925 में खामगाँव से उर्दू मासिक *'अल बशीर'* निकला। उर्दू मासिक पत्रिका *'अल इमदाद'* थाना भुवन, जिला मुजफ्फरनगर से प्रकाशित हुई। सम्पादक मौलाना अशरफ अली थानवी थे। पृष्ठ संख्या 40 और वार्षिक शुल्क दो रुपये था। सितम्बर 1925 में इलाहाबाद से अंजुमन दारुल अदब ने उर्दू मासिक पत्रिका *'अकबर'* का प्रकाशन किया। पृष्ठ संख्या 64 और वार्षिक शुल्क साढ़े चार रुपये था। मुम्बई से उर्दू साप्ताहिक *'अल वारिस'* और लाहौर से *'अल हाफिज'* का प्रकाशन हुआ। धार्मिक उर्दू पत्रिका *'असरार-ए-तसव्वुफ'* लाहौर से निकली। मुम्बई से राज लखनवी ने *'अनवार-उल-कुद्दूस'* का सम्पादन-प्रकाशन किया। नागपुर से सात सितम्बर 1925 को उर्दू साप्ताहिक *'अल हक'* का प्रकाशन मुंशी अब्दुल जफ्फार ने किया। छह पृष्ठ का यह साप्ताहिक अंजुमन प्रेस में छपता था। सम्पादक महमूद अली थे। सन 1927 में बन्द हो गया। शेरो-शायरी तथा इस्लाम के सम्बन्ध में जानकारियाँ प्रकाशित करता था। पेशावर से दस पृष्ठ का उर्दू साप्ताहिक *'अफगान'* सन 1925 में प्रकाशित हुआ। उर्दू, फारसी तथा पश्तो में सामग्री प्रकाशित की जाती थी। सम्पादक हकीम आजाद गुल थे। वार्षिक शुल्क पाँच रुपये था। जुलाई 1929 में 'अफगान' का प्रकाशन बन्द हो गया।

अल जमैयत

मौलाना इरफान ने सन 1925 में दिल्ली से उर्दू अर्द्धसाप्ताहिक *'अज जमैयत'* का सम्पादन-प्रकाशन किया। जमैयत-उल-उमला-ए-हिन्द इसका प्रकाशक था। कुछ समय बाद 'अल जमैयत' दैनिक पत्र बना जिसका सम्पादन अबुल आला मौददी करते थे। छह पृष्ठों के इस अखबार का वार्षिक शुल्क बारह रुपये था।

समय-समय पर 'अल जमैयत' के सम्पादक बदलते रहे। मौददी के बाद हामिद उल अंसार गाजी, हिलाल अहमद जुबैद, बहार बर्नी और नाज अंसारी सम्पादक हुए। 'अल जमैयत' के आखिरी सम्पादक मौलाना मोहम्मद उस्मान थे। आजादी के बाद अल जमैयत की प्रकाशन व्यवस्था लड़खड़ा गई। चार जून 1982 से *'वीकली अल जमैयत'* के नाम से निकला। सन 1985 में बंद हो गया।

पीपुल

लाला लाजपतराय की सर्वेण्ट्स आफ पीपुल सोसायटी ने पंजाब न्यूजपेपर्स एंड प्रेस कम्पनी के तत्वावधान में अँगरेजी साप्ताहिक *'पीपुल'* का प्रकाशन सन 1925 में लाहौर से किया। देश का सर्वतोमुखी उत्थान इस पत्र का उद्देश्य था, जिसके लिए वह नौजवानों को उत्प्रेरित करता था। सम्पादन-भाषा और भाव की उत्कृष्ट प्रस्तुति के कारण 'पीपुल' की गणना देश के सर्वोत्तम अँगरेजी साप्ताहिकों में की जाती थी। सम्पादक लाला लाजपतराय थे। राजनीतिक प्रश्नों पर लालाजी की सम्पादकीय टिप्पणियाँ विचारोत्तेजक रहती थीं। एशिया के राष्ट्रों की दशा तथा अन्तरराष्ट्रीय राजनीति पर लेख गवेषणापूर्ण होते थे। लाला लाजपतराय के निधन के बाद फीरोजचंद सम्पादक हुए। यह दिल्ली से निकला। फारस के सम्बन्ध में एक पत्र प्रकाशित करने पर 29 जून 1931 को 'पीपुल' कार्यालय की तलाशी ली गई। तेरह प्रतियाँ जब्त कर ली गईं। सम्पादक को वैदेशिक सम्बन्ध अध्यादेश के अन्तर्गत गिरफ्तार कर दो हजार रुपये की जमानत पर छोड़ा गया।

इलाहाबाद से अँगरेजी दैनिक *'डेली मेल'* का प्रकाशन आरम्भ हुआ। कुछ समय तक सी.वाई.चिंतामणि ने सम्पादन किया, फिर वापस 'लीडर' में आ गए। रायल एशियाटिक सोसायटी की मुम्बई शाखा ने सन 1925 में *'जर्नल'* का प्रकाशन किया। डा. वी.एस.सुखठणकर, ए.ए.फैजी और प्रो. एन.के. भागवत इसके सम्पादक रहे। शोध पत्रों का प्रकाशन इस जर्नल में किया जाता था। प्रत्येक अंक 100 पृष्ठ का रहता था। जनवरी 1925 से *'इंडियन स्टोरी टेलर'* नामक कहानियों और विनोद की स्तरीय अँगरेजी पत्रिका कोलकाता से प्रकाशित हुई। वार्षिक शुल्क पाँच रुपये था।

सन 1925 में लाहौर से अँगरेजी पत्र मुस्लिम *'आउटलुक'* प्रकाशित हुआ। सिकन्दराबाद से *'इंडियन स्टेट्स एंड जमींदारीज'* नामक अँगरेजी साप्ताहिक का प्रकाशन बी.बाल सुब्रमण्यम के सम्पादन में हुआ। देशी रियासतों, राजाओं, जमीदारियों और जमींदारों सम्बन्धी समाचार प्रकाशित किए जाते थे। अँगरेजी वार्षिकी *'इंडियन शुगर मेनुअल'* कानपुर से प्रकाशित हुई। *'जर्नल आफ इंडियन डेन्टल एसोसिएशन'* नई दिल्ली से निकला। मैसूर से *'जर्नल आफ इंडियन क्रिश्चियन मेडिकल एसोसिएशन'* का प्रकाशन किया गया। पटना से *'पटना जर्नल आफ मेडिसिन्स'* निकला।

चटगाँव से बंगला दैनिक *'ज्योति'* का प्रकाशन आरम्भ हुआ। सम्पादक

महिमादास थे। नमक सत्याग्रह के लिए इस पत्र के सम्पादक ने सागर तट पर साठ मील का चक्कर लगातार दो स्थानों का चयन किया था। युवक संघ सम्बन्धी साहित्य के प्रकाशन के कारण 'ज्योति' के कार्यालय पर पुलिस का छापा पड़ता रहता था।

कोलकाता से बंगला साप्ताहिक *'दुर्मुख'* सन 1925 में निकला। दूसरे वर्ष में पत्र के आकार और साज सज्जा में परिवर्तन किया गया था। मतिलाल राय के सम्पादकत्व में कोलकाता से बंगला मासिक *'प्रवर्तक'* का प्रकाशन हुआ। पहले चंद्रनगर से निकलता था, जहाँ प्रतिबंधित होने पर कोलकाता से निकाला गया। इसके पहले अंक में 'मर्मकथा' शीर्षक सम्पादकीय लेख में सम्पादक ने पत्र की व्यथा-कथा लिखी थी। बंगला साप्ताहिक *'हिन्दू'* कोलकाता से प्रकाशित किया गया। सम्पादक भैरवदत्त शर्मा थे। पृष्ठ संख्या 12 और वार्षिक शुल्क तीन रुपये था। समाज सुधार पत्र का मुख्य उद्देश्य था। तमिल साप्ताहिक *'देश ऊझियान'* त्रिचनापल्ली से हर शनिवार को प्रकाशित होता था।

गुजराती मासिक *'संत संदेश'* अहमदाबाद से निकला। इसी नाम का हिन्दी मासिक पत्र सत्याश्रम वर्धा से भी प्रकाशित हुआ। सम्पादक दरबारीलाल सत्यभक्त थे। वार्षिक शुल्क तीन रुपये था।

'सुन्दरी सुबोध' नामक गुजराती पत्र अहमदाबाद से निकला। डेरा इस्माइल खां से कुन्दनलाल खन्ना ने अँगरेजी, उर्दू और हिन्दी के त्रिभाषी साप्ताहिक *'सिंधु'* का सम्पादन-प्रकाशन किया। पृष्ठ संख्या छह थी।

आर.वनमाली एंड कम्पनी मुम्बई ने गुजराती त्रैमासिक *'कौमुदी'* का प्रकाशन सन 1925 में किया। सम्पादक विजयराय कल्याणराय थे। कौमुदी में गुजराती साहित्य और कला विषयक स्थायी महत्व की सामग्री का प्रकाशन किया जाता था। वार्षिक शुल्क चार रुपये आठ आना था।

विविध वृत्त

एक जनवरी 1925 को मराठी साप्ताहिक *'विविध वृत्त'* का प्रकाशन मुम्बई से हुआ। रामभाऊ का. तटणीस सम्पादक-प्रकाशक थे। नियमित प्रकाशन आरंभ करने के पूर्व 14 दिसम्बर 1924 को 'विविध वृत्त' का नमूना अंक निकाला गया था। लक्ष्मीनारायण छापाखाना से पत्र का मुद्रण किया जाता था, जो तटणीस का अपना प्रेस था। 'विविध वृत्त' में सभी विषयों का समावेश होता था- राजनीति, समाज, उद्योग-व्यापार। प्रत्येक रविवार को प्रकाशित होता था। आरंभ में अग्रलेख नरहरि रघुनाथ फाटक लिखते थे। अनन्तराव मोरमकर, चं.वि. बरवडेकर सहकारी सम्पादक थे। 'विविध वृत्त' के दीपावली विशेषांक आकर्षक निकलते थे। विभिन्न विषयों पर भिन्न-भिन्न लेखकों से लेख लिखवाए जाते थे। तटणीस का निधन होने

पर मई 1952 में बरवडेकर ने सम्पादक का दायित्व ग्रहण किया। सन 1955 में 'विविध वृत्त' के प्रबंधन में परिवर्तन हुआ। वि.व्यं.कामत सम्पादक हुए। 18 सितम्बर 1960 को पत्र का प्रकाशन बन्द हो गया।

सन 1925 में सत्यशोधक समाज का मराठी साप्ताहिक *'हंटर'* कोल्हापुर से प्रकाशित हुआ। 17 सितम्बर 1930 को पत्र से 4500 रुपये की जमानत जमा कराने को कहा गया किन्तु संचालकों ने अखबार बन्द करने का निर्णय ले लिया। ब्राह्मणेतर आन्दोलन का पत्र *'मजूर'* रामचन्द्र नारायण लाड ने आरम्भ किया। *'ब्राह्मण-ब्राह्मणेतर पाक्षिक'* का सम्पादन-प्रकाशन देवराज नाईक ने दोनों पक्षों के बीच सामंजस्य बिठाने के ध्येय से किया था। मराठी साप्ताहिक *'कुलाबा सद्वृत्त'* सन 1925 से 1945 तक प्रकाशित हुआ। फिरंगी हुकूमत का पक्षधर होने के कारण इसे गजट कहा जाने लगा था। गोरक्षण सभा नागपुर ने सन 1925 में मराठी मासिक *'गोधन'* निकाला। सम्पादक वामन विनायक सहस्त्रबुद्धे और प्रकाशक नारायण कृष्ण पारगाँवकर थे।

बाबासाहेब घोरपडे ने मराठी मासिक *'नवप्रभा'* प्रकाशित की। 11 जुलाई 1925 को ठाणे से धुंडिराज त्र्यम्बक गर्दे ने मराठी साप्ताहिक *'प्रतियोगी'* का सम्पादन-प्रकाशन किया। सन 1929 में वासुदेव रामचन्द्र नाचणे सम्पादक हो गए। पुणे से मराठी दैनिक *'पूना समाचार'* सन 1925 में आरंभ हुआ। इस अल्पजीवी पत्र के सम्पादक डा.एस.बी.केतकर थे। मराठी पाक्षिक *'साहित्य'* 8 सितम्बर 1925 को प्रकाशित हुआ। इसी साल *'व्यापारी महाराष्ट्र'* और *'रंगभूमि'* निकले। एक अगस्त 1925 को मुम्बई के बलवंत संघ का मुखपत्र *'साष्टी समाचार'* दत्तात्रय गोविन्द कर के सम्पादकत्व में प्रकाशित हुआ। मराठी, गुजराती और अँगरेजी भाषा की सामग्री प्रकाशित की जाती थी। डा. विश्वनाथ हरि बेडेकर के सम्पादन काल में पत्र साप्ताहिक हो गया। जुलाई 1928 में प्रकाशन बन्द हुआ। 19 सितम्बर 1925 को मराठी साप्ताहिक *'संग्राम'* का प्रकाशन-सम्पादन ग.म.नलवड़े ने किया। सन 1931 में बंद हो गया। ब्राह्मणेतर आन्दोलन के पत्र 'मजूर' के जवाब में यह पत्र निकाला गया था।

अध्यात्म-दर्शन

1926

कल्याण

गोरखपुर में जयदयाल गोयंदका और हनुमानप्रसाद पोद्दार के उद्यम से गीताप्रेस की स्थापना हुई। इसी प्रेस ने श्रावण कृष्ण 11, संवत 1983 (अगस्त 1926) को हिन्दी मासिक पत्रिका *'कल्याण'* का प्रकाशन किया। हनुमान प्रसाद पोद्दार सम्पादक थे। पत्रिका का मुद्रण और प्रकाशन प्रथम वर्ष मुम्बई से हुआ। दूसरे वर्ष गोरखपुर से होने लगा। हिन्दी पत्रकारिता में 'कल्याण' का अन्यतम स्थान है। यह सनातन धर्म और अध्यात्म पर केन्द्रित पत्रिका है। किन्तु धार्मिक संकीर्णता अथवा धर्म का अतिरेकी प्रचार इसके पृष्ठों पर कभी नहीं झलका। 'कल्याण' के

ॐ
श्रीपरमात्मने नमः।
वर्ष १
श्रावण कृष्ण ११ संवत् १९८३
अगस्त १९२६.
संख्या १
N. 316
कल्याण।
भक्ति, ज्ञान, वैराग्य और धर्म सम्बन्धी मासिक पत्र.
सत्यं शौर्य्यंतपः क्षमाऽमृतवचोऽहिंसाश्च श्रद्धालुताम्।
प्रीतिं भूतदयां जनेषि सकले सौहार्दमापादयन्॥
भक्तिं कल्मषनाशिनीं भगवतीमानन्ददां वर्द्धयन्।
कल्याणं वितनोतु नोऽभयकरः कल्याणरूपो हरिः॥
वार्षिक मूल्य ३)
विदेशोंके लिये ४॥)
प्रति संख्या ।=)
विदेशोंके लिये ॥)
बम्बईके सत्सङ्ग-भवन-द्वारा प्रकाशित।

कल्याण

वार्षिकांक संदर्भित विषय-वस्तु को समग्रता में प्रस्तुत और व्याख्यायित करते हैं। वस्तुतः इस पत्रिका के माध्यम से हनुमानप्रसाद पोद्दार ने भारतीय समाज को वेद, पुराण और अन्यान्य शास्त्रों का ज्ञान कोश लोकभाषा में अल्प मूल्य पर सुलभ कराने का भागीरथी उपक्रम किया है। इस पत्रिका में विज्ञापन नहीं छपते थे। राजनीति, विवाद और व्यक्ति पूजा से पत्रिका सदैव निर्लिप्त रही। आरम्भ में बाबा राघवदास सम्पादन में सहयोगी रहे। मूलतः संस्कृत में लिपिबद्ध अनेक ग्रन्थों को 'कल्याण' के विशेषांक के रूप में हिन्दी में प्रस्तुत किया गया। हिन्दी की एक भी ऐसी प्रमुख पत्रिका नहीं है जिसने 'कल्याण' की भूमिका का अभिनन्दन न किया हो। रायबहादुर गौरीशंकर हीरानन्द ओझा की टिप्पणी है- "अब तक धर्म और दर्शन विषयक इतना सुन्दर और सुसम्पादित पत्र कोई न था।"

पोद्दारजी, गर्दे जी, रामनाथ 'सुमन' जैसे वरिष्ठ पत्रकारों से कल्याण के विशेषांकों का संपादन कराते थे। इस रूप में उनकी सम्मानजनक सहायता भी हो जाती थी। हनुमान प्रसाद पोद्दार के गोलोकवासी होने के बाद चिमनलाल गोस्वामी, स्वामी रामसुखदास पाण्डेय, रामनारायण शास्त्री ने सम्पादन दायित्व निभाया। सम्प्रति राधेश्याम खेमका सम्पादक हैं। 22x33 से.मी. आकार की इस पत्रिका में 48 पृष्ठ रहते हैं। वार्षिकांक की पृष्ठ संख्या विषयानुरूप बृहदाकार होती है। प्रकाशन आरम्भ होते समय वार्षिक शुल्क तीन रुपये था जो अस्सी वर्ष पूर्ण होने पर एक सौ तीस रुपये हो गया है। 'कल्याण' हिन्दी के समाचारपत्रों और पत्रिकाओं में ऐसी प्रथम पत्रिका है जिसकी प्रसार संख्या एक लाख हुई। इस समय दो लाख प्रतियों से अधिक प्रसार है। देश के कोने-कोने तक 'कल्याण' पहुँचता है।

हिन्दू पंच

20 जून 1926 को कोलकाता से प्रकाशित *'हिन्दू पंच'* सचित्र साप्ताहिक था। पंच के विशेषांक उसकी ख्याति के प्रमुख कारण थे। 'हिन्दू पंच' का बलिदान अंक फिरंगी हुकूमत ने जब्त कर लिया था। पंच के प्रवर्तक बाबू रामलाल वर्मा थे। सम्पादक प्रद्युम्न कृष्ण कौल थे। कार्तिकेयचरण मुखोपाध्याय का नाम निरीक्षक के रूप में अंकित किया जाता था। 'हिन्दू पंच' का ध्येय वाक्य यह दोहा था-

"लज्जा रखने को हिन्दू की, हिन्दू नाम बचाने को।
आया हिन्दू पंच हिन्द में, हिन्दू जाति जगाने को॥"

27 गुणित 22 से.मी. आकार की यह पत्रिका साठ पृष्ठ की थी। वार्षिक शुल्क तीन रुपये और एक अंक का मूल्य चार पैसा था। 'हिन्दू पंच' के आद्य सम्पादक ईश्वरीप्रसाद शर्मा थे। दूसरे वर्ष में 'हिन्दू पंच' के सम्पादकीय पृष्ठ पर नाम शीर्ष के ऊपर 'ईश्वरी स्मृति स्तंभ' अंकित किया जाने लगा जो आद्य सम्पादक के प्रति सम्मान स्वरूप था।

'हिन्दू पंच' गुरुवार को प्रकाशित होता था। रामनवमी, जन्माष्टमी, विजयादशमी, दीपावली, होली तथा कांग्रेस के अधिवेशन के अवसर पर विशेषांक प्रकाशित किए जाते थे। 'हिन्दू पंच' की प्रसार संख्या चौदह हजार थी, जबकि इसके विशेषांक बीस हजार प्रतियों तक छपते थे। पहले वर्ष में 'हिन्दू पंच' के छह विशेषांक प्रकाशित हो गए थे- श्रीकृष्णांक, विजयांक, कमलांक, कांग्रेस अंक, रामांक और होलीकांक।

HINDU-PUNCH.

हिन्दू-पञ्च

सचित्र साप्ताहिक

क्या फिर देशमें स्वतंत्रताका संग्राम छिड़ेगा ?

गाड़ीवानोंकी हड़तालके शहीद

हिन्दू पंच

हिन्दू-पंच में प्रथम पृष्ठ पर विस्तृत सम्पादकीय टिप्पणी किसी विशेष प्रसंग पर छपती थी। 'आक-क्-छीं!' शीर्षक स्तंभ में चुटीली शैली में छोटी-छोटी खबरें देश-विदेश की छपती थीं। इसका एक उदाहरण-

"परन्तु सत्य का प्रयोग करने वाले गांधी बाबा ने एकदम जीती मछली निगलना उचित नहीं समझकर दबी जवान से यह भी स्वीकार किया है कि कांग्रेस के अन्दर कुछ चंदा चटोर जुड़ गये थे, जिन्होंने माल मारा है। पर अब तो चिड़िया खेत चुग गई, अब लाठी पीटना बेकार है। इसलिए-

"चुप बैठो चन्दा-दाता-गन।
समुझि बूझि रहियो अपने मन॥"

सम्पादक के नाम आए पत्र और सूचनाएं 'पंचराज की डाक' स्तम्भ के अन्तर्गत छपते थे। 'हिन्दू पंच' के विशेषांकों में सम्बन्धित विषय-वस्तु की सम्पूर्ण जानकारी का समावेश किया जाता था। सन्दर्भित चित्र भी छापे जाते थे। कविता, कहानियाँ, उपन्यास अंश छपते थे।

27 जनवरी 1927 के अंक में 'बलिदान' शीर्षक लेख प्रकाशित हुआ। इस

अंक को फिरंगी हुकूमत ने राजद्रोही माना और पंच के सम्पादक और प्रकाशक के विरुद्ध मुकदमा चला दिया। 18 मई 1927 को मुकदमे की पेशी हुई और 23 मई को सम्पादक ईश्वरी प्रसाद शर्मा को छह महीने तथा प्रकाशक मुकुन्दलाल वर्मा को चार महीने की सख्त कैद की सजा सुना दी। मजिस्ट्रेट टाईसन ने फैसले में लिखा, "अभियुक्त एक बार पहले भी इसी दोष के दोषी ठहराये जाकर छह सौ रुपया जुर्माने की सजा पा चुके थे, पर उससे कोई शिक्षा ग्रहण न की। अत: इस बार उन्हें उक्त सजा दी जाती है।" सम्पादक, प्रकाशक ने शुभचिंतकों की माफी माँगने की सलाह नहीं मानी। माफी माँगना उन्होंने आत्महत्या के समान समझा और खुशी-खुशी जेल जाना स्वीकार कर लिया।

'हिन्दू पंच' के कांग्रेस अंक से पता चलता है कि कांग्रेस को तब अखिल भारतवर्षीय राष्ट्र महासभा और उसके अध्यक्ष को राष्ट्रपति सम्बोधित किया जाता था। 'हिन्दू पंच' के मुखपृष्ठ पर उसके पांच प्रमुख उद्देश्य प्रकाशित किए जाते थे- हिन्दू संगठन, शुद्धि सत्कार, अछूतोद्धार, समाज सुधार और हिन्दी प्रचार।

'हिन्दू पंच' पर जुर्माने एवं मुकदमे का ब्योरा देते हुए 'कर्मवीर' ने लिखा-

"हिन्दू पंच पर प्रहार

हाल ही में पत्र के सम्पादक, मुद्रक और चित्रकार पर, 'हिन्दू हृदय' और 'मुस्लिम मनोभाव' नामक दो कार्टून निकालने पर क्रमश: तीन सौ रुपये, दो सौ रुपये, 50 रुपये इस प्रकार कुल 600 रुपये जुर्माना ठुक चुका है। गत 16 फरवरी की शाम को 'पंच' के कार्यालय पर फिर पुलिस का धावा हुआ और पुलिस 'पंच' के 28वें अंक की कुल कापियाँ, ग्राहक रजिस्टर, कुल प्रूफ और लिखी कापी उठा ले गई। सम्पादक पं. ईश्वरी प्रसाद शर्मा और प्रकाशक बाबू मुकुन्दलाल वर्मा के नाम गिरफतारी वारंट थे, किन्तु ढाई-ढाई सौ रुपये की व्यक्तिगत जमानतों पर उसी समय छोड़ दिए गए। आगामी 28 फरवरी को मामले की पेशी है। 'पंच' के 28 वें अंक में बलिदान शीर्षक एक नाटक छपने के कारण 153(ए) धारा लगाकर यह मामला चलाया गया है। 'हिन्दू पंच' हिन्दू हितों की रक्षा से कभी मुँह न मोड़ेगा, चाहे उसे कितने ही कष्ट क्यों न उठाने पड़ें। हिन्दू भाइयों को हिन्दू पंच की सहायता के लिये सदा तैयार रहना चाहिए।"[1]

ताइनाडु

मैसूर से सन 1926 में कन्नड दैनिक पत्र *'ताइनाडु'* प्रकाशित हुआ। सन 1927 में बेंगलूरु से निकलने लगा। अच्छे मुद्रण और साज-सज्जा के कारण पाठकों का प्रिय बना। सम्पादक-प्रकाशक पी.आर.रामैया थे। उनकी ओजस्वी टिप्पणियाँ आम पाठकों और अधिकारी वर्ग में चाव से पढ़ी जाती थीं।

1. कर्मवीर, 26 फरवरी, 1927, पृष्ठ- 7

पी.वी.श्रीनिवासन ने भी लम्बी अवधि तक 'ताइनाडु' का सम्पादन किया। उन्होंने पत्र में 'नगर संचारि डायरी' स्तम्भ आरम्भ किया, जो काफी लोकप्रिय हुआ। सन 1952 में रजत जयन्ती मनाने वाला 'ताइनाडु' सन 1957 में एक ठेकेदार एम.एस.रामैया को बेच दिया गया। तब सम्पादक श्रीनिवासन पत्र से अलग हो गये। उनके स्थान पर रूमाले चेन्नवसवैया सम्पादक बने। फिर टी. सिद्दप्पा सम्पादक हुए। सन 1964 में पी.वी.श्रीनिवासन ने पुनः सम्पादकीय दायित्व ग्रहण किया।

तमिलनाडु

सन 1926 में तमिल दैनिक समाचारपत्र *'तमिलनाडु'* का सम्पादन-प्रकाशन पी.वरदराजुलु नायडू ने किया। सरल बोलचाल की भाषा और प्रभावी शैली के कारण 'तमिलनाडु' ने जल्दी ही लोकप्रिय पत्रों के बीच स्थान बना लिया था। स्वतंत्रता आन्दोलन का पक्षधर था। किन्तु सन 1930 में इस पत्र ने सविनय अवज्ञा आन्दोलन का समर्थन नहीं किया था। जबकि उन दिनों पाठक देशभक्ति और कांग्रेस की विचारधारा के पत्र अधिक पसन्द करते थे। सन 1930 में यह पत्र बन्द हो गया। तमिल मासिक *'नववाझि'* सन 1926 में निकला। सन 1966 में इसका सम्पादन जे.एस.दासन कर रहे थे।

देशबंधु

4 अक्टूबर 1926 को खण्डवा से दैनिक समाचारपत्र *'देशबंधु'* का प्रकाशन आरंभ हुआ। इसके सम्पादक सिद्धनाथ माधव लोढे थे। 'देशबंधु' मध्यप्रान्त से प्रकाशित होने वाला दूसरा दैनिक था। पत्र की एक प्रति का मूल्य एक पैसा और डाक व्यय सहित मासिक शुल्क एक रुपया था।

साप्ताहिक 'कर्मवीर' में देशबंधु से उद्धृत समाचारों/लेखों का प्रकाशन किया जाता था। 'देशबंधु' में समाचार, सम्पादकीय टिप्पणियाँ, व्यंग्य-विनोद और राष्ट्रीयता की भावना से परिपूर्ण कविताएँ प्रकाशित की जाती थीं। इलाहाबाद के श्यामलाल नेहरू ने 'देशबंधु' पर मानहानि का मुकदमा दायर किया था, जिसमें उन्हें जमानत लेनी पड़ी थी, परन्तु खेद प्रकाश करने पर मुकदमा वापस ले लिया गया।

बालक

हिन्दी पुस्तक भंडार लहेरिया सराय से रामलोचन शरण बिहारी ने जनवरी 1926 में हिन्दी मासिक पत्रिका *'बालक'* का प्रकाशन किया। सम्पादक रामवृक्ष शर्मा बेनीपुरी थे। उनके बाद शिवपूजन सहाय (1934) सम्पादक हुए और अन्त में रामलोचन शरण बिहारी ने स्वयं सम्पादन दायित्व ग्रहण कर लिया। अच्युतानंद दत्त सहकारी सम्पादक थे। 48 पृष्ठ की यह सचित्र पत्रिका बच्चों के लिए ज्ञानवर्द्धक, मनोरंजक और प्रेरक सामग्री का प्रकाशन करती थी। इसकी भाषा, विषयों का चयन, चित्रों की प्रस्तुति स्तरीय होती थी और बच्चों की ग्राह्यता की दृष्टि से

संपादन-संयोजन किया जाता था। 'बालक' के उच्च स्तर के कारण 'अमृत बाजार पत्रिका' ने उसकी तुलना सर्वश्रेष्ठ बंगला बाल मासिक 'संदेश' से की थी। 'महाराष्ट्र' ने उसे मराठी बाल पत्रिका 'सुमन' से बेहतर कहा था। 'बालक' के विशेषांक पठनीय और संग्रहणीय होते थे।

रत्नाकर

मराठी मासिक पत्र *'रत्नाकर'* का प्रकाशन पुणे से जनवरी 1926 में आरम्भ हुआ। 14 अक्टूबर 1925 को नमूना अंक निकालकर वितरित किया गया था, जिस पर उत्साहप्रद प्रतिक्रिया मिली थी। विजय प्रेस के स्वामी अनन्त सखाराम गोखले मासिक 'रत्नाकर' के प्रकाशक थे। आरम्भ में सम्पादन नारायण सीताराम फडके ने किया, फिर गोखले स्वयं सम्पादक हुए। न.चिं.केलकर, शिवराम पंत परांजपे, बापू साहब भाटे, आचार्य अत्रे, गोविन्दराव टेम्बे, र.कृ.फडके, पु.श्री. काले प्रभृति साहित्यकारों की रचनाएं 'रत्नाकर' का कलेवर समृद्ध करती थीं। 'रत्नाकर' ने जुलाई 1931 में 'बाल गंधर्व विशेषांक' निकाला था। अब तक पत्र भारी घाटे में आ चुका था। अन्ततः सन 1933 में 'रत्नाकर' बन्द हो गया।

नवम्बर 1926 में बारसी टाउन, जिला शोलापुर से मराठी मासिक पत्र *'मुद्रण सेवक'* का प्रकाशन हुआ। इस पत्र में मुद्रण कला एवं प्रौद्योगिकी से सम्बन्धित जानकारियाँ, अनुभव और प्रयोग प्रकाशित किए जाते थे। इसके अलावा, चुटकुले तथा विविध सामग्री भी प्रकाशित की जाती थी। 'मुद्रण सेवक' के प्रकाशक गणेश रामचन्द्र टिकेकर थे। इसका वार्षिक शुल्क ढाई रुपया था।

हासानन्द वर्मा ने कोलकाता से साप्ताहिक समाचारपत्र *'सत्यवक्ता'* निकाला। गोरक्षा के ध्येय से निकाला गया था।

हिन्दू हेरल्ड

लाहौर से दैनिक *'हिन्दू हेरल्ड'* का प्रकाशन जी.राघवन के सम्पादकत्व में पाँच नवम्बर 1926 को हुआ। दशहरा के मौके पर पत्र का 18 पृष्ठ का नमूने का अंक निकालकर वितरित किया गया था। प्रथमांक के अग्रलेख में कहा गया- "हिन्दू हित का समर्थक होगा पर जातिवाद को उभाड़ना नहीं वरन उसे दबाना उद्देश्य होगा। राजनीतिक मामलों में उन्हीं का समर्थन करेगा जो स्वतंत्रता के लिये लड़ेगा।"

रामभाऊ का.तटणीस ने सन 1926 में मराठी सांध्य दैनिक *'लोकहित'* का प्रकाशन किया। कुछ ही समय में बन्द हो गया। सन 1930 में पत्र का पुनः प्रकाशन किया गया, परन्तु आर्थिक कठिनाई के कारण चल नहीं पाया। एक अप्रैल 1926 को झांसी से साप्ताहिक *'भारतवर्ष'* का प्रकाशन आरंभ हुआ। 32 पृष्ठ के इस साप्ताहिक का वार्षिक मूल्य साढ़े तीन रुपये था। श्रीराम प्रेस से मुद्रित होता था।

'भारतवर्ष' के सम्पादक दीनदयालु श्रीवास्तव थे। प्रवेशांक में देश-दशा, विश्वप्रभा, महिला मण्डल, बाल लीला, पुष्पपुंज, विज्ञान-वार्ता, साहित्य संवाद, राग-रागिणी, हास्य विलास, आदि स्तम्भों में सुरुचिपूर्ण सामग्री प्रस्तुत की गई थी।

हिन्दी साप्ताहिक *'हृदय'* का प्रकाशन मेरठ से हुआ। सम्पादक महेशानन्द थपलयाल और प्रकाशक विश्वम्भर दयालु थे। वार्षिक शुल्क साढ़े तीन रुपये था। चतुरसिंह नायक के सम्पादकत्व में नैनीताल से हिन्दी साप्ताहिक 'हितैषी' निकला। पृष्ठ संख्या 12 और वार्षिक शुल्क तीन रुपये चार आना था। एलिचपुर (विदर्भ) से गोपीनाथ शास्त्री ने पाक्षिक *'हिन्द हितैषी'* का सम्पादन-प्रकाशन किया। वसन्त पंचमी 1926 से हिन्दी का सचित्र मासिक पत्र *'शृंगार'* वैद्यनाथधाम देवघर से निकला। सम्पादक देवकीनन्दन शर्मा और प्रकाशक रामप्रसाद गुप्त थे। एक अंक का मूल्य छह आना तथा वार्षिक शुल्क तीन रुपये था। हिन्दी मासिक *'श्रीभक्तिलता'* का सम्पादन-प्रकाशन वैष्णव देवदास ने डाकोरखेड़ा से किया।

महावीर

सन 1926 में श्रीकृष्ण प्रेस पटना से हिन्दी साप्ताहिक *'महावीर'* का प्रकाशन हुआ। सम्पादक-प्रकाशक जगतनारायण लाल थे। हिन्दू संगठन का हिमायती पत्र था। पृष्ठ संख्या 16 और वार्षिक शुल्क तीन रुपये था। सम्पादक को राजद्रोह के आरोप में एक वर्ष के कारावास का दण्ड दिया गया था। महावीर के चार सितम्बर 1927 के अंक में वायसराय के भाषण पर सम्पादकीय टिप्पणी लिखी गई थी। सम्पादक जगतनारायण लाल ने अपने लिखित बयान में कहा- "मेरे विरुद्ध जो राजद्रोह का अभियोग आरोपित किया गया है उसमें मैं अपने को निर्दोष घोषित करता हूँ... दूसरी बात यह है कि मैंने जो कुछ टीका टिप्पणी उस लेख में की है, जिसके आधार पर यह अभियोग आरोपित किया गया है, सचाई के साथ एक सम्पादक के कर्तव्य और दायित्व को पालन करने की दृष्टि से ही की है।"[1]

गुजराती मासिक *'जैन सुधारक'* सन 1926 में मुम्बई से प्रकाशित हुआ। पृष्ठ संख्या 12 और वार्षिक शुल्क दो रुपये था। धार्मिक और सामाजिक लेखादि छपते थे। हिन्दी मासिक *'मारवाड़ी जैन सुधारक'* का प्रकाशन सिरोही से हुआ। सम्पादक-प्रकाशक वी.पी.सिंघी थे। अखिल भारतीय पारीक ब्राह्मण महासभा का मासिक मुखपत्र *'पारीक'* अजमेर से 1926 में प्रकाशित हुआ। धरणीधर शास्त्री सम्पादक-प्रकाशक थे। पृष्ठ संख्या 24 और वार्षिक शुल्क सवा दो रुपये था। जुलाई 1926 में देशवंशीय अग्रवाल महासभा का मुखपत्र *'वैश्य मार्त्तण्ड'* प्रकाशित हुआ। सम्पादक लाला मुंशीराम थे। वार्षिक मूल्य दो रुपये था। लेख और कविताएं

1. देश, 22 मार्च 1928, पृष्ठ 3

तथा सामाजिक गतिविधियों का प्रकाशन किया जाता था।

अक्टूबर 1926 में भगवद्भक्ति आश्रम रेवाड़ी से हिन्दी मासिक पत्रिका *'भक्ति'* का प्रकाशन हुआ। यह आध्यात्मिक पत्रिका थी जो हर महीने की पूर्णिमा को प्रकाशित की जाती थी। 25 गुणित 18 से.मी.आकार की इस पत्रिका का वार्षिक शुल्क दो रुपये था। पत्रिका के उद्देश्य-भक्ति का प्रचार, गौरक्षण और उसके लिए गोचर भूमि छुड़वाना, जलाशय बनाना, शिक्षा का प्रचार, वैदिक अनुभूत औषधियों का प्रचार, ग्रामों में परस्पर के झगड़े और वैमनस्य मिटाकर शांति एवं प्रेम बढ़ाना, सब संस्थाओं में भक्ति और धर्म का भाव जागृत करना, राजा और प्रजा सब ही का हित चिन्तन करना शामिल थे। सम्पादक स्वामी कृष्णानन्द सरस्वती और प्रकाशक भूमानन्द ब्रह्मचारी थे।

मुम्बई से मराठी भाषा में भी *'भक्ति'* मासिक पत्रिका का प्रकाशन किया गया। मई 1926 में दिल्ली से लाला लाजपतराय के संरक्षण में हिन्दी मासिक पत्र *'अधिकार'* निकला। संपादक और प्रकाशक वेदव्रत विशारद थे। भारतवर्षीय अछूतोद्धार कमेटी का मुखपत्र था। वार्षिक शुल्क तीन रुपये था। अग्रवाल प्रेस मथुरा से प्रभुदयाल मीतल के सम्पादकत्व में सन 1926 में हिन्दी मासिक पत्र *'आदर्श हिन्दू'* का प्रकाशन हुआ। यह पत्र हिन्दू संगठन, हिन्दू सभ्यता, हिन्दू इतिहास के सम्बन्ध में कविता, लेख आदि प्रकाशित करता था। वार्षिक शुल्क तीन रुपये था।

राजपूताना-मालवा वैदिक धर्म प्रचारिणी सभा का मुख पत्र हिन्दी साप्ताहिक *'वैदिक सन्देश'* 16 अक्टूबर 1926 को अजमेर से प्रकाशित हुआ। सम्पादक द्वारकाप्रसाद सेवक थे। 35 गुणित 25 से.मी. आकार का यह पत्र शनिवार को प्रकाशित होता था। एक प्रति का मूल्य दो पैसे और वार्षिक शुल्क ढाई रुपया था। आर्य समाज की गतिविधियाँ और विचार प्रमुखता से छपते थे। पृष्ठ संख्या 12 थी।

आध्यात्मिक, मनोविज्ञान, योग, वेदान्त-थियासफी, मेसमेरिज्म और स्वास्थ्य सम्बन्धी हिन्दी मासिक पत्रिका *'कल्पवृक्ष'* उज्जैन से सन 1926 में प्रकाशित हुई। पृष्ठ संख्या 40 थी। सम्पादक दुर्गाशंकर नागर और पन्नालाल वर्मा थे। रसिक समाज कानपुर से रामाज्ञा द्विवेदी 'समीर' के सम्पादकत्व में सन 1926 में साहित्यिक पत्रिका *'कादम्बरी'* का प्रकाशन हुआ। पृष्ठ संख्या 56 थी। अखिल भारतीय संकीर्तन सम्मेलन का मासिक मुख पत्र *'भक्ति प्रचार'* सन 1926 में भागलपुर से निकला। वार्षिक मूल्य दो रुपये था।

स्नातक मण्डल गुरुकुल कांगड़ी का मासिक मुखपत्र *'अलंकार'* सत्यव्रत सिद्धांतालंकार के सम्पादकत्व में गुरुकुल कांगड़ी बिजनौर से प्रकाशित हुआ। गुरुकुल के विद्वान स्नातकों के लेख रहते थे। वार्षिक शुल्क तीन रुपये था।

जनवरी 1926 के आरम्भ में कानपुर से हिन्दी पाक्षिक *'साम्यवादी'* प्रकाशित

हुआ। किसान और मजदूर समर्थक इस पत्र के सम्पादक सत्यभक्त थे। वार्षिक शुल्क दो रुपये था। तारानाथ के सम्पादकत्व में धारवाड से सन 1926 में कन्नड त्रैमासिक पत्र *'प्रेम'* का प्रकाशन हुआ। कन्नड के प्रसिद्ध नाटककारों के नाटक, एकांकी, कहानियाँ और नाट्य कला पर विवेचनात्मक लेख प्रकाशित करता था। प्रोफेसर ए.वी.जहगीरदास (नाटककार श्रीरंग) का विद्वत सहयोग *'प्रेम'* पत्रिका के संपादन में प्राप्त था। राधास्वामी सम्प्रदाय का साप्ताहिक मुखपत्र *'हिन्दी प्रेम प्रचारक'* आगरा से निकला। पृष्ठ संख्या 12 और वार्षिक शुल्क चार रुपये था। सम्पादक मणिराम शास्त्री थे। महावीर प्रेस आगरा से महेन्द्र के सम्पादकत्व में हिन्दी साहित्यिक मासिक *'वीर संदेश'* का प्रकाशन हुआ। 'वीर संदेश' के अन्तरराष्ट्रीय विशेषांक (सं. परिपूर्णानंद वर्मा), सैनिकांक (सं. श्रीकृष्णदत्त पालीवाल), पद्यांक (सं. हरिशंकर शर्मा), चर्चा और सराहना का विषय बने। पृष्ठ संख्या 40 तथा वार्षिक शुल्क दो रुपये था। विशेषांकों की पृष्ठ संख्या 100 से ज्यादा रहती थी।

बिजनौर से जनवरी 1926 में हिन्दी मासिक पत्रिका *'उपन्यास माला'* का प्रकाशन कविराज श्रोत्रिय जगदीशदत्त के सम्पादकत्व में हुआ। आकार 22 गुणित 13 से.मी. था। पृष्ठ संख्या 48 और वार्षिक शुल्क दो रुपये था। उपन्यास अंश प्रकाशित किए जाते थे। पुस्तकों और दवाइयों के विज्ञापन पृथक पृष्ठों में जोड़े जाते थे। सन 1926 में अलीगढ़ से हिन्दी मासिक पत्रिका *'सुखमार्ग'* श्यामलाल सुहृद के सम्पादकत्व में निकली। स्वास्थ्य विषयक पत्रिका थी।

तरुण भारत

20 जनवरी 1926 को नरकेसरी प्रकाशन नागपुर ने मराठी साप्ताहिक *'तरुण भारत'* निकाला। मोरोपंत अभ्यंकर प्रकाशक और डा. नारायण भास्कर खेर सम्पादक थे। चंडीराम हरि पलणीतकर और श्री.ना.हुद्दार सहकारी सम्पादक थे। सन 1930 में 'तरुण भारत' के मुद्रक मारवाड़ी प्रेस से एक हजार रुपये की जमानत माँगी गई। डा. खेर के जेल जाने से 'तरुण भारत' के प्रकाशन में बाधा आई। इसलिए 'तरुण भारत' का प्रकाशन बन्द हो गया। दो जनवरी 1944 से 'तरुण भारत' दैनिक समाचारपत्र के रूप में प्रकाशित हुआ। ग.भ.मुधोलकर सम्पादक और भैयासाहब उधोजी को कार्यकारी सम्पादक की जवाबदारी सौंपी गई। दैनिक तरुण भारत के पहले अंक में 'बारा वरसाचिया, वनवासानन्तर' शीर्षक अग्रलेख में बारह वर्ष तक 'तरुण भारत' के बन्द रहने के बाद पुनः प्रकाशित हुए पत्र की नीति स्पष्ट की गई– "तरुण भारत' किसी प्रचलित राजनीतिक दल का मुखपत्र नहीं है। लोकहित की दृष्टि से चलाया जाएगा।" आजादी के बाद 'तरुण भारत' प्रेस, दफ्तर और सम्पादक मुधोलकर का निवास आग के हवाले कर दिया गया। कुछ दिन बंद रहने के बाद 20 फरवरी 1948 से पत्र का प्रकाशन फिर होने लगा। भारतीय जनसंघ की स्थापना

के साथ ही 'तरुण भारत' उसका समर्थक हो गया। 20 जनवरी 1957 से 'तरुण भारत' का पुणे संस्करण आरम्भ हुआ। 'तरुण भारत' के पुणे संस्करण के सम्पादक गजानन्द विश्वनाथ केतकर थे। उनके बाद च.प.मिश्रीकर, फिर वी.ना.देवधर और चि.द.पंडित सम्पादक हुए। सन 1980 में मुम्बई से *'सांझ तरुण भारत'* निकलने लगा।

सत्यवादी

21 मई 1926 को सातारा जिले के कुपवार्ड गाँव से मराठी पाक्षिक *'सत्यवादी'* का सम्पादन-प्रकाशन बाला साहेब पाटील ने किया। लक्ष्मण यदुनाथ भिडे सहकारी सम्पादक थे। सन 1928 से डेढ़ वर्ष तक 'सत्यवादी' का प्रकाशन बन्द रहा। सन 1930 में 'सत्यवादी' साप्ताहिक समाचारपत्र के रूप में कोल्हापुर से प्रकाशित होने लगा। सन 1931 में इसका अपना छापाखाना कायम हुआ। सन 1945 में 'सत्यवादी' अर्द्ध साप्ताहिक हो गया। एक जून 1947 से 'सत्यवादी' दैनिक पत्र बना। पहले यह शाम को प्रकाशित होता था, जून 1953 से प्रातःकालीन दैनिक हो गया।

मराठी पाक्षिक *'टणत्कार'* जनवरी 1926 में मुम्बई से प्रकाशित हुआ। पुणे से मराठी दैनिक *'प्रभात'* निकला। 15 अगस्त 1926 को सखाराम हरि होलतकर ने ठाणे से ब्राह्मणेतर आन्दोलन का मराठी पाक्षिक *'प्रतिनिधि'* निकाला। हरिहर राव ने मराठी साप्ताहिक *'प्रकाश'* नासिक से, डा. मो.ना.नातू ने पुणे से मराठी मासिक *'बालवीर'*, ग.ब.बापट ने वर्हाड से मराठी साप्ताहिक *'युगान्तर'* का सम्पादन-प्रकाशन किया।

सन 1926 में नोआखाली से बंगला साप्ताहिक *'देशेर वाणी'* प्रकाशित हुआ। सितम्बर में यह अखबार राजद्रोह के मुकदमे का शिकार हुआ। बंगला मासिक *'स्वास्थ्य'* डा.गोपालचन्द्र चटर्जी और डा. ब्रजेन्द्रनाथ गांगुली के सम्पादकत्व में कोलकाता से निकला। इसी वर्ष बंगला मासिक पत्रिका *'विचित्रा'* प्रकाशित हुई। इसी पत्रिका में रवीन्द्रनाथ टैगोर के 'बाली' और 'जावा' के यात्रा वृत्तांत प्रकाशित हुए थे।

गुजरात टाइम्स

नाडियाद से गुजराती साप्ताहिक *'गुजरात टाइम्स'* सन 1926 में प्रकाशित हुआ। वी.एम.शाह, के.के.शाह, जे.बी.शाह और ए.वी.शाह की भागीदारी में प्रकाशित *'गुजरात टाइम्स'* के सम्पादक वी.एम.शाह थे। सन 1930 में माणिकलाल हरजीवनदास शाह ने सम्पादन-प्रकाशन का दायित्व संभाला।

सूरत से गुजराती साप्ताहिक *'प्रताप'* का सम्पादन-प्रकाशन कालीदास कृपाशंकर शेलाट ने किया। बाद में यह दैनिक पत्र बना जो आरंभ में सांध्य दैनिक और बाद में

प्रात:कालीन दैनिक के रूप में निकला। सौराष्ट्र ट्रस्ट, मुम्बई ने इसका प्रकाशन किया था। समाचारपत्र का प्रकाशन जारी है।

रियासती प्रजामण्डल ने रियासती जनता को राजनीतिक अधिकार दिलाने के उद्देश्य से सन 1926 में साप्ताहिक *'रियासत के तार'* का प्रकाशन किया। सरदार सेवा सिंह ठीकूवाला सम्पादक थे। जनवरी 1926 में हिन्दी मासिक *'आयुर्वेद विज्ञान'* अमृतसर से प्रकाशित हुआ। स्वामी हरिशरणानन्द सम्पादक थे। पृष्ठ संख्या 40 और वार्षिक शुल्क चार रुपये चार आना था। सत्यव्रत शर्मा द्विवेदी ने सिकन्दरपुर, जिला फर्रुखाबाद से हिन्दी पाक्षिक *'संगठन'* का सम्पादन-प्रकाशन किया। हिन्दू समाज का संगठन इसका उद्देश्य था। लाहौर से उर्दू दैनिक *'सुजरात'* का प्रकाशन हुआ। सैयद हबीब और इनायत शाह सम्पादक-प्रकाशक थे। रामगोविन्द त्रिवेदी के सम्पादकत्व में कोलकाता से हिन्दी साप्ताहिक *'सेनापति'* का प्रकाशन 5 नवम्बर 1926 को हुआ। 24 पृष्ठ के इस साप्ताहिक का वार्षिक मूल्य दो रुपये था। निहाल चन्द एण्ड कम्पनी प्रकाशक थी। सन 1927 में जब रामगोविन्द त्रिवेदी सनातनधर्म और गीता का प्रचार करने के लिये विदेश यात्रा पर चले गए तब *'सेनापति'* का विलय *'विश्वमित्र'* में कर दिया गया। गोकुलानन्द प्रसाद वर्मा ने जनवरी 1926 से हिन्दी मासिक *'संकीर्तन समाचार'* का सम्पादन-प्रकाशन किया। वैष्णव धर्म सम्बन्धी इस पत्र में *'आत्मविद्या'* का विलय किया गया था। गुरुमुखी भाषा का *'संगत'* लाहौर से सन 1926 में निकला। सरदार लाभसिंह सम्पादक-प्रकाशक थे। 'संगत' के सम्पादक पर राजद्रोह का मुकदमा चला था। सुवर्ण वणिक समाज का सचित्र मासिक पत्र *'सुवर्ण वणिक समाचार'* कोलकाता से प्रकाशित हुआ। इस बंगला मासिक के सम्पादक उपेन्द्रनाथ सेन थे। गुजराती और अँगरेजी का द्विभाषिक पाक्षिक समाचार पत्र *'लखपति रिपोर्टिंग न्यूज'* सन 1926 में मुम्बई से प्रकाशित हुआ। इस पत्र का दैनिक संस्करण भी प्रकाशित हुआ था। अँगरेजी मासिक *'वर्क'* सन 1926 में भावनगर से प्रकाशित हुआ। विधवा विवाह सभा लाहौर ने सन 1926 में हिन्दी मासिक *'विधवा बन्धु'* का प्रकाशन किया। दीनानाथ सिद्धान्तालंकार सम्पादक थे। इसी विषय पर सभा उर्दू और अँगरेजी में भी पत्र प्रकाशित कर रही थी। देश की सामाजिक स्थिति, विधवाओं की दुर्दशा और भारतवासियों की मानसिक प्रवृत्ति पर विचारोत्तेजक लेखों का प्रकाशन किया जाता था। मथुरा से मार्च 1926 में छबीलेलाल गोस्वामी ने हिन्दी मासिक *'मोहन'* निकाला।

भारत विजय

विविध विषयों का हिन्दी साप्ताहिक पत्र *'भारत विजय'* सन 1926 में मुम्बई से प्रकाशित हुआ। पृष्ठ संख्या 16 और वार्षिक शुल्क तीन रुपये आठ आना

था। मुकुटबिहारी वर्मा 'भारत विजय' के सम्पादक थे। सामयिक और वैचारिक लेखों तथा प्रमुख समाचारों और सम्पादकीय टिप्पणियों के कारण अखबार लोकप्रिय हुआ और उसका प्रसार भी बढ़ा। हीरालाल मिश्र के सम्पादन में पटना से हिन्दी मासिक *'महाब्राह्मण'* का प्रकाशन हुआ। इस पर टिप्पणी करते हुए 'माधुरी' ने लिखा था- "यह ऐसा पत्र है जिसे देखकर कहना पड़ता है कि ऐसे पत्र न निकलें, तभी अच्छा।[1]

मुम्बई से अँगरेजी दैनिक *'मार्निंग पोस्ट आफ इण्डिया'* सन 1926 में प्रकाशित किया गया। सर विक्टर ससून प्रकाशक और हार्निमन सम्पादक थे। वे 'बाम्बे क्रॉनिकल' से इस्तीफा देकर 'मार्निंग पोस्ट' में आए थे। वर्धा से हर बुधवार को मराठी साप्ताहिक 'ब्राह्मणेतर' 14 जुलाई 1926 को प्रकाशित हुआ। वेंकटराव राघोबा गोडे सम्पादक-प्रकाशक थे। हिन्दी साप्ताहिक *'बैनगंगा'* बालाघाट से सन 1926 में निकला। रमाकान्त त्रिपाठी 'प्रकाश' ने प्रतापगढ़ से हिन्दी मासिक पत्र *'पूर्णेन्दु'* का सम्पादन-प्रकाशन सन 1926 में किया। समस्यापूर्ति की पत्रिका थी। श्रीलाल काव्यतीर्थ के सम्पादन में *'पदमावती पुरवाल'* नामक मासिक पत्रिका प्रकाशित हुई। कृष्णाष्टमी, 1926 को हिन्दी मासिक *'नारायण'* का प्रकाशन नरोत्तम व्यास के सम्पादकत्व में कोलकाता से हुआ। 40 पृष्ठ की इस पत्रिका का वार्षिक शुल्क एक रुपया था। विज्ञान, चिकित्सा, लेख, कविता आदि का प्रकाशन किया जाता था। महिला-मंदिर और बिखरे मोती स्तंभ थे। विजयादशमी 1926 से लखनऊ से सचित्र मासिक पत्र *'क्रांति'* का प्रकाशन आरम्भ हुआ। यह अराजनीतिक पत्रिका थी। मुनीन्द्रलाल ने भागलपुर से जातीय मासिक पत्रिका का सम्पादन-प्रकाशन किया। कायस्थ समाज की हित चिन्तक हिन्दी मासिक पत्रिका *'ऊषा'* दिल्ली से प्रकाशित हुई। जीवनलाल श्रीवास्तव सम्पादक थे। पाँच वर्ष तक इस पत्रिका का प्रकाशन हुआ।

आलोक

हिन्दी मासिक *'आलोक'* का सम्पादन-प्रकाशन कालीप्रसाद शास्त्री ने प्रयाग से सन 1926 में किया। सुरुचिपूर्ण लेखों और कविताओं के कारण अल्पकाल में ही 'आलोक' की पहचान बन गई थी। स्वधर्म, स्वभाषा और साहित्य विषयों पर केन्द्रित 'आलोक' बीच में बन्द हो गया। जुलाई 1937 से प्रतापनारायण चतुर्वेदी ने पुनः इस मासिक पत्रिका का सम्पादन-प्रकाशन किया। 'आलोक' का वार्षिक शुल्क दो रुपये था।

सन 1926 में दिल्ली से अँगरेजी और उर्दू का द्विभाषी अखबार साप्ताहिक

---

1. माधुरी, वैशाख, 302 तुलसी सम्वत, पृष्ठ 559

'खबरदार' प्रकाशित हुआ। सम्पादक और प्रकाशक आर.एस. लहरी थे। हिन्दी और संस्कृत के उद्धरण भी प्रकाशित किए जाते थे। अँगरेजी साप्ताहिक *'नरेश'* सन 1926 में लाहौर से निकला। प्रकाशक माखनसिंह और सम्पादक नौहरिया राम 'दर्द' थे। 'नरेश' में देशी रियासतों के शासकों और अधिकारियों तथा रियासत सम्बन्धी समाचार, लेखादि प्रकाशित किए जाते थे। वर्ष की समाप्ति पर वार्षिकांक निकाला जाता था। रियासतों का भारत संघ में विलय होने तक 'नरेश' का प्रकाशन हुआ। सन 1926 में कोलकाता से *'केलकटा लिटरेरी गजट'* निकला। गोरखपुर से आध्यात्मिक अँगरेजी मासिक पत्रिका *'कल्याण कल्पतरु'* प्रकाशित हुई।

सन 1926 में लाहौर से उर्दू साप्ताहिक *'हिमायत-उल-इस्लाम'* का सम्पादन-प्रकाशन अब्दुल हकीम खाँ नश्तर जालंधरी ने किया। पृष्ठ संख्या 48 और वार्षिक शुल्क तीन रुपये था। पीलीभीत से महिलाओं के लिए उर्दू मासिक पत्रिका *'हरम'* प्रकाशित हुई। सम्पादक डा. बेगम अब्दुल गफूर थीं। उर्दू दैनिक *'हक'* लखनऊ से सन 1926 में प्रकाशित हुआ। कोलकाता से हकीम एहसान उल्ला ने उपचार सम्बन्धी उर्दू मासिक पत्रिका *'शिफा'* निकाली। सैयद नवाब अली रिजवी ने उर्दू की मासिक पत्रिका *'सुहैल यमन'* लखनऊ से प्रकाशित की। उर्दू की साहित्यिक मासिक पत्रिका *'सुरैया'* आगरा से निकली। सम्पादक मंजर सिद्दीकी थे। पृष्ठ संख्या 64 और वार्षिक शुल्क तीन रुपये था। उर्दू साप्ताहिक *'सादिक'* मोहम्मद सादिक के सम्पादकत्व में देहरादून से प्रकाशित हुआ। शिक्षा और आर्थिक विषयों के 48 पृष्ठ के इस साप्ताहिक का वार्षिक शुल्क तीन रुपया था। मेहता बिशनदास ने जालंधर से उर्दू मासिक *'रोजगार'* निकाला। दिसम्बर 1926 में *'राजो नियाज'* नामक उर्दू मासिक पत्रिका दिल्ली से निकाली। नजर अहमद जेबा सम्पादक और इब्रत देहलवी प्रकाशक थे। महिलाओं की पत्रिका *'मुईन निस्वां'* सन 1926 में अलीगढ़ से निकली। अतिया बेगम तथा हाफिज अली बहादुर खां सम्पादक थे। उर्दू की इस साहित्यिक मासिक पत्रिका में लेख, नाटक, चुटकुले, कविता आदि प्रकाशित किए जाते थे। अमृतसर से उर्दू मासिक *'मुस्लिम राजपूत'* का प्रकाशन मोहम्मद अब्दुल्ला मिन्हास के सम्पादन में हुआ। 48 पृष्ठ की इस मासिक पत्र का वार्षिक शुल्क चार रुपये था। अरेबिक स्कूल ओल्ड बॉयज एसोसिएशन ने उर्दू मासिक *'यारान-ए-कदीम'* का प्रकाशन किया। मोहम्मद रऊफ अली सम्पादक थे। ख्वाजा हसन निजामी के सम्पादकत्व में उर्दू मासिक पत्रिका *'मुनादी'* दिल्ली से निकली। हैदराबाद से उर्दू की तिमाही पत्रिका *'मुजल्ला उस्मानिया'* का प्रकाशन सन 1926 में हुआ। मुईनुद्दीन कुरैशी 'अश्क' सम्पादक थे। आगरा से आठ पृष्ठ का उर्दू साप्ताहिक *'मुस्लिम सेवक'* अब्दुल करीम निजामी ने निकाला। वार्षिक शुल्क चार रुपये था। फैजाबाद से उर्दू मासिक *'फिरदौस'* निकला।

उर्दू दैनिक *'पेशवा'* एक अगस्त 1926 को रावलपिंडी से प्रकाशित हुआ। महाशय धर्मवीर कोहली सम्पादक-मुद्रक-प्रकाशक थे। लाहौर से उर्दू साप्ताहिक *'प्रेम'* जनवरी 1926 में प्रकाशित हुआ। बच्चों के लिए प्रकाशित इस सचित्र साप्ताहिक के सम्पादक ताजवर नजीराबादी थे। लाहौर से उर्दू मासिक *'पैमाना'* सागर निजामी के सम्पादन में प्रकाशित हुआ। पृष्ठ संख्या 80 और वार्षिक शुल्क साढ़े पाँच रुपये था। इसी नाम का मासिक *'पैमाना'* दरभंगा से भी प्रकाशित हुआ, जो तीन अंक निकलने के बाद बंद हो गया। अर्द्धसाप्ताहिक *'पैगाम'* पटना से मौलवी अब्दुल मजीद के सम्पादकत्व में प्रकाशित हुआ।

जनवरी 1926 में अमृतसर से उर्दू मासिक पत्रिका *'नूरजहाँ'* निकली। सआदत सुल्ताना सम्पादक थीं। पृष्ठ संख्या 80 और वार्षिक शुल्क तीन रुपये था। कानपुर से उर्दू मासिक *'नज्जारा'* जनवरी 1926 में सैयद अबू मोहम्मद के सम्पादकत्व में प्रकाशित हुआ। पटना से उर्दू मासिक पत्रिका *'तस्वीर-ए-ख्याल'* प्रकाशित हुई। सैयद जहूर अहमद के सम्पादकत्व में दिल्ली से उर्दू मासिक पत्रिका *'तजल्ली'* प्रकाशित हुई। ज्ञान-विज्ञान की यह पत्रिका सुधारवादी रुझान रखती थी। *'तजल्ली'* नाम की दूसरी पत्रिका हैदराबाद से सैयद सरदार अली ने प्रकाशित की। यह तिमाही पत्रिका थी। महिलाओं के लिए उर्दू मासिक पत्रिका *'तबलीग-ए-निस्वां'* ख्वाजा बानू के सम्पादकत्व में दिल्ली से प्रकाशित हुई। लखनऊ से वस्ल बिलग्रामी ने उर्दू मासिक पत्रिका *'जहान-ए-अजीज'* का सम्पादन-प्रकाशन किया।

कानपुर से शेरो-शायरी की मासिक पत्रिका *'चमनिस्तान'* निकली। सम्पादक उफक कानपुरी थे। हास्य-परिहास का उर्दू साप्ताहिक *'कुंकडूँ-कूँ'* सन 1926 में लाहौर से प्रकाशित हुआ। पृष्ठ संख्या आठ और वार्षिक शुल्क चार रुपये था। अमरोहा से उर्दू साप्ताहिक *'किरतास'* निकला। लोंगोवाल से हकीम जमालउद्दीन एहमद ने उर्दू मासिक *'अल जमाल'* निकाला। मुम्बई से उर्दू साहित्य की 64 पृष्ठीय मासिक पत्रिका *'अगरिस्तान'* प्रकाशित हुई। सम्पादक रशीद सिद्दीकी और मुनीर दजलेन थे। वार्षिक शुल्क चार रुपये था। मौलवी मोहम्मद उस्मान अर्मी ने दिल्ली से उर्दू में दीनी मासिक पत्रिका *'अल हादी'* निकाली। लाहौर से मौलाना मोहम्मद दोस्त ने उर्दू मासिक *'असवा-ए-हसना'* का प्रकाशन किया। अमरोहा से *'अदालत'* नामक उर्दू साप्ताहिक उस्मान अली खां ने सम्पादित-प्रकाशित किया। बिहार शरीफ से उर्दू पाक्षिक *'अल इकराम'* का सम्पादन-प्रकाशन मोहसिन आसिम बिहारी और हाफिज जफर बिहारी ने किया। उर्दू पाक्षिक *'अल हसनात'* रामपुर से प्रकाशित हुआ। पृष्ठ संख्या 24 और वार्षिक शुल्क पाँच रुपये था। सन 1960 में 'अल हसनात' के सम्पादक अबु सलीम मोहम्मद अब्दुल हई थे। इस्लाम धर्म पर केन्द्रित पत्रिका थी।

कोलकाता से मौलाना हसरत कश्मीरी के सम्पादकत्व में उर्दू मासिक पत्रिका *'आफताब'* सन 1926 में प्रकाशित हुई। इस सचित्र और स्तरीय पत्रिका में सुप्रसिद्ध साहित्यकारों की रचनाएँ प्रकाशित की जाती थीं। कविताओं और कहानियों के अलावा रंगीन चित्रों के प्रकाशन की विशेष व्यवस्था की गई थी। हैदराबाद से *'इस्लामिक कल्चर'* नाम की त्रैमासिक अँगरेजी पत्रिका प्रकाशित हुई। इस्लाम धर्म, इतिहास और साहित्य पर सामग्री का प्रकाशन होता था। कानून की उर्दू मासिक पत्रिका *'आईन-ए-दकन'* हैदराबाद से फिदा हुसैन ने निकाली। मार्च 1926 में मुम्बई से अंजुमन इशाअत उर्दू ने *'इकतिबास'* का प्रकाशन किया। सबब बदायूँनी सम्पादक थे। पटना से महिलाओं की उर्दू मासिक पत्रिका *'इफ्फत'* का सम्पादन-प्रकाशन दिसम्बर 1926 में सोलहा खातून ने किया। 48 पृष्ठ की पत्रिका का वार्षिक शुल्क तीन रुपये था। केदारनाथ वर्मा ने हिन्दुस्तानी प्रेस, लखनऊ से उर्दू साप्ताहिक *'आईना'* का सम्पादन-प्रकाशन आरंभ किया। लाहौर से उर्दू की सचित्र मासिक पत्रिका *'इंकलाब'* सन 1926 में निकली। फतहचंद नसीम और कन्हैयालाल शाकिब सम्पादक थे। बच्चों और महिलाओं के लिए ज्ञानवर्द्धक उपयोगी सामग्री का प्रकाशन होता था।

1927

सुधा

अगस्त 1927 में गंगा पुस्तकालय कार्यालय लखनऊ से दुलारेलाल भार्गव ने हिन्दी मासिक पत्रिका 'सुधा' का प्रकाशन किया। 20 पृष्ठ की यह सचित्र पत्रिका गंगा फाइन आर्ट प्रेस से छपती थी। वार्षिक शुल्क छह रुपये आठ आना था। हिन्दी जगत में 'सुधा' का अच्छा स्वागत हुआ था। पत्रिका के आद्य सम्पादक रूपनारायण पाण्डेय थे। 'सुधा' के सम्पादक और प्रकाशक ने पत्रिका के लिए भारतेन्दु हरिश्चन्द्र की 'हरिश्चन्द्र चन्द्रिका', बालकृष्ण भट्ट के 'हिन्दी प्रदीप', प्रतापनारायण मिश्र के 'ब्राह्मण' और महावीर प्रसाद द्विवेदी की 'सरस्वती' को आदर्श माना था, जिनमें प्रकाशित साहित्य दशकों बाद भी पठनीय और मननीय है। 'सुधा' के पहले अंक के दो संस्करण छपे थे। पहली बार में तीन हजार प्रतियाँ बिक जाने के बाद दूसरा संस्करण चार हजार प्रतियों का निकला। साहित्य, समाज और राजनीति के सभी विषयों पर सिद्धहस्त लेखकों की रचनाएं 'सुधा' में प्रकाशित होती थीं। पत्रिका के अंतिम पृष्ठों में सम्पादकीय टिप्पणियाँ प्रकाशित की जाती थीं। ये टिप्पणियाँ सम-सामयिक विषयों, घटनाओं और विशिष्ट व्यक्तियों पर लिखी जाती थीं।

'सुधा' के सम्पादन में इस बात का ख्याल रखा जाता था कि मौलिक रचना का ही प्रकाशन हो। सुधा के दूसरे अंक में व्यंग्य विनोद स्तम्भ में छायावादी के प्रति शीर्षक से कविता छपी थी। इसी अंक के दूसरे संस्करण में यह कविता निकाल दी

सुधा

गई। सम्पादक ने सूचना प्रकाशित की, "वह कविता लेखक ने अन्यत्र प्रकाशित करवा दी थी। हमारी नीति है कि हम अन्यत्र प्रकाशित कविता नहीं छापते।"

'सुधा' का मार्च 1929 का अंक 'कार्टून विशेषांक' के रूप में निकला। हिन्दी पत्र-पत्रिकाओं में कार्टून पर विशेषांक निकालने का यह पहला प्रयोग था। तब तक नंदकिशोर तिवारी भी 'सुधा' के सम्पादक मण्डल में सम्मिलित हो गए थे। विशेषांक में व्यंग्यात्मक एवं विनोदपूर्ण चित्रों का प्रारंभिक विकास, प्राचीन मिस्त्र में कार्टून चित्रों का विकास, प्राचीन ग्रीस में कार्टून चित्रों का विकास, प्राचीन रोम में कार्टून चित्रों का विकास, सोलहवीं शताब्दी के कार्टून, मध्यकालीन यूरोप में कार्टून चित्रों का विकास, कालों और उसके समकालीन कार्टूनिस्ट आदि शोधपरक लेख प्रकाशित किए गए थे। पत्रिका में 'कार्टूनावली' शीर्षक से 87 व्यंग्य चित्रों का भी प्रकाशन किया गया। सन 1941 में संपादक के रूप में दुलारेलाल और सावित्री के नाम दिए जाने लगे।

वीणा

मध्यभारत हिन्दी साहित्य समिति इन्दौर की हिन्दी मासिक पत्रिका *'वीणा'* विजयादशमी, संवत 1984 (सन 1927) में प्रकाशित हुई। अम्बिकाप्रसाद त्रिपाठी सम्पादक थे। वार्षिक शुल्क पाँच रुपये था। हिन्दी में निरन्तर 80 वर्ष से प्रकाशित हो रही यह सबसे पुरानी पत्रिका है। हिन्दी भाषा का प्रचार तथा हिन्दी साहित्य की अभिवृद्धि 'वीणा' के प्रकाशन का उद्देश्य था। हरिकृष्ण प्रेमी, जगन्नाथप्रसाद मिलिन्द, वीरेन्द्रकुमार जैन, श्रीकृष्ण सरल प्रभृति साहित्य जगत के नक्षत्रों की प्रतिभा 'वीणा' के पृष्ठों से प्रस्फुटित हुई। साहित्य के साथ-साथ सामाजिक,

सांस्कृतिक, धार्मिक, आर्थिक, कृषि, शिक्षा, स्वास्थ्य, उद्योग आदि विषयों पर 'वीणा' में ज्ञानवर्द्धक सामग्री प्रकाशित की जाती थी। 'वीणा' के विशेषांक चर्चित रहे हैं। त्रिपाठीजी के पश्चात कालिकाप्रसाद दीक्षित 'कुसुमाकर', शान्तिप्रिय द्विवेदी, चन्द्ररानी सिंह, डा. नेमिचन्द जैन, मोहनलाल उपाध्याय, डा. श्यामसुन्दर व्यास ने 'वीणा' का सम्पादन किया। वासुदेवशरण अग्रवाल, आचार्य नन्ददुलारे वाजपेयी, आचार्य रामचन्द्र शुक्ल, डा. धीरेन्द्र वर्मा, आचार्य क्षितिमोहन सेन, दिनकर, जैनेन्द्र कुमार, कन्हैयालाल माणिकलाल मुंशी, डा. रामकुमार वर्मा, आचार्य हजारीप्रसाद द्विवेदी जैसे लब्ध प्रतिष्ठित साहित्यकारों की रचनाओं ने वीणा के कलेवर को समृद्ध किया। कुसुमाकरजी का सम्पादन काल 'वीणा' का स्वर्णयुग कहा जाता है।

वीणा

त्यागभूमि

अजमेर से विजयादशमी, सन 1927 के दिन हिन्दी मासिक पत्रिका *'त्यागभूमि'* का प्रकाशन हरिभाऊ उपाध्याय के सम्पादन में हुआ। सस्ता साहित्य मंडल द्वारा प्रकाशित इस पत्रिका के सम्पादन में मुकुटबिहारी वर्मा, हरिकृष्ण प्रेमी, रामनाथ सुमन, कृष्णचन्द्र विद्यालंकार, चन्द्रगुप्त वार्ष्णेय प्रभृति श्रेष्ठ पत्रकारों की सहभागिता रही।

लाला लाजपतराय, जवाहरलाल नेहरू, सरदार शार्दूल सिंह, कवीसर, रामधारीसिंह दिनकर, रामवृक्ष बेनीपुरी की रचनाएं इसमें छपती थीं। जैनेन्द्रकुमार की पहली कहानी 'त्यागभूमि' में छपी थी। सरकारी आदेश पर 33 अंकों के प्रकाशन के बाद पत्रिका को बन्द करना पड़ा।

'त्यागभूमि' के अन्तिम अंक के अग्रलेख में सम्पादक ने लिखा- "नहीं कह सकते कि वह शुभ दिन कब होगा जब हम विजय प्राप्त कर लेंगे, परन्तु हम बढ़ उसी तरफ रहे हैं, इसमें सन्देह नहीं। संसार का सर्वश्रेष्ठ महापुरुष महात्मा गांधी इस समय हमारा मंत्रदाता है, कर्मण्य और वीर युवक जवाहर हमारा अगुआ और सत्य-अहिंसा के ईश्वरीय अस्त्र हमारे मददगार। ईश्वर का वरदहस्त हमारे सिर पर है, संसार की पवित्र आत्माएं हमें प्रेरणा कर रही हैं और अपना शुभ उद्देश्य हमारे साथ है। भारत के नर-नारी, बूढ़े, जवान और बच्चे तक अपने रक्त और हड्डियों से स्वाधीनता के मन्दिर का निर्माण करने के लिए जूझ पड़े हैं।"

सत्य

"सत्यं हि केवलं बलम्। सत्यमेव जयते् नाऽनृतम्।" उद्घोष के साथ प्रकाशित होने वाला साप्ताहिक *'सत्य'* गाडरवारा से तीन जुलाई 1927 को निकला। सम्पादक, प्रकाशक और मुद्रक सुब्रमण्य अय्यर (प्रचलित नाम कृष्णस्वामी) थे।

25 गुणित 35 से.मी. आकार में आठ पृष्ठ के इस पत्र का वार्षिक शुल्क ढाई रुपये था। कृषि और गोधन पर निरन्तर लेखनी चलाने वाले गंगाप्रसाद अग्निहोत्री के विद्वत्तापूर्ण लेख 'सत्य' में नियमित रूप से प्रकाशित होते थे। ऐतिहासिक चरित्रों पर प्रेरक रचनाएं छपती थीं।

'सत्य' ने उद्देश्य-घोषणा में कहा था- "उग्र राजनीति से अलग रहेगा। साम्प्रदायिक झगड़ों से कुछ सम्बन्ध न रहेगा। ग्रामीण भाइयों का उत्थान, शिक्षा, व्यापार, कृषि को उन्नति का कार्य क्षेत्र बनाएगा। ताजे समाचारों, रोचक कविताओं, शिक्षाप्रद कहानियों आदि सामग्री से पाठकों की सेवा करेगा।"

तीसरे वर्ष, सन 1929 में 'सत्य' गाडरवारा से जबलपुर स्थानान्तरित हो गया। चार नवम्बर 1929 से लगभग एक वर्ष तक दैनिक पत्र के रूप में प्रकाशित हुआ। मंगलवार को अवकाश रखता था। सामयिक प्रसंगों पर विचारोत्तेजक सम्पादकीय टिप्पणियाँ और देश-विदेश की खबरें दी जाती थीं। मुख्य स्वर समाज सुधार का रहता था। एक खबर देखिए- "गत 12 जनवरी को सागर में चकराघाट पर एक जैन विधवा विवाह बड़ी धूमधाम से हुआ। विधवा रमाबाई आयु 18 वर्ष और वर भैय्यालाल आयु 24 वर्ष इन दोनों का विवाह पंडित फतेहचन्द परवार की अध्यक्षता में सुसम्पन्न हुआ। विधवा विवाह पर ब्रह्मचारी सीतलप्रसाद और अन्य सज्जनों के व्याख्यान हुए।"[1]

सन 1930 के 'सत्य' के अंक सत्याग्रह आन्दोलनकारियों की गिरफ्तारी की खबरों से भरे हैं। एक और खबर- "गाडरवारा का एक संवाददाता लिखता है कि

---

1. सत्य, 21 जनवरी 1930

गाडरवारा वालों पर नौ मन धूल डाल देना चाहिए क्योंकि देश के नेता जेल में हैं और वहाँ रामलीला हो रही है।"[1]

नवम्बर 1931 में 'सत्य' वापस गाडरवारा से साप्ताहिक आवृत्ति में प्रकाशित होने लगा। सम्पादक-प्रकाशक-मुद्रक यथावत रहे।

श्री शिवाजी

देवास से अक्टूबर 1927 में मराठी-हिन्दी साप्ताहिक *'श्री शिवाजी'* का प्रकाशन हुआ। 42 गुणित 27 से.मी. आकार का यह पत्र मालवा के मराठी और हिन्दी भाषा-भाषी पाठकों को ध्यान में रखते हुए निकाला गया था। वार्षिक मूल्य तीन रुपये और एक अंक का मूल्य एक आना था। प्रकाशन दिवस शनिवार था। साहित्य और लोकजागृति के ध्येय से प्रकाशित इस पत्र में महापुरुषों के जीवन चरित, कविताएँ, यात्रा वृत्तांत, पुस्तक समीक्षा, महत्वपूर्ण स्थानों का विवरण प्रकाशित किया जाता था। प्रकाशन के तीन माह बाद 'श्री शिवाजी' का 'मालव विशेषांक' प्रकाशित किया गया। इसमें मालवा का इतिहास और प्राचीन काल में मालवा का महत्व पर विद्वानों के उत्तम लेख प्रकाशित किए गए। पत्र के तीसरे पृष्ठ पर अग्रलेख प्रकाशित किया जाता था। सम्पादक श्रीधर राजाराम मराठे तथा मुद्रक और प्रकाशक गोविन्द रामराव सोलंकी थे। पत्र में अँगरेजी अखबारों से अनुवाद कर सामग्री प्रकाशित की जाती थी। आखिरी पृष्ठ पर विज्ञापन रहते थे। 'श्री शिवाजी' में 'दुनियेचा अहवाल' शीर्षक से देश-दुनिया की छोटी-छोटी खबरें प्रकाशित की जाती थीं। स्थानीय समाचार भी रहते थे। कुछ समय बाद 'श्री शिवाजी' की पृष्ठ संख्या बढ़ाकर आठ कर दी गई। पौराणिक नगरी उज्जयिनी का विवरण धारावाहिक रूप में प्रकाशित किया गया। इसके लेखक डा. शंकर रामचंद्र ओक थे। रामचंद्र बापू साहेब देवकर का यात्रा वृत्तांत और रामचंद्र गोविन्द वैद्य के ऐतिहासिक लेख प्रमुखता से मिलते हैं। दवाइयों के विज्ञापन, प्रायः सभी अंकों से छपते थे। प्रथम पृष्ठ पर समाचार प्रकाशित किए जाते थे।

खिलौना

जनवरी 1927 में प्रयाग से दो मासिक बालोपयोगी पत्रिकाएँ प्रकाशित हुईं। दोनों का नाम 'खिलौना' था। एक के सम्पादक रामजीलाल शर्मा और दूसरी के सम्पादक आनन्दी प्रसाद श्रीवास्तव थे। 'गृहलक्ष्मी' ने लिखा- "हम दोनों खिलौनों का हृदय से स्वागत करते हैं। अभी इनका पहला ही अंक देखने में आया है। विशेष बातें और अंक देखने के बाद लिखी जा सकती हैं।"[1] बाद में रामजीलाल शर्मा वाले 'खिलौना' का ही सन्दर्भ मिलता है, जिससे पता चलता है कि दूसरी 'खिलौना'

1. सत्य, 28 सितम्बर 1930
2. गृहलक्ष्मी, सं. 1983, पृष्ठ 540

आगे प्रकाशित नहीं हुई। पृष्ठ संख्या 32, वार्षिक शुल्क दो रुपये था। हिन्दी प्रेस प्रयाग से निकलने वाली 'खिलौना' के दूसरे सम्पादक रघुनन्दनप्रसाद शर्मा थे। बच्चों के लिए मनोरंजक और शिक्षाप्रद कहानियाँ, कविताएं, पहेलियाँ, सामान्य ज्ञान, ड्राइंग, महापुरुषों के चित्र प्रकाशित किए जाते थे। मार्च 1939 में 'मेरी बात सुनोगे' शीर्षक से सम्पादकीय लिखे जाने लगे। इसी वर्ष खेलकूद और आविष्कारों पर लेखादि प्रकाशित करना आरम्भ हुआ। रामेश्वर गुरु ने भी 'खिलौना' का सम्पादन किया। सन 1956 में प्रयाग से ग्वालियर से स्थानांतरित हुई। फिर बन्द हो गई।

आर्य विज्ञान

1927 में प्रकाशित मासिक पत्रिका *'आर्य विज्ञान'* भारतीय संस्कृति पर आधारित थी। ज्ञान-विज्ञान पर नये और पुराने मत और पद्धतियों पर 'आर्य विज्ञान' में काफी सामग्री प्रकाशित की जाती थी। सुप्रसिद्ध लेखकों के लेख, कविता, ज्योतिष चर्चा, पुस्तक समीक्षा आदि मराठी और संस्कृत में प्रकाशित किए जाते थे। इसका वार्षिक शुल्क दो रुपये था। 'केसरी' ने 'आर्य विज्ञान' पर टिप्पणी करते हुए लिखा था- "विद्वानों और सुशिक्षित पाठकों के लिए यह अत्यन्त उपयुक्त पत्रिका है।"

गंगादशमी, मई 1927 से लक्ष्मी पुस्तकालय मुजफ्फरपुर से साहित्य की त्रैमासिक हिन्दी पत्रिका *'लेख माला'* प्रकाशित हुई। भुवनेश्वर सिंह 'भुवन' सम्पादक थे। पृष्ठ संख्या 44 और वार्षिक शुल्क 12 आना था। प्रसिद्ध लेखकों के लेख प्रकाशित होते थे। हिन्दी पाक्षिक *'कमल'* बरेली से प्रकाशित हुआ। सम्पादक गंगासहाय पाराशरी थे। पृष्ठ संख्या 32, वार्षिक शुल्क दो रुपये था।

झिंगुरलाल व्यास ने कोलकाता से हिन्दी पाक्षिक *'श्रीमाली नवयुग'* का सम्पादन-प्रकाशन किया। 16 पृष्ठ का यह पत्र सांस्कृतिक विषयों पर केन्द्रित था। मार्च 1927 में टेकचन्द्र आर्य ने कोलकाता से दर्शन विषयक पत्र *'संन्यासी'* का सम्पादन-प्रकाशन किया। डाकोर से सनातनी हिन्दी पाक्षिक *'लोकधर्म'* प्रकाशित हुआ। सम्पादक श्रीराम शृंगदास थे। आर्य समाज और देव समाज जैसे सुधारवादी आन्दोलनों का विरोध करता था। फीरोजाबाद से लक्ष्मीनारायण वैद्यराज ने हिन्दी मासिक पत्र *'आरोग्य सिन्धु'* निकाला। पृष्ठ संख्या 40 और वार्षिक शुल्क तीन रुपये था।

आगरा से हिन्दी अर्द्ध साप्ताहिक *'बलिदान'* का सम्पादन-प्रकाशन जगनप्रसाद

गर्ग ने किया। वार्षिक शुल्क तीन रुपये था। बीकानेर से वी.डी.थानवी ने अखिल भारतवर्षीय पुष्करणा ब्राह्मण महासभा की ओर से हिन्दी पाक्षिक *'पुष्करणेंदु'* बीकानेर से प्रकाशित किया। कन्हैयालाल वर्मा ने सन 1927 में *'रायपुर समाचार'* निकाला। दूसरे विश्वयुद्ध के समय बन्द हो गया। लखनऊ से केदारनाथ भार्गव ने हिन्दी साप्ताहिक *'गरीब'* का प्रकाशन किया। सम्पादक प्रयागदास भार्गव थे। बोलचाल की भाषा का प्रयोग करता था। वार्षिक शुल्क डेढ़ रुपया था। अजमेर से मदनमोहन लाल गुप्त ने हिन्दी दैनिक *'दरबार'* का सम्पादन-प्रकाशन किया।

राम

मोहनलाल महतो वियोगी के सम्पादकत्व में हिन्दी मासिक *'राम'* का प्रकाशन गया से हुआ। पृष्ठ संख्या 40 और वार्षिक मूल्य तीन रुपये था। यह सुसम्पादित पत्र था। सरस्वती प्रेस बनारस से भी एक हिन्दी पत्रिका *'राम'* का प्रकाशन अक्टूबर 1927 में हुआ। 25 गुणित 18 से.मी. आकार की यह पत्रिका 84 पृष्ठ की थी। 'राम' के सम्पादक-प्रकाशक रामानुग्रह शर्मा व्यास कथावाचक थे। अयोध्या से चन्द्रभान मणि शास्त्री ने सन 1927 में हिन्दी मासिक पत्रिका *'श्रीराम संदेश'* का संपादन-प्रकाशन किया। अच्छे लेख और कविताएँ संजोने वाली यह पत्रिका चवालीस पृष्ठ की थी और वार्षिक शुल्क दो रुपये था।

भारत प्रिंटिंग प्रेस कानपुर से हिन्दी मासिक पत्रिका *'आशा'* का प्रकाशन फरवरी 1927 में हुआ। महेशानन्द थपलियाल पत्रिका के सम्पादक थे। साठ पृष्ठ की इस पत्रिका में मुख्यत: साहित्यिक रचनाएँ प्रकाशित होती थीं। विचारवीथी स्तम्भ में सम-सामयिक प्रसंगों पर टिप्पणियाँ लिखी जाती थीं। रंगीन और श्वेत-श्याम चित्र तथा एक पृष्ठ में कार्टून छापा जाता था। बरेली से भी मासिक पत्रिका *'आशा'* का प्रकाशन कात्यायनी सप्रू और सम्पादन सुधाकर शर्मा ने किया। वार्षिक शुल्क तीन रुपये था। पहले इस पत्रिका का नाम *'पुष्कर'* था।

रामनवमी सन 1927 से सम्पादक बैजनाथ कोटी ने झांसी से *'श्रीरामायण कथामृतम्'* नामक सचित्र साप्ताहिक पत्रिका प्रकाशित की। तुलसीदास कृत रामचरित मानस की टीका हर सप्ताह प्रकाशित की जाती थी। वार्षिक शुल्क चार रुपये 12 आना था। भरतपुर से हिन्दी साप्ताहिक *'भारत वीर'* सन 1927 में प्रकाशित हुआ। इसके सम्पादक ब्रजदयालु शर्मा थे। 32 गुणित 24 से.मी. आकार में छपता था। यह पत्र भरतपुर राज्य का प्रवक्ता था। प्रयाग से सन 1927 में हिन्दी मासिक *'युवक मित्र'* प्रकाशित हुआ। पृष्ठ संख्या 38 थी। वार्षिक मूल्य साढ़े चार रुपये था। उत्तम लेख और गंभीर टिप्पणियों के कारण 'युवक मित्र' प्रतिष्ठित हुआ। ब्रह्मचारी 'इन्द्र' सम्पादक थे। सार्वदेशिक आर्य प्रतिनिधि सभा का मुखपत्र *'सार्वदेशिक'* सन 1927 में नारायण स्वामी के सम्पादकत्व में प्रकाशित हुआ। इस हिन्दी मासिक पत्र के

लेख और सम्पादकीय टिप्पणियाँ विचारोत्तेजक रहते थे। पृष्ठ संख्या 40 और वार्षिक मूल्य दो रुपये था।

समय

25 अक्टूबर 1927 को हिन्दी साप्ताहिक समाचारपत्र *'समय'* का सम्पादन-प्रकाशन रामेश्वरप्रसाद सिंह ने जौनपुर से किया। सन 1930 में प्रेस अध्यादेश के विरोध में छह माह के लिए प्रकाशन बन्द रहा। सुमन-संचय, चटर-पटर, समाचार-सार, स्थानीय समाचार स्थायी स्तम्भ थे। जनवरी 1927 में वृंदावन से हिन्दी मासिक पत्रिका *'प्रेम'* का प्रकाशन हुआ। 80 पृष्ठ की यह पत्रिका प्रेम महाविद्यालय वृंदावन की ओर से प्रकाशित की जाती थी। शिक्षा और संस्कार की इस पत्रिका के संपादक-मुद्रक-प्रकाशक आसूदमल टेकचन्द गिडवाणी थे। बाराबंकी (पटना) से हिन्दी पाक्षिक *'अध्यापक'* का प्रकाशन श्रीराम तिवारी के सम्पादकत्व में हुआ। पृष्ठ संख्या 10, वार्षिक शुल्क 2 रुपये था। अखिल भारतीय वर्नाकुलर अध्यापक महामण्डल का मुखपत्र था।

कानपुर से रामनारायण वर्मा के सम्पादकत्व में श्रीवास्तव खरे सभा का मुखपत्र *'व्यापक'* निकला। 32 पृष्ठ की मासिक पत्रिका का वार्षिक शुल्क एक रुपया था। वेणी प्रसाद श्रीवास्तव ने झांसी से हिन्दी साप्ताहिक *'दिग्दर्शन'* निकाला। वार्षिक शुल्क दो रुपये था। द्विजदेव नारायण शर्मा ने सन 1927 में हिन्दी त्रैमासिक *'विधु'* का प्रकाशन किया। कविता की इस पत्रिका का प्रकाशन विधु साहित्य मंदिर गया ने किया था। वार्षिक शुल्क एक रुपया था।

अखिल भारतीय यादव महासभा का पाक्षिक मुखपत्र *'यादव'* सन 1927 में गोरखपुर से प्रकाशित हुआ। वार्षिक शुल्क तीन रुपये था।

क्रांति

मई 1927 में श्रमजीवी वर्ग का मराठी साप्ताहिक *'क्रांति'* मुम्बई से प्रकाशित हुआ। मिरजकर और जोगलेकर के कामगार संगठन को मजबूती प्रदान करने के लिए इसका प्रकाशन किया था। मिरजकर पर राजद्रोह का मुकदमा चलने से अक्टूबर 1927 में प्रकाशन बन्द हुआ। 28 जून 1928 से श्रीपाद अमृत डांगे के सम्पादकत्व में 'क्रांति' का पुनर्प्रकाशन हुआ। सन 1929 में 'क्रांति' पर पाबन्दी लगी। कुछ दिन बन्द रहकर सन 1931 तक प्रकाशित होता रहा। छह वर्ष बाद सन 1937 में क्रांति फिर अस्तित्व में आया। दो सितम्बर 1939 को 'क्रांति' का अंतिम अंक निकला। सन 1938 के अक्टूबर-नवम्बर माह में 'क्रांति' के दैनिक परिशिष्ट का प्रकाशन हुआ।

पुणे समाचार

एक जून 1927 से डा. श्रीधर व्यंकटेश केतकर ने मराठी दैनिक *'पुणे समाचार'* का प्रकाशन आरम्भ किया। महाराष्ट्रीय ज्ञान कोश का कार्य पूरा होने पर ज्ञान कोश के सम्पादकों को 'पुणे समाचार' का दायित्व सौंपा गया। सम्पादक डा. केतकर ने पत्र का उद्‌देश्य स्पष्ट करते हुए लिखा था- "अमेरिका के एक-एक शहर से दैनिक अच्छे चलते हैं, उनमें खबरें और अन्य घटनाएँ उसी शहर के सम्बन्ध में होती हैं और वह पत्र उस शहर का मुखपत्र बन जाता है। 'पुणे समाचार' भी पुणे का मुखपत्र बन जाएगा।" दैनिक समाचारपत्र के रूप में पुणे समाचार के 64 अंक निकले। उसके बाद यह साप्ताहिक हो गया। अन्ततः 8 अप्रैल 1928 को बन्द हो गया।

बहिष्कृत भारत

डा. भीमराव आम्बेडकर द्वारा स्थापित बहिष्कृत हितकारिणी सभा ने तीन अप्रैल 1927 को मुम्बई से मराठी पाक्षिक पत्र *'बहिष्कृत भारत'* का प्रकाशन आरंभ किया। सम्पादक डा. आम्बेडकर थे। शुरू के छह माह बाहर के प्रेस से छपवाने के बाद नवम्बर 1927 से अपने भारत भूषण प्रिंटिंग प्रेस से मुद्रित होने लगा। अस्पृश्य वर्ग में चेतना के प्रसार के लिए यह पत्र निकाला गया था। वार्षिक शुल्क तीन रुपये था। यद्यपि डा. आम्बेडकर को पहले 'मूकनायक' नामक पत्र निकालने का कटु अनुभव था, किन्तु संवाद और प्रचार के प्रभावी माध्यम के रूप में एक समाचारपत्र की आवश्यकता को ध्यान में रखते हुए उन्होंने 'बहिष्कृत भारत' का प्रकाशन किया था। वर्ष भर अखबार निकालने के बाद ग्राहकों का पर्याप्त समर्थन नहीं मिला और अखबार पर पाँच सौ रुपये का कर्ज चढ़ गया।

प्रवेशांक के अग्रलेख में डा. भीमराव आम्बेडकर ने लिखा- "छह वर्ष के बाद पुनः हम पुराने स्वाध्याय को नये नाम से शुरू कर रहे हैं। अस्पृश्यों की स्थिति छह वर्ष के बाद और भी शोचनीय हो गई है। इसलिए समाचार पत्र की आवश्यकता आज अधिक तीव्र है।"

'बहिष्कृत भारत' के 34 अंक प्रकाशित हुए। इनमें डा. आम्बेडकर के कुल 145 स्फुट लेख प्रकाशित हुए। आम्बेडकर की टिप्पणियों का स्तर ऊँचा होता था। उनमें अपशब्द या हलके शब्द नहीं होते थे। तीन फरवरी 1928 के अंक के बाद से 16 नवम्बर 1928 तक 'बहिष्कृत भारत' बंद रहा। 16 नवम्बर 1928 को दूसरे वर्ष का पहला अंक निकला। सन 1929 में मुम्बई में दंगा भड़कने के कारण 'बहिष्कृत भारत' के प्रकाशन में बाधा आई। 15 नवम्बर 1929 को इसका प्रकाशन बन्द हो गया।

नवम्बर 1927 में कोंकण और दक्षिण महाराष्ट्र के पाठकों के लिए मराठी साप्ताहिक *'बलवंत'* का प्रकाशन गा.वी.पटवर्धन के सम्पादकत्व में हुआ। समाचार, विचार और मनोरंजन का समावेश इस पत्र में था। वार्षिक शुल्क तीन रुपये था। अक्टूबर 1928 में बलवंत का 'कोंकण अभ्युदय अंक' सौ पृष्ठों का प्रकाशित हुआ था, जिसकी पाठकों और विद्वानों ने सराहना की थी।

सन 1927 में दत्तात्रय मोरेश्वर कटघरे के सम्पादकत्व में श्रीराम विजय प्रेस बडोदरा से मासिक पत्र *'व्यायाम'* का प्रकाशन हुआ। भारतीय युवकों को हृष्ट-पुष्ट बनाने और फैशन के कीटाणुओं से उनकी रक्षा करने के उद्देश्य से यह पत्र प्रकाशित किया गया था। वार्षिक शुल्क 5 रुपये था। 10 जनवरी सन 1927 को मुम्बई से मराठी साप्ताहिक *'श्रद्धानन्द'* का प्रकाशन नारायण दामोदर सावरकर के सम्पादकत्व में हुआ। आठ पृष्ठ के इस साप्ताहिक का शुल्क दो रुपये 13 आने था। लोकसेवक प्रेस मुम्बई से पत्र का मुद्रण-प्रकाशन होता था। कुछ समय बाद 'श्रद्धानन्द' का हिन्दी संस्करण भी प्रकाशित हुआ। इसका प्रकाशन सन 1930 तक हुआ। सावरकर ने अपने एक लेख में लिखा- "क्रांतिकारियों को शस्त्राचारी कहो, अत्याचारी नहीं।" फिरंगी हुकूमत को यह बात चुभ गई और 'श्रद्धानन्द' के हिन्दी और मराठी दोनों संस्करण बंद करने पड़े।

ब्रह्मचर्य आश्रम मसूर, जिला सातारा से मराठी मासिक पत्रिका *'दासबोध'* सन 1927 में प्रकाशित हुई। पृष्ठ संख्या 32 और वार्षिक शुल्क दो रुपये चौदह आना था। शंकर धोंडो क्षीरसागर सम्पादक थे। प्रेमराज वर्मा ने मराठी, गुजराती और हिन्दी का त्रिभाषी मासिक पत्र *'ज्ञान संग्रह'* पुणे से प्रकाशित किया। सातारा से मराठी साप्ताहिक *'समर्थ'* निकला। ठाणे से अक्टूबर 1927 में सामाजिक, धार्मिक, राजनीतिक, औद्योगिक और ऐतिहासिक विषयों की मराठी मासिक पत्रिका *'भारत सेवक'* प्रकाशित हुई। सम्पादक केशव अप्पाजी देशमुख थे। वार्षिक शुल्क दो रुपये था।

वासुदेव भावे ने मराठी पाक्षिक *'बाल वसंत'* का सम्पादन अमलनेर से किया। प्रकाशक खरवंडीकर थे, जो तीन वर्ष बाद सम्पादन भी करने लगे। बच्चों के लिए उपयोगी पत्रिका थी। नागपुर से बालोपयोगी मराठी मासिक पत्रिका *'बच्चों का मासिक'* सन 1927 में निकली। विद्यार्थियों को केन्द्र में रखकर यह मासिक निकाला गया था। शोलापुर से मराठी दैनिक *'दिव्य शक्ति'* प्रकाशित हुआ। मराठी साप्ताहिक *'कोंकण'* तीन जनवरी 1927 को अलीबाग से प्रकाशित हुआ। सी.ना.पटवर्धन सम्पादक थे। तीन वर्ष बाद *'कोलाबा सद्वृत्त'* में समाहित हो गया और 1932 में बन्द हुआ। बच्चों के लिए मासिक

'नोफेथ' जनवरी 1927 में निकला।

जुगतराम रतनजी रावल ने सन 1927 में राजकोट से *'नूतन सौराष्ट्र'* का सम्पादन-प्रकाशन किया। पहले वे अमृतलाल सेठ के गुजराती *'सौराष्ट्र'* का सम्पादन-प्रकाशन कर चुके थे, जिसका नाम बदलकर 'फूल-छाब' हो गया। 'नूतन सौराष्ट्र' प्रेम सागर प्रिंटिंग प्रेस में छपता था। एक प्रति का मूल्य एक आना था।

सुजाता

सन 1927 में तेलंगाना से तेलुगु मासिक पत्रिका 'सुजाता' निकली। यह सन 1940 तक प्रकाशित हुई। पी.एन.शर्मा ने 'गोलकोंडा पत्रिका' की सहयोगी पत्रिका 'सुजाता' प्रकाशित की। एस. प्रताप रेड्डी और एन.हनुमंतराव प्रभृति सम्पादक 'सुजाता' की देन हैं। सन 1930 में सुजाता बन्द हो गई। इसी वर्ष राजमुंदरी से पी.मल्लिकार्जुन राव के सम्पादकत्व में तेलुगु मासिक पत्रिका *'सुभाषिणी'* प्रकाशित हुई। वीरभद्र राव और प्रभाकर शास्त्री जैसे विद्वानों की रचनाएँ इस पत्रिका में प्रकाशित हुईं। छह जनवरी 1927 को *'पुष्पमाला'* निकली। इसी वर्ष तेलुगु मासिक पत्रिका *'जयंती'* और हैदराबाद से *'तेलुगु तल्लि'* का प्रकाशन हुआ। सत्यवती देवी सम्पादक थीं।

गुजराती मासिक *'बालमित्र'* का प्रकाशन चरोतर एजुकेशन सोसायटी, आनन्द ने किया। चन्द्रशेखर मणिशंकर भट्ट सम्पादक थे। 40 पृष्ठ की इस पत्रिका में बालोपयोगी रचनाएँ प्रकाशित की जाती थीं। आशाभाई गोवर्धनभाई पटेल भी सम्पादक रहे। गुजराती मासिक *'साहित्य'* सन 1927 में प्रकाशित हुआ। साहित्यिक लेख और समालोचनाएँ छपती थीं। मुम्बई से *'सिनेमा फैन'* नामक गुजराती साप्ताहिक इसी वर्ष निकला। खंडाला से गुजराती मासिक पत्रिका *'फेवरिट'* प्रकाशित हुई।

सूरत से गुजराती साप्ताहिक *'गांडीव'* का प्रकाशन हुआ। मलयालम साप्ताहिक *'सत्यदीपम्'* सन 1927 में एर्णाकुलम से प्रकाशित हुआ। त्रैमासिक कन्नड पत्रिका *'उदय भारत'* सन 1927 में मंगलूरु से प्रकाशित हुई। सम्पादक श्रीनिवास पुरुषोत्तम भट्ट थे। एक प्रति का मूल्य दो आना था। मैसूर से एम.एस.कृष्णराव के सम्पादकत्व में कन्नड मासिक *'गोरक्षा'* का प्रकाशन हुआ।

किरती

गुरुमुखी मासिक पत्र *'किरती'* अमृतसर से निकला। सम्पादक प्रकाशक सरदार अर्जुनसिंह थे। गुरुमुखी के साथ-साथ उर्दू में भी निकलता था। गरीबों और मजदूरों के पक्ष में आवाज उठाने वाले इस अखबार की पृष्ठ संख्या 60 और वार्षिक शुल्क चार रुपये था। 'किरती' पर टिप्पणी करते हुए 'महारथी' ने लिखा- "यह पत्र क्रांतिकारी है, हमें दुख है कि साहित्य-साहित्य चिल्लाने वाले किसी हिन्दी सेवी को आज तक ऐसा पत्र निकालने का साहस नहीं हुआ। पत्र का शब्द-शब्द क्रांति

का जयघोष कर रहा है। पराधीनता की शृंखला में जकड़ा हुआ भारत, बहुत संभव है, साहित्य के धोखे में अपने आपको भी खो बैठे। उफ! धन्य है वीरों का साहस!! पत्र है या पीड़ितों की मर्म वेदनाओं का धधकता हुआ अग्निकुंड!!! इसको कहते हैं कलेजा और इसे कहते हैं आग।"[1]

कोलकाता के पंजाबी साहित्यानुरागियों की संस्था कवि कुटिया का मुखपत्र *'कवि'* सन 1927 में प्रकाशित हुआ। सम्पादक सुकवि मुंशासिंह दुखी थे। कर्नल वान रेनन ने दिल्ली से 1927 में *'क्रानिकल'* का सम्पादन-प्रकाशन किया। एक प्रति का मूल्य दो आना था। दो वर्ष तक प्रकाशित होने के बाद इसे 'पायनियर' में समाहित कर दिया गया। अँगरेजी साप्ताहिक *'मंगलूरु संडे न्यूज'* सन 1927 में ए.एल.पिंटो के सम्पादकत्व में प्रकाशित हुआ। इन्दौर से *'डेली कालेज मैगजीन'* नामक अँगरेजी की अर्द्धवार्षिक पत्रिका प्रकाशित हुई। अँगरेजी मासिक *'इंडियन एविएशन'* कोलकाता से निकला।

अँगरेजी मासिक *'इंडियन कांक्रीट जर्नल'* का प्रकाशन मुम्बई से हुआ। *'इंडियन डेंटल रिव्यू'* नाम की अँगरेजी मासिक पत्रिका मुम्बई से निकली। संस्कृत पत्रिका *'सुरभारती'* काशी से सन 1927 में प्रकाशित हुई। संस्कृत साहित्य की श्रीवृद्धि करने के उद्देश्य से यह सर्वांगपूर्ण पत्रिका प्रकाशित की गई थी। चित्रों और कार्टूनों से सज्जित रहती थी। पृष्ठ संख्या 100 और वार्षिक शुल्क छह रुपये था। कोलकाता से हुकुमचन्द्र शर्मा ने सन 1927 में दैनिक *'बाजार समाचार'* निकाला।

इंकलाब

4 अप्रैल 1927 को मौलाना गुलाम रसूल मेहर ने लाहौर से *'इंकलाब'* का सम्पादन-प्रकाशन किया। 'जमींदार' बंद होने के कारण नया समाचारपत्र प्रकाशित करने की योजना मौलाना गुलाम रसूल मेहर और अब्दुल मजीद सालिक ने बनाई। पौने चार हजार रुपये की पूँजी से 'इंकलाब' आरंभ किया। प्रो. अब्दुल कादिर शाह, हकीम फकीर मोहम्मद चिश्ती, हकीम मोहम्मद हसन कुरैशी, उस्ताद अल्लाह बख्श आर्टिस्ट, चौधरी मोहम्मद हुसैन, दीवान आत्मानन्दशरण के सहयोग से पूँजी इकट्ठी हुई। अल्लामा इकबाल ने इसका नामकरण 'इंकलाब' किया। सन 1949 तक 'इंकलाब' का प्रकाशन हुआ।

'इंकलाब' अखबार में काम करने वाले सभी व्यक्ति 'जमींदार' में काम कर चुके अनुभवी पत्रकार थे। इस वजह से 'इंकलाब' का स्वरूप शुरू से ही निखरा रहा। इसकी सम्पादकीय टिप्पणियाँ और अग्रलेख, गंभीर, तर्कपूर्ण और विचारपरक

1. महारथी, जून 1928, पृ. 278

होते थे। दिलचस्प घटनाएँ, देश-विदेश के महत्वपूर्ण समाचार, लेख और कविताएँ स्तरीय होते थे। 'इंकलाब' के विशेषांक पठनीय और संग्रहणीय रहते थे। आरंभ में 'इंकलाब' कांग्रेस का समर्थक अखबार था। जब कांग्रेस से मुसलमानों के हकों और हितों के सम्बन्ध में कोई गारण्टी मिलने के बजाय नेहरू कमेटी की रिपोर्ट को सामने लाया गया तब 'इंकलाब' मुस्लिम लीग के समर्थन में चला गया। 'इंकलाब' प्रेस से 2000 और अखबार से 3000 रुपये की जमानत माँगी गई जिसे पत्र के संचालक-सम्पादक ने हाईकोर्ट में चुनौती दी। तब कहीं 'इंकलाब' को इस जबरिया वसूली से राहत मिली।

मुसलमान

चेन्नै से सन 1927 में चार पृष्ठ का उर्दू दैनिक *'मुसलमान'* प्रकाशित हुआ। सभी पृष्ठों पर समाचार दिए जाते थे। विज्ञापन भी रहते थे। दूसरे पृष्ठ पर दो कालम में अग्रलेख लिखा जाता था। महत्वपूर्ण समाचारों के साथ उन पर टिप्पणी भी की जाती थी। अंतिम पृष्ठ स्थानीय समाचारों और विज्ञापनों के लिए रहता था। मुस्लिम समुदाय के हितों और अधिकारों को प्रमुखता से उठाता था। विदेशी समाचारों की शृंखला में इस्लामी देशों की खबरें छपती थीं। राजनीति और आर्थिक विषयों पर ध्यान केन्द्रित किया जाता था। स्वास्थ्य विषयक सामग्री भी पाठकों के लाभार्थ प्रकाशित की जाती थी। 'मुसलमान' का प्रकाशन जारी है। इसके वर्तमान सम्पादक-प्रकाशक-मुद्रक सैयद फजलउल्ला हैं। नाजिर अहमद शाकिर और एस.एम.फाजिल भी 'मुसलमान' के सम्पादक रहे हैं।

इस्तिकलाल हिन्द

25 जून 1927 को दिल्ली से साहित्य और सियासत पर केन्द्रित उर्दू साप्ताहिक 'इस्तिकलाल हिन्द' का प्रकाशन-सम्पादन मौलाना नूरुद्दीन ने किया। पृष्ठ संख्या 20 और वार्षिक शुल्क चार रुपये था। 'इस्तिकलाल हिन्द' ने घोषित किया था- "वह एकता का संदेश देगा, दासता की बेड़ियाँ तोड़ेगा, गरीबों को पूँजीपतियों के शिकंजे से मुक्त कराएगा, अच्छी कहानियाँ, लेख और कविताएँ छापेगा, हास्य-विनोद और कार्टून प्रकाशित करेगा। अच्छी किताबत और छपाई होगी। एक खास घोषणा यह की गई थी कि 'इस्तिकलाल हिन्द' के सम्पादक मण्डल में अधिकांश देशभक्त लोग हैं।

अक्टूबर 1927 में बागवानपुर जिला लाहौर से उर्दू मासिक पत्रिका *'इस्लाह'* का सम्पादन-प्रकाशन चौधरी मोहम्मद हुसैन ने किया। पृष्ठ संख्या 48 और वार्षिक शुल्क तीन रुपये था। अमृतसर से उर्दू साप्ताहिक *'तंजीम'* डा. सैफुद्दीन किचलू और जनाब कुरैशी ने निकाला। वार्षिक शुल्क पाँच रुपये था। मांगरोल (कठियावाड) से उर्दू मासिक पत्रिका *'जबान'* जनवरी 1927 में प्रकाशित हुई। सम्पादक अब्दुल

रहमान 'खुश्तर' थे। वार्षिक शुल्क चार रुपये और पृष्ठ संख्या 64 थी। नागपुर से 6 जुलाई 1927 को साप्ताहिक *'उर्दू अखबार'* का सम्पादन-प्रकाशन सैयद सज्जाद अहमद ने किया। गुलाबी, लाल और हरे रंग के कागज पर काली स्याही में छपता था। पृष्ठ संख्या चार और वार्षिक शुल्क दो रुपये था।

आजादी

कराची से दिसम्बर 1927 में उर्दू दैनिक *'आजादी'* का प्रकाशन जे.बुखारी के सम्पादन में आरंभ हुआ। यह बुखारी लिथो प्रिंटिंग प्रेस में छपता था। पृष्ठ संख्या चार और मासिक शुल्क बारह आना था। इसकी सामग्री पठनीय और साज-सज्जा सुन्दर थी। इस्लामी देशों के समाचार अधिक होते थे। इसी वर्ष पटना से *'रहनुमा'* निकला। मुम्बई से उर्दू साप्ताहिक *'जम्हूर'* प्रकाशित हुआ। इस्लामी देशों की खबरें, मुम्बई और शेष हिन्दुस्तान के समाचार, महिलाओं के विषय, मनोरंजक सामग्री और सम्पादक के नाम पत्र प्रकाशित किए जाते थे। लाहौर से मार्च·1927 में अबुल असर जालंधरी तथा हरिचन्द अख्तर के सम्पादकत्व में उर्दू की साहित्यिक मासिक पत्रिका *'जदीद मखजन'* का प्रकाशन हुआ।

एक जून 1927 को बच्चों के लिए उर्दू पाक्षिक पत्रिका *'अख्तर'* कैफ मुरादाबादी के सम्पादकत्व में प्रकाशित हुई। बच्चों को नैतिकता, धर्म और सामाजिक विषयों की शिक्षा देने के लिए प्रकाशित इस सचित्र मासिक पत्रिका का वार्षिक शुल्क चार रुपये था। पीर मोहम्मद अशरफ ने अक्टूबर 1927 में लाहौर से उर्दू मासिक *'अल अशरफ'* का प्रकाशन किया। जनवरी 1927 में बिहार शरीफ से उर्दू मासिक पत्रिका *'अल अमीन'* निकली। सम्पादक सैयद मोहम्मद शफी थे। पृष्ठ संख्या 48 और वार्षिक शुल्क तीन रुपये था।

'खुर्शीद खावर' नामक उर्दू साप्ताहिक जनवरी 1927 में कराची से निकला। सम्पादक मोहम्मद खाँ थे। भाषा, विषय वस्तु, प्रस्तुति और सम्पादन सभी दृष्टि से अच्छा अखबार था। आठ पृष्ठ के इस साप्ताहिक का वार्षिक शुल्क सात रुपये था। इनायत हुसैन देहलवी ने 16 अप्रैल 1927 को दिल्ली से उर्दू साप्ताहिक *'चोंच'* का प्रकाशन किया। अपनी अनूठी शैली के कारण यह पत्र काफी लोकप्रिय हुआ। सन 1940 तक इसका प्रकाशन जारी रहा। एक अप्रैल 1927 को अमृतसर से उर्दू साप्ताहिक *'तौहीद'* निकला। इंकलाबी और स्वतंत्रता आन्दोलनों से सम्बन्धित समाचारों का प्रकाशन करता था। मौलाना दाऊद गजनवी सम्पादक थे। मौलाना 1921 में तीन साल के लिए जेल भेजे गए, सन 1925 में नजरबंद किए गए और 1942 में फिर गिरफतार हुए। पंजाब कांग्रेस के अध्यक्ष भी थे। जनवरी 1927 में बिजनौर से उर्दू मासिक पत्रिका *'तफरीह'* निकली। ज्ञान-विज्ञान, साहित्य-राजनीति, हास्य विनोद तथा कृषि विषयक इस पत्रिका के सम्पादक आगा रफीक बुलन्द-

शहरी थे। पृष्ठ संख्या 56 और वार्षिक शुल्क दो रुपये था। देश-विदेश की खबरें और देशोन्नति विषयक लेख प्रकाशित होते थे।

अम्बाला से उर्दू पाक्षिक *'तबलीग'* का प्रकाशन सैयद मोअज्जम अली खां नजीराबादी के सम्पादकत्व में हुआ। जून 1927 से शौकत फहमी ने दिल्ली से उर्दू साप्ताहिक *'ताकत'* का सम्पादन-प्रकाशन किया। फैजाबाद से एस.एम.आबिद जैदी ने उर्दू साप्ताहिक *'तामीर'* निकाला। डा. सत्यवती और डा. हलीमा बेगम के सम्पादकत्व में उर्दू मासिक पत्रिका *'लेडी डाक्टर'* जालंधर से प्रकाशित हुई। बच्चों और महिलाओं के लिए उपयोगी थी। लाहौर से उर्दू मासिक पत्रिका *'दम-ए-इसार'* अगस्त 1927 में निकली। सम्पादक हकीम मलिक मोहम्मद शरीफ थे। अलीगढ़ से उर्दू मासिक पत्रिका *'मुस्तकबिल'* सागर के सम्पादकत्व में जनवरी 1927 में निकली। अम्बाला से उर्दू मासिक पत्रिका *'मुरक्का-ए-अदब'* का प्रकाशन हुआ। मई 1927 में दिल्ली से उर्दू साप्ताहिक समाचारपत्र *'माहिर'* का सम्पादन-प्रकाशन हकीम मेहमूद अली खां ने किया। पृष्ठ संख्या 12 और वार्षिक शुल्क चार रुपये था। दिल्ली और आसपास की खबरें ज्यादा प्रकाशित करता था। सैयद मोहम्मद अकरम हुसैन के सम्पादकत्व में अलवर से उर्दू मासिक *'मसीहा-ए-जमां'* निकला। अमरावती से मोहम्मद इब्राहीम शरर ने त्रैमासिक पत्रिका *'मुरक्का-ए-उर्दू'* निकाली।

'मुशीर-ए-सेहत' नामक उपचार सम्बन्धी उर्दू मासिक पत्रिका डा. अमानुल्ला के सम्पादकत्व में लाहौर से जनवरी 1927 में प्रकाशित हुई। पृष्ठ संख्या 32 और वार्षिक शुल्क दो रुपये था। एक मार्च 1927 से गोरखपुर से उर्दू, हिन्दी और अँगरेजी की त्रिभाषी मासिक पत्रिका *'मोटरकार'* प्रकाशित हुई। सम्पादक अब्दुल रहमान थे। वार्षिक शुल्क छह रुपया था। मशीनरी खासतौर से मोटर सम्बन्धी जानकारियाँ प्रकाशित की जाती थीं। एम.नरसिंहराव के सम्पादकत्व में नवम्बर 1927 में हैदराबाद से उर्दू साप्ताहिक समाचारपत्र *'रैयत'* निकला। पत्र की नीति देश भक्ति और हिन्दू-मुस्लिम एकता की थी। ज्ञानवर्द्धक, नैतिक और सामाजिक विषयों पर वैचारिक लेखों का प्रकाशन किया जाता था। बीच में कुछ समय तक बन्द रहने के बाद सन 1933 में 'रैयत' का प्रकाशन दैनिक समाचारपत्र के रूप में हुआ। किन्तु ज्यादा दिन चल नहीं पाया और पुनः साप्ताहिक हो गया। हैदराबाद में पुलिस एक्शन के बाद इसका प्रकाशन बंद हो गया। *'शिफा-उल-मुल्क'* नामक उर्दू मासिक पत्रिका दिल्ली से निकली। सम्पादक हलीम मोहम्मद अयूब थे। हकीम ठाकुरदास वर्मा ने झाँसी से उर्दू मासिक पत्रिका *'सितारा-ए-सेहत'* निकाली।

निजाम गजट

हैदराबाद से नवम्बर 1927 में बारह पृष्ठ का उर्दू साप्ताहिक *'निजाम गजट'* प्रकाशित हुआ। हिन्दुस्तान का सामाजिक जीवन, शैली, संस्कृति पर विशेष ध्यान

केन्द्रित करने वाले इस अखबार के सम्पादक सैयद वकार अहमद और मोहम्मद हबीबुल्ला रुश्दी थे। वार्षिक शुल्क छह रुपये था। कागज, छपाई, साज-सज्जा उत्तम थे। कुछ साल बाद *'निजाम गजट'* दैनिक समाचारपत्र के रूप में निकलने लगा। पुलिस एक्शन के समय भी इसके प्रकाशन में बाधा नहीं आई। आंध्र प्रदेश के गठन के बाद फारुख अहमद के सम्पादकत्व में प्रकाशन जारी रहा।

अग्रवाल समाज के उत्थान के लिए समर्पित साप्ताहिक *'अग्रवाल हितैषी'* 1927 में लाहौर से प्रकाशित हुआ। रामगोपाल गुप्ता इसके प्रकाशक और रोशनलाल सम्पादक थे। अग्रवाल हितैषी का वार्षिक शुल्क 3 रुपये और एक प्रति का मूल्य एक आना था। इसका आकार 20 इंच गुणित 26 इंच था। डा. चुन्नीलाल भाटिया और डा. जगतराम भाटिया ने स्काउट एसोसिएशन अमृतसर की ओर से उर्दू मासिक *'स्काउट रिव्यू'* का प्रकाशन किया। एक प्रति का मूल्य छह पैसे था।

नाडियाद से गुजराती मासिक *'देशी राज्य'* का सम्पादन-प्रकाशन जयन्तीलाल मोरारजी मेहता ने किया। वार्षिक शुल्क छह रुपये था।

सुरुचिपूर्ण पत्रकारिता

1928

विशाल भारत

एक जनवरी 1928 को कोलकाता से *'मार्डर्न रिव्यू'* के सम्पादक-प्रशासक रामानन्द चट्टोपाध्याय ने हिन्दी मासिक पत्रिका 'विशाल भारत' का प्रकाशन शुरू किया। बनारसीदास चतुर्वेदी पत्रिका के आद्य सम्पादक थे। रामानन्द चट्टोपाध्याय की अभिलाषा थी कि वे एक अच्छा हिन्दी मासिक पत्र निकालें। उन्होंने 'कर्मयोगी' के सम्पादक पंडित सुन्दरलाल से आग्रह किया कि वे 'विशाल भारत' के सम्पादन का दायित्व स्वीकार कर लें। उन्होंने बनारसीदास चतुर्वेदी का नाम प्रस्तावित करते हुए उनका पता रामानन्दजी को भेज दिया। चट्टोपाध्याय ने 175 रुपये मासिक वेतन तय करते हुए बनारसीदास चतुर्वेदी को आमंत्रित किया, जिन्होंने अपनी सहमति भेज दी।

'विशाल भारत' का प्रवेशांक 144 पृष्ठों का निकला। साहित्य, समाज-सुधार, राजनीति, इतिहास, अर्थशास्त्र, विज्ञान आदि विषयों पर गवेषणापूर्ण लेखों का प्रकाशन सचित्र 'विशाल भारत' में होता था। आकार 25 गुणित 19 से.मी. और वार्षिक शुल्क छह रुपये था।

'विशाल भारत' का लेखकों से आग्रह रहता था कि चार पृष्ठों से अधिक के लेख नहीं भेजें। लेखों के लिए 'यथाशक्ति भेंट' दी जाती थी। एक शर्त यह रहती थी कि "लेख ऐसा हो जिसे भले घरों में निस्संकोच पढ़ा जा सके।" पत्र के प्रत्येक अंक में सादे चित्रों और कार्टूनों के अलावा आर्ट पेपर पर दोरंगे, तिरंगे, चार या अधिक पूरे पृष्ठ के आकर्षक चित्र रहते थे। मुद्रण साफ-सुथरा होता था। भाषा की शुद्धता पर विशेष ध्यान दिया जाता था। महिला मंडल, स्वास्थ्य, प्रवासी भारतीय, हमारे गाँव, तरुण भारत, समालोचना और प्राप्ति स्वीकार आदि स्तम्भ नियमित रूप से प्रकाशित किए जाते थे। कविता, कहानी, व्यंग्य साहित्य का भी प्रकाशन किया जाता था।

विशाल भारत

'विशाल भारत' ने प्रवेशांक में अग्रलेख के माध्यम से अपनी रीति-नीति और दिशा को स्पष्ट किया- "संसार का शिरोमणि आज दासत्व पंक में पड़ा हुआ है। छोटी-छोटी बातों पर हम लोग लड़ते रहे हैं। देश में स्वार्थ का साम्राज्य हो रहा है और भिन्न-भिन्न जातियों में पारस्परिक अविश्वास। पर यह अवस्था चिरस्थायी नहीं हो सकती। भारत के शुभ दिन अब आने को हैं। वह अपनी दुर्दशा को समझ गया है और अपनी गुलामी की जंजीरों को तोड़ने के लिए उद्योग भी कर रहा है।

"देश में सामाजिक, राजनीतिक तथा धार्मिक सुधार के जो आन्दोलन हो रहे हैं वे सब उसी उद्योगों के भाग हैं। पराधीनता के कारण हमें राजनीतिक आन्दोलन सबसे अधिक महत्वपूर्ण भले ही प्रतीत हों, पर वास्तव में सामाजिक तथा शिक्षा सम्बन्धी कार्यों का महत्व भी किसी प्रकार कम नहीं है। इसी तरह साहित्य, कला तथा विज्ञान की उन्नति के लिए जो उद्योग हो रहे हैं उसे भी हम उपेक्षा की दृष्टि से नहीं देख सकते। जैसे भिन्न-भिन्न वृक्ष अपने-अपने फल-फूल तथा विचित्र सौन्दर्य से ऋतुराज बसन्त का स्वागत करते हैं उसी प्रकार हम लोगों को भी अपनी सर्वश्रेष्ठ भेंट द्वारा स्वराज्य का स्वागत करने के लिए प्रयत्नशील होना चाहिए। शुद्ध हृदय से किया हुआ छोटे-से-छोटा सेवा का कार्य भी कुछ महत्व रखता है।"

विशाल भारत का जन्म और उसका उद्देश्य

"उपर्युक्त बातों को ध्यान में रखकर ही 'विशाल भारत' के प्रकाशन की आयोजना की गई है। उसके संचालक श्री रामानन्द चट्टोपाध्याय लगभग चालीस वर्ष से सम्पादन का कार्य कर रहे हैं। हिन्दी जनता को उनके 'माडर्न रिव्यू' तथा

'प्रवासी' का परिचय देने की आवश्यकता नहीं। जिन सिद्धान्तों तथा विचारों का प्रचार आप अपने अँगरेजी तथा बंगला पत्र द्वारा करते हैं, उन्हीं को अब आप राष्ट्रभाषा द्वारा हिन्दी जनता के सम्मुख रखना चाहते हैं। 'विशाल भारत' की आयोजना का एकमात्र उद्‌देश्य यही है।"

हमारी नीति

"भारत में हिन्दू, मुसलमान, पारसी, ईसाई इत्यादि भिन्न-भिन्न धर्मों के अनुयायी रहते हैं। संभवतः परमात्मा ने भारत को ही इस विभिन्नता में एकता का आदर्श उपस्थित करने के लिए चुना है। आखिर हम सबों को मिलकर एक-दूसरे की संस्कृति का सम्मान करते हुए इसी देश में रहना है। साम्प्रदायिकता अथवा जातीय विद्वेष को बढ़ाना विशाल भारत के प्रति ऐसा भयंकर पाप है जिसका कोई प्रायश्चित्त नहीं। 'विशाल भारत' इस बात को सदा अपने सम्मुख रक्खेगा।

"विशाल भारत के भिन्न-भिन्न भाग महाराष्ट्र, गुजरात, तैमिल प्रदेश तथा बंगला इत्यादि में साहित्य, संगीत-कला, शिक्षा, विज्ञान इत्यादि की उन्नति के लिए जो उद्योग हो रहे हैं उनको हिन्दी पढ़ी जनता के सम्मुख लाना हमारा मुख्य कर्तव्य होगा।

"प्राचीन विशाल भारत (जावा, सुमात्रा इत्यादि) के विषय में जनता में ज्ञान फैलाने और आधुनिक विशाल भारत (फिजी, मारीशस इत्यादि) के साथ मातृभूमि के सम्बन्ध को दृढ़ करने के लिए हम यथाशक्ति प्रयत्न करेंगे।

"हिन्दुस्तान की अधिकांश जनता ग्रामों में रहती है। अतएव ग्राम निवासियों, किसानों तथा मजदूरों के हित के लिए उद्योग करना हमारा कर्तव्य होगा।

"जिन्हें हम लोग भूल जाते हैं (उदाहरणार्थ हमारे वे साहित्यसेवी और कवि जिन्होंने हमारे लिए मार्ग तैयार किया था) उनकी स्मृति रक्षा के लिए हम बराबर कुछ न कुछ काम करते रहेंगे।

"'विशाल भारत' भारतीय युवक आन्दोलन का पक्का समर्थक होगा और माताओं तथा बहनों की जो कुछ सेवा उससे बन सकेगी वह अवश्य करेगा। मातृभूमि के छोटे से छोटे सेवकों का सम्मान करेगा और उनकी सेवा करने में अपना गौरव समझेगा।"

रामानन्द चट्‌टोपाध्याय सम्पादकीय स्वतंत्रता के प्रबल पक्षधर थे। इसका उदाहरण है, प्रवेशांक में प्रकाशित यह सूचना- "अगले अंक से 'विशाल भारत' में श्री रामानन्द चट्‌टोपाध्याय की राजनीतिक टिप्पणियाँ बराबर प्रकाशित होती रहेंगी। पर वे लिखेंगे उसी हैसियत से जिससे कि कोई सम्मानित लेखक किसी पत्र में लिखता है और अन्य लेखकों की तरह अपनी सम्मतियों के लिए वे ही उत्तरदायी होंगे। 'विशाल भारत' की नीति के संचालन में उन्होंने हमें पूर्ण स्वाधीनता दे दी

है।"

'भारत में अँगरेजी राज' पुस्तक को जब्त करने की कार्रवाई की आलोचना करते हुए 'विशाल भारत' ने लिखा- "हम देखते हैं कि किताबों की जब्ती के विषय में गवर्नमेंट की नीति दिन-प्रतिदिन स्वेच्छाचारिता पूर्ण होती जा रही है। गवर्नमेण्ट की मनमानी कार्रवाई का अन्त नौकरशाही के अन्त के साथ ही होगा, उसके पहले नहीं।"

सामाजिक जागृति के उपक्रमों के प्रति 'विशाल भारत' की प्रतिबद्धता का परिचय अछूतों के मन्दिर प्रवेश के समर्थन में लिखी गई इस टिप्पणी से मिलता है- "जब दूसरे मजहब वाले आदमी तथा कुत्ते, बिल्ली तक मंदिरों में जा सकते हैं तो अपने सहधर्मियों को मंदिर में घुसने से रोकना हद दर्जे का अन्याय है। पर हिन्दू जाति तो महाकवि अकबर के शब्दों में मुर्दा है और इसमें जो न हो जाये सो थोड़ा है।"

'विशाल भारत' ने पद्मसिंह शर्मा अंक, प्रवासी अंक, रवीन्द्र अंक, एन्ड्रूज अंक, साहित्य-कला अंक, कहानी अंक, यूरोप अंक इत्यादि विशेषांक प्रकाशित कर हिन्दी पत्रकारिता को समृद्ध किया।

'विशाल भारत' ने कई आन्दोलनों को जन्म दिया। बनारसीदास चतुर्वेदी के अग्रलेख 'कस्मै देवाय' ने यह बहस छेड़ी कि लेखन सोद्देश्य हो अथवा उद्देश्यहीन। 'घासलेटी साहित्य' के विरुद्ध तो 'विशाल भारत' ने जेहाद ही छेड़ दिया था। जब 'चाँद' के सम्पादक मुंशी नवजादिकलाल श्रीवास्तव को बर्खास्त कर दिया गया, तब 'विशाल भारत' ने पत्रकारों की सुरक्षा के सवाल को लेकर आन्दोलन छेड़ा।

सन 1928 से 1937- लगभग दस वर्षों तक 'विशाल भारत' का सुसम्पादन करने वाले बनारसीदास चतुर्वेदी ने हिन्दी को अनेक लेखक दिए। चतुर्वेदी जी की सम्पादकीय दृढ़ता का एक उदाहरण उल्लेखनीय है। 'विशाल भारत' के संचालक रामानन्द चट्टोपाध्याय सूरत में हिन्दू महासभा के अध्यक्ष चुने गए थे। उन्हीं के पत्र 'विशाल भारत' में उनकी आलोचना छपी। जब रामानन्द जी सूरत से लौटे तब उन्होंने जानना चाहा कि हिन्दी पत्रों में उनके भाषण की क्या प्रतिक्रिया हुई? जवाब में बनारसीदास जी ने अपनी लिखी टिप्पणी उनके सामने रख दी। इस पर चट्टोपाध्याय ने कहा कि वे इसका उत्तर देना चाहते हैं, क्या उसे छाप देंगे। चतुर्वेदी ने सहमति दे दी और उसे प्रकाशित भी किया। भारतीय पत्रकारिता में सम्पादकीय स्वतंत्रता के सम्मान का यह अन्यतम उदाहरण है।

'विशाल भारत' के सुयोग्य सहायक संपादक ब्रजमोहन वर्मा को चतुर्वेदी जी पत्रिका की सफलता का श्रेय देते थे। धन्यकुमार जैन भी उनके सुयोग्य सहायक थे। सन 1937 के अन्त में बनारसीदास चतुर्वेदी ने 'विशाल भारत' छोड़ दिया और

कुण्डेश्वर (टीकमगढ़) आ गए। तब श्रीराम शर्मा 'विशाल भारत' के सम्पादक बने। उनके पश्चात् सच्चिदानंद हीरानन्द वात्स्यायन 'अज्ञेय' और मोहनसिंह सेंगर ने सम्पादन-दायित्व सम्हाला।

भारत

'निरुपमा'

समस्याओं को रचनात्मक दृष्टिकोण से हल करने की अपील

सरकार बजट से बचनबद्ध

संसद में बजट सम्बन्धी बहस में नेहरू जी का भाषण

कांग्रेस को बचाने के लिए संगठन में आमूल परिवर्तन जरूरी

मध्यप्रदेश कांग्रेस कार्यकर्ता सम्मेलन में श्रीमती सुचेता कृपलानी का भाषण

बम्बई के पूर्ति मंत्री को इस्तीफा देने का आदेश

भारत

प्रयाग से 30 अगस्त 1928 को वेंकटेशनारायण तिवारी के सम्पादकत्व में सचित्र हिन्दी साप्ताहिक *'भारत'* का प्रकाशन आरंभ हुआ। यह सर्वांगपूर्ण समाचारपत्र था। 1930 में अर्द्ध साप्ताहिक और सन 1933 में दैनिक समाचारपत्र बना। पृष्ठ संख्या 24 और वार्षिक शुल्क तीन रुपये आठ आना था। लीडर प्रेस ने भारत का प्रकाशन किया था। उस समय प्रचलित साप्ताहिक पत्रों की तुलना में भारत का स्वरूप, भाषा और शैली, सम्पादकीय टिप्पणियाँ और लेख, कहानियाँ और कविताएँ तथा साज-सज्जा उत्कृष्ट थी।

अर्द्ध साप्ताहिक 'भारत' का सम्पादन नन्ददुलारे वाजपेयी ने किया जो कालान्तर में हिन्दी के प्रख्यात आलोचक और आचार्य हुए। एक सितम्बर 1930 से 10 नवम्बर 1932 तक नन्ददुलारे वाजपेयी अर्द्ध साप्ताहिक 'भारत' के सम्पादक रहे। इस बीच उन्होंने साहित्य, राजनीति, राष्ट्रीय आन्दोलन, कौमी एकता, पत्रकारिता, धर्म, कानून, शिक्षा, अर्थ, उद्योग, कृषि और किसान, समाज सुधार, अन्तरराष्ट्रीय परिस्थितियाँ इत्यादि प्रत्येक विषय पर सम्पादकीय टिप्पणियाँ और अग्रलेख लिखे। सुलझे हुए स्पष्ट विचारों तथा प्रवाहमयी भाषा के कारण उनका अलग ही महत्व

है। 'हिन्दी सम्पादक सम्मेलन' शीर्षक अग्रलेख उनके सुचिन्तन का परिचय देता है:-

हिन्दी सम्पादक सम्मेलन[1]

"इंदौर के कुछ पत्रकारों ने जिनमें वीणा के श्रीयुत कालिकाप्रसाद दीक्षित मुख्य हैं, एक हिन्दी संपादक-सम्मेलन का प्रस्ताव किया है और तदर्थ एक अस्थायी स्वागत समिति भी बना ली है। इस स्वागत समिति की विज्ञप्ति का सारांश भारत के पिछले अंक में प्रकाशित किया जा चुका है। संक्षेप में उसका आशय यह है कि हिन्दी संपादकों में संघटन न होने के कारण उन्हें अब-तक वह प्रतिष्ठा, वैभव और दृढ़ता प्राप्त नहीं है जिसके वे हकदार हैं। ये ऋद्धियाँ तभी प्राप्त होंगी जब उनका संघटन हो जाएगा। विज्ञप्ति के सम्बन्ध में सहयोगी कर्मवीर के श्रीयुत माखनलाल चतुर्वेदी जी का यह कथन भी प्राप्त हुआ है कि वर्तमान समय में बहुत से संपादकों के जेल-प्रवासी होने के कारण सम्मेलन को अभी स्थगित रखना चाहिए। इंदौर की अस्थायी समिति की विज्ञप्ति से जान पड़ता है कि उसने हिन्दी संपादक-सम्मेलन के वास्तविक स्वरूप और महत्व को नहीं समझा और श्रीयुत चतुर्वेदीजी ने भी उसे उसी दृष्टि से देखकर टाल देने की राय दे दी। परन्तु हिन्दी संपादक सम्मेलन की आवश्यकता आज से वर्षों पूर्व से अत्यन्त उत्कट रूप में थी और एक-एक दिन का बीतना हिन्दी पत्र सम्पादन के लिए एक-एक दुर्घटना सिद्ध हुई है। इंदौर की अस्थायी समिति हिन्दी सम्पादकों को जो ऋद्धियाँ प्रदान करने के उद्‌देश्य से संपादक सम्मेलन करना चाहती है वास्तव में वह उसका उद्‌देश्य नहीं होना चाहिए। हिन्दी सम्पादक मंडल के सामने जो अत्यन्त व्यावहारिक कठिनाइयाँ हैं जिनके कारण हमारा पत्र संपादक निम्न कोटि का बना हुआ है, वास्तव में उन कठिनाइयों के निराकरण के लिए संपादक-सम्मेलन की आवश्यकता है। संघटन करके, गुट बनाके, यदि हम प्रतिष्ठा और नौकरी की पुख्तगी प्राप्त करना चाहते हैं तो हमें प्रतिष्ठा नहीं मिल सकती और नौकरी की पुख्तगी भी मुश्किल से मिल सकेगी। हिन्दी में इस प्रकार के संगठन की और गुटबंदी की कमी नहीं है कि एक अत्यन्त साधारण लेख के प्रकाशित होते ही हिन्दी के बड़े-बड़े पत्रों में एक सिरे से लेकर दूसरे सिरे तक उसके उद्धरण दिए जाने लगते हैं। इस कला में कुछ महानुभाव विशेष निपुण हैं और उन्हें हिन्दी संपादन क्षेत्र में स्थानीय प्रतिष्ठा भी मिल चुकी है। पर इस प्रकार के संघटन से हिन्दी संवाद पत्रों की अपकीर्ति होती है क्योंकि स्टैंडर्ड गिरता है। इस प्रकार की प्रतिष्ठा वैभव आदि तुच्छ ही नहीं, हेय भी

1. भारत, 26 जून 1932, (आचार्य नन्ददुलारे वाजपेयी की मुख्यधारा की पत्रकारिता में सहभागिता लगभग अचर्चित है। नन्ददुलारे वालपेयी रचनावली (सं. विजयबहादुर सिंह) में इसका विस्तार से वर्णन हुआ है।)

है क्योंकि उनसे समूह रूप में हिन्दी पत्रकार जगत बदनाम होता है और उसका उत्कर्ष घटता है। ऐसी प्रतिष्ठा और वैभव का आयोजन करने वाला संपादक सम्मेलन जब तक संघटित नहीं होता तभी तक ईश्वर की अनुकंपा समझनी चाहिए।

"वास्तव में यदि संपादक-सम्मेलन की आवश्यकता है तो इस प्रकार की प्रतिष्ठा और वैभव के अनिष्ट से रक्षा करने के उद्देश्य से। शुद्ध सम्पादकीय वातावरण तैयार करने के लिए सम्मेलन की योजना की जानी चाहिए। हिन्दी संपादक जगत को अपनी वे त्रुटियाँ समझनी होंगी, जिन्हें आज तक उसने नहीं समझा, जिनके कारण वह अँगरेजी पत्र-संपादन की तुलना में बहुत पिछड़ा हआ है। हिन्दी में समाचार वितरण करने वाली कोई संस्था नहीं है। सम्प्रति अँगरेजी के तारों का हिन्दी में अनुवाद करना पड़ता है जिसमें समय और शक्ति का विशेष अपव्यय होता है। जब तक देशी भाषाओं में तार भेजने की प्रथा प्रचलित नहीं होती तब तक क्या रोमन लिपि में समाचार प्राप्त करने का प्रबंध हिन्दी पत्र नहीं कर सकते? इसके लिए आन्दोलन करना सर्वथा संगत होगा। प्रत्येक दैनिक पत्र प्रतिदिन अँगरेजी में आए हुए तारों को अपने-अपने ढंग पर अनुवाद करता है। इसमें भी शक्ति व्यर्थ नष्ट होती है और भाषा में अनस्थिरता खूब बढ़ती है। क्या ऐसा प्रबंध नहीं किया जा सकता कि एक केन्द्रीय संस्था कायम की जाए जो प्रत्येक पत्र को (जो उससे सहयोग करे) समाचार भेजा करे। क्या जरूरत है कि एक ही समाचार का अनुवाद भारत कार्यालय में भी हो और आज कार्यालय में भी। क्या इनका संघ स्थापित नहीं किया जा सकता? फिलहाल जब तक ऐसी केन्द्रीय संस्था कायम नहीं होती और हिन्दी अथवा रोमन में तार भेजने का प्रबंध नहीं होता तब तक निकट के पत्र संघ स्थापित कर सकते हैं। कलकत्ता से यदि चार दैनिक पत्र प्रकाशित होते हैं तो वे एक स्थान से अनुवादित समाचारों का वितरण कर सकते हैं।

"यह कल्पना करना भ्रम है कि इस प्रकार की संघटित योजना से सम्पादकीय विभाग के बहुत से आदमियों को नौकरी से हाथ धोना पड़ेगा क्योंकि थोड़े व्यक्तियों से ही काम चल सकेगा। संपादकीय विभाग के जो व्यक्ति अनुवाद करने के काम से छुट्टी पा जाएंगे वे निकाले नहीं जाएंगे बल्कि ऐसे-ऐसे कामों में लगाए जाएंगे जिनसे हिन्दी पत्रों में अधिक रोचकता, विविधता, उपयोगिता और प्रतिष्ठा का समावेश होगा। जो उपसंपादक दिन भर तारों के पीछे पड़े रहते हैं उनमें से कुछ पत्र के स्थानीय रिपोर्टर बन जाएंगे, कुछ देश-विदेश के श्रेष्ठ लेखों का अनुवाद करने लगेंगे और कुछ पत्र के गेट-अप की ओर ध्यान देंगे। कुछ उपसंपादकों को मनोरंजन का सामान जुटाने और पाठकों को हँसाने का काम सौंपा जाएगा। कुछ का काम केवल यह रहेगा कि वे हिन्दी के सब पत्रों का प्रतिदिन अध्ययन करें और श्रेष्ठ

लेखों के उद्धरण अपने पत्रों में दें। इसमें उद्धरण वाली वर्तमान प्रोपेगेंडिस्ट प्रणाली उठ जाएगी और भिन्न-भिन्न लेखकों तथा संपादकों को उचित प्रतिष्ठा प्राप्त होगी। कुछ अन्य उपसंपादक ग्रामीण जगत का संवाद प्राप्त करने के लिए देहातों में भेजे जाएँगे जहाँ अब तक अँगरेजी की न्यूज-एजेंसियाँ भी नहीं पहुँच सकी हैं। चूँकि ग्रामीण जनता ही देश की प्रमुख अंग है इसलिए इस दिशा में विशेष हिन्दी-संपादक मण्डल अपने को अँगरेजी संपादकों से कहीं अधिक श्रेयस्कर बना सकेगा और जनता का स्नेहभाजन बन सकेगा। इससे हिंदी पत्रों की ग्राहक संख्या बहुत अधिक बढ़ जाएगी। कुछ ऐसे उपसंपादकों की भी आवश्यकता होगी जो जनता में अपने-अपने पत्रों के लिए प्रचार करेंगे। निश्चय ही यह प्रचार आजकल का-सा जबर्दस्ती ग्राहक बनाने वाला प्रचार न होगा बल्कि जनता के मनोभाव जानने, उससे अपने पत्र की त्रुटियाँ सुनने और शुद्ध संपादकीय दृष्टि से अपने पत्र की विशेषताएँ प्रकट करने का होगा। इस कार्यक्रम से हिन्दी संपादक जगत को आसानी से अँगरेजी पत्रकारों की समता में रख सकेगा और तभी उसे वास्तविक प्रतिष्ठा प्राप्त होगी। वैसी अवस्था में किसी प्रकाशक को साहस नहीं हो सकता कि वह संपादक मंडल के कार्य में अनुचित दस्तंदाजी करे अथवा बेकसूर उन्हें नौकरी से पृथक करे। यदि कोई प्रकाशक वैसा करेंगे तो संपादक सम्मेलन उसकी दवा करेगा।

"जो बातें ऊपर दैनिक, अर्द्ध साप्ताहिक आदि पत्रों के सम्बन्ध में कही गईं वे ही परिवर्तित रूप में साप्ताहिक, मासिक तथा वार्षिक पत्र-पत्रिकाओं के लिए भी सोची-समझी और व्यवहार में लाई जा सकती हैं। अंतिम लक्ष्य यह होना चाहिए कि पत्र का स्टैंडर्ड ऊँचा हो, हिन्दी पत्र संसार की अन्य भाषाओं के पत्रों के सामने सिर ऊँचा कर खड़े हो सके। प्रतिष्ठा, वैभव वगैरह सब आप से आप आएँगे, अथवा जरा-सी-चेष्टा करते ही आ जाएँगे। मुख्य उद्देश्य को भूलना नहीं होगा। साप्ताहिक और मासिक पत्र संवाद पत्र नहीं होते वे तो विचार-पत्र होते हैं। हिन्दी में अभी साप्ताहिक पत्रों में खबर भी छपा करती हैं पर जनता में पत्र पठन की अधिक अभिरुचि उत्पन्न होते ही साप्ताहिक पत्रों का सम्बन्ध फुटकर समाचारों से बिलकुल छूट जाएगा और वे टिप्पणियों द्वारा विचार व्यक्त करने के साधन बन जाएँगे। मासिक पत्रिकाओं को अपने-अपने विषय के सर्वश्रेष्ठ और अप-टू-डेट विचार संपन्न लेखकों का संगठन करना होगा। यह संघटन मिथ्यास्तुति आदि प्रोपेगेंडा वृत्ति से नहीं, स्वतः संभूत होना चाहिए। मासिक पत्रिकाओं की विविधता से कहीं अधिक विचार प्रकर्ष पर ध्यान देना होगा तभी वे दैनिक और साप्ताहिक पत्रों के क्षेत्र में अलग अपना अस्तित्व बना सकेंगी, अन्यथा वे उनके द्वारा हड़प ली जाएँगी। हिन्दी में इधर मासिक पत्रिकाओं का प्रचलन कम हो रहा है इसका एक कारण यह भी है कि वे आधुनिक प्रगतिशील विचारों को प्रकट करने में अक्षम हैं। केवल

गेट-अप और विविधता ही उनकी विशेषता हो रही है। यदि यही हालत रही तो हिन्दी के दैनिक, अर्द्ध साप्ताहिक और साप्ताहिक पत्र आगे बढ़कर मासिक पत्रिकाओं का अस्तित्व संकटापन्न बना देंगे।

"इन्दौर हिंदी संपादक सम्मेलन की अस्थायी समिति को यह विचार लेना चाहिए कि वह जैसा उद्‌देश्य रखकर सामने आवेगी, वैसा ही उसका स्वागत होगा। फिलहाल उसके अध्यक्ष कोई अज्ञात व्यक्ति हैं, केवल मंत्री महोदय योग्य हैं। यदि इंदौर सिटी संपादक सम्मेलन का केन्द्र बनना चाहता है तो उसे अपनी जिम्मेदारी अच्छी तरह समझ लेनी चाहिए। यदि विवेक, तत्परता और शुद्धभाव से काम किया गया तो हिन्दी संसार के लिए यह सम्मेलन अभूतपूर्व और क्रांतिकारी सिद्ध हो सकता है। हिन्दी संपादक सम्मेलन के सामने कितने महत्व के प्रश्न हैं यह ऊपर के दृष्टान्त से मालूम होने में सहायता मिलेगी। यह कहना स्थिति के प्रति नासमझी जाहिर करना है कि अभी सम्मेलन के लिए उपयुक्त समय नहीं है। हिन्दी संपादक जगत चिरकाल से समय नष्ट कर रहा है जिसका फल उसकी आँखों के सामने है। आगे भी वह जितना समय नष्ट करेगा उतना ही अपनी नादानी सिद्ध करेगा।"

'भारत' के दैनिक स्वरूप का स्वागत करते हुए सरस्वती ने 1933 में लिखा- "इलाहाबाद का अर्द्धसाप्ताहिक 'भारत' अब दैनिक हो गया है। इस समय हिन्दी में कई दैनिक पत्र सफलता के साथ निकल रहे हैं। 'भारत' ने उनमें एक की और वृद्धि की है। 'भारत' ने 'लीडर' के ही आकार में हिन्दी के दैनिकों के लिए जो नया आदर्श प्रस्तुत किया है, वह प्रशसंनीय तथा अनुकरणीय है। यहां हम भारत के संचालकों को भी उनके इस सत्साहस के लिए बधाई देते हैं क्योंकि हिन्दी में ऐसी रूपरेखा के दैनिक का संचालन करना हँसी खेल का काम नहीं।[1]

स्वतंत्रता के बाद शंकरदयालु श्रीवास्तव दैनिक 'भारत' के सम्पादक हुए। तदन्तर मुकुन्ददेव शर्मा और ओमकार शरद ने यह जवाबदारी निभाई। पूर्णाकार आठ कालम का यह अखबार लोकप्रिय था और उसका प्रसार भी अच्छा था। इसमें रंगा का कार्टून नियमित रूप से प्रकाशित किया जाता था। चीनी आक्रमण के समय 'पाठकों के पत्र' स्तंभ के अन्तर्गत एक पृष्ठ की कविताएँ छापकर 'भारत' ने नया प्रयोग किया। इसके कारण पत्र के पुनर्मुद्रण की नौबत आई। पृष्ठ संख्या आठ थी और एक प्रति का मूल्य पहले चार पैसे, फिर आठ पैसे और दस पैसे हुआ। कुम्भ मेले के समय 'भारत' का चार पृष्ठ का सांध्य संस्करण 'कुम्भ मेला समाचार' के नाम से निकाला जाता था।

---

1. सरस्वती

'भारत' का वाराणसी संस्करण भी निकला। इसके चार पृष्ठ (1, 2, 7, 8) इलाहाबाद और चार पृष्ठ (3, 4, 5, 6) वाराणसी में छपते थे। 'भारत' को बिड़ला समूह ने खरीद लिया था। अस्सी के दशक में 'भारत' का प्रकाशन बन्द हो गया।

पंजाब केसरी

पुरुषोत्तमदास टंडन ने हिन्दी साप्ताहिक *'पंजाब केसरी'* का प्रकाशन लाहौर से किया। सम्पादक भीमसेन विद्यालंकार थे। 'पंजाब केसरी' लाला लाजपतराय की स्मृति में और विचारों को समर्पित राष्ट्रीय आन्दोलन का समर्थक पत्र था। वार्षिक शुल्क साढ़े तीन रुपये था। 'पंजाब केसरी' का 35वाँ अंक 'भूख हड़ताल' विशेषांक के रूप में निकला। सुसम्पादित पत्र था। भाषा मँजी हुई रहती थी। सम्पादकीय टिप्पणियाँ विचारोत्तेजक होती थीं। लाला लाजपतराय की आत्मकथा सबसे पहले 'पंजाब केसरी' में छपी। प्रेस अध्यादेश की चपेट में आने से 'पंजाब केसरी' का प्रकाशन सन 1930 में बंद हो गया। कई वर्ष बाद जालंधर से 'पंजाब केसरी' का प्रकाशन लाला जगतनारायण ने किया। पंजाब के आतंकवादियों के हाथों उनका बलिदान हुआ और उनके बाद उनके बेटे रमेशचन्द्र भी आतंवादियों की बलि चढ़ गए। 'पंजाब केसरी' ने समाचारपत्र की प्रस्तुति और सज्जा की नई शैली अपनाई और बहुत तेजी से प्रसार संख्या बढ़ाई। पूर्ण दैनिक आकार में पहले दो और आखिरी दो इस तरह चार पृष्ठों पर सचित्र फीचर छापे। बाद के दौर में जब सभी समाचारपत्रों ने रंगारंग मुद्रण पद्धति अपनाई तब इसे हिन्दी पत्रों का 'पंजाब केसरीकरण' कहा गया। 'पंजाब केसरी' का जालंधर के अलावा दिल्ली संस्करण भी प्रकाशित हो रहा है।

नवयुग

एक सितम्बर 1928 को सत्यदेव विद्यालंकार के सम्पादकत्व में कोलकाता से हिन्दी मासिक पत्र *'नवयुग'* का प्रकाशन आरंभ हुआ। मुख्यत: सांस्कृतिक पत्र था। पृष्ठ संख्या 24 और वार्षिक शुल्क दो रुपये बारह आना था। 'नवयुग' का उद्‌देश्य स्पष्ट करते हुए प्रवेशांक में सम्पादक ने लिखा- "भारतीय समाज कभी का उन्नति पथ पर आरूढ़ हो जाता, कभी का स्वाधीनता को प्राप्त कर जाता, यदि उसकी रग-रग में लगा हुआ कुसंस्कार कीट उसकी उच्च चेष्टाओं और सद्‌भावनाओं का सर्वनाश न कर रहा होता। थोड़े में यह कहना अधिक न होगा कि बिना सामाजिक उन्नति के राजनीतिक व धार्मिक उन्नतियों का हो जाना असंभव है। इसलिए पहले समाज की उन्नति का होना परमावश्यक है और ऐसा तभी हो सकता है जब हिन्दू समाज में रूढ़िवादी और कुप्रथाओं के विरुद्ध क्रांति उत्पन्न कर दी जाए। निर्भय होकर विरोध की परवाह न कर 'हितं मनोहारि च दुर्लभं वच:' की सत्यता को समझते हुए इन कुरीतियों के मूल में एकदम कुठाराघात कर दिया

जाए।"

सुकवि

अप्रैल 1928 में गयाप्रसाद शुक्ल सनेही के सम्पादकत्व में हिन्दी मासिक पत्रिका 'सुकवि' का प्रकाशन कानपुर से हुआ। कविता को समर्पित इस श्रेष्ठ मासिक पत्रिका में समकालीन और पुराने कवियों की कविताएँ, समस्यापूर्ति तथा समीक्षात्मक आलेख प्रकाशित किए जाते थे। वार्षिक शुल्क तीन रुपये था। 'सुकवि' का रसांक, राष्ट्रीय अंक, चित्रांक विशेष चर्चित हुए। प्रकाशक शंभुदयाल गुप्त थे। मोहनप्यारे शुक्ल के सम्पादन में प्रकाशित 1947 का स्वाधीनता अंक आजादी के समय की परिस्थितियों और उमंगों का काव्यमय इतिहास है।

भारतेन्दु

ज्योतिप्रसाद मिश्र 'निर्मल' ने अगस्त 1928 से सचित्र हिन्दी मासिक *'भारतेन्दु'* का प्रकाशन प्रयाग से किया। भारतेन्दु में अच्छे लेख, कहानियाँ और कार्टून प्रकाशित किए जाते थे। आर्थिक कठिनाइयों के कारण 'भारतेन्दु' के प्रकाशन में अनियमितता रहती थी। पृष्ठ संख्या 104 और वार्षिक शुल्क पाँच रुपये था। 'विशाल भारत' ने 'भारतेन्दु' के सम्पादक को सम्पादकीय टिप्पणियों में कटुता से बचने की सलाह दी थी- "बिना कटुता के लाए भी वही बातें स्पष्टवादितापूर्वक कही जा सकती थीं। कोई-कोई टिप्पणी तो औचित्य की सीमा को पार कर गई है। उदाहरणार्थ- गोरखपुर सम्मेलन का सभापतित्व। पूज्य पंडित महावीर प्रसाद द्विवेदी जी जैसे महापुरुष के विषय में लिखते समय और भी अधिक सावधानी रखने की जरूरत है। यह कहना कि द्विवेदीजी इस कारण सभापति नहीं होते कि वे प्रथम अथवा द्वितीय सम्मेलन के सभापति क्यों नहीं बनाए गए, अत्यन्त अनुचित है।"[1]

जानकी देवी विशारद के सम्पादकत्व में काशी से हिन्दी मासिक पत्रिका *'बालिका'* अप्रैल 1928 में प्रकाशित हुई। बालिकाओं की शिक्षा, गार्हस्थ्य शास्त्र का ज्ञान इसका उद्देश्य था। पृष्ठ संख्या 28 और वार्षिक शुल्क दो रुपये था। अगस्त 1928 में बालिका का चरितांक निकला। इसमें महारानी लक्ष्मीबाई, महारानी दुर्गावती, मीराबाई, लीलावती, भारती, गार्गी आदि स्त्री रत्नों के जीवन चरित छापे गए हैं। प्रकाशक गुप्ता ब्रदर्स थे।

इटावा से सन 1928 में हिन्दी मासिक पत्रिका *'राकेश'* डा. रूपेन्द्रनाथ शास्त्री के सम्पादकत्व में निकली। इसके विशेषांक पठनीय और संग्रहणीय होते थे। काशी विद्यापीठ से डॉ. भगवानदास और नारायणदेव के सम्पादकत्व में हिन्दी

---

1. विशाल भारत, अगस्त 1929, पृष्ठ 269

की त्रैमासिक पत्रिका *'विद्यापीठ'* का प्रकाशन अक्टूबर 1928 में आरंभ हुआ। वार्षिक शुल्क चार रुपये था। इसी वर्ष दिल्ली से *'वैद्य सम्मेलन पत्रिका'* आरंभ हुई।

बुलन्दशहर से हिन्दी मासिक *'सनातन जैन'* का सम्पादन-प्रकाशन शीतल प्रसाद एवं मनोहरनाथ जैन ने किया। कालिकाप्रसाद चौधरी ने हिन्दी की सचित्र मासिक पत्रिका *'सरोज'* कोलकाता से प्रकाशित की। नवजादिकलाल श्रीवास्तव और रामप्रसाद पाण्डेय सम्पादक थे। अच्छे लेख, व्यंग्य चित्र और अन्य रचनाओं का प्रकाशन किया जाता था। वार्षिक शुल्क चार रुपये था। कविताएँ और कहानियाँ सुरुचिपूर्ण होती थीं। आकार 25 गुणित 18 से.मी. था। 'सरोज' ने अच्छे विशेषांकों का प्रकाशन किया। मेरठ से के.एम.आचार्य के सम्पादकत्व में आध्यात्मिक हिन्दी मासिक पत्रिका *'सुदर्शन'* प्रकाशित हुई। यह बीस वर्ष तक निकली। हिन्दी मासिक पत्रिका *'श्रीकृष्ण'* का प्रकाशन सन 1928 में पटना से हुआ। रूपनारायण पाण्डेय सम्पादक थे। कोलकाता से साप्ताहिक *'हिन्दी हितैषी'* का प्रकाशन पंडित गयाराम के सम्पादकत्व में हुआ। समाचारों के साथ-साथ कहानियाँ, लेख और हास्य-विनोद का प्रकाशन किया जाता था। अखिल भारतवर्षीय राजपूत नवयुवक दल, कोलकाता का साप्ताहिक मुखपत्र *'क्षत्रिय संसार'* 22 मई 1928 से प्रकाशित हुआ। धार्मिक, सामाजिक और राजनीतिक विषयों का पत्र था। सम्पादक ठाकुर रामलगन सिंह थे। वार्षिक शुल्क तीन रुपये था। सम्पादक के जेल जाने पर ठाकुर रामनाथ सिंह ने सम्पादन किया। गया से *'नवीन भारत'* नामक हिन्दी साप्ताहिक पत्र का प्रकाशन हुआ। सम्पादक जागेश्वर प्रसाद खलिस थे। हरेक मंगलवार को छपता था। इसका वार्षिक शुल्क तीन रुपये था। शीर्षक के ऊपर भारतमाता का चित्र और वन्दे मातरम् प्रकाशित किया जाता था।

नागपुर से सेठ शिवदास ने सन 1928 में हिन्दी दैनिक *'ध्रुव'* का प्रकाशन किया। सम्पादन के लिए पंडित दयाराम को आमंत्रित किया। उन्होंने तीन वर्ष तक योग्यतापूर्वक 'ध्रुव' का सम्पादन किया। इसके बाद सहारनपुर चले गए जहाँ उन्होंने *'विजेता'* नामक हिन्दी पत्र का सम्पादन किया। विजयादशमी, सन 1928 से नागपुर से *'जनता'* का प्रकाशन हुआ। सम्पादक गोविन्दराव प्रधान थे। राजस्थान क्षत्रिय महासभा ने महिलोपयोगी मासिक पत्रिका *'छात्र महिला'* का प्रकाशन सन 1928 में किया। *'चंदे चुनार'* का प्रकाशन सन 1928 में हुआ। मुम्बई से जनवरी 1928 में मारवाड़ी अग्रवाल जाति का साप्ताहिक मुखपत्र *'चक्र सुदर्शन'* निकला। इस रूढ़िवादी पत्र के सम्पादक माधव थे।

ठाकुर ईश्वरदान आसिया और भंवर सुकर्ण कविया ने त्रैमासिक पत्रिका *'चारण'* का प्रकाशन किया। आधा पत्र हिन्दी और आधा गुजराती भाषा में रहता था। वार्षिक शुल्क ढाई रुपये था। वसंतकुमार जोशी के सम्पादकत्व में अलमोड़ा से

पाक्षिक पत्र *'कुमाऊँ कुमुद'* निकला। वार्षिक शुल्क दो रुपये था। पहाड़ी बोली का पत्र *'गोरखा'* निकला। इन्दौर से सुखसम्पति राय भंडारी ने हिन्दी पाक्षिक *'किसान'* निकाला। रामलोचन शर्मा कंटक के सम्पादकत्व में काशी से हिन्दी मासिक पत्रिका *'उपन्यास कुसुम'* सन 1928 में निकली। मुम्बई से रामनिवास अग्रवाल के सम्पादकत्व में *'अग्रवाल समाचार'* निकला। इसी वर्ष वाराणसी से *'ब्राह्मण महासम्मेलन'* का प्रकाशन हुआ। सम्पादक नरसिंह शास्त्री और परमेश्वरानन्द शास्त्री थे। आगरा के उर्दू साप्ताहिक *'आर्य मुसाफिर'* का हिन्दी संस्करण 16 अक्टूबर 1928 से *'आर्य पथिक'* के नाम से पंडित कालीचरण के सम्पादकत्व में प्रकाशित हुआ। देवरिया, गोरखपुर से शीतलप्रसाद त्रिपाठी और नवनाथ शर्मा के सम्पादकत्व में हिन्दी साप्ताहिक *'अरुण'* का प्रकाशन आरंभ हुआ। वार्षिक शुल्क ढाई रुपये था। कानपुर से रामनारायण वैद्य शास्त्री ने हिन्दी मासिक पत्रिका *'प्राणाचार्य'* निकाली।

सन 1928 में कोलकाता से हिन्दी साप्ताहिक पत्र *'स्वतंत्र भारत'* का प्रकाशन हुआ। संपादक शारदाप्रसाद अवस्थी तथा व्यवस्थापक तेजनारायण वाजपेयी थे। 'स्वतंत्र भारत' में लेख, चित्र और कार्टून दिए जाते थे। विज्ञापन खूब रहते थे।

गृहलक्ष्मी

तेलुगु में महिलाओं की श्रेष्ठ पत्रिका *'गृहलक्ष्मी'* का प्रकाशन सन 1928 में हुआ। सम्पादक-प्रकाशक के.एन.केसरी थे। उनके निधन के बाद सन 1960 में पत्रिका का प्रकाशन बन्द हो गया। अच्छे कागज पर तिरंगे मुखपृष्ठ के साथ यह पत्रिका मुद्रित होती थी। महिलोपयोगी उत्तम लेख, चित्रादि से सज्जित रहती थी। महिला लेखकों को प्रोत्साहित करती थी। वर्ष की सर्वश्रेष्ठ महिला लेखक को सोने का ब्रेसलेट पुरस्कार स्वरूप भेंट किया जाता था।

राष्ट्रबंधु

सन 1928 में मंगलूरू से कन्नड साप्ताहिक *'राष्ट्रबंधु'* का प्रकाशन हुआ। प्रकाशक के.आर. आचार्य और सम्पादक के.शंकर भट्ट की सहज भाषा, सामाजिक सरोकार और सुलझे हुए विचारों के कारण साप्ताहिक 'राष्ट्रबंधु' काफी लोकप्रिय हुआ। सन 1956 में के.शंकर भट्ट 'राष्ट्रबंधु' से पृथक हुए और प्रकाशक के.आर.आचार्य ने सम्पादक की भूमिका भी ग्रहण कर ली।

मैसूर से सन 1928 में *'कन्नड पत्रिका'* निकली। सम्पादक रामचन्द्र राव थे। प्रेस एक्ट के कारण पत्र बन्द करना पड़ा था। पुलिस ने सत्याग्रह प्रेस भी जब्त कर लिया था। इसके लिए कोई नोटिस नहीं दिया गया था। कन्नड साप्ताहिक *'कर्नाटक केसरी'* का सम्पादन-प्रकाशन एम.अनन्तराव ने सन 1928 में मंगलूरु से किया। इसी वर्ष आर.कल्याणम्मा के सम्पादन में महिलाओं के लिए कन्नड मासिक पत्रिका *'सरस्वती'* निकली। शिवसागर से असमिया भाषा में महिलाओं की पहली पत्रिका

'हर ज्योति' सन 1928 में प्रकाशित हुई। सम्पादक कमलालय काकती और कनकलता चालिहा थे। भारत सेवाश्रम संघ ने कोलकाता से मासिक *'प्रणव'* का प्रकाशन किया।

बंगला दैनिक *'बंगलार कथा'* सन 1928 में कोलकाता से प्रकाशित हुआ। 'बंगलार कथा' के सम्पादक सत्यरंजन बख्शी और मुद्रक मुखर्जी को एक दिसम्बर 1928 के अंक में जवाहरलाल नेहरू द्वारा महात्मा गांधी के नाम लिखी गई चिट्ठी टिप्पणी के साथ प्रकाशित करने पर छह माह और एक माह की सजा सुनाई गई थी। हीराचन्द्र चट्टोपाध्याय के सम्पादन में बंगला मासिक *'नव पत्रिका'* का प्रकाशन कोलकाता से हुआ। इसी वर्ष कोलकाता से चिकित्सा जगत नामक बंगला मासिक निकला। राजकोट से गुजराती साप्ताहिक *'खेडुत'* का प्रकाशन किया गया। करमचंद हितैषी ने स्वास्थ्य विषयक मासिक पत्रिका *'तंदुरुस्ती'* सन 1928 में लाहौर से निकाली। गुरुमुखी का सचित्र साप्ताहिक *'मौजी'* सरदार चरणसिंह शहीद के सम्पादन में प्रकाशित हुआ। सन 1928 में दिल्ली से प्रकाशित गुरुमुखी साप्ताहिक *'फतह'* चार दशक तक निकला। हरिसिंह 'दर्द' ने जालंधर से गुरुमुखी मासिक पत्रिका *'फुलवाड़ी'* का सम्पादन-प्रकाशन किया। 'फुलवाड़ी' का छूत-तोड़क अंक काफी चर्चित रहा था। अच्छे लेख, सहज भाषा, विचारपूर्ण टिप्पणियों और चित्रों तथा कार्टूनों के प्रयोग से सज्जित रहता था।

मुम्बई से लक्ष्मीबेन दोसानी के सम्पादकत्व में महिलाओं के लिए गुजराती की सचित्र मासिक पत्रिका *'समाज जीवन'* निकली। 'यंग बिल्डर' नामक अँगरेजी मासिक सन 1928 में कराची से निकला। सम्पादक एन.आर.मेहता और एच.सी.कुमार थे। आध्यात्मिक, सामाजिक, शैक्षिक पत्रिका थी। कोलकाता से अँगरेजी मासिक *'महाबोधि'*, चेन्नै से अँगरेजी मासिक *'साउथ इण्डियन टीचर'*, मुम्बई से अँगरेजी त्रैमासिक *'टीचिंग'*, कोलकाता से अँगरेजी द्वैमासिक *'जर्नल आफ इंस्टीट्यूशन आफ केमिस्ट्स'* और अँगरेजी साप्ताहिक *'इण्डियन फाइनांस'*, लाहौर से अँगरेजी मासिक पत्रिका *'इंजीनियरिंग'* तथा कोलकाता से अँगरेजी, बंगला और हिन्दी की त्रिभाषी पत्रिका *'हिन्दू मिशन'* का प्रकाशन सन 1928 में हुआ।

अक्टूबर 1928 में विपिनचन्द्र पाल के सम्पादकत्व में अँगरेजी अखबार *'क्राइसिस'* निकला। ज्ञानांजन पाल सहयोगी सम्पादक थे। फरवरी 1928 में ब्राह्मणेतर समाज के प्रतिनिधि विचार प्रकट करने के उद्देश्य से मुम्बई से मराठी पत्र *'कैवारी'* का प्रकाशन किया गया। जवलकर इस पत्र के सम्पादक थे। उनके बाद गणपतराव जाधव 'कैवारी' के सम्पादक हुए। सन 1930 के बाद बन्द हो गया। पुणे से सन 1928 में गोविन्द गणेश टिपणीस के सम्पादकत्व में त्रैमासिक *'महाराष्ट्र साहित्य पत्रिका'* का प्रकाशन आरंभ हुआ। साहित्य और साहित्यिक गतिविधियों की

पत्रिका थी।

यशवंत

मराठी मासिक पत्रिका *'यशवंत'* का पहला अंक दिसम्बर 1928 में मुम्बई से प्रकाशित हुआ। वार्षिक शुल्क पाँच रुपये था। 'यशवंत' का उद्‌देश्य स्पष्ट करते हुए सम्पादक ने लिखा- "गंभीर विषयों की चर्चा अथवा विशेष पंथ या पक्ष का समर्थन करने के लिए यह मासिक नहीं निकाला गया है। शास्त्रीय और गंभीर विषयों के बाबत रुचि उत्पन्न हो, ज्ञान गंगा का प्रवाह घर-घर पहुँच जाए, राजनीतिज्ञ वाङ्.मय विषयक औद्योगिक और सांसारिक परिस्थिति की जानकारी देने वाले एक-दो लेख प्रकाशित किए जाएँगे। 'यशवंत' मासिक में लघुकथाओं को विशेष प्रमुखता दी जाएगी। स्वदेश, स्वधर्म और स्वभाषा का सम्मान हो इस हेतु हम यह मासिक पत्र चला रहे हैं।"

समता

देवराव विष्णु नाइक के सम्पादकत्व में समाज समता संघ का मराठी पाक्षिक *'समता'* सन 1928 में मुम्बई से निकला। कालान्तर में 'समता' का नाम बदलकर 'जनता' कर दिया गया। जब डा. आम्बेडकर ने धर्मान्तरण की घोषणा की तब जनता तक अपनी बात पहुँचाने के लिए लगातार लेख और टिप्पणियाँ लिखीं। 19 अक्टूबर 1931 से 'जनता' पाक्षिक से साप्ताहिक हो गया। सन 1956 तक इसका प्रकाशन हुआ। भा.रा.कद्रेकर, का.नि. सहस्त्रबुद्धे, वी.सी.कावले ने 'यशवंत' का सम्पादन किया।

कर्हाड, जिला सातारा से मराठी पाक्षिक *'अभ्युदय'* प्रकाशित हुआ। समाचारों के साथ-साथ सामाजिक, धार्मिक और राजकीय विषयों पर टिप्पणियाँ लिखी जाती थीं। रत्नागिरी से मराठी मासिक *'यंग मुस्लिम'* का प्रकाशन हुआ। भास्कर हरि बेले ने मुम्बई से मराठी मासिक *'धर्म केसरी'* का प्रकाशन अगस्त 1928 में किया। सम्पादक शंकर गणेश लवाटे थे। वार्षिक शुल्क एक रुपया बारह आना था। मराठी साप्ताहिक *'नवामनु'* 11 जून 1928 को चांदा से प्रकाशित हुआ। डा. पाटनकर सबनीश और अखटेकर सम्पादक मण्डल के सदस्य थे। गोविन्द रामकृष्ण अत्रे 'नवा मनु' के सम्पादक-संचालक थे।

दिल्ली से कौसर यजदानी ने साप्ताहिक *'क्रांति'* का प्रकाशन किया। ब्रह्मचर्य आश्रम (सतारा) से सन 1928 में *'श्री दास बोध मासिक'* का प्रकाशन आरंभ हुआ। इस मराठी मासिक का वार्षिक शुल्क दो रुपये चौदह आने था। स्वतंत्र और तेजस्वी लेखों के माध्यम से लोगों में नई चेतना उत्पन्न करना इस पत्र का उद्‌देश्य था। सरस्वती कार्यालय नासिक से जनवरी 1928 में मासिक पत्रिका *'सरस्वती'* का प्रकाशन हुआ। मराठी में यह मासिक पत्रिका स्त्रियों और बच्चों के लिए प्रकाशित

की गई। सम्पादक कुमारी नलिनी बाला थीं। सन 1928 में बेलगांव से मराठी मासिक पत्र *'पूर्णानन्द'* का प्रकाशन हुआ। यह मनोरंजन प्रधान पत्रिका थी, जिसका वार्षिक शुल्क 11 आना था। मुम्बई से सन 1928 में मराठी की बाल पत्रिका *'सचित्र खेलगडी'* का प्रकाशन हुआ। इसके सम्पादक मं. भागवत थे। पत्रिका का वार्षिक शुल्क दो रुपये था।

मराठी मासिक *'पुरुषार्थ'* का प्रकाशन स्वाध्याय मंडल प्रकाशन औध (सातारा) से सन 1928 में हुआ। श्रीपाद दामोदर सातवलेकर इस मराठी मासिक के सम्पादक थे। स्वधर्म का ज्ञान और पुरुषार्थ में प्रवृत्त करना इस पत्र का ध्येय था। गोरक्षण कचेरी पुणे से गोवर्धन संस्थान के तत्वावधान में मराठी साप्ताहिक *'गोरक्षण'* का प्रकाशन सन 1928 में हुआ। इसका वार्षिक शुल्क दो रुपये चार आने था। मजदूरों, किसानों, कारीगरों अर्थात श्रमजीवी वर्गों पर केन्द्रित *'दीनबंधु'* का प्रकाशन सन 1928 में पुणे से हुआ। इस पत्र में सामाजिक, औद्योगिक और राजकीय विषयों पर खुलकर चर्चा की जाती थी। वार्षिक शुल्क सवा तीन रुपये था।

सामाजिक, आर्थिक, धार्मिक एवं राजनीतिक विषयों पर केन्द्रित मराठी साप्ताहिक *'हंटर'* का प्रकाशन कोल्हापुर से सन 1928 में हुआ। खांडेराव गोपाल वागले 'हंटर' के सम्पादक थे। वार्षिक शुल्क दो रुपये सात आने था। अप्रैल 1928 में नागपुर से मराठी मासिक *'वकील'* निकला। सम्पादक प्रभुदयाल गाडगिल थे। नागपुर के जूडिशियल कमिश्नर कोर्ट के दीवानी तथा फौजदारी के निर्णय प्रकाशित करता था। इसी वर्ष सचित्र मराठी मासिक *'मुलांचे'* का सम्पादन-प्रकाशन बालकृष्ण रामचन्द्र मोडक ने आरंभ किया। वार्षिक शुल्क दो रुपये था। नागपुर से अँगरेजी साप्ताहिक *'नागपुर गार्जियन'* का प्रकाशन सन 1928 में हुआ।

वीरभारत

लाहौर से सन 1928 में उर्दू साप्ताहिक *'वीर भारत'* का प्रकाशन गोस्वामी ने किया। पं. मेलाराम 'वफा', लाला नानकचंद, हरदयाल 'शाद' और जमनादास अख्तर 'वीर भारत' के सम्पादक रहे। इसी नाम का हिन्दी दैनिक कानपुर से प्रकाशित हुआ। 'वीरभारत' का दो मार्च 1930 का अंक पंजाब सरकार ने जब्त कर लिया और 6 मार्च को सम्पादक गिरफतार कर लिए गए, जिन्हें बाद में छह माह की कैद और सौ रुपये जुर्माने की सजा सुनाई गई।

लाहौर से प्रकाशित होने वाले दैनिक 'वीर भारत' के 2 मार्च 1930 के रविवारी अंक में शायर ताजवर नजीबाबादी की नज्म प्रकाशित हुई। (इस पर फिरंगी हुकूमत ने प्रतिबंध लगा दिया था।)-

"बम चख है अपनी शाहे रइयत पनाह[1] से।
इतनी सी बात पर के उधर कल इधर है आज॥
उनकी तरफ से दारो रखन[2] है इधर से बम।
भारत में यह कशाकशे बाहन दिगर[3] है आज॥
इस मुल्क में नहीं कोई रहरा[4] मगर हर एक।
रहजन बशाने रहबरी राहबर है आज॥
उनकी उधर जबीने[5] हुकूमत पे है शिकन।
अन्जान से निडर जिसे देखो इधर है आज॥

इसी अंक में प्रकाशित मौलाना जफर अली खाँ की नज्म 'फानूसे हिन्द का शोला' भी प्रतिबंध का शिकार हुई। इसके कुछ शेर–

"जितनी बूंदें थीं शहीदाने वतन के खून की।
कसरे आजादी[7] की अराइश[8] का सामां हो गई।
मरहबा[9] ऐ नौ गिरफ्ताराने[10] बेदादे फिरंग[11]।
जिन की जंजीरे खरोश अफजाए[12] जिंदा[13] हो गई॥
जिन्दगी उनकी है दीं[14] उनका है, दुनिया उनकी है।
जिनकी जानें कौम की इज्जत पे कुरबां हो गईं॥"

2 मार्च 1930 के 'वीर भारत' में प्रकाशित रोशन ख्याल की कविता 'फिरंगी का आज और कल' तथा 6 मार्च 1930 के अंक में प्रकाशित मिर्जा दबंग की नज्म इन्किलाब! इन्किलाब!! इन्किलाब!!! को भी प्रतिबंधित किया गया। झंग से उर्दू पत्रिका *'देहाती'* मोहम्मद मोअज्जम कुरैशी के सम्पादन में प्रकाशित हुई जो भूमिहार वर्ग के कल्याण के उद्देश्य से निकाली गई थी। फरवरी 1928 में अलीगढ़ से उर्दू की तिमाही पत्रिका *'तालीम-व-तरबियत'* प्रकाशित हुई। डा. जफरुल हसन, डा. सैयदैन सम्पादक मण्डल में थे। पृष्ठ संख्या 96 और वार्षिक शुल्क छह रुपये था। पेशावर से अक्टूबर 1928 में फजल करीम सिद्दीकी ने उर्दू साप्ताहिक *'इस्लाह-ए-सरहद'* का सम्पादन-प्रकाशन किया। सन 1948 तक यह उर्दू साप्ताहिक निकला। काजी अजीजुर्रहमान ने हरिपुर से उर्दू साप्ताहिक *'पैगाम-ए-सरहद'* निकाला। सन 1941 तक प्रकाशित हुआ।

हैदराबाद की बज्मे तारीख ने उर्दू मासिक पत्रिका *'खजीना-ए-तारीख'* प्रकाशित की। यूसुफउद्दीन सम्पादक थे। जुलाई 1928 में गवर्नमेंट मोहम्मडन कालेज चेन्नै की उर्दू सोसायटी ने *'सफीना'* नाम की पत्रिका का प्रकाशन किया।

---

1. जनता को शरण देने वाला, 2. सूली-बेड़ा, 3. आपसी खींचतान, 4. रास्ते का साथी, 5. लुटेरा, 6. माथा 7. आजादी का महल 8. सजावट 9. वाहवाह 10. नये बन्दी 11. फिरंगी अत्याचार 12. शोर बढ़ाने वाला 13. कारागार 14. धर्म

हैदराबाद से *'निजाम कालेज उर्दू मैगजीन'* निकली। नागपुर से ए.एस.रहमान ने उर्दू और अँगरेजी की द्विभाषी मासिक पत्रिका *'नवेद'* निकाली। अमृतसर से काजी इनायत अली के सम्पादकत्व में उर्दू मासिक पत्रिका *'जिया-उल-कुरैश'* का प्रकाशन हुआ। पृष्ठ संख्या 32 और वार्षिक शुल्क दो रुपये था। मुस्लिम महिलाओं में जागृति लाने के लिए जीनत खातून के सम्पादकत्व में फातिमा बेगम ने सचित्र उर्दू साप्ताहिक *'खातून'* का प्रकाशन किया। 'खातून' ने एक अच्छा विशेषांक तलाक पर प्रकाशित किया। एक प्रति का मूल्य एक आना था। अजमेर से उर्दू मासिक पत्रिका *'कैफ-ए-अजमेर'* निकली। मई 1928 में सैयद इशरत हुसैन नकवी ने लखनऊ से उर्दू मासिक पत्रिका *'कीमिया'* का सम्पादन-प्रकाशन किया। मथुरा से उर्दू साप्ताहिक *'इत्तिफाक'* निकला। आगरा से उर्दू की साहित्यिक-मासिक पत्रिका *'आजाद'* ख्वाजा मोहम्मद अकबर के सम्पादन में, मलाना, जिला अम्बाला से आसिफ मलानवी के सम्पादन में मासिक पत्रिका *'आवाज'*, सिद्दीक अंसारी के सम्पादकत्व में कोलकाता से *'नईदुनिया'*, आगरा से सीमाब अकबराबादी के सम्पादन में उर्दू मासिक पत्रिका *'ताज'*, पेशावर से उर्दू मासिक पत्रिका *'उखुवत'*, यवतमाल से उर्दू साप्ताहिक *'अजीज-ए-वतन'*, कानपुर से मौलवी मोहम्मद फारुख के सम्पादकत्व में उर्दू मासिक पत्रिका *'पयाम-ए-हक'* और हैदराबाद से सम्पादक अब्दुल कादिर सरवरी की उर्दू मासिक पत्रिका *'मकतबा'* का प्रकाशन सन 1928 में हुआ। इसी वर्ष सरहिन्द से मुजाहिद अलिफ सानी ने उर्दू मासिक पत्रिका *'मुजद्दिद आजम'*, लाहौर से रजिया हाजरा के सम्पादकत्व में उर्दू पाक्षिक *'सुरैया'*, मुल्तान से कादिर बख्श के सम्पादकत्व में उर्दू मासिक *'साकी'* निकले और लाहौर से सम्पादक शेख मुजीब इलाही ने उर्दू मासिक पत्रिका *'हुनरमंद'* का प्रकाशन आरंभ किया।

सन 1928 में उर्दू के चार दैनिक समाचारपत्र निकले। बेंगलूरु से *'रोजनामा बेंगलोर'* निकला। पृष्ठ संख्या चार और वार्षिक शुल्क चार रुपये था। दिल्ली से शिफाअज उल्ला के सम्पादकत्व में उर्दू दैनिक *'पैगाम'* निकला। पृष्ठ संख्या चार और वार्षिक शुल्क पन्द्रह रुपये था। लेखों, कविताओं, समाचारों और टिप्पणियों की दृष्टि से उम्दा अखबार था। मौलाना अबुल कमाल कामिल ने सन 1928 में उर्दू दैनिक *'तूफान'* का सम्पादन-प्रकाशन किया। मुम्बई से उर्दू दैनिक *'अजमल'* सन 1928 में निकला। पृष्ठ संख्या चार और एक प्रति का मूल्य एक आना था। पत्र का आकार 58 गुणित 35 से.मी. था।

चेन्नै से सन 1928 में अँगरेजी साप्ताहिक *'सण्डे टाइम्स'* का प्रकाशन हुआ। यह लोकप्रिय सचित्र साप्ताहिक पत्र था, जिसके फीचर पाठकों के बीच काफी लोकप्रिय होते थे। 'सण्डे टाइम्स' के संस्थापक सम्पादक एम.एस.कामथ थे जिन्होंने पत्रकारिता की दीक्षा एनी बेसेंट के 'न्यू इण्डिया' से ग्रहण की थी। आर.एम.

सत्यप्पन और वी.नारायणन ने भी 'संडे टाइम्स' का सम्पादन किया।

1929

युवक

जनवरी 1929 में युवक आश्रम पटना से रामवृक्ष शर्मा बेनीपुरी ने हिन्दी मासिक पत्रिका *'युवक'* का सम्पादन-प्रकाशन किया। युवकों को मर्यादा, राष्ट्रप्रेम, चरित्र, आरोग्य की प्रेरणा देने वाले इस पत्र के विषयों में विज्ञान, तकनीकी, राजनीति, सामाजिक, धार्मिक आदि सभी विषयों का समावेश रहता था। 'युवक' का विज्ञापन दो भाग में प्रकाशित किया जाता था- (एक)- क्या-क्या रहते हैं:- (i) नसों में उष्ण रक्त संचार करने वाली प्राणोन्मादिनी विचार-धाराओं का, पृष्ठ-पृष्ठ में उन्मत्त नृत्य, (ii) शरीर में अटूट स्वास्थ्य, भुजाओं में विजयिनी शक्ति, हृदय में उच्छृंखला साहस और जीवन में तपोमयी साधना के भाव सृजन करने वाले सन्दर्भों का सुन्दर संकलन तथा (iii) संसार-व्यापी युवक-आन्दोलन के उद्‌गम और विकास एवं जगत निर्माण में युवकों के कार्यकलाप के जीवित चित्र (दो) 'क्या-क्या नहीं रहते' (i)'बाबा-वाक्यं प्रमाणम्' का प्रतिपादन चाहे वह संसार श्रेष्ठ महापुरुषों के मस्तिष्क की उपज हो, (ii)ऐसे लेख, जो केवल मन बहलाव के लिये लिखे जाते हैं। ऐसी कविताएँ, जो मुर्दों को मर्सिया सुनाते हैं, ऐसी कहानियाँ जो कला के गले पर छुरी चलाती हैं, (iii) इतने पृष्ठ जिनके लिये खोगीर की भर्ती की जाती है, इतने चित्र जिनके लिए बहिनों का नग्न सौन्दर्य दिखलाया जाता है। इससे पत्रिका का चरित्र स्पष्ट होता है।

युवक

स्वतंत्रता संग्राम के

लिए युवाओं को प्रेरित करने और स्वतंत्रता सेनानियों एवं क्रान्तिकारियों की संघर्ष गाथाएँ और बलिदान 'युवक' के विषय होते थे। गंगाशरण सिंह का महत्वपूर्ण सहयोग बेनीपुरी के साथ था। 'विशाल भारत' ने लिखा- "युवक आन्दोलन भारत में जोर पकड़ रहा है। इसके लेखों में जोश, जिन्दादिली, अल्हड़पन और स्पष्टवादिता है।"[1]

पृष्ठ संख्या 60 और वार्षिक शुल्क चार रुपये था। प्रकाशन के दूसरे वर्ष में सरकार की तीखी आलोचना करने के कारण बेनीपुरी को सजा हो गई। 13 मास बाद जेल से रिहा होते ही रामवृक्ष शर्मा बेनीपुरी और गंगाशरण सिंह ने 'युवक' का पुन:प्रकाशन मई 1931 में किया। इसी अंक में बेनीपुरी का 'इन्कलाब जिन्दाबाद' शीर्षक लेख छपा। सरदार भगत सिंह, राजगुरु और सुखदेव जिन्हें 23 मार्च 1931 को फाँसी की सजा दी गई थी, की शहादत पर केन्द्रित मई 1931 का अंक बिहार सरकार ने जब्त कर लिया। अदालत में 'इंकलाब जिन्दाबाद' शीर्षक लेख पढ़कर सुनाया गया और उन्हें सजा सुना दी गई। 'प्रताप' कानपुर ने टिप्पणी लिखी- "युवक में जो लेख, कविताएँ, चित्र आदि दिए हैं वे दरअसल नौजवानों में जान फूँकने वाले हैं। इसके सम्पादक बेनीपुरीजी, उत्साही, निर्भीक और धुन के पक्के व्यक्ति हैं।" 'युवक' के मत्थे पर लिखा रहता था- 'शक्ति, साहस और साधना का सचित्र मासिक' और 'युवक' जितने भी दिन प्रकाशित हुआ उसने इस घोष को अक्षरशः चरितार्थ किया।

बुन्देलखण्ड केसरी

लोकमान्य तिलक के मराठी 'केसरी' की स्वातंत्र्यचेतना को बुन्देलखण्ड के लोगों तक पहुँचाने के लिए बांदा के देशभक्तों ने सन 1920 के आसपास पर्चे छापकर बाँटने का सिलसिला आरंभ किया। सम्पादन-लेखन गोदीन शर्मा करते थे और मुख्य सहयोगी रामगोपाल गुप्त थे। राठ कस्बे का गांधी आश्रम 'बुन्देलखण्ड केसरी' का कार्यालय बना। जबकि साइक्लोस्टाइल मशीन ग्राम गहरौली के निर्जन स्थान पर बने एक पुराने मन्दिर में रखी गई। सन 1932 में 'बुन्देलखण्ड केसरी' की पूरी जवाबदारी रामगोपाल गुप्त ने संभाल ली। उनका छद्म नाम रणधीर था जो बीच-बीच में 'बुन्देलखण्ड केसरी' में छाप भी दिया जाता था। आजादी का यह पैगाम दूर-दूर के गाँवों तक पहुँचाने की जिम्मेदारी रामदयाल कोरी और सुखलाल पर थी। पुलिस से बचने के लिए साइक्लोस्टाइल मशीन का स्थान बदल दिया जाता था। इस तरह 'बुन्देलखण्ड केसरी' कभी गहरौली, तो कभी मौदहा, राठ, बांदा, मगरौठ, जराखर, करगाँव, पनवाड़ी आदि स्थानों से निकाला गया। गुलामी

1. विशाल भारत, मई 1929, पृष्ठ 566

के खिलाफ लोगों में जोश और आक्रोश भरने के लिए 'बुन्देलखण्ड केसरी' ने 'गोरे कुत्तों का हरामीपन' और 'जेल की सजा' जैसी कविताएँ छापी। जनपद में आजादी की अलख जगाने के लिए 'बुन्देलखण्ड केसरी' के कुल 53 अंक निकले। तब इसकी पाँच सौ प्रतियाँ वितरित होती थीं। साइक्लोस्टाइल के अलावा यह हस्तलिखित स्वरूप में और स्वतंत्र प्रेस से मुद्रित होकर भी निकला। झाँसी से सन 1933 से 1937 तक 'बुन्देलखण्ड केसरी' का सम्पादन-प्रकाशन कृष्णगोपाल शर्मा ने किया।

कोलकाता से दिसम्बर 1929 में मुंसिफसिंह यादव के सम्पादकत्व में सचित्र हिन्दी मासिक पत्रिका *'मोहन'* का प्रकाशन हुआ। लेख, कहानियाँ, कविताएँ, जीवन चरित्र, हास्य-विनोद, विज्ञान, कृषि, स्त्री सुधार और बाललोक आदि विविध विषयों की रचनाएँ 'मोहन' में छपती थीं। वार्षिक शुल्क चार रुपये था।

वर्तमान प्रेस कानपुर से हिन्दी के साहित्यिक साप्ताहिक *'मनसुखा'* का प्रकाशन सन 1929 में हुआ। रमाशंकर अवस्थी 'मनसुखा' के सम्पादक और संचालक थे। वे 'वर्तमान' का भी सम्पादक-प्रकाशन कर रहे थे। 'मनसुखा' में राजनीतिक टिप्पणियाँ, लेख, कहानियाँ, समाचार आदि प्रकाशित होते थे। विशिष्ट व्यक्तित्वों के चित्र और परिचय प्रकाशित किए जाते थे। वार्षिक शुल्क छह रुपये आठ आना था।

लेखक मण्डल, प्रयाग ने सन 1929 में हिन्दी मासिक *'अरुणोदय'* का प्रकाशन किया। बाद में साप्ताहिक हो गया। सच्चिदानंद शर्मा सम्पादक थे। स्वामी अच्युतानंद ने कानपुर से हिन्दी पाक्षिक *'आदि हिन्दू'* का सम्पादन-प्रकाशन किया। *'ओसवाल नवयुवक'* नामक हिन्दी मासिक पत्रिका कोलकाता से निकली। इसके प्रथम सम्पादक सिद्धराज ढड्ढा थे। इलाहाबाद से *'कांग्रेस समाचार'* नामक हिन्दी साप्ताहिक प्रकाशित हुआ। सम्पादक शिवमूर्ति थे। पृष्ठ संख्या आठ और वार्षिक शुल्क एक रुपया था। गोविन्द लक्ष्मण देसाई के सम्पादकत्व में ग्वालियर से हिन्दी मासिक *'दिव्यचक्षु'* निकला। झाँसी से हिन्दी मासिक पत्रिका *'वीरभूमि'* बसंत पंचमी सन 1929 को प्रकाशित हुई। खनियाधाना के राजा खलकसिंह जूदेव सम्पादक थे। वार्षिक शुल्क तीन रुपये था।

विजयसिंह पथिक के सम्पादकत्व में हिन्दी साप्ताहिक *'राजस्थान संदेश'* का प्रकाशन सन 1929 में अजमेर से हुआ। निर्भीक लेख, चुटीली कविताएँ, गंभीर टिप्पणियाँ, ग्राम संगठन, चिकित्सा और मर्मस्पर्शी कहानियाँ 'राजस्थान सन्देश' में प्रकाशित की जाती थीं। देशी रियासतों की जनता के दुख-दर्दों को प्रकट करता था। वार्षिक शुल्क तीन रुपये आठ आना था।

दुर्गाप्रसाद खत्री ने वाराणसी से हिन्दी साप्ताहिक *'लहरी'* का सम्पादन-

प्रकाशन किया। पं. दयाराम के सम्पादकत्व में सहारनपुर से हिन्दी साप्ताहिक *'विजेता'* निकला। हिन्दी मासिक पत्रिका *'विभूति'* प्रकाशित हुई। साप्ताहिक *'वैद्यक पत्रिका'* महादेव सखाराम दाते ने प्रकाशित की।

जबलपुर का हिन्दी पत्र *'स्वदेश'* सन 1929 में निकला और जमानत माँगे जाने पर सन 1930 में बन्द हो गया। रामजीवन शर्मा ने मुम्बई से 'स्वदेश' का सम्पादन-प्रकाशन किया। आरा से फरवरी 1929 में बालिकाओं के लिए हिन्दी मासिक पत्रिका *'शांति'* निकली। *'स्वदेशी बाजार'* नामक साप्ताहिक पत्र कोलकाता से दुर्गादास सेठ के सम्पादकत्व में प्रकाशित हुआ। रामेश्वर दे मुद्रक थे। अगस्त 1929 में भूरेलाल बया के सम्पादकत्व में हिन्दी मासिक पत्रिका *'सन्देश'* का प्रकाशन हुआ। यह सुसम्पादित पत्र राष्ट्रीय भावनाओं को वरीयता देता था। लेख, कविताएँ, कहानियाँ स्तरीय होते थे। पृष्ठ संख्या 40 और वार्षिक शुल्क चार रुपये था। पटना (बेहरा) से अवधप्रसाद शर्मा ने 16 पृष्ठ का हिन्दी और संस्कृत मासिक पत्र *'साहित्य सुधा'* निकाला। वार्षिक शुल्क दो रुपये था। बैजनाथ केडिया ने कोलकाता से सांस्कृतिक मासिक *'सेवक'* का प्रकाशन जुलाई 1929 में किया। मार्च 1929 में हिन्दी साप्ताहिक *'संसार'* बलिया से निकला। वशिष्ठ नारायण वर्मा सम्पादक थे।

हिन्दी साप्ताहिक *'हरिद्वार समाचार'* का सम्पादन-प्रकाशन देवेन्द्रनाथ ने किया। वार्षिक शुल्क डेढ़ रुपये था। हिन्दी पाक्षिक *'हिन्द राजस्थान'* झाँसी से प्रकाशित हुआ। बेनीप्रसाद श्रीवास्तव सम्पादक थे। देशी रियासतों की प्रजा को जागृत करने के लिए निकला था। सन 1933 में सुधीर कुमार वर्मा सम्पादक हुए। तीन फरवरी 1933 से दैनिक हो गया। अजमेर से नरवर सिंह के सम्पादन में हिन्दी पाक्षिक *'क्षत्रिय'* निकला।

रणभेरी

बाबूराव विष्णु पराडकर ने राष्ट्रीय आन्दोलन में क्रान्तिकारी भूमिका निभाने के लिए 1942 में साइक्लोस्टाइल भूमिगत पत्रिका *'रणभेरी'* काशी से निकाली। छद्म नामों से इसमें लिखा जाता रहा। 'रणभेरी' की हुंकार थी- "दमन से द्रोह बढ़ता है, स्वतंत्रता की पिपासा लाठियों-गोलियों से नहीं बुझा करती और नौकरशाही के गोबर भरे गंदे दिमाग में इतनी समझ कहाँ? वह तो शासन का एक ही शस्त्र जानती है- बंदूक।[1]

'रणभेरी' के शीर्ष पर लिखा रहता था- "रणभेरी बज उठी वीरवर पहनो केसरिया बाना।" 6 दिसम्बर 1942 को 'खबर' नामक अखबार में सरकार की

---

1. रणभेरी, 25 अगस्त 1930

विज्ञप्ति छपी- "काशी की 'रणभेरी' की मशीन पकड़ ली गई।" इसके जवाब में 10 दिसम्बर 1942 को 'रणभेरी' ने यह दोहा लिखा-

"आज मुझे इस बात पे आवे हँसी अपार।
तुच्छ गीदड़े भी कहें कि मारा सिंह शिकार।।"

बलिदान

लाहौर से हिन्दी मासिक पत्रिका *'बलिदान'* सन 1930 में सत्यकाम विद्यालंकार और भीमसेन वर्मा के सम्पादकत्व में प्रकाशित हुई। धर्मवीर महाशय राजपाल प्रवर्तक थे। यह पत्र आर्य समाज की विचारधारा से प्रभावित था। अप्रैल 1935 में 'बलिदान' का नववर्षांक जब्त कर लिया गया था। इस अंक में हरिकृष्ण प्रेमी की 'बहिन की राखी' शीर्षक कविता छपी है-

"अंतिम बार बाँध ले राखी, कर ले प्यार आखरी बार।
मुझको जालिम ने फाँसी की डोरी कर ली है तैयार।।"

इसी अंक में आचार्य हरिहर का लेख 'बलिदान की कहानी' प्रकाशित हुआ- "मैं चार अक्षरों, पाँच मात्राओं या दो शब्दों का बना एक शब्द हूँ, मेरी महिमा, वेद, पुराण, स्मृति, धर्मशास्त्र सब ही गाते हैं। गृहस्थ का कर्म, धर्म मुझ बिन अधूरा है। कोई सुधारक मुझ बिन अधूरा है, नाम का नहीं, धाम का नहीं, आदि से अंत तक प्रत्येक व्यक्ति मुझे ही अपनाता गया व अपनाता जाएगा। लोग पूछते हैं कि तुम्हारे माता-पिता का नाम क्या है? सुनिये! मेरी माता जननी लाहौर और पिता राजपाल।"

सन 1929 में कोलकाता से उर्दू दैनिक *'रोजाना हिन्द'* का प्रकाशन आर.आर.मलीहाबादी और एस.आर.उस्मानी ने किया। वर्कर्स ट्रस्ट की ओर से इस अखबार का प्रकाशन किया जाता था। सम्पादक रईसउद्दीन फरीदी थे। चार पृष्ठ के इस दैनिक पत्र में देश-विदेश की खबरें, लेख और सम्पादकीय टिप्पणियाँ प्रकाशित किए जाते थे। इस्लामी देशों और मुसलमानों से सम्बन्धित खबरें ज्यादा छपती थीं। कमरुद्दीन और एम.आर.फरीदी ने भी इस पत्र का सम्पादन किया।

उर्दू दैनिक *'हिम्मत'* का प्रकाशन लखनऊ से 1929 में सैयद जालिब देहलवी के सम्पादकत्व में हुआ। चार पृष्ठ के इस दैनिक अखबार का वार्षिक शुल्क पन्द्रह रुपये था। सैयद जालिब पहले 'हमदम' के सम्पादक थे। किन्तु पत्र के मालिकों के शोषण से तंग आकर उन्होंने 'हमदम' छोड़ा और 'हिम्मत' नाम का नया दैनिक पत्र आरंभ किया। वे कुशल सम्पादक और सहज लेखन कला के धनी थे। उन्होंने पत्र सम्पादन के लिए निष्पक्षता की नीति अपनाई थी।

नवम्बर, 1929 में सैयद वसीह अहमद सुबूही ने दिल्ली से साहित्य और इतिहास की उर्दू मासिक पत्रिका *'अरमुगान'* प्रकाशित की। लखनऊ से मौलवी

सैयद मोहम्मद अफजल ने उर्दू साप्ताहिक *'अल बिलाग'* निकाला। कुछ समय बाद मासिक हो गया। लखनऊ से 64 पृष्ठ की मासिक पत्रिका *'अदब'* प्रकाशित हुई। वार्षिक शुल्क चार रुपये था। सैयद आजम हुसैन सम्पादक थे। गोरखपुर से अब्दुल रहमान इराकी ने मासिक पत्रिका *'अल इराकी'* का सम्पादन-प्रकाशन किया। पृष्ठ संख्या 48 और वार्षिक शुल्क तीन रुपये था। पटना से *'अल अदत'* प्रकाशित हुआ। हैदराबाद से उर्दू की धार्मिक मासिक पत्रिका *'इरशाद'* प्रकाशित हुई। सम्पादक यूसुफउद्दीन थे। वार्षिक शुल्क तीन रुपये और पृष्ठ संख्या 48 थी। अमृतसर से मुनीरउद्दीन ने *'इस्लाम'* का सम्पादन-प्रकाशन किया। प्रो. जफर तांबा के सम्पादन में दिल्ली से मासिक पत्रिका *'कौसर'*, डा. सईद अहमद के सम्पादकत्व में उर्दू मासिक पत्रिका *'कामयाबी'*, हसन अंसारी के सम्पादन में लखनऊ से उर्दू मासिक पत्रिका *'कयामउद्दीन'*, मकबूल हुसैन काबिल के सम्पादकत्व में आगरा से उर्दू मासिक पत्रिका *'गालिब'*, सितम्बर 1929 में हैदराबाद से इमाम बेग 'रौनक' के सम्पादकत्व में उर्दू मासिक पत्रिका *'तबलीक'*, मेरठ से महिलाओं के लिए डा. हशमत आरा हिजाब के सम्पादन में उर्दू मासिक पत्रिका *'खातून-ए-मशरिक'*, अलीगढ़ से उर्दू और अँगरेजी की द्विभाषी मासिक पत्रिका अलीगढ़ मुस्लिम युनिवर्सिर्टी की *'स्कूल मैगजीन'* प्रकाशित हुई। इसके सम्पादक सैयद मोहम्मद हुसैन थे। 60 पृष्ठ की इस पत्रिका में अँगरेजी के लिए 10 पृष्ठ रहते थे। अधिकांश लेख छात्रों के रहते थे।

लखनऊ से मिर्जा याहिया बेग 'जिन्दा' ने उर्दू मासिक *'जिया-उल-हक'* का सम्पादन-प्रकाशन किया। हैदराबाद से तिमाही पत्रिका *'तारीख'* का सम्पादन-प्रकाशन शम्स-उल-कादरी ने किया। फरवरी 1929 में भोपाल से अब्दुल कदीर आजाद के सम्पादकत्व में उर्दू मासिक पत्रिका *'जर निगार'* का प्रकाशन हुआ। धार्मिक और राजनीतिक लेख नहीं छपते थे। उच्च कोटि की साहित्यिक पत्रिका थी। जबलपुर से अजीम अब्बासी के सम्पादन में उर्दू मासिक पत्रिका *'नौबहार'* निकली। उर्दू भाषा और साहित्य के प्रचार के लिए निकाली गई थी। *'फिल्म रिव्यू'* नामक उर्दू मासिक पत्रिका कोलकाता से निकली। दिल्ली से एम.ए. मुफ्ती ने उर्दू का फिल्म साप्ताहिक *'बाइस्कोप'* निकाला। ज्वालापुर से गफूर हुसैन कुरैशी ने *'बेदार'* निकाला। गुजरांवालां से 48 पृष्ठ की उर्दू मासिक पत्रिका *'मुआविन'* प्रकाशित हुई। सम्पादक मौलवी मोहम्मद इब्राहीम थे। वार्षिक शुल्क तीन रुपये आठ आना था।

फरवरी 1929 में लखनऊ से उर्दू मासिक पत्रिका *'मुबश्शिर'* का प्रकाशन अबुल आला के सम्पादकत्व में हुआ। पृष्ठ संख्या 48 और वार्षिक शुल्क चार रुपये था। हैदराबाद से अब्दुल कादिर सरवरी के सम्पादकत्व में *'मुजल्ला मकतबा'*

निकली। पृष्ठ संख्या 80 और वार्षिक शुल्क चार रुपये था। लाला गिरधारीलाल ने गुजरांवाला से मनोरंजन प्रधान उर्दू साहित्यिक पत्रिका *'मुनिस'* का सम्पादन-प्रकाशन किया। पृष्ठ संख्या 48 और वार्षिक शुल्क तीन रुपये चार आना था। कादियान से 32 पृष्ठ की उर्दू मासिक पत्रिका *'मुबाहिला'* प्रकाशित हुई। मोहम्मद सालेह ने हैदराबाद से त्रैमासिक उर्दू पत्रिका *'वर्जिश जिस्मानी'* प्रकाशित की। अंजुमन हाईस्कूल खामगांव (विदर्भ) ने दिसम्बर, 1929 में उर्दू मासिक पत्रिका *'सहीफा-ए-उस्मानी'* का प्रकाशन किया। इस साहित्यिक पत्रिका में ज्यादातर अनुदित रचनाएँ प्रकाशित की जाती थीं। सादिका कुरैशी के सम्पादकत्व में हैदराबाद से महिलाओं के लिए उर्दू मासिक पत्रिका *'सफीना-ए-निस्वां'* प्रकाशित हुई। पृष्ठ संख्या 40 और वार्षिक शुल्क दो रुपये था। महिला शिक्षा पर जोर देती थी। औरंगाबाद से अंजुमन उर्दू तरक्की कुल हिन्द का त्रैमासिक उर्दू मुखपत्र *'साइंस'* प्रकाशित हुआ। उर्दू के सुप्रसिद्ध विद्वान मौलाना अब्दुल हक सम्पादक थे। पृष्ठ संख्या 64 और वार्षिक शुल्क आठ रुपये था। कुछ समय बाद यह पत्रिका दिल्ली स्थानांतरित हो गई। देश-विभाजन के बाद पाकिस्तान ले जाई गई जहाँ करांची से 'साइंस' का प्रकाशन जारी रहा। मोहम्मद इनायत उल्ला खां ने लाहौर से उर्दू मासिक पत्रिका *'सरोश'* का सम्पादन-प्रकाशन किया। उर्दू की स्वास्थ्य पत्रिका *'हिकमत'* लाहौर से प्रकाशित हुई। सैयद नवाजिश अली सम्पादक थे। उर्दू की फिल्म पत्रिका *'शबिस्तान'* लाहौर से निकली। 46 पृष्ठ की इस पत्रिका के सम्पादक 'शरर' थे। वार्षिक शुल्क चार रुपये था। महिलाओं की उर्दू पत्रिका *'हमजोली'* हैदराबाद से निकली। बेगम अबूबकर खुशीगी सम्पादक थीं। पृष्ठ संख्या 48 और वार्षिक शुल्क ढाई रुपये था। हैदराबाद की अच्छी पत्रिकाओं में इसका शुमार था।

इंदौर से 14 सितम्बर 1929 को 16 पृष्ठ का अँगरेजी साप्ताहिक *'स्टेट्स क्रानिकल'* प्रकाशित हुआ। सम्पादक नारायणदास टण्डन थे। हर बुधवार को प्रकाशित होने वाले इस सचित्र साप्ताहिक में देशी रियासतों की खबरें, पाठकों के पत्र, बाजार की आर्थिक समीक्षा, सप्ताह भर के प्रमुख समाचार और रमणीक स्थानों का सचित्र विवरण प्रकाशित किया जाता था। अँगरेजी साप्ताहिक *'माई मैगजीन'* सन् 1929 में चेन्नै से प्रकाशित हुई। हास्य-विनोद, कविताओं-कहानियों और कार्टून की पत्रिका थी। पी.के. विनयम सम्पादक-प्रकाशक थे। बाद के वर्षों में मासिक पत्रिका हो गई। सरल भाषा में छोटे-छोटे वाक्य रचना के कारण यह पाठकों की प्रिय बनी। प्रो. एच.एस.गेम्बर्स ने अँगरेजी मासिक पत्रिका *'नेचुरल हेल्थ'* का सम्पादन-प्रकाशन सन 1929 में अमृतसर से किया। एक प्रति का मूल्य दो आना था। अँगरेजी मासिक पत्रिका *'एडवरटाइजर बड़ौदा'* सन 1929 में जयदेव ने निकाली। वार्षिक शुल्क तीन रुपये था। अँगरेजी मासिक *'दीपाली'* कोलकाता से

निकली। बसंत कुमार चट्टोपाध्याय सम्पादक-प्रकाशक थे। साप्ताहिक 'दीपाली' का बंगला संस्करण भी प्रकाशित हुआ। आल इंडिया फाइन आर्ट सोसायटी ने अँगरेजी अर्द्धवार्षिकी *'रूपलेखा'* का प्रकाशन कला एवं संस्कृति के प्रचार-प्रसार के लिए किया।

अँगरेजी पाक्षिक पत्रिका *'इण्डियन रूलिंग्स'* लाहौर से प्रकाशित हुई। अदालती मामलों के निर्णय प्रकाशित होते थे। ऋषिकेश से अँगरेजी मासिक पत्रिका *'डिवाइन लाइफ'* का प्रकाशन स्वामी शिवानन्द सरस्वती के सम्पादन में डिवाइन लाइफ सोसायटी ने किया। बाद में स्वामी कृष्णानन्द सम्पादक हुए। पृष्ठ संख्या 48 और वार्षिक शुल्क तीन रुपये था। कर्म, भक्ति, योग तथा दर्शन की पत्रिका थी। यही पत्रिका सितम्बर 1938 में लाहौर से प्रकाशित की जाने लगी। 17 फरवरी 1929 को ब्यावर से अँगरेजी साप्ताहिक *'यंग राजस्थान'* रामनारायण चौधरी के सम्पादन में प्रकाशित हुआ। जब विजयसिंह पथिक कारावासी हुए तब 'राजस्थान सन्देश' का सम्पादन भी रामनारायण चौधरी ने किया।

एडवांस

सन 1929 में कोलकाता से अँगरेजी दैनिक *'एडवांस'* निकला। राष्ट्रवादी पत्र था। कांग्रेस की नीतियों और आन्दोलन का समर्थन करता था। रायटर, एसोसिएटेड प्रेस की समाचार सेवाएं ली थीं। जे.एन.सेनगुप्ता सम्पादक थे। 'एडवांस' के तीन डाक संस्करण और एक नगर संस्करण प्रकाशित होते थे। 60 गुणित 30 से.मी. आकार का यह अखबार बंगाल के अलावा असम, बिहार और उड़ीसा में भी जाता था। वार्षिक शुल्क कोलकाता में बीस रुपये और बाहर के लिए पचीस रुपये था। के.के.सेन ने भी इस पत्र का सम्पादन किया।

प्रभात

16 नवम्बर 1929 को पाण्डुरंग महादेव भागवत ने मुम्बई से मराठी दैनिक *'प्रभात'* का प्रकाशन किया। मौज छापाखाने से यह अखबार निकला। एक प्रति का मूल्य एक पैसा था। सत्रह वर्ष तक 'प्रभात' का सम्पादन श्रीपाद शंकर नवरे ने किया। अच्युतराव कोल्हटकर, काशीनाथ नरसिंह केलकर और लालजी पेंडसे 'प्रभात' के लिए लिखते थे। 26 नवम्बर 1950 को प्रभात का आखिरी अंक निकला। 'प्रभात' का पुणे संस्करण सन 1937 में प्रकाशित हुआ, जिसके घाटे ने प्रभात की आर्थिक कमर तोड़ दी।

8 जून 1929 को मुम्बई के कनार्टक प्रेस से त्र्यंबक शंकर शेजवलकर के सम्पादकत्व में मराठी साप्ताहिक *'प्रगति'* प्रकाशित हुआ। पृष्ठ संख्या 20 और एक प्रति का मूल्य एक आना था। सन 1932 में जब 'प्रगति' से जमानत माँगी गई तब पत्र का प्रकाशन बंद कर दिया गया। दा.गो.भुसारी ने पुणे से मराठी साप्ताहिक

'लोक जागृति' का सम्पादन-प्रकाशन किया। मराठी साप्ताहिक *'प्रताप'* का प्रकाशन महाराष्ट्र सत्याग्रह मण्डल संगमनेर ने जुलाई 1929 में किया। श्रीपाद शंकर नवरे अखबार के सम्पादक थे। जून 1930 में प्रेस से जमानत माँगने के कारण 'प्रताप' का प्रकाशन बन्द हो गया।

मराठी साप्ताहिक *'नागरिक'* का सम्पादन-प्रकाशन 10 अप्रैल 1929 को हैदराबाद से हुआ। समाचार, टिप्पणियाँ और व्यंग्य चित्र छपते थे। वासुदेव कृष्णराव सम्पादक और प्रकाशक थे। 8 अगस्त 1931 को 'नागरिक' का अंतिम अंक निकला। सन 1929 में विनायक त्र्यंबक देशपाण्डे ने मराठी साप्ताहिक *'राष्ट्रशक्ति'* का सम्पादन-प्रकाशन किया।

मराठी पाक्षिक *'दलित बंधु'* पुणे से प्रकाशित हुआ। मराठी मासिक *'उपनिषद रत्नप्रकाश'* 1929 में निकला। सम्पादक सदाशिव शास्त्री भिडे थे। पुणे से मराठी मासिक *'धर्म निबंधमाला'* प्रकाशित हुई। भाऊशास्त्री लेले के सम्पादकत्व में एक वर्ष तक प्रकाशन हुआ। पुणे से मराठी मासिक *'मनोरमा'* निकली। मुम्बई से मराठी साप्ताहिक *'प्रजामित्र केसरी'* निकला।

कोलकाता से सन 1929 में बंगला दैनिक *'बंगवाणी'* का प्रकाशन किया गया। बंगला पत्र *'मुक्ति'* सन 1929 में प्रकाशित हुआ। इसके सम्पादक-प्रकाशक निवारण चंद्रहास गुप्त को एक वर्ष की सजा हो गई थी। 5 मार्च 1930 को वे हजारीबाग जेल से मुक्त हुए। बंगला साप्ताहिक *'वेणु'* सन 1929 में प्रकाशित हुआ। बंगला साप्ताहिक *'बंगाल'* सन 1929 में प्रकाशित हुआ। इण्डियन ब्राडकास्ट कम्पनी, कोलकाता ने सितम्बर 1929 में *'बेतार जगत'* नामक बंगला पाक्षिक निकला। असमिया कथा साहित्य की पत्रिका *'आह्वान'* सन 1929 में प्रकाशित हुई। मौलिक लेख और कहानियाँ प्रकाशित की जाती थीं। इसी की सहयोगी पत्रिका *'पारिजात'* पाँच वर्ष तक प्रकाशित होती रही। बच्चों की पत्रिका थी।

मछलीपट्टणम् से सन 1929 में तेलुगु मासिक पत्रिका *'श्री शारदा'* निकली। स्तरीय पत्रिका होने के बावजूद आर्थिक कठिनाइयों के कारण दूसरे वर्ष बंद हो गई। मदुरै से अक्टूबर 1929 में *'सेन तमिल'* पत्रिका का प्रकाशन तिरुनारायण अय्यंगार ने किया। जी.आर. अय्यंगार के सम्पादन में तमिल पत्रिका *'कम्ब नाडार'* अक्टूबर 1929 में प्रकाशित हुई। सूरत से गुजराती साप्ताहिक *'सुदर्शन'* प्रकाशित हुआ। महिलाओं की पत्रिका *'स्त्री बोध'* अहमदाबाद से केशव प्रसाद देसाई के सम्पादन में निकली। ईश्वरलाल एम.बीमावाला ने सूरत से गुजराती मासिक *'स्त्री शक्ति'* का प्रकाशन किया। गुजराती साप्ताहिक *'कैसर-ए-हिन्द'* निकला। मुम्बई से प्रत्येक शनिवार को गुजराती साप्ताहिक *'चित्रपट'* का प्रकाशन हुआ। चन्द्रकान्त एन.शाह, रुकमणि बेन, नगीनलाल शाह और जमनादास नेनुजी ने इस अखबार का सम्पादन

किया। अमृतसर से गुरुमुखी साप्ताहिक *'आजाद अकाली'* निकला। इसके सम्पादक-मुद्रक-प्रकाशक रवीन्द्र सिंह को राजद्रोह के आरोप में दो वर्ष की कैद और दो सौ रुपये जुर्माने की सजा हुई थी।

गुजराती दैनिक पत्र *'गुजरात'* सूरत से प्रकाशित हुआ। आरंभ में मासिक पत्र था। बाद में दैनिक हुआ। अक्टूबर 1929 में मराठी मासिक पत्र *'प्रावीण्य'* का प्रकाशन हुआ।

मध्यप्रांत एवं विदर्भ को-आपरेटिव फेडरेशन सिहोरा (जबलपुर) की ओर से सन 1929 में मासिक पत्रिका *'ग्राम'* प्रकाशित की गई। 24 पृष्ठ की इस पत्रिका के सम्पादक काशी प्रसाद पांडे थे। आकार 24 गुणित 18 से.मी. और वार्षिक शुल्क तीन रुपये था।

इटावा से जातीय मासिक पत्रिका *'संगिहा'* सन 1929 में प्रकाशित हुई। पृष्ठ संख्या 28 और वार्षिक शुल्क दो रुपये था। गयाधाम से फरवरी 1929 में हिन्दी मासिक पत्रिका *'कृष्ण'* का प्रकाशन हुआ। संपादक रूपनारायण पाण्डेय थे। पृष्ठ संख्या 80 और वार्षिक शुल्क चार रुपये था। गुरुमुखी मासिक पत्रिका *'हंस'* का सम्पादन-प्रकाशन सरदार चरण सिंह ने अमृतसर से सन 1929 में किया। यह सचित्र पत्रिका थी। लेख उत्तम और उपयोगी होते थे। पृष्ठ संख्या 104 और वार्षिक मूल्य चार रुपये था।

रिसाला कीर्ति

अमृतसर से प्रकाशित उर्दू मासिक पत्रिका *'रिसाला कीर्ति'*, (1929) के जनवरी 1930 के अंक में सफी लखनवी की नज्म "उतना ही वो उभरेंगे जितना के दबा देंगे।" प्रकाशित हुई। इस पर अँगरेज हुकूमत ने पाबंदी लगा दी थी। इसकी दो पंक्तियाँ-

"मजदूर हों देहकां (किसान) हों हिन्दू हों मुसलमां हों।
सब एक तो हो जाओ फिर उनको दिखा देंगे॥"

इसी पत्रिका के मई 1930 के अंक में शहीद अशफाकउल्ला खाँ की आखिरी नज्म प्रकाशित हुई है। गिरफतार होने से पाँच दिन पहले यह लिखी गई थी। इसके आखिरी दो अशआर-

बे हम्दिल्लाह चमक उट्ठा सितार: मेरी किस्मतका।
के तकलीदे हकीकी[1] की अता[2] शाहे शहीदां[3] की॥
इधर खौफे खिजाँ[4] है, आशियाँ[5] का गम उधर दिल को।
हमें यकसां[6] है तफरीहे चमन और कैद जिंदा[7] की॥

1. वास्तविक अनुकरण 2. प्रदान करना 3. शहीदों का राजा 4. पतझड़ 5. घोसला 6. समान 7. कारागार

अप्रैल 1930 के अंक में सैयद मकबूल हुसैन की कविता "हे हुर्रियत की देवी। हिन्दोस्तान आजा" पर भी पाबन्दी लगी–

"नारों में गाजियों[1] के– नगमों में शायरों के।
खत्बों[2] में वाइजों[3] के अश्कों[4] में जाहिदों[5] के।
ऐ हुर्रियत[6] की देवी। हिन्दोस्तान आ जा॥"

मई 1929 के अंक में फीरोजउद्दीन 'मन्सूर' की कविता पर भी प्रतिबंध लगा था–

"जिन्दगी आजादगी, आजादगी है जिन्दगी।
मौत बेहतर है अगर आजादिए कामिल[7] नहीं॥"

सन 1929 में मुम्बई से जयशंकर के.द्विवेदी ने अँगरेजी सिने मासिक *'मूविंग पिक्चर मंथली'* का प्रकाशन किया। सम्पादक आर.के. रेले थे। सिनेमा साहित्य के प्राय: सभी भारतीय लेखकों का सहयोग इस पत्रिका को प्राप्त था। हर वर्ष का प्रथम अंक विशेषांक के रूप में प्रकाशित किया जाता था।

16 नवम्बर 1929 को नागपुर से मराठी साप्ताहिक *'नरकेसरी'* का प्रकाशन आरंभ हुआ। कृ.वि.शरण जाम्ये सम्पादक थे। नवम्बर 1929 में श्रीनिवास रामचन्द्र बोडे ने मराठी मासिक पत्रिका *'बागेश्वरी'* निकाली।

---

1. योद्धाओं 2. उपदेश 3. उपदेशक 4. आँसुओं 5. त्यागियों 6. स्वतंत्रता 7. पूर्ण स्वराज्य

असमिया का पहला दैनिक

1930

फ्री प्रेस जर्नल

13 जून 1930 को अँगरेजी दैनिक *'फ्री प्रेस जर्नल'* का प्रकाशन सुप्रसिद्ध पत्रकार एस.सदानंद ने किया। इसके पहले, सन 1927 में सदानन्द ने राष्ट्रीय समाचार एजेंसी 'फ्री प्रेस आफ इण्डिया' की स्थापना की थी। दूसरी समाचार एजेंसी एसोसिएटेड प्रेस ऑफ इण्डिया राष्ट्रीय आन्दोलन के समाचारों को प्रसारित नहीं करती थी, इस वजह से सदानन्द ने नई एजेंसी कायम की थी। किन्तु बहुत से अखबार प्रेस ऐक्ट के शिकंजे से बचने के लिए फ्री प्रेस आफ इण्डिया की खबरें नहीं लेते थे और एजेन्सी को भारी क्षति उठानी पड़ रही थी। तब एस.सदानन्द ने 'फ्री प्रेस आफ इण्डिया' के तत्वावधान में अँगरेजी दैनिक 'फ्री प्रेस जर्नल' का प्रकाशन आरंभ किया। शीर्षक के नीचे 'फ्री एण्ड फीयरलेस' प्रकाशित किया जाता था। पश्चिमी भारत, मध्यप्रांत और हैदराबाद में 'फ्री प्रेस जर्नल' का अच्छा प्रसार था। खबरों का चयन और प्रस्तुति बहुत अच्छी होती थी। लेख विचारपूर्ण और सम्पादकीय टिप्पणियाँ विचारोत्तेजक और गंभीर होती थीं। वार्षिक शुल्क मुम्बई में चौदह रुपये और बाहर पन्द्रह रुपये था। रविवारीय अंक के लिए कीमत एक पैसा ज्यादा होती थी।

'फ्री प्रेस जर्नल' ने स्वतंत्रता आन्दोलन की खबरें निष्पक्षता और निर्भीकतापूर्वक छापीं। शासन के दोषों पर प्रहार किया। इस अखबार से कुल मिलाकर 70,000 रुपये की जमानत माँगी गई जो सभी जब्त कर ली गईं।

'फ्री प्रेस जर्नल' का रविवारीय संस्करण 'भारत ज्योति' के नाम से प्रकाशित किया जाता था। 'फ्री प्रेस जर्नल' ने आरंभ से ही लीक से हटकर पत्र-प्रकाशन का मार्ग चुना था। सन 1935 में 'फ्री प्रेस आफ इण्डिया' समाचार एजेन्सी तो बंद हो गई किन्तु जर्नल का प्रकाशन जारी रहा। 'फ्री प्रेस जर्नल' गांधीजी का भी अंध समर्थक नहीं था। आजाद हिन्द फौज पर मुकदमा चलाने का अखबार ने विरोध

FREE PRESS JOURNAL

Buffer stock, more export planned

Curb on sugar consumption will continue

Opposition MLAs to fast

More output

'Calcutta bandh' today

Law & leftists get ready for battle

Bihar MLA disobeys Chair, suspended

Retail Sale Price Per Packet of 30 Grams

GOA SERENADE

Thaw in Vietnam crisis

Delhi happy over peace prospects

Our proposed submarine deal irks UK

Higher scales of pay for State Bankmen

Indore cabinet curfew to be re-imposed

THE BANK OF INDIA LTD.

फ्री प्रेस जर्नल

किया। गांधी और जिन्ना के बीच हुए पत्राचार की आलोचना की। स्वतंत्रता आन्दोलन के सिलसिले में होने वाली गिरफ्तारियाँ, लाठी चार्ज, जुलूस आदि की खबरें छापते समय उन पर प्रमुख व्यक्तियों की प्रतिक्रिया लेकर भी छापता था। आर्थिक कठिनाई के चलते जून 1935 में 'फ्री प्रेस जर्नल' का प्रकाशन बन्द करना पड़ा जो 1937 के आखिरी दिनों में पुन: प्रकाशित हुआ।

इण्डियन नेशनल प्रेस प्रा.लि. बम्बई ने 'फ्री प्रेस जर्नल' के साथ-साथ मराठी दैनिक 'नवशक्ति' और गुजराती दैनिक 'जनशक्ति' का भी प्रकाशन किया। 'फ्री प्रेस जर्नल' के लिए 'इण्डियन रिव्यू' ने लिखा- "बहादुरी इसे कहते हैं"

"घटना सितम्बर 1933 की है। तत्कालीन बम्बई सरकार ने 'फ्री प्रेस जर्नल' द्वारा चीफ प्रेसीडेन्सी मजिस्ट्रेट के पास जमानत की जो राशि, 20,000 रुपये जमा की थी उससे 10,000 रुपये इसलिए राजसात कर लिए क्योंकि समाचारपत्र ने दो ऐसे लेख प्रकाशित किए जिन्हें प्रेस कानून के तहत आपत्तिजनक माना गया। इन दो लेखों का शीर्षक था- "दुनिया की बुराई की दवा एशिया की स्वतंत्रता", 9 जुलाई 1933 को और "निरीक्षण मीनार से" 5 अगस्त 1933 को प्रकाशित हुए। इस घटना की विधानसभा में चर्चा के लिए विधायक बी.एल.पाटील ने स्थगन प्रस्ताव रखने की अनुमति माँगी जो अध्यक्ष ने नहीं दी। पुणे से प्रकाशित 'मराठा' ने इस सम्बन्ध में खुलकर मत व्यक्त किया, "यदि 'फ्री प्रेस जर्नल' इतना बुरा अखबार है तब उसके मालिकों को समाचारपत्र तत्काल बन्द कर देने के लिए आदेश क्यों नहीं दे दिया जाता। इस पत्र द्वारा अभी तक शासकीय तिजोरी में जमानत की राशि जब्त

होने के कारण 26,000 रुपये दिए जा चुके हैं। अब जो कि 10,000 रुपये जब्त किए जा रहे हैं उसका कारण उस लेख को बनाया जा रहा है जो गांधीजी की गिरफ्तारी के सम्बन्ध में श्री व्ही.जे.पटेल ने न्यूयार्क में दिए भाषण पर आधारित था और जिसे सरकार जनता में विद्वेष और घृणा फैलाने वाला कह रही है।"[1]

एस.सदानन्द को मुम्बई में जनोन्मुखी पत्रकारिता का जनक माना जाता है। समाचार प्राप्त करने और उसे प्रभावी ढंग से प्रस्तुत करने की उनमें अद्भुत क्षमता थी। एस.सदानन्द ने सन 1935, मृत्यु पर्यन्त 'फ्री प्रेस जर्नल' का सम्पादन किया। स्वतंत्रता के बाद भी शासन की दोषपूर्ण नीतियों की आलोचना की जाती रही। सदानन्द के देहावसान के बाद पहले हरिहरन्, फिर ए.बी.नायर सम्पादक हुए।

'फ्री प्रेस जर्नल' के सम्पादक एस.कृष्णमूर्ति और उनके बाद टी.एम.सिलवेलिया थे। एक अक्टूबर 1984 को 'फ्री प्रेस जर्नल' का इन्दौर संस्करण वीरेन्द्र कपूर के सम्पादकत्व में प्रकाशित हुआ। इस संस्करण का प्रकाशन जारी है।

दैनिक बातरि

प्रमुख चाय उत्पादक शिवप्रसाद बरुआ ने सन 1930 में जोरहाट के समीपवर्ती ठेंगाल से साप्ताहिक *'बातरि'* का प्रकाशन आरम्भ किया। इस गाँव में न तो डाकघर था और न ही तारघर। 12 अगस्त 1935 को 'बातरि' ने साप्ताहिक से दैनिक का रूप धारण किया। यह असमिया में प्रकाशित होने वाला पहला दैनिक समाचारपत्र था। नीलमणि फूकन पत्र के सम्पादक थे। कीर्तिनाथ शर्मा बरदलै सहायक सम्पादक थे। यद्यपि इसके पूर्व 'नगरर कथा' (मफजूल हुसैन) और 'रणर बातरि' (सूर्यधर राजखोवा) दैनिक आवृत्ति में निकले थे, परन्तु उनका स्वरूप समाचारपत्र के बजाय बुलेटिन का था।

'दैनिक बातरि' ने रायटर और एसोसिएटेड प्रेस से प्रतिदिन तार से खबरें प्राप्त करने की व्यवस्था की थी। यह आठ पृष्ठ का अखबार था, जिसमें विज्ञापन एक पृष्ठ से भी कम होता था। सोमवार को अवकाश रहता था। रविवारीय परिशिष्ट नहीं निकलता था। कागज सफेद और छपाई साफ-सुथरी थी। प्रसार संख्या 2500 हो गई थी। शाम को अखबार छपने के बाद तिताबर रेलवे स्टेशन पर उजार और भाटी की ओर जाने वाली ट्रेनों में चढ़ा दिया जाता था। जोरहाट में एक आदमी पत्र का वितरण करने के लिए भेजा जाता था। लक्ष्मीनाथ फूकन 'दैनिक बातरि' में सहायक सम्पादक के पद पर बुला लिए गए। तार से प्राप्त खबरों का सम्पादन-पुनर्लेखन उनके जिम्मे था। बीच-बीच में सम्पादकीय टिप्पणियाँ भी लिखनी

1. इण्डिया रिव्यू, चेन्नै, अक्टूबर 1933

पड़ती थीं। पत्र में समाचार काफी रहते थे। लेखादि भी अच्छे आते थे।

कागजों पर निर्माण और मरम्मत दिखाकर धन डकारने के कदाचार तब भी होते थे। जोरहाट लोकल बोर्ड के अन्तर्गत ऐसा एक मामला तब उजागर हुआ था। जाँच में दोष सिद्ध होने पर लोकल बोर्ड के हैड क्लर्क और ओवरसियर को सजा भी हुई। यह प्रकरण 'दैनिक बातरि' में प्रकाशित हुआ था।

'दैनिक बातरि' मध्यमार्गी अखबार था। महात्मा गांधी के आन्दोलनों का समर्थन नहीं करता था। चाय बागान मालिकों का सहयोग उसे प्राप्त था। शिवप्रसाद बरुआ के गंभीर रूप से अस्वस्थ होने पर सन 1938 में अखबार बन्द कर दिया गया।

हंस

मार्च 1930 में मुंशी प्रेमचन्द के सम्पादकत्व में सरस्वती प्रेस काशी से हिन्दी मासिक पत्रिका *'हंस'* का प्रकाशन हुआ। मुंशी प्रेमचन्द हिन्दी कथाकार, उपन्यासकार के रूप में प्रतिष्ठित थे। परन्तु 'हंस' में कहानी के साथ-साथ कविताएँ, निबंध, समालोचना, नाटक, समाचार-सार, यात्रा वृत्तांत आदि भी प्रकाशित किए जाते थे। 'हंसवाणी' स्तंभ के अन्तर्गत संपादकीय टिप्पणियाँ लिखी जाती थीं। राजनीति और समसामयिक प्रसंगों पर प्रखर टिप्पणियाँ लिखी जाती थीं। 'नीर क्षीर' स्तंभ समीक्षा के लिए था। पृष्ठ संख्या 64 थी, जो बाद में 120 तक पहुँच गई थी। प्रवेशांक में सम्पादक ने लिखा- "स्वाधीनता केवल मन की एक वृत्ति है। इस वृत्ति का जागना ही स्वाधीन हो जाना है। अब तक इस विचार ने जन्म ही न लिया था। हमारी चेतना इतनी मंद, शिथिल और निर्जीव हो गई थी कि उसमें ऐसी महान कल्पना का आविर्भाव ही न हो सकता था, पर भारत के कर्णधार महात्मा गांधी ने इस विचार की सृष्टि कर दी। अब वह बढ़ेगा, फूले-फलेगा। अब से पहले हमने अपने उद्धार के जो उपाय सोचे वह व्यर्थ सिद्ध हुए, हालांकि उनके आरंभ में भी सत्ताधारियों की ओर से ऐसा ही विरोध हुआ था। इसी भांति इस संग्राम में भी एक दिन हम विजयी होंगे। वह दिन देर में आएगा या जल्द यह हमारे पराक्रम, बुद्धि और साहस पर मुनहरसरन है। हाँ हमारा यह धर्म है कि उस दिन को जल्द से जल्द लाने के लिए तपस्या करते रहें। यही 'हंस' का ध्येय होगा और इसी ध्येय के अनुकूल उसकी नीति होगी।"

प्रवेशांक की 'हंसवाणी' में दस विषयों पर संपादकीय टिप्पणियाँ लिखी गई हैं। जयशंकर प्रसाद, सुदर्शन, केदारनाथ मिश्र 'प्रभात', जगन्नाथप्रसाद 'मिलिन्द', सिद्धनाथ माधव आगरकर प्रभृति मूर्धन्य साहित्यकारों की रचनाएँ प्रवेशांक में प्रकाशित हुईं। 'हंस' में 'मुक्ता मंजूषा' नामक स्तंभ में हिन्दी, मराठी, बंगला, गुजराती, अँगरेजी पत्र-पत्रिकाओं से चुनिंदा सामग्री उद्धृत की जाती थी। 'हंस' का

हंस

वार्षिक मूल्य साढ़े तीन रुपये और एक अंक की कीमत छह आना थी। 'हंस' का मुखपृष्ठ रंगीन होता था। आरंभ के अंकों में एक ही कलाचित्र का प्रकाशन किया जाता रहा।

फरवरी 1936 के 'हंस' में 'नारी जाति के अधिकार' शीर्षक टिप्पणी में सम्पादक ने पाँच महत्वपूर्ण मुद्दे उठाए थे- (1) एक विवाह का नियम स्त्री-पुरुष दोनों ही के लिए समान रूप से लागू हो। कोई पुरुष पत्नी के जीवन-काल में दूसरा विवाह न कर सके। (2) पुरुष की सम्पत्ति पर पत्नी का पूरा अधिकार हो। वह उसे रिहन, बय जो कुछ चाहे कर सके। (3) पिता की सम्पत्ति पर पुत्रों और पुत्रियों का समान अधिकार हो। (4) तिलाक (तलाक) का कानून जारी किया जाए और स्त्री-पुरुष दोनों ही के समान हो। (5) तिलाक के समय स्त्री-पुरुष की आधी सम्पत्ति पाये और यदि मौरूसी जायदाद हो, तो उसका एक अंश।

'हंस' का जनवरी-फरवरी 1932 का अंक 'आत्मकथांक' के रूप में प्रकाशित हुआ था। इस संग्रहणीय विशेषांक में रामचन्द्र शुक्ल, भाई परमानंद, प्रेमचन्द, लक्ष्मीधर वाजपेयी, लाला सीताराम, राय कृष्णदास, जयशंकर प्रसाद, मुंशी अजमेरी, सुदर्शन, विश्वम्भरनाथ शर्मा 'कौशिक', यशोदा देवी प्रभृति मूर्धन्य रचनाकारों के आत्मकथात्मक संस्मरण प्रकाशित हुए। सन 1936 में प्रेमचन्द के साथ संपादक के रूप में कन्हैयालाल माणिकलाल मुंशी का नाम सम्मिलित हुआ। इसी वर्ष 'हंस' ने विभिन्न भाषाओं के विद्वानों का सलाहकार मण्डल बनाया। इसमें शीर्ष पर महात्मा गांधी का नाम था।

हिन्दी से पुरुषोत्तमदास टण्डन, मैथिलीशरण गुप्त, रामनरेश त्रिपाठी, काकासाहब

कालेलकर और सरदार नर्मदाप्रसाद सिंह, उर्दू से प्रो. मोहम्मद आकिल एवं सैयद सज्जाद जहीर, बंगला से डा. कालीदास नाग, उड़िया से नीलकंठ दास, गुजराती से के.एम.झावेरी एवं आनंदशंकर बापूभाई ध्रुव, मराठी से सरदार म.बी.किबे एवं प्रो. दत्तो वामन पोतदार, कन्नड से डी.आर.बेन्द्रे एवं आर.आर. दिवाकर, तेलुगु से के. नागेश्वर राव पन्तुलु, तमिल से सी.राजगोपालाचार्य एवं आर.कृष्णमूर्ति 'आनंद विकटन' तथा मलयालम से वल्लत्तोल नारायण मेनन एवं सरदार के.एम.पणिक्कर के नाम सम्मिलित किए गए। पत्रिका के मुखपृष्ठ पर 'हंस' नाम के नीचे भारतीय साहित्य का मुखपत्र दर्ज किया जाने लगा।

8 अक्टूबर 1936 को मुंशी प्रेमचन्द का निधन हो गया। अक्टूबर अंक से उनकी पत्नी शिवरानी देवी का नाम सम्पादक के रूप में जाने लगा। नौ अंक बाद, जून 1937 में उन्होंने 'हंस' का सम्पादन दायित्व जैनेन्द्र कुमार को सौंप दिया।

'हंस' हर माह की पहली तारीख को प्रकाशित होता था। 'हंस' का मई 1937 का अंक 'प्रेमचन्द स्मृति' अंक के रूप में निकला। 208 पृष्ठ के इस विशेषांक का सम्पादन मूर्धन्य सम्पादक बाबूराव विष्णु पराडकर ने किया था। इसमें अपने समय के 46 शीर्षस्थ लेखकों, साहित्यकारों, पत्रकारों के संस्मरण संकलित हैं। यह विशेषांक प्रेमचन्द को जानने का उपयुक्त माध्यम है। अप्रैल 1938 से 'हंस' के सम्पादक श्रीपत राय हुए।

जनवरी 1943 के 'हंस' में सम्पादक के रूप में शिवदान सिंह चौहान का नाम प्रकाशित हुआ है और कोष्टक में लिखा गया है (जेल में)। स्थानापन्न सम्पादक अमृत राय ने पाठकों को सूचित किया है- "प्रगति अंक का विज्ञापन हम महीनों से करते आ रहे हैं और अपने पाठकों को महीमों से प्रगति अंक की आशा दिलाते चले आ रहे हैं। अब जब सामग्री तैयार हुई तो 18 जनवरी 1943 को सरकार ने प्रेस जब्त कर लिया।"[1] फरवरी-मार्च 1943 के संयुक्त अंक में 'प्रगति अंक-भाग एक' प्रकाशित हुआ है। 10 अगस्त 1943 को शिवदान सिंह चौहान तीन महीने के पैरोल पर छोड़े गए। सन 1944 में सम्पादक के रूप में रामविलास शर्मा का नाम भी दिया जाने लगा था।

लोकमत

जबलपुर से सर्वांगपूर्ण हिन्दी दैनिक 'लोकमत' का प्रकाशन सेठ गोविन्ददास ने 18 फरवरी 1930 को किया। सम्पादक द्वारकाप्रसाद मिश्र थे। पूर्णाकार 16 पृष्ठ का यह दैनिक गोकुलदास प्रिंटिंग प्रेस से छपता था। तीन डाक संस्करण और चौथा नगर संस्करण प्रकाशित किए जाते थे। पं. मिश्र के कारावासी होने पर कुलदीप

1. हंस, जनवरी 1943, पृष्ठ 279

सहाय और काशीप्रसाद सिंह स्थानापन्न सम्पादक हुए। वार्षिक शुल्क 20 रुपये और एक प्रति का मूल्य एक आना था। 'लोकमत' में एसोसिएटेड प्रेस आफ इंडिया और फ्री प्रेस आफ इण्डिया समाचार एजेंसियों से खबरें ली जाती थीं। संवाददाताओं के तार आते थे। मध्यप्रान्त के इस इकलौते दैनिक पत्र की प्रसार संख्या 15,000 थी।

'लोकमत' के 19 फरवरी 1931 के अंक में सरदार भगतसिंह के मुकदमे की कार्यवाही का विस्तार से विवरण दिया गया है। जब पत्र पर सेंसरशिप बिठाई गई तब सम्पादकीय अग्रलेख का स्थान विरोध स्वरूप खाली छोड़ते हुए वहाँ चकबस्त का यह शेर प्रकाशित किया गया-

"जवां है बंद, कलम को पिन्हाई है जंजीर।
बयाने दर्द की बाकी नहीं कोई तदबीर॥"

'लोकमत' ने मध्यप्रदेश में दैनिक समाचारपत्र के प्रकाशन की परम्परा विकसित की। पत्रकारों की पीढ़ी का निर्माण किया। देवीदयाल चतुर्वेदी 'मस्त', हुकुमचन्द नारद की दीक्षा भूमि 'लोकमत' बना। सन 1932 में 'लोकमत' का प्रकाशन बन्द हो गया।

सन 1930 में ही नागपुर से भी हिन्दी दैनिक *'लोकमत'* का प्रकाशन हुआ। सन 1939 में दैनिक 'लोकमान्य' के संचालक रामशंकर त्रिपाठी ने 'लोकमत' के प्रकाशनाधिकार प्राप्त कर लिए। सन 1942 में नरेन्द्र विद्यावाचस्पति 'लोकमत' के सम्पादक हुए। सन 1955 तक उन्होंने यह जवाबदारी निभाई। तेरह वर्ष तक रामाश्रय उपाध्याय ने 'लोकमत' का सम्पादन किया। बाद के वर्षों में 'लोकमत' का स्थान 'लोकमान्य' ने ले लिया। सम्पादक-मुद्रक-प्रकाशक के.एस.त्रिपाठी हुए।

लोकमान्य

कोलकाता से तीन मार्च 1930 को सचित्र हिन्दी साप्ताहिक *'लोकमान्य'* का प्रकाशन हुआ। इसके सम्पादक-प्रकाशक रामशंकर त्रिपाठी थे। बारह पृष्ठ के साप्ताहिक का वार्षिक शुल्क ढाई रुपये था। सोमवार को छपता था। साहित्य, कला-कौशल, व्यापार एवं अन्यान्य उपयोगी विषयों पर लेखादि, रियासतों की हलचल, विदेशों की हलचल, महिला जगत, स्वास्थ्य आदि नियमित स्तम्भ थे। पृष्ठ पाँच पर अग्रलेख और सम्पादकीय टिप्पणियाँ प्रकाशित किए जाते थे। सम्पादकीय पृष्ठ पर लोकमान्य शीर्षक के नीचे यह पंक्तियाँ प्रकाशित की जाती थीं-

"कोटि-कोटि कलकंठ एकमत यहै पुकारौ।
है स्वराज्य तौ जन्मसिद्ध अधिकार हमारौ।"

अगस्त 1943 में साप्ताहिक लोकमान्य का दिल्ली संस्करण जन्माष्टमी के दिन प्रकाशित हुआ। प्रत्येक गुरुवार को 16 पृष्ठ का यह साप्ताहिक लोकमान्य प्रेस, दरियागंज, दिल्ली से प्रकाशित होता था। दिल्ली संस्करण के सम्पादक हरिश्चन्द्र

विद्यालंकार थे। कहानी, संस्मरण, इतिहास, निबंध, कविता, समाचार आदि विविध सामग्री की दृष्टि से यह पूरे परिवार का पत्र बन गया था। प्रबंध सम्पादक रामशंकर त्रिपाठी थे।

'माधुरी' में 'लोकमान्य' का परिचय प्रकाशन के चार-पाँच माह बाद छपा। इसका कारण बताया गया, "सुनने में आया था कि यह पत्र शीघ्र दैनिक रूप में निकलेगा। इसी प्रतीक्षा में अब तक माधुरी में इसकी आलोचना नहीं की गई थी।"[1]

दैनिक 'लोकमान्य' (कोलकाता) एक दिसम्बर 1930 को पूर्णाकार दैनिक पत्र के रूप में निकला। 55 गुणित 33 से.मी. आकार के इस पत्र के एक अंक की कीमत दो आना थी। संचालक/प्रबंध संपादक रामशंकर त्रिपाठी और सम्पादक मदनलाल चतुर्वेदी थे। यह कांग्रेस विचारधारा का समर्थक पत्र था। एक लेख को राजद्रोह मानते हुए पत्र के परवर्ती सम्पादक जगन्नाथ त्रिपाठी को नौ माह के कारावास तथा एक सौ रुपये जुरमाने की सजा हुई।

दैनिक 'लोकमान्य' में स्थानीय और देश-विदेश की खबरें खूब और सलीके से छापी जाती थीं। पृष्ठ चार पर शुरू के तीन कालम में अग्रलेख रहता था। लेखादि और विविध स्तम्भ शिक्षाप्रद और मनोरंजक होते थे। साज-सज्जा और मुद्रण अच्छा था। पहले पृष्ठ की मुख्य खबर प्रायः पूरे सात कालम के शीर्षक के साथ प्रकाशित की जाती थी। कोलकाता के बाद नागपुर से भी रामशंकर त्रिपाठी के संचालन में दैनिक 'लोकमान्य' का संस्करण निकला। 'लोकमान्य' का प्रकाशन सन 1967 में बंद हो गया।

वाणी

सन 1930 में खरगोन से हिन्दी मासिक पत्रिका 'वाणी' का प्रकाशन विश्वनाथ सखाराम खोड़े के सम्पादकत्व में हुआ। यह समग्र चेतना की पत्रिका थी जिसमें समाज सुधार, राजनीति, आर्थिकी, साहित्य इत्यादि सभी विषयों का समावेश होता था। दीनदयाल, लक्ष्मीनारायण अवस्थी, रामचन्द्र शर्मा विद्यार्थी, मुन्नालाल द्विवेदी, केदारनाथ अग्निहोत्री, प्रीतमलाल कच्छी, धारपुरे और विश्वनाथ सखाराम खोड़े की उत्साही देशभक्त और सामाजिक सरोकारों के लिए जागरूक टोली का संकल्प 'वाणी' के प्रकाशन की पृष्ठभूमि में था। काशी के सरस्वती प्रेस से यह पत्रिका मुद्रित होती थी। पृष्ठ संख्या 48 और वार्षिक शुल्क तीन रुपये आठ आने था। 'वाणी' की सम्पादकीय टिप्पणियाँ विचारोत्तेजक होती थीं। कविताएँ और कहानियाँ सुरुचिपूर्ण और लेख उद्देश्यपरक होते थे।

'वाणी' के विशेषांक सन्दर्भ की दृष्टि से स्थायी महत्व के और पठनीय होते

1. माधुरी, संवत 1987 ज्येष्ठ, पृष्ठ 664

थे। दो अंक में पूर्ण 'वाणी' के 'निमाड़ विशेषांक' को हिन्दी जगत में काफी सराहना मिली। 'जयाजी प्रताप' ने 'वाणी का निमाड़ अंक' शीर्षक टिप्पणी में लिखा था- "निमाड़ सरीखे अप्रख्यात देश से निकलकर तथा अपने दो निमाड़ विशेषांकों द्वारा 'वाणी' ने एक मुख्य कार्य तो यही किया है कि निमाड़ को प्रकाश में ला दिया है। इसकी छपाई कई रंगों में की गई है और गेट अप आदि भी सुंदर है। लेखों में उनके मन्दिर और ओमकार, मानधाता, नीमा के संत कवि, निमाड़ की कुछ कहावतें, तांतिया भील आदि पठनीय लेख हैं। नर्मदा पर कुछ लेख तथा कविताएँ हैं। अंक बहुत अच्छा निकला है।"[1]

सामाजिक कुरीतियों, अंधविश्वासों, दुर्व्यसनों के खिलाफ 'वाणी' ने निरन्तर अलख जगाए रखी। 'वाणी' के सम्पादक नशीले पदार्थों के दुर्व्यसन के जहाँ विरोधी थे वहीं नशीले पदार्थों पर सरकार द्वारा कर वसूली को भी अनैतिक मानते थे। सम्पादकीय टिप्पणी में इस मुद्दे पर 'वाणी' ने लिखा- "यदि सरकार उसकी आमदनी का ख्याल रखकर उसे बंद न करना चाहे तो उसे यह भी याद रखना चाहिए कि जनता सरकार की माता है। रोगी, आलसी, अशक्त और दुर्व्यसनी माता से बालक का पोषण कैसे हो सकता है। जो चीज वस्तुत: बुरी है उसका पक्ष सीधे-सीधे लेने की हिम्मत किसी की नहीं हो सकती। इसलिए जहाँ किसी ने उसके खिलाफ युद्ध करने के लिए कमर कसी नहीं कि उस बुराई और उसके पृष्ठ पोषकों के पैर कटे नहीं। सिर्फ निर्भयतापूर्वक ताल ठोककर खड़े हो जाने की जरूरत भर है।"[2]

जनवरी 1930 में गुरुकुल कांगड़ी से प्रो. सत्यव्रत सिद्धांतालंकार के सम्पादकत्व में हिन्दी मासिक *'अलंकार'* का प्रकाशन हुआ। चार वर्ष पाँच माह तक निकलने के बाद 'अलंकार' लाहौर के नवयुग प्रेस से जुलाई 1934 में भीमसेन विद्यालंकार ने प्रकाशित किया। महात्मा गांधी ने अलंकार को भेजे संदेश में लिखा था- "सत्याग्रह के बारे में जो मैंने निश्चय दिया है वह पूर्णतया धार्मिक है। इसे समझने की सब कोशिश करें।"

प्रेमा

जबलपुर से अक्टूबर 1930 में हिन्दी की साहित्यिक मासिक पत्रिका *'प्रेमा'* का प्रकाशन हुआ। रामानुजलाल श्रीवास्तव तथा परिपूर्णानंद वर्मा 'प्रेमा' के सम्पादक थे। इंडियन प्रेस लिमिटेड की जबलपुर शाखा ने इस सचित्र उत्कृष्ट पत्रिका का प्रकाशन किया था। राष्ट्रीय और अंतरराष्ट्रीय महत्व के विषयों पर अग्रलेख और सम्पादकीय टिप्पणियाँ गवेषणापूर्ण होती थीं। प्रवेशांक में 'प्रेमा' के प्रकाशन का

1. जयाजी प्रताप, 14 फरवरी 1935, पृष्ठ 29
2. वाणी, जनवरी 1937

उद्देश्य स्पष्ट करते हुए सम्पादक ने लिखा- "राष्ट्रभाषा की सेवा ही प्रेमा का प्रधान लक्ष्य है। ......राजनीतिक वितण्डावाद, संकुचित जातिगत भावनाओं तथा निरर्थक विवादों से परे रहकर 'प्रेमा' अपने उक्त ध्येय की पूर्ति में सदैव संलग्न रहेगी।"

हिन्दी के सुप्रसिद्ध लेखकों, कवियों की रचनाओं के साथ-साथ उदीयमान रचनाकारों को भी स्थान दिया जाता था। 'साहित्यालोचन' स्तंभ के अन्तर्गत नई पुस्तकों की समीक्षा की जाती थी। अन्य भारतीय भाषाओं के साहित्य से हिन्दी पाठकों को परिचित कराया जाता था। 'प्रेमा' के रसांक प्रकारान्तर से हिन्दी साहित्य के रसकोश का निर्माण करते हैं। 'प्रेमा' के 'शान्त रसांक' का सम्पादन डा. सम्पूर्णानन्द और 'हास्य रसांक' का सम्पादन अन्नपूर्णानंद ने किया।

'प्रेमा' के प्रत्येक अंक के आरंभ में एक रंगीन चित्र प्रकाशित किया जाता था। यह उमर खैय्याम की रूबाइयों की भावभूमि पर केन्द्रित रहता था। चित्र के नीचे बाईं ओर अँगरेजी में उमर खैय्याम की सन्दर्भित रूबाई का एडवर्ड फिट्जराल्ड द्वारा किया गया अनुवाद और दाहिनी ओर केशवप्रसाद पाठक द्वारा किया गया हिन्दी अनुवाद प्रकाशित किया जाता था। अक्टूबर 1933 में 'प्रेमा' का प्रकाशन बन्द हो गया।

अंगारा

पेशावर से सन 1930 में उर्दू-पश्तो द्विभाषी दैनिक समाचारपत्र 'अंगारा' का प्रकाशन हुआ। सैयद जिया जाफरी उर्दू तथा जौहर नवाज जलिया पश्तो खण्ड का सम्पादन करते थे। पत्र में हास्य विनोद का स्तम्भ लिखने वाले अब्दुल बुदूद कमर सह सम्पादक थे। अंगारा सीमान्त गांधी खान अब्दुल गफ्फार खां के लाल कुर्ती आन्दोलन का समर्थक और फिरंगी हुकूमत का विरोधी था। अपने क्रांतिकारी तेवरों के कारण 'अंगारा' का प्रायः हर अंक जब्त होता था और उस पर सम्पादक के रूप में जिसका नाम छपता था, उसे गिरफ्तार कर लिया जाता था। दरअसल वे स्वतंत्रता आन्दोलन के कार्यकर्ता होते थे। 'अंगारा' ने सन 1930 में ख्वानी बाजार की गोलीबारी तथा हाथी खेल की घटना और सन 1931 में कोहाट में हुई गोलीबारी की रिपोर्ट प्रकाशित कर तहलका मचा दिया था। कई बार 'अंगारा' से जमानत माँगी गई। कुछ महीनों बाद पत्र का प्रकाशन बन्द हो गया। कोलकाता से अबुल कलाम कामिल ने दैनिक *'इस्तकलाल'* का सम्पादन-प्रकाशन सन 1930 में किया।

हिन्दुस्तानी

जनवरी 1930 में हिन्दुस्तानी अकादमी इलाहाबाद से हिन्दी तथा उर्दू में त्रैमासिक पत्रिकाओं का प्रकाशन *'हिन्दुस्तानी'* नाम से किया गया। इनका वार्षिक शुल्क पाँच रुपये था। साहित्य, इतिहास, पुरातत्व, कला, दर्शन, विज्ञान आदि विविध विषयों पर गवेषणापूर्ण मौलिक लेखों का प्रकाशन किया जाता था। हिन्दी

'हिन्दुस्तानी' के सम्पादक रामचन्द्र टंडन तथा उर्दू 'हिन्दुस्तानी' के सम्पादक मौलवी असगर हुसैन थे। दोनों पत्रिकाओं के लिए सम्पादक मण्डल थे। हिन्दी पत्रिका का सम्पादन डा. धीरेन्द्र वर्मा, हरदेव बाहरी और सत्यव्रत सिन्हा ने किया। हिन्दुस्तानी का एक उद्देश्य 'हिन्दुस्तान' के लिए एक ऐसी भाषा का नमूना पेश करना था जिसे हिन्दी तथा उर्दू दोनों भाषाओं के पक्षपाती बिना झगड़े बखेड़े के अपनाने के लिए तैयार हो जाएँ। 'हिन्दुस्तानी' ने स्थायी महत्व के प्रेमचन्द विशेषांक, निराला विशेषांक, राहुल सांकृत्यायन विशेषांक, फिराक अंक, भाषा विज्ञान अंक, सुमित्रानंदन पंत विशेषांक आदि का प्रकाशन किया है। कैलाश गौतम भी इस शोध पत्रिका के सम्पादक रहे।

स्वाधीन भारत

मुम्बई से अप्रैल 1930 में हिन्दी दैनिक *'स्वाधीन भारत'* का प्रकाशन हुआ। नवाकाल के स्वामी कृष्णाजी प्रभाकर खाडिलकर 'स्वाधीन भारत' के प्रकाशक थे। दत्तात्रय प्रेस से छपता था। प्रधान सम्पादक निरंजन शर्मा अजित और संपादक काशीप्रसाद सिंह थे। सप्ताह में छह दिन प्रकाशित होता था। सोमवार को अवकाश रहता था। एक प्रति का मूल्य दो पैसे और वार्षिक शुल्क दस रुपये था। पृष्ठ संख्या चार थी। आकार पूर्ण दैनिक के समान था। प्रथम पृष्ठ पर चित्र प्रकाशित किया जाता था। अंतिम पृष्ठ पर बाजार भाव दिए जाते थे। पृष्ठ दो पर अग्रलेख लिखा जाता था। पहले पृष्ठ पर मुख्य खबर का शीर्षक बड़े अक्षरों में पूरे कालमों में दिया जाता था। सितम्बर 1930 के अन्तिम सप्ताह में प्रेस आर्डिनेंस के कारण 'स्वाधीन भारत' बंद हो गया। पाँचवें वर्ष में संपादक महादेवसिंह शर्मा और सहकारी संपादक विश्वेश्वर दयाल गुप्त थे।

स्वतंत्र भारत

निरंजन शर्मा अजित ने जो कुछ माह पहले दैनिक स्वाधीन भारत के संपादक थे, मुम्बई से दिसम्बर 1930 में हिन्दी दैनिक *'स्वतंत्र भारत'* का प्रकाशन किया। पूर्णाकार दैनिक के संपादक भी वही थे। इन्दुप्रकाश प्रेस मुम्बई से छपता था। अग्रलेख पृष्ठ दो पर जाता था, जो लगभग आधा पृष्ठ का होता था। चार पृष्ठ के अखबार के शेष पृष्ठों पर खबरें, बाजार भाव आदि दिए जाते थे। एक प्रति का मूल्य दो पैसे और वार्षिक शुल्क 10 रुपये था। 'स्वाधीन भारत' बंद होने के दो माह बाद निरंजन शर्मा अजित ने यह पत्र निकाला। उन्होंने स्पष्ट किया, "स्वतंत्र भारत नया पत्र है जिसका स्वर स्वाधीन भारत के जैसा ही रहेगा। किन्तु पुराने पत्र के लेन-देन से उनका कोई सम्बन्ध नहीं रहेगा।" देशी राज्यों की प्रजा के कष्टों को 'स्वतंत्र भारत' वाणी देता था।

माया

मित्र प्रकाशन की सचित्र हिन्दी पाक्षिक पत्रिका *'माया'* का प्रकाशन इलाहाबाद

से जनवरी 1930 में हुआ। प्रकाशक क्षितीन्द्र मोहन मित्र थे। वार्षिक शुल्क तीन रुपये चार आना था। हिन्दी में कहानी विधा पर केन्द्रित यह पहली पत्रिका थी। आरम्भ में द्विजेन्द्रनाथ मिश्र 'निर्गुण' ने सम्पादन किया। मित्र के साथ-साथ उनका नाम भी सम्पादक के रूप में जाता था। सहायक सम्पादक लक्ष्मण सहाय माथुर थे। 'माया' के 'कहानी अंक' का सम्पादन मार्कण्डेय ने किया था। नवम्बर 1947 में माया का स्वतंत्रता विशेषांक प्रकाशित हुआ। इसमें भारत तथा अन्य देशों की आजादी की लड़ाई पर केन्द्रित कहानियाँ प्रकाशित की गईं। क्षितीन्द्र मोहन मित्र के निधन के उपरान्त राजेश्वरप्रसाद सिंह और आलोक मित्र सम्पादक हुए।

अस्सी के दशक में 'माया' का रूपान्तरण समाचार पत्रिका के रूप में हुआ। प्रधान सम्पादक आलोक मित्र तथा कार्यकारी सम्पादक बाबूलाल शर्मा हुए। राष्ट्रीय राजनीति, प्रान्तों की राजनीति, सम-सामयिक राजनीतिक विमर्श के साथ-साथ अन्य महत्वपूर्ण घटनाक्रम पर समाचार-कथाएँ और अंतरराष्ट्रीय राजनीति पर विशेष आलेख प्रकाशित किए जाने लगे। 'माया' का 'दिल्ली दरबार' शीर्षक स्तंभ चर्चित होता था। सन 2002 में 'माया' के प्रकाशन में व्यवधान आया, जो तीन वर्ष के अन्तराल के बाद पुनः प्रकाशित हुई। एक समय ऐसा भी रहा जब प्रसार संख्या की दृष्टि से 'माया' हिन्दी की अग्रणी पत्रिका बन गई थी।

सहेली

स्त्रियों के लिए सचित्र हिन्दी मासिक पत्रिका *'सहेली'* का प्रकाशन रूपकुमारी वांचू और दया दर के सम्पादकत्व में इलाहाबाद ला जर्नल प्रेस से हुआ। प्रधान सम्पादक राजेश्वरी देवी थीं। 'सहेली' का उद्देश्य महिलाओं की सर्वतोमुखी प्रगति का पथ प्रशस्त करना था। पृष्ठ संख्या 32 और वार्षिक शुल्क चार रुपये था। दूसरे वर्ष विजय वर्मा ने सम्पादक का दायित्व ग्रहण किया। सचित्र पत्रिका मुद्रण और साज-सज्जा की दृष्टि से उत्तम थी। विजयलक्ष्मी पंडित, नवजादिक लाल श्रीवास्तव, उमा नेहरू, सरोजिनी नायडू के लेख तथा महादेवी वर्मा, तोरन देवी लली की कविताओं से सज्जित विशेषांक चर्चित हुआ। 'सहेली' ने सन 1933 में बाल विधवाओं की संख्या प्रकाशित कर समाज को झकझोरा। पाँच से दस वर्ष की आयु वाली बाल विधवाएं बंगाल में 17583, बिहार में 36275, मद्रास में 5038, उत्तरप्रदेश में 17209 और बड़ोदा में 783 थीं। सन 1937 में सहेली का प्रकाशन बन्द हो गया।

जन्मभूमि

कृष्ण स्वदेशी प्रेस, मछलीपट्टणम् से एन.कृष्णाराव ने सन 1930 में अँगरेजी साप्ताहिक पत्र *'जन्मभूमि'* का प्रकाशन किया। पट्टाभि सीतारामय्या सम्पादक थे। पृष्ठ संख्या 12 और वार्षिक शुल्क पाँच रुपये था। राष्ट्रीयता का समर्थक अखबार

था। इसके अग्रलेख और सम्पादकीय टिप्पणियाँ सारगर्भित, तर्कपूर्ण और विचारोत्तेजक होती थीं। भाषा में प्रवाह था। मुद्रण आकर्षक होता था। मुम्बई से कुमारी दिलशाद सैयद ने *'कांग्रेस बुलेटिन'* का प्रकाशन किया। अँगरेजी मासिक पत्रिका *'आर्यन पाथ'* का प्रकाशन मुम्बई से हुआ। सम्पादक सोफिया वाडिया और प्रकाशक इण्डियन इंस्टीट्यूट आफ वर्ल्ड कल्चर थे। अध्यात्म और दर्शन की पत्रिका थी। कोलकाता से अँगरेजी मासिक *'जर्नल आफ मेडिकल एसोसिएशन'* का सम्पादन-प्रकाशन डा. सुदीप्त राय और पहाड़िया ने नागपुर से अँगरेजी मासिक पत्रिका *'ग्रामणी'* का प्रकाशन किया। पृष्ठ संख्या 64 और वार्षिक शुल्क पाँच रुपये था। *'जर्नल आफ इण्डियन इंस्टीट्यूट आफ बैंकर्स'* का प्रकाशन मुम्बई से सन 1930 में हुआ। वाडीलाल जे. डगली सम्पादक थे। बैंकों की समस्याओं, योजनाओं और नीतियों तथा अर्थव्यवस्था सम्बन्धी जानकारियाँ प्रकाशित की जाती थीं। सन 1930 में मुम्बई से अँगरेजी मासिक पत्रिका *'इंडियन लिटरेरी रिव्यू'* प्रकाशित हुईं। सम्पादक जाल हीरजी डी. तारापोरवाला थे। *'सिनेमा'* नामक अँगरेजी पत्रिका मुम्बई से निकली। शहाणे सम्पादक थे।

ला दवाग्स- क्यी अगबार

लेह (लद्दाख) से सन 1930 में 'ला-दवाग्स क्यी अगबार' का प्रकाशन ईसाई मिशनरियों ने किया। इस नाम का अर्थ है- लद्दाख समाचार। लद्दाखी भाषा और लिपि में प्रकाशित होने वाले इस अखबार से लद्दाख के लोगों को अपने आस-पास के तथा देश-विदेश के समाचार मिल जाते थे। सन 1953 में इसका प्रकाशन बन्द हो गया।

तरुण कर्नाटक

सन 1930 में हुब्बली से कन्नड दैनिक *'तरुण कर्नाटक'* का प्रकाशन हुआ। प्रकाशन के चार माह बाद सरकार ने प्रेस ऐक्ट में अखबार से दो हजार रुपये की जमानत माँगी, तब पत्र को बन्द कर देना पड़ा। 27 जुलाई 1930 को हुब्बली से कन्नड दैनिक *'जन्मभूमि'* निकला। एक अगस्त 1930 से बीजापुर से कन्नड दैनिक *'नव कनार्टक'* आरंभ हुआ। पहले यह साप्ताहिक समाचारपत्र के रूप में निकल रहा था। 'जन्मभूमि' और 'नव कर्नाटक' ने प्रेस ऐक्ट के शिकंजे में फँसने से बचने के लिए अग्रलेख और सम्पादकीय टिप्पणियाँ लिखने से परहेज किया। धारवाड जिले के गदग से कन्नड साप्ताहिक *'कर्नाटक बंधु'* प्रकाशित हुआ। हर बुधवार को छपता था। एक प्रति का मूल्य दो आना था। मंगलूरु से मासिक पत्रिका *'बी.एम.प्रेस मैगजीन'* निकली।

तेलुगु मासिक *'कल्याणी'* का सम्पादन-प्रकाशन गंती शास्त्री ने सन 1930 में चेन्नै से किया। तीन वर्ष के बाद 'कल्याणी' का प्रकाशन विजयनगरम् से किया

जाने लगा। 1938 में यह पत्रिका बन्द हो गई।

इलूर से भी *'कल्याणी'* नामक तेलुगु पत्रिका का प्रकाशन हुआ है। तमिल की श्रेष्ठ साहित्यिक पत्रिका *'कलैमगल'* सन 1930 में प्रकाशित हुई। एन. रामरत्नम् पत्रिका के सम्पादक थे। पुराने साहित्य की खोज से लेकर आधुनिक साहित्य के अनुशीलन तक इस पत्रिका ने अपने कलेवर को सदैव प्रासंगिक बनाए रखा। 'कलैमगल' की तुलना हिन्दी की मासिक पत्रिका 'सरस्वती' से की जाती है। जिस तरह 'सरस्वती' के उन्नायक का गौरव महावीरप्रसाद द्विवेदी को प्राप्त है, वैसा ही सम्मान उ.वे.स्वामिनाथ अय्यर का है जिन्होंने 'कलैमगल' के उत्कर्ष में महत्वपूर्ण भूमिका निभाई।

पप्पुरि रामाचार्यलु ने सन 1930 में तेलुगु की *'श्रीसाधना पत्रिका'* का प्रकाशन किया। के.वेकंटरमाचार्लु उनके सहयोगी थे। स्वतंत्रता संग्राम में रामाचार्यलु के जेल जाने तक यह पत्रिका निकली। सुब्रमण्य शर्मा ने नंद्याल से तेलुगु मासिक पत्र *'कौमोदकी'* निकाला। वनम शंकर शर्मा के सम्पादकत्व में *'इन्द्रावती'* का प्रकाशन हुआ। एम. नारायण स्वामी ने अनंतपुर से लोकप्रिय पत्रिका *'विजय वाणी'* का सम्पादन-प्रकाशन किया। ए. कृष्णमुनि ने कुडपा से *'ब्रह्मनन्दिनी'* निकाली। मदनापल्ली से *'दिव्य जीवनम्'* और *'स्नेह लता'* का प्रकाशन हुआ।

चेन्नै से गांधीवादी बी.एस.मूर्ति ने *'नवजीवन'* नामक तेलुगु पत्र निकाला। देवदासी समुदाय के कल्याण के लिए पत्रिका *'संस्कारिणी'* नरसापुर से प्रकाशित हुई। वामन रामचन्द्र गाडगिल ने सन 1930 में मराठी पत्रिका *'महाराष्ट्र कृषीवल'* का प्रकाशन पुणे से किया। कृषि विषयक यह पत्र एकाधिक बार बंद हुआ और फिर प्रकाशित होने लगा।

तेलुगु साप्ताहिक *'जमीन रैयत'* सन 1930 में नेल्लूर से निकला। सम्पादक एन.श्रीराममूर्ति थे। किसानों के हितों के संरक्षण और उनकी समस्याओं को उजागर करने को प्रमुखता देता था।

मराठी साप्ताहिक *'सिनेमा समाचार'* तीन मार्च 1930 को मुम्बई से प्रकाशित हुआ। नरहर रामचन्द्र जोशी सम्पादक-प्रकाशक थे। मार्च 1930 में भारत इतिहास संशोधक मण्डल का त्रैमासिक मुख पत्र पुणे से प्रकाशित हुआ। ठाणे से मराठी मासिक *'श्री ज्ञानदेवी'* म.य.पेंडसे, राम आठवले, मनोहर रत्न चालव के सम्पादन में निकला। सन 1930 में मराठी दैनिक *'शोलापुर समाचार'* का सम्पादन-प्रकाशन पी.डी.जकाल ने किया। यह मराठी साप्ताहिक का दैनिक पत्र में रूपान्तरण था। इस अखबार का प्रकाशन जारी है।

श्री लोकमान्य

मराठी दैनिक *'लोकमान्य'* का प्रकाशन बंद होने के बाद डी.जी.सावरकर

और उनके साथियों ने मिलकर दैनिक 'श्री लोकमान्य' का प्रकाशन किया। सावरकर सम्पादक थे। तीन वर्ष बाद सहकारी संस्था बनाकर 'लोकमान्य' का पुनः प्रकाशन शुरू कर दिया। बाद में यह अखबार सौराष्ट्र ट्रस्ट को सौंप दिया। पी.वी.गाडगिल ने कई वर्षों तक सम्पादन किया। सन 1956 में बन्द हो गया। मराठी मासिक पत्रिका *'स्त्री'* का प्रकाशन 'किर्लोस्कर' के सह प्रकाशन के रूप में पुणे से सन 1930 में हुआ।

संस्कृत की द्वैमासिक पत्रिका *'भारत सुधा'* अक्टूबर 1930 में पुणे से निकली। शेषाद्रि गोविन्द कांद्रे प्रकाशक थे। सम्पादक मण्डल में वासुदेव शास्त्री अभ्यंकर, श्रीधर शास्त्री पाठक, वासुदेव गोपाल परांजपे, शंकर वामन खांडेकर तथा पुरुषोत्तम गणेश शास्त्री थे। भुसावल से द्विमासिक *'भट्टी समाज मार्गदर्शक'*, कोलकाता से मराठी वार्षिकी *'बृहन्महाराष्ट्र'* 1930 में प्रकाशित हुई।

नासिक से लक्ष्मण रामचन्द्र पांगारकर ने मराठी मासिक पत्रिका *'मुमुक्ष'* निकाली। वार्षिक शुल्क तीन रुपये था। महाराष्ट्र प्रेस प्रयाग से मराठी पाक्षिक पत्र *'माधव प्रकाश'* निकला। मुम्बई से मराठी मासिक *'प्रभु प्रभात'* और शोलापुर से मासिक पत्रिका *'अबला रक्षण'* निकली। मुम्बई से उद्योग, व्यापार की मराठी मासिक पत्रिका *'दिवाकर'* प्रकाशित हुई। पुणे से बा.मा.गोंडे ने सन 1930 में मराठी मासिक पत्रिका *'देवी अहिल्या'* निकाली।

सांगली से मराठी साप्ताहिक *'दक्षिण महाराष्ट्र'*, नागपुर से मराठी मासिक *'ग्राम सेवक'* और अकलनेर से मराठी साप्ताहिक *'आत्मोन्नति'* निकली। मार्त्तण्ड दामोदर पुस्तके ने अक्टूबर 1930 में ग्वालियर से मराठी मासिक *'आरोग्य मित्र'* का सम्पादन-प्रकाशन किया। पृष्ठ संख्या 24 और वार्षिक शुल्क दो रुपये था। ठाकुर सूर्य कुमार वर्मा ने भी इस पत्र का सम्पादन किया।

संस्कृत साप्ताहिक *'संस्कृतम्'* सन 1930 में अयोध्या से निकला। कालीचरण त्रिपाठी और उनके बाद कालीप्रसाद शास्त्री सम्पादक हुए। सन 1970 में बन्द हो गया।

बांग्ला दैनिक *'पाँचजन्य'* सन 1930 में ढाका से निकला। एक प्रति का मूल्य एक आना था। अम्बिका चरण दास सम्पादक थे। कार्टून विधा पर केन्द्रित बंगला मासिक पत्र *'शनिबारेर चिट्ठी'* कोलकाता से प्रकाशित हुआ। हरिपद राय सम्पादक थे। सजनीकुमार दास भी सम्पादक रहे। उनके बनाए गए कार्टून सामाजिक बुराइयों पर तीखा प्रहार करते थे। सावंतवाडी के कोंकण छापाखाने से सं.ग.वि. आगलेकर ने मराठी साप्ताहिक *'शार्दूल'* का सम्पादन-प्रकाशन किया।

गुजराती साप्ताहिक *'हिन्दू ज्योति'* सन 1930 में प्रकाशन के कुछ समय बाद प्रेस एक्ट की बलि चढ़ गया। गुजराती-हिन्दी द्विभाषी पत्रिका *'प्रणामी धर्म पत्रिका'*

सन 1930 में जामनगर से निकली। बड़ौदा से उम्मेदचंद्र आर.शाह ने गुजराती मासिक *'गुलाब'* का सम्पादन-प्रकाशन किया।

मलयालम दैनिक *'गोमती'* सन 1930 में त्रिचुर से प्रकाशित हुआ। के.बी.राघवन नायर सम्पादक-प्रकाशक थे। बड़ौदा से गुजराती पत्र *'प्रभात'* सन 1930 में निकला। यह बड़ौदा से प्रकाशित होने वाला पहला दैनिक पत्र था। अधिक समय तक इसका प्रकाशन जारी नहीं रह सका। पंजाबी और गुरुमुखी लिपि में कोलकाता से दैनिक समाचारपत्र *'देश दर्पण'* प्रकाशित हुआ। स्वतंत्र विचारधारा का पत्र था।

गंगा

अक्टूबर 1930 में मिथिला प्रेस सुल्तानगंज (भागलपुर) से हिन्दी मासिक पत्रिका *'गंगा'* का प्रकाशन हुआ। रामगोविन्द त्रिवेदी, गौरीनाथ झा और शिवपूजन सहाय सम्पादक थे। साहित्यिक, सामाजिक और धार्मिक विषयों की इस मासिक पत्रिका का वार्षिक शुल्क पाँच रुपये था। इस पत्रिका की भाषा पर टिप्पणी करते हुए 'हंस' ने लिखा था- "बिहार के साधारण पढ़े-लिखे लोगों में स्त्रीलिंग-पुलिंग के व्यवहार का जो दोष होता है, वह सम्पादकीय टिप्पणियों में भी पाया जाता है।" कृष्णगढ़ के हिन्दी प्रेमी राजकुमार ने इस पत्रिका का प्रकाशन कराया था। इसमें साहित्य तथा ज्ञानवर्धन और मनोरंजन सामग्री पर्याप्त होती थी, किन्तु आरंभिक अंकों में भाषा और प्रूफ की अशुद्धियाँ खटकती थीं। 'गंगा' के पुरातत्व अंक का सम्पादन राहुल सांकृत्यायन ने किया था। इस अंक को बौद्धिक जगत में काफी सराहा गया था।

बसंत पंचमी, सन 1930 से कोलकाता से नवजादिक लाल श्रीवास्तव और आर.बी.द्विवेदी ने हिन्दी साप्ताहिक *'मस्त मतवाला'* का सम्पादन-प्रकाशन किया। यह साहित्यिक, सांस्कृतिक पत्र था जो हर सोमवार को प्रकाशित होता था। आकार 25 गुणित 35 से.मी., पृष्ठ संख्या 28 और वार्षिक शुल्क तीन रुपये था।

कोलकाता से भंवरलाल और कंवरलाल बाकलीवाल ने सन 1930में हिन्दी-अँगरेजी की द्विभाषी मासिक पत्रिका *'रेलवे समाचार'* का सम्पादन-प्रकाशन किया। रेल का इतिहास, नियम-उपनियम, रेल लाइनों के समीप के बड़े-बड़े नगरों का सचित्र परिचय पत्रिका में प्रकाशित किए जाते थे। वार्षिक शुल्क चार रुपये था। मुम्बई से *'राष्ट्रीय वाणी'* नामक पत्र का प्रकाशन हुआ। सितम्बर 1930 में जब प्रेस से एक हजार रुपये की जमानत माँगी गई तब अखबार का प्रकाशन बन्द कर दिया गया। चम्बा (हिमाचल) से *'रत्न प्रकाश'* निकला जो अल्पजीवी रहा।

झूसी इलाहाबाद से प्रकाशित हिन्दी का *'युद्धवीर'* प्रतिबंध का शिकार हुआ। उज्जैन से रघुनाथ शास्त्री वेलणकर और शंकर शरण व्यास ने ज्योतिष की मासिक पत्रिका *'पंडिताश्रम'* निकाली। इलाहाबाद से गंगाप्रसाद उपाध्याय ने हिन्दी मासिक पत्रिका *'वेदोदय'* का सम्पादन-प्रकाशन किया।

सन 1930 के आरंभ में लाहौर से हिन्दी दैनिक *'जन्मभूमि'* का प्रकाशन उर्मिला शास्त्री और धर्मेन्द्रनाथ शास्त्री ने किया। चंद्रगुप्त विद्यालंकार सम्पादक थे। आर्थिक कठिनाइयों और संचालकों के स्वतंत्रता संग्राम में भाग लेने के कारण अखबार अल्पजीवी रहा। यशपाल जैन ने हिन्दी मासिक पत्रिका *'जीवन सुधा'* दिल्ली से प्रकाशित की। आयुर्वेद के साथ-साथ साहित्यिक और मनोरंजक सामग्री भी प्रकाशित की जाती थी। कोलकाता से हिन्दी मासिक *'चाबुक'* निकला। सम्पादक तेजनारायण वाजपेयी को एक लेख लिखने के कारण राजद्रोह के आरोप में एक साल की सजा हुई।

सन 1930 में यशोदादेवी ने इलाहाबाद से *'कन्या वर्चस्व'*, मूलचन्द जैन ने बिजनौर से हिन्दी मासिक *'आदर्श'*, लाहौर से जगदीशप्रसाद माथुर ने महिलाओं के लिए हिन्दी मासिक पत्रिका *'शांति'* का प्रकाशन किया। 'शांति' का सती अंक चर्चित रहा था। सन 1930 में काशी से उग्र विचारधारा का हिन्दी साप्ताहिक *'शंखनाद'* निकला। यह साइक्लोस्टाइल पर निकलता था जिसके लगभग सभी अंक जब्त हुए थे। अगस्त 1930 में प्राचीन कविमाला कार्यालय काशी से हिन्दी मासिक पत्रिका *'दम्पति'* का प्रकाशन उमाशंकर मेहता के सम्पादकत्व में हुआ। 100 पृष्ठ की इस पत्रिका में कला, साहित्य और संस्कृति पर अच्छी सामग्री का प्रकाशन किया जाता था। दिल्ली से सन 1930 में गुरुदत्तमल भण्डारी ने हिन्दी दैनिक *'महावीर'* का प्रकाशन किया। वार्षिक शुल्क नौ रुपये था।

12 अक्टूबर 1929 को ग्वालियर राज्य खादी संघ ने मासिक पत्र *'खादी जीवन'* का प्रकाशन किया। 35 गुणित 22 से.मी. आकार का यह पत्र चार पृष्ठ का था। सम्पादक शिवशंकर रावल थे। वार्षिक मूल्य एक रुपया था। श्रीनाथ प्रेस इन्दौर से छपता था। अखिल भारतीय अग्रवाल महासभा की ओर से कोलकाता से हिन्दी मासिक पत्रिका *'अग्रवाल'* सन 1930 में प्रकाशित हुई। सामाजिक, नैतिक, औद्योगिक, व्यावसायिक विषयों की पत्रिका थी। सम्पादक मोतीलाल लाट थे। हिन्दू संस्कृति के पुनरुत्थान के लिए सचेष्ट मराठी मासिक पत्रिका *'वागीश्वरी'* नागपुर से प्रकाशित हुई। कथाएँ, कविताएँ और लेख उच्च कोटि के होते थे। हिन्दू संस्कृति पर विविध सामग्री वैचारिक प्रखरता के साथ प्रकाशित की जाती थी। वार्षिक मूल्य चार रुपये था।

पयामे जंग

लाहौर से उर्दू साप्ताहिक *'पयामे जंग'* के 26 फरवरी 1930 के अंक में पंडित ब्रजनारायण चकबस्त की नज्म *'जोशे जवानी'* पर प्रतिबंध लगा। कुछ अशआर-

"आज के शौके वफा का यही जौहर होगा।
फर्श काँटों का हमें फूलों का बिस्तर होगा।
फूल हो जाएगा छाती पे जो पत्थर होगा।
कैद खान: जिसे कहते हैं वही घर होगा।
जिसमें सौदाए मुहब्बत का वो सर बाकी है।
रात अंधेरी है मगर यादे सहर बाकी है।
दिल के हर जख्म में फर्याद का दर बाकी है।
कौमे बैदार के सीने में जिगर बाकी है॥
दिल दहलते नहीं जिन्दां में गिरफ्तारों के।
बेड़ियाँ ढूँढते हैं पाँव वफादारों के॥"

'पयामे जंग' ने 8 जनवरी 1930 को लाहौर का आजादी अंक निकाला था। इसमें प्रकाशित "मुकद्दमा-ए-साजिश लाहौर के असीरान की आवाज" भी दबा दी गई।

लाहौर के *'यंग कामरेड'* ने 24 फरवरी 1930 का अंक 'फांसी अंक' के रूप में प्रकाशित किया था। इस अंक में छपी कविताओं पर फिरंगी हुकूमत ने पाबंदी लगा दी थी। प्रतिबंधित रचनाओं में माहिर की नज्म "है लाजिम हिन्द को आजाद कराना", तथा अनाम शायर की दो कविताएँ- "ऐ फिरंगी" और "वतन के वास्ते हम दार पर चढ़ कर दिखा देंगे" सम्मिलित हैं।

लाहौर से प्रकाशित होने वाले अर्द्ध साप्ताहिक *'थड़प्पल'* के 7 मार्च 1930 के अंक में प्रकाशित अनवर की नज्म "आजाद होगा अब तो हिन्दोस्तां हमारा" को प्रतिबंधित किया गया।

अल्लामा सीमाब अकबराबादी ने सन 1930 में आगरा से उर्दू मासिक पत्रिका *'शायर'* का सम्पादन-प्रकाशन किया। थोड़े समय बाद यह मुम्बई स्थानांतरित हो गई। आरम्भ में लिथो पर छपती थी, फिर टाइप में छपने लगी और अब आफसेट पर छप रही है। अपने लम्बे प्रकाशन काल में 'शायर' ने कई विशेषांक निकाले। एजाज सिद्दीकी, महेन्द्रनाथ, शकीलउर्रहमान, ताजदार एहतिशाम सिद्दीकी और इफ्तिखार इमाम सिद्दीकी आदि ने इसका सम्पादन किया। दिल्ली से उर्दू मासिक पत्रिका *'नई रोशनी'* का सम्पादन-प्रकाशन मौलाना जाहिर उल कादरी ने किया। 48 पृष्ठ की इस पत्रिका का वार्षिक शुल्क तीन रुपये था। फजल नकवी के

सम्पादकत्व में सन 1930 में उर्दू साप्ताहिक *'नजारा'* लखनऊ से प्रकाशित हुआ। 45 गुणित 30 से.मी. आकार के 'नजारा' की पृष्ठ संख्या और वार्षिक शुल्क आठ रुपये था। *'रईस-ए-हिन्द'* नाम की उर्दू पत्रिका दिल्ली से प्रकाशित हुई। प्यारेलाल शर्मा मुद्रक और प्रकाशक थे। आगरा से दिसम्बर 1930 में उर्दू मासिक पत्रिका *'तस्नीम'* निकली। फानी बदायूँनी सम्पादक थे। वार्षिक शुल्क पाँच रुपये था। दिल्ली से मंजूर हुसैन के सम्पादन में उर्दू मासिक पत्रिका *'तूर'* निकली। मजहबी विषयों की पत्रिका थी। इलाहाबाद से उर्दू पाक्षिक *'जासूस'* दिसम्बर 1930 में निकला। सैयद यूसुफ हाशमी सम्पादक थे। पृष्ठ संख्या 16 और वार्षिक शुल्क तीन रुपये था।

कादियान, जिला गुरदासपुर से उर्दू त्रैमासिक *'जामय'* का प्रकाशन हुआ। मिर्जा मोहम्मद सादिक सम्पादक थे। ज्ञान-विज्ञान की पत्रिका थी। मार्च 1930 में कानपुर से उर्दू मासिक पत्रिका *'जामय-उल-उलूम'* का सम्पादन-प्रकाशन मौलवी मोहम्मद फारुख ने किया। पृष्ठ संख्या 32 और वार्षिक शुल्क पाँच रुपये था। लाहौर से मई 1930 में उर्दू मासिक पत्रिका *'ख्यालिस्तान'* अख्तर शीरानी के सम्पादकत्व में निकली। 64 पृष्ठ की पत्रिका का वार्षिक शुल्क पाँच रुपये था। यह शायरी की पत्रिका थी। हैदराबाद से स्काउट की पत्रिका *'अल कशफा'* दिसम्बर 1930 में प्रकाशित हुई। उर्दू मासिक पत्रिका *'अजीज'* गोरखपुर से सन 1930 में निकली। सम्पादक बदी उज्जमा थे। पृष्ठ संख्या 64 और वार्षिक शुल्क डेढ़ रुपया था। बच्चों की पत्रिका थी।

होनहार

दिल्ली से जनवरी 1930 में बाल पत्रिका *'होनहार'* का प्रकाशन फैयाज हुसैन नसीम ने किया। पृष्ठ संख्या 40 और वार्षिक शुल्क तीन रुपये चार आना था। इस सचित्र मासिक पत्रिका में मनोरंजक ढंग से बच्चों के लिए ज्ञानवर्द्धक लेख, कहानियाँ और कविताएँ प्रकाशित किए जाते थे। बच्चों को इस्लाम की शिक्षा देना और उर्दू के प्रति रुचि जागृत करना भी इसका उद्देश्य था। किताबत और मुद्रण अच्छे होते थे। *'होनहार'* नाम का उर्दू साप्ताहिक भी सन 1930 में लाहौर से प्रकाशित हुआ। 16 पृष्ठ के इस साप्ताहिक का वार्षिक शुल्क पाँच रुपये था। सम्पादक इकराम बी.ए. थे। बच्चों के लिए ज्ञानवर्द्धक और मनोरंजक रचनाओं का प्रकाशन किया जाता था। 'मुआरिफ' ने लिखा था- "अभी तक बच्चों के लिए जितनी पत्र-पत्रिकाएँ निकलीं हैं उनसे इसका ('होनहार') सम्पादन अच्छा है। पत्रिका की भाषा, उसकी सहजता, जानकारियाँ, बच्चों के लायक होती हैं।[1]"

उज्जैन से सन 1930 में अजीज मोहम्मद कैसर ने उर्दू मासिक पत्रिका

1. मुआरिफ जनवरी 1930

'आफताब-ए-मालवा' निकाली। आगरा से मुंशी जावेद अकबराबादी ने उर्दू साप्ताहिक *'अल नाकिद'* का सम्पादन-प्रकाशन किया। पृष्ठ संख्या 6 और वार्षिक शुल्क तीन रुपये था। फर्रुखाबाद से फरवरी 1930 में उर्दू मासिक पत्रिका *'मुशायरा'* निकली। सैयद जहीरउद्दीन अलवी सम्पादक थे। उर्दू साप्ताहिक 'मुशीर-ए-सल्तनत' दिल्ली से 1930 में प्रकाशित हुआ। मिर्जा खुर्शीदयार जंग सम्पादक थे। पृष्ठ संख्या 24 और वार्षिक शुल्क आठ रुपये था। देशी रियासतों के हकों की आवाज उठाना इसका उद्देश्य था। लाहौर से उर्दू मासिक पत्रिका *'बशीरत'* अब्दुल हक विद्यार्थी तथा मोहम्मद अस्मतउल्ला के सम्पादकत्व में प्रकाशित हुई। विश्व के समस्त धर्मों की एकता का आह्वान, हिन्दुओं में नाबालिगों की विवाह की प्रथा, सामवेद का उर्दू में अनुवाद जैसे विषयों पर बशीरत ने स्तरीय सामग्री का प्रकाशन किया। अमृतसर से उर्दू मासिक *'बांग-ए-दरा'* का सम्पादन-प्रकाशन सालिक सहबाई ने किया। 32 पृष्ठ की इस पत्रिका का वार्षिक शुल्क ढाई रुपये था।

मेरठ के उर्दू पत्र *'देशभक्त'* के सम्पादक लाला अतरसेन जैन को राजद्रोह के आरोप में एक साल की सजा सुनाई गई। इसके खिलाफ अपील करने पर इलाहाबाद हाईकोर्ट ने सजा को बढ़ाकर दो वर्ष कर दिया। उर्दू साप्ताहिक *'कौल-ए-मैसूर'* सन 1930 में हकीम मोहम्मद कासिम के सम्पादन में प्रकाशित हुआ। बारह पृष्ठ के इस साहित्यिक पत्र का वार्षिक शुल्क चार रुपये था। पेशावर से चार पृष्ठ का साप्ताहिक *'चिन्गारी'* निकला। क्रान्तिकारी नौजवान बख्शी फकीरचंद सरहदी सम्पादक थे। उग्र लेखन के कारण कुछ ही महीने बाद पत्र पर पाबंदी लग गई। आगरा से सैयद शिफाअत हुसैन ने उर्दू साप्ताहिक *'तमद्दुन'* निकाला। पृष्ठ संख्या आठ और वार्षिक शुल्क चार रुपये था। लाहौर के उर्दू दैनिक *'तमंचा'* तथा *रफी-ए-आम* प्रेस से सितम्बर 1930 में दो हजार रुपये की जमानत माँगी गई। मऊ, आजमगढ़ से उर्दू मासिक पत्रिका *'तजकिरा'* निकली। अबुल मुआशिर आजमी सम्पादक थे।

अलीगढ़ से मुस्लिम एजुकेशनल कांफ्रेंस ने उर्दू में पाक्षिक मुख-पत्र *'कांफ्रेंस गजट'* का प्रकाशन किया। मौलाना इकरामउल्ला खान नदवी इस शैक्षिक पत्रिका के सम्पादक थे।

सन 1930 में प्रकाशित लाहौर से *'जाम-ए-जमशेद'* (सम्पादक एहसान-उल-हक), दिल्ली से *'साकी'* (सम्पादक शाहिद एहमद देहलवी), लाहौर से *'रूह-ए-अदब'* (सम्पादक मोहम्मद नसीर हुसैन), मुल्तान से *'देहाती'* (सम्पादक दीन मोहम्मद दीन) और अकोला से महिलाओं की पत्रिका *'इफ्फत'* का प्रकाशन हुआ। ये सभी उर्दू की मासिक पत्रिकाएं थीं। 'इफ्फत' की सम्पादक कदीरुन्निसा थीं। सन 1930 में सम्पन्न बरार मुस्लिम एजुकेशनल कांफ्रेंस में महिलाओं के लिए

उर्दू मासिक पत्रिका प्रकाशित करने का निर्णय लिया गया था। उसी के मुताबिक प्रकाशित 'इफ्फत' में महिलाओं की समस्याओं, शोषण, अधिकार और सुधार, घर गृहस्थी और शिक्षा आदि विषयों पर प्रेरक लेखादि प्रकाशित किए जाते थे। इस पत्रिका का प्रकाशन एक वर्ष तक हुआ।

जुलाई 1930 में लखनऊ से उर्दू पाक्षिक पत्रिका *'मिस्वादुल नजायर'* का सम्पादन-प्रकाशन सैयद अकबर हुसैन शाकी ने किया। अदालती फैसलों का प्रकाशन किया जाता था। पेशावर से सैयद मीर आलम शाह के सम्पादकत्व में उर्दू साप्ताहिक *'पैगाम-ए-जंग'* 1930 में निकला। इस अखबार ने घोषणा की थी- "इस पत्र की नीति सरकार का विरोध करने की होगी और यह विरोध तीखा होगा। इस नीति-घोषणा के साथ 'पैगाम-ए-जंग' सरकार के निशाने पर आ गया। पत्र के केवल तीन अंक प्रकाशित हुए। तीनों को सरकार ने जब्त कर लिया और सम्पादक सैयद मीर आलम शाह को तीन साल सख्त कैद की सजा दी गई।

मुल्ला जान मोहम्मद ने कोलकाता से सचित्र उर्दू साप्ताहिक *'पयाम'* निकाला। यह अच्छा अखबार था, जिसकी तुलना *'अल हिलाल'* से की जाती थी। पृष्ठ संख्या 16 और वार्षिक शुल्क चार रुपये था। रावलपिंडी से जरगाम उल्ला ने उर्दू साप्ताहिक *'मजलूम'* का प्रकाशन किया। सम्पादक पहले रियासत अम्ब के नवाब के वजीर थे। वहाँ से बरखास्त होने के बाद उन्होंने रियासत अम्ब के प्रबंधन की लगातार आलोचना की। जब उनका नवाब से समझौता और पद पर बहाली हो गई तब 'मजलूम' का प्रकाशन बन्द हो गया। चार अगस्त 1930 को गोरखपुर से साहित्य और सियासत पर केन्द्रित उर्दू साप्ताहिक *'सुलह'* का सम्पादन-प्रकाशन काजी मोहम्मद अली अख्तर ने किया। कांग्रेस के स्वतंत्रता आन्दोलन का विरोध करता था। पृष्ठ संख्या आठ और वार्षिक शुल्क चार रुपये था।

पेशावर से नौजवान भारत सभा का मुखपत्र *'सैलाब'* 1930 में प्रकाशित हुआ। इस उर्दू साप्ताहिक के सम्पादक सनोबर हुसैन थे। उनकी लेखनी की उग्रता और प्रखरता के कारण सैलाब के तीनों अंक जब्त हुए। उससे जमानत माँगी गई और अखबार बंद हो गया।

15 नवम्बर 1930 को अमृतसर से उर्दू साप्ताहिक *'सैफ'* का प्रकाशन हुआ। सम्पादक मोहम्मद अब्दुल्ला फौक थे। पृष्ठ संख्या 16 और वार्षिक शुल्क चार रुपये था। वर्ष 1930 में उर्दू साप्ताहिकों में चुनार से *'अखबार-ए-चुनार'*, मुरादाबाद से शैदा अली जैदी का *'हुकूमत'* और आगरा का *'नासिर'* सम्पादक हकीम मुबारक अली शामिल हैं। पेशावर से क्रान्तिकारी उर्दू साप्ताहिक *'नौजवान सरफरोश'* सन 1930 में अब्दुल्ला 'खंजर' के सम्पादकत्व में प्रकाशित हुआ। इसके भी तीन अंक निकले और सम्पादक अब्दुल्ला 'खंजर' को गिरफ्तार कर लिया गया। उनकी तमाम

उम्र जेल में गुजरी। यह एक आश्चर्यजनक तथ्य है कि पेशावर से निकलने वाले तीनों साप्ताहिक सन 1930 में प्रकाशित हुए। तीनों के सम्पादक क्रान्तिकारी थे। तीनों के अंक जब्त हुए और सम्पादकों को कारावास की सजा भी मिली। पत्र और सम्पादकों के नाम जरूर जुदा-जुदा हैं।

1931

इंडियन नेशन

अँगरेजी दैनिक *'इंडियन नेशन'* का प्रकाशन एक फरवरी 1931 को पटना से हुआ। उन दिनों पटना से अर्द्ध साप्ताहिक 'सर्चलाइट' निकल रहा था। उसी की प्रतिस्पर्द्धा में बाबू सच्चिदानंद सिन्हा ने यह अखबार निकाला, क्योंकि "कांग्रेस के अलावा अन्य राजनीतिक दलों के प्रति उसकी (सर्चलाइट) दुर्भावना ने बिहार के अन्य प्रभावी तबकों में गहरा असन्तोष उपजाया है।" किसी हद तक यह शिकायत सही भी थी कि 'सर्चलाइट' कांग्रेस के अलावा अन्य किसी पक्ष की खबरें नहीं छापता था। उनकी आलोचना जरूर प्रकाशित करता था। महाराजा दरभंगा के वित्तीय सहयोग से पटना पब्लिशिंग कम्पनी बनाई गई। 'पायनियर' तथा 'सिविल एण्ड मिलिटरी गजट' के अनुभवी पत्रकार हार्डी को 'इंडियन नेशन' के सम्पादक का दायित्व सौंपा गया।

कुछ ही दिनों में महाराजा दरभंगा और सम्पादक के बीच नीतिगत मतभिन्नता उभरी, क्योंकि सम्पादकीय टिप्पणियों और अग्रलेखों की भाषा और तेवर आमतौर पर हिन्दुस्तानियों के लिए असम्मानजनक रहते थे। जबकि महाराजा इसे राष्ट्रवादी पत्र बनाना चाहते थे। अन्ततः हार्डी ने इस्तीफा दे दिया और तब कुछ दिनों तक कोलकाता हाईकोर्ट के अवकाशप्राप्त न्यायाधीश चटर्जी ने 'इंडियन नेशन' का सम्पादन किया। पश्चात स्वयं सच्चिदानंद सिन्हा ने सम्पादक और प्रबंध निदेशक का दायित्व संभाल लिया। सिन्हा की अनुभवसिक्त लेखनी और प्रबुद्ध जनमानस पर प्रभाव ने अल्पकाल में 'इंडियन नेशन' को राष्ट्रीय समाचारपत्रों की श्रेणी में प्रतिष्ठित कर दिया। 'सर्चलाइट' के मतों और मंतव्यों के विरुद्ध समाचार और टिप्पणियाँ प्रकाशित होने लगीं। सिन्हा के बाद 'लंदन टाइम्स' के व्हीमैण्ट 'इंडियन नेशन' के सम्पादक हुए। उन्होंने हिन्दुस्तानियों के प्रति अपनत्व का भाव रखा। प्रेस पर अंकुश लगाने वाले कानूनों का विरोध किया। परन्तु आबोहवा रास नहीं आने के कारण वे ज्यादा दिनों तक नहीं रह पाए। तीन महीने बाद ही एक बार फिर सच्चिदानन्द सिन्हा सम्पादक बने। कोलकाता के 'इंग्लिशमैन' से आए जे.सी.रोम का सम्पादन-काल भी सीमित रहा। अन्ततः मार्च 1932 में 'इंडियन नेशन' का प्रकाशन स्थगित कर दिया गया।

सन 1934 में सोमयाजुलु के सम्पादन में 'इंडियन नेशन' का पुनः प्रकाशन

हुआ। वे 'लीडर' में सी.वाय.चिन्तामणि के सान्निध्य में काम कर चुके थे। अगले वर्ष सी.बी.एच.राव ने सम्पादन का दायित्व संभाला। उनकी निष्पक्ष और धारदार लेखनी ने 'इंडियन नेशन' को प्रतिष्ठा दी। इसी बीच ए.एस.अय्यंगार को दिल्ली और शिमला के लिए संवाददाता नियुक्त किया। विश्वनाथ सहाय वर्मा और शंभूनाथ झा की जोड़ी ने प्रान्तीय समाचारों के संकलन-प्रकाशन की ऐसी रूपरेखा बनाई जिससे अखबार की पैठ और लोकप्रियता बढ़ी।

सन 1942 के आन्दोलन के समय जब प्रेस पर सेंसरशिप लगा दी गई, तब 'इंडियन नेशन' ने विरोध स्वरूप सम्पादकीय अग्रलेख की जगह खाली छोड़ना शुरू कर दिया। पाँच सितम्बर 1942 से आठ माह तक पत्र का प्रकाशन बन्द रहा। राव के बाद विनय राय, एस.वी.चारी, सचिन सेन, एच.एस.द्विवेदी, ब्रजनन्दन आजाद, दीनानाथ झा ने 'इंडियन नेशन' का सम्पादन किया। आजादी के बाद भी कई वर्षों तक इस पत्र का प्रकाशन हुआ। आठवें दशक में बन्द हो गया।

हिन्दी स्वराज्य

प्रखर पत्रकार सिद्धनाथ माधव आगरकर ने अक्टूबर 1931 में खण्डवा से साप्ताहिक *'हिन्दी स्वराज्य'* का सम्पादन-प्रकाशन किया। मध्यप्रांत, मध्यभारत और विदर्भ में 'हिन्दी स्वराज्य' का काफी प्रसार था। उसकी प्रतिष्ठा और धाक भी थी। भाषा ओजस्वी और रचनाओं में देशभक्ति का स्वर होता था। सोलह पृष्ठ के इस साप्ताहिक का वार्षिक शुल्क तीन रुपये था। प्रथम पृष्ठ पर मुख्य समाचार, अन्दर के पृष्ठों में लेख, कहानी, जन पंचायत और रिपोर्टें छापी जाती थीं। अग्रलेख और सम्पादकीय टिप्पणियाँ पृष्ठ आठ पर प्रकाशित होते थे। 'हिन्दी स्वराज्य' का अपना विक्रम प्रिंटिंग प्रेस था। साहित्य, समाज और राजनीति इसके विषय थे। होल्कर रियासत में 'हिन्दी स्वराज्य' के प्रवेश पर पाबंदी लगी थी जो जनप्रतिनिधि सरकार बनने पर समाप्त हुई। 'हिन्दी स्वराज्य' के पृष्ठों में स्वतंत्रता सेनानियों की गिरफ्तारी और रिहाई की खबरें, जनता के दुःख-दर्द और स्वतंत्रता आन्दोलन की गतिविधियों का वृत्तांत प्रकाशित किया जाता था। कविताएँ और कहानियाँ सुरुचिपूर्ण होते थे। 'हिन्दी स्वराज्य' को बार-बार सरकार के दमन चक्र का सामना करना पड़ा। आजादी के बाद भी कई वर्षों तक 'हिन्दी स्वराज्य' निकला। पचास के दशक में कुछ समय के लिए यह दैनिक समाचारपत्र के रूप में भी निकला।

विश्ववाणी

नवम्बर 1931 में कोलकाता से डा. हेमचन्द्र जोशी तथा इलाचन्द्र जोशी के सम्पादकत्व में हिन्दी मासिक पत्रिका *'विश्ववाणी'* का प्रकाशन हुआ। साहित्य परिशोधन इस पत्रिका का मुख्य ध्येय था। कला, साहित्य, ज्ञान-विज्ञान की इस उत्कृष्ट पत्रिका का वार्षिक शुल्क पाँच रुपये था। यात्रा वृत्तांत और व्यंग्य विनोद इस

पत्रिका के लोकप्रिय स्तंभ थे। मुख्यत: यह विश्व साहित्य की पत्रिका थी किन्तु न केवल इसका स्तर आम पाठकों के अनुकूल नहीं था बल्कि उसकी अनूदित रचनाओं में विदेशी शैली भी झलकती थी। जोशी बन्धु पहले हिन्दी मासिक 'विश्वमित्र' के सम्पादक रहे थे और उससे पृथक होकर उन्होंने 'विश्ववाणी' निकाली थी।

कुछ वर्षों तक 'विश्ववाणी' समाचार प्रधान साप्ताहिक के रूप में भी प्रकाशित हुई। 'विश्ववाणी' के पहले ही अंक में इलाचन्द्र जोशी की 'नृत्य सम्बन्धी' शीर्षक कविता प्रकाशित हुई। इस कविता का अँगरेजी अनुवाद फिरंगी हुकूमत को इस तरह बताया गया- "किसी ऐसे मंत्र को जगाया जाए जिसके प्रभाव से लाखों आदमी एक साथ मिलकर इस निर्णय को एकदम कुचल डालें।" सम्पादक पर राजद्रोह का आरोप लगा। दोनों से दो हजार रुपये मुचलके के रूप में जमा करने को कहा। परिणाम यह हुआ कि 'विश्ववाणी' का दूसरा अंक निकल ही न सका। सन 1941 में मासिक 'विश्ववाणी' का पुन:प्रकाशन इलाहाबाद से हुआ।

चंदन

जनवरी 1931 में कथाकार सुदर्शन के सम्पादकत्व में उर्दू मासिक पत्रिका *'चंदन'* का प्रकाशन हुआ। 'चंदन' के प्रवेशांक में 'पाश्चात्य सम्पादन कला में व्यंग्य चित्र' शीर्षक लेख में कार्टूनों के महत्व का प्रतिपादन किया गया था। हिन्दी पत्र-पत्रिकाओं में तब तक व्यंग्य चित्रों का महत्व स्वीकार किया जाने लगा था। यद्यपि बंगला और गुजराती के पत्रों में कार्टून-कला पहले ही प्रतिष्ठित हो चुकी थी।

विजय

23 अप्रैल, 1931 को लक्ष्मण नारायण गर्दे के सम्पादन में वणिक प्रेस, कोलकाता से समाचार प्रधान हिन्दी साप्ताहिक *'विजय'* का प्रकाशन हुआ। 21 जून 1931 के अंक में भारत के भाषाई साहित्य का वर्णन इस रूप में किया गया है- "बंगला, मराठी और गुजराती साहित्य के वृक्ष तो फले-फूले हैं, हिन्दी साहित्य का वृक्ष सिंचाई की कमी से मुरझाया ही रहता है और दूसरी ओर से विदेशी भाषा की बकरी उसे चर जाती है।" जनवरी 1932 में विश्वम्भर नाथ जिज्जा सम्पादक हो गए। इसी अंक में सुभद्राकुमारी चौहान का चित्र प्रकाशित करते हुए नीचे परिचय लिखा गया- "जबलपुर, म्युनिस्पल कमेटी की प्रथम महिला सदस्या, हिन्दी में कविता भी करती हैं।" सन 1936 में 'विजय' को सांस्कृतिक मासिक पत्रिका का रूप दिया गया। प्रकाशक बैजनाथ केडिया सम्पादक भी हो गए।

जुलाई 1931 में जबलपुर से हिन्दी साप्ताहिक *'जागरण'* का सम्पादन-प्रकाशन प्रवासीलाल वर्मा ने किया। इसके लेख गंभीर और सम्पादकीय टिप्पणियाँ चुटीली होती थीं। वार्षिक मूल्य तीन रुपये आठ आने था।

वानर

हिन्दी के साहित्यकार रामनरेश त्रिपाठी ने जुलाई 1931 में प्रयाग से बाल मासिक पत्रिका *'वानर'* का सम्पादन-प्रकाशन किया। डिमाई आकार में छपने वाली इस पत्रिका की एक प्रति का मूल्य चार आना और वार्षिक शुल्क ढाई रुपये था। इसमें रंगीन और श्वेत-श्याम चित्रों का प्रकाशन किया जाता था। रचनाएँ बच्चों के अनुरूप, सुरुचिपूर्ण और उच्चस्तरीय रहती थीं।

अर्जुनप्रसाद मिश्र 'कंटक' ने सन 1931 में हैदराबाद से हिन्दी मासिक *'भाग्योदय'* का सम्पादन-प्रकाशन किया। यद्यपि यह पत्र अधिक दिनों तक नहीं निकला, परन्तु हैदराबाद में हिन्दी के लिए स्थान बनाने में कुछ हद तक सफल रहा। इसी वर्ष मुरादाबाद से *'विजय'* का प्रकाशन शुरू हुआ। इसके सम्पादक शंकरदत्त शर्मा थे। 1947 तक निकला। मुजफ्फरपुर से हिन्दी साप्ताहिक *'लोक संग्रह'* का प्रकाशन हुआ। सम्पादक सहजानन्द सरस्वती थे। 'लोक संग्रह' ने राष्ट्रीय गजल नामक पुस्तक छापी थी, जिसकी पाण्डुलिपि और प्रतियाँ सरकार ने जब्त कर लीं और जमानत माँगी। इसी वर्ष 'लोक संग्रह' बंद हो गया।

ग्वालियर राज्य की कन्या धर्मवर्धिनी सभा ने *'महिला'* नामक त्रैमासिक हिन्दी पत्रिका का प्रकाशन अक्टूबर 1931 में किया। प्रकाशक ठाकुर सूर्यकुमार वर्मा और सम्पादक चन्द्रकला सहाय थीं। 'महिला' नामक एक और हिन्दी मासिक पत्रिका आर्य साहित्य मण्डल, अजमेर से निकली। रामप्यारी चन्द्रिका इस पत्रिका की सम्पादक थीं।

जबलपुर से इसी वर्ष हिन्दी साप्ताहिक *'कभी-कभी'* का प्रकाशन कमलाकर पाठक ने किया। सम्पादक गोपीनाथ दीक्षित थे। शीर्षक के नीचे लिखा जाता था- "सीधी-सच्ची कहने को मैं आ जाता हूँ कभी-कभी।" मई 1931 में काशी से हिन्दी मासिक पत्रिका *'कला'* निकली। सम्पादक गुरुराम विश्वकर्मा थे। हिन्दी मासिक *'दरिद्र नारायण'* कालाकाँकर से प्रकाशित हुआ। सम्पादक वचनेश थे। ख्याति प्राप्त लेखकों और कवियों का सहयोग दरिद्रनारायण को प्राप्त था। राजा रामपाल सिंह के वंशज राजा अवधेश सिंह ने इस अखबार का प्रकाशन कराया था।

ग्वालियर की साहित्य परिषद ने माताप्रसाद के सम्पादन में सचित्र हिन्दी मासिक पत्र *'परिवर्तन'* का प्रकाशन शिक्षा के प्रचार और हिन्दी साहित्य की अभिवृद्धि के उद्देश्य से किया था। पृष्ठ संख्या 56 और वार्षिक शुल्क तीन रुपये था। जुलाई 1931 में कोलकाता से हिन्दी मासिक *'नारी गौरव'* का प्रकाशन हुआ। वैदिक प्रेस से निकलने वाली इस पत्रिका की सम्पादक यशोदा देवी थीं। सन 1931 में इण्डियन प्रेस ने हिन्दी मासिक पत्रिका *'बच्चों की दुनिया'* निकाली। दिसम्बर 1931 में दिल्ली से हिन्दी मासिक *'बाल जीवन'* निकला। प्रकाशक

राधारमण और सम्पादक जीवनलाल थे। सन 1931 में नारायण प्रेस कोलकाता से नरोत्तम व्यास के सम्पादन में सचित्र साप्ताहिक पत्र *'रंगमंच'* निकला। नाटक और सिनेमा सम्बन्धी सामग्री के अलावा कहानी और चुटकुले भी छापे जाते थे। पृष्ठ संख्या 12 और वार्षिक मूल्य चार रुपये था।

भारतवर्षीय यादव युवक परिषद ने पाक्षिक *'यादव युवक'* का प्रकाशन आगरा से किया। रामनारायण यादवेन्दु सम्पादक थे। हिन्दी साहित्यिक मासिक पत्र *'माधव'* जुलाई 1931 में निकला। इसका प्रकाशन हिन्दी साहित्य मण्डल चाचौड़ा ने किया था। शैलेन्द्रकुमार मुखोपाध्याय के सम्पादन में कोलकाता से मासिक पत्रिका *'श्री भृगुनाथ संगीत प्रचारक'* आरंभ हुई। प्रयाग से विद्यानन्दन की मासिक पत्रिका *'विद्या'* निकली। सम्पादक उमाशंकर थे। हिन्दी साहित्य अनुरागी सभा, मुरार हाईस्कूल की साहित्यिक मासिक पत्रिका *'विकास'* निकली, किन्तु आर्थिक कठिनाइयों के कारण यह हस्तलिखित ही रही।

पुणे से *'वैद्य सम्मेलन पत्रिका'* अप्रैल 1931 में निकली। हिन्दी और अँगरेजी के द्वै-मासिक पत्र *'स्वदेश भक्त'* का सम्पादन-प्रकाशन कोलकाता से जी.एस.भरतिया ने किया। दीवान गोकुलचंद कपूर ने साप्ताहिक *'समय'* निकाला। जनवरी 1931 में फूलवती शुक्ल के सम्पादन में लखनऊ हिन्दी समिति की पत्रिका *'शक्ति'* प्रकाशित हुई। लेख, कविताएँ और कहानियाँ अच्छे होते थे। आकार 22 गुणित 17 से.मी. और वार्षिक शुल्क चार रुपये था। कोलकाता से 20 मई 1931 को माधव ने *'हर-हर महादेव'* का सम्पादन-प्रकाशन किया। फूलवती शुक्ल और श्रीपति अरुण के सम्पादन में हिन्दी पत्रिका *'त्रिवेणी'* भी निकली। इस पत्रिका के तीन खण्ड थे, एक में विदुषियों की रचनाएँ, दूसरे में विद्वानों की रचनाएँ और तीसरे खण्ड में बाल साहित्य का प्रकाशन किया जाता था। प्रकाशक रमेश फाइन प्रिंटिंग प्रेस लखनऊ था।

पतित बन्धु

पाक्षिक *'पतित बन्धु'* जबलपुर से फरवरी 1931 में प्रकाशित हुआ। वियोगी हरि एवं नाथूराम शुक्ल सम्पादक थे। कर्मवीर प्रेस जबलपुर में मुद्रित होता था। 33 गुणित 21 से.मी. आकार के 16 पृष्ठ के इस हिन्दी पाक्षिक की एक प्रति का मूल्य दो आना तथा वार्षिक शुल्क तीन रुपये था। अछूत कहे जाने वाले समाज के बड़े तबके का उत्थान और अस्पृश्यता से मुक्ति *'पतित बन्धु'* का मुख्य उद्देश्य था। दलितों के प्रति सद्भावना, संवेदना और अपनत्व जगाने के लिए इस पत्र ने ईश्वर प्राप्ति का मार्ग इस तरह बताया-

"दीन-दरिद्रों में मुझे खोजो- मैं तुमसे दौड़कर मिलूँगा।
दलितों-दुखियों को गले लगाओ- मैं तुम्हें प्रेमालिंगन दूँगा।

पीड़ितों और पतितों को प्यार करो– मैं तुम्हें प्रेम रस पिलाऊँगा।
गरीब, मोहताजों की पीर पहचानो– मैं तुम्हारी सेवा करूँगा।
आर्त, अनाथों की आह पर हृदय चढ़ा दो– मैं तुम्हें बाँसुरी सुनाऊँगा।"

जनवरी 1931 में कला प्रेस इलाहाबाद से बच्चों के लिए सचित्र मासिक पत्रिका *'चमचम'* निकली। भाषा सरल, वाक्य छोटे–छोटे और लेख मनोरंजक तथा ज्ञानवर्धक रहते थे। संपादक गंगाप्रसाद उपाध्याय और विश्वप्रकाश थे। प्रसंगानुकूल चित्र भी दिए जाते थे। वार्षिक शुल्क ढाई रुपये था।

प्रजामत / प्रजामित्र

सन 1931 में मैसूर से कन्नड साप्ताहिक *'प्रजामत'* निकला। इस प्रतिष्ठित पत्र ने जन–जागरण में महती भूमिका निभाई। सरकार ने इस पर प्रतिबंध लगा दिया था। तब प्रेस हुब्बली ले जाया गया। वहाँ से मैसूर राज्य में भेजी जाती थी। सरकार ने फिर दखल दिया। तब पत्र का नाम बदलकर *'प्रजामित्र'* हो गया। कालान्तर में यही पत्र वापस 'प्रजामत' के नाम से निकला। मैसूर में यह बहुप्रसारित पत्र है। सन 1943 में बी.एन.श्रीनिवासैय्या ने एम.एस.गुरुपाद स्वामी को सम्पादक बनाया। उनके बाद डी.सिद्दप्पा सम्पादक हुए। 'प्रजामत' का तेलुगु संस्करण भी प्रकाशित हो रहा है।

दीपम्

एर्णाकुलम से सन 1931 में मलयालम साप्ताहिक *'दीपम्'* प्रकाशित हुआ। संस्थापक–सम्पादक थामस चेरियन थे। कालान्तर में यह पत्र दैनिक प्रकाशित होने लगा। केरल के पश्चिमी तट से प्रकाशित होने वाला यह अखबार मलयालम का प्रतिष्ठित और लोकप्रिय दैनिक समाचारपत्र है। यह जनधारणा है कि पश्चिमी तट पर 'दीपम्' के बिना कोई भी आन्दोलन पूरा नहीं होता।

असहयोग आन्दोलन के समय तमिल साप्ताहिक *'इंडिया'* का प्रकाशन आरंभ हुआ। हास्य–व्यंग्य के माध्यम से गंभीर बातें कह जाने वाले इस तमिल पत्र ने सबसे पहले कार्टूनों का प्रयोग शुरू किया। सन 1933 में बन्द होने के साथ तमिल दैनिक पत्र *'दिनमणि'* में समाहित हो गया। उडुपी से ए.जे.शेषय्या ने पाक्षिक *'उदय भारत'* निकाला।

मातृभूमि

अकोला से नौ जुलाई 1931 को पी.बी.गोले के सम्पादन में मराठी साप्ताहिक *'मातृभूमि'* का प्रकाशन हुआ। कुछ समय पश्चात ब्रिजलाल बियाणी ने ले लिया और दैनिक समाचारपत्र का रूप दिया। बीच में कुछ समय यह अर्द्धसाप्ताहिक के रूप में भी निकला। सात जनवरी 1932 के अंक में 'ब्रिटिश माल का बहिष्कार' शीर्षक सम्पादकीय टिप्पणी लिखने के कारण 'मातृभूमि' से दो हजार रुपये की जमानत

माँगी गई, तब प्रकाशन बंद कर दिया गया। बीस माह के अन्तराल के बाद विजयादशमी, 28 सितम्बर 1933 से 'मातृभूमि' का पुनःप्रकाशन हुआ। सन 1933 से 37 के बीच 'मातृभूमि' से पहले एक हजार और बाद में दो हजार रुपये की जमानत माँगी गई। सन 1937 में कुल छह हजार रुपये की जमानत जब्त करने के बाद फिर से पाँच हजार रुपये की जमानत माँगी गई। तब 'मातृभूमि' का प्रकाशन पुनः बंद करना पड़ा। चार अगस्त 1938 से 'मातृभूमि' फिर निकला। प्रमिलाताई ओक सम्पादक हुईं। सन 1942 के भारत छोड़ो आन्दोलन के दिनों में 'मातृभूमि' छह महीने के प्रतिबंध का शिकार हुआ। पश्चात 3 नवम्बर 1944 को गणेश गर्दे के सम्पादन में निकलने लगा। छह दिसम्बर 1953 को 'मातृभूमि' दैनिक हुआ। वर्हाड का यह पहला दैनिक पत्र रहा। भाषावार राज्यों के पुनर्गठन के समय दैनिक 'मातृभूमि' ने पृथक विदर्भ राज्य का जोरदार पक्ष लिया था।

नौ मई 1931 को मुम्बई से जवलकर ने मराठी साप्ताहिक *'तेज'* का सम्पादन-प्रकाशन किया। 'तेज' नाम से एक मराठी मासिक पत्र भी मुम्बई से प्रकाशित हुआ। पुणे से सन 1931 में मराठी दैनिक *'शांतिदूत'* का प्रकाशन हुआ। चार वर्ष तक यह अखबार निकला।

वसुंधरा

मराठी साप्ताहिक *'वसुंधरा'* 31 जनवरी 1931 को निकला। सम्पादक मो. गा. रांगणेकर थे। हर शनिवार को प्रकाशित होता था। वार्षिक शुल्क चार रुपये था। हिन्दी मनुष्य की राष्ट्रीय पोशाक क्या होनी चाहिए? अगले जन्म में आप क्या होना चाहते हैं? हमारे गाँव में आप क्या देखोगे? जैसी परिचर्चाओं के माध्यम से 'वसुंधरा' के सम्पादक ने पत्र की प्रसार संख्या काफी बढ़ा ली थी। आगे चलकर मुम्बई के *'मौज'* ने 'वसुंधरा' के प्रकाशनाधिकार खरीद लिए। सम्पादक रांगणेकर ही रहे। साप्ताहिक 'मौज' के छापाखाने में समय पर वसुंधरा का प्रकाशन-मुद्रण नहीं हो पाने से रांगणेकर पृथक हो गए और सुन्दरराव भुजंगराव मानकर सम्पादक हुए। परन्तु पत्र ज्यादा दिनों तक नहीं चल पाया।

सांगली से बच्चों के लिए मराठी मासिक पत्रिका *'आदर्श'* निकली। केशव रघुनाथ काशीकर सम्पादक थे। पुणे से मराठी मासिक *'कृषीवल'* प्रकाशित हुआ। गोवा से मासिक पत्रिका *'कला'* निकली। कोल्हापुर से मराठी पत्र *'विद्याविलास'* प्रकाशित हुआ। मई 1931 में ग्वालियर से मराठी भाषा और साहित्य की मासिक पत्रिका *'हितचिन्तक'* का सम्पादन-प्रकाशन र.वी. शिरढोणकर ने किया। इस मराठी पत्रिका के 'पानीपत अंक' और 'शिंदे अंक' बहुचर्चित हुए।

नेशनल काल

नेशनल जर्नल्स लिमिटेड ने सन 1931 में दिल्ली से अँगरेजी दैनिक

'नेशनल काल' का प्रकाशन किया। सम्पादक जे.एन.साहनी और प्रबंध संचालक के.डी. कोहली थे। डा. एम.ए.अंसारी, रायजादा हंसराज, सेठ गोविन्ददास, जगन्नाथ अग्रवाल और टी.सी. गोस्वामी कंपनी के निदेशक मण्डल में शामिल थे। कुछ समय बाद कंपनी ने साहनी और कोहली को स्वामित्व का हस्तांतरण कर दिया, जिन्होंने सन 1946 तक 'नेशनल काल' का सम्पादन-प्रकाशन किया। इसी कंपनी ने हिन्दी साप्ताहिक *'नवयुग'* का भी प्रकाशन किया।

सन 1946 में रामकृष्ण डालमिया ने 'नेशनल काल' खरीद लिया और यह *'इंडियन न्यूज क्रानिकल'* के नाम से प्रकाशित किया जाने लगा। कुछ समय तक साहनी ही इस पत्र के भी सम्पादक रहे। नये प्रबंधन ने नवयुग को पहले *'नवभारत'* और बाद में *'नवभारत टाइम्स'* के नाम से प्रकाशित किया। जब डालमिया ने *'टाइम्स आफ इंडिया'* का प्रकाशनाधिकार हस्तगत किया तब 'इंडियन न्यूज क्रानिकल' रामनाथ गोयनका को सौंप दिया गया, जिन्होंने पहले इस अखबार को *'देहली एक्सप्रेस'* और जुलाई 1953 से *'इंडियन एक्सप्रेस'* के नाम से प्रकाशित किया। मुम्बई से सन 1943 में *'बाम्बे सेंटीनल'* नाम का अँगरेजी दैनिक प्रकाशित हुआ। ई.डब्ल्यू.इविंग सम्पादक थे। रविवार के दिन यह अख़बार नहीं छपता था। आजादी के बाद इस अखबार का स्वामित्व बाम्बे एसोसिएटेड न्यूज पेपर्स के पास आ गया।

अँगरेजी साप्ताहिक *'हेरल्ड'* का प्रकाशन कोलकाता से सन 1931 में आरंभ हुआ। आकार 47 गुणित 32 से.मी. और पृष्ठ संख्या आठ थी। रेव्हरेंड एच.बूल, एच. रोजारियो, फादर रेनफोर्ड इसके सम्पादक रहे। अलीगढ़ से हिन्दी, उर्दू और अँगरेजी में त्रिभाषी साप्ताहिक *'हेरल्ड'* निकला। *'संडे हेरल्ड'* नाम का अँगरेजी साप्ताहिक चेन्नै से प्रकाशित हुआ। पी.बी. सत्यनारायण उसके सम्पादक थे। *'हेरल्ड वीकली'* नाम से एक अँगरेजी साप्ताहिक देहरादून से भी प्रकाशित हुआ।

इंस्टीट्यूट आफ वर्कर्स एजूकेशन ने सन 1931 में मुम्बई से अँगरेजी मासिक पत्रिका *'लेबर क्रानिकल'* का प्रकाशन किया। श्रमिक हितैषी इस पत्रिका के सम्पादक एस.आर.मोहनदास और आर.मुत्तु स्वामी थे। *'एग्रीकल्चर एण्ड लाइव स्टाक'* नामक द्वैमासिक अँगरेजी पत्रिका का प्रकाशन सन 1931 में इम्पीरियल कौंसिल आफ एग्रीकल्चरल रिसर्च ने कोलकाता से किया। कोलकाता से युवाओं और छात्रों के लिए अँगरेजी साप्ताहिक *'इंडिया टूमारो'* का प्रकाशन हुआ। इसी वर्ष कोलकाता से *'कलकत्ता इंडस्ट्रीयल गजट'*, इंडियन मेडीकल एसोसिएशन का पाक्षिक *'जर्नल ऑफ इंडियन मेडीकल एसोसिएशन'*, नई दिल्ली से अँगरेजी त्रैमासिक *'इंडियन जर्नल आफ एग्रीकल्चरल साइंस'*, नई दिल्ली से अँगरेजी द्वैमासिक *'इंडियन जर्नल आफ एनीमल साइंसेज'* और दिल्ली से *'इंडियन रोड्स'* नामक अँगरेजी

मासिक पत्रिका प्रकाशित हुई।

लखनऊ से सन 1931 में नसीम अनहोनवी ने उर्दू पाक्षिक *'सरपंच'* का सम्पादन-प्रकाशन किया। आरंभ में इसके चार पृष्ठ रहते थे जो बढ़कर 20 और 60 हो गए। 'सरपंच' दीर्घजीवी हुआ। सन 1989 में फहीम अनहोनवी सम्पादन कर रहे थे।

उद्यानिकी पर केन्द्रित सचित्र मासिक पत्रिका *'मुशीर बागवानी'* 1931 में लाहौर से प्रकाशित हुई। फल-फूल, जड़ी-बूटी, सब्जियाँ आदि पर किसानों के हित में अच्छी जानकारियों का प्रकाशन किया जाता था। प्रो. जी.एम.मलिक इस उर्दू मासिक के सम्पादक थे। भोपाल से अब्दुल वाकी 'साकी' ने साहित्यिक उर्दू साप्ताहिक *'बागोबहार'* निकाला। हास्य-व्यंग्य की रचनाएँ इस पत्र की विशेषता थी। सम्पादक अब्दुल रशीद कुरैशी थे। कुछ समय पश्चात एम.इरफान ने इस पत्र के सम्पादन-प्रकाशन का दायित्व ग्रहण किया। जून 1934 में प्रकाशन बन्द हो गया।

लाहौर से सिनेमा पर केन्द्रित उर्दू मासिक पत्रिका *'फिल्मिस्तान'* प्रकाशित हुई। इसमें सिनेमा के सम्बन्ध में देश-विदेश की जानकारियों का प्रकाशन किया जाता था। पटी, जिला लाहौर से अब्दुल हमीद ने उर्दू मासिक *'ईमान'*, गया से अंजुम भानपुरी ने उर्दू मासिक *'नदीम'*, पटना से *'मौज-ए-नसीम'*, कानपुर से उर्दू साप्ताहिक *'आवाज-ए-वतन'*, लाहौर से मोहम्मद यूसुफ हसन ने स्वास्थ्य की उर्दू मासिक पत्रिका *'मखजन-ए-हिकमत'*, चेन्नै से उर्दू मासिक पत्रिका *'गुलदस्ता'*, हैदराबाद (सिंध) से उर्दू पाक्षिक *'डॉन'*, लाहौर से सरदार रतनसिंह ने *'किसान मजदूर'* का सम्पादन-प्रकाशन किया।

मुम्बई से सन 1931 में उर्दू साप्ताहिक *'शाहिद'* का प्रकाशन हुआ। 35 गुणित 22 से.मी. आकार का यह सचित्र साप्ताहिक किताबत, छपाई और कागज की अच्छी गुणवत्ता वाला था। सम्पादक आदिल रशीद थे। इसी वर्ष कोलकाता से उर्दू साप्ताहिक *'हफ्तेवार हिन्द'* का प्रकाशन हुआ। इसके सम्पादक सैयद कमरुद्दीन नाजिर थे। आकार 35 गुणित 22 से.मी. और वार्षिक शुल्क पाँच रुपये था। मत्थे पर हिन्दुस्तान का नक्शा और उसके नीचे अखबार का नाम छापा जाता था। इस अखबार का 'नोक-झोक' स्तंभ बहुत लोकप्रिय था, जिसमें देश-विदेश की खबरें टिप्पणियों के साथ प्रकाशित की जाती थीं।

सन 1931 में श्रीनगर से दीनदयाल ने उर्दू साप्ताहिक *'रहबर'* का सम्पादन-प्रकाशन किया। कुछ समय बाद यह अखबार बंद हो गया। सन 1934 में नए सिरे से *'रहबर'* का प्रकाशन आरंभ हुआ। आकार 38 गुणित 25 से.मी. और पृष्ठ संख्या चार रहती थी। कश्मीरी अवाम के हितों की आवाज बुलन्द करने वाला यह अखबार दीर्घजीवी हुआ।

नागपुर से अब्दुल सत्तार फारुखी ने सन 1931 में उर्दू साप्ताहिक *'उम्मीद'* का सम्पादन-प्रकाशन किया। 20 गुणित 30 से.मी. आकार के आठ पृष्ठ के इस साप्ताहिक का वार्षिक शुल्क दो रुपये आठ आना था। उर्दू भाषा का प्रचार-प्रसार और प्रान्त के मुसलमानों के व्यावहारिक संगठन पर यह अखबार विशेष ध्यान देता था। 'उम्मीद' का एक पूरा पन्ना प्रमुख घटनाओं पर पाठकों की प्रतिक्रिया के लिए रखा गया था जिसका शीर्षक था 'वाकियात और रायें'। महिलाओं और बच्चों के लिए अलग पन्ना था। 'उम्मीद' के 30 अगस्त 1936 के अंक में 'अछूतों के तीन लीडर और इस्लाम' शीर्षक लेख में डा. आम्बेडकर, बाबा पुनीत पावनदास और एम.ए.सी.राजा की सोच का तुलनात्मक अध्ययन प्रस्तुत किया गया।

1932

इंडियन एक्सप्रेस

जुझारू पत्रकारिता के लिए पहचाना जाने वाला *'इंडियन एक्सप्रेस'* सन 1932 में एस.सदानंद ने फ्री प्रेस आफ इण्डिया समाचार एजेंसी के देशव्यापी नेटवर्क के साथ समाचारपत्र शृंखला की योजना के अन्तर्गत चेन्नै से प्रकाशित किया था। सन 1935 में फ्री प्रेस एजेंसी बंद होने पर रामनाथ गोयनका ने अँगरेजी दैनिक 'इंडियन एक्सप्रेस' और तमिल पत्र 'दिनमणि' खरीद लिए। सन 1932 से 1939 तक कस्तूरीरंगा संतानम इस पत्र के सम्पादक रहे, तत्पश्चात सन 1947 तक जी.रामचन्द्रन ने सम्पादन किया। यह राष्ट्रीय आन्दोलन का समर्थक अखबार था। उग्र लेखन के लिए पत्र के संपादक को बार-बार चेतावनी दी गई। कुछ कर्मचारी स्वतंत्रता संग्राम के सिलसिले में जेल भी गए। परन्तु अपनी नीति पर डटे रह कर 'इंडियन एक्सप्रेस' ने जनता में राष्ट्रीयता की चेतना फैलाने की जोरदार भूमिका निभाई। इसका घोष वाक्य था, "क्योंकि सत्य से हम सबका वास्ता है।"

सन 1940 में गोयनका ने मुम्बई के 'मार्निंग स्टैंडर्ड' को खरीद लिया और 'नेशनल स्टैंडर्ड' नाम से उसका प्रकाशन किया। सन 1941 में साप्ताहिक 'संडे स्टैंडर्ड' को भी ले लिया। यह अखबार यूरोप की खबरों और खेल समाचारों के कारण खूब पढ़ा जाता था। सन 1954 से इसे एक्सप्रेस समूह के रविवारी संस्करण के रूप में संडे इंडियन एक्सप्रेस नाम से प्रकाशित किया जाने लगा। सन 1964 में 'नेशनल स्टैंडर्ड' भी 'इंडियन एक्सप्रेस' में बदल गया।

सन 1957 में फ्रेंक मोरेस सम्पादक बने। तभी 'इंडियन एक्सप्रेस' का मदुरै संस्करण प्रकाशित हुआ। सन 1958 में कर्मचारी-हड़ताल के कारण पत्र का प्रकाशन बन्द रहा, जो सन 1959 में पुनः आरम्भ हुआ। सन 1959 में विजयवाडा, सन 1960 में चित्तूर (1965 में बेंगलूरु स्थानांतरित), जुलाई 1963 में दिल्ली, सन 1968 में अहमदाबाद, सन 1977 में चंडीगढ़ और हैदराबाद, तदनन्तर कोझीकोड,

UNICHEM

THE INDIAN EXPRESS

JAWANS KEEP UP VICTORY MARCH

Two more strategic posts taken

ENEMY LOSES 55 TANKS IN A DAY

Aggressor's bravado fast oozing out

Amritsar bombed again

The meek & mild Hindu

PM briefs Thant on Pindi diabolism

Across Rajasthan

Cooch-Behar post shelled

Gathering revolt against Ayub

Lost service to nation

VICKS VAPORUB

इण्डियन एक्सप्रेस

नागपुर तथा बड़ौदा से भी प्रकाशन होने लगा।

तीखी सम्पादकीय टिप्पणियों, प्रखर अभियानों के कारण जहाँ 'इंडियन एक्सप्रेस' की लोकप्रियता बढ़ी, वहीं उसे कठिनाइयों का सामना भी करना पड़ा। सरकारी तंत्र से अखबार की मुठभेड़ें बीच-बीच में होती रहीं। राजनीति, अर्थनीति और सामाजिक सरोकारों से गहरी संलिप्तता के चलते 'इंडियन एक्सप्रेस' आजादी के बाद भी अनेक विवादास्पद प्रसंगों में संघर्ष की मुद्रा के साथ अगुआ बना। के.सुब्बराव, पोथन जोसफ, जे.नटराजन, प्रेम भाटिया, स्वामीनाथन, यू. भास्कर राव, एन.जी. जोग, जार्ज वर्गीज, कुलदीप नैयर, एम.जे.अकबर, अरुण शौरी, शेखर गुप्ता, प्रभृति सम्पादकों ने 'इण्डियन एक्सप्रेस' की प्रतिष्ठा को शिखर पर पहुँचाया।

सन 1991 में रामनाथ गोयनका के निधन के बाद विवेक खेतान और मनोज संथालिया के बीच 'इंडियन एक्सप्रेस' का बँटवारा हो गया। उत्तर एवं पश्चिम भारत के संस्करण दत्तक पुत्र विवेक गोयनका के हिस्से में आए। दक्षिण भारत के संस्करण 'न्यू इंडियन एक्सप्रेस' नाम के साथ नाती मनोज संथालिया को मिले।

सकाल

नानासाहब परुलेकर ने एक जनवरी 1932 को पुणे से मराठी दैनिक *'सकाल'* का प्रकाशन आरम्भ किया। नारायण भिकाजी पत्र के सम्पादक थे। अमेरिका में शिक्षित परुलेकर ने अँगरेजी पत्रकारिता के ढंग पर 'सकाल' की रूपरेखा बनाई। समाचारों की ताजगी तथा जन सामान्य से जुड़ी खबरों को प्रमुखता देने से पत्र को पाठकों का समर्थन-सहयोग मिला। उन्होंने 'सकाल' को मतपत्र नहीं

'वार्तापत्र' बनाया। नीति वक्तव्य में परुलेकर ने कहा था- "सकाल दैनिक पत्र किसी विशिष्ट मत प्रणाली का प्रचार करने के लिए या किसी राजनीतिक पक्ष का समर्थन करने के लिए नहीं निकाला गया।" 'सकाल' (अर्थात सबेरा) नामकरण पाठकों से माँगे गए सुझावों के आधार पर किया गया था। इस स्पर्धा में 1232 लोगों ने भाग लेकर 4000 नाम सुझाए थे। फर्गुसन कालेज के विद्यार्थी काशीनाथ लक्ष्मण भिडे ने 'सकाल' नाम सुझाकर 150 रुपये का पुरस्कार जीता था।

सकाळ

दडपशाहीची दहशत

संयुक्त प्रांतातील सरकारी दडपशाही

सकाल

राजनीतिक के अलावा सांस्कृतिक और शैक्षिक समाचार भी खूब दिए जाते थे। जगह-जगह से 'सकाल' के संवाददाता तार से खबरें भेजते थे। चित्र भी दिए जाते थे। मुम्बई संवाददाता दिन में तीन बार टेलीफोन पर खबरें नोट कराते थे। वाङ्.मय, ललितकला, उद्योग-व्यापार, फसल, खेलकूद की खबरें दी जाती थीं। छपाई की रोटरी मशीन लगाने के साथ सन 1934 में 'सकाल' ने तरक्की की नई गति पकड़ी। मुम्बई का दंगा, महात्मा गाँधी की येरवडा जेल यात्रा, नाशिक में अछूतों का मंदिर-प्रवेश जैसी घटनाओं के कवरेज के दिनों में 'सकाल' की माँग खूब बढ़ी।

सन 1960 में जब समाचारपत्रों की पृष्ठ संख्या और मूल्य पर नियंत्रण करने वाला नियम प्रकाशित किया गया, तब नानासाहब परुलेकर ने उसे सर्वोच्च न्यायालय में चुनौती दी और मुकदमा जीता। 12 दिसम्बर 1970 को 'सकाल' का मुम्बई संस्करण आरंभ हुआ। सम्पादक बा.दा. थत्ते थे। सन 1977 में प्रख्यात मराठी पत्रकार माधव गडकरी सम्पादक हुए। एक अगस्त 1970 को कोल्हापुर संस्करण प्रकाशित हुआ। बाबासाहब घोरपडे सम्पादक बनाए गए। सन 1989 में नासिक

संस्करण निकलने लगा। सन 1999 में 'सकाल' औरंगाबाद से, सन 2001 में शोलापुर से, सन 2003 में नागपुर और सातारा से भी प्रकाशित होने लगा।

सन 1973 में नानासाहब परुलेकर के निधन के बाद ग. मुनगेकर ने प्रकाशन का दायित्व संभाला। सन 1994 में प्रताप गोविन्द पवार ने संचालन-प्रकाशन की बागडोर संभाली। यह मराठी के प्रमुख समाचारपत्रों में से एक है।

प्रतिभा

जून 1932 में मुम्बई से मराठी पाक्षिक *'प्रतिभा'* का प्रकाशन आरंभ हुआ। गंगाधर देवराव खानोलकर, के.नारायण काले और विट्ठल हरि कुलकर्णी इसके संस्थापक और सम्पादक भी रहे। मूलतः यह मराठी साहित्य पर केन्द्रित पत्रिका थी। चार वर्ष छह माह तक 'प्रतिभा' का प्रकाशन हुआ। 5 दिसम्बर 1932 को 'प्रतिभा' का नमूना अंक निकला और 2 जनवरी 1933 से नियमित अंक प्रकाशित होने लगा। एक वर्ष में घाटे का बोझ बढ़ जाने पर हरि विष्णु मोटे को 'प्रतिभा' का स्वामित्व सौंप दिया गया, जिनके सम्पादन-संचालन में 5 जनवरी 1934 से 'प्रतिभा' निकलने लगी। एक जुलाई 1937 को 'प्रतिभा' का प्रकाशन अवरुद्ध हो गया। 'प्रतिभा' के सावरकर अंक और केतकर अंक काफी चर्चित हुए।

प्रभात

एक जनवरी 1932 को पुणे से मराठी दैनिक *'प्रभात'* का प्रकाशन हुआ। माधव गंगाधर खांडेकर सम्पादक-मुद्रक-प्रकाशक थे। 58 गुणित 42 से.मी. आकार में चार पृष्ठ का निकलता था। रविवार का अंक आठ पृष्ठ का होता था। वा.रा.कोठारी दैनिक 'प्रभात' के संस्थापक थे। पहले पेज पर समाचार, दूसरे पेज पर विज्ञापन, पंचाग, बाजार भाव, तीसरे पेज पर अग्रलेख प्रकाशित किए जाते थे। 'प्रभात' दीर्घजीवी पत्र रहा।

पुणे से मराठी पत्र *'आदेश'* प्रकाशित हुआ। मदनगोपाल सिंह सम्पादक रहे। जनवरी 1932 में मराठी साहित्य और संस्कृति की पत्रिका *'नवजीवन'* प्रकाशित हुई।

कन्नड दैनिक *'बालचन्द्र'* सन 1932 में मंगलूर से प्रकाशित हुआ। सम्पादक उल्लाल मंगेशराव थे। कन्नड पाक्षिक *'कर्नाटक क्राइस्ट बंधु'* आर.करुणाकरन ने सम्पादित-प्रकाशित किया। इसी वर्ष मंगलूर से एम.बाबू राम प्रभु के सम्पादन में मासिक *'स्वदेशी प्रचारक'* निकला।

स्वराज्य

भुवनेश्वर से सन 1932 में उड़िया साप्ताहिक पत्र *'स्वराज्य'* का प्रकाशन हुआ। जन जागरण इस पत्र का एक प्रमुख उद्देश्य था और इसी कारण उसका प्रकाशन बंद हुआ। कालान्तर में यह अखबार उड़िया दैनिक समाचारपत्र के रूप में

प्रकाशित होने लगा।

जागरण

पुस्तक मंदिर काशी से विनोदशंकर व्यास ने हिन्दी पाक्षिक पत्र *'जागरण'* का प्रकाशन वसंत पंचमी, 11 फरवरी 1932 से आरंभ किया। इस उच्चकोटि के साहित्यिक पत्र के संपादक शिवपूजन सहाय थे। 'जागरण' के प्रवेशांक से जयशंकर प्रसाद के उपन्यास 'तितली' का धारावाहिक प्रकाशन हुआ था। पृष्ठ संख्या 24 और वार्षिक शुल्क चार रुपये था। परन्तु छह माह में ही यह पत्र आर्थिक दृष्टि से विफल हो गया। तब प्रेमचंद ने 'जागरण' के प्रकाशन और सम्पादन का दायित्व वहन किया। उन्होंने पत्र के स्वरूप में भी (पाक्षिक से साप्ताहिक) परिवर्तन किया। सप्ताह के प्रमुख समाचारों का सार, सम्पादकीय टिप्पणियाँ तथा साहित्य, समाज, धर्म, राजनीति, स्वास्थ्य, अन्तरराष्ट्रीय परिस्थितियों पर लेख, कविताएँ, कहानियाँ, महिला जगत, विचित्र जगत, रंगमंच, साहित्य-समीक्षा प्रकाशित की जाने लगी। इसकी एक प्रति का मूल्य दो आना था। प्रेमचन्द ने 22 अप्रैल 1932 से 29 मई 1934 के बीच 'जागरण' में विजयानंद, तीसमार खाँ, अनगढ़ अजीमाबादी, भूतनाथ, परखू के छद्म नाम से भी लिखा। अक्टूबर 1932 में मुजफ्फरपुर से हिन्दी मासिक पत्रिका *'वैशाली'* प्रकाशित हुई। इसके प्रकाशक शिवप्रसाद खन्ना तथा सम्पादक भुवनेश्वर सिंह 'भुवन' थे। सम्पादकीय टिप्पणियाँ, लेख, कहानियाँ, कविताएँ प्रकाशित होते थे। महिला मंडल, कानन कुसुम, रंगमंच, विचारवीथी, आदि नियमित स्तम्भ थे।

संस्कृत मासिक *'श्रीपीयूष पत्रिका'* सन 1932 में नडियाद से प्रकाशित हुई। हरिशंकर मीमांसाशास्त्री सम्पादक थे। पत्रिका में आर्य समाज, द्वैत-अद्वैत, भक्ति तत्व, जैनागम, व्याकरण, गीता आदि गंभीर विषयों पर विद्वानों के लेख, संस्कृत कविताएँ, ग्रन्थों के धारावाहिक अंश प्रकाशित किए जाते थे। वार्षिक शुल्क तीन रुपये था।

युगान्तर

जात-पाँत तोड़क मण्डल लाहौर की मुख पत्र, हिन्दी मासिक पत्रिका *'युगान्तर'* मार्च 1932 में प्रकाशित हुई। संपादक संतराम बी.ए. और उप संपादक महानंद थे। समाज सुधार की इस पत्रिका में विचारों को उद्वेलित करने वाले लेख, कविताएँ, कहानियाँ, व्यंग्य तथा समाचार प्रकाशित किए जाते थे। अमृत बिंदु शीर्षक से महापुरुषों के सूक्ति वाक्य दिए जाते थे। सम्पादकीय टिप्पणियाँ स्पष्ट, सुलझी हुई और विचारोत्तेजक होती थीं।

'युगान्तर' से भारत के सम्बन्ध में निम्नलिखित महत्वपूर्ण आँकड़े ज्ञात होते हैं- "(एक) सन 1931 की गणना के अनुसार भारत की कुल जनसंख्या 35 करोड़

15 लाख थी। 1921 से 1931 के बीच 10 वर्ष में तीन करोड़ 25 लाख जनसंख्या बढ़ी। (दो) 29 करोड़ मनुष्य गाँव में और बाकी शहरों में रहते थे। 6 करोड़ घर गाँव में और 75 लाख शहरों में थे। (तीन) धंधेवार वर्गीकरण- खेती करने वाले 23 करोड़, चाय पैदा करने वाले 15 लाख, खदानों के मजदूर 5 लाख, चमड़ा कमाने वाले 7 लाख, लकड़हारे 36 लाख, कपड़ा बुनने वाले 74 लाख, इमारती काम करने वाले 17 लाख, रेलवे और ओवरसीयरी एक करोड़, डाक और तार विभाग दो लाख, होटल या ढाबा वाले 7 लाख, पुलिस विभाग में 4 लाख, सरकारी नौकरी में 1 करोड़, जज और वकील 4 लाख, डाक्टर और वैद्य 7 लाख, मिल मजदूर 80 लाख। विवाहित पुरुष 7 करोड़ 11 लाख, अविवाहित पुरुष 8 करोड़ 6 लाख। विधुर एक करोड़। विवाहित स्त्रियाँ 7 करोड़ 15 लाख, अविवाहित स्त्रियाँ 5 करोड़ 48 लाख और विधवा दो करोड़ 68 लाख। 5 वर्ष से कम उम्र वाली विधवाओं की संख्या 20 हजार से अधिक।"[1]

इसी अंक में रेलवे को हुए भारी घाटे के तीन कारण बताए गए- (1) साधारण आर्थिक दुरवस्था (2) सविनय अवज्ञा आन्दोलन और (3) मोटर लारियों का प्रचार। सन 1931 तक भारत में 42 हजार दो सौ 81 मील लम्बी रेल लाइन बिछ चुकी थी। पत्र का आकार 24 गुणित 18 और वार्षिक शुल्क दो रुपये था।

ग्वालियर शिक्षक समाज ने नवम्बर 1932 में हिन्दी मासिक *'शिक्षक'* निकाला। हिन्दी मासिक *'श्रद्धानन्द'* का प्रकाशन स्वामी चिदानन्द संन्यासी ने सन 1932 में दिल्ली से किया। आर्य समाज का पत्र था। विद्यानन्द शास्त्री ने भी इस हिन्दी मासिक का सम्पादन किया। राजाराम शर्मा और रतनकुमार ने भोपाल राज्य में हिन्दी के प्रचार-प्रसार के उद्देश्य से हस्तलिखित पत्रिका *'सुमन'* का सम्पादन-प्रकाशन किया। सन 1932 में प्रकाशित होने वाली 'सुमन' की सामग्री सुरुचिपूर्ण होती थी। लेख, कविताएँ और हास्य-व्यंग्य उद्देश्यपरक रहते थे।

भगवती देवी के सम्पादन में महिलाओं पर केन्द्रित हिन्दी साप्ताहिक *'स्त्री भूषण'* का प्रकाशन सन 1932 में लखनऊ से हुआ। इस साप्ताहिक का वार्षिक मूल्य तीन रुपये था। 'स्त्री भूषण' भारतीय महिलाओं का आह्वान करता था- "भारतीय ललनाओ, बच्चियो, महिलाओ बहिनो! क्या तुमको मालूम है तुम कौन हो? तुम देवी-देवताओं, ऋषि-मुनियों, सिद्धयोगीश्वरों की जीती-जागती साक्षात चमत्कारिक कल्याणकारी अद्‌भुत शक्ति हो।" गोरखपुर से शिवमंगल गांधी ने हिन्दी साप्ताहिक *'जीवन'* का सम्पादन-प्रकाशन किया। गणेशदत्त पाण्डेय सहकारी सम्पादक थे। 30 नवम्बर 1934 को जीवन प्रेस नीलाम कर दिया गया था, फिर भी

---

1. युगान्तर, अप्रैल 1932

पत्र का प्रकाशन जारी रहा।

चतुर्भुज सहाय के सम्पादन में हिन्दी मासिक *'साधन'* का प्रकाशन एटा से सन 1932 में हुआ। वार्षिक शुल्क दो रुपये तीन आना था। अजमेर से विश्वनाथ विद्यालंकार ने आर्य साहित्य मंडल की ओर से हिन्दी मासिक *'वैदिक विज्ञान'* का सम्पादन-प्रकाशन किया। यह दो वर्ष तक निकला। नवम्बर 1932 में हिन्दी मासिक *'वीर बुन्देल'* टीकमगढ़ से प्रकाशित हुआ। इस साहित्यिक मासिक पत्रिका का प्रकाशन अप्रैल 1936 तक हुआ। जम्मू से संतराम विचित्र के सम्पादन में हिन्दी मासिक पत्र *'वसुधा'* का प्रकाशन सन 1932 में हुआ। पंजाब और कश्मीर में हिन्दी साहित्य के प्रति अनुराग और भाषा के प्रचार-प्रसार के लिए यह पत्रिका निकली थी। किन्तु इसका प्रकाशन तीन माह तक ही हो पाया।

सूर्यकांत त्रिपाठी निराला ने कोलकाता से संस्कृति और साहित्य का हिन्दी साप्ताहिक *'रंगीला'* प्रकाशित किया। इसके पहले ही अंक में रवीन्द्रनाथ टैगोर की आलोचना प्रकाशित होने पर प्रकाशक ने आपत्ति ली और निराला का पत्र से सम्बन्ध टूट गया। पत्र भी बन्द हुआ।

सिनेमा पर केन्द्रित मासिक पत्रिका *'रंगभूमि'* 6 मार्च 1932 को दिल्ली से प्रकाशित हुई। कई वर्षों तक अपने विषय की लोकप्रिय पत्रिका रही। इसका सम्पादन लेखराज भास्कर,मंगलराम गौतम और धर्मपाल गुप्त ने किया। इस साप्ताहिक पत्रिका के एक अंक का मूल्य दो पैसे था। सन 1936 के बाद 'रंगभूमि' का प्रकाशन बंद हो गया और सन 1941 में धर्मपाल गुप्त ने मासिक पत्रिका के रूप में पुनः प्रकाशन किया। इसके मुख पृष्ठ पर बहुधा किसी फिल्मी हीरोइन की तस्वीर छापी जाती थी। 125 प्रतियों के साथ 'रंगभूमि' की प्रकाशन यात्रा आरंभ हुई थी।

इटावा से हिन्दी मासिक *'बेकार सखा'* का सम्पादन-प्रकाशन मेहताब सिंह वर्मा ने किया। कालूलाल श्रीमाली और जनार्दन राय के सम्पादन में उदयपुर विद्याभवन ने शिक्षकों, शिक्षार्थियों और अभिभावकों के लिए हिन्दी मासिक पत्र *'बालहित'* का प्रकाशन किया। जनवरी 1932 से 1947 तक इस पत्र का सम्पादन-प्रकाशन हुआ। झांसी से सन 1932 में स्वर्णप्रसाद मिश्र ने हिन्दी साप्ताहिक *'प्रजामित्र'* का सम्पादन-प्रकाशन किया। आनन्द प्रेस, झांसी से इसका मुद्रण होता था।

प्रकाश

रीवा से हिन्दी साप्ताहिक *'प्रकाश'* का प्रकाशन विजयादशमी, सन 1932 को हुआ। पत्रिका का वार्षिक शुल्क ढाई रुपये था। रीवा के महाराजा गुलाबसिंह ने राज्य के खजाने से 'प्रकाश' के प्रकाशन के लिए चार हजार रुपये वार्षिक व्यय स्वीकृत किया था। 'प्रकाश' के आद्य सम्पादक नृसिंहराम शुक्ल थे।

साहित्यिक सामग्री के साथ-साथ समाचारों का प्रकाशन भी 'प्रकाश' में किया जाता था। रीवा राज्य के आंचलिक समाचारों को प्रमुखता दी जाती थी। तीन वर्ष बाद नृसिंहराम शुक्ल के स्वतंत्रता संग्राम के सिलसिले में जेल चले जाने पर केशवप्रसाद चतुर्वेदी ने सम्पादक का कार्यभार ग्रहण किया। उन्होंने सन 1945 तक यह दायित्व निभाया। तत्पश्चात ठाकुर अर्जुनसिंह सम्पादक हुए। उनके सम्पादन काल में 'प्रकाश' और भी ज्यादा मुखर रहा। सन 1949 में 'प्रकाश' का प्रकाशन बन्द हो गया। दिल्ली से फिल्म पत्रिका *'नव चित्रपट'* सन 1932 में आरंभ हुई। सातवें दशक तक इस मासिक पत्रिका का प्रकाशन हुआ।

कुँवर सुरेश सिंह के सम्पादकत्व में काला कांकर से हिन्दी मासिक बाल पत्रिका *'कुमार'* का प्रकाशन सन 1932 में आरंभ हुआ। इस सचित्र पत्रिका में बालक-बालिकाओं के मनोरंजन और ज्ञानवर्द्धन की सामग्री प्रकाशित की जाती थी। लेख-कविताएँ, कहानियाँ, चुटकुले आदि के माध्यम से बच्चों को ज्ञान-विज्ञान, वनस्पति आदि की सुरुचिपूर्ण जानकारी दी जाती थी। वार्षिक शुल्क तीन रुपये था। लगभग सात वर्ष तक 'कुमार' का प्रकाशन हुआ।

जनवरी 1932 में वैद्य ख्यालीराम द्विवेदी के सम्पादन में हिन्दी मासिक *'आरोग्य धाम'* का प्रकाशन इन्दौर से हुआ। पृष्ठ संख्या चालीस और वार्षिक शुल्क तीन रुपये था।

हिन्दी मासिक पत्र *'मंच'* रामेश्वर दयाल के सम्पादन में इन्दौर से निकला। वार्षिक मूल्य सवा रुपया था। कार्तिकेयचरण मुखोपाध्याय के सम्पादन में हिन्दी मासिक पत्रिका *'बाँसुरी'* का प्रकाशन कोलकाता से हुआ। सौ पृष्ठ की इस पत्रिका का वार्षिक मूल्य ढाई रुपये था। भाषा और सम्पादन साधारण थे।

श्रीनगर से सन 1932 में उर्दू दैनिक समाचारपत्र *'मार्त्तण्ड'* का प्रकाशन हुआ। कश्मीरी पंडितों की संस्था पूरक सभा ने इसको प्रकाशन किया था। सम्पादक बी.एन. मट्टू थे। पृष्ठ संख्या 6 से 8 रहती थी। कश्यप चंद्र, प्रेमनाथ कश्मीरी तथा एस.एम.कौल ने भी 'मार्त्तण्ड' का सम्पादन किया। महत्वपूर्ण त्योहारों के अवसर पर 'मार्त्तण्ड' के विशेषांक प्रकाशित किए जाते थे। इन विशेषांकों में कुछ पृष्ठ हिन्दी के भी होते थे।

हास्य विनोद का उर्दू साप्ताहिक *'मखदूम'* कोलकाता से सन 1932 में निकला। इसी वर्ष दिल्ली से अब्दुल हमीद देहलवी के सम्पादन में *'हमदर्द सेहत'* का प्रकाशन हुआ। हमदर्द नामक संस्था का मुख पत्र था। बाद में सईद देहलवी सम्पादक हुए। सन 1947 तक इसका प्रकाशन हुआ।

जम्मू से उर्दू साप्ताहिक *'सुदर्शन'* निकला। एक प्रति का मूल्य दो आना था। अब्दुल रहीम ने सन 1932 में कश्मीर मुस्लिम कांफ्रेंस की ओर से उर्दू

दैनिक *'सदाकत'* निकाला। इस अखबार के प्रकाशन से कुछ समय पूर्व प्रेमनाथ बजाज ने उर्दू दैनिक *'वाबिस्ता'* निकाला। इसका प्रकाशन 31 अक्टूबर 1932 को आरम्भ हुआ था। कौमी एकता का पक्षधर अखबार था।

इसी वर्ष कश्मीर रियासत में जम्मू एण्ड कश्मीर प्रेस एण्ड पब्लिकेशन एक्ट लागू किया गया था।

'महशर-ए-ख्याल' नामक उर्दू मासिक पत्रिका का प्रकाशन दिल्ली से सन 1932 में हुआ। अब्दुल्ला फारुकी सम्पादक थे। आकार 25 गुणित 18 से.मी., पृष्ठ संख्या 40 और एक प्रति का मूल्य एक आना था। लेख, कविताएँ और कहानियाँ छापी जाती थीं। महिलाओं के लिए उपयोगी सामग्री का प्रकाशन भी किया जाता था।

उर्दू मासिक पत्रिका *'जिंदगी'* सन 1932 में रामपुर से प्रकाशित हुई। समाज में सुधार के लिए 'जिंदगी' का नजरिया था कि इंसान खुद को दुरुस्त करे। सम्पादक सैयद हामिल अली थे। 25 गुणित 15 से.मी. आकार की इस पत्रिका की पृष्ठ संख्या 40 रहती थी। आज़ादी के बाद तक इसका प्रकाशन हुआ।

व्यंग्य-विनोद का उर्दू पत्र *'खुदा की राह पर'* सन 1932 में काशी से निकला। इस मासिक पत्रिका के मुख पृष्ठ पर किसी बड़ी हस्ती का कार्टून छापा जाता था। पेशावर से अँगरेजी दैनिक *'खैबर मेल'* सन 1932 में प्रकाशित हुआ।

17 अगस्त 1932 को कोलकाता से *'स्टार आफ इंडिया'* निकला। *'केलकटा ईवनिंग न्यूज'* और *'बंगाली'* अखबार भी इसमें समाहित थे। यह उल्लेख शीर्षक से नीचे किया जाता था। 45 गुणित 30 से.मी. आकार का यह अखबार सात कालम में छपता था। देश-विदेश की खबरें, खेल के समाचार और रेस की सूचनाएँ प्रकाशित की जाती थीं। 'स्टार आफ इंडिया' के प्रवेशांक में "इंडिया इन एन अपरोर- ट्रबल थ्रीटण्ड फ्राम आल क्वाटर्स" शीर्षक अग्रलेख प्रकाशित किया गया था जिसमें कम्युनल अवार्ड को देश के लिए विध्वंसकारी निरूपित किया गया था।

बारीपाडा से अँगरेजी त्रैमासिक पत्रिका *'मयूरभंज गजट'* सन 1932 में प्रकाशित हुआ। सम्पादक ए.पी. घोष थे। 30 गुणित 22 से.मी. आकार की इस पत्रिका की पृष्ठ संख्या 40 और वार्षिक शुल्क एक रुपया आठ आना था। 'मयूरभंज गजट' का उड़िया संस्करण भी प्रकाशित होता था, जिसका वार्षिक शुल्क एक रुपया चार आना था। इस सचित्र पत्रिका में प्राचीन सभ्यता, पुरातत्व और आधुनिक जानकारियों के अलावा रियासतों और विदेशों के समाचार, बाजार भाव तथा महाराजा के आदेश प्रकाशित किए जाते थे।

मंगलूरु जरप्पा के सम्पादन में सन 1932 में मंगलूरु से कन्नड मासिक

'बडवर बंधु' का प्रकाशन हुआ। 'बडवर बंधु' का अर्थ है गरीबों का मित्र। इसी का अँगरेजी संस्करण 'फ्रेण्ड आफ पुअर' के नाम से प्रकाशित होता था। अँगरेजी मासिक पत्रिका *'हैल्थ एण्ड वैल्थ'* सन 1932 में कोलकाता से निकली। पत्रिका के सम्पादक नलिन आकाश चटर्जी थे। वार्षिक शुल्क एक रुपया, पृष्ठ संख्या 24 थी। मुख्यतः स्वास्थ्य विषयक पत्रिका थी।

लुधियाना से अँगरेजी मासिक *'होजरी एण्ड टेक्सटाइल जर्नल'*, मुम्बई से *'मेडिकल डाइजेस्ट'*, नासिक से *'मिस्टिक रिव्यू'* का प्रकाशन हुआ। इसी वर्ष बेंगलूरु से अँगरेजी की विज्ञान पत्रिका *'करंट साइंस'* प्रकाशित हुई। यह पाक्षिक पत्रिका थी। कोलकाता से *'इंश्योरेंस हेरल्ड'* निकला।

પાનાં: ૨૦ કિંમત: ૨.૦૦ * તા. ૨૮મી ઓગસ્ટ રવિવાર
અમદાવાદ, વડોદરા, સુરત, રાજકોટ અને મુંબઈથી પ્રગટ થતું દૈનિક

ગુજરાત સમાચાર

વાંચન વિશેષ
રવિપૂર્તિ
રવિવારની સાપ્તાહિક પૂર્તિ

બાબરી મસ્જીદના સ્થળે રામમંદિર બાંધવા સામે ચેતવણી

સર્વોચ્ચના અભિપ્રાય બાદ સંબંધિત પક્ષોને સમજૂત કર્યા સિવાય કંઇ જ ન થાયઃ બાબરી મસ્જીદ આંદોલન સમિતિનો ધ્રુજારો

દિલ્હીની વાત

દિલ્હીમાં વસ્તી આંક સૌ લાખને આંબી ગયો

હવે ટાઈગર મેમણની શરણાગતિ માટે સીબીઆઈના ચક્રો ગતિમાન

गुजरात समाचार

सन 1932 में अहमदाबाद से गुजराती दैनिक *'गुजरात समाचार'* का प्रकाशन आरम्भ हुआ। के.एम. मेहता इसके सम्पादक और लोक प्रकाशन लिमिटेड प्रकाशक है। कालांतर में शांतिलाल शाह प्रधान सम्पादक हुए। गुजराती के प्रमुख समाचारपत्रों में इसका स्थान है। समाचारों का संकलन, सम्पादन और प्रस्तुति में सुरुचि और गंभीरता रहती है। इसके फीचर, स्तम्भ और परिशिष्ट गुजराती पाठकों के बीच काफी लोकप्रिय हैं। अमदाबाद के अलावा बडोदरा, सूरत, राजकोट, भावनगर तथा मुम्बई से प्रकाशित होता है। (1985 में मुम्बई, 1988 में बडोदरा, 1990 में राजकोट संस्करण प्रकाशित हुए।)

'गुजरात समाचार' ने आजादी के पहले महात्मा गाँधी के आन्दोलनों का

समर्थन किया था। 'गुजरात समाचार' का साप्ताहिक परिशिष्ट 'प्रजा बंधु' के नाम से निकलता रहा जो अपने समय का लोकप्रिय गुजराती साप्ताहिक पत्र था। लोक प्रकाशन लिमिटेड से मराठी सांध्य दैनिक *'लोकनाथ'* का भी प्रकाशन होता है।

अहमदाबाद से गुजराती मासिक पत्रिका *'आराम'* सन 1932 में प्रकाशित हुई। यह साहित्यिक पत्रिका थी।

उर्मि

भारतीय साहित्य संघ अहमदाबाद ने सन 1932 में गुजराती मासिक *'उर्मि'* का प्रकाशन किया। सम्पादक ईश्वरलाल, मोहनलाल दवे एवं कांतिलाल मणिलाल शाह थे। 'उर्मि' साहित्य और संस्कार की पत्रिका थी जो राजनीति और साहित्य को जीवन की दो धाराएँ मानती थी। गाँधीवाद उसका लक्ष्य था। 'उर्मि' के 'आपणी स्वराज यात्रा' स्तम्भ के अन्तर्गत समसामयिक राजनीतिक हलचलों पर मार्मिक टिप्पणियाँ की जाती थीं। अक्टूबर 1938 में गाँधी जयंती के अवसर पर 'उर्मि' का 'अहिंसा अंक' प्रकाशित किया गया था, जिसमें अहिंसा के प्रयोग, अर्थवत्ता और प्रभाव पर अच्छी सामग्री का संयोजन किया गया था।

गुजराती साप्ताहिक *'फूलछाब'* राजापुर, काठियावाड़ से प्रकाशित हुआ। सम्पादक गुणवन्तराय पी. आचार्य और प्रकाशक रम्मू ठक्कर थे। साहित्यिक सुरुचि और शिष्ट मनोरंजन से परिपूर्ण 'फूलछाब' में कविता, कहानी, लेख, हास्य, आलोचना प्रकाशित होती थी। पुस्तकाकार छपता था। पृष्ठ संख्या 32 और एक अंक की कीमत डेढ़ आना थी।

मुम्बई से सन 1932 में गुजराती साप्ताहिक *'वेणी'* का प्रकाशन हुआ। हर शुक्रवार को निकलता था। बदरी एस. कच्छवाला सम्पादक, प्रकाशक थे।

नवभारत

गुजराती दैनिक *'नवभारत'* का प्रकाशन सन 1932 में एस. सदानन्द ने किया था। फ्री प्रेस आफ इंडिया समाचार एजेंसी के साथ उन्होंने दैनिक समाचारपत्रों की श्रृंखला प्रकाशित करने की योजना बनाई थी। यह योजना सफल नहीं हो सकी। दो वर्ष बाद ही 'नवभारत' का प्रकाशन बंद हो गया। इसी नाम से बाद में बडोदरा से गुजराती दैनिक निकला।

बापू का संवाद

1933

हरिजन / हरिजन सेवक / हरिजन बंधु

साप्ताहिक *'हरिजन'* का प्रकाशन पुणे से 11 फरवरी 1933 को हुआ था। इस अँगरेजी साप्ताहिक के सम्पादक आर.वी.शास्त्री थे। हरिजन सेवक संघ के तत्वावधान में इसका प्रकाशन हुआ। संघ के अध्यक्ष घनश्यामदास बिड़ला थे। मुद्रक और प्रकाशक अनन्त विनायक पटवर्धन थे। मुद्रण आर्यभूषण प्रेस पुणे से होता था। आकार 32 गुणित 20 से.मी. था। हर अंक में आठ पृष्ठ होते थे। इसकी दस हजार प्रतियाँ छपा करती थीं। जब चार फरवरी 1932 को 'यंग इंडिया' और 'नवजीवन' बंद हो गए, तब गांधीजी ने घनश्यामदास बिड़ला को पत्र लिखकर सुझाव दिया कि हरिजनों के उत्थान के लिए एक पत्र का निकालना जरूरी लगता है। इस तरह 'हरिजन' का जन्म हुआ।

'हरिजन' में गांधीजी के हस्ताक्षर युक्त सम्पादकीय पृष्ठ चार पर छपता था। प्रवेशांक में 'अस्पृश्यता' शीर्षक से गांधीजी ने लिखा कि जातीय छुआछूत शास्त्रों के खिलाफ है। गांधीजी ने कट्टर सनानतधर्मियों के 'धर्म संकट में है' प्रलाप का उत्तर भी दिया और कहा कि मंदिर प्रवेश तो आध्यात्मिक कर्म है, जिसमें यह संदेश निहित है कि ईश्वर के समक्ष समस्त मानव समान हैं। 'हरिजन' के प्रकाशन के उद्देश्यों का खुलासा प्रवेशांक में गांधीजी ने पाठकों के नाम खुला पत्र लिखकर किया- "मुझे आशा है कि इसके विरोधी भी इसे स्वीकार करेंगे। मैं अत्यन्त आशावादी हूँ और अपने विरोधियों के प्रति दुर्भावना नहीं रखता। यह पत्र ऐसे विरोधियों के लिए भी है और सुधारवादियों के लिए भी। 'हरिजन' की आत्मा सत्यता पर आधारित है तथा यदि सुधारक कुछ धैर्य से काम लेंगे तब विरोधी भी भविष्य में सुधार पर विश्वास करने लगेंगे।"

हरिजन के प्रत्येक पृष्ठ में दो कालम होते थे। एक प्रति की कीमत एक आना और डाक खर्च सहित वार्षिक शुल्क चार रुपये था। प्रवेशांक में गांधीजी ने

सात पंडितों के हस्ताक्षर का एक पत्र प्रकाशित किया जिसमें बताया गया था कि चारों वर्णों के जो समान अधिकार हैं वे हरिजन को भी मिलना चाहिए। ये हैं– मंदिर प्रवेश, शालाओं में शिक्षा, सार्वजनिक कुओं, घाटों, तालाबों और नदियों में निस्तार सुविधा। हरिजनों के सामाजिक उत्थान और जाग्रति का जो बीड़ा महात्मा गांधी ने 'हरिजन' के माध्यम से उठाया था उससे न केवल हरिजनों में विश्वास बढ़ा और वे आगे आए वरन पूरे समाज में नई चेतना का संचार हुआ।

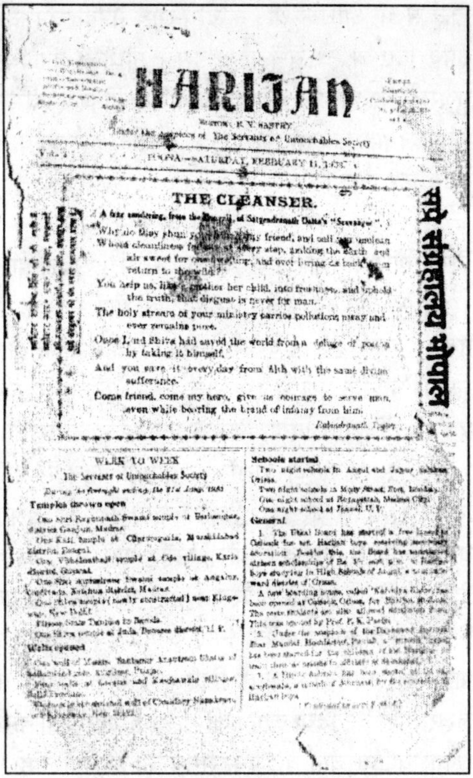

HARIJAN

Editor: R. V. SASTRY

Under the Auspices of The Servants of Untouchables Society

POONA—SATURDAY, FEBRUARY 11, 1933

THE CLEANSER.

The holy stream of your ministry carries pollutions away and ever remains pure.

Once Lord Shiva had saved the world from a deluge of poison by taking it himself.

And you save it every day from filth with the same divine sufferance.

Come friend, come my hero, give us courage to serve man, even while bearing the brand of infamy from him.

Rabindranath Tagore

WEEK TO WEEK

The Servants of Untouchables Society

Temples thrown open

Schools started

General

हरिजन

जब 'हरिजन' का प्रवेशांक निकालने की तैयारी हो रही थी तब डा. बी.आर.आम्बेडकर गांधीजी से अन्य विषयों पर चर्चा करने आए थे। इसी बीच गांधीजी ने डा. आम्बेडकर को 'हरिजन' के प्रवेशांक के लिए एक 'संदेश' भेजने का आग्रह किया था। डा. आम्बेडकर ने 'संदेश' न भेजकर गांधीजी को एक 'वक्तव्य' भेजना उचित समझा- "दलित वर्ग वर्ण व्यवस्था का प्रति उत्पाद है और जब तक वर्ण व्यवस्था रहेगी दलित वर्ग बने रहेंगे। इसलिए जाति प्रथा की समाप्ति ही दलितों के लिए एकमेव स्वीकार्य बात है। और आने वाले संघर्ष में यही तत्व हिन्दुओं की रक्षा करेगा और उनके अस्तित्व को सुनिश्चित करेगा।" गांधीजी ने इस वक्तव्य को प्रकाशित करते हुए उन सभी से छूआछूत की बुराई को समूल नष्ट करने के अभियान में सहयोग की अपील की जो डा. आम्बेडकर के समान इसे सामाजिक बुराई समझते हैं।

'हरिजन' स्वतंत्रता संग्राम के कालखण्ड का ऐसा समाचारपत्र था, जिसे प्रारम्भ से पाठकों ने अपना लिया था। एक माह के बाद ऐसी स्थिति बनी कि 'हरिजन' की बिक्री और चंदे से जमा राशि 'हरिजन' पर हुए मुद्रण और प्रकाशन के

खर्च से भी अधिक थी। केन्द्रीय बोर्ड ने 'हरिजन' के प्रकाशन के लिए जो 1044 रुपये दिए थे, वे बच गए। इससे गांधीजी का विश्वास बढ़ा। वे चाहते थे कि गुजराती का हरिजन भी शीघ्र प्रकाशित हो जाए। वैसे हरिजन सेवक संघ की मुम्बई शाखा ने यह वचन दिया था कि गुजराती हरिजन के प्रथम तीन माहों का घाटा वह वहन कर लेगा।

उधर दिल्ली से, हरिजन के हिन्दी संस्करण 'हरिजन सेवक' का प्रकाशन वियोगीहरि के संपादन में 24 फरवरी, 1933 को प्रारंभ कर दिया गया था। फरवरी 1933 के अंत तक जब गुजराती भाषा में हरिजन के प्रकाशन की तैयारी पूरी हो गई, तब 11 मार्च, 1933 के अँगरेजी हरिजन में 'गुजराती हरिजन' शीर्षक से संपादक ने घोषणा की कि पुणे से 12 मार्च 1933 को गुजराती में 'हरिजन बंधु' का प्रवेशांक प्रकाशित किया जाएगा, जिसके एक अंक की कीमत एक आना होगी।

'हरिजन' की प्रारम्भिक प्रतियाँ पढ़ने से ज्ञात होता है कि प्रथम हरिजन दिवस 18 दिसम्बर 1932 को मनाया गया था। इस दिन किए गए कार्यों से ठक्कर बापा संतुष्ट थे। परन्तु गांधीजी संतुष्ट नहीं थे। फिर भी गांधीजी ने तय किया कि द्वितीय हरिजन दिवस अप्रैल, 1933 के अन्तिम रविवार को मनाया जाए और इस दिन 6 कार्यक्रम संपादित किए जाएँ- (1) दिवस प्रात: पाँच बजे प्रार्थनाओं से प्रारम्भ हो और हरिजनों के लिए कुछ राशि, कपड़े और अनाज अलग निकालकर जरूरतमंदों को दिया जाए। जो गरीब हैं और ऐसा करने में असमर्थ हैं उन्हें उपवास रखना चाहिए चाहे वह एक समय का ही क्यों न हो। (2) भंगियों का काम स्वयं किया जाए या उनके कार्य में हाथ बँटाया जाए। (3) घर-घर जाकर राशि या सामग्री दान स्वरूप प्राप्त की जाए। (4) हरिजन बस्तियों में जाकर उनके घरों की सफाई की जाए। हरिजनों की बैठकें लेकर उनकी जरूरतों की जानकारी प्राप्त की जाए। (5) हरिजनों और सवर्णों की मिलीजुली बैठकें आयोजित कर अछूतोद्धार के कार्यों सम्बन्धी प्रस्ताव पास किए जाएँ और मंदिर प्रवेश सम्बन्धी कानून बनाने के प्रस्ताव भी पारित किए जाएँ। (6) जहाँ जनमत का समर्थन हो वहाँ हरिजनों को सार्वजनिक कुओं से पानी लेने दिया जाए और निजी मंदिर हरिजनों के लिए खोल दिए जाएँ।

जब द्वितीय हरिजन दिवस मनाया गया तब गांधीजी का मन व्याकुल था, वे व्यग्र थे कि इस कार्यक्रम को सभी देशवासी क्यों नहीं अपना रहे हैं। अत: उन्होंने 8 मई से 29 मई, (1933) तक 21 दिन के उपवास की घोषणा कर दी। इस सम्बन्ध में हरिजन के 6 मई 1933 के अंक में सी.राजगोपालाचारी ने लिखा- "चार घंटे तक गांधीजी को मनाने का प्रयत्न विफल ही रहा और वे अनशन पर बैठने के अपने फैसले पर अडिग हैं। अब तो शेष यही है कि यह प्रार्थना की जाए कि इस

परीक्षा की अवधि में उनकी जान बच जाए।" गांधीजी के अनशन पर बैठने पर 20 मई, 1933 के अंक में राजगोपालाचारी ने संपादकीय लिखा। 27 मई तथा 3 जून, 10 जून, 17 जून, 24 जून के अंकों में महादेव देसाई ने संपादकीय लिखे। गांधीजी ने 8 जुलाई 1933 से पुनः 'हरिजन' में संपादकीय लिखना प्रारंभ किया और अपने अनशन के नतीजों पर संतोष व्यक्त करते हुए लिखा- "इस आन्दोलन में सुधारवादियों और इनके विरोधियों के समान हरिजनों को भी अपना योगदान देना है। अपने पाठकों को मुझे यह सूचित करते हुए हर्ष हो रहा है कि मेरे अनशन से हरिजन भी उद्वेलित हुए हैं।"

'हरिजन' की फाइलें इस बात की साक्षी हैं कि देश में हरिजनों के उद्धार के लिए जो कार्यक्रम गांधीजी ने प्रारम्भ किए उन्हें आन्दोलन का स्वरूप कैसे मिला और इस अभियान में कैसे-कैसे उतार-चढ़ाव आए। सन 1938 तक 'हरिजन' पुणे से निकला और इसी वर्ष जब गांधीजी पुणे जेल में थे तब इसका प्रकाशन स्थगित करना पड़ा। सन 1942 में पुनः 'हरिजन' और 'हरिजन सेवक' का प्रकाशन प्रारंभ हुआ। 8 अगस्त 1942 को मुम्बई कांग्रेस में जब गांधीजी ने, 'अँगरेजो भारत छोड़ो' का नारा दिया, तब गांधीजी और देश के अन्य नेता गिरफ्तार कर लिए गए। हरिजन प्रेस पर भी ताला डाल दिया गया। रिकार्ड की सभी प्रतियाँ जला दी गईं। 'हरिजन' बन्द हो गया। 6 मई 1944 को गांधीजी जेल से छूटे। 10 फरवरी, 1946 से 'हरिजन' पुनर्जीवित कर दिया गया। तब तक स्वतंत्रता देश के द्वार पर दस्तक दे रही थी।

हिन्दी 'हरिजन सेवक' का प्रकाशन 24 फरवरी, 1933 को दिल्ली से हुआ था जिसके सम्पादक वियोगीहरि थे। इसमें अँगरेजी 'हरिजन' के लेखों का अनुवाद और कुछ स्वतंत्र लेख छपते थे। स्वतंत्र लेख अधिकतर ठक्कर बापा, काका कालेलकर आदि के होते थे। प्रारम्भ में 'हरिजन सेवक' की एक हजार प्रतियाँ बिकती थीं, जो पत्र के स्वावलंबी होने के लिए पर्याप्त नहीं थी। 'हरिजन सेवक' ने 23 फरवरी 1934 को प्रकाशन का एक वर्ष पूरा कर लिया तब उसके 1600 ग्राहक थे।

गांधीजी अधिकतर अँगरेजी 'हरिजन' और गुजराती 'हरिजन बन्धु' में ही लिखा करते थे। जब 'हरिजन सेवक' के संपादक वियोगी हरि ने गांधीजी को लिखा कि उन्हें कुछ न कुछ तो 'हरिजन सेवक' में लिखना ही चाहिए। तब गांधीजी ने जवाब दिया- "क्योंकि राष्ट्रभाषा में लिखना मुझे प्रिय है इसलिए इतना ही कहूँ कि मैं कोशिश करूँगा।" गांधीजी चाहते थे कि वियोगी हरि हरिजन निवास को हरिजनों का आदर्श शिक्षालय बनाने का ही कार्य करें। अतः उन्होंने निर्णय लिया कि 'हरिजन', 'हरिजन बन्धु' और 'हरिजन सेवक' ये तीनों पत्र पुणे से ही निकलेंगे तो उन्हें लिखने और अनुवाद कराने में सुविधा होगी। जब 7 सितम्बर 1940 से 'हरिजन सेवक' पुणे से प्रकाशित होना प्रारम्भ हुआ तब मुद्रण की काफी

गलतियाँ हुई, जिसके लिए अगले अंक में पाठकों से क्षमा माँगी गई। वियोगी हरि के आग्रह पर प्यारेलालजी को 'हरिजन सेवक' का संपादक बनाया गया। नवम्बर 1940 में सरकार के प्रतिबंधात्मक आदेश के कारण गांधीजी ने इसका प्रकाशन रोक दिया। 1946 में इसका पुनर्प्रकाशन हुआ।

नागपुर टाइम्स

एक अक्टूबर, 1933 को नागपुर से बैरिस्टर ई. राघवेन्द्र राव ने अँगरेजी दैनिक *'डेली न्यूज'* का प्रकाशन किया। वी.एस.वेंकटरामन् सम्पादक थे, जो इसके पहले बारह वर्ष तक 'हितवाद' के सम्पादक रहे। सन 1939 में पंडित रविशंकर शुक्ल ने 'डेली न्यूज' का संचालन अधिकार ले लिया और *'नागपुर टाइम्स'* के नाम से उसका प्रकाशन किया। सन 1957 में 'नागपुर टाइम्स' के संचालन के लिए ट्रस्ट कायम कर दिया गया। नागपुर टाइम्स की नीति के प्रमुख पक्ष थे 'निष्पक्षता और निर्भीकता'। ताजे समाचारों और जनमत की स्वतंत्र अभिव्यक्ति के साथ-साथ 'नागपुर टाइम्स' की सम्पादकीय टिप्पणियाँ अखबार को लोकप्रिय बनाती थीं। के.पी.नारायणन 'मध्यप्रदेश क्रॉनिकल' के सम्पादक बनने से पहले 'डेली न्यूज' और 'नागपुर टाइम्स' के सम्पादक रहे थे। अनन्त गोपाल शेवड़े कई वर्षों तक 'नागपुर टाइम्स' के सम्पादक रहे। यह नागपुर के सर्वाधिक विश्वसनीय समाचारपत्रों में से एक था। कार्यक्रमों की सूचना के प्रसारण के लिए नागपुर की संस्थाएँ और व्यक्ति इस अखबार पर कितना भरोसा करते थे, यह 'नागपुर टाइम्स' में छपने वाले 'टूडेज इंगेजमेंट' कालम से पता चलता है जो कभी-कभी तो अखबार की दो-दो कालम जगह घेर लेता था। 'नागपुर टाइम्स' के रविवारीय संस्करण विविध विषयों का समावेश करते थे। 'डेली न्यूज' नाम से मराठी और गुजराती के भी दैनिक मुम्बई से प्रकाशित हुए।

सन 1933 में नागपुर से अँगरेजी साप्ताहिक 'डेमोक्रेट' का सम्पादन-प्रकाशन मंगलमूर्ति ने किया। *'कामर्स एण्ड इंडस्ट्री'* नामक अँगरेजी साप्ताहिक दिल्ली से आरंभ हुआ। कोलकाता से अँगरेजी मासिक *'माडर्न स्टूडेंट्स'* तथा अँगरेजी त्रैमासिक *'इंडियन जर्नल आफ पीडियाट्रिक्स'* प्रकाशित हुए। चेन्नै से इण्डियन मैथेमेटिकल सोसायटी ने त्रैमासिक अँगरेजी पत्रिका *'मैथेमेटिकल स्टूडेंट्स'* का प्रकाशन किया। एस.एम.शाह सम्पादक थे। अँगरेजी मासिक पत्रिका *'विजन'* आनन्द आश्रम रामनगर (कान्हनगड) से प्रकाशित हुई। जी.बालसुब्रमण्यम सम्पादक थे। स्वामी रामदास के प्रवचन, आध्यात्मिक लेख और कविताएँ तथा आध्यात्मिक पुस्तकों की समीक्षा प्रकाशित की जाती थी। होलकर गवर्नमेंट प्रेस से अँगरेजी साप्ताहिक *'सेन्ट्रल इंडिया टाइम्स'* सन 1933 में प्रकाशित हुआ। 37 गुणित 25 से.मी. आकार का 16 पृष्ठों का यह अखबार बुधवार को निकलता था। सम्पादक-

प्रकाशक आर.वेंकटरामन् थे। एक प्रति का मूल्य चार आना था। रियासती शासकों पर मुख्यत: ध्यान केन्द्रित करता था।

देश

24 नवम्बर 1933 को कोलकाता से 'आनन्द बाजार पत्रिका' के प्रकाशकों ने बंगला साप्ताहिक *'देश'* का प्रकाशन आरम्भ किया। 'देश' के आद्य सम्पादक बंकिमचन्द्र सेन थे, जिन्होंने 26 साल तक पत्र का सम्पादन किया। उनके बाद अशोककुमार सम्पादक हुए। 1976 से सागरमय घोष ने सम्पादन-दायित्व ग्रहण किया। 'देश' ने बंगला के लब्धप्रतिष्ठ साहित्यकारों का लेखन-सहयोग प्राप्त किया। सम्पादकों की विचारप्रवण टिप्पणियाँ पत्र की लोकप्रियता का आधार बनीं। उपन्यास-अंश, कविताएँ, कहानियाँ, उच्च कोटि के होते थे। हाकी, फुटबाल, क्रिकेट, टेनिस, पर्वतारोहण आदि पर पाठकों को अच्छी सामग्री मिलती थी। बंगाल के बाहर भी देश की प्रतियाँ ऐसे सभी स्थानों को जाती थीं, जहाँ-जहाँ बंगालियों की बसाहट थी। प्रसार संख्या बढ़ने पर 'देश' को विज्ञापन भी खूब मिलने लगे।

सन 1983 में 'देश' के प्रकाशन के पचास वर्ष पूरे हुए। स्वर्ण जयन्ती के अवसर पर 'देश' ने स्मारक ग्रन्थ प्रकाशित किए जिनमें पत्र में प्रकाशित हुई रचनाओं में से चुनिन्दा रचनाएँ सम्मिलित की गईं- देश 'सुवर्ण जयंती गल्प संकलन', 'देश सुवर्ण जयंती कविता संकलन', 'देश सुवर्ण जयंती प्रबंध संकलन'। इन संकलनों से आधुनिक बंगला साहित्य का परिचय मिलता है। 'देश' ने एक संकलन बंगला की ऐसी बंद हो चुकी पत्र-पत्रिकाओं पर भी निकाला जो किसी न किसी साहित्यिक विभूति से सम्बन्धित रही हैं अथवा बंग साहित्य में जिनका उल्लेखनीय अवदान है।

'देश' हर वर्ष दो विशेषांक प्रकाशित करता है- पूजा के अवसर पर 'शारदीय संख्या' और वैशाख मास में 'साहित्य संख्या'। 'देश' की 'साहित्य संख्या' हर वर्ष न केवल बंगला का एक विशिष्ट और प्रतिनिधि संकलन होती है, प्रत्युत बंगला साहित्य और पत्रकारिता की महत्वपूर्ण सन्दर्भ-निधि बन जाती है। ऐसी ही साहित्य संख्या में प्रमथ चौधुरी और रवीन्द्रनाथ टैगोर के बीच हुए पत्राचार को सँजोया गया है। 'देश' का प्रकाशन जब आरम्भ हुआ था तब उसकी एक प्रति का मूल्य छह पैसे था। वर्तमान में इसकी एक प्रति की कीमत बारह रुपये है।

बंगला साप्ताहिक *'सोनार बांग्ला'* ढाका से प्रकाशित हुआ। सम्पादक-प्रकाशक नलिनीकिशोर गुहा थे। इस समाचार प्रधान साप्ताहिक की एक प्रति का मूल्य तीन आना था।

असहयोग आन्दोलन के समर्थन में आठ पृष्ठ का तमिल अर्द्ध साप्ताहिक *'स्वतंत्र संघ'* सन 1933 में प्रकाशित हुआ। एस.गणेशन इसके सम्पादक-प्रकाशक थे। विचारोत्तेजक लेखों तथा धारदार व्यंग्य चित्रों के कारण इस पत्र को पाठकों ने

पसन्द किया। एक अंक का मूल्य तीन पैसे था। तमिल पाठकों में राष्ट्रीयता की भावनाएँ जगाने का काम इस पत्र ने किया। सन 1934 में इसका प्रकाशन बंद हो गया।

सन 1933 में चेन्नै से तमिल पाक्षिक *'नारदर'* निकला। सन 1956 में इसका प्रकाशन बन्द हो गया। तीन वर्ष बाद टी.श्रीनिवास राव ने इस लोकप्रिय तमिल पत्र का साप्ताहिक आवृत्ति में पुन:प्रकाशन किया। कालान्तर में 'आनंद विकटन' के प्रकाशकों ने 'नारदर' का प्रकाशन दायित्व ग्रहण कर लिया। इसी नाम से त्रिचुर से मलयालम अँगरेजी द्वि-भाषी पत्र जी.के. पिल्लै ने सम्पादित-प्रकाशित किया।

बेंगलूरु से कन्नड मासिक पत्रिका *'नागवानंद'* प्रकाशित हुई जो अपने हास्य-व्यंग्य के लिए चर्चित हुई। मंगलूर से कन्नड मासिक पत्रिका *'विवेकमुदम्'* का सम्पादन-प्रकाशन डी.पुत्तुस्वामी ने किया। आर.जे.शिनाय के सम्पादन में कन्नड मासिक *'कालचन्द्र'* मंगलूर से निकला। पी.वी. कदमबलितैया ने कन्नड मासिक *'साहित्य'* का सम्पादन-प्रकाशन परादल से किया। पत्रिका अल्पजीवी रही। मैसूर से कन्नड साप्ताहिक *'नादगन्नडि'* निकली। एम.श्रीनिवास अय्यंगार सम्पादक थे।

चेट्टिनाड से सन 1933 में तमिल दैनिक *'सुन्दरम्'* का प्रकाशन हुआ। यह अल्पजीवी रहा। इसी अवधि में एक अन्य तमिल दैनिक *'जयभारती'* निकला। इसका स्वर राष्ट्रीय आन्दोलन के समर्थन का था। परन्तु वित्तीय कठिनाइयों के चलते सन 1941 में 'जयभारती' का प्रकाशन बन्द हो गया।

सुबह वतन

25 दिसम्बर, 1933 को भोपाल से राजनीतिक चेतना और जनसंघर्ष का प्रखर समाचारपत्र *'सुबह वतन'* प्रकाशित हुआ। इस उर्दू साप्ताहिक के सम्पादक शाकिर अली खाँ थे। पत्र का आकार 47 गुणित 20 से.मी., पृष्ठ संख्या 8 और वार्षिक शुल्क भोपाल में दो रुपये तथा भोपाल से बाहर के लिए दो रुपये आठ आना था। जिन दिनों 'सुबह वतन' का प्रकाशन हुआ, हुकूमत की रीति-नीति स्थानीय लोगों की उपेक्षा और पंजाब से बुलाकर पदस्थ किए गए अधिकारियों को बढ़ावा देने की थी, जिनकी लूट-खसोट से जनता परेशान थी। अवाम की आवाज बुलन्द करने के लिए अंजुमन खुद्दाम-ए-वतन नामक संस्था कायम की गई। 'सुबह वतन' इसी संस्था का मुखपत्र था। हुकूमत की ओर से 'सुबह वतन' पर बारम्बार कार्रवाई का कहर ढाया गया। इसके चलते यह अखबार बार-बार बंद हुआ और बदल-बदलकर संपादकों ने इसे निकाला।

4 जून 1934 से शाकिर अली खाँ व्यक्तिगत रूप से 'सुबह वतन' निकालने लगे। इसके मत्थे पर लिखा जाता था- "भोपाल, भोपालियों के लिए"। 'सुबह वतन' शाकिर अली खाँ की उग्र अभिव्यक्ति और जनता के हक में दो टूक

सुबह वतन

राय के लिए लोकप्रिय हुआ, वहीं एम.इरफान के धारदार कार्टूनों ने 'सुबह वतन' को दुर्नीतियों के प्रतिकार का औजार बनाया। 'सुबह वतन' की सम्पादकीय टिप्पणियों में 'मुल्की और गैर मुल्की' बहस का स्थायी विषय था। 'सुबह वतन' के सम्पादक मण्डल में शाकिर अली खाँ, अहमद मक्की, सैयद रफीक हसन, मोहम्मद मुनीर खाँ, भगवानदयाल 'निशात', फजल अली सुरूर, रहमान कोकब आदि शामिल रहे।

शाकिर अली खाँ और अंजुमन में उनके सहयोगी तीव्र आन्दोलन के पक्षधर थे। इसी बीच उन्होंने एक ऐसा कार्टून प्रकाशित किया जो अदालत की मानहानि के दायरे में आ गया। 22 अगस्त 1934 को शाकिर अली खाँ, अहमद मकी, भगवानदयाल 'निशात' तथा प्रेस के मालिक असगर हुसैन के वारंट जारी हो गए। प्रेस की तलाशी ली गई। अखबार और लिथो मुद्रण शिला जब्त कर ली गई। असगर हुसैन ने जमानत करा ली, लेकिन बाकी तीनों ने जमानत देने से इन्कार कर दिया। उनकी गिरफ्तारी हुई और इसके खिलाफ भोपाल में पहली बार प्रदर्शन हुआ। अदालत ने भगवानदयाल निशात को रिहा कर दिया और बाकी तीनों को कारावास और जुर्माने की सजा दी गई।

भोपाल में राजनीतिक चेतना जागृत करने, हिन्दू-मुस्लिम एकता, जनता को आन्दोलन चलाने के लिए तैयार करने जैसे बुनियादी काम 'सुबह वतन' ने किए। अखबार बीच में कुछ समय के लिए बंद रहा। नवम्बर 1936 में 'सुबह वतन सानी' के नाम से इसका पुन:प्रकाशन हुआ। कुद्दूस सहबाई तथा अशफाक हुसैन शफीक ने आठ पृष्ठ के इस साप्ताहिक का सम्पादन-प्रकाशन किया। 'सुबह वतन सानी' के

चार संस्करण भोपाल, दिल्ली, आगरा और नागपुर के लिए निकाले जाते थे।

हिन्दी-उर्दू का द्विभाषी साप्ताहिक *'आवाज'* सन 1933 में अंजुमन रिआया-ए-भोपाल की ओर से प्रकाशित किया गया। सम्पादक कबीर कुरैशी तथा प्रकाशक एम.शफीक थे। असगर हुसैन के आलमी प्रेस में छपता था। 45 गुणित 30 से.मी. आकार के छह पृष्ठ होते थे जिनमें से चार पृष्ठ उर्दू तथा दो पृष्ठ हिन्दी के लिए थे। मौलाना सईद रिजवी का संरक्षण 'आवाज' को हासिल था। साप्ताहिक 'आवाज' भी भोपालवासियों के अधिकारों का पक्षधर था। बाहर से अधिकारियों के बुलाने का विरोध करता था, किन्तु नवाब की प्रशंसा भी करता था।

सन 1933 में मुम्बई से गुलाम अहमद 'आरजू' के सम्पादन में उर्दू दैनिक *'हिलाल'* का प्रकाशन हुआ। 'हिलाल' का रविवारीय संस्करण पृथक से निकलता था, जो अच्छे कागज पर सचित्र मुद्रित किया जाता था। इस्लामी देशों की खबरें प्रमुखता से छापी जाती थीं। परिशिष्ट में गजलें, चुटकुले, कार्टून, लेख प्रकाशित किए जाते थे। मुम्बई की घुड़दौड़ और खेलों की खबरें भी छपती थीं। अक्टूबर 1933 में भोपाल से महिलाओं के लिए *'बानो'* का प्रकाशन खातून अरशद बेगम के सम्पादन में हुआ। इस पत्रिका के प्रकाशन का उद्देश्य-ज्ञान, साहित्य, सुरुचि और व्यापक दृष्टिकोण बनाना था। अरबी प्रेस से 34 पृष्ठ की इस पत्रिका का मुद्रण किया जाता था। आकार 20 गुणित 10 से.मी. तथा वार्षिक शुल्क दो रुपये था।

भोपाल के एलेक्जेंड्रा जहाँगीरिया हाईस्कूल से छात्रों की पत्रिका *'गहवारा-ए-अदब'* जनवरी 1933 में प्रकाशित हुई। इस सचित्र पत्रिका का वार्षिक शुल्क एक रुपया था। चार माह में एक बार प्रकाशित होती थी। विद्यार्थियों के लिए उपयोगी साहित्य का प्रकाशन तथा उनमें लिखने की रुचि जागृत करना इस पत्रिका का उद्देश्य था। इलाहाबाद से उर्दू मासिक पत्रिका *'अनीस'* निकली।

कामठी (नागपुर) से अब्दुल सत्तार फारुकी के सम्पादन में सन 1933 में *'अलफारुक'* नामक उर्दू साप्ताहिक का प्रकाशन आरंभ हुआ। 37 गुणित 25 से.मी. आकार का यह अखबार आठ पृष्ठ का था। वार्षिक शुल्क दो रुपये आठ आना था। मुस्लिम लीग की गतिविधियों के समाचार ज्यादातर होते थे। कुल मिलाकर 27 वर्ष तक प्रकाशित हुआ।

बरेली से सन 1933 में उर्दू मासिक पत्रिका *'अल फुरकान'* का प्रकाशन हुआ। कुछ समय बाद पत्रिका लखनऊ स्थानांतरित हो गई। सम्पादक मोहम्मद मंजूर नोमानी थे। पृष्ठ संख्या 48 तक रहती थी। वार्षिक शुल्क चार रुपये था। इस्लामी धर्म के प्रचार-प्रसार के उद्देश्य से इस पत्रिका का प्रकाशन हुआ।

जालंधर से सन 1933 में हमीरा बेगम के सम्पादकत्व में मासिक *'मुस्लिमा'* का प्रकाशन आरंभ हुआ। महिलाओं की धार्मिक और शिक्षाप्रद पत्रिका थी। इसमें

साहित्य भी छपता था। सुन्दर कागज पर छपाई होती थी। पत्रिका का वार्षिक शुल्क एक रुपया था। भोपाल से महमूद उल हसन सिद्दीकी ने सन 1933 में उर्दू साप्ताहिक *'उम्मेहात'* का प्रकाशन किया। कमरुन्निसा बेगम सम्पादक थीं। मार्च 1935 में इसे मासिक पत्रिका के रूप में प्रकाशित किया जाने लगा। महिलाओं में जागृति, उनमें साहित्य के प्रति रुचि पैदा करना, कुरीतियों को समाप्त करना, उनके हक और हितों की रक्षा करना, स्वास्थ्य और बच्चों के लालन-पालन में उपयोगी दिशा-निर्देश देना इसके विषय हुआ करते थे। लेख-कविताएँ, नाटक-कहानी आदि ज्ञानवर्द्धक और मनोरंजक हुआ करते थे। अंजुमन-ए-तबलीग, कानपुर ने इसी वर्ष हिन्दी और उर्दू में मासिक पत्रिका *'रिसाला-ए-इस्लाम'* प्रकाशित की। काजी आबिद अली सम्पादन करते थे। 'रिसाला-ए-इस्लाम' ने कुरआन के हिन्दी अनुवाद का धारावाहिक प्रकाशन किया तथा अन्य लेखों के माध्यम से इस्लाम धर्म के सम्बन्ध में हिन्दुओं को प्रामाणिक जानकारी देने का प्रयास किया। हैदराबाद से अब्दुल रज्जाक ने उर्दू मासिक *'सहाब'* तथा गया से मंजर संसहारवी ने उर्दू मासिक *'सुहेल'*, राजगीर (बिहार) से उर्दू मासिक *'फितरत'*, किशनगंज से उर्दू साप्ताहिक *'आईना'*, सिटी कालेज हैदराबाद से उर्दू त्रैमासिक *'अल मुसा'* और लाहौर से उर्दू मासिक *'तालीम-उल-सेहत'* का प्रकाशन हुआ। 'तालीम-उल-सेहत' के सम्पादक काबुल में मेडीकल आफीसर रहे डाक्टर चौधरी फैजुल हसन थे। 40 पृष्ठ की इस पत्रिका का वार्षिक शुल्क एक रुपया आठ आना था।

विहंगम

नागपुर से मराठी मासिक पत्रिका *'विहंगम'* का प्रकाशन जुलाई 1933 में हुआ। सम्पादक यादव मुकुन्द पाठक तथा प्रबंध सम्पादक जगन्नाथ रामचंद्र जोशी थे। महीने की दस तारीख को इसका प्रकाशन होता था। इतिहास, जीवन चरित्र, संस्मरण, कविता, कहानी, निबंध, कला 'विहंगम' के विषय थे। महिलाओं और बच्चों के लिए ज्ञानप्रद तथा मनोरंजक रचनाएँ प्रकाशित की जाती थीं। वार्षिक शुल्क तीन रुपये और एक प्रति का मूल्य चार आना था। काका कालेलकर, वि.म.कोलते, कुसुमाग्रज, श्रीधर व्यंकटेश केतकर, दत्तो वामन पोतदार, नारायण केशव बहेरे, प्रो. वामन मल्हार जोशी प्रभृति साहित्यकारों की रचनाओं से 'विहंगम' का कलेवर समृद्ध होता था। तीन वर्ष पश्चात 'विहंगम' नागपुर से वर्धा स्थानांतरित हो गया। तब यह भारतीय साहित्य परिषद के मुखपत्र के रूप में निकलने लगा।

संजीवनी

प्रभाकर श्रीपाद कोल्हटकर ने अक्टूबर 1933 में महिलाओं के लिए पहले मराठी साप्ताहिक *'संजीवनी'* का प्रकाशन मुम्बई से किया। इसकी विषय सूची केवल घर और रसोईघर तक सीमित नहीं थी। बल्कि स्त्रियों की स्थिति, उनकी

समस्याएँ, स्त्रियों के लिए आगे बढ़ने के अवसर, शिक्षा, साहित्य, विचार प्रधान लेख 'संजीवनी' में प्रकाशित किए जाते थे। महिला छायाकारों द्वारा लिए गए छायाचित्रों को प्रमुखता से छापा जाता था। वार्षिक शुल्क चार रुपये तथा एक प्रति का मूल्य एक आना था।

निर्भीड

अनन्तराव गद्रे ने 24 सितम्बर 1933 को दामोदर शिवराम की सहायता से मराठी सचित्र साप्ताहिक *'निर्भीड'*[1] का प्रकाशन किया। सम्पादकीय स्तम्भ के ऊपर "न मे द्वेष्योऽस्ति न प्रिय:" अंकित रहता था। यह सम-सामयिक प्रसंगों और सार्वजनिक क्षेत्र के व्यक्तियों पर निर्भयतापूर्वक टिप्पणी करता था। इसका उद्घोष था- निर्भीड सत्य को वंदन करता है। निर्भीड झूठ की पीठ पर मारता है। निर्भीड मित्र और शत्रु पर निर्भय टीका करता है। ऐसी ही टिप्पणियों के कारण 'निर्भीड' के सम्पादक को कई बार माफी माँगनी पड़ी और मुकदमों का सामना करना पड़ा। इन्हीं हालात में सन 1935 में 'निर्भीड' का प्रकाशन बन्द हो गया।

जनवरी 1933 में मराठी मासिक *'सूर्यकान्त'* का सम्पादन-प्रकाशन न.क.बावडेकर और श्री. श.दिघे ने किया। सन 1933 में इसके बारह अंक प्रकाशित हुए। 'सूर्यकान्त' का जनवरी (1934) अंक भोर संस्थान विशेषांक के रूप में निकला। तभी कुछ समय के लिए प्रकाशन बन्द करने की सूचना दी गई।

शिक्षण पत्रिका

सुप्रसिद्ध शिक्षाशास्त्री गिजुभाई ने मांटेसरी संघ के तत्वावधान में मराठी मासिक *'शिक्षण पत्रिका'* का प्रकाशन सन 1933 में मुम्बई से किया। छह वर्ष तक उनके सम्पादन में निकली यह पत्रिका मध्यप्रान्त और मुम्बई प्रान्त के पाँच हजार विद्यालयों में पहुँचती थी। 23 जून 1939 को गिजुभाई का निधन होने के बाद ताराबाई मोडक पत्रिका की सम्पादक हुईं। वार्षिक शुल्क डेढ़ रुपया था। हिंदी 'शिक्षण पत्रिका' इन्दौर से प्रकाशित की गई। प्रकाशन दायित्व काशीनाथ त्रिवेदी पर था और सम्पादक ताराबाई मोडक थीं।

त्रिकाल

मराठी साप्ताहिक 'त्रिकाल' सन 1933 में शिवराम लक्ष्मण करंदीकर ने पुणे से प्रकाशित किया। कुछ अरसे बाद दैनिक हो गया। लोकसंग्रह छापाखाने में प्रकाशित होता था। मूलत: मराठी विद्यालय में अध्यापन करने वाले करंदीकर की तीखी टिप्पणियों के कारण 'त्रिकाल' से बार-बार जमानत माँगी गई। छापाखाने की तीन हजार रुपये की जमानत जब्त होने तथा पाँच हजार रुपये की नई जमानत माँगे

---

1. 'निर्भीड' नामक अन्य मराठी साप्ताहिक 1894 में मुम्बई से भी निकला था।

जाने पर लोकसंग्रह छापाखाने ने 'त्रिकाल' छापने से मना कर दिया। सन 1939 के अन्त में पत्र का प्रकाशन बन्द हो गया।

यवतमाल से सन 1933 में विश्वनाथ सारस्वत ने मराठी साप्ताहिक *'लोक सेवक'* का सम्पादन-प्रकाशन किया। पत्र दीर्घजीवी रहा। कोल्हापुर से भी इसी नाम का साप्ताहिक पत्र प्रकाशित हुआ। मराठी का सचित्र साप्ताहिक *'प्रभा'* सन 1933 में पुणे से निकला। सम्पादक रा.ब.घोरपड़े तथा संचालक डा.ना.भि.परुलेकर थे। पत्रिका में कहानियाँ, उपन्यास अंश, चुटकुले और पहेलियाँ, चिकित्सा सम्बन्धी नुस्खे तथा चित्र आदि दिए जाते थे। वार्षिक शुल्क तीन रुपये था। 17 अक्टूबर 1933 को सचित्र मराठी *'तीरंदाज'* प्रकाशित हुआ। बालकृष्ण दासजी प्रभु सम्पादक थे। जलगांव से मराठी पाक्षिक *'कलादर्श'* सन 1933 में निकला। सोनालकर, चौगुले, पलशीकर और आनंदीबाई शिर्के के प्रयासों से प्रकाशित हुआ यह पत्र ज्यादा समय तक नहीं चल सका। मुम्बई से मराठी साप्ताहिक *'विहार'* सन 1933 में आरंभ हुआ। तीन वर्ष तक निकलता रहा। सम्पादक विट्ठल जीवाजी नाडकर्णी थे। 'विविध वृत्त' का यह सह-प्रकाशन अपने निंदक लेखन के लिए कुख्यात था। अंबरनाथ आत्माराम करडे ने सन 1933 में ज्योतिष विषयक मराठी साप्ताहिक *'भविष्य भास्कर'* प्रकाशित किया। गोपाल विष्णु तुलपुले ने *'मति विकास'* नामक मराठी मासिक पत्र पुणे से निकाला।

नवयुग

5 दिसम्बर 1933 को दिल्ली से हिन्दी दैनिक 'नवयुग' का प्रकाशन नेशनल जर्नल लिमिटेड कंपनी ने किया। सत्यकाम विद्यालंकार 'नवयुग' के सम्पादक थे। 'सुधा' ने 'नवयुग' पर परिचयात्मक टिप्पणी लिखी- "इस पत्र में रूटर, एसोसिएटेड प्रेस, फ्री प्रेस, यूनाइटेड प्रेस आदि की खबरों के अतिरिक्त निजी संवाददाताओं द्वारा प्रेषित भी पर्याप्त समाचार रहते हैं। 'नवयुग' को श्रेष्ठ कोटि के अँगरेजी दैनिकों के ढंग का निकाला गया। उसमें बड़े आकार के आठ पृष्ठ रहते हैं। व्यापारिक खबरें भी रहती हैं। सामयिक चित्र भी दिए जाते हैं। छपाई, कागज सभी कुछ आकर्षक।"[1]

पत्र के संचालक कोहली और साहनी थे। 'नवयुग' के आर्थिक संकट ने समाचारपत्र कर्मचारियों के वेतन वितरण की तारीख निश्चित कराने का कार्य किया। प्रेस कर्मचारियों को समय पर वेतन नहीं मिलने के कारण कम्पोजिटरों ने हड़ताल कर दी तब कानून में परिवर्तन कर यह नियम जोड़ा गया कि सात तारीख तक कर्मचारियों को वेतन दे देना चाहिए। नियम भंग होने पर सजा का प्रावधान किया गया। आर्थिक कठिनाई के कारण 'नवयुग' दैनिक से साप्ताहिक हो गया। सत्यकाम

1. सुधा 16 फरवरी 1934, पृष्ठ 89

विद्यालंकार के बाद अवनीन्द्र कुमार, रामसिंह, गोपालकृष्ण कौल और दीननारायण गुप्त ने सम्पादन किया। महावीर अधिकारी भी 'नवयुग' के सम्पादक रहे। उनके कार्यकाल में 'नवयुग' ने चित्रावली का प्रकाशन विशेष आकर्षण के लिए किया।

कोलकाता से 30 दिसम्बर 1933 को हिन्दी दैनिक *'राष्ट्रबंधु'* का प्रकाशन आरंभ हुआ। राष्ट्रीय विचारधारा के पोषक 'राष्ट्रबंधु' के सम्पादक मेहरचंद धीमान थे। ताजे समाचारों, मनन योग्य लेखों और सम्पादकीय टिप्पणियों, भ्रमण वृत्तांत, कविताओं, कहानियों और हास्य-व्यंग्य के अलावा कार्टूनों के कारण लोकप्रिय हुआ। वार्षिक शुल्क 12 रुपये था।

सन 1933 में विश्वम्भर प्रसाद शर्मा ने सहारनपुर से *'विकास'* नामक हिन्दी साप्ताहिक समाचारपत्र का सम्पादन-प्रकाशन किया। साप्ताहिक विकास के यशस्वी सम्पादक कन्हैयालाल मिश्र 'प्रभाकर' रहे। दयानन्द निर्वाण अर्द्धशती के अवसर पर आत्माराम अमृतसरी और विश्वम्भर प्रसाद शर्मा के सम्पादकत्व में 'विकास' का आर्य समाज विशेषांक प्रकाशित हुआ था। 'कर्मवीर' ने इस विशेषांक पर टिप्पणी करते हुए लिखा- "जहाँ कर्तव्यशील भारतीयों ने निर्वाण अर्द्धशताब्दी महोत्सव के रूप में अपने युग के सर्वश्रेष्ठ प्रवर्तक मनीषी स्वामी दयानन्द के प्रति अपनी कृतज्ञता प्रकट की है वहाँ 'विकास' के विद्वान सम्पादकों ने आर्य समाज अंक निकालकर महर्षि के पावन उद्देश्यों की फिर से एक बार चर्चा कर महर्षि के प्रति अपना कर्तव्य पालन किया है।"[1] सम्प्रति अखिलेश सम्पादक हैं। पृथ्वीराज मिश्र के सम्पादकत्व में दिल्ली से सचित्र हिन्दी मासिक पत्र *'अरुण'* सन 1933 में निकला। साहित्य, स्वास्थ्य और शृंगार, हास्य मंजूषा, परिमल, हास्य विनोद पत्रिका के मुख्य स्तंभ थे। वार्षिक शुल्क साढ़े तीन रुपये था।

सनातन धर्म

20 जुलाई 1933 से महामना मदनमोहन मालवीय ने हिन्दी साप्ताहिक *'सनातन धर्म'* का प्रकाशन काशी से कराया। सम्पादक भुवनेश्वरप्रसाद मिश्र थे। उनके बाद सीताराम चतुर्वेदी ने यह जिम्मेदारी संभाली। 'सनातन धर्म' साहित्य, विज्ञान, कला कौशल और भारतीय संस्कृति को समर्पित पत्र था। प्रथम सम्पादकीय में लिखा गया- "राजनीतिक और व्यापार सम्बन्धी उन्नति के लिए हिन्दुस्तान की सब जातियों में परस्पर प्रीति और एकता की बहुत जरूरत है। हिन्दुस्तान में अब केवल हिन्दू ही नहीं बसते हैं, हिन्दुस्तान जैसे हिन्दुओं का प्यारा जन्म स्थान है, वैसे ही मुसलमानों का भी है।" पहले इसी नाम से कोलकाता से भी पत्र निकला था, जो आर्थिक कठिनाई के कारण बंद हो गया था।

---

1. कर्मवीर 11 नवम्बर 1933, पृष्ठ 4

सन 1933 में प्रयाग से हास्य रस का हिन्दी पाक्षिक पत्र *'मदारी'* बलभद्रप्रसाद गुप्त 'रसिक' के सम्पादकत्व में प्रकाशित हुआ। हास्य रस की सामग्री के साथ-साथ कविताएँ और कथाएँ भी प्रकाशित करता था। वार्षिक मूल्य डेढ़ रुपया था। भागीरथ प्रसाद दीक्षित ने लखनऊ से हिन्दी दैनिक *'अवध अखबार'* का प्रकाशन सन 1933 में किया। एक अंक की कीमत एक पैसा थी। समाचार और सामयिक लेखों के अलावा कविताएँ भी प्रकाशित होती थीं।

मेहरचंद धीमान ने कोलकाता से समाचार प्रधान हिन्दी साप्ताहिक पत्र *'जागृति'* का सम्पादन-प्रकाशन किया। परन्तु इस पत्र में अपेक्षित गंभीरता का अभाव था। मुंशी नवजादिकलाल श्रीवास्तव के सम्पादन-दायित्व ग्रहण करने पर पत्र का स्तर सुधरा। जगदीशचन्द्र हिमकर भी सम्पादक रहे। सन 1936 में दैनिक हो गया।

राधामोहन गोकुलजी के सम्पादकत्व में कोलकाता से सन 1933 में साहित्यिक साप्ताहिक पत्र *'तूफान'* निकला। हास्य, बाल विनोद, कहानी आदि मनोरंजक सामग्री के साथ-साथ गंभीर और विचारपूर्ण लेख भी प्रकाशित किए जाते थे। वार्षिक शुल्क साढ़े तीन रुपये था।

बनखेड़ी, जिला होशंगाबाद से *'पैसा'* नामक मासिक पत्र का प्रकाशन भैयालाल चौहान ने किया। सम्पादक मोहन शर्मा विशारद इसके पहले दमोह की पत्रिका 'मोहन' का सम्पादन कर चुके थे। पृष्ठ संख्या 44, वार्षिक शुल्क दो रुपये था। 'कर्मवीर' ने एक गाँव से पत्र-प्रकाशन के हौसले की सराहना करते हुए लिखा- "यह अर्थ विज्ञान, व्यवसाय-वाणिज्य, कला-कौशल और गृह शिल्प का पत्र है। इन कठिन विषयों के पत्र के लिए गाँव तो क्या तहसील तथा जिले का सदर मुकाम भी उपयुक्त स्थल नहीं। बनखेड़ी से यह उद्योग सफल होगा तो हमें गर्वपूर्ण प्रसन्न होगी।"[1]

अक्टूबर 1933 में दिल्ली से हिन्दी मासिक पत्र *'आकर्षण'* भूदेव शर्मा के सम्पादकत्व में प्रकाशित हुआ। 'आकर्षण' में शिक्षा और मनोरंजन पर अच्छी सामग्री दी जाती थी। दिल्ली से हिन्दी की यह पहली मासिक पत्रिका निकली थी। वार्षिक शुल्क पाँच रुपये था। कानपुर से सिनेमा सम्बन्धी पत्रिका 'अभिनव' सन 1933 में निकली। गयाप्रसाद द्विवेदी और श्यामविजय पाण्डेय सम्पादक थे। मनोरंजन से परिपूर्ण इस पत्रिका में व्यापारिक विषयों पर भी लेख रहते थे।

ज्ञानी भजनसिंह ने मासिक *'अमृत'* का प्रकाशन-सम्पादन किया। सन 1933 में लखनऊ से सरस्वती श्रीवास्तव 'सुधा' के सम्पादन में हिन्दी मासिक पत्रिका *'बाल विनोद'* का प्रकाशन हुआ। बच्चों की इस पत्रिका की प्रकाशक

---

1. कर्मवीर, 9 सितम्बर 1933, पृष्ठ 4

सावित्री दुलारेलाल और प्रबंधक जयजयवंती देवी थीं। यह पहली पत्रिका थी, जो पूरी तरह महिलाओं द्वारा निकाली जा रही थी। बच्चों के लिए ज्ञानवर्धक रचनाएँ प्रकाशित की जाती थीं।

जातीय पत्र *'पालीवाल'* अलीगढ़ से सन 1933 में निकला। रामचन्द्र सारन सम्पादक-प्रकाशक थे। इसी नाम का दूसरा पत्र इन्दौर से भी निकला, जिसके सम्पादक-प्रकाशक गणेशचंद्र पुरोहित थे। कानपुर से *'दलितोदय'* नामक हिन्दी मासिक पत्र का प्रकाशन शंभुनाथ ने किया। अछूतोद्धार और दलितों के उत्थान पर केन्द्रित पत्रिका थी। मुम्बई से *'न्यू सिनेमा संसार'* सन 1933 में राधाकृष्ण शुक्ल के सम्पादन में प्रकाशित हुआ। 68 पृष्ठ की इस हिन्दी मासिक पत्रिका की एक प्रति का मूल्य छह आना था।

रामचन्द्र शाह और कन्हैयालाल मिश्र प्रभाकर के सम्पादन में हरिद्वार से हिन्दी मासिक पत्रिका *'मनोरंजन'* का प्रकाशन सन 1933 में किया गया। अ.भा. माहेश्वरी महासभा का साप्ताहिक मुखपत्र *'माहेश्वरी'* छह जुलाई 1933 को नागपुर से प्रकाशित हुआ। भगवानदास केला और रामगोपाल चांडक बी.ए. सम्पादक थे। शालिगराम वर्मा के सम्पादन में प्रयाग से हिन्दी मासिक पत्र *'शिक्षक'* का प्रकाशन जनवरी 1933 में किया गया। वार्षिक शुल्क डेढ़ रुपये था। शिक्षकों के लिए उपयोगी पत्रिका थी।

सन 1933 में कोलकाता से बदरीदास पुरोहित ने साप्ताहिक *'धर्म शिक्षक'* का सम्पादन-प्रकाशन किया। इसी वर्ष भागलपुर से हिन्दी साप्ताहिक *'हलधर'* का प्रकाशन हुआ जो कृषि और किसानों का पत्र था। ग्वालियर से हिन्दी मासिक *'सनाढ्य जीवन'* का प्रकाशन सन 1933 में हुआ। सम्पादक रामकिशोर शर्मा थे। पृष्ठ संख्या 32 और वार्षिक शुल्क तीन रुपये था। यही पत्रिका अगले वर्ष प्रभुदयाल शर्मा के सम्पादन में श्रवण प्रेस इटावा से निकलने लगी। सन 1949 तक *'सनाढ्य जीवन'* का प्रकाशन हुआ। इसका 'विवाह अंक' और 'तुलसी स्मृति अंक' चर्चित रहे।

अलीगढ़ से सन 1933 में हिन्दी पाक्षिक पत्र *'सत्संग'* प्रकाशित हुआ। धर्म विषयक आलेख प्रमुखता से प्रकाशित किये जाते थे। वार्षिक शुल्क डेढ़ रुपया और पृष्ठ संख्या 20 थी। सन 1933 में मेरठ से स्वामी शिवानन्द सरस्वती ने हिन्दी साप्ताहिक संकीर्तन का सम्पादन-प्रकाशन किया। पच्चीस वर्ष तक प्रकाशित हुए 'संकीर्तन' के कई विशेषांक निकले जो सभी संग्रहणीय और उत्कृष्ट सामग्री से सुसज्जित थे। लाहौर से सनातन धर्म प्रतिनिधि सभा ने हिन्दी साप्ताहिक *'विश्व बंधु'* का प्रकाशन किया। सन 1942 से 1947 तक यह दैनिक पत्र के रूप में प्रकाशित हुआ। संरक्षक गोस्वामी गणेशदत्त और सम्पादक वी.पी.माधव थे।

दिल्ली से भद्रसेन गुप्त ने जनवरी 1933 में हिन्दी साप्ताहिक *'संजय'* का सम्पादन-प्रकाशन किया। आर्य समाज का समर्थक पत्र था। वार्षिक मूल्य दो रुपये था। 'संजय' का 172 पृष्ठ का महाभारत अंक विद्वानों के लेख और सचित्र प्रस्तुति के कारण सराहा गया था। इसी वर्ष चंदौसी से मायादत्त पाण्डेय शास्त्री और नारायण पंत वैद्यशास्त्री ने हिन्दी मासिक *'स्वदेश'* निकाला। इसी वर्ष जयपुर से लाडली नारायण गोयल ने *'प्रभात'* का प्रकाशन किया। सन 1939 में सत्यदेव विद्यालंकार और सन 1950 में बाबा नरसिंहदास ने *'प्रभात'* को पुनर्जीवित करने का प्रयास किया परन्तु सफलता नहीं मिली। इसी वर्ष बलिया से भी हिन्दी साप्ताहिक *'प्रभात'* निकला। वार्षिक शुल्क ढाई रुपये था।

प्रभाकर

आगरा से सन 1933 में भाई शंकर शर्मा के सम्पादन में हिन्दी साप्ताहिक *'प्रभाकर'* निकला। 'प्रभाकर' में कहानी-कुंज, विचित्र-विज्ञान, प्रवासी-बंधु, बाल-विनोद, कविता-कलाप, स्वास्थ्य-सुधा, महिला-मण्डल, धर्म-विज्ञान, समाज-संस्कार, साहित्य संसार, स्वदेश-संदेश, विदेश-वार्ता और गड़बड़-गोष्ठी जैसे नियमित स्तंभ थे। वार्षिक शुल्क तीन रुपये, पृष्ठ संख्या 24 और आकार 20 गुणित 30 से.मी. था। अपनी गुणवत्ता के कारण समकालीन पत्र-पत्रिकाओं ने 'प्रभाकर' की सराहना की थी।

हिन्दी मासिक *'नार्मदीय'* खण्डवा से निकला। सम्पादक सिद्धनाथ शुक्ल और शिवकुमार चौरे थे। 'कर्मवीर' ने इस मासिक पत्र पर टीका करते हुए लिखा था- "नार्मदीय ब्राह्मण जाति का मुख पत्र है। इस फिरके की मरदुमशुमारी 14,000 है। इनमें से करीब ग्यारह हजार सिर्फ निमाड़ प्रदेश में ही रहते हैं।"[1] पृष्ठ संख्या 32 और वार्षिक शुल्क दो रुपये था।

दिल्ली से ऋषभचन्द जैन ने हिन्दी साप्ताहिक *'चित्रपट'* का सम्पादन-प्रकाशन एक जून 1933 से किया। सिनेमा सम्बन्धी यह पत्र साहित्य और मनोरंजन का समन्वित स्वरूप लिए था। प्रेमचन्द, जैनेन्द्र, महादेवी वर्मा, रामकुमार वर्मा, चतुरसेन शास्त्री, वृन्दावनलाल वर्मा प्रभृति साहित्यकारों की रचनाएँ 'चित्रपट' में छपीं। नरोत्तमप्रसाद नागर सहकारी सम्पादक थे। 'चित्रपट' के नववर्षांक अपनी सजधज तथा विशेष पठनीय सामग्री के कारण संग्रहणीय हुआ करते थे। हिन्दी फिल्म पत्रकारिता में 'चित्रपट' का महत्वपूर्ण स्थान है। संपादक विश्वनाथ नारायण बागांवकर ने कामर्शियल प्रेस नागपुर से मराठी भाषा का उद्योग, व्यवसाय सम्बन्धी मासिक पत्र *'उद्यम'* प्रकाशित किया। वार्षिक शुल्क पाँच रुपये था। मई 1933 में

---

1. कर्मवीर, 11 नवम्बर 1933

बरहामपुर से अँगरेजी दैनिक पत्र *'न्यू उड़ीसा'* एस.बी.रथ के सम्पादन में प्रकाशित हुआ। राष्ट्रीय विचारधारा का सुसम्पादित पत्र था। पृष्ठ संख्या आठ और वार्षिक शुल्क 12 रुपये था।

तमिल पत्रकारिता में नवाचार

1934

दिनमणि

चेन्नै से सितम्बर 1934 में तमिल दैनिक *'दिनमणि'* का प्रकाशन इंडियन एक्सप्रेस के प्रकाशकों ने किया। तब एक प्रति का मूल्य छह पाई था। सम्पादक ए.एम.शिवरामन थे, जो अनुभवी पत्रकार थे। 'दिनमणि' के समाचारों की एक विशेषता यह थी कि उनकी पृष्ठभूमि दी जाती थी और उन पर टिप्पणी भी की जाती थी। इस प्रयोग ने तमिल पाठकों को घटनाओं और विषयों को समझने की नई दृष्टि दी जिससे बहस और संवाद व्यापक हुआ। शिवरामन पहले 'तमिलनाडु' का सम्पादन कर चुके थे, जिसके अनुभवों ने उन्हें नए प्रयोग करने की प्रेरणा दी। स्थानीय और प्रांतीय समाचारों को ज्यादा स्थान देने से पत्र की प्रसार

டி. டி. கே. மீது வந்த புகார்கள்: மேல் விசாரணை இல்லை

தினமணி

DINAMANI

दिनमणि

संख्या और पहुँच बढ़ी। 'दिनमणि' के अग्रलेख और सम्पादकीय टिप्पणियाँ बिन्दुवार और सुस्पष्ट राय के कारण प्रेरक और मननीय होते थे। बहुत कम समय में 'दिनमणि' तमिल की पहली पंक्ति का दैनिक पत्र बन गया।

'दिनमणि' की विकास यात्रा के पड़ाव के रूप में मदुरै, कोयंबटूर और बेंगलूरु संस्करण प्रकाशित हुए। एन.आर.स्वामीनाथन, एम.के.शंकरन् नायर, टी.सम्बंदम् ने विभिन्न संस्करणों का सम्पादन किया। 'दिनमणि' का प्रकाशन जारी है और तमिल के प्रमुख और प्रतिष्ठित दैनिक समाचारपत्रों में उसकी गणना होती है।

नवशक्ति

फ्री प्रेस जर्नल के साथ-साथ एस.सदानन्द ने सन 1934 में मराठी दैनिक *'नवशक्ति'* का प्रकाशन मुम्बई से किया। आचार्य शंकर दत्तात्रय जावडेकर सम्पादक थे। वे गांधीवादी विचारक और राजनीतिशास्त्र के विद्वान थे। प्रकाशक से नीतिगत मतभेद होने पर जावडेकर ने 'नवशक्ति' से नाता तोड़ लिया और पुणे से 'लोकशक्ति' का सम्पादन-प्रकाशन किया। कुछ समय के लिए का.म.ताम्हणकर, फिर प्रभाकर पाध्ये के सम्पादन-काल में पत्र के प्रभाव, प्रसार और प्रतिष्ठा में अभिवृद्धि हुई। 'नवशक्ति' से ब्रिटिश हुकूमत ने सात बार जमानत माँगी और सातों बार जब्त कर ली। अन्ततः सन 1935 में 'नवशक्ति' बंद हो गया। दो वर्ष बाद सन 1937 में उसका पुनः प्रकाशन हुआ। प्रभाकर पाध्ये ने 30 नवम्बर 1945 में 'नवशक्ति' के सम्पादक का पद ग्रहण किया। राजनीतिक टिप्पणियों तथा साहित्यिक लेखन-दोनों में वे सिद्धहस्त थे।

15 अगस्त 1947 को 'नवशक्ति' ने मत्थे के ऊपर लिखा- "दीप ज्योती उजलुनी पदीं याहे स्वतंत्रता देवी।" प्रथम पृष्ठ पर महात्मा गांधी का चित्र छापा गया। दूसरा चित्र शहीद स्तम्भ का था जहाँ लोग वंदना कर रहे थे। तब इसकी एक प्रति की कीमत एक आना थी। सन 1980 में 'नवशक्ति' के सम्पादक प्रभाकर आदिशंकर गोखले थे। 1992 में डी.बी.जोशी सम्पादक हुए। एस.एस.कवलेकर ने मुम्बई से मराठी मासिक *'दक्खन'* निकाला।

जन्मभूमि

मुम्बई से सन 1934 में अमृतलाल सेठ ने गुजराती दैनिक *'जन्मभूमि'* का प्रकाशन किया। सांवलदास गांधी सम्पादक थे। कतिपय विवादों-मुकदमों के कारण अमृतलाल सेठ ने पत्र से सम्बन्ध विच्छेद कर लिया। सन 1947 में उन्होंने पुनः प्रबंध सम्पादक के रूप में 'जन्मभूमि' की बागडोर संभाली। अमृतलाल सेठ को इंडियन लेंग्वेज न्यूजपेपर एसोसिएशन (इलना) की स्थापना का भी श्रेय प्राप्त है। कुछ समय बाद जन्मभूमि छोड़कर 'वंदे मातरम्' नामक पत्र का प्रकाशन किया। कड़े प्रतिबंध के बावजूद 'जन्मभूमि' ने ही यह समाचार प्रकाशित किया था कि

नेताजी सुभाषचन्द्र बोस ने आजाद हिन्द फौज की कमान संभाल ली है। सन 1935 में लाहौर में पंजाब की पुलिस ने प्रदर्शनकारियों पर गोली चलाकर बीस लोगों को भून दिया। यह खबर दबा दी गई। तब राजस्थानी जाट के वेश में जयनारायण व्यास वहाँ जा पहुँचे। लोगों से मिलकर घटना का पूरा ब्योरा लिया, कुछ तस्वीरें भी लीं। ये चित्र और समाचार 'जन्मभूमि' को भेजे। तब देश को वारदात की जानकारी मिली।

31 अक्टूबर 1945 को 'जन्मभूमि' ने सरदार पटेल की 70वीं वर्षगाँठ पर विशेषांक प्रकाशित किया। 48 पृष्ठ के इस विशेषांक में काका कालेलकर, डा.पट्टाभि सीतारामय्या, गणेश वासुदेव मावलंकर, प्रो. रंगा, मंगलदास पकवासा, इंदुलाल याज्ञिक, रविशंकर महाराज, प्रभृति विद्वानों के लेख प्रकाशित किए गए।

सन 1950 में अमृतलाल सेठ ने ट्रस्ट का गठन कर 'जन्मभूमि' और मराठी दैनिक 'लोकमान्य' का संचालन-प्रकाशन दायित्व ट्रस्ट को सौंप दिया। सन 1954 में अमृतलाल सेठ का निधन होने के उपरांत मोहनलाल वी.मेहता 'जन्मभूमि' के सम्पादक हुए।

सम्प्रति सौराष्ट्र ट्रस्ट मुम्बई से मराठी दैनिक 'लोकमान्य', राजकोट से गुजराती दैनिक 'फूलछाब', सूरत से गुजराती दैनिक 'प्रताप', भुज से गुजराती दैनिक 'कच्छ मित्र' और मुम्बई से 'जन्मभूमि' एवं 'प्रवासी' तथा 'व्यापार' का प्रकाशन करता है। 'जन्मभूमि' तथा 'प्रवासी' गुजराती के बहुप्रसारित पत्र हैं। वर्तमान में प्रकाशक धीरूभाई जे.देसाई और प्रधान सम्पादक कुन्दन व्यास हैं।

क्विलोन से मलयालम दैनिक *'प्रभातम्'* का प्रकाशन सन 1934 में हुआ। आरंभ में यह रविवार को प्रकाशित नहीं होता था, बाद में सातों दिन छपने लगा। सम्पादक तंगल कुंजू मुदलियार थे। 'प्रभातम्' का रविवारीय संस्करण विविधतापूर्ण रचनाओं के कारण लोकप्रिय हुआ।

जनवाणी

पी.एन.गुप्त ने सन 1934 में बेंगलूरु से कन्नड दैनिक *'जनवाणी'* का सम्पादन-प्रकाशन किया। के.सी.रेड्डी भी 'जनवाणी' के सम्पादक रहे जो बाद में मैसूर के मुख्यमंत्री बने। इसी पत्र के साथ-साथ कन्नड साप्ताहिक *'प्रजामत'* भी प्रकाशित किया जाता था। सन 1943 में दोनों पत्र उद्योगपति पी.एम.श्रीनिवासय्या ने खरीद लिए। 'जनवाणी' की नीति स्वतंत्र थी। राष्ट्रीय भावनाओं का समर्थक था। इस पत्र में स्थानीय समाचार प्रमुखता से छापे जाते थे। बेंगलूरु, मैसूर और आसपास के इलाकों में 'जनवाणी' का अच्छा प्रसार था।

सन 1934 में राँची से अँगरेजी साप्ताहिक *'सेंटीनल'* का प्रकाशन हुआ। सम्पादक-प्रकाशक बन्नू भाई वकील थे। कुछ समय तक एस.एस.अहमद के

सम्पादकत्व में 'सेंटीनल' दैनिक प्रकाशित हुआ। चेन्नै से *'डेक्कन टाइम्स'* नामक अँगरेजी साप्ताहिक का प्रकाशन सन 1934 में हुआ। मुस्लिम लीग का समर्थक पत्र था। सम्पादक ए. रऊफ थे। सन 1941 में 'डेक्कन टाइम्स' ने मुस्लिम लीग विशेषांक प्रकाशित किया था। एक प्रति का मूल्य तीन आने था।

इसी वर्ष महावीर सिंह के सम्पादन में अँगरेजी पत्र *'टेलीग्राम'* निकला। *'ट्वेंटीयथ सेंचुरी'* नामक अँगरेजी मासिक पत्रिका नवम्बर 1934 में इलाहाबाद से निकली। के.ईश्वर दत्त सम्पादक थे। आकार 25 गुणित 15 से.मी. था। पत्रिका के तीन स्तंभ थे। *'स्क्रूट्रेटर'* शीर्षक से सम्पादकीय टिप्पणियाँ प्रकाशित की जाती थीं। *'इंडियन इंडिया'* स्तंभ के अन्तर्गत देश के किसी भी क्षेत्र की समस्याएँ, हालात पर विश्लेषण किया जाता था। 'ट्वेंटीयथ सेंचुरी मिसलैनी' शीर्षक के अन्तर्गत किसी पुस्तक अथवा विदेशी समाचारपत्रों में किसी विषय पर प्रकाशित टिप्पणियाँ-उद्धरण दिए जाते थे। राजनीति, साहित्य, कानून आदि विषयों पर लेखादि रहते थे। सन 1943 में पत्रिका ने दो विशेषांक निकाले- 'वार एनीवर्सरी स्पेशल' तथा 'पोस्ट वार रीकंस्ट्रक्शन स्पेशल'। जी.एन.कौल तथा बलदेव प्रसाद ने सन 1934 में अँगरेजी साप्ताहिक *'कश्मीर टाइम्स'* का सम्पादन-प्रकाशन किया। मछलीपट्टणम् से अँगरेजी मासिक पत्रिका *'एजूकेशनल मीडिया'* का प्रकाशन हुआ। सम्पादक एम.वेंकटरामैया थे। मुद्रण, कला और तकनीक पर केन्द्रित अँगरेजी त्रैमासिक पत्रिका *'इण्डियन प्रिंट एंड पेपर'* सन 1934 में कोलकाता से प्रकाशित हुई। सम्पादक नार्मन ए.एलिस थे। पी.के.गुहा रे भी सम्पादक रहे। *'इण्डियन आयल एण्ड सोप जर्नल'* का प्रकाशन कोलकाता से सन 1934 में हुआ। इसी वर्ष नई दिल्ली से *'इण्डियन रोड्स कांग्रेस जर्नल'* प्रकाशित हुआ।

दिल्ली से ही अँगरेजी मासिक *'इंश्योरेंस न्यूज'* का प्रकाशन हुआ। मुम्बई से डा.ए.पी.पिल्ले के सम्पादन में *'इंटरनेशनल जर्नल ऑफ सेक्सोलॉजी'* निकला। इंडियन जर्नलिस्ट्स एसोसिएशन कोलकाता ने सन 1934 में कोलकाता से *'इण्डियन रिकार्डर'* का प्रकाशन किया। यह एक उपयोगी प्रकाशन था। यद्यपि इसके चार अंक ही प्रकाशित हो पाए। एसोसिएशन ने कोलकाता विश्वविद्यालय में पत्रकारिता का पाठ्यक्रम आरंभ कराने की पहल की। *'इन्वेस्टर्स इनसाइक्लोपीडिया'* नामक अँगरेजी वार्षिकी सन 1934 में चेन्नै से प्रकाशित हुई।

'वाऊरेडिंगचो एक्जिट' नामक त्रिभाषी साप्ताहिक सन 1934 में गोवा से सोसाइटी आफ सेंट फ्रांसिस जेवियर ने प्रकाशित किया। सम्पादक जेरुलिनो परेरा थे। कोंकणी, अँगरेजी और पुर्तगाली भाषा का पत्र था। कोलकाता से अँगरेजी साप्ताहिक *'व्हिप'* का सम्पादन-प्रकाशन श्रीनिवास शर्मा ने किया। पंजाब विश्वविद्यालय से *'रिसर्च बुलेटिन'* प्रकाशित हुई।

'इण्डियन पी.ई.एन.' नामक अँगरेजी मासिक पत्रिका सोफिया वाडिया के सम्पादन में सन 1934 में मुम्बई से प्रकाशित हुई। साहित्य, अध्यात्म और ज्ञान की यह पत्रिका विषय वस्तु और सम्पादन दोनों ही दृष्टियों से उत्कृष्ट थी।

बंगला मासिक *'नूतन जीवन'* सन 1934 में कोलकाता से निकली। सम्पादक एस.के.धर थे। कला, साहित्य और संगीत की मासिक पत्रिका *'मनोहर'* का प्रकाशन सन 1934 में हुआ। इस मराठी पत्रिका के सम्पादक शंकरराव किर्लोस्कर थे। मनोहर में व्यंग्य स्तंभ, मेवा मिठाई, ग्रंथ परीक्षा, गुजराती साहित्य वृत्त, मनोहरचा कमरातून आदि नियमित स्तंभ थे। लेख, कहानियाँ और कविताएँ छपती थीं। 'मनोहर' मराठी की लोकप्रिय और बहुप्रसारित पत्रिका है।

अक्टूबर 1934 में मराठी पत्रिका *'विश्ववाणी'* का प्रकाशन हुआ। रत्नागिरी से जून 1934 में बच्चों के लिए पाक्षिक पत्र *'बाल सन्मित्र'* का प्रकाशन हुआ। पारुजी नारायण विसाल सम्पादक-प्रकाशक थे। वार्षिक शुल्क तीन रुपये था। बच्चों के लिए मनोरंजक, प्रेरक और ज्ञानवर्द्धक सामग्री का प्रकाशन किया जाता था। मराठी साप्ताहिक *'निस्पृह'* सन 1934 में नागपुर से प्रकाशित हुआ। सम्पादक-प्रकाशक एम.जे.कानिटकर थे। सन 1939 में एक महीने तक दैनिक समाचारपत्र के रूप में भी प्रकाशित हुआ। इसी वर्ष मुम्बई से मराठी मासिक *'सिंहनाद'* निकला। मुम्बई से ही मराठी मासिक *'सत्यकथा'* का सम्पादन-प्रकाशन रांगणेकर ने किया। मराठी और हिन्दी का द्विभाषी मासिक पत्र *'वैभव'* मुम्बई से निकला।

योगी

20 जनवरी 1934 को पटना से हिन्दी साप्ताहिक *'योगी'* का प्रकाशन आरम्भ हुआ। इसका प्रकाशन नारायणप्रसाद सिंह ने किया था। कुछ काल बाद रामवृक्ष शर्मा 'बेनीपुरी' सम्पादक हुए। तब 'योगी' ने साहित्य और राजनीति के क्षेत्र में नाम कमाया। राष्ट्रीय आन्दोलन के पक्ष में डटकर खड़ा हुआ। जन जागरण का अलख जगाया। 'योगी' के तीखे तेवरों का परिचय इस टिप्पणी से मिलता है- "आप ब्राह्मण हैं, ब्राह्मण को वोट दीजिए। भूमिहार हैं, भूमिहार को वोट दीजिए। आप राजपूत हैं, राजपूत को चुनिए। यही हालत कायस्थ, कुर्मी, गोप सबके लिए है। देश और समूह का हित गया भाड़ में- अपने-अपने स्वार्थ साधन के लिए देश में साम्प्रदायिकता और जातीयता का विष फैलाया जा रहा है।"[1]

'योगी' का 'शहीद अंक' मार्च 1936 में निकला जिसके कारण उसकी 500 रुपये की जमानत जब्त कर ली गई थी। बेनीपुरी के बाद आर.एल.शर्मा, फिर ब्रजशंकर वर्मा ने सम्पादन-दायित्व ग्रहण किया। 'योगी' को पाठकों और पत्रकार

1. योगी, 11 सितम्बर 1936

जगत का अच्छा समर्थन मिला था, परन्तु जब उसमें अमर्यादित टिप्पणियाँ छपने लगीं तब 'योगी' को तीखी आलोचना भी झेलनी पड़ी। मोहनलाल महतो 'वियोगी' और पद्मकांत मालवीय के विषय में अशिष्ट मजाक और रवीन्द्रनाथ टैगोर तथा 'विश्वभारती' (शान्तिनिकेतन) की निन्दा करने वाले लेख से कुपित 'विशाल भारत'[1] ने लिखा- योगी की उच्छृंखलता देखकर हमें खेद होता है। प्राइवेट चिट्ठियाँ भेज कर और मित्रों द्वारा अनुरोध कराके हम हार चुके हैं, और अब हम अपना कर्तव्य समझते हैं कि 'योगी' की कार्रवाइयों का सार्वजनिक ढंग से विरोध करें। 'योगी' सम्पादक को यह बतला देने की जरूरत है कि शक्ति संयम में है, न कि नियंत्रण को धता बताकर लेखनी को बेलगाम घोड़े की तरह सरपट दौड़ाने में। 'योगी' को अपने नाम की लज्जा रखनी चाहिए थी। और कुछ नहीं तो अपने गंभीर और जिम्मेदार संचालक की मर्यादा का ही ख्याल करना चाहिए था। खेद की बात है कि 'योगी' ने यह नहीं किया, बल्कि वह गैर जिम्मेवारी के पथ पर आगे बढ़ती ही जाती है।" लगभग 35 वर्ष तक 'योगी' का प्रकाशन हुआ।

साप्ताहिक 'मार्त्तण्ड' में प्रकाशित विज्ञापन से हिन्दी दैनिक *'देशबंधु'* के आगरा से प्रकाशित होने की सूचना मिलती है। यह घोषणा की गई थी कि राष्ट्रीय दैनिक पत्र 'देशबन्धु' शुद्ध राष्ट्रीयता का उपासक रहेगा। वह किसी पार्टी का पत्र न होकर अपनी स्वतंत्र और निर्भीक सम्मति द्वारा जनता को सन्मार्ग दर्शन कराने का प्रयत्न करेगा। रूटर, एसोसिएटेड और युनाइटेड आदि प्रमुख न्यूज सर्विस का सहयोग प्राप्त करेगा। प्रतिदिन बड़े आकार के चार पृष्ठ रहेंगे। रविवार का साप्ताहिक संस्करण विविध साहित्यिक विषयों से अलंकृत रहेगा। वार्षिक शुल्क दस रुपये, एक प्रति का मूल्य एक पैसा तथा रविवार को दो पैसे था।"[2]

सन 1934 में भोपाल से मास्टर लालसिंह ने हिन्दी साप्ताहिक *'प्रजापुकार'* का सम्पादन-प्रकाशन किया। पृष्ठ संख्या आठ और वार्षिक शुल्क ढाई रुपये था। हिन्दू महासभा भोपाल का मुखपत्र था। टिप्पणियाँ निर्भीक और चुटीली होती थीं। समाचार और विचार दोनों पक्ष प्रभावी थे।

रतलाम से गोपाल सिंह नेपाली के सम्पादन में हिन्दी साप्ताहिक *'रतलाम टाइम्स'* का प्रकाशन हुआ। सन 1934 में खण्डवा से हिन्दी साप्ताहिक *'अंकुश'* निकला। सम्पादक-प्रकाशक रामकृष्ण पालीवाल थे। आठ पृष्ठ का यह साप्ताहिक पत्र छह दशक से ज्यादा अवधि तक प्रकाशित हुआ।

लाहौर से 20 जनवरी 1934 से सचित्र हिन्दी मासिक पत्रिका *'भारती'* निकली। जगन्नाथ प्रसाद मिलिन्द और हरिकृष्ण प्रेमी सम्पादक थे। हिन्दी साहित्य

---

1. विशाल भारत, मई 1936
2. मार्त्तण्ड, 24 दिसम्बर 1934

मंडल लाहौर ने इस उच्च कोटि की पत्रिका का प्रकाशन किया था। वार्षिक मूल्य पाँच रुपये और पृष्ठ संख्या 100 रहती थी। लेख सुरुचिपूर्ण होते थे। देश-विदेश, रंगभूमि, नारी जगत, परिचय, परख आदि पठनीय स्तम्भ थे। लब्ध प्रतिष्ठ साहित्यकारों की रचनाएँ 'भारती' में प्रकाशित होती थीं। एक वर्ष से भी कम समय तक चल पाई।

अजमेर से सचित्र हिन्दी साप्ताहिक *'दरबार'* प्रकाशित हुआ। इसी वर्ष सागर से पाक्षिक पत्र *'जैन प्रभात'* निकला। सम्पादक ठाकुरदास थे। प्राचीन जैन इतिहास, साहित्य एवं शोध की त्रैमासिक पत्रिका *'श्रीजैन सिद्धान्त भास्कर'* सन 1934 में निकली। सम्पादक मण्डल में हीरालाल, ए.एन.उपाध्ये, कामता प्रसाद और भुजबल शास्त्री थे। कपिलदेव शर्मा के सम्पादकत्व में कोलकाता से समाचार प्रधान हिन्दी साप्ताहिक *'हिन्दुस्तान'* का प्रकाशन हुआ। मोहनलाल सेंगर भी इसके सम्पादक रहे। *'हिन्दुस्तान'* नामक बंगला दैनिक भी इसी वर्ष कोलकाता से प्रकाशित हुआ। सम्पादक रमेशचन्द्र बनर्जी थे।

बच्चों के लिए सचित्र हिन्दी पाक्षिक *'बाल संदेश'* जनवरी 1934 में प्रकाशित हुआ। उमा नेहरू के संरक्षण में निकलने वाले इस पत्र के सम्पादक निरंजन भार्गव थे। वार्षिक शुल्क तीन रुपये था। मनोरंजक और ज्ञानवर्द्धक सामग्री का समावेश इस पत्र में रहता था।

हिन्दू महासभा के तत्वावधान में भाई परमानन्द ने दिल्ली से सन 1934 में हिन्दी दैनिक *'हिन्दू'* का प्रकाशन किया। सम्पादक महेशचन्द्र सिंह थे। हिन्दू जाति का अभ्युत्थान, हिन्दू जाति की रक्षा और उन्नति, हिन्दुओं को संगठित करना इस पत्र के प्रकाशन का उद्देश्य था। लेख ज्यादा रहते थे, समाचार कम। पृष्ठ संख्या आठ और वार्षिक शुल्क 12 रुपये था। हरिश्चन्द्र विद्यालंकार ने भी 'हिन्दू' का सम्पादन किया। तब यह साप्ताहिक हो गया था।

हिन्दी प्रचार सभा शिकारपुर (सिंध) ने मासिक पत्रिका *'हिन्दी हितैषी'* का प्रकाशन सन 1934 में किया। अक्टूबर 1934 में जबलपुर से गजानन सदाशिव पोतदार ने *'हिन्दवासी'* का प्रकाशन किया। इसी वर्ष अलमोड़ा से बिसन प्रसाद ने हिन्दी साप्ताहिक *'समता'* का सम्पादन-प्रकाशन किया। ऋषिकेश से स्वामी शिवानन्द के सम्पादन में द्विभाषी- हिन्दी और अँगरेजी मासिक पत्र *'स्वधर्म'* प्रकाशित हुआ। अखिल भारतीय श्री हरिनाम संकीर्तन महामंडल का मुखपत्र था। अजमेर से हिन्दी पाक्षिक *'परिवर्तन'* सन 1934 में निकला। पृष्ठ संख्या 32 और वार्षिक शुल्क तीन रुपये था। कन्हैयालाल तैलंग और भगवानदास सुमन ने नाथद्वारा से हिन्दी मासिक पत्र *'प्रभात'* का सम्पादन-प्रकाशन किया। साहित्यिक पत्र था। वार्षिक शुल्क तीन रुपये था। बलिया से भी इसी वर्ष *'प्रभात'* का सम्पादन-प्रकाशन वशिष्ठनारायण

वर्मा ने किया। हरिद्वार से केदारनाथ शर्मा के सम्पादन में मासिक *'वनौषधि दर्पण'* फरवरी 1934 में निकला।

बालोपयोगी हिन्दी मासिक पत्र *'बालजगत'* सन 1934 में गोरखपुर से निकला। सम्पादक मौलाना खेर बहोरवी थे। वार्षिक शुल्क दो रुपये था। हरिद्वार से *'वीकली हिन्दू हरिद्वार'* का प्रकाशन आरंभ हुआ। यह साप्ताहिक पत्र था। बदायूँ से *'श्री वैष्णव तेज'* निकला। बाबूलाल साहिर ने सन 1934 में हिन्दी साप्ताहिक *'शिमला मेल'* का सम्पादन-प्रकाशन किया। यह पत्र अल्पजीवी रहा। सुल्तानपुर (अवध) से हिन्दी साप्ताहिक *'विश्वबंधु'* का प्रकाशन हिन्दी साहित्य और भाषा के प्रति सुरुचि पैदा करने के उद्देश्य से किया गया। दो दशक तक यह पत्र निकला।

15 अक्टूबर 1934 से महिलाओं के लिए सचित्र साप्ताहिक *'संदेश'* का प्रकाशन आजमगढ़ से किया गया। सामाजिक और साहित्यिक विषयों के इस पत्र के सम्पादक नंदकिशोर तिवारी थे। पृष्ठ संख्या 24, वार्षिक शुल्क तीन रुपये था। कहानी, कविताएँ, लेख आदि उत्तम रहते थे।

बड़नगर से लाला भगवानदास ने हिन्दी मासिक *'जैन प्रभात'* का सम्पादन-प्रकाशन किया। आरोग्य और बच्चों के लिए अच्छी सामग्री प्रकाशित की जाती थी। वार्षिक शुल्क सवा रुपया था। मई 1934 में कोलकाता से धनराज के सम्पादन में सिने मासिक *'सिनेमा संसार'* प्रकाशित हुआ। मायादत्त पाण्डेय शास्त्री ने चंदौसी से *'संघटन'* नामक हिन्दी मासिक पत्र का सम्पादन-प्रकाशन सन 1934 में किया। इसी वर्ष कोलकाता से ज्ञानेन्द्रकुमार सिंह ने हिन्दी मासिक *'जायसवाल युवक'* प्रकाशित किया।

विनोदशंकर व्यास और शंकरलाल गुप्त ने दिल्ली से सन 1934 में सचित्र सिने साप्ताहिक *'छाया'* का सम्पादन-प्रकाशन किया। वार्षिक शुल्क चार रुपये आठ आना था। सन 1934 में *'ओसवाल सुधारक'* नामक मासिक पत्रिका आगरा से प्रकाशित हुई। सन 1937 में नाम बदलकर *'ओसवाल'* कर दिया गया। संपादक पहले अक्षयसिंह डांगी और फिर विजयसिंह नाहर हुए। सन 1939 में प्रकाशन कोलकाता से होने लगा। तब सम्पादक गोवर्धनसिंह गहलोत थे। अगले वर्ष प्रकाशन बन्द हो गया।

गवर्नमेंट संस्कृत कालेज काशी से सन 1934 में संस्कृत मासिक पत्रिका *'अमर भारती'* का प्रकाशन किया गया। नरसिंहचार्य बरखेड़कर, गोपाल शास्त्री और नारायण शास्त्री सम्पादक मण्डल में सम्मिलित थे। इसी वर्ष कोलकाता से कृष्णचन्द्र स्मृतितीर्थ के सम्पादन में संस्कृत साप्ताहिक *'देववाणी'* का प्रकाशन हुआ।

एहसान

लाहौर से सन 1934 में नूर इलाही ने उर्दू दैनिक *'एहसान'* का प्रकाशन

किया। 'एहसान' की नीति के दो छोर थे। दैनिक संस्करण मुस्लिम लीग का पक्षधर था और साप्ताहिक संस्करण कांग्रेस का तरफदार था। मुर्तुजा अहमद खां 'मयकश' की सम्पादकीय टिप्पणियाँ निष्पक्षता, निर्भीकता और गंभीरता के कारण गौर से पढ़ी जाती थीं। 'एहसान' में हास्य विनोद का नियमित स्तंभ रहता था। 'एहसान' के साप्ताहिक संस्करण का सम्पादन इनामुल्ला खां नासिर करते थे। 'मयकश' के बाद वकार अम्बालवी पत्र के सम्पादक हुए। उर्दू अखबारों में सबसे पहला टेलीप्रिन्टर 'एहसान' के दफ्तर में लगा था।

मई 1934 में भोपाल से दोस्त मोहम्मद खां ने उर्दू साप्ताहिक *'रहबर-ए-वतन'* का प्रकाशन किया। सम्पादक अब्दुल हबीब खां थे। चार पृष्ठ के इस साप्ताहिक का वार्षिक शुल्क तीन रुपये था। खान शाकिर अली खां के 'सुबह-ए-वतन' का विरोध 'रहबर-ए-वतन' करता था। अप्रैल 1938 में यह दैनिक हो गया। स्थानीय खबरें अधिक दी जाती थीं।

सन 1934 में लाहौर से उर्दू मासिक *'शाहकार'* का प्रकाशन एम.हादी हसन ने किया। सम्पादक प्रोफेसर ताजवर और सहकारी ख्वाजा महमूद जावेद थे। इस सचित्र मासिक पत्रिका का वार्षिक शुल्क छह रुपये था। शिक्षा, इतिहास, साहित्य विषयों पर रचनाएँ प्रकाशित की जाती थीं।

दिल्ली से बेगम आसिफ अली ने सचित्र उर्दू मासिक *'रहबर-ए-निस्वां'* का सम्पादन-प्रकाशन सन 1934 में किया। महिलाओं से सम्बन्धित यह पत्रिका गंभीर और स्तरीय थी। वार्षिक शुल्क तीन रुपये था। नवम्बर 1934 में भोपाल से अंजुमन इस्लाहुल मुसल्मीन ने उर्दू मासिक पत्रिका *'बसायर'* का प्रकाशन किया। सम्पादक शरीफ फिक्री थे। वार्षिक शुल्क डेढ़ रुपया था। मुसलमानों के मानसिक, सामाजिक और नैतिक विकास, उनके हितों और हकों की रक्षा के मकसद से यह पत्रिका प्रकाशित की गई थी। साप्ताहिक *'फिदा-ए-वतन'* का प्रकाशन सन 1934 में अब्दुल गफ्फार खां के सम्पादन में भोपाल से हुआ। शासन और शासक की प्रशंसा में इस अखबार के पन्ने भरे रहते थे। सन 1938 में 'फिदा-ए-वतन' का प्रकाशन मण्डी सलामतपुर से किया जाने लगा।

जहीरुद्दीन कतील और मोहम्मद मुस्ताक के सम्पादकत्व में भोपाल से उर्दू साप्ताहिक *'पयाम'* का प्रकाशन जमीयत इस्लाह-व-तरक्की नामक भोपाल की संस्था ने किया। 'पयाम' अल्पजीवी पत्र रहा। दिल्ली से महिलाओं की उर्दू पत्रिका *'जौहर-ए-निस्वां'* सन 1934 में प्रकाशित हुई। पत्रिका के सम्पादक मण्डल में आमना नाजली, खदीया नाजिमा और खदीजा बी सम्मिलित थीं। वार्षिक शुल्क दो रुपये था जो 1947 में सवा तीन रुपये कर दिया गया। महिलाओं के लिए उपयोगी सामग्री का प्रकाशन किया जाता था। आजादी के बाद यह पत्रिका कराची से

निकलने लगी।

लाहौर से सन 1934 में सुगरा हुमायूँ मिर्जा के सम्पादकत्व में महिलाओं के लिए उर्दू की सचित्र मासिक पत्रिका *'जेबुन्निसा'* का प्रकाशन हुआ। पृष्ठ संख्या 64 और वार्षिक शुल्क तीन रुपये था। शिक्षाप्रद और सुधारवादी लेखों के कारण पत्रिका चर्चित हुई। जनवरी 1934 में दिल्ली से उर्दू मासिक *'जावेद'* का प्रकाशन हुआ। अब्दुल वहीद सिद्दीकी और मोहम्मद इदरीस मेरठी सम्पादक थे। वार्षिक शुल्क तीन रुपये, पृष्ठ संख्या 64 थी। उर्दू साहित्य तथा इस्लामी संस्कृति की सेवा के लिए यह पत्र निकाला गया था। इसी वर्ष दिल्ली से धर्मवीर के सम्पादन में उर्दू साप्ताहिक *'चित्रा'* का प्रकाशन हुआ। साहित्य, कला और सिनेमा की यह पत्रिका 35 गुणित 25 से.मी. आकार में चालीस पृष्ठ की निकलती थी। एक अंक का मूल्य आठ आना था। पटना से सन 1934 में उर्दू मासिक *'गंजीना'* का प्रकाशन हुआ। हकीम अब्दुल रफीक के सम्पादन में भोपाल से उर्दू साप्ताहिक *'खुद्दाम-ए-वतन'* प्रकाशित हुआ। लखनऊ से धार्मिक पत्रिका *'इस्लाह'* प्रकाशित हुई। सम्पादक मतलूबउर्रहमान नदवी थे। हावड़ा से जौहर गाजीपुरी के सम्पादन में उर्दू पत्रिका *'इबरत'* का प्रकाशन हुआ। सन 1964 तक यह पत्रिका निकली। हकीम मोहम्मद शरीफ के सम्पादन में लाहौर से यूनानी उपचार पद्धति की मासिक पत्रिका *'अल तबीब'* प्रकाशित हुई। सन 1934 में भोपाल से उर्दू साप्ताहिक *'अखलाक'* का प्रकाशन हुआ। सम्पादक अजीज ग्वालियरी थे।

अंजुमन तबलीग-ए-इस्लाम, कानपुर ने सन 1934 में आबिद अली बिल्लोरी के सम्पादकत्व में हिन्दी और उर्दू का द्विभाषी अखबार *'इस्लाम'* प्रकाशित किया। वार्षिक शुल्क एक रुपया बारह आना था। इसी वर्ष भोपाल से इब्राहीम लोधी ने उर्दू साप्ताहिक *'देहात सुधार'* का सम्पादन-प्रकाशन किया। रामपुर से उर्दू मासिक पत्रिका *'सितारा'* सन 1934 में निकली। जमीर रामपुरी सम्पादक थे। आकार 20 गुणित 15 से.मी. पृष्ठ संख्या 36 और वार्षिक शुल्क दो रुपये था। छठे दशक तक यह पत्रिका प्रकाशित हुई।

जय कच्छ

23 दिसम्बर 1934 को भुज से गुजराती साप्ताहिक *'जय कच्छ'* का प्रकाशन आरंभ हुआ। फूलशंकर हिम्मतराम पट्टणी 'जय कच्छ' के सम्पादक-प्रकाशक थे। हर शनिवार को प्रकाशित होता था। यह स्वतंत्र विचारधारा का निर्भीक पत्र था। राष्ट्रीय आन्दोलन का समर्थक था। 'जय कच्छ' के पृष्ठों में कच्छ की राजनीतिक, सामाजिक, आर्थिक गतिविधियों का दैनन्दिन इतिहास दर्ज है। पचास के दशक में 'जय कच्छ' दैनिक समाचारपत्र के रूप में प्रकाशित होने लगा। 1992 में तेजस सी.पट्टणी सम्पादक हुए।

नवशक्ति

गणेश शंकर 'विद्यार्थी' के 'प्रताप' में दीक्षित देवव्रत शास्त्री ने अगस्त 1934 में पटना से हिन्दी साप्ताहिक *'नवशक्ति'* का सम्पादन-प्रकाशन किया। आरम्भ में यह सर्चलाइट प्रेस में छपा, फिर इसका अपना प्रेस हो गया। राष्ट्रीय आन्दोलन के समर्थक 'नवशक्ति' ने बिहार में जनजागरण में महत्वपूर्ण भूमिका निभाई। 25 अक्टूबर 1936 को 'नवशक्ति' दैनिक हो गया। यद्यपि 'नवशक्ति' का दैनिक संस्करण छह महीने तक ही प्रकाशित हो पाया, परन्तु साप्ताहिक 'नवशक्ति' दीर्घजीवी हुआ और सातवें दशक तक प्रकाशित होता रहा। युगलकिशोर सिंह, रामकृष्ण मेहता और महेशनारायण 'भारतीभक्त' ने भी 'नवशक्ति' का सम्पादन किया।

संयुक्त कर्नाटक

जन नेता डी.बी.बेलवी, नारायणराव जोशी, केशवराव गोखले, बी.एन.दातार ने 1929 में धारवाड से प्रकाशित कन्नड साप्ताहिक *'संयुक्त कर्नाटक'* को सन 1934 में दैनिक पत्र का रूप दिया। प्रकाशन स्थल हुब्बली हो गया। सम्पादक हनुमंतराव मोहरे थे। 25 वर्ष तक हनुमंतराव मोहरे ने इस अखबार का सम्पादन किया। रंगनाथ रामचंद्र दिवाकर भी सम्पादक रहे। 'संयुक्त कर्नाटक' का बेंगलूरु संस्करण भी निकला। पत्र का प्रकाशन जारी है।

संयुक्त कर्नाटक

महिलाओं की पत्रिका *'कमलिनी'* दिसम्बर 1934 में प्रयाग से निकली। सम्पादक ज्योतिर्मयी ठाकुर थीं। 64 पृष्ठ की इस पत्रिका का वार्षिक शुल्क चार रुपये था। 'स्त्रियाँ क्या जानना

चाहती हैं?' 'स्त्रियों में कहाँ क्या हो रहा है?' 'क्या तुमको मालूम है?' आदि उपयोगी स्तंभ पत्रिका में छपते थे। समाज को शिक्षित करने के उद्देश्य से यह पत्र प्रकाशित किया गया था। सितम्बर 1934 में हरिद्वार से रामचन्द्र शर्मा के सम्पादकत्व में हिन्दी मासिक पत्रिका *'आदर्श'* का प्रकाशन हुआ। कहानी, उपन्यास और कविताओं की इस पत्रिका का वार्षिक शुल्क एक रुपया था।

प्रयाग से सन 1934 में हास्य रस प्रधान हिन्दी साप्ताहिक *'मदारी'* का संपादन एस.पी.श्रीवास्तव ने किया। शिक्षार्थी उनके सहयोगी थे, जिनके बनाए कार्टूनों से 'मदारी' सजा रहता था। एक प्रति का मूल्य तीन पैसे और वार्षिक शुल्क ढाई रुपये था।

जनवरी 1934 में लक्ष्मीनारायण प्रेस मुरादाबाद से हिन्दी मासिक पत्रिका *'अरुण'* निकली। पृथ्वीराज मिश्र सम्पादक-प्रकाशक-मुद्रक थे। आकार 24 गुणित 18 से.मी., पृष्ठ संख्या 64 और एक प्रति का मूल्य चार आना था। 'अरुण' में ज्ञानपरक लेख, कविताएँ, कहानियाँ, धारावाहिक उपन्यास, इनामी पहेलियाँ प्रकाशित की जाती थीं। 'पांडेजी की टेलीफोन वार्ता' व्यंग्य-विनोद स्तम्भ था।

1935

लोकशक्ति

26 जनवरी 1935 को पुणे से मराठी अर्द्ध-साप्ताहिक 'लोकशक्ति' का प्रकाशन आरम्भ हुआ। शंकरराव देव की अध्यक्षता में राष्ट्रीय विचार प्रसारक मंडल का गठन पत्र प्रकाशन के लिए किया गया। न.वि.गाडगिल, का.म.गुत्ते, त्र्यं.र.देवगिरीकर सदस्य थे। संचालक हरि मोरेश्वर और हरिभाऊ जोशी तथा सम्पादक आचार्य शंकर दत्तात्रय जावडेकर थे। 'लोकशक्ति' ने स्वतंत्रता संग्राम के लिए जनमानस को प्रेरित करने का काम निर्भीकतापूर्वक किया। उसी वर्षान्त में पत्र से 3000 रुपये की जमानत जमा कराई गई।

एक सितम्बर 1936 से 'लोकशक्ति' दैनिक हो गया। सन 1937 में चुनाव के बाद कांग्रेस मंत्रिमण्डल सत्तारूढ़ हुआ। सन 1942 के भारत छोड़ो आन्दोलन तक पत्र निर्विघ्न चलता रहा। संग्राम छिड़ने पर अगस्त 1942 में पुलिस ने लोकशक्ति प्रेस से मैटर की गैलियाँ जब्त कर लीं। तब संपादक हरिभाऊ जोशी ने छापाखाना और अखबार बन्द कर दिया। जोशी गिरफ्तार हो गए। सन 1944 में रिहा होने के बाद दैनिक 'लोकशक्ति' 1945 के शुरू में पुनः प्रकाशित होने लगा। आजादी के बाद 'लोकशक्ति' की कांग्रेस-पक्षधरता पाठकों को रास नहीं आई। फलतः प्रसार संख्या घटने लगी। अन्ततः एक अप्रैल 1957 को पत्र बन्द हो गया।

पुणे से मराठी दैनिक *'मन्वन्तर'* सन 1935 में निकला। स्वतंत्र विचारधारा का पत्र था। साप्ताहिक और मासिक आवृत्ति में भी निकला। नारायण लक्ष्मण कोकटे सम्पादक-प्रकाशक थे। इसी वर्ष ल.ना.साने और द.ग.वालावलकर के सम्पादकत्व में *'महाराष्ट्र विस्तार'* का प्रकाशन हुआ। मराठी साप्ताहिक *'बातमीदार'* जलगांव से निकला। वि. चा. मोहते सम्पादक-प्रकाशक थे। बाद में दैनिक पत्र के रूप में भी निकलने लगा।

बृन्महाराष्ट्र परिषद की मुख पत्रिका 'माय मराठी' सन 1935 में प्रकाशित हुई। महाराष्ट्र समाज की गतिविधियाँ तथा साहित्य, संस्कृति और इतिहास सम्बन्धी जानकारियाँ प्रकाशित की जाती थीं। 'माय मराठी' से पता चलता है कि महाराष्ट्र में गणेशोत्सव की शुरूआत सन 1893 में लोकमान्य तिलक द्वारा किए जाने के ग्यारह वर्ष पूर्व अजमेर में सन 1882 में मराठी लोगों ने गणेशोत्सव आरंभ कर दिया था। दीर्घजीवी पत्रिका है।

अछूतोद्धार के उद्देश्य से ग.भा.पंडित और ग.रा.साखलकर ने मराठी पाक्षिक *'विधायक'* का सम्पादन-प्रकाशन किया। अल्पजीवी रहा। मुम्बई से मराठी साप्ताहिक 'राष्ट्रतेज' का सम्पादन-प्रकाशन हरि वासुदेव महाजन ने किया। नागपुर से सन 1935 में रामचंद्र बालाजी मानकर ने हिन्दुत्व निष्ठ मराठी साप्ताहिक *'सावधान'* का सम्पादन-प्रकाशन किया। सम्पादकीय अग्रलेख वासुदेवराव फडणीस लिखते थे। 'सावधान' बन्द होने पर पुरुषोत्तम भास्कर भावे ने मराठी साप्ताहिक *'आदेश'* निकाला।

चित्रा

15 सितम्बर 1935 को मराठी साप्ताहिक *'चित्रा'* का प्रकाशन मुम्बई से यो.ग.रांगणेकर ने किया। मनोरंजन और राजनीति पत्र के मुख्य विषय थे। अनन्त काणेकर पर राजनीतिक पक्ष की जवाबदारी थी। चित्रपट, रंगभूमि और अन्य विषय रांगणेकर देखते थे। शामराव ओक नये चित्रपट की समीक्षा लिखते थे। दीनानाथ दलाल के व्यंग्यचित्र दिए जाते थे। उनके बाद यह जिम्मेदारी बालासाहेब ठाकरे और पानसरे पर आई। 'चित्रा' की लोकप्रियता तथा प्रसार संख्या बढ़ी, परन्तु खर्च भी बढ़ता गया। जब उधारी चुकाना मुश्किल हो गया तब हिन्दुस्तान प्रेस के मालिक रणछोड़दास लोटवाल को संचालन का जिम्मा सौंप दिया गया। काणेकर-रांगणेकर ने पत्र छोड़ दिया। तब दत्तू बांदेकर सम्पादक बनाए गए। जून 1940 में डा. चिटणीस सम्पादक हुए। सन 1940 में 'चित्रा' का विलय मराठी दैनिक *'नवभारत'* में हो गया।

गिरगांव (मुम्बई) से महिलोपयोगी मराठी मासिक पत्र *'महिला'* सन 1935 में प्रकाशित हुआ। सम्पादक-प्रकाशक माई बरेरकर थीं। मई 1947 में बन्द

हो गया। वार्षिक शुल्क ढाई रुपये था। *'विद्या सेवक'* नामक पत्र भी तीन अंक प्रकाशित होने के बाद बन्द हुआ।

अर्थ

दो जनवरी 1935 को आर्थिक और औद्योगिक विषयों का मराठी साप्ताहिक *'अर्थ'* पुणे से प्रकाशित हुआ। सम्पादक वामन गोविन्द काले थे। वे फर्गुसन कालेज में अर्थशास्त्र के प्राध्यापक थे। मराठी भाषी लोगों को मराठी में आर्थिक, औद्योगिक और व्यापारिक विषयों की जानकारी देना पत्र का उद्देश्य था। सन 1946 में श्रीपाद वामन काले 'अर्थ' के सम्पादक हुए। उन्होंने 30 वर्ष तक यह जिम्मेदारी निभाई। सन 1960 में 'अर्थ' ने रजत जयन्ती मनाई। सन 1965 में पत्र पाक्षिक हो गया। 18 दिसम्बर 1974 को 'अर्थ' ने अंतिम अंक निकालकर विराम ले लिया।

केसरी मुद्रणालय पुणे से मराठी मासिक पत्रिका *'सहयाद्रि'* का प्रकाशन जनवरी 1935 में हुआ। वार्षिक शुल्क साढ़े तीन रुपये था। धोंडो वासुदेव विद्वांस सम्पादक थे। साहित्य, समाज, इतिहास, भूगोल, राजनीति, कविता, कहानियाँ अर्थात सभी विषयों की उत्तम पत्रिका थी। मराठी विद्वानों के लेख प्रकाशित होते थे। पाठकों ने इस पत्रिका को अपनाया।

पी.वी.कुलकर्णी ने मुम्बई से मराठी साप्ताहिक *'नवा मनु'* का सम्पादन-प्रकाशन किया। मराठी पाक्षिक *'ग्रामोद्धार'* सातारा से निकला। जनवरी 1935 में *'लोकशिक्षण'* नामक मराठी मासिक पत्रिका का पुनः प्रकाशन पुणे से हुआ। गणेश गंगाधर जाम्भेकर सम्पादक थे। इस सचित्र पत्रिका का वार्षिक शुल्क चार रुपये था।

डेका असम

'असम केसरी' अम्बिकागिरि रायचौधरी ने सन 1935 में असमिया साप्ताहिक 'डेका असम' का प्रकाशन किया। समाज में एकता कायम करने और उसे अक्षुण्ण बनाने में समाचारपत्र अहम भूमिका निभा सकते हैं, रायचौधरी ने इसी धारणा से अखबार निकाला था। इस पत्र के सोच का परिचय अगस्त, 1942 के इस नारे से मिल जाता है- "भारत छोड़ो, असम छोड़ो, एशिया छोड़ो।" 'डेका असम' ने जनजागरण के साथ-साथ असमिया पत्रकारिता के विकास में उल्लेखनीय योगदान दिया। इस पत्र और सम्पादक की दूरदृष्टि ने असम में बाहरी तत्वों की घुसपैठ की समस्या को तभी पहचान लिया था और चेतावनी दे दी थी कि इससे असमिया जनता की पहचान का संकट पैदा हो जाएगा। तब इस चेतावनी को अनसुना और संकट को अनदेखा किया गया, जबकि आधी सदी बाद ही इस मुद्दे पर प्रबल जन आन्दोलन उठ खड़ा हुआ। रायचौधरी के देहावसान के साथ ही उनके पत्र का भी अवसान हो गया।

सन 1935 में हर दूसरे दिन प्रकाशित होने वाला अखबार *'असम'* निकला।

राधाकान्त हंदिकै इसके संस्थापक-प्रकाशक तथा कीर्तिनाथ शर्मा बरदलै सम्पादक थे। इन्हीं दोनों ने कुछ समय बाद जोरहट से *'असम राइज'* का भी प्रकाशन किया था। जोरहट से दैनिक पत्र *'नागरकथा'* का प्रकाशन सन 1935 में हुआ। कुछ ही समय बाद बन्द हो गया। सम्पादक मफजुल हुसैन थे।

तेलुगु साप्ताहिक *'दिव्यवाणी'* का सम्पादन-प्रकाशन शिवाकुल अप्पैय्या शास्त्री ने सिकन्दराबाद से किया। तेलुगु मासिक *'डंका'* चेन्नै से प्रकाशित हुआ। साप्ताहिक *'तमिलमणि'* चेन्नै से सन 1935 में प्रकाशित हुआ। चेन्नै से ही तमिल दैनिक *'विदुतलै'* निकला। समाचारों के साथ-साथ विचारों की प्रस्तुति पर जोर देता था। जातिवाद विरोधी आन्दोलन का पक्षधर था। द्राविड़ कजगम के प्रवक्ता पत्र के सम्पादक-प्रकाशक ई.वी.आर.मणि थे।

सन 1935 में गुवाहाटी से साप्ताहिक समाचारपत्र *'प्रतिभा'* निकला। रोहिणी कुमार चौधरी *'असमिया'* के सम्पादक थे। संस्कृत पत्रिका *'मंजूषा'* कोलकाता से प्रकाशित हुई। क्षितीशचन्द्र चट्टोपाध्याय सम्पादक थे। वार्षिक शुल्क छह रुपये था। गुजराती साप्ताहिक *'मुस्लिम गुजरात'* सूरत से सन 1935 में प्रकाशित हुआ। सम्पादक अजीमुद्दीन एफ.सैयद थे। बंगला साप्ताहिक *'सचित्र भारत'* कोलकाता से निकला। नरेन्द्रनाथ मुखोपाध्याय इस समाचार प्रधान पत्र के सम्पादक थे। इसी नाम से हिन्दी साप्ताहिक 'सचित्र भारत' कोलकाता से ही प्रबोध कुमार समादार के सम्पादन में प्रकाशित हुआ। सप्ताह भर की प्रमुख घटनाओं का सचित्र विवरण देना इस पत्र की विशेषता थी।

प्रभात

सन 1935 में प्रकाशित साप्ताहिक *'प्रभात'* को कन्नड पत्रकारिता के इतिहास का एक प्रमुख स्तम्भ माना जाता है। कुडपि वासुदेव शिनाय इसके सम्पादक थे। इसने पाठकों में पत्रों और पत्रकारिता के प्रति रुचि बढ़ाई। अनेक युवाओं को लेखन और पत्रकारिता के लिए दीक्षित और प्रोत्साहित किया। कुछ अरसे के लिए 'प्रभात' दैनिक समाचारपत्र के रूप में भी निकला, परन्तु जल्दी ही पुनः साप्ताहिक हो गया।

गुजराती *'प्रभात'* भी इसी वर्ष अहमदाबाद से निकला। सन 1939 में यह दैनिक पत्र बना। कन्नड मासिक *'वर्तक धुरीण'* सन 1935 में उडुपि से रामचन्द्र शर्मा शिनाय के सम्पादकत्व में प्रकाशित हुआ। कालिकट से मुस्लिम लीग ने मलयाली साप्ताहिक *'चन्द्रिका'* का प्रकाशन किया। सी.एच.मुहम्मद कोया सम्पादक थे। बाद में दैनिक पत्र बना। कोच्चि और किन्नूर से भी निकला।

इंडिपेंडेंट

नागपुर से सन 1935 में अँगरेजी साप्ताहिक *'इंडिपेंडेंट'* का प्रकाशन डब्ल्यू.जी.शेवड़े ने किया। साहित्य मुद्रणालय से इसका प्रकाशन होता था। 1937

की 13 फरवरी का अंक देखने से पता चलता है कि विदर्भ केसरी ब्रिजलाल बियाणी की गिरफ्तारी पर इंडिपेंडेंट ने जो टिप्पणी लिखी थी उससे कुपित होकर मध्यप्रांत सरकार ने इंडिपेंडेंट के मुद्रणालय से दो हजार रुपये की जमानत माँगी थी। इस प्रकरण पर 'मराठा' और 'न्यू आउटलुक' ने टिप्पणियाँ लिखी थीं। निर्भीक 'इंडिपेंडेंट' का प्रकाशन एम.बी.अभ्यंकर ने किया था। न्यू आउटलुक ने अपनी टिप्पणी में लिखा- "इस देश में पत्रकारिता के समक्ष अनेक बाधाएँ और बंधन हैं। जमानत की माँग उन्हीं में से एक व्यवधान प्रकट होता है।

मराठा ने लिखा कि 'इंडिपेंडेंट' को जमानत की माँग का आदेश 26 जनवरी की रात ग्यारह बजे थमाया गया। स्वतंत्रता दिवस होने के कारण 26 जनवरी की तारीख तय की गई। उल्लेखनीय है कि कांग्रेस 26 जनवरी को स्वतंत्रता दिवस के रूप में मनाती थी। इस अंक में कांग्रेस को वोट देने की अपील 'वोट फार फ्रीडम' के रूप में प्रकाशित की गई है।

फिल्म इंडिया

अँगरेजी मासिक पत्रिका *'फिल्म इंडिया'* सन 1935 में मुम्बई से प्रकाशित हुई। बाबूराव पटेल सम्पादक-प्रकाशक थे। पत्रिका का मुद्रण आर्ट पेपर पर होता था। रंग-बिरंगे चित्र रहते थे। मुखपृष्ठ पर किसी सिने कलाकार का पूरे पृष्ठ का बहुरंगी चित्र प्रकाशित किया जाता था। बाद में पत्रिका का नाम बदलकर *'मदर इंडिया'* कर दिया गया। सिने प्रेमियों में स्वस्थ दृष्टिकोण विकसित करना भी फिल्म इंडिया का उद्देश्य था। अपराधों का चित्रण करने वाली फिल्मों, कश्मीर की वादियों में हिंसक दृश्यों का फिल्मांकन करने, अश्लील महिलाओं और द्विअर्थी संवादों की आलोचना करता था। इन्हें भविष्य के लिए खतरनाक मानता था।

दिल्ली से सन 1935 में *'राम वीकली'* नामक अँगरेजी साप्ताहिक निकला। सम्पादक एस.आर.अय्यर थे। घटनाओं का ब्योरा टिप्पणी सहित दिया जाता था। कोलकाता से अँगरेजी पाक्षिक *'इलस्ट्रेटेड न्यूज'* का प्रकाशन एस.के.राय के सम्पादन में हुआ। माइकल लेड्रस पालडेन्ट एस.जे. के सम्पादकत्व में कोलकाता से *'न्यू रिव्यू'* प्रकाशित हुआ। डा. के.सी.कपूर के सम्पादन में *'इण्डियन जर्नल आफ मेडिसिन एंड सर्जरी'* निकला। बेंगलूरु से अँगरेजी त्रैमासिक *'जर्नल आफ मैसूर मेडिकल एसोसिएशन'* का प्रकाशन किया गया। बंगाल ट्यूबरकुलेसिस एसोसिएशन ने भी अपना द्वैमासिक जर्नल निकाला। अँगरेजी मासिक *'टाक-ए-टोन'* सन 1935 में चेन्नै से के.वी.दीवान के सम्पादकत्व में निकला। इंडियन आर्किटेक्ट्स इंस्टीट्यूट मुम्बई ने चौमासा जर्नल प्रकाशित किया। जे.पी.जे. बिलिमोरिया सम्पादक थे। चेन्नै से *'इण्डियन कोआपरेटिव रिव्यू'* का प्रकाशन के.सी. रामकृष्णन ने किया। सहकारिता का प्रचार-प्रसार इसका उद्देश्य था। पांडिचेरी के श्रीअरविन्द आश्रम से अँगरेजी,

फ्रेंच और हिन्दी में त्रिभाषी *'बुलेटिन'* निकली। देश-विदेश में प्रसारित होती थी। कोलकाता से अँगरेजी मासिक पत्रिका *'साइंस एंड कल्चर'* प्रकाशित हुई। महान वैज्ञानिक डॉ. मेघनाद साहा इस पत्रिका के संपादक थे। बेलांगिर से *'पटना स्टेट गजट'* निकला।

नदीम

14 अगस्त 1935 को भोपाल से उर्दू साप्ताहिक *'नदीम'* का प्रकाशन नवाब की आर्थिक सहायता से आरंभ हुआ। महमूद उल हसन सिद्दीकी सम्पादक थे। अगस्त 1938 में 'नदीम' दैनिक समाचारपत्र बना। रायटर और ए.पी.आई. समाचार एजेंसियों की सेवाएँ 'नदीम' ने प्राप्त की थीं। सन 1942 में सैयद कमरुल हसन 'नदीम' के प्रधान सम्पादक हुए। इश्तियाक आरिफ, अंबर चुगताई, ए.आर.रुश्दी, मोहम्मद मुस्लिम सम्पादकीय सहयोगी थे। एक जून 1949 को जब भोपाल रियासत का भारत संघ में विलय हुआ तब 'नदीम' को प्राप्त रियासती संरक्षण समाप्त हो गया और आर्थिक स्थिति गड़बड़ा गई। तब 'नदीम' का पूर्ण दायित्व सैयद कमरुल हसन ने ग्रहण कर लिया। मेहमूद उल हुसैनी जब नदीम छोड़कर दैनिक *'अल हमरा'* के सम्पादक हो गए तब कमर अशफाक 'नदीम' के सम्पादक बने। वे अभी भी यह दायित्व निभा रहे हैं। आरिफ अजीज, मकसूद असगर, खालिदा बिलग्रामी, इनाम लोधी प्रमुख सम्पादकीय सहयोगी रहे हैं। भोपाल के जीवित पत्रों में दैनिक 'नदीम' सबसे पुराना है और स्थानीय घटनाचक्र के लिए संदर्भ स्रोत है।

दैनिक 'नदीम' में स्थानीय समाचारों के साथ-साथ देश-विदेश की खबरें छपती हैं। ज्वलंत समस्याओं और सम-सामयिक विषयों पर सम्पादकीय टिप्पणियाँ, लेख आदि प्रकाशित किए जाते हैं। खेल की खबरें दी जाती हैं। साप्ताहिक परिशिष्ट साहित्यिक होता है। दैनिक 'नदीम' ने भोपाल में उर्दू पत्रकारों की पीढ़ियाँ तैयार की। 'नदीम' के मोहम्मद मुस्लिम दिल्ली के अखबार 'दावत' के सम्पादक बने। ए.आर.रुश्दी और इश्तियाक आरिफ ने दैनिक *'अफकार'* निकाला। महमूद उल हुसैनी 'अल हमरा' के सम्पादक बने। हसन उल जमा अख्तर ने पाकिस्तान की उर्दू पत्रकारिता में मुकाम हासिल किया। सम्प्रति सैयद नूरुल हसन परवेज प्रबंध सम्पादक के रूप में नदीम का प्रकाशन-संचालन कर रहे हैं।

15 दिसम्बर 1935 को भोपाल से अबू सईद बजमी के सम्पादकत्व में उर्दू साप्ताहिक *'रहनुमा'* का प्रकाशन हुआ। अजमत भोपाली और इमरान अंसारी सहयोगी सम्पादक थे। फरवरी 1936 में 'रहनुमा' के 10 जनवरी और 20 जनवरी के अंक जब्त कर लिए गए। यह घोषणा भी की गई कि जिस किसी के पास इन दो तारीखों के अखबार हों वे मजिस्ट्रेट के दफतर में जमा कर दिए जाएँ। 'रहनुमा' हुकूमत की आँख की किरकिरी बन जाने के कारण ज्यादा दिनों तक नहीं चल पाया।

SILVER JUBILEE NUMBER
THE DAILY
NADEEM
BHOPAL
REGD. No. J/289

नदीम

जनवरी 1935 में भगवानदयाल निशात ने हास्य-विनोद का साप्ताहिक *'भोपाल पंच'* प्रकाशित किया। इमरान अंसारी और जुबैर कुरेशी उनके सहयोगी थे। एक अंक का मूल्य दो पैसे था। पृष्ठ संख्या आठ रहती थी।

दिल्ली से महिलाओं के लिए उर्दू मासिक पत्रिका *'खातून-ए-मशरिक'* सन 1935 में प्रकाशित हुई। प्रकाशक अनवरी बेगम, सम्पादक फेहमिदा खातून और सहयोगी सुहेल बेगम थीं। वार्षिक शुल्क साढ़े चार रुपये था। धर्म, गृहस्थी, कहानियाँ, कविताएँ और पीड़ित महिलाओं की दास्तान प्रकाशित की जाती थीं। आरंभ में अब्दुल्ला फारुकी का नाम सम्पादक के रूप में छपता था। 1976 से तौफीक फारुकी का नाम छपता था। सन 1994 में फरीद फारुकी और फर्रुख फारुकी सम्पादक-प्रकाशक हुए। नेशनल कांफ्रेंस की नीतियों के प्रचार-प्रसार के लिए एक अगस्त 1935 को कश्मीर से उर्दू साप्ताहिक *'कश्मीर'* निकला। शेख अब्दुल्ला और प्रेमनाथ बजाज ने *'हमदर्द'* का प्रकाशन किया था। सन 1945 में 'हमदर्द' दैनिक हुआ। तभी 'हमदर्द' पर सेंसर बैठाया गया और दो हजार रुपये की जमानत माँगी गई। पाठकों ने चंदा कर जमानत जमा करवाई। सम्पादक प्रेमनाथ बजाज ने बोर्ड आफ ज्यूडिशियल एडवाइजर में अपील कर जमानत राशि वापस करवाई।

चिराग हसन हसरत के सम्पादन में लाहौर से सन 1935 में हास्य-विनोद का उर्दू साप्ताहिक *'शीराजा'* प्रकाशित हुआ। 30 अगस्त 1935 को भोपाल से उर्दू साप्ताहिक *'मुशीर-ए-वतन'* निकला। प्रकाशक अहमद मकी और सम्पादक जुबैर कुरैशी तथा भगवान दयाल निशात थे। 17 जनवरी 1936 का अंक शासन ने जब्त

कर लिया और एक हजार रुपये की जमानत माँगी। जमानत नहीं देने के कारण अखबार बन्द हो गया। हैदराबाद से सन 1935 में उर्दू दैनिक *'पयाम'* प्रकाशित हुआ। सम्पादक अख्तर हुसैन थे। इसी वर्ष फुलवारी शरीफ से उर्दू पाक्षिक *'मसावात'* और मुम्बई से उर्दू साप्ताहिक *'शान-ए-हिन्द'* निकला।

लाहौर से सन 1935 में महिलाओं के लिए उर्दू मासिक पत्रिका *'सन्फ-ए-नाजुक'* प्रकाशित हुई। साहित्यिक और सुधारवादी पत्रिका थी। वार्षिक शुल्क तीन रुपये था। इनायत अहमदी सम्पादक-प्रकाशक थे। पटना से *'मुस्लिम गजट'* निकला। हबीब बिलकीस बेगम के सम्पादन में उर्दू पाक्षिक पत्रिका *'मस्तूरात'* प्रकाशित हुई। महिलाओं के लिए उपयोगी, सुधारवादी और ज्ञानवर्द्धक सामग्री प्रकाशित की जाती थी। पृष्ठ संख्या 32 और वार्षिक शुल्क दो रुपये था। बिजनौर से उर्दू मासिक पत्रिका *'फारान'* प्रकाशित हुई। धार्मिक और सामाजिक विषयों की इस पत्रिका का वार्षिक शुल्क तीन रुपये था।

कामटी से उर्दू मासिक *'दुर्रे सुखन'* मोहम्मद उमर अंसारी के सम्पादन में मार्च 1935 में निकला। भोपाल से अखलाक मोहम्मद खाँ ने उर्दू साप्ताहिक *'देहकान'* का सम्पादन-प्रकाशन किया। *'तिब्बी दुनिया'* दिल्ली से प्रकाशित हुआ। उपचार सम्बन्धी मासिक पत्र था। दारुल अदब पंजाब ने उर्दू मासिक *'तफसीरा'* का प्रकाशन लाहौर से किया। साहित्यिक पत्रिका थी। कामटी से मोहम्मद इमरान अंसारी ने उर्दू अर्द्ध साप्ताहिक *'जम्हूर'* का सम्पादन-प्रकाशन 25 अप्रैल 1935 को आरंभ किया। वार्षिक शुल्क चार रुपये था। एक वर्ष तक निकला। इसी वर्ष शाहजहाँनी मॉडल हाई स्कूल भोपाल से उर्दू मासिक पत्रिका *'गौहर-ए-तालीम'* प्रकाशित हुई। इब्राहीम खलील सम्पादक थे। छात्रों के ज्ञानवर्द्धन और उनमें लिखने की ललक पैदा करने के लिए यह पत्रिका निकाली गई थी, जो 1949 तक प्रकाशित हुई। जहूर हाशमी के सम्पादन में उर्दू साप्ताहिक *'कारवां'* सन 1935 में भोपाल से प्रकाशित हुआ। इसका पहला अंक ही जब्त कर लिया गया था। *'कारवां'* नाम का एक और पत्र इसी साल पटना से निकला। दिल्ली से उर्दू अर्द्ध साप्ताहिक *'अंसारी'* निकला। सम्पादक हिलाल अहमद जुबैरी थे। वार्षिक शुल्क छह रुपये था। मुसलमानों को संगठित होकर देश की स्वतंत्रता के लिए संघर्ष करने और अपने धर्म के सिद्धान्तों पर चलने के लिए प्रेरित करता था। सन 1937 में दैनिक हुआ। सन 1951 में बंद हो गया।

सन 1935 में सहारनपुर से खलीक सिद्दीकी ने उर्दू साप्ताहिक *'उम्मत'* निकाला। उर्दू अर्द्ध साप्ताहिक *'इस्तकलाल'* पटना से प्रकाशित हुआ। जनवरी 1935 में एलिचपुर से उर्दू मासिक *'अनीस'* का प्रकाशन हुआ। सम्पादक मोहम्मद इब्राहीम शरर थे। उर्दू की स्तरीय साहित्यिक पत्रिका थी। इसके 10 अंक ही

प्रकाशित हो पाए। लाहौर से उर्दू मासिक *'अदब-ए-लतीफ'* सन 1935 में निकला। चौधरी बरकत अली सम्पादक थे। पृष्ठ संख्या 64 और वार्षिक शुल्क तीन रुपये था। उर्दू भाषा और साहित्य के प्रचार के लिए पंजाब बुक डिपो ने *'अदब-ए-लतीफ'* का प्रकाशन किया था। अच्छी साहित्यिक पत्रिका थी।

महाकोशल

नागपुर से सन 1935 में रविशंकर शुक्ल ने हिन्दी अर्द्ध साप्ताहिक *'महाकोशल'* का प्रकाशन किया। सीताराम दीक्षित सम्पादक थे। कुछ समय बाद प्रकाशन स्थगित हो गया। 6 मार्च 1946 को स्वराज्यप्रसाद त्रिवेदी के सम्पादन में 'महाकोशल' का प्रकाशन रायपुर से आरंभ हुआ। राजनीति, साहित्य और समाचारों के इस 16 पृष्ठीय साप्ताहिक में बाल जगत और महिला जगत के स्तम्भ थे। 'महाकोशल' का 'महादेव घाट' से स्तम्भ समसामयिक प्रसंगों पर चुटीली टिप्पणियों के कारण काफी लोकप्रिय हुआ। 'अघोर भैरव' के नाम से यह टिप्पणी स्वयं सम्पादक लिखा करते थे। पत्र का वार्षिक शुल्क चार रुपये था।

एक दिसम्बर 1951 को 'महाकोशल' दैनिक समाचारपत्र बन गया। यह छत्तीसगढ़ अंचल से प्रकाशित होने वाला पहला दैनिक समाचारपत्र है। प्रधान सम्पादक श्यामाचरण शुक्ल और सम्पादक स्वराज्यप्रसाद त्रिवेदी थे। उनके बाद विश्वनाथ वैशम्पायन, विष्णुदत्त मिश्र तरंगी, गुरुदेव कश्यप सम्पादक रहे। 'महाकोशल' के साप्ताहिक परिशिष्ट में अंचल के रचनाकारों को वरीयता दी जाती थी।

नव राजस्थान

ब्रिजलाल बियाणी ने सन 1935 में अकोला से हिन्दी साप्ताहिक 'नव राजस्थान' का प्रकाशन किया। सम्पादक रामनाथ सुमन और रामगोपाल माहेश्वरी थे। सहेली[1] ने 'नव राजस्थान' पर टिप्पणी की- "यह साप्ताहिक पत्र अभी बसंत पंचमी से अकोला से रामगोपाल माहेश्वरी तथा रामनाथ सुमन के सम्पादकत्व में प्रकाशित होने लगा है। पत्र पूर्णतः राष्ट्रीय और महात्मा गाँधी के कार्यक्रम को मानने वाला होगा। 'यह क्यों' शीर्षक मुख्य लेख में इसके संचालक ब्रिजलाल बियाणी ने बतलाया है कि यह पत्र कुछ वर्ष पहले प्रकाशित 'राजस्थान' का नवजन्म है। यह राजस्थानी समाज में नव विचारों को प्रकाशित करेगा। उसमें नवजीवन का संचार करेगा, नवीन कल्पनाओं को निर्भयता के साथ घोषित करेगा। राजस्थानी समाज का वर्तमान नवीन सिद्धान्तों के अनुसार अर्थ गठन करने का प्रयत्न करेगा। राजस्थानी नवयुवकों में जीवन की ज्योति लावेगा। जीवन में नवीनता का अनुभव करावेगा और नवीनता तथा मौलिकता उसके आन्दोलन का बीज रहेगा।" सन 1938 में

---

1. सहेली, 29 फरवरी 1935

रामगोपाल माहेश्वरी ने नागपुर से अर्द्ध साप्ताहिक 'नवभारत' का सम्पादन-प्रकाशन किया तब 'नव राजस्थान' उसमें समाहित हो गया।

सन 1935 में संगीत कार्यालय हाथरस से प्रभुलाल गर्ग ने (जो हास्यकवि काका हाथरसी के नाम से मशहूर हुए) हिन्दी मासिक पत्रिका *'संगीत'* का प्रकाशन किया। 'संगीत' ने तानसेन अंक, महिला संगीत अंक, विष्णु-दिगम्बर अंक, ध्रुपद अंक, कृष्णराव शंकर पंडित अंक आदि अनेक विशेषांकों का प्रकाशन कर संगीत-साहित्य की अभिवृद्धि की। सैयद कासिम अली, विश्वनाथ गुप्त, महेशप्रताप बहादुर सिंह, डा. लक्ष्मीनारायण गर्ग, बालकृष्ण गर्ग, मुकेश गर्ग आदि ने संगीत का समय-समय पर सम्पादन किया। इस सुरुचिपूर्ण पत्रिका का प्रकाशन अभी भी हो रहा है।

दिसम्बर 1935 में मुम्बई से हिन्दी का आठ पृष्ठ का पूर्णाकार दैनिक *'अखण्ड भारत'* प्रकाशित हुआ। जयनारायण व्यास इसके सम्पादक-प्रकाशक थे। स्थानीय और देश-विदेश की खबरें तथा व्यापार समाचार, चित्र और रंगमंच सम्बन्धी गतिविधियों की खबरें और रपट प्रकाशित की जाती थीं। अखण्ड भारत मूलत: राजनीति प्रधान पत्र था जिसमें देशी रियासतों के हालात पर खुलकर लिखा जाता था। मुम्बई के अलावा इन्दौर और ग्वालियर रियासतों के साथ राजस्थान में भी 'अखण्ड भारत' की प्रतियाँ जाती थीं। दो वर्ष तक 'अखण्ड भारत' का प्रकाशन हुआ।

दिसम्बर 1935 में डिस्ट्रिक्ट कौंसिल रायपुर की ओर से सचित्र हिन्दी मासिक पत्रिका *'उत्थान'* का प्रकाशन हुआ। सुन्दरलाल त्रिपाठी सम्पादक थे। मार्च 1937 में डिस्ट्रिक्ट कौंसिल भंग होने पर 'उत्थान' का प्रकाशन बंद हो गया। साहित्यिक पत्रिका थी।

साहित्य सदन अबोहर ने हिन्दी मासिक पत्रिका *'दीपक'* का प्रकाशन सन 1935 में किया। कविताएँ, कहानियाँ, बच्चों और महिलाओं के लिए उपयोगी सामग्री, जीवनियाँ, नई तालीम, स्वास्थ्य रक्षा, आहार विज्ञान, ग्रामोत्थान आदि विषयों पर स्तरीय सामग्री का प्रकाशन किया जाता था। सम्पादक तेगराम विशारद थे। वार्षिक शुल्क दो रुपये आठ आना था। इसी नाम से एक पत्रिका जम्मू से भी प्रकाशित हुई।

ब्यावर (राजपूताना) से समाचार साप्ताहिक *'राजस्थान'* सन 1935 में हरिभाऊ उपाध्याय के सम्पादन में निकला। राजस्थान और देशी राज्यों के समाचार अधिक रहते थे। लेख स्तरीय और सम्पादकीय विचारपूर्ण होते थे। ऋषिदत्त मेहता भी सम्पादक रहे। प्रकाशक मणिलाल कोठारी थे।

मई 1935 में छिंदवाड़ा से रामेश्वरदयाल वर्मा ने मासिक *'स्काउट मित्र'*

निकाला। देवीदयाल चतुर्वेदी सम्पादक थे। मई 1935 में हिन्दी लेखक संघ प्रयाग ने मासिक पत्रिका *'लेखक'* का प्रकाशन किया। सम्पादक भारतीय, एम.ए. और प्रेमनारायण अग्रवाल, बी.ए. थे। सम्पादन-प्रकाशन और मुद्रण स्तरीय था। पृष्ठ संख्या 64 और वार्षिक मूल्य तीन रुपये था। सन 1937 में कुछ माह बन्द रहने के बाद जनवरी 1938 में पुनः प्रकाशित हुआ।

कोलकाता से सन 1935 में राष्ट्रीय विचारधारा का समाचार साप्ताहिक *'राजपूत'* निकला। सम्पादक रामलगन सिंह थे। जून 1935 में दिल्ली से व्यंग्य-विनोद का हिन्दी साप्ताहिक *'मनमौजी'* निकला। सम्पादक ब्रह्मदत्त शर्मा थे। फरवरी 1935 में चतुरसेन गुप्त के सम्पादन में हिन्दी मासिक *'महाभारत'* का प्रकाशन हुआ। इसी वर्ष महाबौद्ध सभा सारनाथ (बनारस) से हिन्दी मासिक पत्रिका *'धर्मज्योति'* निकली। आर्य समाज, आगरा ने मधुसूदन के सम्पादन में हिन्दी साप्ताहिक *'दिवाकर'* निकाला। वार्षिक शुल्क ढाई रुपये था। गोस्वामी तुलसीदास के स्मारक स्वरूप *'तुलसी पत्र'* का सम्पादन-प्रकाशन किया गया। पृष्ठ संख्या 32 और वार्षिक शुल्क दो रुपये था। अक्टूबर 1935 में हरिद्वार से रामजीलाल वर्मा ने हिन्दी मासिक *'जीवन सत्य'* का प्रकाशन किया। सम्पादक आर.जी.कपूर थे। इसी वर्ष पटना से हिन्दी मासिक *'जनक'* का प्रकाशन आरंभ हुआ। तारकेश्वर शर्मा के सम्पादन में आगरा से सन 1935 में हिन्दी साप्ताहिक *'गणेश'* निकला। पृष्ठ संख्या 16 और वार्षिक मूल्य तीन रुपये था। देशी राज्यों के सम्बन्ध में समाचार और लेख रहते थे।

अगस्त 1935 में कन्याओं के लिए प्रयाग से सचित्र मासिक पत्रिका *'गुड़िया'* प्रकाशित हुई। अक्षय कुमारी सम्पादक थीं। वार्षिक शुल्क दो रुपये था। हरे कृष्ण धवन, गौरीशंकर टण्डन और प्रेमनारायण टण्डन के सम्पादन में लखनऊ से हिन्दी मासिक पत्रिका *'खत्री हितैषी'* प्रकाशित हुई। अगस्त 1935 में जयपुर से हिन्दी मासिक *'कैलाश'* का प्रकाशन हुआ। रामेश्वरप्रसाद पाण्डेय सम्पादक थे। हिन्दी मासिक *'काव्य कलाधर'* जनवरी 1935 में कोलकाता से निकला। सम्पादक रमाकांत त्रिपाठी और सिद्धनाथ शुक्ल थे। वार्षिक शुल्क तीन रुपये था। इसी वर्ष *'कथा मंदिर'* और *'प्रतिभा'* नामक हिन्दी मासिक पत्रिकाएँ प्रकाशित हुई। हिन्दी साहित्य मण्डल, रायपुर से मासिक पत्रिका *'आलोक'* का प्रकाशन केशवप्रसाद वर्मा और स्वराज्यप्रसाद त्रिवेदी के सम्पादकत्व में हुआ। इसी नाम से पटना से भी सचित्र सिने साप्ताहिक निकला। इस 'आलोक' के सम्पादक ललितकुमार सिंह थे।

भैरवलाल नन्दवाना के सम्पादन में आगरा से जातीय मासिक *'नान्दीमुख सन्देश'* का प्रकाशन किया गया। पृष्ठ संख्या 32 और वार्षिक शुल्क ढाई रुपया था। कुछ पृष्ठ गुजराती के भी रहते थे। पटना से *'समाज जीवन'* और कोलकाता से हिन्दी साप्ताहिक *'समाज सेवक'* प्रकाशित किए गए। 'समाज सेवक' के सम्पादक

बैजनाथ केडिया और राधाकृष्ण नेवटिया थे। सन 1935 में आल इंडिया रेडियो ने हिन्दी पाक्षिक *'आकाशवाणी'* और अँगरेजी पाक्षिक *'ए.आई.आर.'* का प्रकाशन रेडियो कार्यक्रमों के प्रचार-प्रसार के लिए आरंभ किया। कोलकाता से मासिक *'हिन्दी प्रचार पत्रिका'* निकली। सम्पादक रघुनाथ पाण्डेय थे।

हिन्दुस्तान

22 जनवरी 1935 को प्रयाग से हिन्दी साप्ताहिक *'हिन्दुस्तान'* प्रकाशित हुआ। ज्योति प्रसाद निर्मल सम्पादक थे। इस पर टिप्पणी करते हुए जयाजी प्रताप[1] ने लिखा- "हिन्दुस्तान के अब तक दो अंक निकले हैं जिनमें पाठ्य सामग्री काफी है और रोचक भी है। सम्पादन में भी कुशलता है। 'भारत में रोजगार' शीर्षक लेखमाला में आर्थिक दशा का विवेचन है। इसके अतिरिक्त कहानी, साहित्य चर्चा, अन्तरराष्ट्रीय जगत, हास्य-विनोद आदि स्तम्भों में अच्छी तथा सुपाठ्य सामग्री है। बताया गया है कि यह पत्र किसी पार्टी का नहीं है बल्कि वो सदा न्याय का पक्षपाती और अन्याय का विरोधी होगा।" 'हिन्दुस्तान' का वार्षिक शुल्क तीन रुपये था।

सन 1935 में भोपाल से लक्ष्मीनारायण सिंघल ने हिन्दी साप्ताहिक *'प्रजामित्र'* का सम्पादन-प्रकाशन किया। बनारस से सचित्र हिन्दी मासिक *'यादवेश'* प्रकाशित हुआ।

राजस्थान

सन 1935 की अक्षय तृतीया को कोलकाता से राजस्थान रिसर्च सोसायटी का त्रैमासिक जर्नल 'राजस्थान' प्रकाशित हुआ। यह शोध पत्रिका थी जिसमें मुख्यतः राजस्थान के सम्बन्ध में गवेषणात्मक आलेख प्रकाशित किए जाते थे। ठाकुर किशोर सिंह 'बार्हस्पत्य' पत्रिका के सम्पादक और रघुनाथसिंह सिघानिया एवं ठाकुर भगवतीप्रसाद सिंह सहायक सम्पादक थे। सौ पृष्ठ की इस पत्रिका में एक-दो आलेख अँगरेजी के भी सम्मिलित किए जाते थे।

'राजस्थान' वर्ष में चार बार- अक्षय तृतीया, श्रावणी तीज, दीपावली और बसंत पंचमी को प्रकाशित होता था। राजस्थान के इतिहास, भाषा और साहित्य, संस्कृति और कला पर निबंध मुख्यतः प्रकाशित किए जाते थे। राजस्थानी भाषा की कविताएँ तथा राजस्थानी कला के चित्र पत्रिका की अर्थवत्ता बढ़ाते थे।

सन्दर्भ स्रोतों के संरक्षण के प्रति 'राजस्थान' के सम्पादक की चिंता इस तरह प्रकट होती है- "बालमुकुंद जी मारवाड़ी समाज के चमकते हुए सितारे थे। उन्होंने कई पत्रों का सम्पादन किया था। पर उनकी प्रतिभा कलकत्ते के 'भारत मित्र' में ही

1. जयाजी प्रताप, 14 फरवरी 1935

आकर चमकी थी। भारत मित्र ने उनको बनाया और उन्होंने 'भारत मित्र' के लिए अपनी जान लड़ा दी। पर खेद है कि भारत मित्र के संचालकों ने उनके प्रति कुछ भी कर्त्तव्य पालन नहीं किया। अपने वर्तमान संचालकों के हाथ में आकर हिन्दी का सबसे प्राचीन पत्र 'भारत मित्र' गया सो तो गया ही, पर इसके सर्वश्रेष्ठ सम्पादक की कीर्ति और तपस्या की सामग्री आज नष्ट होने जा रही है। पर वे उसकी रक्षा का कोई उपाय नहीं सोचते। दीघलिया जी के जमाने के 'भारत मित्र' की फाइलें बड़े काम की वस्तु हैं। पर अभी तक वे अरक्षितावस्था में हैं। 'भारत मित्र' की पुराने फाइलों की रक्षा करना आवश्यक है। कम से कम समाज की यह अमूल्य निधि तो बची रहनी चाहिये। आशा है कि 'भारत मित्र' के कर्णधार और 'सनातन धर्म मण्डल' के मंत्री श्री रामकुमार जी झुंझनूंवाला इस ओर ध्यान देंगे और स्वर्गीय दीघलिया जी की आत्मा को शान्ति पहुँचाने के निमित्त इन फाइलों की रक्षा का सुप्रबन्ध करेंगे।"

मासिक पत्रिका *'स्त्री भूषण'* का प्रकाशन जनवरी 1935 में लखनऊ से हुआ। इस पत्र की सम्पादक भगवन्ती देवी और प्रकाशक भानुदेव शर्मा थे। उपयोगी लेख और कविताएँ प्रमुखता से छपते थे। स्वास्थ्य सम्बन्धी लेख अधिक छपते थे। 25 गुणित 18 से.मी. आकार की इस पत्रिका का वार्षिक शुल्क दो रुपये था।

फरवरी 1935 में चन्द्र प्रिंटिंग प्रेस दिल्ली से वैद्य गजानंद शर्मा के सम्पादन में हिन्दी मासिक पत्रिका *'विज्ञान सागर'* निकली। पृष्ठ संख्या 54 और वार्षिक मूल्य तीन रुपये था। 'विज्ञान सागर' में विकासवाद, शरीर रचना, अंतरमुखी रस-स्रावी ग्रंथियाँ, परमाणुवाद और रेडियम, खाद्य वस्तुओं में पौष्टिक पदार्थों के अंश जैसे सचित्र लेख आरंभिक अंक में प्रकाशित हुए।

सन 1935 में होली के अवसर पर काशी से हास्यरस का हिन्दी पाक्षिक *'दे खुदा की राह पर'* प्रकाशित किया गया। संपादक खैराती खां और प्रकाशक राधारमण थे। पृष्ठ संख्या 16 और वार्षिक मूल्य एक रुपया था।

जनवरी 1935 में मुम्बई से 'दैनिक हिन्दुस्तान' का प्रकाशन पोद्दार उद्योग समूह ने किया। कालिकाप्रसाद दीक्षित 'कुसुमाकर', गोवर्धनदास मेहता, भगवतीप्रसाद व्यास सम्पादक रहे। पचास के दशक में बन्द हो गया।

हिन्दुस्तान की आवाज

1936

हिन्दुस्तान

देश की राजधानी दिल्ली में राष्ट्रीयता के पक्षधर हिन्दी दैनिक समाचारपत्र के अभाव की पूर्ति करने के उद्देश्य से हिन्दुस्तान टाइम्स प्रेस के संचालकों ने 12 अप्रैल 1936 को *'हिन्दुस्तान'* का प्रकाशन आरम्भ किया। आद्य सम्पादक सत्यदेव विद्यालंकार थे। प्रबंध संचालक देवदास गांधी और प्रकाशक देवीप्रसाद शर्मा थे।

प्रवेशांक के सम्पादकीय में लिखा गया- "किसी खास व्यक्ति, जाति, सम्प्रदाय, समूह या दल के लिए हिन्दुस्तान जन्म नहीं ले रहा है। जिस संस्था की ओर से यह निकाला जा रहा है उसकी स्थापना पूज्य मालवीय जी ने सार्वजनिक हित की भावना से की थी। पत्रकार के सिर पर सदा कानून की तलवार लटकती रहती है। सर्वथा विपरीत परिस्थितियों में उसे जीवन की लड़ाई लड़नी पड़ती है। लेकिन हमें उज्ज्वल भविष्य की एक स्पष्ट रेखा चमकती दीख पड़ती है। हिन्दुस्तान ऊँचे और काल्पनिक संसार में न उड़कर मनुष्य जीवन के इस लोक में ही रहना चाहता है। पत्रकार को सबसे बड़ा सहारा है जनता की सहानुभूति का।"

तब तक इसी प्रकाशन संस्थान का अँगरेजी दैनिक 'हिन्दुस्तान टाइम्स' (1924) एक लोकप्रिय और अच्छी प्रसार संख्या वाला अखबार बन चुका था। बेहतर संसाधन, अच्छा कागज और छपाई तथा पूर्णाकार दैनिक होने से 'हिन्दुस्तान' भी जल्दी ही पाठकों के बीच पैठ बनाने में सफल हुआ। कम अरसे में 'हिन्दुस्तान' की प्रसार संख्या 8 हजार से अधिक हो गई थी। सन 1942 में भारत छोड़ो आन्दोलन के समय छह महीने तक 'हिन्दुस्तान' का प्रकाशन बन्द रहा। एक अग्रलेख को लेकर पत्र से 6,000 रुपये की जमानत माँगी गई। सन 1943 में पुनः प्रकाशन आरंभ हुआ। महात्मा गांधी और नेताजी सुभाषचन्द्र बोस के बीच पत्र व्यवहार हिन्दुस्तान ने अविकल रूप से छापा था। गांधीजी की प्रार्थना सभा के प्रवचन नियमित रूप से छपा करते थे।

सस्ती और सुन्दर छपाई
तिरंगे ब्लॉक
हिन्दुस्तान टाइम्स प्रेस

हिन्दुस्तान

१ मार्च १९३८ का अतिरिक्त अंक

हरिपुरा कांग्रेस की एक झांकी

गांधी जी की महानता

हिन्दुस्तान

'सरस्वती' ने 'हिन्दुस्तान' पर परिचयात्मक टिप्पणी में लिखा- "इस नाम का हिन्दी का एक नया दैनिक गत छह महीने से दिल्ली से सफलता के साथ निकल रहा है। यह दैनिक साफ-सुथरा छपता है। इसका सम्पादन बहुत अच्छे ढंग से होता है। यह कांग्रेस का समर्थक है। अभी हाल में महात्मा गांधी की वर्षगांठ के उपलक्ष्य में 'गांधी जयंती अंक' के नाम से इसका एक विशेष अंक निकला है। इस अंक में महात्माजी के सम्बन्ध में जो लेख छापे गए हैं, रोचक तथा महत्व के हैं। उनमें एक लेख मौलाना शौकत अली का भी है, जिसके अन्त में उनका हिन्दी में हस्ताक्षर भी छापा गया है जो अति मनोरंजक है।"[1]

सन 1946 में मुकुट बिहारी वर्मा 'हिन्दुस्तान' के सम्पादक बने। सन 1963 में रतनलाल जोशी और 1976 में चन्दूलाल चन्द्राकर ने सम्पादक का दायित्व ग्रहण किया। मुकुटबिहारी वर्मा ने अपने संस्मरण में लिखा है- "उन दिनों अखबार के सम्पादकीय विभाग का एक लम्बा-सा कमरा होता था जिसके बीच की मेज में सम्पादक बैठते थे और उनके गिर्द सहायक। संवाददाता तब बहुत कम थे। बाहरी समाचार प्राय: डाक से आया करते थे। अग्रलेख सम्पादक स्वयं लिखते और एक पृष्ठ का प्रभारी एक ही व्यक्ति होता। रात की ड्यूटी में पहला पन्ना, सुबह की ड्यूटी में शेष पृष्ठ बनाए जाते थे। पहली लोकसभा और राज्यसभा के गठन के बाद

1. सरस्वती, 1937, पृष्ठ 69

उनकी रिपोर्टिंग के लिए अलग संवाददाता रखे गए।" 'हिन्दुस्तान' में गोपालप्रसाद व्यास का स्तंभ 'नारदजी खबर लाए हैं' दीर्घकाल तक छपा और काफी लोकप्रिय हुआ। यत्र-तत्र-सर्वत्र स्तंभ भी खूब पढ़ा जाता था। रतनलाल जोशी के सम्पादन काल में रविवार के अंक का सम्पादकीय साहित्य, कला, संस्कृति पर केन्द्रित रहता था जिसका अपना विशेष पाठक वर्ग था। सन 1947 में 'हिन्दुस्तान' ने प्रसार संख्या में बीस हजार का आँकड़ा पार किया जो सन 1974 में डेढ़ लाख और 1980 में दो लाख की संख्या पार कर गया। 'हिन्दुस्तान' के समाचार और विचार दोनों पक्ष स्तरीय, परिपक्व और विचार प्रवण होते थे। विनोद मिश्र, हरिनारायण निगम, आलोक मेहता, अजय उपाध्याय भी 'हिन्दुस्तान' के सम्पादक रहे।

'हिन्दुस्तान' का रविवारीय परिशिष्ट लेख, कहानी और कविताओं के साथ-साथ बाल जगत, महिला जगत, पुस्तक समीक्षा, चित्रपट समीक्षा, स्वास्थ्य चर्चा आदि सभी पक्षों को समाहित करता था। 'हिन्दुस्तान' में आजादी के पहले तक हर वर्ष 'कांग्रेस अंक' निकालने की परम्परा चली। इसके होली अंक कई दिनों तक चर्चा का विषय बने रहते थे। सम्प्रति 'हिन्दुस्तान' के संस्करण दिल्ली, पटना (1986), राँची (1991), लखनऊ (1996), काशी (1997), मुजफ्फरपुर, भागलपुर, मेरठ, आगरा और कानपुर से निकल रहे हैं।

'हिन्दुस्तान' के प्रकाशन के 71 वर्ष पूरे हो गए हैं। स्वतंत्रता संग्राम और स्वातंत्र्योत्तर विकास काल दोनों ही दृष्टि से 'हिन्दुस्तान' की फाइलें राजनीतिक, सामाजिक और आर्थिक घटनाचक्र के संदर्भ, सूचनाओं से भरी पड़ी हैं।

सम्प्रति मृणाल पाण्डे 'हिन्दुस्तान' की मुख्य सम्पादक हैं। (वे प्रकाशन समूह की पत्रिका 'कादम्बिनी' और 'नन्दन' की भी सम्पादक हैं।) उनकी साहित्यिक पृष्ठभूमि ने 'हिन्दुस्तान' के रविवारीय संस्करण को वैविध्य प्रदान किया है। वरिष्ठ स्थानीय संपादक प्रमोद जोशी हैं। दैनिक समाचारपत्रों में 'हिन्दुस्तान' में ही पुस्तक समीक्षा स्तम्भ के लिए एक पूरा पृष्ठ रखा गया है। 'हिन्दुस्तान' की 71 वीं वर्षगाँठ के अवसर पर प्रकाशित विशेष सामग्री में पत्र की विकास यात्रा और बदलावों का जहाँ वर्णन है, वहीं राष्ट्रीय और अन्तरराष्ट्रीय जगत की तमाम बड़ी घटनाओं की झलक भी प्रस्तुत की गई है।

नवज्योति (अजमेर)

राजस्थान सेवक मंडल ने राष्ट्रीय चेतना जाग्रत करने तथा ब्रिटिश हुकूमत एवं सामंती जुल्मों को प्रकाश में लाने के उद्देश्य से दो अक्टूबर 1936 को अजमेर से हिन्दी साप्ताहिक 'नवज्योति' का प्रकाशन शुरू किया। रामनारायण चौधरी पत्र के संपादक थे। दो वर्ष बाद मंडल ने 'नवज्योति' का पूरा दायित्व चौधरी को सौंप दिया। सन 1942 में गांधीजी के बुलावे पर रामनारायण चौधरी साबरमती जाने लगे तब अनुज कप्तान दुर्गाप्रसाद चौधरी को 'नवज्योति' सौंप दी। 1942 के भारत

छोड़ो आन्दोलन में उनकी जेल यात्रा के कारण 'नवज्योति' का प्रकाशन ठप हो गया। आजादी के बाद सन 1948 में 'नवज्योति' दैनिक हो गया। तदनन्तर दीनबंधु चौधरी ने अखबार की जिम्मेदारी संभाल ली। सन 1960 में 'नवज्योति' का जयपुर संस्करण आरंभ हुआ। ट्रेडिल से शुरू हुई मुद्रण-यात्रा भी सिलिंडर, फ्लेटबैट रोटरी और स्टीरियो रोटरी मशीन के पड़ाव तय करती हुई आफसेट तक आ पहुँची। हैंड कम्पोजिंग का स्थान काम्पसेट ने ले लिया। 'नवज्योति' की राजस्थान के जनजागरण में महत्वपूर्ण भूमिका है। गंभीर समाचारपत्र के रूप में उसकी पहचान है। यशवंत व्यास, श्याम आचार्य प्रभृति संपादकों ने 'नवज्योति' का कलेवर सँवारा है।

साहित्य

बिहार हिन्दी साहित्य सम्मेलन ने सन 1936 में त्रैमासिक हिन्दी पत्रिका *'साहित्य'* का प्रकाशन किया। जनार्दनप्रसाद झा 'द्विज' और लक्ष्मीनारायण सुधांशु सम्पादक थे। प्रवेशांक में विषय सामग्री के बारे में स्पष्ट किया गया था- "लेख के लिए ही लेख देना हमारा विचार नहीं है और न हर तरह के लेख हम लेना चाहते हैं। हम तो दो-चार ही लेख देना चाहते हैं, पर वे लेख ऐसे होने चाहिए जिससे हमारे साहित्य की उत्तरोत्तर प्रगति का पता चल सके, अथवा उसके अभावों की ओर लोगों का ध्यान आकृष्ट हो, अथवा पुराने विषयों पर नया प्रकाश पड़े, अथवा विस्मृत बातें, घटनाओं, विषयों, लेखकों या रचनाओं की स्मृति जाग उठे अथवा साहित्य की परिष्कृति या उन्नति में सहायता पहुँचे।" चौथे अंक से बदरीनाथ वर्मा सम्पादक हो गए। कुछ समय बाद 'साहित्य' का प्रकाशन अवरुद्ध हुआ जो मार्च 1950 में आरम्भ हुआ। आचार्य शिवपूजन सहाय और नलिन विलोचन शर्मा सम्पादक हुए। अप्रैल 1953 तक शोध पत्रिका 'साहित्य' का प्रकाशन त्रैमासिक हुआ और छठवें वर्ष के प्रथम अंक से मासिक हुआ। 'साहित्य' का पुनर्प्रकाशन बिहार हिन्दी साहित्य सम्मेलन और बिहार राष्ट्रभाषा परिषद ने संयुक्त रूप से किया था। श्रीरंजन सूरिदेव सहकारी सम्पादक बनाए गए। नवम्बर 1955 में यह फिर त्रैमासिक हुआ। नलिनविलोचन शर्मा के निधन के बाद प्रो. केसरी कुमार सम्पादक हुए। जनवरी 1963 में आचार्य शिवपूजन सहाय के निधन के बाद केसरी कुमार और श्रीरंजन सूरिदेव ने सम्पादन दायित्व संभाला। 'साहित्य' ने बिहार में हिन्दी साहित्य की श्रीवृद्धि में महत्वपूर्ण योगदान दिया।

जैन ध्वज

16 अप्रैल 1936 को राजमल लोढ़ा ने अजमेर से हिन्दी साप्ताहिक *'जैन ध्वज'* का प्रकाशन किया। कालान्तर में यह 'ध्वज' के नाम से प्रचलित हुआ। सन 1942 में मंदसौर से प्रकाशित होने लगा। मदनकुमार चौबे 'ध्वज' के संयुक्त

सम्पादक बनाए गए। सन 1945 में नसीराबाद सैनिक छावनी की खबर देने पर 'ध्वज' प्रेस की तलाशी ली गई और सम्पादक-प्रकाशक राजमल लोढ़ा को हिरासत में ले लिया गया। 'ध्वज' राष्ट्रीय आन्दोलन का समर्थक अखबार था। 29 जुलाई 1954 को 'ध्वज' दैनिक समाचारपत्र हो गया। दैनिक 'ध्वज' का प्रकाशन जारी है। सुरेन्द्र लोढ़ा सम्पादक-प्रकाशक हैं।

बेनीशंकर शर्मा के सम्पादन में जनवरी 1936 में मारवाड़ी छात्र संघ कोलकाता ने हिन्दी-अँगरेजी द्विभाषी मासिक पत्रिका *'मारवाड़ी'* का प्रकाशन किया। वार्षिक शुल्क दो रुपये था। इस सुधारवादी पत्रिका में स्तरीय सामग्री का प्रकाशन होता था। अप्रैल 1936 में पद्मा (हजारीबाग), बिहार से हिन्दी मासिक पत्रिका *'बिजली'* का प्रकाशन हुआ। प्रफुल्ल चंद्र ओझा 'मुक्त' सम्पादक थे। वार्षिक शुल्क तीन रुपये था। रामगढ़ राज्य के संरक्षण में निकली इस पत्रिका का सम्पादन सन 1944-45 में देवीदयाल चतुर्वेदी 'मस्त' ने किया। उसके बाद 'बिजली' बन्द हो गई।

देवदत्त शर्मा कविराज ने अलीगढ़ से सन 1936 में हिन्दी साप्ताहिक *'निराला'* का सम्पादन-प्रकाशन किया। सन 1936 में पटना से बरमेश्वर सिंह के सम्पादकत्व में हिन्दी मासिक *'ग्राम सेवक'*, बाबूलाल साहिर के सम्पादन में *'शिमला समाचार'*, बिलासपुर से यदुनन्दन श्रीवास्तव के सम्पादन में साप्ताहिक *'प्रकाश'*, दुर्ग से हिन्दी मासिक *'हैहय वंश'*, लखनऊ से मन्नी लाल विश्वकर्मा के सम्पादन में जातीय मासिक पत्र *'ककुहास मित्र'*, कोलकाता से बटुकदेव शर्मा के सम्पादन में गोरक्षा के उद्देश्य से हिन्दी मासिक *'कामधेनु'*, कृष्णदयाल शास्त्री के सम्पादन में अमृतसर से हिन्दी मासिक *'आयुर्वेद संसार'*, 16 अप्रैल 1936 को रामदत्त राय के सम्पादन में कोलकाता से हिन्दी साप्ताहिक *'सिंहनाद'*, आगरा से हिन्दी साप्ताहिक *'जैन संदेश'*, मथुरा से हिन्दी मासिक *'जनता स्वास्थ्य पत्रिका'*, दुर्ग से *'उदय'*, धर्मपाल सिंह के सम्पादन में दरभंगा से *'जीव दया और गोपालन'*, अक्टूबर 1936 में आगरा से सचित्र हिन्दी मासिक *'मधुर जीवन'*, कोलकाता से 25 जुलाई 1936 को समाचार प्रधान साप्ताहिक *'जनमत'* और साहित्यिक-सांस्कृतिक मासिक पत्रिका *'चन्द्रोदय'* का प्रकाशन मार्च 1936 में सतीशचन्द्र शर्मा के सम्पादन में हुआ।

अप्रैल 1936 में इलाहाबाद से हिन्दी की बाल मासिक पत्रिका *'अच्छे भैया'* का प्रकाशन आरंभ हुआ। सम्पादक रामकिशोर अग्रवाल 'मनोज' और राजेन्द्रशंकर भट्ट थे। साहित्य और शिक्षा सम्बन्धी सचित्र मासिक पत्र *'मराल'* नवम्बर 1936 में आगरा से प्रकाशित हुआ। किशोरीदास वाजपेयी सम्पादक थे। वार्षिक शुल्क दो रुपये था। श्यामसुन्दर लाल दीक्षित भी सम्पादक रहे। हिन्दी भाषा और साहित्य

की विवेचना 'मराल' का मुख्य विषय था।

काशी से सन 1936 के आरंभ में हिन्दी मासिक *'गीता धर्म'* का प्रकाशन हुआ। पद्मनारायण आचार्य सम्पादक थे। इसका हर अंक विशेषांक की तरह निकलता था। कला, साहित्य और सिनेमा की सचित्र हिन्दी मासिक पत्रिका *'किरण'* सन 1936 में आगरा से प्रकाशित हुई। कप्तान सिंह सम्पादक थे। वार्षिक शुल्क तीन रुपये था। जगन्नारायणदेव शर्मा के सम्पादन में बनारस से सन 1936 में हिन्दी मासिक *'महाविद्या'* निकली। वार्षिक शुल्क तीन रुपया था।

विश्वास

सहारनपुर के *'विकास'* से जमानत माँगने पर पत्र बंद हो गया। तब जनवरी 1936 में कन्हैयालाल मिश्र प्रभाकर ने हिन्दी साप्ताहिक 'विश्वास' का प्रकाशन आरंभ किया। पृष्ठ संख्या 20 और वार्षिक शुल्क तीन रुपये था। लेख, कविता, चित्र, समाचार आदि स्तरीय और सुसम्पादित रहते थे। बच्चों का सचित्र मासिक पत्र *'दूध बताशा'* अगस्त 1936 में कोलकाता से प्रकाशित हुआ। वार्षिक शुल्क ढाई रुपये था। नृसिंह उपाध्याय ने पिसौली (बदायूँ) से हिन्दी मासिक *'वैष्णव तेज'* का सम्पादन-प्रकाशन किया। हिन्दी मासिक *'नटखट'* अलमोड़ा से निकला। इस मनोरंजन प्रधान पत्रिका के सम्पादक-प्रकाशक मदनमोहन अग्रवाल और महेन्द्र मालवीय थे।

जैन गुरुकुल ब्यावर से *'जैन शिक्षण संदेश'* नामक मासिक पत्र सन 1936 में निकला। शोभाचन्द्र भारिल्ल सम्पादक थे। लाहौर से हिन्दी मासिक *'सुधाकर'*, कोलकाता से *'बीमा और वाणिज्य'*, धमतरी से हिन्दी साप्ताहिक *'नवयुवक'*, रेवाप्रसाद मिश्र के सम्पादन में मासिक *'निष्पक्ष'*, मथुरा से हिन्दी मासिक *'स्वास्थ्य'*, काशी से जून 1936 में कामतानाथ पाण्डेय के सम्पादन में हिन्दी मासिक *'रामवन'*, नारायणदास धूत के सम्पादन में पुणे से हिन्दी पाक्षिक *'राजस्थानी गीत'*, दिल्ली से फरवरी 1936 में कहानी और सिनेमा की सचित्र मासिक पत्रिका *'सखी'* और धामपुर (उ.प्र.) से हिन्दी मासिक *'सुमन'* का प्रकाशन हुआ।

प्रभात

महाशय कृष्ण ने लाहौर से सन 1936 में दैनिक *'प्रभात'* का प्रकाशन किया। प्रकाशक वीरेन्द्र थे। छैलबिहारी 'कंटक' सम्पादक थे। रामशंकर मिश्र सहयोगी सम्पादक थे। 'प्रभात' के चौथे अंक में "नौजवानों के नाम वारण्ट" शीर्षक अग्रलेख प्रकाशित हुआ। सन्दर्भ तो बिहार के भूकम्प का था, किन्तु 'अंधी-बहरी सरकार' का मुहावरा फिरंगी हुकूमत को चुभ गया। सत्ताइसवें दिन सम्पादक छैलबिहारी 'कंटक' का. पंजाब से निष्कासन हुआ और 'प्रभात' बन्द हो गया। इलाहाबाद से सन 1936 में हिन्दी मासिक पत्रिका *'जीवन सखा'* का प्रकाशन

हुआ। सम्पादक बालेश्वरप्रसाद सिंह और विट्ठलदास मौजू थे। शारीरिक, मानसिक तथा नैतिक स्वास्थ्य पर केन्द्रित इस पत्रिका के प्राकृतिक चिकित्सा और प्रश्नोत्तर स्तंभ अच्छे रहते थे। वार्षिक शुल्क तीन रुपये था।

साहित्य सदन अबोहर से हिन्दी का ग्रामोपयोगी पत्र *'मासिक दीपक'* सन 1936 में प्रकाशित हुआ। ग्राम दुर्दशा का चित्रण और उसके सुधार के सरल उपाय इस पत्र का मुख्य उद्देश्य था। वार्षिक शुल्क दो रुपये था।

नई दिल्ली से अप्रैल 1936 में हिन्दी मासिक पत्र *'सिखवीर'* का प्रकाशन हुआ। महारथी प्रेस से छपने वाले 'सिखवीर' के संपादक और प्रकाशक ज्ञानी हरनाम सिंह थे। सिख धर्म से सम्बन्धित साहित्य का प्रकाशन पत्रिका में किया जाता था। कविता, कहानी भी छपते थे। चालीस पृष्ठ की पत्रिका का वार्षिक शुल्क सवा दो रुपये था। पत्रिका का आकार 24 गुणित 18 से.मी. था।

हिन्दुस्तान

सन 1936 में मुम्बई से गुलाम एहमद आरजू ने उर्दू दैनिक 'हिन्दुस्तान' का प्रकाशन किया। यह पूर्णाकार दैनिक चार पृष्ठ का निकलता था। सम्पादक सरफराज अहमद थे। इस्लामी देशों की खबरें ज्यादा छपती थीं। दूसरे पृष्ठ पर अग्रलेख के अलावा 'दुनिया और दुनिया', 'रमूजोनुकात', 'आपकी आवाज' तथा 'नुक्ता व नजर' स्थायी स्तंभ रहते थे। तीसरे पृष्ठ पर महिलाओं और बच्चों तथा सिनेमा पर लेखादि दिए जाते थे।

अब्दुल हमीद खाँ के सम्पादन में उर्दू मासिक *'सुबह-ए-उरुज'* मुम्बई से सन 1936 में प्रकाशित हुई। प्रकाशक मुस्तफा निसार उस्मानी थे। इस साहित्यिक पत्रिका का वार्षिक शुल्क छह रुपये और पृष्ठ संख्या 50 थी। आठ दिसम्बर 1936 को भोपाल से उर्दू साप्ताहिक *'आजाद'* निकला। सम्पादक जौहर कुरैशी और लुत्फुल्ला खाँ आजमी थे। *'सुबह वतन सानी'* का प्रकाशन स्थगित होने पर *'आजाद'* निकाला गया था। उर्दू पाक्षिक *'आवाज'* जनवरी 1936 में निकला। यह पाक्षिक पत्रिका आकाशवाणी पर केन्द्रित थी। भाषा उर्दू और हिन्दी थी। इसी वर्ष भोपाल से मोहम्मद अली नासिर और जुबैर कुरैशी ने उर्दू पाक्षिक *'जरीफ'* का सम्पादन-प्रकाशन किया। पृष्ठ संख्या 8 और एक प्रति का मूल्य दो पैसे था। हास्य-विनोद का पाक्षिक पत्र था। फैशन, नारी, सिनेमा, पुलिस, मुल्ला, कौंसिल, नाटक, कविता, कहानी, सभी हास्य-विनोद की शैली में प्रस्तुत किए जाते थे।

कराची से सन 1936 में उर्दू मासिक *'जम्हूरियत'* का प्रकाशन अबू जफर आजाद ने किया। सम्पादक अख्तर जाफरी थे। वार्षिक शुल्क चार रुपये था। चेन्नै से मोहम्मद अबू बकर के सम्पादन में उर्दू मासिक *'जल्व-ए-सुखन'* का प्रकाशन आरंभ हुआ। कोलकाता से उर्दू दैनिक *'आजाद'* मौलाना अकरम खाँ ने निकाला।

आजाद अंसारी के सम्पादन में औरंगाबाद से उर्दू साप्ताहिक *'अल आजम'*, मूनिस अहमद के सम्पादन में *'आइना-ए-अदब'*, फजल अली सुरूर और भगवानदयाल निशात के सम्पादन में उर्दू साप्ताहिक *'इस्लाह'*, बाबूलाल सक्सेना के सम्पादन में साप्ताहिक *'इत्तिहाद'*, पटना से उर्दू मासिक *'शमीम'*, भोपाल से उर्दू साप्ताहिक *'किसान'*, भोपाल से ही सुलेमान अली खां के सम्पादन में उर्दू साप्ताहिक *'कायनात'*, एहसान रसूल के सम्पादन में उर्दू साप्ताहिक *'ताजिर'* और *'मजबूर'*, दरभंगा से *'मुजल्ला सलीका'*, पटना से उर्दू साप्ताहिक *'मुस्लिम'* और *'मय्यार'*, भोपाल से इनायत उल्ला शागिल के सम्पादन में उर्दू साप्ताहिक *'शोला'*, तरजी मशरिकी के सम्पादन में साप्ताहिक *'नवरोज'*, दिल्ली से उर्दू मासिक *'निराला'*, भोपाल से ही बशारत अली के सम्पादन में उर्दू साप्ताहिक *'मुमलिकत'* का प्रकाशन किया गया।

कोलकाता से मोहम्मद उस्मान ने उर्दू दैनिक *'अंजाम'* का सम्पादन-प्रकाशन सन 1936 में किया। दिसम्बर 1936 में उर्दू साप्ताहिक *'मुस्लिम लीग गजट'* नागपुर से निकला। सम्पादक ताज मोहम्मद खाँ थे। एक प्रति का मूल्य एक पैसा था। अप्रैल 1936 में भोपाल से उर्दू साप्ताहिक *'मुंसिफ'* निकला। सम्पादक श्यामबिहारी लाल थे। पृष्ठ संख्या आठ और वार्षिक शुल्क दो रुपये था। इब्राहीम 'होश' के सम्पादन में सन 1936 में मुम्बई से उर्दू साप्ताहिक *'निजाम'* निकला। इस साहित्यिक पत्र का सम्पादन सन 1947 में कुद्दूस सहबाई ने किया। पृष्ठ संख्या 20 होती थी। 29 अप्रैल 1936 को भोपाल से उर्दू साप्ताहिक *'नाखुदा'* का प्रकाशन इमरान सादिक के सम्पादकत्व में हुआ। बाद में 'नाखुदा' मासिक हो गया।

मध्यप्रदेश का पहला उर्दू दैनिक *'जौहर'* सन 1936 में जबलपुर से प्रकाशित हुआ। सम्पादक अब्दुल वाकी बेदिल थे।

जनवरी 1936 में उर्दू मासिक *'कलीम'* का प्रकाशन दिल्ली से हुआ। पृष्ठ संख्या 72 और वार्षिक शुल्क छह रुपये था। जोश मलीहाबादी सम्पादक-प्रकाशक थे। साहित्यिक पत्रिका थी, किन्तु राजनीति से परहेज नहीं था। उर्दू की समकालीन पत्रिकाओं में 'कलीम' का विशिष्ट स्थान था। उच्च कोटि की साहित्यिक रचनाओं, गंभीर और संतुलित विचारों तथा समीक्षाओं को पाठक पसंद करते थे। शिक्षा, धर्म, संस्कृति, विज्ञान, इतिहास पर भी सामग्री प्रकाशित की जाती थी। पत्रिका राष्ट्रीय आन्दोलन की पक्षधर थी।

बीसवीं सदी

लाहौर से सन 1936 में उर्दू मासिक पत्रिका *'बीसवीं सदी'* खुश्तर गिरामी के सम्पादकत्व में प्रकाशित हुई। उर्दू साहित्य का प्रसार और लेखकों को प्रोत्साहित करना 'बीसवीं सदी' का उद्देश्य था। 'तीरो नश्तर' शीर्षक से छोटी-छोटी सम्पादकीय टिप्पणियाँ लिखी जाती थीं। सरगोशियाँ स्तंभ में पाठकों के पत्रों के उत्तर दिए जाते

थे। कहानियाँ, कविताएँ और समीक्षाएँ प्रकाशित की जाती थीं। सन 1947 में पत्रिका दिल्ली आ गई। जियाउर रहमान सम्पादक हुए। शमा अफरोज जैदी के सम्पादन में 'बीसवीं सदी' का प्रकाशन अभी भी जारी है।

21 मार्च 1936 को नाना साहेब परुलेकर ने मुम्बई से मराठी दैनिक 'स्वराज्य' का प्रकाशन किया। वे बाम्बे पेपर्स लिमिटेड कंपनी के तत्वावधान में पुणे से मराठी दैनिक 'सकाल', 'साप्ताहिक सकाल' और दैनिक 'तेज' प्रकाशित कर रहे थे। दैनिक 'स्वराज्य' के सम्पादक मण्डल में प्रभाकर वैद्य, कविराजा बढे, वी.रा.डोंगरे, दिनकर साकरीकर, हा.वी.देसाई सम्मिलित थे। गो.म.लाड को सम्पादन का दायित्व सौंपा गया। परुलेकर ने अँगरेजी दैनिक 'न्यू एज' के प्रकाशन का प्रयास भी सन 1937 में किया, किन्तु योजना सफल नहीं हो पाई और उस पर किए गए खर्च का बोझ अन्य प्रकाशनों पर पड़ा। फलतः दैनिक 'तेज' बन्द हो गया। सन 1944 में 'स्वराज्य' मुम्बई से पुणे लाया गया। यह दीर्घजीवी पत्र रहा। परुलेकर के बाद 'सकाल' का स्वामित्व प्रताप पवार के हाथ में आ गया।

राव साहेब पटवर्धन, भाऊसाहेब फिरोदिया ने सन 1936 में मराठी साप्ताहिक *'संघशक्ति'* का सम्पादन-प्रकाशन अहमदनगर से किया। सन 1942 में रावसाहेब की गिरफ्तारी के बाद प्रकाशन बन्द हो गया। सन 1946 में 'संघशक्ति' का पुनःप्रकाशन हुआ। सन 1947 में टी.ए.भारदे सम्पादक हुए। सन 1957 में जब वे मंत्री बने तब बसंतराव निसल और सन 1961 में वा.द.कस्तूरे ने सम्पादन की ज़िम्मेदारी संभाली।

सन 1936 में मराठी की उत्कृष्ट साहित्यिक पत्रिका *'ज्योत्स्ना'* निकली। सम्पादक वी.श.खांडेकर मराठी के प्रतिष्ठित आलोचक और कहानी लेखक थे। अमरावती से मराठी साप्ताहिक *'किरण'* निकला। जलगाँव से इसी वर्ष *'वार्ता विहार'* का सम्पादन-प्रकाशन विनायक रामचन्द्र चौगुले ने किया। पुणे से मराठी मासिक *'महाराष्ट्र'*, अँगरेजी-मराठी द्विभाषी पाक्षिक *'मराठा'* प्रकाशित हुए। महाराष्ट्र किसान संगठन ने पुणे से 30 अप्रैल 1936 को *'युगान्तर'* निकाला। पाँच वर्ष तक प्रकाशित होता रहा। सम्पादक विनायक भुस्कुटे थे।

धुले से मराठी साप्ताहिक *'भारत'* का प्रकाशन हुआ। 'प्रबोध' में हिन्दू सभा का प्रचार होने के जवाब में कांग्रेस समर्थकों ने 'भारत' का प्रकाशन किया। आद्य सम्पादक विनायक नरहर बर्वे थे। फिर एक वर्ष बाद गोपालराव स.मदाने सम्पादक हुए। दादासाहेब तिलक ने 24 वर्ष तक 'भारत' का सम्पादन किया। उन्हीं के कार्यकाल में आजादी के बाद भारत का नाम *'स्वतंत्र भारत'* हुआ। बाबूभाई मेहता और उनके बाद कांतिलाल गुजराती सम्पादक हुए। धुले से मराठी दैनिक के रूप में 'स्वतंत्र भारत' का प्रकाशन जारी रहा। सम्पादक सदाशिव माली थे।

इन्दौर से *'सेन्ट्रल इण्डिया न्यूज'* नागक अँगरेजी साप्ताहिक का प्रकाशन 1936 में हुआ। ज्यादातर समाचार इन्दौर और मध्यभारत की देशी रियासतों के छपते थे। कोलकाता से *'ओरिएंट इलस्ट्रेटेड वीकली'* नामक अँगरेजी साप्ताहिक प्रकाशित हुआ। सम्पादक एम.एस.नारायण और प्रबंध सम्पादक एच.एस.घोष थे। पृष्ठ संख्या 32 और एक प्रति का मूल्य दो आना था। सचित्र लेखों के अलावा एक कहानी, महिलाओं का स्तंभ, नई किताबें, विदेशी मामले, शब्द पहेली प्रकाशित किए जाते थे। कटक से एम.एस.मोहन्ती के सम्पादन में अँगरेजी साप्ताहिक *'आब्जर्वर'* सन 1936 में प्रकाशित हुआ। सन 1936 में लुधियाना से अँगरेजी मासिक *'मेडिकल सर्विस'*, कोलकाता से अँगरेजी त्रैमासिक *'इंडियन जर्नल ऑफ एजूकेशन'*, दिल्ली से आल इंडिया रेडियो की मुख पत्रिका *'इंडियन लिस्नर'*, बेंगलूरु से मासिक *'इंडियन काफी बोर्ड मंथली बुलेटिन'*, अहमदाबाद से गोविन्दलाल डी.शाह के सम्पादन में *'न्यू आउटलुक'*, दिल्ली से साप्ताहिक *'रूपवाणी'*, मुम्बई से अँगरेजी पाक्षिक *'बाम्बे मार्केट'* का प्रकाशन वर्ष 1936 में हुआ। पुणे से अँगरेजी की त्रैमासिक पत्रिका *'पूना ओरिएंटलिस्ट'* सन 1936 में प्रकाशित हुई। प्राच्य अध्ययन पर आधारित इस पत्रिका के सम्पादक-प्रकाशक आर.एन.सरदेसाई थे। सन 1947 तक ए.एन.गोरे ने सम्पादन किया। 'पूना ओरिएंटलिस्ट' में गहन अध्ययनपरक लेख प्रकाशित किए जाते थे। पूर्वी देशों के अध्येता पत्रिका के नियमित पाठक थे। नए-नए विषयों पर शोध कर नए तथ्य सामने लाने के लिए विद्वज्जन इस पत्रिका में आलेख लिखा करते थे।

सन 1936 में मैसूर से कन्नड भाषा का सांध्य दैनिक *'साध्वी'* प्रकाशित हुआ। 45 गुणित 30 से.मी. आकार के दो पृष्ठ के इस अखबार का मूल्य दो पैसे था। सम्पादक-प्रकाशक वेंकट कृष्णय्या थे। स्वतंत्र नीति पर चलता था। वेंकट कृष्णय्या के बाद अ. रंगय्या ने सम्पादन-प्रकाशन का दायित्व ग्रहण किया। आरंभ में यह साप्ताहिक पत्र के रूप में प्रकाशित हुआ था, जो सन 1942 में दैनिक हुआ।

तेलुगु की तिमाही पत्रिका *'प्रतिभा'* टी.वेंकटरत्नम् के सम्पादन में 1936 में प्रकाशित हुई। राममूर्ति पन्तुलु के आधुनिक तेलुगु साहित्य सृजन अभियान के प्रचार-प्रसार के लिए प्रकाशित की गई 'प्रतिभा' सन 1940 में बन्द हो गई। इसी वर्ष काकीनाडा से कोमपल्लि जर्नादन राव के सम्पादन में तेलुगु मासिक *'उदयनी'* और सिकन्दराबाद से भाग्य रेड्डी के सम्पादन में *'भाग्य नगर'* का प्रकाशन हुआ।

बंगला साप्ताहिक *'दामोदर'* वर्द्धमान से सन 1936 में प्रकाशित हुआ। दशरथी ताह सम्पादक-प्रकाशक थे। स्वतंत्र विचारधारा का पत्र था। मैमनसिंह से बंगला साप्ताहिक *'गाक्षी'* निकला। बंगला मासिक *'परिचय'* कोलकाता से सन 1936 में निकला। दीपेन्द्रनाथ बंद्योपाध्याय और तरुण सान्याल सम्पादक थे।

चालीस वर्ष से अधिक समय तक 'परिचय' का प्रकाशन हुआ। लेख स्तरीय हुआ करते थे।

जनवरी 1936 में कोलकाता से बंगला की साहित्यिक पत्रिका *'कविता'* का प्रकाशन हुआ। एक वर्ष में इस पत्रिका के पाँच अंक छपते थे। सम्पादक बुद्धदेव बोस थे। वार्षिक शुल्क दो रुपये था। बंगला के सुप्रसिद्ध कवियों की रचनाएँ इस पत्रिका में प्रकाशित होती थीं।

तमिल भाषा की कहानी प्रधान पाक्षिक पत्रिका *'मणिक्कोडि'* जनवरी 1936 में चेन्नै से प्रकाशित हुई। 'मणिक्कोडि' के प्राय: हरेक अंक में एक या दो हिन्दी कहानियों के अनुवाद प्रकाशित किए जाते थे। समय-समय पर कहानी-विमर्श का प्रकाशन भी किया जाता था। के.श्रीनिवासन और 'मणिक्कोडि' के साहित्यिक अवदान के कारण तमिल साहित्य में 'मणिक्कोडि युग' कहा जाने लगा। इसी वर्ष चेन्नै से तमिल साप्ताहिक *'हिन्दुस्तान'* निकला। एर्णाकुलम से *'मालाबार मेल'* का सम्पादन-प्रकाशन थामस ने किया। यह दैनिक पत्र पूर्णाकार दो पृष्ठों का छपता था।

गुजराती साप्ताहिक *'जय सौराष्ट्र'* राजकोट से सन 1936 में निकला। इसी वर्ष अहमदाबाद से गुजराती साप्ताहिक *'नव सौराष्ट्र'* का प्रकाशन हुआ। असमिया मासिक *'कामधेनु'* गुवाहाटी से प्रकाशित हुआ। मुम्बई से सिंधी भाषा की सिने मासिक पत्रिका *'फिल्म न्यूज'* 1936 में निकली। सम्पादक-प्रकाशक एम.सी.मलकानी थे। 'फिल्म न्यूज' दीर्घजीवी रही।

1937

हिन्दुस्तान स्टैण्डर्ड

'आनन्द बाजार पत्रिका' के प्रकाशकों ने कोलकाता से अँगरेजी दैनिक *'हिन्दुस्तान स्टैण्डर्ड'* का प्रकाशन सन 1937 में किया। सम्पादक खेमचंद्र नाथ थे। राष्ट्रीय विचारधारा का अखबार था। पूर्व से प्रचलित अँगरेजी के प्रमुख अखबारों 'अमृत बाजार पत्रिका' और 'स्टेट्समेन' से प्रतिस्पर्द्धा के बीच बेहतर समाचारों की प्रस्तुति और टिप्पणियों के प्रकाशन से 'हिन्दुस्तान स्टैण्डर्ड' ने बंगाल में अल्पकाल में अपना स्थान बना लिया। पृष्ठ संख्या दस, आकार 55 गुणित 40 से.मी. था। नाथ के बाद सुधांशुकुमार बसु सम्पादक बने।

'हिन्दुस्तान स्टैण्डर्ड' में देश-विदेश के समाचार, स्थानीय खबरें, खेल समाचार, उद्योग-व्यापार जगत के समाचार, बाजार भाव, सम्पादक के नाम पत्र, शब्द पहेली, अग्रलेख और सम्पादकीय टिप्पणियाँ सुसम्पादित प्रकाशित की जाती थीं। सन 1951 में 'हिन्दुस्तान स्टैण्डर्ड' का दिल्ली संस्करण आरम्भ हुआ किन्तु अधिक दिनों तक नहीं चल पाया। बांग्लादेश के निर्माण के लिए हुए युद्ध के विस्तृत और सचित्र समाचार 'हिन्दुस्तान स्टैण्डर्ड' ने प्रकाशित किए जिन्हें पाठकों ने

सप्रे संग्रहालय

FIFTH DAK EDITION

SRI GOURANGA PRESS

Hindusthan Standard

VOL. XIII, NO. 3

INDIA NEEDS CONSCRIPTION FOR MANUAL LABOUR

NEHRU ON PROBLEM OF REFUGEES

RELIEF CAMPS & THEIR BURDEN ON STATE

Protest Against Bonn Govt.

SOVIET NOTE TO ALLIES

Steps To Proclaim German Republic

NEHRU TO ADDRESS U. S. CONGRESS

INDIA'S PROTEST NOTE TO UNCIP

हिन्दुस्तान स्टैण्डर्ड

बहुत पसन्द किया। सन 1975 में अभीक सरकार ने सम्पादन दायित्व ग्रहण किया।

भाई परमानन्द ने हिन्दू महासभा के मुखपत्र के रूप में दिल्ली से सन 1937 में अँगरेजी साप्ताहिक *'हिन्दू आउटलुक'* का प्रकाशन किया। 38 गुणित 25 से.मी. आकार के इस पत्र का वार्षिक शुल्क सात रुपये था।

जुगान्तर (युगान्तर)

बंगला दैनिक समाचारपत्र *'जुगान्तर'* सन 1937 में कोलकाता से प्रकाशित हुआ। जुगान्तर कम्पनी लि. ने इसका प्रकाशन किया था। पत्र के सम्पादक विवेकानन्द मुकर्जी थे। कालान्तर में 'अमृत बाजार पत्रिका' ने 'जुगान्तर' को खरीद लिया और अपने अन्तर्गत पत्र का प्रकाशन किया। 'अमृत बाजार पत्रिका' के संसाधनों का लाभ प्राप्त होने पर 'जुगान्तर' ने अच्छी प्रगति की। इसकी प्रसार संख्या भी बढ़ी। बंगला दैनिक पत्रों में 'जुगान्तर' का प्रतिष्ठित स्थान रहा। 'अमृत बाजार पत्रिका' के साथ-साथ 'जुगान्तर' भी बन्द हो गया।

सन 1937 में बंगला मासिक पत्रिका *'मंदिरा'* कोलकाता से प्रकाशित हुई। सम्पादक-प्रकाशक कल्याणी दास थीं। सन 1937 से 1940 तक असमिया पत्र *'तरुण असम'* का प्रकाशन डिब्रूगढ़ से हुआ। प्रीतनगर (अमृतसर) से पंजाबी मासिक *'बाल संदेश'* निकला।

स्टार

हसन मुहीउद्दीन अब्बासी ने इलाहाबाद से प्रकाशित अँगरेजी साप्ताहिक

'स्टार' के सम्पादक का दायित्व ग्रहण किया। यद्यपि यह अखबार सन 1928 से प्रकाशित हो रहा था किन्तु अब्बासी के सम्पादन काल से पहले इसकी पहचान प्रचार पत्र की थी। अब्बासी के कार्यकाल के एक साल में ही न केवल प्रसार संख्या दस गुना बढ़ गई बल्कि वह लाभ भी कमाने लगा। 'स्टार' के संचालक ने अप्रैल 1938 से 'स्टार' को दैनिक समाचारपत्र के रूप में प्रकाशित करने की घोषणा की थी किन्तु मार्च के महीने में ही 'सोल फोर्स' शीर्षक सम्पादकीय के कारण सम्पादक को गिरफतार कर जेल भेज दिया गया।

जनता

विजयादशमी, 1937 को पटना से रामवृक्ष बेनीपुरी के सम्पादन में हिन्दी साप्ताहिक *'जनता'* का प्रकाशन आरम्भ हुआ। बिहार की अदम्य आवाज बनकर निकले 'जनता' के प्रवेशांक की 2000 प्रतियाँ छपी थीं। इसकी माँग इतनी हुई कि पहले अंक का दूसरा संस्करण 3000 प्रतियों का छापना पड़ा। पत्र-प्रकाशन के सन्दर्भ में यह सर्वथा अभूतपूर्व घटना थी। दूसरे अंक से 'जनता' की 5000 प्रतियाँ छपने लगीं जो छह माह बाद ही बढ़कर साढ़े सात हजार हो गईं। 'जनता' का वार्षिक शुल्क तीन रुपये था। समाजवादी विचारधारा और युवकों तथा किसानों के हित-चिन्तन के कारण 'जनता' इन दोनों विशाल वर्गों का प्रतिनिधि पत्र बन गया। 'जनता' के पीछे जन साहित्य संघ की ताकत थी जिसके प्रवर्तकों में आचार्य नरेन्द्र देव, फरीद उल हक अंसारी, माखनलाल चतुर्वेदी, सीताराम सेकसरिया, जयप्रकाश नारायण और रामवृक्ष बेनीपुरी सम्मिलित थे। किसान आन्दोलन के साथ-साथ 'जनता' ने मजदूर आन्दोलन का भी साथ दिया। इससे पत्र की लोकप्रियता तो बढ़ी, किन्तु जमींदारों और पूँजीपतियों से वैमनस्य भी बढ़ा और 1937 में बनी काँग्रेस की सरकार भी नाराज हो गई। प्रसार संख्या बढ़ने से पत्र का घाटा बढ़ता गया। विज्ञापन जुटाए जाते फिर भी खर्च की पूर्ति नहीं हो पाती थी। धन की व्यवस्था मुख्यतः जयप्रकाश नारायण के जिम्मे थी।

'जनता' का 'राजबंदी अंक' बहुचर्चित विशेषांक सिद्ध हुआ, जिसमें कांग्रेस की सरकार को ललकारा गया था- 'रिलीज आर रिजाइन'। राजबंदियों को रिहा करने का वचन नहीं निभाने के कारण प्रबल जनमत उठ खड़ा हुआ और अन्ततः सरकार को राजबंदियों को रिहा करना पड़ा। नेपाल की राणाशाही के विरुद्ध 'जनता' में रामवृक्ष बेनीपुरी की लेखमाला ने नेपाल के जनमानस को उद्वेलित किया। वहाँ 'जनता' का पढ़ना और रखना अपराध घोषित कर दिया गया। ऐसे दो नौजवानों को गोली से उड़ा दिया गया। कांग्रेस-सरकार के हटने के बाद दूसरे महायुद्ध की परिस्थितियों ने फिरंगी हुकूमत को 'जनता' के विरुद्ध कार्रवाई करने के लिए विवश कर दिया। पत्र से 5000 रुपये की जमानत माँगी गई। एक लेख को आधार बनाकर

रामवृक्ष बेनीपुरी को जेल में डाल दिया गया। तब मई 1940 में 'जनता' का प्रकाशन स्थगित करना पड़ा। जेल में भी बेनीपुरी ने पहले हस्तलिखित पत्र 'कैदी' निकाला, फिर 'तूफान' निकालने लगे। 'तूफान' का एक जब्त अंक राष्ट्रभाषा परिषद बिहार में सुरक्षित है।

1945 में रामवृक्ष बेनीपुरी और 1946 में जयप्रकाश नारायण की रिहाई हुई। तब 'जनता' का पुनः प्रकाशन हुआ। किन्तु उसमें पहले जैसा तेज और ओज नहीं रह गया था। सन 1951 में 'जनता' को साप्ताहिक से दैनिक कर दिया गया, किन्तु पहले आम चुनाव में जो स्थिति समाजवादी पार्टी की हुई वही दशा 'जनता' को भी प्राप्त हुई। बाद में स्वयं बेनीपुरी ने माना कि "जब कोई पत्र-पत्रिका किसी पार्टी के साथ बिल्कुल नत्थी कर दी जाती है तब वह बुलेटिन बनकर रह जाती है। ऐसी पत्र-पत्रिका ज्यादा दिनों तक जीवित भी नहीं रह सकती।"

मई 1937 में दिल्ली से ऋषभचरण जैन और चन्द्रधर के सम्पादकत्व में साप्ताहिक *'सचित्र दरबार'* का प्रकाशन हुआ। रूपवाणी प्रिन्टिंग हाउस मुद्रक-प्रकाशक था। 'सचित्र दरबार' की पृष्ठ संख्या 36 और वार्षिक शुल्क आठ रुपये था। ऋषभचरण जैन कथाकार और उपन्यासकार थे। उनके 'हिज हायनेस' जैसे उपन्यास 'सचित्र दरबार' में धारावाहिक प्रकाशित हुए। 'सचित्र दरबार' के 16 मई 1937 के अंक में अचलेश्वर प्रसाद शर्मा का 'मारवाड़ में अपराध कबूल करवाने के अमानुषिक उपाय' शीर्षक लेख छपा था। सनसनी, इतिहास और पुरातत्व, विविध विषयों और विधाओं पर उत्तम रचनाओं का प्रकाशन किया जाता था। देशी रियासतों की समस्याएँ उठाने के साथ-साथ उनके इतिहास और उपलब्धियों पर भी सामग्री प्रकाशित करता था।

सन 1937 में जयपुर से हिन्दी की त्रैमासिक पत्रिका *'वीरबाला'* का प्रकाशन हुआ। सज्जन बेरी अग्रवाल सम्पादक थे। वार्षिक शुल्क डेढ़ रुपये था। प्रेमनारायण माथुर और शांति ने भी श्रीराजस्थान बालिका विद्यालय की इस पत्रिका का सम्पादन किया।

डा. कालूलाल श्रीमाली के सम्पादकत्व में विद्या भवन उदयपुर ने हिन्दी मासिक *'जनशिक्षण'* का प्रकाशन किया। वार्षिक शुल्क तीन रुपये था। मूलतः यह पत्र 'बालहित' के नाम से प्रकाशित हुआ जो बाद में 'जनशिक्षण' हो गया।

भाई अब्दुल गनी के सम्पादकत्व में सागर से हिन्दी साप्ताहिक *'देहाती दुनिया'* प्रकाशित हुआ। यह राष्ट्रीयता का पक्षधर और आजादी की लड़ाई का सेनानी पत्र था। फरवरी 1939 में त्रिपुरी कांग्रेस के समय 'देहाती दुनिया' ने विशेषांक का प्रकाशन किया था जिसका सम्पादन ज्वालाप्रसाद ज्योतिषी ने किया था। 'देहाती दुनिया' 52 वर्ष तक प्रकाशित हुआ।

अप्रैल 1937 में प्रयाग से हिन्दी मासिक *'सत्ययुग'* निकला। सत्यभक्त सम्पादक थे। सामाजिक, धार्मिक, आर्थिक विषयों का पत्र था। वार्षिक शुल्क ढाई रुपये और पृष्ठ संख्या 32 थी। अंधविश्वास पर प्रहार करता था। कार्टून और चित्र भी दिए जाते थे।

सन 1937 में हिन्दी मासिक पत्रिका *'शिक्षा सुधार'* का प्रकाशन मुरादाबाद से किया गया। वार्षिक शुल्क तीन रुपये था। सम्पादक वीरेन्द्रकुमार और बाद में सुभाष विद्यालंकार थे। झांसी से *'हिन्दी केसरी'* साप्ताहिक निकला। सितम्बर 1937 में ग्वालियर रियासत में 'हिन्दी केसरी' के प्रकाशन पर पाबंदी लगा दी गई। अल्मोड़ा से सन 1937 में जीवनचन्द्र जोशी के सम्पादकत्व में कुमाऊँनी मासिक 'अंचल' का प्रकाशन हुआ। उत्तरांचल की संस्कृति, साहित्य और भाषा का संरक्षण करना इसका उद्देश्य था। कासगंज (एटा) से हिन्दी साप्ताहिक *'नवीन भारत'* का प्रकाशन सन 1937 में हुआ। कालीचरण अग्रवाल सम्पादक थे। वार्षिक शुल्क ढाई रुपये था। आगरा से इसी वर्ष हास्य-व्यंग्य का हिन्दी मासिक 'नोंक-झोंक' प्रकाशित हुआ। केदारनाथ भट्ट सम्पादक थे। पच्चीस वर्ष तक प्रकाशित हुआ।

जयनारायण व्यास ने पाँच नवम्बर 1937 को ब्यावर से पाक्षिक पत्र *'आगीवाण'* का प्रकाशन किया। राजस्थानी भाषा के इस पत्र के सम्पादक बालकृष्ण उपाध्याय थे।

नईदिल्ली से मासिक *'अनेकांत'* प्रकाशित हुआ। युगल किशोर 'मुख्तार' सम्पादक थे। मदनगोपाल मिश्र ने सन 1937 में हिन्दी मासिक पत्रिका *'ज्योति'* लखनऊ से निकाली। वार्षिक शुल्क साढ़े तीन रुपये था। इसी नाम से एक और पत्रिका कोलकाता से फरवरी 1937 में निकली। विष्णुनारायण शर्मा सम्पादक थे। पृष्ठ संख्या 44 और आकार 20 गुणित 18 से.मी. था।

अगस्त 1937 में अर्जुनदेव बर्मन ने कोलकाता से विविध विषयों की हिन्दी मासिक पत्रिका *'जीवन सफल'* निकाली। पृष्ठ संख्या 20 और आकार 24 गुणित 18 से.मी. था।

कोलकाता से सितम्बर 1937 में हिन्दी मासिक *'औघड़'* का प्रकाशन हुआ। शिवशेखर द्विवेदी सम्पादक थे। वार्षिक शुल्क दो रुपये था। हास्य-व्यंग्य का साहित्यिक पत्र था। पृष्ठ संख्या 48, आकार 24 गुणित 18 से.मी. था।

नंदकिशोर दानी, गौरीशंकर और स्वराज्यप्रसाद त्रिवेदी ने सन 1937 में रायपुर से हिन्दी साप्ताहिक पत्र *'कांग्रेस पत्रिका'* का सम्पादन-प्रकाशन किया। कोलकाता से हिन्दी और अँगरेजी में *'बाजार समाचार'* का सम्पादन-प्रकाशन हुकुमचंद्र शर्मा ने किया। अगस्त 1937 में प्रकाशित इस पत्र की पृष्ठ संख्या 16,

आकार 35 गुणित 25 से.मी और वार्षिक शुल्क 4 रुपये था। इसी वर्ष बिलासपुर से हिन्दी साप्ताहिक *'सचेत'* और अम्बिकापुर से *'सरगुजा संदेश'* निकला। दीनानाथ व्यास ने जनवरी 1937 में काशी से हिन्दी मासिक *'सिनेमा सीरीज'* निकाला। वार्षिक शुल्क तीन रुपये था। गुजराती साप्ताहिक *'फिल्म चित्र'* मुम्बई से प्रकाशित हुआ। ब्रजमोहन सम्पादक-प्रकाशक थे।

सन 1937 में लाहौर से प्रतिष्ठित समाज सेवी शन्नोदेवी ने हिन्दी दैनिक 'शक्ति' का सम्पादन-प्रकाशन किया। स्तरीय पत्र था। आर्य समाज के सुधारवादी विचारों का पक्षधर था। मोहनसिंह सेंगर भी सम्पादक रहे। गुजराती पाक्षिक *'सिरोही संदेश'* भीमशंकर शर्मा वकील ने निकाला। जगतनारायण के सम्पादकत्व में अप्रैल 1937 में 'धर्म संदेश' निकला। हरिद्वार से अक्टूबर 1937 में हिन्दी मासिक *'प्रभात'* का प्रकाशन कल्याणदत्त शर्मा ने किया। मूलचंद्र शास्त्री और शकुन्तला स्नातिका सम्पादक थे। वार्षिक शुल्क तीन रुपये आठ आना था।

अजमेर से हिन्दी दैनिक *'मीरान'* प्रकाशित हुआ। लखनऊ से हिन्दी साप्ताहिक *'विजय'* निकला। 15 फरवरी 1937 को काशी से महिलाओं के लिए हिन्दी मासिक पत्रिका *'विदुषी'* प्रकाशित हुई। लल्लीबाई पण्ड्या और रत्नेश्वरी अग्रवाल सम्पादक-प्रकाशक थे। पृष्ठ संख्या 20 और वार्षिक शुल्क एक रुपया था।

गणेशप्रसाद माहेश्वरी ने कोलकाता से नवम्बर 1937 में स्वास्थ्य विषयक हिन्दी मासिक *'स्वास्थ्य वाणी'* का सम्पादन-प्रकाशन किया। श्री माथुर चतुर्वेदी समाज का मुख पत्र *'जागृति'* युगलकिशोर चतुर्वेदी और जगदीशप्रसाद चतुर्वेदी के सम्पादकत्व में मथुरा से निकला। समाज सुधार पर ज़ोर देता था। सन 1937 में नागपुर से विश्वम्भरप्रसाद शर्मा ने साप्ताहिक *'आलोक'* का प्रकाशन किया। यह स्तरीय साप्ताहिक था जिसके समाचार और विचार दोनों पक्ष उत्तम होते थे। इलाहाबाद से महादेव गिरि ने हिन्दी पत्रिका *'गोस्वामी'* का सम्पादन-प्रकाशन किया।

सन 1937 के चुनावों में भागीदारी के लिए पीठापुरम के महाराजा ने पीपुल्स पार्टी का गठन किया। जनता तक अपनी बात पहुँचाने के लिए तापी धर्माराव के सम्पादन में दैनिक *'जनवाणी'* का प्रकाशन किया गया। चुनाव में पार्टी की लुटिया डूबते ही 'जनवाणी' भी अवरुद्ध हो गई।

दक्षिण भारत हिन्दी प्रचार सभा का मासिक मुखपत्र *'हिन्दी प्रचारक'* सन 1937 में चेन्नै से प्रकाशित हुआ। दक्षिण भारत में हिन्दी के प्रचार के लिए प्रकाशित इस पत्र में राष्ट्रभाषा आन्दोलन के सम्बन्ध में प्रतिष्ठित व्यक्तियों के आलेखों के अलावा हिन्दी के विद्यार्थियों और परीक्षार्थियों के लिए उपयोगी सामग्री का प्रकाशन किया जाता था। वार्षिक शुल्क दो रुपये था।

मैथिली साहित्य परिषद के संरक्षण में मैथिली की मासिक पत्रिका *'भारती'* का प्रकाशन फरवरी 1937 में लहेरियासराय से हुआ। भोलालाल दास सम्पादक और मित्र मण्डल प्रकाशक था। बिहार प्रेस से छपती थी। 25 गुणित 18 से.मी. आकार की यह पत्रिका 36 पृष्ठ की थी। वार्षिक शुल्क दो रुपये आठ आना था।

जंग

सन 1937 में कराची से खलील उर रहमान के सम्पादकत्व में उर्दू दैनिक *'जंग'* का प्रकाशन किया गया। 55 गुणित 40 से.मी. आकार के चार पृष्ठ होते थे। बाद में जंग के लाहौर, रावलपिंडी और क्वेटा संस्करण प्रकाशित हुए। समाचारों और आलेखों के अलावा बच्चों के लिए तथा खेलों पर विशेष सामग्री प्रकाशित की जाती थी। इस्लाम धर्म, शास्त्र, संस्कृति और अध्यात्म में से किसी न किसी विषय पर आलेख छपा करता था। वर्तमान में दैनिक *'जंग'* पाकिस्तान का प्रमुख उर्दू दैनिक समाचारपत्र है।

फरवरी 1937 में नागपुर से उर्दू साप्ताहिक *'जद्दोजहद'* का प्रकाशन हुआ। अबुल हसन 'नातिक' संरक्षक और अब्दुल हादी खां सम्पादक थे। वार्षिक शुल्क दो रुपये था। अबू मुजफ्फर बिहारी और अल हकीम जाकिर ने भी सम्पादन किया। कांग्रेस और हिन्दू विरोधी अखबार था। एक अक्टूबर 1937 से लाहौर से उर्दू साप्ताहिक *'खय्याम'* का सम्पादन-प्रकाशन हाफिज मोहम्मद आलम ने किया। पृष्ठ संख्या 32, आकार 37 गुणित 25 से.मी. और वार्षिक शुल्क पाँच रुपये था। उर्दू साहित्य, राजनीति, स्वास्थ्य, कहानियाँ, कविताएँ, प्रकृति और अध्यात्म आदि का प्रकाशन किया जाता था। देश-विदेश की खबरें सार संक्षेप में छापी जाती थीं। कार्टून और चुटकुले भी प्रकाशित किए जाते थे।

जनवरी 1937 में अंजुमन देहली ने तरक्कीपसंद उर्दू मासिक पत्रिका *'शाहजहाँ'* का प्रकाशन किया। आम जिंदगी से सरोकार रखनेवाले प्रगतिशील लेखकों की रचनाएँ भी प्रकाशित की जाती थीं। वार्षिक शुल्क तीन रुपये था। अमृतसर से मकबूल अनवर के सम्पादकत्व में उर्दू पत्रिका *'शम्स-उल-मशाइक'* अक्टूबर 1937 में प्रकाशित हुई। वार्षिक शुल्क दो रुपये चार आना था।

भोपाल से उर्दू साप्ताहिक *'साहिल'* सन 1937 में प्रकाशित हुआ। सम्पादक इकबाल थे। कुछ समय बन्द रहने के बाद 18 अगस्त 1947 को सैयद असरार अली और एम.इरफान के सम्पादकत्व में पुनः प्रकाशित हुआ। इसी वर्ष नागपुर से उर्दू साप्ताहिक *'महबी'* निकला। सम्पादक अहमद सुल्तान खां थे। दिल्ली से सन 1937 में उर्दू मासिक *'पंजाबी गजट'* का प्रकाशन मंजूर अहमद और सुल्तान अहमद के सम्पादकत्व में हुआ। आकार 25 गुणित 20 से.मी. और पृष्ठ संख्या 64 थी। एक प्रति का मूल्य छह आना था। उर्दू का प्रचार-प्रसार 'पंजाबी गजट' का

मुख्य उद्देश्य था। 'पंजाबी गजट' ने पृथक पाकिस्तान बनाने के पक्ष में अभियान चलाया। फरवरी 1937 में उर्दू मासिक *'आरसी'* का प्रकाशन हकीम असरार करीमी के सम्पादन में हुआ। पृष्ठ संख्या 48, आकार 20 गुणित 30 से.मी. और वार्षिक शुल्क ढाई रुपये था। महिलाओं की पत्रिका थी। बालापुर, जिला अकोला से दिसम्बर 1934 में त्रैमासिक उर्दू पत्रिका 'अरमुगान' प्रकाशित हुई। सम्पादक मौलाना हादी नक्शबंदी थे। साहित्यिक पत्रिका थी।

कोल्हापुर से 13 मई 1937 को मराठी साप्ताहिक *'पुढारी'* का प्रकाशन हुआ। सम्पादक वी.टी.पाटील, प्रकाशक जी.डी.पाटील और मुद्रक शंकरराव भोसले थे। संपादन कार्य की जवाबदारी गणपतराव जाधव की थी। जाधव पहले *'सेवक'* का सम्पादन कर चुके थे। लगभग पौने दो वर्ष तक 'पुढारी' साप्ताहिक पत्र रहा। जिला स्तरीय समाचारपत्रों में व्यंग्यचित्र प्रकाशित करने की परम्परा 'पुढारी' ने शुरू की। 1 जनवरी 1939 से 'पुढारी' दैनिक समाचारपत्र के रूप में निकला। 27 जनवरी से गणपतराव जाधव का नाम सम्पादक के रूप में दिया गया। दैनिक 'पुढारी' के सम्पादक सामाजिक सरोकारों के प्रति जागरूक थे। अपने प्रसार क्षेत्र के सामाजिक, राजनीतिक और आर्थिक मुद्दों पर जन आन्दोलन का समर्थन करता था। समाचार और लेख आदि स्तरीय हुआ करते थे। प्राकृतिक आपदा के समय जनता के साथ खड़ा रहता था। गणपतराव जाधव के बाद प्रतापराव जाधव ने दैनिक पुढारी के सम्पादन और प्रकाशन का दायित्व ग्रहण किया।

कृष्णाजी नारायण सापले ने 29 मई 1937 को मराठी साप्ताहिक *'धनुर्धारी'* का प्रकाशन आरंभ किया। धनुर्धारी के सम्पादक मण्डल में प्रा.श्री.कोल्हटकर, राय किणीकर, वि.वा.शिरवाडकर (मराठी के प्रतिष्ठित साहित्यकार कुसुमाग्रज), हा.भा.कर्णिक सम्मिलित थे। साहित्य और राजनीति केन्द्रित 'धनुर्धारी' पाठकों के बीच लोकप्रिय हुआ। श्रीपाद रामचन्द्र टिकेकर 'धनुर्धारी' के पहले सम्पादक थे। उनके बाद प्रभाकर पाण्डेय, द.म.सुतार, अ.सी.केलुस्कर आदि सम्पादक हुए। 1969 में 'धनुर्धारी' साप्ताहिक से मासिक हो गया।

मुम्बई मराठी साहित्य संघ का मासिक मुखपत्र *'वीणा'* सन 1937 में निकला। सम्पादक श्री.म.वर्दे थे। वार्षिक शुल्क एक रुपया था। महाराष्ट्रीय शिक्षण प्रसारक मण्डल ने सन 1937 में मराठी पत्र *'मासिक समाचार'* निकाला। अणावकर गुरुजी सम्पादक थे। 18 जुलाई 1937 को मुम्बई से मराठी साप्ताहिक *'प्रकाश'* निकला। रघुनाथ गणेश ठाकुर सम्पादक थे। यह सन 1939 में बंद हो गया।

अकोला से बलीराम सोनसा टाकबाले के सम्पादन में मराठी साप्ताहिक *'किसान'* प्रकाशित हुआ। मिरज से भी 'किसान' नाम का मराठी साप्ताहिक ढोंडी राम चिवाते के सम्पादकत्व में प्रकाशित हुआ। गुजराती सांध्य दैनिक *'सेवक'* का प्रकाशन सन 1937 में अहमदाबाद से हुआ। सम्पादक-प्रकाशक नन्दलाल चुनीलाल बोडीवाला थे। सरस्वती प्रिंटिंग वर्क्स से छपता था। आकार 56 गुणित 44 से.मी., पृष्ठ संख्या चार थी।

प्रहलादजी दामोदर ब्रह्मभट्ट, चिमनभाई सोमाभाई पटेल पत्र के सम्पादक रहे। दीर्घजीवी रहा। दिसम्बर 1937 में अहमदाबाद से नारी समाज के सांस्कृतिक अभ्युत्थान के उद्देश्य से गुजराती मासिक पत्रिका 'पद्मिनी' का प्रकाशन हुआ। वाडीलाल शाह और हृदयकांत ओझा सम्पादक थे। विविध विषयों की इस पत्रिका में लेख, कहानी, कविताएँ, समालोचना, स्वास्थ्य, नारी जागरण पर रचनाएँ प्रकाशित की जाती थीं। वार्षिक शुल्क चार रुपये था।

मुम्बई से गुजराती साप्ताहिक *'जयभारत'* प्रकाशित हआ। यह रविवार को छपता था। महेसाणा से भी इसी नाम का पत्र निकला। सन 1937 में मुम्बई से गुजराती मासिक *'किस्मत'* प्रकाशित हुआ। इसी वर्ष अहमदाबाद से *'लोकनाद'* का प्रकाशन हुआ। तेलुगु मासिक पत्रिका *'शोभा'* वारंगल से सन 1937 में प्रकाशित हुई। सम्पादक-प्रकाशक देवुलपल्लि रामानुजराव थे। अन्तराल के बाद सन 1950 में इसका पुन:प्रकाशन हुआ, जो दो वर्ष तक चला। तेलुगु मासिक *'रूपवाणी'* सन 1937 में चेन्नै से प्रकाशित हुई। फिल्म पत्रिका थी। चेन्नै से तेलुगु साप्ताहिक *'जयभारत'* निकला। सम्पादक के.अप्पाराव थे।

कांतकवि के नाम से सुपरिचित लक्ष्मीकांत महापात्र ने सन 1937 में भद्रक से हास्य-व्यंग्य की उड़िया मासिक पत्रिका *'डगारो'* का सम्पादन-प्रकाशन किया। कांतकवि के बाद नित्यानंद महापात्र सम्पादक हुए। अगस्त 1937 में मुम्बई से अँगरेजी मासिक *'सक्सेस सीक्रेट'* का प्रकाशन हबीबउल्ला ने किया। यह ज्योतिष की पत्रिका थी। इसी वर्ष चेन्नै से थियासॉफिकल सोसायटी ने *'अडियार लायब्रेरी बुलेटिन'* नामक त्रैमासिक पत्रिका निकाली। अध्यात्म और दर्शन की पत्रिका थी। सम्पादक अलेनडेन्युलो थे। बुलेटिन का दूसरा नाम ब्रह्मविद्या था। बागवानी विषयक सचित्र अँगरेजी त्रैमासिक पत्र *'गार्डनर'* प्रकाशित हुआ। वार्षिक शुल्क तीन रुपये था। *'केमिस्ट एण्ड ड्रगिस्ट स्टोर न्यूज'* नामक अँगरेजी मासिक बुलेटिन मुम्बई से निकली। मुम्बई से *'इंडियन स्टाम्प जर्नल'*और *'सेन्ट्रल रेलवे मैगजीन'* का प्रकाशन हुआ। के.एच.बिलिमोरिया ने सन 1937 में मुम्बई से *'मोशन पिक्चर मैग्जीन'* का सम्पादन-प्रकाशन किया। यह फिल्मों पर केन्द्रित अँगरेजी मासिक पत्रिका थी। हिन्दुस्तानी सेवादल की ओर से डक्टर एस.एन.हार्डिकर ने हुब्बली से कन्नड साप्ताहिक *'हुब्बली गजट'* का सम्पादन-प्रकाशन किया। 'हुब्बली गजट' नगर की बुनियादी समस्याओं को प्रगट कर नागरिक सेवाओं में सुधार लाने के उद्देश्य से प्रकाशित किया गया था। इसलिए हुब्बली की नगरपालिका अखबार के निशाने पर रहती थी। हुब्बली गजट के अभियान के चलते हुब्बली नगरपालिका का पूरा स्यफ निलम्बित हुआ और शासन ने परिषद का अधिग्रहण कर लिया। सन 1947 में 'हुब्बली गजट' का नाम बदलकर *'जयहिन्द'* हो गया। तब से यह सामान्य समाचारपत्र के रूप में प्रकाशित होने लगा। कन्नड साप्ताहिक *'स्वतंत्र भारत'* सन 1937 में मंगलूर से प्रकाशित हुआ। सम्पादक यू.व्ही.शेनाय थे। एन.जरप्पा और बी.नरसप्पा के सम्पादन में कन्नड साप्ताहिक *'विनोद भारत'* मंगलूर से निकला। इसी वर्ष कासरगोद से कन्नड मासिक पत्रिका *'प्रवासी'* निकली। वामन शिनाय सम्पादक थे। अल्पजीवी रही।

तेलुगु की लोकप्रिय पत्रकारिता

1938

आंध्र प्रभा

सन 1938 में के.सुब्बराव के सम्पादकत्व में *'आंध्रप्रभा'* का प्रकाशन तेलुगु पत्रकारिता के इतिहास का उल्लेखनीय अध्याय है। लोकप्रियता और स्थायित्व की दृष्टि से भी यह अपूर्व है। 'साहित्य कलावेदिका' नाम से इसका साहित्यिक परिशिष्ट प्रकाशित हुआ। 'आंध्र प्रभा' में सुब्बराव का नियमित स्तंभ, भाषा, विषयवस्तु और चुटीली प्रस्तुति के कारण चाव से पढ़ा जाता था। पाठकों को इसकी प्रतीक्षा रहती थी। सुब्बराव के पश्चात नारायणमूर्ति सम्पादक बने। सन 1942 में नारला वेंकटेश्वर राव ने सम्पादक का दायित्व संभाला। 'आंध्रप्रभा' की लोकप्रियता में ताजे समाचारों और उत्कृष्ट फीचरों का योगदान रहा। इसके रविवारीय परिशिष्ट में कला, साहित्य, संस्कृति, विज्ञान, धर्म और फिल्म विषयों के साथ-साथ महिलाओं और बच्चों के लिए सामग्री दी जाती थी।

'आंध्रप्रभा', अँगरेजी पत्र समूह इंडियन एक्सप्रेस का सह-प्रकाशन है। आंध्रप्रदेश के नाभि केन्द्र कहे जाने वाले विजयवाडा से दोनों पत्रों का प्रकाशन हुआ। अल्प समय में दोनों अखबारों ने पाठकों के बीच स्थान बना लिया। रायलसीमा और मैसूर में पत्र के प्रसार के लिए 'आंध्रप्रभा' का संस्करण चित्तूर से प्रारंभ किया गया। जब चित्तूर संस्करण बन्द हुआ, तब बेंगलूरु संस्करण आरम्भ किया गया। इस तरह 'आंध्रप्रभा' प्रथम तेलुगु दैनिक पत्र है जिसका एक साथ दो स्थानों से प्रकाशन हुआ। सम्प्रति 'आंध्रप्रभा' हैदराबाद, बेंगलूरु, चेन्नै, विजयवाड़ा विशाखापट्टणम् से प्रकाशित हो रहा है। नारला वेंकटेश्वर राव के बाद एन.वी.शेषैया सम्पादक बने।

'आंध्रप्रभा' के प्रकाशकों ने 1952 में 'आंध्रप्रभा इलस्ट्रेटेड वीकली' का प्रकाशन आरम्भ किया। इस पत्रिका ने प्रमदावनम् शीर्षक से महिलाओं के लिए स्तम्भ शुरू किया, जिससे पत्रिका की लोकप्रियता बढ़ी। इसके लिए अधिकतर

ఆంధ్రజ్యోతి

आंध्रप्रभा

महिलाओं से लिखवाया जाता था। मालती चंदर इस स्तंभ की प्रभारी थीं। प्रश्नोत्तरी स्तम्भ जोड़ा गया। देखते ही देखते यह तेलुगु की सबसे अच्छी और सर्वाधिक प्रसारित पत्रिकाओं में गिनी जाने लगी।

नवभारत

सन 1938 में नागपुर से रामगोपाल माहेश्वरी ने हिन्दी अर्द्ध साप्ताहिक *'नवभारत'* का सम्पादन-प्रकाशन किया। यह मंगलवार और शनिवार को प्रकाशित होता था। वे अकोला से सन 1935 में प्रकाशित हुए ब्रिजलाल बियाणी के साप्ताहिक 'नव राजस्थान' के सम्पादक रहे थे। तीन वर्ष बाद बियाणी ने 'नव राजस्थान' बन्द करने का निर्णय लिया, तब रामगोपाल माहेश्वरी ने तत्कालीन मध्यप्रांत की राजधानी नागपुर से अपना अखबार प्रकाशित किया। सन 1939 में त्रिपुरी कांग्रेस के समय 'नवभारत' को दैनिक समाचारपत्र का स्वरूप दिया। यह राष्ट्रीय विचारधारा का पत्र था। दैनिक 'नवभारत' की कांग्रेस समर्थक नीतियों के कारण उस पर निगरानी भी रखी जाती थी। ज्वालाप्रसाद ज्योतिषी, शिवनारायण द्विवेदी, शैलेन्द्र प्रभृति पत्रकारों ने 'नवभारत' का सम्पादन किया। यह विदर्भ में हिन्दी का सर्वाधिक प्रसार संख्या वाला अखबार रहा। सन 1943 में 'नवभारत' के संयुक्त सम्पादक विश्वंभरप्रसाद शर्मा के घर की तलाशी ली गई थी।

सन 1950 में 'नवभारत' का जबलपुर संस्करण आरंभ हुआ। इसके सम्पादक कुंजबिहारी पाठक, कालिकाप्रसाद दीक्षित 'कुसुमाकर', फतहचंद गोयल आदि रहे। महाकोशल के इस अग्रणी समाचारपत्र का प्रसार गाँव-गाँव तक था। भाषावार राज्यों के पुनर्गठन के साथ जब सन 1956 में भोपाल नये मध्यप्रदेश की राजधानी

बना, उसके कुछ दिनों पहले अक्टूबर 1956 में भोपाल संस्करण भाई रतनकुमार के सम्पादन में आरंभ किया गया। सन 1959 में 'नवभारत' का रायपुर संस्करण (सम्पादक गोविन्दलाल वोरा, कुमार साहू आदि), सन 1960 में इन्दौर संस्करण, सन 1984 में बिलासपुर संस्करण, सन 1995 में ग्वालियर संस्करण और उसके बाद मुम्बई, सतना, छिंदवाड़ा, पुणे संस्करण प्रकाशित हुए।

'नवभारत' हिन्दी का बहु-संस्करण वाला पहल सफल प्रयोग था जो नब्बे के दशक तक मध्यप्रदेश और विदर्भ का बहुप्रसारित और प्रभावी पत्र माना जाता रहा।

समाज

सन 1938 में बनारस से साप्ताहिक *'आज'* का प्रकाशन हुआ था। बाद में उसका नाम *'समाज'* कर दिया गया। राजवल्लभ सहाय इस हिन्दी साप्ताहिक के सम्पादक थे। 'समाज' की भाषा परिमार्जित, शैली सुघड़, वैचारिक परिपक्वता और सम्पादन कौशल के कारण 'समाज' ने लोकप्रियता और प्रतिष्ठा अर्जित की थी। वार्षिक शुल्क दस रुपये था। मूलतः यह समाचार साप्ताहिक था। साठ के दशक में बंद हो गया।

विप्लव

नवम्बर 1938 में क्रांतिकारी यशपाल ने हिन्दी की साहित्यिक मासिक पत्रिका *'विप्लव'* लखनऊ से प्रकाशित की। वामपंथी रुझान की पत्रिका थी। स्वतंत्रता की पक्षधर थी। 'विप्लव' का फरवरी 1939 का अंक 'चन्द्रशेखर आजाद अंक' के रूप में प्रकाशित हुआ जिसमें क्रांति की अनेक गाथाएँ प्रकाशित हुईं। अपने तीखे तेवरों के कारण 'विप्लव' को फिरंगी हुकूमत का कोपभाजन बनना पड़ा। 'विप्लव' का फरवरी 1939 का अंक सरकार ने जब्त कर लिया था। इस जब्तशुदा अंक की एक-एक प्रति राष्ट्रीय अभिलेखागार नई दिल्ली और सप्रे संग्रहालय, भोपाल में सुरक्षित है। इस अंक में चन्द्रशेखर आजाद को 'हिन्दुस्तानी समाजवादी प्रजातंत्र सेना' का कमाण्डर इन चीफ लिखा गया था। 'विप्लव' के शीर्ष पर यह पँक्तियाँ लिखी जाती थीं-

"तुम करो शांति समता प्रसार
विप्लव! गा अपना अनल गान!"

'विप्लव' का वार्षिक शुल्क साढ़े चार रुपये था। मई 1940 में 'विप्लव' से 12,000 रुपये की जमानत माँगी गई जिसके कारण 'विप्लव' का प्रकाशन स्थगित हो गया।

कमला

काशी से मार्च 1938 में बाबूराव विष्णु पराडकर के सम्पादकत्व में हिन्दी

मासिक पत्रिका *'कमला'* का प्रकाशन हुआ। भार्गव पुस्तकालय के जगन्नाथप्रसाद भार्गव पत्रिका के प्रकाशक थे। महिला जागरण और नारी उत्थान पत्रिका का मुख्य ध्येय था। शान्तिप्रिय द्विवेदी सहायक सम्पादक थे। 'कमला' के रचनाकारों में महादेवी वर्मा, प्रेमचन्द, हरिऔध, माखनलाल चतुर्वेदी, जैनेन्द्रकुमार प्रभृति साहित्यकार थे। 'कमला' को सन 1939 में जन्म निरोध आन्दोलन का सूत्रपात करने का श्रेय जाता है। इस राष्ट्रीय कार्य के लिए पराडकर ने महिलाओं से सहयोग का आह्वान किया था।

जुलाई 1938 में वर्धा से दादा धर्माधिकारी ने हिन्दी मासिक *'सर्वोदय'* का प्रकाशन आरंभ किया। सम्पादक काका कालेलकर थे। गांधी मत, गांधी सिद्धान्त या गांधी प्रवृत्ति की अपनी-अपनी दृष्टि से सांगोपांग मीमांसा करने वाले विचारकों और लेखकों का समवेत 'सर्वोदय' पत्रिका के रूप में सामने आया। पत्रिका के आरंभिक अंकों में धर्मांतर, गांधीवाद और समाजवाद का मौलिक भेद, विश्वशांति और प्रगति, श्रमदेव की उपासना इत्यादि विचारणीय लेख प्रकाशित हुए थे।

चरखा संघ बिहार का मासिक मुखपत्र *'खादी सेवक'* सन 1938 में मधुबनी से प्रकाशित हुआ। वार्षिक शुल्क डेढ़ रुपया था। खादी, कुटीर शिल्प और ग्रामोद्योग पर केन्द्रित था। तब यह विषय स्वाधीनता संग्राम का अंग और आत्मनिर्भरता का प्रतीक था।

पितृ संघ उदयपुर ने हिन्दी त्रैमासिक पत्रिका *'बालहित'* सन 1938 में प्रकाशित की। कालूलाल श्रीमाली पत्रिका के सम्पादक थे। बाल मनोविज्ञान और बच्चों की समस्याओं पर उपयोगी लेखों का प्रकाशन किया जाता था। वार्षिक शुल्क दो रुपये था। इस पत्रिका का लक्ष्य था कि माता-पिता बनने से पहले व्यक्तियों को माता-पिता के कर्तव्यों का ज्ञान होना चाहिए।

एक जुलाई 1938 को कालाकांकर से हिन्दी मासिक *'रूपाभ'* का प्रकाशन किया गया। पत्रिका के सम्पादक सुमित्रानन्दन पंत एवं नरेन्द्र शर्मा थे। कविताएँ, कहानियाँ, एकांकी, प्रहसन आदि साहित्यिक सामग्री के अलावा राजनीति तथा राष्ट्रीय, अन्तरप्रांतीय एवं अन्तरराष्ट्रीय महत्वपूर्ण प्रसंगों पर विवेचनापूर्ण आलेखों का प्रकाशन किया जाता था।

जनवरी 1938 में भागलपुर से हिन्दी मासिक पत्र *'बीसवीं सदी'* का प्रकाशन हुआ। यह एक अच्छी साहित्यिक पत्रिका थी। संपादक तारकेश्वर प्रसाद, सत्येन्द्र नारायण, महेश्वरी सिंह 'महेश' थे। पृष्ठ संख्या 56 और वार्षिक मूल्य साढ़े तीन रुपये था। प्रवेशांक के अग्रलेख में सम्पादक ने लिखा था- "इसके शब्द-शब्द में जीवन का नाद होगा।"

अक्टूबर 1938 में सीतादेवी के सम्पादन में कोलकाता से महिलोपयोगी

हिन्दी मासिक पत्रिका *'महिला'* का प्रकाशन हुआ। वार्षिक शुल्क चार रुपये था। लेख, कविता, कहानियाँ और अन्य सामग्री सुरुचिपूर्ण हुआ करती थी। सन 1941 में सीतादेवी के निधन के बाद पत्रिका बन्द हो गई। मई 1938 में आगरा से हिन्दी साप्ताहिक *'नवसंदेश'* निकला। सम्पादक विजयसिंह पथिक थे। वार्षिक शुल्क साढ़े तीन रुपये और पृष्ठ संख्या 28 थी। काका कालेलकर के सम्पादकत्व में *'दक्षिण भारत'* नामक साहित्यिक पत्रिका का प्रकाशन हुआ। अगले वर्ष त्रैमासिक हुई और 1940 में बंद हो गई।

विविध विषयों का सचित्र हिन्दी साप्ताहिक *'देशदूत'* सन 1938 में इंडियन प्रेस, प्रयाग से प्रकाशित हुआ। वार्षिक शुल्क साढ़े तीन रुपये था। श्रीराम सिंह, ज्योति प्रसाद निर्मल ने भी 'देशदूत' का सम्पादन किया। सन 1945 से 1955 तक घनश्याम प्रसाद श्याम के सम्पादन में 'लोकदूत' निकला। बाल शिक्षा समिति, पटना ने शिक्षा और साहित्य पर केन्द्रित हिन्दी साप्ताहिक *'किशोर'* का प्रकाशन अप्रैल 1938 में किया। 16 वर्ष तक 'किशोर' का प्रकाशन हुआ। रामदहिन मिश्र, रघुवंश पाण्डे और देवकांत मिश्र भी 'किशोर' के सम्पादक रहे।

अक्टूबर 1938 में सरस्वती प्रेस, काशी से हिन्दी मासिक पत्रिका *'कहानी'* का प्रकाशन हुआ। सम्पादक श्रीपत राय थे। वार्षिक शुल्क साढ़े तीन रुपये था। भारतीय कथा साहित्य की प्रतिनिधि पत्रिका *'कहानी'* बार-बार निकलती और बंद होती रही। हिन्दी के सभी प्रतिष्ठित कथाकारों की कहानियाँ 'कहानी' में छपती थीं। इसमें विदेशी और अन्य भारतीय भाषाओं के कथाकारों की अनूदित कहानियाँ भी प्रकाशित की जाती थीं। भैरव प्रसाद गुप्त और कमलेश्वर ने भी 'कहानी' का सम्पादन किया था।

सन 1938 में पटना से हिन्दी मासिक 'गांव' का प्रकाशन अखौरी बासुदेव नारायण सिंह ने किया। ग्रामीण विषयों का पत्र था। इसी वर्ष लखनऊ से अमृतलाल नागर और नरोत्तम जोशी के सम्पादन में हास्य प्रधान हिन्दी साप्ताहिक *'चकल्लस'* का प्रकाशन हुआ। कुल 33 अंक निकले। अलवर से मार्च 1938 में आर.एन.चतुर्वेदी ने *'विधि साप्ताहिक'* निकाला। लाहौर से हिन्दी मासिक *'दिव्य जीवन'* निकला। सम्पादक शिवानन्द सरस्वती थे। हिन्दी साहित्य मंदिर काशी से जीतमल लूनिया ने हिन्दी मासिक *'मनस्वी'* का सम्पादन-प्रकाशन किया। 11 दिसम्बर 1938 को इन्दौर से हिन्दी साप्ताहिक *'मध्यभारत'* का प्रकाशन हुआ। सम्पादक कृष्णशंकर तिवारी थे।

दक्षिण भारत हिन्दी प्रचार सभा तिरुचिरपल्ली ने मासिक *'हिन्दी पत्रिका'* निकाली। रघुवरदयाल मिश्र, ए.राम अय्यर, टी.पी.राघवन, जी.सुब्रमण्यम, एस.आर.शास्त्री के प्रयत्नों से यह पत्रिका निकली थी। ग्राम सुधार सम्बन्धी सचित्र

हिन्दी-उर्दू मासिक पत्र *'हल'* का प्रकाशन सन 1938 में लखनऊ से हुआ। पृष्ठ संख्या 72 और वार्षिक शुल्क साढ़े पाँच रुपये था। सम्पादक मनोहरदास चतुर्वेदी और संयुक्त सम्पादक श्रीनाथ सिंह थे। नन्दलाल शर्मा ने ग्वालियर से अगस्त 1938 में हिन्दी मासिक पत्रिका *'संगीत कला'* का सम्पादन-प्रकाशन किया। वार्षिक शुल्क सवा दो रुपये था। संगीत कला की अच्छी पत्रिका थी।

हिन्दी मासिक *'सत्य सखा'* इटावा से निकला। सामाजिक सुधार का पक्षधर था। वार्षिक शुल्क एक रुपया चार आना था। सन 1938 में कैथोलिक प्रेस राँची से हिन्दी मासिक *'सत्य संग'* का प्रकाशन हुआ। अक्टूबर 1938 में मुम्बई से हिन्दी की साहित्यिक मासिक पत्रिका *'कुमकुम'* निकली। उज्जैन से हिन्दी साप्ताहिक *'आजाद हिन्द'* का प्रकाशन हुआ। बाद में यह दैनिक पत्र के रूप में भी निकला। विनायक राव विद्यालंकार के सम्पादकदत्व में आर्य समाज हैदराबाद ने हिन्दी साप्ताहिक *'आर्यभानु'* का प्रकाशन सन 1938 में किया। दस वर्ष तक इसका प्रकाशन हुआ। कोलकाता से विश्वनाथ रंधीर के सम्पादकत्व में हिन्दी की फिल्मी मासिक पत्रिका *'अभिनय'* प्रकाशित हुई। सिनेमा और ड्रामा इस पत्रिका के विषय थे। वार्षिक शुल्क छह रुपये था। आगरा से पूर्णचन्द्र अग्रवाल ने जातीय मासिक पत्र *'अग्रवाल हितैषी'* निकाला। लखनऊ से हिन्दी दैनिक *'अधिकार'* निकला। हिन्दी साप्ताहिक *'अग्रसर'* दिल्ली से सन 1938 में निकला और कुछ ही दिनों में बंद हो गया। अक्टूबर 1938 में बनारस से *'पुस्तकालय'* नामक मासिक पत्रिका निकली। केवल पुस्तकालय सम्बन्धी लेख और सूचनाएँ प्रकाशित की जाती थीं। बड़ौदा से भी गुजराती भाषा में *'पुस्तकालय'* नाम का मासिक पत्र निकला। गुजराती साहित्य की गतिविधियाँ तथा पुस्तकालय सम्बन्धी लेख, सूचनाएँ, समाचार, पुस्तक-समीक्षा का प्रकाशन किया जाता था।

सचित्र हिन्दी मासिक *'दयानंद-संदेश'* का प्रकाशन आर्य समाज के वैचारिक अभियान के प्रसार और स्वामी दयानंद के संदेश के प्रचार के लिए सितम्बर 1938 में दिल्ली से किया गया। आचार्य नरेन्द्रनाथ शास्त्री पत्र के सम्पादक थे। इसका वार्षिक शुल्क दो रुपये था।

सिकन्दराबाद से भाग्य रेड्डी ने *'भाग्यनगर'* निकाला। यह तेलुगु पत्र 15 वर्ष तक प्रकाशित हुआ। इसी अवधि में तेलुगु पत्र *'देशबंधु'*, *'दक्कन केसरी'*, तथा आर.सत्यवती देवी द्वारा सम्पादित-प्रकाशित *'तेलुगु तल्लि'* प्रकाशित हुए। सभी अल्पजीवी पत्र रहे।

कन्नड पत्रिका *'अंतरंग'* हर सप्ताह गुरुवार के दिन प्रकाशित होती थी। इस सचित्र कन्नड पत्रिका की मान्यता डाइजेस्ट के रूप में थी। इसके संस्थापक

सम्पादक वी.एस.पनियादि थे। एम.वी.हेगडे और के.होनैया शेट्टी के कृतित्व ने 'अंतरंग' की लोकप्रियता को विस्तार दिया।

कन्नड नुडि

सन 1938 में कर्नाटक साहित्य परिषद बेंगलूरु ने साप्ताहिक पत्रिका *'कन्नड नुडि'* का प्रकाशन किया। पृष्ठ संख्या 8 और मूल्य दो पैसे था। कन्नड साहित्यकारों और कलाकारों पर रेखाचित्र प्रकाशित किए जाते थे। साहित्यिक निबंध होते थे और कन्नड साहित्य से सम्बन्धित खबरें दी जाती थीं। आ.न.कृष्णराव सम्पादक थे।

वी.रामाचार के सम्पादकत्व में उडुपी से कन्नड मासिक 'नवशक्ति' निकला। सन 1938 में ही धारवाड से कन्नड मासिक *'जयंती'* प्रकाशित हुआ।

विजयवाडा से सन 1938 में तेलुगु पत्रिका *'आन्ध्रवाणी'* निकली। राष्ट्रीय आन्दोलन की समर्थक इस पत्रिका के सम्पादक बी.एन.सरमा थे। अर्थाभाव में बन्द हो गई। तेलुगु मासिक पत्रिका *'काव्यांजलि'* चेन्नै से ए.एन.राघवाचारी के सम्पादकत्व में प्रकाशित हुई।

आशादेवी के सम्पादन में बंगला मासिक पत्रिका *'महिला'* सन 1938 में निकली। प्रकाशक बी.सी.चटर्जी थे। एक प्रति का मूल्य आठ आना था। इसी वर्ष हरिपुर (कटक) से उड़िया मासिक पत्रिका *'न्याय खूंट'* का प्रकाशन जी.महापात्र ने किया। राजनीति और साहित्य पर केन्द्रित इस पत्र में हास्य-विनोद को भी स्थान दिया जाता था। तीन दशक से ज्यादा अवधि तक इसका प्रकाशन हुआ। किशोरचंद्र मिश्र भी सम्पादक रहे। उड़िया साप्ताहिक *'कृषक'* कटक से निकला। बांकेबिहारी दास सम्पादक थे।

तमिल पाक्षिक *'वानुली'* सन 1938 में निकला। आल इंडिया रेडियो चेन्नै से इसका प्रकाशन किया था। फ्रेंच भाषा का पत्र *'ल-नौवेअन्ति'* कोलकाता से प्रकाशित हुआ। कला, विज्ञान और साहित्य विषयों पर केन्द्रित अर्द्ध साप्ताहिक था। तीन रुपये मासिक शुल्क था। कोंकणी और अँगरेजी का द्विभाषी साप्ताहिक *'रैकनो'* मंगलूर से निकला। ए.एफ.डिसूजा सम्पादक थे। कोंकणी भाषा का दैनिक समाचारपत्र *'दिवित्ति'* मारगोवा से प्रकाशित हुआ।

अखिल भारतीय संस्कृत साहित्य सम्मेलन का मासिक मुखपत्र *'संस्कृत रत्नाकर'* सन 1938 में कानपुर से आरम्भ हुआ। केदारनाथ शर्मा सारस्वत सम्पादक-प्रकाशक थे। सिंधी भाषा का पत्र *'श्याम'* पुणे से प्रकाशित हुआ। गुजराती 'वन्दे मातरम्' का सम्पादन-प्रकाशन सांवलदास लक्ष्मीदास गांधी ने मुम्बई से किया। यह सांध्य दैनिक था।

गुजराती मासिक पत्र *'उर्मि'* के सम्पादक ईश्वरलाल, मोहन दवे और कांतिलाल मणिलाल शाह थे। प्रकाशक भारती साहित्य संघ था। सभी विषयों का

समावेश रहता था। स्वामीनारायण अक्षरपीठ से गुजराती पत्रिका *'स्वामीनारायण प्रकाश'* निकली।

गावकरी

1 जनवरी 1938 को मालेगाव से मराठी साप्ताहिक *'गावकरी'* का सम्पादन-प्रकाशन दत्तात्रय शंकर पोतनीश ने किया। एक वर्ष बाद नासिक स्थानांतरित हो गया। अक्टूबर 1947 में दैनिक समाचारपत्र के रूप में निकलने लगा। पा.वा.गाडगिल ने भी 'गावकरी' का सम्पादन किया। गावकरी का जलगांव संस्करण भी प्रकाशित होता है। समूह सम्पादक अरविन्द दत्तात्रय पोतनीश और सम्पादक वन्दन अरविन्द पोतनीश हैं।

मराठवाडा

10 फरवरी 1938 को मराठी साप्ताहिक *'मराठवाडा'* का प्रकाशन-सम्पादन आनंद कृष्ण वाघमारे ने किया। यह निजाम राज्य की जुल्म-ज्यादतियों के विरोध और पीड़ित जनता को संगठित और जागरूक बनाने के उद्‌देश्य से निकाला गया था। एक वर्ष की अवधि में वाघमारे ने मराठवाडा, नागरिक, संग्राम, रणदुन्दुभि, समरभूमि, हैदराबाद स्वराज्य, मोगलाई, कायदेभंग, सत्याग्रह, कथाकल्प और संजीवनी- इसी तरह नाम बदल-बदलकर ग्यारह अखबार निकाले। ऐसा उन्होंने निजामशाही के दबाव में फिरंगी हुकूमत द्वारा बरती जा रही सख्तियों से बचाव में किया था। सन 1939 में संपादक वाघमारे को डेढ़ वर्ष की सजा हो गई और 'मराठवाडा' पर भी विराम लग गया। 13 मार्च 1938 को साप्ताहिक 'मराठवाडा' का पुन:प्रकाशन हुआ, जिसे गुपचुप तरीके से निजाम राज्य में भेजा जाता था। सत्रह सितम्बर 1948 को निजाम रियासत का भारतीय संघ में विलय हुआ और 'मराठवाडा' पुणे से स्थानांतरित होकर हैदराबाद पहुँच गया। सन 1953 में वाघमारे ने 'मराठवाडा' पत्र ट्रस्ट को सौंप दिया और कार्यनिवृत्त हुए। 21 मई 1953 को अनंतराव भालेराव संपादक बने। 15 अगस्त 1968 को 'मराठवाडा' दैनिक पत्र के रूप में प्रकाशित होने लगा। सन 1956 में 'मराठवाडा' को हैदराबाद से औरंगाबाद ले जाया गया। वर्तमान में यह मराठी दैनिक पत्र-औरंगाबाद, नांदेड और लातूर से प्रकाशित किया जाता है।

संध्याकाल

सन 1938 में मराठी सांध्य दैनिक *'संध्याकाल'* का प्रकाशन मुम्बई से हुआ। पृष्ठ संख्या चार और आकार 42 गुणित 27 से.मी. था। एक सितम्बर 1992 के सप्रे संग्रहालय में उपलब्ध अंक से पता चलता है कि यह पचपनवें वर्ष का 130 वाँ अंक है। नीलकंठ यशवन्त खाडिलकर का नाम सम्पादक के रूप में दर्ज है। देवास राज्य (सीनियर) की ओर से *'पवार सरकार गजट'* का प्रकाशन अप्रैल 1938

में आरम्भ हुआ। आठ पृष्ठ के इस मासिक प्रकाशन में रियासत के आदेश, परिपत्र, इश्तिहार, नोटिस आदि प्रकाशित किए जाते थे। देवास राज्य (जूनियर) की ओर से भी ऐसा ही गजट जारी कराया गया।

मराठी साप्ताहिक 'विलास' का सम्पादन-प्रकाशन अ.वि.मारोडकर ने सन 1938 में खामगाव से किया। इसी वर्ष कोल्हापुर से मराठी साप्ताहिक *'विकास'* और रत्नागिरी से पाक्षिक *'विकास'* निकले। सतारा से बी.जी.अभ्यंकर ने मराठी पाक्षिक *'हितचिंतक'* का सम्पादन किया। शोलापुर से साप्ताहिक *'वीरशैव गर्जना'* निकला। श्री.बा.पाठक ने मुम्बई से मासिक *'प्रेक्षक'* निकाला।

नागपुर से प्रत्येक शुक्रवार को मराठी साप्ताहिक *'धर्मवीर'* का प्रकाशन हुआ। वार्षिक शुल्क नागपुर में डेढ़ रुपया तथा बाहर दो रुपये था। वर्हाड मध्यप्रान्तीय वर्णाश्रम संघ का मुखपत्र था। सन 1938 में का.टा.पालवणकर के सम्पादन में मराठी मासिक पत्र *'खेल का साथी'* निकला। चित्रकथा और प्रसंग कथा इसके विशेष आकर्षण थे। हस्तशिल्प, प्राणियों की अनोखी दुनिया, धारावाहिक बाल उपन्यास प्रकाशित किए जाते थे। सन 1950 में प्रकाशन बन्द हो गया। अकोला से 'अमरज्योति' नामक मराठी साप्ताहिक 10 मार्च 1938 को प्रकाशित हुआ। गोलेगांवकर सम्पादक थे। आर्य समाज आन्दोलन का समर्थक था। एक साल बाद बन्द हो गया।

नेशनल हेरल्ड

नौ सितम्बर 1938 को लखनऊ से अँगरेजी दैनिक *'नेशनल हेरल्ड'* का प्रकाशन आरम्भ हुआ। के.रामाराव सम्पादक थे। कांग्रेस आन्दोलनों के मुखर समर्थक इस पत्र के संचालक मण्डल के अध्यक्ष पं. जवाहरलाल नेहरू थे। भारत की स्वतंत्रता और विश्वशांति इसका लक्ष्य था। दो वर्ष तक प्रकाशित होने के बाद सन 1940 में जब आर्थिक संकट के कारण *'नेशनल हेरल्ड'* का प्रकाशन बन्द करने की नौबत आई तब सभी कर्मचारियों ने सहकारिता के आधार पर अखबार का प्रकाशन करने का प्रस्ताव रखा। संचालक मण्डल ने कर्मचारियों को इसका अवसर दिया और थोड़े ही समय में अखबार आत्मनिर्भर हो गया। स्वतंत्रता के पक्ष में निर्भीक लेखन के कारण 'नेशनल हेरल्ड' से बार-बार जमानत माँगी गई, जब्त की गई। कार्यालय पर छापा मारा गया और उसे सील कर दिया गया, जिसके कारण इसका प्रकाशन बंद हो गया। सन 1940 में युक्तप्रांत के मुख्य सचिव ने 'नेशनल हेरल्ड' पर सेंसर का बंधन लगाया। इस आदेश के विरोध में छह महीने तक अखबार में युद्ध के समाचार और वृत्तांत बिना शीर्षक के प्रकाशित किए गए, तब सेंसर हटा। एक संपादकीय टिप्पणी को आपत्तिजनक करार देते हुए 'नेशनल हेरल्ड' से छह हजार रुपये की जमानत माँगी गई, जिसके विरोध में 'नेशनल हेरल्ड' ने अपना प्रकाशन रोक दिया। कुछ देशभक्तों ने जमानत की राशि जमा करा

NATIONAL HERALD

MISSILE SITE NEAR HANOI KNOCKED OUT

46 U.S. Fighter Bombers Attack Viet-Cong Defences

JOHNSON PLANNING TO CALL UP RESERVES

Edward Heath New Leader Of Tory Opposition

U.K. SLASHES PUBLIC SPENDING

Talks Open To Stop Spread Of Nuclear Weapons

Shastri Leaves For Belgrade, Hope Of "Still Closer" Ties

Geneva Talks After Truce

It's good taste to smoke and offer PANAMA

Panama 20

PANAMA

नेशनल हेरल्ड

दी। दूसरी बार बारह हजार रुपये की जमानत माँगी गई। लखनऊ कैंप जेल में हुए लाठी चार्ज पर जब 'नेशनल हेरल्ड' ने तीखी सम्पादकीय टिप्पणी प्रकाशित की तब सम्पादक के.रामाराव को गिरफ्तार कर मुकदमा चलाया गया, जिसमें उन्हें छह महीने के कारावास और सात सौ रुपये जुर्माने की सजा हुई थी। सन 1942 में भारत छोड़ो आन्दोलन के समय फिरंगी हुकूमत ने 'नेशनल हेरल्ड' के दफ्तर पर ताला डाल दिया।

तीस नवम्बर 1945 को 'नेशनल हेरल्ड' का पुनः प्रकाशन हुआ। सन 1946 में एम.चलपति राव ने 'नेशनल हेरल्ड' के संपादक का दायित्व ग्रहण किया। स्वतंत्रता के बाद एसोशिएट जर्नल लि. ने लखनऊ के साथ-साथ दिल्ली से भी 'नेशनल हेरल्ड' का प्रकाशन किया। हिन्दी दैनिक 'नवजीवन' और उर्दू दैनिक 'कौमी आवाज' का भी प्रकाशन इसी संस्थान ने किया। स्वतंत्रता के स्वर्ण जयंती वर्ष में (9 नवम्बर 1997) 'नेशनल हेरल्ड' का प्रकाशन बंद हो गया। इसके साथ ही स्वतंत्रता संग्राम के एक जुझारू प्रवक्ता के इतिहास पर कुप्रबंधन का पर्दा गिर गया।

डेक्कन क्रानिकल

के.एस.राजगोपाल ने सन 1938 में हैदराबाद से अँगरेजी साप्ताहिक *'डेक्कन क्रानिकल'* का सम्पादन-प्रकाशन किया। निजामशाही की समाप्ति और लोकतांत्रिक व्यवस्था का ध्येय लेकर प्रकाशित होने वाले इस अखबार ने हैदराबाद अंचल में राजनीतिक चेतना के प्रसार के लिए उल्लेखनीय कार्य किया। मई 1940 में 'डेक्कन क्रानिकल' दैनिक समाचारपत्र के रूप में प्रकाशित होने लगा। स्वतंत्र नीति और मुखर अभिव्यक्ति वाले इस अखबार से कुपित हैदराबाद के ब्रिटिश रेजीडेन्ट ने

निजाम पर दबाव डालकर 'डेक्कन क्रानिकल' की सारी सुविधाएँ रुकवा दीं। इस बीच 'डेक्कन क्रानिकल' के देश-विभाजन विरोधी रुख के कारण विभाजन-समर्थक मजलिस इत्तेहादुल मुसलमीन के नेता कासिम रिजवी ने अखबार के कार्यालय को ध्वस्त करने का फतवा जारी कर दिया। तब 'डेक्कन क्रानिकल' का कार्यालय हैदराबाद से सिकंदराबाद स्थानांतरित कर दिया गया।

राजगोपाल के बाद. के.आर.पट्टाभिरामन 'डेक्कन क्रानिकल' के संपादक हुए। सन 1993 में टी.वेंकटरामन रेड्डी संपादक हुए। हैदराबाद के अलावा विजयवाडा और विशाखापट्टणम् से भी 'डेक्कन क्रानिकल' के संस्करण प्रकाशित होने लगे।

आनलुकर

सन 1938 में मुम्बई से अँगरेजी पाक्षिक पत्रिका *'आनलुकर'* का प्रकाशन आरंभ हुआ। इस सचित्र पत्रिका में राजनीतिक-सामाजिक विषयों के अलावा खोजपूर्ण सामग्री प्रकाशित की जाती है। 1950 में 'आनलुकर' का सम्पादन इनेज डलास कर रहे थे। उनके पहले एण्ड्री एम. स्मिथ संपादक थे। एन. मुद्गल ने लगभग 18 वर्ष तक 'आनलुकर' का सम्पादन किया। तदनन्तर डी.एम.सिल्वेरा, योगेश शर्मा, रजत शर्मा, वीरेन्द्र कपूर संपादक हुए।

सन 1938 में एस.सदानंद के सम्पादन में 'फ्री प्रेस जर्नल' का रविवारीय परिशिष्ट *'भारत ज्योति'* के नाम से प्रकाशित हुआ। रोचक और पठनीय फीचरों और विशेष रिपोर्टों के कारण 'भारत ज्योति' का विशेष पाठक वर्ग तैयार हो गया। सदानंद के बाद हरिहरन, ए.बी.नायर और एस.ए. सबावाला ने संपादन किया।

'बंगाल हरकारू' में प्रकाशित विज्ञापन में कहा गया था, "एक जुलाई से प्रति शनिवार को 'ईस्ट इंडियन पॉलिटिकल रजिस्टर' नामक साप्ताहिक का प्रकाशन होने वाला है। मासिक शुल्क दो रुपये अग्रिम है। इसमें बत्तीस कालम प्रकाशित किए जाएँगे जिनमें अँगरेजी, देशी और विदेशी समाचार, पार्लियामेंट की कार्यवाही, बाजार भाव आदि का विवरण सहित प्रकाशन होगा। इस पत्र को कुछ देशभक्त और प्रतिष्ठित व्यक्तियों का समर्थन प्राप्त होने के कारण यह हिन्दुस्तान में यहाँ के और ब्रिटिश निवासियों के हितों और अधिकारों का समर्थन करेगा एवं न्यायपूर्ण सुधारों का पक्ष लेगा। अत्याचारों से पीड़ित लोगों की शिकायतों के लिए इसके दरवाजे हमेशा खुले रहेंगे।[1] एक जुलाई 1938 से प्रकाशित इस पत्र के संपादक टी.वी.गाहन थे। जनवरी 1939 में इसका प्रकाशन बंद हो गया।

सन 1938 में प्रकाशित अँगरेजी की अन्य पत्र-पत्रिकाओं में सहारनपुर से

1. बंगाल हरकारू, 6 जून 1938

'पीपुल्स जर्नल', गोवा से *'एविडा'*, कोलकाता से *'इंडियन सिरामिक्स'*, बेंगलूरु से *'इंडियन फोटोग्राफी एण्ड सिनेमेटोग्राफी'*, कोलकाता से *'केलकटा मेडिकल रिव्यू'*, मुम्बई से *'टेक्नीशियन'*, चेन्नै से *'म्युनिस्पल गजट'*, अहमदनगर से *'मेहरबाबा जर्नल'*, लखनऊ से *'यू.पी.इन्फारमेशन'*, मुम्बई से *'रूरल इंडिया'* शामिल हैं। 'रूरल इंडिया' का प्रकाशन आदर्श सेवा संघ ने किया। संपादक जी.के.पौराणिक थे। 1968 में हरिशंकर द्विवेदी ने संपादन का दायित्व ग्रहण किया। आदर्श सेवा संघ की स्थापना सन 1921 में मूलतः पोहरी, जिला शिवपुरी में गोपाल कृष्ण पौराणिक ने की थी। इसका उद्देश्य ग्रामोन्नति था और वही इस पत्रिका का भी उद्देश्य था।

न्यू इंडिया

सन 1938 में नागपुर से वी.एस.वेंकटरामन ने अँगरेजी साप्ताहिक *'न्यू इंडिया'* का संपादन-प्रकाशन किया। पृष्ठ संख्या 12 और वार्षिक शुल्क पाँच रुपये था। न्यूज आफ द वीक स्तंभ के अन्तर्गत सप्ताह की प्रमुख घटनाओं का सार संक्षेप प्रथम पृष्ठ पर, दूसरे और तीसरे पृष्ठ पर लेख, चौथे पृष्ठ पर आर्थिकी, पाँचवें पृष्ठ पर अंतरराष्ट्रीय विषय और छठे पेज पर संपादकीय लिखा जाता था। अन्य पृष्ठों पर स्थानीय समाचार, उद्योग-व्यापार, विज्ञापन आदि छपते थे। सन 1949 में डी.टी.देशपांडे संपादक हुए।

इंकलाब

उर्दू दैनिक *'इंकलाब'* का प्रकाशन 15 मार्च 1938 को मुम्बई में हुआ। संस्थापक-सम्पादक अब्दुल हमीद अंसारी थे जो पहले 'हिलाल-ए-जदीद' के संपादक थे और सन 1930 में उग्र लेखन के कारण राजद्रोह के आरोप में गिरफ्तार कर लिए गए। जेल प्रवास में उन्होंने अपना अखबार निकालने की योजना बनाई और मुक्त होते ही उसे साकार किया। 53 गुणित 40 से.मी. आकार का छह पृष्ठ का 'इंकलाब' ताज प्रेस में छपता था। शुरू में इसकी 150 प्रतियाँ छपती थीं। राजनीति की रस्साकशी, सिनेजगत की हलचल और शब्द पहेली जैसे स्तंभों से 'इंकलाब' की प्रसार संख्या बढ़ी और माली हालत सुधरी। मीर असगर अली, हारून रशीद, रियाज अहमद खां सम्पादक रहे। सन 1956 में 'इंकलाब' के प्रकाशकों ने ताज प्रेस खरीद लिया। सन 1965 में 'इंकलाब' आफसेट पर छपने लगा। अमेरिका से पत्रकारिता की डिग्री लेकर आए खालिद अंसारी ने प्रबंधन की बागडोर संभाली और प्रकाशन संस्थान का विस्तार किया। अँगरेजी 'मिड डे स्पोर्ट्स वीक' और 'लाइफ स्टाइल' का प्रकाशन किया गया।

दैनिक 'इंकलाब' के प्रथम पृष्ठ पर देश-विदेश की प्रमुख खबरें, दूसरे पृष्ठ पर लेख और कविता, तीसरे पृष्ठ पर सम्पादकीय टिप्पणियाँ और अग्रलेख तथा

अन्य पृष्ठों पर समाचार, खेल की खबरें, फिल्मी दुनिया की सचित्र खबरें और विज्ञापन आदि प्रकाशित किए जाते हैं। 'इंकलाब' उर्दू के प्रमुख समाचारपत्रों में से एक है जिसमें पाठकों की विविध विषयों में अभिरुचि को ध्यान में रखते हुए सामग्री का प्रकाशन किया जाता है। मुम्बई के अलावा दिल्ली से भी संस्करण प्रकाशित किया जा रहा है।

भोपाल से 26 नवम्बर 1938 को उर्दू साप्ताहिक *'भोपाल टाइम्स'* का प्रकाशन काजी मजहरउद्दीन सिद्दीकी ने किया। सम्पादक मोहम्मद अब्दुल बासित थे। भोपाल के छात्रों के हित, गरीब लोगों के हक और जनजागृति के उद्देश्य से इसका प्रकाशन किया गया था। पृष्ठ संख्या चार और वार्षिक शुल्क एक रुपया था। सितम्बर 1939 में बन्द हो गया।

हैदराबाद से उर्दू मासिक *'सबरस'* का प्रकाशन सन 1938 में मोहम्मद अकबरउद्दीन सिद्दीकी के सम्पादकत्व में हुआ। पृष्ठ संख्या 40 और वार्षिक शुल्क छह रुपये था। अच्छी साहित्यिक पत्रिका थी। प्रकाशन सामग्री को चार भागों में बाँटा जाता था- कहानियाँ, कविताएँ, लेख और समीक्षा। अंक में प्रकाशित सामग्री पर सम्पादक की ओर से टिप्पणी 'अपनी बात' शीर्षक से लिखी जाती थी। 'सबरस' का प्रकाशन जारी है।

दिल्ली से सन 1938 में उर्दू मासिक पत्रिका *'शान-ए-हिन्द'* निकली। सम्पादक विद्याप्रकाश सरवर तौंसवी थे। 32 पृष्ठ की पत्रिका उर्दू भाषा के विकास और प्रचार के उद्देश्य से निकाली गई थी। स्तरीय सामग्री तथा उर्दू जगत की गतिविधियों के समाचार प्रकाशित किए जाते थे। साप्ताहिक *'मुस्लिम'* नागपुर से अप्रैल 1938 में प्रकाशित हुआ। सम्पादक ताजउद्दीन और सहायक सम्पादक कासिम अली रामपुरी थे। यह कांग्रेस समर्थक राजनीतिक पत्र था। पृष्ठ संख्या आठ और वार्षिक शुल्क दो रुपये आठ आना था।

दिल्ली से सन 1938 में उर्दू मासिक पत्रिका *'रहनुमा-ए-जिन्दगी'* का प्रकाशन महानन्द के सम्पादकत्व में हुआ। पृष्ठ संख्या 60 थी। जीवन शैली इस पत्रिका का विषय था। मार्च 1938 में मुरादाबाद से उर्दू मासिक पत्रिका *'कायद'* निकली। सम्पादक-प्रकाशक सैयद मोहम्मद तथा संचालक अख्तर उल इस्लाम कासिमी थे। पृष्ठ संख्या 28 और एक प्रति का मूल्य तीन आना था। मुसलमानों को धार्मिक, राजनीतिक और आर्थिक विषयों की जानकारियाँ देने के लिए यह पत्रिका प्रकाशित की गई थी।

23 दिसम्बर 1938 को भोपाल से उर्दू साप्ताहिक *'इरफान'* का सम्पादन-प्रकाशन एम.इरफान ने किया। चार पृष्ठ के इस पत्र की एक प्रति का मूल्य दो पैसे था। उर्दू दैनिक *'देश'* सन 1938 में श्रीनगर से प्रकाशित हुआ। पंडित श्यामलाल

शर्मा सम्पादक थे।

आगरा से एक मई 1938 को उर्दू साप्ताहिक *'ताज'* का प्रकाशन हुआ। सम्पादक अब्दुल कादिर अख्तर थे। पृष्ठ संख्या चार और वार्षिक शुल्क तीन रुपये आठ आना था। किसानों की समस्याओं पर विशेष ध्यान देता था। सामान्य समाचार भी प्रकाशित किए जाते थे। जनधर्मी पत्र होने के कारण कुछ ही समय बाद बन्द करना पड़ा।

कोलकाता से उर्दू साप्ताहिक *'मजदूर गजट'* का प्रकाशन अब्दुल जब्बार ने सन 1938 में किया। सम्पादक वाई.के.तारिक थे। होशंगाबाद से अब्दुल गफफार खाँ ने उर्दू साप्ताहिक *'हसरत'* का सम्पादन-प्रकाशन किया।

देवबंद से उर्दू मासिक पत्रिका *'सुलतान उल उलूम'* सन 1938 में निकली। सम्पादक अतीक अहमद सिद्दीकी थे। वार्षिक शुल्क एक रुपया आठ आना, पृष्ठ संख्या 40 थी। धार्मिक, नैतिक तथा इतिहास विषयक पत्रिका थी। उर्दू मासिक *'इत्तेलात'* का प्रकाशन लखनऊ से हुआ। यह युक्त प्रान्त सरकार का प्रकाशन था।

सन 1938 में दिल्ली से शेख मोहम्मद इकराम के सम्पादन में उर्दू मासिक पत्रिका *'अनीस ए निस्वां'* का प्रकाशन हुआ। सहायक सम्पादक श्रीमती इकराम थीं। पृष्ठ संख्या 72, आकार 24 गुणित 16 से.मी. और वार्षिक शुल्क पाँच रुपये था। मुस्लिम महिलाओं को कुरान के मुताबिक जीवन शैली अपनाने की सीख दी जाती थी। उर्दू साप्ताहिक *'नौजवान'* सन 1938 में भोपाल से प्रकाशित हुआ। सम्पादक जगत नारायण और राजमल राठौर थे। सन 1948 में इसी नाम से दूसरा अखबार गौहर जलाली ने भोपाल से ही निकाला था।

इलाहाबाद से उर्दू का पहला दैनिक अखबार *'अल अजीज'* सन 1938 में निकला। इसके सम्पादक कमरुद्दीन बदरुद्दीन थे। यह अखबार इकबाल की स्मृति में शुरू किया गया था। इसकी एक प्रति का मूल्य दो आना था। अल्पजीवी रहा।

<u>1939</u>

असम ट्रिब्यून

अगस्त 1939 में डिब्रूगढ़ से राधागोविन्द बरुआ और पत्रकार लक्ष्मीनाथ फूकन के प्रयासों का प्रतिफल अँगरेजी साप्ताहिक *'असम ट्रिब्यून'* के प्रकाशन के रूप में सामने आया। प्रकाशन के आठ वर्ष पूरे करने पर 11 अगस्त 1946 को पत्र डिब्रूगढ़ से गुवाहाटी स्थानांतरित हो गया। 30 सितम्बर 1946 को दैनिक अखबार बना, जो असम से प्रकाशित होने वाला प्रथम आंग्ल दैनिक है। लक्ष्मीनाथ फूकन कोलकाता के अँगरेजी दैनिक 'अमृत बाजार पत्रिका', 'फारवर्ड' और 'हिन्दुस्तान स्टैण्डर्ड' में सहायक सम्पादक का दायित्व निभा चुके थे। उनके अनुभवों का लाभ 'असम ट्रिब्यून' को मिला।

साप्ताहिक 'असम ट्रिब्यून' बरुआ प्रेस से छपता था। पत्र के एक बड़े भागीदार सोमेश्वर बरुआ थे। साप्ताहिक पत्र लाभ की स्थिति में चल रहा था। परन्तु दैनिक पत्र से ऐसी संभावना नहीं भाँपकर सोमेश्वर बरुआ ने 'असम ट्रिब्यून' से सम्बन्ध-विच्छेद कर लिया और उसे राधागोविन्द बरुआ को सौंप दिया। सोमेश्वर बरुआ के सोच का यह एक आदर्श दृष्टान्त है कि उनका निधन होने के बाद ही उनका चित्र 'असम ट्रिब्यून' में छपा। जीवित रहते हुए उन्होंने शब्द या चित्र के माध्यम से 'असम ट्रिब्यून' को आत्म-प्रचार का माध्यम नहीं बनने दिया।

असमिया समाज, संस्कृति और राजनीति को स्वर, संस्कार और दिशा देने में 'असम ट्रिब्यून' का उल्लेखनीय अवदान है। उसने सदैव आम आदमी के सोच और समस्याओं को सही परिप्रेक्ष्य में प्रस्तुत किया। फिरंगियों की चालवाजियों को उजागर करते हुए उनका विरोध किया। 1946 के ब्रिटिश केबिनेट मिशन ने जब भारतीय समाज को खानों में बाँटने की नीति पर अमल किया, तब 'असम ट्रिब्यून' ने इसके खिलाफ आवाज उठाई।

'असम ट्रिब्यून' इस समय (2007) प्रकाशन के अड़सठवें वर्ष में चल रहा है। उत्तर-पूर्व अंचल की जनता की वाणी बना हुआ है। असमिया समाज में उसकी पैठ और प्रतिष्ठा है।

तरुण असम

चाय बागान मालिक नन्देश्वर चक्रवर्ती ने दिसम्बर 1939 में डिब्रूगढ़ से *'तरुण असम'* का प्रकाशन किया। तरुण भट्टाचार्य पत्र के आद्य सम्पादक थे। स्वतंत्रता सेनानी, सुलेखक और इतिहासवेत्ता वेणुधर शर्मा ने उनके बाद सम्पादन-दायित्व संभाला। इस पत्र की स्थानीय प्रशासन के साथ तकरार चलती रहती थी। फलतः इसे मानहानि के कई मुकदमों का सामना करना पड़ा। पत्र स्वामी और सम्पादक के बीच भी कालान्तर में नीति विषयक मतभेद उभरे। सन 1942 में अखबार का प्रकाशन बन्द हो गया। बंद होने का एक अन्य कारण दूसरे महायुद्ध के समय कागज की कमी था।

गुवाहाटी से प्रकाशित *'असम सेवक'* ने स्वतंत्रता संग्राम में महत्वपूर्ण भूमिका निभाई। देवेन्द्रनाथ शर्मा प्रथम सम्पादक थे। उनके पश्चात विजयचन्द्र भगवती सम्पादक हुए।

प्रवासी/जन्मभूमि प्रवासी

सौराष्ट्र ट्रस्ट ने विजयादशमी, 22 अक्टूबर 1939 को मुम्बई से गुजराती साप्ताहिक *'प्रवासी'* का प्रकाशन आरंभ किया। सम्पादक-प्रकाशक शांतिलाल शाह थे जो गुजराती दैनिक 'जन्मभूमि' के भी सम्पादक थे। सम्पादक रविभाई मेहता और उनके सहयोगी जीतूभाई मेहता तथा रतुभाई कोठारी थे, जो बाद में 'जनसंदेश' के

सम्पादक बने। रविभाई पर राष्ट्रीय और अंतरराष्ट्रीय राजनीति, जीवन की वैज्ञानिक कला तथा सम्पादकीय लेखन की जवाबदारी थी। जीतूभाई साहित्य, संगीत, सिनेमा, रेडियो पक्ष देखते थे और रतुभाई के जिम्मे स्थानीय रिपोर्टिंग, बालजगत, फोटोग्राफी, व्यापार आदि विषय थे। 'प्रवासी' के सांस्कृतिक और साहित्यिक पक्ष अपनी विषयवस्तु के चयन, भाषा और शैली के उत्कृष्ट स्तर के कारण गुजराती पाठकों में इतने लोकप्रिय हुए कि शीघ्र ही वह गुजराती का प्रतिष्ठित अखबार बन गया। 'प्रवासी' का आकार पहले टेबलायड था। उसमें राष्ट्रवादी नेताओं के लेख प्रमुखता से छपते थे। मुखपृष्ठ सचित्र और रंगीन होता था। बालकों, महिलाओं और युवकों के लिए विशेष सामग्री प्रकाशित की जाती थी। कालान्तर में जब 'प्रवासी' को *'जन्मभूमि प्रवासी'* नाम दिया गया तब वह पूर्णाकार दैनिक समाचारपत्र जैसा हो गया। झवेरचंद मेघाणी, कर्सनदास माणिक, रविभाई मेहता, दिलीप कोठारी, लक्ष्मीप्रसाद बारोठ, चुनीलाल मडिया, वेणीभाई पुरोहित, हिम्मतलाल पारीख, विजयगुप्त मौर्य आदि ने 'जन्मभूमि प्रवासी' का कलेवर सँवारा। गुजराती के सभी प्रतिष्ठित विद्वानों के लेख 'प्रवासी' में प्रकाशित होते थे। विजयादशमी, 1989 को 'जन्मभूमि प्रवासी' के 50 वर्ष पूरे हुए तब सम्पादक हरीन्द्र दवे तथा सहयोगी हिम्मतलाल मेहता और तरु कजारिया थे। स्वर्ण जयंती विशेषांक प्रकाशित किया गया। 'जन्मभूमि' के इतिहास में एक गौरवपूर्ण प्रसंग है आजाद हिन्द फौज के कार्यालयीन रिकार्ड को भारत लाना। दूसरे विश्वयुद्ध के समय 'जन्मभूमि' के संवाददाता के रूप में अमृतलाल सेठ बर्मा और बैंकाक गए थे। वहाँ सुभाषचन्द्र बोस का संदेश मिला कि आजाद हिन्द फौज का रिकार्ड भारत पहुँचाना है। यह भी बता दिया गया था इस काम में बहुत खतरा है। किन्तु अमृतलाल सेठ ने साहस किया और रिकार्ड लेकर आए। 'जन्मभूमि प्रवासी' में राष्ट्र के गौरव के रूप में नौ सम्पादकों के नाम गिनाए गए- (1)अमृतबाजार पत्रिका के मतिलाल घोष, (2) 'केसरी' के बाल गंगाधर तिलक, (3) 'युगान्तर' के अरविन्द घोष, (4) 'माडर्न रिव्यू' के रामानंद चट्टोपाध्याय, (5) 'क्रानिकल' के ब्रेलवी एवं बी.जी.हार्निमन, (6) 'फ्री प्रेस' के सदानंद, (7) 'दांडिया' के नर्मद और (8) 'जन्मभूमि' के अमृतलाल सेठ। 'जन्मभूमि प्रवासी' के वर्तमान सम्पादक कुंदन व्यास हैं।

गुजराती साप्ताहिक *'आजाद कच्छ'* का सम्पादन-प्रकाशन सन 1939 में हुआ। इससे छह हजार रुपये की जमानत माँगी गई थी। कालान्तर में 'आजाद कच्छ' भुज से गुजराती दैनिक के रूप में निकला। सम्पादक प्राणलाल शाह थे। गुजराती मासिक *'आईना'* इसी वर्ष मुम्बई से निकला। अँगरेजी और असमिया की द्विभाषी पत्रिका *'प्रतिभा'* का प्रकाशन सन 1939 में हुआ। यह युनाइटेड पार्टी का मुखपत्र थी।

स्टेट्स पीपुल

डा. पट्टाभि सीतारामय्या ने सन 1939 में मुम्बई से अँगरेजी पाक्षिक *'स्टेट्स पीपुल'* का सम्पादन-प्रकाशन किया। 33 गुणित 22 से.मी. आकार के छह पृष्ठ के इस अखबार की एक प्रति का मूल्य दो आना था। यह हिन्दुस्तानी रियासतों के जनसाधारण का मुखपत्र था। डा. सीतारामय्या के कारावासी होने पर के.बी.मेनन ने सम्पादन किया। अखबार में देश-विदेश की खबरें और फिरंगी हुकूमत और देशी रियासतों की दुर्नीतियों तथा ज्यादतियों को उजागर किया जाता था। मननीय लेख और विचारोत्तेजक सम्पादकीय टिप्पणियाँ लिखी जाती थीं।

फरवरी 1939 में रायगढ़ से अँगरेजी मासिक पत्र *'रायगढ़ समाचार'* प्रकाशित हुआ। ए.एम.वाजपेयी, मनोहर मिश्र और वनमाली शुक्ल सम्पादक थे। इसका स्वरूप बुलेटिन का था। इसी वर्ष बेंगलूरु से डी.एन.होसाली के सम्पादन में अँगरेजी साप्ताहिक *'माइस इंडिया'* का प्रकाशन हुआ। यह समाचार, विचार और मनोरंजन की मिली-जुली प्रस्तुति के कारण लोकप्रिय था। चेन्नै से अँगरेजी साप्ताहिक *'फ्री इंडिया'* का प्रकाशन डी.कृष्णमूर्ति ने किया। समाचार प्रधान अखबार था। वर्धा से सन 1939 में अँगरेजी मासिक पत्रिका *'ग्रामोद्योग'* प्रकाशित हुई। जे.सी.कुमारप्पा सम्पादक थे। मेरठ से अँगरेजी साप्ताहिक *'संडे टाइम्स'* निकला। सन 1939 में मुम्बई से आर.आई.एवोनी ने अँगरेजी साप्ताहिक *'स्पोर्टिंग टाइम्स'* का सम्पादन-प्रकाशन किया।

सन 1939 में मुम्बई से अँगरेजी मासिक *'रेडियो सर्विसेस'*, *'इंडियन फार्मिंग'*, *'इंडियन जर्नल आफ फार्मेसी'*, *'इंडियन एवीकल्चरिस्ट'*, चेन्नै से *'इंडियन जर्नल आफ सर्जरी'* और दिल्ली से *'मेडिकल रिव्यू आफ रिव्यूज'*, *'जर्नल आफ स्टेटिक्स एण्ड गायनाकालॉजी'*, *'इंडियन जर्नल आफ एन्टोमॉलॉजी'*, *'इंश्योरेंस एण्ड बैंकिंग'* का प्रकाशन किया गया। ये अपने-अपने विषय क्षेत्र के मुखपत्र थे।

अग्रणी

गोवर्धन संस्था ने पुणे से 16 सितम्बर 1939 को मराठी साप्ताहिक *'अग्रणी'* का प्रकाशन किया। सम्पादक दा.न.शिखरे पहले 'केसरी' में पत्रकारिता का अनुभव प्राप्त कर चुके थे। कांग्रेस के समर्थन में यह पत्र निकाला गया था, लेकिन आर्थिक सहायता के अभाव में बीस पृष्ठों का यह साप्ताहिक एक वर्ष बाद 16 पृष्ठ का, फिर आठ पृष्ठ का और सन 1942 में चार पृष्ठ का रह गया। आर्थिक कठिनाइयों के बाद भी शिखरे ने 14 सितम्बर 1942 को 'अग्रणी' को दैनिक समाचारपत्र का स्वरूप दे दिया। अंततः आठ हजार रुपये का नुकसान उठाकर केवल दो माह बाद दैनिक बंद करना पड़ा। तभी आप्टे-गोडसे ने पाँच सौ रुपये देकर अस्पृश्यता निवारण के प्रचार के नाम पर दैनिक 'अग्रणी' शिखरे से ले लिया। लेकिन जब पत्र में कांग्रेस और

गांधीजी की निंदा होने लगी तब शिखरे ने पत्र का नाम बदलने के लिए कहा और, तब 1944 में 'हिन्दू राष्ट्र' के नाम से प्रकाशित होने लगा। 31 जनवरी 1948 को 'हिन्दू राष्ट्र' का अंतिम अंक निकला। तब संपादक नाथूराम गोडसे और संचालक नारायण आप्टे थे।

फरवरी 1939 में मराठी मासिक *'झारापखर'* का सम्पादन-प्रकाशन मुम्बई से क.रा. झारापखर ने किया। साधारण स्वरूप का साहित्यिक पत्र था। मराठी सासाहिक *'पूर्णिमा'* का प्रकाशन इसी वर्ष हुआ, परन्तु अल्पजीवी रहा। जलगाव से सन 1939 में 'सेवक' और 'हिन्दभूमि' दो मराठी सासाहिक पत्र प्रकाशित हुए। 'सेवक' नाम से ही मराठी सासाहिक अकोला से, महीने में तीन बार प्रकाशित होने वाला 'सेवक' मुम्बई से, और मराठी त्रैमासिक 'सेवक' अमरावती से प्रकाशित हुए।

सावंतवाडी से सन 1939 में त्र्यम्बक अन्नाजी उर्फ बप्पा धारणकर ने मराठी सासाहिक 'सत्यप्रकाश' का सम्पादन-प्रकाशन किया। 25 जुलाई 1983 तक अर्थात जीवनपर्यन्त लगभग 45 वर्ष तक उन्होंने यह अखबार निकाला। जनवरी 1939 में वि.दा.दाणी ने मराठी मासिक 'भालचन्द्र' का सम्पादन-प्रकाशन किया। मराठी मासिक पत्रिका 'वाङ्.मय शोभा' सन 1939 में पुणे से निकली। इस साहित्यिक पत्रिका के सम्पादक एम.एम.केलकर थे।

सन 1939 में अहमदनगर से मराठी सासाहिक *'संदेश'* प्रकाशित हुआ। इसके सम्पादक-प्रकाशक डी.आर.निसाल थे। कोल्हटकर के 'संदेश' से यह अलग प्रकाशन था। राष्ट्रवादी पत्र था। आकार 37 गुणित 25 से.मी., पृष्ठ संख्या आठ थी। सत्तर के दशक तक निकला।

रामभाऊ का. तटणीस ने जुलाई 1939में मराठी दैनिक *'नागरिक'* निकाला। डेढ़ वर्ष चलकर आर्थिक कठिनाई के चलते यह अखबार बन्द हो गया।

बी.एस. वेंकटराम ने बेंगलूरु से कन्नड सासाहिक *'देशबन्धु'* का सम्पादन-प्रकाशन सन 1939 में किया। कालान्तर में 'देशबन्धु' दैनिक समाचारपत्र हुआ। एन.एस.एस.शास्त्री ने भी 'देशबन्धु' का सम्पादन किया। इसी प्रकाशन गृह ने कन्नड मासिक *'छाया'* का भी प्रकाशन किया।

आर.पार्थसारथी ने सन 1939 में चेन्नै से तमिल सासाहिक *'जयहिन्द'* का सम्पादन-प्रकाशन किया। हुब्बली से कन्नड सासाहिक *'जयहिन्द'* का प्रकाशन हिन्द सेवा ट्रस्ट ने किया।

कोट्टायम से सन 1939 में मलयालम दैनिक *'पराध्वनि'* निकला। संस्थापक-सम्पादक सी.एम.केरुवेलिद थे। के.एम.चाको ने भी इस पत्र का सम्पादन किया। मुम्बई से सिन्धी साप्ताहिक *'हिन्दवासी'* सन 1939 में निकला। टेबलायड आकार में 24 पृष्ठ के इस सासाहिक का अच्छा प्रसार था। साठ के दशक में मानसिंह

चूहरमल सम्पादक-प्रकाशक बलराम वी.मोटवानी थे। गुरुमुखी दैनिक पत्र *'दलेरखालसा'* सन 1939 में दिल्ली से निकला। सरदार गुरुमुख सिंह सम्पादक-प्रकाशक थे। एक प्रति का मूल्य एक आना था।

सन 1939 में कोलकाता से बंगला दैनिक *'भारत'* का प्रकाशन माखनलाल सेन ने किया। इसी वर्ष कोलकाता से साहित्य और संस्कृति की त्रैमासिक बंगला पत्रिका *'चतुरंग'* प्रकाशित हुई। सम्पादक प्रो. हुमायूँ कबीर और प्रकाशक अताउर रहमान थे। सत्तर के दशक तक इस पत्रिका का प्रकाशन हुआ। बंगला मासिक पत्रिका *'नर-नारी'* इसी वर्ष कोलकाता से निकली। गृहस्थों की इस पत्रिका के सम्पादक एच.के. हालदार थे।

मानव धर्म की पैरोकार तेलुगु पत्रिका *'धर्मज्योति'* सन 1939 में प्रकाशरायुडु ने प्रकाशित की। तीन वर्ष चल कर पत्रिका बन्द हो गई। बारह साल के अन्तराल के बाद 'धर्मज्योति' का पुन:प्रकाशन हुआ।

नया हिन्दुस्तान

सन 1939 में इलाहाबाद से साप्ताहिक *'नया हिन्दुस्तान'* का प्रकाशन सज्जाद जहीर और शिवदानसिंह चौहान के सम्पादकत्व में हुआ। 'नया हिन्दुस्तान' का 17 सितम्बर 1939 का अंक फिरंगी हुकूमत ने प्रतिबंधित कर दिया था। बारह पृष्ठ के इस अंक में ज्यादातर लेख राष्ट्रीय और अन्तरराष्ट्रीय घटनाओं पर लिखे गए हैं। प्रथम पृष्ठ पर लखनऊ में सम्पन्न समाजवादी दल की राष्ट्रीय कार्यकारिणी की बैठक में जारी वक्तव्य प्रकाशित किया गया था। इसमें आह्वान था- इन्कलाबी हिम्मत और जोश से मुल्क को आंदोलन की तरफ ले चलो। याद रखो गैर कानूनी होने पर भी हमें कांग्रेस और दूसरी संस्थाओं के जरिये अपनी तहरीक चलाना है।"

सैलाना (रतलाम) से सौभाग्यमल खुराना ने सन 1939 में 'जीवन ज्योति' का प्रकाशन किया, परन्तु चल नहीं पाया। बृजभूषण मिश्र ने इलाहाबाद से हिन्दी मासिक *'जीवन सखा'* का सम्पादन किया। प्रकाशक बालेश्वरप्रसाद सिंह थे। प्राकृतिक चिकित्सा से सम्बन्धित पत्र था। वार्षिक शुल्क तीन रुपये था। एक दशक तक प्रकाशित हुआ। मई 1939 में शोलापुर से दैनिक *'दिग्विजय'* प्रकाशित हुआ। 35 गुणित 30 से.मी. आकार का आठ पृष्ठों का पत्र था। सम्पादक रामदेव शास्त्री और त्रिलोकचंद्र शास्त्री थे।

गढ़वाल से 19 फरवरी 1939 को हिन्दी साप्ताहिक *'कर्मभूमि'*[1] का प्रकाशन भक्तदर्शन और भैरोदत्त धूलिया के सम्पादकत्व में हुआ। समसामयिक समस्याओं पर समाचार और लेख आदि का प्रकाशन करता था। गढ़वाल से सम्बन्धित विषयों

---

1. सरस्वती, 1939, संख्या 5, पृष्ठ 506

को प्रमुखता दी जाती थी। वार्षिक शुल्क तीन रुपये आठ आना था। उदयपुर से हिन्दी मासिक *'उदय'* का प्रकाशन उदय संकीर्तन सभा ने सन 1939 में किया। सम्पादक विश्वेश्वर थे।

सत्यकेतु विद्यालंकार के सम्पादकत्व में इतिहास सदन नईदिल्ली से फरवरी 1939 में हिन्दी मासिक *'देश-विदेश'* का प्रकाशन आरंभ हुआ। इस सुसम्पादित पत्र में राष्ट्रीय एवं अंतरराष्ट्रीय राजनीति तथा अन्यान्य विषयों पर लेखादि प्रकाशित किए जाते थे। वार्षिक शुल्क डेढ़ रुपया था। इसी वर्ष आगरा से बच्चों की मासिक पत्रिका *'झुनझुना'* प्रकाशित हुई। इस सचित्र पत्रिका में मनोरंजक और शिक्षाप्रद सामग्री प्रकाशित की जाती थी। वार्षिक शुल्क दो रुपये था। हिन्दी मासिक *'प्रगति'* का प्रकाशन सन 1939 में लखनऊ से हुआ। सम्पादक सुरेन्द्र बालूपुरी थे। वार्षिक शुल्क डेढ़ रुपये था। मुरादाबाद से जगदीश एम.ए.तथा लक्ष्मण त्रिपाठी के सम्पादन में अक्टूबर 1939 में हिन्दी मासिक *'प्रदीप'* का प्रकाशन हुआ। यह राजनीतिक पत्र था। वार्षिक शुल्क चार रुपये था।

सन 1939 में बस्तर रियासत की ओर से चार पृष्ठों के *'बस्तर समाचार'* का प्रकाशन हुआ। ग्रियर्सन हाईस्कूल के हेडमास्टर एम.एन.देव सम्पादक थे। एक प्रति का मूल्य दो पैसे था। बाद में गणेश पाध्ये सम्पादक हुए। स्थानीय समाचारों के साथ-साथ रेडियो से लेकर समाचार प्रकाशित किए जाते थे। जुलाई 1939 में मुरादाबाद से हिन्दी मासिक *'विश्व शांति'* निकला। वार्षिक शुल्क तीन रुपये, पृष्ठ संख्या 60 थी। यह अल्पजीवी रहा।

नवम्बर 1939 में काशी से हिन्दी मासिक *'सन्मार्ग'* का प्रकाशन विजयानंद त्रिपाठी के सम्पादकत्व में हुआ। धर्म संघ के तत्वावधान में स्वामी करपात्री की प्रेरणा से इसका प्रकाशन हुआ था। सन 1946 में 'सन्मार्ग' दैनिक पत्र के रूप में काशी से निकला। गंगाशंकर मिश्र, दुर्गादत्त त्रिपाठी, गोविन्द नरहरि, पारसनाथ सिंह आदि ने सम्पादन किया। सन 1951 में दैनिक 'सन्मार्ग' का कोलकाता संस्करण प्रकाशित हुआ। रमेशकुमार खेतान प्रकाशक और रामावतार गुप्त संपादक थे। यह समाचारपत्र अभी भी प्रकाशित हो रहा है। काशी संस्करण 1964 में बंद हो गया। दिल्ली से भी दैनिक 'सन्मार्ग' का संस्करण प्रकाशित हुआ था। किन्तु ज्यादा दिनों तक नहीं चला। सन 1939 में राष्ट्रभाषा प्रचार समिति वर्धा ने हिन्दी मासिक पत्रिका *'सबकी बोली'* प्रकाशित की। संपादक काका कालेलकर और प्रकाशक श्रीमन्नारायण अग्रवाल थे। वार्षिक शुल्क एक रुपया चार आना था।

सन 1939 में *'चित्रप्रकाश'* नामक हिन्दी की मासिक फिल्म पत्रिका दिल्ली

से प्रकाशित हुई। वार्षिक शुल्क तीन रुपये आठ आना था।

मास्टर लालसिंह ने किसान सेवा संघ इछावर के तत्वावधान में हिन्दी पाक्षिक पत्रिका *'किसान'* का संपादन-प्रकाशन किया। ग्रामीण जनता की जाग्रति और उनकी समस्याओं को प्रकट करने के लिए यह अखबार निकाला गया था। पृष्ठ संख्या 10 और एक प्रति का मूल्य दो पैसे था। बांकीपुर (पटना) से हिन्दी मासिक *'मेल मिलाप'* 1939 में प्रकाशित हुआ। सम्पादक जगतनारायण थे। चांद कार्यालय प्रयाग से हिन्दी मासिक *'कथा'* का सम्पादन-प्रकाशन नंदगोपाल सहगल ने किया।

साधना

नवम्बर 1939 में आगरा से साहित्यिक मासिक पत्रिका *'साधना'* का प्रकाशन हरिशंकर शर्मा के सम्पादकत्व में हुआ। रंगीन तथा सादे चित्रों से सुसज्जित 'साधना' में साहित्य के साथ-साथ संस्कृति और सामयिक विषयों पर लेखादि प्रकाशित किए जाते थे। कविताएँ और गीत के साथ-साथ बच्चों के लिए मनोरंजक और शिक्षाप्रद सामग्री प्रकाशित की जाती थी। 'साधना' के 'विनोद वार्ता' शीर्षक स्तंभ में शिष्ट हास्य प्रस्तुत किया जाता था। पत्रिका का वार्षिक शुल्क तीन रुपये था। प्रो. सत्येन्द्र के सम्पादन में 'साधना' का परिचयांक संग्रहणीय निकला था। इसमें हिन्दी लेखकों और हिन्दी पत्रों का परिचय, साक्षात्कार तथा आपबीती का प्रकाशन किया गया था। सन 1942 में 'साधना' के संपादक प्रवासीलाल वर्मा बने। उनके संपादन काल में 'साधना' के स्वरूप में और निखार आया।

7 सितम्बर 1939 को झांसी से जगदीशनारायण रूसिया ने हिन्दी साप्ताहिक *'स्वतंत्र'* का संपादन-प्रकाशन किया। वार्षिक शुल्क दो रुपये और पृष्ठ संख्या 20 थी। समाचार और सामयिक विषयों पर लेख प्रकाशित किए जाते थे। बनारसीदत्त शर्मा, अयोध्या प्रसाद अचल, पूर्णचंद गुप्त भी संपादक रहे।

विश्वबंधु

गोपालप्रसाद सिंह के सम्पादकत्व में कोलकाता से हिन्दी दैनिक *'विश्वबंधु'* का प्रकाशन हुआ। आकार 56 गुणित 43 से.मी. था। बृजकिशोर सिंह भी 'विश्वबंधु' के सम्पादक रहे। इसी नाम का हिन्दी साप्ताहिक 1941 में सुल्तानपुर से निकला। 60 के दशक तक 'विश्वबंधु' का प्रकाशन हुआ।

क्रांति

नेशनल प्रेस कानपुर से राजाराम शास्त्री के सम्पादकत्व में हिन्दी मासिक पत्रिका *'क्रांति'* का प्रकाशन हुआ। इसके शीर्ष पर नाम के नीचे उद्घोष छापा जाता था- "क्रांति ही आजादी का सच्चा मार्ग है।" 'क्रांति' के सितम्बर और अक्टूबर 1939 के दो अंकों पर फिरंगी हुकूमत ने प्रतिबंध लगा दिया था। सितम्बर 1939 के अंक में पहले पृष्ठ पर श्यामबिहारी शुक्ल तरल की कविता 'क्रांति आगमन'

प्रकाशित हुई थी। इसकी पंक्तियाँ-

अंतरिक्ष से अमर शहीदों की पुकार यह आई।
ओ अतृप्त! ओ चिर दीवानो। अब क्यों देर लगाई?
आज भरा है प्रबल क्रांति से जग का कोना-कोना।
ओ अवसरवादी। ये अवसर आज व्यर्थ मत खोना।'

इस पत्रिका के हर लेख और कविता में क्रांति का स्वर मुखर हुआ है।

आगरा से स्वामी परमानंद के संरक्षण में हिन्दी साप्ताहिक *'आर्य संदेश'* प्रकाशित हुआ। सम्पादक हरिशंकर शर्मा थे। यह 6 माह तक निकला।

अप्रैल 1939 में गोविन्द शास्त्री दुग्वेकर के सम्पादकत्व में हिन्दी मासिक *'गृहस्थ'* का प्रकाशन वाराणसी से हुआ। सामाजिक और राजनीतिक विषयों पर त्रैमासिक लेखों के अलावा अच्छी कहानियाँ प्रकाशित होती थीं। इस सुसम्पादित पत्र की व्यंग्य लेखमाला 'झब्बूशाही' चर्चित रही थी। वार्षिक शुल्क एक रुपया आठ आना था। कोलकाता से कृषक प्रजा पार्टी का मुखपत्र *'कृषक'* सन 1939 में निकला। प्रो. हुमायूँ कबीर का सक्रिय सहयेाग 'कृषक' को प्राप्त था। किसानों के हित की मुखर अभिव्यक्ति के कारण बंगाल के किसानों में यह दैनिक पत्र काफी लोकप्रिय था। इसी वर्ष दुर्ग से 'कांग्रेस पत्रिका' निकली जो कुछ अंकों के बाद बंद हो गई।

चन्द्रोदय

नवम्बर 1939 में दुर्गा प्रेस जम्मू से शामसुन्दर भान ने हिन्दी साप्ताहिक *'चन्द्रोदय'* का प्रकाशन किया। सम्पादक पृथ्वीनाथ पुष्प और दीनानाथ दीन थे। दुर्गाप्रसाद काचरू और नंदलाल चौधरी की सक्रिय भूमिका थी। पृष्ठ संख्या चार और वार्षिक शुल्क दो रुपये था। 'चन्द्रोदय' के प्रकाशन का उद्‌देश्य स्पष्ट करते हुए प्रवेशांक में लिखा गया- "ऐसे हालात में जबकि कश्मीर में हिन्दी को पुनर्जीवन मिल रहा है, यह आवश्यक था कि हिन्दी जगत के मत को प्रकट करने के लिए कोई पत्र हो। 'चन्द्रोदय' इस कंटीले पथ पर सबसे पहले पदार्पण करता है। इसका उद्‌देश्य हिन्दी प्रचार, समाज सुधार, हिन्दुत्व की रक्षा, प्रतिक्रियावाद का तिरस्कार तथा राज्य के प्रति युक्ति संगत और उचित तौर पर अटल श्रद्धा का भाव रखते हुए नागरिकता का प्रचार होगा। यह साम्प्रदायिकता और जातिवाद के दलदल से दूर ही रहेगा।" समय प्रवाह, महिला समाज, स्वास्थ्य चर्चा तथा बाल बाटिका, 'चन्द्रोदय' के स्थायी स्तंभ थे। 'चन्द्रोदय' जम्मू-कश्मीर में भाषा सम्बन्धी वर्धा योजना लागू करने का पक्षधर था, जिसमें हिन्दी और उर्दू दोनों भाषाओं का पठन-पाठन अनिवार्य करने की राय दी गई थी। एक अच्छा साप्ताहिक पत्र होने के बाद भी चन्द्रोदय आठ माह ही निकल पाया।

'चन्द्रोदय' से ही इस तथ्य की पुष्टि होती है कि जम्मू कश्मीर से हिन्दी का पहला पत्र *'जम्मू प्रकाश'* सन 1885 में निकला था और दुर्गाप्रसाद मिश्र उसके सम्पादक बनाए गए थे। यह प्रयोग अल्पजीवी रहा। फिर सन 1932 में जम्मू से बंशीलाल सूरी ने हिन्दी मासिक पत्रिका *'वसुधा'* निकाली जिसके केवल तीन अंक प्रकाशित हो पाए। सन 1935 में जम्मू से ही हिन्दी मासिक पत्रिका *'दीपक'* का सम्पादन-प्रकाशन हरदत्त शास्त्री ने किया। इस पत्रिका में पंजाब विश्वविद्यालय के हिन्दी परीक्षार्थियों के लिए उपयोगी सामग्री का प्रकाशन होने लगा था। किन्तु 'दीपक' भी अधिक समय तक प्रकाशमान नहीं रह सका।

भारतीय विद्या

मुम्बई से सन 1939 में अँगरेजी की अर्द्धवार्षिक पत्रिका *'भारतीय विद्या'* का प्रकाशन भारतीय विद्या भवन ने किया। सम्पादक मणिभाई पटेल थे। सम्पादक मण्डल में कन्हैयालाल माणिकलाल मुंशी, दीवानबहादुर के.एम.झबेरी, मुनि जिनविजय और मणिभाई पटेल सम्मिलित थे। भारतीय विद्या भवन की हिन्दी और गुजराती त्रैमासिक पत्रिकाओं का सम्पादन सुप्रसिद्ध विद्वान मुनि जिनविजय करते थे। विविध विषयों की यह पत्रिका भारत, भारतीय दर्शन और अध्यात्म की अद्वितीय पत्रिका थी। इसका स्तर शोध पत्रिका की तरह गहन-गंभीर रहता था।

सन 1939 में असम के पहले हिन्दी साप्ताहिक *'नवजागृति'* का प्रकाशन डिब्रूगढ से हुआ। पन्नालाल राजपुरोहित इस पत्र के सम्पादक थे। यह पत्र डेढ़ वर्ष तक निकला।

सितम्बर 1939 से हिन्दी मासिक पत्रिका *'सतयुग'* का प्रकाशन सत्यभक्त के सम्पादकत्व में इलाहाबाद से हुआ। पृष्ठ संख्या 80, आकार 18 गुणित 12 से.मी. और वार्षिक शुल्क दो रुपये आठ आना था।

अमृतसर से जुलाई 1939 में हिन्दी मासिक पत्रिका *'प्रीतलड़ी'* का प्रकाशन हुआ। 25 गुणित 18 से.मी. आकार की 64 पृष्ठ की इस पत्रिका के संपादक गुरुबख्श सिंह थे। संत निहाल सिंह जैसे प्रतिष्ठित पत्रकार इस पत्रिका के लिए लेख भेजते थे। स्वयं संपादक के लेख और टिप्पणियाँ गंभीर रहते थे। एक प्रति का मूल्य छह आना था।

नया अदब

कृष्ण चंदर, ख्वाजा अहमद अब्बास, अली सरदार जाफरी और कैफी आजमी के सम्पादकत्व में मुम्बई से सन 1939 में उर्दू मासिक पत्रिका *'नया अदब'* का प्रकाशन हुआ। यह प्रगतिशील लेखकों की मुखपत्रिका थी। पृष्ठ संख्या 108 और वार्षिक शुल्क बीस रुपये था। आरम्भ में इसका प्रकाशन अनियमित रहा, किन्तु अप्रैल 1947 से नियमित हो गई। रूढ़िवादी साहित्य और विचारों की

आलोचना की जाती थी। उर्दू भाषा के विकास और अन्य विधाओं की जानकारी दी जाती थी। साहित्य समीक्षा तथा फिल्मी दुनिया पर भी लेख प्रकाशित किए जाते थे। देश की स्वतंत्रता और हिन्दू-मुस्लिम एकता की समर्थक पत्रिका थी।

शमा

उर्दू मासिक *'शमा'* का प्रकाशन यूसुफ देहलवी ने सन 1939 में दिल्ली से किया। 100 पृष्ठों की इस पत्रिका का वार्षिक शुल्क छह रुपये था। साहित्य और फिल्मों पर केन्द्रित इस सचित्र पत्रिका में सिने कलाकारों के चित्र, शब्द पहेली और कार्टून भी प्रकाशित किए जाते थे। पाठकों के लिए कई तरह के पुरस्कारों की योजना करती थी। इसके नियमित स्तम्भों में अधिकतर फिल्मी दुनिया पर केन्द्रित थे। कहानियाँ और गजलें भी प्रकाशित की जाती थीं। छह दशक तक प्रकाशित होने के बाद *'शमा'* बुझ गई।

स्यालकोट से उर्दू मासिक *'इकबाल'* का प्रकाशन सन 1939 में हुआ। प्रकाशक चौधरी मुहम्मद सलीम और सम्पादक गुलाम सरवर फिगार थे। अल्लामा इकबाल की जन्मभूमि से उन्हीं की स्मृति में कायम इकबाल अकादमी ने इसका प्रकाशन किया था।

मुम्बई से सन 1939 में उर्दू साप्ताहिक *'आईना'* का प्रकाशन मोहम्मद हुसैन 'रखशाँ' ने किया। सम्पादक मण्डल में जाकिर हुसैन फारुकी, नादिम सीतापुरी, शरीफ कुटी सम्मिलित थे। यह साहित्यिक पत्रिका कुछ ही दिनों बाद बन्द हो गई। नौ साल बाद इसका पुनः प्रकाशन जोए अंसारी के सम्पादन में हुआ।

अप्रैल 1939 में भोपाल से महिलाओं के चहुँमुखी विकास के उद्देश्य से सरवरजहाँ और अनवरजहाँ के सम्पादन में उर्दू मासिक पत्रिका *'आफताब-ए-निस्वाँ'* का प्रकाशन हुआ। भोपाल से ही उर्दू साप्ताहिक *'एहतिजाज'* निकला। सम्पादक मौलाना तर्जी मशरिकी थे। अंजुमन इस्लामिया हाईस्कूल जबलपुर की त्रैमासिक उर्दू पत्रिका *'अंजुमन मैगजीन'* सन 1939 में प्रकाशित हुई। विद्यार्थियों का ज्ञान बढ़ाने और लेखन में रुचि जाग्रत करने के लिए यह पत्रिका निकाली गई थी। दिल्ली से आगा सरखुश कजलवाश ने उर्दू मासिक पत्रिका *'चमनिस्तान'* का सम्पादन-प्रकाशन किया। पृष्ठ संख्या 80 और वार्षिक शुल्क चार रुपये था। अर्द्ध साप्ताहिक पत्रिका *'जवान'* दिल्ली से सन 1939 में निकली। मंगलवार और शुक्रवार को प्रकाशित होती थी। उर्दू के अलावा हिन्दी, पंजाबी, मराठी और तमिल भाषा की सामग्री भी छपती थी।

याह्या अली खाँ ने सन 1939 में दिल्ली से उर्दू साप्ताहिक *'जोर'* का सम्पादन-प्रकाशन किया। अर्द्ध साप्ताहिक *'जमजम'* लाहौर से अबू सईद बज्मी के सम्पादन में निकला। देश-विदेश की खबरें, इस्लाम पर लेख तथा तबलीगी जमात

की गतिविधियाँ प्रकाशित की जाती थीं। पृष्ठ संख्या छह और वार्षिक शुल्क आठ रुपये था। उर्दू दैनिक *'डेली चांद'* जम्मू से सन 1939 में निकला। एन.डी.नरगिस सम्पादक थे। सीहोर से 26 मई 1939 को उर्दू साप्ताहिक *'नुमाइन्दा'* का प्रकाशन अजमत भोपाली और इमरान अंसारी ने किया। राजनीतिक पत्र था। मानहानि के मुकदमे में फँसकर इसका प्रकाशन बन्द हो गया। इसी वर्ष भोपाल से उर्दू अखबार *'परचम'* भी प्रकाशित हुआ। लम्बे अन्तराल तक बन्द रहकर सितम्बर 1947 में *'परचम'* का नये सिरे से प्रकाशन जी.एम.नगमी और आजाद नकवी के सम्पादन में हुआ। जनता के अधिकारों और आजादी का पक्षधर था।

'सुबह वतन सानी' का प्रकाशन बन्द होने पर कुद्दूस सहबाई ने जुलाई 1939 में उर्दू साप्ताहिक *'रियासत'* निकाला। इसी नाम के दूसरे साप्ताहिक का सन 1947 में काजी मजहरउद्दीन ने सम्पादन-प्रकाशन किया। यह मुस्लिम लीग का पत्र था। अर्द्ध साप्ताहिक *'सदा-ए-मुस्लिम'* का प्रकाशन 31 मार्च 1939 को जबलपुर से ताजउद्दीन ने किया। सम्पादक हबीबउल्ला 'इश्की' थे। आकार 40 गुणित 30 से.मी. और वार्षिक शुल्क पाँच रुपये था। मुस्लिम लीग का समर्थक पत्र था। हैदराबाद से उर्दू मासिक *'हिन्दुस्तानी अदब'* प्रकाशित हुआ। उर्दू भाषा और लिपि को सरल एवं लोकप्रिय बनाना इसका उद्देश्य था। गया से उर्दू मासिक *'सुहैल'* का सम्पादन-प्रकाशन मोहम्मद इदरीस और सालिक लखनवी ने किया। उर्दू साहित्य की इस पत्रिका की सम्पादकीय टिप्पणियाँ प्रायः गैर-साहित्यिक विषयों पर होती थीं। सन 1989 में इस दीर्घजीवी पत्रिका का सम्पादन मसूद मंजर और जमील मंजर करने लगे।

दिल्ली से सन 1939 में जगन्नाथ शर्मा 'रत्नाकर' ने उर्दू मासिक पत्रिका *'विज्ञान'* का सम्पादन-प्रकाशन किया। इस पत्रिका की एक प्रति का मूल्य एक रुपया और वार्षिक शुल्क छह रुपये था। यह अध्यात्म और दर्शन की पत्रिका थी।

काशी से उर्दू की साहित्यिक मासिक पत्रिका *'इजतराब'* सन 1939 में प्रकाशित हुई। संचालक 'जिगर' मुरादाबादी और सम्पादक मसूद अख्तर जमाल थे। विश्वकवि रवीन्द्रनाथ टैगोर पर केन्द्रित 'इजतराब' का विशेषांक चर्चा और सराहना का विषय बना था।

जनपदों की महत्ता

1940

मधुकर

बुन्देलखण्ड के कुण्डेश्वर (टीकमगढ़) से अक्टूबर 1940 में प्रकाशित हिन्दी पाक्षिक *'मधुकर'* के सम्पादक बनारसीदास चतुर्वेदी थे। सन 1946 तक प्रकाशित होने वाले इस पत्र ने हिन्दी साहित्य में जनपदीय आन्दोलन को प्रतिष्ठित किया। इसने आंचलिक साहित्य और साहित्यकारों को मान्यता और महत्व दिया, जो प्राय: अलक्षित और उपेक्षित रह जाते थे। हिन्दी साहित्य सम्मेलन के हरिद्वार अधिवेशन में जनपदों की साहित्यिक-सांस्कृतिक महत्ता को सार्वजनिक स्वीकृति प्रदान की गई। एक तरह से यह साहित्य जगत में विकेन्द्रीकरण का आन्दोलन बना।

'मधुकर' के प्रकाशन का एक वर्ष पूरा होने पर 'विशाल भारत' ने समीक्षात्मक टिप्पणी लिखी- "यद्यपि 'मधुकर' का क्षेत्र मुख्यत: बुन्देलखण्ड है, तो भी उसके पिछले इक्कीस अंकों से हमारी धारणा तो यह है कि सांस्कृतिक, साहित्यिक और उपयोगिता की दृष्टि से 'मधुकर' हिन्दी में अपने ढंग का निराला ही समाचारपत्र है। इस दृष्टि से 'मधुकर' का क्षेत्र काफी व्यापक है। सम्पादन-कला की दृष्टि से 'मधुकर' बहुत ही अच्छा है। जीवन से सम्बन्ध रखने वाली समस्याओं पर नपे-तुले शब्दों और सरल-सुबोध भाषा में उसमें छोटे-छोटे लेख रहते हैं। कोई भी फालतू चीज उसमें नहीं रहती। कविताओं और लेखों का चुनाव भी 'मधुकर' में बहुत अच्छा होता है। 'आह', 'ऊह' और 'अनन्त की खोज' के कलुषित विचार प्रकट करने वाली कविताएँ भी उसमें नहीं हैं। यात्राओं, साहसिक घटनाओं और लोगों के दुख-दर्दों को मिटाने वाले साहित्य पर 'मधुकर' में बहुत कुछ रहता है। सबसे अच्छी बात है 'मधुकर' में सम्पादक महोदय द्वारा साहित्यिक भद्रता का निर्वाह।"[1]

1. विशाल भारत, अक्टूबर 1941, पृष्ठ संख्या 410

बुन्देलखंड में साहित्यिक वातावरण के विकास, लेखकों-पत्रकारों की नई पीढ़ी के निर्माण और समग्रत: रचनात्मक संस्कार और लोकचेतना के प्रसार में 'मधुकर' ने महत्वपूर्ण भूमिका का निर्वाह किया।

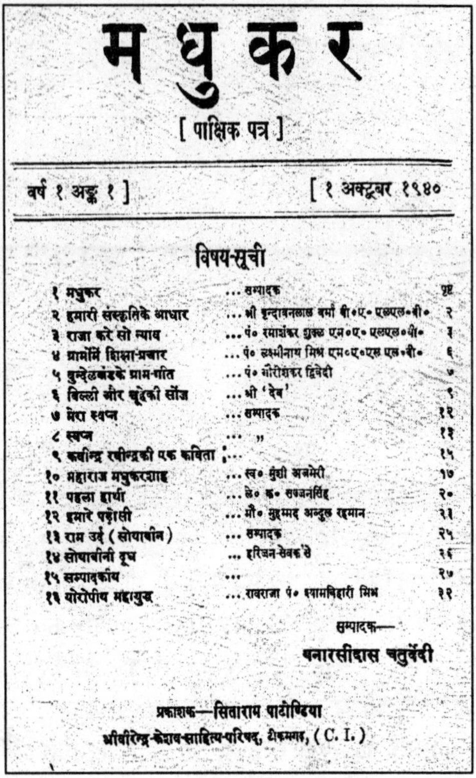

मधुकर

[पाक्षिक पत्र]

वर्ष १ अङ्क १] [१ अक्टूबर १९४०

विषय-सूची

सम्पादक—
बनारसीदास चतुर्वेदी

प्रकाशक—सिताराम पाटोडिया
श्रीवीरेन्द्र-केशव-साहित्य-परिषद्, टीकमगढ़, (C. I.)

मधुकर

'मधुकर' में सम्पादकीय टिप्पणियाँ एकाधिक विषयों/प्रसंगों पर लिखी जाती थीं। पहले साल के तीसरे अंक में एक टिप्पणी का शीर्षक है, 'रामउर्द की महिमा'।[1] इस टिप्पणी में 'लीडर' को उद्धृत करते हुए लिखा गया है, "जर्मनी के रूमानिया पर आक्रमण करने का एक महत्वपूर्ण कारण यह भी है कि रूमानिया में रामउर्द (सोयाबीन) की उपज खूब होती है। जर्मनी ने रूमानिया के किसानों को रुपये देकर सोयाबीन की खेती कराई है और सोयाबीन के भरोसे ही जर्मनी इस युद्ध को लड़ रहा है।....... भारत सरकार का कर्तव्य है कि यहाँ के किसानों को आर्थिक सहायता देकर रामउर्द की खेती करावे। टीकमगढ़ के फार्म पर सैकड़ों मन रामउर्द पैदा किया भी गया था और यहाँ की भूमि इसके उपयुक्त है। यदि अभी से उद्योग किया जाय तो अगले वर्ष यहाँ रामउर्द की अच्छी फसल हो सकती है। पर मुख्य प्रश्न है उसकी बिक्री का। इसके साथ ही साथ किसानों को उसका उपयोग भी बतलाना चाहिए।"

'मधुकर' ने ग्राम साहित्य के संग्रह, आंचलिक साहित्यकारों को प्रोत्साहन जैसे कार्य तो किए ही आंचलिक भाषाओं/बोलियों के शब्द संग्रह का महत्वपूर्ण कार्य भी किया। बुन्देलखण्डी शब्द संग्रह नाथूराम प्रेमी, शिवसहाय चतुर्वेदी

1. मधुकर, 1 नवम्बर 1940

प्रभृति विद्वानों से कराया गया। 'मधुकर' ने अपने लेखकों और पत्रकारों को प्रेरित किया कि "जिन विषयों का जीवन से घनिष्ठ सम्बन्ध है उनको हम सबसे ऊपर स्थान देते हैं। हँसी मजाक और मनोरंजन को अत्यन्त आवश्यक मानते हुए भी हम उसे पापड़ या चटनी की तरह ही समझते हैं। आचार्य क्षितिमोहन सेन, हजारीप्रसाद द्विवेदी, वृन्दावनलाल वर्मा, वासुदेवशरण अग्रवाल, डा. श्यामबिहारी मिश्र, मैथिलीशरण गुप्त, यशपाल आदि विद्वानों ने 'मधुकर' में खूब लिखा। समकालीन पत्र-पत्रिकाओं ने 'मधुकर' के उद्देश्य, विषयवस्तु और सुसम्पादन की मुक्तकंठ से प्रशंसा की। 25 गुणित 16 से.मी. आकार के 36 पृष्ठ के इस पत्र का वार्षिक शुल्क दो रुपये था। 1946 में 'मधुकर' पाक्षिक से मासिक हुआ और उसी वर्ष बंद भी हो गया।

दीदी

इलाहाबाद से प्रकाशित पत्रिकाओं में *'दीदी'* का नाम महत्त्वपूर्ण है। इसका प्रकाशन दिसम्बर 1940 में हुआ। आजादी के एक दशक बाद तक यह मासिक पत्रिका प्रकाशित हुई। ठाकुर श्रीनाथ सिंह आद्य संपादक थे। बाद में उनका नाम प्रबंध संपादक के रूप में छपने लगा और सम्पादक यशोवती तिवारी हो गईं। प्रवेशांक में श्रीनाथ सिंह ने पत्रिका का ध्येय स्पष्ट किया- "दीदी' को हम वह दर्पण बनाना चाहते हैं जिसमें हमारी भारतीय बहनें अपने वास्तविक स्वरूप को ठीक-ठीक देख सकें। स्त्री जीवन का हम एक ध्येय मानते हैं- राष्ट्र में प्राण फूँकना। इस ध्येय की ओर बढ़ने में दीदी प्रत्येक स्त्री की सहायता करेगी। अगर कोई स्त्री स्वादिष्ट भोजन बनाती है, अपने परिवार को प्रेम से खिलाती है, अपने बच्चों को स्वस्थ, चरित्रवान और प्रसन्न रखती है, अपने पति का दुख-सुख में हाथ बँटाती है, अपने घर को साफ-सुथरा और प्रकाशमान रखती है, उसकी चितवन मात्र परिवार भर की उदासी हर लेती है, जरूरत पड़ने पर वह उन सब कार्यों को भी कर सकती है, जो मर्दों के कहे जाते हैं, अपने स्वास्थ्य, सौंदर्य और यौवन की रक्षा करती है, अपने प्रेम को निष्कलंक, अपने हृदय को उदार और अपने मस्तक को स्वाभिमान से ऊँचा रखती है तो वह आदर्श स्त्री है। उसी आदर्श के लिए निरन्तर लड़ते रहना 'दीदी' का एकमात्र ध्येय होगा।

"दीदी पृथ्वी की सहिष्णुता, अग्नि का तेज, फूल की मुस्कान, कोयल की वाणी और माता का हृदय बनकर भारत के घर-घर, ग्राम-ग्राम और नगर-नगर में छा जाने के लिए निकली है। उसके मार्ग को कौन रोक सकता है।"- श्रीनाथ सिंह

'दीदी' का नाम काफी सोच-विचार कर रखा गया था। प्रवेशांक के अपने विचार स्तम्भ में लिखा गया- "जिन आदर्शों को लेकर हम यह पत्रिका निकाल रहे हैं उनको व्यक्त करने के लिए 'दीदी' से बढ़कर और कोई शब्द नहीं हो सकता।

इस शब्द के उच्चारण मात्र से सेवा, त्याग और प्रेम की एक अद्‌भुत तस्वीर हमारे सामने आ खड़ी होती है।"

'दीदी' के स्तम्भ रोचक और उद्‌देश्यपूर्ण होते थे। विविध समाचार स्तम्भ में स्त्रियों से जुड़े देश-विदेश के रोचक समाचार होते थे। प्रश्न पिटारी में गृहस्थ जीवन में रोजमर्रा उठने वाले प्रश्नों के उत्तर तथा महिलाओं की स्वास्थ्य समस्याओं आदि से जुड़े प्रश्नों के उत्तर प्रकाशित किए जाते थे। साहित्य जगत, साहित्य चर्चा अथवा नई किताबें स्तम्भ में हिन्दी के ग्रंथों तथा ग्रंथकारों की चर्चा और नवप्रकाशित पुस्तकों की समीक्षा होती थी। अपने विचार और अपनी बात में छोटी-छोटी सम्पादकीय टिप्पणियाँ होती थीं।

'दीदी' में श्वेत-श्याम तथा रंगीन दोनों तरह की तस्वीरें और रेखाचित्र भी होते थे। पहले पृष्ठ पर सबसे ऊपर बैनर के साथ ही भोजन बनाती माँ और पास में फुलझड़ी छुड़ाती हुई एक बच्ची का अर्थपूर्ण और लुभावना चित्र हर अंक में प्रकाशित किया जाता था। प्रारम्भ में इसका मूल्य प्रति अंक तीन आना और वार्षिक शुल्क दो रुपये था। जनवरी 1948 से पृष्ठों की संख्या लगभग दोगुनी तथा मूल्य प्रति अंक आठ आना और वार्षिक शुल्क छः रुपये कर दिया गया।

महत्वपूर्ण अवसरों पर 'दीदी' ने कई विशेषांक निकाले। 'दीदी' के लिए सबसे त्रासद स्थिति यह रही कि बढ़ती हुई लोकप्रियता की स्थिति में सन 1956 में दीदी का प्रकाशन बंद कर देना पड़ा।

हिन्दुस्तानी

हिन्दुस्तानी एकेडेमी इलाहाबाद ने जनवरी 1940 में त्रैमासिक शोध पत्रिका *'हिन्दुस्तानी'* का प्रकाशन किया। आद्य सम्पादक रामचन्द्र टंडन थे। उनके बाद डा. माताप्रसाद गुप्त, बालकृष्ण राव, हरदेव बाहरी, ब्रजेश्वर वर्मा, डा. रामकुमार वर्मा, डा. जगदीश गुप्त, राजकमल राय, डा. मालती सिंह, हरिमोहन मालवीय सम्पादक हुए। सम्प्रति कैलाश गौतम सम्पादक हैं। हिन्दुस्तानी के प्रेमचन्द, निराला, राहुल सांकृत्यायन, फिराक, सुमित्रानन्दन पन्त, जैनेन्द्र कुमार पर केन्द्रित विशेषांक तथा नाट्‌य समीक्षा अंक, लोक साहित्य अंक, भाषा विज्ञान अंक चर्चित रहे हैं। वर्तमान में इसका वार्षिक शुल्क 120 रु. तथा एक अंक की कीमत 30 रुपये है।

आगरा से गणपतिचन्द्र केला ने सन 1940 में हिन्दी दैनिक पत्र *'उजाला'* का सम्पादन-प्रकाशन किया। इसकी पृष्ठ संख्या चार और एक प्रति का मूल्य एक आना था। उजाला से सम्बद्ध रहे डोरीलाल अग्रवाल ने बाद में 'अमर उजाला' शीर्षक से दैनिक समाचारपत्र का प्रकाशन किया जो वर्तमान में हिन्दी का बहुसंस्करण और बहुप्रसार संख्या वाला प्रतिष्ठित अखबार है। दैनिक 'उजाला' का प्रकाशन जारी है।

आरती

अगस्त 1940 में सच्चिदानंद हीरानंद वात्स्यायन और प्रफुल्लचन्द्र ओझा के सम्पादकत्व में पटना से हिन्दी मासिक पत्रिका *'आरती'* का प्रकाशन हुआ। प्रबुद्ध सम्पादकद्वय ने 'आरती' के लिए निम्नानुसार विषयों का दायरा चुना था- विश्व की विविध प्रवृत्तियों का परिचय, साहित्यिक, सामाजिक और राजनीतिक विषयों पर नवीनतम विचार, ओजपूर्ण कहानियाँ और कविताएँ, संसार के महापुरुषों के उत्कृष्ट शब्द चित्र, उत्पीड़ित मानवता की विद्रोहपूर्ण हुंकार तथा गंभीर और प्रभावशाली टिप्पणियाँ। 'आरती' का वार्षिक शुल्क पाँच रुपये और एक प्रति का मूल्य सात आना था। 'आरती' के जनवरी 1942 के अंक में सम्पादक ने लिखा- "जब विशेषांक के लिए कागज ढूँढ़ने के लिए दर-दर की खाक छानने पर भी हमें एक रीम तक कागज न मिल सका तो कुछ देर के लिए तो हमारा स्वप्न टूटता-सा दिखा, लगा कि अगर 'आरती' साल भर तक पैसों के अभाव में नहीं बंद हो सकी तो अब कागज के अभाव में उसका बुझ जाना निश्चित-सा हो गया है।" डेढ़ वर्ष में ही आर्थिक संकट और कागज के अभाव में 'आरती' बंद हो गई।

स्वाधीनता

करेली (नरसिंहपुर) से सन 1940 में सुन्दरलाल श्रीधर के सम्पादकत्व में *'स्वाधीनता'* नामक पाक्षिक बुलेटिन निकला। गोविन्दप्रसाद नामदेव और रमाकान्त पस्टारिया सहयोगी थे। डिस्ट्रिक्ट कौंसिल के शिक्षकों के माध्यम से यह जिले के विभिन्न स्थानों पर भेजा जाता था। इस बुलेटिन का ध्येय स्वतंत्रता संग्राम सम्बंधी गतिविधियों और राष्ट्रीय विचारों का प्रचार-प्रसार करना था। यह बुलेटिन साइक्लोस्टाइल पर निकलती थी। होतीलाल वैद्य के दवाखाने में पीछे साइक्लोस्टाइल मशीन चलती थी और सामने के कमरे में जड़ी-बूटियाँ कूटकर चूर्ण और अन्य औषधियाँ तैयार की जाती थीं। मशीन का शोर दबाने के लिए घुँघरू वाला खलबट्टा उपयोग में लाया जाता था। पुलिस थाने के ठीक बाजू में निकल रहे इस बुलेटिन की खबर पुलिस को नहीं लग पाई।

जनवरी 1940 में चांद प्रेस प्रयाग से हिन्दी मासिक पत्रिका *'नई कहानियाँ'* का प्रकाशन हुआ। नृसिंहराम शुक्ल सम्पादक थे। पत्रिका का विषय-चयन और सम्पादन सुरुचिपूर्ण तथा मुद्रण चित्ताकर्षक था। वार्षिक शुल्क साढ़े चार रुपये था।

सन 1940 में प्रयाग से हिन्दी मासिक पत्रिका *'मनोहर कहानियाँ'* निकली। मित्र प्रकाशन की इस कथा पत्रिका का सम्पादन भैरवप्रसाद गुप्त तथा रामनाथ सुमन सदृश साहित्यकारों ने किया। सन 1973 में इस पत्रिका को सत्य-कथाओं पर केन्द्रित कर दिया गया। उसके बाद 'मनोहर कहानियाँ' की प्रसार संख्या तेजी से बढ़ी। सदी के अन्त में पत्रिका बन्द हो गई।

हिन्दी कार्यालय वाराणसी से इसी वर्ष मासिक पत्रिका *'हिन्दी'* प्रकाशित हुई। रामसहाय लाल जौहरी, महावीरप्रसाद मालवीय और कमलाशंकर सिंह ने पत्रिका के सम्पादन-प्रकाशन का दायित्व निभाया। वार्षिक शुल्क दो रुपये था। सन 1940 में इंडियन प्रेस प्रयाग ने मासिक बाल पत्रिका *'शिशु भारती'* का प्रकाशन किया। कुछ अंक ही निकल पाए।

नरेन्द्रकुमार धीर के सम्पादकत्व में उज्जैन से हस्तलिखित मासिक पत्रिका *'सेवासदन'* का प्रकाशन हुआ। विद्यार्थियों के लिए यह पत्रिका निकाली गई थी। कोलकाता से हिन्दी मासिक *'सात्विक जीवन'* का प्रकाशन किया गया। दर्शन की इस पत्रिका का वार्षिक शुल्क तीन रुपये था। संचालक-सम्पादक काशीराम थे।

साधना ट्रस्ट ने मुम्बई से सन 1940 में मराठी साप्ताहिक *'साधना'* का प्रकाशन किया। 'ग्वालियर स्टेट गजट' में प्रकाशित राजाज्ञा के अनुसार "ग्वालियर राज्य में 'साधना' का आना, बेचा जाना, बाँटा जाना प्रतिबंधित कर दिया है।"[1] इससे पहले साप्ताहिक 'आवाज' पर भी अगस्त 1940 को रोक लगाई गई थी। दोनों के सम्पादक मोहनलाल अग्रवाल थे।

हिन्दी मासिक *'सद्‌गुरु संदेश'* सन 1940 में गया से प्रकाशित हुआ। सम्पादक धर्मचन्द्र देवाजी थे। इस धार्मिक पत्रिका की एक प्रति का मूल्य आठ आना था। धार रियासत से 29 जून 1940 को *'वृत्तधारा'* का प्रकाशन हुआ। यह 'धार गजट' के परिशिष्ट के रूप में प्रकाशित होता था। समाचार प्रधान पत्र था। पृष्ठ संख्या चार और एक प्रति का मूल्य एक पैसा था।

भगवतीचरण वर्मा के सम्पादकत्व में कोलकाता से 24 मार्च 1940 को हिन्दी साप्ताहिक *'विचार'* का प्रकाशन किया गया। देश-विदेश की खबरें, कहानियाँ, उपन्यास, समालोचना आदि का प्रकाशन होता था। सम्पादन और प्रस्तुति सुरुचिपूर्ण थी। एक प्रति का मूल्य दो आना था। पृष्ठ संख्या 56 थी।

कृष्णवल्लभ मित्तल के सम्पादन में शिवपुरी से *'विजय संदेश'* निकला। अगस्त 1941 में गोरखपुर से केदारनाथ त्रिपाठी ने हिन्दी मासिक 'वसुंधरा' का सम्पादन-प्रकाशन किया। वार्षिक शुल्क ढाई रुपये था। भोपाल से रविप्रताप सिंह श्रीनेत ने हिन्दी बाल पत्रिका *'लाल'* निकाली। लहरियासराय से बिहारीलाल वर्मा के सम्पादन में मासिक *'रोजगार'* का प्रकाशन हुआ। वार्षिक शुल्क ढाई रुपये था।

रत्नाकर प्रेस कोलकाता से सन 1940 में हिन्दी मासिक पत्रिका *'रानी'* का प्रकाशन छेदीलाल गुप्त ने किया। सम्पादक दीनानाथ वर्मा थे। पन्द्रहवें वर्ष में यह पत्रिका दिल्ली से निकलने लगी। इस पारिवारिक पत्रिका का वार्षिक शुल्क पाँच

1. ग्वालियर स्टेट गजट, 13 सितम्बर 1941

रुपये था। रायपुर से अर्द्धवार्षिक हिन्दी पत्रिका *'मुकुट'* का प्रकाशन हुआ। कोलकाता से समाचार साप्ताहिक *'मनोरंजन'* निकला। सम्पादक गिरीशचन्द्र त्रिपाठी थे। वार्षिक शुल्क छह रुपये था।

जनवरी 1940 में देवीदयाल चतुर्वेदी और पन्नालाल 'वसन्त' के सम्पादकत्व में बालोपयोगी मासिक पत्र *'महावीर'* का प्रकाशन आरम्भ हुआ। इस पुस्तकाकार पत्रिका का वार्षिक शुल्क सवा रुपया था। बालकों की रुचि की कहानियाँ, पहेलियाँ, चुटकुले आदि प्रकाशित किए जाते थे। 'चटपटी चटनी' लोकप्रिय स्तंभ था। बाद में मोहनलाल शास्त्री ने इसका सम्पादन-प्रकाशन किया। महू से इसी वर्ष एस.वी.हालिन्स ने *'मध्यभारत साप्ताहिक समाचार'* का सम्पादन-प्रकाशन किया। वार्षिक शुल्क तीन रुपये था।

सन 1940 में पटना से *'महिला चर्खा समिति पत्रिका'* निकली। सम्पादक मनोरमा श्रीवास्तव और सुशीला सहाय गुप्त थीं। इस पत्रिका ने छह दशक पहले जनसंख्या विस्फोट पर चिन्ता प्रकट करते हुए जन्म नियंत्रण की आवश्यकता प्रतिपादित की थी। जम्मू से हिन्दी मासिक पत्रिका *'भारती'* का प्रकाशन हुआ। सम्पादक शान्ताकुमारी थीं। पृष्ठ संख्या 48 और वार्षिक शुल्क छह रुपये था।

मास्टर बलदेवप्रसाद ने सन 1940 में सागर से बालोपयोगी पाक्षिक पत्रिका *'बच्चों की दुनिया'* का सम्पादन-प्रकाशन किया। बच्चों के लिए ज्ञानवर्धक और मनोरंजक कहानियाँ, कविताएँ तथा अन्य सामग्री का प्रकाशन किया जाता था। वार्षिक शुल्क साढ़े तीन रुपये था। सन 1942 में सम्पादक के जेल जाने के कारण पत्रिका बन्द हो गई।

संगीत कार्यालय हाथरस से हिन्दी मासिक *'फिल्म संगीत'* का प्रकाशन सन 1940 में हुआ। वार्षिक शुल्क दस रुपये था। सकलनारायण शर्मा के सम्पादकत्व में मासिक पत्र *'प्राचीन भारत'* का प्रकाशन हुआ। इतिहास विषयक इस पत्रिका का आकार 25 गुणित 16 से.मी. और वार्षिक शुल्क छह रुपये था। केलकटा रिसर्च इंस्टीट्यूट ने इसका प्रकाशन किया था।

प्रजामंडल पत्रिका

सन 1940 में इन्दौर से बैजनाथ महोदय ने *'प्रजामंडल पत्रिका'* का सम्पादन-प्रकाशन किया। सन 1948 तक इस पत्रिका ने जनजागरण का महत्वपूर्ण कार्य किया। स्वतंत्रता की प्रबल समर्थक और प्रवक्ता पत्रिका ने मालवा और निमाड़ क्षेत्र में राजनीतिक गतिविधियों को प्रेरणा और प्रोत्साहन दिया। सन 1942 से 1944 के बीच पत्रिका प्रतिबंधित रही। 'प्रजामंडल पत्रिका' के उपलब्ध अंकों से पता चलता है कि उन दिनों जनता किन समस्याओं से जूझ रही थी। यह भी कि लोकनब्ज पर पत्रिका के सम्पादक की कितनी सटीक पकड़ थी।

जोधपुर से सन 1940 में समाचार साप्ताहिक *'प्रजासेवक'* का प्रकाशन हुआ। अचलेश्वरप्रसाद शर्मा और प्रहलादचन्द्र जोशी ने इस प्रखर पत्र का सम्पादन किया। आजादी के समय इसे दैनिक पत्र का स्वरूप दिया गया।

कवि किंकर 'चित्र' के सम्पादकत्व में हिन्दी मासिक पत्रिका *'पाठशाला'* का प्रकाशन सन 1940 में हुआ। साक्षरता और शिक्षा का प्रसार इस पत्रिका का मुख्य उद्देश्य था। जबेरा (दमोह) से प्रकाशित होने वाली इस पत्रिका का वार्षिक शुल्क सवा रुपये था।

श्री भजनाश्रम वृन्दावन से धार्मिक पत्रिका *'नाम महात्म्य'* सन 1940 में प्रकाशित हुई। दानबिहारी लाल शर्मा और छबीलेलाल गोस्वामी सम्पादक थे। पत्रिका प्रतिवर्ष एक संग्रहणीय विशेषांक का प्रकाशन करती थी। गणपतराय पारीक ने भी पत्रिका का सम्पादन किया।

सहारनपुर से कन्हैयालाल मिश्र 'प्रभाकर' ने जनवरी 1940 में हिन्दी मासिक पत्रिका *'नया जीवन'* का सम्पादन-प्रकाशन किया। इस साहित्यिक पत्रिका का वार्षिक शुल्क पाँच रुपये था।

नागपुर से सन 1940 में हिन्दी पत्र *'नवजीवन'* निकला। ज्वालाप्रसाद ज्योतिषी और मगनलाल कोठारी सम्पादक-प्रकाशक थे। वार्षिक शुल्क पाँच रुपये था। अजमेर से भी कनक मधुकर ने 'नवजीवन' का सम्पादन-प्रकाशन इसी समय किया। सम्पादक के जेल जाने पर पत्र बन्द हो गया। सन 1944 में यही पत्र उदयपुर से निकलने लगा। 26 जनवरी को गुना से हिन्दी साप्ताहिक *'धरती के लाल'* का प्रकाशन हुआ।

अगस्त 1940 में हिन्दी मासिक पत्रिका *'जीवन साहित्य'* नई दिल्ली से प्रकाशित हुई। सम्पादक-प्रकाशक हरिभाऊ उपाध्याय थे। पत्रिका के प्रवेशांक में मानवमात्र की स्वतंत्रता, समाजवाद का अहिंसक स्वरूप, खादी, गांधी और विनोबा के विचारों का समावेश रहता था। सस्ता साहित्य मण्डल पत्रिका का प्रकाशक था। वार्षिक शुल्क चार रुपये था। विश्व शांति अंक, सर्वोदय विशेषांक जैसे संग्रहणीय अंक 'जीवन साहित्य' ने दिए। यशपाल जैन भी 'जीवन साहित्य' के सम्पादक रहे। हास्य-विनोद का साप्ताहिक *'ठोकर'* सन 1940 में कोलकाता से प्रकाशित हुआ।

अप्रैल 1940 में सेंट्रल रूरल अपलिफ्ट बोर्ड का मासिक मुखपत्र *'ग्राम सुधार'* इन्दौर से प्रकाशित हुआ। बी.एन.सिंह पत्र के सम्पादक थे। वार्षिक शुल्क एक रुपये था। पृष्ठ संख्या 28 और आकार 28 गुणित 10 से.मी. था। गांधी और विनोबा के विचारों के संवाहक 'ग्राम सुधार' में कविता, कहानी, घरेलू नुस्खे, इन्दौर ग्राम सेवा संघ की गतिविधियाँ प्रकाशित की जाती थीं। सन 1949 में इस

पत्र का प्रकाशन मध्यभारत सरकार की ओर से ग्वालियर से किया जाने लगा। सम्पादक महावीर सिंह थे।

गुलाबचन्द काला ने सन 1940 में जयपुर से हिन्दी पाक्षिक *'जयभूमि'* का सम्पादन-प्रकाशन किया। सन 1943 में साप्ताहिक और सन 1946 में दैनिक पत्र हो गया। आर्थिक कारणों से यह दीर्घजीवी नहीं हो सका। परन्तु राजस्थान में पत्रकारों की पाठशाला के रूप में उसका महत्वपूर्ण अवदान है।

भगवत्प्रसाद शुक्ल 'सनातन' के सम्पादकत्व में सहारनपुर से सन 1940 में हिन्दी पत्रिका *'कोकिल'* निकली। इस कविता प्रधान पत्रिका का वार्षिक शुल्क एक रुपया था। ग्वालियर से स्वास्थ्य और आरोग्य सम्बन्धी हिन्दी मासिक पत्रिका *'कायाकल्प'* का सम्पादन-प्रकाशन पार्वती प्रसाद एवं डा. के.पी.सक्सेना ने किया। वार्षिक शुल्क एक रुपया था।

हिन्दी मासिक पत्रिका *'कन्या'* सन 1940 में मालव प्रेस मंदसौर से निकली। एक प्रति का मूल्य चार आना था। केशवप्रसाद विद्यार्थी सम्पादक थे। छोटा नागपुर से *'अंबुआ झारखण्ड'* का प्रकाशन सन 1940 में हुआ। यह पत्र दो दशक से ज्यादा समय तक प्रकाशित हुआ। आर्य प्रतिनिधि सभा हैदराबाद ने इसी समय *'अंगद'* निकाला। प्रतिबंध लगने पर यह शोलापुर से निकला। सन 1940 में विशिष्टाद्वैत संप्रदाय वृंदावन ने हिन्दी मासिक पत्रिका *'आनंद'* का प्रकाशन किया। वैष्णवदास त्रिवेदी संपादक थे। कोलकाता से हिंन्दी साप्ताहिक *'आदर्श'* का सम्पादन-प्रकाशन रघुनाथप्रसाद पाण्डेय ने किया। पृष्ठ संख्या आठ रहती थी। सुसम्पादित पत्र था। सन 1940 में इटावा से हिन्दी साप्ताहिक *'अरुणोदय'* का प्रकाशन हुआ। टेबलायड आकार में 16 पृष्ठ का निकलता था। जनवरी 1940 में पं. श्रीराम शर्मा आचार्य ने उच्चकोटि के आध्यात्मिक मासिक पत्र *'अखण्ड ज्योति'* का सम्पादन-प्रकाशन किया। गायत्री परिवार के विस्तार के साथ-साथ 'अखण्ड ज्योति' का प्रसार भी बढ़ता गया। यह मासिक पत्रिका अभी भी प्रकाशित हो रही है।

हिन्दी का सचित्र मासिक पत्र *'तरुण'* सन 1940 के आरंभ में इलाहाबाद से प्रकाशित हुआ। सम्पादक कृष्णनंदन प्रसाद थे। स्वास्थ्य, पुरातत्व, अन्वेषण, खेल, साहित्य, राजनीति, विज्ञान इत्यादि सभी विषयों का समावेश रहता था। तरुणों की रुचि को ध्यान में रखते हुए इस पत्रिका का संयोजन किया जाता था। वार्षिक शुल्क तीन रुपये था।

कर्मयोगी प्रेस इलाहाबाद से हिन्दी मासिक पत्रिका *'गुलदस्ता'* का प्रकाशन आर.सहगल के सम्पादकत्व में सन 1940 के उत्तरार्द्ध में हुआ। यह मनोरंजन प्रधान पत्रिका थी। प्रासंगिक चित्र और कार्टून इसकी शोभा बढ़ाते थे। 'अपने राम की राय', 'मीठी चुटकी' और 'समाचार सुमन' स्तम्भ रोचक और अनूठे थे। वार्षिक

शुल्क पाँच रुपये था।

सितम्बर 1940 में आगरा से हिन्दी का आलोचना मासिक *'साहित्य संदेश'* प्रकाशित हुआ। पत्रिका का प्रवेशांक, 'उपन्यासांक' के रूप में प्रकाशित हुआ जिसमें प्रेमचन्द, जयशंकर प्रसाद, जैनेन्द्र कुमार, भगवतीचरण वर्मा, वृन्दावनलाल वर्मा, उषा मित्रा आदि हिन्दी के श्रेष्ठ उपन्यासकारों की रचनाओं पर समीक्षात्मक टिप्पणियाँ प्रकाशित की गई थीं। वार्षिक शुल्क तीन रुपये था। प्रकाशन मन्दिर, कोलकाता से राजरानी दीक्षित के सम्पादकत्व में सन 1940 में हिन्दी मासिक पत्र *'मुसाफिर'* निकला। यह कहानी पत्रिका थी, जिसका वार्षिक शुल्क तीन रुपये था।

मई 1940 में दिल्ली से हिन्दी मासिक पत्रिका *'धारा'* का प्रकाशन हुआ। सम्पादक चन्द्रशेखर शास्त्री थे। इस साहित्यिक पत्रिका में कविता, कहानी, निबंध, स्वास्थ्य, विज्ञान, स्त्री जगत, बालजगत आदि सभी विषयों का समावेश था। पृष्ठ संख्या 80, आकार 24 गुणित 18 से.मी. और वार्षिक शुल्क चार रुपये था।

तुलसी संकीर्तन मण्डल दमोह ने जनवरी 1940 में हिन्दी मासिक पत्रिका *'ग्रामराम'* का प्रकाशन किया। सम्पादक गणेशप्रसाद गौर और प्रकाशक हरनारायण श्रीवास्तव थे। पत्रिका का मुद्रण साहित्य प्रेस जबलपुर से होता था। पृष्ठ संख्या 24 और आकार 21 गुणित 13 से.मी. तथा वार्षिक शुल्क एक रुपया था। पत्रिका में कविता, कहानी, ग्रामोद्योग, इतिहास आदि का प्रकाशन किया जाता था। सम्पादकीय टिप्पणियाँ गाँव के विषयों पर लिखी जाती थीं।

मंगलानंद गौतम ने सन 1940 में दिल्ली से हिन्दी मासिक पत्रिका *'रसभरी'* का प्रकाशन किया। 24 गुणित 17 से.मी.आकार की इस पत्रिका में सामान्य रचनाओं के अलावा फिल्मों के चित्र और विज्ञापन छपते थे। हिन्दी में बाजारू साहित्य की मनोविकारयुक्त मासिक पत्रिका *'रसीली कहानियाँ'* सन 1940 में निकली। संचालक नंदगोपाल सिंह सहगल और सम्पादक रामसुंदर शर्मा थे। वार्षिक शुल्क चार रुपये था।

अजीत

लाहौर से सन 1940 में सरदार बलदेव सिंह ने पंजाबी अखबार *'अजीत'* का सम्पादन-प्रकाशन किया। सन 1942 में साधो सिंह हमदर्द ने इसे खरीद लिया और पत्र संचालन के लिए एक ट्रस्ट बना दिया। देश विभाजन के बाद ज्ञानी करतार सिंह ने 'अजीत' का अधिग्रहण किया। ज्ञानी करतार सिंह जब पंजाब के गोपीचंद भार्गव मंत्रिमण्डल में शामिल हुए तब बरजिन्दर सिंह सम्पादक बने। मंत्री करतार सिंह और सम्पादक बरजिन्दर सिंह के बीच पंजाबी भाषी सूबे के सम्बन्ध में नीतिगत मतभेद हो गया। 'अजीत' की पंजाबी पक्षधरता की नीति जारी रही। यह पंजाबी भाषा का सबसे ज्यादा बिकने वाला अखबार है।

जुलाई 1938 में जब आतंकवादी लाभसिंह उर्फ सुक्खा सिपाही के भोग रस्म की विज्ञापन-सूचना प्रकाशित की गई तब सरकार ने *'अजीत'* के सम्पादक और प्रकाशक के विरुद्ध देशद्रोह का मुकदमा दायर कर दिया। सरकार का आरोप था कि आतंकवादी को शहीद बताने से आतंकवाद का महिमामण्डन हुआ है। यद्यपि उस समय 'अजीत' के विशेष संवाददाता हरकँवलजीत सिंह ने कहा था- "जब विज्ञापन और प्रेस विज्ञप्तियाँ धमकियों के साथ आएँ तो आप कर भी क्या सकते हैं? लेकिन सरकार है कि हमें राष्ट्रविरोधी करार देती है।"

नवयुग

आचार्य प्रहलाद केशव अत्रे के सम्पादन में मुम्बई से मराठी पत्र *'नवयुग'* का प्रकाशन जनवरी 1940 में आरंभ हुआ। समकालीन पत्रों की तुलना में प्रसार संख्या और लोकप्रियता दोनों ही दृष्टि से 'नवयुग' ने मराठी पत्रकारिता में अच्छा स्थान बनाया।

सन 1940 में बेलगाँव से मराठी साप्ताहिक *'वार्ता'* का प्रकाशन आरंभ हुआ। सम्पादक बी.के.गलगली और एस.ए.सावन्त तथा प्रकाशक प्रभाकर शंकर परुलेकर थे। भारत रक्षा कानून में इन तीनों को छह-छह माह की कैद और 25-25 रुपये जुर्माने की सजा हुई थी। यह राष्ट्रवादी विचारधारा का निर्भीक पत्र था। एम.एल.देसाई ने मुम्बई से गुजराती साप्ताहिक *'वार्ता'* का सम्पादन-प्रकाशन इसी वर्ष किया। धूलिया से भी मराठी में साप्ताहिक 'वार्ता' का प्रकाशन हुआ।

झंकार

कोल्हापुर के राजाराम कालेज के प्राध्यापक ना.सी.फडके ने अगस्त 1940 में पुणे से मराठी साप्ताहिक *'झंकार'* का सम्पादन-प्रकाशन किया। पहले वे मासिक *'रत्नाकर'* का सम्पादन कर चुके थे। फडके मराठी के मशहूर उपन्यासकार भी थे और 1940 में रत्नागिरी में सम्पन्न मराठी साहित्य सम्मेलन के अध्यक्ष चुने गए थे। तब अत्रे ने फडके के सम्मान में 'नवयुग' का विशेषांक निकाला था। परन्तु जब मराठी साहित्य के अध्यक्षीय भाषण में फडके ने मराठी पत्रों के स्तर में गिरावट पर प्रहार किया तब अत्रे और फडके में ठन गई। करीब एक वर्ष बाद यह विवाद शांत हुआ। 'झंकार' का प्रकाशन सन 1950 तक हुआ। आर्थिक कठिनाइयों के चलते उसे बंद कर देना पड़ा।

1 जुलाई 1940 से गुजरात हिन्दू महासभा के अध्यक्ष प्राणलाल देसाई ने गुजराती साप्ताहिक *'हिन्दूशक्ति'* का सम्पादन-प्रकाशन किया। इसी वर्ष पुणे से मराठी पाक्षिक *'मोटर'* निकला।

भारत देवी

चेन्नै से सन 1940 में तमिल दैनिक *'भारत देवी'* का प्रकाशन आरंभ हुआ।

यह ब्राह्मणेतर आन्दोलन का अखबार था। इसके सम्पादक एम.भक्तवत्सलम् थे। एक प्रति का मूल्य एक आना था।

हैदराबाद से एस.सी.वीरभद्र सरमा के सम्पादकत्व में तेलुगु मासिक *'विभूति'* का प्रकाशन हुआ। इस अल्पजीवी पत्र में तेलुगु साहित्य और संस्कृति के सम्बन्ध में उत्कृष्ट सामग्री का प्रकाशन किया जाता था। एस. प्रताप रेड्डी द्वारा रचित 'रामायण के रहस्य' इसी पत्रिका में धारावाहिक प्रकाशित हुआ था। ईलूरु से सन 1940 में एन.चलपति राव ने तेलुगु साप्ताहिक *'मंजुवाणी'* का प्रकाशन किया। यह दीर्घजीवी रहा। इसी वर्ष कडपा से तेलुगु पत्र *'आजाद हिन्द'* निकला। सन 1940 में तेलुगु के राजनीतिक पत्र *'आकाशवाणी'* का प्रकाशन गुप्त रूप से किया गया। नीलम संजीव रेड्डी, टी.नागरेड्डी, नीलम राजशेखर रेड्डी और इंदुकलु सदाशिवम किटोली इसका सम्पादन-प्रकाशन करते थे। पल्ली पालेम से मा.पन्तुलु सत्यनारायण शास्त्री ने तेलुगु साहित्यिक पत्रिका *'आंध्र'* का सम्पादन-प्रकाशन किया। यह ढाई वर्ष तक निकली।

सन 1940 के उत्तरार्द्ध में के.साभा ने तेलुगु पत्र *'नागेरू'* का सम्पादन-प्रकाशन किया। इस पत्र ने भविष्य के कई नामवर पत्रकारों के लिए नर्सरी का काम किया। कश्मीरी साप्ताहिक *'गोश'* का सम्पादन-प्रकाशन गुलाम मोहम्मद महजूर ने किया। वे कश्मीरी के सुप्रसिद्ध कवि भी थे। कुछ समय बाद *'गोश'* का प्रकाशन बंद हो गया।

गुजराती दैनिक *'जय गुजरात'* सन 1940 में बडोदरा से प्रकाशित हुआ। जयन्तकुमार याज्ञिक सम्पादक थे। एक प्रति का मूल्य एक आना था।

बंगला मासिक पत्र *'प्रभात'* सन 1940 में कोलकाता से निकला। सामाजिक और आर्थिक विषयों के इस पत्र के सम्पादक भूपेन्द्रनाथ दास थे। पंजाबी मासिक *'कमल'* सन 1940 में अमृतसर से प्रकाशित हुआ। इस साहित्यिक, सांस्कृतिक पत्र के सम्पादक-प्रकाशक जमायत सिंह थे।

बिहार संस्कृत संजीवन समाज ने सन 1940 में त्रैमासिक पत्रिका के रूप में *'संस्कृत संजीवनम्'* का प्रकाशन आरंभ किया। जून 1962 में यह मासिक पत्रिका हुई। सम्पादक रंगनाथ पाठक थे। शोध-निबंध, गीत, नाटक, पहेलियाँ और संस्कृत से सम्बन्धित गतिविधियों का प्रकाशन किया जाता था। सन 1966 तक इस संस्कृत पत्रिका का प्रकाशन हुआ।

अहमदाबाद से मनुभाई जोधानी के सम्पादकत्व में सन 1940 में गुजराती मासिक पत्र *'स्त्री जीवन'* का प्रकाशन हुआ। वार्षिक शुल्क चार रुपये था। गुजराती के सुप्रसिद्ध साहित्यकारों का सहयोग इस पत्रिका को प्राप्त था।

खिदमत

श्रीनगर से सन 1940 में उर्दू दैनिक *'खिदमत'* का प्रकाशन आरंभ हुआ। एन.एल.वातिल सम्पादक और मीरगुलाम मुस्तफा प्रकाशक थे। एक प्रति का मूल्य एक आना था। प्रगतिशील राष्ट्रीय विचारधारा का यह पत्र सातवें दशक तक प्रकाशित हुआ। बरेली से तेजबहादुर सिन्हा ने इसी वर्ष उर्दू साप्ताहिक *'रुहेलखण्ड अखबार'* का सम्पादन-प्रकाशन किया। पृष्ठ संख्या चार और वार्षिक शुल्क पाँच रुपये था। सप्ताह की प्रमुख घटनाओं पर समाचार, समसामयिक विषयों पर लेख और सम्पादकीय टिप्पणियाँ लिखी जाती थीं। हिन्दी, अँगरेजी और फारसी भाषाओं का भी प्रयोग किया जाता था।

सन 1940 में लाहौर से उर्दू मासिक पत्रिका *'हूर'* का सम्पादन-प्रकाशन अमतुल्ला कुरैशी ने किया। डा. जुबैदा कुरैशी और डा. खालिद शिवली सम्पादन में सहयोग करती थीं। यह महिलाओं की पत्रिका थी। मुम्बई से कुलसुम सब्जबारी ने उर्दू पाक्षिक 'रहवर' का सम्पादन-प्रकाशन सन 1940 में किया। एक प्रति का मूल्य दो आना था। दिल्ली से हकीम मोहम्मद तर्की के सम्पादन में उर्दू मासिक पत्रिका *'मशहूर'* का प्रकाशन हुआ। कहानियों और कविता के साथ-साथ उपचार विषयक जानकारी का प्रकाशन किया जाता था। 'मशहूर' के विशेषांक संग्रहणीय होते थे। दिल्ली से इसी वर्ष मुल्ला वाहिदी के सम्पादन में उर्दू मासिक पत्रिका *'बेदारी'* प्रकाशित हुई। 48 पृष्ठ की इस साहित्यिक पत्रिका का दृष्टिकोण सुधारवादी था।

सन 1940 में भोपाल से अब्दुल वासिद खान और जफर भोपाली ने उर्दू मासिक 'बच्चों की दुनिया' का प्रकाशन किया। सम्पादक जावेद महमूद थे। वार्षिक शुल्क एक रुपया आठ आना था। बच्चों के लिए रुचिकर और शिक्षाप्रद रचनाओं का प्रकाशन किया जाता था। लाहौर से उर्दू दैनिक *'पासवान'* सन 1940 में प्रकाशित हुआ। सम्पादक नसरुल्ला खाँ अजीज थे। हिन्दू-मुस्लिम एकता का पक्षधर था। कम समय तक प्रकाशित हुआ। दिल्ली से उर्दू मासिक *'निदा-ए-हरम'* का सम्पादन-प्रकाशन जियाउद्दीन अहमद ने किया। पृष्ठ संख्या चालीस और वार्षिक शुल्क तीन रुपये था। उर्दू साप्ताहिक *'नया संसार'* श्रीनगर से सन 1940 में प्रकाशित हुआ। सम्पादक जयनाथ थे।

लाहौर से हमीद निजामी ने उर्दू मासिक *'नवा-ए-वक्त'* का सम्पादन-प्रकाशन किया। पृष्ठ संख्या छह थी। नवम्बर 1942 में इसका आकार बदला और आवृत्ति भी साप्ताहिक हो गई। 22 जुलाई 1944 को 'नवा-ए-वक्त' दैनिक समाचारपत्र के रूप में निकलने लगा। दैनिक पत्र के भी छह पृष्ठ थे। 'नवा-ए-वक्त' के प्रकाशन में मुश्ताक अहमद गोरमानी प्रमुख सहयोगी थे जो एक बड़े सरकारी पद पर थे। पत्र का सम्पादन पक्ष हमीद निजामी और विपणन पक्ष हामिद

महमूद देखते थे। 'नवा-ए-वक्त' अपने दौर के अच्छे उर्दू अखबार के रूप में प्रतिष्ठित हुआ। पंजाब सरकार की नीतियों से मुसलमान असंतुष्ट थे और 'नवा-ए-वक्त' उसका मुखर विरोध करता था। इससे भी पत्र की लोकप्रियता बढ़ी। नवा-ए-वक्त से 2000 रुपये की जमानत जमा कराई गई थी। 'नवा-ए-वक्त' के प्रथम पृष्ठ पर हमीद निजामी का 'सुखन-हाय-मुफ्ती' शीर्षक स्तम्भ से छपता था जिसमें सम-सामयिक घटनाओं और प्रसंगों पर टिप्पणी की जाती थी। हमीद निजामी को 'ओरिएण्ट प्रेस आफ इंडिया' नामक समाचार एजेन्सी की स्थापना का श्रेय भी जाता है।

मार्च 1940 में ग्वालियर से खलील अहमद हाशमी के सम्पादन में उर्दू मासिक *'तानसेन'* का प्रकाशन आरम्भ हुआ। 'तानसेन' का गद्य विभाग वली ग्वालियरी और पद्य विभाग रजा कुरैशी देखते थे तथा अनुवाद और इतिहास सम्बन्धी लेखों का सम्पादन इनाम जुबेरी करते थे। पृष्ठ संख्या 44 और वार्षिक शुल्क दो रुपये आठ आना था।

एंग्लो-अरेबिक गर्ल्स हाईस्कूल दिल्ली ने सन 1940 की आखिरी तिमाही में उर्दू मासिक *'मैगजीन'* निकाली। पृष्ठ संख्या चालीस और वार्षिक शुल्क दो रुपये था। मुम्बई से सन 1940 में उर्दू मासिक *'एशिया'* निकला। सम्पादक जकिया सुल्ताना और सागर निजामी थे। साहित्यिक संस्था अदबी मरकज-ए-हिन्द की पत्रिका थी। आगरा से भी 'एशिया' नाम का उर्दू साप्ताहिक इसी वर्ष प्रकाशित हुआ।

एक सितम्बर 1940 को भोपाल से चार पृष्ठ का उर्दू साप्ताहिक *'इंसाफ'* निकला। सम्पादक आमिर अंसारी और मजहर सिद्दीकी थे। जनवरी 1940 में मेरठ से उर्दू मासिक पत्रिका *'इरफान'* निकली। इस धार्मिक पत्रिका का वार्षिक शुल्क दो रुपये था। दिल्ली से इदारा हैदरी ने उर्दू मासिक पत्रिका *'इल्हाम'* निकाली। औरंगाबाद से उर्दू दैनिक अखबार *'इमरोज'* का प्रकाशन हुआ। संपादक शुएब उल्ला खाँ थे। बशीर अहमद ने दरभंगा से उर्दू पत्र *'अलहुदा'* का सम्पादन-प्रकाशन किया। थोड़े ही दिनों में यह बंद हो गया।

कारवां

नई दिल्ली से सन 1940 में अँगरेजी पाक्षिक *'कारवां'* का प्रकाशन दिल्ली प्रेस से हुआ। सम्पादक विश्वनाथ और प्रकाशक अमरनाथ थे। *'कारवां'* में उन सभी पहलुओं का समावेश किया गया जिनसे पाठकों के विभिन्न वर्गों की रुचि पत्रिका में हो। 'कारवां' में साहित्यिक प्रतियोगिताएँ, नयनाभिराम चित्र तथा कही-अनकही जैसे स्तंभ जोड़े गए। दिल्ली प्रेस से ही हिन्दी में 'सरिता' और 'मुक्ता' जैसी पत्रिकाएँ प्रकाशित हो रही हैं जिनकी अलग पहचान है।

हिन्दुस्तान हेरल्ड

के.पी.नारायणन के सम्पादकत्व में नागपुर से सन 1940 में अँगरेजी दैनिक *'हिन्दुस्तान हेरल्ड'* का प्रकाशन हुआ। 45 गुणित 30 से.मी. आकार के छह पृष्ठ के इस पत्र की एक प्रति का मूल्य एक आना था। प्रथम पृष्ठ पर देश–विदेश की प्रमुख खबरें, दूसरे पृष्ठ पर अग्रलेख और सम्पादकीय टिप्पणियाँ, तीसरे पृष्ठ पर लेख, चौथे और पाँचवें पृष्ठ पर समाचार, छठे पृष्ठ पर विज्ञापन प्रकाशित किए जाते थे। सम्पादक के नाम पत्र भी छपते थे। सेन्ट्रल इंडिया प्रिंटिंग वर्क्स में 'हिन्दुस्तान हेरल्ड' का मुद्रण होता था। बेंगलूरु से अँगरेजी दैनिक *'डेली न्यूज'* का प्रकाशन सन 1940 में आरंभ हुआ। इसके सम्पादक पी.आर.रामैया थे।

इंडियन पोलिटिकल साइन्स एसोसिएशन ने सन 1940 में तिमाही पत्रिका *'इंडियन जर्नल आफ पॉलिटिकल साइन्स'* का प्रकाशन किया। एसोसिएशन की यह प्रतिनिधि पत्रिका पुणे, लखनऊ, दिल्ली, भुवनेश्वर तथा भागलपुर के विश्वविद्यालयों से प्रकाशित की जाती है। पृष्ठ संख्या सौ से दो सौ के बीच रहती है। अँगरेजी मासिक *'अलाइव'* दिल्ली प्रेस से प्रकाशित हुई। सम्पादन–प्रकाशन विश्वनाथ ने किया। दीवान हरवंशलाल चौपड़ा के सम्पादकत्व में अँगरेजी मासिक *'इंडस्ट्री'* सन 1940 में दिल्ली से प्रकाशित हुई। अँगरेजी साप्ताहिक *'इंडियन स्पेक्टेटर'* का प्रकाशन नई दिल्ली से हुआ। एक प्रति का मूल्य चार आना था। सम्पादक के.वी.वेंकटराम थे। सन 1940 में अँगरेजी मासिक *'कैमरा इनट्रापिक्स'*, *'एग्रीकल्चर गजट'*, *'जर्नल आफ इंडियन फिल्म इंडस्ट्री'*, *'पिक्चर गोअर'*, *'युनाइटेड इंडिया एंड नेटिव स्टेट्स'* का प्रकाशन हुआ। इनमें से पिक्चर गोअर दिल्ली, युनाइटेड इंडिया चेन्नै और बाकी पत्र मुम्बई से प्रकाशित हुए।

अँगरेजी साप्ताहिक *'सिटीजन'* सन 1940 में कानपुर से प्रकाशित हुआ। टेबलायड आकार में आठ पृष्ठ का निकलता था। एस.पी.मेहरा सम्पादक थे। सन 1949 में 'सिटीजन' को दैनिक पत्र का रूप दिया गया। अँगरेजी मासिक *'रोशनी'* का प्रकाशन मुम्बई से हुआ। आरा वाडिया सम्पादक थीं। एक प्रति का मूल्य छह आना था।

राष्ट्रीय विचारधारा का अँगरेजी साप्ताहिक *'न्यू स्केच'* सन 1940 में धनबाद से प्रकाशित हुआ। 25 गुणित 18 से.मी. आकार के 40 पृष्ठ होते थे। एक प्रति का मूल्य दो आना था। जगतचन्द्र सरकार सम्पादक थे।

तमिल पत्रकारिता का कीर्तिमान

1941

कल्कि

प्रख्यात तमिल लेखक और स्वतंत्रता संग्राम सेनानी आर.कृष्णमूर्ति ने एक अगस्त 1941 को तमिल पत्रिका *'कल्कि'* का सम्पादन-प्रकाशन आरंभ किया। टी.सदाशिवम् और उनकी पत्नी एम.एस.सुब्बुलक्ष्मी (अंतरराष्ट्रीय ख्याति की संगीतज्ञ) का अनन्य सहयोग उन्हें प्राप्त था। 'कल्कि' के लिए आर्थिक संसाधन जुटाने के उद्देश्य से सुब्बुलक्ष्मी ने फिल्म 'सावित्री' में अभिनय भी किया था। सदाशिवम् 'कल्कि' के प्रबंध निदेशक थे। कृष्णमूर्ति आद्य सम्पादक थे जिन्हें समग्र राजनीतिक परिदृश्य की अच्छी समझ थी। उनके लिखे आलेखों, अग्रलेखों और सम्पादकीय टिप्पणियों ने 'कल्कि' की लोकप्रियता और माँग बढ़ाई। यह चक्रवर्ती राजगोपालाचार्य और तिरु.वि.कल्याणसुन्दर मुदालियार से प्रेरित पत्रिका रही। 'कल्कि' में कांची परमाचार्य के संदेश नियमित रूप से प्रकाशित किए जाते थे, जिनकी पाठकों को प्रतीक्षा रहती थी। राजनीति और धर्म के अलावा 'कल्कि' की लोकप्रियता धारावाहिक उपन्यासों, फीचर, लघु कथाओं और कार्टूनों के प्रकाशन के कारण भी बढ़ी।

'कल्कि' का प्रकाशन जारी है और यह तमिल की प्रमुख और प्रतिष्ठित पत्रिका है। सभी आयुवर्ग की रुचियों का समावेश करने वाली 'कल्कि' सर्वांगपूर्ण पारिवारिक पत्रिका मानी जाती है। इसे जिम्मेदार पत्रिका के प्रादर्श के रूप में स्वीकारा जाता है। महत्वपूर्ण विषयों पर जनमत तैयार करने में 'कल्कि' की प्रभावी भूमिका रहती है। इसका कारण है 'कल्कि' की कथनी और करनी में अन्तर नहीं होना। 'कल्कि' ने जब धूम्रपान के विरुद्ध अभियान छेड़ा तब सिगरेटों के विज्ञापन छापने से मना कर दिया। 1954 में कृष्णमूर्ति का निधन होने पर सदाशिवम् 'कल्कि' के सम्पादक हुए। उनके बाद मि.पा.सोमसुन्दरम् ने यह जिम्मेदारी निभाई और फिर टी.राजेन्द्रन 'कल्कि' के सम्पादक हुए।

'कल्कि' का साहित्य पक्ष भी उत्कृष्ट रहा है। 'कल्कि' में धारावाहिक रूप

से प्रकाशित छह उपन्यासों को साहित्य अकादमी पुरस्कार मिला। यह अपने आप में एक दुर्लभ कीर्तिमान है। ऐसे अन्य अनेक पुरस्कारों से 'कल्कि' में प्रकाशित साहित्यिक रचनाएँ पुरस्कृत हुई हैं। सामाजिक मोर्चे पर भी 'कल्कि' सक्रिय भूमिका निभा रही है। 'कल्कि' के प्रकाशन के 66 वर्ष पूरे हो चुके हैं।

तमिल मासिक *'भारत ज्योति'* चेन्नै से सन 1941 में प्रकाशित हुआ। एस.आर.वेंकटेश्वरन सम्पादक थे। एक प्रति का मूल्य दो आना था। 'भारत ज्योति' नामक अँगरेजी-तेलुगु द्विभाषी साप्ताहिक कडपा से प्रकाशित हुआ। रामकृष्ण शास्त्री इसके सम्पादक थे। कुंभकोणम् से तमिल मासिक *'कावेरी'* का सम्पादन-प्रकाशन एन.आर.रामानुजन ने किया। प्रकाशन के कुछ ही वर्षों में तमिल मासिक पत्रों में सबसे ज्यादा प्रसार संख्या वाला पत्र बन गया। आधुनिक एवं पुरातन तथा पूर्व और पश्चिम की सोच के बीच समन्वय की अवधारणा के पोषक 'कावेरी' में छोटी-छोटी कहानियाँ, साहित्य और विज्ञान, प्रेरक लेख आदि लोकप्रियता के कारण बने।

का.गो.शंकरभट्ट के सम्पादकत्व में मंगलूर से कन्नड साप्ताहिक *'राष्ट्रमाता'* का प्रकाशन हुआ। समाचार रपटों और विश्लेषण तथा विज्ञान, कला, धर्म, राजनीति और साहित्य को उचित महत्व देने के कारण यह साप्ताहिक लोकप्रिय हुआ। मैसूर से सन 1941 में टी.नारायण राव ने कन्नड दैनिक *'मैसूर पत्रिका'* का सम्पादन-प्रकाशन किया। एक प्रति का मूल्य एक पैसा था। स्थानीय समाचारों को महत्व देने वाला यह लोकप्रिय पत्र रहा। कन्नड मासिक *'पर्याय प्रकाशिनी'* सन 1941 में उडुपी से प्रकाशित हुई। के.होनैया शेट्टी सम्पादक थे। एक प्रति का मूल्य चार आना था।

सन 1941 में कोलकाता से बंगला दैनिक *'स्वाधीनता'* का प्रकाशन हुआ। सरोज मुखर्जी, संतोष कुमार चटर्जी ने सम्पादन किया। यह साम्यवादी दल का प्रकाशन था। 'स्वाधीनता' के सम्पादक रत्नेश चक्रवर्ती को राजद्रोह के आरोप में दो वर्ष की सजा हुई थी। ए.के.फजलुल हक ने बंगला दैनिक *'नवयुग'* का सम्पादन-प्रकाशन इसी वर्ष किया। पाँच वर्ष बाद कम्युनिस्ट पार्टी को सौंप दिया गया।

28 मार्च 1941 को पुरुषोत्तम भास्कर भावे ने नागपुर से मराठी साप्ताहिक 'आदेश' का सम्पादन-प्रकाशन किया। दिनकर विट्ठल आमोणकर के सम्पादन में मुम्बई से मराठी मासिक *'समीक्षक'* प्रकाशित हुआ। पु.या.देशपांडे ने नागपुर से सन 1941 में मराठी साप्ताहिक *'भवितव्य'* का सम्पादन-प्रकाशन किया। द्वितीय विश्व युद्ध के बाद बंद हो गया। मराठी पाक्षिक पत्रिका *'समाज'* सन 1941 में अहमदाबाद से निकली। वी.जी.कर्णिक सम्पादक थे। एक प्रति का मूल्य एक आना था। गुजराती साप्ताहिक *'वतन'* सन 1941 में मुम्बई से प्रकाशित हुआ। सैफ

पालनपुरी सम्पादक थे। इसी नाम से दैनिक पत्र भी निकला जिसके सम्पादक गुलाम हुसैन थावर थे।

कोंकणी साप्ताहिक *'स्वरासत'* सन 1941 में मंगलूर से निकला। कोंकणी लिपि का टाइप नहीं होने के कारण इसका मुद्रण कन्नड टाइप में किया जाता था। के.वी.शिनाय तथा बी.वी.बालिगा सम्पादक थे। एक प्रति का मूल्य एक आना था। 1946 में बंद हो गया। तेलुगु साप्ताहिक *'प्रजाशक्ति'* सन 1941 में विजयवाडा से प्रकाशित हुआ। चन्द्रशेखर राव सम्पादक-प्रकाशक थे। 1945 में दैनिक हो गया और सन 1948 में शासन ने इसे बंद करा दिया। 1951 में अर्द्ध साप्ताहिक के रूप में *'प्रजाशक्ति'* का पुन: प्रकाशन हुआ।

अगस्त 1941 में गुजराती कविताओं पर केन्द्रित मासिक पत्रिका *'कविता'* मुम्बई से प्रकाशित हुई। गुजराती के तीन सुप्रसिद्ध कवि इंदुलाल गांधी, मगनलाल देसाई (कोलक) और रतूभाई देसाई सम्पादक थे।

विद्यार्थियों की अँगरेजी पत्रिका *'स्टूडेंट'* सन 1941 में भारत प्रेस जबलपुर से प्रकाशित हुई। सम्पादक ललितशंकर थे। वार्षिक शुल्क दो रुपये था। विद्यार्थी आन्दोलन और विद्यार्थियों की समस्याएँ इस पत्रिका में प्रकाशित की जाती थीं। अखिल भारतीय विद्यार्थी संघ के इस मुखपत्र पर मई 1941 में फिरंगी हुकूमत ने रोक लगा दी थी।

दिल्ली से सन 1941 में उर्दू मासिक पत्रिका *'जमालिस्तान'* प्रकाशित हुई। सम्पादक-प्रकाशक एम.ए.नज्म सिद्दीकी थे। 25 गुणित 18 से.मी. आकार की इस पत्रिका का वार्षिक शुल्क ढाई रुपये था। 28 पृष्ठ की फिल्मी पत्रिका थी।

सचित्र संसार

जून 1941 में प्रयाग से श्रीनारायण चतुर्वेदी ने हिन्दी मासिक *'सचित्र संसार'* का सम्पादन-प्रकाशन किया। दिसम्बर 1943 तक इसका प्रकाशन हुआ। प्रवेशांक में सम्पादक ने लिखा- "हिन्दी में अनेक पत्र-पत्रिकाएँ हैं। इनमें से कई एक ऐसी हैं जो अन्य भाषाओं के पत्रों से सम्पादन के कौशल में, लेखों के चयन में, छपाई सफाई में टक्कर लेकर अपना मस्तक ऊँचा रख सकती हैं। किन्तु हिन्दी में इस समय कोई चित्र प्रधान पत्र नहीं है। हिन्दी की इसी कमी को दूर करने के लिए यह पत्र निकाला जा रहा है। सचित्र समाचारों से यही बड़ा लाभ है कि उनसे पाठकों को बहुत सी बातें स्पष्ट हो जाती हैं। 'सचित्र संसार' साधारण समाचारपत्र नहीं है। यह मतपत्र न होकर केवल घटनाओं का सचित्र वर्णन करने वाला पत्र है।"

'सचित्र संसार' में प्रकाशित समाचारों को चित्रों द्वारा स्पष्ट किया जाता था। पाठकों की जानकारी बढ़ाने के लिए देशों, स्थानों, इमारतों, मशीनों, हथियारों आदि

के वर्णन के साथ-साथ चित्र प्रकाशित किए जाते थे। 'सचित्र संसार' की एक और विशेषता सहज, स्वाभाविक भाषा थी जो बोलियों और मुहावरों से समृद्ध हिन्दी की अपनी शब्दावली थी और हिन्दी की प्रकृति के अनुरूप वाक्य रचना भी रहती थी। 'सचित्र संसार' के लेखन का एक दिलचस्प नमूना- "तेल लड़ाई की जान है। आधुनिक लड़ाई के जितने घातक हथियार हैं उन सबकी प्राणशक्ति तेल है। तेल वर्तमान लड़ाई की एक ऐसी शक्ति है जो हार-जीत का फैसला करेगी। बम बरसाने वाले वायुयान प्रति मील की यात्रा में एक गैलन तेल फूँकते हैं। एक जंगी जहाज एक घंटे में साढ़े सात टन तेल पीता है। जबकि एक पनडुब्बी को एक घंटे में एक चौथाई टन तेल की आवश्यकता पड़ती है।" श्रीनारायण चतुर्वेदी ने 15 जून 1940 को 'आकाशवाणी' नामक मासिक पत्रिका भी निकाली थी।

...रमें सभी भाषाओंके पत्रोंसे अधिक बिकनेवाला दैनिक

प्रातः संस्करण

आर्यावर्त

(स्वतंत्र हिन्दी दैनिक)

...शोधन विधेयक

में बहस शुरू

धनकी जरूरतपरप्रकाश

ग्राम लोगोंको चुनावमें कोई रुचि नहीं—ज्ञानी जैल सिंह

संविधान संशोधन विधेयकका स्वागत

राष्ट्रकी प्रगतिके लि...

मिलजुलकर काम

राष्ट्रपति अहमद द्वारा हरकाम कारकों ओर ताकनेकी प्रवृत्ति...

कांग्रेसी नेता प्रधान...

आर्यावर्त

आर्यावर्त

दरभंगा नरेश कामेश्वर सिंह की कम्पनी न्यूजपेपर्स एंड पब्लिकेशंस लि. ने सन 1941 में पटना से हिन्दी दैनिक *'आर्यावर्त'* का प्रकाशन आरंभ किया। 'आर्यावर्त' स्वतंत्रता का समर्थक था। समाचार और विचार दोनों पक्ष उत्तम थे। भाषा और शैली उत्कृष्ट थी। राष्ट्रीय महत्व की खबरों के साथ-साथ बिहार के कोने-कोने के समाचार 'आर्यावर्त' में छपते थे। 'आर्यावर्त' की सम्पादकीय टिप्पणियाँ और अग्रलेख तथा अन्य आलेख विचार प्रवण हुआ करते थे। 'आर्यावर्त' का हास्य-व्यंग्य स्तंभ 'चुटकुलानंद की चिट्‌ठी' काफी लोकप्रिय था। गाँव में उसे पढ़वाकर सुनने वालों का जमघट लगा करता था।

दीनानाथ झा, ब्रजनंदन आजाद, श्रीकांत ठाकुर विद्यालंकार, जयकांत मिश्र, भवेशदत्त झा, हीरानंद शास्त्री प्रभृति पत्रकारों ने 'आर्यावर्त' का सम्पादन किया। सत्तर के दशक तक 'आर्यावर्त' की गणना हिन्दी के चार सबसे बड़े अखबारों में होती थी।

यद्यपि 'आर्यावर्त' राजघराने का अखबार था किंतु उसकी सोच लोकतांत्रिक और स्वर जनहितकारी रहे। आजादी के बाद 'आर्यावर्त' की लोकप्रियता और प्रसार संख्या बढ़ती गई। बिहार में सच्ची खबर वही मानी जाती थी जो 'आर्यावर्त' में छपती थी। बिहार में रचनाकारों और पत्रकारों की पीढ़ियाँ तैयार करने का श्रेय भी 'आर्यावर्त' को जाता है। 'आर्यावर्त' में समाचार प्रकाशित होने से लोगों को शासन और प्रशासन से न्याय मिल जाता था, जिसके कारण 'आर्यावर्त' को गरीबों और पीड़ितों का न्यायालय भी कहा जाता था।

16 नवम्बर 1989 को 'आर्यावर्त' का प्रकाशन स्थगित हुआ। जनवरी 1995 से 'आर्यावर्त' पुनः प्रकाशित हुआ परन्तु सन 2002 में इसकी प्रकाशन यात्रा थम गई। 'आर्यावर्त' के अंक बिहार के बीते छह दशकों के घटनाचक्र के साक्षी और सन्दर्भ स्रोत हैं।

जीवन

जीवन साहित्य मण्डल ट्रस्ट ने सितम्बर 1941 में ग्वालियर से हिन्दी साप्ताहिक 'जीवन' का प्रकाशन किया। जगन्नाथ प्रसाद मिलिन्द सम्पादक थे। बीस सितम्बर 1941 को 'जीवन' का दूसरा अंक निकला और फिर हर शनिवार को प्रकाशित होने लगा। वार्षिक शुल्क तीन रुपये था। 'जीवन' में समाचारों और जन समस्याओं के साथ-साथ लेख, कविता, कहानी और आलोचना का प्रकाशन किया जाता था। अगस्त 1946 में 'जीवन' अर्द्धवार्षिक हो गया। भारत छोड़ो आन्दोलन में सम्पादक की गिरफ्तारी के बाद 'जीवन' का प्रकाशन स्थगित हो गया। 1946 में समाजवादी रुझान के 'जीवन' का पुनः प्रकाशन हुआ। 1949 के अंत में यह बंद हो गया।

विश्ववाणी

भारत में अँगरेजी राज के रचयिता और 'कर्मयोगी' एवं 'भविष्य' जैसे प्रखर पत्रों के सम्पादक रहे पं. सुन्दरलाल के संरक्षकत्व में इलाहाबाद से जनवरी 1941 में हिन्दी मासिक पत्रिका *'विश्ववाणी'* प्रकाशित हुई। विश्वम्भरनाथ पांडे सम्पादक थे। सर्वांगीण जर्नल के रूप में इस पत्रिका की परिकल्पना की गई थी। वार्षिक शुल्क छह रुपये था। आकार 24 गुणित 18 से.मी. और पृष्ठ संख्या एक सौ चौबीस थी। पत्रिका के घोषित उद्देश्यों में- भारत की पूर्ण राजनीतिक स्वाधीनता की प्रचारक, अन्तरराष्ट्रीय राजनीति की विवेचना, इतिहास की अलभ्य सामग्री, मनुष्य मात्र की समता और विश्व प्रेम का प्रतिपादन, सब धर्मों, सम्प्रदायों और जातियों के

मेल से बनी भारतीय सभ्यता का समर्थन प्रमुख थे।

1942 के आन्दोलन में जब पं. सुन्दरलाल और संपादक विश्वम्भरनाथ जेल चले गए तब अख्तर हुसैन रामपुरी ने पत्रिका का सम्पादन किया। 1944 में जेल से रिहा होने के बाद विश्वम्भरनाथ पुनः सम्पादक हुए। जनवरी 1943 के अंक में विश्वम्भरनाथ का वक्तव्य था- "आखिर आज 14 दिसम्बर को यू.पी.सरकार के वारंट पर मुझे दिल्ली में गिरफ्तार किया जा रहा है। यह गिरफ्तारी डिफेंस आफ इंडिया रूल्स की धारा 23 के अनुसार हो रही है। ईश्वर करे आजाद भारत में ही हमें अब अपने पाठकों से मिलने का सौभाग्य प्राप्त हो।"

'विश्ववाणी' के सहायक सम्पादक बैजनाथ विनोद को भी गिरफ्तार कर लिया गया था। 1953 से 55 के बीच विश्ववाणी का दक्षिण विशेषांक छह भागों में प्रकाशित हुआ। भाग- एक तमिल साहित्य अंक, भाग- दो तेलुगु साहित्य अंक, भाग- तीन कन्नड साहित्य अंक, भाग- चार मलयालम साहित्य अंक, भाग- पाँच दक्षिण भारतीय संस्कृति अंक और छठा भाग भी दक्षिण भारतीय संस्कृति अंक के रूप में प्रकाशित हुए। इनके अलावा रवीन्द्र अंक, संस्कृति अंक, बौद्ध संस्कृति अंक, सोवियत रूस अंक, चीन अंक, जैन संस्कृति अंक, अकबर अंक, गांधी अभिनंदन अंक, एशिया अंक, नीग्रो अंक, श्रद्धांजलि अंक, अन्तरराष्ट्रीय अंक, बापू स्मृति अंक, ईरानी संस्कृति अंक, यहूदी संस्कृति अंक, मिस्री संस्कृति अंक, यूनानी संस्कृति अंक, हजरत मोहम्मद इस्लाम अंक, कोरिया अंक, आदिवासी संस्कृति अंक और रोमन संस्कृति अंक जैसे महत्वपूर्ण विशेषांक 'विश्ववाणी' ने प्रकाशित किए।

माँ

रामचन्द्र शर्मा (महारथी) ने दिल्ली से जनवरी 1941 में उत्कृष्ट पारिवारिक पत्रिका *'माँ'* का प्रकाशन किया। महारथी प्रेस दिल्ली से 22 गुणित 14 से.मी. आकार की यह सचित्र मासिक पत्रिका छपती थी। एक प्रति का मूल्य छह आना और वार्षिक शुल्क चार रुपये था। कुछ पृष्ठ दो रंग में छपते थे। रंगीन चित्रों से पत्रिका सजी होती थी। सभी सुलेखकों की रचनाएँ पत्रिका में प्रकाशित होती थीं। मुखपृष्ठ पर चित्रकार शोभा सिंह का बनाया चित्र प्रकाशित होता था। कागज उत्तम कोटि का रहता था। इसका साफ-सुथरा मुद्रण पत्रिका को आकर्षक बनाता था। कविताएँ, कहानियाँ, निबंध बहुत बड़े नहीं होते थे। पत्रिका का केन्द्रीय विषय माँ था और उसी के इर्द-गिर्द घर-परिवार के सुख और आनंद की संकल्पना पत्रिका में प्रकाशित रचनाओं से झलकती है।

मानव धर्म

अगस्त 1941 में दिल्ली से हिन्दी मासिक पत्रिका *'मानव धर्म'* का प्रकाशन हुआ। 40 पृष्ठ

की इस पत्रिका के सम्पादक दीनानाथ भार्गव 'दिनेश' थे। इसका आकार 24 गुणित 18 से.मी. था। वार्षिक शुल्क पाँच रुपये और एक प्रति का मूल्य छह आना था। 'मानवधर्म' का अगस्त 1946 में प्रकाशित 200 पृष्ठ का 'महापुरुष विशेषांक' सन्दर्भ की दृष्टि से महत्वपूर्ण है। इस विशेषांक को अवतारी महापुरुष, धर्म संस्थापक और जन उद्धारक महापुरुष, वैज्ञानिक महापुरुष, साहित्यकार महापुरुष, दार्शनिक महापुरुष और राष्ट्रीय महापुरुष– इस तरह सात खण्डों में विभाजित किया गया था। उस समय के अनेक विद्वानों ने इस विशेषांक को अपने लेखों से सँवारा था।

'मानव धर्म' के उद्देश्य थे– "भारतीय संस्कृति और साहित्य का उत्थान, प्रगतिशील और व्यावहारिक धर्म द्वारा चरित्र निर्माण, आध्यात्मिक और राष्ट्रीय उन्नति, प्रेम, सेवा, सद्भाव और संगठन, श्रीमद भगवद गीता के ध्येय की पूर्ति।" सन 1947 में पंडित तिलकधर शर्मा संयुक्त सम्पादक हो गए। अगस्त 1947 में प्रकाशित 'मानव धर्म' का 'मातृभूमि अंक' भी सन्दर्भ ग्रंथ की तरह महत्वपूर्ण रहा। जमना प्रिंटिंग वर्क्स से इसका मुद्रण होता था।

रामप्रसाद गोंडल ने सन 1941 में दिल्ली से मासिक *'हिन्दी पत्रिका'* का प्रकाशन किया। हिन्दी भाषा का प्रचार और विविध भाषा शिक्षण इस पत्रिका का उद्देश्य था। वार्षिक शुल्क दो रुपये था।

सन 1941 में नईदिल्ली से सचित्र हिन्दी साप्ताहिक *'अमृत'* प्रकाशित हुआ। 27 गुणित 20 से.मी. आकार का 'अमृत' 12 पृष्ठ में निकलता था। डा. आम्बेडकर, निरंकार देव सेवक प्रभृति विद्वानों की रचनाएँ इसमें छपती थीं। सम्पादक चन्द्रप्रकाश तथा मुद्रक और प्रकाशक आर.पी.किशोर थे।

जनवरी 1941 में प्रभात प्रकाशन दिल्ली से आर.के.शर्मा ने हिन्दी साहित्यिक मासिक पत्रिका *'प्रभात'* का प्रकाशन आरंभ किया। संपादक रत्नेश थे। विविध विषयों की यह पत्रिका, कविताएँ, कहानियाँ, लेख, सिने संसार आदि सामग्री का प्रकाशन करती थी। पृष्ठ संख्या 52 और वार्षिक शुल्क चार रुपये था।

स्वामी राघवाचार्य ने सन 1941 में सनातन धर्म पर केन्द्रित मासिक पत्रिका *'श्री वैष्णव'* का सम्पादन–प्रकाशन किया। वेद–पुराण, आयुर्वेद तथा धर्म सम्बन्धी विविध पहलुओं पर विवेचनात्मक लेख और भजन एवं धार्मिक समाचारों का प्रकाशन इस पत्रिका में किया जाता है। सम्प्रति डा. विजयनारायण रामानुज दास सम्पादक हैं।

हिन्दी और मराठी द्विभाषी पाक्षिक पत्र *'दलित सेवक'* धुले से प्रकाशित हुआ। विनायक नीलकंठ उपाध्याय सम्पादक–प्रकाशक थे। वार्षिक शुल्क दो रुपये था। संस्कृत पाक्षिक *'उच्छृंखलम्'* सन 1941 में वाराणसी से प्रकाशित हुआ। माधवप्रसाद मिश्र सम्पादक थे। फिरंगी हुकूमत पर व्यंग्योत्तियाँ करने के कारण दो वर्ष बाद बंद हो गया।

राष्ट्रवाणी

अप्रैल 1941 में पटना से हिन्दी दैनिक *'राष्ट्रवाणी'* का प्रकाशन हुआ। देवव्रत शास्त्री सम्पादक थे। 15 वर्ष तक इस पत्र का प्रकाशन हुआ। 'राष्ट्रवाणी' समाचार संकलन, अग्रलेख और अन्य लेखादि, अनूदित सामग्री और अन्य रचनाओं के चयन और सम्पादन में उत्कृष्टता का ध्यान रखता था। राष्ट्रीयता और स्वतंत्रता का पक्षधर था। समाज के कमजोर लोगों के हक में आवाज उठाता था। भारत छोड़ो आन्दोलन के दिनों में कुछ महीनों तक अखबार का प्रकाशन स्थगित रहा। पत्र संचालकों से मतभेद होने पर देवव्रत शास्त्री ने 'राष्ट्रवाणी' से नाता तोड़ लिया।

जी. नीलकंठ नायर के सम्पादकत्व में त्रिचुर से हिन्दी पत्रिका *'हिन्दी मित्र'* का प्रकाशन अगस्त 1941 में आरंभ हुआ। लेख, कविताएँ, कहानियाँ तथा केरल में हिन्दी प्रचार समितियों के क्रियाकलापों सम्बन्धी समाचार प्रकाशित किए जाते थे।

पराक्रम

सितम्बर 1941 में बिलासपुर से हिन्दी साप्ताहिक *'पराक्रम'* का सम्पादन-प्रकाशन रामकृष्ण पांडेय ने किया। यह तीखे तेवर वाला अखबार था जिसका हर स्वर आजादी के पहले फिरंगी हुकूमत के विरुद्ध जितना तीखा था, आजादी के बाद भी जन साधारण के पक्ष में उतना ही प्रखर बना रहा। अपनी बेबाक शैली के कारण सम्पादक रामकृष्ण पांडेय को पराक्रमी पांडे भी कहा जाने लगा था।

रामवन (सतना) से मानस संघ के तत्वावधान में सन 1941 में हिन्दी मासिक पत्रिका *'मानसमणि'* का प्रकाशन हुआ। प्रकाशक शारदाप्रसाद और सम्पादक सुदर्शन सिंह चक्र थे। तरुणेन्दु शेखर तिवारी ने भी 'मानसमणि' का सम्पादन किया। रामचरित मानस और तुलसीदास के प्रति समर्पित यह एक स्तरीय पत्रिका थी।

राष्ट्रभाषा प्रचार समिति वर्धा ने हिन्दी मासिक *'राष्ट्रभाषा'* का प्रकाशन किया। मोहनलाल भट्ट, भदन्त आनंद कौसल्यायन ने सम्पादन किया। जबलपुर से नाथूराम शुक्ल ने हिन्दी साप्ताहिक *'शक्ति'* का सम्पादन-प्रकाशन किया। आठ पृष्ठों का यह साप्ताहिक 1948 तक प्रकाशित हुआ। हिन्दी साहित्य समिति पिलानी ने सन 1941 में हस्तलिखित मासिक पत्रिका *'अरुणोदय'* निकाली। 1958 में इसका मुद्रण कराया जाने लगा। 5 जुलाई 1941 को वर्धा से हिन्दी मासिक *'खादी जगत'* निकला। सम्पादक कृष्णदास गांधी थे। हास्य मासिक *'गुलदस्ता'* आगरा से प्रकाशित हुआ। सम्पादक विजयानंद थे। कोलकाता से पुरुषोत्तमलाल के सम्पादन में हिन्दी मासिक *'गुर्जर संदेश'* प्रकाशित हुआ। वार्षिक शुल्क एक रुपया था।

आगरा से हिन्दी साप्ताहिक 'ताजातर' निकला। सोहसराय (पटना) से जातीय मासिक *'तैलिक वैश्य बंधु'* निकला। तीन दशक तक प्रकाशित हुआ। गोस्वामी बिन्दुजी ने सन 1941 में वृन्दावन से हिन्दी मासिक *'प्रेम संदेश'* का प्रकाशन किया। इस धार्मिक पत्रिका के सम्पादक श्री नम्र थे। देवास से राजपूत मराठा यूनियन का मासिक पत्र *'मराठा राजपूत'* प्रकाशित हुआ। वार्षिक शुल्क तीन रुपये था। सम्पादक रविप्रताप सिंह श्रीनेत तथा रामचन्द्रराव जाधव थे। कानपुर से समाचार साप्ताहिक *'युगान्तर'* का प्रकाशन हुआ। वार्षिक शुल्क पाँच रुपये था। कोलकाता से हिन्दी साप्ताहिक *'राजस्थान स्टेण्डर्ड'* निकला। गणपत राय पारीक ने हिन्दी मासिक *'ऋषि जीवन'* का सम्पादन-प्रकाशन किया। आयुर्वेद पर केन्द्रित हिन्दी मासिक *'स्वास्थ्य संदेश'* का सम्पादन-प्रकाशन कपिल देव त्रिपाठी ने सन 1941 में पटना से किया। एक प्रति का मूल्य छह आना था।

नवजीवन प्रेस इटावा से श्यामनारायण दुबे के सम्पादन में हिन्दी मासिक *'सत्यवादी'* सन 1941 में प्रकाशित हुआ। वार्षिक शुल्क दो रुपये था। 'सत्यवादी' 25 वर्ष तक निकला। जनवरी 1941 में कोलकाता से सांस्कृतिक मासिक पत्रिका *'सज्जन'* निकली। पृष्ठ संख्या 64 और आकार 25 गुणित 18 से.मी. था। गिरीशचन्द्र जोशी सम्पादक थे।

ब्लिट्ज

एक फरवरी 1941 को मुम्बई से आर.के.करंजिया ने अँगरेजी साप्ताहिक *'ब्लिट्ज'* का सम्पादन-प्रकाशन आरंभ किया। प्रवेशांक में घोषणा की गई थी- "यह पत्र बेबाक, निर्भीक, स्वतंत्र और सबसे पहले (खबर देने) के गुणधर्म पर आधारित पत्रकारिता करेगा। यह तमाम बुराइयों के विरुद्ध समस्त लोकतांत्रिक हथियारों के साथ संघर्ष करेगा। राजनीतिक और सार्वजनिक मामलों में इसकी नीति स्वतंत्र होगी।" 'ब्लिट्ज' टेबलायड आकार में निकला। यह प्रस्तुति और शैली में अन्य प्रचलित समाचारपत्रों से सर्वथा भिन्न था। इसकी समाचार कथाएँ आक्रामक शैली में होती थीं। पाठकों को 'ब्लिट्ज' का इन्तजार रहता था। पत्र के अंतिम पृष्ठ पर छपने वाला ख्वाजा अहमद अब्बास का स्तंभ काफी लोकप्रिय था।

बर्मा के मोर्चे से आजाद हिन्द फौज के जवानों और नेताजी सुभाषचन्द्र बोस के दुर्लभ चित्र लाकर छापने के लिए 'ब्लिट्ज' को फिरंगी हुकूमत की प्रताड़ना झेलनी पड़ी। बर्मा में बंद लक्ष्मी स्वामीनाथन की दुर्दशा और उन्हें दी जा रही यातनाओं का लोमहर्षक विवरण छापकर ब्लिट्ज ने तहलका मचा दिया था। महात्मा गांधी के हत्यारे नाथूराम गोडसे के हिन्दू महासभाई नेताओं के साथ चित्र 'ब्लिट्ज' ने सबसे पहले छापे। जिन्ना की गंभीर बीमारी की सूचना भी 'ब्लिट्ज' ने ही दी, जिसे पाकिस्तान में छुपाकर रखा जा रहा था। 'ब्लिट्ज' की विस्फोटक

शैली के चलते उसे बार-बार अदालती कार्यवाहियों का सामना भी करना पड़ा। 'ब्लिट्ज' का हिन्दी संस्करण 17 फरवरी 1962 को आरंभ हुआ जिसके सम्पादक नंदकिशोर नौटियाल थे। उर्दू संस्करण 1963 में निकला। 'ब्लिट्ज' अब बंद है।

अँगरेजी साप्ताहिक *'इंडियन इन्फार्मेशन'* नई दिल्ली से 1941 में प्रकाशित हुआ। 36 गुणित 24 से.मी. आकार में 32 पृष्ठों का पत्र था। द्वितीय महायुद्ध को ध्यान में रखकर निकाला गया था। युद्ध के बाद बंद हो गया।

'म्यूजियम जर्नल एण्ड पब्लिक वर्क्स' नामक अँगरेजी मासिक मुम्बई से वी.टी.गोरा ने निकाला। इसी वर्ष दिल्ली से अँगरेजी साप्ताहिक *'बिहाइंड द हेडलाइन्स इनकार्पोरेटिंग न्यूज रिपोर्ट'* सन 1941 में दिल्ली से प्रकाशित हुआ। पृष्ठ संख्या आठ, आकार 35 गुणित 20 से.मी. था। यह भी दूसरे महायुद्ध के सन्दर्भ में मित्र राष्ट्रों का प्रचार पत्र था।

सन 1941 में श्रीनगर से उर्दू साप्ताहिक *'नवयुग'* का प्रकाशन आरंभ हुआ। एन.एल.वातिल सम्पादक थे। 1947 में यह दैनिक हो गया। 1949 के अंत में 'नवयुग' का कार्यालय आग लग जाने से नष्ट हो गया और पत्र बंद कर देना पड़ा।

उर्दू साप्ताहिक *'कौसर'* लाहौर से प्रकाशित हुआ। सम्पादक नसरुल्ला खाँ अजीज थे। पृष्ठ संख्या छह और एक प्रति का मूल्य दो आना था। इस्लाम और मुसलमानों का पैरोकार था।

भोपाल से 29 जून 1941 को उर्दू साप्ताहिक *'जम्हूर'* का प्रकाशन हुआ। आकार 40 गुणित 25 से.मी. तथा पृष्ठ संख्या चार थी। सम्पादक अल्ताफ यजदानी और प्रबंधक अब्दुल मन्नान थे। वार्षिक शुल्क एक रुपया आठ आना था। साप्ताहिक के पहले पृष्ठ पर एक कविता और समाचार प्रकाशित होते थे। दूसरे पृष्ठ पर अग्रलेख और संपादकीय टिप्पणियाँ दी जाती थीं। तीसरे पृष्ठ पर गोशेफिक्र मुरासलात और मुख्तशिरात स्तंभ प्रकाशित किए जाते थे। चौथा पृष्ठ रियासती दुनिया की खबरों के लिए था।

'जम्हूर' के 13 फरवरी 1942 के अंक में प्रकाशित जोश मलीहाबादी की एक कविता पर अखबार से जमानत माँगी गई और दो माह तक प्रकाशन बंद रहा। भोपालवासियों की समस्याएँ उठाने और उनका समाधान कराने में जम्हूर की अच्छी भूमिका रही। 1946 में आसिफ शाहमीरी सम्पादक हुए। अंत में मुस्लिम लीग का समर्थक हो गया। पर ज्यादा दिनों तक चला नहीं।

उर्दू अर्द्ध साप्ताहिक *'तामीर'* भोपाल से 17 जून 1941 को प्रकाशित हुआ। सम्पादक महबी सिद्दीकी थे। 1942 में उर्दू साप्ताहिक *'नक्काश'* प्रकाशित हुआ। सम्पादक-प्रकाशक यूनुस नजरी थे। कुछ समय तक दैनिक अखबार भी रहा। सैयद मुहम्मद शाह और गुलाम सरवर फिगार के सम्पादकत्व में उर्दू मासिक

पत्रिका *'पैगाम-ए-हक'* का प्रकाशन लाहौर से हुआ। पत्रिका अल्लामा इकबाल के विचारों के प्रसार-प्रचार के लिए समर्पित थी। पृष्ठ संख्या 80 और वार्षिक शुल्क दो रुपये बारह आना था।

इसी वर्ष बिजनौर से यूनानी उपचार सम्बन्धी पत्रिका *'हाजिक'* का प्रकाशन हुआ। सम्पादक रफीक अहमद हाजिकी थे। पृष्ठ संख्या 48 और वार्षिक शुल्क एक रुपया था। उर्दू त्रैमासिक *'मुआसिर'* पटना से निकला। एस.एम.एम.बारी के सम्पादन में उर्दू पत्रिका *'तस्वीर'* प्रकाशित हुई। कोलकाता से सैयद अजहर हुसैन के सम्पादन में उर्दू पत्र *'निजाम'* का प्रकाशन सन 1941 में हुआ। 1943 में यह मुम्बई से निकलने लगा, जिसका सम्पादन इब्राहिम होश ने किया।

उर्दू मासिक *'नई जिन्दगी'* सन 1941 में इलाहाबाद से प्रकाशित हुई। 25 गुणित 18 से.मी. आकार की 80 पृष्ठ की इस पत्रिका का वार्षिक शुल्क पाँच रुपये था। प्रकाशक डा. सैयद महमूद और सम्पादक सैयद अनीस उर रहमान थे। सांस्कृतिक और राजनीतिक मामलों की पत्रिका थी। एक मार्च 1941 को आष्टा (सीहोर) से अब्दुल कादिर अख्तर के सम्पादन में उर्दू साप्ताहिक *'जमींदार'* का प्रकाशन हुआ। किसान और किसानी इस अखबार के विषय थे।

पहले कागज, फिर अखबार

1942

दिनतंति

तमिल दैनिक समाचारपत्र *'दिनतंति'* एक नवम्बर 1942 को मदुरै से प्रकाशित हुआ। चेन्नै से बाहर प्रकाशित होने वाला यह पहला तमिल दैनिक था। इसके सम्पादक-प्रकाशक सि.पा.अदितनार थे। द्वितीय विश्वयुद्ध के इस दौर में जब फिरंगी हुकूमत ने 'दिनतंति' के लिए अखबारी कागज का कोटा मंजूर करने से इन्कार कर दिया तब अदितनार ने भूसे से कागज बनाना शुरू किया और अखबार प्रकाशित किया। ज्ञानवर्द्धक, शिक्षाप्रद, मनोरंजक और तमिल संस्कृति पर प्रचुर सामग्री के साथ-साथ निष्पक्ष रिपोर्टों का प्रकाशन कर 'दिनतंति' ने पाठकों के बीच गहरी पैठ बनाई। इसकी भाषा सरल और प्रवाहमयी तथा प्रस्तुति आकर्षक होती है। 'दिनतंति' ने समाचारों के साथ लोगों की राय जोड़ने और अपनी टिप्पणी शामिल करने की शैली अपनाई जिसके कारण उसकी ग्राह्यता बढ़ी।

प्रसार की दृष्टि से 'दिनतंति' तमिल का प्रमुख अखबार है। वर्तमान में इसके 14 संस्करण प्रकाशित हो रहे हैं। चेन्नै, मदुरै, डिंडीगुल, तिरुच्चि, तंजौर, कोयम्बतूर, ईरोड, सेलम, तिरुनेलवेली, नागरकोइल, बेलूर, कुटलूर, पुडुचेरी, और बेंगलूरु। सम्प्रति डा. बी.एस. आदित्यन 'दिनतंति' के सम्पादक-प्रकाशक हैं।

नवभारत

वामन एस.कुडवा ने सन 1942 में मंगलूरु से कन्नड दैनिक *'नवभारत'* का प्रकाशन कर कन्नड पत्रकारिता के विकास में नया अध्याय शुरू किया। इसके लिए रोटरी प्रिंटिंग मशीन लगाई गई। अल्पकाल में यह कन्नड का लोकप्रिय दैनिक बन गया। इसका प्रसार क्षेत्र मुम्बई और चेन्नै तक फैल गया। शुरूआत में अँगरेजी समाचारपत्रों से अधिकतर समाचार उद्धृत किए जाते थे। बाद में पत्र ने अपना संवाद तंत्र विकसित कर लिया। जनवरी 1970 में मणिपाल से कन्नड दैनिक *'उदयवाणी'* का प्रकाशन आरम्भ होने तक 'नवभारत' ही दक्षिण कन्नड अंचल का

प्रमुख अखबार था। 'नवभारत' से कई अच्छे पत्रकार, मुद्रक, कम्पोजीटर, प्रूफरीडर, 'उदयवाणी' में चले गए। इससे 'नवभारत' को नुकसान और 'उदयवाणी' को फायदा होना ही था।

'नवभारत' की प्रसिद्धि और लोकप्रियता का एक कारण वामन एस. कुडवा के विद्वत्तापूर्ण सम्पादकीय तथा एम.वी.हेगडे का स्तम्भ– 'अर्थ गर्भित वार्तेगलु' था। इस अखबार से पत्रकारिता आरम्भ करने वाले कई पत्रकार कालान्तर में प्रतिष्ठित हुए। वामन एस.कुडवा के बाद उनके पुत्र संजीव वी. कुडवा ने सम्पादक का दायित्व सम्हाला।

आजकल

उर्दू पाक्षिक *'आजकल'* का प्रकाशन नवम्बर 1942 में दिल्ली से हुआ। सम्पादक आगा मोहम्मद याकूब और उनके सहयोगी राजेन्द्रनाथ 'शैदा' एवं मुईन अहसन 'जज्बी' थे। इदारा मतबूआत देहली की ओर से प्रकाशित किया जाता था। आकार 27 गुणित 20 से.मी., पृष्ठ संख्या 60 और वार्षिक शुल्क पाँच रुपये था। 'आजकल' का प्रकाशन करने के लिए फिरंगी हुकूमत ने युनाइटेड पब्लिकेशन्स नामक संस्था का गठन किया था। ब्रिटिश साम्राज्यवाद के पक्ष में प्रचार करना इसका उद्देश्य था।

आजादी के पहले तक 'आजकल' साहित्य जगत में प्रतिष्ठित नहीं हो पाया था। आजादी के बाद प्रकाशन विभाग प्रकाशक हो गया। महात्मा गांधी की हत्या के बाद 'आजकल' ने गांधी विशेषांक का प्रकाशन किया जो इतना अच्छा निकला कि 'आजकल' की नई पहचान का सबब बन गया। जोश मलीहाबादी, मिर्जा साकिब लखनवी, अब्दुल मजीद सालिक, बेखुद देहलवी, जिगर मुरादाबादी, सीमाब अकबराबादी, सागर निजामी, नियाज फतहपुरी, साहिर लुधियानवी, अख्तर शीराजी, जलील मानिकपुरी आदि उर्दू के नामवर साहित्यकारों का सहयोग 'आजकल' को मिला। अनेक अग्रगण्य व्यक्तियों के कृतित्व पर 'आजकल' ने विशेषांक प्रकाशित किए। आजादी के बाद 'आजकल' मासिक हो गया।

विश्व राजनीति पर केन्द्रित पत्रिका *'विसात-ए-आलम'* निकली और बाल पत्रिका के रूप में *'नौनिहाल'* निकलने लगी। किंतु यह प्रयोग सन 1949 तक ही चल पाया। बाद में केवल 'आजकल' निकलती रही। जोश मलीहाबादी सम्पादक तथा अर्स मलसियानी, आजाद और बलवंत सिंह सहयोगी सम्पादक हुए। एक और परिवर्तन यह हुआ कि केवल कहानियों और कविताओं पर केन्द्रित न रखकर 'आजकल' में साहित्य, समाज और संस्कृति पर उत्तम लेख भी प्रकाशित किए जाने लगे। सन 1955 में जोश मलीहाबादी पाकिस्तान चले गए, तब बालमुकुन्द अर्स मलसियानी को सम्पादक बनाया गया, जिन्होंने सन 1967 तक यह दायित्व

निभाया। भारत की बहुलतावादी संस्कृति और विभिन्न कला विधाओं पर 'आजकल' के अंक संग्रहणीय निकले। सन 1967 में शहवाज हुसैन और उनके बाद राजनारायण 'राज' 'आजकल' के सम्पादक हुए। पत्रिका का प्रकाशन जारी है।

सारथी

द्वारकाप्रसाद मिश्र के सम्पादकत्व में हिन्दी साप्ताहिक *'सारथी'* का प्रकाशन 26 मार्च 1942 को जबलपुर से हुआ। 'सारथी' के तेरह अंक प्रकाशित हो पाए थे कि संपादक को भारत छोड़ो आन्दोलन में गिरफ्तार कर जेल भेज दिया गया। जबलपुर से 17 अगस्त 1942 को 'सारथी' का आखिरी अंक निकला। 26 जनवरी 1954 को 'सारथी' का पुन: प्रकाशन नागपुर से हुआ और सन 1956 तक निकलता रहा। जब द्वारकाप्रसाद मिश्र सागर विश्वविद्यालय के कुलपति पद पर प्रतिष्ठित हुए, तब कुछ अंक सत्येन्द्रप्रसाद मिश्र के सम्पादन में निकले। फिर 'सारथी' का प्रकाशन बन्द हो गया।

'सारथी' में 'संवाद समीक्षा', 'विंध्य के शिखर से' नियमित स्तम्भ थे। रामानुजलाल श्रीवास्तव, गजानन माधव मुक्तिबोध, विनय मोहन शर्मा, जीवनलाल वर्मा 'विद्रोही' प्रभृति पत्रकार-साहित्यकार 'सारथी' के स्तम्भ थे। 'व्यंग्य चित्रावली' पाठकों को खूब भाती थी। 'सारथी' की सम्पादकीय टिप्पणियों और अग्रलेखों में सम्पादक की विश्लेषण क्षमता, दूरदर्शिता और भाव प्रवणता का परिचय मिलता है।

विश्वभारती

जनवरी 1942 में शांति निकेतन से गुरुदेव रवीन्द्रनाथ टैगोर की भावनाओं के अनुरूप हिन्दी त्रैमासिक पत्रिका *'विश्वभारती'* का प्रकाशन हुआ। हजारीप्रसाद द्विवेदी पत्रिका के सम्पादक थे। प्रवेशांक में उन्होंने लिखा- "शान्ति निकेतन में हिन्दी भवन की स्थापना के अवसर पर स्वर्गीय गुरुदेव ने यह इच्छा प्रकट की थी कि विश्वभारती से एक ऐसी हिन्दी पत्रिका प्रकाशित हो जिसके द्वारा भारतवर्ष की साहित्यिक और सांस्कृतिक साधना का जो कुछ सर्वोत्तम है, उसका नियमित रूप से प्रचार और उन्नयन होता रहे। इस उत्कृष्ट पत्रिका का प्रकाशन सन 1960 तक हुआ। आवागढ़ नरेश महाराज सूर्यपाल सिंह ने पत्रिका प्रकाशन के लिए उदारतापूर्वक सहायता सुलभ कराई थी।

विक्रम

अप्रैल 1942 में उज्जैन से सूर्यनारायण व्यास ने हिन्दी मासिक पत्रिका *'विक्रम'* का प्रकाशन किया। सम्पादक पांडेय बेचन शर्मा 'उग्र' थे। अक्टूबर 1942 में व्यासजी सम्पादन करने लगे। 'व्यास उवाच' स्तम्भ के अन्तर्गत सम्पादक की बेवाक टिप्पणियाँ रहती थीं जिनमें विषयों की विविधता, तर्कों की प्रखरता, विचारों की सुस्पष्टता 'विक्रम' को प्राणवान बनाती थी। 'बिन्दु-बिन्दु विचार' स्तम्भ ने

'विक्रम' को लोकप्रिय बनाया। (बाद में इसी नाम का स्तंभ 'कादम्बनी' में छपा।) राजनीतिक टिप्पणियों के कारण 'विक्रम' को शासन का कोपभाजन बनना पड़ा। ग्वालियर दरबार ने पं. व्यास को एक वर्ष तक घर में नजरबंद रखा था। सांस्कृतिक अवदान की दृष्टि से 'विक्रम' अद्वितीय रहा।

'विक्रम' के प्रकाशन में वित्तीय बाधा भी आई। कोई चार वर्ष तक बन्द रहने के बाद जनवरी 1950 में 'विक्रम' का पुन:प्रकाशन हुआ। देश भर के प्रमुख विद्वानों का लेखन सहयोग 'विक्रम' को प्राप्त था। विक्रम संवत् के दो हजार वर्ष पूर्ण होने पर 'विक्रम' की पहल से देश भर में विक्रम द्विसहस्त्राब्दी समारोह हुए। उज्जैन में विक्रम विश्वविद्यालय, विक्रम कीर्ति मंदिर, कालिदास समारोह के पीछे 'विक्रम' के अभियान और संकल्प की ही प्रेरणा रही। 'विक्रम' के विशेषांक शोध-सन्दर्भ के रूप में स्थायी महत्व के हैं।

अग्रदूत

केशवप्रसाद वर्मा ने छत्तीसगढ़ में स्वतंत्रता संग्राम को गति प्रदान करने के उद्देश्य से हिन्दी साप्ताहिक *'अग्रदूत'* का सम्पादन-प्रकाशन रायपुर से 20 जून 1942 को आरम्भ किया। स्वराज्य प्रसाद त्रिवेदी संयुक्त सम्पादक थे। प्रवेशांक के मुखपृष्ठ पर "है अजर-अमर अपना झण्डा" की हुंकार भरते हुए निकले 'अग्रदूत' की रचनाएँ, समाचार और टिप्पणियाँ उद्देश्यपरक, तथ्यपूर्ण और तर्कपूर्ण होती थीं। कांग्रेस के आन्दोलनों की खबरें प्रमुखता से छापी जाती थीं। 'हरिजन' से गांधीजी के विचार उद्धृत किए जाते थे। 13 अगस्त 1942 के अंक में कांग्रेस नेताओं की गिरफतारी के समाचार प्रकाशित हुए। 20 अगस्त के अंक में नागपुर के 'नागपुर टाइम्स', 'नवभारत' और 'इंडिपेंडेंट' प्रेस में तलाशी तथा 'नवभारत' के सम्पादक रामगोपाल माहेश्वरी की गिरफतारी की खबर प्रकाशित हुई। अन्तत: सितम्बर 1942 के अंतिम सप्ताह में 'अग्रदूत' पर सेंसर बैठा दिया गया। सम्पादकद्वय के घरों की तलाशी ली गई। वर्मा जेल भेज दिए गए। लक्ष्मी प्रेस पर ताला पड़ गया और 'अग्रदूत' का प्रकाशन स्थगित हो गया। जेल से रिहाई के बाद 'अग्रदूत' का पुन: प्रकाशन हुआ।

स्वतंत्रता के बाद 'अग्रदूत' के सम्पादन-प्रकाशन का दायित्व काशीप्रसाद सिन्हा ने सम्हाल लिया। 23 जून 1983 को 'अग्रदूत' सांध्य दैनिक के रूप में निकलने लगा। विष्णु सिन्हा के सम्पादन-संचालन काल में 'अग्रदूत' के अन्य संस्करण प्रकाशित हुए।

हुंकार

सन 1942 में पटना से किसान नेता यमुना कार्यी ने हिन्दी साप्ताहिक *'हुंकार'* का सम्पादन-प्रकाशन किया। लगभग डेढ़ दशक तक यह पत्र प्रकाशित

हुआ जिसने बिहार के किसानों और मजदूरों के दुख-दर्दों को साहसपूर्वक उजागर किया। इस निर्भीक राजनीतिक पत्र को फिरंगी हुकूमत ने बारम्बार प्रताड़ित किया। 'हुंकार' की तेजस्विता का परिचय इस टिप्पणी से मिलता है- "हम पूछना चाहते हैं कि यदि सम्राट के विरुद्ध युद्ध अपराध है, यदि शासक के विरुद्ध शासित का हथियार उठाना अपराध है तो फिर विदेशी दासता और गुलामी से मुक्ति का दूसरा रास्ता ही कौन है ? क्या उनकी दृष्टि में हाथ पसारने से ही आजादी मिलती है। जहाँ तक आजाद हिन्द फौज के उपर्युक्त अफसरों के लड़ने का प्रश्न है, अहिंसावादी उनसे मतभेद रख सकते हैं। पर जो स्वयं हिंसा में विश्वास करने वाला है, वह क्योंकर उन्हें दोषी ठहराए।"[1]

अगस्त 1942 में ठाकुर घनश्याम नारायण सिंह, सुशीला देवी वैश्य तथा ठाकुर विश्वनाथ सिंह के सम्पादन में देहरादून से *'ललकार'* का प्रकाशन किया गया। कभी यह हस्तलिखित और कभी साइक्लोस्टाइल पर निकाला जाता था। इसकी प्रतियाँ गुप्त रूप से वितरित की जाती थीं। आन्दोलन समाप्त होते ही 'ललकार' बन्द हो गया।

आगामी कल

एक जनवरी 1942 को खण्डवा से साहित्य और संस्कृति की नवीन रचना का प्रतीक हिन्दी साप्ताहिक *'आगामी कल'* प्रकाशित किया गया। प्रभागचन्द्र शर्मा 'आगामी कल' के सम्पादक-प्रकाशक थे। वार्षिक शुल्क छह रुपये था। भारत छोड़ो आन्दोलन के चलते अक्टूबर 1942 में 'आगामी कल' का प्रकाशन स्थगित हुआ जो सम्पादक की रिहाई के बाद पुनः प्रकाशित हुआ। 'आगामी कल' में बेबाक टिप्पणियाँ और उत्कृष्ट साहित्य सामग्री पढ़ने को मिलती थी।

सन 1942 में जयपुर से हिन्दी साप्ताहिक 'जयपुर समाचार' का सम्पादन-प्रकाशन श्यामलाल वर्मा ने किया। 31 जनवरी 1943 को पत्र पर प्रतिबंध लगाकर सम्पादक को जेल भेज दिया गया। 25 सितम्बर को पाबंदी हटी और 28 अक्टूबर 1943 से 'जयपुर समाचार' दैनिक अखबार के रूप में निकलने लगा।

सन 1942 में अरविन्द आश्रम पुडुचेरी से त्रैमासिक आध्यात्मिक पत्रिका *'अदिति'* का प्रकाशन हुआ। श्री अरविन्द के संदेश और दर्शन के प्रचार-प्रसार के लिए समर्पित पत्र का सम्पादन-प्रकाशन आचार्य अभयदेव ने किया।

हिन्दी साप्ताहिक 'कांग्रेस समाचार' सितम्बर 1942 में प्रकाशित हुआ। इसका छठवाँ और सातवाँ अंक (25 अक्टूबर एवं एक नवम्बर 1942) जब्त कर लिए गए थे। अल्पकाल में बन्द हो गया। इसी वर्ष हजारीबाग से हिन्दी साप्ताहिक *'छोटा नागपुर दर्पण'* का प्रकाशन हुआ। सम्पादक अवधनारायण प्रसाद थे। एक प्रति

1. हुंकार, 6 जनवरी 1946

का मूल्य दो आना था। शिवशंकर शुक्ल ने सन 1942 में काशी से हिन्दी मासिक पत्रिका *'ज्योत्स्ना'* का सम्पादन-प्रकाशन किया। हिन्दी साप्ताहिक *'जनयुग'* सन 1942 में दिल्ली से निकला। टेबलायड आकार का सोलह पृष्ठ का पत्र था। मुम्बई से भी मराठी साप्ताहिक *'जनयुग'* इसी वर्ष निकला। इस समाचार साप्ताहिक के सम्पादक-प्रकाशक गंगाधर अधिकारी थे।

इन्द्रदत्त स्वाधीन ने सन 1942 में कोटा से हिन्दी साप्ताहिक *'जनवाणी'* का सम्पादन-प्रकाशन किया। राष्ट्रीय विचारधारा का पत्र था। पृष्ठ संख्या आठ, आकार 35 गुणित 22 से.मी. था। जयपुर से सूर्यनारायण चतुर्वेदी और लाड़ली नारायण गोयल ने हिन्दी साप्ताहिक *'जयध्वनि'* का सम्पादन-प्रकाशन किया। सम्पादक जयपुर नरेश के समर्थक परन्तु अँगरेजों के विरोधी थे। पत्र की इबारत से यह भाव प्रकट भी होता था।

ब्रज साहित्य मंडल की ओर से जगदीशप्रसाद चतुर्वेदी ने सन 1942 में मथुरा से हिन्दी त्रैमासिक पत्रिका *'ब्रजभारती'* का प्रकाशन किया। सम्पादक जवाहरलाल चतुर्वेदी थे। वार्षिक शुल्क तीन रुपये था। वियोगी हरि भी सम्पादक रहे।

कानपुर से हिन्दी साप्ताहिक *'नागरिक'* सन 1942 में निकला। सुरेश मेहता सम्पादक-प्रकाशक थे। पृष्ठ संख्या आठ थी। इन्दौर के जैन श्वेताम्बर संघ ने हिन्दी मासिक *'मंगल'* का प्रकाशन किया। मफतलाल अमोलक संघवी सम्पादक थे। कानपुर से रामनाथ गुप्त ने हिन्दी साप्ताहिक *'रामराज्य'* का सम्पादन-प्रकाशन सन 1942 में किया। आठ पृष्ठ का समाचार साप्ताहिक था। लखनऊ से हिन्दी समाचार साप्ताहिक *'लोकवाणी'* प्रकाशित हुआ। मदनमोहन मिश्र सम्पादक थे।

लाहौर से अगस्त 1942 में हिन्दी मासिक पत्रिका *'शिक्षा'* का प्रकाशन हुआ। इस पत्रिका में बालोपयोगी साहित्य और सामान्य ज्ञान का प्रकाशन किया जाता था। रामेश्वर करुण सम्पादक थे। शिक्षा सदन लाहौर प्रकाशक था। वार्षिक शुल्क तीन रुपये था।

स्वतंत्रता सेनानी सुभद्रा जोशी ने अगस्त 1942 में *'हमारा संग्राम'* नाम से भूमिगत बुलेटिन का सम्पादन-प्रकाशन किया। हरिजन बस्ती में इसका प्रेस लगा होने के कारण सन 1944 तक सरकार की नजर में नहीं आ पाया। हिन्दी मासिक *'संगम'* सूरजचन्द्र सत्यालंकार के सम्पादन में सत्याश्रम वर्धा से प्रकाशित हुआ। एक प्रति का मूल्य चार आना था। आगरा से हिन्दी दैनिक *'संदेश'* का सम्पादन-प्रकाशन बी.सिंह ने किया था। सन 1942 में कोलकाता से द्वैमासिक हिन्दी पत्रिका *'वीरभूमि'* का सम्पादन-प्रकाशन रतनलाल मधुप ने किया। अभिन्न हरि ने 21 मार्च 1942 को कोटा से हिन्दी साप्ताहिक *'लोकसेवक'* का सम्पादन-प्रकाशन आरंभ किया। सात वर्ष तक इस राष्ट्रवादी पत्र का प्रकाशन होता रहा।

चण्डी

अप्रैल 1942 में इलाहाबाद से अखिल भारतीय शाक्त सम्मेलन के संकल्प के अनुसरण में हिन्दी मासिक पत्रिका *'चण्डी'* का प्रकाशन हुआ। सम्पादक देवीदत्त शुक्ल थे। इस धार्मिक पत्रिका का प्रकाशन शाक्त उपासना के प्रचार-प्रसार के उद्देश्य से किया गया था। ठाकुरदत्त मिश्र और रमादत्त शुक्ल भी 'चण्डी' के सम्पादक रहे। तंत्र-मंत्र-यंत्र पर 'चण्डी' ने कई संग्रहणीय विशेषांक प्रकाशित किए। धर्मविषयक गंभीर विश्लेषणात्मक पत्रिका के रूप में 'चण्डी' की प्रतिष्ठा है।

मुरासोलि

तमिल साप्ताहिक *'मुरासोलि'* सन 1942 में चेन्नै से प्रकाशित हुआ। इसके संस्थापक एम. करुणानिधि हैं। सन 1960 से दैनिक समाचारपत्र में रूपान्तरित हो गया। एस. सेल्वम सम्पादक हैं। तमिल मासिक *'बसंतम'* सन 1942 में कोयम्बतूर से प्रकाशित हुआ। आकार 20 गुणित 13 से.मी. और एक प्रति का मूल्य आठ आना था। टी. सम्बंदम् सम्पादक-प्रकाशक थे।

मलयालम साप्ताहिक *'दिनबंधु'* का प्रकाशन एर्णाकुलम से सन 1942 में हुआ। संस्थापक-सम्पादक के.वी. माधवन नायर थे। आजादी के बाद दैनिक पत्र में रूपान्तरित हुआ। सम्पादक एम.एन. शिवरामन नायर हुए। उनके पश्चात सम्पादन का दायित्व के.गोपालन ने सम्भाला।

कराची से सन 1942 में गुजराती दैनिक *'वतन'* का प्रकाशन शबनम के सम्पादकत्व में हुआ। एक प्रति का मूल्य एक आना था। कन्नड हास्य विनोद की मासिक पत्रिका *'कोरवंजी'* का सम्पादन-प्रकाशन डा. शिवराम ने सन 1942 में बेंगलूरु से किया। एक प्रति का मूल्य चार आना था।

कन्नड मासिक *'विद्योदय'* मंगलूर से बी.श्रीनिवास के सम्पादकत्व में सन 1942 में प्रकाशित हुआ। उडुपि से कन्नड मासिक पत्रिका *'प्रकाशनी'* का प्रकाशन टी.श्रीपति के सम्पादकत्व में हुआ। पृष्ठ संख्या 36, आकार 22 गुणित 15 से.मी. और एक प्रति का मूल्य चार आना था। धार्मिक एवं सांस्कृतिक विषय की इस पत्रिका का प्रकाशक कृष्ण मठ था।

उड़िया पत्रिका *'पाटन दीपिका'* सन 1942 में प्रकाशित हुई। नित्यानंद बहिदार इस साप्ताहिक पत्र के सम्पादक-प्रकाशक थे। उड़िया साप्ताहिक *'नवभारत'* का प्रकाशन सन 1942 में हुआ, जो दो वर्ष बाद बंद हो गया।

संग्राम

मुम्बई से मराठी दैनिक *'संग्राम'* 13 अगस्त 1942 को प्रकाशित हुआ।

द्वारिकानाथ भगवन्त कर्णिक सम्पादक थे। द्वितीय महायुद्ध काल में पहले यह पत्र साम्राज्यवादी ब्रिटेन के खिलाफ था, किन्तु जब जर्मनी ने रूस पर हमला कर दिया तब मित्र राष्ट्रों का समर्थक हो गया। *'संग्राम'* की नीति पाठकों को रास नहीं आई, इसलिए सन 1946 में बंद हो गया।

मुम्बई से *'संग्राम'* नामक हिन्दी और मराठी साप्ताहिक भी प्रकाशित हुए। पाँच जुलाई 1942 को पी.सी. जोशी के सम्पादकत्व में मराठी साप्ताहिक *'लोकयुद्ध'* का प्रकाशन हुआ। इसकी रीति-नीति भी जनमत विरोधी थी। द्वितीय विश्वयुद्ध की समाप्ति के बाद इसका नाम बदलकर *'लोकयुग'* कर दिया गया। सम्पादक शं.वा. देशपांडे थे। कुछ दिनों बाद *'लोकयुग'* भी बंद हो गया। अकलकोट से मराठी साप्ताहिक *'बान्धव'* का सम्पादन-प्रकाशन आर.के. पवार ने किया। एक प्रति का मूल्य एक आना था। मराठी मासिक *'रैयत'* कोल्हापुर से प्रकाशित हुआ। कृषि और ग्राम विकास की पत्रिका थी।

सन 1942 में जालन्धर से *'पंजाबी साहित्य'* नामक मासिक पत्रिका का प्रकाशन हुआ। हरिकिशन सिंह सम्पादक थे।

डॉन

सन 1942 में दिल्ली से शमसुल हसन ने अँगरेजी साप्ताहिक *'डॉन'* का सम्पादन-प्रकाशन किया। 45 गुणित 25 से.मी. आकार का यह पत्र मुस्लिम लीग की विचारधारा पर चलता था और मुसलमानों के लिए अलग पाकिस्तान देश बनाने का पक्षधर था। मोहम्मद अली जिन्ना का संरक्षण इसे प्राप्त था। देश विभाजन के बाद अगस्त 1947 में *'डॉन'* का प्रकाशन करांची से किया जाने लगा। डान ने 15 अगस्त 1947 को बत्तीस पृष्ठ के *'पाकिस्तान विशेषांक'* का प्रकाशन किया था। इसके मुखपृष्ठ पर विश्व मानचित्र पर इस्लामी राष्ट्र बताए गए थे। पाकिस्तान के मंसूबों पर लेख छापे गए थे। मुख पृष्ठ पर उर्दू में यह नारा छपा था- "मुस्लिम है हम वतन है सारा जहां हमारा।" डान का प्रकाशन जारी है। यह पाकिस्तान का प्रमुख समाचार पत्र है।

सन 1942 में कोलकाता से प्रकाशित अँगरेजी दैनिक *'मार्निंग न्यूज'* कुछ समय बाद ढाका स्थानांतरित हो गया। सैयद मोहसिन अली सम्पादक थे। कराची संस्करण भी प्रकाशित हुआ। डा. कृष्णस्वामी मुदालियार के सम्पादकत्व में चेन्नै से सन 1942 में *'लिबरेटर'* नामक अँगरेजी पत्र का प्रकाशन हुआ। 1953 में बंद हो गया। यह जस्टिस पार्टी का समर्थक अखबार था। मुम्बई से सन 1942 में अँगरेजी मासिक *'साउन्ड'* निकला। यह सिने पत्रिका थी जो बाद में पाक्षिक हो गई थी। अँगरेजी अर्द्धसाप्ताहिक *'राजपूत हीरो'* सन 1942 में अजमेर से निकला। डब्ल्यू.डी.बेग सम्पादक थे। एक प्रति का मूल्य दो आना था। ज्यादातर खबरें देशी रियासतों की

होती थीं। अँगरेजी मासिक पत्रिका *'मीरा'* पुणे से सन 1942 में प्रकाशित हुई। गंगाराम साजनदास सम्पादक थे। साधु वासवानी मिशन की पत्रिका थी।

अँगरेजी मासिक *'एशियाटिक डाइजेस्ट'* का प्रकाशन मुम्बई से सन 1942 में हुआ। नादिर बोमन बहराम सम्पादक-प्रकाशक थे। 1946 में जमशेद आर. मास्टर ने यह जवाबदारी संभाली। विविध विषयों की इस पत्रिका का वार्षिक शुल्क पाँच रुपये था।

एस.के.सिन्हा के सम्पादकत्व में अँगरेजी *'फारेन रिव्यू'* सन 1942 में दिल्ली से प्रकाशित हुआ। सूचना एवं प्रकाशन विभाग प्रकाशक था। वार्षिक शुल्क छह रुपये था। विदेश नीति और वैदेशिक सम्बन्धों की स्तरीय पत्रिका थी। अँगरेजी पाक्षिक *'नेशनल इनवेस्टमेंट एण्ड फाइनांस'* का प्रकाशन दिल्ली से हुआ। उद्योग एवं वाणिज्य सम्बन्धी पत्रिका थी। भारतीय कम्युनिस्ट पार्टी का मुखपत्र *'पीपुल्स वार'* सन 1942 में प्रकाशित हुआ। यह अँगरेजी साप्ताहिक था। सन 1942 में बिहार सरकार ने अँगरेजी *'डेली न्यूज'* निकाला। सन 1943 में बंद हो गया।

'इंडियन बी जर्नल' नामक अँगरेजी मासिक पत्रिका नैनीताल से 1942 के पूर्वार्द्ध में निकली। सम्पादक आर.एन.मुर्तु थे। मधुमक्खी पालन सम्बन्धी यह उपयोगी मासिक पत्र था। नई दिल्ली से बी.एन.शास्त्री ने अँगरेजी मासिक *'जर्नल आफ साइंटिफिक एण्ड इंडस्ट्रियल रिसर्च'* का सम्पादन-प्रकाशन किया। सितम्बर 1942 में भारत सरकार के श्रम विभाग ने अँगरेजी मासिक *'इंडियन लेबर गजट'* का प्रकाशन किया। श्रम सम्बन्धी मामलों की अच्छी सन्दर्भ पत्रिका थी।

रोशनी

सन 1942 में श्रीनगर से उर्दू दैनिक *'रोशनी'* का प्रकाशन हुआ। इस पत्र में कश्मीर और इस्लामी देशों के समाचार प्रमुखता से छपते थे। सामान्य जानकारियाँ भी दी जाती थीं। पृष्ठ संख्या चार थी। पत्र का प्रकाशन जारी है। सम्प्रति जेड.ए.शोरा सम्पादक-मुद्रक-प्रकाशक हैं। अलीगढ़ से सन 1942 में उर्दू पाक्षिक *'हमारी जबान'* निकला। कुछ अरसे बाद साप्ताहिक हो गया। सम्पादक काजी अब्दुल गफ्फार थे। सन 1973 तक 'हमारी जबान' का प्रकाशन अलीगढ़ से हुआ। सन 1974 से अंजुमन तरक्की उर्दू (हिन्द) के तत्वावधान में निकलने लगा।

'हमारी जबान' के स्थायी स्तम्भ रहे- हलके इशारे, तबशिरे, तराशे और खबरें। उर्दू की समस्याओं और उनके सम्बन्ध में किए जा रहे विचारों और उपायों पर सामग्री प्रकाशित की जाती थी। दिल्ली में उर्दू घर बनाने की मुहिम इस अखबार ने चलाई थी।

सन 1942 में उर्दू मासिक पत्रिका *'हिन्दुस्तानी'* करांची से निकली। आकार 25 गुणित 20 से.मी., पृष्ठ संख्या 56 और वार्षिक शुल्क तीन रुपये था। सिंध

प्रान्त में उर्दू का प्रचार-प्रसार इस पत्रिका का मुख्य उद्देश्य था। सम्पादक ए.जे.कारवानी और महमूद रिजबिया थे। यह साहित्यिक पत्रिका थी।

उर्दू साप्ताहिक *'अशरफ'* सुल्तानपुर से प्रकाशित हुआ। बारी अलीग के सम्पादकत्व में लाहौर से उर्दू साप्ताहिक *'हमारा पंजाब'* निकला। ताजवर नजीबाबादी, अब्दुलसलाम खुर्शीद और सादिक कुरैशी सहयोगी सम्पादक थे। यह सरकारी प्रकाशन था। सन 1942 में लाहौर से उर्दू दैनिक *'शहवाज'* का प्रकाशन मुर्तजा हसन मयकस, चिराग हसन हसरत, बारी अलीग और अशरफ अल्ताफ ने किया। प्रकाशक अमजद अली थे। प्रकाशक से मतभेद के बाद मयकस को इस्तीफा देना पड़ा। वकार अम्बालवी सम्पादक हो गए। उनके बाद अबू सईद बजमी ने सम्पादन किया। अंततः देश विभाजन के बाद बंद हो गया। पेशावर से रजा हम्दानी और फारिग बुखारी ने उर्दू साप्ताहिक *'शवाब'* का सम्पादन-प्रकाशन किया।

पटना से उर्दू दैनिक *'सदा-ए-आम'* सन 1942 में प्रकाशित हुआ। सैयद नजीर हुसैन संस्थापक-सम्पादक थे। सैयद रजी हैदर और मोहम्मद मरगूब के सम्पादन में 'सदा-ए-आम' का प्रकाशन जारी है। छह पृष्ठों का पूर्णाकार पत्र है। 'सदा-ए-आम' के प्रथम पृष्ठ पर 'आलम-ए-इस्लाम' शीर्षक स्तम्भ के अन्तर्गत इस्लामी देशों की खबरें विशेष रूप से प्रकाशित की जाती हैं। दूसरे पृष्ठ पर अग्रलेख और सम्पादकीय टिप्पणियाँ तथा तीसरे पृष्ठ पर लेख और साहित्य को स्थान दिया जाता है।

पंजाब से आल इंडिया जाट महासभा ने उर्दू अखबार *'रहबर-ए-हिन्द'* का प्रकाशन किया। दिल्ली से आल इंडिया मुस्लिम लीग ने उर्दू दैनिक *'मंसूर'* निकाला। सम्पादक हसन रियाज थे। मुम्बई से सन 1942 में उर्दू अखबार *'नया जमाना'* निकला। लाहौर से चिराग हसन के सम्पादन में उर्दू साप्ताहिक *'पंचायत'* निकला। कराची से उर्दू साप्ताहिक *'पयाम-ए-मशरिक'* का सम्पादन-प्रकाशन फसीहउद्दीन अहमद ने किया। पेशावर से मीर अब्दुल समद के सम्पादन में उर्दू साप्ताहिक *'दूसरा सरहद'* प्रकाशित हुआ। पेशावर से जिया जाफरी और जमील राज बंगस के सम्पादकत्व में उर्दू साप्ताहिक *'तामीर-ए-नौ'* का प्रकाशन हुआ।

पेशावर से काजी अब्दुल हलीम असर ने उर्दू साप्ताहिक *'इंसाफ'* का सम्पादन-प्रकाशन किया। इसी वर्ष पेशावर से दोस्त मोहम्मद असर ने *'आजादी'* और ग्वालियर से सचित्र उर्दू साप्ताहिक *'इत्तेहाद'* का प्रकाशन किया गया। उर्दू मासिक *'तमसील'* सन 1942 में मुम्बई से निकला। प्रधान सम्पादक ख्वाजा हमीदउल्ला, सम्पादक कोकब जमील और महिला परिशिष्ट की सम्पादक अनीस-जहाँ थीं। वार्षिक शुल्क चार रुपये था। साहित्यिक पत्रिका थी, जिसमें फिल्मी दुनिया की खबरों को भी स्थान दिया जाता था। 1947 में *'तमसील'* का प्रकाशन

भोपाल से किया जाने लगा।

1943

संसार

एक जनवरी 1943 को बाबूराव विष्णु पराडकर के सम्पादन में काशी से हिन्दी दैनिक *'संसार'* का प्रकाशन प्रारम्भ हुआ। कमलापति त्रिपाठी और मुकुन्दीलाल श्रीवास्तव सहयोगी सम्पादक थे। समाचारों का चयन, विचारों की स्पष्टता और पत्र की साज-सज्जा तथा प्रस्तुति उत्तम होने से 'संसार' को शुरू से ही पाठकों का समर्थन प्राप्त हुआ। इसका एक कारण यह भी था कि 'संसार' के सम्पादक मण्डल में दैनिक 'आज' से प्रशिक्षित पारंगत पत्रकारों की टोली कार्यरत थी। 'संसार' के दैनिक संस्करण के साथ-साथ 'साप्ताहिक संसार', 'संसार' का रविवारीय संस्करण और अर्द्धसाप्ताहिक 'ग्राम-संसार' भी प्रकाशित हो रहे थे। साप्ताहिक संसार के सम्पादन में कृष्णदेव प्रसाद गौड़, काशीराम उपाध्याय भ्रमर, ईशदत्त पाण्डे शीर्ष, माधवप्रसाद मिश्र और रामचन्द्र रघुराज खाडिलकर प्रभृति विद्वानों की भूमिका थी।

31 अक्टूबर 1947 से 'साप्ताहिक संसार' मुम्बई से भी प्रकाशित होने लगा। सत्यकाम विद्यालंकार इसके सम्पादक थे। इसका ध्येय था- "अब तक दैनिक संसार का एक अंक प्रति सप्ताह एक विशेषांक के रूप में निकलता रहा है। यह पत्र सप्ताह भर की राजनीतिक, सामाजिक, सांस्कृतिक और साहित्यिक आलोचना करेगा, मनोरंजन की सामग्री उपस्थित करेगा, आमोद-प्रमोद और कला-कौशलों के साधनों की चर्चा और टीका भी करेगा। इस प्रसंग में यह कह देना आवश्यक है कि साप्ताहिक संसार सर्वथा राष्ट्रीय है। देश की राजनीतिक स्वतंत्रता, औद्योगिक वृद्धि और पूर्णता, सम्पत्ति का सभी वर्गों में समुचित विभाजन, पतित का उत्थान, निद्रित की जागृति, परिक्लांत की विश्रांति और श्रमशील का मनोरंजन हमारा ध्येय होगा।"

साप्ताहिक 'संसार' का अक्टूबर 1943 में प्रकाशित आजाद हिन्द सेना विशेषांक बहुचर्चित हुआ। जब काशी राज्य में उत्तरदायी शासन की स्थापना हुई, तब उससे सम्बन्धित विभिन्न पक्षों पर पराडकरजी की टिप्पणियाँ मार्गदर्शी सिद्ध हुईं। हिन्दी भाषा को पराडकर जी ने अनेक नये शब्द गढ़कर दिए, जो पत्रकारिता और साहित्य में प्रचलित और सर्वमान्य हुए। राष्ट्र, राष्ट्रपति, सर्वश्री, नमस्कार आदि ऐसे ही शब्द हैं। सन 1946 में कमलापति त्रिपाठी 'संसार' के सम्पादक हुए। जब संचालकों और सम्पादकों के मध्य सौमनस्य में कमी आई, तब कई लोगों ने 'संसार' से किनारा कर लिया और 'संसार' को इसकी अपूरणीय क्षति उठानी पड़ी।

लोकवाणी

जनवरी 1943 में जयपुर से हिन्दी साप्ताहिक *'लोकवाणी'* का प्रकाशन आरंभ हुआ। सम्पादक देवीशंकर तिवारी थे। जयपुर राज्य प्रजामण्डल के नेता

हीरालाल शास्त्री 'लोकवाणी' के संचालक थे। (बाद में वे राजस्थान के मुख्यमंत्री हुए।) पूर्णचन्द्र जैन, सिद्धराज ढड्ढा, जवाहरलाल जैन, राजेन्द्रशंकर भट्ट 'लोकवाणी' के सम्पादकीय दायित्वों से जुड़े रहे। 'लोकवाणी' ने जयपुर राज्य और आसपास के क्षेत्रों में लोकशिक्षण का प्रभावी कार्य किया। उसे अनेक कठिनाइयों का सामना करना पड़ा। 'लोकवाणी' एक बार बंद भी हुआ। सन 1946 में 'लोकवाणी' दैनिक के रूप में पुन: प्रकाशित हुआ। 'लोकवाणी' के एक छोटे-से समाचार ने राजस्थान की एक रियासत को पाकिस्तान में सम्मिलित होने से बचा लिया। 'लोकवाणी' के पोखरन संवाददाता ने सन 1947 के अंतिम दिनों में एक समाचार भेजा कि सिंध मुस्लिम लीग के नेता एन.एच.गजदर दो बार जैसलमेर के महारावल से मिल चुके हैं। पाकिस्तान के नेता इस प्रयास में लगे थे कि जैसलमेर और जोधपुर जैसी रियासतों का पाकिस्तान में विलय हो जाए। इन राजाओं को यह अधिकार था कि वे चाहें तो भारतीय संघ अथवा पाकिस्तान में विलय कर लें। जोधपुर के महाराज विमान दुर्घटना के शिकार हो गए और इस तरह जोधपुर रियासत का संकट तो टल गया, लेकिन जब उपप्रधानमंत्री सरदार वल्लभभाई पटेल को जैसलमेर की गतिविधियों की जानकारी मिली, तब उसी दिन एक विशेष दूत जैसलमेर पहुँचा, महाराजा को राजगद्दी छोड़ने की 'सलाह' दी और उनके पुत्र को गद्दी पर बैठाया, जिसने पहला काम जैसलमेर रियासत के भारतीय संघ में विलय पत्र पर हस्ताक्षर करने का किया।

सन 1943 में इलाहाबाद से हिन्दी मासिक पत्रिका *'सजनी'* का प्रकाशन हुआ। इस साहित्यिक पत्रिका के सम्पादक नृसिंहराम शुक्ल थे। जबलपुर से हिन्दी साप्ताहिक *'लोकसेवा'* का प्रकाशन-सम्पादन जी.बी.अवस्थी 'अटल' ने किया। 1973 में यह सांध्य दैनिक हुआ। मंदसौर से हिन्दी मासिक *'कुमार'* निकला। सम्पादक-प्रकाशक राजमल लोढ़ा थे। पृष्ठ संख्या 24 और वार्षिक शुल्क चार रुपये था। इंदौर से साहित्यिक-मासिक *'नवनिर्माण'* का सम्पादन-प्रकाशन शिखरचन्द जैन और भालचंद्र जोशी ने किया। इसी वर्ष कोलकाता से सिने पत्रिका *'रूपवाणी'* प्रकाशित हुई। सम्पादक पन्नालाल महतो थे। रायपुर से हिन्दी साप्ताहिक *'सावधान'* का प्रकाशन शिवनारायण द्विवेदी के सम्पादकत्व में हुआ। साहित्य भवन प्रयाग से त्रैमासिक हिन्दी पत्रिका *'साहित्य परिचय'* प्रकाशित हुई। मुख्यत: यह आलोचना की पत्रिका थी। हिन्दी-मराठी द्विभाषिक मासिक पत्र *'श्री गुरुदेव'* का प्रकाशन अमरावती से किया गया। सम्पादक सुदाम सावरकर थे।

टेलीग्राफ

अँगरेजी दैनिक *'टेलीग्राफ'* 1943 में कानपुर से निकला। के.बी.वेंकटराम संपादक थे। कानपुर नगर और आस-पास के इलाकों तक सीमित था। मुम्बई से

अमृतलाल सेठ ने अँगरेजी दैनिक *'सन'* निकाला लेकिन कुछ ही दिन निकल पाया। अँगरेजी साप्ताहिक *'फोरम'* सन 1943 से मुम्बई में प्रकाशित हुआ। जोयकिम अल्वा सम्पादक थे। इस सचित्र पत्रिका में देश-विदेश के घटनाक्रम और समस्याओं पर टिप्पणियाँ और समाचार प्रकाशित किए जाते थे। इसके दो पृष्ठों पर चित्र दिए जाते थे। कुछ दिनों बाद यह मासिक हो गया। सातवें दशक तक 'फोरम' का प्रकाशन हुआ। 28 फरवरी 1943 को *'चरखारी स्टेट गजट'* प्रकाशित हुआ। दिल्ली से अँगरेजी त्रैमासिक *'इरीगेशन एण्ड पावर जर्नल'* निकला। सिने पत्रिका *'पिक्चर पोस्ट'* सन 1943 में चेन्नै से प्रकाशित हुई। टी.वी. रामनाथन् सम्पादक-प्रकाशक थे। तमिल में भी यह पत्रिका प्रकाशित हुई।

मुस्लिम

उर्दू साप्ताहिक *'मुस्लिम'* सन 1943 में श्रीनगर से प्रकाशित हुआ। सम्पादक अहमद मुस्लिम और प्रकाशक अब्दुल कय्यूम बेग थे। आकार 45 गुणित 30 से.मी. और पृष्ठ संख्या थी। अलीगढ़ से अल्ताफ अली बरेलवी के सम्पादन में उर्दू मासिक *'मुसन्निफ'* का प्रकाशन हुआ। इस्लाम धर्म का प्रचार इसका उद्देश्य था। उर्दू साप्ताहिक *'कहकशां'* मुम्बई से 1943 में निकला। हसन सहबाई एवं साजिद परवेज सम्पादक थे। इस सचित्र पत्रिका में ज्यादातर सामग्री मनोरंजन की दृष्टि से छापी जाती थी। 25 गुणित 20 से.मी. आकार के 40 पृष्ठ रहते थे। दिल्ली से भी इसी नाम का उर्दू मासिक निकला। हाजी मोहम्मद खाँ ने भोपाल से एक नवम्बर 1943 को लघु आकार का उर्दू मासिक *'आसान हदीस'* निकला। इसमें इस्लामी हदीस का अरबी से उर्दू में अनुवाद करके छापा जाता था। वार्षिक शुल्क एक रुपया था।

गणपतराव पाध्ये ने कोल्हापुर से मराठी साप्ताहिक *'गर्जना'* का प्रकाशन सात मई 1943 को किया। पाध्ये पत्र के सम्पादक भी थे। वे मूलतः शिक्षक थे, किंतु 'ज्ञानप्रकाश' से सम्बन्धित होने के कारण उनकी नौकरी समाप्त कर दी गई थी। 'गर्जना' एक निर्भीक पत्र था जो दो टूक लेखन के कारण विपत्तियाँ आमंत्रित कर लेता था। सन 1968 में 'गर्जना' की रजत जयंती मनाई गई। गणपतराव पाध्ये के निधन के बाद श्यामराव पाध्ये 'गर्जना' के सम्पादक-प्रकाशक हुए। कोल्हापुर से दूसरा मराठी साप्ताहिक *'अखण्ड भारत'* इसी वर्ष निकला। माधवराव बागल सम्पादक-प्रकाशन थे। अल्पकाल में ही यह पत्र अपनी संघर्षशीलता के कारण बलि चढ़ गया। फरवरी 1943 में बड़ौदा से मराठी मासिक *'अभिरुचि'* का सम्पादन-प्रकाशक विमल चित्रे और पुरुषोत्तम आत्माराम चित्रे ने किया। इस साहित्यिक पत्रिका की सराहना सभी समकालीन पत्र-पत्रिकाओं ने की है और उसे मराठी वाङ्.मय का उत्कृष्ट मासिक घोषित किया है। मुम्बई से मराठी मासिक

पत्रिका *'वसंत'* का सम्पादन-प्रकाशन डी.एस.कातदरे ने किया।

गुजराती मासिक *'पुष्प'* का सम्पादन-प्रकाशन सन 1943 में मुम्बई से कांतिलाल एच.पारीख ने किया। उड़िया साप्ताहिक *'नुआ दुनिया'* सन 1943 में कटक से प्रकाशित हुआ। पृष्ठ संख्या 8 थी। सम्पादक प्राणनाथ पटनायक थे। राष्ट्रीय संस्कृत विद्यापीठ की त्रैमासिक पत्रिका *'गंगानाथ झा रिसर्च जर्नल'* सन 1943 में आरंभ हुई। जम्मू से शकुंतला सेठ और अयोध्यानाथ वीर के सम्पादन में हिंदी मासिक पत्रिका *'उषा'* निकली। हिंदी, लोकहित और समाजोत्थान 'उषा' के ध्येय थे।

1944

लोकवार्ता

जून 1944 में टीकमगढ़ से कृष्णानंद गुप्त के सम्पादन में हिन्दी की त्रैमासिक पत्रिका *'लोकवार्ता'* का प्रकाशन आरंभ हुआ। बनारसीदास चतुर्वेदी की प्रेरणा और प्रोत्साहन इस पत्रिका के साथ थे। अप्रैल 1946 तक 'लोकवार्ता' का प्रकाशन हुआ। किंतु लोकसाहित्य और नृतत्वशास्त्र की दृष्टि से उसने महत्वपूर्ण सामग्री पाठकों को दी। सुप्रसिद्ध उपन्यासकार वृन्दावनलाल वर्मा ने 'लोकवार्ता' पत्रिका और उसकी प्रकाशक लोकवार्ता परिषद के इस अवदान का मूल्यांकन करते हुए लिखा था- "लोकवार्ता का प्रकाशन हिन्दी के लिए निःसंदेह एक नया पराक्रम था। फ्रांस और इंग्लैंड के प्राच्य विद्या विशारदों तक भी इसका नाम पहुँचा और सुदूर पूर्व में नृविज्ञान और लोकवार्ता के अध्ययन के लिए इकोल फ्रांसेज द एक्सत्रीम ओरिएंट नाम की जो प्रसिद्ध संस्था है, गुप्तजी अपने उक्त कार्य के लिए सम्मानित सदस्य बनाए गए। 'लोकवार्ता' के निकलने पर हिन्दी में इस विज्ञान की चर्चा होने लगी और 'लोकवार्ता' स्थायी साहित्य की चीज बन गई। गुप्तजी को इस बात का श्रेय प्राप्त है कि हिन्दी को उन्होंने 'लोकवार्ता' जैसा शब्द प्रदान किया और उसे टकसाली बनाया।"[1]

ग्वालियर से सन 1944 में मासिक *'त्रिविक्रम'* प्रकाशित हुआ। पाँच अंकों के बाद यह बंद हो गया। सम्पादक बेनी माधव और सहयोगी सम्पादक ल.ता.शिन्दे थे।

चंदौसी से हिन्दी में बालोपयोगी पाक्षिक पत्र *'होनहार'* का प्रकाशन सन 1944 में आरंभ हुआ। सम्पादक प्रेमनारायण टण्डन और प्रकाशक जी.आर.भार्गव एण्ड सन्स थे। 'होनहार' के अलग-अलग अंकों में किसी एक विद्यालय के विद्यार्थियों की रचनाएँ प्रकाशित की जाती थीं, जो एक नया प्रयोग था। वार्षिक

---

1. अमृत बाजार पत्रिका, इलाहाबाद, 18 फरवरी 1953

शुल्क तीन रुपये था। कुंजबिहारी लाल मोदी ने अलवर से राष्ट्रीयता से ओतप्रोत हिन्दी की *'अलवर पत्रिका'* का सम्पादन-प्रकाशन किया। जून 1944 में रायगढ़ से हिन्दी मासिक *'आजकल'* निकला। संपादक ज्वालाप्रसाद मिश्र थे। यह रायगढ़ दरबार का गजट था।

फरवरी 1944 में जियाजीराव हाईस्कूल ग्वालियर से विद्यार्थियों के लिए तिमाही पत्रिका *'शिलेदार'* निकली। वाराणसी से पाक्षिक सिद्धान्त का प्रकाशन हुआ। करपात्री महाराज के संरक्षण में अखिल भारतीय धर्म संघ ने सनातन धर्म पर केन्द्रित यह पत्र निकाला था। इसी वर्ष लखनऊ से हिन्दी मासिक 'मातृभूमि' का प्रकाशन हुआ। जुलाई 1944 में धीरेन्द्रनाथ दास के सम्पादन में हिन्दी मासिक *'दलित नवयुवक'* और कोलकाता से हिन्दी मासिक *'तरुण जैन'* का प्रकाशन हुआ।

सिंध राष्ट्रभाषा प्रचार समिति ने हिन्दी के प्रचार-प्रसार के लिए जनवरी 1944 में हिन्दी मासिक पत्रिका *'कौमी बोली'* निकाली। हैदराबाद (सिंध) से गांधीवादी आदर्शों के लिए समर्पित यह पत्रिका छपती थी। अन्य भारतीय भाषाओं के साहित्य का अनुवाद भी प्रकाशित किया जाता था। पत्रिका के सम्पादक नागार्जुन थे। वार्षिक शुल्क तीन रुपये था।

दिनसरि

सन 1943 में टी.एस. चोक्कलिंगम ने 'दिनमणि' से सम्बन्ध विच्छेद कर लिया। इसके एक वर्ष बाद उन्होंने चेन्नै से तमिल दैनिक *'दिनसरि'* का प्रकाशन किया। चोक्कलिंगम 'दिनसरि' के सम्पादक भी थे। उन्होंने समाचारपत्र के लिए तटस्थ नीति निर्धारित की। 'दिनसरि' में प्रकाशित सूचनाओं और समाचारों का आधार निष्पक्ष और सकारात्मक दृष्टिकोण था। देश-विदेश की खबरों को संतुलित ढंग से छापता था। अग्रलेख तर्कपूर्ण और सुस्पष्ट होते थे। बहुत कम समय में 'दिनसरि' ने तमिल पाठकों के बीच अपना स्थान बना लिया था। उसकी प्रसार संख्या भी बढ़ रही थी। यद्यपि 'दिनसरि' का प्रकाशन जिस समय हुआ, तब दूसरे महायुद्ध से उपजी परिस्थिति के कारण अखबारी कागज पर कंट्रोल लागू था। युद्ध समाप्त होने पर जब कागज से नियंत्रण हटा तब 'दिनसरि' के प्रसार में वृद्धि का सिलसिला शुरू हुआ। बावजूद इसके, सन 1952 में 'दिनसरि' का प्रकाशन बंद हो गया।

त्रिचुर से सन 1944 में मलयालम दैनिक *'एक्सप्रेस'* का प्रकाशन आरंभ हुआ। के.कृष्णन सम्पादक और प्रकाशक थे। 60 गुणित 40 से.मी. आकार में चार से छह पृष्ठ संख्या का अखबार था।

केरल भूषणम्

कोट्टायम से सन 1944 में मलयालम दैनिक *'केरल भूषणम्'* प्रकाशित हुआ। सम्पादक ए.बी.जार्ज थे। पत्र ने स्वतंत्र नीति अपनाई थी। आकार 57 गुणित 42 से.मी. और पृष्ठ संख्या चार थी। वस्तुतः यह मलयालम और अँगरेजी भाषा का मिला-जुला अखबार था। तत्कालीन त्रावणकोर रियासत का सबसे ज्यादा प्रसार संख्या वाला पत्र था। 'केरल भूषणम्' का प्रकाशन स्वतंत्रता के बाद भी जारी रहा। के.सी.जकारिया ने भी पत्र का संपादन किया।

'पराशक्ति' नामक मलयालम अखबार कोझिकोड से सन 1944 में के.अबुबकर के सम्पादकत्व में प्रकाशित हुआ। स्वतंत्र विचारधारा का किसी भी दल से सम्बन्ध नहीं रखने वाला अखबार था। एक प्रति का मूल्य एक आना था।

आंध्र महिला

सन 1944 में आंध्र महिला सभा चेन्नै की ओर से दुर्गाबाई देशमुख ने तेलुगु मासिक पत्रिका *'आंध्र महिला'* का प्रकाशन किया। सम्पादक के.लक्ष्मी रघुराम थीं। उनके बाद क्रमशः के.रामलक्ष्मी और मालती चंदर ने सम्पादन-दायित्व निभाया। सन 1960 में पत्रिका बन्द हो गई।

बाल

न्यापति राघवराव और न्यापति कामेश्वरी दंपति ने सन 1944 में तेलुगु में बच्चों की सर्वांगपूर्ण पत्रिका *'बाल'* का प्रकाशन किया। तेलुगु पत्रकारिता में विशिष्ट स्थान बनाने वाली पत्रिका 'बाल' ने इस विषय में अन्य पत्रिकाओं के प्रकाशन का पथ प्रशस्त किया। यद्यपि इसका जीवनकाल लम्बा नहीं रहा, तथापि इसने बाल पत्रिकाओं की शैली और स्वरूप का निर्धारण किया। बाद में चंदा मामा, बाल मित्र, बाबू, बाल बन्धु, बाल विनोदिनी आदि पत्रिकाओं ने 'बाल' का अनुसरण किया।

कुमार

सन 1944 में कुमारों का एक साहित्य सम्मेलन हुआ। महाराष्ट्र में हुई यह पहल तीन वर्षों तक जारी रही। इसी का प्रतिफल मराठी मासिक पत्रिका *'कुमार'* के रूप में सामने आया। कुसुमाग्रज के नाम से सुपरिचित सुप्रसिद्ध मराठी कवि वि.व.शिरवाडकर 'कुमार' के सम्पादक थे। 'कुमार' में कविताएँ, कहानियाँ, पहेलियाँ, चित्र, अन्य उपयोगी जानकारियाँ आदि का प्रकाशन सुरुचिपूर्ण ढंग से किया जाता था। 'कुमार' के प्रवेशांक में सम्पादक ने लिखा- "कुमार का मतलब है बुरे विचार को मारने वाला- भगवान का दूत। शैशव और यौवन की सीमा में विकसित होने वाली सुकुमार कलियों को सत्प्रेरणा देने वाले और जीवन का सत्य दर्शन करने वाले साहित्य की आज जरूरत है। ऐसा तेजस्वी साहित्य बड़ों से प्राप्त करके देते रहने की कोशिश 'कुमार' सदा करता रहेगा।" एक उपयोगी और अच्छा प्रकाशन होने के

बावजूद 'कुमार' चार वर्ष ही जीवित रह पाया।

अहमदनगर से सन 1944 में गोपाल सदाशिव काणे ने मराठी साप्ताहिक *'ज्वाला'* का सम्पादन-प्रकाशन किया। जनवरी 1944 में कोल्हापुर से मराठी साप्ताहिक *'नवा झंकार'* निकला। पु.रा.भिडे सम्पादक-प्रकाशक थे। प्रकाशन के साथ ही मराठी पत्र 'अंजन' का 'नवा झंकार' में विलय हो गया था, इसलिए 'नवा झंकार' का प्रकाशन वर्ष आरम्भ से पाँच माना गया। यह एक अच्छा साप्ताहिक था।

साप्ताहिक *'प्रकाश'* सन 1944 में उडुपि से निकला। ए.जनार्दन अलसे सम्पादक-प्रकाशक थे। तिनसुकिया से सन 1944 में असमिया साप्ताहिक *'असम भूमि'* का प्रकाशन आरंभ हुआ। 'असम ट्रिब्यून' का सहयोगी पत्र था। यह गुणवत्ता के कारण लोकप्रियता और प्रसार संख्या दोनों में आगे रहा। अँगरेजी मासिक पत्र *'इंडिया'* का प्रकाशन सन 1944 में एन.आर.राय के सम्पादन में कोलकाता से हुआ। आकार 20 गुणित 12 से.मी. और एक प्रति का मूल्य आठ आना था। हास्य विनोद की अँगरेजी पत्रिका *'इंडिया मंथली मैग्जीन'* का प्रकाशन इसी वर्ष कोलकाता से हुआ। सम्पादक जी.डब्लू.टायसन थे। एक प्रति का मूल्य एक रुपया था। इस पत्रिका की कविता, कहानी, चित्र आदि सभी रचनाओं में हास्य झलकता था। अँगरेजी मासिक *'उड़ीसा रिव्यू'* का प्रकाशन उड़ीसा की सरकार ने सन 1944 में अपने प्रचार के लिए किया था। मायाधर मिश्र सम्पादक थे। दिल्ली से अँगरेजी मासिक *'हे डे'* का प्रकाशन युनाइटेड पब्लिकेशन्स ने किया। 24 पृष्ठ की यह पत्रिका 25 गुणित 20 से.मी. आकार में निकलती थी। सम्पादक मण्डल में मशर्रत तैमूरी, उषा राजेन्द्रनाथ, जे.के.शेट्टी, अजीज अहमद और अनंत मराल शास्त्री सम्मिलित थे। किशोरों के लिए ज्ञानवर्धक और मनोरंजक सामग्री प्रकाशित की जाती थी। जी.एन.कृष्णमूर्ति के सम्पादकत्व में अँगरेजी मासिक *'मैसूर कामर्स'* का प्रकाशन सन 1944 में हुआ। मैसूर चेम्बर आफ कामर्स बेंगलूरु प्रकाशक था। अँगरेजी त्रैमासिक 'एन.एस.एस.बुलेटिन' शिमला से प्रकाशित हुई। अल्प बचत योजनाओं सम्बन्धी पत्रिका थी।

पुडुचेरी से अँगरेजी त्रैमासिक *'एडवेंट'* का प्रकाशन अरविन्द आश्रम से हुआ। नलिनीकांत गुप्त सम्पादक थे। श्री अरविन्द और श्री माँ के विचारों का प्रचार-प्रसार इसका उद्देश्य था।

तनवीर

लखनऊ से सन 1944 में नफीस अहमद ने उर्दू दैनिक *'तनवीर'* का प्रकाशन किया। 51 गुणित 38 से.मी. आकार के चार पृष्ठ रहते थे। एक पृष्ठ में छह कालम होते थे। एक प्रति का मूल्य डेढ़ आना था। पहले सम्पादक खलीक उजमाँ थे। बाद में अब्दुल दरियाबादी सम्पादक हुए।

जम्मू से उर्दू दैनिक *'संदेश'* नजीर हुसैन समनानी ने सन 1944 में निकाला। सम्पादक बेगम इमराना समनानी थीं। आकार 56 X 40 से.मी. और पृष्ठ संख्या चार होती थी। 'संदेश' के मुखपृष्ठ पर मत्थे के नीचे यह शेर लिखा जाता था–

"नूरे खुदा है कुफ्र की हरकत पे खंदाजन।
फूँकों से यह चराग बुझाया न जाएगा॥"

देश–विदेश की खबरें, स्थानीय समाचार, लेख, सम्पादकीय टिप्पणियाँ और अग्रलेख प्रकाशित किए जाते थे। कालान्तर में इसका श्रीनगर संस्करण प्रकाशित हुआ।

लीगी नेता औरंगजेब खां ने पेशावर से उर्दू दैनिक *'मिल्लत'* का प्रकाशन किया। मौलाना रशीद अख्तर नदवी सम्पादक थे। लगभग डेढ़ वर्ष बाद जब प्रकाशक और सम्पादक के बीच मतभेद बढ़ा तब *'मिल्लत'* बंद हो गया। लाहौर से सन 1944 में उर्दू दैनिक *'अहसान'* का प्रकाशन मोहम्मद हबीबउल्ला औज तथा मलिक मकबूल इलाही के सम्पादकत्व में हुआ। एक प्रति का मूल्य दो आना था।

इलाहाबाद से सन 1944 में उर्दू मासिक 'कारवाँ' का प्रकाशन आरंभ हुआ। 25 X 18 से.मी. आकार की इस पत्रिका का वार्षिक शुल्क छह रुपये था। प्रकाशक सैयद मुमताज हुसैन और सम्पादक डा. एजाज हुसैन थे। उर्दू भाषा का प्रचार–प्रसार इस पत्रिका का उद्देश्य था। जोश मलीहाबादी, अली सरदार जाफरी, फिराक गोरखपुरी, ख्वाजा अहमद अब्बास, राही मासूम रजा, डा. सईद हसन, आनंदनारायण मुल्ला, कृष्णचन्दर जैसे उर्दू के प्रतिष्ठित विद्वान 'कारवाँ' में लिखते थे।

1945

आजकल

मई 1945 में भारत सरकार के प्रकाशन विभाग ने हिन्दी मासिक पत्रिका *'आजकल'* का प्रकाशन आरंभ किया। मित्र राष्ट्रों के प्रति सहानुभूति का वातावरण बनाना इसका उद्देश्य था, जिसके लिए साहित्य को माध्यम चुना गया था। प्रकाशन के लिए युनाइटेड पब्लिकेशन्स संस्था बनाई गई। 'आजकल' पत्रिका का वास्तविक स्वरूप स्वतंत्रता के बाद ही निखर पाया जब यह भारतीय साहित्य, कला, संस्कृति की प्रतिनिधि पत्रिका बनी। 'आजकल' के पहले सम्पादक कुँवरकिशोर सेठ थे। एक प्रति का मूल्य आठ आना था। हर वर्ष मई माह में 'आजकल' का वार्षिकांक प्रकाशित किया जाता था। मार्च 1948 में देवेन्द्र सत्यार्थी सम्पादक हुए। उनके सम्पादन में 'आजकल' का पहला अंक 'बापू अंक' के रूप में निकला। राहुल सांकृत्यायन, सुमित्रानंदन पंत, भदन्त आनंद कौसल्यायन, रामकुमार वर्मा आदि प्रतिष्ठित साहित्यकारों की रचनाएँ तथा प्रख्यात कलाकार यामिनी राय की कलाकृति इस अंक में छपी। वस्तुतः देवेन्द्र सत्यार्थी का सम्पादन काल 'आजकल' पत्रिका का सर्वश्रेष्ठ समय कहा जा सकता है। 'आजकल' ने प्रेमचंद अंक, लोककथा विशेषांक

आजकल

जैसे संग्रहणीय विशेषांक निकाले। सन 1950-51 में 'आजकल' पाठकों के बीच लोकप्रिय पत्रिकाओं में गिना जाने लगा। प्रकाशन विभाग के एक अन्य मासिक 'विश्व दर्शन' को जिसके संपादक चंद्रगुप्त विद्यालंकार थे, 'आजकल' में सम्मिलित कर लिया गया। बंगला, मराठी, उड़िया, गुजराती, असमिया, तमिल, तेलुगु, कन्नड, मलयालम आदि भारतीय भाषाओं की उत्कृष्ट कहानियों, कविताओं के हिन्दी अनुवाद 'आजकल' में प्रकाशित किए जाने लगे। सत्यार्थी के बाद चन्द्रगुप्त विद्यालंकार ने मई 1963 तक और उनके बाद मन्मथनाथ गुप्त ने 'आजकल' का सम्पादन किया। फिर केशव गोपाल निगम और भागीरथ पांडे के बाद प्रताप सिंह विष्ट (पंकज विष्ट) ने सम्पादन-दायित्व ग्रहण किया। पंकज विष्ट के कार्यकाल में 'आजकल' का स्वरूप और निखरा। उन्हीं के सम्पादन में 'आजकल' का स्वर्ण जयंती अंक (मई-जून 1994 में) प्रकाशित हुआ। इस विशेषांक में 'आजकल' में प्रकाशित रचनाओं में से एक सौ पच्चीस रचनाएँ चुनकर छापी गईं। कविता, कहानी, नाटक, निबंध, साक्षात्कार, संस्मरण, पुस्तक चर्चा, चिट्ठी पत्री, श्रद्धांजलि लेख, रपट आदि लेखन के विविध स्वरूपों का प्रतिनिधित्व इस अंक में प्रस्तुत किया गया। मई 2005 में 'आजकल' का हीरक जयंती विशेषांक, प्रवीण उपाध्याय के सम्पादकत्व में निकला। इस विशेषांक में 'आजकल' की यात्रा-कथा और साहित्य, समाज, विज्ञान आदि विषयों पर गंभीर आलेख प्रकाशित किए गए।

हिमालय

वसंत पंचमी, 1945 से हिन्दी मासिक पत्रिका *'हिमालय'* का प्रकाशन

पटना से आरंभ हुआ। आचार्य शिवपूजन सहाय एवं रामवृक्ष बेनीपुरी सम्पादक थे। प्रवेशांक में पत्रिका का उद्देश्य स्पष्ट करते हुए सम्पादक ने लिखा- "यह हिमालय हिन्दी साहित्य में स्थायित्व और उच्चतम जीवन और यौवन, प्रवाह और प्रगति का प्रतिनिधित्व करे, हमारी यही आकांक्षा है। .....हम 'हिमालय' को मुख्यतः कलात्मक कृतियों और आलोचनाओं का मुखपत्र बनाना चाहते हैं।" अक्टूबर, 1946 में बेनीपुरी ने 'हिमालय' से नाता तोड़ा। पहले साल के 11 अंक प्रकाशित करने के बाद 'हिमालय' बंद हो गया। जनवरी 1948 में पुनः प्रकाशन हुआ। प्रो. जगन्नाथप्रसाद मिश्र सम्पादक बनाए गए। समाचारपत्रों की भाषा के सम्बन्ध में सम्पादक शिवपूजन सहाय की चिंता इन शब्दों में झलकती है- "दोषी वास्तव में हम सम्पादक ही हैं जो अपने पत्रों या पत्रिकाओं के माध्यम से भाषा के पवित्र क्षेत्र में भ्रष्टता फैलाते हैं।"[1]

"प्रचार के नाम पर संस्कार का संहार असह्य अनाचार है। जान पड़ता है यह भाषा-संस्कार के बदले भाषा-संहार का युग है। पत्रकारों का न इधर ध्यान है, न इसमें अनुराग ही।"[1]

सरिता

नवम्बर 1945 में अपने ढंग की अनूठी हिन्दी मासिक पत्रिका *'सरिता'* का प्रकाशन दिल्ली प्रेस से हुआ। आद्य सम्पादक विजय नारायण और प्रकाशक विश्वनाथ थे। पृष्ठ संख्या 84 और एक प्रति का मूल्य तीन आना था। विजय नारायण के बाद सम्पादक का दायित्व भी विश्वनाथ ने संभाल लिया। 'सरिता' का मुख्य उद्देश्य अंधविश्वासों और कुरीतियों पर प्रहार करना है। साफ-सुथरा मनोरंजन और स्वस्थ समाज सरिता के लक्ष्य हैं। इसी कारण 'सरिता' में प्रकाशित विचारोत्तेजक लेखों के विरुद्ध अनेक मुकदमे चलाए गए। ज्यादातर आपत्तियाँ धर्मों के कथित ठेकेदारों ने खड़ी कीं। परन्तु न्यायपालिका ने 'सरिता' को सही ठहराया। अक्टूबर 1964 में *'सरिता'* पाक्षिक हो गई। यद्यपि 'सरिता' में कविताएँ और कहानियाँ भी छपती हैं, परंतु यह मूलतः विचारोत्तेजक सामाजिक और पारिवारिक पत्रिका है, जिसका अपना विशाल पाठक परिवार है।

सन 1945 में इन्दौर से दलितों के हक और प्रतिष्ठा के लिए संघर्षशील हिन्दी साप्ताहिक *'हमारे अधिकार'* का प्रकाशन हुआ। चार पृष्ठ के इस पत्र की एक प्रति का मूल्य एक आना था। हिन्दी पाक्षिक *'श्री भण्डारी कामगार संदेश'* इन्दौर से प्रकाशित हुआ। मोतीलाल केजरीवाल और नित्यानंद मिश्र के सम्पादन में हिन्दी

---

1. 'हिमालय', मई 1946
2. 'हिमालय', अगस्त 1946

पाक्षिक *'संथाल परगना'* सन 1945 में निकला। दो वर्ष बाद बंद हो गया। उज्जैन से पाण्डेय बेचन शर्मा 'उग्र' के सम्पादन में हिन्दी साप्ताहिक *'संग्राम'* निकला। अल्पजीवी रहा। कानपुर से हिन्दी साप्ताहिक *'सहयोगी'* का प्रकाशन सन 1945 में हुआ। सम्पादक-प्रकाशक गोपीनाथ गुप्त थे। इसी वर्ष अलवर से हिन्दी मासिक *'राजस्थान क्षितिज'* का प्रकाशन हुआ। ज्ञान-विज्ञान के विषयों पर उत्कृष्ट सामग्री का प्रकाशन करता था। भाषा और साहित्य की दृष्टि से भी समृद्ध रहा। लाला भगवानदीन ने गया प्रवास में हिन्दी मासिक 'लक्ष्मी' का सम्पादन-प्रकाशन सन 1945 में किया। इसी अवधि में उन्होंने अपने बृजभाषा कवि स्वरूप को बदलकर खड़ी बोली को अपनाया। एटा से हिन्दी साप्ताहिक 'युववाणी' सन 1945 में प्रकाशित हुआ। दो वर्ष तक निकला। योग सम्बन्धी हिन्दी मासिक *'योगेन्द्र'* का प्रकाशन अखिल भारतीय योगी महामण्डल, प्रयाग ने किया। सम्पादक गोपीनाथ नरवर थे।

नया साहित्य

सन 1945 में *'नया साहित्य'* नामक साहित्यिक मासिक पत्रिका का प्रकाशन प्रयाग से हुआ। यशपाल, रामविलास शर्मा, शिवदान सिंह चौहान, प्रकाशचंद्र गुप्त, रमाप्रसाद थिडियाल 'पहाड़ी', 'नया साहित्य' के सम्पादक मण्डल में थे। प्रगतिशीलता की पोषक साहित्यिक पत्रिका थी। इसी वर्ष रांची से हिन्दी मासिक *'कहानी'* का प्रकाशन हुआ। गरोठ से राजस्थान-मालवा जीवदया प्रचारक संस्था ने हिन्दी मासिक *'गौरक्षक'* का प्रकाशन किया। सम्पादक फतह सिंह आर्य थे। योगेन्द्र शर्मा के सम्पादन में हिन्दी साप्ताहिक *'जनयुग'* नईदिल्ली से प्रकाशित हुआ। यह कम्युनिस्ट पार्टी का अखबार था।

अगस्त 1945 में इंदौर से हिन्दी साप्ताहिक *'अशोक'* निकला। सम्पादक खेमराज जोशी थे। वार्षिक शुल्क छह रुपये था। 'अशोक' से खबर मिलती है कि- "युद्ध में परास्त होने के कारण जापानी सैनिक अधिकारियों, सिपाहियों ने आत्मसमर्पण करने के बजाय हाराकीरी अर्थात आत्महत्या कर ली।"

मीजान

सन 1945 में हैदराबाद से तेलुगु दैनिक *'मीजान'* का सम्पादन-प्रकाशन अदिपि बापिराजु ने किया। हुकूमत की सहायता से प्रकाशित हुए इस अखबार को पाठकों का समर्थन प्राप्त नहीं हुआ। निजाम शाही के विरुद्ध हुई पुलिस कार्रवाई के समय बंद हो गया। 'मीजान' नाम के अँगरेजी और उर्दू दैनिक मिर्जा आविग अली बेग और हबीबउल्ला औज के सम्पादन में प्रकाशित हुए। ये भी निजाम परस्त अखबार थे। हैदराबाद से ही एक और तेलुगु दैनिक *'तेलंगाना'* का प्रकाशन किया गया। बी.पी. रामानुजाचारी सम्पादक थे। यह अल्पजीवी रहा। चेन्नै से तेलुगु

मासिक पत्रिका *'बाल'* एन.राघवराव के सम्पादकत्व में सन 1945 में प्रकाशित हुई। मलयालम मासिक *'शरासन'* का सम्पादन-प्रकाशन चंगनचेरि से आर.माधवन पिल्लै ने किया।

लोकराज्य

मराठी सांध्य दैनिक *'लोकराज्य'* सन 1945 में पुणे से निकला। रा.वि.पाटणकर प्रकाशक और वि.वि.बापट सम्पादक थे। चार वर्ष तक यह अखबार निकला, फिर आर्थिक संकट के कारण बन्द हो गया।

मराठी पाक्षिक *'लोकराज्य'* मुम्बई से सन 1945 में प्रकाशित हुआ। देवव्रत मेहता सम्पादक थे। दिगम्बर जैन स्वाध्याय मंदिर सोनगढ़ (सौराष्ट्र) ने हिन्दी मासिक *'आत्मधर्म'* का प्रकाशन सन 1945 में किया। इंदौर से सितम्बर 1945 में मराठी मासिक *'मंदार'* का प्रकाशन हुआ। इस साहित्यिक पत्रिका के सम्पादक म.र.उपासनी थे। 1946 का दीपावली अंक प्रकाशित कर बंद हो गई। हिन्दी, मराठी और अँगरेजी का त्रिभाषिक साप्ताहिक *'उजाला'* सन 1945 में पुलगाँव से प्रकाशित हुआ।

शिलांग टाइम्स

10 अगस्त 1945 को शिलांग से अँगरेजी साप्ताहिक *'शिलांग टाइम्स'* प्रकाशित हुआ। कालान्तर में यह दैनिक समाचारपत्र बना। सम्पादक मानस चौधरी थे। अँगरेजी साप्ताहिक *'नेशनल गार्जियन'* इसी वर्ष मुम्बई से निकला। दिल्ली से सन 1945 में महिलाओं के लिए अँगरेजी मासिक पत्रिका *'आनवर्ड'* प्रकाशित हुई। युनाइटेड पब्लिकेशन्स की यह पत्रिका उत्कृष्ट रचनाओं के कारण पठनीय बनी। एक प्रति का मूल्य आठ आना था। इसी वर्ष कोलकाता से एम.एन.राधाकृष्ण के सम्पादन में *'ईस्टर्न रेलवे मैग्जीन'* निकली। अँगरेजी मासिक *'इंडियन फार्मेसिस्ट'* कोलकाता से, अँगरेजी त्रैमासिक *'आर्मी मेडिकल कोर जर्नल'* पुणे से, अँगरेजी त्रैमासिक पत्रिका *'इंडिया क्वार्टरली'* दिल्ली से प्रकाशित हुई। 'इंडिया क्वार्टरली' अंतरराष्ट्रीय विषयों की पत्रिका थी। इसके सम्पादक मण्डल में डा.बी.एम.गांगुली, डा. जाकिर हुसैन, प्रो. मुजीब, डा. वी.के.आर.वी.राव, प्रो. सी.एन.वकील और के.सन्तानम प्रभृति विद्वान सम्मिलित थे। प्रबंध सम्पादक ए.अप्पा दोराई थे। एक प्रति का मूल्य दो रुपये आठ आना था।

जबलपुर से अँगरेजी त्रैमासिक *'इंडियन कल्चर क्वार्टरली'* का प्रकाशन डा. हेनरी एच.प्रेसलर के सम्पादकत्व में हुआ। पृष्ठ संख्या 36, आकार 22 गुणित 14 से.मी. और वार्षिक शुल्क दो रुपये था। भारतीय संस्कृति सम्बन्धी सामग्री का प्रकाशन किया जाता था। अँगरेजी द्वैमासिक *'ओशनाइट'* जे.एफ.सोएरिस के सम्पादन में मुम्बई से निकला। सामुद्रिक विषयों की इस पत्रिका का प्रकाशन मेरीटाइम

यूनियन आफ इंडिया ने किया था।

आजाद हिन्द

कोलकाता से सन 1945 में उर्दू दैनिक *'आजाद हिन्द'* का प्रकाशन किया गया। अहमद सईद मलीहाबादी सम्पादक थे। पूर्णाकार छह पृष्ठ का दैनिक था। उर्दू-भाषियों की समाचार पढ़ने की जरूरत पूरी करने के लिए नजमुद्दीन ने इस पत्र का प्रकाशन किया था। उर्दू के पक्ष में अभियान चलाता था। इस्लाम और इस्लामी देशों की खबरें ज्यादा छापी जाती थीं। 'आजाद हिन्द' का रविवारीय संस्करण 'उजाला' शीर्षक से छापा जाता था। अखबार अभी भी निकल रहा है। *'आजाद हिन्द'* नाम का एक अन्य हिन्दी साप्ताहिक पटना से प्रकाशित हुआ।

अफकार

मार्च 1945 में उर्दू मासिक *'अफकार'* सैयद कमरुल हसन की देखरेख में भोपाल से प्रकाशित हुआ। कौसर चांदपुरी, ए.आर.रुशदी तथा सहबा लखनवी सम्पादक मण्डल में शरीक थे। आकार 23 गुणित 15 से.मी., पृष्ठ संख्या 64 और वार्षिक शुल्क पाँच रुपये छह आना था। सन 1950 तक 'अफकार' का प्रकाशन भोपाल से हुआ। उसके बाद सहबा लखनवी पाकिस्तान चले गए और कराची से 'अफकार' का प्रकाशन किया। सम्प्रति अफकार (कराची) के सम्पादक हनीफ फौक हैं। इधर भोपाल में 20 फरवरी 1951 से 'अफकार' का दैनिक अखबार के रूप में प्रकाशन आरंभ हुआ। ए.आर.रुशदी और इश्तियाक आरिफ सम्पादक हुए। ए.आर.रुशदी के निधन के कुछ समय बाद बंद हो गया।

तर्जुमान

भोपाल से पाँच अक्टूबर 1945 को उर्दू साप्ताहिक *'तर्जुमान'* प्रकाशित किया गया। सम्पादक-प्रकाशक एस.एम.कामिल थे। सम्पादक मण्डल में अहमद अली खाँ और जौहर कुरैशी शरीक थे। सन 1952 में कमर जमाली सम्पादक हुए। *'तर्जुमान'* राजनीति प्रधान अखबार था। 'तर्जुमान' के शब-व-रोज स्तम्भ में भोपाल की खास-खास खबरें, 'तू अगर बुरा न माने' स्तम्भ में किसी विशेष घटना एवं कथन पर व्यंग्यात्मक टीका-टिप्पणी और 'हमारी राय' स्तंभ में सुझाव प्रस्तुत किए जाते थे। 'तर्जुमान' का सबसे लोकप्रिय स्तंभ था 'मौज-ए-नर्मदा' जो 'मौजी' के छद्म नाम से जौहर कुरैशी लिखा करते थे।

सन 1945 में लखनऊ से उर्दू मासिक *'नया दौर'* अमीर अहमद सिद्दीकी के सम्पादकत्व में प्रकाशित हुआ। सरकारी प्रकाशन था। साहित्य और सरकारी प्रचार दोनों इसके विषय थे। अहमद शाहीन के सम्पादन में बेंगलूरु से इसी वर्ष उर्दू मासिक *'नया दौर'* प्रकाशित हुआ। सन 1946 में इसका मोमीन विशेषांक काफी चर्चित हुआ था। असगर मालवी के सम्पादन में सन 1945 में उर्दू साप्ताहिक

'कमाल' भोपाल से निकला। इसी वर्ष पटना से उर्दू अखबार *'नौजवान'* का सम्पादन-प्रकाशन गुलाम सरवर ने किया। हैदराबाद से अँगरेजी-उर्दू साप्ताहिक *'फिल्मी मौज'* निकला। एक अंक का मूल्य चार आना था। चेन्नै से मौलाना अबुल जलाल नदवी और मौलाना अब्दुल रज्जाक फाजिल के सम्पादन में उर्दू की सचित्र मासिक पत्रिका *'बुसरा'* प्रकाशित हुई। यह ज्ञान, साहित्य, इतिहास और धर्म की पत्रिका थी। चेन्नै से एक और उर्दू मासिक पत्र 'शफक' का प्रकाशन हुआ। मौलाना नईम उर रहमान सम्पादक थे।

1946

कृषक जगत

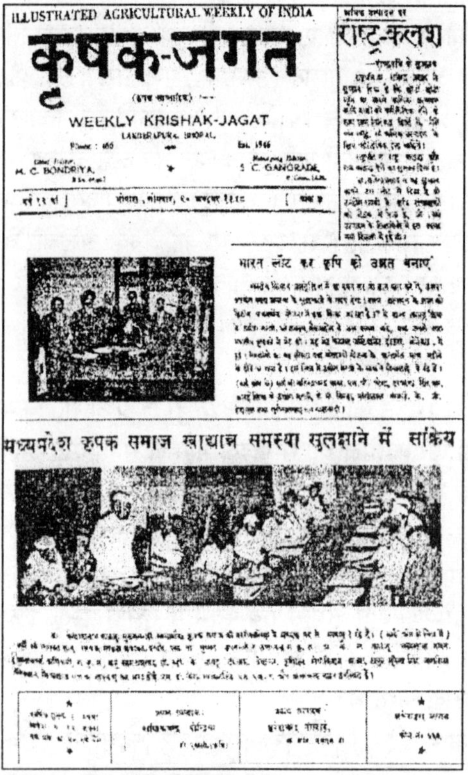
ILLUSTRATED AGRICULTURAL WEEKLY OF INDIA

कृषक-जगत

WEEKLY KRISHAK-JAGAT

LAKHERAPURA, BHOPAL

Est. 1946

M. C. BONDRIYA

S. C. GANGRADE

राष्ट्र-कलश

भारत लॉट कर कृषि को उन्नत बनाएं

मध्यप्रदेश कृषक समाज खाद्यान्न समस्या सुलझाने में सक्रिय

कृषक जगत

सन 1946 में नागपुर से कृषि सम्बन्धी हिन्दी साप्ताहिक *'कृषक जगत'* का प्रकाशन आरंभ हुआ। माणिकचन्द बोंद्रिया सम्पादक और सुरेशचन्द्र गंगराडे सहयोगी सम्पादक थे। सन 1956 में नये मध्यप्रदेश के गठन के बाद 'कृषक जगत' नागपुर से भोपाल स्थानांतरित हो गया। कृषि, सहकारिता, ग्रामोद्योग और ग्राम विकास 'कृषक जगत' के केन्द्रीय विषय थे। कृषि के आधुनिकीकरण की योजनाओं और उनके क्रियान्वयन पर न केवल 'कृषक जगत' ने नजर रखी, बल्कि किसानों को नवाचार अपनाने की सदैव सलाह भी दी। प्रदेश भर में 'कृषक जगत' का सुदूर अंचलों तक प्रसार है। खरीफ और रबी फसलों के समय 'कृषक जगत' के विशेषांक संग्रहणीय होते हैं। 'कृषक जगत' को अपने विषय क्षेत्र में की जा रही उत्कृष्ट सेवाओं के पुरस्करण स्वरूप भारतीय कृषि अनुसंधान परिषद नई

दिल्ली ने वर्ष 2000 का श्रेष्ठ पत्रकारिता अवार्ड- चौधरी चरणसिंह पुरस्कार प्रदान किया। सप्रे संग्रहालय ने भी उत्कृष्ट कृषि साप्ताहिक 'कृषक जगत' को वर्ष 2005 के रामेश्वर गुरु पत्रकारिता पुरस्कार प्रदान किया। संप्रति विजय कुमार बोंद्रिया कृषक जगत के प्रधान सम्पादक और सुनील गंगराडे संपादक हैं।

जयहिन्द

6 फरवरी 1946 को जबलपुर से सेठ गोविन्ददास ने हिन्दी दैनिक *'जयहिन्द'* का प्रकाशन किया। आद्य सम्पादक विद्याभास्कर थे, जिन्होंने प्रतिष्ठित पत्र 'आज' में बाबूराव विष्णु पराडकर के सान्निध्य में पत्रकारिता की थी। यह दूसरे महायुद्ध के बाद का समय था, जब भारत की आजादी की संभावना प्रबल हो गई थी और तमाम राजनीतिक गतिविधियाँ इसी दिशा में प्रेरित और केन्द्रित थीं। केबिनेट मिशन की भारत यात्रा, लार्ड वैवेल से जिन्ना और मौलाना आजाद की मुलाकात, आजाद हिन्द फौज के सैनिकों की बिना शर्त रिहाई, मुम्बई में अँगरेजों के विरुद्ध प्रदर्शन, देश विभाजन की गतिविधियाँ और सम्पादकीय तनाव और दंगे- इन सबकी खबरें 'जयहिन्द' के पृष्ठों में मिलती हैं। अंतरराष्ट्रीय समाचार, समसामयिक घटनाओं और प्रसंगों पर लेख और टिप्पणियाँ तथा साप्ताहिक (साहित्यिक) परिशिष्ट आदि सभी पहलुओं से 'जयहिन्द' की पठनीयता, लोकप्रियता और प्रसार संख्या में उत्तरोत्तर वृद्धि हुई। महाकोशल अंचल का वह इकलौता दैनिक अखबार था। कम्पोजिंग के लिए मोनोटाइप मशीन मध्यप्रदेश में पहले-पहल 'जयहिन्द' ने ही लगाई। मध्यप्रदेश में समाचार एजेंसी की टेलीप्रिंटर सेवा लेने की शुरूआत भी 'जयहिन्द' से हुई।

विद्याभास्कर के काशी लौट जाने के बाद कालिकाप्रसाद दीक्षित 'कुसुमाकर', फिर श्यामसुन्दर शर्मा 'जयहिन्द' के सम्पादक बने। प्रकाशक जीवनलाल नायक थे। 'जयहिन्द' के सम्पादकीय विभाग में कार्यरत पत्रकारों में चंद्रकुमार, डी.पी.खरे, कस्तूरचंद गुप्त, विश्वनाथ वैशम्पायन, रामकृष्ण श्रीवास्तव, यशवंत अरगरे, त्रिभुवन यादव, गोविन्द मिश्र, नर्मदाप्रसाद सराफ आदि उल्लेखनीय हैं। दिसम्बर 1954 में 'जयहिन्द' का विलय जबलपुर के 'नवभारत' में हो गया।

क्रान्ति

2 अक्टूबर 1946 को इन्दौर से हिन्दी दैनिक *'क्रान्ति'* का प्रकाशन हुआ। कालिकाप्रसाद दीक्षित 'कुसुमाकर' सम्पादक थे। पाण्डेय बेचन शर्मा 'उग्र' का सहयोग 'क्रान्ति' के साथ था। समकालीन घटनाओं पर 'क्रांति' में समाचार और टिप्पणियाँ बेबाक लिखी जाती थीं। अप्रैल 1947 में 'आस्तीन का साँप' शीर्षक सम्पादकीय टिप्पणी प्रकाशित हुई, जिसके कारण होल्कर हुकूमत ने 'क्रान्ति' के प्रकाशन पर पाबंदी लगा दी। सम्पादक ने माफी मांगने के बजाय अखबार बंद करने का विकल्प चुना।

इन्दौर समाचार

23 मार्च 1946 को इन्दौर से पुरुषोत्तम विजय के सम्पादकत्व में हिन्दी दैनिक *'इन्दौर समाचार'* का प्रकाशन प्रारंभ हुआ। तब यह मालवांचल का अकेला दैनिक समाचारपत्र था। पुरुषोत्तम विजय के बाद सोहन मेहरा और सुरेश सेठ ने सम्पादन, प्रकाशन का दायित्व ग्रहण किया। आरंभिक दौर में 'इन्दौर समाचार' प्रसार और लोकप्रियता में अग्रणी रहा, किन्तु कालान्तर में वह प्रतिस्पर्द्धा में पिछड़ गया। कमलाकांत मोदी, प्रतापभाई ने भी 'इन्दौर समाचार' का सम्पादन किया।

भास्कर

विजयादशमी सन 1946 को रीवा से हिन्दी साप्ताहिक *'भास्कर'* का प्रकाशन आरंभ हुआ। सम्पादक-प्रकाशक शंभुनाथ शुक्ल थे। राजनीति और साहित्य को मुख्य विषय मानने वाला 'भास्कर' विंध्य अंचल की वाणी बना। जब शंभुनाथ शुक्ल विंध्य प्रदेश के मुख्यमंत्री हुए, तब जागेश्वरप्रसाद पाण्डे सम्पादक बनाए गए।

विंध्य केसरी

स्वतंत्रता संग्राम सेनानी और सुकवि ज्वालाप्रसाद ज्योतिषी ने 26 जनवरी 1946 को सागर से हिन्दी साप्ताहिक *'विंध्यकेसरी'* का सम्पादन-प्रकाशन किया। हर बुधवार को प्रकाशित होता था। समाचारों और साहित्य का मिला-जुला स्वरूप 'विंध्य केसरी' में प्रस्तुत होता था। पाँच दशक तक ज्योतिषीजी ने इस पत्र का सम्पादन-प्रकाशन किया।

समाजवादी विचारधारा का अँगरेजी साप्ताहिक *'जनता'* सन 1946 में मुम्बई से प्रकाशित हुआ। सम्पादक रोहित दवे और प्रकाशक जी.जी.पारेख थे। बाद में एन.जी.गोरे सम्पादक हुए।

गोविन्दराम सेक्सरिया कॉमर्स कालेज वर्धा से हिन्दी त्रैमासिक *'अर्थ सन्देश'* का प्रकाशन सन 1946 में हुआ। वार्षिक शुल्क छह रुपये था। श्रीमन्नारायण अग्रवाल, दयाशंकर नाग, वामनकृष्ण, भगवतशरण अधौलिया सम्पादक मंडल में सम्मिलित थे। भारत की वर्तमान परिस्थितियाँ, संभावनाएँ और भावी आर्थिक नीतियों के विमर्श की श्रेष्ठ पत्रिका थी।

बीकानेर महाराज के सहयोग से राजस्थान की भाषा, साहित्य और लोक संस्कृति को प्रश्रय और प्रोत्साहन देने के उद्देश्य से राजस्थानी रिसर्च इंस्टीट्यूट बीकानेर ने त्रैमासिक शोध पत्रिका *'राजस्थान भारती'* का प्रकाशन अप्रैल 1946 में किया। दशरथ ओझा, अगरचंद नाहटा, नरोत्तम स्वामी सम्पादक थे। पृथ्वीराज रासो, राजस्थान की कहावतें और मुहावरे, लोक साहित्य, प्राचीन तथा आधुनिक राजस्थानी साहित्य आदि पर शोधपरक साहित्य का प्रकाशन किया जाता था। वार्षिक शुल्क

चार रुपये था। जयपुर से बासुदेव शर्मा ने सन 1946 में *'राजस्थान टाइम्स'* का सम्पादन-प्रकाशन किया। साप्ताहिक के तीखे प्रहार से तिममिलाए दीवान मिर्जा इस्माइल ने 'राजस्थान टाइम्स' पर सेंसर लगा दिया। सम्पादक ने इसे अस्वीकार करते हुए अखबार बंद कर दिया। मिर्जा इस्माइल की जयपुर से विदाई होते ही पुनः प्रकाशित होने लगा।

फरवरी 1947 में उज्जैन से हिन्दी साप्ताहिक *'युग प्रवर्तक'* का प्रकाशन किया गया। प्रहलाद पाण्डेय 'शशि' इस समाचार साप्ताहिक के सम्पादक थे। इसी वर्ष चम्बा से हिन्दी पाक्षिक 'प्रजामित्र' प्रकाशित हुआ। राजनीति प्रधान अखबार था। दौलतराम गुप्त सम्पादक थे। उनके बाद हरिप्रसाद सुमन ने सम्पादन किया। 15 दिसम्बर 1949 को बंद हो गया। राँची से हिन्दी साप्ताहिक *'आदिवासी'* का प्रकाशन रामचन्द्र शर्मा किशोर के सम्पादन में हुआ।

गीता मंदिर आगरा से वसंत पंचमी सन 1946 को हिन्दी पाक्षिक *'कर्मयोग'* का प्रकाशन बाबू श्रीचंद दोनेरिया ने किया। हरिशंकर शर्मा 'कर्मयोग' के सम्पादक थे। वार्षिक शुल्क चार रुपये था। पृष्ठ संख्या 24 रहती थी। जोधपुर से गणेशचन्द्र जोशी के सम्पादन में सन 1946 में हिन्दी साप्ताहिक *'कल की दुनिया'* का प्रकाशन हुआ।

वाराणसी से जयंत कुशवाह ने हिन्दी पत्र *'चिंगारी'* का प्रकाशन किया। हिन्दी साप्ताहिक *'छाया'* सन 1946 में मुम्बई से निकला। गुजराती और मराठी भाषा में भी क्रमशः मुम्बई और पुणे से इस नाम के साप्ताहिक पत्रों का प्रकाशन हुआ। इसी वर्ष खैरागढ़ से हिन्दी मासिक *'जन्मभूमि'* निकला। रामदास सोलंकी ने सुसनेर से हिन्दी मासिक *'भावसार केसरी'* का सम्पादन-प्रकाशन किया। सदाकत आश्रम पटना से धर्मपाल सिंह के सम्पादन में हिन्दी की साहित्यिक पत्रिका *'नंदिनी'* निकली। फरवरी 1946 में उज्जैन से अमर नरेन्द्र के सम्पादन में हिन्दी मासिक *'नीरव'* आरंभ हुआ। अल्पजीवी रहा।

इन्दौर से हिन्दी साप्ताहिक *'मजदूर संदेश'* निकला। प्रकाशक लाड़ली प्रसाद सेठी, सम्पादक श्रीराम आगार थे। रत्नेश कुसुमाकर भी सम्पादक रहे। पाँच वर्ष तक प्रकाशित हुआ। वर्धा से भवानीप्रसाद मिश्र के सम्पादन में हिन्दी त्रैमासिक *'महिला आश्रम पत्रिका'* निकली। इन्दौर से लक्ष्मी गोपाल शास्त्री ने हिन्दी साप्ताहिक *'रामराज्य'* का सम्पादन-प्रकाशन दिसम्बर 1946 में किया।

सन 1946 में ऋषिकेश से हिन्दी मासिक *'साधु'* का प्रकाशन हुआ। श्रीदत्त शर्मा सम्पादक थे। धर्म और समाज पत्रिका के विषय थे। सन 1960 में बंद हो गया। कोलकाता से रामचन्द्र प्रसाद और श्रीकृष्ण खत्री ने हिन्दी मासिक *'सिने तस्वीर'* का सम्पादन-प्रकाशन सन 1946 में किया। वार्षिक शुल्क छह रुपये था।

आगरा से हिन्दी साप्ताहिक *'श्वेताम्बर जैन'* जवाहरलाल लोढ़ा के सम्पादकत्व में प्रकाशित हुआ। कोलकाता से हिन्दी पत्र *'ज्ञानदीप'* निकला।

मई 1946 में भारतीय महिला सम्मेलन की मासिक पत्रिका *'रोशनी'* का प्रकाशन लखनऊ से हुआ। सम्पादक हाजरा बेगम थीं। संपादक मण्डल में राजकुमारी अमृतकौर, विजयलक्ष्मी पंडित, कुलसुम सयानी, लेडी रामाराव, रामेश्वरी नेहरू और बेगम हुसैन अली खान प्रभृति सार्वजनिक जीवन की प्रमुख महिलाएँ सम्मिलित थीं। पृष्ठ संख्या 48, आकार 22 X 14 से.मी. और एक प्रति का मूल्य चार आना था।

सितम्बर 1946 में कोलकाता से क्षितीशचन्द्र चट्टोपाध्याय के सम्पादकत्व में संस्कृत मासिक पत्रिका *'मंजूषा'* प्रकाशित हुई। 32 पृष्ठ की इस पत्रिका का वार्षिक शुल्क 6 रुपये और आकार 22 X 13 से.मी. था। प्रकाशक विश्वनाथ चट्टोपाध्याय थे। संस्कृत साहित्य का ज्ञान-प्रसार *'मंजूषा'* का मुख्य उद्देश्य था।

कौमी आवाज

सन 1946 में लखनऊ से उर्दू दैनिक *'कौमी आवाज'* का प्रकाशन 'नेशनल हेरल्ड' के संचालकों ने किया। *'कौमी आवाज'* के आद्य सम्पादक हिदायतउल्ला अंसारी थे। उनके बाद इशरत अली सिद्दीकी सम्पादक हुए। आरंभ में 'कौमी आवाज' 55 X 40 से.मी. आकार में चार पृष्ठ का निकलता था। एक प्रति का मूल्य एक आना था। 'कौमी आवाज' का साप्ताहिक संस्करण प्रकाशित होता था जो मुख्यत: साहित्य पर आधारित होता था। जबकि दैनिक संस्करण समाचार प्रधान और राजनीतिक चेतना का अखबार था। 'कौमी आवाज' के दिल्ली, मुम्बई और पटना संस्करण भी निकले। यद्यपि यह उर्दू का लोकप्रिय और अच्छा दैनिक समाचार पत्र रहा है, परन्तु प्रबंधन की अकुशलता के कारण सन 1999 में बंद हो गया। दिल्ली से साप्ताहिक अखबार के रूप में निकलता रहा है।

अंजुमन तरक्की-ए-उर्दू ने सन 1946 में कराची से उर्दू पाक्षिक पत्रिका *'कौमी जबान'* निकाली। सम्पादक मुंसफिक ख्वाजा थे। उर्दू साहित्य और भाषा इस पत्रिका के विषय थे। सन 1946 में पटना से उर्दू दैनिक *'साथी'* का सम्पादन-प्रकाशन सुहैल अजीमाबादी ने किया। चार पृष्ठ का अखबार था। कुछ समय बाद गुलाम सरवर सम्पादक हुए। उनके बाद खालिद रशीद सबा ने 'साथी' के प्रकाशन की जिम्मेदारी ली। 'साथी' का प्रकाशन जारी है। परवेज अंजुम सम्पादक हैं।

चार अक्टूबर 1946 को उर्दू साप्ताहिक *'नया भोपाल'* प्रकाशित हुआ। 33 X 24 से.मी. आकार के बारह पृष्ठ का अखबार था। एक प्रति का मूल्य दो आना था। जौहर कुरैशी प्रकाशक तथा जी.एम.नगमी और प्रेम श्रीवास्तव सम्पादक थे। भोपाल रियासत के भारतीय संघ में विलय का पक्षधर अखबार था। समाचारों, लेखों, चित्रों और कार्टूनों से सज्जित रहने वाला यह अखबार जनवरी 1953 में बंद हो गया।

21 जून 1946 को उर्दू साप्ताहिक *'अलहमरा'* भोपाल से प्रकाशित हुआ। खलील बद्र सम्पादक थे। एक प्रति का मूल्य चार आना था। मशहूर आर्टिस्ट जफर इसकी साज-सज्जा में योगदान करते थे। महमूद उल हुसैनी भी 'अलहमरा' के सम्पादक रहे। एक अगस्त 1946 को भोपाल से जौहर कुरैशी ने उर्दू साप्ताहिक *'शाहकार'* निकला। 32 X 26 से.मी. आकार के चार पृष्ठ के इस साप्ताहिक की एक प्रति का मूल्य दो आना था। सम्पादक भगवान दयाल निशात थे। जी.एम.नगमी, मकसूद इरफान, मोहम्मद अली ताज, असद भूपाली, घनश्याम सिंह तोमर आदि की टोली इस अखबार के सम्पादन-प्रकाशन के लिए सक्रिय थी। यह अपने समय का हास्य-व्यंग्य का अच्छा साप्ताहिक पत्र था जो समसामयिक राजनीति और घटनाओं पर करारे व्यंग्य करता था। 'शाहकार' अपनी बेबाक टिप्पणियों के कारण दीर्घजीवी नहीं हो सका। इसी वर्ष बेंगलूरु से उर्दू दैनिक *'पासवाँ'* निकला। रविवार के अलावा सप्ताह के बाकी छह दिन छपता था। सम्पादक मोहम्मद इस्माइल ताबिश थे। उनके बाद मोहम्मद औबेदुल्ला शरीफ सम्पादक हुए।

चेन्नै से उर्दू दैनिक *'अल मयी'* का प्रकाशन सन 1946 में हुआ। कोलकाता से मुस्लिम लीग समर्थक उर्दू अखबार *'अल हक'* निकला। 1958 तक प्रकाशित हुआ। हैदराबाद से अब्दुल अजीज ने उर्दू साप्ताहिक *'जम्हूर'* और देशराज शर्मा ने जालन्धर से उर्दू साप्ताहिक 'जयहिन्द' का सम्पादन-प्रकाशन किया। सितम्बर 1946 में उर्दू साप्ताहिक *'ताजियाना'* भोपाल से निकला। अनवारुल हसन सम्पादक थे। आकार 32 X 26 से.मी., पृष्ठ संख्या चार और एक प्रति का मूल्य एक आना था। ताजियाना का अर्थ कोड़ा होता है और पत्र के मत्थे पर नाम के साथ लहराते हुए कोड़े का चित्र भी छापा जाता था। फरवरी 1946 में उर्दू और हिन्दी का मिला-जुला साप्ताहिक *'दौलत'* भोपाल से निकला। उर्दू खण्ड का सम्पादन अज्म बनारसी और शर्की खालदी तथा हिन्दी खण्ड का सम्पादन जिनेश प्रभाकर करते थे। एक प्रति का मूल्य चार आना था। कोलकाता से उर्दू साप्ताहिक *'नयी मंजिल'* का सम्पादन-प्रकाशन नाजिर हुसैनी ने किया। कुछ अंक बाद बंद हो गया। फुलवारी शरीफ (पटना) से सन 1946 में उर्दू साप्ताहिक *'नकीब'* का प्रकाशन अब्दुल राफय ने आरंभ किया। सम्पादक असगर इमाम फलसफी थे। सरदार दुर्लभ सिंह ने सन 1946 में लाहौर से उर्दू दैनिक *'निगार'* का सम्पादन-प्रकाशन किया। इसी वर्ष लखनऊ से उर्दू साप्ताहिक *'निदा-ए-मिल्लत'* निकला। 25 नवम्बर 1946 को भोपाल से उर्दू साप्ताहिक *'पैगाम'* प्रकाशित हुआ। असगर मुजतबा सम्पादक थे।

शमा प्रकाशन दिल्ली ने सन 1946 में महिलाओं की मासिक पत्रिका *'बानो'* का प्रकाशन किया। जैनब अनवर सम्पादक थीं। उनके बाद जीनत कौसर सम्पादक हुईं। 24 X 18 से.मी. आकार की 64 पृष्ठ की इस पत्रिका की एक प्रति का मूल्य

आठ आना था। पत्रिका में महिलाओं और बच्चों के लिए उपयोगी सामग्री का प्रकाशन किया जाता था। मास्टर सुलेमान आरजू ने दिसम्बर 1946 में भोपाल से उर्दू मासिक *'मासूम'* निकाला। हैदराबाद से उर्दू दैनिक *'मुहिब्बे वतन'* का प्रकाशन सन 1946 में हुआ। लक्ष्मा रेड्डी सम्पादक थे। इसी वर्ष नसीरुद्दीन वकील और सैय्यद अब्दुल रकीब अलबी ने भोपाल से उर्दू साप्ताहिक *'रहबर'* का सम्पादन-प्रकाशन किया। हैदराबाद से उर्दू मासिक *'रहबर-ए-तालीम'* निकला। सम्पादक ब्रजलाल थे। हैदराबाद से 23 मई 1946 को मोहम्मद उस्मान के सम्पादकत्व में उर्दू साप्ताहिक *'रबाब'* का प्रकाशन हुआ। यह तरक्की पसंद अखबार था। साहित्य इसका विषय था।

नया हिन्द

सन 1946 में इलाहाबाद से मासिक *'नया हिन्द'* का प्रकाशन हुआ। सम्पादक मण्डल में डा. ताराचन्द, भगवानदीन, मुजफ्फर हसन, विश्वम्भरनाथ पांडे तथा पं. सुन्दरलाल सम्मिलित थे। पृष्ठ के एक कालम में उर्दू और दूसरे कालम में हिन्दी भाषा का प्रयोग किया जाता था। एक प्रति का मूल्य 10 आना था। हिन्दुस्तानी कल्चर सोसायटी प्रकाशक थी। बहुलतावादी संस्कृति की पक्षधर पत्रिका थी। भाषा सीधी और सरल थी। मूर्धन्य लेखकों का सहयोग 'नया हिन्द' को सुलभ था।

देशाभिमानी

कोझीकोड से 18 जनवरी 1946 को मलयालम दैनिक पत्र *'देशाभिमानी'* का प्रकाशन आरंभ हुआ। टी.के.महादेवन सम्पादक-प्रकाशक थे। यह कम्युनिस्ट पार्टी का अखबार है। 'देशाभिमानी' के संचालन से ई.एस.नम्बूदरीपाद, ई.के.नयनार, वी.एस.अच्युतानंदन आदि जुड़े रहे। वर्तमान में 'देशाभिमानी' के संस्करण कोच्चि, तिरुवनंतपुरम्, कन्नूर और कोट्टायम से निकल रहे हैं। मलयालम पत्रिका *'सिनेमा मासिक'* कोट्टायम से 1946 में निकली। के.शंकरन नायर सम्पादक-प्रकाशक थे।

मराठी साप्ताहिक *'इंकलाब'* सन 1946 में नागपुर से प्रकाशित हुआ। सुरेन्द्र शिवदास बारलिंगे सम्पादक-प्रकाशक थे। यह समाजवादी विचारधारा का पत्र था। चार वर्ष तक प्रकाशित हुआ। मराठी दैनिक *'हिन्दुस्तान'* सन 1946 में हिन्दुस्तान प्रेस अमरावती से प्रकाशित हुआ। सम्पादक-प्रकाशक बी. वी. मराठी थे। मूलतः यह साप्ताहिक अखबार के रूप में प्रकाशित हुआ था। पुणे से आनंद अन्तरकर ने मराठी मासिक पत्रिका *'हंस'* का सम्पादन-प्रकाशन जून 1946 में आरंभ किया। एक प्रति का मूल्य एक आना था। साहित्य और शिक्षा पर केन्द्रित स्तरीय पत्रिका थी। मराठी मासिक *'युगवाणी'* का प्रकाशन सन 1946 में विदर्भ साहित्य संघ नागपुर ने किया। पी.के.शिवलापुरकर सम्पादक थे।

इसी वर्ष मुम्बई से गोविन्दराव पटेल ने मराठी मासिक पत्र *'युगपुरुष'* निकाला। सन 1946 में कन्नड साप्ताहिक *'युगपुरुष'* प्रकाशित हुआ। के.अनंतपद्मनाभ सम्पादक थे। सन 1971 में 'युगपुरुष' ने रजत जयंती मनाई।

आंध्र महिला संघम ने सन 1946 में विजयवाड़ा से महिलाओं के लिए तेलुगु मासिक पत्रिका *'महिला'* का प्रकाशन किया। बच्चों और महिलाओं से सम्बन्धित ज्ञानवर्धक और रुचिकर सामग्री का प्रकाशन किया जाता था। अक्टूबर 1946 में के.विनायकराव के सम्पादकत्व में विजयवाडा से तेलुगु मासिक पत्र *'अभ्युदय'* का प्रकाशन हुआ। 18 गुणित 10 से.मी. आकार की इस पत्रिका के एक अंक का मूल्य छह आना था। हैदराबाद शासन ने *'हैदराबाद समाचार'* नामक पाक्षिक पत्रिका इसी वर्ष आरम्भ की। सम्प्रति यह *'आंध्र पत्रिका'* के नाम से प्रकाशित हो रही है। इसका प्रकाशन तेलुगु, अँगरेजी, हिन्दी एवं उर्दू भाषाओं में प्रतिमाह किया जाता है। चेन्नै से तमिल भाषा में *'जनशक्ति'* का प्रकाशन कम्युनिस्ट पार्टी की तमिलनाडु इकाई ने आरंभ किया। जा.की. रामैया सम्पादक थे।

गुजराती दैनिक *'मिल्लत'* कराची से सन 1946 में आरंभ हुआ। सैयद फखरुद्दीन सम्पादक-प्रकाशक थे। देश विभाजन के बाद बंद हो गया। हैदराबाद (सिंध) से सिंधी दैनिक *'हिलाल-ए-पाकिस्तान'* का प्रकाशन सन 1946 में आरंभ हुआ। मोहम्मद इस्माइल सम्पादक-प्रकाशक थे। एक प्रति का मूल्य एक आना था। इसी वर्ष पटियाला से पंजाबी दैनिक *'रणजीत'* निकला। एच.एस.मेहरसिंह सम्पादक थे। पटियाला के बाद भटिण्डा से भी 'रणजीत' का प्रकाशन हुआ।

तेलुगु मासिक *'शिल्पी'* सन 1946 में चेन्नै से प्रकाशित हुआ। इसी वर्ष टी.ई.श्रीनिवासन ने चेन्नै से तमिल साप्ताहिक 'स्वतंत्रम्' का प्रकाशन किया। सम्पादक के.अरुणाचलम् थे।

इंडियन क्रानिकल

सन 1946 में इंदौर से पी.सी.तारापोर ने अँगरेजी साप्ताहिक *'इंडियन क्रानिकल'* का प्रकाशन किया। अँगरेजी साप्ताहिक *'स्पोर्ट्स एण्ड पास टाइम'* चेन्नै से निकला। कस्तूरी श्रीनिवासन सम्पादक-प्रकाशक थे। खेल-खिलाड़ी और मनोरंजन इस पत्रिका के विषय थे। बहुरंगी चित्रों और आकर्षक छपाई तथा खेल पत्रकारिता का उत्कृष्ट नमूना होने के कारण यह पत्रिका लोकप्रिय हुई। अँगरेजी साप्ताहिक *'लिबरेटर'* गोपाल सिंह के सम्पादन में नईदिल्ली से, खासा सुब्बराव के सम्पादन में अँगरेजी साप्ताहिक *'स्वतंत्र'* चेन्नै से, एस.एन.शास्त्री के सम्पादन में अँगरेजी साप्ताहिक *'रेनबो'* सिकंदराबाद से सन 1946 में प्रकाशित हुए। मैसूर फोटोग्राफिक सोसायटी ने बेंगलूरु से डा.जी.थामस के सम्पादकत्व में अँगरेजी मासिक पत्रिका *'व्यूफाइन्डर'* प्रकाशित की। *'रेडियो टाइम्स आफ इण्डिया'* नामक अँगरेजी मासिक पत्र सन

1946 में मुम्बई से निकला। इसी वर्ष मुम्बई से तकनीकी विषय की अँगरेजी मासिक 'ट्रेनर' निकली। अँगरेजी मासिक पत्रिका *'एग्रीकल्चर सिचुएशन इन इंडिया'* दिल्ली से प्रकाशित हुई। कृषि विभाग की इस आधिकारिक पत्रिका के सम्पादक एस.रामास्वामी थे। अपने विषय की उत्तम पत्रिका थी। पुरातत्व विभाग की ओर से अर्द्धवार्षिक अँगरेजी पत्रिका *'एनशिएंट इंडिया'* सन 1946 में दिल्ली से निकली।

सन 1946 में प्रकाशित अँगरेजी की अन्य पत्रिकाओं में मासिक *'इंडियन पल्प एण्ड पेपर'* एस.सी.लाहड़ी के सम्पादन में कोलकाता से, *'इंडियन फुडपैकर'* दिल्ली से, *'ट्रेड एण्ड टूर'* मुम्बई से, अँगरेजी द्विमासिक 'ई.एम.ई.जर्नल' बेंगलूरु से, त्रैमासिक *'आर्ट इन इंडस्ट्री'* अजित मुकर्जी के सम्पादन में कोलकाता से, आई.एस.राव के सम्पादकत्व में *'नेशनल इंजीनियर'* चेन्नै से और *'इंडियन जर्नल आफ एग्रीकल्चरल इकानॉमिक्स'* मुम्बई से प्रकाशित हुई। *'इंडियन जर्नल आफ एग्रीकल्चरल इकॉनामिक्स'* के सम्पादक मण्डल में प्रो. जे.जे.अंजारिया, प्रो. रामकृष्णन, प्रो. जी.डी.अग्रवाल, के.जी.शिवस्वामी सम्मिलित थे। डा.एम.बी.देसाई प्रबंध सम्पादक थे। कृषि और कृषि से सम्बन्धित सभी पहलुओं पर प्रामाणिक सामग्री का प्रकाशन इस पत्रिका में किया जाता था।

कहानियाँ

दिसम्बर 1946 में सन्त पब्लिकेशन्स पटना ने राजा राधिकारमण प्रसाद सिंह और गुरुप्रसाद उप्पल के सम्पादकत्व में हिन्दी मासिक पत्रिका 'कहानियाँ' का प्रकाशन किया। सुरुचिपूर्ण कहानियों की इस पत्रिका का मुद्रण भी साफ-सुथरा और आकर्षक होता था। पृष्ठ संख्या 32 और वार्षिक शुल्क छह रुपये आठ आना था। मोहनलाल महतो वियोगी, प्रभाकर माचवे, नलिन विलोचन शर्मा, जानकी वल्लभ शास्त्री की कहानियाँ पहले अंक में प्रकाशित हुईं।

नवयुग का उन्मेष

1947

नवभारत टाइम्स

हिन्दी का प्रमुख दैनिक पत्र 'नवभारत टाइम्स' तीन अप्रैल 1947 को *'नवभारत'* के नाम से और 29 जून 1950 से *'नवभारत टाइम्स'* शीर्षक से प्रकाशित हो रहा है। बैनेट कोलमैन कम्पनी और नेशनल जर्नल्स लि. का स्वामित्व ग्रहण कर सेठ रामकृष्ण डालमिया ने समाचारपत्र उद्योग में प्रवेश किया। तब बैनेट कोलमैन का 'टाइम्स आफ इण्डिया' तथा 'नेशनल जर्नल्स' का अँगरेजी दैनिक 'नेशनल काल' और हिन्दी *'नवयुग'* प्रकाशित हो रहे थे। डालमिया ने 'नवभारत' के सम्पादक पद पर बनारसीदास चतुर्वेदी को आमंत्रित किया था। किन्तु पूँजीपतियों के पत्रकारिता-क्षेत्र में प्रवेश के सिद्धान्ततः विरोधी बनारसीदासजी ने अपना मत स्पष्ट करते हुए प्रस्ताव अस्वीकार कर दिया। तब 'नवभारत' सत्यदेव विद्यालंकार के सम्पादकत्व में आरम्भ हुआ। वे पाँच माह तक सम्पादक रहे। अवनीन्द्रकुमार विद्यालंकार सहयोगी थे। सुरेन्द्र बालूपुरी, चन्द्रशेखर शास्त्री, राणा जंगबहादुर सिंह सन 1947 से 1949 तक सम्पादक पद पर आते-जाते रहे। वस्तुतः 'नवभारत' को पहचान मिली मातादीन भगेरिया के सम्पादन काल में, जिनकी टिप्पणियों ने अखबार को चर्चित बनाया। 31 अगस्त 1951 तक वे सम्पादक रहे। 'नवभारत' के मुम्बई और कोलकाता संस्करण 1949 में आरम्भ हुए। दिसम्बर 1951 में रामगोपाल विद्यालंकार सम्पादक हुए। 'नवभारत' रोटरी मशीन पर छपने वाला दिल्ली का पहला अखबार था। पृष्ठ संख्या छह और एक प्रति का मूल्य एक आना था।

27 नवम्बर 1952 को दिल्ली के नेशनल स्टेडियम में हाकी टूर्नामेण्ट हुआ। रिपोर्टिंग के समय यह बहस चली कि हैट-ट्रिक के लिए हिन्दी का कौन-सा शब्द प्रयोग में लाया जाए। अँगरेजी पत्रों के खेल संवाददाताओं ने हिन्दी का उपहास भी किया। दूसरे दिन 'नवभारत टाइम्स' में प्रेमनाथ चतुर्वेदी का दिया 'तिकड़ी' शब्द छपा और सटीक होने के कारण प्रचलित हो गया। एक सितम्बर 1953 को

नवभारत

नव युग

हिन्देशिया में गृह रक्षक सेना

देशी राज्यों को वायसराय का परामर्श

नवभारत (टाइम्स)

'नवभारत टाइम्स' का कोलकाता संस्करण बन्द कर दिया गया। मार्च 1955 में अक्षयकुमार जैन सम्पादक हुए। वे सन 1977 तक इस पद पर रहे। उनके सम्पादनकाल में 'नवभारत टाइम्स' में काक, तैलंग और कुट्टी के कार्टूनों की धूम रही। रविवारीय परिशिष्ट को पृथक स्वरूप देने से पठनीयता बढ़ी। 'नवभारत टाइम्स' का खेल पृष्ठ अन्य दैनिकों से बेहतर निकलता रहा है।

सन 1962 में भारत पर चीन के आक्रमण के समय अक्षयकुमार जैन के सम्पादकीय का एक उद्धरण–

एक हो जाइये

"चीन ने लद्दाख और उपूसी क्षेत्रों में भीषण आक्रमण करके भारत को न चाहते हुए भी बचाव के लिए इस प्रकार कटिबद्ध कर दिया है कि घमासान युद्ध की स्थिति उत्पन्न हो गई हैं इससे किसी प्रकार के भय अथवा आतंक की नहीं, एकता की आवश्यकता है, क्योंकि सदा ही साहस, दृढ़ता, जफाकशी और बहादुरी के लिए सुप्रसिद्ध भारतीय सैनिक अपने से संख्या में अधिक चीनियों से लोहा ले रहे हैं। जैसा कि होता है, सामरिक कौशल तथा परिस्थितियों के कारण उत्तर के इन दोनों क्षेत्रों में कुछ चौकियाँ छोड़नी पड़ी हैं, किन्तु इसका यह मतलब हरगिज नहीं है कि चीन के इस ताजा तेज हमले से कोई विशेष हानि पहुँची है। यह ताजा स्थिति यह सबक जरूर देती है कि समस्त देश को एकता के सूत्र में बँध जाना होगा और आने वाली सर्दियों में भी चीन से मिले उत्तर के समस्त बर्फानी पहाड़ी क्षेत्र में युद्ध के लिए कटिबद्ध हो जाना होगा।

"भारतीय कम्युनिस्ट पार्टी के अलावा सभी राजनीतिक दलों ने इस स्थिति

को गंभीरता से आँका है। सभी यह मानते हैं कि चीन आक्रांता है। मैकमैहोन रेखा के पार भी हमला कर रहा है। वैसे तो 1942 में ही यह प्रकट हो गया था कि कम्युनिस्ट पार्टी देश से अधिक अंतरराष्ट्रीय साम्यवाद को स्थान देती है किन्तु फिर भी ऐसे अवसर पर जबकि एक आक्रांता ने देश पर आक्रमण की स्थिति उत्पन्न कर दी है, उसका ढिल मिल होना स्वयं दल के लिए भी दुर्भाग्यपूर्ण सिद्ध हो सकता है।

"भारत सरकार दृढ़ नीति अपनाएगी, इसमें कोई संदेह नहीं, किन्तु कतिपय उच्चाधिकारियों के सम्बन्ध में चीन के प्रति नरमी बरतने की जो गलतफहमी देश में फैली है वह भी जल्दी से जल्दी दूर होनी चाहिए, जिससे किसी को यह समझने का मौका न मिले कि आक्रांता के कपटपूर्ण व्यवहार की दरगुजर की जा सकती है। सरकार को ऐसा कोई कदम नहीं उठाना चाहिए जो किसी भी प्रकार से विवादग्रस्त हो। इससे एकता में बाधा होगी। अब यह दिखला देना होगा कि राष्ट्र की रक्षा के लिए हर भारतीय तैयार है। किसी हमले को बर्दाश्त नहीं किया जा सकता और इस बारे में सारा देश एक है।"

सन 1977 से 79 तक सच्चिदानंद हीरानंद वात्स्यायन 'अज्ञेय' 'नवभारत टाइम्स' के सम्पादक रहे। सन 1982 में राजेन्द्र माथुर सम्पादक बनाए गए। उन्होंने पत्र के ब्यूरो कार्यालयों को सक्रिय कर आंचलिक कवरेज बढ़ाया। जयपुर, पटना, लखनऊ संस्करण निकले। टिप्पणियों, आलेखों को नया तेवर दिया। भाषा की सहजता और सुघड़ शैली पर जोर दिया। प्रख्यात व्यंग्यकार शरद जोशी का स्तम्भ 'प्रतिदिन' आरम्भ किया।

राष्ट्रीय एकता के सन्दर्भ में राजेन्द्र माथुर ने सम्पादकीय टिप्पणी में लिखा था- "जो लोग यह मानते हैं कि गद्य और तर्क के रास्ते राष्ट्रीयता सिखाई जा सकती और मिथक का बहिष्कार संभव है, वे शायद यह भी मानते हैं कि बच्चों को राक्षस और परियों की कहानियाँ नहीं सुनाई जानी चाहिए बल्कि उन्हें वह वयस्क समझदारी देनी चाहिए जो दूरदर्शन के सीरियल सबको दे रहे हैं.... अवचेतन को समाप्त करके कोई व्यक्ति होश, समझदारी और पहचान नहीं पा सकता। अतः भारत को यदि एक देश बनाना है तो यह जरूरी है कि हम सब एक ही अवचेतन विश्व के नागरिक बनें और देर रात जो सपने हम देखें वे कमोवेश समान हों। जब तक सिंहासन के सवाल नहीं थे तब तक यह समरूपता जरूर रही होगी।..... भारत की हिन्दू रियासतों में जब सरकारी ताजिए बनाए और निकाले जाते थे तब कोई राजा धर्मनिरपेक्षता या सर्वधर्म समभाव का नाम नहीं लेता था और न शायद तुष्टीकरण का कोई गणित उसके दिमाग में होता था। ताजिए निकलें और ईद मने यह तब सांस लेने की तरह सहज बात थी और किसी को डर न होता था कि ताजिया यदि

किसी पीपल की फुनगी से टकरा गया तो दंगे न हो जाएँ। क्या उस सहजता की ओर लौटाना अब संभव नहीं है? क्या सारे ताजिए ठंडे करके, सारी मूर्तियों को तोड़कर और सारे सलीबों को जलाकर ही हिन्दुस्तान बन सकता है? सोवियत रूस ने ऐसा किया, लेकिन क्या रूस आज अपने अतीत से कटा हुआ है?.... धर्म का विनाश संभव है लेकिन मनुष्य जाति की पुराण चेतना का विनाश आज तक संभव नहीं हुआ।..... भारत की निरंतरता को जो खतरा इस माने में 1947 के बाद पैदा हुआ है वह पहले सचमुच कभी नहीं हुआ, क्योंकि अब तो यह भी निश्चित नहीं है कि बीसियों राजनैतिक बँटवारों के बाद भी हिन्दुस्तान ज्यों का त्यों बना रहेगा, जैसे कि वह पहले बना रहता था।" उद्योग-वाणिज्य-व्यापार और कारपोरेट जगत के समाचारों के लिए बिजनेस टाइम्स शीर्षक पृथक पृष्ठ (प्रभाग) आरम्भ किया गया।

सन 1986 से 91 तक सुरेन्द्रप्रताप सिंह कार्यकारी सम्पादक और 1991 से 94 तक विद्यानिवास मिश्र सम्पादक रहे। फतहचंद आराधक, हरिशंकर द्विवेदी, महावीर अधिकारी, डा. वेदप्रताप वैदिक, आलोक मेहता, मधुसूदन आनन्द, विश्वनाथ सचदेव आदि 'नवभारत टाइम्स' के प्रमुख पत्रकार रहे हैं। लगातार कई वर्षों तक यह हिन्दी का अग्रगण्य दैनिक समाचारपत्र रहा।

नई दुनिया

पाँच जून 1947 को इन्दौर से दैनिक *'नई दुनिया'* का प्रकाशन आरम्भ हुआ। सम्पादक कृष्णकांत व्यास और प्रकाशक कृष्णचन्द्र मुद्गल थे। एक प्रति का मूल्य एक आना था। पृष्ठ संख्या चार थी। "रियासती जनता का अपना राष्ट्रीय पत्र" की पहचान के साथ आरम्भ हुए 'नई दुनिया' के प्रथम अंक के मुखपृष्ठ की पहली बड़ी खबर थी- "भोपाल नवाब जिन्ना की उँगलियों पर।" कुछ माह बाद 'नई दुनिया' का प्रकाशन दायित्व लाभचन्द छजलानी ने ग्रहण किया। बसन्तीलाल सेठिया और नरेन्द्र तिवारी उनके सहयोगी थे। सम्पादन-दायित्व राहुल बारपुते को सौंपा गया। चित्रकार विष्णु चिंचालकर भी एक महत्वपूर्ण सहयोगी रहे। इस पत्र ने समाचारों की विश्वसनीयता पर शुरू से ध्यान केन्द्रित किया। 'नई दुनिया' के विशेषांकों ने पत्र की प्रतिष्ठा और लोकप्रियता में बढ़ोतरी की। कुछ ही समय में यह मालवा अंचल का सबसे ज्यादा प्रभाव और प्रसार वाला दैनिक पत्र बन गया। आंचलिक समाचारों को महत्व देने वाले 'नई दुनिया' ने मालवी भाषा में भी सामग्री छापी। नये-नये स्तम्भ जोड़े। सांस्कृतिक और खेल गतिविधियों को महत्व देकर छापा। सन 1960 में आचार्य विनोबा भावे के इन्दौर प्रवास के समय 'नई दुनिया' ने प्रतिदिन छोटे आकार के दो पृष्ठ के परिशिष्ट *'विनोबा दर्शन'* को नियमित पत्र के साथ-साथ प्रकाशित किया।

दैनिक
नई दुनिया

★ रियासती जनता का अपना राष्ट्रीय पत्र ★

इंदौर, गुरुवार ५ जून १९४७ [मूल्य—एक आना

बंबई में बम का कारखाना मिला

भोपाल नवाब जिन्ना की उंगलियों पर

नई दुनिया को ... डॉ. पट्टाभि का संदेश

नई दुनिया

तकनीकी प्रगति के प्रति जागरूक 'नई दुनिया' ने कम्पोजिंग और प्रिंटिंग की आधुनिक व्यवस्था की। प्रेस ट्रस्ट आफ इण्डिया और यू.एन.आई. की समाचार सेवाएँ लीं। सन 1962 में 'नई दुनिया' ने अपना मुद्रणालय स्थापित कर लिया। हिन्दी पत्रों में आफसेट मुद्रण और फोटो कम्पोजिंग तकनीक अपनाने वाला यह पहला अखबार है। विश्लेषण, नक्शे, ग्राफिक्स, चित्रों के प्रयोग ने साज-सज्जा को सुरुचिपूर्ण बनाया। वहीं पाठकों में स्वीकार्यता बढ़ाई है। एक सर्वांगपूर्ण अखबार होने के साथ-साथ 'नई दुनिया' ने स्थानीयता से नाता जोड़े रखा। इन्दौर और मालवा उसकी धड़कनों में सदैव चैतन्य रहे। 'नई दुनिया' के उत्कृष्ट मुद्रण को पाँच बार राष्ट्रीय पुरस्कार से सम्मानित किया गया।

यद्यपि सन 1959 में 'नईदुनिया' के दो संस्करण रायपुर (वर्तमान 'देशबंधु') और जबलपुर (बाद में 'नवीन दुनिया') से निकले थे, किन्तु वह पत्र की अपनी व्यवस्था नहीं, अनुबंधित संस्करण थे, जो थोड़े समय बाद ही पृथक हो गए। 'नई दुनिया' का अपना पहला संस्करण 28 नवम्बर 1987 को भोपाल से आरंभ हुआ। मदनमोहन जोशी सम्पादक थे। एक जनवरी 2005 को ग्वालियर संस्करण (संपादक राकेश पाठक) प्रकाशित हुआ। 2006 में रायपुर (संपादक रविभोई) और बिलासपुर संस्करण तथा 2007 में जबलपुर संस्करण (संपादक राजीव मित्तल) का प्रकाशन हुआ। एक संस्करण 'राज्य की नई दुनिया' (संपादक उमेश त्रिवेदी) नाम से भोपाल से निकल रहा है। सन 2008 में भोपाल से 'नवदुनिया' (संपादक गिरीश उपाध्याय) और दिल्ली से 'नई दुनिया' (संपादक आलोक मेहता) संस्करण आरंभ

हुए। सन 1983 में पत्रिका 'खेल हलचल' और 1993 में 'भावताव' का प्रकाशन हुआ। ये दोनों प्रकाशन अब बंद हैं।

राहुल बारपुते, राजेन्द्र माथुर, रनवीर सक्सेना 'नई दुनिया' की सम्पादन कला के प्राण रहे हैं। प्रभाष जोशी, शरद जोशी, हरिशंकर परसाई, बीना नागपाल, निर्मला भुराड़िया, दत्तात्रय सरमंडल, ब्रजमोहन गुप्त, मणिशंकर उपाध्याय, आलोक मेहता, नरेन्द्रकुमार सिंह, शाहिद मिर्जा, यशवन्त व्यास प्रभृति पत्रकारों की पत्रकार कला को 'नई दुनिया' में निखार मिला।

'नई दुनिया' के सम्पादकों ने शुरू से ही पत्रकारिता में सन्दर्भ के महत्व को समझा और एक समृद्ध पुस्तकालय विकसित किया। इसी कारण 'नई दुनिया' की प्रस्तुतियाँ ज्यादा प्रामाणिक और परिपूर्ण होती हैं। आपातकाल में प्रेस पर पाबंदी का विरोध दर्ज कराने के लिए नई दुनिया ने 26 जून 1975 को सम्पादकीय स्तम्भ कोरा छोड़ दिया था। आपात्काल के विरुद्ध राजेन्द्र माथुर की 'मुद्दे' आलेख-श्रृंखला चर्चित रही थी।

सम्प्रति अभय छजलानी 'नई दुनिया' के संपादकीय बोर्ड के अध्यक्ष और आलोक मेहता प्रधान सम्पादक हैं। तीसरी पीढ़ी के प्रतिनिधि विनय छजलानी और विनीत सेठिया प्रबंधन संभाल रहे हैं।

प्रदीप

पन्द्रह अगस्त 1947 को पटना से हिन्दी दैनिक *'प्रदीप'* का प्रकाशन *'सर्चलाइट'* के प्रकाशकों ने किया। सम्पादक शंकरदयाल श्रीवास्तव थे। चार माह बाद जब वे वापस 'भारत' में प्रयाग चले गए, श्रीकान्त ठाकुर विद्यालंकार सम्पादक हुए। कुछ महीने बाद वे 'आर्यावर्त' के सम्पादक हो गए और राधेश्याम शर्मा को 'प्रदीप' का सम्पादक बनाया गया। उनके बाद यह जवाबदारी राजेन्द्र शर्मा ने सम्हाली। सन 1971 में रामसिंह भारतीय सम्पादक हुए। सन 1979 में हरिओम पांडेय और उनके बाद सन 1983 से पारसनाथ सिंह 'प्रदीप' के सम्पादक बने। बिहार जर्नल्स लि. प्रकाशक कम्पनी थी। 'प्रदीप' बिहार के लोकप्रिय हिन्दी दैनिकों में से था। समाचारों का कवरेज अच्छा था। लेखादि पठनीय रहते थे। प्रसार संख्या भी उस समय के हिसाब से ठीक थी। बिहार जर्नल्स से बिड़ला ने 'सर्चलाइट' और 'प्रदीप' दोनों के प्रकाशन-अधिकार ले लिए थे। उसके बाद ज्यादा समय तक नहीं निकल पाए। दोनों पत्रों का प्रकाशन बन्द कर दिया गया।

स्वतंत्र भारत

अँगरेजी दैनिक 'पायनियर' के प्रकाशकों ने 15 अगस्त 1947 को लखनऊ से हिन्दी दैनिक पत्र *'स्वतंत्र भारत'* का प्रकाशन आरम्भ किया। आद्य सम्पादक अशोकजी थे। छोटे आकार के छह पृष्ठों का अखबार था। दो पुरानी फ्लेट बैड

अमृतांजन

दाद का मल्हम

स्वतंत्र भारत

विधान परिषद द्वारा भारतीय प्रजातंत्र का विधान स्वीकृ

सभी सदस्यों द्वारा एक स्वर से समर्थन

विरोध में केवल मौ० हसरत मोहानी का एक मत

डा० राजेन्द्र प्रसाद द्वारा मसविदे पर हस्ताक्षर

बालिग मतदाताओं की सूची

२०० गज मोटा ग्रंथ होगा

आत्मविश्वास, सत्य, अहिंसा और ईश्वर पर भरोसा

कर नये प्रजातंत्र का कार्यारम्भ करें

विधान स्वीकृत होने पर राजेन्द्र बाबू के उद्गार

स्वतंत्र भारत

मशीनों पर छपता था। कम्पोजिंग की भी समस्या थी। मजबूरी में अखबार का अन्तिम पृष्ठ सत्ता-हस्तांतरण सम्बन्धी चित्रों से भर दिया गया। किन्तु पाठकों ने इस प्रयोग को पसन्द किया और पत्र की माँग बढ़ने लगी। नब्बे के दशक में आई इलेक्ट्रानिक क्रान्ति को अपनाने में 'स्वतंत्र भारत' पिछड़ गया। जबकि प्रतिस्पर्धी पत्रों ने बढ़त बना ली। सन 1953 में अशोकजी केन्द्र सरकार के सूचना विभाग में उपनिदेशक होकर दिल्ली गए, तब योगीन्द्रपति त्रिपाठी ने सम्पादक का कार्यभार संभाला। तदनन्तर चन्द्रोदय दीक्षित, रजनीकांत मिश्र, वीरेन्द्र सिंह, शिवसिंह सरोज, राजनाथ सिंह, घनश्याम पंकज, ज्ञानेन्द्र शर्मा, उदय सिन्हा, माधवकान्त मिश्र सम्पादक रहे।

'स्वतंत्र भारत' के परिशिष्टों ने साहित्य के होनहार लेखकों को आगे आने का अवसर दिया। इतिहास, राजनीति, आर्थिकी, विज्ञान आदि विषयों पर विद्वानों से लेख लिखवाए। बाल जगत, काँव-काँव और 'काकभुसुण्डि' पत्र के लोकप्रिय स्तम्भ थे। कालान्तर में व्यंग्यकार के रूप में मशहूर हुए के.पी.सक्सेना को प्रसिद्धि 'स्वतंत्र भारत' में छपने के कारण मिली। 27 साल तक उर्मिल कुमार थपलियाल ने पत्र में 'सप्ताह की नौटंकी' स्तम्भ लिखा नौटंकी की तर्ज पर लिखा जाता था।

'स्वतंत्र भारत' की निष्पक्ष पत्र के रूप में पहचान थी। किन्तु परवर्ती प्रबंधन की अकुशलता के कारण उसकी स्थिति में गिरावट आई और इस क्षति की पूर्ति नहीं हो पाई। सम्प्रति अरविन्द सिंह स्थानीय सम्पादक हैं।

दैनिक जागरण

कानपुर से *'दैनिक जागरण'* का प्रकाशन पूर्णचन्द्र गुप्त ने 21 सितम्बर 1947

दैनिक जागरण

वाराणसी शनिवार ९ मार्च १९९६

सरकार ने हवाला जांच में न दखल दिया है न देगी- राव

प्रधानमंत्री ने विपक्ष की इस्तीफे की मांग ठुकरायी

सी.बी.आई. को सुप्रीम कोर्ट के निर्देश में असामान्य कुछ भी नहीं

लोस में चर्चा के दौरान हस्तक्षेप कर राव ने स्पष्टीकरण दिया

चौधरी रणधीर सिंह सिक्किम

मतदाताओं को प्रेरि

दैनिक जागरण

को किया। गुप्त और परिपूर्णानन्द वर्मा 'दैनिक जागरण' के सम्पादक थे। 'दैनिक जागरण' की पृष्ठभूमि में हिन्दी भवन कालपी और जगदीश नारायण रूसिया की महत्वपूर्ण भमिका रही है। सन 1940 में साप्ताहिक *'स्वतंत्र'* का प्रकाशन कानपुर से हुआ था। फिर प्रेस को झांसी ले जाया गया। लगभग डेढ़ वर्ष के अरसे में 'स्वतंत्र' का अच्छा प्रसार हो गया था किन्तु इसी बीच रूसिया के निधन से उसे झटका लगा। सन 1942 के आरंभ में 'स्वतंत्र' के स्थान पर छोटे आकार में 'दैनिक जागरण' का प्रकाशन आरम्भ किया गया। भारत छोड़ो आन्दोलन के दौरान प्रकाशन बंद हो गया। आजादी के बाद 'दैनिक जागरण' का प्रकाशन लखनऊ से आरंभ करने की योजना बनी। तब तक अँगरेजी 'पायनियर' का हिन्दी सहयोगी दैनिक 'स्वतंत्र भारत' और अँगरेजी 'नेशनल हेरल्ड' का हिन्दी सहयोगी दैनिक 'नवजीवन' आरंभ हो गया था। इस स्थिति में 'दैनिक जागरण' बिना लखनऊ से प्रकाशन आरम्भ किए कानपुर ले आया गया।

'दैनिक जागरण' के प्रवेशांक में सम्पादक ने आत्मनिवेदन लिखा- "झांसी तथा बुन्देलखण्ड के संकुचित वातावरण में पनप कर दैनिक जागरण आज से अपने कार्य क्षेत्र तथा कार्य दोनों का विस्तार कर रहा है। देश, प्रांत, समाज तथा कांग्रेस की अक्षुण्ण सेवा ही हमारे संचालकों का व्रत रहा है और रहेगा। स्वतंत्र तथा निर्भीक रूप से हरेक समस्या पर विचार प्रगट करना हमारा उद्देश्य और लक्ष्य था और रहेगा। समाजवादी समता को हम अपने देश के लिए आदर्श मानते हैं। सामन्तवादी या पूँजीशाही को हम भारत के लिए हानिकारक समझते हैं। हमारा विनम्र निवेदन

है कि कांग्रेस तथा कांग्रेस नेतृत्व में भी क्रांतिकारी परिवर्तन आवश्यक है। गुरुजनों का आदर, प्राचीन भारतीय सभ्यता तथा संस्कृति को अपने जीवन में समुचित स्थान तथा धर्म, सत्य और साम्प्रदायिक एकता का दृढ़ स्थापन यही हमारा संकल्प है।"

शनैःशनैः प्रगति पथ पर बढ़ता हुआ 'दैनिक जागरण' समाचारों की प्रस्तुति, साहित्य और सांस्कृतिक कलेवर से सम्पन्न परिशिष्टों तथा विविध विषयों पर पठनीय आलेखों की प्रस्तुति के कारण पाठकों में लोकप्रिय हुआ। मुद्रण और साज-सज्जा पर लगातार ध्यान दिया गया। वर्तमान में 'दैनिक जागरण' हिन्दी का सर्वाधिक पाठक संख्या वाला दैनिक पत्र है। ग्यारह राज्यों- उत्तरप्रदेश, मध्यप्रदेश, दिल्ली, हरियाणा, उत्तराखण्ड, पंजाब, जम्मू-कश्मीर, बिहार, झारखण्ड, हिमाचल प्रदेश और पश्चिम बंगाल के 31 शहरों से 'दैनिक जागरण' के संस्करण प्रकाशित हो रहे हैं।

नवजीवन

'नेशनल हेरल्ड' के प्रकाशकों ने एक नवम्बर 1947 को हिन्दी दैनिक *'नवजीवन'* का प्रकाशन आरम्भ किया। 'नेशनल हेरल्ड' के प्रकाशन में जो भूमिका पं. जवाहरलाल नेहरू की थी, वैसा ही श्रेय 'नवजीवन' के प्रकाशन के लिए फीरोज गांधी को जाता है। रफी अहमद किदवई का सक्रिय सहयोग इसमें रहा। चूँकि 'नवजीवन' शीर्षक पत्र पहले गांधीजी ने निकाला था, इसलिए शीर्षक तय करने के पूर्व उनकी अनुमति ली गई। लक्ष्मण नारायण गर्दे सम्पादक बनाए गए। नीति विषयक मतभेद के कारण उन्होंने पद त्याग दिया, तब भगवतीचरण वर्मा सम्पादक बने। कुछ ही समय बाद उन्होंने भी 'नवजीवन' छोड़ दिया। तब कोलकाता से सत्यदेव शर्मा को सम्पादक के पद पर लाया गया, जो वहाँ व्यापार प्रतिनिधि हुआ करते थे। 'नवजीवन' मोनोटाइप से कम्पोज होकर रोटरी मशीन पर छपता था। शुरू में चार पृष्ठ का अखबार था। एक प्रति का मूल्य एक आना था। अखबार के पास संसाधनों की कमी नहीं थी। दशकों तक सत्ता के साये में भी रहा। लेकिन संसाधन जुटाने के लिए जद्दोजहद, प्रतिस्पर्द्धा में टिकने और आगे बढ़ने के लिए अपेक्षित संघर्ष, स्वीकार्यता और ग्राह्यता की कसौटी पर खरा उतरने के लिए गुणवत्ता में उत्तरोत्तर विकास जैसे तत्वों के अभाव में 'नवजीवन' कई वर्षों तक जीवित रहने के बावजूद पत्रकारिता में कोई विशिष्ट पहचान नहीं बना पाया। अन्ततः नौवें दशक में बन्द हो गया।

26 जनवरी 1947 को देवव्रत शास्त्री ने पटना से हिन्दी दैनिक *'नवराष्ट्र'* का प्रकाशन आरम्भ किया। वे 'प्रताप' में पत्रकारिता का अनुभव प्राप्त कर चुके थे। सम्पादक सुमंगल प्रकाश थे, जिन्होंने लगभग छह वर्ष तक योग्यतापूर्वक 'नवराष्ट्र' का सम्पादन किया। उनके बाद यह दायित्व स्वयं देवव्रत शास्त्री ने निभाया। उनके

निधन के बाद सन 1965 में दिनेशप्रसाद सिंह सम्पादक और अशोक कुमार प्रकाशक हुए। सन 1966 में बन्द हो गया।

इन्दौर से अगस्त 1947 में हिन्दी दैनिक *'पुकार'* का प्रकाशन खेमराज जोशी के सम्पादकत्व में हुआ। दो पृष्ठ के अखबार की एक प्रति का मूल्य आधा आना था। खबरें ठीक-ठाक छपती थीं। परन्तु ज्यादा दिन नहीं चल पाया। इन्दौर से ही 12 अप्रैल 1947 को हरेन्द्रनाथ शर्मा ने दैनिक *'नया जमाना'* प्रकाशित किया। पांडेय बेचन शर्मा 'उग्र' सम्पादक थे। आपत्तिजनक टिप्पणी प्रकाशित करने के आधार पर बारह दिन बाद ही इस अखबार का प्रकाशन बंद करा दिया गया। एक प्रति का मूल्य तीन पैसे था। जयपुर से हिन्दी दैनिक *'जागृति'* अगस्त 1947 में करतार सिंह नारंग के सम्पादकत्व में निकला। एक प्रति का मूल्य एक आना था। अल्पजीवी रहा। इन्दौर से जनवरी 1947 में दैनिक 'जयभारत' का प्रकाशन बी.सी.सरवटे ने किया। प्रकाशक पी.ग.खाडेकर, मुद्रक द.ह.ओक और सम्पादक भालचन्द्र जोशी थे। एक प्रति का मूल्य एक आना था। एक वर्ष बाद बंद हो गया।

जयपुर से हिन्दी दैनिक *'राष्ट्रदूत'* का प्रकाशन एक अगस्त 1947 को हुआ। यह राजस्थान के पत्रकारों की दीक्षाभूमि भी रहा। कर्पूरचन्द कुलिश का पत्रकार जीवन 'राष्ट्रदूत' से आरम्भ हुआ था, जिन्होंने बाद में 'राजस्थान पत्रिका' जैसे उत्कृष्ट समाचारपत्र का सम्पादन-प्रकाशन किया। आरंभ में चार पृष्ठ के 'राष्ट्रदूत' की एक प्रति का मूल्य डेढ़ आना था। 'राष्ट्रदूत' का कोटा संस्करण भी प्रकाशित हुआ। सम्पादक-प्रकाशक बनवारीलाल शर्मा थे। सम्प्रति राकेश शर्मा यह दायित्व निभा रहे हैं। 'राष्ट्रदूत' का प्रकाशन जारी है। यद्यपि अब इसका प्रसार और प्रभाव पहले जैसे नहीं रहे।

दैनिक लोकमत

अम्बालाल माथुर ने 7 दिसम्बर 1947 को बीकानेर से खुशालचंद डागा और भँवरलाल रामपुरिया के सहयोग से हिन्दी *'दैनिक लोकमत'* का प्रकाशन किया। रियासतों के भारत संघ में विलीनीकरण, राष्ट्रभाषा, राष्ट्रीय एकता और अखंडता तथा राष्ट्रीय नवनिर्माण के लिए समर्पित इस पत्र ने अपने प्रसार क्षेत्र की जनसमस्याओं के समाधान में सक्रिय भूमिका निभाई। 'दैनिक लोकमत' का प्रकाशनारंभ 'बीकानेर में जनतंत्र शासन की घोषणा' के उद्घोष के साथ हुआ था। बुद्धिचन्द अग्रवाल मधुर सम्पादक थे। 'दैनिक लोकमत' का प्रकाशन जारी है और इसके संस्करण राजस्थान के आठ नगरों से निकल रहे हैं। सन 1997 में 'दैनिक लोकमत' ने स्वर्ण जयंती मनाई। सम्प्रति अशोक माथुर सम्पादक-प्रकाशक हैं।

कच्छ मित्र

गुजराती दैनिक *'कच्छ मित्र'* 20 जुलाई 1947 को भुज (काठियावाड़) से

प्रकाशित हुआ। सौराष्ट्र ट्रस्ट इसका प्रकाशक है। कच्छ मित्र के आद्य सम्पादक झुमकलाल मेहता थे। पृष्ठ संख्या 4 से 8 होती थी। जन्मभूमि पत्र समूह का यह प्रकाशन जनधारणा, जनसेवा, जनकल्याण और निष्पक्ष पत्रकारिता के कारण जिला स्तर से प्रकाशित होने के बावजूद प्रभाव और प्रतिष्ठा में आगे रहा। मूलतः यह अखबार मुम्बई से *'मित्र'* के नाम से आरंभ हुआ था। शरद शाह सम्पादक थे। 1949 में इसका नाम 'कच्छ मित्र' हुआ। 'कच्छ मित्र' ने तकनीकी और प्रौद्योगिकी प्रगति के साथ कदम मिलाते हुए आगे बढ़ने का रास्ता चुना। सम्प्रति कीर्तिभाई खत्री 'कच्छ मित्र' के प्रधान सम्पादक और सुरेश शाह प्रकाशक हैं। वर्तमान में यह ऑफसेट पर निकल रहा है और गुजराती के अच्छे समाचारपत्रों में गिना जाता है।

राष्ट्रधर्म

31 अगस्त 1947 को लखनऊ से हिन्दी मासिक *'राष्ट्रधर्म'* का प्रकाशन दीनदयाल उपाध्याय ने किया। राजीवलोचन अग्निहोत्री और अटलबिहारी वाजपेयी (जो बाद में प्रधानमंत्री बने) आद्य सम्पादक थे। पृष्ठ संख्या 96 और वार्षिक शुल्क दस रुपये था। 'राष्ट्रधर्म' के पहले अंक की तीन हजार प्रतियाँ छपी थीं। माँग बढ़ने पर दुबारा प्रतियाँ छापनी पड़ीं थीं। सम्पादक के रूप में अटलबिहारी वाजपेयी की सिद्धहस्तता का एक दृष्टान्त यह भी कि वे जितने पृष्ठ की प्रकाशन सामग्री कम्पोजिंग के लिए देते थे, वह ठीक उतनी ही निकलती थी। 'राष्ट्रधर्म' राष्ट्रीय स्वयंसेवक संघ की विचारधारा का पत्र था। गांधीजी की हत्या के बाद संघ पर प्रतिबंध लगा और 'राष्ट्रधर्म' बंद हो गया जो न्यायालय के आदेश के बाद फिर से निकला। सन 1950 से 1964 तक 'राष्ट्रधर्म' का प्रकाशन पुनः स्थगित रहा।

चन्दामामा

जुलाई 1947 में चेन्नै से बच्चों की उत्कृष्ट मासिक पत्रिका *'चन्दामामा'* का प्रकाशन आरंभ हुआ। मूलतः तेलुगु मासिक पत्रिका रही, किन्तु हिन्दी सहित चौदह भारतीय भाषाओं में प्रकाशित होने के कारण सही अर्थों में यह प्रतिनिधि भारतीय पत्रिका बनी। 'चन्दामामा' का सिंहली भाषा संस्करण और नेत्रहीन बच्चों के लिए ब्रेल लिपि संस्करण भी निकल रहा है। बी.नागिरेड्डी चन्दामामा के प्रकाशक और चक्रपाणि आद्य सम्पादक थे। 'चन्दामामा' के मुखपृष्ठ पर प्रायः पौराणिक पात्रों और घटनाओं के चित्र प्रकाशित किए जाते हैं। कहानियाँ, लघुकथाएँ, धारावाहिक, चित्र पहेली आदि का उद्‌देश्य बाल पाठकों को संस्कारवान बनाना, संस्कृति और इतिहास का ज्ञान कराना, अध्ययन के प्रति रुचि जागृत करना रहे हैं। सभी भाषायी संस्करणों का आधार तेलुगु 'चन्दामामा' है। प्रायः उसी सामग्री को अनूदित कर अन्य भाषाई संस्करणों में प्रकाशित किया जाता है। कई दशकों तक चन्दामामा बच्चों की (साथ-साथ बड़ों की भी) सर्वाधिक लोकप्रिय पत्रिका रही है, जिसका प्रसार

सारे देश में था।

'चन्दामामा' का तेलुगु संस्करण सन 1947 में, तमिल संस्करण 'अम्बुलिमामा' के नाम से 1947 में, कन्नड संस्करण 1948 में, हिन्दी संस्करण 1949 में, 'चंदोबा' के नाम से मराठी संस्करण 1952 में और गुजराती संस्करण 1954 में प्रकाशित हुए। 1966 की रिपोर्ट के अनुसार उस समय हिन्दी चन्दामामा की प्रसार संख्या 78 हजार 890 थी। जबकि तेलुगु संस्करण 40 हजार 153, कन्नड संस्करण 29 हजार 679, मराठी संस्करण 52 हजार 271, तमिल संस्करण 27 हजार 873 और गुजराती चन्दामामा की प्रसार संख्या 9 हजार 380 थी।

जब बच्चों के लिए कामिक्स और नये सोच की कहानियों आदि का चलन बढ़ा तब भी 'चन्दामामा' पुरानी लीक पर चलती रही। इसके कारण उसकी प्रसार संख्या भी घटी। परन्तु 'चन्दामामा' बाल पत्रिकाओं में नया युग आरंभ करने के लिए हमेशा महत्वपूर्ण मानी जाएगी। चक्रपाणि ने दो दशक तक 'चन्दामामा' का सम्पादन किया। बालशौरि रेड्डी भी चन्दामामा के सम्पादक रहे। पत्रिका का प्रकाशन जारी है।

प्रहरी

हिन्दी साप्ताहिक *'प्रहरी'* 15 अगस्त 1947 को जबलपुर से प्रकाशित हुआ। भवानीप्रसाद तिवारी और रामेश्वर गुरु सम्पादक थे। बेवाक टिप्पणियों तथा व्यवस्था की खामियों पर करारी व्यंग्योक्तियों ने 'प्रहरी' को इतना लोकप्रिय बना दिया था कि पाठकों को उसकी प्रतीक्षा रहती थी। रामानुजलाल श्रीवास्तव, हरिशंकर परसाई, पन्नालाल श्रीवास्तव, श्रीबाल पांडेय, नर्मदा प्रसाद सराफ जैसे रचनाकारों का सहयोग 'प्रहरी' को सुलभ था। वार्षिक शुल्क छह रुपये था। सन 1966 में बन्द हो गया।

नारी

कवयित्री सुभद्राकुमारी चौहान और हरदेवी मलकानी के सम्पादकत्व में हिन्दी मासिक पत्रिका 'नारी' का प्रकाशन अगस्त 1947 में काशी से हुआ। महिलाओं के सर्वतोमुखी विकास पर केन्द्रित इस पत्रिका की संरक्षक विजयलक्ष्मी पंडित थीं। प्रवेशांक में महिलाओं के अधिकार, राजनीति में नारी, स्त्रीधन, प्रथम महिला राजदूत पर लेख तथा हमारा घर, छम छम गुड्डी, संगीत, पाकशास्त्र, बाल मनोरंजन आदि स्तम्भ प्रकाशित हुए। वार्षिक शुल्क आठ रुपये था।

अगस्त 1947 में ब्योहार राजेन्द्रसिंह ने जबलपुर से हिन्दी मासिक पत्रिका *'युगारम्भ'* का प्रकाशन किया। प्रधान सम्पादक पदुमलाल पुन्नालाल बख्शी, सम्पादक नर्मदाप्रसाद खरे, इन्द्रबहादुर खरे और प्रकाशक लोकचेतना प्रकाशन था। वार्षिक शुल्क आठ रुपये था।

सुकुमार पगारे ने सन 1947 में इटारसी से प्रखर हिन्दी साप्ताहिक *'जनशक्ति'* का सम्पादन-प्रकाशन किया। एक प्रति का मूल्य दो आना था। 'जनशक्ति' शीर्षक

एक अन्य हिन्दी साप्ताहिक 17 नवम्बर 1947 को पटना से प्रकाशित हुआ। कम्युनिस्ट पार्टी का पत्र था। सम्पादक गिरजाप्रसाद सिन्हा थे। छह माह बाद बंद हो गया। बन्द होने और पुनः प्रकाशित होने का सिलसिला सन 1975 तक चला। सन 1964 में दैनिक हो गया था।

अप्रैल 1947 में हिन्दी साप्ताहिक *'जयहिन्द'* कोटा से प्रकाशित हुआ। सम्पादक हीरालाल जैन थे। एक प्रति का मूल्य दो आना था। 7 अप्रैल 1947 को दुर्गाप्रसाद काचरू ने हिन्दी मासिक *'ज्योति'* का सम्पादन-प्रकाशन किया। *'ज्योति'* नामक हिन्दी मासिक पत्रिका बैतूल डिस्ट्रिक्ट कौंसिल ने भी प्रकाशित की। सम्पादक रामशंकर मिश्र थे। वार्षिक शुल्क दो रुपये था। हिन्दी मासिक *'राष्ट्रवाणी'* का प्रकाशन पुणे से हुआ। सम्पादक गोपाल परशुराम नेने और प्रकाशक जी.वी.करमारकर थे। सितम्बर, 1947 में पटना से हिन्दी साहित्यिक मासिक पत्रिका *'ज्योत्स्ना'* निकली। नलिन विलोचन शर्मा सम्पादक थे। बिहार के मूर्धन्य विद्वानों की रचनाओं ने पत्रिका को प्रतिष्ठित किया। कविता, कहानी, लेख उत्तम रहते थे। सन 1973 में 'ज्योत्स्ना' का रजत जयंती अंक प्रकाशित हुआ। सम्प्रति शिवेन्द्र नारायण 'ज्योत्स्ना' के सम्पादक हैं। रायपुर से सन 1947 में हिन्दी साप्ताहिक *'छत्तीसगढ़ केसरी'* का प्रकाशन नंदकुमार दानी और दीपचंद डागा के सम्पादन में हुआ।

संगम

15 अगस्त 1947 को हिन्दी मासिक पत्रिका *'संगम'* का प्रकाशन लीडर प्रेस इलाहाबाद से हुआ। इस श्रेष्ठ साहित्यिक पत्रिका के सम्पादक इलाचन्द्र जोशी थे। कृष्णानन्द गुप्त भी सम्पादन से जुड़े रहे। 'आज का पुण्य पर्व' शीर्षक सम्पादकीय में लिखा- "आज 15 अगस्त 1947 है। आज भारत विश्व सभा के आगे बड़ी ऊँची आवाज में अपने स्वतंत्र होने की घोषणा करेगा। आज देशी सरकार की इच्छा के अनुसार बड़े लम्बे-चौड़े कार्यक्रम निर्धारित किए गए हैं और लम्बी-लम्बी रकमें इकट्‌ठी की गई हैं। पर आज के उत्सव-उल्लास की चकाचौंध कहीं हमें कठोर वास्तविकता के प्रति उदासीन न बना दे, इस सम्बन्ध में अत्यन्त सावधान रहने की आवश्यकता है। आज जब राष्ट्र स्वाधीनता के दरवाजे के भीतर प्रवेश करेगा, तब उस दरवाजे के बाहर की परिस्थितियों को भुला देना उसके लिए और घातक सिद्ध होगा।"

सन 1947 में तिनसुकिया (असम) से हिन्दी साप्ताहिक *'अकेला'* का सम्पादन-प्रकाशन विश्वनाथ गुप्त ने किया। असमिया और हिन्दी भाषा के बीच समन्वय सेतु की भूमिका 'अकेला' ने निभाई। रायपुर से हिन्दी साप्ताहिक *'नवराष्ट्र'* का प्रकाशन घनश्याम प्रसाद 'श्याम' के सम्पादन में हुआ। एक प्रति का मूल्य एक आना था। *'नया राजस्थान'* अजमेर से सन 1947 में निकला। वार्षिक शुल्क सात

रुपये था। सम्पादक रामनारायण चौधरी और प्रकाशक पन्नालाल गुप्त थे। स्तरीय प्रकाशन था। हिन्दी दैनिक *'अमर भारत'* अक्टूबर 1947 में दिल्ली से प्रकाशित हुआ। बी.पी.माधव सम्पादक थे। एक प्रति का मूल्य एक आना था।

हीरापुर (धनबाद) से सन 1947 में हिन्दी साप्ताहिक *'आवाज'* का सम्पादन-प्रकाशन ब्रह्मदेव सिंह ने किया। बाद में दैनिक हुआ। सम्पादक गोविन्दराव केसकर हैं। धनबाद के अलावा जमशेदपुर से भी प्रकाशित हुआ। देवेन्द्रनारायण सिंह सम्पादक-प्रकाशक हैं।

दक्खिनी हिन्द

जनवरी 1947 में चेन्नै से टी.प्रकाशम पंतुलु के प्रयासों से *'दक्खिनी हिन्द'* नामक मासिक पत्रिका का प्रकाशन मद्रास सरकार ने किया। आद्य सम्पादक रामानन्द शर्मा थे। वे हिन्दी प्रचार के लिए बिहार से चेन्नै गए थे। र.सारंगपाणि सहयोगी सम्पादक थे। साहित्यिक, सांस्कृतिक सामग्री के साथ-साथ सरकार के विकास-समाचार भी प्रकाशित किए जाते थे। 'दक्खिनी हिन्द' से तमिलनाडु में हिन्दी रचनाकारों को प्रेरणा और प्रोत्साहन मिला। सन 1953 में पत्रिका बन्द हो गई।

पटना से 1947 में जगतनारायण लाल ने हिन्दी दैनिक *'नवीन भारत'* का सम्पादन-प्रकाशन किया। कृष्णमोहन वर्मा सम्पादक रहे। अल्पजीवी रहा। आर्थिक कठिनाई के कारण बन्द हो गया।

हिन्दी मासिक *'किसानी समाचार'* ग्वालियर से निकला। राज्य शासन का प्रकाशन था। *'किसान संदेश'* कोटा से शिवदयाल राजावत के सम्पादकत्व में प्रकाशित हुआ। सन 1971 में रजत जयंती मनाई। समाचार साप्ताहिक *'अंकुश'* काशी से निकला। कृष्णदेवप्रसाद गौड़ सम्पादक-प्रकाशक थे। हिन्दी मासिक *'आरोग्य'* का सम्पादन-प्रकाशन विट्ठलदास मोदी ने गोरखपुर से किया।

हिन्दी की विधि विषयक मासिक पत्रिका *'न्यायबोध'* का प्रकाशन नागपुर से अप्रैल 1947 में हुआ। वार्षिक शुल्क आठ रुपये था। कोलकाता से विष्णुकुमार शुक्ल, बनवारी वर्मा, मधुसूदन चतुर्वेदी ने हिन्दी मासिक *'जीवन'* निकाला। सांस्कृतिक पत्रिका थी। वार्षिक शुल्क छह रुपये था।

केदारनाथ झा 'चन्द्र' के सम्पादकत्व में दुर्ग से सन 1947 में हिन्दी साप्ताहिक *'जिन्दगी'* का प्रकाशन हुआ। जुलाई 1947 में इलाहाबाद से हिन्दी मासिक पत्रिका *'तितली'* प्रकाशित हुई। सम्पादक व्यथित हृदय थे। साहित्यिक पत्रिका थी। नागपुर से मध्यप्रान्त शासन ने हिन्दी मासिक पत्रिका *'प्रगति'* का प्रकाशन किया। वार्षिक शुल्क छह रुपये था। खैरागढ़ से हिन्दी साप्ताहिक *'प्रजाबन्धु'* निकला। चम्बा (हिमाचल प्रदेश) से हिन्दी पाक्षिक *'प्रजामंडल'* प्रकाशित हुआ। 20 सितम्बर 1947 को जोधपुर से *'मारवाड़ी'* का सम्पादन-प्रकाशन श्रीमन्त कुमार

व्यास ने किया। अल्पजीवी रहा। अयोध्याप्रसाद अचल के सम्पादन में अगस्त 1947 में पटना से हिन्दी साप्ताहिक *'मजदूर संसार'* निकला।

हिन्दी मासिक *'युगछाया'* का प्रकाशन दिल्ली से सन 1947 में आरम्भ हुआ। सम्पादक-प्रकाशक सम्पतलाल पुरोहित थे। चित्रपट सम्बन्धी पत्रिका थी। 10 सितम्बर 1947 को हिन्दी साप्ताहिक *'रामराज्य'* अकोला से निकला। जनवरी 1947 में हिन्दी मासिक *'जनवाणी'* काशी से प्रकाशित हुआ। समाजवादी विचारधारा की इस पत्रिका के सम्पादक आचार्य नरेन्द्र देव थे। वार्षिक शुल्क आठ रुपये था। जोधपुर से साप्ताहिक पत्रिका *'राष्ट्रपताका'* जून 1947 में निकली। सम्पादक मदनगोपाल काबरा थे। साहित्यिक हिन्दी पत्रिका थी। वार्षिक शुल्क नौ रुपये था। अप्रैल 1947 में जयपुर सें पाक्षिक *'वीरवाणी'* का सम्पादन-प्रकाशन चैनसुखदास न्यायतीर्थ ने किया। जातीय चेतना के हिन्दी पत्र *'कुमाऊँ राजपूत'* का प्रकाशन शैक्षिक, सामाजिक, आर्थिक एवं राजनीतिक विकास के उद्देश्य से किया गया था। सम्पादक शेर सिंह हीतविष्ट थे। उनके बाद उम्मेदसिंह मेहता ने यह दायित्व संभाला। मूलचन्द्र शर्मा ने महू से ज्योतिष पर केन्द्रित हिन्दी मासिक *'ज्योति विज्ञान'* का सम्पादन-प्रकाशन किया। पृष्ठ संख्या 24 और वार्षिक शुल्क छह रुपये था। इसी वर्ष *'बिलासपुर बुलेटिन'* का प्रकाशन प्रेमसिंह के सम्पादन में हुआ।

केशवदास शास्त्री ने जयपुर से सन 1947 में धार्मिक मासिक पत्रिका *'संतवाणी'* का प्रकाशन किया। सिरमौर से महिमा मुमगाई के सम्पादन में *'सिरमौर गजट'* निकला। हिन्दी मासिक *'ईख समाचार'* बिहार से प्रकाशित हुआ। सम्पादक सी.ठाकुर थे। सितम्बर 1947 में हिन्दी मासिक पत्र *'वालण्टियर'* ग्वालियर से निकला। सुरेन्द्रबाबू सक्सेना सम्पादक थे। जनवरी 1947 में दिल्ली से कृषि अनुसंधान परिषद ने हिन्दी मासिक *'खेती'* का प्रकाशन किसानों को कृषि सम्बन्धी नई जानकारियाँ उपलब्ध कराने के लिए किया। इसी वर्ष कोलकाता से हिन्दी मासिक *'व्यापार'* निकला।

भारतीय हिन्दी साहित्य समिति प्रयाग ने त्रैमासिक शोध पत्रिका *'हिन्दी अनुशीलन'* निकाली। डा. वीरेन्द्रनारायण यादव पत्रिका के सम्पादक हैं।

बालबोध

अक्टूबर 1947 में मासिक बाल पत्रिका *'बालबोध'* का प्रकाशन इलाहाबाद से हुआ। इसके सम्पादक ठाकुर श्रीनाथ सिंह और संचालक प्रेमलता देवी थीं। पत्रिका में बाल कहानियाँ, कविताएँ, पहेलियाँ, महापुरुषों के जीवन चरित्र तथा इतिहास और भूगोल विषयों की सामग्री प्रकाशित की जाती थी। एक प्रति का मूल्य छह आना तथा वार्षिक शुल्क साढ़े चार रुपये था। 1958 में यह पत्रिका बन्द हो गई।

सन 1947 में हिन्दी बाल मासिक पत्रिका *'शेर बच्चा'* इलाहाबाद से

प्रकाशित हुई। नृसिंहराम शुक्ल तथा शम्भु श्रीवास्तव सम्पादक-प्रकाशक थे। सन 1961 तक प्रकाशन हुआ।

जन्मभूमि

सन 1947 में जोरहट से प्रकाशित होने वाले *'जन्मभूमि'* की प्रकाशन यात्रा अभी जारी है। असमिया भाषा के जीवित पत्रों में यह सबसे पुराना है। स्वतंत्रता सेनानी देवेश्वर शर्मा ने इसका प्रकाशन आरम्भ किया था। राष्ट्रीय विचारधारा के इस पत्र ने उदीयमान लेखकों को आगे बढ़ाया। युवाओं के लिए पृथक स्तम्भ चलाया। जन्मभूमि प्रेस से मुद्रित होने वाले इस अखबार ने अपनी रजत जयन्ती के मौके पर विकास का नया आयाम पाया। सन 1972 में *'दैनिक जन्मभूमि'* और अँगरेजी पत्र *'ईस्टर्न क्लेरियन'* का प्रकाशन किया जाने लगा। 'दैनिक जन्मभूमि' की लोकप्रियता तेजी से बढ़ी। विस्तार भी हुआ। सन 2001 में गुवाहाटी संस्करण कनकचंद्र शर्मा के सम्पादकत्व में निकला। वर्तमान सम्पादक हेमन्त बर्मन हैं। इसके संस्करण गुवाहाटी, जोरहट और तिनसुकिया से निकल रहे हैं।

'दैनिक जन्मभूमि' के साथ-साथ प्रकाशित हुआ *'ईस्टर्न क्लेरियन'* अधिक समय तक नहीं चला। डा. महेन्द्रकुमार शर्मा उसके सम्पादक थे।

नवभारत

अक्टूबर 1947 में पुणे से शंकरराव देव ने मराठी मासिक *'नवभारत'* का प्रकाशन किया। सम्पादक मण्डल में आचार्य शंकर दत्तात्रय जावडेकर, आचार्य शं.द. भागवत, हरिकृष्ण सोहनी सम्मिलित थे। कार्यकारी सम्पादक वी.म.बेडेकर थे। वार्षिक शुल्क नौ रुपये और एक अंक की कीमत एक रुपया थी। 'नवभारत' एक उत्कृष्ट मासिक पत्रिका थी। दुर्गा भागवत, श्री. के.क्षीरसागर, डा.वी.म.आप्टे, बा.भ.बोरकर, प्रो.द.भोलकर, प्रो.ना.अ.गोरे और शंकरराव देव के गंभीर लेख 'नवभारत' को प्रतिष्ठत करते थे। मराठी पत्रिका होते हुए भी *'नवभारत की राष्ट्रभाषा'* शीर्षक लेख में कहा गया है- "हिन्दुस्तान पर राज करने वाले मुसलमान हिन्दी प्रजा की भाषा का उपयोग करते थे।" उनका मत था- "राष्ट्रभाषा हिन्दवी निर्माण करना चाहिए।" इसी अंक में डा. सुनीति कुमार चटर्जी का मत प्रकाशित हुआ कि रोमन लिपि को राष्ट्रलिपि मानें। जबकि लेखक का कहना था कि अँगरेजी को परकीय भाषा मानकर राष्ट्रभाषा का दर्जा देने के लिए भारतीय तैयार नहीं। तीसरा पक्ष डा. अम्बेडकर, डा. कैलाशनाथ काटजू के हवाले से प्रकट हुआ कि संस्कृत राष्ट्रभाषा होनी चाहिए। लेखक ने टिप्पणी की, "संस्कृत रोज के व्यवहार की भाषा कभी नहीं थी।"[1] मार्च 1951 में साप्ताहिक हो गया।

---

1. नवभारत, मराठी, वर्ष 3, अंक 11, अगस्त 1950

मराठी साप्ताहिक *'विवेक'* नौ नवम्बर 1947 को मुम्बई से प्रकाशित हुआ। बसंत दावतर, चित्तरंजन पण्डित, ब.न.जोग, बी.वा.नेने, अरविन्द बी.कुलकर्णी ने 'विवेक' का सम्पादन किया। राष्ट्रीय स्वयंसेवक संघ की विचारधारा का अखबार था। एक मार्च 1981 को बंद हो गया और उसी वर्ष दीपावली से पुनः प्रकाशन होने लगा।

लोकमित्र

एक मई 1947 को ठाणे से चिंतामणि चौबल और द.म.सुतार ने मराठी साप्ताहिक *'लोकमित्र'* का प्रकाशन आरंभ किया। सम्पादकीय दायित्व सुतार पर था। ठाणे जिले की जनता का प्रतिनिधि अखबार था लेकिन आर्थिक कठिनाई के चलते बंद हो गया। समाजवादी विचारधारा का मराठी साप्ताहिक *'जनवाणी'* सन 1947 में पुणे से प्रकाशित हुआ। बारह जून 1952 को बंद हो गया। एन.जी.गोरे सम्पादक थे। एक प्रति का मूल्य दो आना था। वर्धा से हर रविवार को प्रकाशित होने वाला मराठी साप्ताहिक *'स्वयं सेवक'* पी.जे.चावणे ने निकाला। इसी वर्ष खामगाव से मराठी साप्ताहिक *'निनाद'* निकला। पी.जे.एकबोटे सम्पादक थे। नागपुर से मराठी और हिन्दी द्विभाषी साप्ताहिक *'नव संदेश'* का प्रकाशन नागपुर से हुआ। मराठी साप्ताहिक *'संदेश'* का सम्पादन-प्रकाशन रामचन्द्र विट्ठल निसात ने अहमदनगर से किया। बी.एन.सावजी ने मई 1947 में नागपुर से मराठी साप्ताहिक *'चव्हाटा'* निकाला। समाचार प्रधान साप्ताहिक था।

मराठी मासिक *'तसवीर'* दीपावली- 1947 को अहमदाबाद से प्रकाशित हुई। वाणिज्य और उद्योग विषयों की पत्रिका थी। एक प्रति का मूल्य एक रुपया था। जे.पी.मुले के सम्पादकत्व में मराठी मासिक *'प्रतिभा'* औरंगाबाद से, मराठी मासिक *'आपिली शेटी'* पुणे से, *'आयुर्वेद'* पत्रिका नासिक से प्रकाशित हुई। शं.रा. ओक ने 15 अगस्त 1947 को देवास से मराठी मासिक *'स्वतंत्र'* का सम्पादन-प्रकाशन किया। जीवनकाल एक वर्ष रहा। मराठी मासिक पत्रिका *'प्रगति'* अगस्त 1947 में अकोला से निकली। रामकृष्ण राठौर सम्पादक-प्रकाशक थे। नवम्बर 1947 में नागपुर से मराठी मासिक *'पूजा'* निकली। एन.आर. शिनाय सम्पादक थे।

अखण्ड आनंद

गुजराती मासिक पत्रिका *'अखण्ड आनंद'* सन 1947 में अहमदाबाद से प्रकाशित हुई। यह साहित्यिक पत्रिका है जो लोकप्रियता और प्रसार संख्या दोनों दृष्टियों से गुजराती की प्रमुख पत्रिकाओं में से एक है। सस्तु साहित्य मुद्रणालय ट्रस्ट ने *'अखण्ड आनंद'* का प्रकाशन किया। आर.एम.भट्ट सम्पादक-प्रकाशक थे। त्रिभुवनदास ठक्कर ने बाद में यह जिम्मेदारी संभाली। 'अखण्ड आनंद' का प्रकाशन जारी है।

गुजराती साप्ताहिक *'लोकमत'* अगस्त 1947 में नाडियाद से लोकबंधु सहकारी प्रकाशन ने निकाला। राष्ट्रीय विचारधारा के इस पत्र के सम्पादक चन्द्रकांत फूलचंद शाह थे। गुजराती मासिक पत्रिका *'सविता'* शेवन्तीलाल चिमनलाल शाह ने अगस्त 1947 को मुम्बई से प्रकाशित की। एक प्रति का मूल्य छह आना था। महिलाओं के लिए अहमदाबाद से गुजराती पाक्षिक पत्रिका *'महिला जगत'* का प्रकाशन कुमारी वनलीला शाह के सम्पादकत्व में हुआ। एक प्रति का मूल्य चार आना था। प्रकाशक विष्णुप्रसाद परमानंद जोशी थे। मीनाक्षी पण्ड्या ने भी 'महिला जगत' का सम्पादन किया। आकाशवाणी अहमदाबाद की ओर से गुजराती पाक्षिक *'नभोवाणी'* प्रकाशित हुआ। शशिकांत सी.नानावटी ने अहमदाबाद से गुजराती पाक्षिक *'कैदी'* का सम्पादन-प्रकाशन किया। एक प्रति का मूल्य छह आना था। अहमदाबाद से गुजराती साप्ताहिक *'चक्रम'* सन 1947 में निकला। नूर मोहम्मद जशुभाई गोलीवार सम्पादक-प्रकाशक थे। आकार 25 X 18 से.मी., पृष्ठ संख्या 48 और एक प्रति का मूल्य चार आना था।

सी.के.अपुपुट्टी गुप्तन ने मलयालम समाचार साप्ताहिक *'जयकेरलम्'* का सम्पादन सन 1947 में चेन्नै से किया। सी.जी.कुरुप पत्र के प्रकाशक थे। तेलुगु और अँगरेजी का द्विभाषी अर्द्धसाप्ताहिक *'गुंटूर पत्रिका'* सन 1947 में गुंटूर से निकली। सम्पादक-प्रकाशक जामली नम्बलवार थे। राष्ट्रीय विचारधारा का पत्र था। तेलुगु मासिक *'गुणदोषी'* चेन्नै से निकला। पी.आर.एस.गोपाल सम्पादक-प्रकाशक थे।

कुमुदम्

अक्टूबर 1947 में तमिल पत्र *'कुमुदम्'* चेन्नै से प्रकाशित हुआ। यह हर दसवें दिन निकलता था। एस.ए.पी.अण्णामलै सम्पादक थे। फरवरी 1953 में साप्ताहिक हो गया। वर्तमान सम्पादक एस.ए.पी.जवाहर पलनि अप्पन हैं। तमिल के श्रेष्ठ साप्ताहिकों में से एक है। सुन्दर साज-सज्जा, स्तरीय पठन सामग्री और सुरुचिपूर्ण प्रस्तुति के कारण तमिल भाषियों में बहुत लोकप्रिय है। लोकप्रिय साहित्य की इस पत्रिका की प्रसार संख्या सत्तर के दशक में तीन लाख थी जो बीस वर्ष बाद बढ़कर साढ़े चार लाख के आँकड़े को पार कर गई। इसकी लोकप्रियता का एक और कारण हास्य विनोद की सामग्री है। सम्पादकीय टिप्पणियाँ निष्पक्ष रहती हैं।

सन 1947 में तमिल दैनिक *'नव इंडिया'* कोयम्बतूर से प्रकाशित हुआ। सम्पादक पी.आर.रामकृष्ण थे। बाद में इसका चेन्नै संस्करण निकला। चेन्नै से तमिल मासिक *'मंजरी'* नामक पत्रिका सन 1947 में प्रकाशित हुई। एन.रामरत्नम सम्पादक-प्रकाशक थे। चेन्नै से तमिल मासिक *'कथल'* निकला। आकार 20 X 10 से.मी., पृष्ठ संख्या 80 थी। ए.आर.यू. रामनाथन सम्पादक-प्रकाशक थे।

नवयुग

कन्नड दैनिक *'नवयुग'* अगस्त 1947 में हुब्बली से प्रकाशित हुआ। टी.एन.नेसबी सम्पादक-प्रकाशक थे। एम.गोविन्दराव, टी.सिद्दप्पा और पाटील पुट्प्पा ने भी 'नवयुग' का सम्पादन किया। प्रतिस्पर्द्धा में पिछड़ने के कारण कुछ वर्ष बाद बंद हो गया। नौ अगस्त 1947 को हुब्बली से के.एफ.पाटील ने कन्नड दैनिक *'विशाल कर्नाटक'* का प्रकाशन किया। सम्पादक ए.एच.आर.इटागी थे। पाटील पुट्प्पा ने भी सम्पादन किया। के.एफ.पाटील के मंत्री होने और राजनीतिक व्यस्तता के कारण कुछ समय बाद बंद हो गया। दस वर्ष बाद इसका पुन:प्रकाशन हुआ। एम.एन.शेट्टी ने सन 1947 में मंगलूरु से कन्नड मासिक *'कलाविद'* का सम्पादन-प्रकाशन किया। एक प्रति का मूल्य आठ आना था। मंगलूरु से ही य.उमेशराव ने कन्नड मासिक *'कला'* का सम्पादन-प्रकाशन किया। एक प्रति का मूल्य छह आना था। कन्नड साप्ताहिक *'अरुण'* मंगलूर से प्रकाशित हुआ। सम्पादक-प्रकाशक यू.एन.श्रीनिवास भट्ट थे।

बंगला मासिक *'शिक्षक'* कोलकाता से सन 1947 में प्रकाशित हुआ। एम.आर.चौधरी सम्पादक-प्रकाशक थे। आकार 20 X 15 से.मी. और एक प्रति का मूल्य छह आना था। शिक्षा और संस्कृति की पत्रिका थी। सुधांशु बक्षी के सम्पादन में कोलकाता से बंगला साप्ताहिक *'रूपांजलि'* निकला। सन 1947 में आशीश गुप्त ने कोलकाता से बंगला साप्ताहिक *'आर्थिक भारत'* निकाला। एक प्रति का मूल्य चार आना था। सन 1947 में कोलकाता से बंगला साप्ताहिक *'नूतन खबर'* का सम्पादन-प्रकाशन धीरेन्द्र मलिक ने किया। यह फिल्मी पत्रिका थी।

सन 1947 में पटियाला से ज्ञानी गुरुदित्त सिंह के सम्पादकत्व में पंजाबी साप्ताहिक *'प्रकाश'* निकला। बाद में 'प्रकाश' का प्रकाशन चण्डीगढ़ से होने लगा। पंजाबी मासिक *'वीरभूमि'* अप्रैल 1947 में शिमला से निकला। सरदार गुरुनाम सिंह के सम्पादन में साप्ताहिक *'पंजाबी पत्रिका'* का प्रकाशन अप्रैल 1947 में हुआ। एक प्रति का मूल्य दो आना था।

प्रजातंत्र

अगस्त 1947 में कटक से डा. हरेकृष्ण महताब ने उड़िया साप्ताहिक *'प्रजातंत्र'* का प्रकाशन किया। बाद में यह दैनिक समाचारपत्र हुआ। सम्प्रति उड़िया के प्रमुख दैनिक समाचारपत्रों में से एक है। डा. महताब के बाद भर्तृहरि महताब सम्पादक हुए। उनके संसद सदस्य चुने जाने के बाद महाश्वेता महताब पत्र की सम्पादक हैं।

उड़िया दैनिक *'मातृभूमि'* सन 1947 में कटक से निकला। सम्पादक जी.सी.राउत थे। निष्पक्ष एवं निर्दलीय पत्र था। ब्रजेन्द्रनारायण सिंह के सम्पादन में

सचित्र उड़िया साप्ताहिक *'चतुरंग'* प्रकाशित हुआ।

कालिन्दीचरण पाणिग्रही, बलभद्र बहिदार, कालीचरण पटनायक, विधुभूषण गुरु, सेमुएल नायक प्रभृति विद्वानों ने *'चतुरंग'* का सम्पादन किया। श्रीधर उद्गाता के सम्पादकत्व में सन 1947 से 1951 तक उड़िया साप्ताहिक *'गणतंत्र'* प्रकाशित हुआ।

नई दुनिया

अब्दुल वहीद सिद्दीकी ने सन 1947 में दिल्ली से उर्दू साप्ताहिक 'नई दुनिया' का प्रकाशन किया। सम्पादक नाज अंसारी थे। बाद में स्वयं अब्दुल वहीद सिद्दीकी ने सम्पादन का दायित्व संभाल लिया। आरंभ में 50 X 37 से.मी. आकार के बारह पृष्ठ होते थे। बाद में आकार 37 गुणित 30 से.मी. और पृष्ठ संख्या 20 कर दी गई। एक प्रति का मूल्य छह आना था। 'नई दुनिया' के प्रकाशन का उद्देश्य स्पष्ट करते हुए सम्पादक ने लिखा- "हरचंद नई दुनिया एक सियासी अखबार है लेकिन इस्लाम, खुदा और बंदे के बाहिमी रिश्ते का नाम ही नहीं है, बल्के यह एक ऐसा जामय और मुकम्मिल जाब्ता एहयात है जिसके दायरा-ए-अमल से जिन्दगी का कोई सौबा खारिज नहीं है।"

इस्लामी देशों की खबरें प्रमुखता से छापता है। मुसलमानों का पक्ष और हित 'नई दुनिया' का मुख्य स्वर है। महिलाओं और बच्चों के लिए सामग्री का प्रकाशन किया जाता था। 'नई दुनिया' ने कई विशेषांक निकाले, जिनमें उर्दू अंक, कुरान अंक, इमामुल अंक, अब्दुल कलाम अंक, शाह फैजल अंक, आलमगीर औरंगजेब अंक, मुरादाबाद अंक, मुस्लिम युनिवर्सिटी अंक, मुस्लिम हुकूक अंक, सद्दाम हुसैन अंक चर्चित हुए। खालिस्तान समर्थक जगजीत सिंह चौहान का साक्षात्कार छापने पर नवम्बर 1986 में 'नई दुनिया' के सम्पादक को गिरफतार कर लिया गया था। शाहिद सिद्दीकी 'नई दुनिया' के वर्तमान सम्पादक हैं।

करांची से सन 1947 में उर्दू दैनिक *'नौरोज'* का प्रकाशन हुआ। जी.आई.एन. परदेशी सम्पादक थे। एक प्रति का मूल्य एक आना था। पेशावर से शरीफ फारुख ने उर्दू दैनिक *'शहबाज'* का सम्पादन-प्रकाशन किया। एक प्रति का मूल्य दो आना था। अप्रैल 1947 में इलाहाबाद से मुस्लिम लीग समर्थक उर्दू दैनिक *'शफक'* का प्रकाशन आरंभ हुआ। सैयद अब्दुल वासित शफीक सम्पादक थे। कराची से उर्दू दैनिक *'अंजाम'* का प्रकाशन एम.यू.फारुक के सम्पादकत्व में हुआ।

15 अगस्त 1947 को दिल्ली से तुफैल अहमद खां ने उर्दू साप्ताहिक *'शफक'* का प्रकाशन किया। सम्पादक शब्बीर अंसारी एवं प्रकाशक अलीक सिद्दीकी थे। एक प्रति का मूल्य चार आना था। स्तरीय साहित्यिक पत्र था। भोपाल से भी सन 1947 में अब्दुल अहद खां के सम्पादकत्व में उर्दू साप्ताहिक *'शफक'* निकला।

वार्षिक शुल्क चार रुपये 12 आना था। सरदार लतीफ ने हैदराबाद से उर्दू मासिक *'शुआ'* का सम्पादन-प्रकाशन अगस्त 1947 में आरंभ किया। वार्षिक शुल्क छह रुपये था। पृष्ठ संख्या 48 थी। मासिक पत्रिका *'शुआ-ए-उर्दू'* डा. सैयद एजाज हुसैन के सम्पादकत्व में इलाहाबाद से प्रकाशित हुई। साहित्यिक पत्रिका थी। उस समय के सभी प्रमुख उर्दू साहित्यकारों की रचनाएँ इसमें छपती थीं। भोपाल से उर्दू साप्ताहिक *'हकीकत'* अहमद अली खां के सम्पादकत्व में प्रकाशित हुआ। मुस्लिम लीगी विचारधारा का अखबार था। पृष्ठ संख्या दो, आकार 32 X 24 से.मी. और एक प्रति का मूल्य एक आना था।

उर्दू साप्ताहिक हमारी *'आवाज'* का प्रकाशन बदायूँ से सन 1947 में एम.ए.शादाँ के सम्पादकत्व में हुआ। 55 X 40 से.मी. आकार के चार पृष्ठ होते थे। समाचार साप्ताहिक था। वार्षिक शुल्क सात रुपये था। लाहौर से उर्दू मासिक पत्रिका *'सबेरा'* प्रकाशित हुई। अहमद नदीम कासमी, साहिर लुधियानवी एवं नजीर चौधरी सम्पादक मंडल में शरीक थे। वार्षिक शुल्क 10 रुपये था। देश विभाजन और दंगों के कारण इसका तीसरा अंक पाँच माह के अन्तराल से निकला था। लोकप्रिय साहित्यिक पत्रिका थी। हैदराबाद से भी गौस मुहीउद्दीन के सम्पादन में उर्दू मासिक *'सबेरा'* निकला।

जून 1947 में उर्दू मासिक पत्रिका *'सहर'* का सम्पादन-प्रकाशन अलताफ परवाज ने लाहौर से किया। वार्षिक शुल्क छह रुपये था। दिल्ली से उर्दू साप्ताहिक *'राही'* का प्रकाशन हुआ। बलदेव मित्र 'बिजली', बालकृष्ण 'मुजतर' तथा पृथ्वीनाथ शर्मा सम्पादक थे। वार्षिक शुल्क पाँच रुपये था। 'राही' के वतन विशेषांक, कश्मीर विशेषांक और शहीद विशेषांक चर्चित हुए।

बी.एस.राव ने सन 1947 में हैदराबाद से उर्दू साप्ताहिक *'रहनुमा'* का सम्पादन-प्रकाशन किया। इसी वर्ष भोपाल से उर्दू साप्ताहिक *'मंजिल'* निकला। सम्पादक एम.इरफान थे। इस अखबार के छह तथा 17 जून 1947 के अंकों में आपत्तिजनक लेख प्रकाशित करने पर जिला दंडाधिकारी ने सेंसर लगा दिया था। प्रतिक्रिया में 'मंजिल' का 20 जुलाई का पूरा अंक कार्टूनों का निकाला गया था। दिल्ली से सन 1947 में साहित्यिक उर्दू मासिक पत्रिका *'मुशीर'* निकली। सम्पादक अनीस अख्तर थे। वार्षिक शुल्क छह रुपये आठ आना तथा पृष्ठ संख्या 48 थी। भोपाल से उर्दू पाक्षिक *'मुस्तकबिल'* का सम्पादन-प्रकाशन रशीद फारुकी और आजाद नकवी ने किया। 23-24 अंक प्रकाशित होने के बाद बंद हो गया। सन 1964 में सहबा कुरैशी और साबिर नियाजी ने नये सिरे से पत्र का प्रकाशन किया।

जालंधर से नवम्बर 1947 में मोहनलाल के सम्पादन में उर्दू दैनिक *'प्रीत'* निकला। एक प्रति का मूल्य दो आना था। उर्दू कहानियों की मासिक पत्रिका

'फसाना' इलाहाबाद से प्रकाशित हुई। सम्पादक बलवंत सिंह और बली शाहजहाँपुरी थे। वार्षिक शुल्क पाँच रुपये था। उर्दू के अलावा अन्य भाषाओं की श्रेष्ठ कहानियों के अनुवाद भी इस पत्रिका ने प्रकाशित किए। सत्तर के दशक में *'फसाना'* का प्रकाशन हो रहा था। भोपाल से सितम्बर 1947 में उर्दू मासिक पत्रिका *'शाहनामा'* का सम्पादन-प्रकाशन सलमान-उल-अरशद फारुकी ने किया। अच्छी साहित्यिक पत्रिका थी। एक अगस्त 1947 को कानपुर से प्रगतिशील रुझान की उर्दू मासिक पत्रिका *'बहार'* प्रकाशित हुई। स्तरीय साहित्य का प्रकाशन किया जाता था। हैदराबाद से सन 1947 में उर्दू पाक्षिक पत्रिका *'पयाम-ए-अमन'* का सम्पादन जानकीप्रसाद ने किया।

मुम्बई से सन 1947 में जाकिर हुसैन फारुकी के सम्पादकत्व में साहित्यिक उर्दू मासिक पत्रिका *'परवाज'* निकली। एक प्रति का मूल्य बारह आना था। इसी नाम का दूसरा उर्दू मासिक पत्र बदायूँ से अक्टूबर 1947 में निकला। वार्षिक शुल्क पाँच रुपये था। प्रगतिशील साहित्य की पत्रिका थी। असद यार खाँ आजम और कैफ मुरादाबादी के सम्पादन में मेरठ से उर्दू मासिक पत्रिका *'परचम'* का प्रकाशन हुआ। 72 पृष्ठ की इस साहित्यिक पत्रिका का वार्षिक शुल्क पाँच रुपये था। 'परचम' नामक उर्दू साप्ताहिक हैदराबाद से भी निकला। मुस्लिम लीगी पत्र था। फसीहउद्दीन अहमद सम्पादक थे। मार्च 1947 में भोपाल से *'पासबान'* का सम्पादन-प्रकाशन लुत्फउल्ला खाँ नजमी ने किया। यह उर्दू का साप्ताहिक अखबार था।

गोंदिया से अगस्त 1947 में उर्दू मासिक *'नौरस'* निकला। एक प्रति का मूल्य आठ आना था। साहित्यिक पत्रिका थी। उर्दू पाक्षिक *'नक्काद'* भोपाल से प्रकाशित हुआ। सम्पादक सैयद ताहिर हुसैन थे। आकार 45 X 28 से.मी., पृष्ठ संख्या चार और एक प्रति का मूल्य एक आना था। अब्बास अंसारी ने भोपाल से उर्दू मासिक *'तिफ्लिस्तान'* निकाला।

जादह

जून 1947 में भोपाल से कौसर चांदपुरी के सम्पादकत्व में *'जादह'* नामक स्तरीय उर्दू मासिक पत्रिका निकली। हबीब फखरी सहयोगी सम्पादक थे। 25 X 17 से.मी. आकार में 64 पृष्ठों की पत्रिका का वार्षिक शुल्क पाँच रुपये छह आना था। इस पत्रिका में नवप्रकाशित पत्र-पत्रिकाओं पर टिप्पणियाँ पढ़ने को मिलती हैं, जो इसकी जागरूकता का भी परिचायक है। राजनीतिक प्रतिबद्धता से मुक्त साहित्य की पत्रिका थी। प्रमुख साहित्यकारों की रचनाएँ प्रकाशित करती थी। कोलकाता से सचित्र उर्दू साप्ताहिक *'जरब-ए-कलीम'* का प्रकाशन हुआ। सम्पादक इब्राहीम होश थे। वार्षिक शुल्क बारह रुपये था।

कराची से नईम सिद्दीकी के सम्पादन में उर्दू मासिक *'चिराग-ए-राह'* सन

1947 में निकला। सन 1967 में खुर्शीद अहमद सम्पादक हुए। स्वस्थ साहित्य का हामी था। वार्षिक शुल्क पाँच रुपये था। लाहौर से उर्दू साप्ताहिक *'चट्टान'* का प्रकाशन शौरिश कश्मीरी के सम्पादकत्व में हुआ। 24 पृष्ठ के सचित्र साप्ताहिक में राजनीति, समाज और इतिहास विषयों की सामग्री प्रकाशित की जाती थी। देश विभाजन के बाद यह कट्टर पाकिस्तानी पत्र हो गया था।

उर्दू मासिक *'खिलौना'* का प्रकाशन सन 1947 में शमा कार्यालय दिल्ली ने किया। बच्चों की इस उर्दू पत्रिका के सम्पादक यूनुस देहलवी थे। 15 जुलाई 1947 को उर्दू साप्ताहिक *'किरदार'* भोपाल से प्रकाशित हुआ। सम्पादक जी.एम.नगमी और सुभान कुरैशी थे।

उर्दू साप्ताहिक *'कारजार'* 8 मार्च 1947 को भोपाल से निकला। सम्पादक-प्रकाशक शाकिर अली खाँ थे। अगस्त 1947 में बदायूँ से उर्दू मासिक *'उरूज'* का प्रकाशन हुआ। कोकब जमील सम्पादक थे। पृष्ठ संख्या 64, वार्षिक शुल्क पाँच रुपये था। इस साहित्यिक पत्रिका के सम्पादन में अबुल फजल सिद्दीकी और कमर जमाली सहयोगी थे। सैयद मुख्तार किरमानी ने हैदराबाद से उर्दू मासिक *'ऐवान'* का सम्पादन-प्रकाशन फरवरी 1947 में किया। सभी विषयों का समावेश इस पत्रिका में किया जाता था।

इमरोज

लाहौर से सन 1947 में उर्दू दैनिक *'इमरोज'* का प्रकाशन हुआ। चिराग हसन 'हसरत', फैज अहमद फैज, अयूब अहमद किरमानी सम्पादक मण्डल में सम्मिलित थे। समाचार, लेख, टिप्पणियाँ, साहित्य सभी विषयों की प्रस्तुति स्तरीय और पठनीय होती थी। पाकिस्तान की समस्याओं, आर्थिक स्थिति और वैदेशिक सम्बन्धों पर विमर्श किया जाता था। प्रथम स्वतंत्रता संग्राम की शताब्दी के अवसर पर 'इमरोज' का विशेषांक[1] सन्दर्भ की दृष्टि से महत्वपूर्ण निकला। इसमें विवरणात्मक और विश्लेषणपरक आलेखों का प्रकाशन किया गया था। उल्लेखनीय हैं- फसाना-ए-गदर और बहादुरशाह का किरदार, दिल्ली का आखिरी ताजदार, झांसी की रानी, बगावत या जंग-ए-आजादी, सुलतान-उल-अखबार, बंगाल आर्मी, जंग-ए-आजादी का आँखों देखा हाल, बागी हिन्दुस्तान, नानासाहेब पेशवा, 1857 की जंग-ए-आजादी क्यों नाकाम रही, इंकलाब 1857 का दूसरा रुख, जंग-ए-आजादी की तैयारियाँ, तात्या टोपे, फिरंगी बरबरियत की मिसालें, जंग-ए-आजादी से पहले और बाद की सियासत, जंग-ए-आजादी का असर हमारे कल्चर और अदब पर आदि।

---

1. इमरोज, 17 मई 1957

22 जनवरी 1947 को इन्दौर से उर्दू साप्ताहिक *'इकबाल'* का प्रकाशन गुलाम मुरतुजा ने किया। सम्पादक सैयद मोहम्मद रजी रिजवी थे। साहित्यिक पत्रिका थी। कोलकाता से *'इत्तेहाद'* निकला। इस उर्दू साप्ताहिक के सम्पादक हसन शहीद सुहरावर्दी थे। साहित्यिक उर्दू मासिक पत्रिका *'आरजू'* मुम्बई से जुलाई 1947 में प्रकाशित हुई। सम्पादक शफीक कूटी थे। पृष्ठ संख्या 60 और वार्षिक शुल्क चार रुपये था। दिल्ली से उर्दू मासिक *'आस्ताना'* सन 1947 में प्रकाशित हुआ। मोहम्मद मुस्तहासिन फारुकी सम्पादक थे। आकार 24 X 18 से.मी., पृष्ठ संख्या 96 और वार्षिक शुल्क चार रुपये था। उर्दू साप्ताहिक *'आफताब'* के प्रकाशन का उल्लेख फैजाबाद, उन्नाव और मुरादाबाद से मिलता है। एक सितम्बर 1947 को भोपाल से उर्दू पाक्षिक *'अफशां'* का प्रकाशन महिला पत्रिका के रूप में किया गया। सम्पादक अलताफ कमर और परवीन रुशदी थे। आकार 24 X 16 से.मी., पृष्ठ संख्या 32 और एक प्रति का मूल्य चार आना था। किश्वरगंज, जिला मेमनसिंह से खालिद बंगाली ने उर्दू मासिक पत्रिका *'अख्तर'* निकाली। साहित्यिक पत्रिका थी। हैदराबाद से अजीज अहमद के सम्पादकत्व में उर्दू साप्ताहिक *'अजीमतर'* का प्रकाशन हुआ। गंभीरता तथा स्वतंत्रता इस अखबार के गुण थे। पृष्ठ संख्या 10 और एक प्रति का मूल्य दो आना था। चेन्नै से उर्दू की साहित्यिक मासिक पत्रिका *'अदीब'* जुलाई 1947 में निकली। सम्पादक सईदउल्ला मुमताज थे। दिल्ली से भी उर्दू मासिक पत्रिका *'अदीब'* का सन 1947 में प्रकाशन हुआ। सम्पादक सैयद मोहम्मद इर्तजा थे। वार्षिक शुल्क दस रुपये था।

आफताब

मुम्बई से सन 1947 में उर्दू दैनिक *'आफताब'* का प्रकाशन अब्दुल मजीद अख्तर ने किया। सम्पादक मोहम्मद अहसन और सहयोगी जाकिर हुसैन फारुकी, सलामत खैराबादी, नून मीन शेख तथा मंजूर हुसैन गमगीन थे। आकार 68 X 45 से.मी., पृष्ठ संख्या चार और एक प्रति का मूल्य दो आना था। समाचार, लेख, व्यापार की सूचनाएँ प्रकाशित की जाती थीं।

सन 1947 में इलाहाबाद से उर्दू दैनिक *'नया अखबार'* प्रकाशित हुआ। सनसनीखेज और बिना पड़ताल किए अतिशयोक्तिपूर्ण खबरें प्रकाशित करने पर अखबार को प्रतिबंधित कर दिया गया। कुछ दिनों के अन्तराल के बाद *'हमारा अखबार'* नाम से प्रकाशित किया जाने लगा। सन 1950 में बंद हो गया। एक प्रति का मूल्य दो आना था।

पाकिस्तान टाइम्स

लाहौर से सन 1947 में अँगरेजी दैनिक *'पाकिस्तान टाइम्स'* का प्रकाशन आरंभ हुआ। देश-विदेश की खबरें, लेखों और टिप्पणियों की अच्छी प्रस्तुति के

कारण 'पाकिस्तान टाइम्स' ने अल्पकाल में पाठकों के बीच जगह बना ली थी। स्वतंत्र सम्पादकीय नीति और निष्पक्ष अग्रलेखों के कारण 'पाकिस्तान टाइम्स' खासतौर से पसंद किया जाता था। एक प्रति का मूल्य दो आना था।

सितम्बर 1947 में मुम्बई से अँगरेजी साप्ताहिक *'ईव्ज वीकली'* का प्रकाशन वी.सी.वेंकटेश ने किया। पत्र के सम्पादक गुलशन थे। महिलाओं के लिए प्रकाशित इस सचित्र साप्ताहिक में महिलाओं से सम्बन्धित विभिन्न विषयों पर पृथक-पृथक स्तंभ निर्धारित थे। मनोरंजन के लिए कॉमिक्स का प्रकाशन किया जाता था। साथ ही, महिलाओं को आवश्यक नयी-नयी जानकारियाँ देने, उनकी अध्ययनशीलता बढ़ाने और उनमें गुणात्मक प्रतिस्पर्द्धा विकसित करने के उद्देश्य से प्रतियोगिताएँ आयोजित की जाती थीं। प्रकाशन सामग्री के चयन में स्तर का ध्यान रखा जाता था। कुछ वर्ष प्रकाशित होने के बाद बंद हो गई। जनवरी 1992 में मयूर पब्लिकेशन्स ने पुन:प्रकाशन किया।

अँगरेजी साप्ताहिक *'आर्गनाइजर'* सन 1947 में भारत प्रकाशन दिल्ली ने प्रकाशित किया। सम्पादक शेषाद्रि चारी और प्रकाशक ब्रजभूषण थे। उनके बाद के.आर.मलकानी संपादक हुए। राष्ट्रीय स्वयं सेवक संघ की विचारधारा का समर्थक पत्र था।

'संडे न्यूज आफ इण्डिया' का प्रकाशन सन 1947 में मुम्बई से हुआ। आइवर एस.जेहू सम्पादक थे। कुछ समय बाद कोलकाता से भी यह प्रकाशित होने लगा। इस सचित्र साप्ताहिक में बुक रिव्यू, फिल्म रिव्यू और चिल्ड्रन्स पेज स्थायी स्तंभ थे। आल ओवर इंडिया एण्ड कॉमन वेल्थ स्तंभ भी पढ़े जाते थे। अंतरराष्ट्रीय मामले तथा इतिहास और संस्कृति पर अधिक लेख प्रकाशित किए जाते थे। वी.के.करंजिया के सम्पादकत्व में मुम्बई से अँगरेजी फिल्मी मासिक *'सिने वॉयस'* निकला। *'रिजर्व बैंक आफ इण्डिया बुलेटिन'* अँगरेजी में निकली। सम्पादक मण्डल के सदस्यों में वी.के.मदान, एन.एस.आर. शास्त्री, वी.आर.शिनाय और नारायण प्रसाद शामिल थे। अँगरेजी मासिक *'यूरेशिया'* कोलकाता से सन 1947 में प्रकाशित हुआ। आठ व्यक्तियों का सम्पादक मण्डल यूरोप और एशिया पर केन्द्रित इस पत्रिका का सम्पादन करता था। प्रोफेसर पी.के.रे प्रबंध सम्पादक थे। वार्षिक शुल्क छह रुपये था। कई देशों में इस पत्रिका की प्रतियाँ जाती थीं। लेखन और संपादन स्तरीय था।

अँगरेजी त्रैमासिक पत्रिका *'मार्ग'* दिसम्बर 1947 में मुम्बई से प्रकाशित हुई। सम्पादक मुल्कराज आनंद और प्रकाशक जे.जे.भाभा थे। 120 पृष्ठ की यह पत्रिका कला को समर्पित थी। वास्तुकला, प्रतिभा, निर्माण, पच्चीकारी, चित्रकला और रेखांकन जैसी कला विधाओं की प्रस्तुति और निरूपण में भारतीय और

एशियाई कला की विरासत को प्रमुखता दी जाती थी। वार्षिक शुल्क दस रुपये था।

अँगरेजी साप्ताहिक *'आउटलुक'* डी.परशराम के सम्पादकत्व में मुम्बई से प्रकाशित हुआ। नौजवानों के लिए प्रकाशित पत्रिका थी। अँगरेजी और पंजाबी का द्विभाषी साप्ताहिक अखबार *'पंथ'* सन 1947 में दिल्ली से निकला। सम्पादक धर्मराज सिंह सोढ़ी और प्रकाशक तीर्थराज सिंह सोढ़ी थे।

सन 1947 में अनेक संस्थाओं के जर्नल/बुलेटिन अँगरेजी में प्रकाशित हुए। धनबाद से साप्ताहिक *'कोल फील्ड टाइम्स'*, चेन्नै से पाक्षिक *'मद्रास होटल मैगजीन'* निकले। मासिक प्रकाशनों में *'मेडीसिन इन्टरनेशनल'* कोलकाता से, *'बीचम्स इंडिया एयर गाइड'* नई दिल्ली से, *'ट्रांसपोर्ट कम्युनिकेशन्स मंथली रिव्यू'* नई दिल्ली से, *'एशियन एण्ड इंडियन स्काइवेज'* मुम्बई से, *'इण्डियन एक्सपोर्ट ट्रेड जर्नल'* बडौदा से, *'इंडियन प्रेक्टिशनर्स'* मुम्बई से, *'इंडियन एयरमेन एण्ड स्पेसमेन'* कोलकाता से, *'इंडियन जर्नल आफ मेडिकल साइंसेज'* मुम्बई से, *'इण्डियन एक्सपोर्टर'* मुम्बई से, *'इंडियन एक्सपोर्टर एंड ट्रेडर्स'* कोलकाता से, *'आटोमोबाइल न्यूज'* मुम्बई से और *'इंटरनेशनल मेडीकल एब्सट्रेक्ट्स एंड रिव्यू'* कोलकाता से प्रकाशित हुए। *'इंडियन आर्काइब्स'* नई दिल्ली से, *'इंडियन कोकोनट जर्नल'* एर्णाकुलम से, *'इंडियन मिनरल्स'* कोलकाता से तथा अँगरेजी चतुर्मासिक *'अपेक्स'* दिल्ली से और अर्द्धवार्षिक *'आर्म्ड कोर'* अहमदनगर से प्रकाशित हुए।

मूल स्रोत सामग्री

1. माधवराव सप्रे स्मृति समाचारपत्र संग्रहालय एवं शोध संस्थान, भोपाल में संग्रहीत समाचारपत्रों और पत्रिकाओं की मूल प्रतियाँ
2. प्रकाशकों/सम्पादकों से प्राप्त विवरण।
3. राष्ट्रीय पुस्तकालय कोलकाता और बंगीय साहित्य परिषद कोलकाता का पत्र-पत्रिका संग्रह

सहायक ग्रंथ सूची

1. History of Indian Journalism/J.Natrajan
2. Indian Journalism/Dr. Nadig Krishnamurthy
3. History of Printing and Publishing in India/B.A.Keshvan
4. History of English Press in Bengal (1780-1857)/Mrinal Kanti Chanda
5. The Bengali Press/Samarajit Chakraborti
6. Tamil Ithazhiyal Kalanjiam/Ma Su Sambandan
7. The Indian Press/Dr. S.P.Sen/Institute of Historical Studies, Kolkata
8. National Library Catalogue
9. The Rise & Growth of Hindi Journalism/Ram Ratan Bhatnagar
10. Annual Registers
11. हिन्दी के निर्माता/श्यामसुन्दर दास
12. समाचारपत्रों का इतिहास/अम्बिका प्रसाद वाजपेयी
13. बालमुकुन्द गुप्त स्मारक ग्रंथ एवं गुप्त निबंधावली
14. हिन्दी कोविद रत्नमाला भाग 1-2/ श्यामसुन्दर दास
15. हिन्दी सेवी संसार
16. हिन्दी पत्रकारिता का इतिहास/जगदीश प्रसाद चतुर्वेदी
17. हिन्दी पत्रकारिता /डा. कृष्णबिहारी मिश्र
18. राजस्थान में हिन्दी पत्रकारिता/डा. मनोहर प्रभाकर
19. भारतीय पत्रकारिता : नींव के पत्थर/ डा. मंगला अनुजा
20. हिन्दी पत्रकारिता के विकास में हरियाणा की देन/डा. केशवानंद ममगाई

21. बिहार की हिन्दी पत्रकारिता/डा. कृष्णानंद द्विवेदी
22. मराठी वृत्तपत्रांचा इतिहास/रा.के.लेले
23. तारीख सहाफत उर्दू/मौ. इमदाद साबरी
24. गदर देहली के अखबार/ख्वाजा हसन निजामी
25. उर्दू सहाफत की तारीख/नादिर अली खां
26. सहाफत पाकिस्तान व हिन्द में/डा.अब्दुल सलाम खुर्शीद
27. मध्यप्रदेश में उर्दू सहाफत: इब्तेदा और इरतका/ शौकत रमूजी, कमर जमाली

अनुक्रमणिका

अ

आ

इ

ई

उ

ऐ

ओ

औ

क

ख

ग

घ

च

छ

ज

झ

ट

ठ

ड

ढ

त

थ

द

ध

न

प

फ

ब

भ

म

य

र

ल

व

श

स

ह

श्र

क्ष

त्र

ज्ञ